中国战略性新兴产业发展报告

徐匡迪

2018

中国战略性新兴产业发展报告

中国工程科技发展战略研究院

科 学 出 版 社

北 京

内 容 简 介

本书是中国工程科技发展战略研究院面向社会公众和决策人员的年度研究报告。本书首先分析了当前我国战略性新兴产业的发展态势、重点行业景气状况以及产业发展长期面临的瓶颈问题，提出了对策建议。其次围绕战略性新兴产业九个领域若干重点方向的发展现状、趋势、面临挑战和重大行动部署进行了介绍。同时，本书对“十三五”以来我国各地区战略性新兴产业发展规划进行了述评，并对政策“碎片化”的产生原因、战略性新兴产业的知识产权管理以及新兴产业创新成果的扩散问题进行了分析。最后回顾了战略性新兴产业投融资情况，并且展望了“十三五”新兴产业的投融资形势。

本书有助于社会公众了解中国战略性新兴产业发展的总体情况以及各领域发展走向和前景，可供各级领导干部、有关决策部门、投融资机构、产业界和科技工作者及社会公众参考。

图书在版编目（CIP）数据

2018 中国战略性新兴产业发展报告 / 中国工程科技发展战略研究院编 . —北京：科学出版社，2018.1

ISBN 978-7-03-054979-2

Ⅰ.① 2… Ⅱ .①中… Ⅲ .①新兴产业 – 产业发展 – 研究报告 – 中国 –2018 Ⅳ.① F279. 244. 4

中国版本图书馆 CIP 数据核字（2017）第 261721 号

责任编辑：马 跃 / 责任校对：彭珍珍 王 瑞
责任印制：霍 兵 / 封面设计：蓝正设计

科学出版社 出版

北京东黄城根北街16号
邮政编码：100717

http://www.sciencep.com

北京通州皇家印刷厂 印刷

科学出版社发行 各地新华书店经销

*

2018年1月第 一 版 开本：787×1092 1/16
2018年1月第一次印刷 印张：30 3/4
字数：727 000

定价：168.00元

（如有印装质量问题，我社负责调换）

中国工程科技发展战略研究院简介

2008 年 6 月，胡锦涛同志在两院院士大会上指出，中国工程院是国家的科学技术思想库，要继续团结带领全国科技界更加积极主动地参与决策咨询，为国家宏观决策提供科学依据。2011 年 4 月，胡锦涛同志在庆祝清华大学百年校庆大会上讲话指出，高校要深入开展政策研究，积极发挥思想库和智囊团作用。为贯彻落实胡锦涛同志的指示精神，中国工程院与清华大学强强联合，创新体制机制，整合优势资源，于 2011 年 4 月联合成立了中国工程科技发展战略研究院。

中国工程科技发展战略研究院坚持高层次、开放式、前瞻性的发展导向，围绕工程科技发展中的全局性、综合性、战略性重大课题开展理论研究、应用研究与政策咨询。战略研究院积极推动自然科学与社会科学相结合，发挥工程院的院士和清华大学中青年学者的智力优势，努力建成全球一流的战略决策思想库，为我国工程科技发展提供战略咨询。

序　言

创新是引领发展的第一动力，是建设现代化经济体系的战略支撑。当前，新一轮科技革命和产业变革正在世界范围内孕育兴起、深度演变，呈现多领域、跨学科、群体性突破的发展态势。战略性新兴产业代表着新一轮科技革命和产业变革的方向，是培育发展新动能、获取未来竞争新优势的关键领域。

党中央、国务院高度重视发展战略性新兴产业。习近平总书记指出，要以培育具有核心竞争力的主导产业为主攻方向，围绕产业链部署创新链，发展科技含量高、市场竞争力强、带动作用大、经济效益好的战略性新兴产业，把科技创新真正落到产业发展上。十九大报告指出，我国经济已由高速增长阶段转向高质量发展阶段，正处在转变发展方式、优化经济结构、转换增长动力的攻关期。要贯彻新发展理念，建设现代化经济体系，推动经济发展质量变革、效率变革、动力变革。要坚定实施创新驱动发展战略，深化供给侧结构性改革，培育新增长点，形成新动能。

我国战略性新兴产业在推动新旧动能转换过程中，正发挥出越来越大的引领带动作用。战略性新兴产业过去五年年均增长超过 15%，约是国内生产总值增速的两倍。在新一代信息技术、高端制造、生物、绿色低碳、数字创意五大领域实现了群体性突破，部分产业已具备较强国际竞争力。创新创业空前活跃，新技术、新产业、新模式、新业态不断涌现，带动和促进了传统产业的转型升级，不断增强经济发展的活力和后劲。

推动战略性新兴产业的发展，需要专家智库“外脑”的智力支持。受国家发展和改革委员会委托，在国家开发银行的支持下，中国工程院和清华大学联合成立的中国工程科技发展战略研究院开展了一系列咨询研究工作，连续发布了 2013 ～ 2017 年五个年度的《中国战略性新兴产业发展报告》，为科学决策提供了重要依据，获得了社会各方面一致好评。

2018 年是全面贯彻落实十九大精神的开局之年，是实施“十三五”规划承前启后的重要一年。中国工程科技发展战略研究院组织专家编纂形成了《2018 中国战略性新兴产业发展报告》，重点归纳了现阶段战略性新兴产业发展所取得的成绩，展望了未来发展趋势，针对发展瓶颈提出了有关政策建议。衷心希望《2018 中国战略性新兴产业发展报告》能够继续为所有关心、支持和参与战略性新兴产业发展的各界人士提供高质量的信息参考。

加快培育和发展战略性新兴产业，必须以习近平新时代中国特色社会主义思想为指引，坚持质量第一、效益优先，加快建设实体经济、科技创新、现代金融、人力资源协同发展的产业体系。进一步优化制度供给，加强国家创新体系建设，培育一批新增长点，不断增强经济发展新动能。我们相信，在以习近平同志为核心的党中央领导下，在全社会共同努力下，我国战略性新兴产业一定能够攻坚克难、开拓进取，为决胜全面建成小康社会，夺取新时代中国特色社会主义伟大胜利做出更大贡献！

国家发展和改革委员会　何立峰
中国工程院　周　济
清华大学　邱　勇
国家开发银行　胡怀邦

目　　录

综合篇

产业篇

政策篇

投融资篇

综合篇

第 1 章

“十三五”国家战略性新兴产业发展规划

战略性新兴产业代表新一轮科技革命和产业变革的方向，是培育发展新动能、获取未来竞争新优势的关键领域。“十三五”时期，要把战略性新兴产业摆在经济社会发展更加突出的位置，大力构建现代产业新体系，推动经济社会持续健康发展。根据“十三五”规划纲要有关部署，特编制本规划，规划期为 2016—2020 年。

一、加快壮大战略性新兴产业，打造经济社会发展新引擎

（一）现状与形势。

“十二五”期间，我国节能环保、新一代信息技术、生物、高端装备制造、新能源、新材料和新能源汽车等战略性新兴产业快速发展。2015 年，战略性新兴产业增加值占国内生产总值比重达到 8% 左右，产业创新能力和盈利能力明显提升。新一代信息技术、生物、新能源等领域一批企业的竞争力进入国际市场第一方阵，高铁、通信、航天装备、核电设备等国际化发展实现突破，一批产值规模千亿元以上的新兴产业集群有力支撑了区域经济转型升级。大众创业、万众创新蓬勃兴起，战略性新兴产业广泛融合，加快推动了传统产业转型升级，涌现了大批新技术、新产品、新业态、新模式，创造了大量就业岗位，成为稳增长、促改革、调结构、惠民生的有力支撑。

未来 5 到 10 年，是全球新一轮科技革命和产业变革从蓄势待发到群体迸发的关

键时期。信息革命进程持续快速演进，物联网、云计算、大数据、人工智能等技术广泛渗透于经济社会各个领域，信息经济繁荣程度成为国家实力的重要标志。增材制造（3D打印）、机器人与智能制造、超材料与纳米材料等领域技术不断取得重大突破，推动传统工业体系分化变革，将重塑制造业国际分工格局。基因组学及其关联技术迅猛发展，精准医学、生物合成、工业化育种等新模式加快演进推广，生物新经济有望引领人类生产生活迈入新天地。应对全球气候变化助推绿色低碳发展大潮，清洁生产技术应用规模持续拓展，新能源革命正在改变现有国际资源能源版图。数字技术与文化创意、设计服务深度融合，数字创意产业逐渐成为促进优质产品和服务有效供给的智力密集型产业，创意经济作为一种新的发展模式正在兴起。创新驱动的新兴产业逐渐成为推动全球经济复苏和增长的主要动力，引发国际分工和国际贸易格局重构，全球创新经济发展进入新时代。

“十三五”时期是我国全面建成小康社会的决胜阶段，也是战略性新兴产业大有可为的战略机遇期。我国创新驱动所需的体制机制环境更加完善，人才、技术、资本等要素配置持续优化，新兴消费升级加快，新兴产业投资需求旺盛，部分领域国际化拓展加速，产业体系渐趋完备，市场空间日益广阔。但也要看到，我国战略性新兴产业整体创新水平还不高，一些领域核心技术受制于人的情况仍然存在，一些改革举措和政策措施落实不到位，新兴产业监管方式创新和法规体系建设相对滞后，还不适应经济发展新旧动能加快转换、产业结构加速升级的要求，迫切需要加强统筹规划和政策扶持，全面营造有利于新兴产业蓬勃发展的生态环境，创新发展思路，提升发展质量，加快发展壮大一批新兴支柱产业，推动战略性新兴产业成为促进经济社会发展的强大动力。

（二）指导思想。

全面贯彻党的十八大和十八届三中、四中、五中、六中全会精神，深入学习贯彻习近平总书记系列重要讲话精神，认真落实党中央、国务院决策部署，按照“五位一体”总体布局和“四个全面”战略布局要求，积极适应把握引领经济发展新常态，牢固树立和贯彻落实创新、协调、绿色、开放、共享的发展理念，紧紧把握全球新一轮科技革命和产业变革重大机遇，培育发展新动能，推进供给侧结构性改革，构建现代产业体系，提升创新能力，深化国际合作，进一步发展壮大新一代信息技术、高端装备、新材料、生物、新能源汽车、新能源、节能环保、数字创意等战略性新兴产业，推动更广领域新技术、新产品、新业态、新模式蓬勃发展，建设制造强国，发展现代服务业，为全面建成小康社会提供有力支撑。

（三）主要原则。

坚持供给创新。创新是战略性新兴产业发展的核心。要深入实施创新驱动发展战略，大力推进大众创业、万众创新，突出企业主体地位，全面提升技术、人才、资金的供给水平，营造创新要素互动融合的生态环境。聚焦突破核心关键技术，进一步提高自主创新能力，全面提升产品和服务的附加价值和国际竞争力。推进简政放权、放管结合、优化服务改革，破除旧管理方式对新兴产业发展的束缚，降低企业成本，激发企业活力，加快新兴企业成长壮大。

坚持需求引领。市场需求是拉动战略性新兴产业发展壮大的关键因素。要强化需求侧政策引导，加快推进新产品、新服务的应用示范，将潜在需求转化为现实供给，以消费升级带动产业升级。营造公平竞争的市场环境，激发市场活力。

坚持产业集聚。集约集聚是战略性新兴产业发展的基本模式。要以科技创新为源头，加快打造战略性新兴产业发展策源地，提升产业集群持续发展能力和国际竞争力。以产业链和创新链协同发展为途径，培育新业态、新模式，发展特色产业集群，带动区域经济转型，形成创新经济集聚发展新格局。

坚持人才兴业。人才是发展壮大战略性新兴产业的首要资源。要针对束缚人才创新活力的关键问题，加快推进人才发展政策和体制创新，保障人才以知识、技能、管理等创新要素参与利益分配，以市场价值回报人才价值，全面激发人才创业创新动力和活力。加大力度培养和吸引各类人才，弘扬工匠精神和企业家精神。

坚持开放融合。开放融合是加快战略性新兴产业发展的客观要求。要以更开放的理念、更包容的方式，搭建国际化创新合作平台，高效利用全球创新资源，大力推动我国优势技术和标准的国际化应用，加快推进产业链、创新链、价值链全球配置，全面提升战略性新兴产业发展能力。

（四）发展目标。

到2020年，战略性新兴产业发展要实现以下目标：

产业规模持续壮大，成为经济社会发展的新动力。战略性新兴产业增加值占国内生产总值比重达到15%，形成新一代信息技术、高端制造、生物、绿色低碳、数字创意等5个产值规模10万亿元级的新支柱，并在更广领域形成大批跨界融合的新增长点，平均每年带动新增就业100万人以上。

创新能力和竞争力明显提高，形成全球产业发展新高地。攻克一批关键核心技术，发明专利拥有量年均增速达到15%以上，建成一批重大产业技术创新平台，产业创新能力跻身世界前列，在若干重要领域形成先发优势，产品质量明显提升。节能环保、新能源、生物等领域新产品和新服务的可及性大幅提升。知识产权保护更加严格，激励创新的政策法规更加健全。

产业结构进一步优化，形成产业新体系。发展一批原创能力强、具有国际影响力和品牌美誉度的行业排头兵企业，活力强劲、勇于开拓的中小企业持续涌现。中高端制造业、知识密集型服务业比重大幅提升，支撑产业迈向中高端水平。形成若干具有全球影响力的战略性新兴产业发展策源地和技术创新中心，打造百余个特色鲜明、创新能力强的新兴产业集群。

到2030年，战略性新兴产业发展成为推动我国经济持续健康发展的主导力量，我国成为世界战略性新兴产业重要的制造中心和创新中心，形成一批具有全球影响力和主导地位的创新型领军企业。

（五）总体部署。

以创新、壮大、引领为核心，紧密结合“中国制造 2025”战略实施，坚持走创新驱动发展道路，促进一批新兴领域发展壮大并成为支柱产业，持续引领产业中高端发展和经济社会高质量发展。立足发展需要和产业基础，大幅提升产业科技含量，加快发展壮大网络经济、高端制造、生物经济、绿色低碳和数字创意等五大领域，实现向创新经济的跨越。着眼全球新一轮科技革命和产业变革的新趋势、新方向，超前布局空天海洋、信息网络、生物技术和核技术领域一批战略性产业，打造未来发展新优势。遵循战略性新兴产业发展的基本规律，突出优势和特色，打造一批战略性新兴产业发展策源地、集聚区和特色产业集群，形成区域增长新格局。把握推进“一带一路”建设战略契机，以更开放的视野高效利用全球创新资源，提升战略性新兴产业国际化水平。加快推进重点领域和关键环节改革，持续完善有利于汇聚技术、资金、人才的政策措施，创造公平竞争的市场环境，全面营造适应新技术、新业态蓬勃涌现的生态环境，加快形成经济社会发展新动能。

二、推动信息技术产业跨越发展，拓展网络经济新空间

实施网络强国战略，加快建设“数字中国”，推动物联网、云计算和人工智能等技术向各行业全面融合渗透，构建万物互联、融合创新、智能协同、安全可控的新一代信息技术产业体系。到 2020 年，力争在新一代信息技术产业薄弱环节实现系统性突破，总产值规模超过 12 万亿元。

（一）构建网络强国基础设施。深入推进“宽带中国”战略，加快构建高速、移动、安全、泛在的新一代信息基础设施。

大力推进高速光纤网络建设。开展智能网络新技术规模应用试点，推动国家骨干网向高速传送、灵活调度、智能适配方向升级。全面实现向全光网络跨越，加快推进城镇地区光网覆盖，提供每秒 1000 兆比特（1000Mbps）以上接入服务，大中城市家庭用户实现带宽 100Mbps 以上灵活选择；多方协同推动提升农村光纤宽带覆盖率，98% 以上的行政村实现光纤通达，有条件的地区提供 100Mbps 以上接入服务，半数以上农村家庭用户实现带宽 50Mbps 以上灵活选择。推动三网融合基础设施发展。推进互联网协议第六版（IPv6）演进升级和应用，推动骨干企业新增网络地址不再使用私有地址。

加快构建新一代无线宽带网。加快第四代移动通信（4G）网络建设，实现城镇及人口密集行政村深度覆盖和广域连续覆盖。在热点公共区域推广免费高速无线局域网。大力推进第五代移动通信（5G）联合研发、试验和预商用试点。优化国家频谱资源配置，提高频谱利用效率，保障频率资源供给。合理规划利用卫星频率和轨道资源，加快空间互联网部署，研制新型通信卫星和应用终端，探索建设天地一体

化信息网络，研究平流层通信等高空覆盖新方式。

加快构建下一代广播电视网。推动有线无线卫星广播电视网智能协同覆盖，建设天地一体、互联互通、宽带交互、智能协同、可管可控的广播电视融合传输覆盖网。加速全国有线电视网络基础设施建设和双向化、智能化升级改造，推进全国有线电视网络整合和互联互通。推动下一代地面数字广播电视传输技术研发及产业化，加强地面无线广播电视与互联网的融合创新，创建移动、交互、便捷的地面无线广播电视新业态。

专栏 1　宽带乡村示范工程
开展电信普遍服务试点工作，促进三网融合，加快光缆、卫星通信进行政村建设，按需实现光纤入户网络和第四代移动通信（4G）网络向自然村和住户延伸覆盖，利用卫星、移动通信等技术创新加强对海岛、边远地区、山区等覆盖，加快普及电子商务、远程教育、远程医疗、智慧农业、电子政务等信息化应用，支撑扶贫攻坚。

统筹发展应用基础设施。充分利用现有设施，统筹规划大型、超大型数据中心在全国适宜地区布局，有序推进绿色数据中心建设。推动基于现有各类通信网络实现物联网集约部署。持续强化应急通信能力建设。

加强国际合作。加强信息网络基础设施国际互联互通合作。加强海外海缆、陆缆、业务节点、数据中心、卫星通信等设施建设，优化国际通信网络布局。加快建设中国—阿拉伯国家等网上丝绸之路、中国—东盟信息港。

（二）推进“互联网+”行动。促进新一代信息技术与经济社会各领域融合发展，培育“互联网+”生态体系。

深化互联网在生产领域的融合应用。深化制造业与互联网融合发展，推动“中国制造+互联网”取得实质性突破，发展面向制造业的信息技术服务，构筑核心工业软硬件、工业云、智能服务平台等制造新基础，大力推广智能制造、网络化协同、个性化定制、服务化延伸等新业态、新模式。加快发展工业互联网，构建工业互联网体系架构，开展工业互联网创新应用示范。推进移动互联网、云计算、物联网等技术与农业、能源、金融、商务、物流快递等深度融合，支持面向网络协同的行业应用软件研发与系统集成，推动制造业向生产服务型转变、生产性服务业向价值链高端延伸。

拓展生活及公共服务领域的“互联网+”应用。加快行业管理体制创新，促进医疗、教育、社保、就业、交通、旅游等服务智慧化。拓展新型智慧城市应用，推动基于互联网的公共服务模式创新，推进基于云计算的信息服务公共平台建设，增强公共产品供给能力。加快实施“互联网+政务服务”，逐步实现政务服务“一号申请、一窗受理、一网通办”。

促进“互联网+”新业态创新。鼓励运用信息网络技术推动生产、管理和营销模式变革，重塑产业链、供应链、价值链，加快形成新的生产和流通交换模式。以体制机制创新推动分享经济发展，建立适应分享经济发展的监管方式，促进交通、旅游、养老、人力资源、日用品消费等领域共享平台企业规范发展，营造分享经济文化氛围。

专栏 2 “互联网 +”工程
深入推进“互联网 +”创业创新、协同制造、现代农业、智慧能源、普惠金融、益民服务、高效物流、电子商务、便捷交通、绿色生态、人工智能等 11 个重点行动，建设互联网跨领域融合创新支撑服务平台。促进基于云计算的业务模式和商业模式创新，推进公有云和行业云平台建设。加强物联网网络架构研究，组织开展物联网重大应用示范。加快下一代互联网商用部署，构建工业互联网技术试验验证和管理服务平台。创建国家信息经济示范区。

（三）实施国家大数据战略。落实大数据发展行动纲要，全面推进重点领域大数据高效采集、有效整合、公开共享和应用拓展，完善监督管理制度，强化安全保障，推动相关产业创新发展。

加快数据资源开放共享。统筹布局建设国家大数据公共平台，制定出台数据资源开放共享管理办法，推动建立数据资源清单和开放目录，鼓励社会公众对开放数据进行增值性、公益性、创新性开发。加强大数据基础性制度建设，强化使用监管，建立健全数据资源交易机制和定价机制，保护数据资源权益。

发展大数据新应用新业态。加快推进政府大数据应用，建立国家宏观调控和社会治理数据体系，提高政府治理能力。发展大数据在工业、农业农村、创业创新、促进就业等领域的应用，促进数据服务业创新，推动数据探矿、数据化学、数据材料、数据制药等新业态、新模式发展。加强海量数据存储、数据清洗、数据分析挖掘、数据可视化等关键技术研发，形成一批具有国际竞争力的大数据处理、分析和可视化软硬件产品，培育大数据相关产业，完善产业链，促进相关产业集聚发展。推进大数据综合试验区建设。

强化大数据与网络信息安全保障。建立大数据安全管理制度，制定大数据安全管理办法和有关标准规范，建立数据跨境流动安全保障机制。加强数据安全、隐私保护等关键技术攻关，形成安全可靠的大数据技术体系。建立完善网络安全审查制度。采用安全可信产品和服务，提升基础设施关键设备安全可靠水平。建立关键信息基础设施保护制度，研究重要信息系统和基础设施网络安全整体解决方案。

专栏 3 大数据发展工程
整合现有资源，构建政府数据共享交换平台和数据开放平台，健全大数据共享流通体系、大数据标准体系、大数据安全保障体系，推动实现信用、交通、医疗、教育、环境、安全监管等政府数据集向社会开放。支持大数据关键技术研发和产业

化，在重点领域开展大数据示范应用，实施国家信息安全专项，促进大数据相关产业健康快速发展。

（四）做强信息技术核心产业。顺应网络化、智能化、融合化等发展趋势，着力培育建立应用牵引、开放兼容的核心技术自主生态体系，全面梳理和加快推动信息技术关键领域新技术研发与产业化，推动电子信息产业转型升级取得突破性进展。

提升核心基础硬件供给能力。提升关键芯片设计水平，发展面向新应用的芯片。加快16/14纳米工艺产业化和存储器生产线建设，提升封装测试业技术水平和产业集中度，加紧布局后摩尔定律时代芯片相关领域。实现主动矩阵有机发光二极管（AMOLED）、超高清（4K/8K）量子点液晶显示、柔性显示等技术国产化突破及规模应用。推动智能传感器、电力电子、印刷电子、半导体照明、惯性导航等领域关键技术研发和产业化，提升新型片式元件、光通信器件、专用电子材料供给保障能力。

专栏4　集成电路发展工程
启动集成电路重大生产力布局规划工程，实施一批带动作用强的项目，推动产业能力实现快速跃升。加快先进制造工艺、存储器、特色工艺等生产线建设，提升安全可靠CPU、数模/模数转换芯片、数字信号处理芯片等关键产品设计开发能力和应用水平，推动封装测试、关键装备和材料等产业快速发展。支持提高代工企业及第三方IP核企业的服务水平，支持设计企业与制造企业协同创新，推动重点环节提高产业集中度。推动半导体显示产业链协同创新。

大力发展基础软件和高端信息技术服务。面向重点行业需求建立安全可靠的基础软件产品体系，支持开源社区发展，加强云计算、物联网、工业互联网、智能硬件等领域操作系统研发和应用，加快发展面向大数据应用的数据库系统和面向行业应用需求的中间件，支持发展面向网络协同优化的办公软件等通用软件。加强信息技术核心软硬件系统服务能力建设，推动国内企业在系统集成各环节向高端发展，规范服务交付，保证服务质量，鼓励探索前沿技术驱动的服务新业态，推动骨干企业在新兴领域加快行业解决方案研发和推广应用。大力发展基于新一代信息技术的高端软件外包业务。

加快发展高端整机产品。推进绿色计算、可信计算、数据和网络安全等信息技术产品的研发与产业化，加快高性能安全服务器、存储设备和工控产品、新型智能手机、下一代网络设备和数据中心成套装备、先进智能电视和智能家居系统、信息安全产品的创新与应用，发展面向金融、交通、医疗等行业应用的专业终端、设备和融合创新系统。大力提升产品品质，培育一批具有国际影响力的品牌。

（五）发展人工智能。培育人工智能产业生态，促进人工智能在经济社会重点领域推广应用，打造国际领先的技术体系。

加快人工智能支撑体系建设。推动类脑研究等基础理论和技术研究，加快基于人工智能的计算机视听觉、生物特征识别、新型人机交互、智能决策控制等应用技术研发和产业化，支持人工智能领域的基础软硬件开发。加快视频、地图及行业应用数据等人工智能海量训练资源库和基础资源服务公共平台建设，建设支撑大规模深度学习的新型计算集群。鼓励领先企业或机构提供人工智能研发工具以及检验评测、创业咨询、人才培养等创业创新服务。

推动人工智能技术在各领域应用。在制造、教育、环境保护、交通、商业、健康医疗、网络安全、社会治理等重要领域开展试点示范，推动人工智能规模化应用。发展多元化、个性化、定制化智能硬件和智能化系统，重点推进智能家居、智能汽车、智慧农业、智能安防、智慧健康、智能机器人、智能可穿戴设备等研发和产业化发展。鼓励各行业加强与人工智能融合，逐步实现智能化升级。利用人工智能创新城市管理，建设新型智慧城市。推动专业服务机器人和家用服务机器人应用，培育新型高端服务产业。

专栏 5　人工智能创新工程
推动基础理论研究和核心技术开发，实现类人神经计算芯片、智能机器人和智能应用系统的产业化，将人工智能新技术嵌入各领域。构建人工智能公共服务平台和向社会开放的骨干企业研发服务平台。建立健全人工智能“双创”支撑服务体系。

（六）完善网络经济管理方式。

深化电信体制改革。全面推进三网融合，进一步放开基础电信领域竞争性业务，放宽融合性产品和服务的市场准入限制，推进国有电信企业混合所有制试点工作。破除行业壁垒，推动各行业、各领域在技术、标准、监管等方面充分对接，允许各类主体依法平等参与市场竞争。

加强相关法律法规建设。针对互联网与各行业融合发展的新特点，调整不适应发展要求的现行法规及政策规定。落实加强网络信息保护和信息公开有关规定，加快推动制定网络安全、电子商务等法律法规。

三、促进高端装备与新材料产业突破发展，引领中国制造新跨越

顺应制造业智能化、绿色化、服务化、国际化发展趋势，围绕“中国制造 2025”战略实施，加快突破关键技术与核心部件，推进重大装备与系统的工程应用和产业化，促进产业链协调发展，塑造中国制造新形象，带动制造业水平全面提升。力争到 2020 年，高端装备与新材料产业产值规模超过 12 万亿元。

（一）打造智能制造高端品牌。着力提高智能制造核心装备与部件的性能和质量，打造智能制造体系，强化基础支撑，积极开展示范应用，形成若干国际知名品牌，推动智能制造装备迈上新台阶。

大力发展智能制造系统。加快推动新一代信息技术与制造技术的深度融合，开展集计算、通信与控制于一体的信息物理系统（CPS）顶层设计，探索构建贯穿生产制造全过程和产品全生命周期，具有信息深度自感知、智慧优化自决策、精准控制自执行等特征的智能制造系统，推动具有自主知识产权的机器人自动化生产线、数字化车间、智能工厂建设，提供重点行业整体解决方案，推进传统制造业智能化改造。建设测试验证平台，完善智能制造标准体系。

推动智能制造关键技术装备迈上新台阶。构建工业机器人产业体系，全面突破高精度减速器、高性能控制器、精密测量等关键技术与核心零部件，重点发展高精度、高可靠性中高端工业机器人。加快高档数控机床与智能加工中心研发与产业化，突破多轴、多通道、高精度高档数控系统、伺服电机等主要功能部件及关键应用软件，开发和推广应用精密、高速、高效、柔性并具有网络通信等功能的高档数控机床、基础制造装备及集成制造系统。突破智能传感与控制装备、智能检测与装配装备、智能物流与仓储装备、智能农业机械装备，开展首台套装备研究开发和推广应用，提高质量与可靠性。

打造增材制造产业链。突破钛合金、高强合金钢、高温合金、耐高温高强度工程塑料等增材制造专用材料。搭建增材制造工艺技术研发平台，提升工艺技术水平。研制推广使用激光、电子束、离子束及其他能源驱动的主流增材制造工艺装备。加快研制高功率光纤激光器、扫描振镜、动态聚焦镜及高性能电子枪等配套核心器件和嵌入式软件系统，提升软硬件协同创新能力，建立增材制造标准体系。在航空航天、医疗器械、交通设备、文化创意、个性化制造等领域大力推动增材制造技术应用，加快发展增材制造服务业。

专栏 6　重点领域智能工厂应用示范工程
在机械、航空、航天、汽车、船舶、轻工、服装、电子信息等离散制造领域，开展智能车间/工厂的集成创新与应用示范，推进数字化设计、装备智能化升级、工艺流程优化、精益生产、可视化管理、质量控制与溯源、智能物流等试点应用，推动全业务流程智能化整合。 在石化化工、钢铁、有色金属、建材、纺织、食品、医药等流程制造领域，开展智能工厂的集成创新与应用示范，提升企业在资源配置、工艺优化、过程控制、产业链管理、质量控制与溯源、节能减排及安全生产等方面的智能化水平。

（二）实现航空产业新突破。加强自主创新，推进民用航空产品产业化、系列化发展，加强产业配套设施和安全运营保障能力建设，提高产品安全性、环保性、经济性和舒适性，全面构建覆盖航空发动机、飞机整机、产业配套和安全运营的航空产业体系。到2020年，民用大型客机、新型支线飞机完成取证交付，航空发动机研制实现重大突破，产业配套和示范运营体系基本建立。

加快航空发动机自主发展。依托航空发动机及燃气轮机重大专项，突破大涵道比大型涡扇发动机关键技术，支撑国产干线飞机发展。发展1000千瓦级涡轴发动机和5000千瓦级涡桨发动机，满足国产系列化直升机和中型运输机动力需求。发展使用重油的活塞式发动机和应用航空生物燃料的涡轮发动机，推进小型发动机市场化应用。

推进民用飞机产业化。加快实施大型飞机重大专项，完成大型客机研制，启动宽体客机研发，突破核心技术。加快新型支线飞机工程研制和系列化改进改型，开展新机型国内外先锋用户示范运营和设计优化，提高飞机航线适应性和竞争力。大力开发市场需求大的民用直升机、多用途飞机、特种飞机和工业级无人机。

完善产业配套体系建设。提高航空材料和基础元器件自主制造水平，掌握铝锂合金、复合材料等加工制造核心技术。大力发展高可靠性、长寿命、环境适应性强、标准化、低成本的航空设备和系统，实现适航取证。加快航空科研试验重大基础设施建设，加大结构强度、飞行控制、电磁兼容、环境试验等计量测试和验证条件投入，加强试飞条件建设。突破一批适航关键技术，加强适航审定条件和能力建设，加快完善运输类飞机等各类航空产品的适航审定政策，建成具有完善组织机构、充足人力资源、健全规章体系、先进硬件设施和较强国际合作能力的适航审定体系。加快建设一批专业化数字化示范工厂，显著提高航空产品制造质量稳定性和生产效率。积极推进构建国际风险合作伙伴关系，建成功能完备的航空产业配套体系。

发展航空运营新服务。落实促进通用航空业发展的各项政策措施，大力培育通用航空市场，促进通用航空制造与运营服务协调发展。大力发展航空租赁。利用互联网技术建立先进航空运营体系，促进服务模式创新。加强飞行培训，培育航空文化。开发综合化、通用化、智能化的通信、导航和控制系统，发展面向全面风险管控和多类空域融合运用的技术体系和装备，形成安全运营支撑体系。

专栏7　新一代民用飞机创新工程
以重大专项和民用飞机科研为支撑，突破一批核心技术、系统、部件和材料，提高系统集成能力，重点发展系列化单通道窄体、双通道宽体大型飞机，系列化新型涡桨/涡扇支线飞机及先进通用航空器，着力开展新型民用飞机示范运营和市场推广，建立具有市场竞争力的产品保障和客户服务体系。C919、MA700完成适航取证并交付用户，ARJ21实现批量生产交付；一批重点通用航空器完成研制和市场应用。

（三）做大做强卫星及应用产业。建设自主开放、安全可靠、长期稳定运行的国家民用空间基础设施，加速卫星应用与基础设施融合发展。到2020年，基本建成主体功能完备的国家民用空间基础设施，满足我国各领域主要业务需求，基本实现空间信息应用自主保障，形成较为完善的卫星及应用产业链。

加快卫星及应用基础设施建设。构建星座和专题卫星组成的遥感卫星系统，形成“高中低”分辨率合理配置、空天地一体多层观测的全球数据获取能力；加强地面系统建设，汇集高精度、全要素、体系化的地球观测信息，构建“大数据地球”。打造国产高分辨率商业遥感卫星运营服务平台。发展固定通信广播、移动通信广播和数据中继三个卫星系列，形成覆盖全球主要地区的卫星通信广播系统。实施第二代卫星导航系统国家科技重大专项，加快建设卫星导航空间系统和地面系统，建成北斗全球卫星导航系统，形成高精度全球服务能力。采用政府和社会资本合作（PPP）模式推进遥感卫星等建设。

提升卫星性能和技术水平。掌握长寿命、高稳定性、高定位精度、大承载量和强敏捷能力的卫星应用平台技术，突破高分辨率、高精度、高可靠性及综合探测等有效载荷技术。优先发展遥感卫星数据处理技术和业务应用技术。提升宽带通信卫星、移动多媒体广播卫星等技术性能。加强卫星平台型谱化建设，有序推进中小微卫星发展。

推进卫星全面应用。统筹军民空间基础设施，完善卫星数据共用共享机制，加强卫星大众化、区域化、国际化应用，加快卫星遥感、通信与导航融合化应用，利用物联网、移动互联网等新技术，创新“卫星+”应用模式。面向防灾减灾、应急、海洋等领域需求，开展典型区域综合应用示范。面向政府部门业务管理和社会服务需求，开展现代农业、新型城镇化、智慧城市、智慧海洋、边远地区等的卫星综合应用示范。围绕国家区域发展总体战略，推动“互联网+天基信息应用”深入发展，打造空间信息消费全新产业链和商业模式。推进商业卫星发展和卫星商业化应用。积极布局海外市场，建立“一带一路”空间信息走廊。

专栏8　空间信息智能感知工程
加快构建以遥感、通信、导航卫星为核心的国家空间基础设施，加强跨领域资源共享与信息综合服务能力建设，积极推进空间信息全面应用，为资源环境动态监测预警、防灾减灾与应急指挥等提供及时准确的空间信息服务，加强面向全球提供综合信息服务能力建设，大力拓展国际市场。

（四）强化轨道交通装备领先地位。推进轨道交通装备产业智能化、绿色化、轻量化、系列化、标准化、平台化发展，加快新技术、新工艺、新材料的应用，研制先进可靠的系列产品，完善相关技术标准体系，构建现代轨道交通装备产业创新体系，打造覆盖干线铁路、城际铁路、市域（郊）铁路、城市轨道交通的全产业链布局。

打造具有国际竞争力的轨道交通装备产业链。形成中国标准新型高速动车组、节能型永磁电机驱动高速列车、30 吨轴重重载电力机车和车辆、大型养路机械等产品系列，推进时速 500 公里轮轨试验列车、时速 600 公里磁悬浮系统等新型列车研发和产业化，构建完整产业链。加强产品质量检验检测认证综合能力建设。加快“走出去”步伐，提升国际竞争力。

推进新型城市轨道交通装备研发及产业化。面向大城市复杂市域交通需求，推动时速 120—160 公里、与城市轨道交通无缝衔接的市域（郊）铁路装备，适应不同技术路线的跨座式单轨，自动导轨快捷运输系统等研发与应用，构建时速 200 公里及以下中低速磁悬浮系统的设计、制造、试验、检测技术平台，建立完善产品认证制度，建立新型城市轨道交通车辆技术标准和规范，领跑国际技术标准。

突破产业关键零部件及绿色智能化集成技术。进一步研发列车牵引制动系统、列车网络控制系统、通信信号系统、电传动系统、智能化系统、车钩缓冲系统、储能与节能系统、高速轮对、高性能转向架、齿轮箱、轴承、轻量化车体等关键系统和零部件，形成轨道交通装备完整产业链。加强永磁电机驱动、全自动运行、基于第四代移动通信的无线综合承载等技术研发和产业化。优化完善高速铁路列控系统和城际铁路列控技术标准体系。

（五）增强海洋工程装备国际竞争力。推动海洋工程装备向深远海、极地海域发展和多元化发展，实现主力装备结构升级，突破重点新型装备，提升设计能力和配套系统水平，形成覆盖科研开发、总装建造、设备供应、技术服务的完整产业体系。

重点发展主力海洋工程装备。加快推进物探船、深水半潜平台、钻井船、浮式生产储卸装置、海洋调查船、半潜运输船、起重铺管船、多功能海洋工程船等主力海工装备系列化研发，构建服务体系，设计建造能力居世界前列。

加快发展新型海洋工程装备。突破浮式钻井生产储卸装置、浮式液化天然气储存和再气化装置、深吃水立柱式平台、张力腿平台、极地钻井平台、海上试验场等研发设计和建造技术，建立规模化生产制造工艺体系，产品性能及可靠性达到国际先进水平。

加强关键配套系统和设备研发及产业化。产学研用相结合，提高升降锁紧系统、深水锚泊系统、动力定位系统、自动控制系统、水下钻井系统、柔性立管深海观测系统等关键配套设备设计制造水平，大力发展海洋工程用高性能发动机，提升专业化配套能力。

专栏 9　海洋工程装备创新发展工程
推动大型浮式结构物等新型装备、3600 米以上超深水钻井平台等深远海装备、海洋极地调查观测装备等研究开发，实现科研成果工程化和产业化，促进总装及配套产业协调发展。完善海洋工程装备标准体系。

（六）提高新材料基础支撑能力。顺应新材料高性能化、多功能化、绿色化发展趋势，推动特色资源新材料可持续发展，加强前沿材料布局，以战略性新兴产业和重大工程建设需求为导向，优化新材料产业化及应用环境，加强新材料标准体系建设，提高新材料应用水平，推进新材料融入高端制造供应链。到2020年，力争使若干新材料品种进入全球供应链，重大关键材料自给率达到70%以上，初步实现我国从材料大国向材料强国的战略性转变。

推动新材料产业提质增效。面向航空航天、轨道交通、电力电子、新能源汽车等产业发展需求，扩大高强轻合金、高性能纤维、特种合金、先进无机非金属材料、高品质特殊钢、新型显示材料、动力电池材料、绿色印刷材料等规模化应用范围，逐步进入全球高端制造业采购体系。推动优势新材料企业“走出去”，加强与国内外知名高端制造企业的供应链协作，开展研发设计、生产贸易、标准制定等全方位合作。提高新材料附加值，打造新材料品牌，增强国际竞争力。建立新材料技术成熟度评价体系，研究建立新材料首批次应用保险补偿机制。组建新材料性能测试评价中心。细化完善新材料产品统计分类。

以应用为牵引构建新材料标准体系。围绕新一代信息技术、高端装备制造、节能环保等产业需求，加强新材料产品标准与下游行业设计规范的衔接配套，加快制定重点新材料标准，推动修订老旧标准，强化现有标准推广应用，加强前沿新材料标准预先研究，提前布局一批核心标准。加快新材料标准体系国际化进程，推动国内标准向国际标准转化。

促进特色资源新材料可持续发展。推动稀土、钨钼、钒钛、锂、石墨等特色资源高质化利用，加强专用工艺和技术研发，推进共伴生矿资源平衡利用，支持建立专业化的特色资源新材料回收利用基地、矿物功能材料制造基地。在特色资源新材料开采、冶炼分离、深加工各环节，推广应用智能化、绿色化生产设备与工艺。发展海洋生物来源的医学组织工程材料、生物环境材料等新材料。

前瞻布局前沿新材料研发。突破石墨烯产业化应用技术，拓展纳米材料在光电子、新能源、生物医药等领域应用范围，开发智能材料、仿生材料、超材料、低成本增材制造材料和新型超导材料，加大空天、深海、深地等极端环境所需材料研发力度，形成一批具有广泛带动性的创新成果。

专栏10　新材料提质和协同应用工程
加强新型绿色建材标准与公共建筑节能标准的衔接，加快制定轨道交通装备用齿轮钢、航空航天用碳/碳复合结构材料、高温合金、特种玻璃、宽禁带半导体以及电子信息用化学品、光学功能薄膜、人工晶体材料等标准，完善节能环保用功能性膜材料、海洋防腐材料配套标准，做好增材制造材料、稀土功能材料、石墨烯材料标准布局，促进新材料产品品质提升。加强新材料产业上下游协作配套，在航空铝材、碳纤维复合材料、核电用钢等领域开展协同应用试点示范，搭建协同应用平台。

四、加快生物产业创新发展步伐，培育生物经济新动力

把握生命科学纵深发展、生物新技术广泛应用和融合创新的新趋势，以基因技术快速发展为契机，推动医疗向精准医疗和个性化医疗发展，加快农业育种向高效精准育种升级转化，拓展海洋生物资源新领域、促进生物工艺和产品在更广泛领域替代应用，以新的发展模式助力生物能源大规模应用，培育高品质专业化生物服务新业态，将生物经济加速打造成为继信息经济后的重要新经济形态，为健康中国、美丽中国建设提供新支撑。到2020年，生物产业规模达到8—10万亿元，形成一批具有较强国际竞争力的新型生物技术企业和生物经济集群。

（一）构建生物医药新体系。加快开发具有重大临床需求的创新药物和生物制品，加快推广绿色化、智能化制药生产技术，强化科学高效监管和政策支持，推动产业国际化发展，加快建设生物医药强国。

推动生物医药行业跨越升级。加快基因测序、细胞规模化培养、靶向和长效释药、绿色智能生产等技术研发应用，支撑产业高端发展。开发新型抗体和疫苗、基因治疗、细胞治疗等生物制品和制剂，推动化学药物创新和高端制剂开发，加速特色创新中药研发，实现重大疾病防治药物原始创新。支持生物类似药规模化发展，开展专利到期药物大品种研发和生产，加快制药装备升级换代，提升制药自动化、数字化和智能化水平，进一步推动中药产品标准化发展，促进产业标准体系与国际接轨，加速国际化步伐。发展海洋创新药物，开发具有民族特色的现代海洋中药产品，推动试剂原料和中间体产业化，形成一批海洋生物医药产业集群。

专栏11　新药创制与产业化工程
围绕构建可持续发展的生物医药产业体系，以抗体药物、重组蛋白药物、新型疫苗等新兴药物为重点，推动临床紧缺的重大疾病、多发疾病、罕见病、儿童疾病等药物的新药研发、产业化和质量升级，整合各类要素形成一批先进产品标准和具有国际先进水平的产业技术体系，提升关键原辅料和装备配套能力，支撑生物技术药物持续创新发展。

创新生物医药监管方式。建立更加科学高效的医药审评审批方式，加快推开药品上市许可持有人制度试点，加快仿制药质量和疗效一致性评价，探索开展医疗新技术临床实验研究认可制度试点。完善药品采购机制，全面推动医药价格和行业监管等领域体制机制改革。

（二）提升生物医学工程发展水平。深化生物医学工程技术与信息技术融合发展，加快行业规制改革，积极开发新型医疗器械，构建移动医疗、远程医疗等诊疗新模式，促进智慧医疗产业发展，推广应用高性能医疗器械，推进适应生命科学新技术发展的新仪器和试剂研发，提升我国生物医学工程产业整体竞争力。

发展智能化移动化新型医疗设备。开发智能医疗设备及其软件和配套试剂、全方位远程医疗服务平台和终端设备，发展移动医疗服务，制定相关数据标准，促进互联互通，初步建立信息技术与生物技术深度融合的现代智能医疗服务体系。

开发高性能医疗设备与核心部件。发展高品质医学影像设备、先进放射治疗设备、高通量低成本基因测序仪、基因编辑设备、康复类医疗器械等医学装备，大幅提升医疗设备稳定性、可靠性。利用增材制造等新技术，加快组织器官修复和替代材料及植介入医疗器械产品创新和产业化。加速发展体外诊断仪器、设备、试剂等新产品，推动高特异性分子诊断、生物芯片等新技术发展，支撑肿瘤、遗传疾病及罕见病等体外快速准确诊断筛查。

专栏 12　生物技术惠民工程
推进网络化基因技术应用示范中心建设，开展出生缺陷基因筛查、肿瘤早期筛查及用药指导等应用示范。发展和应用新型生物治疗技术，推动新型个体化生物治疗标准化、规范化。开发智能化和高性能医疗设备，支持企业、医疗机构、研究机构等联合建设第三方影像中心，开展协同诊疗和培训，试点建立居民健康影像档案。开展区域性综合应用示范，实现区域生物基塑料制品、包装材料等替代50%以上的传统石化塑料制品。在城镇或企业周边建设生物质集中供气供热示范工程，探索多元协同共赢的市场化发展模式。

（三）加速生物农业产业化发展。以产出高效、产品安全、资源节约、环境友好为目标，创制生物农业新品种，开发动植物营养和绿色植保新产品，构建现代农业新体系，形成一批具有国际竞争力的生物育种企业，为加快农业发展方式转变提供新途径、新支撑。

构建生物种业自主创新体系。开展基因编辑、分子设计、细胞诱变等关键核心技术创新与育种应用，研制推广一批优质、高产、营养、安全、资源高效利用、适应标准化生产的农业动植物新品种，积极推进生物技术培育新品种产业化，形成一批以企业为主体的生物育种创新平台，打造具有核心竞争力的育繁推一体化现代生物种业企业，加快农业动植物新品种产业化和市场推广。发展动植物检疫新技术，加强国外优质动植物品种资源引进检疫平台建设。

开发一批新型农业生物制剂与重大产品。大力发展动植物病虫害防控新技术、新产品，建立基于病虫基因组信息的绿色农药、兽药创制技术体系，创制一批新型动物疫苗、生物兽药、植物新农药等重大产品，实现规模生产与应用，推动农业生产绿色转型。创制可替代抗生素的新型绿色生物饲料和高效生物肥料产品。深度挖掘海洋生物资源，开发绿色、安全、高效的新型海洋生物功能制品，开辟综合利用新途径。推动食品合成生物工程技术、食品生物高效转化技术、肠道微生物宏基因组学等关键技术创新与精准营养食品创制。

（四）推动生物制造规模化应用。加快发展微生物基因组工程、酶分子机器、细胞工厂等新技术，提升工业生物技术产品经济性，推进生物制造技术向化工、材料、能源等领域渗透应用，推动以清洁生物加工方式逐步替代传统化学加工方式，实现可再生资源逐步替代化石资源。

不断提升生物制造产品经济性和规模化发展水平。发展新生物工具创制与应用技术体系，实现一批有机酸、化工醇、烯烃、烷烃、有机胺等基础化工产品的生物法生产与应用，推动生物基聚酯、生物基聚氨酯、生物尼龙、生物橡胶、微生物多糖等生物基材料产业链条化、集聚化、规模化发展，提升氨基酸、维生素等大宗发酵产品自主创新能力和发展水平。

建立生态安全、绿色低碳、循环发展的生物法工艺体系。发展高效工业生物催化转化技术体系，提升绿色生物工艺应用水平。建立甾体药物、手性化合物、稀少糖醇等生物催化合成路线，实现医药化工等中间体绿色化、规模化生产。促进绿色生物工艺在农业、化工、食品、医药、轻纺、冶金、能源等领域全面进入和示范应用，显著降低物耗能耗和污染物排放。

（五）培育生物服务新业态。以专业化分工促进生物技术服务创新发展，构建新技术专业化服务模式，不断创造生物经济新增长点。

增强生物技术对消费者的专业化服务能力。发展专业化诊疗机构，培育符合规范的液体活检、基因诊断等新型技术诊疗服务机构。发展健康体检和咨询、移动医疗等健康管理服务，推动构建生物大数据、医疗健康大数据共享平台，试点建立居民健康影像档案，鼓励构建线上线下相结合的智能诊疗生态系统，推动医学检验检测、影像诊断等服务专业化发展。

专栏 13　生物产业创新发展平台建设工程
依托并整合现有资源，建设一批创新基础平台，支持基因库、干细胞库、中药标准库、高级别生物安全实验室、蛋白元件库等建设。加快推动构建一批转化应用平台，推进抗体筛选平台、医学影像信息库、农作物分子育种平台等载体建设。积极发展一批检测服务平台，推进仿制药一致性评价技术平台、生物药质量及安全测试技术创新平台、农产品安全质量检测平台、生物质能检验检测及监测公共服务平台等建设，完善相关标准。

提高生物技术服务对产业的支持水平。发展符合国际标准的药物研发与生产服务，鼓励医药企业加强与合同研发、委托制造企业的合作。推动基因检测和诊断等新兴技术在各领域应用转化，支持生物信息服务机构提升技术水平。为药品、医疗器械、种业、生物能源等生物产品提供检测、评价、认证等公共服务，加快产品上市进度，提升产品质量。鼓励生物技术在水污染控制、大气污染治理、有毒有害物质降解、废物资源化等领域拓展应用，积极引导生物环保技术企业跨地区、跨行业

联合或兼并，实现做大做强。构建生物技术专业化双创平台，降低生物产业创新创业成本，支持各类人员开办虚拟研发企业，释放创新潜能。

（六）创新生物能源发展模式。着力发展新一代生物质液体和气体燃料，开发高性能生物质能源转化系统解决方案，拓展生物能源应用空间，力争在发电、供气、供热、燃油等领域实现全面规模化应用，生物能源利用技术和核心装备技术达到世界先进水平，形成较成熟的商业化市场。

促进生物质能源清洁应用。重点推进高寿命、低电耗生物质燃料成型设备、生物质供热锅炉、分布式生物质热电联产等关键技术和设备研发，促进生物质成型燃料替代燃煤集中供热、生物质热电联产。按照因地制宜、就近生产消纳原则，示范建设集中式规模化生物燃气应用工程，突破大型生物质集中供气原料处理、高效沼气厌氧发酵等关键技术瓶颈。探索建立多元、协同、共赢的市场化发展模式，鼓励多产品综合利用，为生产生活提供清洁优质能源。

推进先进生物液体燃料产业化。重点突破高效低成本的生物质液体燃料原料处理和制备技术瓶颈，建设万吨级生物质制备液体燃料及多产品联产综合利用示范工程。完善原料供应体系，有序发展生物柴油。推进油藻生物柴油、生物航空燃料等前沿技术研发与产业化。

五、推动新能源汽车、新能源和节能环保产业快速壮大，构建可持续发展新模式

把握全球能源变革发展趋势和我国产业绿色转型发展要求，着眼生态文明建设和应对气候变化，以绿色低碳技术创新和应用为重点，引导绿色消费，推广绿色产品，大幅提升新能源汽车和新能源的应用比例，全面推进高效节能、先进环保和资源循环利用产业体系建设，推动新能源汽车、新能源和节能环保等绿色低碳产业成为支柱产业，到2020年，产值规模达到10万亿元以上。

（一）实现新能源汽车规模应用。强化技术创新，完善产业链，优化配套环境，落实和完善扶持政策，提升纯电动汽车和插电式混合动力汽车产业化水平，推进燃料电池汽车产业化。到2020年，实现当年产销200万辆以上，累计产销超过500万辆，整体技术水平保持与国际同步，形成一批具有国际竞争力的新能源汽车整车和关键零部件企业。

全面提升电动汽车整车品质与性能。加快推进电动汽车系统集成技术创新与应用，重点开展整车安全性、可靠性研究和结构轻量化设计。提升关键零部件技术水平、配套能力与整车性能。加快电动汽车安全标准制定和应用。加速电动汽车智能化技术应用创新，发展智能自动驾驶汽车。开展电动汽车电力系统储能应用技术研发，实施分布式新能源与电动汽车联合应用示范，推动电动汽车与智能电网、新能源、储能、智能驾驶等融合发展。建设电动汽车联合创新平台和跨行业、跨领域的技术创新战略联盟，促进电动汽车重大关键技术协同创新。完善电动汽车生产准入政策，研究实施新能源汽车积分管理制度。到 2020 年，电动汽车力争具备商业化推广的市场竞争力。

建设具有全球竞争力的动力电池产业链。大力推进动力电池技术研发，着力突破电池成组和系统集成技术，超前布局研发下一代动力电池和新体系动力电池，实现电池材料技术突破性发展。加快推进高性能、高可靠性动力电池生产、控制和检测设备创新，提升动力电池工程化和产业化能力。培育发展一批具有持续创新能力的动力电池企业和关键材料龙头企业。推进动力电池梯次利用，建立上下游企业联动的动力电池回收利用体系。到 2020 年，动力电池技术水平与国际水平同步，产能规模保持全球领先。

专栏 14　新能源汽车动力电池提升工程
完善动力电池研发体系，加快动力电池创新中心建设，突破高安全性、长寿命、高能量密度锂离子电池等技术瓶颈。在关键电池材料、关键生产设备等领域构建若干技术创新中心，突破高容量正负极材料、高安全性隔膜和功能性电解液技术。加大生产、控制和检测设备创新，推进全产业链工程技术能力建设。开展燃料电池、全固态锂离子电池、金属空气电池、锂硫电池等领域新技术研究开发。

系统推进燃料电池汽车研发与产业化。加强燃料电池基础材料与过程机理研究，推动高性能低成本燃料电池材料和系统关键部件研发。加快提升燃料电池堆系统可靠性和工程化水平，完善相关技术标准。推动车载储氢系统以及氢制备、储运和加注技术发展，推进加氢站建设。到 2020 年，实现燃料电池汽车批量生产和规模化示范应用。

加速构建规范便捷的基础设施体系。按照“因地适宜、适度超前”原则，在城市发展中优先建设公共服务区域充电基础设施，积极推进居民区与单位停车位配建充电桩。完善充电设施标准规范，推进充电基础设施互联互通。加快推动高功率密度、高转换效率、高适用性、无线充电、移动充电等新型充换电技术及装备研发。加强检测认证、安全防护、与电网双向互动等关键技术研究。大力推动“互联网 + 充电基础设施”，提高充电服务智能化水平。鼓励充电服务企业创新商业模式，提升持续发展能力。到 2020 年，形成满足电动汽车需求的充电基础设施体系。

（二）推动新能源产业发展。加快发展先进核电、高效光电光热、大型风电、高效储能、分布式能源等，加速提升新能源产品经济性，加快构建适应新能源高比例发展的电力体制机制、新型电网和创新支撑体系，促进多能互补和协同优化，引领能源生产与消费革命。到2020年，核电、风电、太阳能、生物质能等占能源消费总量比重达到8%以上，产业产值规模超过1.5万亿元，打造世界领先的新能源产业。

推动核电安全高效发展。采用国际最高安全标准，坚持合作创新，重点发展大型先进压水堆、高温气冷堆、快堆及后处理技术装备，提升关键零部件配套能力，加快示范工程建设。提升核废料回收利用和安全处置能力。整合行业资源，形成系统服务能力，推动核电加快“走出去”。到2020年，核电装机规模达到5800万千瓦，在建规模达到3000万千瓦，形成国际先进的集技术开发、设计、装备制造、运营服务于一体的核电全产业链发展能力。

促进风电优质高效开发利用。大力发展智能电网技术，发展和挖掘系统调峰能力，大幅提升风电消纳能力。加快发展高塔长叶片、智能叶片、分散式和海上风电专用技术等，重点发展5兆瓦级以上风电机组、风电场智能化开发与运维、海上风电场施工、风热利用等领域关键技术与设备。建设风电技术测试与产业监测公共服务平台。到2020年，风电装机规模达到2.1亿千瓦以上，实现风电与煤电上网电价基本相当，风电装备技术创新能力达到国际先进水平。

推动太阳能多元化规模化发展。突破先进晶硅电池及关键设备技术瓶颈，提升薄膜太阳能电池效率，加强钙钛矿、染料敏化、有机等新型高效低成本太阳能电池技术研发，大力发展太阳能集成应用技术，推动高效低成本太阳能利用新技术和新材料产业化，建设太阳能光电光热产品测试与产业监测公共服务平台，大幅提升创新发展能力。统筹电力市场和外输通道，有序推进西部光伏光热发电开发，加快中东部分布式光伏发展，推动多种形式的太阳能综合开发利用。加快实施光伏领跑者计划，形成光热发电站系统集成和配套能力，促进先进太阳能技术产品应用和发电成本快速下降，引领全球太阳能产业发展。到2020年，太阳能发电装机规模达到1.1亿千瓦以上，力争实现用户侧平价上网。其中，分布式光伏发电、光伏电站、光热发电装机规模分别达到6000万千瓦、4500万千瓦、500万千瓦。

积极推动多种形式的新能源综合利用。突破风光互补、先进燃料电池、高效储能与海洋能发电等新能源电力技术瓶颈，加快发展生物质供气供热、生物质与燃煤耦合发电、地热能供热、空气能供热、生物液体燃料、海洋能供热制冷等，开展生物天然气多领域应用和区域示范，推进新能源多产品联产联供技术产业化。加速发展融合储能与微网应用的分布式能源，大力推动多能互补集成优化示范工程建设。建立健全新能源综合开发利用的技术创新、基础设施、运营模式及政策支撑体系。

大力发展“互联网+”智慧能源。加快研发分布式能源、储能、智能微网等关键技术，构建智能化电力运行监测管理技术平台，建设以可再生能源为主体的“源—网—荷—储—用”协调发展、集成互补的能源互联网，发展能源生产大数据预测、调度与运维技术，建立能源生产运行的监测、管理和调度信息公共服务网络，促进能源产业链上下游信息对接和生产消费智能化。推动融合储能设施、物联网、智能用电设施等硬件及碳交易、互联网金融等衍生服务于一体的绿色能源网络发展，促进用户端智能化用能、能源共享经济和能源自由交易发展，培育基于智慧能源的新业务、新业态，建设新型能源消费生态与产业体系。

加快形成适应新能源高比例发展的制度环境。围绕可再生能源比重大幅提高、弃风弃光率近零的目标，完善调度机制和运行管理方式，建立适应新能源电力大规模发展的电网运行管理体系。完善风电、太阳能、生物质能等新能源国家标准和清洁能源定价机制，建立新能源优先消纳机制。建立可再生能源发电补贴政策动态调整机制和配套管理体系。将分布式新能源纳入电力和供热规划以及国家新一轮配网改造计划，促进“源—网—用”协调发展，实现分布式新能源直供与无障碍入网。

专栏 15　新能源高比例发展工程
为实现新能源灵活友好并网和充分消纳，加快安全高效的输电网、可靠灵活的主动配电网以及多种分布式电源广泛接入互动的微电网建设，示范应用智能化大规模储能系统及柔性直流输电工程，建立适应分布式电源、电动汽车、储能等多元化负荷接入需求的智能化供需互动用电系统，建成适应新能源高比例发展的新型电网体系。 选择适宜区域开展分布式光电、分散式风电、生物质能供气供热、地热能、海洋能等多能互补的新能源综合开发，融合应用大容量储能、微网技术，构建分布式能源综合利用系统，引领能源供应方式变革。

（三）大力发展高效节能产业。适应建设资源节约型、环境友好型社会要求，树立节能为本理念，全面推进能源节约，提升高效节能装备技术及产品应用水平，推进节能技术系统集成和示范应用，支持节能服务产业做大做强，促进高效节能产业快速发展。到2020年，高效节能产业产值规模力争达到3万亿元。

大力提升高效节能装备技术及应用水平。鼓励研发高效节能设备（产品）及关键零部件，加大示范推广力度，加速推动降低综合成本。制修订强制性能效和能耗限额标准，加快节能科技成果转化应用。发布节能产品和技术推广目录，完善节能产品政府采购政策，推动提高节能产品市场占有率。完善能效标识制度和节能产品认证制度，在工业、建筑、交通和消费品等领域实施能效领跑者制度，推动用能企业和产品制造商跨越式提高能效。

大力推进节能技术系统集成及示范应用。在示范园区等重点区域和重点行业开展节能技术系统集成试点，整合高耗能企业的余热、余压、余气资源，鼓励利用余热采暖、利用余能和低温余热发电。鼓励重点用能单位及耗能设备配备智能能源计量和远程诊断设备，借助信息网络技术加强系统自动监控和智能分析能力，促进提高综合能效。深入推进流程工业系统优化工艺技术，推动工业企业能源管控中心建设，鼓励企业在低温加热段使用太阳能集热器，实现生产工艺和能源供应的综合优化。推进化石能源近零消耗建筑技术产业化，大力推广应用节能门窗、绿色节能建材等产品。鼓励风电、太阳能发电与企业能源供管系统综合集成，推动可再生能源就地消纳。

做大做强节能服务产业。支持合同能源管理、特许经营等业态快速发展，推动节能服务商业模式创新，推广节能服务整体解决方案。支持节能服务公司通过兼并、联合、重组等方式实现规模化、品牌化、网络化经营。搭建绿色融资平台，推动发行绿色债券，支持节能服务公司融资。制定相关标准，提高节能服务规范化水平。制定节能服务机构管理办法，建立健全节能第三方评估机制。搭建节能服务公司、重点用能单位、第三方评估机构履约登记和服务平台，营造诚实守信的市场环境。

专栏16 节能技术装备发展工程
组织实施节能关键共性技术提升工程、节能装备制造工程。鼓励研发高性能建筑保温材料、光伏一体化建筑用玻璃幕墙、紧凑型户用空气源热泵装置、大功率半导体照明芯片与器件、先进高效燃气轮机发电设备、煤炭清洁高效利用技术装备、浅层地热能利用装置、蓄热式高温空气燃烧装置等一批高效节能设备（产品）及其关键零部件。 实施燃煤锅炉节能环保综合提升工程、供热管网系统能效综合提升工程、电机拖动系统能效提升工程，推进燃煤电厂节能与超低排放改造、电机系统节能、能量系统优化、余热余压利用等重大关键节能技术与产品规模化应用示范。组织实施城市、园区和企业节能示范工程，推广高效节能技术集成示范应用。

（四）加快发展先进环保产业。大力推进实施水、大气、土壤污染防治行动计划，推动区域与流域污染防治整体联动，海陆统筹深入推进主要污染物减排，促进环保装备产业发展，推动主要污染物监测防治技术装备能力提升，加强先进适用环保技术装备推广应用和集成创新，积极推广应用先进环保产品，促进环境服务业发展，全面提升环保产业发展水平。到2020年，先进环保产业产值规模力争超过2万亿元。

提升污染防治技术装备能力。围绕水、大气、土壤污染防治，集中突破工业废水、雾霾、土壤农药残留、水体及土壤重金属污染等一批关键治理技术，加快形成成套装备、核心零部件及配套材料生产能力。建设一批技术先进、配套齐全、发展规范的重大环保技术装备产业化示范基地，形成以骨干企业为核心、专精特新中小企业快速成长的产业良性发展格局。支持危险废弃物防治技术研发，提高危险废弃物处理处置水平。支持环保产业资源优化整合，积极拓展国际市场。

加强先进适用环保技术装备推广应用和集成创新。定期更新《国家鼓励发展的重大环保技术装备目录》，强化供需对接，加强先进适用环保装备在冶金、化工、建材、食品等重点领域应用。加快环保产业与新一代信息技术、先进制造技术深度融合，强化先进环保装备制造能力，提高综合集成水平。支持建立产学研用相结合的环保技术创新联盟，加快技术集成创新研究与应用。

积极推广应用先进环保产品。大力推广应用离子交换树脂、生物滤料及填料、高效活性炭、循环冷却水处理药剂、杀菌灭藻剂、水处理消毒剂、固体废弃物处理固化剂和稳定剂等环保材料和环保药剂。扩大政府采购环保产品范围，不断提高环保产品采购比例。实施环保产品领跑者制度，提升环保产品标准，积极推广应用先进环保产品，组织实施先进环保装备技术进步与模式创新示范工程。

提升环境综合服务能力。基于各行业污染物大数据，推动建立环保装备与服务需求信息平台、技术创新转化交易平台、环保装备招投标信息平台，提高环保服务信息化水平。推动在环境监测中应用卫星和物联网技术，构建污染排放、环境质量基础数据与监控处置信息平台，提高环境监管智能化水平，深入推进环境服务业试点工作。发展环境修复服务，推广合同环境服务，促进环保服务整体解决方案推广应用。开展环境污染第三方治理试点和环境综合治理托管服务试点，在城镇污水垃圾处理、工业园区污染集中处理等重点领域深入探索第三方治理模式。推进产品绿色设计示范企业创建工作，支持企业开展绿色设计。

专栏 17　绿色低碳技术综合创新示范工程
对接绿色低碳试点示范项目，在具备条件的区域，以绿色低碳技术综合应用为核心，以互联网为纽带，建设新能源、新能源汽车与智慧交通系统、低碳社区、碳捕集和富碳农业、绿色智能工厂等综合应用设施，先行先试相关改革措施，促进绿色低碳技术、新一代信息技术与城镇化建设、生产生活的融合创新，广泛开展国际合作，打造相关技术综合应用示范区域。

（五）深入推进资源循环利用。树立节约集约循环利用的资源观，大力推动共伴生矿和尾矿综合利用、“城市矿产”开发、农林废弃物回收利用和新品种废弃物回收利用，发展再制造产业，完善资源循环利用基础设施，提高政策保障水平，推动资源循环利用产业发展壮大。到2020年，力争当年替代原生资源13亿吨，资源循环利用产业产值规模达到3万亿元。

大力推动大宗固体废弃物和尾矿综合利用。推动冶金渣、化工渣、赤泥、磷石膏等产业废弃物综合利用，推广一批先进适用技术与装备，加强对工业固体废弃物中战略性稀贵金属的回收利用。研发尾矿深度加工和综合利用技术，促进尾矿中伴生有价元素回收和高技术含量尾矿产品开发，提高尾矿综合利用经济性。研发复杂多金属尾矿选冶联合关键技术与装备、清洁无害化综合利用关键技术，研发单套设备处理能力达到每年 100—500 万吨的尾矿高效浓缩及充填料制备、输送、充填成套工艺技术。开发低品位钛渣优化提质技术，提高钒钛磁铁矿资源综合利用率。

促进“城市矿产”开发和低值废弃物利用。提高废弃电器电子产品、报废汽车拆解利用技术装备水平，促进废有色金属、废塑料加工利用集聚化规模化发展。加快建设城市餐厨废弃物、建筑垃圾和废旧纺织品等资源化、无害化处理系统，协同发挥各类固体废弃物处理设施作用，打造城市低值废弃物协同处理基地。落实土地、财税等相关优惠政策。完善再生资源回收利用基础设施，支持现有再生资源回收集散地升级改造。

加强农林废弃物回收利用。基本实现畜禽粪便、残膜、农作物秸秆、林业三剩物等农林废弃物资源化利用。推广秸秆腐熟还田技术，支持秸秆代木、纤维原料、清洁制浆、生物质能、商品有机肥等新技术产业化发展。鼓励利用畜禽粪便、秸秆等多种农林废弃物，因地制宜实施农村户用沼气和集中供沼气工程。推广应用标准地膜，引导回收废旧地膜和使用可降解地膜。鼓励利用林业废弃物建设热、电、油、药等生物质联产项目。积极开发农林废弃物超低排放焚烧技术。

积极开展新品种废弃物循环利用。开展新品种废弃物回收利用体系示范，推动废弃太阳能电池、废旧动力蓄电池、废碳纤维材料、废节能灯等新型废弃物回收利用，推广稀贵金属高效富集与清洁回收利用、电动汽车动力蓄电池梯级利用等。支持碳捕集、利用和封存技术研发与应用，发展碳循环产业。

大力推动海水资源综合利用。加快海水淡化及利用技术研发和产业化，提高核心材料和关键装备的可靠性、先进性和配套能力。推动建设集聚发展的海水淡化装备制造基地。开展海水资源化利用示范工程建设，推进大型海水淡化工程总包与服务。开展海水淡化试点示范，鼓励生产海水淡化桶装水，推进海水淡化水依法进入市政供水管网。推进海水冷却技术在沿海高用水行业规模化应用。加快从海水中提取钾、溴、镁等产品，实现高值化利用。

发展再制造产业。加强机械产品再制造无损检测、绿色高效清洗、自动化表面与体积修复等技术攻关和装备研发，加快产业化应用。组织实施再制造技术工艺应用示范，推进再制造纳米电刷镀技术装备、电弧喷涂等成熟表面工程装备示范应用。开展发动机、盾构机等高值零部件再制造。建立再制造旧件溯源及产品追踪信息系统，促进再制造产业规范发展。

健全资源循环利用产业体系。推动物联网电子监管技术在危险废弃物、电子废弃物利用处置等领域应用，支持再生资源企业建立线上线下融合的回收网络。统筹国内外再生资源利用，加强生活垃圾分类回收与再生资源回收的衔接。建设资源循环利用第三方服务体系，鼓励通过合同管理方式，提供废弃物管理、回收、再生加工、循环利用的整体解决方案。全面落实生产者责任延伸制度，鼓励使用再生产品和原料。建立健全覆盖固体废弃物、危险废弃物、再生产品、污染物控制等方面的标准体系。

专栏 18　资源循环替代体系示范工程
实施循环发展引领行动，推动太阳能光伏电池、废弃电子产品稀贵金属多组分分离提取和电动汽车动力蓄电池、废液晶等新品种废弃物的回收利用，开展基于“互联网 +”的废弃物回收利用体系示范。推进城市低值废弃物协同处置和大宗固体废弃物综合利用加快发展。建立以售后维修体系为核心的旧件回收体系，在商贸物流、金融保险、维修销售等环节和煤炭、石油等采掘企业推广应用再制造产品。鼓励专业化再制造服务公司提供整体解决方案和专项服务。

六、促进数字创意产业蓬勃发展，创造引领新消费

以数字技术和先进理念推动文化创意与创新设计等产业加快发展，促进文化科技深度融合、相关产业相互渗透。到 2020 年，形成文化引领、技术先进、链条完整的数字创意产业发展格局，相关行业产值规模达到 8 万亿元。

（一）创新数字文化创意技术和装备。适应沉浸式体验、智能互动等趋势，加强内容和技术装备协同创新，在内容生产技术领域紧跟世界潮流，在消费服务装备领域建立国际领先优势，鼓励深度应用相关领域最新创新成果。

提升创作生产技术装备水平。加大空间和情感感知等基础性技术研发力度，加快虚拟现实、增强现实、全息成像、裸眼三维图形显示（裸眼 3D）、交互娱乐引擎开发、文化资源数字化处理、互动影视等核心技术创新发展，加强大数据、物联网、人工智能等技术在数字文化创意创作生产领域的应用，促进创新链和产业链紧密衔接。鼓励企业运用数字创作、网络协同等手段提升生产效率。

增强传播服务技术装备水平。研发具有自主知识产权的超感影院、混合现实娱乐、广播影视融合媒体制播等配套装备和平台，开拓消费新领域。大力研发数字艺术呈现技术，提升艺术展演展陈数字化、智能化、网络化应用水平，支持文物保护装备产业化及应用。研究制定数字文化创意技术装备关键标准，推动自主标准国际化，完善数字文化创意技术装备和相关服务的质量管理体系。

专栏 19　数字文化创意技术装备创新提升工程
以企业为主体、产学研用相结合，构建数字文化创意产业创新平台，加强基础技术研发，大力发展虚拟现实、增强现实、互动影视等新型软硬件产品，促进相关内容开发。完善数字文化创意产业技术与服务标准体系，推动手机（移动终端）动漫、影视传媒等领域标准体系广泛应用，建立文物数字化保护和传承利用、智慧博物馆、超高清内容制作传输等标准。完善数字创意“双创”服务体系。

（二）丰富数字文化创意内容和形式。通过全民创意、创作联动等新方式，挖掘优秀文化资源，激发文化创意，适应互联网传播特点，创作优质、多样、个性化的数字创意内容产品。

促进优秀文化资源创造性转化。鼓励对艺术品、文物、非物质文化遗产等文化资源进行数字化转化和开发。依托地方特色文化，创造具有鲜明区域特点和民族特色的数字创意内容产品。加强现代设计与传统工艺对接，促进融合创新。提高图书馆、美术馆、文化馆、体验馆数字化、智能化水平，加强智慧博物馆和智慧文化遗产地建设，创新交互体验应用。

鼓励创作当代数字创意内容精品。强化高新技术支撑文化产品创作的力度，提高数字创意内容产品原创水平，加快出版发行、影视制作、演艺娱乐、艺术品、文化会展等行业数字化进程，提高动漫游戏、数字音乐、网络文学、网络视频、在线演出等文化品位和市场价值。鼓励多业态联动的创意开发模式，提高不同内容形式之间的融合程度和转换效率，努力形成具有世界影响力的数字创意品牌，支持中华文化“走出去”。

专栏 20 数字内容创新发展工程
依托先进数字技术，推动实施文化创意产品扶持计划和“互联网 +”中华文明行动计划，支持推广一批数字文化遗产精品，打造一批优秀数字文化创意产品，建设数字文化资源平台，实现文化创意资源的智能检索、开发利用和推广普及，拓展传播渠道，引导形成产业链。

（三）提升创新设计水平。挖掘创新设计产业发展内生动力，推动设计创新成为制造业、服务业、城乡建设等领域的核心能力。

强化工业设计引领作用。积极发展第三方设计服务，支持设计成果转化。鼓励企业加大工业设计投入，推动工业设计与企业战略、品牌深度融合，促进创新设计在产品设计、系统设计、工艺流程设计、商业模式和服务设计中的应用。支持企业通过创新设计提升传统工艺装备，推进工艺装备由单机向互联、机械化向自动化持续升级。以创意和设计引领商贸流通业创新，加强广告服务，健全品牌价值体系。制定推广行业标准，推动产业转型升级。支持建设工业设计公共服务平台。通过工业设计推动中国制造向中国创造、中国速度向中国质量转变。

提升人居环境设计水平。创新城市规划设计，促进测绘地理信息技术与城市规划相融合，利用大数据、虚拟现实等技术，建立覆盖区域、城乡、地上地下的规划信息平台，引导创新城市规划。从宏观、中观、微观等多层面加强城市设计，塑造地域特色鲜明的风貌。鼓励建筑设计创作，完善招投标制度和专家评标制度，扩展建筑师执业服务范围，引导建筑师参与项目策划、建筑设计、项目管理，形成激励建筑师创作的政策环境。加大建筑师培养力度，培育既有国际视野又有文化自信的建筑师队伍。倡导新型景观设计，改善人居环境。进一步提高装饰设计水平。

专栏 21 创新设计发展工程
制定实施制造业创新设计行动纲要，建设一批国家级工业设计中心，建设一批具有国际影响力的工业设计集聚区。建设增材制造等领域设计大数据平台与知识库，促进数据共享和供需对接。通过发展创业投资、政府购买服务、众筹试点等多种模式促进创新设计成果转化。

（四）推进相关产业融合发展。推动数字文化创意和创新设计在各领域应用，培育更多新产品、新服务以及多向交互融合的新业态，形成创意经济无边界渗透格局。

加快重点领域融合发展。推动数字创意在电子商务、社交网络中的应用，发展虚拟现实购物、社交电商、“粉丝经济”等营销新模式。推动数字创意在教育领域的应用，提升学习内容创意水平，加强数字文化教育产品开发和公共信息资源深度利用，推动教育服务创意化。提升旅游产品开发和旅游服务设计的文化内涵和数字化水平，促进虚拟旅游展示等新模式创新发展。挖掘创意“三农”发展潜力，提高休闲农业创意水平，促进地理标志农产品、乡村文化开发，以创意民宿推动乡村旅游发展和新农村建设。推动数字创意在医疗、展览展示、地理信息、公共管理等领域应用。构建数字创意相关项目资源库和对接服务平台，创新使用多种形式的线上线下推广手段，广泛开展会展活动，鼓励行业协会、研究机构积极开展跨领域交流合作。

推进数字创意生态体系建设。建立涵盖法律法规、行政手段、技术标准的数字创意知识产权保护体系，加大打击数字创意领域盗版侵权行为力度，保障权利人合法权益。积极研究解决虚拟现实、网络游戏等推广应用中存在的风险问题，切实保护用户生理和心理健康。改善数字创意相关行业管理规制，进一步放宽准入条件，简化审批程序，加强事中事后监管，促进融合发展。

七、超前布局战略性产业，培育未来发展新优势

以全球视野前瞻布局前沿技术研发，不断催生新产业，重点在空天海洋、信息网络、生命科学、核技术等核心领域取得突破，高度关注颠覆性技术和商业模式创新，在若干战略必争领域形成独特优势，掌握未来产业发展主动权，为经济社会持续发展提供战略储备、拓展战略空间。

（一）空天海洋领域。

显著提升空间进入能力。突破大推力发动机、大直径箭体设计、制造与先进控制等关键技术，发展重型运载火箭，保障未来重大航天任务实施。发展快速、廉价、可重复使用的小载荷天地往返运输系统。超前部署具有高空间定位精度的空间飞行器自主导航和飞行技术。

加快发展新型航天器。加强超高分辨率、超高精度时空基准、超高速安全通信、高性能星上处理、大功率电源、新型材料等关键技术研发，研制新型应用卫星。建立先进的载人空间科学实验平台和生命支持系统。发展空间飞行器轻量化小型化技术，推进应用型微、纳、皮卫星规范有序发展。部署和发射新型试验卫星。加快发展临近空间飞行器、可重复使用航天器等面向未来任务的新型航天器。

加快航空领域关键技术突破和重大产品研发。超前部署氢燃料、全电、组合动力等新型发动机关键技术研究，提升未来航空产业自主发展能力。加快发展多用途无人机、新构型飞机等战略性航空装备。前瞻布局超音速商务机、新概念新构型总体气动技术、先进高可靠性机电技术、新一代航空电子系统、航空新材料及新型复合材料加工技术。

发展新一代深海远海极地技术装备及系统。建立深海区域研究基地，发展海洋遥感与导航、水声探测、深海传感器、无人和载人深潜、深海空间站、深海观测系统、“空—海—底”一体化通信定位、新型海洋观测卫星等关键技术和装备。大力研发深远海油气矿产资源、可再生能源、生物资源等资源开发利用装备和系统，研究

发展海上大型浮式结构物，支持海洋资源利用关键技术研发和产业化应用，培育海洋经济新增长点。大力研发极地资源开发利用装备和系统，发展极地机器人、核动力破冰船等装备。

（二）信息网络领域。

构建未来网络新体系。着眼于提升当前网络体系架构可扩展性、安全性、可管控性、移动性和内容分发能力，系统布局新型网络架构、技术体系和安全保障体系研究，开展实验网络建设，研究构建泛在融合、绿色带宽、智能安全的新型网络。

加强关键技术和产品研发。面向万物互联需求，发展物联网搜索引擎、E级高性能计算、面向物端的边缘计算等技术和产品。开展深度学习、认知计算、虚拟现实、自然人机交互等领域前沿技术研发，提升信息服务智能化、个性化水平。布局太赫兹通信、可见光通信等技术研发，持续推动量子密钥技术应用。

推动电子器件变革性升级换代。加强低功耗高性能新原理硅基器件、硅基光电子、混合光电子、微波光电子等领域前沿技术和器件研发，形成一批专用关键制造设备，提升光网络通信元器件支撑能力。统筹布局量子芯片、量子编程、量子软件以及相关材料和装置制备关键技术研发，推动量子计算机的物理实现和量子仿真的应用。加强类脑芯片、超导芯片、石墨烯存储、非易失存储、忆阻器等新原理组件研发，推进后摩尔定律时代微电子技术开发与应用，实现产业跨越式发展。

（三）生物技术领域。

构建基于干细胞与再生技术的医学新模式。加快布局体细胞重编程科学技术研发，开发功能细胞获取新技术。完善细胞、组织与器官的体内外生产技术平台与基地。规范干细胞与再生领域法律法规和标准体系，完善知识产权评估与转化机制，持续深化干细胞与再生技术临床应用。发展肿瘤免疫治疗技术。

推进基因编辑技术研发与应用。建立具有自主知识产权的基因编辑技术体系，开发针对重大遗传性疾病、感染性疾病、恶性肿瘤等的基因治疗新技术。建立相关动物资源平台、临床研究及转化应用基地，促进基于基因编辑研究的临床转化和产业化发展。

加强合成生物技术研发与应用。突破基因组化学合成、生物体系设计再造、人工生物调控等关键技术，研究推进人工生物及人工生物器件临床应用和产业化。推动生物育种、生态保护、能源生产等领域颠覆性技术创新，构建基础原料供给、物质转化合成、民生服务新模式，培育合成生物产业链。

（四）核技术领域。

加快开发新一代核能装备系统。加快推动铅冷快堆、钍基熔盐堆等新核能系统试验验证和实验堆建设。支持小型和微型核动力堆研发设计和关键设备研制，开展实验堆建设和重点领域示范应用。积极参与国际热核聚变实验堆计划，不断完善全超导托卡马克核聚变实验装置等国家重大科技基础设施，开展实验堆概念设计、关键技术和重要部件研发。

发展非动力核技术。支持发展离子、中子等新型射线源，研究开发高分辨率辐射探测器和多维动态成像装置，发展精准治疗设备、医用放射性同位素、中子探伤、辐射改性等新技术和新产品，持续推动核技术在工业、农业、医疗健康、环境保护、资源勘探、公共安全等领域应用。

八、促进战略性新兴产业集聚发展，构建协调发展新格局

立足区域发展总体战略，围绕推进“一带一路”建设、京津冀协同发展、长江经济带发展，根据各地产业基础和特色优势，坚持因地制宜、因业布局、因时施策，加快形成点面结合、优势互补、错位发展、协调共享的战略性新兴产业发展格局。

（一）打造战略性新兴产业策源地。支持创新资源富集的中心城市形成以扩散知识技术为主要特征的战略性新兴产业策源地。发挥策源地城市科研人才密集、学科齐全、国际交流频繁等优势，支持建设一批国际一流的大学和科研机构，强化重点领域基础研究，大力促进新兴学科、交叉学科发展，支持建设新兴交叉学科研究中心，推进信息、生命、医疗、能源等领域原创性、颠覆性、支撑性技术开发，推动产学研用联动融合，形成引领战略性新兴产业发展的“辐射源”。以推进全面创新改革试验为契机，加快改革攻坚，完善科研项目经费管理和科技成果转移转化机制，最大限度减少不利于创新人才发展的制度障碍，探索建立适应创新要素跨境流动的体制机制。发挥策源地城市改革创新示范带动作用，在全国范围内推广一批有力度、有特色、有影响的重大改革举措。大力推动科技中介新业态发展，支持海外人才、科研人员、高校师生在策源地城市创业创新，支持海外知名大学、科研机构、企业在策源地城市建设产业创新平台和孵化器，打造战略性新兴产业创业创新高地。鼓励策源地城市开展“知识产权强市”建设，加大知识产权保护力度，强化知识产权运用和管理，加快发展知识产权服务业，更好利用全球创新成果，加速科技成果向全国转移扩散。

（二）壮大一批世界级战略性新兴产业发展集聚区。依托城市群建设，以全面创新改革试验区为重点，发展知识密集型战略性新兴产业集群，打造10个左右具有全球影响力、引领我国战略性新兴产业发展的标志性产业集聚区，推动形成战略性新兴产业发展的体制机制创新区、产业链创新链融合区、国际合作承载区。在东部地区打造国际一流的战略性新兴产业城市群，围绕京津冀协同发展，加强京津冀经济与科技人才联动，形成辐射带动环渤海地区和北方腹地发展的战略性新兴产业发展共同体；发挥长三角城市群对长江经济带的引领作用，以上海、南京、杭州、合肥、苏锡常等都市圈为支点，构筑点面结合、链群交融的产业发展格局；以广州、深圳为核心，全面提升珠三角城市群战略性新兴产业的国际竞争力，延伸布局产业链和服务链，带动区域经济转型发展；推动山东半岛城市群重点发展生物医药、高端装备制造、新一代信息技术、新材料等产业和海洋经济；围绕福州、厦门等重点城市，推动海峡西岸地区生物、海洋、集成电路等产业发展。依托中西部地区产业基础，大力推进成渝地区、武汉都市圈、长株潭城市群、中原城市群、关中平原城市群等重点区域战略性新兴产业发展，积极创造条件承接东部地区产业转移；支持昆明、贵阳等城市发展具有比较优势的产业，促进长江经济带上中下游地区产业协同发展。对接丝绸之路经济带建设，促进天山北坡、兰州—西宁等西北地区城市群发展特色产业。推动东北地区大力发展机器人及智能装备、光电子、生物医药及医疗器械、信息服务等产业，以沈阳、大连、哈尔滨、长春为支点，支持东北地区城市群打造国内领先的战略性新兴产业集群，带动区域经济转型升级。

（三）培育战略性新兴产业特色集群。充分发挥现有产业集聚区作用，通过体制机制创新激发市场活力，采用市场化方式促进产业集聚，完善扶持政策，加大扶持力度，培育百余个特色鲜明、大中小企业协同发展的优势产业集群和特色产业链。完善政府引导产业集聚方式，由招商引资向引资、引智、引技并举转变，打造以人才和科技投入为主的新经济；由“引进来”向“引进来”、“走出去”并重转变，充分整合利用全球创新资源和市场资源；由注重产业链发展向产业链、创新链协同转变，聚焦重点产业领域，依托科研机构和企业研发基础，提升产业创新能力；由产城分离向产城融合转变，推动研究机构、创新人才与企业相对集中，促进不同创新主体良性互动。避免对市场行为的过度干预，防止园区重复建设。鼓励战略性新兴产业向国家级新区等重点功能平台集聚。

九、推进战略性新兴产业开放发展，拓展合作新路径

贯彻国家开放发展战略部署，构建战略性新兴产业国际合作新机制，建设全球创新发展网络，推动产业链全球布局，拓展发展新路径。

（一）积极引入全球资源。抓住“一带一路”建设契机，推进国际产能合作，构建开放型创新体系，鼓励技术引进与合作研发，促进引进消化吸收与再创新。积极引导外商投资方向，鼓励外商投资战略性新兴产业，推动跨国公司、国际知名研究机构在国内设立研发中心。加大海外高端人才引进力度，畅通吸纳海外高端人才的绿色通道，为海外人才来华工作和创业提供更多便利。

（二）打造国际合作新平台。积极建立国际合作机制，推动签署落实政府间新兴产业和创新领域合作协议。推动双边互认人员资质、产品标准、认证认可结果，参与国际多边合作互认机制。以发达国家和“一带一路”沿线国家为重点，建设双边特色产业国际合作园区，引导龙头企业到海外建设境外合作园区。创新合作方式，提升重点领域开放合作水平。加强国际科技成果转化和孵化、人才培训等公共服务体系建设。

（三）构建全球创新发展网络。建立健全国际化创新发展协调推进和服务机制，加强驻外机构服务能力，利用二十国集团（G20）、夏季达沃斯等平台开展新经济交流，充分发挥有关行业协会和商会作用，搭建各类国际经济技术交流与合作平台。引导社会资本设立一批战略性新兴产业跨国并购和投资基金，支持一批城市对接战略性新兴产业国际合作，建设一批国际合作创新中心，发展一批高水平国际化中介服务机构，建立一批海外研发中心，构建全球研发体系，形成政府、企业、投资机构、科研机构、法律机构、中介机构高效协同的国际化合作网络。支持企业和科研机构参与国际科技合作计划、国际大科学计划和大科学工程，承担和组织国际重大科技合作项目。鼓励企业积极参与国际技术标准制定。

（四）深度融入全球产业链。推动产业链全球布局，在高端装备、新一代信息技术、新能源等重点领域，针对重点国家和地区确定不同推进方式和实施路径，推动产业链资源优化整合。支持企业、行业协会和商会、地方政府和部门创新方式开展战略性新兴产业国际产能合作，推动国内企业、中外企业组团共同开拓国际市场，支持产业链“走出去”，将“走出去”获得的优质资产、技术、管理经验反哺国内，形成综合竞争优势。推动高端装备、新一代信息技术等领域龙头企业海外拓展，与国际大企业开展更高层次合作，实现优势互补、共赢发展。

十、完善体制机制和政策体系，营造发展新生态

加快落实创新驱动发展战略，深入推进政府职能转变，持续深化重点领域和关键环节改革，强化制度建设，汇聚知识、技术、资金、人才等创新要素，全面营造有利于战略性新兴产业发展壮大的生态环境。

（一）完善管理方式。

推进简政放权、放管结合、优化服务改革。在电信、新药和医疗器械、新能源汽车生产准入等领域，进一步完善审批方式，最大限度减少事前准入限制，修改和废止有碍发展的行政法规和规范性文件，激发市场主体活力。坚持放管结合，区分

不同情况，积极探索和创新适合新技术、新产品、新业态、新模式发展的监管方式，既激发创新创造活力，又防范可能引发的风险。对发展前景和潜在风险看得准的“互联网+”、分享经济等新业态，量身定制监管模式；对看不准的领域，加强监测分析，鼓励包容发展，避免管得过严过死；对潜在风险大、有可能造成严重不良社会后果的，切实加强监管；对以创新之名行非法经营之实的，坚决予以取缔。严格执行降低实体经济企业成本各项政策措施，落实中央财政科研项目资金管理相关政策措施，推进科技成果产权制度改革。全面落实深化国有企业改革各项部署，在战略性新兴产业领域国有企业中率先进行混合所有制改革试点示范，开展混合所有制企业员工持股试点。发布战略性新兴产业重点产品和服务指导目录。

营造公平竞争市场环境。完善反垄断法配套规则，进一步加大反垄断和反不正当竞争执法力度，严肃查处信息服务、医疗服务等领域企业违法行为。建立健全工作机制，保障公平竞争审查制度有序实施，打破可再生能源发电、医疗器械、药品招标等领域的地区封锁和行业垄断，加大对地方保护和行业垄断行为的查处力度。完善信用体系，充分发挥全国信用信息共享平台和国家企业信用信息公示系统等作用，推进各类信用信息平台建设、对接和服务创新，加强信用记录在线披露和共享，为经营者提供信用信息查询、企业身份网上认证等服务。

加强政策协调。充分发挥战略性新兴产业发展部际联席会议制度作用，推动改革措施落地，加强工作沟通，避免相关政策碎片化。持续开展产业发展状况评估和前瞻性课题研究，准确定位改革发展方向。建立高层次政企对话咨询机制，在研究制订相关政策措施时积极听取企业意见。定期发布发展新经济培育新动能、壮大战略性新兴产业有关重点工作安排，统筹推进相关改革发展工作。

（二）构建产业创新体系。

深入开展大众创业万众创新。打造众创、众包、众扶、众筹平台，依托“双创”资源集聚的区域、科研院所和创新型企业等载体，支持建设“双创”示范基地，发展专业化众创空间。依托互联网打造开放共享的创新机制和创新平台，推动企业、科研机构、高校、创客等创新主体协同创新。着力完善促进“双创”的法律和政策体系。持续强化“双创”宣传，办好全国“双创”活动周，营造全社会关注“双创”、理解“双创”、支持“双创”的良好氛围。

强化公共创新体系建设。实施一批重大科技项目和重大工程，加强颠覆性技术研发和产业化。创新重大项目组织实施方式，探索实行项目决策、执行、评价、监督相对分开的组织管理机制。构建企业主导、政产学研用相结合的产业技术创新联盟，支持建设关键技术研发平台，在重点产业领域采取新机制建立一批产业创新中心。围绕重点领域创新发展需求，统筹部署国家重大科技基础设施等创新平台建设，加强设施和平台开放共享。按照科研基地优化布局统筹部署，建设一批国家技术创新中心，支撑引领战略性新兴产业发展。加强相关计量测试、检验检测、认证认可、知识和数据中心等公共服务平台建设。成立战略性新兴产业计量科技创新联盟，加强认证认可创新。落实和完善战略性新兴产业标准化发展规划，完善标准体系，支持关键领域新技术标准应用。

支持企业创新能力建设。实施国家技术创新工程，加强企业技术中心能力建设，推进创新企业百强工程，培育一批具有国际影响力的创新型领导企业，引领带动上下游产业创新能力提升。加大对科技型中小企业创新支持力度，落实研发费用加计扣除等税收优惠政策，引导企业加大研发投入。

完善科技成果转移转化制度。落实相关法律法规政策，组织实施促进科技成果转移转化行动。落实科技成果转化有关改革措施，提高科研人员成果转化收益分享比例，加快建立科技成果转移转化绩效评价和年度报告制度。引导有条件的高校和科研院所建立专业化、市场化的技术转移机构，加强战略性新兴产业科技成果发布，探索在战略性新兴产业相关领域率先建立利用财政资金形成的科技成果限时转化制度。

（三）强化知识产权保护和运用。

强化知识产权保护维权。积极推进专利法、著作权法修订工作。跟踪新技术、新业态、新模式发展创新，加强互联网、电子商务、大数据等领域知识产权保护规则研究，完善商业模式知识产权保护、商业秘密保护、实用艺术品外观设计专利保护等相关法律法规。完善知识产权快速维权机制，新建一批快速维权中心。将故意侵犯知识产权行为纳入社会信用记录，健全知识产权行政侵权查处机制，依法严厉打击侵犯知识产权犯罪行为，加大海关知识产权执法保护力度，推动提高知识产权侵权法定赔偿上限额度。

加强知识产权布局运用。大力推行知识产权标准化管理，提升创新主体知识产权管理能力。实施知识产权行业布局和区域布局工程，在战略性新兴产业集聚区和龙头企业引导设立知识产权布局设计中心。构建知识产权运营服务体系，推进全国知识产权运营公共服务平台建设，培育一批专业化、品牌化知识产权服务机构，鼓励高端检索分析工具等开发应用，引导知识产权联盟建设。聚焦战略性新兴产业，鼓励创新知识产权金融产品，开发知识产权投贷、投保、投债联动等新产品，探索知识产权股权化、证券化。鼓励企业综合运用专利、版权、商标等知识产权手段打造自有品牌。

完善知识产权发展机制。实施战略性新兴产业知识产权战略推进计划，围绕战略性新兴产业集聚区部署知识产权服务链，建立知识产权集群管理制度，推动形成一批知识产权优势集聚区。加强战略性新兴产业专利分析及动向监测。建立重大经济科技活动知识产权分析评议制度，鼓励企业建立知识产权分析评议机制。完善海外知识产权服务体系，研究发布海外知识产权环境信息，跟踪研究重点产业领域国际知识产权动向，引导建立海外知识产权案件信息提交机制，加强对重大知识产权案件的研究，建立海外知识产权风险预警机制，支持企业开展知识产权海外并购和维权行动。

（四）深入推进军民融合。

构建军民融合的战略性新兴产业体系。促进军民科技创新体系相互兼容、协同发展，推进军民融合产业发展。依托国家军民融合创新示范区，促进军民两用技术产业化发展。建设一批军民融合创新平台。在军工单位集中、产业基础较好的地区，推进军民技术双向转移和转化应用。支持军工企业发挥优势向新能源、民用航空航天、物联网等新兴领域拓展业务，引导优势民营企业进入国防科研生产和维修领域，构建各类企业公平竞争的政策环境。

加强军民融合重大项目建设。面向建设航天强国，统筹规划军民卫星研发和使用，加强地面站网整合建设与信息共享，积极发展军民通用化程度高的动力系统、关键部件和基础材料。适应空域改革进程，加强空域管制系统技术和装备研发，推进航空产业军民深度融合发展。面向建设网络强国，加强新一代信息基础设施和系统军民合建共用，组织实施安全可靠信息网络产品和服务相关应用示范工程。面向建设海洋强国，适应军地海洋资源调查、海域使用、海洋观测预报、海洋环境保护和岛礁建设需求，发展军民两用高性能装备和材料技术。开展军民通用标准化工程，促进军民技术双向转移。

（五）加大金融财税支持。

提高企业直接融资比重。积极支持符合条件的战略性新兴产业企业上市或挂牌融资，研究推出全国股份转让系统挂牌公司向创业板转板试点，建立全国股份转让系统与区域性股权市场合作对接机制。探索推进场外证券交易市场以及机构间私募产品报价与服务系统建设，支持战略性新兴产业创业企业发展。大力发展创业投资和天使投资，完善鼓励创业投资企业和天使投资人投资种子期、初创期科技型企业的税收支持政策，丰富并购融资和创业投资方式。积极支持符合条件的战略性新兴产业企业发行债券融资，扩大小微企业增信集合债券和中小企业集合票据发行规模，鼓励探索开发高收益债券和可转换债券等金融产品，稳步推进非金融企业债务融资工具发展。鼓励保险公司、社会保险基金和其他机构投资者合法合规参与战略性新兴产业创业投资和股权投资基金。推进投贷联动试点工作。

加强金融产品和服务创新。引导金融机构积极完善适应战略性新兴产业特点的信贷管理和贷款评审制度。探索建立战略性新兴产业投融资信息服务平台，促进银企对接。鼓励建设数字创意、软件等领域无形资产确权、评估、质押、流转体系，积极推进知识产权质押融资、股权质押融资、供应链融资、科技保险等金融产品创新。引导政策性、开发性金融机构加大对战略性新兴产业支持力度。推动发展一批为飞机、海洋工程装备、机器人等产业服务的融资租赁和金融租赁公司。加快设立国家融资担保基金，支持战略性新兴产业项目融资担保工作。

创新财税政策支持方式。发挥财政资金引导作用，创新方式吸引社会投资，大力支持战略性新兴产业发展。充分发挥国家新兴产业创业投资引导基金服务创业创新的作用，完善管理规则，做好风险防控，高效开展投资运作，带动社会资本设立一批创业投资基金，加大对战略性新兴产业的投入。鼓励有条件的地区设立战略性新兴产业发展基金，引导社会资金设立一批战略性新兴产业投资基金和国际化投资基金。积极运用政府和社会资本合作（PPP）等模式，引导社会资本参与重大项目建设。完善政府采购政策，加大对“双创”以及云计算、大数据、循环经济等支持力度，推进智慧城市、信息惠民、“城市矿山”、智能装备等示范应用。进一步完善光伏、风电、生物质等可再生能源发电补贴政策。调整完善新能源汽车推广补贴政策。完善战略性新兴产业企业股权激励个人所得税政策。

（六）加强人才培养与激励。

培养产业紧缺人才。实施战略性新兴产业创新领军人才行动，聚焦重点领域，依托重大项目和重大工程建设一批创新人才培养示范基地，重点扶持一批科技创新创业人才。分行业制定战略性新兴产业紧缺人才目录，在国家相关人才计划中予以重点支持。根据产业发展需求，动态调整高校教学内容和课程设置，合理扩大战略性新兴产业相关专业招生比例。加强战略性新兴产业技术技能人才培养，推行企业新型学徒制，建立国家基本职业培训包制度，推动相关企业为职业学校战略性新兴产业相关专业学生实习和教师实践提供岗位。依托专业技术人才知识更新工程，培养一大批高层次急需紧缺人才和骨干专业技术人才，建设一批国家级继续教育基地。支持在线培训发展。

鼓励科技人才向企业流动。探索事业单位科研人员在职创业和离岗创业有关政策，引导和支持事业单位科研人员按照国家有关规定到企业开展创新工作或创办企业。在战略性新兴产业企业设立一批博士后科研工作站，鼓励开展产业关键核心技术研发。落实国家对科研人员的各项激励措施，鼓励企业通过股权、分红等激励方式，调动科研人员创新积极性。建立健全符合行业特点的人才使用、流动、评价、激励体系。

充分利用全球人才。在充分发挥现有人才作用的基础上引进培养一批高端人才。研究优化外国人永久居留制度，简化外籍高层次人才申请永久居留资格程序，为其配偶和未成年子女提供居留与出入境便利。

各地区、各有关部门要高度重视战略性新兴产业发展工作，加强组织领导，加快工作进度，切实抓好本规划实施工作，加强各专项规划、地方规划与本规划的衔接。地方各级人民政府要建立健全工作机制，细化实化政策措施，推动本规划各项任务落实到位。鼓励相关省（区、市）联合编制区域性发展规划，推进战略性新兴产业差别化、特色化协同发展。国家发展改革委要会同科技部、工业和信息化部、财政部，发挥好战略性新兴产业发展部际联席会议的牵头作用，加强宏观指导、统筹协调和督促推动，密切跟踪产业发展情况，及时研究协调产业发展中的重大问题；联席会议各成员单位和相关部门要积极配合，按照职责分工抓紧任务落实，加快制定配套政策，形成工作合力，共同推动战略性新兴产业发展壮大。

附件：重点任务分工方案

重点任务分工方案

序号	重点工作	负责部门
1	构建网络强国基础设施，组织实施宽带乡村示范工程。	工业和信息化部、国家发展改革委牵头，国家网信办、商务部、农业部、财政部、新闻出版广电总局等按职责分工负责。
2	推动三网融合基础设施发展，推进全国有线电视网络整合和互联互通，加快构建下一代广播电视网。	工业和信息化部、新闻出版广电总局按职责分工负责。
3	推进“互联网 +”行动，组织实施“互联网 +”工程。	国家发展改革委牵头，工业和信息化部、科技部、人力资源社会保障部、国家网信办、农业部、国家能源局、人民银行、商务部、交通运输部、环境保护部、工商总局等按职责分工负责。
4	实施国家大数据战略，组织实施大数据发展工程。	国家发展改革委牵头，工业和信息化部、国家网信办、科技部等按职责分工负责。
5	做强信息技术核心产业，组织实施集成电路发展工程。	国家发展改革委、工业和信息化部、科技部、财政部、国家网信办、质检总局等按职责分工负责。
6	发展人工智能，组织实施人工智能创新工程。	国家发展改革委、科技部、工业和信息化部、财政部、国家网信办等按职责分工负责。
7	完善网络经济管理方式，深化电信体制改革，加强相关法律法规建设。	国家发展改革委、工业和信息化部、国务院国资委、国家网信办、国务院法制办、新闻出版广电总局、工商总局等按职责分工负责。
8	打造智能制造高端品牌，组织实施重点领域智能工厂应用示范工程。	工业和信息化部牵头，国家发展改革委、科技部、财政部、质检总局等按职责分工负责。
9	实现航空产业新突破，组织实施新一代民用飞机创新工程。	工业和信息化部、国家发展改革委牵头，科技部、财政部、质检总局、中国民航局等按职责分工负责。
10	做大做强卫星及应用产业，组织实施空间信息智能感知工程。	国家发展改革委、国家国防科工局、财政部、科技部、工业和信息化部、国家网信办、质检总局、中科院等按职责分工负责。
11	强化轨道交通装备领先地位。	国家发展改革委、交通运输部、国家铁路局、中国铁路总公司、住房城乡建设部、科技部、工业和信息化部、国务院国资委、质检总局等按职责分工负责。

续表

序号	重点工作	负责部门
12	增强海洋工程装备国际竞争力，组织实施海洋工程装备创新发展工程。	国家发展改革委、工业和信息化部、科技部、财政部、质检总局、国家国防科工局、国家海洋局等按职责分工负责。
13	提高新材料基础支撑能力，组织实施新材料提质和协同应用工程。	工业和信息化部、国家发展改革委牵头，科技部、财政部、质检总局、国家国防科工局、国家海洋局等按职责分工负责。
14	构建生物医药新体系，组织实施新药创制与产业化工程。	国家发展改革委、工业和信息化部、科技部、国家卫生计生委、财政部、食品药品监管总局、国家中医药局等按职责分工负责。
15	提升生物医学工程发展水平，组织实施生物技术惠民工程。	国家发展改革委、工业和信息化部、国家卫生计生委、食品药品监管总局、财政部、国家中医药局、国家海洋局等按职责分工负责。
16	加速生物农业产业化发展。	农业部、国家发展改革委、科技部等按职责分工负责。
17	推进生物制造技术向化工、材料、能源等领域渗透应用。	国家发展改革委、工业和信息化部、科技部等按职责分工负责。
18	培育生物服务新业态。	国家发展改革委、工业和信息化部、国家卫生计生委等按职责分工负责。
19	组织实施生物产业创新发展平台建设工程。	国家发展改革委牵头，科技部、工业和信息化部、财政部、国家卫生计生委、食品药品监管总局、质检总局、国家海洋局等按职责分工负责。
20	创新生物能源发展模式。	国家能源局、国家发展改革委、科技部、财政部、农业部、国家海洋局等按职责分工负责。
21	实现新能源汽车规模应用，组织实施新能源汽车动力电池提升工程。	工业和信息化部、国家发展改革委、科技部牵头，财政部、质检总局、国家能源局等按职责分工负责。
22	推动新能源产业发展，组织实施新能源高比例发展工程。	国家能源局牵头，国家发展改革委、科技部、工业和信息化部、财政部等按职责分工负责。
23	大力发展高效节能产业，组织实施节能技术装备发展工程。	国家发展改革委牵头，工业和信息化部、财政部、商务部、质检总局等按职责分工负责。
24	加快发展先进环保产业。	国家发展改革委、环境保护部、科技部、工业和信息化部、农业部、国家海洋局等按职责分工负责。
25	组织实施绿色低碳技术综合创新示范工程。	国家发展改革委牵头，科技部、工业和信息化部、国家能源局、财政部、环境保护部、住房城乡建设部、农业部、质检总局等按职责分工负责。
26	深入推进资源循环利用，组织实施资源循环替代体系示范工程。	国家发展改革委牵头，环境保护部、工业和信息化部、财政部、住房城乡建设部、农业部、商务部等按职责分工负责。

续表

序号	重点工作	负责部门
27	创新数字文化创意技术和装备，组织实施数字文化创意技术装备创新提升工程。	工业和信息化部、文化部、国家发展改革委、科技部、财政部、新闻出版广电总局、国家网信办等按职责分工负责。
28	丰富数字文化创意内容和形式，组织实施数字内容创新发展工程。	文化部、工业和信息化部、新闻出版广电总局、国家网信办、科技部、国家发展改革委、财政部等按职责分工负责。
29	提升创新设计水平，组织实施创新设计发展工程。	工业和信息化部、国家发展改革委、科技部、文化部、住房城乡建设部、财政部等按职责分工负责。
30	超前布局战略性产业，重点在空天海洋、信息网络、生命科学、核技术等核心领域取得突破。	科技部、国家发展改革委、工业和信息化部、国家国防科工局、财政部、工程院、中科院、国家能源局、国家海洋局等按职责分工负责。
31	促进战略性新兴产业集聚发展。	国家发展改革委、科技部、工业和信息化部、财政部、商务部等按职责分工负责。
32	积极建立国际合作机制，推动签署落实政府间新兴产业和创新领域合作协议。推动双边互认人员资质、产品标准、认证认可结果，参与国际多边合作互认机制。	商务部、国家发展改革委、外交部、科技部、工业和信息化部、质检总局、国家国防科工局、国家海洋局等按职责分工负责。
33	以发达国家和“一带一路”沿线国家为重点，建设双边特色产业国际合作园区，提升重点领域开放合作水平。	商务部牵头，国家发展改革委、工业和信息化部等按职责分工负责。
34	构建全球创新发展网络。	国家发展改革委、外交部、商务部、科技部、工业和信息化部等按职责分工负责。
35	推进简政放权、放管结合、优化服务改革，区分不同情况，积极探索和创新适合新技术、新产品、新业态、新模式发展的监管方式。	国家发展改革委、工业和信息化部、民政部、交通运输部、文化部、人民银行、海关总署、工商总局、质检总局、新闻出版广电总局、银监会、证监会、保监会等按职责分工负责。
36	在战略性新兴产业领域国有企业中率先进行混合所有制改革试点示范，开展混合所有制企业员工持股试点。	国家发展改革委牵头，国务院国资委、财政部、工业和信息化部等按职责分工负责。
37	发布战略性新兴产业重点产品和服务指导目录。	国家发展改革委牵头，工业和信息化部、商务部、文化部等按职责分工负责。
38	完善反垄断法配套规则，进一步加大反垄断和反不正当竞争执法力度，严肃查处信息服务、医疗服务等领域企业违法行为。	国家发展改革委、商务部、工商总局、工业和信息化部、国家卫生计生委等按职责分工负责。
39	建立健全工作机制，保障公平竞争审查制度有序实施，打破可再生能源发电、医疗器械、药品招标等领域地区封锁和行业垄断，加大对地方保护和行业垄断行为的查处力度。	国家发展改革委、国务院法制办、商务部、工商总局、财政部、国家卫生计生委、国家能源局等按职责分工负责。

续表

序号	重点工作	负责部门
40	建立高层次政企对话咨询机制，在研究制订相关政策措施时积极听取企业意见。	国家发展改革委、工业和信息化部、科技部、财政部、商务部等按职责分工负责。
41	深入开展大众创业万众创新，打造众创、众包、众扶、众筹平台，支持建设“双创”示范基地，发展专业化众创空间。依托互联网打造开放共享的创新机制和创新平台，推动企业、科研机构、高校、创客等创新主体协同创新。	国家发展改革委、科技部、人力资源社会保障部、财政部、工业和信息化部、中科院等按职责分工负责。
42	实施一批重大科技项目和重大工程，加强颠覆性技术研发和产业化。	科技部、国家发展改革委、工业和信息化部、国家网信办、国家国防科工局、财政部、工程院、中科院等按职责分工负责。
43	加强相关计量测试、检验检测、认证认可、知识和数据中心等公共服务平台建设。	质检总局、国家发展改革委、科技部、工业和信息化部等按职责分工负责。
44	落实和完善战略性新兴产业标准化发展规划，完善标准体系，支持关键领域新技术标准应用。	质检总局、科技部、国家发展改革委、工业和信息化部、国家网信办等按职责分工负责。
45	加强企业技术中心能力建设，推进创新企业百强工程。	国家发展改革委、科技部、工业和信息化部等按职责分工负责。
46	落实研发费用加计扣除等税收优惠政策，引导企业加大研发投入。	财政部、税务总局、科技部等按职责分工负责。
47	完善科技成果转移转化制度，组织实施促进科技成果转移转化行动。加快建立科技成果转移转化绩效评价和年度报告制度。	科技部、财政部、教育部、国家发展改革委、工业和信息化部、中科院等按职责分工负责。
48	探索在战略性新兴产业相关领域率先建立利用财政资金形成的科技成果限时转化制度。	科技部、财政部、国家发展改革委牵头，教育部、工业和信息化部等按职责分工负责。
49	积极推进专利法、著作权法修订工作。跟踪新技术、新业态、新模式发展创新，完善商业模式知识产权保护、商业秘密保护、实用艺术品外观设计专利保护等相关法律法规。推动提高知识产权侵权法定赔偿上限额度。	国家知识产权局、新闻出版广电总局、国务院法制办、科技部、工商总局等按职责分工负责。
50	强化知识产权保护维权。新建一批快速维权中心。将故意侵犯知识产权行为纳入社会信用记录，健全知识产权行政侵权查处机制，依法严厉打击侵犯知识产权犯罪行为，加大海关知识产权执法保护力度。	国家知识产权局牵头，工业和信息化部、国家发展改革委、公安部、工商总局、海关总署等按职责分工负责。
51	实施战略性新兴产业知识产权战略推进计划，围绕战略性新兴产业集聚区部署知识产权服务链，建立知识产权集群管理制度，培育一批专业化、品牌化知识产权服务机构，推动形成一批知识产权优势集聚区。	国家知识产权局、国家发展改革委、科技部、工商总局、工业和信息化部等按职责分工负责。

续表

序号	重点工作	负责部门
52	完善海外知识产权服务体系，建立海外知识产权风险预警机制，支持企业开展知识产权海外并购和维权行动。	商务部、国家知识产权局、外交部、国家发展改革委、工业和信息化部、工商总局等按职责分工负责。
53	积极支持符合条件的战略性新兴产业企业上市或挂牌融资，研究推出全国股份转让系统挂牌公司向创业板转板试点，建立全国股份转让系统与区域性股权市场合作对接机制。	证监会、国家发展改革委、工业和信息化部等按职责分工负责。
54	积极支持符合条件的战略性新兴产业企业发行债券融资，扩大小微企业增信集合债券和中小企业集合票据发行规模，鼓励探索开发高收益债券和可转换债券等金融产品，稳步推进非金融企业债务融资工具发展。	人民银行、国家发展改革委、证监会等按职责分工负责。
55	引导金融机构积极完善适应战略性新兴产业特点的信贷管理和贷款评审制度。鼓励建设数字创意、软件等领域无形资产确权、评估、质押、流转体系，推进知识产权质押融资、股权质押融资、供应链融资、科技保险等金融产品创新。	人民银行、银监会牵头，证监会、保监会、国家发展改革委、科技部、工业和信息化部、文化部、工商总局、国家知识产权局等按职责分工负责。
56	探索建立战略性新兴产业投融资信息服务平台，促进银企对接。	国家发展改革委、工业和信息化部、银监会、人民银行等按职责分工负责。
57	引导政策性、开发性金融机构加大对战略性新兴产业支持力度。	人民银行、银监会、国家发展改革委、财政部、工业和信息化部等按职责分工负责。
58	推动发展一批为飞机、海洋工程装备、机器人等产业服务的融资租赁和金融租赁公司。	商务部、银监会、国家发展改革委、工业和信息化部、国家海洋局、中国民航局等按职责分工负责。
59	加快设立国家融资担保基金，支持战略性新兴产业项目融资担保工作。	财政部、国家发展改革委、工业和信息化部等按职责分工负责。
60	鼓励有条件的地区设立战略性新兴产业发展基金，引导社会资金设立一批战略性新兴产业投资基金和国际化投资基金。	国家发展改革委、财政部、证监会、工业和信息化部等按职责分工负责。
61	完善政府采购政策，加大对“双创”以及云计算、大数据、循环经济等支持力度，推进智慧城市、信息惠民、“城市矿山”、智能装备等示范应用。	财政部牵头，国家发展改革委、科技部、工业和信息化部等按职责分工负责。
62	进一步完善光伏、风电、生物质等可再生能源发电补贴政策。调整完善新能源汽车推广补贴政策。	国家发展改革委、财政部、国家能源局、工业和信息化部等按职责分工负责。
63	实施战略性新兴产业创新领军人才行动，聚焦重点领域，依托重大项目和重大工程建设一批创新人才培养示范基地，重点扶持一批科技创新创业人才。在充分发挥现有人才作用的基础上引进培养一批高端人才。	人力资源社会保障部、中央组织部、教育部、科技部、国家发展改革委等按职责分工负责。

续表

序号	重点工作	负责部门
64	根据产业发展需求，动态调整高校教学内容和课程设置，合理扩大战略性新兴产业相关专业招生比例。	教育部牵头，工业和信息化部等按职责分工负责。
65	依托专业技术人才知识更新工程，培养一大批高层次急需紧缺人才和骨干专业技术人才，建设一批国家级继续教育基地。	人力资源社会保障部、教育部、工业和信息化部等按职责分工负责。
66	引导和支持事业单位科研人员按照国家有关规定到企业开展创新工作或创办企业。	人力资源社会保障部、科技部、教育部牵头，国家发展改革委、工业和信息化部等按职责分工负责。
67	在战略性新兴产业企业设立一批博士后科研工作站，鼓励开展产业关键核心技术研发。	人力资源社会保障部牵头，教育部、科技部等按职责分工负责。
68	研究优化外国人永久居留制度，简化外籍高层次人才申请永久居留资格程序，为其配偶和未成年子女提供居留与出入境便利。	公安部、人力资源社会保障部等按职责分工负责。
69	开展战略性新兴产业统计监测调查。	国家统计局牵头，国家发展改革委、工业和信息化部等按职责分工负责。

第 2 章

2017年战略性新兴产业发展形势分析

国家信息中心

【内容提要】2017 年，在重点行业和企业持续快速增长的带动下，战略性新兴产业增速稳步提升。一系列利好政策出台既释放了创新创业活力，促进了产业结构优化，同时也吸引了大量社会资金投向战略性新兴产业热点领域。战略性新兴产业的重点产业和重点区域发展也是亮点纷呈。

2016 年底，国务院正式公布《“十三五”国家战略性新兴产业发展规划》，标志着我国新兴产业新一轮发展浪潮即将来临。自《“十三五”国家战略性新兴产业发展规划》发布以来，在我国经济发展进入新常态的大背景下，战略性新兴产业增速全面回升，产业结构不断优化，产业投资不断升温，产业创新不断涌现，成为宏观经济平稳运行的重要力量。

2.1 产业总体发展特征

第一，产业增速全面回升。2017 年 1 ～ 7 月，战略性新兴产业 27 个重点行业营业收入同比增长 13.8%，增速较 2016 年同期提高 2.3 个百分点，其中工业部分营业收入增速为 13.9%，持续高于规模以上工业整体水平。2017 年上半年，战略性新兴产业上市公司营业收入总额达 1.69 万亿元，同比增长 19.8%，比 2016 年同期提升

1.7 个百分点；战略性新兴产业行业景气指数为 155.2，企业家信心指数为 149.3，相较 2016 年同期的低谷均大幅回升，企业景气高涨（图 2.1）。从细分领域来看，七大产业、四大区域均实现了全面回升，战略性新兴产业发展全面提速（图 2.2 和图 2.3）。

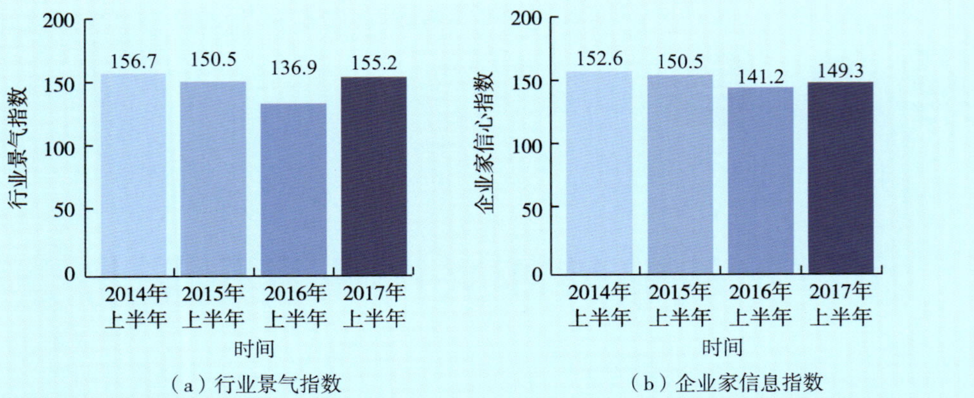

图 2.1　2014 年上半年至 2017 年上半年战略性新兴产业行业景气指数和企业家信心指数

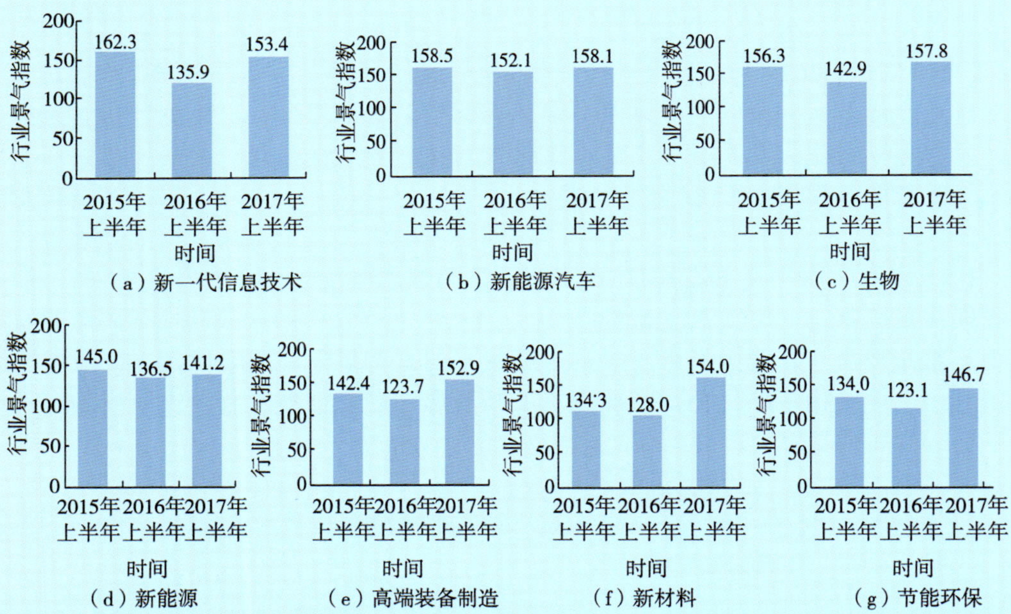

图 2.2　2015 年上半年至 2017 年上半年战略性新兴产业行业景气指数（分产业）

第二，产业结构不断优化。一是药品审评审批制度改革加速推动新药上市。自《国务院关于改革药品医疗器械审评审批制度的意见》发布以来，一批落实政策不断

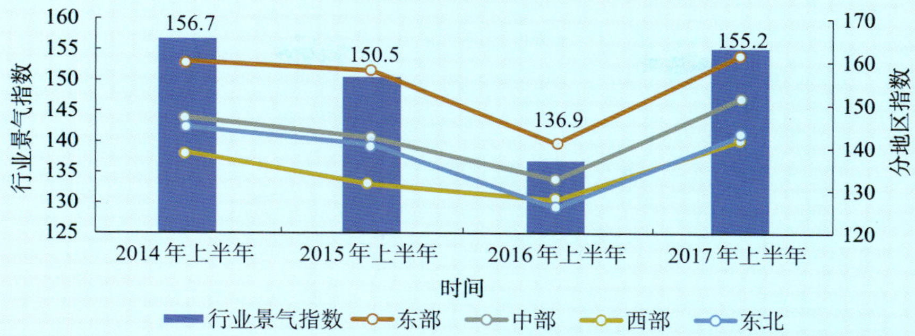

图 2.3　2014 年上半年至 2017 年上半年战略性新兴产业行业景气指数（分地区）

出台，鼓励创新产品加快上市。2017 年上半年，国内注册申报 1 类新药 221 个，共涉及 80 个品种，约是 2016 年同期（37 个品种）的 2 倍。二是光伏领跑者计划的实施极大地推动了效率提升。领跑者计划实施以来，主流组件功率每年可提高 20 瓦，甚至 30 瓦，远高于原来每年提高 5 瓦的水平，电池效率每年可达到 0.5 ～ 1 个百分点的提升，远高于计划实施前每年提高 0.2 ～ 0.3 个百分点的水平。2017 年 7 月下发的《关于提高主要光伏产品技术指标并加强监管工作的通知》，规定从 2018 年起还将在 2015 年标准的基础上适当提高领跑者技术指标。三是新能源汽车积分制促进企业加大投入，提升产品质量。根据工业和信息化部（简称工信部）2017 年 6 月发布的《乘用车企业平均燃料消耗量与新能源汽车积分并行管理办法（征求意见稿）》，2018 ～ 2020 年，乘用车企业的新能源汽车积分比例要求分别为 8%、10%、12%，同时根据续航里程对新能源汽车单位积分进行分段，对新能源乘用车续航要求有所提升。在此背景下，2017 年进入《新能源汽车推广应用推荐车型目录》的产品，其汽车动力电池密度能够达到 120 瓦时 / 千克这一较高标准的车型从前几年的 30% 左右大幅提升至 66.7%。

第三，产业投资不断升温。从资本市场来看，作为创新创业重要主体的战略性新兴产业企业已经成为社会资金最重要的投资热点。一是创业风险投资资金集中投向战略性新兴产业领域。具体表现为投资案例数量和投资金额明显增多。2017 年上半年，共有 1 007 件私募股权投资和风险投资案例投向战略性新兴产业，占比高达 89.1%；同期，投向战略性新兴产业领域的私募股权投资和风险投资达到 3 083.3 亿元，占比高达 96.3%。二是股市资金大量流入战略性新兴产业领域。2017 年上半年，战略性新兴产业上市公司 IPO（initial public offerings，即首次公开募股）及增发募资总额分别为 387.3 亿元和 963.8 亿元，分别占上市公司同期 IPO 及增发募资总额的 30.9% 和 24.6%。三是资金集中投向新兴产业领域的新技术、新产业、新业态。一方面，共享出行、智能网联汽车等热门领域不断有大额融资出现，2017 年上半年，共享出行领域中滴滴出行、摩拜单车及 ofo 共享单车三家企业引入资本超过 400 亿元，智能网联汽车领域中蔚来汽车和小鹏汽车也成功吸引近百亿元投资。另一方面，人工智能等新的风口也在持续加温，推动人工智能在医疗领域落地的依图科技和图玛深维两家公司 2017 年上半年获得的资金超过 4 亿元。

第四，产业创新不断涌现。2017 年以来我国出现了一大批具有国际先进水平，并将对全球新兴产业竞争格局产生重大影响的创新案例。2017 年 5 月 5 日国产大型客机 C919 在浦东机场成功首飞，实现了国产大型客机领域的突破，显著提升我国民机产业研发与制造整体水平。我国在南海北部神狐海域进行的可燃冰试采获得成功，创造了天然气水合物试采产气时长和总量的世界纪录，试采成功对促进我国能源安全保障、优化能源结构有重要意义。四川永祥 5 万吨高纯晶硅及配套新能源项目开工建设，该项目将建成全球最大多晶硅生产线，并改变我国多晶硅产品严重依靠进口的状况。我国太空量子通信技术取得突破，在国际上首次成功实现了白天远距离（53 千米）自由空间量子密钥分发，有效验证了未来构建基于量子星座的星地、星间量子通信网络的可行性。人工智能及大数据技术不断演进，推动“无人零售”业态兴起，阿里巴巴首家无人超市“淘咖啡”在杭州开业；苏宁全国首家无人店“苏宁体育 Biu”在南京开业；远望谷携手天虹推出深圳首家无人便利店“Well GO”。

2.2 细分产业发展特征

第一，新一代信息技术、生物两大产业发展稳中有进。作为战略性新兴产业中规模最大、创新最密集的两个产业，新一代信息技术和生物产业继续保持较快增速，相较于 2016 年同期增速有所加快。2017 年上半年，生物产业上市公司营业收入达 3 423.7 亿元，同比增长 20.4%，比 2016 年同期增速提升 3.1 个百分点，比上市公司总体高 0.6 个百分点。医药、医疗仪器设备及器械制造业营业收入达 1.6 万亿元，同比增长 12.6%，高于 2016 年同期 2.4 个百分点。2017 年上半年新一代信息技术产业上市公司营业收入达 7 705.8 亿元，同比增长 22.5%，比 2016 年同期增速提升 0.2 个百分点，比上市公司总体高 2.7 个百分点。规模以上电子信息制造业增加值同比增长 13.9%，增速同比加快 4.7 个百分点，快于全部规模以上工业增速 7.0 个百分点。

第二，节能环保、新材料和新能源汽车产业高速发展。在国家政策利好的驱动及高压法规的倒逼下，2017 年上半年节能环保产业上市公司营业收入总额达 1 122.5 亿元，同比增长 38.9%，行业景气指数大幅提升 23.6 个百分点，提升幅度达到 19.2%，产业蓬勃发展。随着上游原材料需求的快速增长，新材料产业触底反弹，2017 年上半年上市公司营业收入总额为 1 109.4 亿元，同比增长 36.7%，行业景气指数以 20.3% 的增速攀升至 154，新材料产业在近四年中首次进入强景气区间（行业景气指数 150 以上），行业景气度创开始调查以来的新高。新能源汽车产业由示范阶段进入快速普及阶段，2017 年上半年新能源汽车销量超过 19 万辆，同比增长 27.7%，同期以 158.1 的行业景气指数蝉联七大领域首位，新能源汽车的快速发展也带动锂离子电池需求井喷，2017 年上半年锂离子电池制造业营业收入同比增长 30.2%。

第三，新能源、数字创意和高端装备制造产业面临冰火两重天。从上市公司角度看，这三大产业 2017 年上半年的同比增速分别仅为 9.1%、5.6% 和 3.1%，整体表现不佳，同时各产业内部分化严重，亮点与困难并存。新能源产业发电和装备生产走向两极。2016 年在政策调整的影响下，光伏和风能发电领域都发生了大规模的抢装，大大透支了装备需求，2017 年上半年光伏设备和风能设备制造业的营业收入增速分别只有 9.1% 和 –5.0%，利润则同比分别下滑了 15.1% 和 33.3%。同时得益于抢装项目的投产，2017 年上半年新能源发电行业营业收入持续走高，太阳能和风力发电行业营业收入同比分别增长 29.3% 和 15.2%。数字创意产业分化明显。虚拟现实等创新技术普及速度慢于预期，部分技术难点难以克服，导致上半年数字创意装备制造领域的上市公司营业收入同比下滑 4.7%，2017 年上半年虚拟现实领域获得的创业投资金相较 2016 年同期也下降了 31.3%。另外，在需求全面升级的带动下，设计服务业发展火热，2017 年上半年相关上市公司营业收入同比增长 28%。高端装备制造产业喜忧参半。受产业周期带来的需求下滑的影响，2017 年上半年海洋工程和轨道交通装备制造行业营业收入增速分别比 2016 年同期下滑了 8.4 个百分点和 1.1 个百分点，利润更是分别下滑了 72.6% 和 5.3%。而航空航天及智能制造领域在关键技术突破和商业化应用普及的带动下快速发展，航空航天器装备和工业自动控制装置制造行业，2017 年上半年营业收入同比分别增长 15.7% 和 16.2%，利润更是分别增长了 27.4% 和 53.2%。

2.3　四大区域发展特征

第一，东部地区主导特征明显。从上市公司的数据来看，东部地区战略性新兴产业的体量是最大的，营业收入占比接近 80%，在我国四大区域中占绝对主体地位（图 2.4）。同时，从 2017 年上半年的景气状况来看，东部地区的扩张趋势也十分明显，行业景气指数在四大区域中排名最高，说明当前东部地区处于扩张期的企业比例是最高的（图 2.5）。东部地区在 2017 年上半年的平稳较快发展是整个战略性新兴产业发展增速回升的基石。

第二，中部地区成为新增长极。2017 年上半年中部地区上市公司营业收入增速达到 37.2%，远高于总体 19.8% 的水平，在四大区域中排名第一（图 2.6）。从自身变化来看，中部地区的行业景气指数在 2017 年上半年快速攀升，并创下近四年同期的最高水平（图 2.7）。2017 年上半年行业景气指数最高的五个省份中有三个省份是中部省份（图 2.8）。安徽在平板显示和人工智能领域、江西在通用航空和中药制造领域、湖南在智能装备和数字创意领域，分别形成国内具有比较优势的产业集聚发展区。

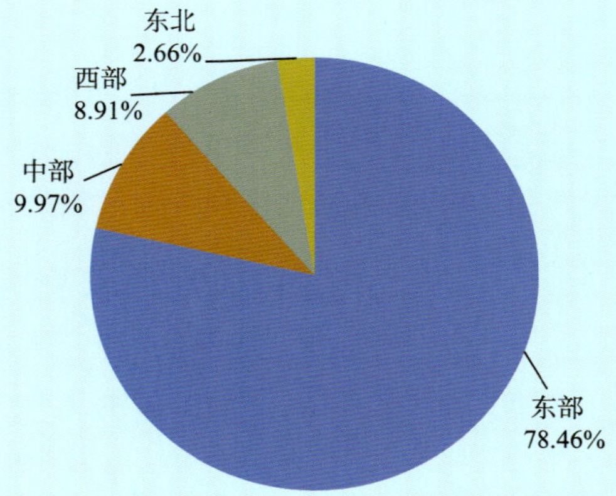

图 2.4　2017 年上半年战略性新兴产业上市公司营业收入占比（分地区）

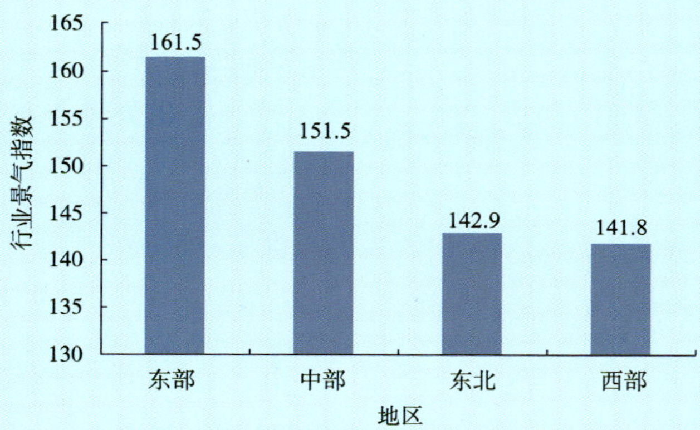

图 2.5　2017 年上半年战略性新兴产业行业景气指数（分地区）

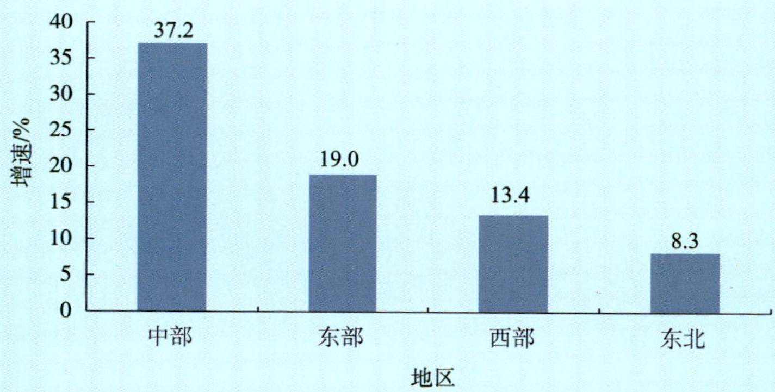

图 2.6　2017 年上半年战略性新兴产业上市公司营业收入增速（分地区）

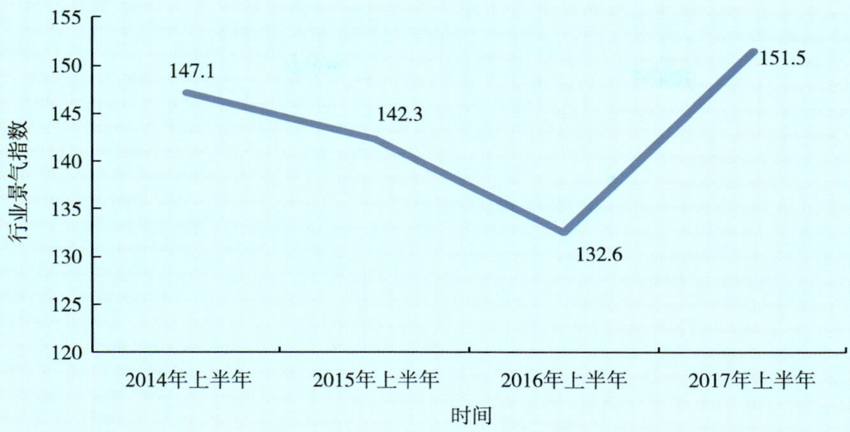

图 2.7　2014 ～ 2017 年上半年中部地区战略性新兴产业行业景气指数

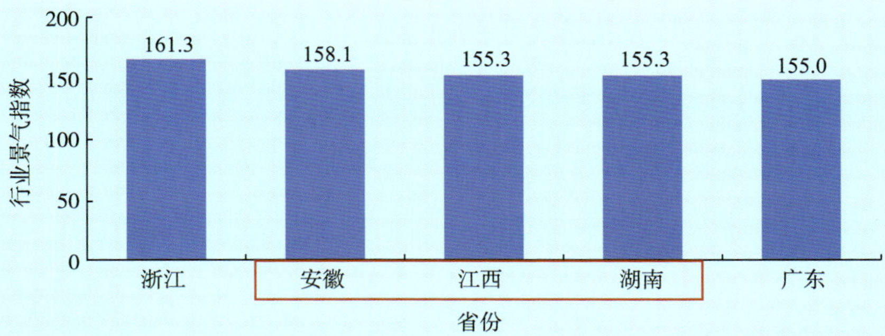

图 2.8　2017 年上半年战略性新兴产业行业景气指数前五位的省份

第三，西部和东北地区有所回升。2017 年上半年，西部和东北地区的行业景气指数也在全面回升（图 2.9），尤其是东北地区初步摆脱了前期的阴霾，整个地区战略性新兴产业上市公司的营收增速从 2016 年同期的 0.2% 回升到 2017 年上半年的 8.3%。

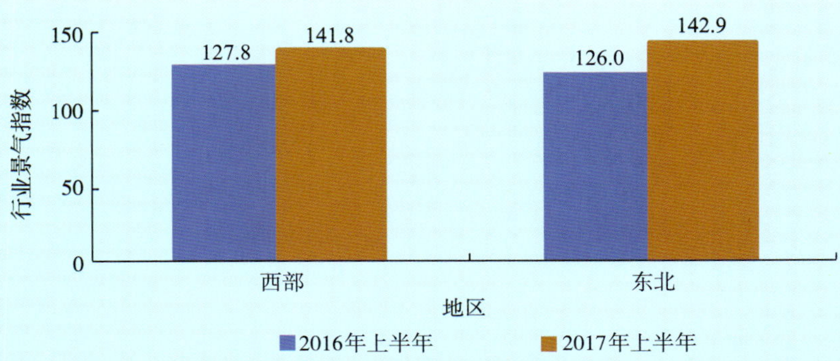

图 2.9　2016 ～ 2017 年上半年西部、东北地区战略性新兴产业行业景气指数

2017年是《"十三五"国家战略性新兴产业发展规划》发布后的第一年，在这一年战略性新兴产业继续以创新为引领，实现了增速的全面回升，并正在由做大全面向做强转变。尽管当下产业还面临着投资力度有所欠缺、区域布局不够合理、国际竞争力有待提高等问题，但在政策体系不断完善、各类创新不断涌现、新兴需求不断升级的驱动下，战略性新兴产业仍将保持较快发展增速，在稳增长、调结构、促改革、惠民生等方面发挥越来越重要的作用。

审稿：程晓波

第 3 章

2017年战略性新兴产业上市公司运行特征

国家信息中心

【内容提要】2017 上半年，战略性新兴产业上市公司业绩实现稳定增长，企业效益良好，成为支撑上市公司整体业绩走出低谷的重要力量。同时，重点领域整体表现良好，业绩领涨板块快速更替。区域发展格局逐步成型，中、东部地区持续引领全国发展。企业研发强度持续提升，创新发展特征明显。此外，在良好业绩支撑下，战略性新兴产业上市公司扩张力度强劲，形成良性发展循环，未来发展前景有望继续向好。

3.1 IPO 提速带动战略性新兴产业上市公司规模加快增长

在 IPO 提速带动下，2017 年战略性新兴产业企业也迎来了上市高峰期。2017 年上半年，共有 103 家战略性新兴产业企业上市，半年时间上市企业数已经超过过去四年全年水平，为历年同期最高。历年战略性新兴产业上市公司 IPO 数量如图 3.1 所示。截至 2017 年上半年，A 股上市公司中共有 1 255 家战略性新兴产业企业，占到上市公司总数的 38.3%。其中，主板、中小板和创业板分别有 480 家、333 家和 442 家战略性新兴产业企业，分别占各自板块上市企业总数的 27.3%、38.5% 和 67.9%。

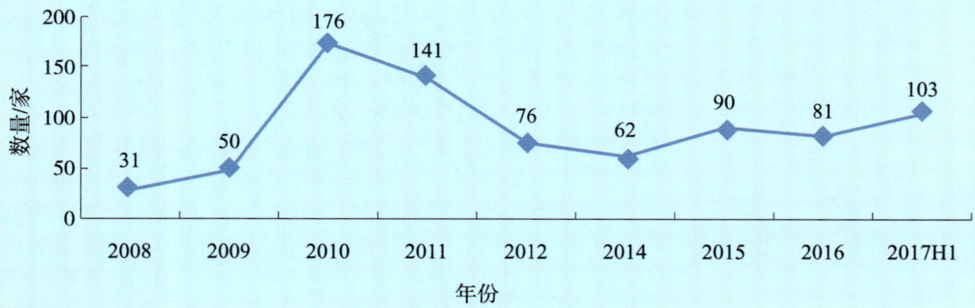

图 3.1 历年战略性新兴产业上市公司 IPO 数量

3.2 企业营收增速稳步提升，效益持续向好

2017 年上半年，战略性新兴产业上市公司实现营业收入 1.69 万亿元，同比增速为 19.8%（图 3.2），比 2016 年同期提升 1.7 个百分点，保持了近年来持续稳定增长的势头。战略性新兴产业企业营业收入持续稳定保持在 15% 以上的快速增长态势，成为支撑上市公司整体业绩走出低谷的重要力量。

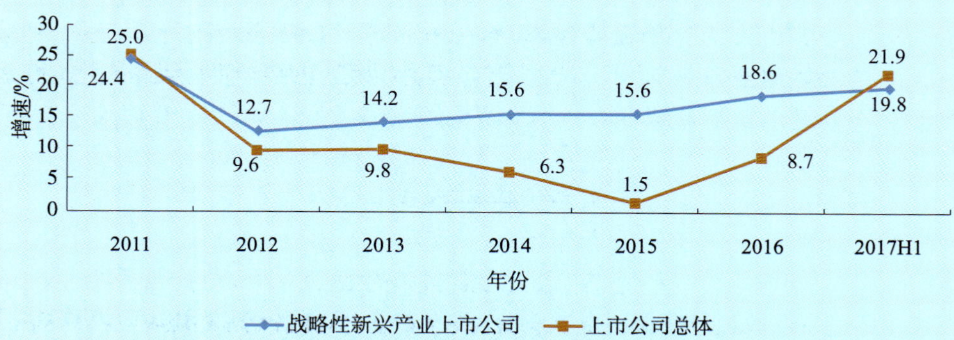

图 3.2 战略性新兴产业和 A 股上市公司营收增速对比

战略性新兴产业上市企业盈利表现依然突出。2017 年上半年，战略性新兴产业实现利润 1 775.1 亿元，同比增长为 14.9%，增速基本与上市公司总体持平，但同期战略性新兴产业企业利润率达到了 10.5%，高出非金融业上市公司总体平均利润率 3.1 个百分点，效益持续领航 A 股市场（图 3.3）。

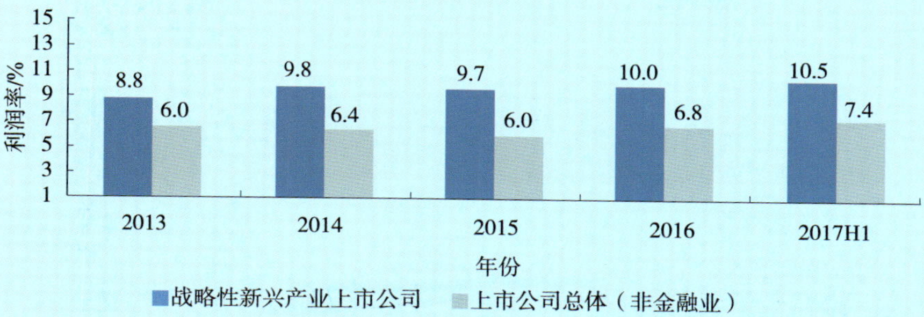

图 3.3　战略性新兴产业和 A 股上市公司利润率对比

3.3　业绩领涨板块快速更替

从细分领域来看，2017 年节能环保产业延续了近两年来的良好发展势头，上半年实现营收 1 122.5 亿元，同比增长 38.9%，成为带动战略性新兴产业上市公司整体发展的龙头板块。这主要得益于系列环保政策的驱动，PPP（public-private-partnership，即公共私营合作制）模式在环保领域的大规模推广和项目落地，以及行业内并购重组带来的结构优化。其中，先进环保、资源循环利用、高效节能三大子领域均表现抢眼，增速分别为 36.5%、41.7% 和 36.5%。新材料产业经历了前几年的低迷，2017 年业绩继续反弹，上半年营收规模达 1 109.4 亿元，增速达 36.7%，仅次于节能环保产业。其中，新型功能材料表现尤为突出，营收增速达到 46.4%。新一代信息技术产业稳中有升，2017 年上半年营收规模为 7 705.8 亿元，同比增长 22.5%。其中，电子核心基础和高端软件信息服务分别增长 23.4% 和 31.5%，延续近几年的快速增长势头。生物产业增速持续攀升，2017 年上半年营收规模达 3 423.7 亿元，增速为 20.4%，其中生物医学工程实现较快增长，增速达 26.9%。新能源产业同样表现不佳，营收规模达 1 034.3 亿元，同比增长 9.1%，较 2016 年全年下滑 5.1 个百分点。其中，风能子领域表现较差，营收增速为 –1.7%，是拖累新能源产业增长的主要原因。数字创意产业增速出现大幅下滑，同比仅增长 5.6%，其中数字创意装备制造增速为 –4.7%，是拖累数字创意产业增长的主要原因。高端装备制造业继续处于低谷，2017 年上半年营收增速仅为 3.1%。其中，轨道交通和海洋工程装备制造均出现负增长，增速分别为 –5.0% 和 –12.5%（图 3.4）。

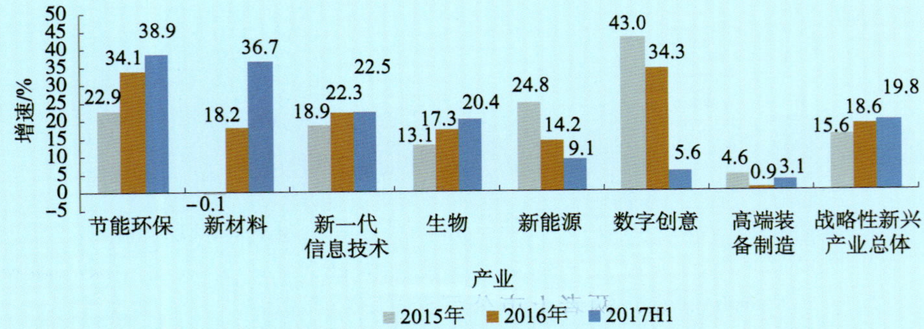

图 3.4 战略性新兴产业分行业营收增速对比

3.4 中、东部地区领航发展，东北地区业绩企稳

2017 年上半年，中、东部地区战略性新兴产业上市公司发展速度依然领先西部及东北地区。其中，中部地区营收加速增长，2017 年上半年增速达 37.2%，领先优势进一步扩大，其中山西、湖北及安徽三省表现突出，营收增速分别高达 78.8%、56.8% 及 48.6%。东部地区作为全国战略性新兴产业上市公司聚集的核心区，业绩表现平稳，2017 年上半年营收同比增长 19.0%，在四大区域中位居第二位。分省份来看，上海、山东及福建三省市战略性新兴产业企业业绩表现领先，2017 年上半年营收同比分别增长 31.3%、29.9% 及 32.4%。西部地区营收增速有所回升，2017 年上半年营收增长 13.4%，较 2016 年全年小幅提升 1.6 个百分点，其中，内蒙古、甘肃及广西三省区战略性新兴产业企业业绩领先，2017 年上半年营收增速均高于 20%。东北地区延续触底反弹态势，2017 年上半年营收增速达 8.3%，较 2016 年全年提升 1 个百分点（图 3.5）。分省份来看，吉林表现一枝独秀，2017 年上半年战略性新兴产业上市公司营收增长 22.7%，而辽宁和黑龙江两省营收增速均不及 5%。

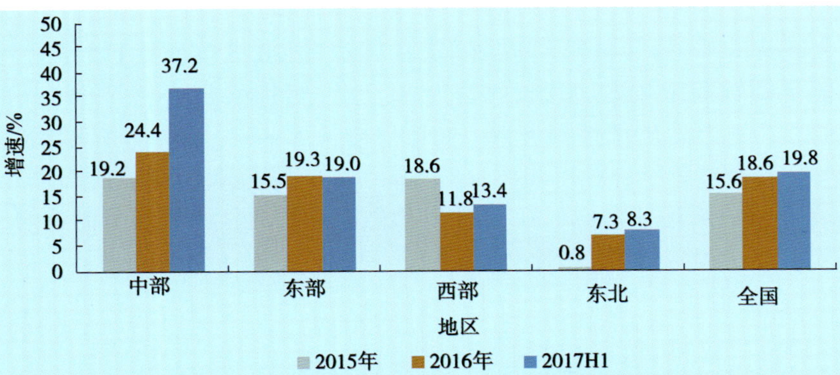

图 3.5 战略性新兴产业分区域营收增速对比

3.5　股价整体小幅回落，热点行业受到资金追捧

2017年上半年，战略性新兴产业上市公司总体股价涨幅为-3.8%，低于上市公司总体1.6%的涨幅水平。战略性新兴产业上市企业股价回落的主要原因，一方面是前两年涨幅过大，估值一直处于回调阶段；另一方面，IPO加速带来的中小市值企业股价受到明显冲击。不过，2017年上半年战略性新兴产业热点行业依然受到资金追捧，尤其是业绩表现突出的行业受到资金的重点关注。例如，节能环保和新材料等业绩白马板块受到资金追捧，两者上市公司股价涨幅分别为8.6%和7.7%，明显高于战略性新兴产业其他领域上市公司股价涨幅（图3.6）。从细分领域来看，先进环保、智能制造及生物医学工程等子领域上市企业股价涨幅领先（图3.7）。

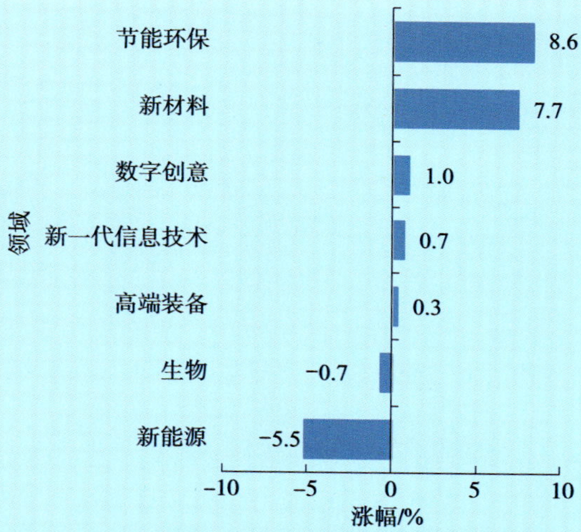

图3.6　2017年上半年战略性新兴产业重点领域股价涨幅

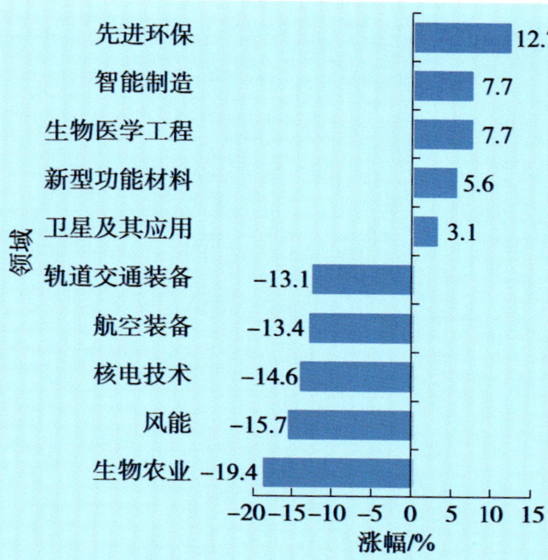

图3.7　2017年上半年战略性新兴产业部分子领域股价涨幅

3.6 企业创新发展能力持续提升

为应对日益激烈的市场竞争，寻求新的突破和发展机遇，更多上市公司加大了研发投入，战略性新兴产业企业表现尤为突出。2017 年上半年战略性新兴产业上市公司平均研发强度达到 6.64%，高于上市公司整体约 2 个百分点（图 3.8）。其中，新一代信息技术创新活动最为活跃，2017 年上半年上市企业研发强度高达 9.2%，明显高于其他领域。数字创意和高端装备制造两大领域研发强度位列第二位、第三位，分别达 7.7% 和 7.1%，均高出战略性新兴产业平均水平。新材料、新能源及节能环保产业上市公司研发强度相对较低，仅为 4.0% 左右（图 3.9）。

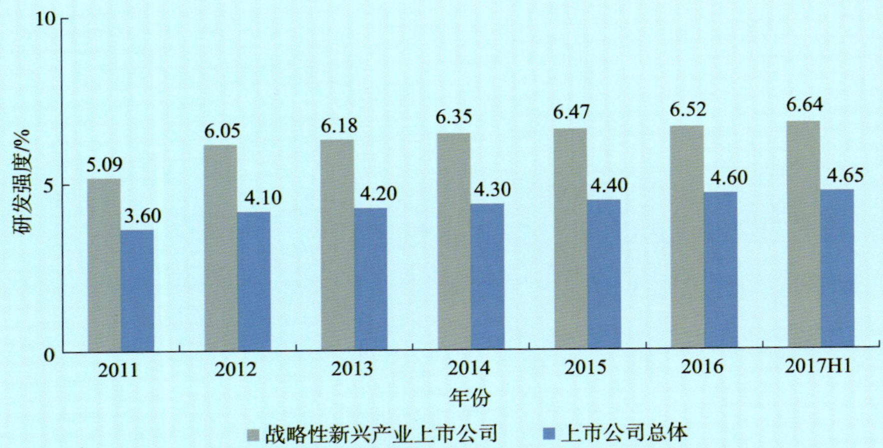

图 3.8 战略性新兴产业和 A 股上市公司研发强度对比

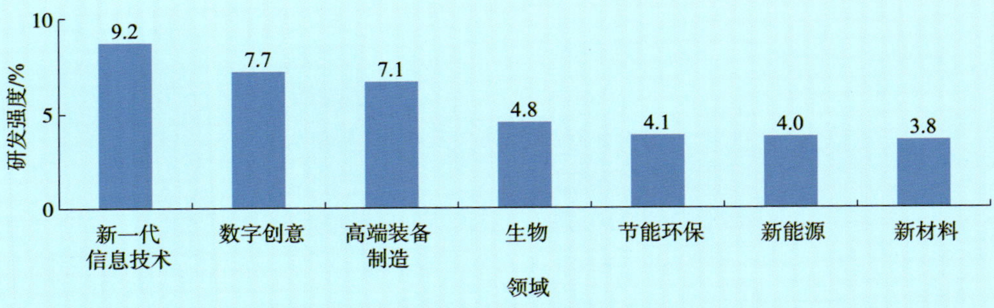

图 3.9 2017 年上半年战略性新兴产业上市公司各领域研发强度对比

3.7　企业投资力度加大，发展前景继续向好

2017 年上半年，战略性新兴产业上市公司规模继续快速增长，并保持了良好的投资扩张趋势，产业发展前景继续向好。2017 年上半年末，战略性新兴产业上市公司资产总额达 97 253.2 亿元，同比上涨 20.2%（图 3.10），高于上市公司总体 9.3 个百分点。同期，战略性新兴产业上市公司固定资产净值为 22 520.0 亿元，较 2016 年同期增长 13.9%，增速明显高于上市公司总体（图 3.11）。

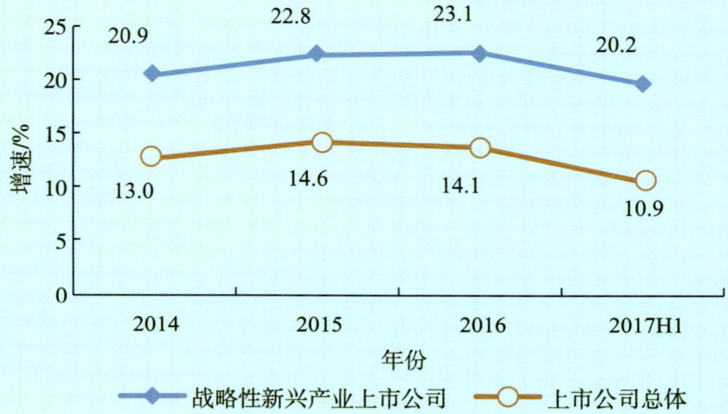

图 3.10　战略性新兴产业上市公司总资产增速

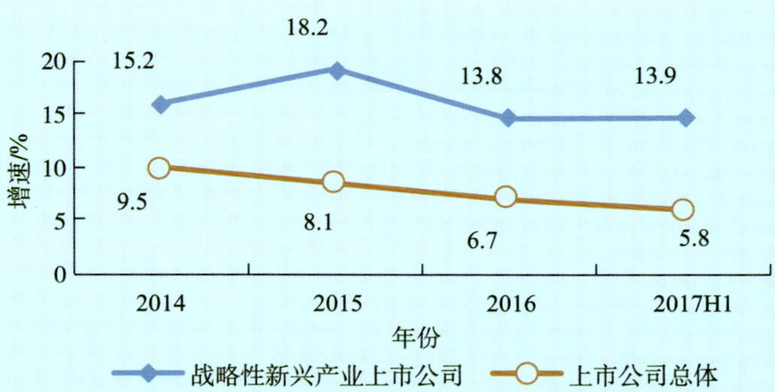

图 3.11　战略性新兴产业上市公司固定资产增速

审稿：程晓波

第 4 章

2017年战略性新兴产业重点企业景气状况

国家信息中心

【内容提要】根据国家信息中心开展的战略性新兴产业千家重点企业景气调查结果，2017 年上半年，战略性新兴产业企业家信心指数和行业景气指数均较 2016 年同期大幅提升，企业景气状况高位运行。五大分类景气指标中，除创新景气指数同比小幅回落外，生产、销售、资金、政策环境等其他四大类景气指数均出现不同程度上升。分领域来看，重点产业领域景气指数同比均实现不同程度正增长，是近两年以来首次全面同比上涨。分区域来看，全国四大区域行业景气指数呈现全面上扬之势，东部和中部地区景气指数领先，并处于强景气区间。此外，具有综合资源优势的大型企业景气指数表现要明显优于中小企业，呈现出更稳定的发展势头。

国家信息中心每季度对超过 1 000 家来自全国不同省份的战略性新兴产业重点企业进行景气调查。通过各企业主要经营管理人员对本企业生产销售情况、资金状况、创新发展投入产出状况及宏观政策环境的即期判断，准确、及时、综合反映当下战略性新兴产业的运行态势。同时，在持续追踪重点企业发展情况及其对未来预期的基础上，合理预测战略性新兴产业发展的变动趋势。2017 年上半年，针对我国 28 个省份、1 092 家战略性新兴产业企业的景气调查结果显示，当前战略性新兴产业重点企业呈现出以下景气状况特征。

4.1　战略性新兴产业企业整体景气高涨

2017年上半年，战略性新兴产业行业景气指数和企业家信心指数较上年同期均大幅上升（图2.1），企业景气高涨。其中，反映企业综合经营状况的行业景气指数创近两年新高，上升至155.2，较2016年同期上升18.3，涨幅达13.4%，进入强景气区间。反映企业家对行业总体运行状况看法的企业家信心指数上升至149.3，较2016年同期上升8.1，接近强景气区间。在经济发展进入新常态的背景下，战略性新兴产业行业景气指数和企业家信心指数双双快速上涨，表明2016年底国务院发布的《"十三五"国家战略性新兴产业发展规划》充分发挥了产业发展的导向性作用，引导全社会资源支持发展战略性新兴产业，为提振市场信心注入了一剂强心剂。从产业发展的预期情况来看，2017年第三季度行业景气预期指数为160.0，企业家信心预期指数为159.4，两大预期指数均处于强景气区间且预期指数高于基期指数，表明企业家对未来战略性新兴产业总体运行状况和企业综合经营情况持乐观态度，预计战略性新兴产业仍将保持上行态势。

4.2　战略性新兴产业分类景气指标大幅上涨

2017年上半年，从战略性新兴产业企业的生产、销售、资金、创新和政策环境五方面来看，除创新景气指数同比小幅回落外，其他四大类景气指数均出现不同程度上升（表4.1），涨幅居前三位的分别是销售、资金和生产指数，政策环境指数平稳上升。

表4.1　2017年上半年战略性新兴产业各景气指数减差

一级指标	二级指标	三级指标	同比减差
行业景气指数			18.3
企业家信心指数			8.1
	生产总指数		5.8
		用工	8.4
		设备	7.5
		库存	1.7
	销售总指数		7.9
		市场需求	9.8
		销售价格	8.1
		订单	4.3
		盈亏	7.7
	资金景气指数		7.1
		融资	3.2

续表

一级指标	二级指标	三级指标	同比减差
		投资	-0.2
		资金周转	9.9
	创新景气指数		-0.7
		研发投入	-0.7
		专利	-2.4
	政策环境景气指数		3.8

一是产销两旺，企业盈利状况良好。2017 年上半年，战略性新兴产业企业生产和销售指数分别反弹至 129.3 和 141.1，较 2016 年同期上升 5.8 和 7.9。其中，生产类指标全面增长，用工人数和设备利用率较 2016 年同期明显提升，相应景气指数分别上升 8.4 和 7.5（图 4.1），表明企业生产动力强劲，生产活跃度高。销售类指标全面上涨，市场需求、销售价格和盈亏同比增长明显，较 2016 年同期分别提升 9.8、8.1 和 7.7（图 4.2），且订单和盈亏景气度接近于强景气区间，表明 2017 年上半年企业订单饱满，盈利状况佳。

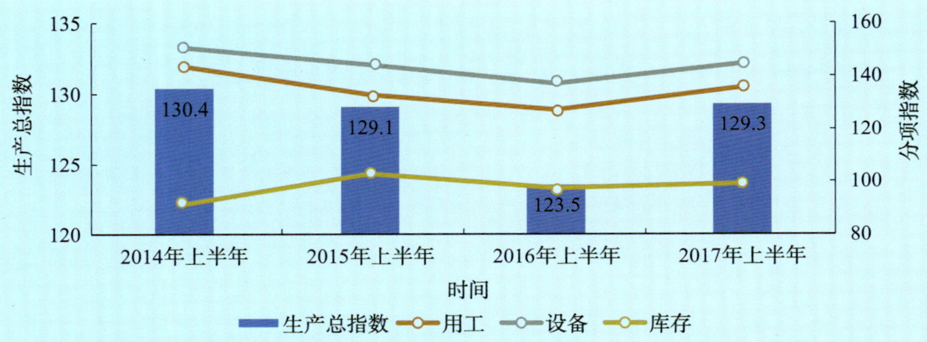

图 4.1　2014 年上半年至 2017 年上半年战略性新兴产业生产类指数

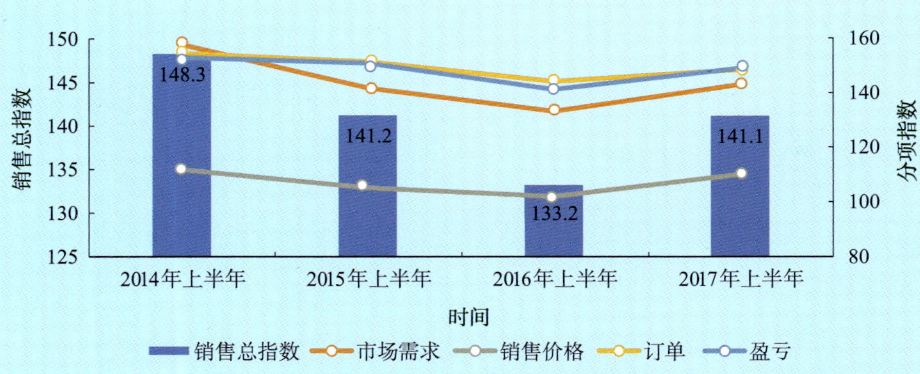

图 4.2　2014 年上半年至 2017 年上半年战略性新兴产业销售类指数

二是资金利用效果好，融资难问题有所改善。2017 年上半年，战略性新兴产业重点企业资金景气指数为 139.7，较 2016 年同期提高 7.1。在所有三级指标中，资金周转指数涨幅最大，以 7.1% 的增长率攀升至 148.8，同比上升 9.9，接近强景气区间（图 4.3），表明企业资金周转较为宽裕。融资指数较 2016 年同期小幅增长，同比上升 3.2，表明货币环境有所改善，长时间困扰企业的融资难问题在这一年中有所缓解。投资指数与 2016 年同期基本持平，2017 年上半年维持在 126 的水平。总体来看，2017 年上半年战略性新兴产业企业资金环境趋于好转。

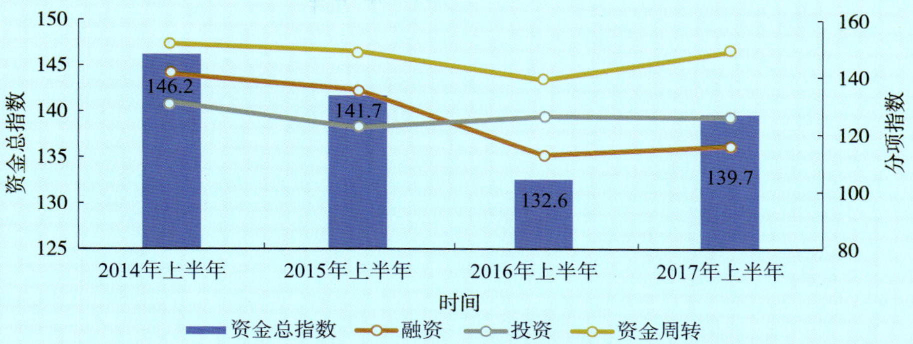

图 4.3　2014 年上半年至 2017 年上半年战略性新兴产业资金类指数

三是企业创新活跃度小幅回落，研发投入与专利产出呈下滑态势。2017 年上半年，战略性新兴产业重点企业创新景气指数为 139.6，同比下滑 0.7（图 4.4），企业创新活力较 2016 年同期小幅回落。创新活跃度回落主要是由于研发投入和专利申请数量下降，2017 年上半年研发投入指数回落至 140.9，同比下降 0.7，专利产出指数为 130.2，同比下降 2.4。从预期情况来看，2017 年第三季度创新景气预期指数为 144，其中，研发投入预期指数为 143.2，专利申请预期指数为 149.7，说明在经济总体尚未全面反弹的背景下，企业倾向于降低经营风险，将资金集中于日常经营领域，对创新的投入有所降低。不过虽然 2017 年上半年创新发展活力小幅回落，但企业家对未来企业的创新活跃度持乐观态度。

四是政策环境景气指数小幅回升，企业发展环境不断改善。2017 年上半年，政策环境景气指数为 134.2（图 4.5），较 2016 年同期上涨 3.8，稳定运行在较景气区间，表明当前战略性新兴产业政策环境维持良好状态，有利于稳定企业发展预期。

近一年来，随着《“十三五”国家战略性新兴产业发展规划》和《战略性新兴产业重点产品和服务指导目录》（2016 版）的发布，战略性新兴产业五大领域中共有 18 个细分产业公布了“十三五”期间的产业发展规划，共计 30 个省、自治区、直辖市、计划单列市公布了地方战略性新兴产业发展规划与部署安排，为“十三五”期间各细分领域及各地区战略性新兴产业的发展积极谋篇布局。同时，在加快落实创新驱动发展战略、深入推进政府职能转变的背景下，随着“放管服”改革的不断

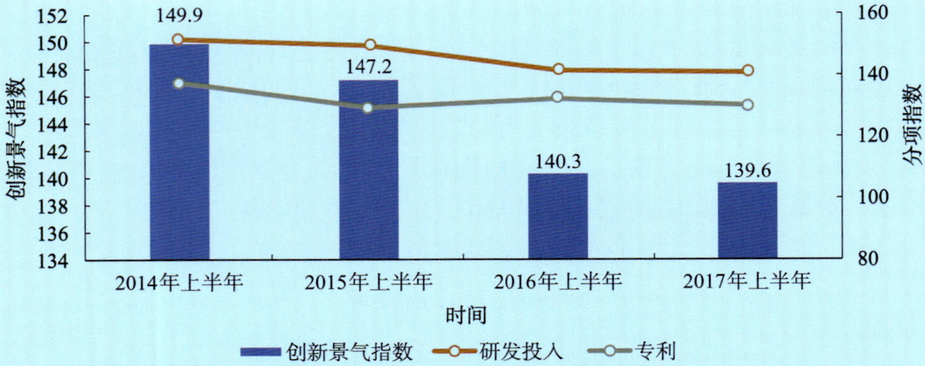

图 4.4　2014 年上半年至 2017 年上半年战略性新兴产业创新景气指数

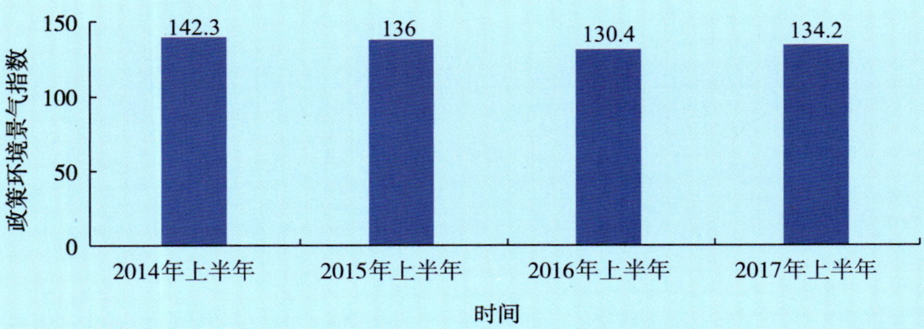

图 4.5　2014 年上半年至 2017 年上半年战略性新兴产业政策环境景气指数

推进，大众创业、万众创新的不断深入，财税政策支持方式的不断创新，知识产权保护体系的不断完善，人才培养与激励制度的不断丰富，战略性新兴产业企业发展的政策环境将更加优化，一个有利于战略性新兴产业发展壮大的生态环境即将搭建起来。

4.3　战略性新兴产业各细分领域景气全面上扬

2017 年上半年，战略性新兴产业各细分领域景气纷纷高涨，各行业景气指数较 2016 年同期均出现不同程度上涨，是 2015 年以来的首次全面上涨（图 2.2）。七大产业中有五个产业的景气指数超过了 150，进入强景气区间，创下自 2015 年以来的最高纪录。其中，新能源汽车的行业景气指数为 158.1，成为景气度最高的行业，较 2016 年同期上升 6.0，蝉联七大产业之首。2017 年，新能源汽车产品更加丰富成熟、核心技术显著提升、政策不断完善且导向愈发明确、充电设施建设逐步加快等共同推动新能源汽车的快速发展。生物产业以 157.8 的行业景气指数位居第二，较 2016

年同期上升 14.9，重新进入强景气区间。健康中国的建设及互联网、大数据在生物产业的融合应用等，既推动了技术创新与应用，也进一步激发了市场需求。新材料产业出现大幅上升，由 2016 年同期的 128.0 上升至 154.0，增幅高达 20.3%，达到 2015 年以来的最高点。新一代信息技术产业行业景气指数为 153.4，较 2016 年同期上升 17.5，排名第四。随着国家大数据战略、“互联网 +”行动计划、人工智能发展规划等重大政策的细化落实，产业跨界融合特征进一步突出，推动了产业的升级和优化。高端装备制造产业以 152.9 的行业景气指数首次升入强景气区间，较 2016 年同期上升 29.2，增幅高达 23.6%，成为上升幅度最大的产业。高端装备制造产业的快速发展主要源于智能制造装备的持续发力，增速达到 18.3%。虽然节能环保产业未进入强景气区间，但呈现出明显的上升态势，产业景气指数由 2016 年的 123.1 跃升至 146.7，增长达 19.2%。通过国家政策拉动和法规标准倒逼市场，节能环保产业进入广阔而蓬勃的发展期。新能源产业以 141.2 的景气指数垫底，但仍处于较景气区间，平稳保持在 140 上下。

从七大产业的发展预期来看，各领域预期企业家信心指数及预期行业景气指数几乎都高于即期水平（表 4.2），表明企业对于产业未来发展趋势普遍持乐观态度。其中，新能源汽车、新一代信息技术和生物领域预期企业家信心指数及预期行业景气指数均高于其他领域，表现出更强的发展信心；新能源领域预期企业家信心指数及预期行业景气指数均垫底，但仍然处于较景气区间。

表 4.2　2017 年上半年战略性新兴产业分产业企业家信心指数和行业景气指数即期预期值

行业	高端装备制造	节能环保	生物	新材料	新能源	新能源汽车	新一代信息技术
即期行业景气指数	152.9	146.7	157.8	154.0	141.2	158.1	153.4
预期行业景气指数	158.1	147.4	162.5	156.9	137.6	169.8	162.3
即期企业家信心指数	143.9	140.1	150.9	144.8	137.6	153.5	149.7
预期企业家信心指数	156.8	153.9	159.2	153.4	141.2	165.1	160.2

4.4　战略性新兴产业四大区域景气快速增长

2017 年上半年，全国四大区域行业景气指数呈现全面上扬之势，东部地区和中部地区处于强景气区间（图 4.6）。其中，东部地区以 161.5 的行业景气指数位列第一，较 2016 年同期上升 20.4，增幅高达 14.5%，达到 2014 年以来的最高点。中部地区行业景气指数大幅增长，2017 年上半年为 151.5，较 2016 年同期增长 14.3%，创下调查以来的最高水平。东北地区景气指数为 142.9，同比上升 16.9，位列第三，摆脱垫底阴霾。西部地区行业景气指数由 2016 年同期的 127.8 上升至 141.8，虽然排名靠后，增幅仍高达约 11%。

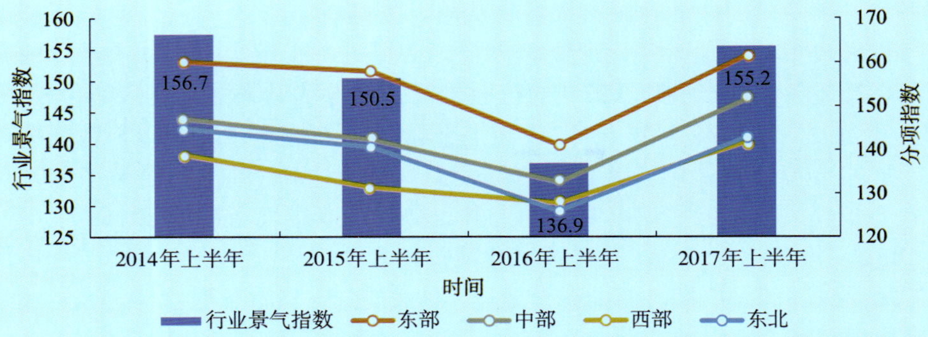

图 4.6　2014 年上半年至 2017 年上半年战略性新兴产业行业景气指数（分地区）

分省份来看，2017 年上半年在参与调查的 28 个省份中，有 23 个省份的行业景气指数同比上升，占比达到 82.1%（表 4.3）。

表 4.3　2017 年上半年各省份战略性新兴产业行业景气指数同比排序

省份	2017 年上半年	2016 年上半年	同比减差	省份	2017 年上半年	2016 年上半年	同比减差
西藏	**166.7**	**100.0**	**66.7**	湖南	155.3	146.6	8.7
江西	155.3	124.3	31.0	天津	**152.0**	**143.4**	**8.6**
辽宁	150.7	122.5	28.2	河北	**166.7**	**158.3**	**8.4**
甘肃	**136.4**	**110.5**	**25.9**	湖北	**153.6**	**145.5**	**8.1**
广东	155.0	132.7	22.3	重庆	**150.0**	**144.4**	**5.6**
内蒙古	**130.0**	**108.3**	**21.7**	北京	144.7	140.0	4.7
广西	**164.7**	**145.5**	**19.2**	云南	135.7	131.6	4.1
宁夏	**147.1**	**130.0**	**17.1**	山西	**116.7**	**113.1**	**3.6**
浙江	161.3	145.8	15.5	四川	125.0	124.7	0.3
山东	154.2	138.8	15.4	陕西	**120.0**	**120.0**	**0**
上海	149.2	135.0	14.2	江苏	138.5	153.3	−14.8
福建	**161.8**	**147.9**	**13.9**	新疆	**107.4**	**130.7**	**−23.3**
河南	138.3	127.9	10.4	吉林	**136.4**	**162.5**	**−26.1**
安徽	158.1	148.6	9.5	黑龙江	**100.0**	**135.3**	**−35.3**

注：加粗的数字表示该省份样本量偏少，数据仅供参考

从绝对值来看，剔除样本量不足的省份后，2017 年上半年行业景气指数最高的省份依次为浙江（161.3）、安徽（158.1）、江西（155.3）和湖南（155.3）（图 4.7）。其中，安徽 2016 年同期也位居第二位，行业景气持续高涨。在排名前十位的省份中，东部地区为核心力量，占据 6 个席位，中部地区有 3 个省份上榜。值得一提的

是辽宁首次入榜。此外，有7个省份行业景气指数超过150，进入强景气区间，分别为浙江、安徽、江西、湖南、广东、山东和辽宁。

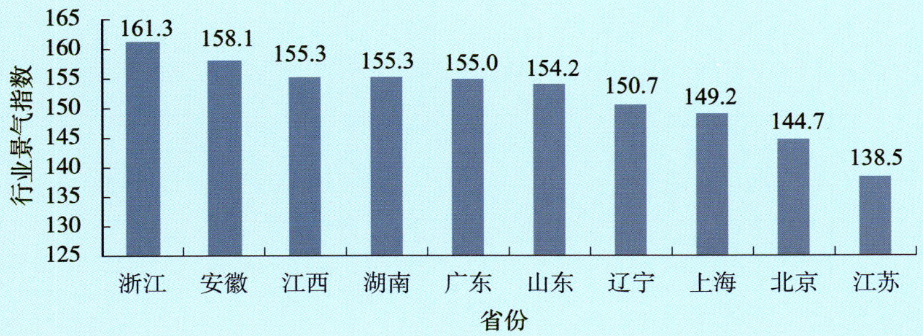

图4.7　2017年上半年战略性新兴产业行业景气指数排名前十位的省份

4.5　战略性新兴产业大型企业表现优于中小企业

从企业规模来看，大企业[①]行业景气指数和企业家信心指数更高，2017年上半年分别为160.7和152.6，均处于强景气区间，分别高出中小企业7.5和4.5（图4.8）。

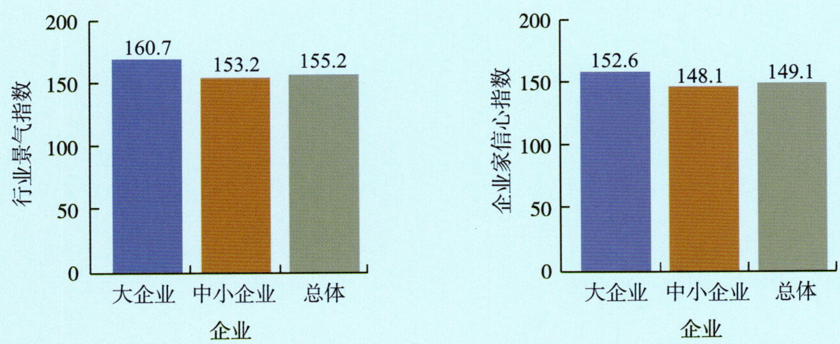

图4.8　2017年上半年按企业规模行业景气指数和企业家信心指数对比

具体从细类指标来看，大企业有8个细类指标高出总体，集中在投融资、创新活力、政策环境方面（表4.4）。中小企业有5个细类指标高出总体，较为集中在生产环节。显现出大企业的资金面宽松、创新投入和成果表现较好，政策环境也比较支持企业发展。相比之下，中小企业在生产活动方面相对活跃，盈利状况好，产品和服务市场需求旺盛。值得一提的是，大企业和中小企业的行业景气指数相差较大

① 雇佣人数2 000人以上，总资产4亿元以上为大企业，其他为中小企业。

（减差大于等于 10）的细类指标分别是研发投入、投资、资金周转和市场需求，说明在研发和资金方面中小企业的景气指数明显劣于大企业，而在市场需求方面则是中小企业占优。

表 4.4　2017 年上半年按企业规模战略性新兴产业行业景气指数比较

指标类型	细类指标	大企业	中小企业	总体
生产类	用工	131.9	**137.4**	135.9
	设备	141.4	**146.0**	144.7
	库存	98.2	**99.6**	99.2
销售类	市场需求	135.8	**145.8**	143.1
	销售价格	**110.5**	109.9	110.1
	订单	**144.6**	137.4	141.2
	盈亏	147.0	**149.9**	149.1
资金类	融资	**123.1**	113.4	116.0
	投资	**138.3**	121.4	126.0
	资金周转	**160.3**	144.6	148.8
创新类	研发投入	**148.9**	138.0	140.9
	专利	**134.6**	128.3	130.0
政策环境类	政策环境	**135.1**	133.9	134.2

注：加粗指标表示大于总体

审稿：程晓波

第 5 章

战略性新兴产业发展长期面临的瓶颈问题及对策建议

国家信息中心

【内容提要】当前，我国战略性新兴产业持续快速增长，已经成为经济发展的重要引擎之一，但战略性新兴产业总体规模仍然不大，处于需要进一步发展壮大并逐渐成为经济增长支柱的阶段。同时，在我国经济转型升级的大背景下，加快发展战略性新兴产业势必成为重要路径和长期举措。但是，我国战略性新兴产业还面临一些长期困扰产业健康发展的瓶颈，突出表现为地区生产总值考核机制、地方经济发展思路及金融体系结构和战略性新兴产业发展不匹配等三大瓶颈问题，本章在深入剖析问题的基础上，提出了相应的政策建议。

当前，我国战略性新兴产业总体规模仍然不大，离成为经济增长支柱还有一定差距。2016 年末，战略性新兴产业增加值占国内生产总值（GDP）的比重约为 10%，以能源、房地产、基建为代表的要素驱动型产业在经济中仍占据主导地位。在深入实施创新驱动发展战略的背景下，必须加快产业结构转变，由发展要素驱动型产业向发展以创新为核心的战略性新兴产业转变。为此，笔者梳理出当前战略性新兴产业发展过程中长期面临的三大瓶颈问题，并提出相应的政策建议。

5.1 地区生产总值考核机制和战略性新兴产业发展不匹配

当前，地区生产总值在地方政府考核指标中仍然重要，而在产业结构大规模向战略性新兴产业转型的初期，地区生产总值增速很有可能会趋于下滑，阻碍了地方政府发展战略性新兴产业的积极性。早在 2003 年，中央就提出要建立“体现科学发展观和正确政绩观要求”的干部考核评价体系，各地在对领导干部的考核上也逐步降低经济类指标的比重，但总体来看，考核改革效果并不明显。罗党论等利用 1999 ～ 2009 年的地市级数据进行的研究表明，官员在任期内的相对经济增速与其晋升呈显著正相关[1]。以地区生产总值增速为核心的经济类指标在整个考核目标体系中的占比仍然很大，如东部地区一些地方经济类指标在整个考核中占 30% 左右的权重，中西部不少地区，经济类指标的分量则高达 40%，甚至更多[2]。此外，部分省市也出现地区生产总值考核隐性化倾向，如以“财政收入增速”、“工业增速”和“固定资产投资增速”等与地区生产总值增速呈正相关的指标替代地区生产总值考核，名为取消地区生产总值导向，实则更加隐性化。

战略性新兴产业具有风险高、频率低、周期长的特点，从创意、研发到产业化、市场推广，一系列环节短则几年，长则几十年，且每一个环节都可能失败终止，如互联网从创新到普及花费了 20 多年的时间，其间还经历了泡沫冲击。而要素驱动增长方式一般依靠成熟产业项目拉动，风险更小、周期更短、投入产出更可预期，通过大规模的要素投入、生产复制，利用规模效应就能快速创造大批经济增量。因此，当经济增长由要素驱动向以创新为核心的战略性新兴产业转变时，往往会在降低旧有产业要素投入和培育发展新产业之间产生转化时滞，带来经济增长的暂时失速。在地区生产总值考核仍然很关键的前提下，地方政府很难接受因转型发展战略性新兴产业带来的地区生产总值增速阶段性下滑的风险。王海兵和杨蕙馨利用 1978 ～ 2012 年各省（自治区、直辖市）的面板数据进行协整分析，发现技术创新和经济增长在短期内存在负相关关系，而长期来看则呈现稳健正相关[3]。从发展实例来看，转型发展战略性新兴产业最为成功的是深圳市，其在 2008 年金融危机前就大力提倡创新发展观，后又响应中央号召，积极培育壮大战略性新兴产业。在转型初期，深圳市地区生产总值占全国的比重出现了连续下滑（图 5.1），但随着战略性新兴产业快速增长成为经济支柱后，深圳市地区生产总值占全国的比重也在 2010 年出现拐点并恢复上升，目前已回到 21 世纪初的高点水平。

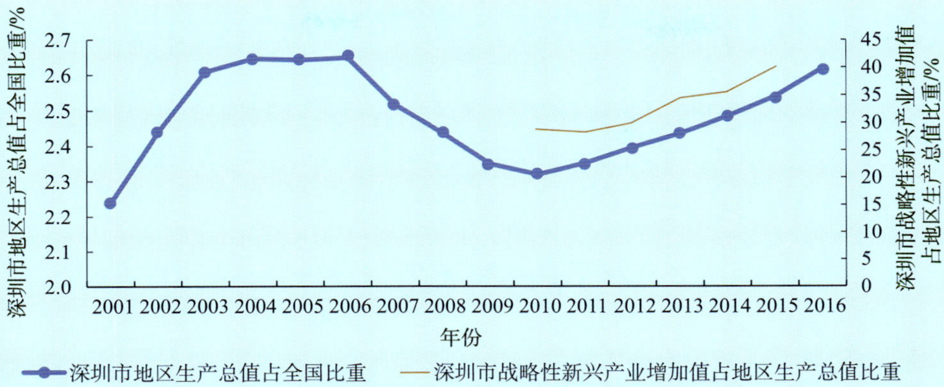

图 5.1　深圳市战略性新兴产业和地区生产总值相关数据比较

5.2　地方经济发展思路和战略性新兴产业发展不匹配

受政府主导、路径依赖等因素影响，地方经济发展思路无法适应战略性新兴产业发展的新要求。一直以来，地方政府都是我国经济快速增长的重要加速器，其主要手段有两类：一是为投资商提供项目补贴、市场准入、土地等政策优惠；二是为投资商提供包括软硬件基础设施、法制生态、公共服务、人才蓄水池等好的发展环境。前者是典型的要素驱动式发展途径，通过拉大项目、引大企业，短时间内大量投入土地、资源、人力等生产要素，获取较快的发展速度，是一种典型的靠数量扩张和资源消耗进行的外延式发展。改革开放以来，各地政府纷纷采取这种发展思路，瞄准缺口，大干快上，以开发区、工业区、产业园等形式，竞争性供应土地，并辅之以配套性优惠政策，使得要素驱动模式在相互竞争中不断自我强化，地方政府投资依赖、项目依赖的思维惯性也逐渐养成。但相比之下，第二种发展思路才更符合以创新为核心的战略性新兴产业的发展需求，通过营造良好的创新创业生态，提供更细致的政府服务，吸引高附加值创新企业持续进驻。近年来，深圳、北京等战略性新兴产业策源地城市就采取这种方式，营造公平宽松的创新环境，吸引了大量知识密集型企业前往，2016 年深圳新增注册企业达 56 万家，远超其他城市，创新创业活跃度位居全国第一。但同时也要看到，这种发展模式需要政府长时间、大力度的投入，且通过这种方式吸引的企业往往规模不大、技术相对不成熟、预期收益不明朗，短期直接带动作用不大。例如，作为我国生物产业的创新龙头，华大基因经过 15 年的发展，目前的营业额也只有 17 亿元，而富士康单项目短期投资就可超过百亿元。当地方政府主导着经济发展模式，而自身掌握的要素资源有限时，为了使自身政治利益最大化，加之路径依赖的强化作用，往往会选择传统的大项目优先的招商引资思路，从而导致培育发展战略性新兴产业停滞不前，甚至难以实现。

5.3 金融体系结构和战略性新兴产业发展不匹配

当前我国已经形成了以间接融资为主、直接融资占比较低的金融体系，适配于以能源、房地产、基建、重化工业为代表的要素驱动型产业，而以创新为核心的战略性新兴产业的金融需求难以得到满足。石璋铭等对战略性新兴产业上市公司 2012 ～ 2014 年的季度数据进行测算，结果表明，七大产业均受到不同程度的融资约束[4]。国家信息中心自 2014 年每季度对 1 000 多家战略性新兴产业企业进行的问卷调查也显示，融资难一直位列企业反映的最亟待解决的问题的前三位，约占 30%。原因在于：一方面，战略性新兴产业企业不符合间接融资体系的融资要求。间接融资体系收益固定、风险偏好低，与要素驱动型产业发展成熟、项目收益平稳、风险小、企业资产估值成熟等特征更为匹配，而战略性新兴产业往往具有高度不确定性，收益无法覆盖风险，企业资产以专用知识产权为主，抵押资产估值难、变现难，难以在间接融资体系内获得支持。同时，间接融资的专业服务体系也不健全。在银行承担风险能力和资产评估处置能力不足时，需要有专业的市场性或者政策性融资服务机构，如担保机构等来帮助分担风险，但当前我国此类机构也远远不能满足需求。例如，相关资料显示[5]，即使在财政较为宽裕的北京中关村地区，担保扶助资金规模也不足园区企业上缴税费的 2%，担保机构代偿比例不足 1%，代偿损失率仅为 0.2‰左右。另一方面，与战略性新兴产业企业需求相匹配的直接融资发展不充分。目前我国风险投资发展尚不成熟，投资理念落后，专业化投资人才缺乏，对战略性新兴产业发展规律和新兴技术发展路线的认识不足，导致对战略性新兴产业项目和企业的投资不足，或者扎堆投资某几个热门新兴领域，如信息技术（含互联网）等，其他新兴领域投资则裹足不前（图 5.2）。此外，资本市场发育也不完善，“新三板”、创业板市场规模较小，且“新三板”、创业板、中小板和主板之间的转换通道尚不顺畅。对于部分科技创新企业而言，上市条件仍然较为苛刻，对盈利水平要求高，以互联网企业为代表的大量创新型企业无法在国内上市。

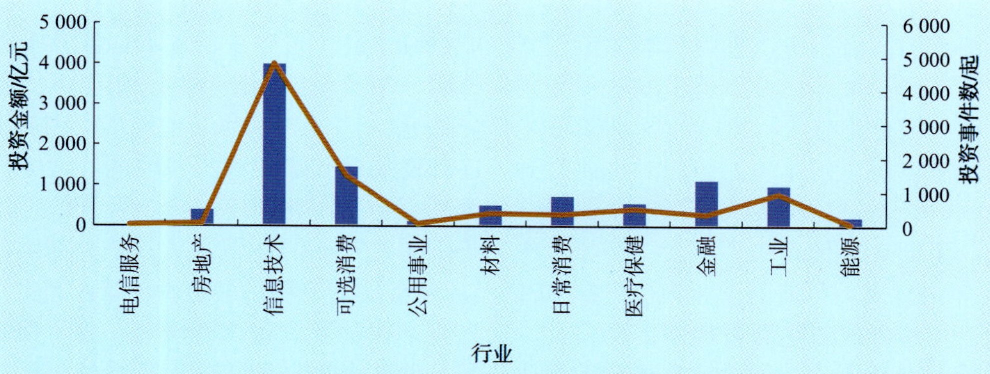

图 5.2 “十二五”期间创业投资累计行业分布情况比较

5.4 政策建议

针对以上战略性新兴产业发展长期面临的三大瓶颈问题，提出以下三方面政策建议。

一是建立健全适用于战略性新兴产业发展的评价体系。加快建立有利于激励战略性新兴产业发展的评价指标体系，强化全要素生产率、劳动生产率、新产品和服务销售、知识密集型产业等表征创新力和产业先进性的指标设计。深入推进落实地方政府考核、评价和晋升制度改革，将知识产权保护、市场自由度、透明度等创新环境营造指标也纳入干部考核、评价中去，提升环境、资源等约束性指标在官员晋升考核中的比重。

二是转变经济发展思路，强化制度顶层设计。国家层面，加强顶层设计，更加重视战略性新兴产业发展，大力推进大众创业、万众创新，突出企业主体地位，营造创新要素相互融合的生态环境。具体包括制定激励创新的普惠性政策，加大相关税收优惠力度，加强知识产权保护，保护创新者的积极性等。地方层面，鼓励地方积极转变思路，将工作更多地转向环境培育，建立公开透明、稳定长效的企业发展激励机制，鼓励投资者进行长期技术创新投入。改进人才评价和激励机制。培育敢于探索、容忍失败的创新文化，让创新源泉充分涌流。

三是建立健全有利于战略性新兴产业发展的融资体系。对初创期战略性新兴产业企业，通过设立财政专项资金、参股设立各类新兴产业风险投资基金等方式加强支持。对支持初创期战略性新兴产业企业发展的金融机构实行税收优惠。扶持培育一批专业的新兴产业孵化机构，提升产业发展的市场活力。对发展期战略性新兴产业企业，通过金融机构贷款风险补偿、债券贴息等方式给予政策支持，充分放大政府财政资金的杠杆效应，引导多渠道社会资金进入支持创新企业发展。积极推进知识产权质押融资、产业链融资等金融产品创新，鼓励专业性机构加强能力建设，完善金融机构考核体制和贷款评审制度，向战略性新兴产业企业进行倾斜，提升企业银行贷款的可获得性。对成熟期战略性新兴产业企业，探索建立健全“新三板”、创业板、中小板和主板之间的转换机制，将上市及再融资项目向符合条件的战略性新兴产业企业倾斜。

参考文献

[1] 罗党论，佘国满，陈杰．经济增长业绩与地方官员晋升的关联性再审视——新理论和基于地市级数据的新证据．经济学（季刊），2015，(2)：1145-1172.

[2] 李克诚．官员考核如何“去 GDP 化”．南风窗，2013，(24)：36-38.

[3] 王海兵，杨蕙馨．创新驱动与现代产业发展体系——基于我国省际面板数据的实证分析．经济学（季刊），2016，(3)：1351-1386.

[4] 石璋铭，曹海娟，张家成．融资约束、金融发展与战略性新兴产业关系探讨．商业经济研究，2015，（21）：96-98.
[5] 吕铁，余剑．金融支持战略性新兴产业发展的问题及对策．中国党政干部论坛，2012，（9）：30-32.

审稿：程晓波

产 业 篇

第 6 章

节能环保产业

罗 宏 谢雪松 裴莹莹

【内容提要】节能环保产业是指为节约能源资源、保护生态环境提供物质基础和技术保障的产业，是国家加快培育和发展的七大战略性新兴产业之一。节能环保产业涉及节能环保技术装备、产品和服务等，产业链长，关联度大，吸纳就业能力强，对经济增长拉动作用明显。加快发展节能环保产业，是调整经济结构、转变经济发展方式的内在要求，是推动节能减排，发展绿色经济和循环经济，建设资源节约型、环境友好型社会，积极应对气候变化，抢占未来全球竞争制高点的战略选择。本章从综合概述全球及中国节能环保产业的发展现状出发，对节能环保产业的发展趋势进行研判，对产业存在的问题进行剖析，并针对节能环保领域三大重点工程的实施路径进行深入分析。在此基础上，提出促进产业发展的政策建议。

6.1 节能环保产业发展现状

6.1.1 全球节能环保产业发展特征

1. 发达国家占据主导地位，发展中国家市场开发潜力巨大

在节能产业领域，2015 年节能产品、装备与技术市场全球新增能效投资为 2

210 亿美元，其中超过一半的新增投资集中在建筑领域[1]（图 6.1）。增加的节能产品和节能服务的总支出说明全球经济整体正在向提高能效的方向高速发展。在节能服务产业领域，2015 年全球节能服务公司的市场价值为 242 亿美元。其中中国节能服务公司的收入达到了 133 亿美元（图 6.2），由于中国是世界上最大的市场，加上接连几个五年计划的节能优惠政策和相关补贴，中国节能服务公司一直发展迅速[1]。

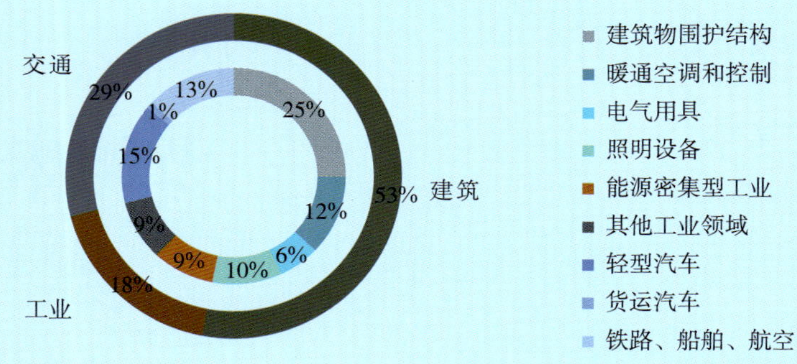

图 6.1　2015 年各领域全球新增节能投资[1]

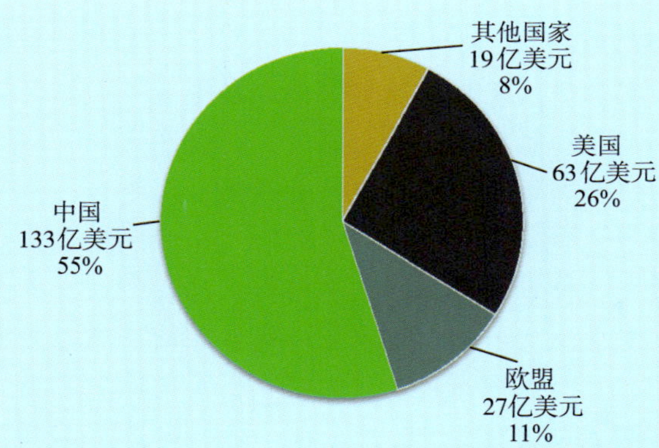

图 6.2　2015 年全球节能服务公司收入情况[1]

在环保产业领域，2015 年全球环保产业市场规模约 1.05 万亿美元（图 6.3）。美国是全球最大的市场，市场规模达 3 030 亿美元[2]。根据欧盟统计署对欧盟 28 国环保产业的统计数据来看，其环保产业总产值占 GDP 的比重一直保持在 3% 以上的水平，且呈持续增长态势。到 2020 年，全球环保产业市场规模预计将达到 1.9 万亿美元[2]。

在资源循环利用产业领域，其市场日益全球化。联合国商品贸易数据库的数据显示，2015 年，全世界各国所有再生资源的出口接近 1.8 亿吨，价值超过 860 亿美

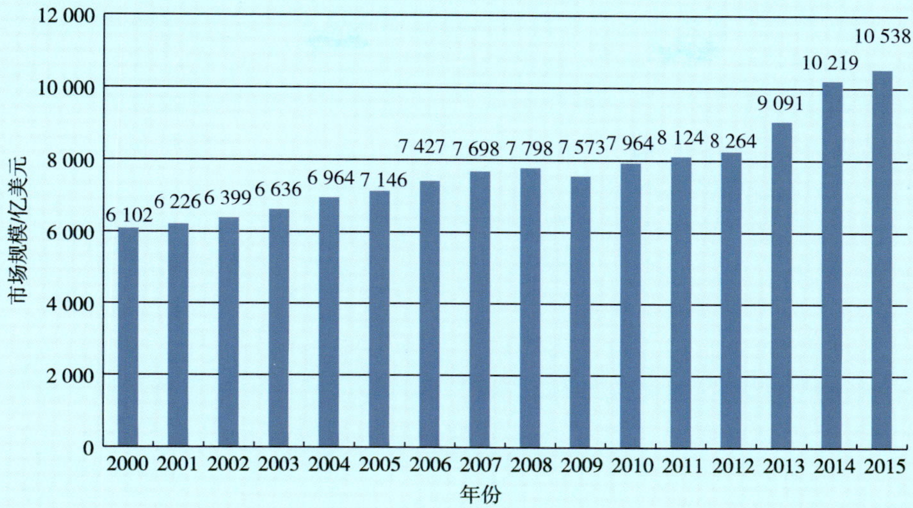

图 6.3　全球环保产业市场概况 [2]

元 [3]。其中，美国是世界上最大的回收商品出口国，美国的含铁废料、废铜、废铝、废纸、塑料废品、含镍废料等的出口额位居世界第一；法国的含铅废料与含锌废料出口额位居世界第一；中国是世界最主要的回收商品消费国（包括废料），对铁废料、废铜、废铝、废纸、塑料废品等的进口量位居世界第一；印度含铅废料与含锌废料的进口额位居世界第一。再生资源的市场在全世界范围内远未达到双边贸易 [3]。

总体来看，虽然发达国家仍然占据全球节能环保产业主导地位，美国、日本、德国、法国、加拿大等国家占据超过 60% 的市场份额，日本、欧盟等国家和地区再生资源产业的发展也一直处于世界领先水平，已经建立起比较成熟的废旧物资回收网络和交易市场，但发达国家节能环保产业已经呈现出成熟的工业特征，如增长速度减缓、同行竞争激烈、利润减少、企业兼并频繁等 [4, 5]。根据美国商务部国际贸易管理局发布的调研与分析，未来具有巨大开发潜力的环保市场将主要集中在中国、墨西哥、印度等发展中国家。发展中国家的节能环保市场保持着高速增长，在全球市场中的份额不断增加。因此，发达国家积极在发展中国家寻找机会，重点开拓发展中国家市场。

2. 节能环保技术与多领域交叉融合，向智能化、高端化、综合化发展

发达国家的节能环保产业已进入平稳发展期，节能环保装备与技术在多领域向智能化、高端化、综合化方向发展 [6, 7]。

在智能化方面，智能水务是具备自动监测和计量功能的自动化监控技术，具有饮用水管网分配功能，并可监测水损失和泄漏。新型智能化水资源管理技术已推广

应用在应对极端天气方面，如应急响应系统、蒸发防控技术、储水系统、地下水补给系统、雨水管理、智能计量、计费和自动关闭系统，以及一系列可用于水处理工艺、具有更高耐久性、可处理多变流量的适应性技术[2]。

在高端化方面，建筑领域的新技术发展趋势主要集中在新型节能型建筑与“零耗能建筑”。工业节能领域的新技术发展重点集中在工业余热的循环利用。零废水排放（zero liquid discharge，ZLD）系统采用根据生产流程定制的先进处理技术套件，如蒸发器、盐水浓缩器和结晶器，将工业废水进行深度处理达到高纯度再进行循环利用，可以减少污水排放许可和监管成本。零废水排放系统的技术套件目前在工业领域得到快速扩展，特别是用于电力、石油化工行业。用于除去烟气汞的非碳吸附剂、非热等离子体和可去除多种污染物的活性焦炭等新兴技术将成为新的市场增长点。固体废物转化新技术主要包括气化、等离子弧气化、热解和热解聚，使用热降解或电流将固体废物的有机部分转化为液体燃料、合成气、沼气、热、电及化学产品，目前在世界上的一些地区和国家，这些转化技术已成功实现商业运营[2]。

在综合化方面，环保产业由污染治理向资源管理转变，逐渐向源流控制和全过程管理纵深化发展[7]。以欧盟 28 国为例，其环境污染治理技术已处于世界领先地位，进而向资源管理、清洁生产等方向发展，自然资源管理与清洁生产的产值快速增加，资源管理产值已接近环境污染治理产值的 3 倍[8]。在资源循环利用产业领域，强调材料在整个生命周期中的高效利用和再生利用的可持续材料管理（sustainable materials management，SMM）已经成为政策制定者和公众解决资源循环利用问题的综合方法之一，它可以帮助降低购买较贵的原材料的成本，并且在生产过程中提高效率并减少材料损失[2]。

3. 第三方治理模式逐渐成为主流，市场重点由制造业转向综合服务业

发达国家的第三方治理制度发展时间较长且较为成熟，普及范围广。法国水务治理市场化运营在 1982 年之后的几项法案的支持下突飞猛进，法国水务治理设施的产权维持公有化，但采用委托经营模式的水务系统承担全法国 80% 左右的供水及污水处理量，形成以苏伊士、威立雅和萨尔三家私营水务公司为主的治理格局[9]。英国自 1989 年开始水务行业第三方治理市场化改革，形成由政府宏观引导、公共管理机构监管、私有水务公司市场化运作、社会团体全程参与的一体化运行模式，全英国 20 余家具有水务经营许可的企业主要负责英国的供水及水处理服务[9]。美国环境监测和城市垃圾市场化运营一直走在世界前列，全美国 400 多个监测站点主要由专业第三方商业机构投资运营，城市生活垃圾由市政管理部门委托专业第三方公司进行回收、运输和处置。据不完全统计，全美国固体废物行业共有约三万家企业，其中近一半为私企，承担美国近七成的固体废物加工处理量[8]。日本环境污染第三方治理的一个重要特征是一些大企业利用由于矿山关闭、产能过剩等而闲置的设备开展资源回收利用事业，由原来的排污企业转变为治污企业，如原三井金属矿业从

1995 年起利用原来的炼铅设备每年从废电池中回收 4.8 万吨铅，其占日本铅循环利用量的 1/3[10]。

引入第三方治理模式极大地推动了环境服务业的发展，未来全球节能环保产业发展的焦点将继续集中在综合服务业。以发展较为成熟、具有代表性的美国环保产业为例，美国的环保服务业占其环保产业的比重很大，2015 年就已达到 79%，其中，水处理厂、水务事业与固废管理是环保服务业的主要领域（图 6.4）[2]。

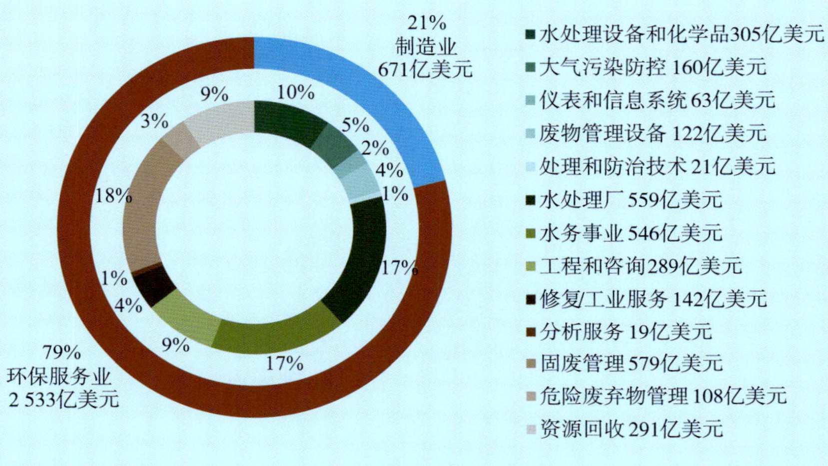

图 6.4　2015 年美国环保产业市场具体分布情况 [2]

6.1.2　中国节能环保产业发展最新进展

1. 新战略、新政策

1）环境友好型政策密集出台

2016 年末至 2017 年 8 月，国家出台了一系列政策，为节能环保产业的发展提供了良好的宏观政策环境（表 6.1）。在《“十三五”节能环保产业发展规划》等顶层设计及各领域配套政策法规，如《“十三五”节能减排综合工作方案》《中华人民共和国环境保护税法》《循环发展引领行动》等密集出台的推动下，节能环保产业发展态势良好，营利能力突出，中国作为全球节能环保新兴市场发展速度较快 [11,12]。节能环保产业向成为中国国民经济支柱产业又迈进一步。

表 6.1　近期节能环保产业相关政策

领域	政策名称	施行时间	发布单位
综合领域	绿色发展指标体系	2016 年 12 月 12 日	国家发改委、国家统计局、环境保护部等
	生态文明建设考核目标体系	2016 年 12 月 12 日	国家发改委、国家统计局、环境保护部等
	“十三五”节能环保产业发展规划	2016 年 12 月 22 日	国家发改委、科学技术部、工信部等
	“十三五”国家信息化规划	2016 年 12 月 27 日	国务院
	关于推进绿色“一带一路”建设的指导意见	2017 年 4 月 26 日	环境保护部、外交部、国家发改委等
	节能节水专用设备企业所得税优惠目录（2017 年版）、环境保护专用设备企业所得税优惠目录（2017 年版）	2017 年 1 月 1 日	财政部、国家税务总局、国家发改委等
节能产业领域	“十三五”节能减排综合工作方案	2017 年 1 月 5 日	国务院
	“十三五”全民节能行动计划	2016 年 12 月 23 日	国家发改委、科学技术部、工信部等
	节能标准体系建设方案	2017 年 1 月 11 日	国家发改委、国家标准化管理委员会
	建筑节能与绿色建筑发展“十三五”规划	2017 年 3 月 1 日	住房和城乡建设部
	国家重点节能低碳技术推广目录	2017 年 3 月 17 日	国家发改委
	工业节能与绿色标准化行动计划（2017—2019 年）	2017 年 5 月 19 日	工信部
环保产业领域	生态环境大数据建设总体方案	2016 年 3 月 8 日	环境保护部办公厅
	关于省以下环保机构监测监察执法垂直管理制度改革试点工作的指导意见	2016 年 9 月 22 日	中共中央办公厅、国务院办公厅
	国务院关于开展第二次全国污染源普查的通知	2016 年 10 月 26 日	国务院
	国家环境保护“十三五”科技发展规划纲要	2016 年 11 月 14 日	环境保护部、科学技术部
	关于全面推行河长制的意见	2016 年 12 月 11 日	中共中央办公厅、国务院办公厅
	生活垃圾分类制度实施方案	2017 年 3 月 30 日	国家发改委、住房和城乡建设部
	“一带一路”生态环境保护合作规划	2017 年 5 月 12 日	环境保护部
	关于政府参与的污水、垃圾处理项目全面实施 PPP 模式的通知	2017 年 7 月 1 日	财政部、住房和城乡建设部、农业部等
	长江经济带生态环境保护规划	2017 年 7 月 17 日	环境保护部、国家发改委、水利部
	固定污染源排污许可分类管理名录（2017 年版）	2017 年 7 月 28 日	环境保护部
	关于推进环境污染第三方治理的实施意见	2017 年 8 月 9 日	环境保护部
	关于印发制革等 5 个行业清洁生产评价指标体系的公告	2017 年 9 月 1 日	国家发改委、环境保护部、工信部
	建设项目环境影响评价分类管理名录	2017 年 9 月 1 日	环境保护部
	国务院关于修改《建设项目环境保护管理条例》的决定	2017 年 10 月 1 日	国务院
	中华人民共和国水污染防治法（修订版）	2018 年 1 月 1 日	全国人民代表大会常务委员会

续表

领域	政策名称	施行时间	发布单位
环保产业领域	中华人民共和国环境保护税法	2018 年 1 月 1 日	全国人民代表大会常务委员会
资源循环利用产业领域	关于垃圾填埋沼气发电列入《环境保护、节能节水项目企业所得税优惠目录（试行)》的通知	2016 年 1 月 1 日	财政部、国家税务总局、国家发改委
	关于调整《进口废物管理目录》的公告	2017 年 1 月 13 日	环境保护部、商务部、国家发改委等
	建筑垃圾资源化利用行业规范条件（暂行）	2017 年 2 月 1 日	工信部、住房和城乡建设部
	循环发展引领行动	2017 年 4 月 21 日	国家发改委、科学技术部、工信部等
	国务院办公厅关于加快推进畜禽养殖废弃物资源化利用的意见	2017 年 6 月 12 日	国务院办公厅
	禁止洋垃圾入境 推进固体废物进口管理制度改革实施方案	2017 年 7 月 18 日	国务院办公厅
	关于联合开展电子废物、废轮胎、废塑料、废旧衣服、废家电拆解等再生利用行业清理整顿的通知	2017 年 8 月 2 日	环境保护部办公厅、国家发改委办公厅、工信部办公厅等

2）“一带一路”推动节能环保企业“走出去”

随着 2017 年 4 月环境保护部（简称环保部）等四部委联合发布《关于推进绿色“一带一路”建设的指导意见》、2017 年 5 月第一届“一带一路”国际合作高峰论坛在北京的举行，建设绿色“一带一路”的各项措施深入推进、逐步落实，与此同时，环境问题突出、自然生态系统较脆弱的“一带一路”沿线新兴经济体和发展中国家对节能环保、绿色低碳技术与设备有迫切需求，中国节能环保产业“走出去”迎来重大发展机遇[13]。目前，中国环保企业“走出去”呈现出区域性、行业性特点[14]。

在区域特征方面，在西南地区，广西壮族自治区具有与东盟国家陆海相邻的独特优势，主要瞄准东南亚市场，重庆市作为西南地区环保产业聚集的重镇，是环保产业走出去的重要代表；在东部沿海省份，长三角地区江苏宜兴、浙江绍兴等形成了环保产业园或企业集群；在南部沿海，广东省搭建技术平台服务“一带一路”；北京等地区聚集大量实力雄厚的央企和国企，成为领导产业走出去的主力军[14,15]。

在行业特征方面，目前中国多数环保企业是进行装备和技术输出，与主体工程配套的、单项的设备和工程相对较多，总包式的高端工程、项目和服务较少。大型企业参与“一带一路”沿线国家的大型项目建设的步伐在加快，如中冶国际工程集团、北控水务集团有限公司、中国光大国际有限公司等，已经展现出在技术、工程、资本等方面的优势，开始引领国外项目的发展趋势[15]。

3）环保督察规范政企履责，倒逼企业绿色转型

2015 年 7 月，中央明确建立环保督察机制，首次提出环境保护“党政同责”“一岗双责”，“督政”与“督企”并重。经过两年时间，中央环境保护督察组已覆盖 22 个省份。各地环保部门执行《中华人民共和国环境保护法》配套办法及移送环境犯罪案件情况显示，2017 年 1 ～ 5 月全国实施五类案件的总数为 13 478 件，与 2016

年同期相比增长 201%。其中，按日连续处罚案件、查封扣押案件、限产停产案件、移送行政拘留、涉嫌犯罪移送公安机关案件等各类案件数量均有所上升，执法力度持续加大[16]。

2017 年 4 月，有史以来国家层面直接组织的最大规模的大气污染防治强化督察行动启动，环保部从全国抽调 5 600 名环境执法人员，对京津冀及周边传输通道“2+26”城市开展为期一年的大气污染防治强化督察。截至 2017 年 7 月 28 个督查组共检察三万余家企业（单位），其中两万多家存在环境问题，问题率超 6 成[17]。

随着中国环保政策日益完善，环境监督与环境执法日趋严厉，企业将更加重视自身的排污治污问题，倒逼企业绿色转型，环保产业发展的市场空间也更加广阔，发展环境更加成熟；政府通过提高环保标准和严格执法，倒逼出环保产业的市场空间，成为促进产业发展的动力。

2. 节能产业

1）行业整体发展看好，中小型企业稳健扩张

2016 年，节能环保上市公司主营业务收入总额为 6 524.2 亿元，较 2015 年增长 18.6%。其中，主板、中小板和创业板上市公司收入总额为 6 008.6 亿元，同比增长 19.3%；“新三板”上市公司收入总额为 515.6 亿元，同比增长 11.0%[18]。从各细分行业的平均营收情况来看，主板、中小板和创业板上市公司中，工业节能领域 2016 年平均营业收入出现下滑，是唯一下滑的领域，但在“新三板”上市公司中，工业节能领域以 15.3% 的增长率位列第二[16]。数据表明，在工业节能领域中，中小微企业全面发力，在激烈的市场竞争中取得显著进展。建筑节能领域的上市公司平均营业收入均呈现温和扩张态势。

2）节能服务产业快速增长，企业规模明显提升

中国节能服务产业已经越过示范推广阶段，进入了市场形成阶段。截至 2016 年底，从事节能服务产业的企业约 5 816 家，行业从业人员有 65.2 万人，节能服务产业总产值为 3 567.42 亿元，合同能源管理投资 1 073.55 亿元，形成年节能能力 3 578.50 万吨标准煤和年减排二氧化碳能力 9 590.38 万吨[19]。预计到 2020 年，节能服务产业总产值将达到 6 000 亿元。另外，统计数据显示，2016 年，节能服务公司平均注册资金为 3 469 万元，相比于备案节能服务公司平均注册资金约 1 600 万元，企业规模有明显提升[19]。

3）节能技术装备部分关键技术达国际水平，新型技术大量涌现

中国节能关键共性技术提升和装备研发发展总体上参差不齐，部分关键技术已经成熟，达到国际领先水平。高性能建筑保温材料已形成全系列、各类型保温技术规范且有大量工程案例，新型技术，如钛纳硅超级绝热材料保温节能技术和墙体用超薄绝热保温板技术已研发出相应产品，但推广比例较小，均低于 10%。紧凑型用

户空气源热泵技术有待于进一步研发。国产功率型照明级 LED（light emitting diode，即发光二极管）芯片突破了 100 流（明）/ 瓦的技术大关，推广比例达 30%。燃煤发电超低排放技术已经达到国际领先水平，一批新型煤化工技术获得工业示范成功。浅层地热能同井回灌技术和单井循环换热地能采集技术等的推广比例较小，低于 5%。截至 2016 年底，燃机电站在全国电网中总装机容量比例为 4.2%，2015 年中国燃气发电机装机容量为 6 637 万千瓦，发电量为 1 658.376 6 亿千瓦时，相比 2014 年同比增长 16.5% 和 24.4%，虽远落后于国外的应用程度，但处于快速上升阶段[20，21]。

在节能技术与产品规模化示范方面，中国火电行业超低排放改造工作正在稳步推进，截至 2016 年 1 月，全国近 1 亿千瓦煤电机组进行了超低排放技术改造，正在进行技术改造的煤电机组超过 8 000 万千瓦，一些新型电机技术有待于进一步推广应用。能量系统优化技术和装备已经广泛应用于钢铁、石油化工、造纸等行业，对于新型能量系统优化技术仍需进一步推广。电炉余热和加热炉余热联合发电技术、矿热炉烟气余热利用等余热余压利用技术推广比例已达 40%，推广潜力预计为 80% ～ 90%。

3. 环保产业

1）产业规模持续快速增长，环境修复领域呈上升态势

由于政策的持续推动，中国环保产业摆脱了全球经济下行的宏观影响，2015 年中国环保产业发展指数为 106.09，高于中国宏观经济景气指数（93.5）与总体经济增长指数（93.2）[22]。其中，环境服务业比例增长较明显，高于整个环保产业的增长，发展势头较好[22]。中国是全球发展中国家中环保技术发展最快、市场规模增长最快的新兴市场，2016 年中国环保产业产值约为 11 500 亿元，较 2015 年增长约 20%，其中环境服务业营收约 6 100 亿元，占比达 53%[23]。“十二五”以来，中国环保装备制造业规模迅速扩大，服务领域拓宽，主要装备基本实现国产化，部分装备达到国际领先水平，2016 年实现产值 6 200 亿元，比 2011 年翻一番[24]。

目前，中国环保产业传统污染治理市场，如火电行业烟气脱硫脱硝治理、城市集中污水处理等趋于饱和，城市生活垃圾处理设施建造维持较快增长，设备制造市场已逐渐向运营服务转移，城市生活垃圾与污泥处理行业市场需求缺口较大，将进入快速增长阶段。目前中国土壤修复处于起步阶段，2014 ～ 2016 年，中央财政对土壤治理专项拨款金额成倍增加，分别为 19.90 亿元、37.00 亿元和 90.89 亿元。2014 年我国土壤修复行业市场规模约为 200 亿元，由国家支持的修复资金所占比例为 75.3%，其余资金来自污染企业和地产企业[25]。《土壤污染防治行动计划》在一定程度上刺激了环境修复领域的发展，环境修复领域环保业务收入占 A 股沪深两市环保上市企业的比重呈小幅上升，2016 年前三季度和 2015 年相比，占比由 1.4% 升至约 2%[26]。“十三五”期间，随着《土壤污染防治行动计划》各项措施的逐步落实，环境修复领域将步入快车道，继续保持上升态势[26]，细分领域 A 股环保上市企业环保主营业务收入分布如图 6.5 所示。

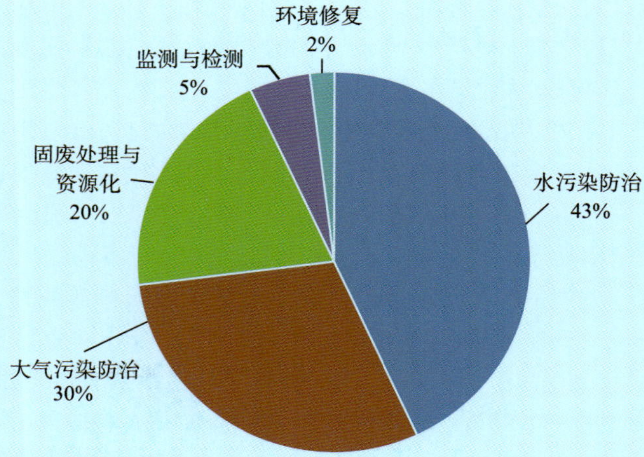

图 6.5　细分领域 A 股环保上市企业环保主营业务收入分布（按企业环保主营业务收入占比）[26]
以 2016 年前三季度 A 股环保上市企业环保主营业务收入累积值计算

2）环境服务业发展稳中有升，固废治理等行业营利能力表现优异

环境服务业从业企业及人员数量、年收入呈现小幅增长，2016 年调查范围内从业法人单位有 6 236 家，同比增长 9.9%，期末从业人数为 38.9 万人，同比增加 19.3%；2016 年年收入约 2 662.9 亿元，同比增长 13.8%，同比增幅放缓，较上年降低近 12 个百分点（图 6.6）[27]。环境服务业仍以小微型规模经济单位为主体，行业分散的状况未见明显改善。2016 年，小微企业占比较上年小幅上升 1%，达到 75%（图 6.7）[27]。环境服务业行业空间分布较为集中，2016 年的分布格局与 2015 年基本一致，广东省、浙江省、江苏省、上海市和北京市成为全国环境服务业年收入的主要贡献省份，年收入占全国总额 54% 以上 [27]。

在环境服务业细分领域，环境监测、水污染治理的规模继续领跑环境服务行业。但从营利情况来看，2016 年仅固体废物治理和危险废物治理领域的营业利润率较 2015 年有所提高，固体废物治理领域以 10.4% 的营业利润率成为营利能力最突出的细分行业，危险废物治理领域营业利润率同比增幅最为显著，约 94.2%；环境监测、大气污染治理和水污染治理三个领域 2016 年的营业利润率同比分别下滑 18.9%、11.3% 和 9.0%[27]。未来，随着国家对污染物排放标准的提升、天地一体化监测网的建设、第三方治理与运营逐渐普及，环境监测领域有望转型升级为环境调查，成为新型环境服务行业。

3）科技成果丰硕，重大水环境技术产业化水平得到提升

“十二五”期间，在国家科技支撑计划中，中国掌握了低耗高效 CFB（circulating fluidized bed，即循环流化床）锅炉 SNCR（selective non-catalytic reduction，即选择性非催化还原法）脱硝技术并在多个企业推广应用，经济效益良好；在国家高技术研究发展计划中，燃煤电厂电除尘提标技术实现突破，国内首套钢铁烧结烟气多污

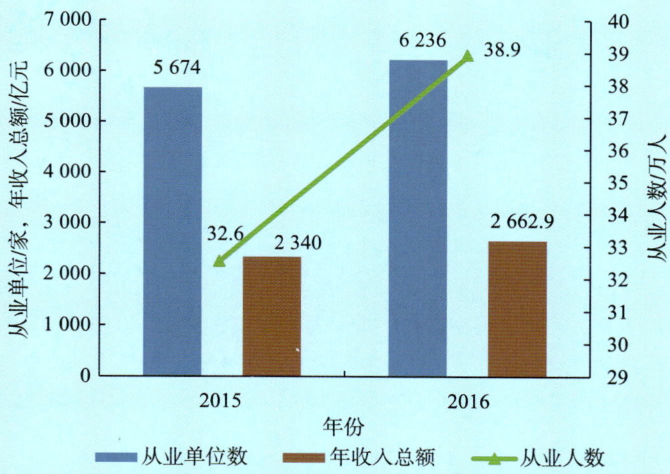

图 6.6 2015 ～ 2016 年环境服务业发展简况 [27]

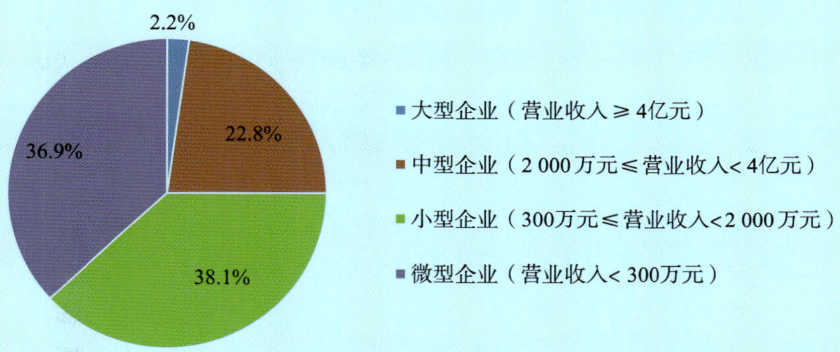

图 6.7 2016 年环境服务业各类规模企业占比 [27]

染物协同控制示范工程顺利完成 [28]。

截至 2015 年，国家水体污染控制与治理科技重大专项（简称“水专项”）中的水污染治理关键技术及装备产业化已累计突破 1 000 余项关键技术，建设 700 余项示范工程，申请国内外专利 2 300 余项（授权 1 221 项）。“水专项”从产业化推广机制及模式、工业废水处理、城市污水处理与农村水环境治理适用性技术及成套装备四个方面，探索适应国情的水专项成果产业化模式，试图使科技成果真正转变为实际的治污能力与新的经济增长点。

4. 资源循环利用产业

1）产业整体增速稳定，废旧手机回收成为新增长点

资源循环利用产业以每年约 15% 的速度增长，2015 年末产值达 2 万亿元，解决就业近 3 000 万人[29]。“一带一路”建设，京津冀协同发展、“互联网 +”等重大战略，为资源循环利用的发展带来了难得的机遇。到 2020 年，中国资源循环利用产业产值将达到 3 万亿元。

截至 2016 年，中国共有 109 家企业进入废弃电器电子产品回收处理基金补贴名单，回收处理“四机一脑”等共约 7 500 万台，较 2015 年基本持平，中国废弃电器电子产品处理量和处理规模进入平稳发展期[30]。2016 年，新增目录产品中手机回收成为行业热宠，华为等手机生产企业纷纷履行生产者延伸责任，加入废旧手机的回收市场[30]。

2）资源循环利用技术进展显著，与国际先进水平的差距不断缩小

资源综合利用领域国家科技投入较大，废旧金属、废塑料、废橡胶、矿产资源、产业废物等的综合利用技术均取得重大突破，与国际先进水平的差距不断缩小。

在低值废弃物回收利用方面，2008 ～ 2015 年，中国废塑料回收量年均增长率为 8% 左右，2015 年回收量为 1 800 万吨左右；废玻璃回收量基本呈现平稳趋势，2015 年约 850 万吨。低值废弃物回收利用规模上升不明显，与使用量形成巨大差距。低值废弃物由于回收价格较低、利润较少，且国家尚未出台相应的激励政策，垃圾分类回收利用不足。

在大宗固体废弃物回收利用方面，部分重要尾矿的采选及综合利用技术达到或接近世界先进水平并实现工业化应用。高铝粉煤灰提取氧化铝和铝硅合金技术已在局部地区实现产业化生产。煤矸石资源化利用技术不断提高，单机 600 兆瓦超临界循环流化床发电机组已投入运行，煤矸石发电—高铝粉煤灰深度脱硅—莫来石制备—白炭黑生产等特色资源化产业链已形成。钢铁行业冶炼废渣，新的应用领域不断开拓以提高附加值；有色冶炼废渣综合利用率较低，赤泥资源化利用逐渐得到重视。中国利用工业副产石膏生产建材的技术已突破脱硫石膏和磷石膏制备水泥缓凝剂、纸面石膏板等核心技术，与国外先进水平差距不大，实现了工业化应用。

在再制造方面，中国机床保有量达到 800 万台左右，役龄 10 年以上的旧机床占 50% 左右，机床再制造市场潜力巨大，但尚未规模化开展。汽车发动机、变速箱、电机等再制造技术已经初步满足产业化需求，初步形成了拆解破碎机械化及多级分选技术相结合的资源化工艺路线。

在新品种废弃物回收利用方面，关于光伏垃圾回收尚未建立有针对性的回收利用体系。2016 年电动汽车蓄电池回收利用相关技术政策出台，但国内开展相关研究和应用的时间较短，处在示范工程阶段，尚未进行成熟的商业化运作[31]。一些生产动力电池的企业与从事储能业务的企业看好其利用前景，已开始对动力电池的梯度利用业务进行战略布局[32]。稀贵金属在废弃电器电子产品中相对含量低、难分离、

回收成本高且技术门槛高，大部分企业无法实现高值化和精深化利用[33]。

5. 绿色低碳综合领域

1）低碳技术发展迅猛

绿色低碳技术涵盖面较广，目前在节能环保产业、新能源产业、新能源汽车产业等综合应用领域发展较为突出，空间区域上发展较好的地方主要集中在珠三角地区、长三角地区和京津冀等经济较为发达的省市或其县区。中国已于2014年和2015年陆续发布了《国家重点推广的低碳技术目录》[简称《目录》（第一批）、《目录》（第二批）]，见图6.8，在碳捕集、富碳农业、智慧交通、绿色采购、绿色工厂和联防联控污染治理方面有了较多应用。其中，二氧化碳的捕集驱油及封存技术主要应用于燃煤电厂、油田等领域，胜利油田已建成国内首个工业化规模燃煤电厂烟气 CO_2 捕集、驱油与地下封存全流程示范工程。低碳低盐无氨氮分离提纯稀土化合物新技术及装备已初步形成产业化。

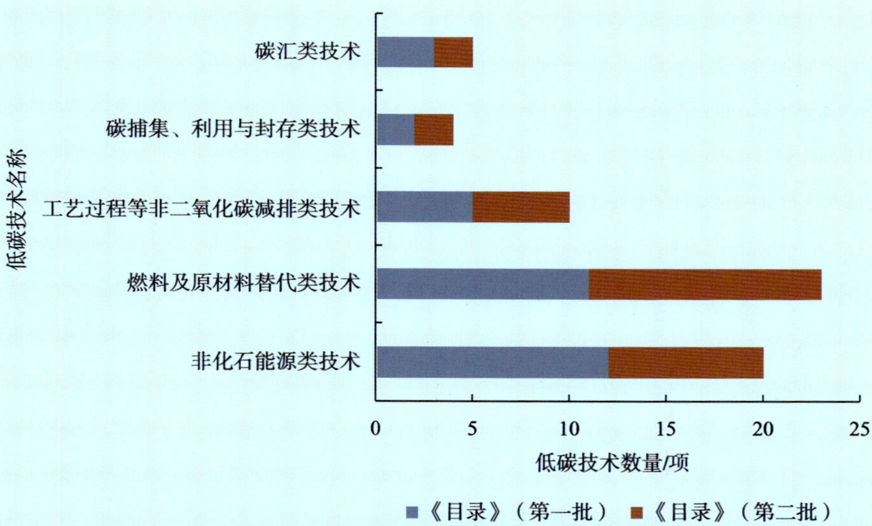

图6.8 国家重点推广的低碳技术数量

2）区域低碳试点与国家生态工业园区等全面铺开

中国政府的减碳承诺倒逼中国必须大力建设绿色低碳城市，走可持续发展的城镇化之路[34]。通过10多年的发展与建设，中国低碳城市建设从概念转向示范试点，数量不断增多；低碳生态工业园区和社区建设取得示范成效；真正意义上的低碳生态新城区建设尚处萌芽阶段；低碳生态新城区建设推动低碳生态产业正在成为新的经济增长点[34]。2010～2017年，中国已开展三批国家低碳省区和城市试点建设，目前约覆盖6省、40多个市/地区。2016年1月，国家发展和改革委员会（简称国家发改委）发布文件确定了62个地市为循环经济示范城市（县），进行绿色分布式新能源推广、生态城镇建设和节能减排试点工作。到“十二五”末，全国开展的低碳社区试点已达到1 000个。目前通过验收并批准命名的国家生态工业园区共26家，已获批准尚处于建设中的有59家。当前中国低碳试点省市与低碳工业园区建设主要集中于东部地区，中西部地区所占份额偏小，中国的低碳试点省市建设在区域上还存在明显差异[34]。

6.2 中国节能环保产业发展趋势与潜在障碍

6.2.1 发展趋势研判

1. 绿色化与智能化相互融合

进入“十三五”时期，中国绿色低碳发展与环境管理工作的重点由减排治污转变为环境质量综合改善，《“十三五”国家信息化规划》中提出，利用新一代信息技术，促进产业链接循环化、生产过程清洁化、资源利用高效化、能源消耗清洁化、废物回收网络化。“互联网+”与绿色产业双向融合的发展空间十分广阔，可有效提高节能环保产业竞争力。

在节能产业领域，物联网环境下的智能节能系统可以将节能技术改造的工艺参数与传感器连接起来，可实现全生命周期能量消耗数据的采集和分析。例如，启明星宇节能科技股份有限公司在供热节能技术上，建立了数控供热大数据云计算行业节能服务平台，由暖气医院、专利节能、数控供热、云端服务等四大系统构成，主要通过信息技术的应用与集成开展专业节能服务。

在环保产业领域，环保部与腾讯公司签署战略合作协议，运用云计算、大数据、人工智能等前沿技术，实现以“数据”为核心的生态环境管理，提升中国的生态环境公共服务水平，搭建“部—省—市—县”立体化业务信息平台，推动业务协同一体化建设。2017年，中国环境监测总站与腾讯“互联网+”合作事业部联合上线“空气质量”查询服务，已覆盖全国338个城市、1 436个监测点位的实时空气质量查询。

在资源循环利用产业领域，一些具有创新型商业模式的资源回收与利用企业不断出现。桑德公司率先建立了“环卫云平台”，形成集基层环卫运营、城市生活垃圾分类、再生资源回收、城乡最后一公里物流、环境大数据服务及互联网增值服务为一体的互联网环卫运营产业链。杭州某公司将“互联网+”模式植入传统的回收业务中，整合形成线上回收和线下物流一体化的废弃物回收体系，克服了以废品回收站为中间交易平台的回收模式高成本、低效率、供货不稳定和信息不对称的缺陷，同时还依托“互联网+”平台不断扩大业务量和领域，出售大量的再生资源，获得了可观的经济收益[35]。

未来智能节能系统、智慧水务系统、环境监测和再生资源回收将成为与互联网对接的最佳入口。节能环保产业与互联网的结合，将给节能环保产业的发展带来新的模式和动力，产业的主体结构、运行机制、竞争格局等都将发生革命性变化。

2. 绿色金融发展全面提速

虽然中国社会环保总投资规模可观，但环保产业融资需求仍然巨大。“十三五”是中国绿色金融起步期，正呈现出全面提速的良好态势，但从总体上看仍处于探索阶段[36]。截至2016年底，全国已设立并在中国基金业协会备案的节能环保、绿色基金共265只，由地方政府及地方融资平台公司参与发起设立的基金占比达到22%。同时，中国绿色债券发行量高速增长，2016年全球绿色债券发行量超过500亿美元，中国发行绿色债券2 052.31亿元，占到全球总量的40%，成为最大的发行国，未来仍将保持高增速，环保企业将纷纷涌入，发行主体也将更趋多元化[36]。2017年6月，亚洲开发银行、国家开发投资公司等金融机构共同发起“京津冀区域大气污染防治中投保投融资促进项目”，是绿色金融在节能环保产业的重要应用。该项目贷款4.58亿欧元，总投资规模将超过270亿元，项目将建立绿色金融平台，支持京津冀及山东、山西、河南、内蒙古、辽宁等周边区域能源结构优化、煤炭消费减量替代工作、移动源污染防治、工业企业污染治理及面源污染治理等项目的实施[37]。

3. 绿色低碳PPP项目成为热点

截至2017年6月末，全国PPP入库项目13 554个，总投资16.4万亿元，其中落地（即已签约进入执行阶段）项目2 021个，总投资3.3万亿元。全国入库项目中，绿色低碳项目受到充分重视，如图6.9和图6.10所示，绿色低碳项目数达7 826个、投资额约为6.4万亿元，占全国入库项目的比重分别约为57.7%、39.0%。与2016年末相比，净增入库项目1 214个，净增投资额9 670亿元，占全国入库项目的比重基本无变化。截至2017年6月末，已落地绿色低碳项目1 176个、投资额为13 555亿元，分别占全国落地项目的58.2%、41.1%。与2016年末相比，净增落地项目384个、投资额5 259亿元[38]。

2017年7月财政部、环保部等四部委联合印发的《关于政府参与的污水、垃圾处理项目全面实施PPP模式的通知》表明，目前污水、垃圾处理领域的PPP模式推行具有一定强制性，覆盖地区与涉及的环保领域将更加广泛。在地理覆盖范围上，从城市延伸到农村，地方政府具有直接治理责任的水务和固废方面的环保领域将全面推行PPP模式；在产业链纵向延伸上，从污水厂、垃圾焚烧厂等终端设施延伸至全部环节，社会资本将在后端的处理处置环节更好地发挥自身能力，同时将其作用扩展至前端的收集转运、管网、环卫及垃圾分类等环节，对环保类公共服务行业的未来发展将产生较大推动作用[39]。

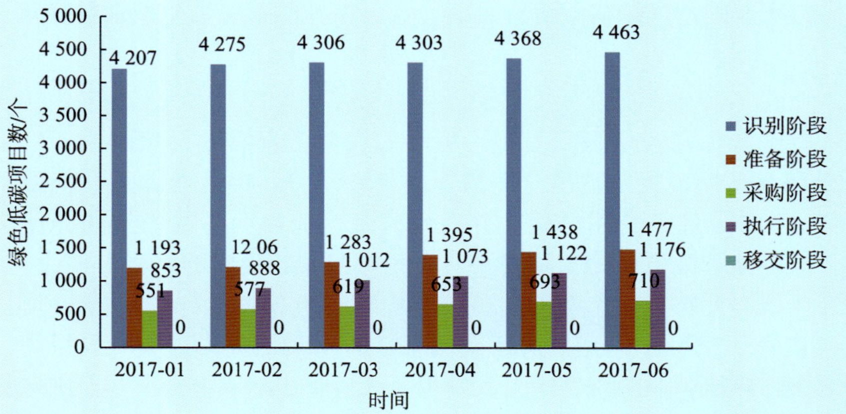

图 6.9　2017 年 1 ～ 6 月各阶段绿色低碳项目数对比[38]

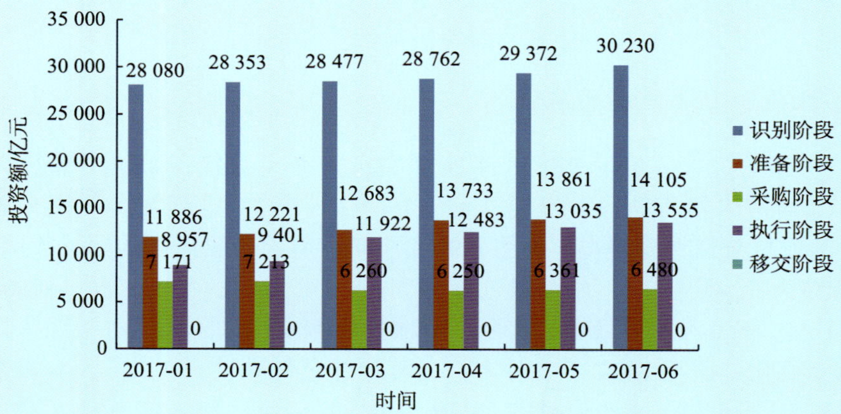

图 6.10　2017 年 1 ～ 6 月各阶段绿色低碳项目投资额对比[38]

4. 产业联盟与平台建设兴起

目前，中国节能环保产业涌现出类型多样且综合性较强的联盟与平台。对于政府主导的大型环境治理项目，成立产业联盟与行业平台有助于统筹管理，解决了以往各部门分开招标所导致的项目碎片化、治理不配套的问题。企业跨区域、跨产业组建能够覆盖环保业务主要领域的联盟组织，合作共同承接项目可有效满足综合环境治理需求，实现社会效益与企业利益的优化[40]。成立产业联盟与建立平台将是中小型企业占多数的节能环保产业提升规模与实力的重要发展途径。

在联盟建设方面，节能产业、环保产业、资源循环利用产业以及低碳领域均形成了以服务业、装备制造业、产业技术创新或以各细分领域为主题的各类联盟。在地域分布上，节能环保产业聚集区或一些产业发展基础较好的省市成立了以地理位置为主导的节能环保领域产业联盟，如北京、天津、河北、山西、内蒙古、山东联合成立了节能低碳环保产业联盟、湖南省节能服务产业联盟、盐城市节能环保产业联盟、成都高新区节能环保产业联盟等。在投融资方面，形成了以市场资源整合、资金支持、产业与资本融通为主的综合服务平台，如中国节能环保金融联盟、中国环境投资联盟等。

在平台建设方面，环保部建立的环保技术国际智汇平台采用线上线下结合的模式，收集了大量先进、经济、成熟的环保技术，有效促进了环保行业国内与国际的技术交流和供需对接。相比较该平台侧重于环保技术综合服务，E20 环境平台利用网站、研究院以及每年创办的论坛和培训等业务产生的影响力将企业导入平台，为环保企业提供战略、品牌、投融资等多种咨询服务[41]。

5. 绿色低碳一站式综合解决方案将成主流

目前，绿色低碳一站式综合解决方案主要集中在供能端与用能端的节能减排领域，如建筑综合节能、工业节能、智慧照明、清洁能源解决方案等，“绿色”与“低碳”两个方面尚未达到深度融合。中国未来的绿色低碳发展将面临较为复杂的局面，环境污染与气候变化需要两手同时抓，同时还要协调节能和优化能源结构同步实施。未来的绿色低碳综合理念将涵盖规划设计、技术装备、工程建设、投资运营等全方位的服务，以规划咨询为引领，将涉及不同业务板块的工程建设、技术设备和投资运营整合在一起，通过“咨询公司 + 产业单位 + 融资机构”的组合，制订兼具系统性、实效性和操作性的综合解决方案。

在中国碳市场即将于 2017 年末全面启动的大背景下，绿色低碳一站式综合解决方案与碳交易平台、碳金融活动的结合，将成为发展趋势。清洁能源和节能减排工程项目在可行性论证阶段同步规划碳减排项目，并将碳金融活动、项目的碳减排及碳资产管理者整合为同一主体，对工程项目和碳减排项目在融资和收益方面统一筹划，协同实施。通过碳减排项目关联的碳金融活动可为工程项目进行新形式融资，获取的收益也视为项目整体收益的一部分，整合形成工程收益与碳减排收益的“双收益”机制。

6.2.2 潜在障碍

1. 产业信息化之路并不平坦

目前，将“互联网 +”思维引入环保领域大致有两大方面，一是环保产业的互联网化，二是政府环境监管信息化[39]。互联网与环保产业结合的载体是环境数据。目前，中国环境数据大多属非公开，或者由官方统一发布少数代表性指标，环境数据尚停留在表征污染水平的程度，并没有形成有效的价值，数据的缺失导致企业难以通过数据挖掘和分析手段对当地的污染现状、治理目标等进行定制化综合解决方案设计，企业难以对其商业模式和盈利模式实现创新[42]。从政府部门环境监管的角度来看，互联网是一把“双刃剑”，提高了环境监管的效率，但由于公众的实时参与和环境信息的披露，也给政府的环境监管带来了更多外部监督，对政府部门环境执法实效提出更高的要求[43]。

2. 融资手段尚不能满足产业资金缺口

根据《2015年环境统计年报》，中国污染治理投资涉及8 800多亿元，约占GDP总值的1.3%，约占全年全社会固定资产总投资的1.6%，包括城市基础设施建设、新建项目的环保设施投资等。虽然近年来财政用于环保的支出逐年增加，但环保投入占投资总额的比重仍较低。参照发达国家的情况，中国环保投入占GDP的比重至少应达到2%～3%，当环保投入占GDP的比重大于或等于3%，遗留的环境问题才能够逐步有效解决，环境质量才能得以提升[44]。由国务院发展研究中心等开展的“绿化中国金融体系”研究显示，2015～2020年，中国绿色发展的相应投资需求约为每年2.9万亿元，其中政府的出资比例只占10%～15%，超过80%的资金需要社会资本来解决，绿色发展融资需求缺口巨大，需要依靠多样化的金融手段与融资机制来填补，通过一系列的政策、制度安排，通过贷款、私募、投资、股票发行、债券、保险等方式改进金融服务[45]。

由于激励政策力度有限、企业环境信息披露不足、绿色项目认证体系滞后等，金融业介入节能环保领域的积极性较低，加之中国对绿色项目的认证尚未出台统一标准，国内与国际认证标准不一致，第三方认证体系建设滞后，金融从业人员专业知识缺乏等问题也制约了中国绿色金融活动的开展[42]。

3. 无序竞争问题仍然突出

在节能环保企业的技术创新与研发投入方面，在政策环境尚不完备、缺乏知识产权保护体系与公平竞争体系的大环境下，虽然具备一定资金实力的节能环保上市企业对研发的投入占比有所增加，但整体来看，中小型企业大规模投入技术创新的意愿不强，导致企业长期发展动力不足，没有资本与空间提升企业核心竞争力、发展壮大企业规模，无序的市场竞争形成恶性循环。

节能环保企业低质低价的恶性竞争现象突出，产业市场秩序有待规范。一些企业治理技术参差不齐，产品质量良莠不齐，设备无法满足监管要求，而且低价竞争导致企业利润率大幅下降，进而在治理环节偷工减料，不少环境治理企业甚至沦为集中排污地。进口废物加工利用企业普遍规模较小，不具备环评审批、环保验收、排污许可等相关手续，存在批建不符等行为；一些企业没有正常运行污染防治设施和规范设置排污口，落实固体废物、危险废物等方面的环境管理要求不到位，存在多项严重环境违法问题[46]。环保部2017年7月开展的打击进口废物加工利用行业环境违法行为专项行动中发现，被检查的1 613家进口废物加工利用企业中有61%（近千家）企业涉嫌环境违法，广东省问题较为突出[47]。

4. 政策频发但落地困难

近年来节能环保产业的利好政策频频出台，在很大程度上刺激了产业的发展。但是针对繁多的政策，目前尚欠缺有效的梳理、整合，缺乏相关的政策可行性评估与政策落地实施效果监督评估机制与保障措施等，导致一些政策推行不力、落地困难。例如，早在2015年，国家层面就对推行环境污染第三方治理进行总体布局，各省市也紧跟动向出台地方相关政策，但是经过两年的发展，第三方治理模式推行缓慢是政府与产业共同面临的问题。伴随着中央环保督察的实行与中国环境执法的力度加大，工业企业治污的动力加强，并且2017年8月出台的《环境保护部关于推进环境污染第三方治理的实施意见》明确了各方的责任，解决了之前政策中不明确和有争议的问题，有助于推动第三方治理模式加速发展。

6.3　重点领域实施途径

6.3.1　节能技术装备发展工程

1. 加大节能关键技术研发和装备优化的力度

1）建设节能技术和装备研发的专业孵化器

在京津冀、长三角地区和珠三角地区等地建立节能孵化器。支持孵化器积极为企业提供公共技术服务、测试验证服务、中试服务、技术培训、金融支持、创投服务等专业服务。根据在孵企业和项目发展潜力的不同，给予不同等级的房屋租赁、中试基地使用等优惠政策。

2）研发节能关键技术和装备

节能锅炉窑炉领域，重点突破和优化燃煤燃气锅炉、锅炉自动控制技术、锅炉效率与污染物实时传输及监控技术、热力管网系统优化技术等关键技术和装备。节能电机系统领域，重点突破和优化有机朗肯循环低温余热发电设备、稀土永磁无铁芯电机、特种非晶电机和非晶电抗器、特大功率高压变频等，推动电机及拖动系统与电力电子技术、现代信息控制技术相融合。余能回收利用领域，重点突破和优化余热余压直接转换为机械能回收利用，中低品位余能有机朗肯循环发电，基于吸收式换热的集中供热，低浓度瓦斯安全利用，高效换热器、热泵、蓄热器等余热利用设备等。建筑节能领域，重点突破和优化高性能建筑保温材料、建筑用相变储能技术、光伏一体化建筑用玻璃幕墙、紧凑型户用空气源热源热泵装置等。照明节能领域，重点突破和优化大功率LED器件封装技术及材料、大功率LED器件产业化装备与测试技术、大功率半导体照明芯片与器件等技术和装备。

2. 推进能量系统优化、余热余压利用等重大节能关键技术与产品产业化及规模化应用

1）实现节能关键技术和产品的产业化

在北京、上海、天津、江苏等高校、技术和企业相对集中的地区，组织国内优势科研院所、大专院校、制造企业、检测单位、用户企业等组成节能装备制造产业联盟，重点服务中小企业，开展方案设计、技术研发验证、示范应用、成果推广等成套化、系统化、专业化、规范化、标准化服务。依托产业联盟，建立行业研发设计和技术成果转化服务平台，推动建立节能技术公共基础信息数据库、专家诊断系统等共享平台，共享节能技术、国内外先进资源等。

2）限制淘汰低效高能耗设备和产品

持续实施中国工业能效提升计划，定期发布《高耗能落后机电设备（产品）淘汰目录（第五批—第九批）》，淘汰落后电机、落后锅炉，同时制定其他工业、交通、建筑等领域落后高耗能产品和装备淘汰与限制目录。逐步淘汰关停20万千瓦及以下非热电联产燃煤机组。将能效提升任务纳入万家企业、国有企业节能减排考核目标，明确利用节能减排等资金渠道支持能效提升计划。

3）实施燃煤电厂节能与超低排放改造、建筑节能改造等节能技术改造工程

运用成熟节能技术改造工程设备，对企业的锅炉、电机与拖动设备进行匹配性改造；在燃煤电厂行业，逐步实现10万千瓦及以上燃煤机组全部完成超低排放改造，京津冀、长三角地区、珠三角地区等重点地区，满足改造条件的供热煤电机组，通过环保和节能技术改造、煤炭洗选等措施，提高能效，使污染物排放降至燃气机组排放标准，推动具备供热条件的纯凝机组实施供热改造，实现热电联产；在煤炭、冶金、化工、焦化、建材等行业推进燃煤锅炉自动控制系统、风机水泵变频调速、干法熄焦、煤调湿、高效节能选粉技术等节能改造；挖掘工业窑炉节能潜力，实施蓄热式燃烧、富氧燃烧、四通道喷煤燃烧、流态化焙烧高节能炉窑等节能技术改造；推进节能屋顶、节能玻璃、节能墙体、建筑高效照明等既有建筑、公共建筑等领域的节能改造。

4）推进电机系统节能、能量系统优化、余热余压利用等节能关键技术与产品规模化应用

在重点用能企业推广余热余压利用、烧结烟气回收、低浓度瓦斯发电、能耗管控系统和监测等先进适用的技术，定期发布节能技术、低碳技术推广目录，引导企业使用适用的节能技术。新建燃煤发电项目原则上全部采用60万千瓦及以上超超临界机组，平均供电煤耗低于300克标准煤/千瓦时（简称克/千瓦时）；推广低温烟气余热深度回收、空气源低温热泵供暖等低品位余热回收利用技术，支持余能发电上网，推动能源按品质高低实现梯级利用；鼓励石油化工、电力、钢铁、有色等高耗能行业采用工艺流程模拟与优化控制技术，优化生产用能方案，全面实现用能系

统的优化集成；推广达到国家1、2级能效标准的节能家用电器、办公和商用设备，以及半导体照明等高效照明产品。定期公布能源利用效率最高的空调、冰箱、风机、水泵、空压机等量大面广终端用能产品目录，推动高效节能产品市场的消费；修订能效标识管理办法，扩大能效标识的产品类别，整合节能和低碳产品认证制度，强化能效标识和节能产品认证制度的实施力度，引导绿色消费。

3. 推进城市、园区和企业的高效节能技术集成示范应用

1）推动形成节能装备制造产业集聚

鼓励环渤海地区、长三角地区、珠三角地区等具有产业基础、区位优势和智力资源优势的地区率先发展，加快形成节能装备制造集聚优势。围绕应用面广、节能潜力大的锅炉窑炉、电机系统、余热余压利用等重点领域，形成若干大型流化床锅炉、粉煤气化、蓄热式燃烧、高效换热器等以高效燃烧和换热技术为特色的制造基地，稀土永磁无铁芯电机、高压变频控制、无功补偿等高效电机及其控制系统制造基地，低品位余热发电、中低浓度煤层气利用等余热余能利用装备制造基地，高端照明产品制造基地。培育一批具有自主知识产权和核心竞争力的节能技术装备大型骨干生产企业和“专精特新”中小企业，鼓励龙头企业加快实施兼并重组，提升产业集中度和市场竞争优势。

2）推进节能城市、园区、企业示范应用

实施城市节能示范工程，在城市交通、城市建筑、城市居民、城市产业等各层面推广高效节能技术和产品，推广高效节能技术集成示范应用，打造国家级节能示范城市（区、县）。实施工业园区节能示范工程，在整个工业园区中示范推广成套的、系统的能源系统优化装备、余热余压利用装备等节能先进技术和装备，打造国家级先进节能示范产业园区。选择火电、建筑、照明等典型行业企业，示范推广超低排放燃煤发电技术、光伏一体化建筑用玻璃幕墙等关键技术和装备，在北京、天津等重点城市开展零能耗或者超低能耗建筑的试点工作，推广带有热回收功能的居住建筑和公共建筑新风系统。

6.3.2　绿色低碳技术综合创新示范工程

1. 京津冀地区

1）建设以节水、节地、节能为重点的新型绿色低碳城镇

结合京津冀协同发展规划，衔接国家发改委、环保部已有的类似试点，在冀中平原区生态资源可持续性较好的地方建设若干新型绿色低碳城镇。在北京、天津、石家庄等城市基础设施条件好的地方加快推行绿色出行，建设新能源供给站、新能源汽车与智慧交通系统工程，规范共享单车管理，完善城市道路微循环慢行系统；

根据当地土壤和地下水资源禀赋情况及前期开发的经验与成果，在雄安新区推广雄县“地热”利用模式，建设具有当地特色的低碳城市。

2）形成规模化水环境和大气污染治理产业

立足生态文明建设，实施一批大型水、大气环境综合整治示范工程，实施一批水源地涵养、河流生态修复与水安全保障平台建设创新工程，初步形成产业化公司运作。在京津冀地区大气治理过程中实施的“煤改电”工程中，扩大节能炉具、热泵等新型采暖设备替代的产业规模，促进生产生活方式转型升级。衔接《散煤清洁化治理协议》，落实优质煤源，建设洁净煤配送中心，推广先进民用炉具，建立以县（区）为单位的全密闭配煤中心、覆盖所有乡镇村的洁净煤供应网络，优质低硫散煤、洁净型煤在民用燃煤中的使用比例达到90%。依托河北省2016年设立的PPP京津冀协同发展基金，在大气、水、土壤、生态领域内选取河北省优质项目进行绿色低碳建设示范。

3）组织开展生态低碳农业项目示范工程

结合关于田园综合体建设的方针和制度，抓住河北省作为首批建设试点的有利时机，同步组织开展生态低碳农业项目示范工程。发展循环农业，利用农业生态环保生产新技术，集中连片开展高标准农田建设，在实施田园综合体区域内基础设施建设与配套设施建设过程中，有针对性地应用绿色低碳技术。

2. 长三角地区

1）开展绿色交通、绿色建筑与绿色制造体系综合应用示范

结合工信部与浙江省共同推进的“基于宽带移动互联网的智能汽车、智慧交通应用示范”，融入新能源汽车技术、路网建设低碳技术，逐步打造全方位的绿色交通体系。推进城市建设绿色化示范，推广绿色建筑和绿色建材，在经济实力较好的城市开展节能和超低能耗被动式绿色建筑试点示范；在生态文明示范城市的基础上进一步建设海绵城市、森林城市和绿色低碳生态城区。打造本地特色的绿色制造模式，以上海市为试点，制定具有市属产业特点的绿色制造系列标准，构建具有长三角地区产业特点的绿色制造体系；建设绿色产品、工厂、园区、供应链试点评价平台，在汽车生产行业实施一批绿色制造系统集成项目和工程。

2）落实《水污染防治行动计划》科研成果的产业化

结合本区域城市群发展规划，实施长江、钱塘江等水环境综合治理效果追踪工程，引入“河长制”式的长效管理。整治长江口、杭州湾污染，开展陆源污染和船舶污染防治工程，在江苏省沿海地级及以上城市实施总氮、总磷（两项省内重要的特色减排指标）排放总量控制，适当引进社会资本进行运营。

3）实施大气、土壤污染防治产业试点示范与相关改造工程

对水、大气、土壤实行协同污染治理，保障产业项目的示范长效性。基于区域

能源消费结构优化和煤炭消费减量化硬目标，在江苏、浙江、上海、安徽实施现有工业企业燃煤设施清洁能源替代工程与煤电机组的超低排放改造工程。

3. 珠三角地区

1）构建清洁安全的能源产业化保障示范平台

结合本地区改革发展规划，立足原有能源优势，规模化发展核电产业，在能源保障建设示范上突出本地特点，优化火电布局，统筹推进区域热电冷联供和清洁发电示范工程。通过合理配置广东省内电源和“西电东送”的区外电源，构建起全方位的电力电网示范平台。实施能源储备工程，建设油气储备基地和大型煤炭中转基地，树立起多渠道开拓能源资源、确保保障平台安全的良好示范。

2）推进水质改善、灰霾与臭氧治理方面的粤港澳合作机制

落实《珠三角城市群绿色低碳发展深圳宣言》，积极推动环境治理产业化，为国家可持续发展提供具有珠三角地区区域特色的绿色低碳发展经验。通过建立健全大气复合型污染监测和防治体系，着力解决大气灰霾，尤其是臭氧污染问题，形成臭氧治理示范。推进粤港澳合作机制，共同改善珠三角地区水质，建成跨地联手治理污水的合作型示范工程。

3）开展低碳化绿色制造与智能制造的试点示范

结合广东省“十三五”发展规划，以深圳龙岗国际低碳城和珠海横琴中欧低碳生态城为切入点，建设珠三角地区近零碳排放区示范工程；通过示范余热余压废热资源利用、分布式能源及光伏储能一体化系统应用，提高可再生能源的使用比例，建成智能化的微电网园区和循环经济工业园区。以“十三五”先进制造技术领域科技创新专项规划为契机，进行绿色智能工厂试点示范，开展绿色制造和智能制造过程中的低碳化生产。依托工厂的工业互联网系统、CPS（cyber-physical systems，即信息物理系统）、制造执行系统等的构建和运行过程，实施厂房集约化、能源低碳化管理，推广制造工艺、流程工业及产品绿色化。优先选用先进的清洁生产技术和高效末端治理装备，改造热电联供、热电冷联供等设施，进行绿色工厂内低碳设备和设施运行的节能示范。提高工厂清洁和可再生能源的使用比例，建设厂区光伏电站、储能系统、智能微电网和能源管理中心，进行智能工厂绿色能源示范工程。

6.3.3 资源循环替代体系示范工程

1. “互联网+”废弃物回收利用体系的构建与完善

1）“互联网+回收”

总结和利用现有的线上投废、线下物流的“互联网＋回收”的经营模式，如以手机APP（application的缩写）、专业回收网站等为媒介的O2O（online to offline，

即线上到线下）回收体系，以C2B（consumer to business，即消费者到企业）为商业形态实现价值互动，规范化和透明化废物价值评估，利用互联网和传统的物流、销售渠道，建立包括线上线下的物流、销售渠道、平台的回收网络体系，扩大废旧资源的回收种类，同时，建立包括智能回收机、自动分拣等在内的现代新技术体系，提高回收设施智能化、自动化水平，进一步推动废物回收便捷化、互动化和透明化。

2）“互联网+资源化加工”

资源化加工技术在向智能化、自动化发展的同时，融入互联网思维和技术设计生产流程，整合资源，延伸产业链，达到适应市场、降低成本、提高产品附加值的目标，如废旧金属重点突破专业化、智能化分选拆解、清洁冶炼及二次污染控制技术与装备，开发高品质再生利用产品，支撑废旧金属保级或升级利用；电子电器以“四机一脑”及废手机、小家电等为重点，智能优化稀贵金属提取、有色金属再生、废塑料高值化利用等；废旧高分子材料主要开发智能清洁高效的分值分级利用技术，实现废旧高分子材料全生命周期利用。

3）“互联网+再生产品利用”

重点借助互联网加大对再生产品的宣传，包括废弃物来源、生产过程、产品性能、消费产品获得的额外社会价值（如保护环境、节约资源等），消除公众疑虑，让消费者参与生产和价值创造。

2. 新品种废弃物回收利用

1）将新品种废弃物纳入回收利用体系

将太阳能光伏板、动力蓄电池、废液晶、碳纤维材料和节能灯等新兴废弃物纳入回收利用体系，及时修订与完善《废弃电器电子产品处理目录（2014年版）》。建立新品种废弃物回收利用配套措施，修订和完善《电动汽车动力蓄电池回收利用技术政策（2015年版）》，建立完善的配套措施，如动力电池的编码制度、废旧动力电池梯级利用政策，增加动力蓄电池回收利用的处罚机制。制定新品种废弃物回收利用规划，将新品种废弃物的回收利用纳入常规管理计划中。

2）推进新品种废弃物回收利用技术的研发和应用

研发新品种废弃物回收利用关键技术和装备，重点研发和推广太阳能光伏板、动力蓄电池、废液晶、碳纤维材料和节能灯等新兴废弃物的回收利用关键技术，推广新品种废弃物中稀贵金属高效富集与清洁回收利用技术和装备等。研发和推广新品种废弃物循环利用和梯级利用技术，如电动汽车动力蓄电池梯级利用技术与装备等，促进废弃物新品种规范有序回收、高值清洁利用。加强对脱硝催化剂的回收处理技术的研发和推广等。

3）开展废弃物新品种回收利用体系示范

选择北京、上海、山东等废弃光伏组建回收利用基础较好的区域，开展光伏垃圾的回收利用试点示范，推广应用光伏垃圾回收利用新技术。选择北京、深圳、重庆等区域开展动力蓄电池废弃物回收利用试点示范，推广应用电动汽车动力蓄电池梯级利用技术与装备。选择条件成熟的节能示范园开展节能灯废弃物回收利用试点示范，形成并推广节能灯从生产、使用到回收、再利用的循环产业链。适时开展其他废弃物的试点示范。

3. 城市低值废弃物协同处理处置

1）界定低值可回收物

明确低值可回收物的范畴，出台低值可回收物的目录，设计各类低值可回收物明确的标识，并借助各种媒体工具进行宣传，强调其可回收性、回收的效益、回收的途径等。

2）制定低值可回收物回收利用激励政策

制定低值垃圾回收利用补贴政策，逐步将生活垃圾的终端处理费部分调整至前端，制定低值可回收物补贴目录，明确补贴标准和补贴途径，并借助互联网公开；培育、引进龙头专业企业，以社区、街道为单元，实行垃圾治理和再生资源回收网格化管理；配套建立后端处理设施，使前端回收与后端处理有效衔接。

3）建立低值废弃物与生活垃圾协同处置体系

通过再生资源回收与生活垃圾清运体系“两网协同”，解决城市低值可回收物的处理处置，解决垃圾减量与资源增量中面临的瓶颈问题，共建点站网络布局，共用储存设施设备，共推收拣服务集成，共享补贴支持政策。

4. 大宗固废综合利用

1）研发和推广大宗固废综合利用关键技术

重点发展尾矿、煤矸石、粉煤灰、冶炼渣、工业副产石膏和赤泥等工业固废综合利用，重点突破废物中多种组分梯级提取与高值利用，以及建材中规模化消纳关键技术。研发废物多产业循环利用技术模式，发展毒害性物质控制技术与装备，形成规模化与资源化利用集成技术体系，提高资源化产品市场效益，提高各类废物的综合利用率，特别是赤泥、有色冶炼废渣等利用率较低的固废。

2）构建国家新型工业化产业示范基地

在国家现有的工业园区中，选择基础良好和有特色的园区建设若干以大宗工业固废综合利用为主要特色的国家新型工业化产业示范基地，在示范基地中实现以大宗工业固废综合利用为关键节点的循环经济产业链。培育和扶持固废综合利用专业化、现代化企业和资源综合利用企业集群。

5. 再制造规模化发展及产品的推广应用

1）建设以售后维修为核心的旧件回收体系

构建旧件逆向物流信息系统，达到信息共享，方便管理者跟踪和评估；构建以售后维修点为单元的旧件回收处理中心，提高回收效率，利于管理，节省回收和库存成本；建立旧件回收和再制造评估与监督机制，系统性地衡量旧件回收和再制造逆向物流作业的绩效情况。

2）推广应用再制造产品

运用媒体优势，倡导绿色低碳、环保健康、循环利用的生产生活方式，强化环保意识，营造全社会重视和支持再生产品利用的良好氛围；出台全面系统的再制造产品标识管理办法；通过区域示范、行业示范等推广主要的再制造产品，如汽车零部件、机械设备、电子产品等；强化政府绿色采购制度，将再制造产品列入采购清单，示范带动绿色消费；利用互联网、APP 等，广泛推介各类再制造产品；构建完善的再制造产品检测技术规范。

3）推动再制造服务业的发展

鼓励专业化再制造服务公司提供整体解决方案和专项服务。大力推进再制造的专业化、社会化运行服务，逐步形成专业化的系统服务外包市场，尝试开展合同再制造服务等新模式。大力发展再制造咨询服务业，培育再制造龙头企业，培育再制造业的“专精特新”服务企业。

6.4 政策建议

6.4.1 强化技术创新政策的制定与推广，建立多层次技术平台为企业服务

从国家层面和地方政府层面制定系统可行的节能技术和装备发展规划，明确重点节能技术、装备、产品的发展方向。完善节能标准体系，完善重点用能产品能效标准和重点行业能耗限额标准，促进节能技术和产品升级优化。完善知识产权和专利保护制度，制定关键节能技术和产品推广政策，推进产业技术创新。建立节能新技术推广机制、技术验证评估机制，促进技术产业化。建立以企业为主体、市场为导向、科研院所和大专院校参与、产学研用结合的技术创新体系。建立与国际接轨、适合中国国情的资源循环利用新技术、新产品示范转化推广应用平台，推动资源循环利用产业化进程。推动研发平台、技术转化平台、科技公共服务机构为企业技术创新提供更完备和专业的服务，提升企业创新能力和核心竞争力[45]。

6.4.2 完善技术成果应用推广机制，推进节能环保产业技术市场化

从成果推广应用系统运行、成果推广的经济激励机制、成果识别及筛选体系等方面建立健全中国科技成果应用推广相关政策。系统梳理中国为促进成果推广和应用制定的相关政策措施，分析目前成果推广和应用的信息机制、价格机制、投融资机制和风险机制，分别从技术应用风险、市场风险、制度风险、财务风险、信息不对称风险等方面研究风险规避措施。建立针对关键技术成果的市场推广成熟度评价与筛选制度，通过系统评估市场占有率、市场接受度、市场收益、产品的经济性、产品的适用性、企业 / 行业认可等方面得出技术成果的市场化推广状态和未来推广的可行性的综合评价结果，识别出适合市场化推广的技术成果，构建规范化、标准化、系列化的技术分类体系，形成分类清晰、覆盖全面、问题导向、供给和需求紧密对接的技术成果分类管理数据库。制定技术成果推广的价格构成标准和定价方式等相关规范。构建多层次、多渠道、多元化的融资机制，保证技术成果推广所需经费得到足够、稳定的供给。

6.4.3 更新行业标准与目录，推动技术产业良性循环

对已有目录与标准，应定期进行更新。持续实施中国工业能效提升计划，定期发布《高耗能落后机电设备（产品）淘汰目录》（第五批—第九批），淘汰落后电机、落后锅炉，同时制定其他工业、交通、建筑等领域落后高耗能产品和装备淘汰与限制目录。在重点用能企业推广余热余压利用、烧结烟气回收、低浓度瓦斯发电、能耗管控系统和监测等先进适用技术，定期发布节能技术、低碳技术推广目录，引导企业使用适用的节能技术。继续实施国家节能产品惠民政策及能效领跑者计划，定期公布能源利用效率最高的空调、冰箱、风机、水泵、空压机等量大面广的终端用能产品目录，推动高效节能产品市场的消费。

对尚未界定清楚的废旧产品等回收利用，应尽快完善产业信息统计，强化标准管理，加强回收、分类、分拣加工、运输储存、利用、污染控制技术等基础类和通用类标准的制定和衔接，形成有效的回收标准体系和质量检测体系，如制定国家统一的废塑料分类标准及检测方法，加强回收、加工、利用各环节的准入标准、技术标准和产品标准的衔接等。修订已不适应现阶段发展要求的政策，如修订禁止报废汽车废旧部件进入市场交易的规定等。对尚未界定清楚的废旧物资，或者未纳入已有目录的废旧物资，进行编制和修订，如制定并发布《低值可回收物目录（2014 年版）》，并根据情况适时调整；修订《废弃电器电子产品处理目录（2014 年版）》，将太阳能电池组件等新品种电子电器废弃物纳入其中。

6.4.4 实行多元化财税政策与市场机制，鼓励社会资本加大投入

中国应适时完成由政策驱动向政策法规、市场需求、经济利益多方驱动的转变，推行灵活多样的经济政策，尽快落实 PPP 模式相关政策、促使排污权交易制度落地、

创新第三方治理机制和实施方式、完善生态补偿制度等。同时，中国应鼓励节能环保企业融资方式多元化，为企业通过贷款、基金、债券、股票、项目融资提供政策便利。首先，中国绿色金融发展应首先从根本上建立与中国国情相对应的法律法规体系；其次，建立绿色信贷长效机制，提高中国绿色信贷模式效益，加强其与传统信贷相比的竞争优势，并且加强绿色金融产品创新，并在国内银行建立起各类节能产品节能效果的后期跟踪和评测，体现绿色金融的环境效益，如可以开发以节能收益为唯一还款来源的贷款项目。除对节能产品生产企业进行流动资金贷款或是对节能减排项目进行项目融资外，对环境保护、能源节约产业涉及的咨询服务、绩效考核、跟踪维护也应提供有利的信贷支持。

6.4.5 重视节能环保产业国际贸易，促进产品与技术双输出

全球化背景下，政府在节能环保产品与服务的国际贸易迅速发展中起着关键作用。政府应为中国节能环保产业参与国际竞争扫除障碍，放宽出口管制、提供出口信息服务、减免出口关税、简化行政手续等。同时，政府可在国际组织中为环保企业争取权益，将环境外交和环境贸易相结合，通过积极参与国际贸易机构（如世界贸易组织、经济合作与发展组织）、提高国际环境标准等措施，与贸易伙伴采取多边行动，为中国环保产业占据国际市场提供有利条件，并充分利用中国“一带一路”相关措施与项目援助，带动中国节能环保产品与技术的出口。除了国家层面的政策保障体系有待完善，中国企业对海外市场了解不充分，相关市场信息缺乏，急需政府与社会机构、海外市场拓展经验丰富的行业龙头企业联手搭建节能环保产业国际贸易跨境专业信息、咨询和技术推广的公共服务平台。一方面，应详细掌握国外行业信息，如相关行业准入要求、节能环保产业发展状况、技术发展水平、市场需求等；另一方面，应针对国外社会信息进行系统调研与梳理，如目标国家或地区的社会形态、政治生态、合作国外公司诚信度等关键信息。该类公共服务平台将有效确保信息的及时性、共享性和对称性，规避中国企业“走出去”面临的多方风险。

参考文献

[1]International Energy Agency. Energy Efficiency Market Report 2016，2016.

[2]U.S. Department of Commerce，International Trade Administration. 2016 ITA Environmental Technologies Top Markets Report，2016.

[3]Institute of scrap Recycling Industries Inc. Comtrade World Flow，2017.

[4] 裴莹莹，杨占红，罗宏，等．中国发展节能环保产业的战略思考．中国环保产业，2016，(1)：13-18.

[5] 孟伟，冯慧娟，罗宏，等．中国节能环保产业发展战略研究．中国工程科学，2016，18（4）：1-8.

[6] 中国工程科技发展战略研究院 . 中国战略性新兴产业发展报告 2017. 北京：科学出版社，2016：29-51.
[7] 薛婕，马忠玉，罗宏，等 . 中国环保产业的技术创新能力分析 . 中国工程科学，2016，18（4）：23-31.
[8]Mok K L，Han S H，Choi S. The implementation of clean development mechanism（CDM）in the construction and built environment industry. Energy Policy，2014，65（2）：512-523.
[9] 黄晔 . 我国环境污染第三方治理制度研究 . 苏州大学硕士学位论文，2016.
[10] 任维彤，王一 . 日本环境污染第三方治理的经验与启示 . 环境保护，2014，42（20）：34-38.
[11] 中国工程科技发展战略研究院 . 中国战略性新兴产业发展报告 2016. 北京：科学出版社，2015：15-83.
[12] 中国工程科技发展战略研究院 . 中国战略性新兴产业发展报告 2015. 北京：科学出版社，2014：19-55.
[13] 中国-东盟（上海合作组织）环境保护合作中心 .“一带一路”生态环境蓝皮书——沿线重点国家生态环境状况报告（2015），2016.
[14] 冯慧娟，裴莹莹，罗宏，等 . 论中国环保产业的区域布局 . 中国环保产业，2016，（3）：11-15.
[15] 国际在线 . 乘着“一带一路”的东风，中国环保产业怎么出得去、站得住、长得大？ http://news.xinhuanet.com/world/2016-12/28/c_129423127.htm，2016-12-28.
[16] 薛应军 . 环保督察：从“督企”到“督政”. 民主与法制时报，2017-07-02.
[17] 刘阳 .“史上最大规模”环保督查满 3 月，有问题企业超 6 成 . http://www.cnr.cn/tj/gnyw/20170711/t20170711_523843386.shtml，2017-07-11.
[18] 和君节能环保研究中心 . 节能环保产业上市公司发展报告（2016 年度），2017-07-15.
[19] 中国节能协会节能服务产业委员会 . 2016 节能服务产业发展报告，2017.
[20] 天拓咨询 . 中国燃气轮机市场发展前景分析报告，2015-07-27.
[21] 郭建福 . 浅析国内燃气轮发电设备的市场前景 . 中国新技术新产品，2017，（7）：130-131.
[22] 余敦涌 . 环保产业发展指数测算与企业效率分析 . 天津工业大学硕士学位论文，2017.
[23] 中国环保产业协会 . 中国环境保护产业发展报告（2016），2017.
[24] 工业和信息化部 . 关于加快推进环保装备制造业发展的指导意见（征求意见稿），2017-08-24.
[25] 马中，徐湘博，赵航，等 . 论“土十条”污染耕地修复资金需求及实现机制 . 环境保护，2017，（16）：43-46.
[26] 中国环保产业协会，中央财经大学绿色经济与区域转型研究中心 . 2016 年环保产业景气报告：A 股环保上市企业，2017.
[27] 中国环保产业协会 . 2016 年全国环境服务业财务统计结果显示行业发展七大趋势 . http://www.caepi.org.cn/p/1212/370345.html，2017-07-26.
[28] 科学技术部 . 国家科技计划年度报告（2014），2014.

[29] 徐匡迪．技术创新引领循环经济发展．环境经济，2016，(Z4)：50-51.
[30] 中国家用电器研究院电器循环技术研究所．2016 中国废弃电器电子产品回收处理及综合利用行业白皮书，2017-05-24.
[31] 夏重凯．动力电池梯次利用现状及政策分析．汽车与配件，2016，(38)：42-45.
[32] 典．福建轻纺．中国动力电池回收：政策先行市场尚未启动，2016，(3)：15-16.
[33] 于可利．废弃电器电子产品中的稀贵金属回收利用．资源再生，2016，(1)：46-48.
[34] 方创琳，王少剑，王洋．中国低碳生态新城新区：现状、问题及对策．地理研究，2016，35（9）：1601-1614.
[35] 徐林．中国城市生活固体废弃物的治理机制研究——基于杭州市的多案例分析．中共浙江省委党校学报，2016，(4)：69-75.
[36] 于学华．绿色金融铺路搭桥环保产业．http://cpnn.com.cn/xny/201706/t20170626_979065.html，2017-06-26.
[37] 张瑶瑶．绿色金融平台助力治霾攻坚．中国财经报，2017-06-20.
[38] 财政部政府和社会资本合作中心．全国 PPP 综合信息平台项目库第 7 期季报，2017-07-28.
[39] 顾志娟．薛涛谈污水垃圾全面 PPP. http://www.h2o-china.com/news/261333.html，2017-07-21.
[40] 曾国安，伍晓亮．环保产业联盟：环境治理供给侧改革的新模式．光明日报，2016-05-22.
[41] 欧阳春香．E20 环境平台瞄准环保业纵深服务．中国证券报，2015-12-03.
[42] 邬煜．互联网思潮下的环保产业．http://www.huanjingchanye.com/html/research/iresearch/2015/0226/2713.html，2015-02-26.
[43] 王腾．“互联网 +”时代下中国环境监管面临的机遇与挑战．环境保护，2015，(17)：48-50.
[44] 潇纵．中国污染治理投资近 9 000 亿元，环保市场“胃口”还很大．http://ecep.ofweek.com/2017-06/ART-93008-8120-30144235.html，2017-06-16.
[45] 罗江，侯玉洁，吴茂辉．绿色金融亟待完善政策机制．经济参考报，2016-07-25.
[46] 赵晓宇．中国环保产业发展势头强劲，市场秩序有待规范．http://www.cenews.com.cn/qy/201706/t20170628_838775.html，2017-06-29.
[47] 张春燕．专项行动严打进口废物环境违法．中国环境报，2017-07-28.

第 7 章

新一代信息技术产业

陶　利　梁智昊　李梦男　许守任　曾倬颖　安　达

【内容提要】新一代信息技术产业正成为新一轮科技创新浪潮的重要动力。首先，本章回顾了“十三五”以来新一代信息技术产业的发展状况，在全球经济低速增长的情况下，以云计算、大数据、物联网等为代表的新一代信息技术产业成为世界各国经济增长的重要引擎；在国家一系列政策的支持下，我国新一代信息技术产业实现健康平稳发展。其次，本章概述了人工智能产业国内外发展现状与存在的问题，在国家战略引领下，我国人工智能产业迎来发展高峰，并在多个应用领域处于世界领先水平，但也仍存在领军人物和领军企业缺乏、技术创新不足等问题。最后，本章具体探讨了集成电路的发展状况，在国家政策战略引领、全球集成电路市场向大陆转移，以及汽车电子、工业控制等领域增长的带动下，我国成为全球集成电路主市场，产业结构趋于优化，关键技术与全球领先水平逐步缩小，但仍面临核心技术受制于人、产业链条脱节、国际竞争加剧等问题与挑战。

7.1　新一代信息技术发展现状

7.1.1　全球新一代信息技术产业发展现状

新一代信息技术产业成为世界各国经济增长的重要引擎。2016 年，世界经济延续了复苏态势，保持低速增长。其中，美、欧等发达经济体在诸多不确定因素的影响下，呈现出复苏乏力态势，新兴经济体的快速增长成为经济增长的主要拉动力量。在世界经济总体颓势的背景下，新一代信息技术却呈现欣欣向荣之势——新的技术逐步成熟，创新商业模式层出不穷，全新的产业生态体系正在形成，并开启了融合发展的新局面。新一代信息技术产业具有高度的泛在性、渗透性、融合性等特征，在产业内部构建一体化的创新生态链的同时，还迅速渗透至其他领域和产业，使新一代信息技术产业成为最具活力的新兴产业之一，展现出巨大的发展潜力。面对新形势，美、欧、日、韩及新兴经济体国家均出台一系列政策措施推动新一代信息技术产业发展，推动电子信息技术发展和创新应用，积极布局新兴领域，试图抓住新一轮信息技术革命带来的机遇，抢占未来经济社会发展和技术进步的制高点。

2016 年世界电子信息呈低速增长态势。据《世界电子数据年鉴 2016》测算，2016 年世界电子产品产值为 17 276 亿美元，比 2015 年增长 0.24%。新一代信息技术产业中，云计算、大数据、物联网、半导体等表现较为突出。2016 年以 IaaS（infrastructure-as-a-service，即基础设施即服务）、PaaS（platform-as-a-service，即平台即服务）和 SaaS（software-as-a-service，即软件即服务）为代表的典型云服务市场规模达到 654.83 亿美元，增速为 20.6%，预计 2020 年将达到 1 435.3 亿美元，年复合增长率达到 22%[①]；研究机构 IDC（International Data Corporation，即国际数据公司）预测 2017 年大数据和业务分析收入将达到 1 508 亿美元，相比 2016 年增长 12.4%，大数据分析相关硬件和服务的商业采购预计到 2020 年前将保持 11.8% 的复合年增长率，收入将超过 2 100 亿美元[②]；根据 IC Insights 等机构的研究，2016 年全球具备联网及传感功能的物联网市场规模为 700 亿美元，比 2015 年增长 21%，预计 2017 年全球物联网市场规模将达到 798 亿美元[③]，到 2021 年全球联网设备数量将达 280 亿个，其中 160 亿个与物联网有关。咨询顾问公司 Gartner 的研究显示，2016 年全球半导体收入总计 3 435 亿美元，较 2015 年的 3 349 亿美元提升 2.6%，并预计在 2017 年突破 4 000 亿美元[④]。

7.1.2 我国新一代信息技术产业发展现状

2016 年是“十三五”开局之年，随着“中国制造 2025”“互联网 +”等国家重大战略的实施，我国电子信息产业进入了新的发展时期。

政府深化规划与实施，促进新一代信息技术产业健康发展。“十二五”期间，政府对新一代信息技术产业出台了在产业技术、发展等方面的政策。2016 年以来，我国政府继续进行科学规划，促进新一代信息技术产业的发展。2016 年 8 月，国务院

① 数据来源：智研咨询 . 2017-2022 年中国云计算市场行情动态与发展前景预测报告，2017.

② 数据来源：IDC. 2017 年大数据和业务分析收入将突破 1 508 亿美元，2017.

③ 数据来源：IC Insights. 2017 年全球物联网设备市场规模将达 798 亿美元，2017.

④ 数据来源：Gartner. 2016 年全球半导体收入增长 2.6%，2017.

发布《“十三五”国家科技创新规划》，提出发展泛在融合、绿色宽带、安全智能的新一代信息技术；2016 年 11 月工信部发布《工业和信息化部关于印发信息化和工业化融合发展规划（2016—2020 年）的通知》，指出以物联网等为代表的新一代信息技术正加速向制造业渗透融合，成为制造业转型升级的新动力；2016 年 5 月国家发改委、工信部、财政部和国家税务总局联合发布《关于印发国家规划布局内重点软件和集成电路设计领域的通知》，细化集成电路发展目标；2017 年 7 月国务院发布《新一代人工智能发展规划》，提出面向 2030 年我国新一代人工智能发展的指导思想、战略目标、重点任务和保障措施。

工信部统计数据显示，2016 年我国电子信息产业全年销售总规模达到 17 万亿元，是 2012 年的 1.55 倍，年均增速达到 11.6%；2016 年电子信息产业利润总额达到 1.3 万亿美元，是 2012 年的 1.89 倍，年均增速为 17.3%。其中，电子信息制造业 2016 年实现主营业务收入 12.2 万亿元，增长 9.5%；软件和信息技术服务业实现收入 4.9 万亿元，增长 18.9%[①]。软件和信息技术服务业的比重持续提高，从一个侧面反映出我国电子信息产业的结构正逐步优化。中国信息通信研究院研究显示，2016 年我国大数据市场规模达 168 亿元，预计 2020 年将达 578 亿元[②]；2016 年我国物联网产业应用市场规模达到 9 500 亿元，较 2015 年增长 26.67%，预计 2017 年市场规模将突破万亿元，2020 年有望达到 25 000 亿元[③]；2016 年我国手机出货量为 5.60 亿部，相比 2015 年取得 8% 的增长率[④]；随着人工智能在移动互联网、智能家居、智能客服等领域的规模应用，我国人工智能产业规模持续快速增长，2016 年我国人工智能市场规模达 95.6 亿元[⑤]。

7.2　人工智能产业

人工智能将引领蒸汽革命、电力革命、电子革命之后的第四次工业革命。从智能手表、智能手环等可穿戴设备到无人机、智能机器人、虚拟现实等新兴应用领域，人工智能正在加速影响着人们生活的方方面面。

7.2.1　智能化发展的内涵与发展背景

如果说机械化和信息化是人脑控制下的体力和感知的增强，智能化则是智力增强下的体力、感知和认知的再度提升。智能化不是机械化、信息化的终结，而是将

① 数据来源：工业和信息化部．中国电子信息产业综合发展指数研究报告，2017.

② 数据来源：中国信息通信研究院．中国大数据发展调查报告（2017），2017.

③ 数据来源：中国经济信息社．2016–2017 年中国物联网发展年度报告，2017.

④ 数据来源：中国信息通信研究院．2016 年国内手机市场出货量 5.60 亿部，同比增 8.0%，2017.

⑤ 数据来源：前瞻产业研究院．中国人工智能趋势前瞻与投资规划分析，2017.

引领和推动机械化、信息化发展提升到新的更高的发展阶段。

1. 关于智能的内涵

智能是一切具有生命周期的系统对规律的感知、认知与运用。智能是高级系统的属性，生命是智能的最高形态；智能的目的是应对变化，把握规律，趋利避害；系统智能从低到高演化；智能可以分类分级。按照智能的内涵特征来分类，智能可以分为感知、认知和运用。感知是感应外部世界的变化，信息是变化的表征；认知是理解外部世界的变化，知识是规律的表达；运用是顺应外部变化行动，自主是规律的掌握。

智能化的本质是发展各类初级智能、半智能、智能技术系统，开展知识获得与任务执行，大规模代替脑力。其中，数字化是智能化的前提，互联化是智能化的加速，认知化是智能化的高潮。智能正在从人向机器、计算机两类工具、技术系统大规模转移；工具、技术系统的智能发展到高级阶段将出现半自主、自主演进的特征[1]。

2. 智能的发展阶段

从智能的发展阶段来看，智能可以分为仿生智能、机器智能、群体智能、融合智能四个阶段。

一是仿生智能。即模拟大脑部分或整体功能，将人的智能赋予机器。

二是机器智能。人工智能 1.0 有时也称作机器智能，以不同于人但适合机器的逻辑产生的智能，是指由人工制造出来的系统表现出来的智能。通常人工智能是指通过普通计算机实现的智能。

三是群体智能。即人工智能 2.0，用机器与人结合成增强的混合智能系统；用机器、人、网络结合成新的群智系统；用人、机器、网络和物结合成的智能城市等更复杂的智能系统。当前我们正处于由人工智能 1.0 向人工智能 2.0 过渡的时期。

四是融合智能。即智能化发展的下一阶段。将人工智能与人类智能有机融合，实现人机交流、人机协作、人机共融。

7.2.2 人工智能产业发展现状

1. 国外智能化的发展现状

1）国家战略引领，全方位布局人工智能发展蓝图

当前世界各国对人工智能均十分重视，并且注重对人工智能技术创新和战略的布局，以提升国际竞争力，试图在这场人工智能角逐战场上占领制高点。

美国是人工智能发展较早的国家，也是人工智能发展较快的国家，对人工智能在国家发展战略中的地位十分重视，从 2010 年开始就在军事、医疗、航空航天等领域大力推广人工智能的应用。美国国防高级研究计划局提出“保持美国技术在全球的领先地位，防止潜在的对手意想不到的超越”，人工智能领域是美国技术领先的关

注重点之一。美国在政府层面给予人工智能发展诸多指导规划，并成立相应的监督发展组织，促进其人工智能的不断进步。2015 年，美国国防高级研究计划局将“太空机器人、自主人工智能到地外生命及神经科学”列为未来技术论坛的讨论主题。同年，美国颁布的《美国国家创新战略》中精密医疗、卫生保健、大脑计划、先进汽车、智慧城市、清洁能源与节能技术、教育技术、太空探索和高性能计算等均涉及人工智能。美国智库战略与国际研究中心（Center for Strategic and International Studies，CSIS）发布的《国防 2045：为国防政策制定者评估未来的安全环境及影响》报告中将包括人工智能在内的 5 项先进及新兴技术作为未来 30 年发展的重点。2016 年，美国还成立了机器人学习与人工智能（Machine Learning and Artificial Intelligence，MLAI）分委会，MLAI 分委会的主要职责即为针对美国人工智能发展提出相关技术和政策建议，并监督、督促和协调各个行业、研究机构及政府的人工智能开发工作。与此同时，MLAI 分委会还编制了《为人工智能的未来做好准备》；此外还发布了《人工智能、自动化与经济报告》；网络与信息技术研究发展（The Networking and Information Technology Research and Development Program，NITRD）分委会还编写了《国家人工智能研究与发展战略计划》。这三份报告和计划力求美国能够在人工智能如火如荼的发展过程中掌控主动性和预见性。2016 年由美国数百位专家共同编制的《2016 美国机器人发展路线图：从互联网到机器人》规范详细地描述了美国机器人的发展路线。其中，不仅包含了自动驾驶汽车、医疗保健和家庭陪伴机器人、制造业人工智能等诸多人工智能的发展领域，也包含了备受关注的人工智能发展带来的社会伦理道德问题。

人工智能发展较快的欧盟地区在 2009 年开启了“蓝脑计划”；2013 年又启动了“人脑计划”；2016 年 3 月又公布神经信息平台、大脑模拟平台、高性能计算平台、医学信息平台、神经形态计算平台、神经机器人平台等六大平台，加强神经科学、医学和计算机学的合作，促进人工智能的发展。目前已经脱离欧盟的英国，对人工智能应用在道德伦理、社会法制等方面的影响十分重视，并发布了《英国人工智能的未来监管措施与目标概述》，力求在最大限度地应用科技进步给社会带来的效益的同时，也最小化人工智能给社会带来的伦理道德和法律的威胁。人工智能的发展可能导致的社会和伦理道德问题也得到了联合国的关注。2016 年，联合国教育、科学及文化组织和世界科学知识与技术伦理委员会共同发布的报告中就指出了人工智能发展可能导致的隐私、诚信、自主等方面的问题。

日本被誉为“机器人超级大国”，伴随着日本老龄化社会的进一步加剧以及缓慢增长的经济，日本非常明确人工智能在未来的战略发展地位，试图通过人工智能的发展弥补生产力短缺问题并提高生产效率。日本在 2015 年发布了《机器人新战略》，政府部门与人工智能企业在未来 10 年将机器人计划作为关键点，并且投入大量资金支持日本人工智能的发展。《机器人新战略》中明确提出了在未使用过机器人的领域运用人工智能技术进行突破；在制造业、服务业、医疗和护理业、基础设施、灾难响应、建筑行业、农林渔和食品等关键领域应用人工智能技术。日本对人工智能发展过程中可能导致的社会道德伦理问题也十分关注。例如，对于机器人的应用就构建了中心数据基地来储存机器人对于人类造成伤害的报告，并对机器人的应用过程制定了相应的管理法则。

2）人工智能迎来发展高峰，创业融资高潮迭起

从全球人工智能企业的发展状况来看，2016 年全球人工智能企业数量的数据显示人工智能企业主要集中分布在美国、英国和中国等少数国家。其中，美国人工智能企业高达 2 905 家，中国人工智能企业数为 709 家，英国人工智能企业数为 366 家，三国的人工智能企业数量占世界总量的 65.73%[①]。从人工智能的发展历程来看，1980 ～ 2004 年全球人工智能企业增长速度缓慢，每年企业增长数量不超过 100 家；2004 年至今，世界人工智能新增企业数量增长迅速，尤其是 2014 年新增企业超过 700 家[②]。随着人工智能技术的快速创新和未来广阔的发展空间，众多创业公司涌现，与此同时，对资本市场来说人工智能近两年也成为最为热门的投资领域。从全球人工智能企业融资规模来看，人工智能企业数量名列前三位的三个国家（美国、中国和英国）在融资方面也居于领先地位，尤其是美国，2016 年人工智能企业融资高达 179.12 亿美元，中国次之，25.72 亿美元，最后为英国，8.16 亿美元。可见美国人工智能企业的融资量约是中国的 7 倍，英国的 22 倍，其中深度学习 / 机器学习、自然语言处理和智能机器人、计算机视觉 / 图像识别为投资的重点[①]。

3）创新行动不断涌现，人工智能成为创新应用主战场

新一轮创新热潮席卷了全球科技行业，深度学习、虚拟现实、无人驾驶、语音识别等领域成为最热门的创新方向。以 AlphaGo 为代表的人工智能创新应用不断涌现，如全球首款无人驾驶公交车在荷兰投入运营，微软和 ING 的机器学习系统成功复刻伦勃朗画作，谷歌发布的语音智能 WaveNet 可以合成更逼真的人声，斯坦福大学发布人工智能百年研究计划，牛津大学联合谷歌、CIFAR 发布唇读 AI，精准度远超人类，IBM 基于深度学习的医疗机器人 Watson 诊治罕见白血病，扎克伯格开发个人助手 Jarvis 等。在专利申请上，全球人工智能专利的细化领域占比最高的为机器人，语言识别、神经网络和图像识别次之，四个领域占比分别为 32.5%、20.8%、20.7% 和 9.0%。

2. 国内智能化的发展现状

1）国家战略为引领，政策红利不断释放

我国一直重视人工智能的发展。早在 1989 年我国就开始召开中国人工智能联合会议，并持续召开八年。国家自然科学基金、“863”计划、“973”计划等多个重大项目对人工智能和智能系统的发展予以支持。国家出台的多项重大规划也都涉及人工智能的发展。2015 年，我国政府部门发布了《中国制造 2025》，包含的九项重要

① 数据来源：乌镇指数：全球人工智能发展报告（2016），2016.

② 数据来源：2017 年商业生态峰会，2017.

战略任务和重点的发展都离不开人工智能的参与；2016 年颁布的《中华人民共和国国民经济和社会发展第十三个五年规划纲要》（简称《“十三五”规划纲要》）中指出要重点突破新型领域人工智能技术；2016 年 4 月，工信部、国家发展委、财政部印发了《机器人产业发展规划（2016—2020 年）》；2016 年 5 月国家发改委、科学技术部（简称科技部）、工信部、中共中央网络安全和信息化领导小组办公室联合制定了《“互联网 +”人工智能三年行动实施方案》；2016 年《“十三五”国家战略性新兴产业发展规划》将人工智能列为新一代信息技术产业的五大重点发展方向之一，提出培育人工智能产业生态，促进人工智能在经济社会重点领域推广应用，打造国际领先的技术体系。2017 年 7 月 20 日国务院发布了《新一代人工智能发展规划》，标志着我国将人工智能的发展上升到国家战略层面。

2）产业规模高速增长，创新创业热潮高涨

2016 年我国的人工智能产业规模为 100.60 亿元，增长率达 43.3%，预计 2017 年增长率将提高至 51.2%，产业规模达到 152.10 亿元，并于 2019 年增长至 344.30 亿元[①]。目前，从人工智能市场规模来看，我国将在未来 3 ～ 5 年保持持续增长的态势。首先，智能语音技术已经趋于成熟，尤其是在深度学习、高性能计算和大数据迅猛发展的助推下，各大人工智能企业已经开始了商业化的应用。其次，智能车载、智能家居、智能可穿戴产品相关技术和应用实践已由探索期过渡到高速发展期。结合我国实际的汽车产销情况，我国是目前全世界汽车产销量最大的市场，不难预测，智能车载在未来的汽车市场中将快速增长。我国车联网步伐加快，随着汽车消费群体的年轻化，联合车载设备和产品服务的完善化，语音控制车载系统的应用将十分普遍，金准数据研究中心的专家预测，未来五年内车载设备渗透率将超过 50%。此外，在智能家居领域，随着人们对语音操控交互带来高效便捷的肯定，智能家电的渗透率也将飞速发展。

从 2014 年起，中国人工智能产业的创业潮开始兴起，2015 年是名副其实的人工智能创业年，涌现了相当一部分优秀的创业公司，主要集中在计算机视觉、服务机器人、语音及自然语音处理三大领域，其他的主要分布在智能医疗、智能驾驶、机器学习、智能家居、智能教育、智能金融、电商物流、垂直应用和数据服务等领域。最近三年人工智能领域的投融资状况明显提升，2015 年人工智能领域涉及 8.15 亿美元，共 202 次投资。我国未来的人工智能市场投资情况将持续良好，这与我国经济发展提高了公众的消费水平关系密切。另外，我国正在步入老龄化社会，对于服务型的智能机器人的需求势必增长。建设绿色和谐的智能化城市和乡村也需要人工智能的参与。这些都无疑会促进我国人工智能领域的发展和人工智能产品的需求，众多投资将进入人工智能领域。

从区域发展来看，北京凭借其在电子信息领域积累的人才、技术、资本等优势独占鳌头。数据显示，42.9% 的人工智能创业公司位于北京，16.7% 的人工智能创业

① 数据来源：艾媒咨询 . 2017 年中国人工智能产业报告，2017.

公司位于上海，15.5% 的人工智能创业公司位于深圳，广州人工智能创业公司的占比则为 7.7%，共有 82.8% 的人工智能创业公司分布在北京、上海、广州、深圳。从以上数据可以看出，我国当前人工智能发展呈现以北京为中心，以北京、上海、广州、深圳等一线城市为重点的区域发展格局[①]。

3）多方齐发力，打造人工智能创新的世界名片

2010 年移动互联网开始发展，技术和数据积累给人工智能研究带来了较大的增长动能，因此我国人工智能相关专利申请数从 2010 年开始出现持续增长。进入 2015 年，在国内外人工智能研究和应用场景不断进步的基础上，我国人工智能相关研究开始进入高速发展阶段，此时的专利申请数开始大幅增长，2016 年相关专利年申请数为 29 023 项，预计 2017 年专利申请数将持续增长[②]。“十二五”科技成就创新展向世人展示的中国骨科手术机器人，是国际上唯一能开展四肢、骨盆骨折以及脊柱全节段手术的骨科机器人；2016 年中国科学院发布全球首款神经网络处理器“寒武纪”；在中文语音和语义识别技术方面我国具有自身独有的竞争优势，如科大讯飞在语音识别领域取得突破，构建了国内最全的语音技术平台，基于“讯飞超脑”人工智能技术，致力于自动语音识别和语音合成产品的研发，其推出的“讯飞听见”产品，可实时将语音转写成文字，速度和准确率远超人工速记，现场识别正确率达到 99%。美国权威杂志《麻省理工科技评论》（*MIT Technology Review*）将语音接口列为 2016 年十大突破技术，百度硅谷人工智能实验室（Silicon Valley AI Lab，SVAIL）最新的研究成果——新一代深度语音识别系统 Deep Speech 2 位列其中。我国的人工智能已成为一张令世界瞩目的闪亮名片，人工智能领域也是最希望实现对美国弯道超车的领域。《纽约时报》一篇题为《人工智能“军备”赛跑，中国正在赶超美国》的报道中声称：各项数据指标显示，我国的人工智能实力正在一定程度上超过美国。此前美国白宫发布的报告显示，从 2014 年开始，在深度学习领域（当前人工智能的主要突破领域），从论文发表数量和被引用次数两个标准来看，我国均已超过美国。科大讯飞、百度、腾讯、滴滴等不少中国高科技公司都建立了自己的人工智能研究机构，都拥有巨大的用户群，都掌握了人工智能深度学习进化所必需的海量数据。例如，以 BAT 为首的互联网巨头和科大讯飞等企业成为我国人工智能创新的前沿力量，如百度以百度大脑为主，在开放平台、语音识别、图像识别、无人驾驶、智能硬件等领域全面布局人工智能创新发展；科大讯飞是我国出色的智能语音和语言技术企业，将人工智能应用到语音识别、自然语言处理、语音合成等技术领域，包括应用产品、解决方案等，是我国智能语音和人工智能领域的杰出代表；搜狗发布机器泛起产品，蚂蚁金服联合清华大学成立 AI 实验室。

① 数据来源：艾媒咨询 . 2017 年中国人工智能产业报告，2017.

② 数据来源：中商产业研究院 . 2017 年中国人工智能产业专题研究报告，2017.

7.2.3　我国人工智能产业发展面临的问题与挑战

我国在人工智能领域的发展拥有政府的支持、科技企业的积极参与和投入、市场的巨大需求等诸多利好条件。我国人工智能产业虽然在国际社会占有一席之地，但是由于发展起步较晚，且发展步伐迅猛，难免存在一些问题。

1. 人工智能领域雁式领军人才与复合型创新人才缺乏

众所周知，人工智能产业的发展对相关专业技术的要求非常高。在人工智能领域人才是其发展的最为关键的因素之一。谷歌人工智能方面的研究专家公开表示人工智能发展的最大障碍就是“人才”。世界各国对于人工智能领域的人才培养都十分重视。人工智能领域需要雁式的领军人才，能够带领一个团队，甚至一家本土人工智能企业研发出新成果并转化应用。同时，人工智能领域还需要复合型的创新人才，人工智能虽然源于计算机科学，但同时也需要心理学、社会学等诸多学科相配合，对于学科复合型人才的需求也是不言而喻的。然而，我国目前的人工智能相关领域无论是雁式领军人才还是复合型创新型人才都相对缺乏。并且无论是人才数量还是人才质量都不能与我国迅猛发展的人工智能产业相匹配。与美国人工智能领域的专家相比，我国相关领域专家在数量上仅为其 1/30。我国人工智能与国外发达国家相比发展较晚，在人才储备上存在较大的弱势。这就需要我国科研院所、高等院校及企业自身创建人工智能相关领域的人才库，吸引国内外相关领域的高端人才参与我国人工智能产业的发展，从供给侧向人工智能产业输送高等质量的创新型人才。

2. 领军企业缺乏，技术创新能力不足

我国人工智能产业发展较晚，随着国家从战略层面开始重视人工智能的发展，很多中小型企业也开始追潮人工智能产业的发展。虽然目前我国百度、腾讯、搜狗等大型企业在人工智能方面都倾注了一定的资源，但在人工智能领域都没有达到领军主导的位置。人工智能本就存在着基本设施、技术研发和流通应用三个层次的融会贯通问题。人工智能在发展的历程中在技术发展方面经历了三次起伏，随着计算机技术的突破，人工智能迎来了第三次高潮，但在算法的突破上还存在很多关键的问题没有解决，如深度学习方面还存在很多技术缺陷，缺乏推理能力、短时间记忆能力、无监督学习能力的深度学习。我国虽然投入了大量的资金和人力，也在人工智能技术方面取得了进展，但是对于未来人工智能发展的关键技术我国还应针对性地进行突破，确保人工智能产业的可持续发展。

3. 人工智能产业面临着人伦道德问题的拷问

人工智能产业发展至今在技术和应用上都已经取得了一定的成绩，并且正在从弱人工智能转向强人工智能的研发和应用，但是人工智能的发展对人类自身存在着威胁吗？在这个问题上很多专家、学者和社会人士都存在分歧。霍金曾提出“成功

创造人工智能是人类历史最大的事件，若不懂如何避开风险，这一件事也将是最后的大事”。强人工智能赋予机器以完全的人类思维，那么在价值观上，甚至社会关系上都将对人类的发展产生巨大的冲击。政府在人工智能产业发展过程中的正确引导和监督是解决这一问题的重要手段之一。

4. 全球人工智能产业竞争激烈

我国人工智能产业相较于欧美等发达国家发展相对较晚，虽然目前在产业规模和技术水平上都有了突飞猛进的发展，但欧洲各国、美国和日本等经济与科技均名列前茅的国家或地区仍然是我国人工智能产业发展的劲敌。发达国家对人工智能产业的重视和关注程度是显而易见的，如美国在战略层面已经提出着力发展人工智能产业，全球各国对人工智能产业的重视对我国人工智能产业的发展必然存在一定的竞争威胁作用，这也必然是我国人工智能产业未来发展历程中常相伴的问题。

7.2.4 我国人工智能产业发展的思路

1. 以数据为驱动，构建智能化发展的资源环境

人工智能始于60年前，在沉寂了多年之后成为引爆全球关注的话题，除深度神经网络算法的优化、高速计算能力的突破外，最主要的原因是大数据时代的到来，数据采集、存储、分析等技术的不断提升，可以说“算法、计算能力和数据”共同促成了人工智能发展的突破。例如，语音识别、自然语言理解、图像识别，甚至无人驾驶汽车，任何智能的发展，其实都需要一个学习的过程，而海量的数据为机器学习提供了充足的训练样本，提升了智能化的效果。

中国工程院院士倪光南在“2017中国国际大数据产业博览会”上，谈到大数据与人工智能之间的关系，借用了一个形象的比喻：人工智能系统犹如一个飞行器的话，那么“深度学习”是“引擎”，超算平台是载体，大数据则是最重要的“燃料”。倪光南说：“大数据能帮助人工智能‘学习’，在人工智能助力下也能更好地处理和分析大数据。两者之间相互促进、紧密结合，将推动彼此共同发展。”我国是全球最重要的大数据市场之一，据估计到2020年我国数据总量将占全球的近20%，我国将成为世界上第一数据大国和“世界数据中心”。因此，为抢占智能化时代发展先机，抢占人工智能技术和产业制高点，首先要保障“燃料”优质充足。

在国家战略的引领下，在市场活力的驱动下，我国的大数据发展迅速，但数据孤岛林立、数据开放共享程度低等问题的存在成为制约我国大数据健康发展的重要瓶颈。习近平总书记在中央政治局第35次集体学习中指出，“我们要深刻认识互联网在国家管理和社会治理中的作用，以推行电子政务、建设新型智慧城市等为抓手，以数据集中和共享为途径，建设全国一体化的国家大数据中心，推进技术融合、业务融合、数据融合，实现跨层级、跨地域、跨系统、跨部门、跨业务的协同管理和服务”。

我国大数据中心建设已然泛滥，据统计，我国现有数据中心超过百万个，国家战略资源正在被不断碎片化、离散化。数据中心建设缺乏系统的规划、缺乏合理的布局，数据中心间缺乏互通共享，呈现分而建之、分而用之的建设孤岛，没有实现以平台为渠道，聚合资源，打通数据孤岛，实现一体化发展的良性发展生态环境。

发展人工智能产业，构建健康的一体化数据发展环境是关键。全国一体化国家大数据中心，不是一次数据中心的重复建设，而是一个“逻辑集中、物理分散”的开放体系，是以“无形中心统筹有形平台”为核心理念，以“真实、透明、聚合”为原则，以云计算、大数据、人工智能为技术支撑，以现有数据中心为系统要素，按照“联平台、统标准、聚数据、强服务”和“统一公用、强化通用、放开专用”的方式，统筹国家基础数据资源建设，构建逻辑一体的联合信息环境，打造“平台之平台，中心之中心”，以此为探索，全面盘活政府数据资源，打造公共数据开放环境，为大数据的价值增值，构建全面开放的大数据发展环境，为智能化产业发展提供充足的燃料动力，也是推动国家治理体系和治理能力现代化的重要平台，是建设数字中国的必经之路。

2. 集聚智能化要素资源，打造创新发展的沃土

我国发展智能化应在聚焦当前人工智能技术创新应用的同时，立足长远，加强对未来人工智能的研究和探索，成为智能技术创新的先驱者。为此，应打造智能技术创新环境。

一是培育技术创新环境，创建智能技术创新高地。以政策红利为动力，以打造完备的基础设施环境和科研创新条件为保障，吸引重点高等院校和中国科学院等机构的人工智能实验室、研发中心、工程技术中心等技术创新机构，吸引全球人工智能的领军型企业的协同发展，同时，积极吸引和培育智能化创新相关的中小微企业的发展，广纳全球人才，集聚各类型创新资源要素，推动高等院校、科研机构、创新型领军企业和中小微技术型企业之间在技术创新上的多方位合作和良性竞争，激发创新活力，打造创新平台，构建创新能力，形成协同创新体系，确保智能技术创新能力在国际竞争中的领先地位。

在技术创新方向上，聚焦于当前数据、算法、计算能力以及智能芯片等人工智能关键核心技术的研发，聚焦于无人驾驶、语音识别、服务型机器人等创新应用型技术的研发；同时，立足于长远，突破单体智能局限，探索研究群体智能技术和群体智能系统的构建；进行以人为中心的人机物融合理论方法和关键技术探索；此外，推动智能技术与其他领域的跨界融合创新。

二是先行先试，打造智能创新应用的试验田。以无人驾驶、服务型机器人、智能语音识别、智能教育、智能医疗等热点领域创新应用为实践探索，先行先试，打造智能应用的试验田，以加速人工智能技术和产品的推广与应用，推动人工智能产业的发展成熟。例如，在无人驾驶领域，打造无人驾驶社会实验室，为无人驾驶汽车设立创新的交通体系，并提供研发、设计、测试等一站式保障环境；研究制定无

人驾驶的政策法规、技术标准，为无人驾驶先行探索制度体系；同时，创新相关商业保险投保机制、积极吸引国家科研基金和社会投资，以此吸引全球领先的无人驾驶企业入驻，建立无人驾驶产业集群，加速无人驾驶技术的成熟，推动无人驾驶的产业化发展。在智能医疗领域，随着医疗影像数字化的普及及计算机视觉领域的创新和突破，人工智能给病理领域带来了颠覆性变革，以医院为平台，推动相关企业与医疗在人口健康管理、临床决策支持、诊断和精准医疗等领域的智能化合作；同时，在药物研发领域，运用人工智能快速、精确和低成本地完成现实世界的证据收集和临床试验。但也要注意，医药健康领域事关人的健康与生命，不容有失。因此，保证安全前提下的智能医疗试验更是必不可少。通过试验，不断推动智能化手段在医疗领域的智能化，让每个医生的眼睛看得更远、更准，让每一个患者享受更加精准、及时、便捷、智能的医疗服务。

三是吸引人才、培养人才，为智能化的发展注入动力源泉。人才对人工智能的发展和应用的重要性不言而喻，一个产业在一个城市能够做大做强往往是因为人才的集聚。因此，应该首先加强人工智能专业人才的储备，政府需要大力投资人工智能相关教育和研究项目，着力加强数据和人工智能在各个阶层的教育，帮助重点大学创建人工智能研究实验室和创新中心，推进高端人才的培养；除了吸引国内人才，也需要与全球顶尖专家合作，同时鼓励人工智能研究者出国交流学习最新的创新科技。

3. 营造良好的产业生态环境，构建完善的智能化产业体系

一是构建完善的产业生态体系。智能产业的发展应以政策为引领、市场为驱动、服务为导向、技术为工具、创新为驱动，在重点领域培育若干全球领先的人工智能骨干企业，通过壮大引领型企业与培育中小微创新型企业相结合的方式，形成以大企业带动中小企业聚集，全面提升人工智能的集群式创新发展能力，形成以数据采集、存储、分析、可视化等相关数据技术，深度学习、神经网络等智能算法，以及云计算、高性能计算等高运算能力技术等技术链，和无人驾驶、家居、医疗等产业链为一体的完备的智能化产业发展生态体系；通过大数据、人工智能等智能化技术的不断创新，应用范围的拓展、应用模式的不断探索、服务范围的不断延伸，推动智能化与生物、新能源、新材料等战略性新兴产业的融合发展，打造新模式、新业态，拓展经济发展新空间；推动传统产业的智能化转型与融合发展，如打造智能化与高端制造业、高端服务业的融合发展示范区，让智能化成为推动传统产业转型升级的有效手段。

二是以智能化牵引军民融合高端发展。一方面，应注重发展人工智能新兴产业，发挥国防和经济双重效益。通过发展人工智能新兴产业，将形成生物特征识别、计算机视觉、新型人机交互及智能决策控制等关键技术群，积极梳理、吸收相关技术运用到国防领域，将会产生巨大的军事效益。此外，人工智能在智能产品、工业制造等领域的运用，能够促进社会产业的智能化升级，发挥国防和经济双重效益。另一方面，应注重推进人工智能重点领域建设，发展军民通用性产品。依托社会智能

产业优势，整合用活军工企业现有资源，积极发展具有巨大军事和经济价值的智能机器人、无人机、无人潜艇等无人系统，具有数据采集、处理和通信能力的移动智能终端，用于检测评估和增强人体机能的核心芯片、节点网络及可穿戴设备，能够智能感知、自动识别、智能控制的信息系统等重点领域的技术和产品。在建设中，坚持军地兼容，提高相关产品的通用性和转化能力，形成智能领域创新活跃、合作协同的产业生态体系。

三是探索建立智能化产业投融资体系。大数据、人工智能等智能化相关产业成为近几年来全球投资的热点领域，投资呈现爆发趋势，无论是投资金额还是投资频次都有明显增加，其中美国占据领先地位，CB Insights 发布的关于美国人工智能融资交易情况的统计显示人工智能初创企业的融资额自 2011 年以来几乎增长了 10 倍。通过智能化产业发展专项资金投入，引导社会资本，如天使投资基金、风险投资基金、私募股权投资基金、产业投资基金等共同构建多层次投资体系，满足智能化产业不同类别企业及其在不同阶段的发展需求；积极引导和鼓励金融机构支持以大数据、人工智能等为主的科技金融体系的建设和投资；支持智能化企业利用多层次资本市场进行融资，对为智能化企业提供信用担保的机构给予补贴。

4. 打造智能化城市服务环境，形成现代化的治理体系和治理能力

一是以智慧城市为抓手，打造智能化的城市服务环境。以智慧城市建设为平台，推动大数据、人工智能等在智慧城市建设过程中的应用，推广智能技术在智慧交通、智慧医疗、智慧旅游、城市公共安全等公共服务领域的试点应用，使智能技术成为政府改善民生、服务群众的有效手段，使政府向市民提供方便、精准和快捷的民生服务保障成为可能。通过整合各类民生服务资源，扩大城市智能化服务的应用范围，创新服务渠道和模式，打造以人为本、市民参与、社会协同的开放创新空间，促进城市管理精准化、透明化和高效化，形成便捷高效的公用管理服务平台，形成以便民、惠民为主要特征的智能化民生服务体系，解决城市居民生活所需，为城市居民提供简单、便捷、科学、精准、高效、智能的生活服务，实现“数据即服务、技术即服务、平台即服务、智能即服务”，建设和谐、宜居的智能化城市。

二是以电子政务为抓手，形成现代化的治理体系和治理能力。城市治理的实践进程中，运用恰当的信息技术工具是推进治理水平和治理能力的有效手段，悄然而至的智能化时代，给城市治理提供了全新的渠道。大数据、人工智能等智能化相关技术作为提升城市治理水平的战略资源和技术手段，能够优化治理过程，扩展治理的有效空间。因此，应以电子政务为抓手，以大数据、人工智能等智能技术为手段，实现“跨层级、跨地域、跨系统、跨部门、跨业务”的协同管理和服务，打造数据支撑决策、智能服务治理的政府治理能力现代化的示范区，推动国家治理体系和治理能力的现代化。

5. 探索创新发展的政策保障机制，构筑智能化安全发展环境

大数据、人工智能等智能化技术发展前景广阔，可用于改善医疗、环境、安全和教育，提升民生福祉。与此同时，由于它模糊了物理现实、数字和个人的界限，衍生出了复杂的伦理、法律及安全问题。例如，当传感器和人工智能无处不在时，企业不断收集个人信息，将引发个人隐私保护、数据权属等诸多问题；人工智能可能在决策过程中产生无意识的歧视、自动驾驶汽车的责任认定等、人工智能创作的知识产权归谁所有等问题。

在最为紧迫的道德、制度和法律问题上，在发展的同时，更要同样肩负起道德、制度和法律探索的责任。因此，应以全国一体化的国家大数据中心建设为契机，探索数据权属、数据交易规则、数据定价原则、数据流动机制、数据应用与转化机制、数据安全等大数据发展所必需的法律制度体系，先试先行，积累经验，推动大数据发展的制度环境的不断完善。以人工智能的示范应用为契机，探索无人驾驶的标准规范，人工智能的伦理道德标准、责任、义务等，健全个人信息保护相关标准、制度、法律的探索，为智能化发展构建一个健康的发展环境。

7.3 集成电路产业

集成电路是一个国家电子信息产业的基石。集成电路发展了 50 多年，仍在不断自我完善，成为大数据、物联网、云计算、移动互联网等网络技术创新的基础。尽管当前摩尔定律遇到发展瓶颈，石墨烯、硅光子等新材料新技术的应用有望引导电子信息产业进入后摩尔时代。

7.3.1 全球集成电路产业发展现状与趋势

1. 集成电路市场保持负增长态势，市场驱动因素发生转变

近年来，全球 PC（personal computer，即个人计算机）出货量保持衰退态势，智能手机出货量增长缓慢，新兴的应用市场还未成为拉动集成电路市场增长的主导力量，全球集成电路市场呈持续小幅衰退态势，2016 年集成电路市场规模为 2 727 亿美元，同比增长 –0.7%，比 2015 年的 –1% 有所缓和[①]。分区域来看，市场呈两极分化形式，美国、欧洲、日本、韩国面临市场衰退的挑战，而中国、印度、越南等新兴经济体的快速增长抵消了衰退；从产品门类来看，两大主要产品门类逻辑器件（同比增长 –2.7%）和存储器（同比增长 –3.8%）进一步衰退是集成电路市场衰退的主要原因，而模拟器件（同比增长 4.8%）和微处理器（同比增长 2.3%）的扩大增长使集

① 数据来源：World Semiconductor Trade Statistics. 2016 年集成电路市场规模为 2 727 亿美元，2017.

成电路市场有所缓和。

而随着汽车电子、云计算、虚拟现实、可穿戴设备、物联网等新兴领域应用市场的兴起，全球集成电路市场正进入新的发展时期。云计算、大数据的发展将引起计算架构的变化，新结构、新工艺、新材料孕育着重大的变革。从地区上看，2017年全球各地区市场都将迎来正增长，美洲地区市场将扭转负增长局面，亚太地区进一步增长，带动全球市场增长态势迅速回归。预计到2017年集成电路市场规模将达到2 814亿美元，2018年将达到2 885亿美元[①]。从产品门类来看，集成电路各主要产品市场未来两年将保持增长态势，模拟芯片将保持强势增长态势。

2. 领先半导体企业间竞争激烈，行业集中度逐步提升

根据研究机构IC Insights的报告，2016年，全球前20大芯片厂营收超过2 800亿美元，相比2015年增长3%。集成电路产业资源越来越向领先企业集中，垄断优势也越来越明显，行业集中度越来越高。排名前20的企业中，美国有9家入榜，日本、欧洲与中国台湾各有3家入榜，韩国有2家入榜。其中，英伟达、联发科、苹果、东芝、台积电这5家企业以两位数增长，SK海力士、美光、格罗方德、恩智浦4家企业陷入两位数衰退中。

2016年英特尔营收达到563.13亿美元，相比2015年增长8%，保持半导体企业龙头的地位；排名第二的三星，营收达到435.35亿美元，增长4%；晶圆代工厂台积电营收增加11%，位居第三名；高通重返第四名；博通跃居第五位；美光、德州仪器保持在第七位和第八位；东芝排名上升至第九位；恩智浦排名下降一位；联发科借助中国大陆的市场，营收增长29%，排名上升至第十一位；英伟达依靠图形处理器和处理器产品，增长高达35%。

存储器企业业绩普遍有所下滑。SK海力士营收大幅下滑，排名下降两个位次至第六位；同为存储器企业的美光收入也大幅下滑，为-11%，但其排名仍保持在第七位（表7.1）。

表7.1 2015～2016年全球半导体企业排名及收入（单位：亿美元）

2016年排名	2015年排名	企业名称	2015年收入	2016年收入
1	1	英特尔	521.44	563.13
2	2	三星	420.43	435.35
3	3	台积电	264.39	293.24
4	5	高通	160.08	154.36
5	6	博通	151.83	153.32
6	4	SK海力士	166.49	142.34
7	7	美光	144.83	128.42
8	8	德州仪器	121.12	123.49

① 数据来源：World Semiconductor Trade Statistics.

续表

2016 年排名	2015 年排名	企业名称	2015 年收入	2016 年收入
9	10	东芝	94.29	109.22
10	9	恩智浦	105.63	94.98
11	13	联发科	66.99	86.10
12	11	英飞凌	69.16	73.43
13	12	意法半导体	68.73	69.44
14	17	苹果	55.31	64.93
15	14	索尼	62.63	64.66
16	18	英伟达	46.96	63.40
17	16	瑞萨	56.82	57.51
18	15	格罗方德	57.29	50.85
19	19	安森美	48.66	48.48
20	20	台联电	44.64	44.55

3. 企业并购掀新一轮浪潮，跨界融合塑造产业新格局

从 2015 年开始，全球集成电路市场进入新一轮的大并购时期。2016 年，全球半导体企业的并购态势持续火爆，并购金额超过 1 280 亿美元，相比 2015 年增长 236.8%，覆盖范围、涉及企业也超过 2015 年。据统计，2016 年全球半导体产业并购案有 40 多起，覆盖产业链上游环节的集成电路（integrated circuit，IC）设计、集成电路制造以及下游环节的元器件环节，涵盖多个国家和地区，涉及消费电子、通信、汽车电子、物联网等诸多应用领域[①]。

企业收购呈现跨界布局特点。高通是移动芯片霸主，2016 年，通过收购汽车电子企业恩智浦，一举成为汽车芯片龙头；2015 ～ 2016 年，英特尔先后收购深度学习技术公司 Nervana、Latera 以及自动驾驶技术提供商 Mobileye，布局人工智能、物联网、汽车电子等新兴领域；软银通过收购芯片 IP（intellectual property，即知识产权）设计企业 ARM，进入芯片产业链，预计在物联网、大数据等领域开创新局面；三星通过收购智能语音技术企业 Viv Labs、汽车零组件供应商 Harman 以及投资无人驾驶技术企业 nuTonomy，不断完善汽车产业布局（表 7.2）。企业间的跨界融合促使集成电路产业格局正在发生重大转变，在传统主要产品 PC、智能手机增速放缓的情况下，汽车电子、物联网正成为拉动未来市场需求的热门领域。

表 7.2　2016 年全球半导体行业主要并购案例

序号	时间	内容	资金
1	2016 年 10 月	高通收购恩智浦	470 亿美元收购全部股票
2	2016 年 7 月	软银收购 ARM	320 亿美元收购全部股票

① 数据来源：2016 年全球半导体并购案汇总（上）. 全球半导体观察，2016.

续表

序号	时间	内容	资金
3	2016 年 3 月	英特尔收购 Mobileye	153 亿美元
4	2016 年 7 月	ADI 收购 Linear	148 亿美元
5	2016 年 11 月	三星收购 Harman	80 亿美元
6	2016 年 10 月	博通收购博科	59 亿美元
7	2016 年 11 月	西门子收购 Mentor	45 亿美元交易金额
8	2016 年 11 月	瑞萨收购 Intersil	32.2 亿美元

4. 10纳米芯片实现量产，工艺竞争进入新阶段

当前芯片厂商的工艺转向 10 纳米和 7 纳米。2016 年第四季度，三星宣布 10 纳米工艺进入量产；台积电已实现 10 纳米工艺量产，用于苹果 iPhone 8 A11 处理器，并计划在 2017 年底试产 7 纳米工艺；英特尔 10 纳米工艺开发延迟推出；格罗方德则宣布跳过 10 纳米节点，直接开发下一代 7 纳米工艺。

当前延续摩尔定律正遭受严重挑战，工艺节点继续缩小的成本加倍提高，10 纳米制程已经采用三重曝光，更小工艺节点的实现或需要使用极紫外光曝光，先进制造工艺成本急速增加，促使代工厂开发先进封装、3D 封装技术、异质集成、系统级封装（system in a package，SiP）等方式降低芯片尺寸和功耗，提高工作性能。例如，台积电已经量产化整合扇出型晶圆级封装（integrated-fan-out wafer level packaging，info-WLP）技术应用于苹果 A11 处理器。

7.3.2　我国集成电路产业发展现状

1. 国家政策战略引领，产业发展环境不断改善

近年来，尽管全球半导体市场徘徊不前且小幅衰减，但我国继续大力支持集成电路产业发展，政策力度不断加强。2014 年 6 月，我国出台《国家集成电路产业发展推进纲要》，将之作为我国一段时期内集成电路产业发展的行动纲领；2015 年 5 月，中国制造强国战略的第一个十年行动纲领《中国制造 2025》将集成电路放在新一代信息技术的首位，凸显集成电路在我国制造业中的核心地位；国家重大科技专项将“推动集成电路及专用装备发展”作为重点突破口，为集成电路产业发展指明方向；《“十三五”规划纲要》中明确了新形势下集成电路发展的目标及重点。北京、四川、山东等多个省（直辖市）纷纷响应该纲要，出台政策推进集成电路产业发展。

同时，国家和地方性集成电路产业投资基金相继设立，截至 2016 年底，国家集成电路产业投资基金两年多来共决策投资 43 个项目，累计项目承诺投资额 818 亿元，实际出资超过 560 亿元，已经成立或宣布设立的地方集成电路产业发展基金的目标规模合计多达 3 000 亿元，加上民间资金，其规模有可能已经超过 4 000 亿元，

极大地缓解了投融资瓶颈问题[①]。

在国家政策支持以及集成电路产业投资基金的推动下，我国集成电路产业的发展环境进一步优化，具备和国际市场竞争的基础。

2. 大陆地区成为全球主要市场，汽车电子、工业控制领域增速最快

当前，全球集成电路市场在向大陆地区转移，前 20 名半导体集成电路企业均在我国设有研发中心、生产基地。据中国半导体行业协会统计，2016 年我国集成电路产业销售额达到 4 335.5 亿元，相比 2015 年增长 20.1%，与“十二五”初期的 2011 年相比，年均增速达 22.5%，如图 7.1 所示[②]。从全球来看，2016 年，我国集成电路市场规模达到 11 985.9 亿元，同比增长 8.7%，接近全球市场份额的 60%，在规模及增速上均领跑全球[③]，预计未来几年我国仍是全球集成电路产业最大的市场。

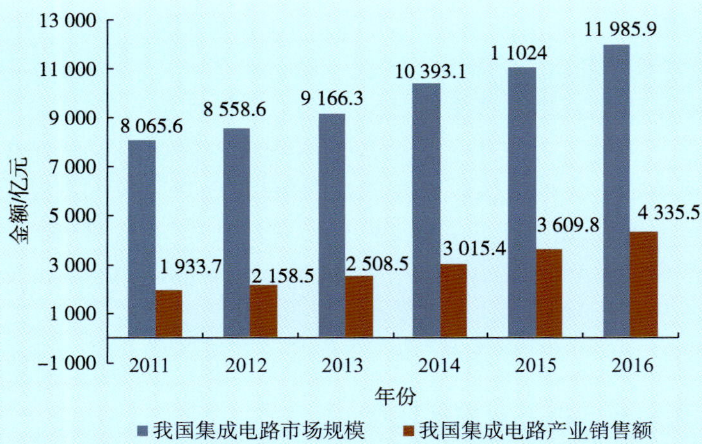

图 7.1　2011 ～ 2016 年我国集成电路市场规模与产业销售额

我国集成电路市场高速增长主要源于汽车电子、工业控制以及智能照明等应用领域。2016 年，国内汽车产销量均超过 2 800 万辆，同比增长 14% 以上，新能源车产销量均超过 50 万辆，同比增长 50% 以上。汽车销量增加以及消费升级对汽车电子产品的需求不断增长，直接带动了汽车电子领域集成电路市场的快速增长。2016 年汽车电子类集成电路市场的增速达到 34.4%。在工业控制领域，随着“中国制造 2025”战略深入实施，制造业的升级换代进程加快，对工业控制领域集成电路产品的需求也非常旺盛，工业控制类集成电路市场的规模增速达到 21%[④]。在我国工业化和信息化融合持续深入、信息消费不断升温、智慧城市建设加速等多方面因素的共

① 数据来源：前瞻产业研究院 . 集成电路投资加大　地方掀起集成电路投资基金热潮，2017.

② 数据来源：中国半导体行业协会 . 2016 年上半年中国集成电路产业运行情况，2017.

③ 数据来源：工业和信息化部电子信息司 . 创新融合发展的中国集成电路产业，2017.

④ 数据来源：赛迪顾问 . 从供给侧改革看中国集成电路产业投资热，2017.

同带动下，同时随着云计算、大数据、物联网、可穿戴设备、人工智能等领域的逐步成熟，预计未来三年国内集成电路市场仍将保持稳定增长。

3. 国内供需矛盾突出，核心产品严重依赖进口

面对过高的集成电路产品市场需求，国内市场供给不足的矛盾十分突出。目前国内集成电路市场自给率尚不足 20%，国内市场所需的集成电路产品主要依赖进口。2016 年我国集成电路进口金额高达 2 270.7 亿美元，近四年一直是我国第一大进口产品[①]。我国通用中央处理器（central processing unit，CPU）、存储器等关键核心产品基本均依赖进口。而 2016 年集成电路出口金额为 613.8 亿美元，同比下降 11.1%，贸易逆差达到 1 656.9 亿美元[②]。从集成电路产品的工艺线宽来看，28 纳米及以下集成电路产品已经占据国内集成电路市场 55% 的份额，而国内现阶段能够提供 28 纳米技术解决方案的企业仅有数家。国内集成电路产业的发展成熟度远不能满足内需市场要求[②]。

4. 设计业、制造业、封装测试业三业并举，产业结构趋于优化

如图 7.2 所示，近年来，我国集成电路设计业一直保持高速增长态势，2016 年销售额为 1 644.3 亿元，同比增长 24.1%；制造业产能不断扩大，销售收入平稳增长，2016 年销售额为 1 126.9 亿元，同比增长 25.1%；封装测试业增速相对缓慢，销售额为 1 564.3 亿元，同比增长 13%，仍占据了全球 70% 以上的份额[③]。

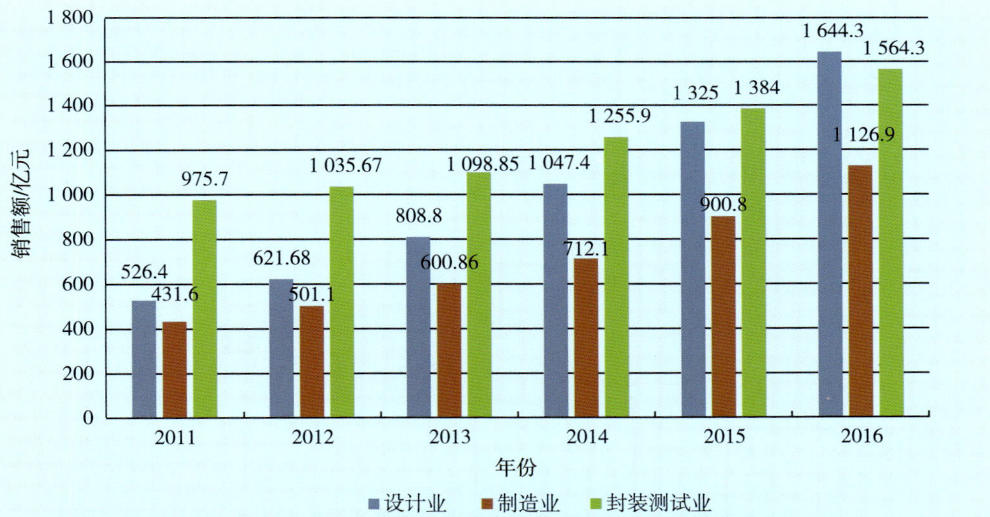

图 7.2 2011 ～ 2016 年我国集成电路设计业、制造业和封装测试业销售额

① 数据来源：2017 中国集成电路产量发展前景风险分析预测 . http://www. sohu. com/a/190549695_766911，2017-09-08.

② 数据来源：赛迪顾问 . 从供给侧改革看中国集成电路产业投资热，2017.

③ 数据来源：中国电子信息产业网 . 晶圆制造业成 IC 增长新动力，2017.

总体来看，集成电路设计业、制造业和封装测试业三业格局正在不断优化，2016年设计业比重达到37.9%，呈逐年上升趋势，制造业比重为26%，封装测试业比重进一步下降到36.1%。设计业与制造业占比上升，与全球集成电路产业3 ∶ 4 ∶ 3的总体比例逐步接近，改变了我国过去集成电路产业以封装测试业为主的局面[2]。

5. 部分关键技术取得突破，与全球领先水平的差距逐步缩小

我国设计企业在全球的地位和影响力不断提升，涌现出海思、展讯等一批有实力的设计企业，两家企业均进入2015年全球设计企业排名前十位。并且海思发布的基于台积电16纳米FinFET（fin field-effect transistor，即鳍式场效晶体管）工艺的950SoC芯片已在华为高端机型Mate 8上得到应用。

制造业方面，2016年我国以投资12英寸晶圆厂为主；中芯国际已具备28纳米量产能力，并联合华为、海思、高通等半导体厂商开展14纳米工艺研发部署，形成了清晰的工艺升级路径，预计2018年实现14纳米的量产。

封装测试业方面，全球前十大封装测试企业中我国占据三位，其中长电科技跻身前三甲。通过自主研发和并购海外企业，国内半导体企业在封装测试上取得突破性进展，技术水平与国际先进水平接轨。目前长电科技已经实现集成度最高和精度等级最高的SiP模组的大规模量产；华天科技的TSV（through silicon vias，即穿过硅片通道）+SiP指纹识别封装产品已应用于华为系列手机；晶方科技已成为全球最大的影响传感器晶圆级封装基地之一[3]；在倒装技术上，国内领先企业也已经部分获得国际领先地位，如长电科技用于智能手机处理器的FC-POP（flip chip package on package，即倒装堆叠封装）技术，通富微电的高脚数FC-BGA（flip chip ball grid array，即球栅阵列倒装封装）技术。

6. 产业集群特性愈发明显，聚落格局逐渐外延

随着“一带一路”倡议，以及京津冀协同发展、长江经济带等重大区域性发展战略的实施，我国集成电路产业呈现越来越明显的集群特性。现阶段，已初步形成长三角地区、珠三角地区、京津冀地区为中心的环渤海带、中西部地区四个集成电路中心区域。

长三角地区以上海为核心，是四大集成电路产业聚落中产值最高的区域，偏重于集成电路中下游，是我国集成电路制造和封装测试技术最先进的产能集中地区；京津冀地区以中关村为核心，侧重于设计及应用，北京中关村集成电路设计园、北京亦庄生产制造基地、河北正定封装测试基地三地协同发展，有力支撑京津冀地区集成电路产业协调发展；珠三角地区以深圳为核心，集成电路设计产值占比最高，整机市场需求旺盛带动集成电路发展；中西部地区以西安等城市为核心，是我国重要的Flash制造基地。

除了已成形的四大集成电路产业聚落，福建沿海区域的发展也是另一大关注焦点，如已纳入国家“十三五”集成电路生产力重大项目的泉州晋华DRAM（dynamic random access memory，即动态随机存储器）项目，以及厦门联芯厂。福建省政府计

划在福州、厦门、泉州、莆田建设形成沿海集成电路产业带。

7.3.3　我国集成电路产业发展面临的困难与挑战

1. 核心技术仍受制于人，设备国产核心芯片占有率低

面对日益增长的市场需求，国内企业的技术虽取得了不小的进步，但还远远不能满足相关产品的需求，高端设计、高端制造、关键封装测试装备及材料仍主要依赖进口。核心技术受制于人是我国集成电路产业最大的隐患，“中兴被罚”事件凸显了这一问题。

在晶圆制造工艺方面，中国大陆最先进的制造技术是中芯国际的 28 纳米制造工艺，研发则是 14 纳米。2016 年第四季度中芯国际的 28 纳米占比约为 3.5%，约 2 800 万美元，连续出货约 1 万片，国产设备在 28 纳米及以上的制程工艺已经实现了市场突破，然而在技术方面，与国际先进水平 14 纳米量产和 7 纳米研发仍然存在 2 代左右的差距。

封装测试方面，国内企业主要技术水平与国际先进水平差距不大，但也存在重要设备和材料依靠进口的问题。目前，我国计算机系统中的 MPU（micro processor unit，即微处理器）、通信装备中的嵌入式微处理器（embedded MPU）和 DSP（digital signal processing，即数字信号处理）、存储设备中的 DRAM 和 Nand Flash 等集成电路国产核心芯片占有率为零，我国所需核心芯片主要依赖进口。

2. 产业链条脱节，企业缺乏整机系统设计能力

我国缺乏苹果、英特尔这样可以高效整合半导体产业链各环节的领导型龙头企业，芯片设计、制造和封装测试业三个产业链环节处于脱节状态，“芯片—软件—整机—系统—信息服务”的产业链协同格局仍未形成。各个企业不能形成有效合理的分工体系，产业主要依靠单点技术和单一产品的创新。其中，设计业产品主要集中在中低端，芯片制造产能不能满足高端产品的需求。国内大多数整机企业停留在加工组装阶段，缺乏整机系统设计能力，大多数国内集成电路设计企业缺乏产品解决方案的开发能力，基本依靠采购国外系统解决方案[4]。

3. 整体投资强度不足，对中小微企业缺乏重视

集成电路产业是资本高密集型产业，芯片的技术研发、制造产能的扩大都需要大规模、长期稳定的资金支持。尤其是芯片制造业，固定资产投入巨大，且要保证持续投资。

从 2013 年开始，我国集成电路投资额突破了 500 亿美元并开始稳步增长。然而国内企业面临的形势严峻，28 纳米研发技术所需要投入的资金为 9 亿～ 12 亿美元，12 纳米技术研发所需资金为 13 亿～ 15 亿美元，建立晶圆制造生产线需要的资金则更为庞大，为 48 亿～ 50 亿美元。现有的投资规模无法满足技术研发投入及建设大型生产线的需求。

此外，目前国内 1 000 多家芯片公司中 90% 都是中小微企业。这些企业是基础

技术研发和创新的主体，需要国家扶持。而国家基金及各地方基金大都重视国有企业和龙头企业，往往忽视中小微企业的生存，加之产业链条的不完整，使得中小微企业缺乏市场销售渠道，造成了中小微企业发展举步维艰。

4. 跨国公司加速兼并重组，挤压国内企业生存空间

跨国公司为了自身做大做强，不断加大投资力度，加快整合的步伐，并购拓展新的生产领域，市场份额也在加速向具有明显优势的企业集中。在全球集成电路并购热潮兴起的背景下，集成电路行业的集成度逐步提升，竞争日益激烈，我国国内企业的生产空间变得十分狭小。

此外，自 2014 年以来，通过收购海外半导体企业，中国大陆集成电路行业获得了非常好的发展机会。2015 ～ 2016 年全球 2 000 多亿美元的并购中，中国大陆成功参与并购的项目金额不足 6%，集成电路行业未出现大的收购案例。这主要由于我国半导体海外并购的行为已经引起了美国等西方国家的关注，其针对我国企业的并购已采取了更严格的审查，市场化运作的集成电路产业基金被国际媒体扭曲，我国企业或资本参与的国际并购项目屡屡被否决。国内收购海外半导体企业面临越来越大的挑战，进一步阻碍我国集成电路产业的发展。

7.3.4 我国集成电路产业发展的思路建议

1. 以国家战略需求为牵引，加速突破集成电路技术瓶颈

当前和未来急需重点开发出一系列关键系统性技术，需集中资源、骨干企业组织实施国家重大专项，建设集成电路创新中心，搭建共性关键技术平台。突破关键核心技术和重大产品。例如，重点突破集成电路芯片的先进制造技术，包含 14 纳米及以下技术的成套制造工艺等技术；围绕芯片制造，开发集成电路芯片设计的通用技术，加强我国设计与制造产业链的紧密衔接，研究新型集成电路器件技术，探索半导体新型材料的应用技术。围绕半导体存储器的需求挑战，开发新型存储器技术。针对微电子与光电子在技术上的融合与延展，开展硅基光电等相关技术的研发。

未来，实现一系列先进工艺、国产装备与材料和半导体存储器等关键核心技术的自主可控，支撑我国集成电路产业的技术和规模达到国际先进水平，促进国家信息技术产业的安全、健康发展。实现 14 纳米—10/7 纳米—5/3 纳米等逻辑工艺技术的量产，建设系列半导体存储器技术的自主开发体系，开发出具有国际代表性的新型集成电路器件和半导体新型材料，促使装备与材料的国产化率不低于 50%。

2. 强化集成电路产业生态环境，打造全国资源共享平台

我国集成电路产业市场需求强烈，已具备较好的产业生态环境。但在顶层统筹、资金调配、协同发展、资源共享、产业布局等方面还需进一步加强。

一是加强顶层统筹和组织领导。加强国家集成电路产业发展领导小组、专家咨询

委员会的领导作用，以国际发展趋势为借鉴，以国家战略发展需求为主导，以市场需求为牵引，全面负责集成电路产业发展的顶层设计、统筹规划、协同发展、资源整合与调动等，在政策、产业、技术方面给予企业指导，协同解决产业重大问题。

二是优化产业布局和资金调配。以集成电路市场需求与发展要素为依据，通过借鉴经验、市场调研、战略咨询等多重措施整合国内外产业链资源，着力打造一批同时具备技术领先优势与国际市场规模的世界领军企业，统筹兼顾中小微企业销售渠道和前期发展劣势等问题，合理规划全国集成电路产业布局。设立国家、地方政府、民间集成电路产业投资基金，吸引大型企业、金融机构及社会资金，重点支持集成电路设计、制造、封装测试、装备、材料等关键环节，促进工业转型升级。

三是加速税收政策与战略规划落地。加速贯彻落实《国务院关于印发鼓励软件产业和集成电路产业发展若干政策的通知》与《国务院关于印发进一步鼓励软件产业和集成电路产业发展若干政策的通知》，落实集成电路封装测试、专用材料和设备企业所得税优惠政策，对符合集成电路产业国家优惠税收政策条件的企业严格执行税收优惠保障制度，进一步精简相关审批流程。

四是打造全国资源共享平台。加大开放、开源、共享，构建全国集成电路相关产业、产品、技术、知识产权、人才等资源共享平台，加强集成电路知识产权的运用和保护，尝试有偿共享机制，促进企业间资源、技术、应用方面的交流合作，形成优势互补企业联盟。

3. 加大产业科研投入力度，促进企业创新能力与人才建设协同发展

营造集成电路产业良好的科研环境，在集成电路国际前沿领域和尖端技术方向，进一步加大对企业、科研院所、高等院校的科研经费支持力度。规划和构建一批有影响力的国家实验室，形成体系化的科研队伍，推动重大工程科技实施。

同时促进企业创新能力与人才建设协同发展。面向长远发展，开展持续不断的基础技术研发，培养大批思维活跃、富有创新精神的科技人才，在基础技术研究领域应引入长效评估机制，鼓励开展原创技术研发，营造宽松和容忍失败的科研环境。

进一步提高企业科研工作者的社会地位和待遇，增加相应国际交流、访问的机会，为优秀人才提供良好的待遇和发展空间。限定范围筛选引进高尖端技术领域的海外高层次人才。鼓励企业联合科研院所、高等院校成立集成电路技术研究、产品生产一体化机构，开展竞争前共性关键技术研发。加大对集成电路人才培养的政策支持，尝试创新业绩联动奖励或晋升机制，促进企业创新能力与人才建设的协同交错发展，避免人才流失，增强产业可持续发展能力。

4. 进一步扩大对外开放，探索国际合作发展新模式

加强与处于领先地位的国家和地区的国际合作，充分利用全球技术、人才、市场、资金等资源，融入全球集成电路产业体系。可大幅提高我国研究开发水平，增进全世界对我国研发水平和科研人员的了解，逐步加强我国科研开发对世界信息技

术发展的影响力，以及在国际标准制定过程中的话语权。建议设立集成电路领域专项国际合作项目，与欧盟、美国、日本和韩国等国家和地区展开对口合作。积极引进全球资金，整合国际资源，拓展国际市场。鼓励国际领先半导体企业在国内建设研发、生产和运营中心。

在实施集成电路领域科技任务时，尝试推进国际合作发展的新模式，根据任务接洽在技术和市场方面国际领先的企业和团队，合作建立完整的技术创新链，包括关键技术开发与验证、技术标准研发、试验系统研制、技术试验与应用示范等。同时，通过借鉴国际先进技术研发、企业管理、市场运营的经验，构建自主可控的产业链，包括器件、软件与单元产品、整机产品、系统产品等。

参考文献

[1] 胡虎，赵敏，宁振波，等．三体智能革命．北京：机械工业出版社，2016.

[2] 李珂．中国集成电路产业步入加速发展期．电子工业专用设备，2015，(3)：6-9.

[3] 王新潮．中国半导体封测业机遇与挑战并存．集成电路应用，2017，(8)：1.

[4] 刘红梅，陈文苑．中国集成电路产业未来发展之路探析．当代经济，2017，4（2）：69-71.

审稿：吴曼青

第 8 章

生物医药产业

“生物医疗战略性新兴产业发展重大行动计划研究”课题组①

【内容提要】生命科学的发展使生物技术与医药领域相结合，产生了生物医药。生物医药是指综合利用分子生物学、细胞生物学、遗传学、药学、生物信息、计算化学、组合化学、纳米技术等科研成果，以基因工程、抗体工程、细胞工程等技术制造出的用于疾病预防、诊断和治疗的生物技术药物。国务院 2010 年发布的《国务院关于加快培育和发展战略性新兴产业的决定》将生物医药列为重点发展领域之一，2015 年发布的《中国制造 2025》明确把生物医药及高性能医疗器械作为重点发展的十大领域之一。生物医药涉及领域广泛，本章重点从基因工程药物、抗体药物、疫苗产业、新型血液制品、诊断试剂、基因生物治疗、组织工程产品、罕见病生物药、生物技术药物给药系统、生物医药产业相关关键原材料及配套设备、新一代工艺研发与制造核心设备及关键技术、智能医疗、生物医药国际化、配套政策法规等方面对国内外发展现状进行阐述，并提出“十三五”发展建议。

① 全文统稿：田德桥、陈必强、于学玲、陈薇、曹竹安；各部分撰稿人依次为：田德桥、王恒樑、陈薇；饶春明、范文红、梁成罡、王箐州、王佑春；李锋；杨晓明、朱涛、张云涛、张爱华、于晓辉、卫江波；付道兴、余鼎、吴强、龚曼琳、杨丹波、谢勇、杨晓明、张云涛、张爱华、于晓辉；王滢、陈旭红、詹金熹、陈博；陈智胜；王健；谢良志；焦鹏、李慧；郑迪楠、张容瑜；马霄、王兰、徐苗、郭莎、王佑春；徐苗、贺鹏飞、王佑春；黄维金、李永红、贺鹏飞、王佑春。

8.1 国内外生物医药产业发展现状与趋势

从 1953 年 DNA（deoxyribonucleic acid，即脱氧核糖核酸）双螺旋结构的发现到 1982 年 FDA（Food and Drug Administration，即食品药品监督管理局）批准第一个基因重组生物制品，揭开了生物医药的序幕。生物医药是生物学、医学、药学、化学等学科跨界融合的产物，具有突出的疗效和社会效益。在临床治疗方面，对于严重威胁人类健康的重大疾病的治疗，如遗传性疾病、癌症、糖尿病等，生物技术药物的作用举足轻重，甚至不可替代[1]。

8.1.1 全球生物医药产业发展现状与趋势

根据全球医药健康产业咨询公司艾美仕市场研究公司（IMS Health）的统计，2014 年全球生物医药市场规模已达到 2 140 亿美元，市场占有份额从 2001 年的 10.5% 增长至 2014 年的 21.3%，以高于全球医药市场增长的良好态势蓬勃发展。美国、德国和日本位列生物医药市场前三名。中国生物医药发展势头喜人，市场份额从 2010 年的 1.7% 增长至 2014 年的 2.8%[2]。从疾病领域的市场占有率来看，排名前五位的生物制剂治疗领域依次为：类风湿性关节炎（18%）、糖尿病（17%）、肿瘤（13%）、疫苗（7%）和免疫激动剂（6%）。从化学成分来看，单抗（32%）是市场占有比例最大的类别，其他依次为其他蛋白和多肽（19%）、胰岛素（15%）、疫苗（7%）及造血促进生长因子（7%）等[2]。IMS Health 预计全球生物医药市场将在 2020 年达到 2 500 亿美元[3]。全球处方药市场中生物制品也以快于化学药物市场的速度发展（表 8.1）。

表 8.1 2010 ～ 2015 年全球处方药市场[4]

类别	个数	销售额 / 亿美元					
		2010 年	2011 年	2012 年	2013 年	2014 年	2015 年
生物制品	148	1 047.9	1 163.3	1 373.1	1 513.8	1 613.1	1 789.1
化学药物	504	2 222.1	2 492.8	2 432.5	2 561.6	2 753.8	2 825.6
总计	652	3 270.0	3 656.1	3 805.6	4 075.4	4 366.9	4 614.7

生物制品基本可以分为两大类：第一类是已经进入成熟期的品类，整体市场容量不再显著增长并由多家企业分食，主要是一些大的重组蛋白市场，如促红细胞生成素（erythropoietin，EPO）、干扰素、粒细胞集落刺激因子（granulocyte colony stimulating factor，G-CSF）、生长激素、肝素等；第二类是仍保持快速增长的品类，包括抗体、疫苗、凝血因子、融合蛋白、胰高血糖素样肽 -1（glucagon-like peptide-1，GLP-1）、胰岛素等。前者的临床需求已经基本满足，后者在疗效、给药方式、注射频率等方面有更多未满足的临床需求，企业陆续推出相应的创新药物，推动市场不断扩容[4]（表 8.2）。

表 8.2　生物制品各细分品类 2010 ～ 2015 年销售额对比 [4]

排序	类别	个数	销售额 / 亿美元					
			2010 年	2011 年	2012 年	2013 年	2014 年	2015 年
1	抗体	37	379.3	412.9	484.3	557.2	633.4	699.4
2	胰岛素	13	128.5	141.0	162.8	179.3	194.2	211.9
3	疫苗	25	128.3	153.0	167.8	174.6	169.8	198.1
4	融合蛋白	7	115.0	118.9	139.0	156.8	170.0	183.4
5	凝血因子	9	54.7	58.7	77.4	81.9	79.7	82.7
6	促红细胞生成素	6	71.9	63.5	58.8	65.2	63.3	61.5
7	粒细胞集落刺激因子	6	50.7	54.2	55.4	61.0	60.3	60.9
8	干扰素	5	32.3	31.9	64.3	62.9	60.5	59.2
9	胰高血糖素样肽	6	10.6	13.2	19.9	28.0	28.3	39.4
10	肝素	2	4.8	29.0	26.7	22.7	22.7	22.7
11	生长激素	3	11.1	10.7	19.8	19.6	19.1	16.8
总计		119	987.2	1 087	1 276.2	1 409.2	1 501.3	1 636

注：根据 2010 ～ 2015 年 60 余家跨国药企，600 余种药物的销售数据统计

8.1.2　我国生物医药产业现状与趋势

IMS Health 预计，到 2020 年，我国生物医药市场将成为仅次于美国的全球第二大生物医药市场。我国排名前五位的生物制剂治疗领域依次为免疫激动剂（18%）、糖尿病（17%）、肿瘤（11%）、止血剂（10%）和抗血栓剂（8%）。从生物制剂市场占有率的化学成分来看，其他蛋白和多肽是最大的类别（36%），其余依次是胰岛素（18%）、造血生长因子（8%）、单抗（7%）及酶（7%）等（图 8.1）。中国生物制剂市场和全球生物制剂市场相比，最大的差异体现在单抗产品市场占比较低。究其原因，一方面在于患者负担能力不足，另一方面在于单抗大都是大分子产品，这一点国内仿制产品还未跟上，使得单抗产品在国内的总体使用比例较低 [5]。

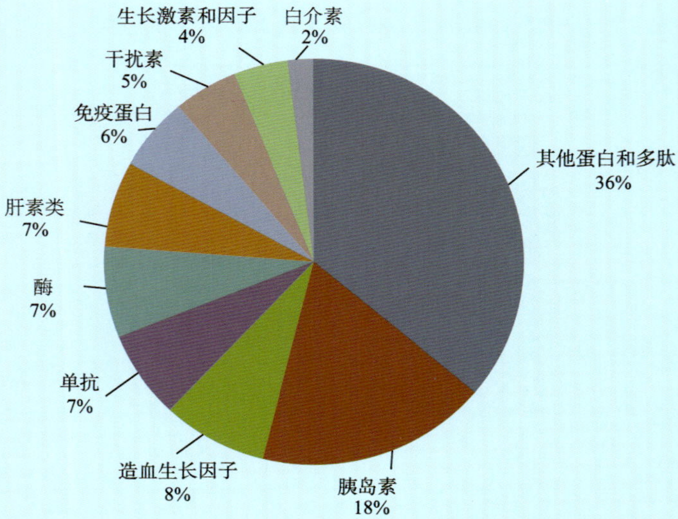

图 8.1 中国生物药不同成分市场份额一览 [6]

我国生物医药产业起步较晚，但在国家产业政策的大力支持下，发展迅速，逐步缩短了与先进国家的差距。自 20 世纪 90 年代以来，我国生物医药产业一直保持年均 15% ～ 30% 的快速增长，远远高于全球医药行业年均不到 10% 的增长速度。截至 2014 年，我国生物医药总产值已经达到 15 985 亿元 [5]。“十三五”期间，随着全球大批药物的专利到期，以仿制药为主的我国生物医药产业将迎来绝好的发展机遇。

我国正在逐步形成较为完善的生物医药产业链和产业集聚。我国生物医药产业集群主要分为两种类型：一是在现有国家高新技术开发区或经济技术开发区内设立的生物医药园区；二是单独建设的生物医药园区。目前，我国生物医药产业集群化分布进一步显现，已初步形成以长三角地区、环渤海地区为核心，珠三角地区、东北等中东部地区快速发展的产业空间格局 [5]。

医药制造业是关系国计民生的重要产业，是培育发展战略性新兴产业的重点领域，是一个与居民生命和健康息息相关的产业，在人口总量稳定增长、人口城镇化与结构老龄化、病谱变化等内生因素驱动及经济持续较快增长和居民生活条件不断改善等外生因素促进下，我国医药行业总体保持较高增速，对生物医药产业也会有越来越高的需求。

8.2 基因工程药物

20 世纪 70 年代，以 DNA 重组技术为基础的基因工程技术得到飞速发展，利用基因工程技术开发新型药物发展迅速。1982 年美国礼来公司将重组胰岛素投放市场，世界上第一个基因工程药物诞生。基因工程药物自问世以来，已广泛应用于治疗癌症、肝炎、发育不良、糖尿病、囊纤维变性和一些遗传病，在很多领域特别是疑难病症上，发挥了传统化学药物难以达到的效果。

8.2.1　国内外发展现状与趋势

在全球生物制品处方药市场中除疫苗类和重磅炸弹抗体类产品外，细胞因子、融合蛋白、激素及蛋白多肽类基因工程药物仍然占据一半的市场份额。由于大部分细胞因子、激素类蛋白药物半衰期较短，通过长效化可以延长药物半衰期，更好地满足患者需要。蛋白药物的长效化是目前国际研发的主流，研发热点包括长效胰岛素、长效胰高血糖素样肽-1类似物、长效粒细胞集落刺激因子、长效促红细胞生成素、长效凝血因子等。基因工程药物的其他热点研究领域包括新的酶与激素类药物、多肽类药物等。截至2015年底，欧美市场已经上市了13个Fc融合蛋白药物、12个聚乙二醇（polyethylene glycol，PEG）化蛋白药物、2个白蛋白融合蛋白药物、2个糖基化改造蛋白药物、1个人绒毛膜促性腺激素β亚基羧基末端肽（carboxyl terminal peptide，CTP）融合蛋白药物。

我国基因工程制药产业起步于20世纪80年代末，虽然起步较晚，但发展迅速。从1989年我国第一个基因工程药物——重组人干扰素α1b上市，到后期的白细胞介素、促红细胞生成素、生长激素、胰岛素和粒细胞集落刺激因子等细胞因子和重组激素类基因工程药物，我国基因工程制药产业从无到有，不断发展壮大。截至2016年9月，我国已批准各类生物技术药物45种，其中基因工程药物33种，包括重组细胞因子14种、重组酶5种、重组激素6种、重组融合蛋白2种、聚乙二醇修饰蛋白3种、其他基因工程药物3种。这些产品的上市，打破了国外高新生物产业对我国市场的价格垄断，极大地提高了人们用药的可及性。

8.2.2　“十三五”发展建议

针对国内需求巨大的糖尿病、肿瘤治疗、抗病毒治疗等市场，大力促进各类长效蛋白药物的发展，并推广到“一带一路”沿线有更大市场需求的国家。

1. 糖尿病领域

我国的糖尿病患者达9 630万人，是全世界糖尿病病人数量最多的国家。日益增长的糖尿病患者，使糖尿病药物需求市场巨大。糖尿病患者随着病情的发展，到后期几乎都要依赖胰岛素治疗。在美国，长效胰岛素占胰岛素市场的60%，但因价格因素在我国只占5%。不仅如此，国内长效胰岛素市场95%以上被国外公司产品，如赛诺菲公司的甘精胰岛素（Glargine）、诺和诺得的地特胰岛素（Detemir）等占领。但Glargine和Detemir存在一些不足，包括控制血糖的稳定性等。因此，开发出比Glargine和Detemir更好的长效胰岛素产品，满足我国广大糖尿病患者的需求不仅具有巨大的市场需求，而且能带动我国胰岛素产业走自己的创新研发之路，造福国家和人民，同时为我国糖尿病药物走出国门创造可能。

另外，目前国内虽已经有数个长效胰高血糖素样肽类似物处于临床阶段，但是自主研发产品的创新性与国际先进水平仍存在显著的差距。

2. 抗肿瘤、抗病毒市场

目前国内每年新发恶性肿瘤人数多达350万人，60%以上患者需进行放化疗。在恶性肿瘤患者中有超过一半患者在化疗过程中将出现较严重的中性粒细胞减少症，对化疗的连续性及治疗效果产生明显影响。目前针对放化疗引起的中性粒细胞减少问题，国内外临床指南首推的升白药是粒细胞集落刺激因子。长效粒细胞集落刺激因子是目前国内外药企研发的主要方向。

重组人干扰素是国际公认的有效治疗乙肝和丙肝的药物。此外，重组人干扰素还被我国批准用于治疗慢性粒细胞白血病、肾癌、黑色素瘤等疾病，且纳入国家医保范围。

3. 长效蛋白药物技术

重组蛋白长效化主要包括聚乙二醇化修饰和重组蛋白药物的抗体Fc段、人血白蛋白融合技术。目前研究人员常用一些半衰期较长的天然蛋白和效应大分子融合，以延长半衰期，并取得了长足的进展，主要使用的蛋白有IgG（immunoglobulin G，即免疫球蛋白G）的Fc片段、人血清白蛋白（human serum albumin，HSA）和转铁蛋白等，目前获批上市的大多数是Fc融合蛋白[7]。国内制药企业要加大对长效蛋白药物的科技投入，开发出具有自主知识产权的创新药物产品。

4. 进一步提高国产基因工程药物质量控制水平

中国食品药品检定研究院应紧跟国外先进技术和质量标准发展，积极引进更新升级，推进国内相关产品质量标准的提高，继续提高国内重组药物相关质量标准。针对新型长效蛋白药物（聚乙二醇修饰、融合蛋白等），建立先进的质量控制技术，与国内技术型企业共同努力，促进国内已上市品种的质量标准提高并纳入《中华人民共和国药典》，成为相关产品标准的制定者和领跑者，实现我国基因工程药物质量标准与国际接轨。同时，将我国已成熟的多种规格的重组干扰素等系列细胞因子产品推广到“一带一路”沿线有更大市场需求的国家。

8.3 抗体药物

生物医药产业是战略性新兴产业，备受世界各国关注。其中，抗体药物是现代生物医药产业的主力军，目前占全球生物药物市场的50%，是生物医药产业增长最快的细分领域。

8.3.1 国外发展现状与趋势

自 1986 年首个单抗药物批准上市以来，截至 2015 年底，FDA 已经批准 50 多个抗体上市。抗体药物全球销售额从 1997 年的 3.7 亿美元增长到 2015 年的 700 亿美元以上。值得注意的是，已经上市的抗体药物中相当一部分是重磅级产品，目前全球销售前 10 名的药物中抗体药物占据 6 席。位列第一的抗肿瘤坏死因子 -α 抗体 Humira（通用名：阿达木单抗，商品名：修美乐）年销售额达 143 亿美元。

1. 抗体类似药

多个重磅级品种销售持续稳定增长，但随着专利到期面临抗体类似药的竞争。目前多个销售额超过 50 亿美元的重磅抗体药物将在 2019 年前后陆续失去专利保护，集中在抗肿瘤和治疗自身免疫疾病领域。巨大的市场潜力使国外大药厂，如辉瑞、安进等纷纷开发抗体生物类似药（biosimilar）。

生物类似药特别是抗体类似药是一个新兴的市场。由于蛋白大分子结构的复杂性，抗体类似药既不是新药也不是传统意义上的化学仿制药，有其特殊的开发途径和临床要求。抗体类似药在临床前药学、动物实验和临床开发阶段要与原研药进行严格的头对头比较以证明相似性，与化学仿制药不同的是，在完成一期药物代谢动力学等效的情况下还要求完成大样本量的Ⅲ期等效研究。开发抗体类似药的投入，无论是生产平台的建设还是临床研究规模，都要远高于化学仿制药。

2. 创新抗体

国外大型生物药企纷纷涉足抗体类似药，但创新品种研发是主流。以程序性死亡受体 -1（programmed cell death protein，PD-1) 等肿瘤免疫检查点为代表的新产品发展势头较好，抗体药物作为新兴产业在逐步成熟，与精准医疗和肿瘤免疫治疗相结合，在未来还有很大发展空间。

近年来，在肿瘤免疫治疗领域开发的一系列抗体药物最为引人瞩目。在过去的 20 年间，随着对肿瘤发生发展的分子机制的进一步了解，尤其是在肿瘤逃逸免疫杀伤领域的深入研究，肿瘤免疫治疗迎来了新的发展，并逐渐成为肿瘤临床治疗方案中的主流之一，主要包括细胞因子治疗、治疗性疫苗、嵌合抗原受体 T 细胞免疫疗法（chimeric antigen receptor t-cell immunotherapy，CAR-T）为代表的过继 T 细胞疗法（adoptive cell transfer therapy，ACT）和包括细胞毒性 T 淋巴细胞相关抗原 4（cytotoxic T lymphocyte-associated protein 4，CTLA-4）与 PD-1 抗体药物的免疫哨卡点阻断或免疫共刺激通路激活。

3. 技术研发

新型平台技术不断涌现，抗体-毒素偶联（antibody drug conjugate，ADC)、双功能抗体（bispecific antibodies，BsAb)、抗体糖基化改造、纳米抗体等都是当前抗体药物研发的热点领域。

8.3.2 国内发展现状与趋势

国内抗体药物市场目前以进口品种为主，但国产上市品种销售额增长很快。因为进口品种价格高，国产上市品种少，医保覆盖有限，市场总体上处于培育期。随着国产大品种抗体类似药纷纷进入临床开发阶段，国内市场有望在“十三五”末期实现井喷式发展。

目前，国内有100多家企业开展单抗药物的研制，初步形成产业规模。北京天广实和军事医学科学院联合完成抗埃博拉病毒抗体MIL77应急生产储备任务并成功救治英国和意大利的感染患者，彰显了我国生物防护抗体药物具备国际水平。

据专家预测，到2025年，我国抗体药物市场规模将超过300亿元。尽管我国的抗体产业近年来蓬勃发展，但绝大多数产品都还处于临床前阶段。这些产品将在五年内陆续进入产业化阶段，所以今后五年是我国抗体产业化发展的关键期，市场迫切需要能够提供专业化研发和产业化技术服务的机构。抗体产业的特点是产业化投入大，国内仅少数企业具备中试规模或以上的药品生产质量管理规范（good manufacturing practice，GMP）生产能力，特别是拥有创新品种的新兴生物制药公司多面临缺乏中试生产能力的困难。因此，建设抗体产业化公共服务平台从而加快创新品种进入产业化开发的进程就显得尤为重要。

8.3.3 “十三五”发展建议

1. 产业发展重点方向

积极推进从仿制到创新的产业升级。“十一五”“十二五”期间基本解决了抗体表达、质量控制等生产技术并建设了规模产能。“十三五”主要采取快速跟进国外最新技术的策略，构建技术平台，特别是能够直接产生人源化抗体的人源化小鼠技术平台、双功能抗体平台和应急抗体快速生产技术平台，开发创新品种。

2. 关键技术

围绕制约我国抗体产业快速发展的关键技术问题，组织实施抗体重点研发专项。重点针对恶性肿瘤、自身免疫病、心脑血管疾病、呼吸系统疾病、神经精神障碍性疾病、感染及生物安全防控等重点领域，重点支持免疫检测点分子和细胞因子风暴控制等新靶点发现和确证研究，抗体分子设计、新型抗体库技术、转基因动物等人源抗体制备技术，双特异性抗体、糖基化改造抗体、新型修饰抗体、抗体-小分子偶联物、纳米抗体、重组多克隆抗体等新结构、新机制抗体药物研发及质控技术，人源化体内外药效评价模型、抗体药代、药动和安全性评价以及抗体产业化等关键技术突破和能力建设，抗体产业相关的重要装备、材料及试剂研发与国产化，培育具有全球影响力的标志性成果。

3. 产业化支撑能力建设

支持产业化支撑能力建设，需要改变目前在抗体规模生产领域重要设备、耗材全面依赖进口的局面。否则未来抗体规模生产的成本会居高不下，难以充分发挥中国制造的成本优势。

4. 开发肿瘤免疫治疗抗体药物

肿瘤免疫治疗抗体是创新药物领域最受关注的方向。免疫检查点单抗（CTLA-4① 单抗、PD-1/PD-L1② 单抗）在血液肿瘤和黑色素瘤方面，因具有良好的抗肿瘤活性，取得了重大进展。抗 CTLA-4 单抗 Ipilimumab 于 2011 年获 FDA 批准，是该领域首个针对转移性黑色素瘤的新药。2014 年 PD-1 靶向药物 Nivolumab 和 Pembrolizumab 获 FDA 批准用于治疗黑色素瘤，被认为是肿瘤免疫治疗领域的重大突破。

8.4 疫苗产业

疫苗在保障国民健康和国家生物安全方面发挥着巨大作用，从 1978 年我国对所有适龄儿童实施计划免疫以来，传染病的发病率和死亡率大幅下降，成功消灭了天花和脊髓灰质炎，常见的儿童传染病，如麻疹、腮腺炎、风疹、百日咳、白喉、破伤风、乙型脑炎、流行性脑脊髓膜炎等疾病的发病率和死亡率的下降幅度在 95% 以上。

8.4.1 国外疫苗产业现状和趋势

根据医药市场调研机构 Evaluate Pharma 发布的统计报告，2014 年全球疫苗销售总额为 263.81 亿美元，到 2020 年预计将达到 347.27 亿美元，2014 ～ 2020 年预测期内的年复合增长率（compound annual growth rate，CAGR）为 5%。我国疫苗市场 2014 年销售额为 164 亿元，占全球疫苗市场销售额的 10%。全球疫苗市场由默沙东、葛兰素史克、赛诺菲、辉瑞四大巨头占领，这四大巨头占全球总销售额的 85% 左右。

国外疫苗研发巨头能在疫苗研发上取得巨大成功，主要得益于对新技术的开发和应用。近十年来，疫苗巨头葛兰素史克利用新佐剂技术相继成功研发了 HPV（human papillomavirus，即人乳头瘤病毒）疫苗、疟疾疫苗；巴斯德公司利用病毒载体技术成功研制了登革热疫苗；诺华公司利用大规模抗原筛选技术成功研制了 B 群脑膜炎球菌蛋白质疫苗；蛋白质科学公司利用昆虫杆状病毒系统成功研制了基于基

① CTLA-4（cytotoxic T-lymphocyte antigen4，即细胞毒性 T 淋巴细胞抗原 4）。

② PD-L1（programmed death ligand 1，即程序性死亡配体 -1）。

因工程表达的流感疫苗。

在利用新技术研发的新产品上市取得巨大成功之后，国际疫苗巨头将研发的目标聚焦于无疫苗可用的传染病疫苗研制上，主要包括单纯疱疹病毒（herpes simplex virus，HSV）疫苗、呼吸道合胞病毒（respiratory syncytial virus，RSV）疫苗、人类免疫缺陷病毒（human immunodeficiency virus，HIV）疫苗、结核病疫苗、埃博拉病毒疫苗、中东呼吸综合征（middle east respiratory syndrome，MERS）冠状病毒疫苗、寨卡疫苗等。与此同时，疫苗巨头们还纷纷利用新技术对现有疫苗进行改进，如对肺炎链球菌多糖蛋白结合疫苗的载体改进，用大规模细胞培养技术生产流感疫苗等。

8.4.2 国内疫苗产业现状和趋势

1. 概述

当前，我国已经能够生产可预防29种疾病的55种疫苗。2005年我国疫苗行业市场规模为65亿元，2015年为245亿元，这10年的复合增速接近13%，远高于全球市场平均水平。预计到2020年我国疫苗行业市场规模能够突破500亿元。

我国现阶段一类疫苗（国家免费强制接种的疫苗）包含12种常规疫苗和出血热疫苗、钩端螺旋体疫苗、炭疽疫苗3种应急疫苗，可以预防15种疾病。目前我国一类疫苗接种率为97%，上升空间有限，未来一类疫苗市场增长主要依靠国家计划免疫扩增，即将其他产品纳入计划免疫范围，以及新生儿的增长。二类疫苗（公民自费并且自愿接种的其他疫苗）接种率远远低于国际水平。

国家高度重视疫苗产业的发展，2011年国家发改委等七部委联合出台了《疫苗供应体系建设规划》，对疫苗产业进行了全面部署。在国家政策的支持和引导下，我国疫苗产业虽已取得了长足的进展，但疫苗产业的自主创新能力、新产品转化、关键核心技术应用、规模化生产技术能力以及在国际化拓展等方面，同发达国家相比仍有一定差距。

2. 研发和技术

研发方面，我国已初步形成了以研究所和高等院校为主的基础研究体系，以企业、疫苗研究中心为主的应用研究和产业化开发体系，一大批处于临床前研究的疫苗也取得了突破性进展。目前我国处于临床阶段的疫苗品种包括肺炎多糖苗、肺炎结合苗、轮状病毒疫苗、流感疫苗、禽流感疫苗、狂犬疫苗、人乳头瘤病毒疫苗、b型流感嗜血杆菌（Hib）疫苗、流脑疫苗（多糖苗、结合苗）、百白破（即百日咳、白喉、破伤风，pertussis、diphtheria、tetanus）及其联苗、甲肝疫苗、乙肝疫苗、脊灰疫苗、手足口病疫苗（EV71、CA16型）、麻腮风水痘联苗、幽门螺杆菌基因工程活菌载体苗、带状疱疹减毒活疫苗、重组结核疫苗、重组金黄色葡萄球菌疫苗、重组埃博拉病毒疫苗等。

3. 存在的问题

总体来看，我国的疫苗产业，无论是研发还是生产，都取得了长足的进步。但与发达国家相比，疫苗产业整体水平还存在很大的差距。首先，自主创新能力相对落后，创新品种、创新技术、创新人才都比较缺乏，新疫苗上市速度也相对较慢。其次，疫苗生产企业数量多但规模较小，多数企业只能生产 1 ～ 2 种疫苗产品，没有像辉瑞、赛诺菲、葛兰素史克一样的疫苗“航空母舰”。最后，国际化水平低。我国仅有个别疫苗品种通过世界卫生组织（World Health Organization，WHO）预认证，我国的疫苗并没有真正走上国际舞台。

我国疫苗研发在技术、品种上有一定差距，包括：哺乳动物细胞培养工艺规模还较低，我国目前大多数的生物反应器规模在 200 升左右，而国外基本在 1 000 升以上；真核表达系统不完善，我国目前还没有成熟的昆虫 / 杆状病毒表达系统；新的关键技术仍处于落后状态，反向遗传学技术还没有形成体系，病毒载体类疫苗的构建、制备和质量控制体系还不完善，反向疫苗学和抗原筛选技术还没有形成技术体系和平台。

8.4.3 “十三五”发展建议

1. 现有疫苗产业技术升级和换代

通过对疫苗研发的共性关键技术的突破，以新技术的发展带动原有产品的技术升级和更新换代。对现有成熟产品的生产工艺进行持续技术创新和升级，不断提高产品质量，降低生产成本，使产品达到或超过国际同类产品的品质，并完善行业的质量标准体系。重点对麻腮风疫苗、百白破疫苗、卡介苗、国家安全储备疫苗等疫苗进行质量提升及工艺改进。

2. 创新疫苗研发及产业化

我国在创新疫苗研发方面与国外还存在一定的差距，如多价结合疫苗、联合疫苗、手足口病疫苗、多价人乳头瘤病毒疫苗、多价轮状病毒疫苗、多价流感疫苗等还未成功研发。多联多价疫苗一直是疫苗产业的重点方向之一，国外疫苗企业优势明显，国内多联多价疫苗起步较晚。“十三五”期间，需重点支持以百白破联合疫苗为基础的多联疫苗、13 价肺炎结合疫苗、4 价流脑结合疫苗、多价轮状病毒疫苗、多价人乳头瘤病毒疫苗、多价流感疫苗等产品的产业化。

3. 新发突发传染病疫苗研制及应急制备

近年来，新发传染病原体，如埃博拉病毒、黄热病毒、登革热病毒、寨卡病毒频繁出现，传播迅速，急需研发制备出安全有效的预防疫苗。“十三五”期间需重点支持重组埃博拉疫苗、登革热疫苗、寨卡病毒疫苗等的研发，提高我国在新发传染病防控方面的能力。提升结核病疫苗、腺病毒疫苗、脊髓灰质炎灭活疫苗的产业化规模，有效满足重大疾病防控需求。同时，完善我国应急疫苗规模化快速制备能力储备。

4. 中国疫苗国际化

2011 年我国疫苗监管体系首次获得 WHO 评估，2013 年通过 WHO 再评估，标志着我国疫苗监管体系已经获得国际认同，达到先进水平。同时，我国疫苗企业在生产工艺和质量水平上也通过了 WHO 预认证，目前乙脑疫苗已经列入 WHO 采购清单。上述示范效应带动我国其他疫苗特别是创新疫苗出口到主要发展中国家，甚至发达国家，促进我国疫苗产品的品质提升，特别是免疫规划疫苗的品质提升，使我国免疫规划疫苗的品质、技术标准达到国际标准，实现规模化出口（表 8.3）。

表 8.3　疫苗产业“十三五”发展重点

序号	行动计划	实施路径
1	现有产品的产业技术升级和换代	（1）组分百白破疫苗和青少年及成人百白破疫苗； （2）麻腮风疫苗； （3）卡介苗； （4）推动已具备产能的企业合作并进行优势互补，推动现有疫苗产品技术升级和换代，如口服脊髓灰质炎疫苗（oral polio vaccine，OPV）、国家安全储备疫苗，并实现其产业化
2	创新疫苗研发产业化	（1）支持已进入临床阶段的 13 价或多价肺炎结合疫苗、四价脑膜炎球菌结合疫苗的产业技术升级和产业化能力建设； （2）支持多价宫颈癌疫苗、多价轮状疫苗、多价流感疫苗的研发及产业化； （3）支持以百白破、DTap- 灭活脊髓灰质炎病毒疫苗（inactivated poliomyelitis vaccine，IPV）为基础的联合疫苗，麻疹、腮腺炎、风疹和水痘联合疫苗（measles，mumps，rubella and varicella，MMRV）等
3	新发突发重大传染性疾病应急反应体系建设	（1）支持埃博拉疫苗、寨卡疫苗、登革热疫苗的产业化能力建设； （2）支持应急规模化制备共性关键技术开发和技术储备； （3）支持不同类别应急疫苗规模化制备的技术平台
4	新佐剂、新给药途径等共性关键技术	（1）支持以企业为主体的疫苗产业共性关键技术开发和技术升级； （2）支持产学研结合，推动产业共性关键技术及应用开发
5	中国疫苗国际化	（1）支持口服Ⅰ型Ⅲ型二价脊髓灰质炎减毒活疫苗、黄热疫苗、肺炎疫苗、麻疹疫苗、多价轮状病毒疫苗提交 WHO 预认证申请； （2）支持与国外联合研发，以及疫苗的规模化出口

8.5 新型血液制品

血液制品属于生物制品范畴，主要是指以健康人的血浆为原料，采用分离纯化技术制备的生物活性制剂。目前血液制品主要有三大类，即人血白蛋白、人免疫球蛋白和以凝血因子为代表的其他产品，这其中还包括了重组人血白蛋白、重组凝血因子产品等。

8.5.1 国外发展现状与趋势

2013 年，全球用于分离的血浆供应量约为 42 567 吨（包括原料血浆和回收血浆）。其中美国以占全球约 5% 的人口占到全球供应量的 61%，欧洲以占全球 11% 的人口提供了全球约 19% 的血浆，亚洲以占全球一半以上的人口只提供了全球约 12% 的血浆。

目前国外上市的血液制品约有 30 多个品种，国外血液制品的研发方向主要集中在以下三个方面。

（1）已经上市品种的新适应症开发。例如，Baxalta 公司尝试将静脉用丙种球蛋白（intravenous immunoglobulin，IVIG）用于治疗老年痴呆症（alzheimer），但Ⅲ期临床失败，Grifols 公司将 IVIG 用于治疗老年痴呆症的临床试验仍在进行中；此外 Kamada 公司将 α1- 抗胰蛋白酶用于治疗Ⅰ型糖尿病的尝试，目前正在进行Ⅱ / Ⅲ期临床。

（2）给药途径的改变。例如，已有上市的皮下注射人免疫球蛋白，病人在家中可自行给药；研发口腔吸入的 α1- 抗胰蛋白酶用于治疗哮喘等。

（3）重组类产品是目前国外血液制品开发的重点，主要集中在重组长效人凝血因子Ⅷ、重组长效人凝血因子Ⅸ等方面。由于重组产品可以较为迅速地扩大生产规模，重组人凝血因子产品有可能在不远的将来占据主要市场份额。

8.5.2 国内发展现状与趋势

我国血液制品的生产规模都很小，全国血液制品的产量远不能满足临床需求。截至 2015 年末，国内实际生产企业有 25 家，国内血液制品市场规模（含进口产品）约为 175 亿元，较 2014 年增长约 10%。目前国内上市的血液制品有 10 多个品种（表 8.4）。相比美国和欧洲，我国在静脉注射人免疫球蛋白产品和重组因子类产品技术方面远远落后。对比国内外血液制品品种可发现，我国未上市的血液制品多属于小品种，在国外，这类药品大多有孤儿药的地位，对孤儿药在注册审批及上市方面有政策优惠。

表 8.4 国内已上市血液制品

品种			血源性产品	重组产品
大品种	球蛋白	静脉注射人免疫球蛋白	√	
		肌肉注射人免疫球蛋白	√	
	白蛋白	人血白蛋白	√（包括进口）	
	凝血因子	人凝血因子Ⅷ	√	√（进口）
小品种	特殊免疫球蛋白	乙型肝炎人免疫球蛋白	√	
		静注乙型肝炎人免疫球蛋白	√	
		狂犬病人免疫球蛋白	√	
		破伤风人免疫球蛋白	√	
	其他	人凝血因子 F Ⅶ	√	√（进口）
		人凝血酶原复合物	√	
		纤维蛋白原	√	
		纤维蛋白胶	√	
		凝血酶	√	

8.5.3 “十三五”发展建议

1. 产业发展重点方向

目前我国血液制品生产布局的特点是点多、面广，平均生产规模偏小，生产成本普遍较高。国内血液制品企业的规模化经营能力和水平与国外先进企业相比存在巨大差距，有巨大的提升空间。因此，实现集约化生产、发挥规模效益和提高血浆综合利用率是我国血液制品产业发展的方向。

2. 产业发展关键技术

目前在国际大型血液制品厂商的新产品开发方面，比较关注长效人凝血因子的研发。对于免疫球蛋白和人血白蛋白，目前国外有多个针对不同疾病的临床研究正在进行。重组凝血因子类产品替代血源性产品的趋势已势不可挡。

3. 法规政策层面的建议

许多与血液制品相关的法规，如《血液制品管理条例》从 1996 年发布至今已 20 多年，这些法规对于血液制品行业的持续、良性发展至关重要。但随着社会经济和技术的发展与进步，部分法规已与当前发展阶段不相适应，这也限制了单采血浆行业和血液制品的进一步快速发展，因此迫切需要重新审视和完善这些法律法规。

4. 行业布局层面的建议

目前我国血液制品行业产业集中度很低，大多数企业规模小、产品品种单一、血浆综合利用度低、资源浪费严重；同时生产规模的分散化、小型化，导致成本偏高，收益率整体偏低。在目前国内血液制品行业整合和并购不断推进的同时，借鉴国外血液制品行业的发展经验，为解决生产规模过于分散化、小型化导致的生产成本偏高和收益率偏低的问题，以及提高血浆综合利用水平，国家需加大对血液制品龙头企业设置浆站的扶持力度，规范血液制品的异地加工、委托加工以及血液制品的上市许可人制度等政策，以实现集约化生产、发挥规模效益。

8.6　诊断试剂

体外诊断（in vitro diagnosis）按检验原理或检验方法，主要包括生化诊断、免疫诊断、分子诊断、微生物诊断、尿液诊断、凝血诊断等，其中生化诊断、免疫诊断、分子诊断是体外诊断的三大领域。生化诊断主要应用于医院的常规检测项目，如测定糖类、脂类、无机元素类、肝功能、肾功能等，是医疗检测的基本组成部分。免疫诊断利用抗原与抗体结合时发生特异性反应的原理进行检测诊断，主要应用于传染性疾病、肿瘤、孕检、药物检测等领域。分子诊断是应用分子生物学方法，检测受检个体的遗传物质或携带的病毒、病原体的基因结构与类型，进而从基因层面对遗传病、传染性疾病、肿瘤等疾病进行检测诊断。

8.6.1　国外发展现状与趋势

1. 免疫检测

临床免疫检测是通过抗原与抗体相结合的特异性反应进行测定的诊断方法，对小分子蛋白、激素、脂肪酸、维生素、药物等进行检测，主要应用于传染性疾病、内分泌、肿瘤、药物检测、血型鉴定等领域。免疫检测具有灵敏度较生化试剂高、出错率小等特点。免疫检测技术的发展经历了放射免疫分析技术（radioimmunoassay，RIA）、免疫胶体金技术、酶联免疫分析技术（enzyme-linked immunosorbent assay，ELISA）、时间分辨荧光免疫分析技术（time resolved fluoroimmunoassay，TRFIA）、化学发光免疫分析技术（chemiluminescence analysis，CLIA）和流式细胞术等技术的演进，近年来，即时检验（point-of-care testing，POCT）的发展也较为迅速。

2. 无创产前检测

无创产前筛查（non-invasive prenatal testing，NIPT）是近年来产前检测领域出现的新型胎儿染色体疾病检测技术，相对传统的绒毛取样或羊膜腔穿刺等具有“侵入性”的产前检测方法而言，其通过高通量测序技术对母亲外周血中的胎儿游离 DNA 进行“非侵入性”产前检测，有效补充了已有的产前筛查、产前诊断体系。NIPT 可用于判断胎儿是否存在染色体异常，这种方法具有无创、快速、准确的特点。

3. 肿瘤分子诊断

一直以来基于组织形态学特征的病理学诊断是肿瘤诊断的“金标准”和临床治疗的基础，但同一组织学类型、同一分期的肿瘤患者对相同治疗方案的反应和预后并不一致。国际知名研究机构和医药企业都致力于开发新的分子分型辅助诊断技术和产品，力图将肿瘤分类从形态学转向表型与分子特征相结合的新的分类体系，促进肿瘤的预测、早期诊断、个体化治疗、预后评估和复发监测的精准化。

随着基因组学、表观基因组学、转录组学等高通量检测技术的快速发展，荧光原位杂交（fluorescence insitu hybridization，FISH）、基因表达谱芯片、比较基因组杂交（array-based comparative genomic hybridization，aCGH）基因芯片、高通量测序、荧光定量 PCR（polymerase chain reaction，即聚合酶链式反应）、数字 PCR 等技术用于肿瘤分子诊断将是重要的趋势。

8.6.2 国内发展现状与趋势

1. 免疫检测

国内市场上，化学发光检测与酶联免疫检测并存，化学发光检测占比不断上升。随着我国经济的快速增长，各类大型医院对价格的承受能力明显上升，纷纷进口全自动化学发光免疫分析系统，使用进口配套试剂，目前在三级医院基本普及了化学发光。但进口全自动化学发光免疫分析系统具有封闭性的特点，不兼容其他厂商的试剂，使进口产品使用成本提高。受国内精密仪器研制水平的限制，国产分析系统在性能上与进口产品存在差距，市场接受度有待提高。

2. 无创产前检测

我国出生缺陷发生率与世界中等收入国家的平均水平接近，占新生婴儿的 5.6%，但由于人口基数大，每年新增出生缺陷病例总数庞大，全国每年新增出生缺陷婴儿约 90 万例。染色体非整倍体是造成出生缺陷的主要原因之一，其中 21- 三体、18- 三体、13- 三体较为常见。因此，针对上述三条染色体开发的无创产前筛查项目具有广阔的应用前景。

3. 肿瘤分子诊断

我国的癌症患者平均 5 年生存率约为 30.9%，而欧美发达国家基本保持在 60% 左右。我国癌症死亡率居高不下的一个重要原因在于癌症发现时大多处于中晚期，错过了最佳治疗时机。从国家食品药品监督管理总局（China Food and Drug Administration，CFDA）批准的诊断产品来看，2003 ～ 2016 年获批的肿瘤分子诊断产品主要为蛋白类和基因突变检测类，其他还包括甲基化、microRNA、循环肿瘤细胞（circulating tumor cell，CTC）等新型肿瘤检测试剂盒等。

但仍需看到基因芯片和高通量测序等多组学研究平台技术的仪器、耗材、试剂多为国外大公司所垄断。我国基因检测公司大多瞄准的是服务，肿瘤分子诊断在仪器、试剂及耗材上受到国外上游厂家的挤压，亟待在关键仪器设备及配套试剂上取得原创技术，获得行业竞争的主动性。

8.6.3　“十三五”发展建议

1. 免疫检测

为做好慢性病防控，在肿瘤免疫诊断领域，需大力发展肿瘤预测、诊断、用药指导和术后监测相关产业与关键技术。

其一，“十三五”期间应加强肿瘤蛋白标志物的研究。防治肿瘤的关键在于早发现，早治疗。结合肿瘤基因组学和蛋白质组学发现肿瘤早期预测和早期诊断的新型、灵敏度高、特异性好的蛋白标志物，促进免疫诊断的临床应用。

其二，发展免疫诊断与分子诊断相互结合的肿瘤诊断技术。

其三，肿瘤诊断系统国产化。大力发展诊断领域以化学发光免疫检测系统为代表的临床检测设备的国产化。

2. 无创产前检测

在无创产前检测方面，除了染色体非整倍体异常检测外，染色体的微缺失、微重复也会对胎儿的正常发育产生影响。但此类染色体异常目前不在CFDA注册上市的试剂盒的检测范围内。目前尚未有此类临床检测项目，但我国人口基数大，遗传病和罕见病患者人数众多，因此应发展此类关键技术。

3. 肿瘤分子诊断

首先，借助肿瘤基因组学、蛋白质组学和表观基因组学的发展，建立肿瘤多组学检测技术，发展肿瘤早期预测、早期诊断分子检测技术，发现新型、灵敏度高、特异性好的肿瘤标志物，促进癌症的早期诊断、病理类型的判断和癌症分期。

其次，发展以ctDNA（circulating tumor DNA，即循环肿瘤DNA）检测、CTC检测为代表的肿瘤液体活检相关产业，发展高灵敏度核酸检测技术，使液体活检能真正应用于临床。

最后，大力发展以基因芯片、新一代测序平台为代表的高端检测设备。

8.7　基因生物治疗

进入21世纪以后，医学和制药界经历了新一轮的技术革命，包括高通量基因测序技术的快速发展。高新技术的发展可以使我们从基因层面更加深入地认识到遗传疾病的发病机理。此外，随着基因转入和细胞培养操作技术的发展，结合基因治疗和细胞治疗技术，哺乳动物的干细胞和分化细胞已经被用于研究，并已开发针对多种先天性遗传和后天获得性疾病治疗的药物。

8.7.1 国外发展现状与趋势

如果以细胞来源分类，生物治疗方案包括体细胞治疗和干细胞治疗两种，其中干细胞治疗可通过自体或者异体骨髓或脐带造血干细胞移植治疗血液病和恶性肿瘤等。例如，根据是否有基因改造应用进行分类，又可以分为非基因改造和基因改造细胞治疗，后者还可以进一步分为体外基因改造细胞治疗和体内基因改造细胞治疗。

1. 新型体细胞和干细胞培养技术

50 年前就可以从人体中提取、培养各种细胞。提取组织特异性干细胞在过去 10 年间取得飞跃发展。目前已经在肝脏干细胞和心脏干细胞方面取得了突破性进展。此外，各种免疫细胞，包括肿瘤浸润 T 细胞、树突细胞（dendritic cell，DC）、调节 T 细胞和巨噬细胞均有特异性的表征和细胞功能并已经有进入不同临床阶段的相应产品 [8,9]。

2. 基因改造细胞技术

由于病毒载体技术的进步，不仅可以在逆转录病毒、慢病毒和腺病毒内装载大片段目的基因，还可以广泛地将其转染到哺乳动物细胞。此项技术可以用于细胞体内和体外基因改造。

1）体外基因改造细胞

体外改造是在人体外将提取的细胞导入外源遗传物质后回输改造后的细胞到人体。此技术已经广泛用于 T 细胞、造血干细胞、间充质干细胞和神经干细胞。其中最有代表性的治疗包括 CAR-T 和嵌合抗原受体自然杀伤细胞免疫疗法（chimeric antigen receptor natural killer cell immunotherapy，CAR-NK）。这些经过基因改造的免疫细胞可以特异靶向肿瘤细胞和外源病毒并具有激活自身杀伤癌细胞和病毒的能力。它避免了传统的手术、放疗和化疗的弊端，被认为是 21 世纪肿瘤综合治疗模式中最活跃和最具有发展前途的一种治疗手段。2013 年底，*Science* 期刊将肿瘤免疫治疗列为 2013 年十大科学突破之首。

（1）树突细胞肿瘤免疫治疗。树突细胞在人体内专职抗原递呈细胞，启动特异性免疫反应。有 300 多项树突细胞治疗性疫苗的临床研究正在进行中。该技术是将病人的树突细胞前体细胞从体内分离出来，在体外诱导分化或经过基因改造，再用肿瘤抗原诱导后回输到病人体内，指引静息期 T 细胞分化成可特异识别杀伤肿瘤的细胞毒性 T 细胞（cytotoxic T cell，CTL）并扩增。美国 FDA 在 2010 年批准了世界上首个治疗前列腺癌症的治疗性树突细胞疫苗 Provenge。

（2）CAR-T 肿瘤免疫治疗。CAR-T 是已出现多年，但近几年才被改良并应用到临床上的新型细胞疗法，在急性白血病和非霍奇金淋巴瘤的治疗上有显著的疗效。目前美国 FDA 及欧洲药品管理局（European Medicines Agency，EMA）已经批准多个 CAR-T 治疗进入药品审批快速通道[10]。2017 年 8 月，FDA 批准了诺华公司用于急性淋巴性白血病的 CAR-T 疗法 CTL-019。

（3）溶瘤病毒（oncolytic virus）。溶瘤病毒是一种癌症免疫治疗方法，它利用天然的或经过基因修饰的病毒制成，这类病毒可以在肿瘤细胞内杀死癌症细胞。其抗肿瘤活性通过两个机制来完成：一是在肿瘤细胞内选择性复制，导致肿瘤细胞直接裂解；二是诱导全身的抗肿瘤免疫反应。溶瘤病毒包括单疱病毒、水疱性口炎病毒、腺病毒相关病毒和慢病毒等。目前，临床阶段的溶瘤病毒使用最多的是腺病毒和疱疹病毒[11]。第一个被 FDA 批准的这类溶瘤病毒于 2015 年在北美和欧洲上市。

2）体内细胞基因改造

体内细胞基因改造是直接将外源遗传物质导入人体，通常简称为基因治疗，并被广泛用于先天性遗传的血液（血友病、地中海贫血）、神经系统（肾上腺白质退行病变，氨基酸脱羧酵素缺乏症）、视觉系统（先天黑内障第二类型疾病）疾病[12]。

8.7.2 国内发展现状

1. 干细胞治疗现状

我国早在 20 世纪 60 年代就开始了骨髓干细胞移植方面的研究，1992 年我国第一个骨髓移植非亲属供者登记组在北京成立，2002 年，北京建立了脐带血干细胞库。我国干细胞产业链可分为上游干细胞储存、中游干细胞药物研发和下游干细胞治疗三个主要环节。其中，上游干细胞储存最为成熟。中游干细胞药物研发是指干细胞增殖、制剂开发等干细胞技术及产品研发。由于目前我国尚无干细胞药物获批上市，所以该类企业以输出干细胞治疗技术为主，通过向医院提供干细胞技术体系并收取技术服务及技术使用权转让费获得收益，或者通过为患者提供个体化治疗，再按照一定的比例与医疗机构分享治疗费用。下游干细胞治疗在临床治疗领域，以各类干细胞移植及治疗业务为主体，主要包括一些开展干细胞治疗的医院。

2. 免疫细胞治疗

我国免疫细胞治疗主要用于肿瘤治疗方面。大部分国内公司集中在非特异性免疫细胞疗法，普遍门槛低、规模小，全国性的公司很少。在我国发展最快的是以 CAR-T 技术为代表的特异性肿瘤免疫细胞治疗。它同样也以 CD19 治疗血液肿瘤为主，大多数情况也都是采用自体移植方法和第二代 CAR-T 技术。

在溶瘤病毒的研发方面，我国于 2006 年批准了世界上第一个溶瘤病毒（重组人

5 型腺病毒 H101）上市，用于治疗晚期鼻咽癌。

8.7.3 “十三五”发展建议

1. 产业发展重点方向

在今后的五年，将有更多的细胞治疗从实验室走向市场，其覆盖领域将包括癌症、老年退行性疾病以及先天性遗传病。加大对以 CAR-T 为主导的肿瘤免疫治疗在各种肿瘤尤其是实体瘤方面的应用，干细胞介导的老年退行性疾病治疗方法开发，并加大细胞基因治疗产业化平台的搭建。

2. 产业发展关键技术

细胞治疗和基因治疗在近几年已经有机融合，并在癌症、退行性和代谢类疾病以及先天遗传性疾病治疗方面取得了突破性成果。今后，应该重点关注的技术包括利用规律成簇间隔短回文重复（clustered regularly interspaced short palindromic repeats，CRISPR）为代表的基因编辑用于细胞治疗，但是在临床实验时需要注意脱靶效应出现的可能性及概率；新一代 CAR-T 技术，以提高其药效和特异性并降低其毒性，或者减少不同个体间 CAR-T 细胞传输导致的免疫原性为目标；寻找适合肿瘤细胞免疫治疗的联合治疗新方案和针对不同肿瘤的新型溶瘤病毒并降低其免疫原性。

8.8 组织工程产品

随着我国社会发展和人口老龄化，骨和软骨缺损、心脑血管疾病及神经损伤是目前临床常见疾病。外科医生可以通过自体器官移植、个体间的器官移植、外科手术再造等方法治疗器官和组织缺陷。但是这些治疗也存在很多不足。供体来源有限、缺乏生物活性等缺点限制了器官移植的进行，外科再造术还会留下诸多后遗症。因此，具备生物活性和功能的组织工程产品是理想治疗手段，具有巨大的市场前景。

8.8.1 国内外发展现状

1. 骨及软骨

2006 年全球骨科内植入产品市场规模为 288 亿美元，2012 年增长至 431 亿美元，到 2015 年全球市场规模近 500 亿美元。然而，这些治疗方法均存在供体来源有限、缺乏生物活性等缺点，具备生物活性和功能的组织工程骨、软骨产品是理想治疗手段，具有巨大的市场前景。

据不完全统计，我国每年仅因关节疾病而需手术的病人就有近 400 万例。2012

年我国骨科内植入产品市场规模约101亿元，2015年近170亿元。我国骨、软骨组织工程建立了完整的人骨髓间充质干细胞（bone marrow mesenchymal stem cells，BMSCs）规模化扩增与诱导分化的药品生产质量管理规范质量控制体系，特殊形态骨、软骨体外构建技术体系，以及组织工程骨、软骨产品保存与运输体系等，尤其在组织工程骨、软骨体外构建以及大动物模型组织修复研究方面，更是走在国际前列。

2. 人工瓣膜

人工瓣膜是可植入心脏内代替心脏瓣膜，具有天然心脏瓣膜功能的人工器官。当心脏瓣膜病变严重而不能用瓣膜分离手术或修补手术恢复或改善瓣膜功能时，则须采用人工心脏瓣膜置换术。人工瓣膜分为机械瓣与生物瓣两大类。机械瓣的特点是强度好，但需终身抗凝；生物瓣的特点是无须抗凝，但寿命不及机械瓣。随着技术进步，对于人工瓣膜的选择偏好开始从机械瓣向生物瓣转换。我国每年置换人工心脏瓣膜约2万例，其中进口瓣膜占70%～80 %。国内市场仍以机械瓣为主，国内生物瓣市场仅占到约5%。

3. 心脑血管可降解支架

WHO统计显示，心脑血管疾病已成为人类的“第一杀手”。我国患心脑血管疾病的患者高达2.9亿人，每年因病死亡近300万人，占所有疾病致死总人数的40%以上。微创、高效、安全的药物涂层支架介入治疗术已成为治疗心脑血管疾病的主要手段，在世界范围内形成了超过250亿美元年产值的介入医用材料和器件产业。目前，国内市场上的药物涂层支架的主体模架部分均为非降解金属，长期存留的非降解材料可能诱发远期血栓和再狭窄。如何实现植入支架从非降解材料向可降解材料发展，从单一机械支撑材料向具有原位再生修复功能的新型功能材料发展，成为心脑血管医用植入材料和器件发展的必然趋势。

4. 血管

心血管疾病是发病率和死亡率最高的疾病之一。大、中口径人工血管等心血管修复材料已成功应用于临床。然而，心脏搭桥需要的小口径人工血管和治疗小儿先心病的相关心血管材料一直没有，通常采用病人自体血管组织进行治疗，不仅来源受到限制，而且用大隐静脉进行心脏搭桥，顺应性不匹配，远期再狭窄率比较高。此外，血液透析和下肢动脉闭塞等治疗需要的中等口径的人工血管（直径6～8毫米）也存在较高的再狭窄率和钙化现象。

国外研究多集中在体外培养构建工程化血管组织，但缺点是周期长、成本高。因此，一种“cell-free”人工血管研究思路应运而生，即不种植细胞，依靠体内细胞的迁移和分化重构血管内皮和平滑肌，实现人工血管再生。

5. 组织工程神经

周围神经损伤导致的肢体瘫痪与功能障碍治疗是当今医学世界性难题。目前临床周围神经损伤仍然采用传统的自体神经作为神经桥接物，但由于供移植用的自体神经来源有限、组织尺寸和结构不匹配等，自体神经移植应用具有很大局限性。

国内通过 CFDA 批准的人工神经移植物公司较少，部分机构正开展相关研究，发表了一系列研究成果并获得了相关专利许可。国内从事周围神经损伤替代性修复材料开发研究的有南通大学顾晓松研究团队，其研制了壳聚糖神经导管人工神经移植物等。

8.8.2 “十三五”发展建议

1. 骨及软骨

首先，建立完整的种子细胞规模化扩增与诱导分化的药品生产质量管理规范质量控制体系，为组织工程骨产品提供标准化培养的种子细胞，并建立同种异体成体干细胞的种子细胞库。

其次，发展基于结构、生物微环境仿生模拟的组织工程仿生支架。

再次，建立成熟的组织工程产品体外构建技术体系，大力开发组织工程骨、软骨专用生物反应器。

最后，建立组织工程骨、软骨产品的生物安全性评价标准体系，制定产品注册标准，建立并完善生产技术流程及质量控制体系，确定组织工程产品的规格与适应证，建立并健全与组织工程产品发展相关的行业政策、法律法规与行业标准。

2. 人工瓣膜

“十三五”期间，国家应重点开展经导管生物瓣相关产品的研发，其中包括新型瓣膜材料研发、抗钙化技术研究以及新型输送系统设计优化研发。与此同时，革新瓣膜材料处理方式，控制介入治疗生物瓣中重度瓣周漏比例，开发可预装瓣膜系统，扩大适用人群范围，降低手术附加风险，提高瓣膜材料抗钙化性能，延长瓣膜的使用寿命。

3. 心脑血管可降解支架

全降解支架具有良好的疗效和安全性，其有望最终解决永久金属支架的少见却非常显著的晚期及末期事件，基于全降解支架的血管重建疗法有望重建自然血管的完整性及功能，可避免传统非降解支架引起的晚期血管再狭窄和血栓等问题，为病人提供更好的长期临床效果。“十三五”期间，我国应利用在组织原位诱导再生材料研发领域的基础和优势，大力研发具有优良血管组织修复功能的新一代全降解聚合物支架。

4. 血管

目前我国有超过 2 亿心血管病患者，血管组织工程产品需求量巨大。因此，迫切需要通过重大科学研究计划的立项，整合多学科研究力量，组建材料、工程、血管生物学和医学的交叉研究团队，围绕心血管修复与再生材料的关键科学问题和核心技术开展深入系统的研究，推动血管组织工程的临床应用。

5. 组织工程神经

基于仿生设计策略，研发可有效修复周围神经长距离损伤的组织工程神经移植物将是“十三五”产业发展的重大行动。建议从分子、细胞和组织层面阐明神经再生微环境特征；研究神经再生微环境对神经再生的影响及其分子生物学机制；建立微纳结构、化学组分、生物信号时空分布等仿生构建神经再生微环境的关键技术，研制出系列诱导型神经移植物用于修复长距离和粗大周围神经损伤；建立相应产品质量标准，完成临床前研究，开展临床试验研究；研究制定产品标准及评价神经再生和功能恢复的新方法，完成材料的体内安全性评价和有效性评价，建立生产线和质量保证体系，形成产品。

8.9　罕见病生物药

罕见病一般是指发病率低，患病人群较少的疾病，也被称为孤儿病。目前国际确认的罕见病大概有 7 000 多种，占人类疾病的 10%。其中超过 80% 的罕见病是由基因缺陷引发的先天性疾病，有很多的罕见病在早期就会发病，30% 患有罕见病的儿童无法活过五岁。目前根据中华医学会医学遗传学分会提出的中国罕见病定义，中国的罕见病为患病率低于 1 ∶ 500 000 或者对于新生儿发病率低于 1 ∶ 10 000 的疾病。据估计我国受罕见病影响的总人群已超过 1 680 万人，对于罕见病的研究和药物研发的需求非常迫切。

8.9.1　国内外发展现状

对于医药公司来说，罕见病病因复杂，研发难度高，而针对人群少，使上市后销售收入很难抵消成本，因此很多医药公司并不愿意从事罕见病药物的研发。而这也造成了罕见病无药可医的窘境，在 7 000 多种罕见病中有明确疗法的不足 3%，可以说在绝大部分罕见病的治疗上都还是一片空白。而这仅有的 3% 有疗法的疾病中，还有很多药物出于政策原因迟迟无法进入中国市场，使得我国的病人无法接受有效的治疗。就算是已有的药物，往往价格也非常昂贵，我国的普通家庭很难负担得起这样的诊疗费用。例如，我国预计有 8 200 位戈谢氏病（Gaucher disease）患者，目前采用药物治疗的只有 30 人；而美国的 2 200 位病人中 1 000 人可以得到有效的治疗。

因而，我国的罕见病药物发展还处在最初的起步阶段，既有艰巨挑战，也有蓬勃机遇。

8.9.2 “十三五”发展建议

1. 中国急需发展的罕见病药物

溶酶体贮积症（lysosomal storage diseases，LSDs）是一类罕见病的统称，它大概包含了近 50 种罕见遗传病。这种类型的罕见病的发病率已达到 1 ∶ 5 000 ～ 1 ∶ 1 000，属于发病率相当高的一个罕见病族群。在我国大概已有超过 100 万名患有 LSD 的病人。这些病人会有各种各样不同的表征，如肝脾肿大，严重的骨类并发症或是肌痉挛等，很多患者在儿童时期就发病，且很多患者很难活到成年，是死亡率非常高的一类罕见病。

针对 LSD 这类病有数种治疗手段，截至目前最成功的疗法是酶替代疗法（enzyme replacement treatment，ERT）。尽管不同的 LSD 可能有不同的症状，然而究其根源，都是由某种基因突变引发的酶缺陷导致的。而现有的几款 LSD 的治疗药物都是极度昂贵的，有些甚至需要每年超过 30 万美元的治疗费用。所以如果有可接受价格的新药物，对于这些饱受疾病折磨的病人来说绝对是个福音。

尽管越来越多的制药公司已经开始着手开发针对 LSD 的治疗药物，在我国，这个领域仍处在起步阶段。我国有超过 100 万的病人经受着 LSD 的病痛折磨，然而他们只能选择接受无实际效果的维持性治疗，或是选择价格昂贵且来源有限的进口药物。无论是哪种选择，对这些病人来说都是极其残酷的，还有很多的病人，连选择药物的机会都没有，因为根本还没有针对这些疾病的药物出现。所以，开发治疗 LSD 的药物对这些病人来说不仅能延长他们的生命，而且也可以降低医疗费用。

庞贝氏病（Pompe disease）也叫Ⅱ型糖原贮积症，是由基因突变引发 a- 葡萄糖苷酶的功能缺陷，进而导致溶酶体中大量糖原的堆积，这些糖原的堆积最终诱发了整个身体，包括心脏、肝脏及神经系统的肌无力。

法布雷病（Fabry disease）则是由 α 半乳糖苷酶基因突变导致 α 半乳糖苷酶功能缺陷，进而导致神经酰胺三己糖苷在溶酶体中的大量堆积，从而引发胃肠道的并发症。

总体来说，LSD 在我国虽然发病率低，但也拥有庞大的病患人群，同时还缺乏合理有效的治疗方法。这类药物的生产工艺和单克隆抗体类生物药具有一定类似性，我国已经具备达到国际水平的技术平台开发这类创新药物。“十三五”期间国家应利用目前生物药的研发优势，在这个近乎空白的领域上开始投资引导，帮助推进 LSD 药物研发的发展，实现社会和经济的双重价值。

2. 罕见病生物药物开发生产技术平台

酶替代疗法治疗 LSD 是替代人体需要但病人不能自身合成的酶蛋白。这些酶蛋白结构较为复杂，通常都有很复杂的糖基化，因此要在哺乳动物细胞培养系统表达生产。我国在动物细胞培养酶蛋白的表达、工艺开发、质量分析和药品生产质量管理规范生产上已经积累了大量经验，部分领头企业在从序列分析到细胞株构建，从灌流技术的放大生产到下游纯化，以及在药品生产质量管理规范生产上都拥有丰富的经验，这些技术平台已经具有开发和生产符合欧美标准的酶蛋白的能力。发展罕见病生物药物不仅能够解决我国大量病人急需的药物供应问题，而且更有潜力让“中国制造”的高端生物药打开欧美市场，完成生物医药行业的重大突破。

3. 罕见病药物发展所需的政策支持

任何药物的研发都离不开强有力的政策支持，特别是对于罕见病这类发病人群少、治疗费用昂贵的疾病，不仅需要对药企研发在政策上开绿灯，还需要有一个针对患者的有效的医疗保障系统，将罕见病治疗纳入医保体系，这样才能保障病人的健康权益。

8.10 生物技术药物给药系统

生物技术药物具有药理活性强、选择性高、疗效确切、毒副作用小等优点，然而，由于生物技术药物具有与传统小分子药物不同的理化与生物学特性，结构复杂、分子量大、稳定性差、生物半衰期短、难以跨膜转运、口服不易吸收，因此常需低温保存、冷链运输、注射给药、频繁给药，且到达作用靶点的药量少，难以发挥最佳治疗效果。针对生物技术药物存在的问题，如何采用新颖的制剂技术，构建适合于生物技术药物的给药系统，已成为当前生物技术药物研究的热点领域之一。

8.10.1 国内外现状与发展趋势

目前研究较多的生物技术药物给药系统主要包括口服给药、经皮给药、黏膜给药、吸入给药、长效注射给药、靶向与智能化给药等。然而，这些给药系统研究大多仍处于临床前或临床研究阶段，药物递送效率并不理想，安全性有待进一步评价，生产成本高，上市产品较少。迄今为止，仅有屈指可数的多肽类药物的可生物降解长效注射微球及鼻黏膜给药制剂产品上市。

1. 注射给药是主流

由于生物技术药物的稳定性不佳，在胃肠道中易被降解破坏，且难以透过胃肠黏膜吸收，当前生物技术药物制剂仍然是以冻干粉针为主的注射剂为主，非注射给药制剂产品仅占很小一部分。

2. 生物技术药物新型注射给药系统

普通注射剂具有疼痛、给药不便、多次频繁给药、靶向性差等缺点，新型注射给药系统可望在一定程度改善这一状况。适合于生物大分子药物递送的新型注射给药系统主要包括可生物降解长效注射微球、脂质体、纳米粒、胶束、主动靶向给药系统、可穿戴智能给药系统等，主要目的是提高药物在体内的稳定性、延缓药物释放、促进药物跨膜转运、提高药物靶向递送，从而提高药效，降低副作用，方便患者用药。其中，主动靶向给药系统可通过对其他给药系统进行修饰来实现。

3. 生物技术药物非注射给药系统

1）口服给药系统

口服给药是应用最广泛也最易为患者接受的给药途径，因而也是生物技术药物非注射给药研究最多的给药途径。但由于生物技术药物在胃肠道中易被破坏和降解，且由于分子量较大，通常难以透过肠黏膜吸收，口服生物利用度通常很低；吸收进入体内的药物还要经受血浆中的代谢酶及肝脏首过效应，再经跨膜转运进入细胞内，实际能够到达靶部位的药量更少。通过在制剂处方中添加酶抑制剂或吸收促进剂，以及采用新颖的制剂技术，如生物黏附技术、纳米载体技术等，可保护生物技术药物免受破坏和降解，促进其透过肠黏膜吸收，从而提高生物利用度。

2）鼻黏膜给药系统

鼻黏膜是多孔的薄内皮基底膜，血流丰富、代谢酶较少、药物吸收快、生物利用度高，是多肽蛋白类药物非注射给药最有应用前景的给药途径之一。目前已有数种多肽类药物鼻黏膜给药制剂产品上市，剂型主要为鼻喷雾剂和滴鼻剂。

黏膜免疫是人体免疫系统的重要组成部分，其中鼻黏膜免疫近年来备受关注，成为新型疫苗的重要免疫途径。鼻腔是很多病原体入侵的门户，鼻黏膜免疫可以从源头控制病原体入侵；鼻通道淋巴组织丰富，可以产生有效免疫应答；鼻腔 pH 和蛋白水解酶不会损耗抗原；同时产生黏膜（免疫球蛋白 IgA）和系统（免疫球蛋白 IgG）应答；低剂量抗原即可诱导免疫反应。研究结果表明，鼻黏膜免疫比胃肠道免疫途径诱导出的黏膜免疫应答更强更早，而且可在鼻相关淋巴组织及其引流淋巴结保持更长时间的免疫记忆。国外首个成功上市的经鼻免疫疫苗是 FDA 于 2003 年批准的减毒流感活疫苗 Flumist®（鼻腔喷雾剂），用于预防 A 型和 B 型流感病毒引起的流感，适用于 5 岁以上人群。

3）肺吸入给药系统

鉴于肺部生理结构特征与生物技术药物特有的理化特性，肺吸入给药是生物技术药物非注射给药最有应用前景的另一种给药途径。通过吸入给药装置和患者的呼吸，可将药物直接递送到支气管和肺部，发挥局部或全身治疗作用。2006 年 1 月，FDA 批准辉瑞公司的胰岛素吸入粉雾剂 Exubera 上市，但出于各种原因于 2007 年 10 月宣布撤市。尽管胰岛素吸入给药制剂面临巨大的挑战，但这并不意味着对其他生物技术药物吸入给药的全盘否定，其他生物技术大分子药物的吸入给药研究仍在继续，这些大分子药物包括干扰素、白介素等。

4. 生物技术药物制剂非冷链运输

据统计，冷链的断裂，大约导致全球一半的疫苗失活而浪费。因此，冷链运输一直是生物技术药物科研人员努力克服的难题。提高生物技术药物制剂在常温下的稳定性，实现货架期内常温储存与非冷链运输对生物技术药物的广泛应用，尤其是贫困地区或特殊条件下的使用具有重要意义。

与国际市场相比，我国生物技术药物绝大多数为普通注射剂；新型制剂与新给药系统基础研究较少，国际竞争力低。国内的给药装置研究仅限于在无痛注射、准确推药、闹铃提醒等方面，未见可穿戴、监测、连续给药系统的研究。

8.10.2 “十三五”发展建议

1. 多肽蛋白类药物鼻黏膜给药制剂

开发临床需求迫切且应用前景光明的多肽蛋白类药物鼻黏膜给药制剂，如治疗青少年生长激素分泌不足，需要长时间注射给药的重组人生长激素，需要长期用药的降血糖药物，治疗骨质疏松的多肽药物甲状旁腺激素等，进行深入系统的制剂处方、工艺及质量研究。

2. 鼻用疫苗制剂

开发呼吸道或黏膜途径感染的病原体鼻用疫苗，如麻疹、手足口病、流脑等鼻用疫苗，进行系统的处方、工艺及质量研究。

3. 肿瘤治疗性胶束疫苗

胶束为大小在胶体级别的粒子。将肿瘤相关抗原和佐剂分子包载于具有淋巴系统趋向性和淋巴结滞留性的聚乙二醇化磷脂胶束中，构建新型胶束疫苗，如人乳头瘤病毒相关肿瘤治疗性胶束疫苗、黏代表家族 1（mucin family 1，MUC1）相关肿瘤治疗性胶束疫苗等。

8.11　生物医药产业相关关键原材料及配套设备

生物药大规模生产一直以来都是全球生物药产业化的关键技术瓶颈。掌握规模化细胞培养工艺技术是必备条件之一，但配套的关键生产工艺核心设备、关键原辅料和耗材也同样必不可少。

8.11.1 国内外产业发展现状与趋势

欧美国家已经建立了相对较成熟的生物医药配套支撑体系，大型生产工艺设备和原辅料供应不再是主要瓶颈，但仍是生物药规模化生产的主要成本之一。随着技术的发展，近年来，不锈钢生物反应器和重复使用的各种容器已逐步被一次性生物反应器和一次性无菌袋替代。

对临床用量特别巨大的单克隆抗体产品，欧美国家大型生物技术和制药企业通用的生物反应器是12 000～15 000升细胞培养规模的不锈钢搅拌式反应器，但清洗和灭菌验证存在巨大挑战，需要耗费大量的人力成本和时间成本。近年来，欧美国家开始采用一次性生物反应器用于临床中试生产和临床需求量较小产品的上市生产。一次性生物反应器具有建造成本低、建设速度快、车间验证快速等优点，但其缺点是目前最大规模上限只能达到2 000升，而且日常运行成本高于不锈钢反应器。

我国生物制品的研发和产业化与欧美国家仍有较大差距，尤其是上市的动物细胞表达重组蛋白和抗体药物品种非常有限，生产规模普遍较小，目前还没有使用一次性生物反应器生产的上市品种。

我国目前已有个别企业开始从事一次性储液袋的研发和生产，但还没有企业从事一次性细胞培养反应器的研发，因而目前全部依赖从国外企业进口。今后，我国需要从欧美国家进口数量很大的一次性生物反应器，由于价格昂贵，又没有国内同类产品可以替代，将使我国企业面临生产成本过高，受制于国外企业的不利局面。

8.11.2 “十三五”发展建议

在生物药大规模产业化关键原材料和一次性耗材方面，我国未来需要培育一批能满足国际标准的原材料和耗材生产企业，重点解决无血清培养基、亲和纯化填料、一次性生物反应器、一次性无菌储液袋等关键消耗品的国产化，提升产品的质量，并通过与CFDA合作，建立符合药品生产质量管理规范生产要求的生产管理体系。

1. 规模化生产所必需的细胞培养基

现阶段，我国大部分企业依赖国外企业的进口培养基，一是价格比较昂贵，二是大批量培养基的低温运输、储存都存在较大的挑战，三是长期稳定供应保障存在较大的不确定性和风险。因此，我国急需建立拥有自主知识产权、价格合理、供应稳定的细胞培养基生产能力的厂家，以满足我国快速发展的生物药产业化需求。

2. 规模化生产所必需的纯化介质

我国生物药产业化不仅需要细胞培养基的国产化，也需要用于重组蛋白和抗体药物下游的纯化介质，尤其是用于抗体药物纯化的蛋白A亲和介质。目前，美国通用电气公司是纯化介质的主要供应商，在全球生物制药行业占据主要市场。我国对进口纯化介质的依赖度非常高，国外厂家具有垄断价格。

3. 规模化生产所必需的一次性耗材

一次性生物反应器等耗材的大量使用在药品生产质量管理规范车间的建造成本、建造时间及药品生产质量管理规范验证方面具有显著优势，但这些一次性的耗材目前主要由进口厂家垄断，价格昂贵，造成日常生产成本上升，对我国生物制药的长远发展不利，急需实现国产替代。

8.12 新一代工艺研发与制造的核心设备及关键技术

近年来，随着烈性传染病的频繁发生以及生物恐怖袭击的威胁，人们认识到医学应对措施快速的反应时间对于成功应对上述挑战具有至关重要的作用。但是，传统的生产工艺研发和生物制造技术，由于漫长的研发和生产周期而无法有效应对上述挑战，迫切需要新一代工艺研发与制造的核心设备及关键技术。

8.12.1 国内外产业发展现状与趋势

近年来，以美国卫生与公众服务部（U. S. Department of Health and Human Services，HHS）的生物医学高级研究与开发局（Biomedical Advanced Research and Development Authority，BARDA）为代表的机构提出并且开始践行新一代工艺研发与制造（advanced development and manufacturing, ADM）技术平台。新一代工艺研发与制造技术平台的目标是极大地缩短工艺研发和生产的时间周期，核心要求是要在极短的时间内（12 周内）完成工艺研发与生物产品的生产，并能够在柔性的平台上生产多种产品，从而对突发的烈性传染病以及生物恐怖袭击等威胁实施快速有效的应对。

在生物医药领域，各大国际医药巨头为了能加快研发速度，缩短产品上市周期，纷纷研发并开始采用新一代工艺研发与制造技术。大量高通量的筛选设备（如微小型生物反应器）、一次性设备及一次性技术和灵活工厂等在研发及生产制造中已经开始普遍使用，相应的核心技术，包括质量源于设计、过程分析技术（process analytical technology，PAT）、实验设计（design of experiments，DoE）、工艺单元模块化设计，已成为开展新一代工艺研发与制造不可或缺的手段和工具。新一代工艺研发与制造技术已经开始给传统生物医药行业带来颠覆性的变化。

新一代工艺研发与制造技术平台的实施关系到国家生物安全战略，将大幅缩短产品研发及生产周期，同时也会颠覆传统生物产品的研发与生产模式，因而对生物技术领域带来广泛的影响。新一代生物工艺研发与制造技术将随之带来设备及技术上的颠覆性更新。

相对而言，我国目前在传统的生物医药行业的发展还远远落后于西方发达国家，而在新一代工艺研发与制造方面还处于空白。目前，国内已有个别企业开始采用新型生物反应器，然而其实现手段为全盘引进国外整套最新设备。与此同时，设备的保养、维修、升级，尤其是生产时所用的耗材全部为他人所控制，生产材料的供应链完全受制于人，生产安全无法保障。这种情况的持续发展将危害到我国的整体生物制造产业，甚至国家安全。

8.12.2 "十三五"发展建议

1. 发展计划、目标

新一代工艺研发与制造需要多个领域的共同发展，其中包括核心设备研发、传感器、自动化、一次性技术、材料、软件、工程设计、过程分析、大数据分析等。以新一代工艺研发与制造作为新型产业的发展方向，不仅能满足快速应对突发的烈性传染病及生物恐怖袭击等国家安全战略的需求，加快生物药物研发，缩短上市时间，提升生物医药产业水平，造福病患；而且还能带动其他相关行业的发展。

2. 重点方向

新一代工艺研发与制造的重点发展方向，同时也是主要瓶颈，是其核心设备新型生物反应器（微小型生物反应器及一次性生物反应器）。微小型生物反应器的主要特点是通量高、自动化程度高、数据信息量大，并且结果具有可放大性。而生产用的一次性生物反应器（一次性袋子）从设计、材料到灭菌等存在多个技术难关。

3. 实施途径

从新一代工艺研发与制造的核心设备——新型生物反应器入手，研发硬件（微小型生物反应器及一次性生物反应器）及软件（配套的自动化 / 智能化系统，高通量技术）。在实现新一代工艺研发与制造核心设备研发的基础上，整合相关核心设备及关键技术，建立具有智能化、模块化、多功能、连续性的柔性生产平台，为生物医药工程化与产业化提供国际领先的整体解决方案，使我国在新一代工艺研发与制造领域能快速追赶上国际水平。

8.13 智能医疗

早在 2009 年，随着 IBM 提出智慧地球，智能医疗的概念就已孕育而生[13]。智能医疗在国内被定义为：运用现代信息、诊疗技术和设备等手段，依托信息化技术平台，建立以个人健康档案为核心的区域医疗卫生协作模式；利用先进的信息化技术改善疾病预防、诊断和研究，继而实现对人群健康的科学管理，最终让医疗生态圈的各个组成部分受益[14]。

8.13.1　国内外发展现状与趋势

全球智能医疗产业关键技术主要包括大数据技术、云计算技术、机器学习、人工智能技术、人机交互技术、传感技术、可穿戴技术、物联网技术、体外诊断、互操作性技术、3D 打印技术、虚拟现实技术等，其在全球的应用方向包括智能支持诊断与风险预测、可穿戴设备、健康管理、医疗虚拟助手、医学影像辅助诊断、新药挖掘和疗法革新、基因检测及精准医疗等方面。

国内学者认为，智能医疗的发展分为七个阶段：一是业务管理系统阶段，包括医院收费和药品管理系统；二是电子病历系统阶段，包括病人信息、影像信息；三是临床应用系统阶段，包括计算机医生医嘱录入系统等；四是慢性疾病管理系统阶段；五是区域卫生信息交换系统阶段；六是临床支持决策系统阶段；七是公共卫生系统阶段。目前，我国处在第一、二阶段向第三阶段发展的阶段，发展非常迅速，如在远程医疗方面，可实现病历信息、病人信息、病情信息等的实时记录、传输与处理利用，使得在院内和院间通过联网，实时、有效地共享相关信息，这一点对于实现远程医疗、专家会诊、医院转诊等可以起到很好的支撑作用。

目前，我国智能医疗主要应用在慢病健康管理和家庭健康管理、医学检验和临床决策支持、远程医疗和区域卫生、医联网及智慧城市等方面。但国内智能医疗欠缺长期运作模式，规模化、集群化的产业发展不完善，此外还面临成本高昂、安全性及隐私问题等。国内智能医疗存在以下几个问题：专业壁垒与学科融合之间的矛盾，个人健康信息安全与隐私尚未解决，数据未能标准化与规范化，相关生命伦理与医疗法律建设尚不完善。

8.13.2　“十三五”发展政策建议

未来我国智能医疗发展应趋向区域化融合，趋向与医学专业深度结合，趋向个性化和精准化，趋向推动医药卫生“重心下沉，关口前移”，趋向形成医疗服务闭环。

1. 完善医疗卫生信息化软硬件建设，确保发展条件

进行整体规划和顶层设计，完善医疗卫生信息化软硬件协同发展，以促进医疗卫生行业发展和全面实现健康管理为目标，科学制定整体框架。智能医疗的发展框架应该坚持三个面向，一是面向公众，为其提供方便可得的卫生信息服务；二是面向行业，促进业务规范和提高工作效率；三是面向管理者，为卫生部门、科研院所、公共卫生机构等卫生事业管理者提供及时、全面、准确的决策依据。

2. 加快智能医疗核心技术研发转化，奠定发展基础

支持研发智能医疗相关产品，加快研发成果转化，提高数字医疗设备、物联网设备、智能健康产品、中医功能状态检测与养生保健仪器设备的生产制造水平，促进健康医疗智能装备产业升级。

3. 加大智能医疗关键应用领域投入，提升发展速度

加快建设统一权威、互联互通的人口健康信息平台，推动健康医疗大数据资源共享开放，推进公共卫生大数据应用等，实现卫生管理者进行科学管理和决策，医院通过有效控制医疗费用不合理增长以提高医疗服务质量，医务人员能更好地开展医疗卫生服务，公共卫生人员做好疾病预防和控制工作，居民参与自我健康管理等。

4. 强化创新有效商业模式示范推广，形成产业链条

积极鼓励社会力量创新发展智能医疗产业，促进智能医疗与大数据技术深度融合，不断发展居家健康信息服务，规范网上药店和医药物流第三方配送等服务，推动中医药养生、健康养老、健康管理、健康咨询、健康文化、体育健身、健康医疗旅游、健康环境、健康饮食等产业发展。

5. 孵育智能医疗专业技术联盟成立，促进专业融合

实施国家健康医疗信息化人才发展计划，强化智能医疗专业学科建设和“智能医疗医生”培育，着力培育高层次、复合型的研发人才和科研团队，培养一批有国际影响力的专业人才、学科带头人和行业领军人物。创新专业人才继续教育形式，完善多层次、多类型人才培养培训体系，推动政府、高等院校、科研院所、医疗机构、企业共同培养人才，促进智能医疗人才队伍建设，成立专业技术联盟。

6. 促进智能医疗产业规范标准形成，加强产业监管

对智能医疗产业设立准入门槛，出台相关的统一标准，对市场进行规范。建立党委、政府领导，多方参与，资源共享，协同推进的工作格局，充分发挥国家卫生和计划生育委员会、CFDA 等部门的联动作用，促成智能医疗产业标准的制定和完善，从严监管，促进智能医疗产业健康发展。

8.14 生物医药国际化

近年来，我国生物医药产业发展迅猛，国内市场已无法容纳快速发展的生物医药产业，“走出去”已成为摆在我国生物医药产业发展面前的问题。“一带一路”是“丝绸之路经济带”和“21 世纪海上丝绸之路”的简称，涉及 65 个沿线国家和地区。这些国家和地区生物技术药物的内部供应存在无法满足市场需求的态势，为我国生物医药国际化提供了很好的契机。

8.14.1 中国疫苗走向国际参与国际竞争的基础与策略

1. 中国疫苗国家监管体系通过WHO国家疫苗监管体系评估是中国疫苗走向世界的前提

疫苗行业属于高度行政监管行业，研发、生产、流通、销售和使用等各个环节都受政府主管部门严格监管。相对于中药和化学药行业，疫苗（生物制品）行业的法律法规相对更加严格，生产条件也更为严苛。WHO 国家疫苗监管体系的评估是一项世界范围内公认、可以科学全面评估一个国家对疫苗监管水平的国际考核。

2011 年 3 月，我国疫苗国家监管体系首次通过 WHO 评估，我国疫苗首次具备申请 WHO 预认证的资质。2014 年 4 月，WHO 对我国疫苗国家监管体系再次评估，我国疫苗国家监管体系的各个板块均以高分通过。这说明我国疫苗国家监管体系已达到 WHO 按照国际标准运作的全部标准。

2. WHO合作中心是中国疫苗走向国际的助力

WHO 合作中心是由总干事长指定或任命的机构，作为国际协作网络的组成部分开展工作，以对 WHO 各层级的项目或规划提供支持。目前在超过 100 个国家有 900 多个合作中心，其中与疫苗质量评价和标准制（修）定有关的为 WHO 生物制品标准化和评价合作中心。目前全球共有 8 个 WHO 生物制品标准化和评价合作中心，中国食品药品检定研究院生物制品检定所是其中之一，也是本领域发展中国家唯一的 WHO 合作中心。

3. 中国疫苗产业的技术创新为国际化奠定了良好的基础

“十二五”以来，通过 863 计划和“重大新药创制”与“重大传染病防治”两个重大专项的支持与引导，我国疫苗研发技术取得了较好的成绩，为“十三五”计划的实施打下了坚实的基础，尤其表现在基因工程疫苗技术、灭活病毒疫苗技术、重组病毒样颗粒技术、新载体疫苗技术、疫苗递送系统与剂型技术、疫苗临床评价技术等方面。

2012 年，全球首次成功研制戊肝疫苗。2015 年，Sabin 株灭活脊灰病毒疫苗上市，标志着我国在哺乳动物细胞规模化培养、灭活病毒疫苗等方面达到国际先进水平。2015 年，全世界率先研制成功肠道病毒 71 型疫苗（EV71）。同年，我国研制复制缺陷型人 5 型腺病毒为载体的重组埃博拉病毒包膜糖蛋白基因的埃博拉疫苗，其具有三大优势：一是针对性强，是目前全球唯一进入临床的 2014 基因型疫苗；二是稳定性好，全球首创冻干粉针剂型，37℃环境下可稳定存储 2 周以上，适合疫苗冷链条件难以保障的西非地区广泛使用；三是安全性好，临床结果表明其具有很好的安全性和免疫原性。2017 年，该疫苗在塞拉利昂开展的Ⅱ期临床试验结果在《柳叶刀》杂志发表[15]。

4. 积极参与WHO疫苗预认证与联合国儿童基金会等国际机构的集中采购是走向世界的主要途径

WHO 通过疫苗预认证系统为联合国儿童基金会等联合国机构所采购疫苗的可接受性提供建议。WHO 疫苗预认证的目的主要包括两个方面：一是确保备选疫苗的质量、安全性及有效性能够满足 WHO 的要求，如应符合药品生产质量管理规范和药物临床试验质量管理规范标准；二是满足联合国相关机构的操作规范，如对产品包装和说明书的具体要求等。这样做既能确保联合国提供给不同国家免疫机构的疫苗是安全有效的，又适用于当地免疫规划中的目标人群。目前，我国已有两家公司的两种疫苗通过 WHO 预认证，包括华兰生物流脑疫苗和中国生物技术股份有限公司下属成都公司生产的乙型脑炎减毒活疫苗。

5. 通过“一带一路”加强与周边国家的合作和发展，是疫苗产业国际合作新模式的积极探索

在当前大力倡导和实施“一带一路”倡议的背景下，我国生物医药产业走出国门迎来了历史性机遇，“一带一路”也是解决我国生物医药产能过剩问题的一大契机。我国疫苗企业除了积极参与 WHO 集中采购，还可以通过药品注册、双边合作等形式积极参与“一带一路”国家的市场竞争。我国自主研发的乙型脑炎减毒活疫苗在通过 WHO 预认证之前，已出口到东南亚十余个国家。此外，2016 年 8 月，北京民海生物科技有限公司生产的无细胞百白破 b 型流感嗜血杆菌联合疫苗取得了乌兹别克斯坦国的药品注册证。

8.14.2 “十三五”发展建议

1. 建立适应新时代发展需要的生物医药标准化评价体系

1）通过WHO生物制品标准化和评价合作中心的平台积极介入生物药物国际标准化

“十三五”期间，从我国在国际上具有领先地位的基因工程戊肝疫苗、手足口病疫苗等产品入手，力争主导国际标准制定和修订工作，建立并推广相关产品的药物检定方法。同时，积极参与其他生物医药标准化工作，增加在相关领域的话语权。

2）建立国家级生物药物质量评价及标准化实验室

质量标准、标准物质与标准化的检验检测技术是新药研发成果能否转化到临床的关键技术门槛，在保证药品安全有效方面发挥着重要作用。标准化水平的高低，反映了一个国家产业核心竞争力乃至综合实力的强弱，通过建立国家级的相关实验室，主导国家标准制定、国家标准物质制备和分发、检测能力验证等重要工作，指导其他药物评价实验室的工作。

3）建立生物医药完整产业链，打造高水平生物医药产业园

我国生物药要提高质量、走出国门，必须建立符合国际标准的研发、生产质量控制体系，掌握质量控制体系建设的思路和技术。在药物研发过程中，应充分理解与运用质量源于设计（quality by design，QbD）的理念。鼓励我国生物医药企业积极开展与联合国、WHO 等国际组织和团体的合作，按照 WHO 生物药指导原则生产国际化产品，参与 WHO 等国际组织的药品招标，利用 WHO 国际化平台进入国外市场，推进产品的国际化进程，从而形成良好的国际影响力。

4）严格执行药物临床试验质量管理规范对生物药进行管理

我国要加大对生物制品质量、安全、疗效的监督监管力度，要遵守药物临床试验质量管理规范（good clinical practice，GCP）进行临床试验的严格管理，保证药品临床试验过程规范，结果科学可靠，保护受试者的权益并保障其安全。

2. 加大对生物医药企业的扶持力度

我国疫苗国家监管体系在 2011 年和 2014 年两次通过了 WHO 国家疫苗监管体系的认证，为我国疫苗生产企业获得 WHO 预认证奠定了坚实的基础。“十三五”期间，应通过政策、资金等方面的支持，力争有 5 ～ 6 家企业的多个疫苗品种通过 WHO 疫苗预认证工作，使我国疫苗生产企业真正参与到国际竞争中，提高我国疫苗行业在国际上的地位。

3. 仿制品种仿出水平，开展生物医药多边合作，走进周边发展中国家

在“十三五”期间，我国应大力鼓励高质量生物类似药的开发，突破技术壁垒，避免低质量、低水平重复的药物批准。随着高质量生物药的问世，以及近几年我国抗体生物类似药强劲的发展趋势和可能出现的产能过剩预期，应积极顺应国家“一带一路”倡议，积极与沿线国家开展合作，特别是与亚洲、中东欧国家和印度等医药大国的合作。

8.15　配套政策法规

世界各国，包括我国都把生物医药产业作为优先发展的重要产业。但欧美发达国家，特别是美国，主导着世界生物医药产业的格局。欧美发达国家之所以取得领先地位，除得益于其经济和科研基础优势以外，还与这些国家的生物医药产业法规政策方面的大力支持分不开。通过借鉴发达国家，特别是美国的经验，制定相关的法规政策，将会加快我国生物医药领域整体实力的提升。

8.15.1 国外发展现状与趋势

美国政府较早认识到生物医药产业的重要性，将生物医药产业的发展作为国家战略，出台相关法律法规和优惠政策并提供资金资助。美国的生物医药产业在全球位居榜首离不开美国生物医药产业相关政策法规的大力支持。

美国现行的药品法律法规体系内容非常全面，具有良好的系统性、科学性和可操作性。美国 FDA 把加快新药审评、促进创新发展作为一项重要使命。近年来，FDA 开展了一系列改革活动，同时不断增加审评人员编制，增加经费投入，大大缩短了新药审评时间。很多全球创新性新药率先在美国获得上市许可，这在很大程度上得益于美国 FDA 的加快新药审评政策。FDA 主要有四种新药加快审批途径，分别是快速通道、突破性疗法、加速批准和优先审评。

另外，美国、欧盟和日本等医药产业发展相对成熟的国家和地区均采取了非常有效的措施来激励和刺激药物创新和新药研发。这些措施包括市场独占权、减免纳税、经费补贴、加速药物审批等。

8.15.2 国内发展现状与趋势

我国建立了比较系统的药品法律法规体系，但与西方发达国家相比，还不太完善，可操作性尚待提升。

1. 新兴生物医药技术产品政策和标准缺失或滞后

生物医药产业发展迅速，而技术标准的更新难以保持与产业发展相同的节奏，往往导致部分技术标准相对滞后，使一些新产品的研究成果难以在短期内转化。

2. 药品审评审批制度改革初见成效，但与企业期望仍存在差距

我国药品注册申请数量很多，药品审批积压严重。为缓解药品审批积压问题，2015 年 8 月，国务院专门印发了《国务院关于改革药品医疗器械审评审批制度的意见》，提出推进仿制药质量和疗效的一致性评价，实施药品上市许可持有人制度的试点，简化药品审评的程序，加快药品审评速度，提高药品审评效力。相关改革仍在推进中，目前已初见成效。

3. 生物医药注册申报指南文件尚不能满足需求

药物注册的各类指南文件虽不属法规范畴，但对研发者起着重要的指导作用。科学具体的技术指导原则在药品、医疗器械的研发中发挥着良好的引领和指导作用，减少了新药研发的盲目性和不必要的重复浪费。我国发布的药品技术指导原则与美国相比在数量上和质量上均有较大差距，针对基因治疗、细胞治疗、精准医疗等新兴生物医药的药品技术指导原则非常欠缺。质量上，FDA 的技术指导原则非常具体详细，具有很强的可操作性，而我国的技术指导原则针对性尚不够强。

8.15.3 “十三五”发展建议

1. 加快修订现有法规政策，完善新兴医学技术产品相关政策和标准

药品注册审批作为药品上市的关键环节，其政策的完善必将对我国的药品创新产生重大影响。目前，CFDA 正在组织修订《药品注册管理办法》、《药物临床试验质量管理规范》和《药物非临床研究质量管理规范》等法规。

完善和推进对创新生物医药产品的优先审批和支持政策。引入美国通行的临床研究用新药（investigational new drug，IND）备案机制，大幅缩短新药临床试验的审批时间；尽快出台针对罕见病用药等特殊药品的鼓励性法律法规和税收优惠政策，以推进企业在上述领域开展相关的研究工作；进一步缩小新药范围，取消创新程度较低的药品的新药资格，严格仿制药品的质量规范，引导企业在新剂型、新给药途径、新靶标等方面下功夫。

2. 深化审评审批改革，加强评审能力建设

建立科学、高效的药品医疗器械审评审批体系。扩大药品、医疗器械审评中心的规模和经费支持，增加具有临床经验的专职审评人员，引入科研院所的专业研究人员参与审评工作，提高审评审批能力和效率。严格控制市场供大于求、低水平重复、生产工艺落后产品的审批，加快临床急需的创新医药产品的审评。

3. 加强技术指导原则的制定修订，充分发挥引领指导作用

我国技术指导原则不及美国的三分之一，尤其缺乏细胞治疗、基因治疗和精准医疗等新技术产品的申报指南和评审原则，且已颁布的指导原则的可操作性有待提高。因此，应加快技术指导原则的完善速度，使其达到全方位、全过程覆盖，特别是补充和完善针对新兴生物医药技术的研究技术指导原则和审评指南，为新药研发企业提供技术指导，激励其进行创新研发。

4. 提高药品质量标准与检验检测技术能力

质量标准与检验检测技术是新药研发成果能否转化到临床的关键技术门槛，在保证药品安全有效方面发挥着重要作用。中国食品药品检定研究院通过攻克大流行流感疫苗及手足口病疫苗（EV71）质量评价技术难关，使我国甲型 H1N1 流感疫苗在全球率先上市和 EV71 疫苗率先完成临床研究，已经成为转化医学的典范被 WHO 相关专家在全球推广。

针对新兴生物医药技术产品的特点，建立专有的评价指标和评价流程，加快相关标准的制定。在规范化的产品技术标准与分类管理条件下，开展临床试验研究，摸索建立基因治疗、细胞治疗、精准医疗产品临床研究与应用各个环节的相应标准和审评流程，明确各部门职责，打通不同监管部门各自为政的局面，为政府相关部

门制定决策提供科学依据。

5. 加强对创新药物和特殊药品的保护政策与鼓励政策，完善市场配套政策

采取有效措施激励和刺激药物创新与新药研发，包括市场独占权、减免纳税、经费补贴、加速药物审批、优先进入基本医疗保险目录、政府放宽定价、优先招标采购等一系列完整的创新药品保护体系。鼓励企业加大研发投入，保障企业创新药物的经济利益。

8.16 促进我国生物医药产业发展的措施建议

经过多年来的努力，我国生物医药产业取得了一定的进步，但与西方生物医药强国相比，还有很大差距，亟待采取一系列措施，促进我国生物医药产业的发展，更好地保障人民群众的身体健康，促进经济发展，提高国际竞争力。

8.16.1 我国生物医药产业存在的问题与制约因素

1. 自主创新能力较弱、创新成果产出较少

我国生物药物市场目前仍以中低端生物仿制药为主，完全自主的尖端药物严重缺失。我国制药企业生产的生物制品除了传统的生物药品外，现代生物制品多数属于仿制药品且质量低、重复率高。根据2014年的统计数据，我国市场上仿制药占据了97%的市场份额，仿制药的安全性及有效性没有足够的数据加以证明。我国已批准上市的13类25种182个不同规格的基因工程药物和基因工程疫苗产品中，只有6类9种21个不同规格的产品属于原创，其余都是仿制。

2. 生物医药产业基础较薄弱、产业结构不合理、产业布局和产业链不完善

近年来，在国家相关政策法规的支持下，我国生物医药产业工业总值不断提高，但和其他产业相比，生物医药产业在工业总产值、工业产值增加速度及总产值占国家总产值比重等方面依然比较欠缺，产业基础仍然较为薄弱。导致这种问题出现的原因主要是我国生物医药产业的主要构成对象是中小企业。这些企业普遍缺乏高精尖生物医药技术，大多生产一些普通药物、仿制药物，缺乏技术创新和新药物研发。

3. 企业与高等院校、科研院所之间脱节现象严重，科研成果市场转化率低

由于企业与高等院校、科研院所之间脱节现象严重，科研成果市场转化率低，我国生物医药产业的技术水平还难以做到与科研能力同步发展。我国生物医药研发的主体是国家所属的科研机构和高等院校，企业多是出资方和参与者。科研机构、

高等院校与制药企业之间缺乏有效沟通和合作，导致创新药物研发与市场需求脱节、研发成果得不到产业转化。

4. 创新投入总体不足

我国医药企业缺乏药物创新能力的重要原因之一是，投入药物技术研发的研发资金不足。目前，我国大多数医药企业用于新药物研发的资金仅占其销售额的 1%。从生物医药研发资金的投入来看，尽管我国近年来有显著增长，但与国外发达国家的差距仍较大。

5. 存在制约我国生物医药产业创新能力的政策因素

1）医药管理体制制约创新

国产新药不能及时进入医保目录。医保目录更新速率低，创新药物和优质仿制药难以及时进入医保报销目录或招采目录。药品定价和招标采购机制不合理。目前，以降价为导向的我国医药招标制度使原创药利润和生存空间受到严重挤压。目前医药定价模式未能充分考虑医药创新研发的成本，不利于鼓励新药研究与开发。药品的招采周期过长，各地招采方式与流程不统一。

2）新药审批政策不够完善

目前，西方发达国家在新药临床前、临床研究阶段和注册审批的过程中有针对性地出台了激励生物医药产业创新的政策。与此相比，我国新药药品审批工作中仍然存在信息沟通不顺畅、审批周期冗长、审批主体的责任缺失等问题，对我国生物医药创新造成较多的不利影响。

8.16.2　产业发展措施建议

1. 继续加大我国生物医药产业的资金投入

整合政府科技计划和科研基础条件建设等资金，政府设立“国家生物产业发展基金”；拓宽融资渠道，鼓励设立和发展生物技术创业投资机构和产业投资基金，引导社会资金投向生物产业；国家层面制定投融资、项目申报、经费资助、赋税征收等方面的优惠政策，以吸引国外资金和民间资本进入生物医药行业；建议政府对新创办的生物医药企业实施税收优惠政策；对创新生物医药国际人才设立更有吸引力的制度。

2. 改善我国生物医药产业的产业结构和行业结构

以现代生物医药和现代中药作为研发重点，选择技术含量高、附加值高的创新型医药产品重点开发，占领国际医药品牌制高点；加快资产重组或企业重组的步伐，建立起大公司、大集团、大医药的产业格局；培育企业创新主体，深化高等院校和科研院所科技体制改革，培育我国医药产业新的增长点，持续提高自主创新能力。

3. 营造良好市场环境，完善相关体制机制

继续以医保、医药、医疗的“三医联动”来推动医改，为生物医药产业发展提供强有力的“三医联动”的组织保障体制机制；健全生物技术产品各环节，如研发、中间试验、环境释放、商品化生产和进出口等环节的要求，质量控制、监管等方面的指导原则制定和修订；开辟创新药物申请纳入医保目录的绿色通道和创新机制，改革药品定价机制，赋予创新产品自主定价权；改革干细胞诊疗、免疫细胞诊疗等生物技术临床研究的审批机制。

4. 进一步改革制约生物医药产业发展的行政审批制度

强化审评能力建设、加快审评速度、加强对原始创新药和集成创新生物药优先审批；创新审批制度，对临床急需的防治艾滋病、恶性肿瘤、重大传染病、罕见病等疾病的创新药品以及重大新药创制计划支持的研发药品，设立单独绿色快速审评通道，建立早期收获评审机制，推动重点产品的创新步伐。

5. 加强药品临床试验质量管理规范的建设和监管，提高我国创新药物临床试验的整体水平

建立更完善的创新药物临床试验质量管理规范，提高产品和技术的临床研究标准化程度。全面加强药物临床试验机构建设，加强我国药物创新临床研究的理论指导体系建设和科学化管理机制，加强临床研究专业人员的培养，提高临床试验的质量并与国际接轨。加强对临床试验项目的监管检查。通过政策引导及国家资助的方式，引导一批医疗实力雄厚、研究水平相对较高的医院开辟药物临床试验研究单元。

6. 建立国际一流的质量控制技术和质量标准研究体系，为我国企业的创新产品走出国门奠定标准先行的基础

建立国家级生物药物质量评价及标准化实验室，加强国家和国际标准物质的研制与合作；完善以《中华人民共和国药典》为核心的国家药品标准体系，健全仿制药一致性评价方法、技术规范；提高我国和国际监管与标准体系的交流及合作，选择优势产品和方向，参与和主导制定国际标准体系，提高我国产品在国际上的竞争力和标准制定话语权。

7. 加强知识产权保护，激励创新药物研发

加大专利司法保护力度，建立和完善我国专利侵权行为的赔偿法律制度体系，降低医药企业维权成本，加大药品侵权处罚力度。细化生物医药产品专利审查标准，简化创新药物专利申请、审批程序，缩短审批时间，激励企业从事创新药物研发活动。

参考文献

[1] 神华研究院．生物医药行业研究报告，2016.

[2]IMS Health. 全球和中国生物制药的发展现状与未来趋势，2016.

[3]IMS Health. Biosimilars and Non-original Biologics，2013.

[4] 药渡．2015 年全球处方药市场研究报告，2016.

[5] 中投顾问．2016—2020 年中国生物医药产业集群发展模式深度分析及发展战略研究报告，2016.

[6]IMS Health. Global Outlook for Medicines Through 2018，2014.

[7]Strohl W R. Fusion proteins for half-life extension of biologics as a strategy to make biobetters. BioDrugs，2015，29（4）：215-239.

[8]Mount N M，Ward S J，Kefalas P，et al. Cell-based therapy technology classifications and translational challenges. Philosophical Transactions of the Royal Society of London，2015，370（1680）：20150017.

[9]Li M D，Atkins H，Bubela T. The global landscape of stem cell clinical trials. Regen Med，2014，9（1）：27-39.

[10]Jackson H J，Rafiq S，Brentjens R J. Driving CAR T-cells forward. Nat Rev Clin Oncol，2016，13（6）：370-383.

[11]Kaufman H L，Kohlhapp F J，Zloza A. Oncolytic viruses：a new class of immunotherapy drugs. Nat Rev Drug Discov，2015，14（9）：642-662.

[12]Buckland K F，Bobby G H. Gene and cell therapy for children— New medicines，new challenges? Adv Drug Deliv Rev，2014，73：162-169.

[13] 包国峰，张喜雨，季克峰．人工智能技术在医疗领域中的应用探索．山东医学会医疗器械专业委员会第八次学术年会论文集，2000：115-119.

[14] 李明．智能医疗在中国发展现状、问题和对策分析．中国科学技术大学硕士学位论文，2011.

[15]Zhu F C，Wurie A H，Hou L H，et al. Safety and immunogenicity of a recombinant adenovirus type-5 vector-based Ebola vaccine in healthy adults in Sierra Leone：a single-centre，randomised，double-blind，placebo-controlled，phase 2 trial. Lancet，2017，389（10069）：621-628.

审稿：谭天伟　杨胜利　沈倍奋　欧阳平凯　王威琪　侯惠民　程　京　顾晓松
林东昕　陈亚珠　沈心亮　王军志　白仲虎　曾　明　闫章才　李冬梅

第 9 章

能源新技术产业

“能源新技术战略性新兴产业重大行动计划研究”课题组[1]

【内容提要】全球能源技术创新具有多点突破、交叉融合、加速应用、影响深远等特点，被视为新一轮科技革命和产业革命的重要突破口。能源新技术不仅涉及可再生能源、核能及非常规油气领域，也涵盖能源的清洁高效转化、传输以及终端用能等多方面，是具有突破性或颠覆性的能源开发利用技术。能源新技术战略性新兴产业主要涵盖的范围包括煤炭清洁高效转化与利用产业、非常规油气开发利用产业、核能产业、智能电网与储能产业以及可再生能源与分布式能源产业。我国是全球能源新技术产业发展最快的国家，能源新技术产业已经具备良好的发展基础与先行优势。本章系统回顾了“十二五”时期我国能源新技术产业发展取得的主要成就，并追踪2016年以来国内外能源新技术产业发展的最新动态，深入解析了“十三五”我国能源新技术产业相关发展规划与产业前景，同时选取典型产业方向核燃料产业园进行了介绍，提出了促进相关产业发展的建议。

① 全文统稿：彭苏萍、张博、孙旭东、宋梅；煤炭清洁高效转化与利用产业：许世森、俞珠峰、程健、罗腾、王洪建、张军；非常规油气开发利用产业：马永生、赵培荣、刘红光；核能产业：武中地、吴秀花、薛海宁、叶奇蓁、苏罡；智能电网与储能产业：韩英铎、王成山、谢小荣、李鹏；风力发电产业：汤文兵、韩花丽、冯煜；太阳能光伏发电产业：孔凡太、戴松元；太阳能热发电产业：王志峰、张剑寒；生物质能产业：袁振宏、庄新姝、王闻；地热能产业：多吉、王贵玲、何雨江。

9.1　我国能源新技术产业年度发展综述

全球能源技术创新具有多点突破、交叉融合、加速应用、影响深远等特点，被视为新一轮科技革命和产业革命的重要突破口。2016年以来，我国能源技术创新不断取得新的进展，能源新技术产业得到持续快速发展，已成为推动我国能源转型与发展、培育经济增长新动能的重要力量。能源新技术不仅涉及可再生能源、核能及非常规油气领域，也涵盖能源的清洁高效转化、传输以及终端用能等多方面，是具有突破性或颠覆性的能源开发利用技术，因而我国能源新技术战略性新兴产业涵盖的范围包括煤炭清洁高效转化与利用产业、非常规油气开发利用产业、核能产业、智能电网与储能产业以及可再生能源与分布式能源产业。

我国煤炭清洁高效转化与利用取得重要进步，主要表现在煤炭发电效率持续提升、现代煤化工示范项目运行水平不断提高及产业发展秩序日趋规范。现代煤化工技术进步和产业示范取得巨大成就，以煤制油、煤制烯烃、煤制天然气等为代表的现代煤化工技术处于世界领先水平，产业已形成一定规模，能耗、水耗等技术指标不断优化，示范项目基本实现了安全、稳定、长周期、高负荷运行。2016年，采用自主技术的百万吨级煤炭间接液化项目首次成功示范，兖矿榆林项目采用了世界最大的低温费托合成反应器（75万吨/年），神华宁煤400万吨/年煤间接液化项目（简称神华宁煤项目）成功打通了工艺流程。《煤炭深加工产业示范“十三五”规划》《现代煤化工产业创新发展布局方案》等产业政策的出台，标志着现代煤化工产业监管日趋严格和规范。在燃煤发电方面，我国燃煤发电超低排放产业处于世界领先水平，燃煤机组大气污染物排放执行最严格标准。截至2016年底，我国累计完成燃煤机组超低排放改造4.4亿千瓦。2016年，燃煤发电700℃关键部件、整体煤气化联合循环发电（integrated gasification combined cycle，IGCC）示范电站均实现了稳定运行，我国首套燃烧前CO_2捕集试验示范装置通过72小时满负荷考核试验，建成了25～50千瓦级的整体煤气化燃料电池集成发电（integrated gasification fuel cell，IGFC）系统试验平台。

我国非常规油气开发利用产业正在迈向快速发展阶段，2016年受油价持续低迷影响，我国油气资源勘查开采投资和实物工作量出现大幅下降，但是非常规天然气发展势头并未减缓，煤层气、页岩气产量均创历史新高。全国页岩气产量78.82亿立方米，较上年增长76.3%。地面开发的煤层气产量44.95亿立方米。天然气水合物调查取得突破性进展，2017年3月28日南海北部神狐海域第一口天然气水合物试采井成功连续试开采60天，取得了持续产气时间最长、产气总量最大、气流稳定、环境安全等多项重大突破性成果。

2016年以来，全球核电发展呈现出回暖的态势。国际原子能机构（International Atomic Energy Agency，IAEA）发布了《2017核电国际现状与前景》报告，根据其近期的高估值预测，至2050年全球核电产能将在目前基础上增长123%，长期看来，核电仍富有潜力；报告同时显示，截至2016年底，世界范围内共有32个国家和地区的 448 台核电机组并网发电，并且在 15 个国家还有 61 台核电机组在建。根据中国核能行业协会发布的《2017 年 1-6 月全国核电运行情况》，中国投入商业运行的核电机组共 36 台，装机容量达到 3 471.8 万千瓦，在建机组 20 台，装机容量约 2 309 万千瓦。中国核电重点推进实际消除大规模放射性释放，开展保持安全壳完整性、严重事故预防和缓解、耐事故燃料（accident tolerant fuel，ATF）等安全性研究；中国实施闭式燃料循环的技术路线，积极推动实现压水堆和快中子增殖堆核电站及乏燃料后处理工程的匹配发展，开展第四代核电及核燃料研发。

中国在智能电网与储能产业领域的投入不断加大，形成了鲜明的发展特色。在输电系统层面，以特高压、柔性直流为代表的大容量、长距离、高灵活性输电技术等成为发展重点，是中国智能电网产业最具代表性的发展成果之一；在配用电层面，中国在配电系统智能控制、高级配电自动化、主动配电网、交直流混合配电网、微电网、智能用电等领域取得了诸多突破，配网升级与改造工程广泛开展，配网自动化程度显著提高，并建成了一大批智能配电网、微电网与智能用电试点或示范工程；在储能产业方面，储能技术在输配电、分布式发电、微电网及电动汽车等领域的应用愈发广泛，抽水蓄能、蓄电池等成熟储能技术的商用规模进一步扩大，新型高密度储能技术前期研究稳步推进，显示出良好的发展潜力与应用前景。《储能产业研究白皮书 2017》数据显示，截至 2016 年底，中国投运储能项目累计装机规模 24.3 吉瓦，同比增长 4.7%；2016 年全国新增投运电化学储能项目的装机 101.4 兆瓦，同比增长 299%。

中国可再生能源与分布式能源产业，特别是非水可再生能源产业获得了飞速发展。2016 年，中国超过美国，已经成为世界上非水可再生能源的最大生产国，全球可再生能源 2016 年增长量占全球能源新增量的 1/3，可再生能源发电占总发电量比例从 2015 年的 6.7% 上升到 2016 年的 7.5%[1]。其中：

2016 年全球风电新增装机容量虽然出现小幅回落，但累计装机容量仍然以两位数的速度保持强劲增长，全球海上风电逆势而上，新增装机容量和总投资额创出历史新高。中国、美国、德国等传统风电大国再次引领全球风电市场的发展，新兴风电市场在非洲、亚洲和拉丁美洲快速崛起，全球风电发展中心已经从欧美逐渐向以中国、印度和日本为首的亚洲地区转移，中国风电装机量和发电量均居世界首位，成为全球风电发展的中坚力量和重要市场。为了扩大市场份额和抢占更多的技术资源，国际风电巨头掀起了全球范围内风力发电产业并购重组的浪潮，行业内横向、纵向并购整合已成为未来全球风电发展的必然趋势。

2016 年全球太阳能光伏增长迅速，新增装机与 2015 年相比增长达到 50%。截至 2016 年底，中国光伏发电新增装机容量 34.54 吉瓦，累计装机容量 77.42 吉瓦[2]，新增和累计装机容量均为全球第一。国际能源署光伏电力系统项目（International Energy Agency Photovoltaic Power Systems Programme，IEA-PVPS）的数据显示，2016 年中国光伏产业在全产业链上占据优势地位。其中多晶硅产量达到 19.4 万吨，占世界同期产量 37.0 万吨的 52.43%；硅片产能达 70 吉瓦，占世界产能 90 吉瓦的

77.78%，产量 63 吉瓦，占世界总产量 71 吉瓦的 88.73%；太阳电池片产量 49 吉瓦，占世界总产量 69 吉瓦的 71.01%；电池组件产量 53 吉瓦，占世界同期产量 72 吉瓦的 73.61%。中国光伏发电总体向中东部转移，中东部地区分布式光伏发电装机容量有较大增长[2]。中国太阳能热发电涉及玻璃、水泥、钢铁、化工、材料、机械制造和电力电子等诸多产业。2016 年《国家发展改革委关于太阳能热发电标杆上网电价政策的通知》发布，明确太阳能热发电标杆上网电价为 1.15 元 / 千瓦时，极大地推动了中国太阳能热发电的快速发展。同时，国家能源局启动首批示范项目 20 项，累计装机 1 350 兆瓦，拉动一次投资不低于 300 亿元，按照年均发电不低于 2 800 小时计算，年售电产值约 50 亿元。2016 年中国改造和新建熔盐塔式电站两座，熔盐槽式、线性菲涅尔式实验回路各一座，实现了由水 / 导热油工质向熔融盐工质的转变，使新一代技术具备了产业化能力。2016 年中国在关键装备、部件、材料、工程建设和电站总包等领域积极参与国际竞争，在反射镜、吸热管、蓄热换热设备、传动箱等领域实现了规模化出口，承包装机总量为 350 兆瓦的摩洛哥 Noor2、Noor3 工程建设项目，首批示范项目全部由国内电站总包商主导。

2016 年全球生物质能消费量在可再生能源消费总量中占最大比重，呈现多元快速发展态势。2016 年全球生物质能源消费量达到 6.25×10^{19} 焦耳，其中木质颗粒成型燃料需求量约 2 760 万吨；生物质发电装机容量达到 112 吉瓦，发电量达到 504 太瓦时；生物液体燃料产量达到 1 350 亿升，其中燃料乙醇约 72%，生物柴油约 23%，氢化植物油约 4%（由于舍入修约，占比之和可能不为 100%）；美国和欧洲依然是生物质燃气的主要生产地[3]。在中国，规范燃用的生物质固体成型燃料不再纳入高污染范畴；生物质发电装机容量达到 12 吉瓦，发电量达到 54 太瓦时，位居全球第二；燃料乙醇产量达到 32 亿升，位居全球第三，新增辽宁年产 30 万吨玉米燃料乙醇项目；生物柴油产量为 3 亿升；生物质燃气生产原料扩展到秸秆等多种原料，山东青岛日产 2 万立方米的国内最大秸秆天然气项目并网运营[3～6]。

中国地热能综合开发利用，特别是干热岩（又称增强型地热）发电技术，已取得了一定进展，地热发电产业有望进入快速增长期。“十二五”期间，中国通过实施“全国地热资源调查评价”，完成了 336 个地级以上城市浅层地温能调查评价以及 31 个省（自治区、直辖市）水热型地热资源现状调查评价，启动了干热岩资源调查，进行了中国第一眼干热岩科学钻探孔。特别是 2016 年以来，《地热能开发利用“十三五”规划》等相关政策、规划陆续出台，鼓励地热资源的开发利用，为地热产业发展奠定了良好的基础。

“十三五”时期以及今后十年是中国推进“四个革命，一个合作”能源发展战略的重要机遇期，大力发展能源新技术产业是实现 2020 年和 2030 年非化石能源分别占一次能源消费比重 15% 和 20% 的战略目标，推动中国能源结构优化调整和能源转型升级的重要方向。可以憧憬的是，中国能源新技术战略性新兴产业范畴和定位将不断清晰，通过全方位产学研合作，能源新技术的研发与产业化进程将不断提速，将有望逐步与世界能源新技术发展潮流同步甚至在诸多方向实现引领。中国能源新技术战略性新兴产业的发展将在实现国家能源安全、推进能源生产和消费革命、建设海洋强国、治理环境污染和应对气候变化等方面，助力我国经济社会长期可持续发展，发挥中流砥柱的作用。

9.2 “十二五”时期我国能源新技术产业发展的主要成就

9.2.1 煤炭清洁高效转化与利用产业

煤炭清洁高效转化与利用是指以煤炭为基础，通过技术创新，大幅提高煤电效率、降低污染物排放，通过现代煤化工工艺、技术制取化学品、气体或液体燃料等工业过程，既包括煤炭的清洁、高效燃烧和煤炭的绿色、低碳转化，也包括煤炭作为能源和资源的联产综合利用[7]。涉及的技术包括先进燃煤发电技术、燃煤发电中污染物超低排放技术、煤炭的清洁高效转化技术、资源综合回收利用技术等。煤炭清洁高效转化与利用是新时期我国能源结构调整、煤炭转型升级发展的必由之路。

“十二五”期间，现代煤化工技术进步和产业示范取得显著成绩，开发了一大批大型装备，煤制油、煤制烯烃、煤制乙二醇等煤炭深加工示范工程顺利实施，我国煤炭深加工技术创新和产业化均走在了世界前列[8]。“十二五”期间现代煤化工取得的成绩如下：①产业发展形成一定规模。截至 2015 年底，我国煤制油、煤制天然气、煤制烯烃（包括甲醇制烯烃）产能分别达到 254 万吨 / 年、31 亿米^3/ 年和 862 万吨 / 年，2015 年产量分别为 115 万吨、18.8 亿立方米和 648 万吨。②关键技术取得重大突破。我国已经掌握了具有自主知识产权的煤直接液化、煤间接液化、煤气化、甲醇制烯烃、甲醇制乙二醇、甲醇制芳烃等工艺技术，整体达到世界领先或先进水平。现有示范项目的建设及运行证明，工艺技术、能效、环保等水平还在不断完善和提高。随着后续大型升级示范项目的陆续建成和稳定运行，我国现代煤化工工艺技术、环保技术等还将有较大的进步空间。③装备国产化水平不断提高。大容量、压力等级高的煤气化炉实现了国产化，大型空分、大型压缩机的研发、设计和制造能力不断提高，并开始用于大型煤化工项目。但在特殊材料、阀门、大型转动设备的设计和制造方面与国际先进水平仍有差距。④示范项目运行水平不断提高。“十二五”期间，由于工艺技术优化和完善、管理水平的提升，能耗和水耗在不断降低。随着工艺流程优化和投资管理水平的提高，现代煤化工的抗风险能力逐渐增强。高油价下，现代煤化工实现了良好的经济效益。2016 年，在布伦特原油平均价格 43.74 美元 / 桶的情况下，煤制烯烃项目仍实现了盈利，煤制油、煤制气亏损。⑤研究发现，当煤炭价格为 220 元 / 吨时，按项目 100% 生产负荷计算（考虑目前最严格的环保要求和 20 元 / 吨的碳交易价格），煤直接液化项目盈亏平衡点在布伦特油价 50 ～ 55 美元 / 桶，煤间接液化的盈亏平衡点在 60 ～ 65 美元 / 桶，煤制烯烃在 40 ～ 45 美元 / 桶。

我国燃煤发电超低排放产业处于世界领先水平，燃煤机组大气污染物排放执行最严格标准。截至 2015 年底，我国火力发电机组装机容量约 9.9 亿千瓦，占全国总装机容量的 65.7%，其中 89.3% 为燃煤发电[9]。全国燃煤发电超低排放已完成和正在改造的装机容量约 1.6 亿千瓦，较 2014 年增加近 1 倍。我国首套 IGCC 示范电站建成并实现稳定运行，同期配套建成我国首套燃烧前 CO_2 捕集试验示范装置。在 IGFC 方面，我国完成了千瓦级固体氧化物燃料电池（solid oxide fuel cell，SOFC）电堆系统和熔融碳酸盐燃料电池（molten carbonate fuel cell，MCFC）系统的开发，建成了 25 ～ 50 千瓦级别的 IGFC 发电系统试验平台，实现了燃料电池全产业链贯通。为促进我国 700℃技术的发展，2011 年我国成立了“国家 700℃超超临界燃煤发电技术创新联盟”，并于 2014 年设立“700℃超超临界机组汽轮机铸锻件和高温管道及管件研制”项目，围绕汽轮机转子锻件、汽轮机高温铸件、高温蒸汽管道及管件开展研制工作。“十二五”期间，60 万千瓦级、百万千瓦级超超临界二次再热机组和世界首台 60 万千瓦级超临界循环流化床（circulating fluidized bed，CFB）机组投入商业运行。

9.2.2　非常规油气开发利用产业

非常规油气是指在采用传统技术无法获得自然工业产量，需要采用新技术才能实现经济开采的连续型或准连续型油气资源。非常规油气资源包括致密气、页岩气、煤层气、天然气水合物、致密油 / 页岩油、油页岩、油砂、重油等。与常规油气资源相比，非常规油气资源具有资源类型多、赋存方式多样、连续性分布、资源量大等特点，同时也具有资源丰度低、储层低孔低渗、勘探开发技术要求高、勘探开发经济收益风险大的难点。非常规油气资源属于低品位油气资源，针对性技术的采用、规模化生产、高效运行组织是实现非常规油气资源商业开发的关键。近年来，随着水平井分段压裂等工程技术的突破性进展，长久以来油气商业开采的储层下限突破，油气工业由常规向非常规油气的重大跨越得以实现，非常规油气资源已成为全球石油、天然气的战略性接替资源，并正在深刻地改变着世界能源的格局。

“十二五”期间，非常规油气开发利用产业正在由起步迈向快速发展阶段，我国涪陵页岩气田一期 50 亿立方米产能项目建成投产，标志着我国已经成为北美以外首个实现页岩气商业开发的产区；煤层气产量持续增长，已经形成沁水、鄂尔多斯盆地东缘两大产业化基地；天然气水合物勘查取得突破性进展，在珠江口盆地东部海域首次钻获高纯度天然气水合物样品；致密油勘探开发取得重大突破，发现了我国首个亿吨级致密油田——新安边油田。

我国涪陵页岩气田一期 50 亿立方米产能项目建成投产，标志着我国已经成为北美以外首个实现页岩气商业开发的产区。据不完全统计，截至 2015 年底，页岩气勘探已完成二维地震 24 267 千米，三维地震 3 393 平方千米，钻井 1 019 口，铺设管线 235 千米。累计探明页岩气地质储量 5 441 亿立方米，页岩气产量由零快速增长到 44.7 亿立方米[10]。在四川盆地南部形成了涪陵、长宁、威远、昭通四个页岩气开发区，并在焦石坝南部、丁山等地区取得新发现。通过技术攻关，已经初步形成了海相页岩气地质综合评价技术体系；配套形成了海相页岩气 3 500 米以浅水平井分段压裂技术体系；实现了关键钻完井设备工业化推广，部分装备（如具有自主知识产权的 3000 型压裂车）已投入应用，各项技术指标达国际领先。“十二五”期间我国已形成了沁水、鄂尔多斯盆地东缘两个煤层气主产区。新增煤层气探明储量 3 558.74 亿立方米。煤层气产量快速增长，井下瓦斯抽采量 2015 年达到 170.99 亿立方米，地面煤层气产量 44.25 亿立方米[10]。水平井、分支水平井开发技术进一步得到推广，深层煤层气勘探开发技术取得新突破。我国天然气水合物勘查取得突破性进展。2013 年我国在珠江口盆地东部海域首次钻获高纯度天然气水合物样品，控制水合物分布面积 55 平方千米，控制天然气资源量 1 000 亿～ 1 500 亿立方米。针对我国海域天然气水合物资源赋存特点，通过自主创新与攻关，初步形成了勘探评价、实验室模拟技术，并达到国际先进水平。我国在加大页岩气等非常规天然气勘探开发力度的同时，加大了致密油 / 页岩油等非常规石油资源的勘探开发力度。2014 年中国石油在鄂尔多斯盆地长 7 段探明了我国首个亿吨级致密油田——新安边油田，探明石油地质储量 1 亿吨，已累计新建原油产能 115 万吨。近几年通过技术攻关，初步形成了适合于陆相致密油的甜点评价与描述、水平井分段压裂、能量补充与提高采收率等相关配套技术。

我国非常规油气开发利用产业快速发展，得益于国家高度重视非常规油气资源的开发利用，并将页岩气等非常规油气资源开发利用作为我国能源战略中的重要举措之一。“十二五”期间国土资源部、国家能源局、财政部等国家部委先后颁布优惠扶持政策。财政部和国家能源局颁布《关于出台页岩气开发利用补贴政策的通知》（财建〔2012〕847 号），提出“十二五”期间，中央财政对页岩气开采给予 0.4 元 / 米^3 的财政补贴。国家出台的一系列鼓励政策、措施为我国非常规油气产业提供了良好的政策环境，促进了我国非常规油气产业的快速发展。

9.2.3 核能产业

核能利用通过可控方式核裂变或核聚变将核能转变为电能或者热能等能量形式，使人类从利用化学分子能跨越到利用物理原子能的新天地。核能具有清洁、低碳、稳定、高能量密度的特点，作为战略性新兴产业的重要组成部分，能够规模化提供能源并实现二氧化碳及污染物减排，也是治理雾霾、保证能源安全的重要手段。核能产业范围包括核电、核动力和核燃料产业，涵盖核能利用设施全生命周期，包括建造、运行和退役各阶段；并带动全产业链协同、创新发展，着眼于实现压水堆规模化发展，同时开发先进的快堆等先进技术，通过后处理技术配套发展和衔接，建立可持续发展的核燃料循环体系，实现资源利用最大化和废物最小化；最终实现聚变技术的能源利用，实现“热堆—快堆—聚变堆”三步走发展战略。

自主创新实现产业科技全面突破，推出具有自主知识产权的先进压水堆核电技术。我国自主开发的以华龙一号 HPR 1000 和 CAP 1400 为代表的系列压水堆机型，采用先进的第三代核电技术，有完善的严重事故预防和缓解措施，全面贯彻纵深防御原则，设置多道实体安全屏障，能够实现放射性物质包容。特别是华龙一号以“177 组燃料组件堆芯”、“多重冗余的安全系统”和“能动与非能动相结合的安全措施”为主要技术特征，采用世界最高安全要求和最新技术标准，满足国际原子能机构的安全要求，满足美国、欧洲第三代技术标准，充分利用中国近 30 年来核电站设计、建设、运营所积累的宝贵经验、技术和人才优势；充分借鉴了包括 AP 1000、EPR 1700 第三代反应堆在内的先进核电技术；充分考虑了福岛核事故后国内外的经验反馈，全面落实了核安全监管要求；充分依托业已成熟的中国核电装备制造业体系和能力，采用经验证的成熟技术，实现了集成创新。

具备第四代特征的先进核电技术，以快堆和高温气冷堆等为代表，开展示范工程建设。中国实验快堆工程在中俄技术设计合作和设计咨询基础上，自主完成了中国实验快堆工程初步设计、施工图设计以及 50 余项设计验证试验，2011 年 7 月，实现 40% 功率并网发电。高温气冷堆由于具有固有安全特性，从技术上消除了发生灾难性核事故的可能性；同时，发展超高温气冷堆是解决未来核能制氢的重要途径之一。中国在实验堆的基础之上开始了商业规模模块式高温气冷堆核电站示范工程的科研与工程建设，2012 年 12 月经国务院批准现场浇灌第一罐混凝土，示范工程的燃料元件、关键系统与设备的科研和工程验证工作取得了一系列重大突破性成果。

通过重大科技专项和中试厂建设，推动中国后处理产业积极发展。乏燃料后处理作为核燃料循环后段的关键环节，可以为快堆提供装料，大幅度提高铀资源的利用率；分离出的次锕系元素和裂变产物在快堆中以焚烧和嬗变等方式消耗，有利于实现核废物的处理和处置，达到废物最小化的目标，保障核能的绿色环保、可持续发展。国家确定将大型乏燃料后处理厂科研列入国家科技重大专项，“十二五”期间，已建成国家级核燃料后处理放化试验设施，并在积极推动后处理工程技术研发中心、核临界实验室等相对集中和完善配套的工程研发设施建设，努力提高自主创新能力；正在积极实施大型后处理厂相关的先进工艺、关键设备、设计和安全等技术攻关。2010 年，中国自主建设的第一座核电站乏燃料后处理中间试验工厂成功完成热调试，标志着中国已经掌握了核电站乏燃料后处理技术。

技术突破带动核能产品升级和产能提升。自主研发的第三代压水堆核电技术华龙一号示范项目成功落地福清 5、6 号，标志着核电技术实现了从引进消化吸收到自主创新的转变，成为能够规模化发展的主力机型之一。特别是华龙一号通过了国际原子能机构反应堆通用设计审查[11]，国外项目顺利实现开工建设，实现了核电“走出去”，加快了优势装备和产能出海。

核燃料产业实现技术升级，大规模铀纯化转化一体化工程建成投产，铀浓缩实现技术水平和生产能力的跨越，自主研发的燃料元件具备产业化条件。核燃料各环节产能稳步提升，铀纯化转化、铀浓缩和压水堆燃料组件产能能够全面满足我国核电发展需求。天然铀采冶理论实现突破，由南方硬岩开采向在北方砂岩地浸大基地建设转变。铀资源勘查能力不断提升，新增查明铀资源储量；北方大基地建设初具规模，立足国内铀资源基础，积极利用、掌控国际市场资源，使天然铀保障体系不断完善。

9.2.4 智能电网与储能产业

智能电网是在传统电网基础上，融合电力、信息、通信、传感、储能、计算机网络等先进技术，集数字化、自动化、智能化、信息化于一体，实现电网与用户间互动的新一代电网。智能电网是一个完整的基础设施体系和信息架构，从传统电能和信息传输环节来看，智能电网产业链可细分为发电、输电、变电、配电、用电、调度等多个环节以及通信平台建设；与传统电网相比，智能电网在各个环节上都有重大技术创新，相关产业可以细分为新能源装备与并网、特高压交直流输电、柔性交直流输电、数字化变电站、配网自动化及配电管理、用户用电信息采集、智能调度、用户需求响应和储能等子产业。

智能电网是电力技术革命的核心所在，是一直以来电力产业发展的重点任务。“十二五”期间，中国政府高度重视智能电网的发展，将智能电网纳入《中华人民共和国国民经济和社会发展第十二个五年规划纲要》，作为国家战略推进实施。科技部编制的《智能电网重大科技产业化工程“十二五”专项规划》，把大规模间歇式新能源并网、大规模储能系统、智能配用电技术、大电网智能运行与控制、智能输变电技术与装备、电网信息与通信技术、柔性输变电技术与装备、智能电网集成综合示范等技术列为“十二五”期间的重大任务，并投入大量经费开展相关项目的研究与建设。在国家政策引导与支持下，中国智能电网与储能产业在“十二五”期间产业规模逐渐扩大，技术水平显著提升，在诸多方面取得了一系列成绩。

受中国特有资源禀赋和负荷分布影响，以特高压、柔性直流等为代表的大容量、长距离、高灵活性输电技术等成为“十二五”期间的发展重点，是中国智能电网产业最具代表性的发展成果，有效带动了相关输变电装备研发、制造、建设、运行、维修、维护等全过程产业链的不断成熟。2009 年，国家电网建成 1 000 千伏特高压交流试验示范工程；2011 年起，南方电网陆续投运了多套 200 兆伏安静止同步补偿器，是目前世界上单台容量最大的同步静止补偿装置；2014 年，以广东南澳和浙江舟山为代表的三端和五端柔性直流相继建成并投入运行；2015 年，福建厦门 ±320 千伏柔性直流输电科技示范工程投运。这些成果充分展现了中国在高压输变电领域的领先地位，使中国电工装备和工程建设产业逐渐走出国门，成为“中国创造”的典型代表[12]。

智能配用电系统是“十二五”期间中国智能电网产业发展的另一个重要领域。2013 年，国家电网公司发布《关于做好分布式电源并网服务工作的意见》，为配电系统在智能电网中的角色转变提供了契机。为了更好地适应用户侧高电能质量与分布式电源、电动汽车接入的复杂需求，通过大范围开展产学研联合攻关，在配电系统智能控制、高级配电自动化、主动配电网、交直流混合配电网、微电网、智能用电等领域取得了诸多突破。“十二五”期间，全国 200 余个城市启动了配电网自动化建设，配网供电可靠性水平大幅改善；出台了一系列配网规划建设与装备体系国家标准；建成了世界用户规模最大、实施范围最广、数据处理能力最强、提供基础用电信息最多的用电信息采集系统和三级用电信息密钥管理系统；建成了中新天津生态城等一大批智能配电网、微电网与智能用电试点或示范工程，有力促进了相关产业链的全面健康发展。

随着中国智能电网建设的全面启动，储能技术逐渐受到愈发广泛的重视，其应用贯穿了输配电、分布式发电、微电网及电动汽车充放储换多个领域。“十二五”期间，以抽水蓄能为代表的成熟储能技术商用规模进一步扩大；铅酸蓄电池、锂离子电池、液流电池、压缩空气等储能技术进一步发展，在张北风光储输示范系统、格尔木光储并网电站、深圳宝清电池储能电站等一大批示范工程中得到应用；高温超导储能、大容量超级电容器、钠硫电池等新兴储能技术的前期研究稳步推进。据中国储能联盟的不完全统计，截至2014年底，中国应用在电力系统的储能项目（不含抽蓄、压缩空气和储热）累计装机规模为84.4兆瓦，年增长率达58%[13]，显示出了很好的发展潜力与应用前景。

“十二五”期间，中国在智能电网与储能产业领域取得了令人瞩目的成就，并形成了鲜明的中国特色，相关产业的快速、健康、高水平发展首先依赖于国家政策导向和多方产业投入的有效拉动。“十二五”期间，国务院、国家发改委和国家能源局等政府部门出台多项政策，在智能电网领域的投入不断加大，以国家电网、南方电网为代表的电力企业相继投入数百亿元开展相关技术研发和示范，对产业的培育和发展起到了巨大的促进作用。

智能电网相关产业的快速发展还得益于多学科领域的交叉融合与技术创新。“十二五”期间，科技部、国家自然科学基金委员会等在相关领域支持了一批重大和重点研发项目，使得智能电网与储能产业在技术上有了很大的进展，通过电力技术与高性能计算、信息通信、材料科学等多领域的深度交叉与融合，在电网运行控制与保护、电工材料、高压输变电装备等领域取得了大量创新性成果，为产业的发展奠定了良好的技术基础。

此外，“十二五”期间的多项智能电网重大工程为创新成果的有效转化提供了依托。特高压建设、配电网升级改造等一系列重点项目为智能电网相关理论成果提供了充分的实践途径，形成了完善的技术创新、产业培育与人才培养平台，加快了技术成果转化应用，对相关产业发展起到了巨大的推动作用。

9.2.5 可再生能源与分布式能源产业

战略性新兴产业中所指的可再生能源包括除水能以外的风能、太阳能、生物质能、地热能、海洋能等在自然界中可以循环再生的可再生能源，分布式能源则相对于集中电站特指分布在用户端的能源综合利用系统。“十二五”期间，中国可再生能源与分布式能源产业逐步向规模化发展，风力发电、太阳能光伏发电规模位居世界第一，在安全高效核电、大规模可再生能源利用、智能电网、非常规油气勘探开发和太阳能热发电等技术装备领域取得了突破性进展。

1. 风力发电产业

在国家产业政策激励扶持下和清洁能源需求增长持续推动下，“十二五”期间，我国风力发电产业实现快速稳定发展，风电新增装机容量连续五年领跑全球，累计新增装机容量达 9 800 万千瓦，占同期全国新增电力总装机量的 18%，风电在电源结构中的比重逐年增大。截至 2015 年底，全国风电累计装机容量 1.45 亿千瓦，风电已成为我国继煤电、水电之后的第三大电源。“十二五”期间，我国风电开发利用规模快速扩大，逐步形成了大规模集中式建设与分散式开发协调发展、陆上风电开发与海上风电建设并举、就地消纳与远距离输送结合的良好发展格局。风电全产业链基本实现国产化，多家企业跻身全球风电整机商前 10 强。风电设备技术水平和可靠性显著提高，基本达到世界先进水平，在满足国内市场需求的同时出口到 28 个国家和地区，风力发电产业国际化进程逐渐加快。同时，风电行业管理政策体系逐渐完善，对风电项目开发、建设、并网、运行管理及信息监管等各个关键环节已出台了具体的管理规定和技术要求，风电技术标准体系、设备整机及关键零部件型式认证等建设内容也已基本完善，保障了我国风力发电产业的持续健康发展。

2. 太阳能光伏发电产业

就全球范围来看，“十二五”期间，太阳能开发利用规模迅速扩大，技术不断进步，成本显著降低，光伏发电全面进入规模化发展阶段。太阳能热发电产业开始发展加速，一大批商业化太阳能热发电工程已建成或正在建设，太阳能热发电已具备作为可调节电源的潜在优势。截至 2015 年底，全球太阳能发电装机累计达到 2.3 亿千瓦，当年新增装机超过 5 300 万千瓦，占全球新增发电装机的 20%[14]。2006 ～ 2015 年光伏发电平均年增长率超过 40%，成为全球增长速度最快的能源品种 [14]；随着光伏产业技术进步和规模扩大，光伏发电成本快速降低，在欧洲、日本、澳大利亚等多个国家和地区的商业及居民用电领域已实现平价上网。太阳能产业对经济的带动作用显著。2015 年全球光伏市场规模达到 5 000 多亿元，创造就业岗位约 300 万个 [14]，在促进全球新经济发展方面表现突出。

“十二五”时期，我国光伏产业政策体系逐步完善，光伏技术取得显著进步，市场规模快速扩大。全国光伏发电累计装机从 2010 年的 86 万千瓦增长到 2015 年的 4 318 万千瓦，2015 年新增装机 1 513 万千瓦，累计装机和年度新增装机均居全球首位。光伏发电应用逐渐形成东中西部共同发展、集中式和分布式并举格局 [14]。

“十二五”时期，我国光伏制造规模复合增长率超过 33%，年产值达到 3 000 亿元，创造就业岗位近 170 万个，光伏产业表现出强大的发展新动能 [14]。多晶硅材料、光伏电池及组件成本均有显著下降，光伏电站系统成本降至 7 元 / 瓦左右，光伏发电成本“十二五”期间总体降幅超过 60%[14]。光伏产业领域中相关材料、光伏电池组件、光伏发电系统等标准不断完善，产业检测认证体系逐步建立，具备全产业链检测能力。我国已初步形成光伏产业人才培养体系，光伏领域的技术和经营管理能力显著提高。

3. 太阳能热发电产业

截至2015年底，全球太阳能热发电累计装机容量4 940兆瓦，5年内累计增幅254%。我国太阳能热发电在“十二五”期间实现了从实验室级别发电到商业化运营电站的重大突破，初步具备了在全产业链上的基础材料、机电装备、检测服务、电站设计、施工调试、运行维护等方面的国产化研发、生产和服务能力。我国“十二五”期间太阳能热发电累计装机12.5兆瓦，建设兆瓦级塔式光热电站两座，兆瓦级碟式电站一座，百千瓦级槽式、线性菲涅尔式发电系统各一座，塔式、槽式和线性菲涅尔式集热场多座。初步完成全国太阳能热发电资源普查工作，在关键装备和部件上打破了西方国家的技术垄断，初步建立了国家和行业标准体系，专利和文章爆发式增长。

4. 生物质能产业

生物质能产业是延长现代种植、养殖等农业产业链，带动加工、制造等工业产业升级，提供后端能源产品服务的综合性产业，包括生物质成型燃料、生物质发电、生物液体燃料和生物质燃气[15]。截至2015年，我国生物质燃料化商品能源达到3 540万吨标准煤[16]。其中，生物质成型燃料年利用量约800万吨，成型燃料机械制造、专用锅炉制造、燃料燃烧等技术日益成熟[16]。生物质发电总装机容量达到1 030万千瓦，年发电量约520亿千瓦时，位居全球第二，生物质发电技术基本成熟[3, 16]。生物液体燃料主要包括燃料乙醇和生物柴油：燃料乙醇年产量约210万吨，位居全球第三，其中，纤维素燃料乙醇正在加快示范；生物柴油年产量约80万吨，处于产业发展初期[3, 16]。生物质燃气主要为沼气，其理论年产量约190亿立方米，正处于转型升级的关键阶段[16]。

5. 地热能产业

地热能资源包括浅层地温型、水热型和干热岩型地热资源，具有高效、稳定、清洁、安全和利用便捷等独特优势，是十分宝贵的能源矿产资源。地热能资源潜力巨大、用途广泛，可用于发电、采暖、种植、养殖、工业、理疗、旅游、提取化工原料和瓶装矿泉水，地热能资源开发的社会、经济和环境效益显著。“十二五”期间，基本查明了我国地热资源赋存条件、分布特征与开发利用现状，初步评价了全国地热资源量。地热资源的开发利用对于促进节能减排、应对全球气候变化具有重要意义和积极作用。“十二五”期间，我国通过实施“全国地热资源调查评价”，完成了336个地级以上城市浅层地温能调查评价以及31个省（自治区、直辖市）水热型地热资源现状调查评价，启动了干热岩资源调查，进行了我国第一眼干热岩科学钻探孔。累计完成调查面积500多万平方千米，调查温泉2 000多个，地热井近6 000眼，钻探7万多米[17]。

9.3 2016 年以来国内外能源新技术产业发展的最新动态

9.3.1 煤炭清洁高效转化与利用产业

1. 现代煤化工产业

在美国、日本、欧盟等发达国家和地区，煤炭 90% 以上作为发电用煤，化工生产原料以油、气为主，近些年煤化工产业发展缓慢甚至停滞，目前只有南非萨索尔（Sasol）公司的煤间接液化项目、美国太平原燃气公司的煤制天然气项目等少数大型现代煤化工项目还在运行。

为减少国际油价低位运行的消极影响，提高企业抗风险能力，南非萨索尔公司致力于提高精细化学品的比例和种类以及压缩经营成本。目前萨索尔公司年产油品和化工品 100 余种，总产能 760 万吨 / 年，其中化学品产量占 40% 左右。产品结构的调整，有效提高了公司的经济效益，萨索尔公司也因此成为世界上最大的化工原料供应商之一[18]。

自 1984 年投产运行以来，经过不断改造技术，美国太平原燃气公司的煤制天然气项目基本达到设计产能，2016 年年产 12 亿立方米天然气、40 万吨液氨、1.27 万吨精酚、1.36 万吨杂酚等。通过将低温甲醇洗装置捕获的二氧化碳管道运输到 320 千米外的加拿大油田，每年获得二氧化碳销售收入约占总收入的 40%[19]。

我国现代煤化工产业发展迅速，在煤制油、煤制烯烃、煤制天然气和煤制乙二醇等现代煤化工技术与示范建设方面全球领先[20]。

1）煤制油

煤制油包括煤炭直接液化和煤炭间接液化。神华鄂尔多斯煤直接液化项目是我国也是世界上第一个百万吨级煤炭直接液化工业化项目，项目采用神华自主知识产权的煤直接液化工艺技术，第一条生产线（108 万吨 / 年）于 2008 年底投料试车，第二、三条生产线已列入《煤炭深加工产业示范“十三五”规划》。2016 年，神华鄂尔多斯煤直接液化项目运营天数 313 天，生产油品 84.9 万吨，营业收入 31.4 亿元，利税 7.23 亿元。

截至 2016 年底，我国已建成 5 个煤炭间接液化项目，包括 16 万吨 / 年伊泰项目、21 万吨 / 年潞安项目、18 万吨 / 年神华鄂尔多斯项目、100 万吨 / 年兖矿榆林项目和 400 万吨 / 年神华宁煤项目。其中伊泰项目 2016 年运行天数 347 天，油品产量 19.45 万吨，生产负荷达 121.45%。神华宁煤项目第一条生产线（200 万吨 / 年）于 2016 年 12 月投料试车，第二条生产线（200 万吨 / 年）计划 2017 年投料试车。

2）煤制烯烃

截至 2016 年底，我国已建成 10 套煤制烯烃示范工程，产能合计 574 万吨 / 年，其中7个采用DMTO①工艺，1个采用DMTO-Ⅱ工艺，2个采用MTP②工艺。2016年，神华包头、中煤榆林等煤制烯烃项目在较低油价下仍实现盈利，负荷率稳定在90%以上，实现“安、稳、长、满、优”运行，表明煤制烯烃项目在中低油价下仍具有一定竞争力。2016年我国新增煤制烯烃产能238万吨/年，分别是中天合创137万吨/年项目、青海盐湖33万吨/年项目和神华新疆68万吨/年项目。

3）煤制天然气

截至2016年底，我国已建成三套煤制天然气示范项目，分别为大唐克旗（一期工程）13.3亿米^3/年、新疆庆华（一期工程）13.8亿米^3/年和内蒙古汇能（一期工程）4亿米^3/年，合计产能31.1亿米^3/年。由于参与调峰强制限产、天然气价格下调等原因，示范项目维持低负荷生产，出现亏损。

4）煤制乙二醇

截至2016年底，我国已陆续建成11套煤制乙二醇装置，产能为270万吨/年。煤制乙二醇技术从中试到工业化放大的初期因工艺技术设计问题造成示范项目运行不稳定，产品质量不高，经过不断改造技术，2015年以来示范项目运行基本稳定，生产负荷率可稳定在80%以上。2016年，我国新增煤制乙二醇产能60万吨/年，分别是阳煤深州化工30万吨/年项目、阳煤寿阳化工20万吨/年项目、安徽淮化10万吨/年项目。

2. 先进燃煤发电产业

1）燃煤发电超低排放

我国燃煤发电超低排放产业处于世界领先水平，燃煤机组大气污染物排放执行最严格标准，要求燃煤发电机组大气污染物基本达到燃气轮机组排放限值的要求（在基准氧含量6%条件下，烟尘、二氧化硫、氮氧化物排放浓度分别不高于10毫克/米^3、35毫克/米^3、50毫克/米^3），即燃煤电厂“超低排放”。截至2016年底，我国燃煤发电机组装机容量9.4亿千瓦，占全国总装机容量的57.3%[21]。全国燃煤机组累计完成超低排放改造4.4亿千瓦，占煤电总装机容量的47%，较2015年增加近2倍[22]。

在燃煤电厂污染物控制技术方面取得新进展和推广应用，主要包括三类方向：一是组合或传统单一控制设施的拓展技术，即通过单一控制设施拓展或组合进行多污染物协同控制的技术，如基于传统石灰石-石膏湿法的氧化硫硝汞一体化脱除技术、基于选择性催化还原法（selective catalytic reduction，SCR）改进的硝汞脱除技术、基于传统除尘技术改进的拓展功能等；二是国内火电厂环保设施建设的标准化配置模式，如“SCR+静电除尘器（electrostatic precipitator，ESP）/布袋除尘（fabric

① MTO，methanol to olefin，即甲醇制烯烃技术，DMTO是中国科学院大连化学物理研究所的专利技术。

② MTP，methanol to propylene，即甲醇制丙烯技术。

filter）/ 电袋除尘（electric-bag filter，EF）+ 烟气脱硫（flue gas desulfurization，FGD）+ 湿式静电除尘器（wet electro static precipitator，WESP）”及“SCR+ 余热回收（waste heat recover，WHR）+ 低低温 ESP+ FGD+ WESP+ 烟气再循环（flue gas recycle，FGR）”等，但需进一步深入研究挖掘各单一环保设备对其他污染物的辅助控制功能；三是基于湿式静电的深度净化技术。目前我国燃煤电厂超低排放建设和改造主要基于以上三类技术应用。

为了进一步推动超低排放技术及产业的发展，实施超低排放电价补贴政策、给予发电量奖励政策等措施。严格执行《国家发展改革委　环境保护部　国家能源局关于实行燃煤电厂超低排放电价支持政策有关问题的通知》（发改价格〔2015〕2835 号）的要求。对经所在地省级环保部门验收合格并符合上述超低限值要求的燃煤发电企业给予适当的上网电价支持。2016 年 1 月 1 日以前已经并网运行的现役机组，对其统购上网电量加价每千瓦时 1 分钱（含税）；2016 年 1 月 1 日之后并网运行的新建机组，对其统购上网电量加价每千瓦时 0.5 分钱（含税）。

2）700℃超超临界高效发电

目前，世界最先进的发电机组的主蒸汽温度已经达到 600℃等级，发电效率达到约 46%。如果将主蒸汽温度进一步提高到 700℃以上，那么发电效率将大幅提高到接近甚至超过 50%，从而每年每台节约煤炭几十万吨，显著降低 SO_2、NO_x、粉尘等污染物及温室气体排放。从 20 世纪 80 年代开始，美国、日本、欧盟相继开展了超 700℃发电技术的研究，研究重点集中在高温部件的开发上。但是，相关研究的进展并不顺利。德国 E.ON 公司 500 兆瓦示范电站建设项目和欧盟拟建的高温部件试验台项目已经取消，美国和日本也没有进一步研究的计划。高温带来的部件安全问题成为进一步提高蒸汽兰金循环火电机组参数的瓶颈。

为促进我国 700℃技术的发展，依托能源行业、材料行业和相关科研机构，“国家 700℃超超临界燃煤发电技术创新联盟”于 2010 年在北京成立。国家能源局于 2011 年设立了“700℃超超临界燃煤发电关键设备研发及应用示范”项目，围绕 700℃超超临界燃煤发电机组的总体方案设计、高温材料的服役特性及国产化、锅炉的设计制造技术、汽轮机的设计制造技术、关键部件验证平台的建立及运行、示范电站的工程可行性研究等方面开展研究。

在国家相关部委支持下，通过相关单位协同攻关，高温合金材料和关键部件的制造加工技术得到了快速发展。我国首个 700℃关键部件验证试验平台于 2015 年在华能南京电厂正式开工建设，主要依托宝钢特钢、中国科学院金属研究所、西安热工研究院有限公司等单位在国产高温合金材料方面的研发和东锅、哈锅、上锅、江苏电建等单位在高温合金材料部件制造加工焊接方面的研制。2015 年 12 月 30 日，700℃试验平台成功投运并实现 700℃稳定运行。在 168 小时试运试验期间，设备运行稳定，各项指标符合设计要求。截止到 2016 年 12 月 31 日，700℃试验平台累计运行 7 933 小时（约 330 天），其中平台过热试件出口温度在 700℃（≥ 695℃）运行时间 2 666 小时，占平台累计运行时间的 33.6%，平台过热试件出口温度大于 680℃

运行时间 5 286 小时，占平台累计运行时间的 66.6%，高于平台过热试件出口温度大于 680℃时间占比超过 50% 的试验要求。

该试验平台实现了对国内外近十种不同牌号的高温合金材料及关键部件进行实炉验证试验，未来将通过长期的实炉验证，获得 700℃高温合金材料在实际服役环境下的重要运行数据和实践经验。试验平台的成功投运，表明我国已经初步掌握 700℃技术所涉及的高温材料冶炼、部件制造加工和现场焊接等关键技术。

3）IGCC

IGCC 是煤气化制取合成气后，通过燃气-蒸汽联合循环发电方式生产电力的过程。IGCC 被认为是有发展前途的清洁煤发电技术之一，美国、日本、荷兰、西班牙等国家相继建成运行了 5 座 IGCC 电站。目前，美国、日本、韩国等国家均在继续推进 IGCC 技术的发展和商业化运营，在建 IGCC 电站 4 座，装机容量 1 671 兆瓦，拟建设 IGCC 电站 4 座，装机容量大于 1 480 兆瓦。

我国富煤、少气的能源禀赋决定了发展 IGCC 对我国煤基能源的变革和可持续发展、保障国家能源安全、治理大气污染及应对气候变化都具有重要的战略意义。2012 年 11 月 6 日，我国首座 IGCC 示范机组投入商业运行，实现了煤电像天然气一样污染物达到近零排放，标志着我国 IGCC 取得零的突破。华能天津 250 兆瓦 IGCC 示范电站是我国首套自主研发、设计、建设、运营的 IGCC 示范工程。华能天津 IGCC 示范电站已实现连续三年稳定运行，年运行超过 5 500 小时。2016 年，华能天津 IGCC 示范电站累计运行 5 833 小时，全年发电超 13.25 亿千瓦时，气化炉连续运行超过 117 天，机组和气化炉实现满负荷运行，机组功率、气化炉和燃机各项技术指标达到设计值。粉尘和 SO_2 排放浓度低于 1 毫克 / 标准米 ^{3}、NO_x 排放浓度低于 25 毫克 / 标准米 ^{3}，达到了天然气发电的排放水平，机组运行稳定可靠。同期，配套建成我国首套基于 IGCC 的燃烧前 CO_2 捕集试验示范装置，并通过 72 小时连续满负荷考核试验。

IGFC 以煤气化合成气为燃料，通过燃料电池直接发电，可实现煤基发电由单纯热力循环发电向电化学和热力循环复合发电的技术跨越，大幅提高煤电效率，降低 CO_2 捕集成本，实现 CO_2 及污染物近零排放，是煤电技术的根本性变革。美国能源部（Department of Energy，DOE）和日本新能源与产业技术发展组织（New Energy and Industrial Technology Development Organization，NEDO）均长期持续投入巨资进行 IGFC 技术研发和应用示范。2015 年日本制定了 IGFC 发展规划，目标是到 2025 年 IGFC 发电效率达到 55%。

我国在“十二五”时期加大支持力度，分别由科技部资助了“863”项目和“973”项目用于固体氧化物燃料电池电堆、发电系统和相关基础科学问题的研究。2016 年以来，IGFC 相关技术研发和工业试验稳步开展，开发出 10 千瓦级熔融碳酸盐燃料电池和 5 千瓦级固体氧化物燃料电池，建成了 IGFC 发电系统试验平台，攻克了高温燃料电池制备和组装等关键技术，25 千瓦级固体氧化物燃料电池发电系统和 50 千瓦级熔融碳酸盐燃料电池发电系统研制进入制造试验阶段。

采用大容量高参数 IGCC 和 IGFC 等先进高效清洁煤电技术可进一步提高煤电效率（50% ～ 60%），未来在 CO_2 减排方面具有成本优势。目前，存在的主要问题是机组规模较小、成本较高，急需通过技术开发，进行更大规模的示范和应用，提高效率，降低成本，推动产业发展。

9.3.2 非常规油气开发利用产业

2010 年以来，由于页岩气大量开发，天然气气价过低，北美非常规油气产业从气向油转变，借助页岩气成功开发经验以及水平井分段压裂技术，美国页岩油产量迅速增加，原油进口持续下降，改变了全球原油的供需格局。2014 年下半年全球油价断崖式下跌并一直持续低迷。在低油价时期，美国从事页岩油气作业的公司调整了经营策略，在压缩勘探开发投资的同时把有限投资集中到核心区。提高单井产量，采用低成本技术，根据油价动态延迟完井作业等策略，导致美国页岩油气产量并未如人们预期出现产量大幅下降的局面。2016 年 8 月美国页岩气产量达到峰值，平均日产 438.29 亿立方英尺① 。2016 年页岩气产量达到 4 462 亿立方米 [23]。当前美国页岩气产量增长主要来自阿巴拉契亚盆地马塞勒斯、墨西哥湾盆地西部伊格尔福特（Eagle Ford）、墨西哥湾盆地西北部海因斯维尔、沃斯堡盆地巴奈特（Barnett）、丹佛盆地奈厄布拉勒（Niobrara）、二叠盆地、尤提卡等区带，其中阿巴拉契亚盆地马塞勒斯是目前页岩气产量最多的区带。2015 年 4 月美国页岩油产量进入缓慢下降的通道，2016 年美国致密油产量为 2.3 亿吨 [23]。页岩油主要产自威利斯顿盆地巴肯（Bakken）区带、墨西哥湾盆地西部伊格尔福特区带、二叠盆地伯恩斯普林（Bone Spring）和沃夫坎（Wolfcamp）等区带、丹佛盆地奈厄布拉勒区带、阿巴拉契亚盆地马塞勒斯区带以及沃斯堡盆地巴奈特区带。

天然气水合物已全面开展研究，目前天然气水合物开发总体处于试采研究阶段。自 20 世纪 70 年代苏联在西伯利亚麦索雅哈气田采用降压法和抑制剂注入法试采水合物后，加拿大、日本、美国、印度、德国等国家先后成功开展了试采活动，试采时间逐渐增加。2014 年美国能源部下属国家能源技术实验室设立了“深水甲烷水合物描述与科学评价”大型项目（研究期限：2014 年 10 月 1 日至 2020 年 9 月 30 日），该项目通过对墨西哥湾现有水合物钻探井位进行优选，确定水合物富集层段，为墨西哥湾深水区水合物试采研究做好选点准备。2017 年 5 月，日本在日本南部海域第二次运用降压法试采水合物，此次钻探 2 口井，一口井连续产气 12 天，累计采气 3.5 万立方米，第二口井于 5 月 31 日开始降压操作，6 月 5 日开始产气，6 月 28 日降压停止。

2016 年受油价持续低迷影响，中国油气资源勘查开采投资和实物工作量虽大幅下降，但是非常规天然气发展势头并未减缓，煤层气、页岩气产量均创历史新高。2016 年全国页岩气产量 78.82 亿立方米，较上年增长 76.3%。全国页岩气勘探开发

① 1 英尺 ≈ 30.48 厘米。

投入 87.9 亿元，完钻探井 50 口、开发井 92 口。中国石化在涪陵页岩气田新增页岩气产能 20 亿立方米，累计产能达到 70 亿立方米，2016 年页岩气产量达到 50.37 亿立方米[24]。中国石油长宁、威远、昭通地区页岩气产能不断增长，累计建成产能 30 亿立方米，2016 年页岩气产量达到 28 亿立方米。与此同时，页岩气勘探不断取得新进展，2017 年中国页岩气储量达到 7 643 亿立方米，其中涪陵页岩气田 2017 年新增页岩气探明地质储量 2 202 亿立方米，累计探明 6 008 亿立方米，已成为北美以外最大的页岩气田。页岩气新区勘探成效显著，中国石化在荣昌-永川地区永页 1HF 压裂测试获得高产页岩气流，在四川盆地取得了又一个新发现。中国地质调查局在贵州遵义的安页 1 井、湖北宜昌的鄂宜页 1 井页岩气勘查取得新发现。页岩气 3 500 米以浅水平井分段压裂技术日趋成熟，3 500 ～ 4 000 米深层水平井分段压裂技术取得新进展。

2016 年全国新增煤层气探明地质储量 576.12 亿立方米，较上年大幅增长，除了鄂尔多斯和沁水盆地，首次在四川盆地提交煤层气储量。全国煤层气勘探开发投入 15.91 亿元，共钻探井 87 口、开发井 97 口，地面开发的煤层气产量 44.95 亿立方米[24]。水平井、分支水平井开发技术进一步得到推广，深层煤层气勘探开发技术取得新突破。

天然气水合物调查取得新进展，在南海神狐海域发现新的高饱和度及较高渗透率的天然气水合物储层，确定了试采井位和地层流体抽取法降压试采的技术方案。2017 年 3 月 28 日在南海北部神狐海域第一口天然气水合物试采井开钻，5 月 10 日点火成功，截至 7 月 9 日连续试开采 60 天，累计产气超过 30 万立方米，平均日产 5 000 立方米以上，最高日产量达 3.5 万立方米，甲烷含量最高达 99.5%。随后对试采区进行的监测表明，试采井周围地层无明显变化，海水及周边大气等甲烷浓度无异常，环境无污染，未发生地质灾害，首次实现了在泥质粉砂型储层中天然气水合物的安全可控开采，取得了持续产气时间最长、产气总量最大、气流稳定、环境安全等多项重大突破性成果。在研究过程中，我国在天然气水合物领域已取得了多项成果和认识，勘探方面在海底天然气水合物岩石物理模型、振幅随偏移距的变化（amplitude variation with offset，AVO）分析、实际地震处理、多种地球物理资料的综合分析和速度全波形反演、天然气组成对水合物生成条件的影响等方面取得了较突出的成绩；开采方面在防砂技术、举升技术等方面取得显著效果。上述成果和认识为实现天然气水合物的产业化发展奠定了基础。

9.3.3 核能产业

根据国际原子能机构的测算，福岛核事故后，全球核电发展在曲折中前进，目前已呈现出回暖的态势。未来的二十多年将是全球核电大发展时期，也将是国际市场竞争最为白热化的一段时期。

截至 2016 年底，世界范围内共有 32 个国家和地区的 448 台核电机组并网发电，并且在 15 个国家还有 61 台核电机组在建[25]；根据中国核能行业协会发布的《2017 年 1-6 月全国核电运行情况》，中国投入商业运行的核电机组共 36 台，装机容量达到 3 471.8 万千瓦[26]，在建机组 20 台，装机容量约 2 309 万千瓦。按照国际运营者协会的指标评估，中国各类型的机组安全性和可靠性等水平都能迈入世界先进行列，各电站环境辐射水平都处于未建电站时的本地低水平波动区间。

中国和国际上都在进行核电的安全性研究，主要有实际消除大规模放射性释放、保持安全壳完整性、严重事故预防和缓解（包括严重事故管理导则、极端自然灾害预防管理导则）、耐事故燃料研究等重点方向。其中耐事故燃料的研究集中于降低堆芯（燃料）熔化的风险，缓解或消除锆水反应导致的氢爆风险，提高事故下燃料对裂变产物的包容能力。美国国会通过法案，要求美国能源部组织一项旨在提高现役电站核燃料抵抗严重事故能力的研究，目标是在 2022 年左右实现首个耐事故燃料组件进入商用反应堆辐照；法国、日本、韩国等也在开展耐事故燃料的研发；经济合作与发展组织举行了多次耐事故燃料国际会议，国际原子能机构正在筹备相关的合作研究项目。中国相关研究院所亦已开展耐事故燃料的研发，同时，中国有广泛的碳纤维工业基础，有碳化硅（SiC）包覆燃料的工艺和经验。耐事故燃料研究成功不仅将提高新建核电厂的安全性，而且将提高和改善已投产运行的第二代改进型核电厂的安全性。

中国实施闭式燃料循环的技术路线，积极推动科技发展，提取乏燃料中的铀和钚作为快中子增殖堆的燃料，目标是实现压水堆和快中子增殖堆核电站及乏燃料后处理工程的匹配发展。压水堆核电站乏燃料中含有约 95% 的铀 -238、0.9% 的铀 -235、1% 的钚 -239、3% 的裂变产物、0.1% 的次锕系元素，均是可转换、再利用的战略物资。通过实施重大科技专项，自主建设中国首个商业规模的乏燃料后处理示范工程，研发并建设大容量的快中子示范堆，开发第四代核电技术，能够为充分利用核资源、实现中国核燃料闭式循环奠定基础。

9.3.4 智能电网与储能产业

21 世纪以来，世界各国都投入了大量资源积极探索清洁可再生能源主导下的电力生产、传输、分配与消费新模式，以智能电网为代表的电力科技进入发展快车道。美国是全球最早开始发展智能电网的国家之一。2014 年，奥巴马政府对美国能源发展战略做出进一步调整，一方面加强对现有电力生产阶段的碳排放限制，另一方面利用税收优惠和政策激励引导社会投资流向清洁能源和低碳技术产业，使以智能电网为核心的美国电力生产与消费产业变革不断深入。欧洲智能电网产业的发展一直以来围绕多类型新能源消纳与利用这一核心问题，通过智能电网实现跨国电力系统运行数据信息标准化和透明化、间歇式电源预测与优化调度、高度自动化的全系统远程控制、高度信息化的电力市场建设等目标。预计到 2020 年，欧洲有望部署约 2 亿块智能电表，覆盖约 72% 的欧盟消费者，相关产业总投资额高达 350 亿欧元；到 2030 年欧洲可再生能源发电量将占总用电量的 40% ～ 60%[27]。日本的智能电网建设在亚洲起步较早，借助其良好的科技创新环境以及先进材料研发、精密仪器制造等优势产业，提出了智能电网主导下的“日本工业 4.0”发展理念，以太阳能、高温超导直流输电技术、电动汽车三大技术为核心大力发展日本新能源产业。2015 年，日本用于电动汽车的动力电池产量达到 4.5 亿只，同比增长 118%；产值 2 023 亿日元（约 116 亿元），同比增长 101%[28]。

近年来，中国智能电网战略重点面向能源革命和经济发展新常态的现实要求，大力推进大规模可再生能源并网消纳、大电网柔性互联、多元用户供需互动及多能源互补的分布式供能与微电网等技术的研究和产业发展。随着“互联网+”理念的兴起，互联网技术和互联网思维与能源领域新技术相融合，成为近年来中国智能电网与储能产业发展的新动态。截至 2016 年底，中国投运储能项目累计装机规模 24.3 吉瓦，同比增长 4.7%。2016 年，全国新增投运电化学储能项目的装机规模为 101.4 兆瓦，同比增长 299%。从应用分布来看，可再生能源并网仍然是 2016 年国内新增投运电化学储能项目应用规模最大的领域，占比 55%[29]。

9.3.5 可再生能源与分布式能源产业

目前，全球可再生能源开发利用规模不断扩大，应用成本快速下降，发展可再生能源已成为许多国家推进能源转型的核心内容和应对气候变化的重要途径。2017 年，英国石油公司（BP）发布的《BP 世界能源统计年鉴》显示，2016 年全球可再生能源发电（不包括水电）同比增长了 14.1%。其中，中国超过美国，成为全球最大的可再生能源生产国[1，30]。可再生能源在全球一次能源结构中的比例只有 4%，但 2016 年可再生能源增长量占全球能源新增量的 1/3。其中，可再生能源发电占总发电量的比例从 2015 年的 6.7% 上升到 2016 年的 7.5%[1]。

1. 风力发电产业

风电作为应用最广泛和发展最迅速的新能源发电方式，已在全球范围内实现大规模开发利用。截至 2016 年底，全球风电累计装机容量达到 4.87 亿千瓦，同比增长 12.51%；2016 年全球风电新增装机容量受中国新增装机容量下降、电力需求降低以及电网消纳风电能力不足等因素影响出现小幅回调，达到 5 464.2 万千瓦，同比下降 14.13%。全球范围内，亚洲、欧洲、北美仍然是风电新增装机容量最多的区域，但 2016 年新增装机容量较 2015 年均出现不同程度的下滑；非洲和中东、拉丁美洲、大洋洲风电发展仍然较为缓慢。风电开发利用成本随着风电技术的不断进步以及应用规模的持续扩大而不断下降，2015 年风电设备的成本价格约为 1 571 欧元 / 千瓦，据全球风能理事会的乐观预测，到 2020 年风电设备成本将下降到 1 452 欧元 / 千瓦，到 2030 年甚至达到 1 379 欧元 / 千瓦，风电开发利用的经济性显著提升[31]。

2016 年，中国风电新增装机容量 2 337 万千瓦，约占全球风电新增市场份额的 42.8%，风电累计装机容量 1.69 亿千瓦，约占全球风电市场总份额的 34.7%，中国风电以绝对优势再次引领全球风电市场的发展[32]。2016 年中国海上风电也实现跨越式发展，海上风电新增装机容量 59.2 万千瓦，同比增长 64%，海上风电累计装机容量达到 162.7 万千瓦，同比增长 57%，并一举超过北欧风电强国丹麦，成为全球海上风电累计装机容量排名前三的国家。此外，风电在中国电力供应需求中所占比例不断提高，2016 年风电发电量 2 410 亿千瓦时，占全国总发电量的 4%，风电平均利用小时数 1 742 小时，同比增加 14 小时；全年弃风电量 497 亿千瓦时，同比增加 158 亿千瓦时，甘肃、新疆、吉林、内蒙古仍然是弃风较为严重的地区，风电并网消纳难题亟须解决。

2. 太阳能光伏发电产业

2016 年，全球太阳能光伏增长迅速，新增装机为 75.4 吉瓦，与 2015 年的 50 吉瓦相比，年增长率达到 50%。2013 ～ 2016 年中国连续四年光伏装机规模排名全球第一，累计排名也实现了第一。与中国相比，美国和日本的新增装机同比下降。新增装机的 75.4 吉瓦光伏电站约 45.8% 来自中国。亚洲光伏装机约占世界装机的 67%，连续四年占据首位，而 2015 年同期，该占比为 60%[33]。

2016 年，中国光伏产业在全产业链上占据优势地位。其中多晶硅产量达到 19.4 万吨，占世界同期产量 37.0 万吨的 52.43%；硅片产能达 70 吉瓦，占世界产能 90 吉瓦的 77.78%，产量 63 吉瓦，占世界总产量 71 吉瓦的 88.73%；太阳电池片产量 49 吉瓦，占世界总产量 69 吉瓦的 71.01%。电池组件产量 53 吉瓦，占世界同期产量 72 吉瓦的 73.61%[34]。2016 年度与 2015 年度的数据对比见图 9.1。

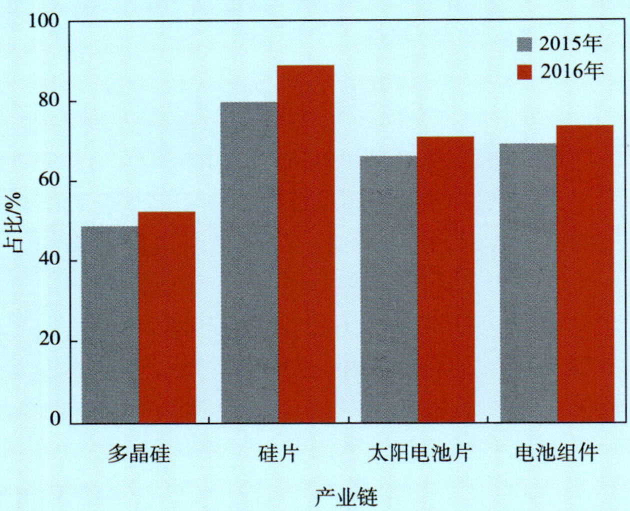

图 9.1　中国和世界太阳能光伏产业链 2015 年度与 2016 年度对比[34]

截至 2016 年底，中国光伏发电新增装机容量 34.54 吉瓦，累计装机容量 77.42 吉瓦，新增和累计装机容量均为全球第一。其中，光伏电站累计装机容量 67.10 吉瓦，分布式累计装机容量 10.32 吉瓦。全年发电量 662 亿千瓦时，占我国全年总发电量的 1%[2]。

光伏发电向中东部转移。2016年全国新增光伏发电装机中，西北地区为9.74吉瓦，占全国的28%；西北以外地区为24.80吉瓦，占全国的72%。分布式光伏发电装机容量发展提速，2016年新增装机容量4.24吉瓦，比2015年新增装机容量增长200%。中东部地区分布式光伏有较大增长，新增装机排名前5位的省份是浙江（0.86吉瓦）、山东（0.75吉瓦）、江苏（0.53吉瓦）和安徽（0.46吉瓦）和江西（0.31吉瓦）[2]。

2017年上半年，我国能源结构调整速度进一步加快，可再生能源已经进入了规模化发展的新阶段。各类可再生能源发电新增装机3 700万千瓦，约占全部电力新增装机的70%，目前，我国水电、风电、光伏发电装机容量已稳居全球首位[35]。

2017年上半年光伏发电累计装机达到1.02亿千瓦。光伏发电市场规模快速扩大，新增光伏发电装机2 440万千瓦，其中，新增光伏电站1 729万千瓦，同比减少16%；分布式新增装机增长较快，新增装机711万千瓦，同比增长2.9倍。到6月底，全国光伏发电装机达到10 182万千瓦，其中，光伏电站8 439万千瓦，分布式光伏1 743万千瓦[36]。

新增装机布局由西北地区大型地面电站为主向中东部地区分布式光伏为主转移。华东地区新增装机为825万千瓦，同比增加1.5倍，占全国的34%。华中地区新增装机为423万千瓦，同比增长37%，占全国的17.3%。西北地区新增装机为416万千瓦，同比下降50%。分布式光伏发展继续提速，上半年浙江、山东、安徽三省新增装机均超过100万千瓦，同比增长均在2倍以上，三省分布式光伏新增装机占全国的54.2%[36]。

2017年上半年，全国光伏发电量518亿千瓦时，同比增长75%。全国弃光电量37亿千瓦时，弃光率同比下降4.5个百分点，弃光主要集中在新疆和甘肃，其中，新疆弃光电量17亿千瓦时，弃光率26%，同比下降6个百分点；甘肃弃光电量9.7亿千瓦时，弃光率22%，同比下降近10个百分点[36]。

3. 太阳能热发电产业

2016年全球太阳能热发电装机增速减缓，全球累计装机5 017兆瓦，在建装机容量不低于500兆瓦，其中美国、西班牙为传统市场，南非、中东和中国是新兴市场。2017年2月和8月，摩洛哥Noor1槽式电站装机160兆瓦、南非Xina Solar One槽式电站装机100兆瓦且分别并网发电。图9.2和图9.3分别为全球太阳能热发电年度装机变化和主要国家分布。

中国市场2016年新增装机量为10.2兆瓦，包括12月26日并网发电的敦煌10兆瓦熔盐塔式电站，10月12日并网投运的甘肃阿克塞800米熔盐槽式示范回路，装机200千瓦。德令哈10兆瓦熔盐塔电站于2016年8月20日并网发电，因为该项目是10兆瓦水工质塔式电站的改造工程，所以这一新增装机不列入2016年的新增装机统计。中国科学院电工研究所于2016年7月完成1兆瓦热塔式熔融盐集热部分的改造，2017年6月建成1兆瓦槽式集热系统。2016年西航动力在铜川建设的兆瓦级

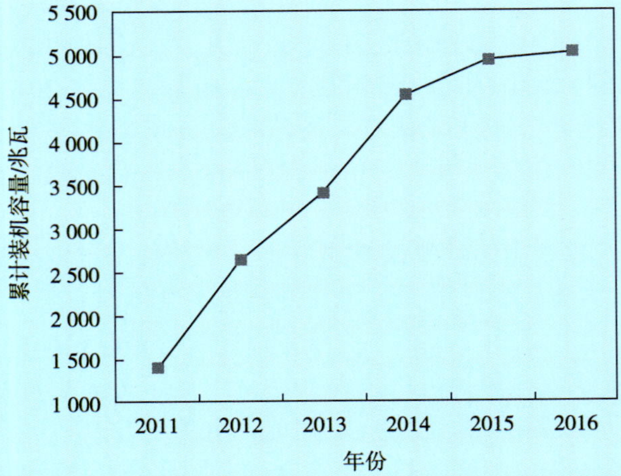

图 9.2 2011 ～ 2016 年全球太阳能热发电年度装机变化

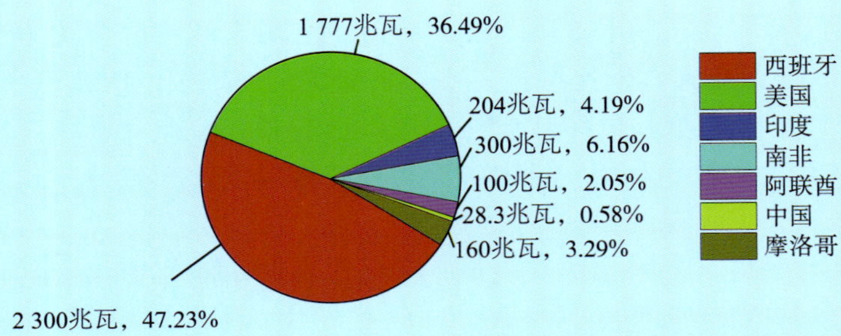

图 9.3 全球太阳能热发电装机主要国家分布

由于舍入修约，占比之和可能不为 100%

碟式斯特林太阳能发电项目完工，目前处于调试阶段。截至 2016 年底，中国太阳能热发电累计装机容量达到 28.3 兆瓦 [37]。

2016 年 8 月 29 日，《国家发展改革委关于太阳能热发电标杆上网电价政策的通知》给出太阳能热发电标杆上网电价为 1.15 元 / 千瓦时，极大地推动了中国太阳能热发电的快速发展。国家能源局公布的首批太阳能热发电示范项目共 20 个，包括 9 个塔式电站、7 个槽式电站和 4 个线性菲涅尔式电站，累计装机 1 350 兆瓦，这些项目除河北外都位于中国中西部地区，图 9.4 和图 9.5 为中国太阳能热发电首批示范项目的技术形式分布和地区分布。

4. 生物质能产业

2016 年全球生物质能消费量达到 62.5×10^{18} 焦耳，在可再生能源消费中占最大

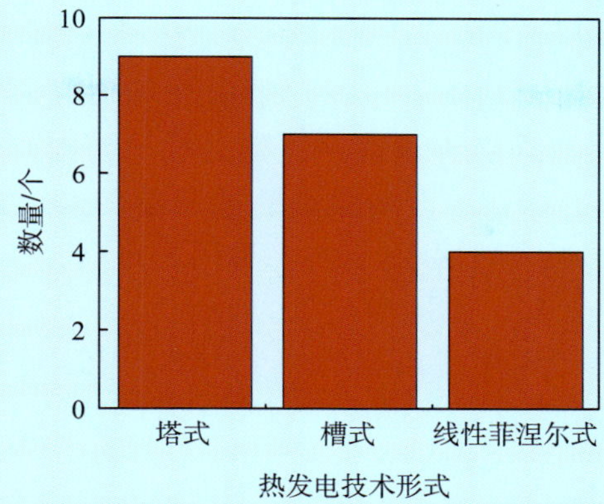

图 9.4 中国太阳能热发电首批示范项目的技术形式分布

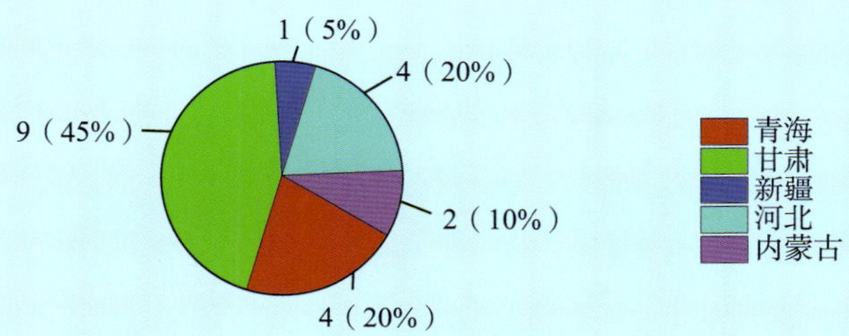

图 9.5 中国太阳能热发电首批示范项目的地区分布

比重[3]。在生物质成型燃料方面[3]，2016 年全球木质颗粒成型燃料的供电需求量与供热需求量相当，达到 1 380 万吨。美国是木质颗粒成型燃料最大的出口国家，出口量达到 480 万吨，占其总产量的 69.6%，主要出口到英国。加拿大木质颗粒成型燃料出口达到 250 万吨。拉脱维亚是欧洲木质颗粒成型燃料最大的生产国，其出口量达到 190 万吨，主要出口到丹麦和英国。日本进口 30 万吨木质颗粒成型燃料，其中 70% 来自加拿大。发达国家对生物质成型燃料的重视，说明其在环保方面确实优于传统化石燃料。在生物质发电方面[3]，2016 年全球装机容量达到 112 吉瓦，相比 2015 年增加了 6%，发电量达到 504 太瓦时，各主要国家发电量所占比例见图 9.6，其中发电量最大的国家是美国（68 太瓦时），其后依次为中国（54 太瓦时）、德国（52 太瓦时）、巴西（51 太瓦时）、日本（38 太瓦时）、印度（30 太瓦时）和英国（30 太瓦时）。由于原料价格相比其他可再生能源资源要高，美国的生物质发电量相比 2015 年下降了 2%，但在运行的装机容量却增加到 16.8 吉瓦。德国是欧洲生物质发电量最高的国家，装机容量增加到 7.6 吉瓦；英国生物质发电装机容量增加到 5.6 吉瓦。日本是亚洲生物质发电装机容量和发电量增加最显著的国家，装机容量达到 4 吉瓦。巴西是拉丁美洲生物质发电最大的消费国，装机容量达到 13.9 吉瓦。在生物液体燃料方面[3]，2016 年全球产量达到 1 350 亿升，其中燃料乙醇约占 72%，生物柴油约占

23%，氢化植物油约占4%。美国燃料乙醇产量占全球总产量的59%，位居第一，其后依次为巴西（27%）、中国、加拿大和泰国。相比于2015年，美国燃料乙醇产量增加了3.5%，巴西和加拿大均有所下降，中国和泰国分别上升了5%和3.9%，欧洲下降了6%，其中法国下降最为显著，达到14%，而匈牙利和英国上升显著，分别为38%和23%。全球生物柴油产量最高的国家是美国（18%），随后依次为巴西（12%）、印度尼西亚（10%）、德国（10%）和阿根廷（10%）。相比于2015年，全球生物柴油产量增加了6.5%，美国和加拿大分别增加了15%和19%，阿根廷增加了43%，巴西下降了3%，印度尼西亚增加了76%，中国下降了10%，欧洲下降了5%。德国依然是欧洲生物柴油最大的生产国，其次为法国。全球氢化植物油的产量在2016年增加了22%，主要生产国为荷兰、美国、新加坡和芬兰[3]。在生物质燃气方面[3]，美国和欧洲是生物质燃气的主要生产地，亚洲和非洲生物质燃气出现较快发展。由于生物质燃气在运输燃料方面的应用，其市场需求量增加。

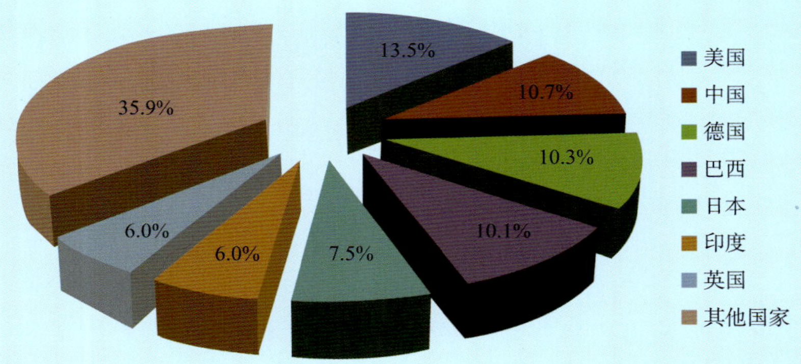

图9.6　2016年全球生物质能发电量主要国家贡献比例

2016年为中国“十三五”计划的开局之年，生物质能产业迎来了新的发展机遇。在生物质成型燃料方面，2014年以来受环保政策影响，生物质成型燃料发展前景不太明朗。经2016年征询意见，环保部在2017年3月印发的《高污染燃料目录》不再把规范燃用的生物质固体成型燃料纳入高污染范畴，这有利于生物质固体成型燃料产业的长远发展[4]。2016年5月年产10万吨的国内最大单体生物质成型燃料生产线在河北唐山建成投产[38]。在生物质发电方面，2016年中国生物质发电装机容量增加了13%，达到12吉瓦，发电量增加到54太瓦时，位居全球第二[3]。在生物液体燃料方面，2016年燃料乙醇产量增加了5%，达到32亿升，位居全球第三[3, 39]。燃料乙醇的生产原料主要为玉米、小麦等陈化粮，其次为木薯等非粮作物。2016年中国的玉米库存达2.5亿吨左右，去库存成为玉米行业的主基调，国家放松了对粮食燃料乙醇的生产限制，新批准了辽宁年产30万吨玉米燃料乙醇项目[6, 40]。生物柴油由于缺乏强制性使用政策和使用量的下降，产量在2016年下降了约10%，为3亿升[39]。生物质燃气迎来了产业化升级，生产原料由畜禽粪便、垃圾、厨余垃圾扩展到秸秆等多种原料，2016 年日产 2 万立方米的国内最大秸秆天然气项目落户山东青岛 [6]。

5. 地热能产业

近年来世界地热发电发展迅速，全球地热发电装机容量从 2000 年的 8 594 兆瓦，增加到 2016 年的 13 200 兆瓦。亚太地区与北美地区地热发电装机容量居主导地位，分别为 4.8 吉瓦和 3.9 吉瓦。美洲地热发电市场以美国、墨西哥和尼加拉瓜为主。亚太地区的地热发电市场主要有印度尼西亚、日本、菲律宾和新西兰。同时，各国一直在进行干热岩研究试验，但干热岩研究开发是一项综合性很高的工作。目前，世界上建立干热岩系统的国家有美国、英国、法国、德国、日本、瑞典、瑞士、奥地利和澳大利亚等，其中欧洲的发展较为迅速 [41]。2016 年以来，中国地热产业相关政策、规划陆续出台，以鼓励地热资源的开发利用，地热产业有望进入爆发增长期。

9.4 “十三五”我国能源新技术产业相关发展规划与产业前景

9.4.1 煤炭清洁高效转化与利用产业

“十三五”末，我国煤炭消费总量预计在 41 亿吨左右，煤炭消费占一次能源总量的 58%[42]，煤炭在未来相当长一段时间内仍然是我国的能源主体，加快煤炭清洁高效利用，是煤炭新技术产业发展方向。2014 年 6 月，中共中央总书记习近平主持财经领导小组第六次会议，提出了“四个革命、一个合作”的能源战略，其中，煤炭清洁高效利用是能源供给革命的核心内容。为了进一步推动煤炭清洁高效转化与利用技术，国家出台了一系列政策规划，用于指导煤炭清洁高效转化与利用产业的发展。

1. 现代煤化工产业

2017 年 2 月，国家能源局发布了《煤炭深加工产业示范“十三五”规划》，这是我国出台的第一个全国性煤炭深加工五年规划，也是“十三五”期间能源领域十四个专项规划中唯一一个经国务院同意的专项规划。该规划的出台，从国家层面进一步明确了煤炭深加工产业的战略定位，对指导煤炭深加工产业发展、促进煤炭清洁高效利用具有里程碑意义。

该规划在全面总结煤炭深加工产业发展取得成绩与存在问题、分析国际国内能源发展形势的基础上，按照“自主创新，升级示范；量水而行，绿色发展；严控产能，有序推进；科学布局，集约发展；转换动力，助推转型；优势互补，协调发展”六项基本原则，提出到 2020 年煤制油产能为 1 300 万吨 / 年、煤制天然气产能为 170 亿米 ^{3}/ 年、低阶煤分质利用产能为 1 500 万吨 / 年（煤炭加工量）的产业发展目标。

“十三五”期间，现代煤化工的主要任务是做好煤制油、煤制天然气、低阶煤分质利用（多联产）、煤制化学品、煤炭和石油综合利用五类模式以及通用技术装备的升级示范，不断总结经验教训，推动煤炭深加工产业向更高水平发展。规划具体列入了14个升级示范项目和25个储备项目。

现代煤化工产业通过先进清洁高效技术将煤炭转化为清洁能源及化工产品，在促进煤炭清洁高效利用、缓解能源安全方面具有重要的战略地位，属于我国战略性新兴产业。2016年12月28日，在神华宁煤项目建成投产当日，习近平总书记做出重要批示：“这一重大项目建成投产，对我国增强能源自主保障能力、推动煤炭清洁高效利用、促进民族地区发展具有重大意义，是对能源安全高效清洁低碳发展方式的有益探索，是实施创新驱动发展战略的重要成果。”

随着各核心技术和系统技术的不断发展与完善，现代煤化工产业有望在中西部地区逐渐推广应用，成为带动中西部地区经济发展的重要抓手。现代煤化工产业具有资源、技术、资金、人才密集等特点，工业增加值是煤炭直接销售的4～15倍。“十二五”期间，我国现代煤化工产业实现总投资超过3 500亿元，2015年利税超过140亿元，直接创造5万个以上的就业岗位，间接创造几十万个就业岗位，为农村和小城镇创造了大量的就业机会，推动了装备制造、基础设施配套建设和相关服务业的发展，促进了产业结构转型，带动了资源地区将资源优势转化为产业经济优势，拉动了区域社会经济发展。

根据《煤炭深加工产业示范“十三五”规划》，到2020年，如果规划重点项目全部建设并达产，产业总投资预计将超过7 000亿元，利税总额超过600亿元，将促进中西部地区的煤炭资源优势向经济优势转化。

2. 先进煤炭发电产业

在国家能源发展规划层面，《“十三五”规划纲要》《能源发展战略行动计划（2014-2020年）》《能源生产和消费革命战略（2016-2030）》在面对能源供需格局新变化、国际能源发展新趋势的形势下，规划了煤电产业的发展方向，表明煤电产业的健康发展是国家能源安全的重要保障。

在煤电产业发展规划层面，《煤电节能减排升级与改造行动计划（2014—2020年）》《电力发展“十三五”规划（2016-2020年）》阐述了“十三五”煤电产业发展的指导思想和基本原则，明确了煤电发展的主要目标和重点任务的具体发展目标。

在煤电产业环境保护方面，《“十三五”控制温室气体排放工作方案》《大气污染防治行动计划》分别从温室气体减排、污染物控制等方面对煤电产业的发展提出了环保要求，加快推进煤电产业的绿色低碳发展。

在煤电产业创新发展方面，《能源技术创新“十三五”规划》《能源技术革命创新行动计划（2016-2030年）》《中国制造2025—能源装备实施方案》以科技创新作为引领，明确了能源新技术研究及应用的发展目标和重点研究任务，推动煤炭产业新技术的创新发展。

综合近年来出台的煤电产业相关政策规划，煤电产业将向着“清洁、高效、绿色、低碳”的方向发展。面向“十三五”，我国煤电产业的发展趋势将向着以下四个方面发展：

控制煤炭消费总量，提高电煤消费比重。转变煤炭使用方式，着力提高煤炭集中高效发电比例，重点建设锡林郭勒、鄂尔多斯、晋北、晋中、晋东、陕北、哈密、准东、宁东等 9 个千万千瓦级大型煤电基地。“十三五”末，煤炭消费总量控制在 41 亿吨以内，煤炭消费比重降低到 58% 以下，煤电装机在 11 亿千瓦左右，电煤占煤炭消费比重达到 55%[42]。

提高煤电发电效率，降低煤电污染排放。实施煤电节能减排升级与改造行动计划，对燃煤机组全面实施超低排放和节能改造，使所有现役电厂每千瓦时平均煤耗低于 310 克、新建电厂平均煤耗低于 300 克。“十三五”末，完成煤电机组超低排放改造 4.2 亿千瓦，节能改造 3.4 亿千瓦；煤电机组平均供电煤耗控制在每千瓦时 310 克以下，其中新建机组控制在 300 克以下，SO_2、NO_x 和烟尘排放浓度分别不高于每立方米 35 毫克、50 毫克、10 毫克，二氧化碳排放强度下降到 865 克 / 千瓦时左右。

提升技术装备水平，加大技术研发力度。加强煤炭清洁高效利用技术创新，进一步提高常规煤电参数等级，积极发展新型煤基发电技术，全面提升煤电能效水平；研发污染物一体化脱除等新型技术，不断提高污染控制效率、降低污染控制成本和能耗。“十三五”期间，实施煤炭清洁高效利用重大工程，全面掌握 700℃等级高温材料制造和加工技术，推进 IGCC/IGFC 关键技术装备示范，开发和示范燃煤机组烟气多污染物（SO_2、NO_x、Hg 等）一体化脱除技术；2030 年，商业化碳捕集和封存技术在煤电机组得到应用。

建立完善的实施体系，完善鼓励政策措施。建立制度保障，明确责任分工，加强监督考核，强化专项监管，确保能源规划有效实施。建立规范政府行为和市场行为的电力法制体系；加强简政放权后续监管，组织开展电力项目简政放权专项监管；坚持规划评估制度，严格评估程序，委托第三方机构开展评估工作规划；落实情况及评估结果纳入地方政府绩效评价考核体系；完善国际国内能源价格联动和煤电价格联动机制，降低企业能源成本。

9.4.2 非常规油气开发利用产业

1. 页岩气产业

《页岩气发展规划（2016-2020 年）》阐述了我国“十三五”页岩气产业发展的指导思想和基本原则，明确了页岩气发展的主要目标和重点任务的具体发展目标。

规划指出“十三五”期间，我国经济发展新常态将推动能源结构不断优化调整，天然气等清洁能源需求持续加大，为页岩气大规模开发提供了宝贵的战略机遇。同时，我国页岩气产业发展仍处于起步阶段，不确定性因素和挑战也较多。

规划提出发展的指导思想是："贯彻落实国家能源发展战略，创新体制机制，吸引社会各类资本，扩大页岩气投资。以中上扬子地区海相页岩气为重点，通过技术攻关、政策扶持和市场竞争，发展完善适合我国特点的页岩气安全、环保、经济开发技术和管理模式，大幅度提高页岩气产量，把页岩气打造成我国天然气供应的重要组成部分。"并将坚持"加强资源勘探、体制机制创新、强化市场竞争、加强政策扶持、注重生态保护"的五项发展原则。依靠政策支持、技术进步、体制创新，加大页岩气勘探开发力度，攻克页岩气勘探开发核心技术，尽快落实资源，形成规模产量，推动页岩气产业有序快速发展。

规划提出在政策支持到位和市场开拓顺利情况下，2020 年力争实现页岩气产量 300 亿立方米。预计"十三五"期间实现产值 1 000 亿元以上。规划对 2030 年页岩气产业进行展望，提出我国页岩气产业在"十四五"及"十五五"期间将加快发展，海相、陆相及海陆过渡相页岩气开发均获得突破，新发现一批大型页岩气田，并实现规模有效开发，2030 年实现页岩气产量 800 亿～ 1 000 亿立方米。

规划提出四个方面的重点任务：一是大力推进科技攻关。攻克页岩气储层评价、水平井钻完井、增产改造、气藏工程等勘探开发瓶颈技术，加速现有工程技术的升级换代，重点攻关页岩气地质选区及评价技术、深层水平井钻完井技术、深层水平井多段压裂技术、页岩气开发优化技术、页岩气开采环境评价及保护技术。二是分层次布局勘探开发。按重点建产、评价突破和潜力研究三种不同方式分别推进勘探开发。在涪陵、长宁、威远、昭通、富顺-永川重点建产，评价突破宣汉-巫溪、荆门、川南、川东南、延安等地区。三是加强国家级页岩气示范区建设。进一步加强长宁-威远、涪陵、昭通和延安四个国家级页岩气示范区建设，通过试验示范，完善和推广页岩气有效开发技术、高效管理模式和适用体制机制等，并根据页岩储层类型和开发技术特征，适时增设一批国家级页岩气示范区。四是完善基础设施及市场。根据页岩气产能建设和全国天然气管网建设及规划情况，支持页岩气接入管网或就近利用。鼓励各种投资主体进入页岩气销售市场，逐步形成页岩气开采企业、销售企业及城镇燃气经营企业等多种主体并存的市场格局。

2. 煤层气产业

《煤层气（煤矿瓦斯）开发利用"十三五"规划》总结了"十二五"期间煤层气（煤矿瓦斯）开发利用工作取得的主要成就，分析了面临的形势和存在的问题，提出了"十三五"期间煤层气产业发展的指导思想、基本原则、发展目标、规划布局、重点任务和保障措施，是指导我国煤层气（煤矿瓦斯）开发利用、引导社会资源配置、决策重大项目、安排政府投资的重要依据。

"十三五"期间，煤层气产业发展的指导思想是"着力加强统筹协调，着力加强科技创新，着力加强国际合作，坚持煤层气地面开发与煤矿瓦斯抽采并举，以煤层气产业化基地和煤矿瓦斯抽采规模化矿区建设为重点，推动煤层气产业持续、健康、快速发展，为构建低碳清洁、安全高效的现代能源体系作出重要贡献”。要坚持创新、协调、绿色、开放、共享发展五项原则，依托国家各类科技计划（专项、基金等），突破煤层气（煤矿瓦斯）开发利用技术装备瓶颈，形成政产学研用相结合的科技创新平台；形成煤炭远景区先采气后采煤、煤炭生产规划区先抽后采和采煤采气一体化格局，促进资源勘查与开发、地面开发与井下抽采协调发展格局。推动地面开发基地化、井下抽采规模化，实现“安全-资源-环保”绿色发展。加强国际交流与合作，积极引进煤层气（煤矿瓦斯）勘探开发先进技术和管理经验。建立煤层气、煤炭企业信息资源共享机制。加强煤层气（煤矿瓦斯）技术装备及创新成果的互用互通，实现共享发展。

“十三五”期间煤层气产业发展目标：新增煤层气探明地质储量 4 200 亿立方米，建成 2 ～ 3 个煤层气产业化基地。2020 年，煤层气（煤矿瓦斯）抽采量达到 240 亿立方米，其中地面煤层气产量 100 亿立方米，利用率 90%以上；煤矿瓦斯抽采 140 亿立方米，利用率 50%以上，煤矿瓦斯发电装机容量 280 万千瓦，民用超过 168 万户。煤矿瓦斯事故死亡人数比 2015 年下降 15%以上。

并提出四个方面的重点任务：一是不断扩大煤层气资源。以沁水盆地、鄂尔多斯盆地东缘为重点，推进产业化基地增储，到 2020 年，新增探明地质储量 2 515 亿立方米；加快贵州、新疆、内蒙古、四川、云南等地区煤层气资源调查和潜力评价，实现新区储量突破，到 2020 年，新增探明地质储量 1 685 亿立方米。二是加快煤层气开发。在沁水盆地和鄂尔多斯盆地东缘煤层气产业化基地，到 2020 年煤层气产量达到 83 亿立方米，实现产量快速增长；在贵州毕水兴、新疆准噶尔盆地南缘形成新的煤层气产能阵地，2020 年煤层气产量达到 11 亿立方米；在辽宁铁法、黑龙江鹤岗、安徽两淮、河南平顶山、湖南湘中等矿区推进煤矿区煤层气地面开发，开展煤层气地面预抽，推进煤矿采动区、采空区瓦斯地面抽采。到 2020 年煤矿区煤层气产量达到 6 亿立方米；根据我国不同区域瓦斯禀赋特征、可抽性及开采状况等情况，继续建设煤矿瓦斯抽采规模化矿区，形成一批年抽采量达到亿立方米级的煤矿瓦斯抽采规模化矿区；推进实施煤矿瓦斯抽采示范工程和煤矿瓦斯治理示范矿井。三是加强煤层气（煤矿瓦斯）输送与利用。坚持“就近利用，余气外输”原则，依据资源分布、市场需求和天然气输气管网建设情况，统筹建设煤层气输气管道。进一步提升煤层气资源综合利用效果，建设煤矿瓦斯利用示范工程。四是加强煤层气科技攻关。加强基础理论研究，深化煤层气成藏规律、渗流机理等基础理论研究，探索研究煤层气及多种资源共生机制和协调开发模式。开展煤层气基础调查评价，总结煤层气资源赋存规律，优选有利目标区。以“大型油气田及煤层气开发”国家科技重大专项和煤层气重大开发项目为依托，开展工程技术示范，研究示范低煤阶煤层气储层评价、深部煤层气增产改造、多种气体资源综合开发、多煤层分压合采、互联网 + 煤层气等关键技术装备，形成适宜于我国不同类型煤层气资源条件的地面开发技术及装备体系。加强创新能力建设，加强煤层气开发利用、煤矿瓦斯治理国家工程（技术）研究中心等创新平台建设，构建以企业为主导，产学研用结合的技术创新体系。

9.4.3 核能产业

在国家能源发展规划层面，《“十三五”规划纲要》《核安全与放射性污染防治“十三五”规划及2025年远景目标》，将核安全纳入国家总体安全体系，上升为国家安全战略。

《推动共建丝绸之路经济带和21世纪海上丝绸之路的愿景与行动》提出积极推动核能等能源合作，《中国制造2025》明确核能装备作为高端装备需要进一步提高制造水平。

在核电产业发展规划方面，《“十三五”国家战略性新兴产业发展规划》、《能源发展“十三五”规划》、《能源发展战略行动计划（2014-2020年）》、《能源生产和消费革命战略（2016-2030）》及《电力发展“十三五”规划（2016-2020年）》明确了核能产业目标、发展布局和重点发展方向，强调安全高效发展核电。

在核能科技创新方面，《“十三五”国家科技创新规划》提出稳步发展核能与核安全技术；同时全面参与国际热核聚变实验反应堆（International Thermonuclear Experimental Reactor，ITER）计划国际组织管理，提升我国核聚变能源研发能力。

从核工业发展规划层面，《“十三五”核工业发展规划》强调将提升核燃料循环产业效能，优化核燃料产业布局，加强乏燃料后处理技术研究，开展核燃料循环后端产能建设。《“十三五”生态环境保护规划》提出加强核与辐射安全管理，系统构建全过程、多层级风险防范体系。《核安全与放射性污染防治“十三五”规划及2025年远景目标》明确了保持并提高核电厂高安全水平、降低研究堆及核燃料循环设施风险、加快早期核设施退役及放射性废物处理处置重点任务和重点工程。

《“十三五”国家战略性新兴产业发展规划》从超前布局核技术领域一批战略性产业、推动新能源产业快速壮大、构建可持续发展新模式、培育未来发展新优势等方面提出核能产业发展方向和实现途径。

综合近年来出台的核能产业相关政策规划，结合“军民融合”战略、“一带一路”倡议等，核能产业将持续安全高效发展，面临着产业发展重要的战略机遇。“十三五”期间，我国核能产业的发展趋势主要是以下四个方面。

加大核能立法，明确核能定位，保障核能产业稳健发展。加大《中华人民共和国原子能法》、《中华人民共和国核安全法》、《中华人民共和国核安保条例》和《核损害赔偿条例》等核领域立法工作力度，落实核安全体系，确保我国核工业发展和“走出去”对外合作有法可依，整合各方优质资源，引导企业形成合力，实现核工业安全高效发展，提高“走出去”的成效。

示范先进核电技术，发挥核电优势，推动自主技术规模化发展。在确保安全的前提下，以自主的华龙一号、CAP 1400为主力机型，积极推进沿海核电规划建设，积极开展内陆核电项目前期工作，做好论证和厂址保护，适时启动智能小型堆、商业快堆和核能供热、供汽、制氢、海水淡化等示范项目。2020年在运核电装机达到

5 800 万千瓦，在建核电装机达到 3 000 万千瓦以上。

补齐核燃料短板，产业协同发展，实现核能和核燃料全方位创新。“十三五”期间，将加强乏燃料后处理技术研究，补齐核燃料循环后端短板。进一步优化产能布局，构建合理的核燃料保障供应体系，积极推进在核电相对集中的沿海地区建设核燃料产业园，打造“一站式”核燃料元件生产供应基地。

落实“一带一路”倡议，加快核电“走出去”，带动高端装备产能合作。继续深化与英国、阿根廷、南非、土耳其等核电出口重点目标国的合作，加强与“一带一路”沿线国家的核领域交流和培训，推动华龙一号等核电技术装备走出去，积极参与核燃料产业国际市场分工，推进核安保中心、地区核燃料加工中心等的建设，积极打造我国地区核能力服务中心。

9.4.4 智能电网与储能产业

国务院印发了《“十三五”国家科技创新规划》，将智能电网列入“科技创新2030—重大项目”，明确提出重点加强特高压输电、柔性输电、大规模可再生能源并网与消纳、电网与用户互动、分布式能源以及能源互联网和大容量储能、能源微网等技术的研发与应用，对智能电网与储能产业的发展形成了新的推动力。

国家能源局发布了《电力发展“十三五”规划（2016-2020 年）》，指出电力工业将逐步实施电能替代，优化能源消费结构；加快充电设施建设，促进电动汽车发展；深化电力体制改革，完善电力市场体系；有序推进电力体制改革；核定输配电价。

国家发改委、国家能源局与工信部发布了《关于推进“互联网+”智慧能源发展的指导意见》，启动了相关的示范工程建设，旨在从更高层面上对各种能源形式进行统筹规划、管理、优化与利用，使发展适应能源互联网要求的智能电网成为电力领域的重点工作内容，并对相关产业的发展产生巨大影响。

国家电网公司发布了《国家电网公司“十三五”电网发展规划（建议稿）》，分析预测未来电力需求，提出电源装机安排和布局优化建议，测算电力流规模和流向，研究论证国家电网规划网架构建方案，开展多方案安全性、经济性比较，对规划目标网架进行安全稳定水平校核、控制措施适应性分析以及综合效益评估。

随着经济发展和人民生活水平提高，社会对电力系统的可靠性、安全性、高效性、低成本、绿色环保等方面的要求日益提高，迫切需要全面提升电力系统智能化水平，实现电力系统的跨越式发展。面向我国能源转型发展要求，“十三五”期间我国智能电网与储能产业发展的核心主要包括以下三个方面。

1. 先进电力电子装备

先进电力电子装备是智能电网建设的重要组成部分，与智能制造技术、电力半导体技术、实时控制技术、通信技术等先进科技密切相关。先进电力电子装备产业的发展首先依赖于核心器件的技术突破，需要在发输电、配电和分布式发电、用电和电能替代三大领域进行重点创新，包括：①大力发展大功率规模化新能源发电和新型高压直流输电装备，重点引导模块化大容量风电变流器和大容量光伏变流器的产业发展；②推进配电网柔性化及装备电力电子化，发展具有高度电网适应性的配网级差异化、多功能电力电子能源装备；③拓展电力电子在智能用电和电能替代领域的应用，突破用户侧电力电子装置难以和电网协调配合的局限性，促进定制电力和互动性用电产业发展；④发展和扶持自主电力电子半导体工业，突破技术壁垒，实施电力电子功率器件和控制芯片的产业升级。

2. 智能电力装备与系统

如果把智能化电力系统比作完整的人，智能调度与运行系统相当于“智慧的大脑”与“敏捷的中枢神经”，遍布全网的智能芯片相当于“灵敏的感官”，无处不在的集成通信网络相当于“通畅的神经”，先进、灵活的智能终端、智能装备、智能主站技术则成为“强健的机体”。发展智能电力装备与系统产业，重点需要在智能芯片、智能装备、智能调度与运行三个产业领域展开突破，包括：①推动智能芯片在电力系统的应用与推广，建立完整的量测、控制、通信、保护等智能芯片研发、制造与应用产业体系；②推动智能装备的制造及应用，大力推进智能量测单元、智能测控与保护单元、智能变电站、智能同步相量测量单元等智能终端和集成装备的研发制造；③开展智能调度与运行技术的研发与应用，依托大数据、物联网、地理信息系统、云平台、信息通信等技术，实现现有能源管理系统、配电管理系统、数据采集与监视控制系统、虚拟电厂、微电网、主动配电网等技术的再升级和有机结合。

3. 规模化电能存储

电能存储包含多种形式，其产业发展需保持多元化格局。目前，大多数储能技术还处于技术完善、技术验证、技术示范阶段，安全性好、循环寿命长、成本低、能效高一直是各种储能技术的共同努力方向。

（1）压缩空气储能：目前在我国处于初期发展阶段，需要逐步完善透平、蓄冷/热换热器等核心技术，实现 10 兆瓦级先进压缩空气储能系统的集成与示范，致力于实现其产业应用；开展百兆瓦级先进压缩空气储能系统的研究与核心技术攻关工作，加速实现其集成与工程示范，最终向产业化方向推进。

（2）飞轮储能：适用于电网调频与改善电能质量，在我国仍处于研发阶段，与国外先进水平存在较大差距，需要在飞轮的轴承、转子、飞轮阵列、材料等关键技术领域取得突破性进展；大幅度提高比功率，保持能量转换效率在 95% 以上，实现兆瓦级飞轮系统示范应用，促进其商业化。

（3）铅蓄电池：目前最成熟的大容量储能技术，已在大规模可再生能源并网等领域开展示范，未来需要在板栅材料、隔膜材料、极板、替代材料等关键制造技术上取得更大突破；提升比功率、比能量与循环次数等性能，推动新一代改性铅蓄电池在分布式微网、可再生能源并网领域由示范应用向商业化方向发展。

（4）锂离子电池：现阶段国内装机规模最大且应用最为广泛的一类化学电池，未来需要完善锂离子电池各部件材料的研发与制备技术，实现高性能、长寿命锂离子电池的规模化批量生产；探索先进的大容量储能用锂离子电池管理系统；实现十兆瓦级到百兆瓦级储能系统的示范应用，并逐步向商业化过渡。

（5）全钒液流电池：在我国电力系统中的应用主要集中在风电场储能方面，功能包括削峰填谷、跟踪计划出力、平滑风电输出等，未来需要完善液流电池材料与电解液等关键技术，提高液流电池可靠性与工艺制造水平；提高电池比能量和系统效率，持续进行兆瓦级系统的工程示范，致力于推广十兆瓦级至百兆瓦级储能系统的商业应用。

（6）超级电容：在电子产品、交通领域等已得到成功应用，而在电力储能领域中尚不成熟。国内超级电容的研究起步较晚，未来需要完善大规模电力电子接口技术、高能量电极材料关键技术与新体系大功率模块化技术；持续进行百千瓦级、兆瓦级工程示范，推进其商业化应用。

（7）超导储能：从技术成熟度和安全性角度考虑，在我国还不具备大规模电力系统应用的可能，未来需要研究并持续完善新型超导材料及其制备技术与液氮温区高温超导带材技术，提高储能的比功率，降低制造成本；实现用于电力输配及电能质量控制系统的大型化及技术突破。

9.4.5 可再生能源与分布式能源产业

为实现 2020 年和 2030 年我国非化石能源分别占一次能源消费比重 15% 和 20% 的目标，加快建立清洁低碳的现代能源体系，促进可再生能源产业持续健康发展，我国制定了《能源发展“十三五”规划》和《可再生能源发展“十三五”规划》以及各种可再生能源及分布式能源发展的产业规划。提出到 2020 年，全部可再生能源年利用量达 7.3 亿吨标准煤。其中，商品化可再生能源利用量（包括发电、生物质燃气、生物质液体燃料）5.8 亿吨标准煤。在商品化可再生能源利用量上，非水可再生能源达到 2.1 亿吨标准煤。发电量方面，可再生能源发电装机 6.8 亿千瓦，发电量 1.9 万亿千瓦时，占全部发电量的 27%[43]。

2016 年 12 月 10 日，国家发改委印发了《可再生能源发展“十三五”规划》，总结了可再生能源发展的技术趋势[43]：①可再生能源已成为全球能源转型及实现应对气候变化目标的重大战略举措。②可再生能源已在一些国家发挥重要替代作用。③可再生能源的经济性已得到显著提升。④可再生能源已成为全球具有战略性的新兴产业。

1. 风力发电产业

国务院印发的《“十三五”国家战略性新兴产业发展规划》提出要加快促进风电优质高效开发利用，大力发展智能电网技术，发展和挖掘系统调峰能力，大幅提升风电消纳能力。加快发展高塔长叶片、智能叶片、分散式和海上风电专用技术等，重点发展 5 兆瓦级以上风电机组、风电场智能化开发与运维、海上风电场施工、风热利用等领域关键技术与设备。建设风电技术测试与产业监测公共服务平台。到2020年，风电装机规模达到2.1亿千瓦以上，实现风电与煤电上网电价基本相当，风电装备技术创新能力达到国际先进水平。

《能源发展“十三五”规划》、《可再生能源发展“十三五”规划》和《风电发展“十三五”规划》对风力发电产业的可持续发展提出了“统筹规划、集散并举、陆海齐进、有效利用”的发展原则。通过调整优化风电开发布局，逐步由“三北”地区为主转向中东部地区为主，加快推进中东部地区和南方地区的低风速、分散式风电开发建设，有序推进“三北”地区大型风电基地建设，积极稳妥推进海上风电开发，统筹本地市场消纳和跨省跨区输送，切实提高风电消纳能力。

“十三五”期间，风力发电产业将继续朝着大型化、智能化和高可靠性方向发展，重点开展10兆瓦级及以上超大型风电机组及其关键零部件设计制造技术、海上风电场设计建设成套技术、基于大数据和云计算的风电场智能化控制与运维技术、废弃风电设备无害化处理与循环利用技术等方面的装备研制和技术攻关，形成完整的风能利用自主创新体系，支撑风力发电产业的可持续健康发展，成为风电技术创新和产业发展强国。

2. 太阳能光伏发电产业

2016年，根据《中华人民共和国可再生能源法》和《“十三五”规划纲要》要求，国家发改委和国家能源局制定了《能源发展“十三五”规划》，国家发改委进一步制定了《可再生能源发展“十三五”规划》，国家发改委、国家能源局、工信部发布了《关于推进“互联网+”智慧能源发展的指导意见》，国家发改委等八部门制定了《关于推进电能替代的指导意见》，国家能源局制定了《太阳能发展“十三五”规划》等太阳能光伏行业重要政策文件，提出太阳能光伏发电要在“十三五”期间达到1.05亿千瓦装机，2017年上半年已经实现1.02亿千瓦装机。根据目前的发展情况，到“十三五”末，太阳能光伏发电的装机有望达到1.5亿千瓦。太阳能光伏发电在新增装机中占据较大比重，在国家一次能源消费体系中占比将达到2%～3%。

相关规划提出了多项促进光伏产业发展的指导意见：①开展全面推进分布式光伏和“光伏+”综合利用工程。推广屋顶光伏发电系统，依托农业种植、渔业养殖、林业栽培等，因地制宜创新各类“光伏+”综合利用商业模式，促进光伏与其他产业有机融合；创新光伏的分布利用模式，在中东部等有条件的地区，开展“人人1千瓦光伏”示范工程，建设光伏小镇和光伏新村。②有序推进大型光伏电站建设。在资源条件好、具备接入电网条件、消纳能力强的中西部地区，在有效解决已有弃光问题的前提下，有序推进光伏电站建设。在中东部地区，积极支持结合环境治理和土地再利用要求，实施光伏“领跑者”计划，促进先进光伏技术和产品应用，加快市场优胜劣汰和光伏上网电价快速下降。③积极推进光伏扶贫工程。充分利用太阳能资源分布广的特点，因地制宜推进光伏扶贫工程[43]。

3. 太阳能热发电产业

根据《能源发展“十三五”规划》和《太阳能发展“十三五”规划》，到 2020 年底，太阳能发电装机达到 1.1 亿千瓦以上，其中太阳能热发电装机达到 500 万千瓦，太阳能热利用集热面积达到 8 亿平方米，到 2020 年，太阳能年利用量折合 1.4 亿吨标准煤以上。

在产业上，到“十三五”期末，太阳能热发电年电力销售产值不低于 200 亿元，电站制造业产值不低于 360 亿元，太阳能热利用全行业产值约 1 200 亿元。定日镜、槽式集热器、真空吸热管、反射镜和传动系统等关键装备及部件的全球市场占有率不低于 30%。完善设计软件工具、装备检测、系统性能检测评价、标准和规范的研究。吸热器、换热器、蒸汽发生器、蓄热罐、蓄热材料和发电机组等产品具备国际竞争力。出现可参与全球投标的太阳能热发电总包商 3 ～ 5 家，出现年销售额达到百亿级的热发电企业 1 ～ 2 家。在技术经济上，到 2020 年底，我国太阳能热发电年均光电转化效率达到 17%；蓄热系统效率达到 90%；电站年满发小时数超过 4 000 小时；真空吸热管工作温度超过 560℃；塔式吸热器选择性涂层吸收比 92%，常温热发射比 10%，650℃发射比 25%。定日镜销售价格不高于 750 元 / 米 ^{2}，槽式集热器销售价格不高于 600 元 / 米 ^{2}。带有 6 小时蓄热的太阳能热发电站一次投资不高于 2 000 万元 / 兆瓦，比 2010 年下降 48%；成本电价低于 0.8 元 / 千瓦时，比首批示范项目的标杆电价下降 30%。

4. 生物质能产业

2016 年以来，《“十三五”国家战略性新兴产业发展规划》、《“十三五”生物产业发展规划》和《生物质能发展“十三五”规划》等政策文件相继发布，对生物质能产业的发展前景均有指向性。《“十三五”国家战略性新兴产业发展规划》和《“十三五”生物产业发展规划》提出创新生物能源发展模式，主要包括促进生物质能源清洁应用和推进先进生物液体燃料产业化两个方面[44, 45]。《生物质能发展“十三五”规划》[16]对生物质能产业发展做出全面部署，包括大力推动生物天然气规模化发展、积极发展生物质成型燃料供热、稳步发展生物质发电及加快生物液体燃料示范和推广，并提出发展目标，“到 2020 年，生物质能基本实现商业化和规模化利用。生物质能年利用量约 5 800 万吨标准煤。生物质发电总装机容量达到 1 500 万千瓦，年发电量 900 亿千瓦时，其中农林生物质直燃发电 700 万千瓦，城镇生活垃圾焚烧发电 750 万千瓦，沼气发电 50 万千瓦；生物天然气年利用量 80 亿立方米；生物液体燃料年利用量 600 万吨；生物质成型燃料年利用量 3 000 万吨”。

“十三五”期间，结合我国生物质能产业发展现状和产业发展规划要求，重点开展生物质成型燃料替代燃煤集中供热及分布式生物质热电联产项目建设，构建区域性集中式规模化生物燃气应用工程示范及多产品综合利用的生态农业体系，建设万吨级生物质液体燃料及多产品联产的示范工程。需要重点突破的技术有：建立生物质原料可持续供应体系；研制高产能、低能耗的生物质成型燃料设备和高效、低排放生物质成型燃料供热锅炉；研制高性能、高稳定性生物质燃气装备，开发生物质燃气高效提纯技术和沼液沼渣高值化利用技术；研发纤维素燃料乙醇高效、低耗的预处理联合酶水解技术，生物柴油副产物高值化利用技术，生物油低成本提质及制备化学品技术，以及木质素解聚与高效转化技术。

5. 地热能产业

2016 年 12 月，国家发改委和国家能源局发布《能源发展“十三五”规划》、国家发改委发布《可再生能源发展“十三五”规划》。前者提出地热能利用规模于 2020 年达到 7 000 万吨标准煤以上的目标，后者提出地热能供热能力于 2020 年达到 16 亿平方米。2017 年 1 月，国家发改委等三部门发布地热能首个五年规划《地热能开发利用“十三五”规划》。地热能开发利用获得明确的政策支持，正式提上日程。2017 年 4 月，国土资源部提出“地热能助力绿色雄安新区建设”，指出新区地下埋藏的丰富的优质地热资源，可以在区域供暖（制冷）、种植养殖、温泉疗养等方面发挥重要作用，助力绿色雄安新区的建设。《地热能开发利用“十三五”规划》提出，“十三五”期间，我国将新增地热能供暖（制冷）面积 11 亿平方米，新增地热发电装机容量 500 兆瓦。到 2020 年，地热能年利用总量相当于替代化石能源 7 000 万吨标准煤，地热能相应减排二氧化碳 1.7 亿吨。

我国的地热资源储量丰富、潜力极大，产业前景极为广阔。根据《地热能开发利用“十三五”规划》的初步估算，“十三五”期间，浅层地热能供暖（制冷）可拉动投资约 1 400 亿元，水热型地热能供暖可拉动投资约 800 亿元，地热发电可拉动投资约 400 亿元，合计约为 2 600 亿元。此外，地热能开发利用还可带动地热资源勘查评价、钻井、热泵、换热等一系列关键技术和设备制造产业的发展。“十三五”期间，将突破干热岩地热发电综合技术，形成我国干热岩勘查开发和利用的技术体系，完成大体积地层压裂 >0.1 千米^3、建成 2 个干热岩试验基地、建设 1 兆瓦干热岩发电工程，为“十四五”干热岩资源规模发电奠定技术基础。

9.5 能源新技术产业典型发展方向介绍——核燃料产业园

核能作为清洁高效的能源，在世界范围内受到越来越广泛的关注和重视。日本福岛核事故以来，世界核电大国和相关国际组织采取了一系列应对举措，使公众对核电安全的信任度逐步回升，许多国家在强调核安全的同时，仍然坚持发展核电，世界核电正逐步走上复苏之路，核电仍是替代化石能源的重要战略选择。世界范围的核能发展，给国际核燃料供应商提供了发展的动力。

为调整能源结构、减少温室气体排放，我国《“十三五”规划纲要》确定了“安全高效发展核电”的方针。核能作为国家能源战略的重要组成部分，在我国正处于快速增长期，我国未来将是世界最大的核燃料市场。同时，核电“走出去”已上升为国家战略，必将推动我国核燃料加工产业的市场化、国际化发展。

核燃料加工是核工业产业链的重要组成部分，是国防建设和核能发展的重要基础，是核电“走出去”战略实施的重要支撑。在坚持核燃料供应“立足国内”原则的同时，必须“统筹国内外需求，充分发挥我国核燃料产业体系优势，积极拓展海外市场”，全面提高核燃料产业竞争力。但我国现有核燃料加工产业起步于军工生产，布局分散，中间环节较多，资源集聚能力较差，劳动生产率较低，从铀矿浓缩物到核燃料组件的生产，要在国内5个省份经过近万千米的流转，制约了产业的集约化、国际化发展。当前，我国的核燃料加工产业正处于重要的战略发展机遇期，也面临着全方位、全产业链的竞争。

《“十三五”核工业发展规划》提出，要优化核燃料产业布局，在核电相对集中的沿海地区布局建设技术先进、具有国际竞争力的核燃料产业园，提高核燃料产业集中度，推动形成区域和燃料供应中心。通过核燃料产业园的建设，聚集区位优势和资源优势，实现核燃料加工产业在高起点上规模化、集约化、国际化发展，实现核燃料加工产业的转型升级。

9.5.1 建设核燃料产业园的必要性及意义

（1）建设核燃料产业园是抢抓战略机遇，强化保障能力，推动核燃料产业跨越发展的当务之急。

经过几代核工业人的共同努力，我国已形成完备的核燃料加工体系，产业基础较稳固，具有自身独特优势。但目前产业规模不能满足核电发展需要，发展方式已不完全适应国防建设和经济社会发展需要。我国核燃料加工产业面临着难得的发展机遇和前所未有的挑战。建设一个保障国防建设和满足国内外市场需求、具有国际竞争力的先进核燃料加工产业，是我国核工业不可推卸的历史责任，也是发展的当务之急。为抢抓发展机遇，在沿海地区建设产业链整装、保障能力强的规模化核燃料产业园，使上下游生产紧密结合，各个环节有效衔接，缩短生产工序，减少中间环节，提高产业的整体技术水平，对于实现我国核燃料加工产业的跨越发展，全面提升国际竞争力，实施市场化、国际化经营，成为占据重要市场份额的世界核燃料供应强国具有重要的战略意义。

（2）建设核燃料产业园是优化产业布局，集聚资源优势，实现集约化发展的重要举措。

由于历史原因，我国的核燃料加工产业布局分散，不具有区位优势，资源集聚能力差，高端人才流失严重；资源配置不够合理、要素效能发挥不够。实施核燃料加工产业的沿海发展战略，面向市场和用户，建设核燃料产业园，优化产业布局，实行专业化重组和区域性集中，聚集区位优势和资源优势，形成具有国际先进水平的产业集群，实现集约化发展，是深化企业改革，实现核燃料加工产业转型升级的重要举措。

（3）建设核燃料产业园是创新发展模式，激发内在活力，推进体制机制改革的重要方式。

我国的核燃料加工企业，历史遗留问题多、社会负担重，管理方式和运行机制相对落后，不同法人间局部利益取向不同，影响整体利益和产业的协调发展；同时，企业运营成本较高，生产效率和综合效益较差，抗风险能力不足，缺乏市场竞争力。目前，组织模式和运行机制已成为制约核燃料加工产业发展的重要因素。核燃料产业园的建设，有利于尽快化解历史包袱，进行经营管理方式的创新，推进体制机制改革，提高产业发展的内生动力。以建设核燃料产业园为契机，实行新项目、新布局、新机制，创新发展模式，激发内在活力，形成新的“一站式”服务的核燃料加工产业链，对于促进我国核燃料加工产业健康持续发展具有重要意义。

（4）建设核燃料产业园是主动迎接挑战，建立合作机制，实现合作共赢的重要途径。

随着国有企业的深化改革，建立以市场为导向、有利于核电与核燃料协调发展、互利共赢的经营管理体制，实施我国核燃料加工产业的市场化、多元化发展是必然趋势。核燃料产业园的建设，有利于国内外相关企业开展务实合作，推动我国核燃料加工产业投资主体的多元化和混合所有制改造，形成优势互补、互利共赢、风险共担局面，促进我国核燃料加工产业健康良性发展。

（5）建设核燃料产业园是参与国际分工，开展国际化经营，打造亚洲区域核燃料加工中心的首要选择。

当前，国外核燃料供应商正凭借其技术和管理优势，提升跨国竞争力，不遗余力抢滩我国市场。从全球环境看，核燃料加工产业是一个充分国际化的产业，面对激烈的市场竞争，我们必须开阔思路，以国际化视野，以建设具有国际竞争力的先进核燃料加工产业为目标，走开放式发展的道路。从内地进军沿海，建设“一站式”服务的核燃料加工产业链，是积极应对国际竞争，实施国际化经营战略的最佳选择。面向国际市场，依托核燃料产业园建设，有利于吸引国际资本，引进先进技术和管理理念，参与国际产业分工和资源整合，促进技术和管理的跨越，提升市场竞争优势，为逐步打造亚洲核燃料加工中心奠定基础。

9.5.2　市场需求分析

从国际核电市场需求看，共有 72 个国家已经或正在计划发展核电，到 2020 年全球将新建约 130 台核电机组，到 2030 年前这一数字将达到约 300 台 [25]。根据我国核电发展规划，“十三五”及今后较长的时期内，每年将新开工 6 ～ 8 台机组，2020 年在运在建核电装机容量达 8 800 万千瓦，到 2030 年我国运行、在建核电机组将达到 2 亿千瓦 [42，46～48]。我国现有核燃料加工产能无法满足核电发展的需求，若考虑核燃料的出口，届时实际需要的核燃料加工能力会更大。

结合我国“十三五”核电建设情况，以及 2020 年后按每年新开工 6 个核电机组考虑，预计我国核电对核燃料的需求见表 9.1。

表 9.1　我国核电对核燃料的需求预测

核燃料环节	2020 年	2025 年	2030 年
元件 /（吨铀 / 年）	1 100	2 300	3 000
铀浓缩 /（吨分离功 / 年）	9 500	14 500	20 000
铀纯化转化 /（吨铀 / 年）	13 500	21 100	28 000

《“十三五”核工业发展规划》指出：随着“一带一路”国家倡议的实施，加快推动了核电、核燃料、核技术、核设备“走出去”，进一步拓宽了核能发展空间，“十三五”时期是核工业发展的重大战略机遇期[49]。

9.5.3　建设目标和规划

1. 总体思路

核燃料产业园以转变经济发展方式、优化资源配置、提高产业发展质量和效益、实现产业转型升级为目标，集中建设铀纯化转化、铀浓缩、核燃料元件制造等核燃料循环前段加工设施，打造国际一流的核燃料加工产业集群，形成自我配套的沿海一体化核燃料供应保障链和出口核燃料加工基地、实现在高起点上规模化、集群化、国际化发展，全面提升核燃料加工产业的国际竞争力，为国内外客户提供“一站式”核燃料加工服务，逐步成为具有标志性的亚洲核燃料加工中心（图 9.7）。

图 9.7　核燃料产业园鸟瞰图

2. 建设规划

核燃料产业园的建设，将统筹考虑国内核电发展需求和核燃料产业国际化经营战略，采取“一次规划、分步实施”的方式，逐步配套建设铀转化、铀浓缩、核燃料元件制造、贫铀处理等设施。具体建设规划目标如下：

“十三五”期间，开展核燃料产业园公用基础设施建设，启动核燃料加工产能项目建设。

“十四五”期间，建成功能配套的核燃料加工设施，初步形成涵盖核燃料前端加工产业链、国际化经营，“一站式”服务的现代核燃料产业园。

“十五五”期间，根据国内外市场需求，扩大产能规模，形成国际一流的核燃料加工产业集群。

3. 主要生产工艺过程

核燃料产业园坚持高起点、高科技、高效益、高效率和高可靠性，低成本、低消耗、低排放、低污染和低风险原则，在确保安全可靠的前提下，采用国内或国际领先的工艺技术和节能减排、循环利用技术，改进和加强安全技术措施，提高工艺本质安全，实现资源的循环利用和废物最小化，建设绿色、环境友好的现代化企业。

园区生产以八氧化三铀或三氧化铀为原料，最终产品为核燃料组件，也可根据用户需要提供低浓六氟化铀或二氧化铀粉末。将外部运来的原料，经铀纯化转化设施的溶解、萃取、反萃取工序得到纯化的硝酸铀酰溶液，硝酸铀酰溶液经蒸发浓缩、脱硝工序得到三氧化铀，再经还原、氢氟化、氟化工序，制备成六氟化铀。然后将六氟化铀供入铀浓缩设施的离心级联，经过离心级联的分离，一部分浓缩成所需丰度的六氟化铀（精料），另一部分成为贫化的六氟化铀（贫料）。浓缩的六氟化铀送至核燃料元件制造设施的粉末制备厂房转化为二氧化铀粉末，再通过混料、制粒、压制成型、高温烧结、无心磨削制备成芯块，然后通过燃料棒制造、组件组装等工艺制成核电站燃料组件。贫料六氟化铀送至贫料存放场地储存或送至贫料处理厂房还原为铀氧化物。

9.6 相关建议

我国拥有世界上最庞大复杂的能源生产和消费体系，也是全球能源新技术产业发展最快的国家，能源新技术产业发展已经具备良好的基础与先行优势，需在全面落实“十三五”相关产业规划的基础上，围绕能源新技术产业的长期、稳定、可持续发展，尽快部署、尽早规划、科学决策，全面抢占全球能源新技术产业发展的战略制高点。

（1）对能源新技术创新要保持足够的定力和推进力，稳步推进“新兴能源—替代能源—主导能源”的能源发展路径，着重做好重塑未来能源体系的顶层设计，以实现绿色、低碳、智慧、多元的综合能源系统为发展目标，坚持规模能源清洁化和清洁能源规模化协同互补、共同发展的路线，注重部门产业政策整合和政策一贯性与权威性，同时不断加强产业统计体系与能力建设。

（2）坚持国家科技投入向基础研究与前沿技术倾斜，积极规划面向未来能源的国家实验室建设，推进前沿技术在能源领域的应用，注重材料科学和信息科学对高性能能源装备及关键材料的支撑作用，引领世界能源科技发展潮流。

（3）充分发挥企业在能源新技术创新决策、研发投入、科研组织和成果应用中的主体作用。能源新技术研发、应用和推广的全过程应与企业紧密结合，充分发挥企业对技术创新的示范引领作用。鼓励和引导企业按照国家战略和市场需求先行投入研发项目，牵头组织国家科技重大专项、国家重点研发计划，形成产学研用协同创新的能源新技术促进机制。

参考文献

[1] BP. BP 世界能源统计年鉴 2017，2017.

[2] 国家能源局 . 2016 年光伏发电统计信息 . http://www.nea.gov.cn/2017-02/04/c_136030860.htm，2017-02-04.

[3] REN21. Renewables 2017 global status report，2017.

[4] 姚金楠 . 社评：生物质成型燃料“摘帽”高污染，管控燃料不如狠抓减排 . 中国能源网，http://www.cnenergy.org/tt/201704/t20170411_441825.html，2017-04-11.

[5] 中华人民共和国国家发展和改革委员会东北等老工业基地振兴司 . 国投集团铁岭年产 30 万吨燃料乙醇项目开工 . http://dbzxs.nd rc.gov.cn/zttp/zxzx/201707/t20170728_855876.html，2017-07-28.

[6] 李晓哲，孙晓东，王平 . 青岛生物质能源项目并网运营日产天然气 2 万立方米 . http://news.bandao.cn/news_html/201707/20170718/news_20170718_2746779.shtml，2017-07-18.

[7] 贺永德 . 现代煤化工技术手册 . 北京：化学工业出版社，2011.

[8] 国家能源局 . 煤炭深加工产业示范“十三五”规划，2017.

[9] 中国电力企业联合会 . 2015 年全国电力工业统计快报，2016.

[10] 国土资源部 . 全国石油天然气资源勘查开采通报（2015 年度）（内部报告），2016.

[11] 中国科学技术协会 . 勘查核科学技术学科发展报告 . 北京：中国科学技术出版社，2016.

[12] 中国电力企业联合会 . 中国电力行业年度发展报告 2017，2017.

[13] 中关村储能产业技术联盟 . 储能产业研究白皮书（2016），2016.

[14] 国家能源局 . 太阳能发展“十三五”规划，2016.

[15] 贾敬敦，马隆龙，蒋丹平，等 . 生物质能源产业科技创新发展战略 . 北京：化学工业出版社，2014.

[16] 中华人民共和国国家能源局 . 生物质能发展“十三五”规划，2016.

[17] 中国地质科学院水文地质环境地质研究所 . 全国地热资源调查评价专题和综合研究成果报告，2015.

[18] 刘红艳 . 南非萨索尔公司煤基产业链对中国煤炭企业的启示 . 煤矿现代化，2002，(2)：7-9.

[19] 忻仕河．美国太平原气化工程．煤质技术，2015，(2)：1-6.
[20] 神华科学技术研究院，中国石化经济技术研究院，中国科学院大连化学物理研究所，等．煤炭深加工“十三五”规划研究，2016.
[21] 中国电力企业联合会．2016 年全国电力工业统计快报，2017.
[22] 中华人民共和国环境保护部．2016 中国环境状况公报，2017.
[23] EIA. Annual energy outlook 2017，2017.
[24] 国土资源部．全国石油天然气资源勘查开采通报（2016 年度）（内部报告），2017.
[25] IAEA. Nuclear power reactor in the world，2017.
[26] 中国核能行业协会．2017 年 1-6 月全国核电运行情况，2017.
[27] EU Joint Research Center. Smart grid project outlook，2014.
[28] Statistics Bureau of Japan. Japan statistical yearbook 2017，2017.
[29] 中关村储能产业技术联盟（CNESA）．储能产业研究白皮书 2017，2017.
[30] 人民日报．中国领跑全球清洁能源发展（外媒看中国）．http://paper.people.com.cn/rmrb/html/2017-07/15/nw.D110000renmrb_20170715_1-11.htm，2017-07-15.
[31] 全球风能理事会．全球风电发展展望 2016，2016.
[32] 全球风能理事会．全球风电报告：年度市场报告 2016，2017.
[33] 中国电力报．光彩夺目，激流勇进．http://blog.sina.com.cn/s/blog_65db60cf0102x5a0.html，2017-08-28.
[34] IEA-PVPS. IEA-PVPS annual report 2016，2016.
[35] 国家能源局．可再生能源进入规模化发展新阶段，新增装机约占全部的 70%. http://www.nea.gov.cn/2017-07/21/c_1364 61109.htm，2017-07-21.
[36] 国家能源局．2017 年上半年光伏发电建设运行信息简况．http://www.nea.gov.cn/2017-08/04/c_136499745.htm，2017-08-04.
[37] 国家太阳能光热产业技术创新战略联盟．2016 中国太阳能热发电及采暖行业发展蓝皮书（光热联盟发布年度报告，非正式出版物），2017.
[38] 宋美倩，唐云亮．国内最大单体生物质燃料生产线投产．http://paper.ce.cn/jjrb/html/2016-06/01/content_302569.htm，2016-06-01.
[39] USDA Foreign Agricultural Service. China-Peoples Republic of biofuel annual，biofuels demand expands，supply uncertain. CH16067，2017.
[40] 中国粮油信息网．2016 年玉米收储政策会作何调整．http://www.chinagrain.cn/yumi/2016/2/22/20162221333374610.shtml，2016-02-22.
[41] Bertani R. Geothermal power generation in the world 2010-2014 update report. Proceedings World Geothermal Congress 2015 Melbourne，2015.
[42] 国家发展改革委，国家能源局．能源发展“十三五”规划，2016.
[43] 国家发展改革委．可再生能源发展“十三五”规划，2016.

[44] 中华人民共和国国务院 .“十三五”国家战略性新兴产业发展规划，2016.
[45] 国家发展改革委 .“十三五”生物产业发展规划，2016.
[46] 国家能源局．核电中长期发展规划（2011—2020 年），2012.
[47] 国务院办公厅 . 能源发展战略行动计划（2014-2020 年），2014.
[48] 国家发展改革委，国家能源局 . 电力发展“十三五”规划，2016.
[49] 国家国防科技工业局 .“十三五”核工业发展规划，2016.

第 10 章

新能源汽车产业

钟志华　高金燕　陈桂华　沈　斌　邓小芝

【内容提要】“十三五”以来，我国汽车行业由高速增长转变为平稳增长，产品结构调整不断优化，产业逐渐趋于成熟。随着互联网、云计算、大数据等新一轮科技革命和产业革命的掀起，新技术、新能源、新工艺以及新的商业模式的不断涌现，我国汽车产业正面临从量变到质变的关键节点。新能源汽车作为未来汽车发展的重要方向，近年来也逐渐向智能化、网联化发展，进一步促进我国汽车产业的转型升级。

近年来，我国新能源汽车产业表现突出，产销规模不断扩大，产品技术成熟度逐步提升，配套充电基础设施不断完善，国家级支持政策密集出台，产业体系不断优化并趋于成熟。本章系统分析了 2016 年以来我国新能源汽车产业的发展现状，重点分析了新能源汽车动力电池的发展以及智能网联汽车的发展情况，从规模数量、重点发展路线、政策引导及竞争格局四个方面对新能源汽车未来的发展趋势进行了展望。同时，对当前我国新能源汽车产业发展中面临的问题给出建议。

10.1 新能源汽车产业总体进展

10.1.1 政策环境

2016年是“十三五”的开局之年，我国新能源汽车产业进入加速发展阶段，产销规模持续增长。国家及地方政府从行业规范、推广应用、充电基础设施建设等多方面出台政策，不断优化产业政策环境。

1. 资质管理

为促进新能源汽车产业发展，支持社会资本和具有技术创新能力的企业参与纯电动乘用车科研生产，《新建纯电动乘用车企业管理规定》于2015年发布。截至2017年6月底前已有15家企业申报成功，投资热度高涨。2017年，工信部审议通过了《新能源汽车生产企业及产品准入管理规定》，对新能源汽车生产企业规定了17项准入审查要求，对新能源汽车产品的专项审查规定了39项检验标准，同时建立了新能源汽车产品运行安全状态监测平台，进一步完善新能源汽车的准入条件，促进其健康发展。

2. 目录管理

2017年初，《新能源汽车推广应用推荐车型目录》便提高了申报技术门槛，并对2016年发布的1～5批进行重新审核，进一步规范了新能源汽车的推广应用活动，也为国家和地方补贴政策的设定提供了参考。

同时，国家发改委发布的《战略性新兴产业重点产品和服务指导目录（2016版）》中，也划定了整车、机电等重点方向，并且减少了技术限定，给予新能源汽车产业更广阔的发展空间。2017年6月，国家发改委和商务部联合发布《外商投资产业指导目录（2017年修订）》，其中汽车产业方面，纯电动车合资不受两家限制。江淮大众合资公司已成为这一政策的首个受益者。

3. 补贴调整

2016年12月，财政部、科技部、工信部和国家发改委联合发布《关于调整新能源汽车推广应用财政补贴政策的通知》。依据该政策的内容，加严了国家补贴车型的能耗和续驶里程要求，设置动力电池能量密度门槛并实行差异化补贴，提高燃料电池汽车技术要求。同时，对地方财政补贴设置上限，规定地方财政补贴（地方各级财政补贴总和）不得超过中央财政单车补贴额的50%。建立退坡机制，除燃料电池汽车外，各类车型2019～2020年中央及地方补贴标准和上限，在现行基础上退坡20%。另外，建立惩罚机制，对骗补企业、协助骗补的机关及人员，审查把控不严不利的地区进行处罚。该政策作为2015年版的调整版，是“十三五”期间新能源汽车产业健康顺利发展的重要保障。

4. 积分政策

进入“十三五”以来，为建立节能与新能源汽车管理的长效机制，促进新能源汽车产业发展的同时，提升传统能源汽车节能水平，工信部先后发布了《企业平均燃料消耗量与新能源汽车积分并行管理暂行办法（征求意见稿）》《乘用车企业平均燃料消耗量与新能源汽车积分并行管理办法（征求意见稿）》。上述两份意见稿明确要求2019年和2020年乘用车企业新能源汽车积分比例分别为10%、12%。详细规定了乘用车企业平均燃油消耗量和新能源汽车积分核算办法、传统燃油乘用车对新能源汽车的核算优惠、新能源汽车单车积分标准等，并对油耗积分与新能源汽车积分之间的交易、结转、抵偿以及对未达标企业的惩罚做出了规定。积分政策加速了我国乘用车企业的转型升级，逐步建立起具有中国特色的节能减排体系，推动我国新能源汽车产业的可持续发展。

5. 标准法规

为规范和引导动力电池规模化、有序化发展，加强全生命周期溯源管理，促进动力电池产业健康可持续发展，2017年7月，《汽车动力蓄电池编码规则》《电动汽车用动力蓄电池产品规格尺寸》《车用动力电池回收利用——余能检测》三项国家标准发布。至此我国在动力电池回收领域已构建起一个比较完善的国家标准体系，进一步改善了动力电池回收和梯次利用的无序状态。

同时，为提升行业安全技术水平，2016年11月《电动客车安全技术条件》发布，规定了电动客车的安全技术要求和试验方法。从人员触电、火灾防护、事故处理、乘客逃生、整车结构、远程监控等方面综合考虑，在借鉴现有标准的基础上，对电动客车提出更高的技术要求。

10.1.2 消费市场

1. 产销总量及区域分布

2016年我国新能源汽车产销量分别完成51.7万辆和50.7万辆，产销量连续两年居世界第一。由于受到“骗补”风波、财政补贴新政出台推后等影响，2016年新能源汽车增长速度较2015年放缓，但增长仍保持在50%以上。2017年1～6月，我国新能源汽车产销量分别完成21.2万辆和19.5万辆，比上年同期分别增长19.7%和14.4%。历年产销及增长见图10.1。

从区域市场分布来看，限号、限购城市依然是新能源汽车消费的主力区域。2016年，北京、上海及青岛为新能源汽车销量前三位的城市。排名前五位的城市销量均超过20 000辆，约占新能源汽车总销量的35%。2017年上半年，北京、上海、广州、深圳、天津为新能源乘用车销量前五位的城市，占新能源乘用车市场份额的比重超过40%，区域市场分布相比2016年更加集中，具体见表10.1。

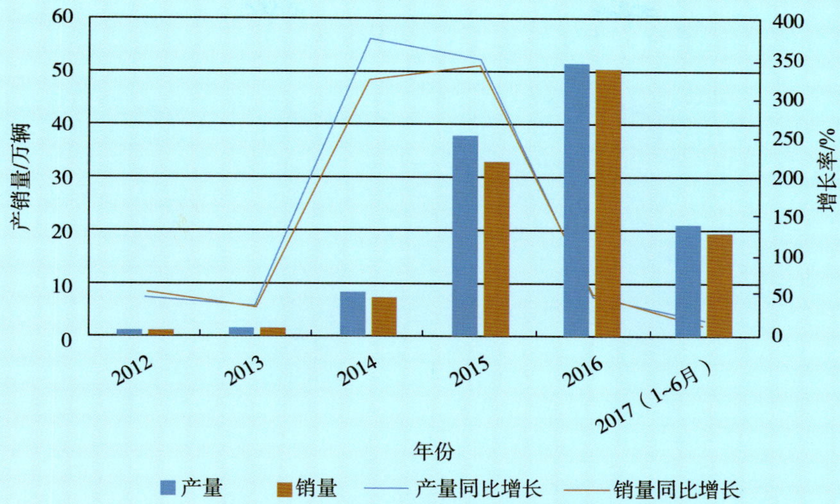

图 10.1　2012 年至 2017 年上半年我国新能源汽车产销及增长

资料来源：中国汽车工业协会，工信部

表 10.1　中国城市新能源汽车销量 TOP10（单位：辆）

2016 年			2017 年 1 ～ 6 月（乘用车）		
排名	城市	销量	排名	城市	销量
1	北京	63 010	1	北京	32 723
2	上海	42 236	2	上海	16 848
3	青岛	27 206	3	广州	11 140
4	深圳	25 167	4	深圳	9 427
5	天津	21 775	5	天津	8 761
6	太原	17 856	6	杭州	6 106
7	广州	17 673	7	宁波	4 024
8	杭州	15 061	8	合肥	3 875
9	合肥	7 809	9	苏州	3 049
10	芜湖	7 415	10	长沙	3 009

资料来源：中商产业研究院

2. 产品结构及消费特征

从产品结构来看，新能源乘用车依然是新能源汽车市场的主力。2016 年新能源乘用车产销量分别完成 34.4 万辆和 33.6 万辆，分别约占总产销的 66.5% 和 66.3%。2017 年上半年，由于新能源客车补贴调整较大，产销下降明显，新能源乘用车在总产量中占比大幅提升至 84%，达到 17.9 万辆。

从技术路线图分布来看，新能源汽车以纯电动汽车（battery electric vehicle，BEV）为主导。2016 年，纯电动汽车产销量分别完成 41.7 万辆和 40.9 万辆，占总产销量的比例均为 80.7%。2017 年上半年，纯电动汽车产销量分别完成 17.5 万辆和 16 万辆，分别占总产销量的 82.5% 和 82.1%，具体见图 10.2。

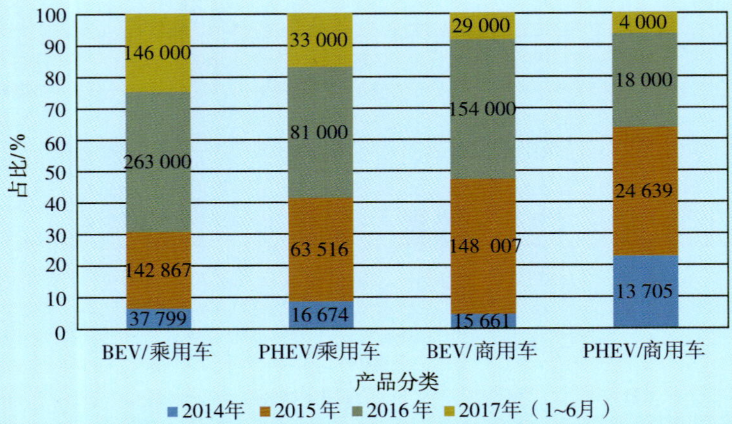

图 10.2　2014 年至 2017 年上半年新能源汽车产品结构分布（按产量 / 辆）

PHEV（plug-in hybrid electric vehicle，即插电式混合动力汽车）

资料来源：中国汽车工业协会，中国汽车工程研究股份有限公司（简称中国汽研）整理

从应用领域来看，私人领域消费占比逐年升高。2009 ～ 2012 年“十城千辆”推广阶段，私人领域消费占比仅为 14%，2013 ～ 2016 年私人领域消费占比增长至 50%。2017 年 8 月，公安部对外发布，将在全国范围内推广应用新能源汽车专用号牌，助力新能源汽车私人购买。

3. 明星车型及主力企业

乘用车方面，2016 年，比亚迪以 100 178 辆的销量再度领跑新能源乘用车市场，占新能源乘用车总销量的 30% 左右，同时位居全球新能源汽车销量第一。吉利、北汽、众泰及奇瑞分列其后。吉利 2016 年新能源乘用车增速达到 80%，表现抢眼。2017 年 1 ～ 6 月，新能源车企销量排名前五位的企业依次为比亚迪、北汽、知豆、上汽、众泰，市场竞争格局基本稳定，详见表 10.2。

表 10.2　2015 年至 2017 年上半年新能源乘用车销量 TOP10（单位：辆）

2017 年（1 ～ 6 月）			2016 年			2015 年		
企业	销量	排名	企业	销量	排名	企业	销量	排名
比亚迪	34 634	1	比亚迪	100 178	1	比亚迪	58 834	1
北汽	30 154	2	吉利	49 218	2	众泰	24 516	2
知豆	18 718	3	北汽	46 420	3	康迪	20 390	3
上汽	13 333	4	众泰	36 999	4	北汽	17 060	4
众泰	13 004	5	奇瑞	20 963	5	奇瑞	14 147	5

续表

2017年（1～6月）			2016年			2015年		
企业	销量	排名	企业	销量	排名	企业	销量	排名
江铃	10 567	6	上汽	20 017	6	上汽	11 191	6
江淮	9 401	7	江淮	18 369	7	江淮	10 420	7
吉利	7 982	8	江铃	15 608	8	吉利	6 164	8
奇瑞	7 539	9	长安	4 931	9	江铃	5 268	9
长安	6 211	10	东风	4 347	10	腾势	2 888	10

资料来源：乘用车市场信息联席会（简称乘联会），中国汽研整理

2016年宇通以26 862辆，占比15.7%的销量领跑新能源客车市场，其他依次是中通、比亚迪、海格、福田欧辉，前五名占新能源客车总市场的40%左右，集中度较高。2017年上半年，中通超越宇通，销量居首（表10.3）。

表10.3　2016年至2017年上半年新能源客车销量TOP5（单位：辆）

2017年（1～6月）			2016年		
企业	销量	排名	企业	销量	排名
中通	3 052	1	宇通	26 862	1
宇通	2 964	2	中通	14 105	2
比亚迪	2 518	3	比亚迪	13 278	3
中车时代	1 617	4	海格	6 796	4
银龙	1 432	5	福田欧辉	6 854	5

资料来源：第一电动网，搜狐汽车

从我国新能源乘用车车型来看，2016年新能源乘用车共有12款车型销量过万。其中比亚迪包揽前三，比亚迪唐、比亚迪秦和比亚迪E6销量均超2万辆。比亚迪唐作为比亚迪“542战略”下的首款新能源车，自上市以来就获得了市场的关注，2016年销量突破3万辆。北汽EV、EU系列分别以18 814辆和18 805辆排名第四位和第五位。2017年上半年，知豆、北汽EC、比亚迪E5，分别位列销量前三（图10.3）。

10.1.3　产品技术

1. 纯电动乘用车

技术方面，总体来看，2016年以来，我国纯电动乘用车的电池性能、电机功率、系统匹配与集成设计、整车控制等关键技术进一步提升。续航里程集中在200～300千米，与国外产品相当，但单位电池容量续驶里程存在一定差距，能源利用效率有待提高。

产品方面，纯电动乘用车产品市场成熟度进一步提升，更新换代加速，产品小型化趋势延续。各整车企业2017年纷纷推出A00级车型，如长安新奔奔EV、2017款奇瑞eQ、2017款知豆D2、江淮iEV6E等。此外，上汽、北汽、吉利、华泰等都相继推出新一代产品。

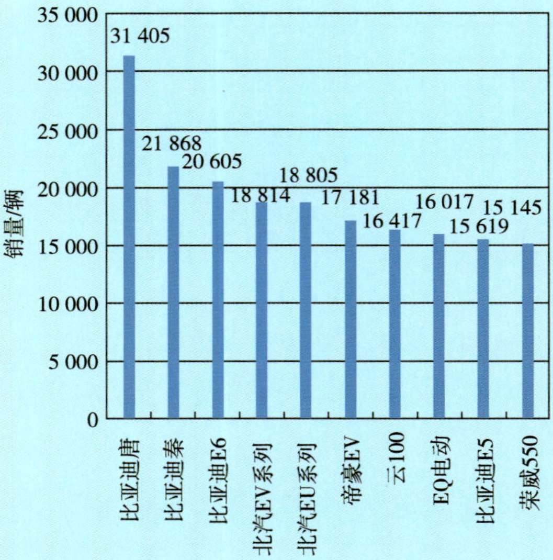

（a）2016年

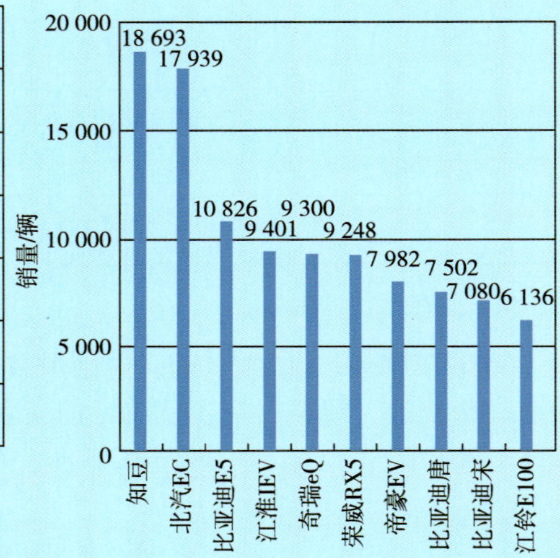

（b）2017年上半年

图 10.3　新能源乘用车销量前十车型

资料来源：乘联会，中国汽研整理

2. 插电式混合动力乘用车

自主车企推出的插电式混合动力汽车车型，在百公里加速、综合油耗表现等方面，与国外同类车型相比相差不大，具备一定竞争力。2016 年我国插电式混合动力乘用车产品得到进一步发展，新推出插电式混合动力轿车荣威 E950、比亚迪插电式 SUV（sport utility vehicle，即运动型多用途车）宋和元等车型。随着华晨宝马新 X1 等车型的上市，未来插电式混合动力乘用车将逐步向高端化发展。

3. 纯电动客车

我国纯电动客车在轻量化、安全、自动驾驶等关键及前沿技术方面取得显著进展，产品应用保持世界领先地位。2016 年，比亚迪全球首款纯电动双层巴士继比利时之后投放伦敦，宇通全球第一辆无人驾驶大客车在开放道路交通条件下，全程无人工干预成功运行。受补贴政策和适用范围影响，纯电动客车仍保持中小型化发展趋势，车身长度 8 米左右、续航里程 150 ～ 300 千米的产品受到企业消费者青睐。

4. 插电式混合动力客车

我国基本掌握了插电式混合动力客车的核心技术，产品纯电续驶里程突破 65 千米，百公里油耗在 18 升以下。但由于客车具有较大的空间可以搭载充足的动力电池且我国对纯电动客车的补贴力度较大，目前我国新能源客车主要以纯电动客车为主。

5. 燃料电池汽车

2016年底，上汽开发的第四代荣威950 Fuel Cell插电式燃料电池车进入《免征车辆购置税的新能源汽车车型目录》，这是国内首款进入该目录的燃料电池乘用车。其搭载有动力蓄电池和氢燃料电池双动力源系统，续驶里程达到400千米，最高时速可达160千米/小时，最大功率达到150马力。另外，继宇通首款燃料电池客车之后，福田欧辉8.5米氢燃料电池客车获得北京公交集团100辆的订单。浙江青年曼牌燃料电池物流车2016年生产533辆。青年集团的首批45辆氢燃料运输车与陕西广成汽车运输服务有限公司成功签约销售。

虽然近年来我国燃料电池汽车技术不断进步，动力性、续驶里程、冷启动等基本性能指标不断提升，但成本、耐久性等方面亟待改善，在功率特性、可靠性等指标方面与世界标杆产品相比还有一定差距，截至2017年6月底尚无量产销售的乘用车产品。

10.1.4　基础设施

我国充电基础设施行业环境持续改善，建设速度加快，市场空间不断扩大。2016年1月，《关于“十三五”新能源汽车充电基础设施奖励政策及加强新能源汽车推广应用的通知》发布，充电基础设施建设、运营将继续得到中央财政奖补。随后，国家能源局、国家发改委等部门，陆续发布加快居民区、停车场、单位内部充电基础设施建设的相关政策通知，推动解决不同区域电动汽车充电难题。

据中国电动汽车充电基础设施促进联盟（简称充电联盟）统计，截至2016年底，我国公共类充电桩建设、运营数量接近15万个，相较于2015年底的4.9万个净增2倍以上。预计到2017年，公共类充电桩保有量将达到30万个，私人充电设施的配建率将达到80%以上。具体数据见图10.4。

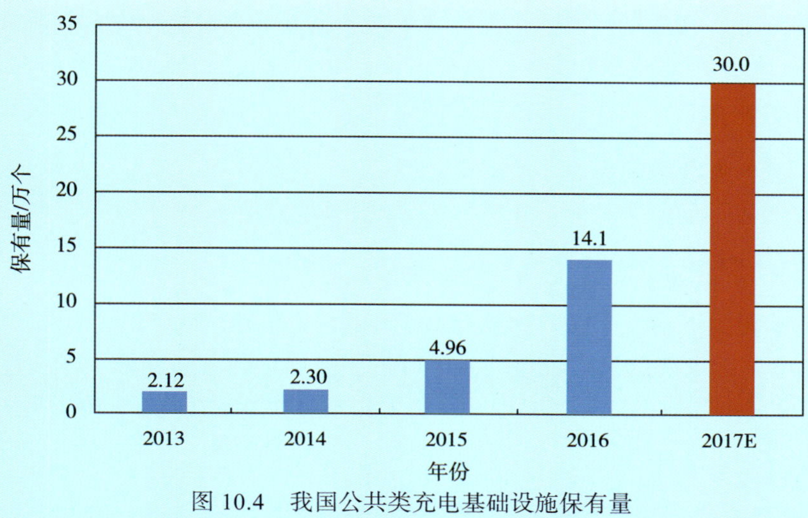

图10.4　我国公共类充电基础设施保有量

资料来源：中国电动汽车充电基础设施发展年度报告

现阶段，各地利好政策的出台以及私人购车比例的增大，极大地调动了社会各界参与充电设施产业的积极性。一些有互联网基础的企业、科技公司、初创公司及社会资本的介入，极大地增强了产业活力。现已形成国有、民营、混合所有制并存的产业格局。其中，国网公司、中国普天、万邦和特来电四大充电运营商中，国有、民营各占一半，四家运营商占行业85%左右的市场份额（图10.5）。

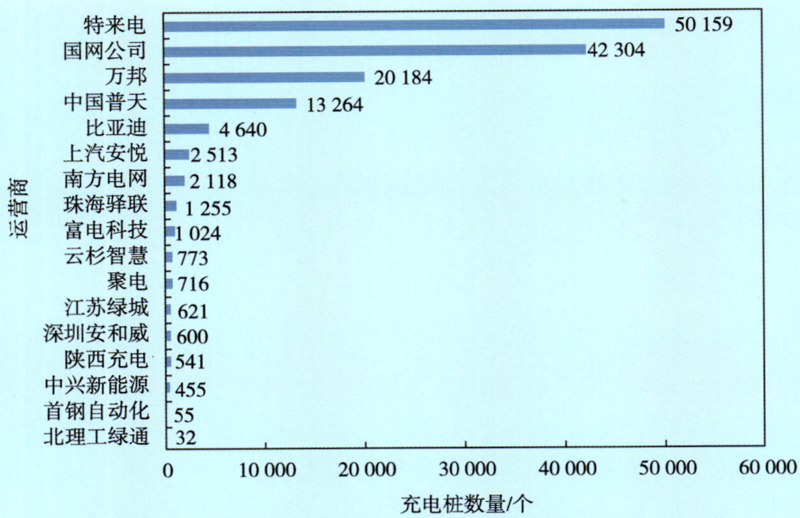

图10.5　2016年运营商充电桩数量

资料来源：中国电动汽车充电基础设施发展年度报告

同时，充电技术也在不断进步。无线充电方面，东风汽车公司联合中兴通讯，在湖北建立了我国第一条大功率无线充电公交示范线，充电功率可达60千瓦。北汽为EV（electron-volt，即电子伏特）车型装备了基于磁共振方式的无线充电系统，最高效率可达95%，传送距离达200毫米。快充方面，北京建成规模最大的电动汽车快充站，均采用最新60千瓦快充技术，普通电动乘用车仅需15～20分钟即可完成电量补给。

10.1.5　产业发展问题

1. 基础设施建设落后市场发展

2016年我国的电动汽车保有量接近100万辆，车桩比约为4.3 ： 1，远低于1 ： 1的标准。充电基础设施的建设较电动汽车的发展滞后，随着新能源汽车销量的持续上扬，充电基础设施建设的缺口将会进一步扩大，不利于新能源汽车的推广应用。

2. 新能源汽车及充电安全水平急需提高

随着新能源汽车保有量的持续增长，带来的安全问题也开始增多，引起广泛关注。我国历年新能源汽车起火事故统计，见图 10.6。2017 年上半年，国内新能源汽车起火事故 8 起，较 2016 年上半年减少 3 起，但涉事车辆总数却大幅增加。从起火原因来看，由充电和自燃造成的起火事故占到 60% 以上。从车型分布来看，客车是起火事故的高发领域；乘用车起火事故也在逐年增多。从动力类型来看，纯电动汽车是起火事故的高发车辆类型，占比高达 79%。

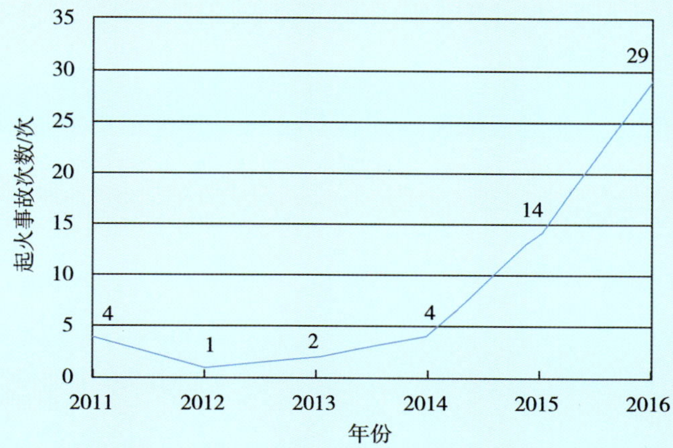

图 10.6 2011 ～ 2016 年我国新能源汽车起火事故趋势
资料来源：国际能源网

总的来看，新建充电基础设施在安全性方面得到了改善，但前期已经安装的符合旧标准的系统升级缓慢，车桩匹配存在一定问题。我国电动汽车推荐车型逐年增多，相应的安全准入门槛也已开始逐步提高，但产品安全性能水平，还需整个行业从设计源头开始加大重视，提升标准要求的全面完善性，提升检测试验水平，在保障安全的前提下降低经济成本。

3. 新兴造车企业不断涌入，加重产能过剩

2016 年 3 月至今，15 家企业新建纯电动乘用车建设项目陆续获批。部分新兴造车企业不断用行动洗刷“PPT 造车”争议：前途、车和家、威马、FMC 等先后投资建立生产基地，蔚来纯电动超跑 NIO EP9 刷新赛道纪录。同时，跨界资本及人才涌入势头有增无减：蔚来、FMC、车和家等众多企业新一轮融资 / 地方投资合作消息不断；谷峰、朱江、童志远等传统车企高层离职加盟造车新势力。造车热潮仍在持续，但如何实现盈利并不乐观，产能过剩已成必然趋势，长远来看必将引发行业整合。

4. 报废回收成规模发展后面临的重要问题

我国新能源汽车产业快速发展，产品逐渐进入报废期，据预测，到 2020 年前后，我国车用动力电池累计报废量将达 20 万吨，如何回收利用影响新能源汽车的可持续发展。目前，国家已发布相关标准为车用动力电池的回收及余能检测提供评价

依据，提高废旧动力蓄电池余能检测的安全性和科学性，但采取何种经营模式进行回收将是进一步需要解决的问题。

10.2 新能源汽车动力电池发展情况

10.2.1 产品性能及趋势

我国当前量产的动力电池根据使用的正负极材料种类可以分为磷酸铁锂动力电池、三元动力电池、锰酸锂动力电池、钛酸锂动力电池等，以前两种类型占比较大，详细占比见图 10.7。

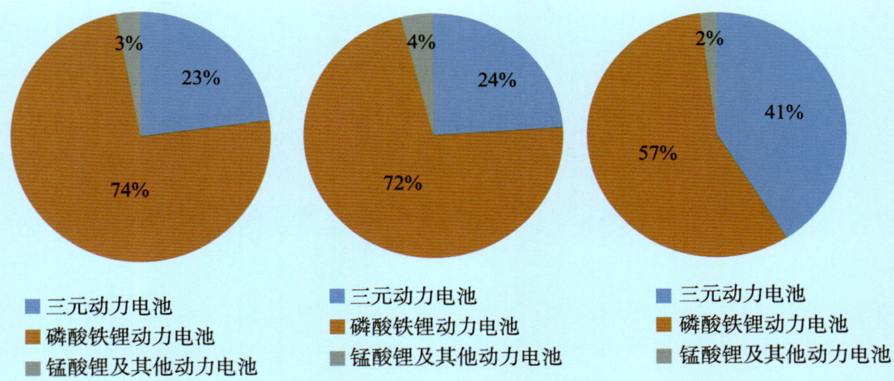

（a）2015年动力电池产量（16.9吉瓦时）　（b）2016年动力电池产量（30.8吉瓦时）　（c）2017年上半年动力电池产量（18.4吉瓦时）

图 10.7　我国动力电池不同技术路线分布

资料来源：高工产研锂电研究所

以上每种技术路线各具特点，均有一批代表性企业（表 10.4）。

表 10.4　不同动力电池技术路线代表企业

不同技术路线产品	代表企业
磷酸铁锂动力电池	比亚迪、宁德时代、国轩高科、沃特玛、力神、万向A一二三
三元动力电池	宁德时代、国轩高科、比克动力、万向A一二三、力神、亿纬锂能、广西卓能、远东福斯特、天津捷威
锰酸锂动力电池	星恒电源、中信国安盟固利、微宏动力、亿鹏电源
钛酸锂动力电池	珠海银隆、微宏动力、剑兴锂电、天康新能源

在量产的动力电池中，按照单体电池外壳形状可以分为软包电池、方形铝壳电

池、圆柱电池。三种形状的电池各自具有不同的性能特点（表 10.5）。

表 10.5　不同外形动力电池性能特点

项目	软包电池	方形铝壳电池	圆柱电池
典型应用	应用车型：乘用车为主（包括纯电动汽车、混合动力汽车）；镍钴锰为主	应用车型：大巴车为主，乘用车为辅；中国以磷酸铁锂电池为主，开始转向镍钴锰	应用车型：物流车、A0、A00 级乘用车、低速车；中、日、韩趋于以镍钴锰为主
代表企业	中国：万向 A 一二三、捷威、国能、孚能 国外：韩国 LG 集团、AESC	中国：宁德时代、比亚迪、国轩高科、中航锂电 国外：SDI	中国：比克、力神、亿纬锂能 国外：松下
优势	（1）比能量与比功率兼顾； （2）内阻低、宽温度特性、循环寿命长	（1）内阻小、循环寿命长； （2）封装可靠度高，耐受性高； （3）成组相对简单，系统能量效率相对简单，系统能量效率高	（1）能量密度高（单体）； （2）设备、工艺成熟，成本最低； （3）相关配套成熟，可靠性强
不足	（1）机械强度低，系统相对复杂； （2）制造效率低、整体成本相对最高	（1）单体能量密度相对偏低； （2）高能量密度系统保护策略复杂	（1）单体容量小，成组能量效率低； （2）充电功率不足，循环寿命 1 000 ～ 1 500 次

这三种形状的动力电池中，我国当前以方形电池为主，具体占比见图 10.8。国内龙头企业宁德时代、比亚迪等主要生产方形电池，其集聚了一大批生产设备企业、检测设备企业及材料企业，围绕方形电池进行技术攻关。方形电池是目前我国最成熟、占有率最高的技术。

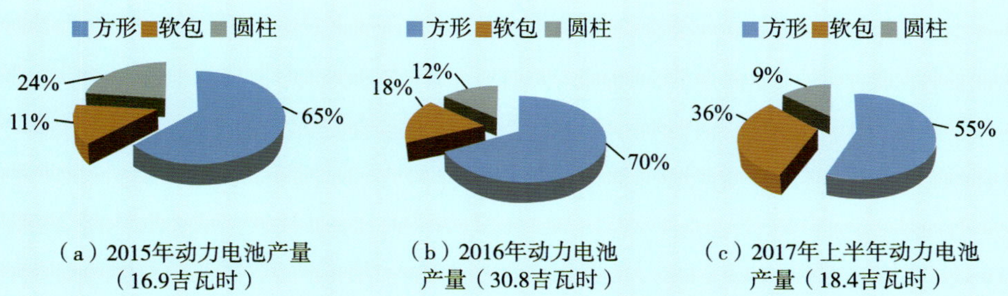

图 10.8　我国动力电池外形分布

资料来源：高工产研锂电研究所

动力电池已经批量应用于新能源乘用车、新能源客车及新能源专用车。高能量密度、高安全、低成本、长循环寿命、快充等技术方向，目前正处于不断提升阶段。从终端整车需求带动及各项技术的进步空间来看，未来动力电池各个性能还需要有很大提升。当前主要技术路线动力电池的技术指标，详见表 10.6。

表 10.6　当前主要技术路线动力电池的技术指标

电池类型	循环寿命 / 次	单体能量密度 /（瓦时 / 千克）	系统能量密度 /（瓦时 / 千克）	倍率性能 / 倍率
容量型磷酸铁锂动力电池	2 500 ～ 3 000	130 ～ 150	110 ～ 125	—
倍率型磷酸铁锂动力电池	2 000 ～ 2 500	90 ～ 110	70 ～ 80	3 ～ 5
三元动力电池	1 500 ～ 2 000	180 ～ 220	120 ～ 150	—
锰酸锂（掺三元）动力电池	1 500 ～ 1 800	140 ～ 160	110 ～ 130	3 ～ 5
钛酸锂动力电池	15 000 ～ 20 000	90 ～ 105	75 ～ 80	5 ～ 10

资料来源：高工产研锂电研究所

1. 能量密度

磷酸铁锂动力电池受限于材料本身低理论克容量（170 毫安时 / 克），其生产的磷酸铁锂动力电池的能量密度未来提升空间不大。当前磷酸铁锂单体动力电池的平均能量密度约为 145 瓦时 / 千克。未来趋势预测详见图 10.9。

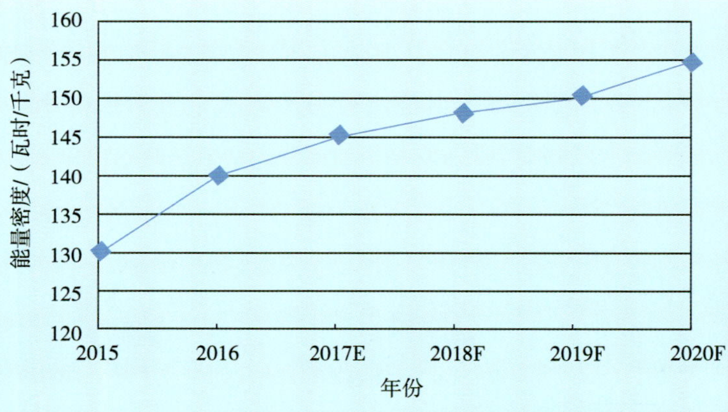

图 10.9　磷酸铁锂单体动力电池能量密度现状及趋势

与磷酸铁锂动力电池不同，三元动力电池的能量密度还有很大进步空间。目前国内三元动力电池的能量密度为 180 ～ 220 瓦时 / 千克，未来随着高镍三元材料的应用及结构优化，其能量密度还有较大提升空间。具体预测见图 10.10。

2. 快充性能

当前快充路线较多，常见的有钛酸锂电池、锰酸锂电池、磷酸铁锂电池等，其中钛酸锂电池的快充性能最优异。不同路线电池快充性能对比及代表企业见表 10.7。

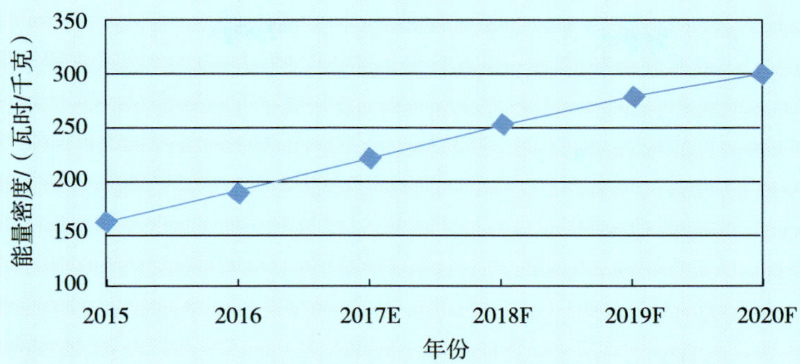

图 10.10　三元单体动力电池能量密度现状及趋势

表 10.7　不同路线电池快充性能对比及代表企业

快充技术路线	当前水平（最新车型公告）/ 倍率	未来目标 / 倍率	代表企业
钛酸锂电池	6	10	珠海银隆、微宏动力
锰酸锂电池	3.3	5	中信国安、亿鹏能源、微宏动力
磷酸铁锂电池	5.2	10	宁德时代、沃特玛
多元复合锂电池	3.3	5	微宏动力

钛酸锂电池快充技术以珠海银隆为代表，磷酸铁锂电池快充技术以宁德时代为代表，性能举例见表 10.8。

表 10.8　宁德时代磷酸铁锂电池快充性能举例

产品序号	充电倍率 / 倍率	循环寿命 / 次	充满电所需时间 / 分钟
1	1	4 000	60
2	3	6 000	20 ～ 25
3	5	10 000	12 ～ 15

当前国内电池快充技术主要用于新能源客车，而新能源乘用车领域的快充技术的进步还不明显，这是下一阶段各电池企业需要重点突破的方向。

3. 循环寿命

动力电池的循环寿命将直接决定新能源汽车的使用成本及生命周期，当前各种技术路线的循环寿命差距较大（表 10.9）。

表 10.9 不同电池循环寿命对比

技术路线	当前循环寿命 / 次
磷酸铁锂动力电池	3 000 ～ 5 000
三元圆柱动力电池	1 000 ～ 1 500
三元方形动力电池	1 500 ～ 2 000
钛酸锂动力电池	12 000 ～ 15 000

从以上几种主要技术路线的循环寿命来看，磷酸铁锂动力电池及钛酸锂动力电池的循环寿命基本能满足终端的寿命要求，特别是钛酸锂动力电池。而代表动力电池发展方向的三元动力电池目前循环寿命还需要有很大提升。

整体来看，国内动力电池的技术进步空间还很大，国内企业在未来 2 ～ 3 年会加大动力电池研发力度，从原材料、电池设计、生产设备及工艺、电池管理系统（battery management system，BMS）、电池包工艺等方面着手，最终实现高能量密度、长循环寿命、低成本、快充等各项性能。

10.2.2 工程技术能力及智能制造

2015 ～ 2017 年为国内动力电池扩产的第二波热潮，这带动了锂电生产设备的规模化增长。从 2016 年开始，国产锂电生产设备产值占比不断上升，这得益于国内生产设备技术水平的大幅提升，以及成本较国外有极大优势。我国近年锂电生产设备需求规模发展情况见图 10.11。

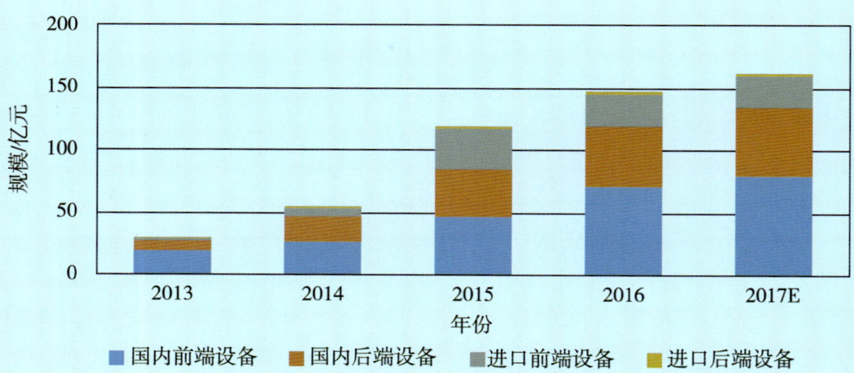

图 10.11 2013 ～ 2017 年我国锂电生产设备需求规模

近年来，我国锂电生产设备不仅规模保持增长，而且逐渐替代进口设备。另外，我国锂电生产设备在性能上也有较大提升（表 10.10）。

虽然国内生产设备近几年技术进步较快，但与国外先进设备相比在自动化程度、

表 10.10　动力电池生产设备关键指标及预测

生产设备及关键指标	2014 年效率	2017 年上半年
搅拌机线速度 /（米 / 分钟）	300 ～ 400	800 ～ 1200
涂布机涂布速度 /（米 / 分钟）	25 ～ 30	50 ～ 65
极片分切机模切速度 /（米 / 分钟）	4 ～ 6	10 ～ 12
18 650 装配线效率 /（个 / 分钟）	60 ～ 70	120 ～ 140
方形电芯装配线效率 /（个 / 分钟）	4 ～ 5	8 ～ 10
电池模组装配线效率 /（秒 / 个）	120 ～ 200	60 ～ 90

工艺精度上仍有一定的差距。动力锂电池生产过程中涉及近 40 个生产环节，每个环节都对应不同的生产设备。动力锂电池的一致性、稳定性等性能需要不断提升，这需要减少人为误差，因此还需引进高精度、高效率、全自动化的生产设备。全自动化设备制造的锂电池具有很好的一致性，保证了锂电池较高的安全性。而工艺精度则使电芯制造过程中产品良率、性能、原材料利用率等达到更高、更准的水平。

新能源汽车市场不断增长，对动力电池的需求量不断增加，同时对动力电池的性能要求更严、成本要求更低，多种因素要求动力电池必须向智能制造、大规模制造转型升级。智能制造可以提高生产效率、降低成本、减少用工人数，从而减少人为误差，另外智能制造可实现在线监控与产品可追溯。动力电池在执行智能制造时需要有以下几个先决因素：①尺寸规格统一。动力电池尺寸统一，规格种类越少则越有利于全自动化和标准化。②单线产能大幅提高。从之前的 0.5 吉瓦时提升到 1 ～ 4 吉瓦时。③动力电池的数字化设计。④全过程检测与监控。依靠制造企业生产过程执行系统（manufacturing execution system，MES）等平台监控系统。⑤制造过程连续一体化。一体化可以减少生产环节，减少过程中的损耗，同时提高生产效率。

当前国内动力电池制造能力、设备配套能力还无法满足智能制造要求。未来几年，我国锂电生产设备在电芯制作方面，需要重点提高设备的工作效率和自动化水平；在组装设备方面，需要改善安全检测管理系统和组装的一致性，从而提升组装设备的自动化能力。整体来看，未来锂电生产设备的发展趋势是“三高三化”（表 10.11）。

表 10.11　未来锂电生产设备技术发展趋势

发展方向	具体指标
高精度	在电池生产过程中缩小实际值与目标值之间的差距，如极片涂布时，精度为 ±1 微米
高速度	生产效率提高，单台设备的运行速度加快，如涂布时速度达到 80 ～ 100 米 / 分钟，卷绕时速度达到 1 米 / 秒，叠片时速度达到 60 片 / 分钟等
高稳定性	单机平均无故障时间越来越长，如平衡故障间隔时间大于 10 000 小时。高稳定性可以提高电池的批次稳定性和一致性。新能源车用电池需要的电量很高，单颗电芯很难满足要求，因此需要将多个单体电芯串联或并联成电池组。在电池组中，如果单体电芯的差异很大，将降低电池的配组率，大大提高成本。另外，单体电芯差异大，将降低电池组的安全性

续表

发展方向	具体指标
无人化	部分环节用机器人替代工人。无人化，一是可以减少用工成本，二是可以减少人为操作中的二次污染，三是可以提高产品的稳定性和一致性
在线化	对锂电池生产的重要环节进行在线监测，如涂布时随时监测涂布的厚度，组装时监测缺陷等
网络化	将整个生产线实现网络化，可实时监测和监控生产线的运行情况。一是可以提高生产线的运行效率；二是可以将安全风险和损失降到最低

随着设备的自动化程度提升及生产线升级，动力电池整线效率提升，机器人在动力电池领域的应用比例也将大幅增加（图 10.12）。

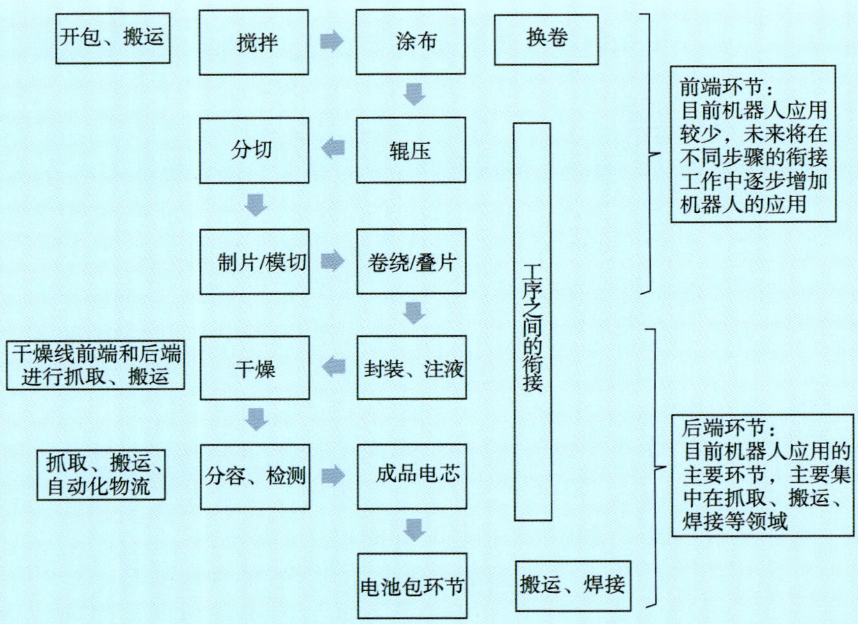

图 10.12 锂电池生产环节机器人的应用情况

动力电池大规模制造诉求将驱动生产设备升级、生产线改造，最终使动力电池生产线有质的提升，预计到 2020 年动力电池生产线的各项指标较 2017 年末有很大提升（表 10.12）。

表 10.12 动力电池生产线指标提升情况

动力电池生产线指标	2017 年上半年	2020 年
材料利用率	88% ～ 90%	94% ～ 95%
产品合格率	90% ～ 92%	95% ～ 96%
单位吉瓦时工人数量 / 人	600	150

续表

动力电池生产线指标	2017 年上半年	2020 年
单位吉瓦时用电量 / 万千瓦时	1 100 ～ 1 500	600 ～ 800
单位吉瓦时投资规模（不含土建及用地）/ 亿元	2 ～ 3	1.2 ～ 2
单颗电芯生产周期 / 天	15	8
电池包节拍 /（秒 / 个）	45 ～ 60	30

10.2.3　研发突破方向

为实现动力电池高能量密度、长循环寿命、低成本、高安全性等目标，电池企业及其他配套企业正在建立完整、高效的动力电池研发体系，具体包括四大关键材料、辅助材料、电池设计及工艺等的研发，其中三元动力电池的研发内容最多。

1. 三元材料

高能量密度动力电池是市场最迫切的需求，其中正极材料对电芯能量密度的影响最大。因此，国内产业链企业的大量研究都集中在高容量的正极材料上。当前三元材料是最有应用前景的高能量密度正极材料。

自 2000 年美国 3M 发明三元材料以来，三元材料产业化时间超过 15 年，2013 年之前三元材料主要用于数码锂电池领域。2013 年受 Tesla 风潮带动，我国开始将三元材料广泛应用于动力电池中，三元材料具有克容量高、电压上升空间大等特点，当前其呈现的性能与其理论性能相比还有较大差距。

三元材料合成技术复杂，特别是高镍三元材料。随着镍含量的增加，高镍三元材料的氧化性、结构不稳定性随之明显增加。目前，为提升能量密度，而使材料的克容量提升时，循环寿命、热存储、安全性等性能会恶化。因此只有这些性能达成一个平衡状态，满足实际使用需求时，才能真正得到量产应用。不同镍含量的三元材料动力电池的电压水平，详见图 10.13。当前三元材料的发展方向主要有高镍方向及高电压方向。

从产业化来看，国内能量产高镍 NCM811、NCA 及以上镍含量三元材料的企业少之又少，且具备批量应用高镍三元材料能力的动力电池企业也不多。当前国内批量应用的三元材料有 NCM523、NCM111、NCM622，以前面两个型号居多，国内 2016 年才开始使用 NCM622，预计 2018 年使用 NCM622 的量会大幅上升。

从高电压三元材料的产业化进程来看，目前国内动力三元材料仍以 4.2 伏为主，高电压三元材料受高电压电解液等配套技术不成熟的限制，短期内还无法大批量应用。

综上可知，三元材料的技术进步空间巨大，国内主要的三元材料企业、电池企业等机构正在通过多种途径探索开发。三元材料的主要研发途径见图 10.14。

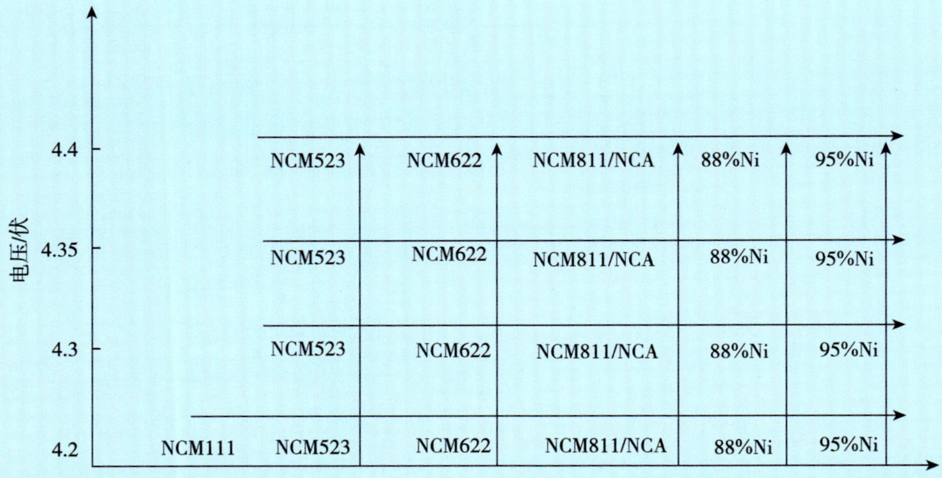

图 10.13　三元材料动力电池型号（镍含量）

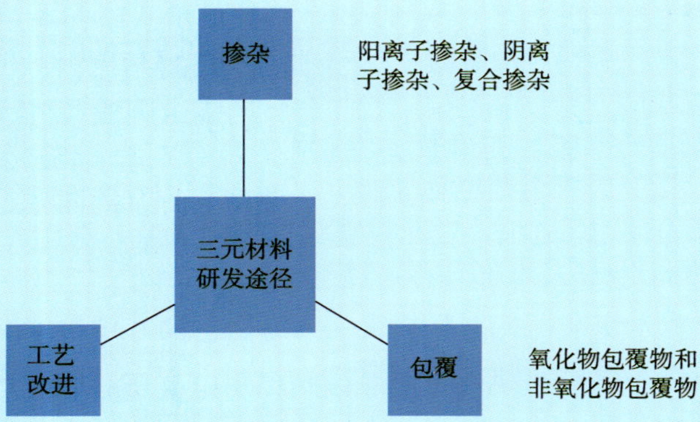

图 10.14　三元材料的主要研发途径

2. 硅碳负极材料

动力电池使用的负极材料以石墨为主，其理论克容量为 372 毫安时 / 克，当前可量产的石墨负极克容量已为 355 ～ 360 毫安时 / 克，石墨负极材料的克容量提升空间比较有限。开发新型高性能动力电池负极材料非常迫切。目前正在积极开发的新型负极技术有硅碳负极、锡基负极等，其中硅碳负极技术进展最快。

硅（Si）具有最高的理论嵌锂容量（约 4200 毫安时 / 克）和较为适中的嵌脱锂电位（约 0.45 V vs. Li/Li+）。与现有的石墨基负极相比，硅基负极虽然电池输出电压稍有损失，但略有提高的嵌锂电位降低了电极的活性并且在高速充电时能更好地避免锂在极片表面的析出和枝晶生长，从而改善电池的操作安全性，可适应较宽的温度范围和较高的倍率性能。

未来硅碳负极材料对动力电池提升能量密度有很大帮助，当前正成为负极材料企业及电池企业的研发重点。我国硅碳负极材料克容量开发计划详见图 10.15。

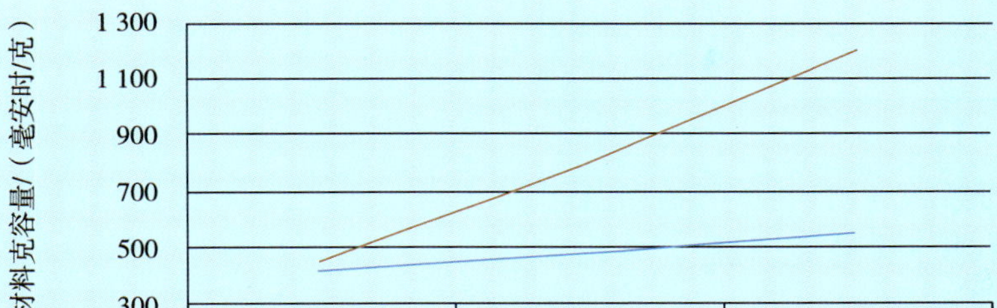

	2016年	2018F	2020F
Si0/C	420	480	550
Si/C	450	800	1 200

图 10.15　我国硅碳负极材料克容量开发计划

现阶段我国硅碳负极材料处于试用导入期，国内具备百吨级别产能的材料企业不足 3 家，量产的硅碳负极材料克容量为 380~420 毫安时 / 克，其余企业均处于送样测试验证阶段。目前阻碍硅碳负极材料规模化生产的最大壁垒在于生产硅源、包覆配比等，而且硅碳负极材料是一种使用起来非常困难的材料。其主要表现为：①在充放电过程中会引起硅体积膨胀 100% ～ 300%，而石墨材料膨胀率只有 10%，所以硅碳负极材料的膨胀收缩会导致硅碳负极材料粉末化，从而严重影响电池使用寿命；②硅为半导体，导电性比石墨差很多，导致锂离子脱嵌过程中不可逆程度大，从而降低其首次库伦效率。

3. 辅助材料

为更好地匹配高镍三元材料、硅碳负极材料在动力电池中的使用，需要加大对辅助材料的开发，辅助材料包括粘结剂、电解液添加剂等。

粘结剂的作用是粘接和保持电极活性物质，增强电极活性材料与导电剂以及活性材料与集流体之间的接触，更好地稳定极片结构，提升电池性能。由于锂离子电池的正、负极在充放电过程中体积会膨胀或收缩，要求粘结剂对此能够起到一定的缓冲作用，避免活性材料颗粒由于膨胀、收缩而分离，恶化电池性能。虽然粘结剂的用量少，但其对锂离子电池的生产和电性能都有很大的影响。

电解液添加剂在电池生产中用量少，但其作用不容忽视，其对延长电池寿命、提升安全性能和倍率性能、提高稳定性等有积极作用。

辅助材料主要配合正负极材料、电解液等关键材料应用，其研发进展在很大程度上需与关键材料的进度吻合。

4. 电池管理系统研发

电池管理系统由各类传感器、执行器、控制器及信号线等组成，其主要作用包括电池参数检测、电池状态估计、在线故障诊断、电池均衡、内部热管理、电池安全控制与报警、充电控制、网络通信、信息存储等。

为充分发挥电池管理系统的上述作用，业内主要从以下几个方面进行研发：①关键参数的高进度估算算法；②高效的电池间能量均衡方法；③动力锂离子电池组的安全管理和保护功能；④系统标定与可追溯管理。

10.2.4 下一代电池开发

在大力发展新能源汽车的进程中，全球主要动力电池制造国对动力电池的能量密度也提出了明确的发展计划（图 10.16）。

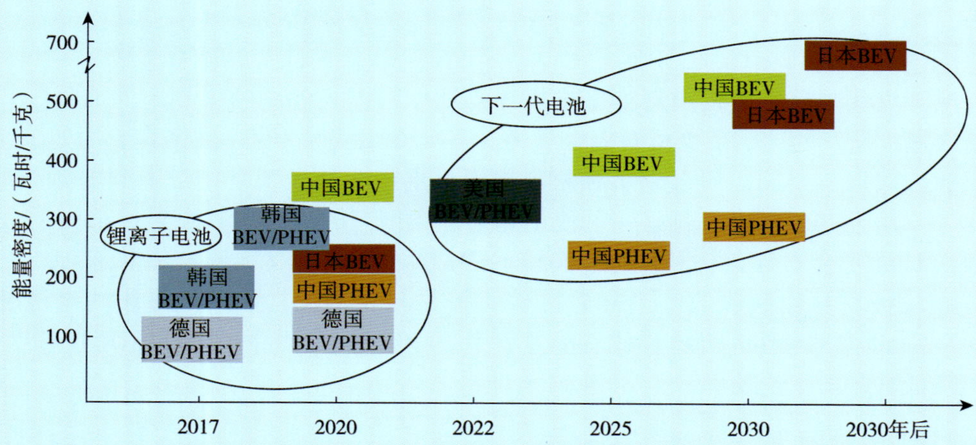

图 10.16　各国动力电池能量密度发展目标

资料来源：美国能源部，工信部，日本新能源产业技术综合开发机构

从各国的发展计划来看，锂离子动力电池在未来 5 ～ 10 年内仍将是主流，但其能量提升空间存在瓶颈，未来将会被新型电池替代。当前研究比较热门的下一代动力电池有全固态锂电池、金属空气电池、燃料电池等。

1. 全固态锂电池

从技术潜力角度来看，三元动力锂电池的能量密度提升相对困难，全固态锂电池能量密度的提升，从理论上讲更具可行性。二者性能的详细对比见表 10.13。

表 10.13 三元动力锂电池与全固态锂电池技术性能对比

性能	磷酸铁锂电池	三元动力锂电池		全固态锂电池
		镍钴锰酸锂电池	镍钴铝酸锂电池	锂硫电池
电压平台 / 伏	3.2 ～ 3.3	3.65	3.7	5
材料实际克容量 / （毫安时 / 克）	140	160	190	1 675
材料理论克容量 / （毫安时 / 克）	170	280	280	2 500
当前电池能量密度 / （瓦时 / 千克）	115 ～ 140	180 ～ 220	230	300 ～ 800
未来可能最大值 / （瓦时 / 千克）	140 ～ 155	250 ～ 300	300 ～ 350	900

全固态锂电池具有以下三个优势：一是全固态锂电池电压平台高，固态电解质比有机电解液普遍具有更宽的电化学窗口，有利于进一步提升电池的能量密度；二是固态电解质能阻隔锂枝晶生长，材料应用体系范围大幅提升，为具有更高能量密度空间的新型锂电池技术奠定基础；三是全固态锂电池当前能量密度约 350 瓦时 / 千克，预估最大值可达 900 瓦时 / 千克，还有超过 100% 的提升空间。

全固态锂电池在能量密度方面具有很大优势，但其生产工艺流程和技术与当前的常规液态锂电池完全不同。这给全固态锂电池的产业化带来相当高的技术壁垒。固体电解质中离子传输的速度较慢，并且固体电解质和正负极材料界面的电阻很大，这两个基本特征决定了全固态锂电池的倍率性能必然是其短板，并且全固态锂电池的循环性和温度性能也会面临很大挑战。

当前全固态锂电池存在固态电解质不稳定、难以实现快充、成本偏高等问题，因此全固态锂电池还处于试验阶段，实现商业化还需要一段时间。

2. 金属空气电池

金属空气电池因为电池阴极活性物质 O_2 可以从环境中摄取而不需要存储于电池体系中，因而具有较高的理论能量密度（约 11 500 瓦时 / 千克，不包括 O_2 质量），也因此成为近年来人们研究的热点。以锂空气电池为例，最近的研究表明，可以承受 100 周期以上的循环，同时充放电过程中 Li_2O_2 的生成 / 分解也被证实。然而，由于锂空气电池阴极氧电极充放电动力学过程缓慢，且存在较大的极化过电位，因而目前报道的锂空气电池能量效率较低。开发高效的双功能催化剂，以最大限度地提高锂空气电池的能量效率是当前的研究重点。目前研究较为广泛的氧电极催化剂包括碳材料、非贵金属（氧化物）以及贵金属（氧化物）等。

3. 燃料电池

另外一种研发比较热门的新型电池是燃料电池，其独特的异相电催化反应过程，使得不管是氢的电化学氧化还是氧的电化学还原，都可以在 Pt/C 催化剂表面获得较高的交换电流密度。燃料电池的能量密度则取决于储氢系统的储氢量，也可以通过增加储氢罐体积或者数量而获得提升。也就是说，燃料电池系统可以同时兼具高能量密度和高功率密度，这一特点则是二次电池不可能具备的，其根本原因在于二次电池属于封闭体系，而燃料电池是开放式工作方式。而同时兼具高能量密度和高功率密度的工况特性，正是现代汽车对动力系统的最基本技术要求。站在电化学器件的角度，相较于二次电池，燃料电池是化学电源的一个更高的发展层次。

从根本上而言，二次电池是一个能量存储装置，通过可逆的电化学反应实现电能的存储和释放。而燃料电池则是一个电能生产装置，它通过电催化反应将燃料中的化学能转换成电能释放出来，工作方式与内燃机比较类似。燃料电池和二次电池在工作方式上的本质性不同决定了二次电池适用于中小功率的储能用途，而燃料电池则适合较大功率的应用。

与全固态锂电池一样，燃料电池当前还处于研发阶段，核心材料、关键结构等都还未定型，综合来看，未来 5 ～ 10 年内全固态锂电池、金属空气电池、燃料电池产业化的可能性都较小，动力锂电池在未来几年将迎来快速发展期。

10.3　智能网联汽车发展情况

智能网联汽车可以提供更安全、更舒适、更节能、更环保的驾驶方式和交通出行综合解决方案，是城市智能交通系统的重要环节。其意义不仅在于汽车产品和技术的升级，而且更有可能带来汽车及相关产业全业态和价值链体系的重塑，具有极大的社会价值和经济价值。

10.3.1　产业发展现状

1. 顶层设计

我国智能交通及相关基础设施技术的研究起步于 20 世纪 90 年代中期。2000 年，我国成立全国智能交通系统（intelligent transportation systems，ITS）协调指导小组及办公室，并在科技部“十五”科技重大专项（“863”计划）中设立“智能交通系统关键技术开发和示范工程”项目。2015 年“互联网 + 汽车”概念开始席卷汽车行业，工信部随后宣布大力发展智能汽车制造，推动传统汽车行业向智能化、联网化方向转型升级。

2016 年 10 月，《智能网联汽车技术路线图》（简称《路线图》）发布，制定了我国智能网联汽车的相关定义、技术架构（图 10.17）与发展路径。《路线图》明确将未来发展规划为三个时期，即起步期、发展期、成熟期；针对不同时期推出相应的顶层设计方案，对不同等级自动驾驶汽车的新车装配率、交通事故减少率、普通道路交通效率、油耗与排放等，提出了明确的规划与指引。《路线图》明确提出我国智能网联汽车总体发展目标：2018 年实现以自主环境感知为主，网联信息服务为辅的部分自动驾驶（partial automation，PA）；2020 年实现融合自主式与网联式环境感知、可在复杂工况下的有条件自动驾驶（conditional automation，CA）；2025 年以后实现 V2X（vehicle to everything，即车联网）协同控制，完成高度 / 完全自动驾驶功能；2030 年左右实现一定规模的产业化应用。

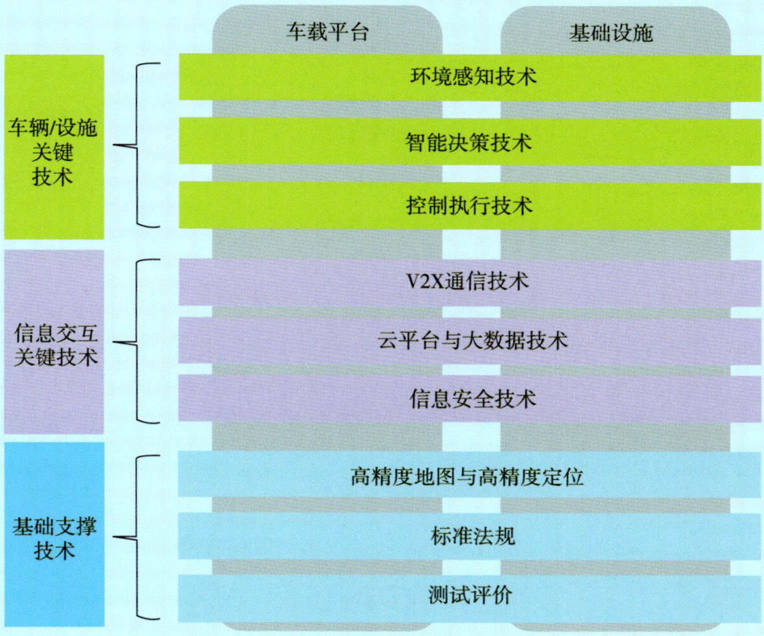

图 10.17　《路线图》中智能网联汽车“三横两纵”技术架构

2. 技术研发

汽车智能网联化发展可以分为智能驾驶及网联化两部分，如图 10.18 所示，智能驾驶主要技术涵盖传感器（感知层）、处理器与算法（决策层），以及制动控制（执行层），三方面共同协作。

智能汽车感知层由零部件厂商主导，包括初创企业与老牌的一级供应商。感知层主要包括超声波雷达、摄像头（视觉传感器）、毫米波雷达、激光雷达等多种传感器，为汽车提供全方位的车身周围环境识别。表 10.14 中给出了目前 ADAS（advanced driver assistant systems，即高级驾驶辅助系统）主要功能对应的传感器技术，多种传感器技术具有互补性，在辅助驾驶以及未来全自动驾驶路径中均呈融合发展态势。在 ADAS 产品不断升级的过程中，传感器配置数量及种类会不断增加，提供交叉冗余的信息识别，以保证感知及识别的精度，弥补当前算法的不足。总体

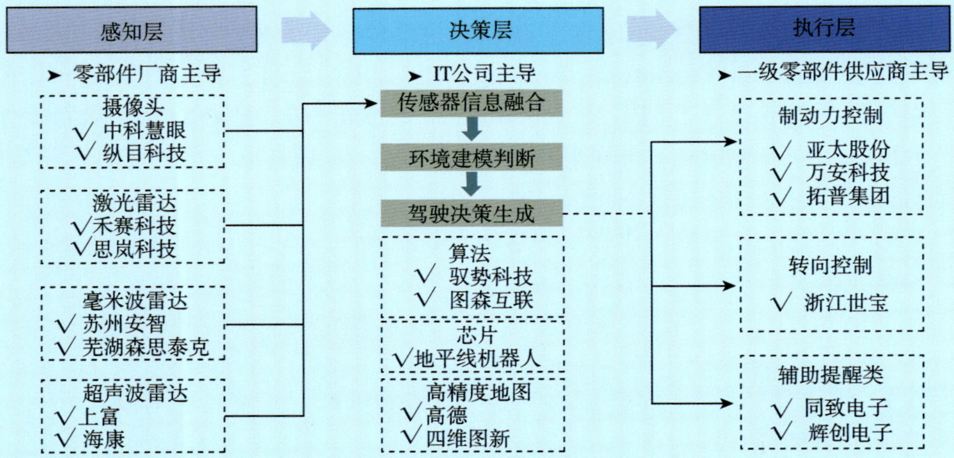

图 10.18 智能汽车技术总览（国内）

发展为先硬件后软件，先预警后主动控制，遵循从单一功能到多功能集成的发展过程。纵观 2017 年 CES（International Consumer Electronics Show，即国际消费类电子产品展览会）各家公司的自动驾驶样车，其传感器配置越来越趋同：多目摄像头 +77 吉赫兹毫米波雷达 + 环视摄像头 + 十几个超声波雷达，部分加上多线束激光雷达；其传感器供应商也大体相同。

表 10.14 目前 ADAS 主要功能对应的传感器技术

实现功能	视觉传感器	毫米波雷达		激光雷达	超声波雷达
		长距	中短距		
盲点监测	√		√	√	
变道辅助	√		√	√	
车道保持	√		√	√	
交通标志识别	√				
车道偏离预警	√		√		
自动泊车辅助	√		√	√	√
前方碰撞预警	√	√	√		
行人防撞预警	√		√		
自适应巡航	√	√		√	

智能汽车决策层由 IT 公司主导，主要负责通过算法实现环境实时建模、路径规划以及最终驾驶决策生成。数据处理形成决策的过程中，涉及大量的算法（深度学习）、芯片、高精度地图等人工智能技术，构成未来智能网联汽车的大脑。适用于深度学习的芯片，从 GPU（graphics processing unit，即图形处理器）发展到 FPGA（field-programmable gate array，即现场可编程门阵列），再到谷歌基于

ASIC（application specific integrated circuit，即专用集成电路）定制的 TPU（tensor processing unit，即张量处理器），以提供同时满足经济性和性能要求的计算平台。高精度地图需要具备辅助实现高精度定位、道路级和车道级的路径规划，以及车道级的路径引导能力，而国内相关领域研究起步较晚，地图生成制作的自动化程度较低，覆盖范围小，与自动化驾驶方案对接仍处于预研阶段，仅限于测试车辆使用。

智能汽车执行层主要由一级零部件供应商主导，由于涉及汽车安全领域，汽车企业对接口开放保持高度谨慎。执行层多数核心技术，如线控技术、底盘电控技术等由老牌一级供应商和车企掌握。部分有实力的一级供应商，开始直接对外提供自动驾驶解决方案，如博世，依靠其 EPS（electric power steering，即电动助力转向系统）、ESP（electronic stability program，即车身电子稳定系统）和 ABS（anti-lock brake system，即防抱死制动系统）等系统的长期积累，形成 iBooster（智能制动助力系统）等新技术，与多家车企进行合作。国内供应商依靠价格、技术迭代、适配等优势逐步做大，但是依赖车企、老牌一级供应商提供平台。未来智能汽车执行层的主要研究趋势是高精度、高可靠、智能化的线控系统，以及新一代的集成电动制动系统。

网联化是指汽车与“万物互联”。V2X 技术使车与车（vehicle to vehicle，V2V）、车与人（vehicle to pedestrians，V2P）、车与道路设施（vehicle to infrastructure，V2I）之间实现高效的信息交换与共享，从而对人、车、路和交通设施进行智能管控。随着通信技术的发展和更新换代，V2X 除了可以为自动驾驶提供更多的超视距信息以保障行驶安全外，还能优化车辆行驶路线，提高整个交通系统的运行效率，智能网联汽车的主要功能从最初的汽车接入互联网车载信息服务（telematics）向 ITS 演进。

3. 示范运行及商业化

通过“863”计划的实施和国家自然科学基金委员会的支持，清华大学、国防科技大学、北京理工大学、北方车辆研究所、一汽、长安、上汽、广汽等高等院校和科研院所、汽车企业，在环境感知、认知与决策、基于车载和车路通信的 ADAS、V2X 的研发方面取得积极进展，并研制出无人驾驶演示样车。

为进一步促进智能网联汽车的示范运行及商业化，从 2015 年起，智能网联汽车示范区便开始在国内发展，至今已有包括上海、重庆、北京、杭州、深圳等在内的多处示范区。

商业化方面，目前，国内一汽、上汽、长安、吉利、广汽等企业部分车型开始装备 ADAS 产品，L1-L3 等级的技术已部分实现量产，即高端车型配备的自适应巡航、高速路自动驾驶、自动泊车等 ADAS，但核心技术主要来自国外零部件供应商，如博世、德尔福、大陆、电装、奥托立夫等。ADAS 产品在国内起步较晚，市场渗透率较低，在 2% ～ 4%。未来，这一数字将随着技术的逐步成熟及产品价格的下降而提升，ADAS 将逐步从高端车型向中端车型渗透，同时许多低成本技术应用于入门级乘用车领域。根据中国汽车工业协会的预测，2020 年智能驾驶新车市场渗透率将达到15%左右，我国智能网联汽车市场有巨大的发展空间。

4. 跨界合作

近年来，互联网企业纷纷进军汽车行业，传统整车企业与互联网企业、人工智能企业深度融合、跨界合作成为发展趋势。

百度发布Apollo计划，开放自动驾驶平台，目前全球已有50多家合作伙伴加入，旨在建立一个以合作为中心的生态体系，发挥百度在高精度地图和人工智能领域的技术优势，为合作伙伴赋能，共同促进自动驾驶技术的发展与普及。长安汽车先后与华为、百度、科大讯飞、英特尔签订战略合作协议，分别在大数据分析、智能互联、智能语音、芯片集成、智能驾驶等领域展开合作，共同推进长安“654”智能化战略的实现。富士康、和谐集团、腾讯三方组成联合工作团队，积极开展“互联网+智能电动车”领域的产品与商业模式创新合作。广汽集团先后与科大讯飞、华为签署战略合作协议，探讨成立联合创新中心，分别在智能车载语音技术、车联网、智能驾驶等领域展开合作。上汽集团与阿里巴巴合资设立10亿元互联网汽车基金，成立“斑马智行”合资公司（图10.19），共同打造面向未来的互联网汽车及生态圈，首款互联网汽车荣威RX5实现量产。

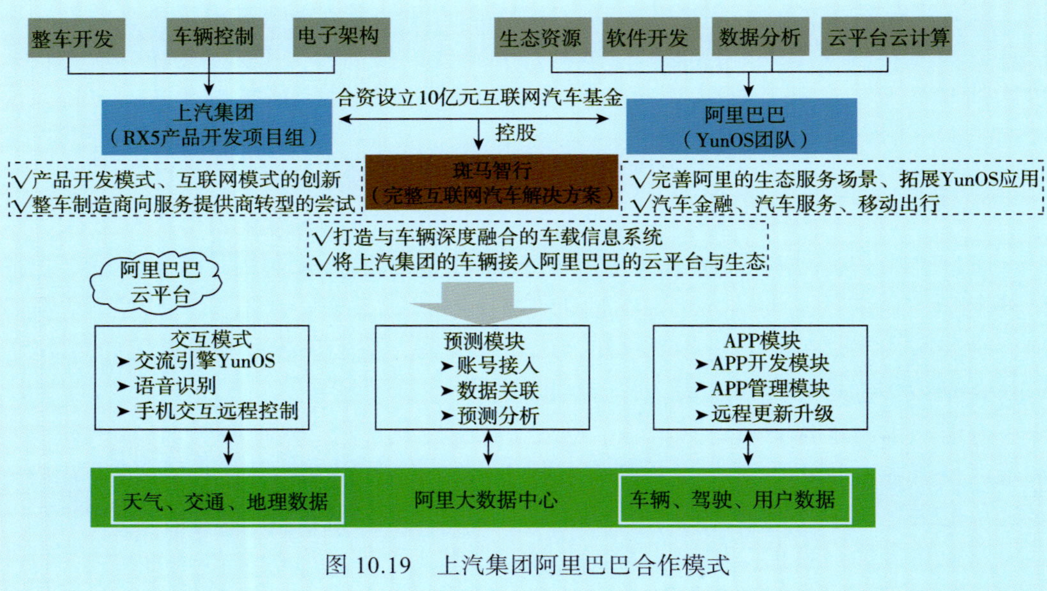

图10.19 上汽集团阿里巴巴合作模式

10.3.2 问题瓶颈

我国智能网联汽车市场处于飞速发展阶段，同时也面临严峻的挑战和明显的短板，具体如下：

（1）我国智能网联汽车领域的技术基础还十分薄弱，核心技术尚落后于世界先进水平。在摄像头、激光雷达、毫米波雷达等高性能传感器，汽车电子、电控系统、专用芯片等关键基础零部件领域，其核心技术与产品主要被国外企业掌握。

（2）自主零部件企业相对弱小，行业缺乏有效协同研发机制。企业缺乏可持续的自主研发体系，行业协同不足无法形成合力，尚未形成有效的自上而下的智能网联汽车政产学研体系。

（3）智能网联汽车标准、法规及测试能力建设相对滞后，缺乏系统性和完整性；国内现行《中华人民共和国道路交通安全法》没有对智能驾驶和无人驾驶上路资质进行相关规定，自动驾驶车辆准入法规及其支撑体系急需建立。

10.3.3 未来发展建议

第一，设立智能网联汽车国家重大专项，支持基础性前沿技术的研发。加大以产学研用方式为主、产业应用扶持为辅的基础性前沿理论技术研究的资源投入力度，加强跨领域科研资源的协同与培育，加大围绕客户需求（表10.15）、重视成果交付的基础类技术应用研发的资源投入及产业扶持力度。

表10.15 智能网联汽车基础性支撑前沿技术

项目	客户需求
人工智能及其软件实现	基于深度学习的机器视觉、激光点云物体辨识与学习
	基于深度学习的物体移动意图辨识及自动驾驶意图决断
	基于专家系统的交通法规知识库构建
	基于大数据技术及搜索的云导航路径规划
	驾驶员状态检测：基于深度学习的语音、脸谱、手势交互辨识，人体身份识别
基础支撑技术	芯片：GPU（FPGA）→神经元芯片
	深度学习算法库
	符合安全规范，定位于车联网应用的操作系统
	高精度地图与高精度定位系统

第二，建设智能网联汽车基础数据交互平台。推动政府、联盟和企业共同构建基础数据交互平台，形成基础元素统一管理、大数据智能分析、跨领域融合服务、智能决策与协同等支撑能力。研究制定统一的数据交互标准和规范，促进数据跨行业流动与有偿交易，推动综合信息服务、安全与能效应用、汽车企业智能化和服务化转型应用的便捷开发与高效部署，逐步实现政府监管平台、企业级平台和社会服务平台之间的互联互通与数据共享，优化资源配置，提高行业监管效率与协同控制水平。

第三，加强标准法规体系建设，推动测试验证与应用示范。推动建立健全智能网联汽车标准、法规及测试评价体系，为打造安全可控、开放协同的车联网产业提供支撑。对商业化前的智能网联汽车的安全性、可靠性、通信协议和系统稳定性进行充分测试验证，推动建立国家级ADAS系统、LTE-V2X、5G-V2X等技术验证平台，完成相关技术的试验验证；开展ADAS、LTE-V2X、5G-V2X等技术应用场景及需求研究，支持相关智能网联技术的应用与产业化。

支持封闭式、半开放和开放式智能网联产业应用示范区建设，支持符合条件的城市或区域作为试点，推进道路智能化改造，实证具有自动驾驶、V2X通信、客货车列队行驶等功能的汽车在实际道路环境下的运行情况，验证车辆、基础设施、终端及云平台之间网络通信的安全性与兼容性，开展综合信息服务、安全与能效应用等典型场景应用示范，促进技术成熟和商业化，为政府制定与修订政策法规提供重要依据。

10.4 我国新能源汽车未来发展趋势

10.4.1 规模数量大幅提升，公共领域渗透比例将首先增加

从市场总体情况来看，2014年和2015年连续两年我国新能源汽车产销量呈现爆发式增长；2016年呈现稳定增长，达到汽车总销量的1.8%。我国新能源汽车在经历2009～2012年的示范阶段、2013～2015年的推广阶段后正式进入普及阶段，进入快速发展期。

根据《节能与新能源汽车技术路线图》，到2020年，新能源汽车产能达到200万辆，销量占整体汽车销量的7%。如图10.20所示，目前渗透率仍处于较低水平，增长空间巨大，新能源汽车未来仍将延续较高景气度。

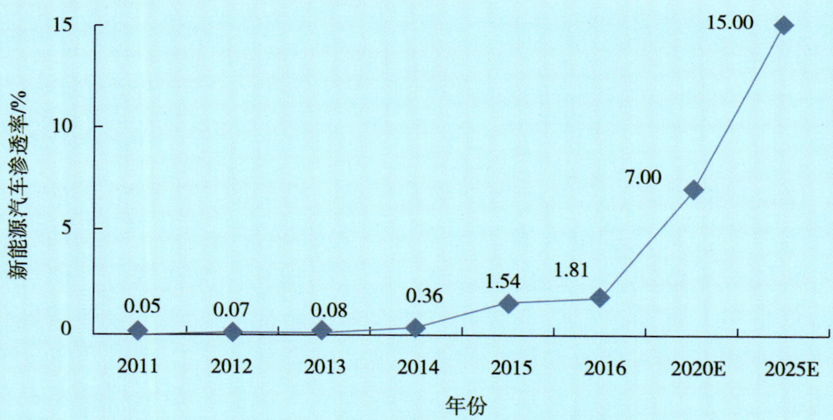

图10.20 我国新能源汽车历年及预期渗透率一览

2016年2月，国务院常务会议指出，扩大城市公共交通、出租车、环卫、物

流等领域新能源汽车应用比例，中央国家机关、新能源汽车推广应用城市的政府部门及公共机构购买新能源汽车占当年配备更新车辆总量的比例提高到 50% 以上。2017 年 2 月，国务院印发《“十三五”现代综合交通运输体系发展规划》，该规划中提及发展新能源汽车，到 2020 年，城市公共交通、出租车和城市配送领域新能源汽车快速发展，在地市级及以上城市全面推进公交都市建设，新能源公交车比例不低于 35%。公共领域由于具有相对集中、充电基础设施容易配套、影响范围大、公众辐射广、政策支持力度大等特点，是新能源汽车示范运营的重点区域（表 10.16），渗透率将最先增加。

表 10.16 国内各地 2017 ～ 2019 年新增及更换公交车新能源汽车比重（单位：%）

省份	2017 年	2018 年	2019 年
北京、上海、天津、河北、山西、江苏、浙江、山东、广东、海南	60	70	80
安徽、江西、河南、湖北、湖南、福建	45	55	65
其他省（自治区、直辖市）	20	25	30

10.4.2 鼓励政策加强技术引导，产业优胜劣汰步伐加快

2016 年底，财政部等四部委出台《关于调整新能源汽车推广应用财政补贴政策的通知》，实施期限为 2017 ～ 2020 年，如图 10.21 所示，新版补贴政策对续驶里程、动力电池能量密度、整车能耗、整车轻量化技术、整车和发动机匹配及优化技术，以及电池系统管理和保护等技术提出较高要求，技术门槛高端化将成为发展新趋势。

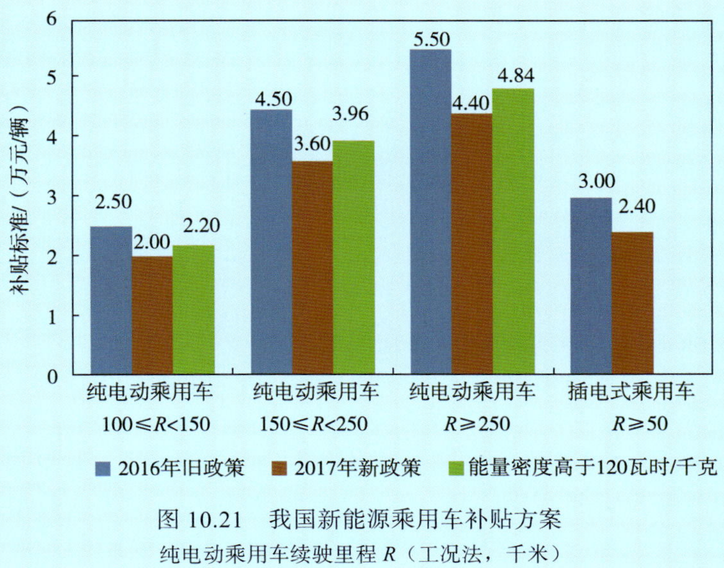

图 10.21 我国新能源乘用车补贴方案

纯电动乘用车续驶里程 R（工况法，千米）

2016 年 8 月，国家发改委出台《新能源汽车碳配额管理办法（征求意见稿）》。该文件有意引导产业向市场化发展，由“后进”补助“先进”，实现新能源汽车鼓励政策“双轨制”，确保国家补贴政策退出之后新能源汽车产业能够继续向前发展。可以预见，在新能源汽车技术门槛逐步提高，财政补贴逐步退坡退出，鼓励政策逐步让位市场的大趋势下，新能源汽车产业优胜劣汰加剧，产业聚集度将进一步增加。

10.4.3 外资及合资产品布局加快，自主车企竞争压力加大

近两年，我国跃升为全球新能源汽车市场第一大国，在政策和市场的支持下，新能源汽车成为我国自主品牌车企的重要发展方向。2016 年，我国新能源乘用车占全球比重超 40%，我国庞大的新能源汽车市场令外资车企“虎视眈眈”，越来越多的外资品牌加快布局我国市场（表 10.17）。

表 10.17 八大外企新能源汽车领域战略规划

企业	销量规划	车型规划
大众	到 2025 年全球累计出售约 100 万辆纯电动与插电式混合动力汽车	未来 3 ～ 5 年基于 MQB 和 MLB 模块化平台打造 15 款新能源汽车，在我国陆续投产
宝马	到 2017 年销量为 10 万辆；即时充电桩将扩充至 2 500 个；私人充电网络推广到 54 个城市	5 个车系 9 款新能源车型，包括纯电动汽车和插电式混合动力汽车，SUV 比例较高
奔驰	到 2025 年全球新能源汽车销量占整体销量 15% ～ 25%	2017 年推出 10 款插电式混合动力新车，加速混合动力车型国产化； 2020 年前推出 4 款纯电动汽车，2025 年推出 10 款纯电动汽车
通用	到 2020 年新能源汽车销量每年超过 10 万辆，累计占总销量的 5%	未来 5 年推出不少于 10 款混合动力新车，且每年至少推出 1 款国产新能源车
现代	到 2020 年全球累计出售 30 万辆	截至 2017 年已布局 2 款，在我国合资公司到 2020 年共计推出 15 款新能源车型：北京现代 9 款，东风悦达起亚 6 款
沃尔沃	到 2025 年全球累计售出 100 万辆	2019 年推出纯电动车型及全新 48V 混合动力车型
特斯拉	每年产量 50 万辆	2017 年推出 Model 3
福特	到 2020 年，全球新能源汽车销量占整体销量 10% ～ 25%	未来 5 年推出 13 款新能源汽车

外资车企除了加大新能源汽车在我国的布局，也加快了合资步伐。早在 2012 年，戴姆勒就联手比亚迪推出了腾势品牌，锁定高端电动汽车市场；2016 年 9 月，江淮汽车与大众汽车成立新能源汽车合资公司，在新能源汽车的整车及零部件研发、生产、销售、出行方案等领域展开全方位合作；2017 年 6 月，北汽与戴姆勒签署协议，戴姆勒拟战略投资北汽新能源，为双方在新能源汽车领域的技术与产品合作打下基础。

10.4.4 电动化、智能化、网联化三化融合，互联网企业跨界汽车产业成为发展趋势

当前业界普遍认为电动化、智能化、网联化是汽车未来的发展趋势。近年来，互联网企业纷纷进军汽车行业，传统整车企业、零部件企业与互联网企业、人工智能企业深度融合，跨界合作成为发展趋势（表 10.18）。

表 10.18 人工智能企业 TOP 5 进军汽车领域情况一览

企业	相关系统、产品、平台	合作 / 投资关系
百度	Apollo 计划、百度大脑、百度无人车、DuerOS 操作系统、My Car +Car Life +Co Driver 三大人机交互技术	宝马、长安、北汽、奇瑞等，博世、大陆等 Tier 1s
阿里巴巴	YunOS 智能操作系统、可视化 AI 平台、DT PAI、NASA 计划、互联网汽车荣威 RX5、智能车机	与上汽合资成立“斑马智行”
腾讯	和谐富腾旗下爱迪生、iCar 计划 2018 年量产	英伟达、和谐汽车 + 富士康、特斯拉、蔚来汽车
华为	Network Mind 智能网络控制系统、智能车机、LTE-4G 车载通信模块、LTE-V 通信技术	长安、广汽、东风、奥迪等
科大讯飞	讯飞开放平台、AIUI 开放平台、车载智能语音交互解决方案	奇瑞、长安、广汽、上汽、雷克萨斯等

电动化是智能化与网联化的最佳载体，未来电动汽车将完全实现车联网和自动化驾驶，在目前推出的测试车型和概念车型中已可以预见三化融合的趋势。同时，面向三化融合领域开展的战略合作不胜枚举。2015 年 3 月，富士康、和谐集团、腾讯三方组成联合工作团队，积极开展“互联网 + 智能电动车”领域的产品与商业模式创新合作。2017 年 6 月，大陆集团与蔚来汽车签署战略合作协议，双方将在纯电动汽车、智能交通与自动化驾驶等领域展开紧密合作。

10.5 我国新能源汽车产业发展建议

10.5.1 健全科技创新体系，实现关键技术突破

构建运行良好的科技创新体系，实现关键零部件技术突破才能使我国新能源汽车自主品牌在外资与合资企业的双面夹击下获得长远发展。建立健全以政府为引导、市场为主导、企业为主体、产学研用紧密结合的新能源汽车科技创新体系，完善政府对科技型企业创新的扶持政策，形成以市场为导向的创新驱动机制，加强企业研

发能力与创新管理能力建设；围绕新能源汽车领域创新发展的重大共性需求，形成企业申报、专家委员会筛选的机制；重点开展关联度高、带动性广的共性技术和关键核心技术研发、成果产业化、人才培训等工作，制定完善核心专利、关键标准的创造、应用与保护的法规程序；重点对动力电池与电池的管理系统、电机驱动与电力电子总成、电动汽车智能化技术、燃料电池动力系统、插电 / 增程式混合动力系统、纯电动力系统六个方向进行研发部署，促进我国新能源汽车产业平稳、健康、可持续发展。

10.5.2 培育自主明星品牌，鼓励企业做优做强

在新能源汽车与智能网联汽车领域，我国与世界先进水平的差距比在传统燃油车领域的差距小。2017 年 4 月，为做大做强我国品牌汽车，培育具有国际竞争力的企业集团，工信部、国家发改委和科技部联合印发《汽车产业中长期发展规划》，新能源汽车和智能网联汽车被作为实现整个《汽车产业中长期发展规划》的突破口，是引领整个汽车产业转型升级的关键。

（1）打造明星车型。2016 年，新能源乘用车领域自主品牌车企有 11 款车型位列全球销量 TOP20，主要集中在我国市场，与我国政府引导和政策支持密不可分。而补贴退出后，自主品牌新能源汽车将与外资和合资品牌站在同一起跑线上。我国自主品牌应选择聚焦战略，实现关键核心技术突破，打造精品，应对外资与合资车企在电池、电控等新能源汽车核心技术上的强大技术储备，使我国品牌走出国门，骨干企业在全球的影响力和市场份额进一步提升。

（2）打造我国新能源汽车专用平台。从产品上来说，新能源汽车没有传统的发动机、变速箱等部件，而加入了三电系统，新的生产平台能够生产更加符合新能源汽车结构的产品；从工艺上来说，新能源汽车有更多可以选择的车身材料，如铝合金和碳纤维等，专用平台可以更好地实现工艺上的应用；从汽车智能网联的系统上来说，新能源汽车本身就基于电力控制，电动化是智能化与网联化的最好载体。

10.5.3 提高各方积极性，加速基础设施建设

新能源汽车能否顺利实现产业化推广和商业化应用，要建立在是否具有完备而健全的专业充电设施、能量补给、电池租赁和售后维修服务的基础之上。

依据《电动汽车充电基础设施发展指南（2015—2020 年）》，以及《国务院办公厅关于加快电动汽车充电基础设施建设的指导意见》的要求，应进一步落实地方政府主体责任，充分调动各有关方面的积极性，加速配套设施建设，切实解决当前居民区电动汽车充电基础设施建设难题，实现 2020 年的建设目标。

同时，应充分发挥市场作用推进充电基础设施可持续发展，探索第三方充电服务企业、物业服务企业、车位产权方、业主委员会等多方参与充电基础设施建设运营的市场化合作共赢模式，鼓励积极引入局部集中改造、智能充电管理、多用户分时共享等创新运营模式，提升日常运营维护服务水平。

10.5.4　创新商业推广模式，促进产业可持续发展

有效的商业模式对于新能源汽车的推广和应用发挥着极其重要的作用。面对目前新能源汽车销售成本高、续航里程短、配套基础设施建设不完备等现状，我国应根据技术及市场情况，通过分摊成本的手段重新分配和调整各环节利益，探讨解决新能源汽车产业商业推广过程中的各个难题。

目前，国内已有的商业模式主要有定向购买、融资租赁、分时租赁、电商销售等模式。分时租赁模式以小时、天为计算单位来提供租赁服务，形式灵活、成本较低，且能够提供异地还车、智能网上预约等方便快捷的服务，成为目前新能源汽车的一种重要推广模式。融资租赁模式，以比亚迪推动 E6 在出租车公共领域的使用为例，比亚迪公司生产和销售新能源汽车，合作的金融机构出资购买车辆，在租赁期内，出租车公司分期向金融机构支付租金。该模式巧妙地减轻了新能源出租车承运公司一次性支付大额度资金的压力。

我国应继续积极探索“互联网 +”背景下新能源汽车的推广模式，使各个商业主体有效衔接和协调，平衡政府、电网、企业、运营商、消费者等各方利益，制定长远的战略规划，与城市建设、电网规划、土地供应、交通需求等各个环节有机结合起来，促进我国新能源汽车产业长期可持续发展。

第 11 章

高端装备制造产业

【内容提要】随着《中国制造 2025》行动纲领的颁布执行，各地区各部门认真贯彻实施该纲领，政策体系基本形成，创新体系建设深入推进，工业基础能力稳步增强，高端装备创新成果不断涌现，制造强国建设取得积极成效。按照“创新驱动、高端引领、智能转型、基础支撑”的发展思路，2017 年高端装备制造产业取得了较好的发展。C919 大型客机首飞成功，ARJ21 正式投入商业航线运营，“航空发动机与燃气轮机”重大科技专项进入正式课题申报阶段，首颗高通量通信卫星成功发射，首颗 X 射线空间天文卫星“慧眼”升空，半潜式钻井平台“蓝鲸 1 号”完成交付，多款智能机器人研发成功，高精密 RV 减速器取得突破性进展，等等。本章针对民用航空装备、卫星、海洋工程装备和工业机器人等四大领域进行系统分析。

11.1 民用航空装备

11.1.1 发展现状

2016 年，我国民用航空工业继续保持发展态势，产业规模持续扩大，产业技术创新能力和水平有了较大提升，产业体系不断完善，航空基础能力建设进一步加强。民用航空装备关键技术攻关取得重要进展，技术水平明显提升，重点产品按节点完成研制任务，一批新机型首飞成功，进入试飞阶段。航空产品生产、销售情况良好，经济效益不断提升，2016 年民用航空产业产值同比增长 3.4%，总产值达到 765.5 亿元[1，2]（图 11.1 和表 11.1）。

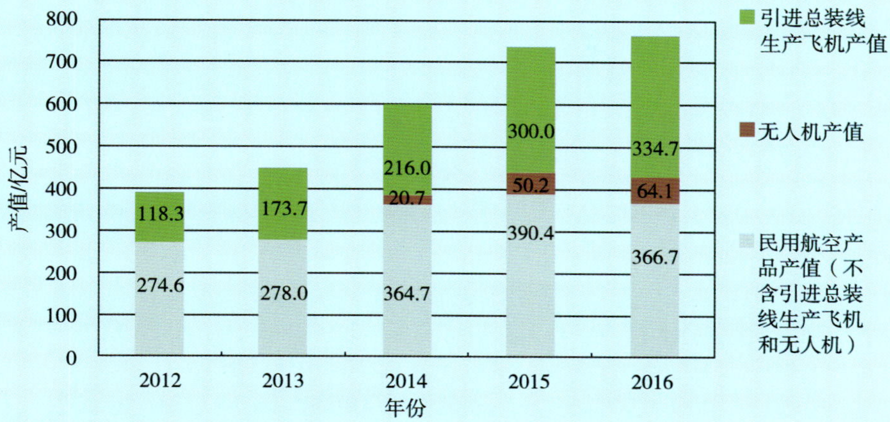

图 11.1 2010 ～ 2016 年中国民用航空产品产值情况[1]

表 11.1 历年民用航空产品交付[1]

指标	单位	2016 年	2015 年	2014 年	2013 年	2012 年
民用飞机交付(不含天津空客 A320 交付)	架	96	91	132	96	88
民用航空发动机整机	万元	2 338	4 948	1 511	660	0
民用航空发动机零部件	万元	432 408	350 957	347 960	311 176	341 448
民用航空零部件交付	万元	1 518 337	1 350 887	1 618 024	1 361 867	1 298 096

大型民用飞机研制取得了可喜的成绩，C919 大型客机首飞成功[3]（图 11.2），大型宽体客机项目处于可行性研究阶段，型号研制总体进展顺利。大型民用飞机适航符合性设计技术与适航符合性验证技术等关键技术领域取得重要突破，研发设计等核心能力建设取得重大进展，我国民用飞机产业体系发展新模式初步形成。以上海为龙头，陕西、四川、江西、辽宁、江苏等 22 个地区、200 多家企业、36 家高等院校、16 家国际供应商、16 家合资企业、近 20 万人参与了大型客机项目的研制和生产。目前，C919 大型客机国内外用户已达到 24 家，订单总数达到 600 架。空中客车（天津）总装有限公司成为空客 A320 系列飞机亚洲总装中心，截至 2016 年已累计交付 300 架飞机。

图 11.2　C919 首飞成功

支线飞机产业稳步推进，ARJ21 持续安全、高效进行定期航班商业运营，累计订单达到 433 架（图 11.3）；“新舟”600 飞机获首个国外型号认可证，是“新舟”系列飞机取得的第 11 个国外型号认可证。“新舟”700 飞机机头鸟撞、通风窗功能试验全面开展。

图 11.3　ARJ21 正式投入商业航线运营

2016 年民用直升机新产品进入批量交付，直升机 AC311、AC312、AC313 先后取证并投产交付后，AC352 型机（图 11.4）、AC312E 型机完成首飞，重型机的国际合作也按计划开展，国内相关厂所正在开展前期研究。空中客车直升机青岛公司总装生产线进入施工建设阶段。

通用飞机产业发展逐步推进，《国务院办公厅关于促进通用航空业发展的指导意见》

图 11.4　AC352 首飞

提出，推动国家通航产业快速发展，提升产业供给能力，推进军民融合深度发展，通航产业已成为国家综合交通运输体系和应急救援体系的重要组成部分。作为与大型军用运输机运 20、大型客机 C919 同样倍受瞩目的大型水陆两栖飞机 AG600（图 11.5），已全面进入地面联调联试阶段。中航工业通飞西锐公司在美国明尼苏达州交付首架西锐“愿景”喷气机，填补了高性能活塞飞机和轻型喷气机之间的市场空白。

图 11.5　AG600 滑行试验

2016 年航空发动机及燃气轮机重大专项启动实施，民用航空发动机预先研究成绩显著，型号研制加紧进行。航空发动机行业改革调整积极推进，中国航空发动机集团组建成立（图 11.6）。习近平强调，加快实现航空发动机及燃气轮机自主研发和制造生产，为把我国建设成为航空强国而不懈奋斗。李克强指出，航空发动机是国之重器，是装备制造业的尖端，努力做航空动力的保障者、制造强国的建设者和创新驱动发展的践行者，为保障国防安全、培育壮大新动能、促进经济社会持续健康发展做出积极贡献。

图 11.6　中国航空发动机集团组建成立

机载系统与空管系统研发力度不断加大，一些关键技术实现了初步突破，初步建立了系统与设备的设计研发、功能评估、测试与验证环境；自主研发的先进民机航电综合座舱在巴黎航展首展引起轰动（图 11.7），整套系统以未来国产宽体客机 C929 需求为牵引，围绕美国 NextGen 和欧洲 SESAR 提出的新概念与新技术，增加了满足未来全球空域运行体系下的航电系统新应用，可将飞行员从飞机操纵者解放为飞行管理者，让未来国产宽体飞机实现高效、快捷、安全和环保飞行[4]。

图 11.7　民机航电综合座舱系统

近年来，试飞领域完成了多项民用飞机预先研究项目，解决了民机试飞技术方面的瓶颈；承担了我国自主设计的第一架涡扇喷气支线客机 ARJ21-700 适航符合性验证试飞任务，成功组织了北美自然结冰试飞，实现了环球飞行，全面完成所有适航飞行验证试飞科目；承担并完成了“新舟”60（MA60）和“新舟”600（MA600）适航符合性验证〈取证〉试飞任务。试飞领域目前正在开展 C919 大型客机、AG600 大型水陆两栖飞机以及“新舟”700（MA700）的飞行试验预先研究和试验准备工作。

复合材料在结构中的应用比例也越来越大，正在飞机运行实践中验证和发展关键技术，近年来，先进碳纤维复合材料已在我国航空领域批量应用，在复合材料的设计、制造、验证技术和适航符合性验证等方面获取了一定的经验。目前，国内新研制的 ARJ21 等型号均已采用复合材料结构，C919 飞机复合材料用量占全机结构重量的 12%，但尚未在机翼（非）主承力结构上应用（图 11.8）。2017 年举行的第二届民用飞机复合材料技术国际论坛，对复合材料结构先进制造技术和质量控制方法进行了深入交流，并围绕复合材料工艺参数范围的性能评价方法与过程偏差接收标准的选择，设计可制造性评价、零件制造缺陷与偏差验收标准的评价方法，对结构性能、可制造性等问题进行了深入的研讨[5]。

图 11.8　C919 后机身复合材料壁板

11.1.2　发展趋势

未来二十年航空市场需求强劲，在新兴经济体特别是亚洲地区的城市化发展及财富增长是驱动航空业增长的主要动力来源。涵盖超过 60 亿人口的新兴经济体航空客运量年均增长率预计为 5.6%，倾向搭乘飞机出行的人口比例将是目前的 3 倍，达到 75%。中国国内市场将在未来 10 年内成为世界上最大的航空运输市场。据预测，未来 20 年，中国将需要 8 000 多架新飞机，总价值约为 12 000 亿美元。与此同时，中国民航机队规模在未来 20 年将扩大到现在的 3 倍。同时，由于民用航空制造业的进一步扩张，民用航空工业整体素质和生存发展的经济合理性显著提高。民用航空市场正逐渐感受到新技术带来的影响。关键技术研发强度持续增加，产业组织和经营模式不断创新，航空制造业产业结构在技术和市场力量的作用下也在发生巨大变化，范围更广的整合、更深层次的重组将成为航空制造产业格局转变的重要里程碑。民用航空制造业具有的高端高质特征、聚集效应、带动效应和引领效应日益突出，世界发达国家和地区、有条件的发展中国家和地区，都在竞相发展航空制造业，积极抢占经济和科技发展的制高点，赢得综合实力和科技水平竞争的主动权[6, 7]。

未来一段时期，航空装备的发展主旋律是渐进式的改进，而不是革命性的创新，安全和高效依然是商用航空技术发展的主流方向。为了满足未来市场需求，在航空器设计的各个领域都将有一批新技术用到改进和发展新型号中。特别是节能环保的绿色航空已成为目前民用航空器发展的基本要求，追求目标顺序演变为“安全性、环保性、经济性、舒适性、以速度及航程和商载能力为主的性能与使用特性”。绿色环保技术有望成为推动发展的“颠覆性技术”。欧美以实现“绿色航空”为目标，通过技术革命和创新，保持其航空工业在全球的领先优势。欧美部分国家和地区新发动机的功率提升了50%，油耗则下降了25%。同时，制造和材料两个领域新技术的采用有可能颠覆现有发动机概念，增材制造进入发动机核心部件生产环节，完全采用增材制造技术的喷气发动机概念验证机、以增材制造实现非金属燃气涡轮发动机、传统增材制造转向新型数字光子生产的“生产2.0”概念等三个里程碑事件值得关注。机载系统价值约占整机的30%，在技术发展上，机载系统正从功能、能量、控制和物理4个方面实现全面优化与综合化，从而大大提升飞机的整体效益。多电化、数字化和模块化是民用飞机系统的发展趋势，辅助驾驶和无人驾驶技术进一步发展，网络技术得以广泛应用。随着无人机的应用范围逐渐增加，无人机空域管理悄然启动。

未来20年，大型民用飞机双寡头垄断开始受到冲击，单通道窄体民用飞机细分市场多极竞争，400座级以下宽体民机市场出现“三极俱乐部”局面正在酝酿中。各种形式的合作成为增强自身竞争力的手段，大型民用飞机企业与其国内外供应商建立稳固的战略联盟，并采用专业化、国际化的大型民用飞机发动机、机载系统和航空材料的研发生产与客户服务主流商业模式。支线飞机制造业产业集中度、专业化程度不断提高，产品面向国际市场，需求向较大座级产品转移，降低总体油耗成为技术革新的焦点。

直升机已构成一个非常有竞争性的工业领域，成为西方国家的主导产业之一，新兴国家也纷纷将直升机工业列为21世纪战略性产业加以发展。在完成了一轮合并重组后，形成了由欧洲直升机公司（现名“空客直升机公司”）、阿古斯塔•韦斯特兰公司、西科斯基飞机公司、贝尔直升机公司、波音和俄罗斯直升机公司等六家巨头统治市场的局面，竞争格局整体趋向稳定，产业集中度不断提高。国内直升机市场需求将会显著增加，民用直升机有望新增600架左右，国产直升机在国内市场的占有率可望持续上升。

民机服务支援体系是连接制造商和客户之间的桥梁，是航空产业制造、运营和服务三大支柱产业之一，大力发展民机服务支援体系已经成为民机产业商业成功的必经之路。波音和空客的服务支援体系，一方面通过门户网站向客户提供技术资料、运行支持、备件支持等在线服务；另一方面在全球范围内建立培训基地向客户提供飞行、乘务、机务和签派培训，并通过合资合作，在全球建立了飞机维修公司和部件维修中心，设立了区域性航材备件中心，与航空公司建立虚拟航材共享网络。随着波音 787 飞机的推出，波音一并推出了一款名为 Gold Care 的服务包，能够在第一时间向客户提供综合全面的机队维修工程管理服务。空客通过 17 家加入空客 MRO（maintenance，repair and overhaul）网络的维修企业和 160 个现场代表处，向客户提供服务支援。

目前，欧美不断加大航空发动机技术创新研究投入，随着新技术研发和推广应用，民用航空发动机油耗和噪声水平不断下降，健康管理技术的开发将推动发动机向智能化方向发展，先进热管理技术将优化民用发动机热力循环、改善污染的排放。航空发动机产业领域垄断格局已经形成，新兴国家要想打破这种格局并进入国际市场面临极大的困难。

机载系统产品不断向系统综合化发展，具有较强实力的企业通过并购重组、业务整合提升系统集成能力，逐渐成为系统集成供应商。航空电子系统由于综合化发展的趋势十分明显，尤其在系统集成和最新的前沿技术领域，已经基本形成了由霍尼韦尔、罗克韦尔·柯林斯和泰雷兹三大供应商主导的市场竞争格局。机电设备与系统领域由于专业更为广泛，公共设备综合化发展尚在不断探索和完善中，因此，垄断性的系统集成商在行业内还不是十分突出。

复合材料广泛应用是现代飞机结构设计制造史上的一次重大技术进步。飞机结构及复合材料技术的发展，将使复合材料大幅度取代金属材料成为飞机结构主体材料，取得显著的体现飞机先进性的经济效益。为了进一步迎接先进复合材料更高性能 / 价格比的挑战，各国都非常重视扩展先进复合材料应用的技术平台建设。空客提出的目标是更多地应用碳纤维增强复合材料以减重至 30%，从而降低整个飞行成本的 40%。然而，由于对复合材料在主承力结构上应用的理解和研究，还没有达到与金属结构应用同样的深度。复合材料用到民用航空飞机主结构上，必须同时解决其扩大应用与安全应用问题。虽然波音 787 和空客 350 已经进入商业应用，但是美国联邦航空局、美国国家航空航天局和欧洲航空安全局等政府机构仍在组织美欧科研机构和波音、空客等主要制造商深入开展大规模使用复合材料的安全应用研究。

11.1.3　最新成果

中国市场对大型民用飞机的需求在全球市场需求中的比重不断增加，宽体客机是大型民用飞机的重要产品，随着 C919 的首飞成功，中国已具备研制宽体客机的基础条件。中国和俄罗斯合资成立的中俄国际商用飞机有限责任公司已确定远程宽体飞机系列化发展方案（图 11.9），完成了飞机级指标的初步定义，明确了基本型的航程（12 000 千米）和座级（280 座）。项目转入初步设计阶段，对系统和设备供应商进行问询[8]。

能否“建立一个全球支援网络”是关系民机产业长远发展的首要风险。随着 ARJ21 支线飞机开拓国内外市场、“新舟”系列飞机进一步拓宽市场，国内民机服务支援体系得到了相应的发展，中国商飞和中航工业在主制造基地初步形成了门户网络平

图 11.9　中俄国际商用飞机有限责任公司确定远程宽体飞机发展方案

台、客户培训、航材支援、维修支援、技术支援、运行支援与技术出版物支援等服务支援基础能力（图 11.10）。

图 11.10　ARJ21 支线飞机维修基地

直升机加装应用装置是直升机应用的重要基础，AC313 城市消防型加装机腹式水箱系统和水炮系统，可用于城市高层建筑、悬崖复杂地形环境、大面积火源及多个火点的火灾扑救工作，对加强国内大中城市高层建筑的消防具有重要意义。AC313 直升机城市消防型圆满完成空中悬停取水、喷水试飞科目（图 11.11），填补了国产直升机应用于高层建筑消防的空白 [9]。

机载系统的多电化、数字化和模块化以及辅助驾驶与无人驾驶技术等进一步发展，网络技术得以广泛应用，机载操作系统作为机载电子设备的核心，追求的是实时性、稳定性和安全性。国产机载操作系统“天脉”作为一款嵌入式操作系统，是关系到飞行安全的关键产品，其成功研制，提升了我国航空机载装备的自主化水平（图 11.12）。

直升机激励系统与飞控铁鸟台联试试验圆满完成 [10]。该设备激励原理是国内首

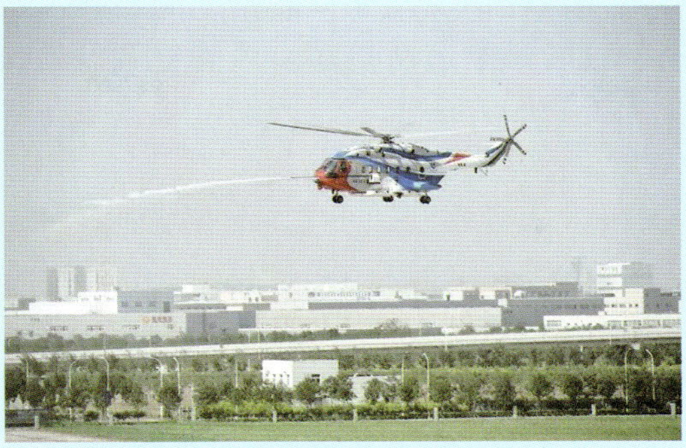

图 11.11　AC313 城市消防型完成喷水试飞科目

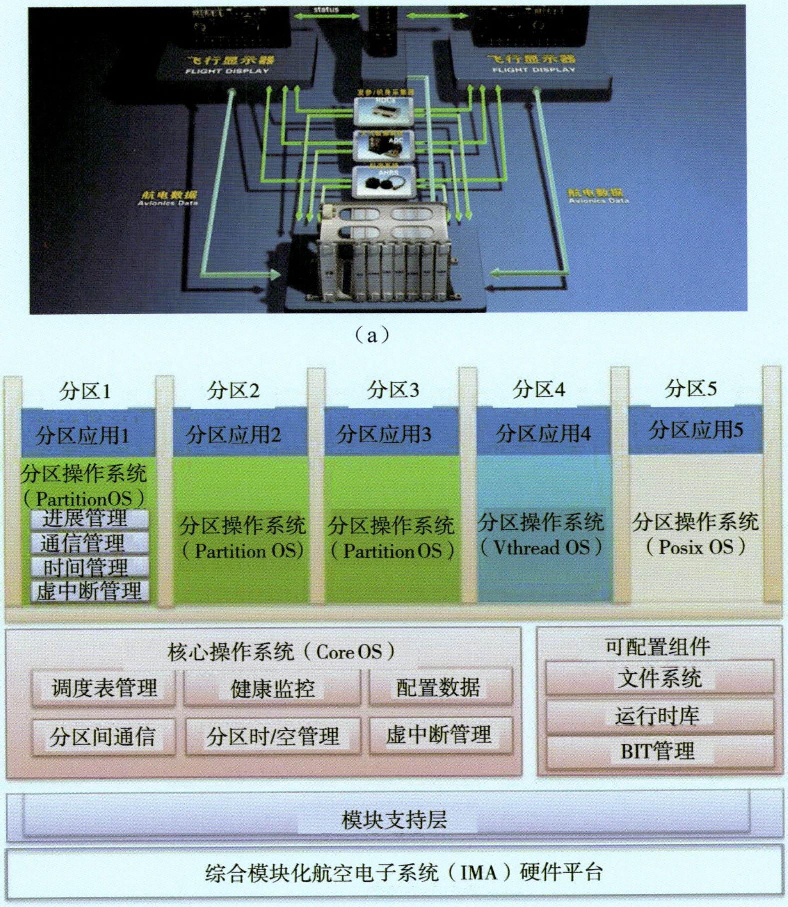

（a）

（b）

图 11.12　国产机载计算机及“天脉”操作系统

创，该设备研制前，飞行员只能在试飞过程中和地面试验时通过手动操作飞机操纵杆进行飞机激励，对飞机平台进行特性测试，相比固定翼飞机，直升机的操控更为复杂，而且直升机激励系统的激励通道更多，风险更高。该设备的成功研制，解决了直升机气动弹性飞行试验激励方法短缺的问题，丰富了飞控稳定性及飞行品质的飞行试验激励方法。

（撰稿：伍大明、吴兴世、崔德刚、王建秋、彭友梅、张东红、陈少军，审稿：陈淮秋）

11.2 卫星制造及应用

11.2.1 发展现状

我国卫星及应用产业坚持自主创新，走出了一条适合我国国情且具有自身特色的发展道路，具备独立建设空间基础设施的能力和连续稳定运行的能力，卫星研制与发射能力步入世界先进行列。遥感、通信、导航卫星的发展成绩卓著，初步实现从试验应用型向业务服务型的转变。卫星应用的广度和深度不断提高，正在进入快速发展期，应用领域和规模不断扩大。

1. 空间基础设施发展现状

（1）我国已经具备了独立研制大容量通信卫星的能力，通信卫星已从国内走向国际市场。

我国已经形成业务涉及固定、中继和直播，覆盖 S、C、Ku、Ka 的通信卫星系列，成为国际上少数几个能够独立研制大容量通信卫星的国家，为国防信息化建设、国家公益性保障和各行业应用提供了“空间信息走廊”。同时，面向宽带等个人业务的先进通信卫星，以及更高性能的卫星平台正在开展研制，我国通信卫星的研制与应用水平将提升到一个新的高度[11]。

我国自主发展了三代东方红系列通信卫星平台，东方红 -4 卫星平台的研制成功，开启了国际商业通信卫星市场大门，为委内瑞拉、巴基斯坦、尼日利亚、玻利维亚、老挝和白俄罗斯等国家提供卫星在轨交付服务。为适应新一代大型静止轨道通信卫星和对地成像卫星等需求而研制的东方红五号卫星平台进入工程实施阶段，该平台的开发将带动我国大型卫星公用平台升级换代和能力跨越式提升，形成参与国际商业卫星市场竞争的新优势。

（2）我国已完成北斗卫星导航区域系统的建设，北斗全球系统建设正在加速推进。

2012 年底，北斗卫星导航系统工程已正式建成区域卫星导航系统并投入运营。该系统由 14 颗卫星组成，能够向中国及周边部分地区提供连续无源定位、导航、授时等服务，可提供优于 10 米的定位精度、优于 0.2 米 / 秒的测速精度和优于 50 纳秒的授时精度，并可提供短报文通信、双向授时等服务。

我国已掌握了建设卫星导航系统所必需的、具有自主知识产权的核心技术，并已突破了下一步发展“北斗”全球系统所需的许多关键技术。目前，北斗全球系统建设正在加速推进，已发射5颗试验卫星，全面突破了系统核心关键技术。2018年前后完成18颗卫星发射，率先为“一带一路”沿线国家和地区提供基本服务，2020年将形成全球服务能力，建成世界一流的全球卫星导航系统，提供覆盖全球的高精度与高可靠的定位、导航和授时服务并兼具短报文通信能力①。

（3）卫星遥感形成了资源、海洋、风云系列和环境减灾小卫星星座等，并迈入高分辨率遥感时代。

我国基本建成了风云、海洋、资源、测绘等遥感卫星系列，实现了业务化连续稳定运行。环境与灾害监测预报小卫星星座在轨组网运行，具备可见光、红外、微波等多种探测手段[11]。风云系列气象卫星技术已经达到了国外同类卫星的先进水平，成为世界气象组织业务系统的重要业务卫星，与欧美等国家和地区的气象卫星共同形成了对地球大气、海洋与地表环境的全天候、立体、连续观测的卫星观测网。“海洋”水色卫星实现了每天对我国近海和周边海域的实时监测；“海洋”动力环境卫星，具有高精度测轨、定轨能力与全天候、全天时、全球探测能力，卫星的空间分辨率和图像质量得到较大幅度提升。

目前，高分一号、二号、三号、四号、八号、九号已经成功投入应用，我国迈入高分辨率遥感时代，大大提高了对地观测卫星的总体观测能力。2015年底，作为我国以及世界首颗地球同步轨道高分辨率遥感卫星的高分四号发射成功，使我国具备了地球同步轨道50米光学分辨率对地观测能力，解决了以往对地观测卫星成像幅宽小、对同一区域重访周期长、再次观测时间间隔久等问题，标志着我国进入了高低轨遥感卫星协同工作的时代。高分三号卫星于2016年8月发射升空，这是我国首颗分辨率达到1米的C频段多极化合成孔径雷达卫星，能够全天候、全天时实现全球海洋和陆地信息的监视监测，并通过左右姿态机动扩大对地观测范围、提升快速响应能力，它的应用将有效改善我国民用雷达卫星数据长期依赖进口的现状。

（4）航天运输形成了相对完备的运载火箭型谱，国际发射市场不断取得突破。

我国的长征系列运载火箭实现了从常温推进剂到低温推进剂、从串联到捆绑、从一箭单星到一箭多星、从发射卫星到发射载人飞船和月球探测器的跨越式发展，目前已经形成了相对完备的运载火箭型谱，具备开展不同规模的低、中、高不同轨道有效载荷发射的能力[11]。截至2016年底，长征系列运载火箭已完成244次发射。

我国的商业发射服务一直处于被美国封锁、制裁的不利环境中，同时随着日本、印度等国家的崛起，以及欧美等私营航天企业的介入，我国运载火箭在国际发射市场还面临着更加激烈的竞争。尽管面临诸多困难和调整，但我们仍积极拓展国际商业发射市场，并取得了一些突破。自1987年首次开展商业发射以来，我国通过单星发射或搭载服务方式，共完成了三十余次对外发射服务[12]。

① 航天科技网站。

（5）航天装备产品化、数字化制造能力显著提升，航天制造模式变革转型。

我国航天装备制造产品研制模式逐步实现了由型号项目牵引向自主为型号提供先进可靠产品转变，以卫星公用平台、有效载荷和星箭关键通用单机为重点的宇航产品工程顺利推进，建立了“平台、载荷、单机、模块、地面设备”各层级产品协调发展的型谱体系；通信与导航、光学遥感、微波遥感有效载荷产品成熟度和批产能力显著提升，形成了货架产品，部分产品实现了国产化替代，关键通用产品可靠性增长取得显著成效[13]。

我国航天装备数字化制造效果初显，推动航天装备制造模式从“单星、单箭全系统研制”向“型谱化通用产品研制加型号选用系统集成”模式的转变。以集成产品开发（integrated product development，IPD）协同为核心的全三维数字化研制模式基本形成，高分三号、货运飞船等型号实现了产品三维模型下厂，三维结构化工艺设计能力大幅度增强。航天装备制造初步形成了产品数字化制造新模式，缩短了工装研制周期，减少工装更改 30% 以上，初步实现了由基于经验的工艺设计向基于知识的工艺设计的跨越；数字化制造逐步推广，车间数字化应用范围进一步扩大。航天器制造执行系统（manufacturing execution system，MES）实现了基于看板的计划、指令、工艺信息的有效传递和进度集成，有效提高了车间制造执行效率和生产过程信息透明度。

2. 卫星应用产业发展现状

（1）卫星通信产业正处于快速成长期，业务类型以固定通信和广播为主，开启自主移动卫星业务。

卫星通信服务业快速发展，业务主要类型是固定通信和广播业务，移动通信业务份额较小。

固定通信卫星业务主要包括卫星转发器租赁、专用和公用 VSAT（very small aperture terminal，即甚小口径终端）卫星通信网以及卫星专线应用等，服务提供者包括中国卫通、中国电信和 VSAT 运营商，各类固定、车载、便携卫星通信地面站点超过 10 万个。长期以来，我国信息基础设施建设都以地面通信为主，卫星通信只是作为地面通信网的补充和延伸，以政府应急和行业应用为主[14]。

卫星广播业务主要包括卫星音频广播、卫星电视转发及卫星直播电视服务。直播电视业务在与有线电视的竞争和协调中发展①。卫星电视直播市场受 129 号令政策限制，市场发展不充分。目前主要以“村村通”“户户通”等公益类为主，商业化运行尚未起步，行业也未形成规模。

移动卫星业务市场以语音业务为主，基本使用国外卫星资源和系统，2016 年 8 月，我国首颗移动通信卫星“天通一号”发射成功，拉开了我国自主建设卫星移动通信系统的序幕，可为我国国土及周边海域的各类手持和小型移动终端提供语音与数据通信覆盖。

（2）卫星导航产业的发展势头较快，北斗对卫星导航产业的发展贡献加大。

① 航天科技网站。

我国卫星导航产业正进入快速发展的新时期。据统计，2010 ～ 2016 年我国卫星导航与位置服务产业产值持续增长，2016 年我国卫星导航与位置服务产业总体产值达到 2 118 亿元，与 2015 年相比增长 22%，其中，芯片 / 器件 / 终端等产业核心产值达到 808 亿元，北斗对产业核心产值的贡献率已达到 70%。到 2020 年，我国卫星导航产业产值将超过 4 000 亿元，北斗相关产值所占比例至少达到 50% ～ 70%[①]。

近年来，北斗产业从芯片、模块、元组件等基础产品，到整机终端、系统集成，直至服务产业，形成了完整的产业价值链，改变了以往导航芯片、板卡等大量应用部件依赖进口的被动局面，在大地测量、海洋渔业、水文监视、紧急救援、移动电话及车辆导航等领域发挥无可替代的重要作用。截至 2017 年 4 月，北斗导航型芯片模块销量已突破 3 000 万片[②]，高精度板卡和天线销量已占据国内市场 30% 与 90% 的市场份额，并输出到 70 余个国家和地区。

（3）基于自主遥感卫星的应用正在崛起，航天遥感应用领域商业化、产业化发展迈出新步伐。

长期以来，我国卫星遥感应用以社会公益需求为主，覆盖范围包括气象、海洋、测绘、防灾减灾等领域，政府部门是我国卫星遥感应用的主要需求方[11]。目前，我国已基本形成多层次遥感数据获取、数据分析与处理、遥感数据综合应用能力，遥感应用体系正在初步形成，业务化运行能力显著增强。基于自主遥感卫星的应用正在崛起，自主数据源用户范围覆盖气象、测绘、防灾减灾等 20 多个领域，国产数据占有率不断提高。我国高分辨率遥感卫星数据主要依赖国外，随着高分系列卫星的发射，我国自主高分辨率卫星遥感数据应用实现了突破发展，打破了高分市场长期被国外占据的被动局面，大大降低了国外高分图像的价格。

2016 年 10 月 7 日，我国首批自主研发的商业高分辨率遥感卫星——吉林 1 号遥感卫星组星成功发射，标志着我国航天遥感应用领域商业化、产业化发展迈出重要一步。吉林 1 号遥感卫星组星由 4 颗卫星组成，包括 1 颗主星——光学 A 星、两颗灵巧成像视频卫星和 1 颗灵巧成像技术验证星，其中光学 A 星全色分辨率达到 0.72 米，灵巧成像视频卫星分辨率为 1.12 米，主要开展高分辨率视频成像技术验证，灵巧成像技术验证星主要开展多模式成像技术试验验证。2017 年 1 月 9 日，快舟一号甲成功发射“吉林一号”灵巧视频 03 星，我国在商业航天领域迈出新步伐。

11.2.2　发展趋势

1. 卫星通信

（1）卫星电视直播应用成为产业发展重点。

卫星电视 / 音频直播业务是今后卫星通信发展的主要方向和业务收入来源。我国

① 航天科技网站；中国军网。

② 航天科技网站。

约有 1.7 亿户家庭需要通过卫星直播看电视，因而直接到家庭面向消费用户的视频业务将是卫星通信最有潜力的市场[11]。

（2）宽带多媒体卫星及其应用得到较大发展。

随着卫星通信技术的发展，宽带高速的卫星通信系统逐渐成为主流，卫星宽带数据接入将出现重大发展。我国自主研制的静止轨道 Ka 频段卫星将得到发展，卫星宽带接入在未来 10 年将有稳步增长[11]。

（3）自主卫星移动通信系统成为新的增长点。

随着自主卫星移动通信系统的持续建设和运行，我国数百万用户的迫切需求将得到满足，成为新的经济增长点。

2. 卫星导航

（1）北斗生态产业链将得到进一步完善提升。

在北斗导航系统全面建成并实现稳定业务化运行的基础上，在国家相关产业政策的扶持下，逐步形成由芯片、板卡、模块、导航引擎、软件和电子地图等基础类产品，车载导航终端、航空 / 航海导航终端、PND（portable navigation devices，即便携式导航设备）、可穿戴设备等终端产品，以及在农业、建筑、林业、交通等行业的导航系统集成和服务组成的北斗生态产业链，北斗导航系统的产业活力和可持续发展能力将得到大幅度提升[11]。

（2）卫星导航与定位市场潜力巨大。

随着北斗生态产业链的建设完善，我国卫星导航与位置服务产业将迈入突飞猛进的发展阶段。到 2020 年，我国将建成北斗全球卫星导航定位系统，预计届时我国卫星导航与位置服务产业用户规模将成为世界第一，产业年产值将超过 4 000 亿元。

（3）与国外主要卫星导航系统融合发展。

近年来，北斗系统持续与美国 GPS、俄罗斯 GLONASS、欧洲 GALILEO 等系统展开兼容与互操作协调，以增强北斗系统与 GPS、GLONASS、GALILEO 系统的兼容性，提高与 GPS、GLONASS、GALILEO 系统组合应用的能力，推动北斗系统进入国际民航、海事、移动通信等标准化组织，让北斗系统充分与世界接轨，进一步扩大北斗系统的服务范围，提升北斗系统的性能。

3. 卫星遥感

（1）数据源向高时空分辨率、高辐射分辨率、高光谱分辨率方向发展。

遥感应用需求不断向广度与深度方向发展，对遥感数据的质量与特性提出了更高的需求，越来越多的应用部门（如国土资源部、住房和城乡建设部等）需要高时空分辨率遥感数据来满足行业应用需求。环境监测等部门也需要高光谱数据来有效地提取地物信息。全球气候变化研究需要高辐射分辨率数据开展量化分析。高时空分辨率、高辐射分辨率、高光谱分辨率的遥感数据是未来遥感产业应用的技术趋势[11]。

（2）卫星遥感数据处理向自动化、多星多传感器联合处理方向发展。

纵观国内外对地观测和遥感卫星发展与世界各期遥感卫星发射计划，功能性专题小卫星及专题小卫星群星座已经成为遥感卫星的发展趋势，多星、多传感器的在轨运行也必将推动数据融合、数据同化与联合数据处理的进一步快速发展。同时，随着卫星测控技术和图像处理技术的进步，以及卫星遥感数据的处理，将由以地面控制点为核心的计算机图像处理方法向定量化几何成像模型、无控制点数据处理方向发展，实现数据的自动化、智能化处理[11]。

（3）遥感应用向综合化发展。

随着遥感应用逐步深入大众生活，社会各领域对遥感的需求也推动遥感应用走向综合化的发展趋势。卫星遥感结合卫星导航定位系统（global positioning system，GPS）、地理信息系统（geographic information system，GIS）等形成包括定位服务、导航服务和三维视景等各方面的应用，并形成各类终端 。

4. 航天运输

为满足国家发展战略和经济建设的需求，确保国际地位和国家安全，保障航天事业可持续发展，我国将建立以一次性运载火箭为主，以空间运输航天运载器、可重复使用运载器等为辅的较为完备的航天运输系统[11]。未来 20 年，我国的应用卫星、科学试验卫星、载人航天工程等都将持续发展，对运载火箭的运载能力、发射可靠性、任务适应能力和反应能力等都提出了更高的需求。我国将在相当长的一段时期内仍以一次性运载火箭作为进入空间的主要工具。因此，我国需要对现役运载火箭进行适应性改进，同时加强特殊应用运载火箭的研发，拓展运载能力和适用范围，达到世界先进水平。

11.2.3　最新进展

（1）首颗高通量通信卫星成功发射，我国卫星通信进入高通量时代。

2017 年 4 月 12 日，我国首颗高通量通信卫星实践十三号成功发射，该卫星一举突破我国高轨卫星领域电推进、Ka 频段多波束宽带通信系统、激光通信等多项关键技术，通信容量超过了我国已研制发射的通信卫星容量总和，对促进我国通信卫星技术及产业的跨越发展具有重要的里程碑意义。

（2）首颗 X 射线空间天文卫星“慧眼”升空，我国在空间技术领域实现重大突破。

2017 年 6 月 15 日，我国首颗硬 X 射线调制望远镜卫星“慧眼”发射升空，这是我国第一个位于大气层以外的真正意义上的“空间天文台”，也是世界上灵敏度、分辨率最高的一颗硬 X 射线望远镜卫星。“慧眼”的发射将显著提升我国大型科学卫星研制水平，填补我国空间 X 射线探测卫星的空白，实现我国在空间高能天体物理领域由地面观测向天地联合观测的跨越。

（3）第一艘货运飞船“天舟一号”发射并成功释放立方星，为我国空间站建设奠定技术基础。

2017 年 4 月 20 日，“天舟一号”货运飞船成功发射升空，天舟一号具有与天宫二号空间实验室交会对接、实施推进剂在轨补加、开展空间科学实验和技术试验等功能。2017 年 8 月 1 日，“天舟一号”货运飞船成功在轨释放一颗立方星并被成功捕获，该立方星的主要任务是开展相关航天技术试验验证，为后续我国空间站开展微纳卫星部署发射及在轨服务奠定技术基础。

（4）快舟一号甲成功发射“吉林一号”灵巧视频 03 星，我国在商业航天领域迈出新步伐。

2017 年 1 月 9 日，快舟一号甲小型运载火箭成功发射“吉林一号”灵巧视频 03 星，同时搭载行云试验一号、凯盾一号两颗立方体星。此次任务采用纯商业发射合同组织形式，完全按市场行为运作，是快舟火箭的“商业第一单”，标志着我国在商业航天领域迈出新步伐。

（撰稿：栾恩杰、王家胜、胡良元、赵滟、刘立民、王红、包彦明、崔剑）

11.3 海洋工程装备

海洋工程装备产业是我国高端装备制造需要突破的方向之一，也是建设海洋强国国家战略的重要组成部分。开发深海资源、发展海洋经济以及提高我国海洋工程装备产业能力不仅可以有效维护我国的海洋权益，提高国际竞争力，而且对国家安全具有重要意义。

11.3.1 发展现状

海洋开发装备既是海洋开发的必需，其制造又是典型的高端装备制造业，是战略性新兴产业的重要组成部分，在海洋经济发展过程中起着排头兵的作用。海洋工程装备属于高投入、高风险产品，从事海洋工程装备总包建造的厂商须具有完善的研发机构、完备的建造设施、丰富的建造经验以及雄厚的资金实力。要想在世界海洋工程领域占有一席之地，就需要我国向海洋工程高端装备建造领域不断迈进。随着海洋开发步伐的加快，海洋工程装备制造业将迎来广阔的发展机遇。

“建设海洋强国”和“一带一路”倡议的实施，极大地推动海洋开发领域工作的拓展。在国家的大力支持下，我国的海洋工程制造产业部门积极拓展服务对象，面对国际市场，提升产品档次，增强市场竞争力，取得了一系列突破。同时我国相关企业、科研部门、高等院校等服务海洋工程装备科研需要，通过加强基础研究与应用研究，并加强国际合作交流，显著提升自主创新能力，服务产业科技水平。随着海洋资源的开发日益全面、深入，我国海洋工程装备产业在“十二五”实现了快速增长，形成了一批具有国际竞争力的先进产品，实力得到明显提升。例如，自主设计建造了第六代深水半潜平台“海洋石油 981”平台、亚洲最大的导管架固定式平台“荔湾 3-1”中心平台；研制的“蛟龙”号最大下潜深度达 7 062 米，实现了深海载人潜水器重大突破；研制了国内设计最先进的 30 万吨浮式生产储油轮装置（floating production storage and offloading，FPSO）；等等。总体而言，我国海洋工程装备产业具备了部分深水海洋工程装备的设计、建造能力；在深海探测、工程作业装备领域实现重大突破；具备了部分海工配套设备设计生产能力；占世界市场规模比重不断增加；海洋装备产品逐步由单一、低端迈向多样、中高端。

当前世界海洋工程装备产业主要分为三个阵营：欧美等垄断高端海洋装备及配套设备研发、设计、生产、供货、总包的企业处于第一阵营，其产品因技术含量及利润率高在国际海洋工程装备产业具有很强的竞争力；以FPSO、液化天然气（liquefied natural gas，LNG）生产装置、钻井船为主要产品的韩国，以及以FPSO改装、自升式平台、半潜式平台为主要产品的新加坡处于第二阵营；目前我国正在积极向第二阵营迈进，主要在中端海洋工程装备上具有完全自主设计、建造能力，随着产业综合能力的提升，逐步掌握前沿关键技术，向产业链高端产品拓展。在市场不确定性增加的背景下，海洋工程装备的市场竞争趋于白热化，面临的产业发展形势更加错综复杂。我国自2013年首度超越韩国位居第一以来，连续四年维持市场份额。但经历此次深度调整，韩国和新加坡的产品结构、设计能力、技术水平都得到了大幅度提升[15]。

11.3.2　发展趋势

党的十八届三中全会明确指出，要将中国建设成为海洋强国。这意味着发展中国海洋工程装备制造业、加速海洋工程装备制造业转型升级，将是中国未来关注的重点。加强海洋产业规划布局，优化海洋产业结构，培育战略性新兴产业，大幅度提升海洋经济增长量、海洋产业贡献率，以及将海洋产业构建为中国国民经济新的支柱型产业，已成为推进海洋强国建设、服务国家发展的必要举措。

随着国际海洋开发能力的不断提升，各种适应不同海域特点、符合各自开发需要的海洋工程装备不断涌现。海上油气大型开发装备随着开发深度的增加，出现了各种新概念平台形式和技术创新。海底多金属结核、热液硫化物矿床、海底“可燃冰”等“沉睡”在海底的战略性资源，即将进入勘探开发的新阶段。海洋可再生能源利用、海上浮式保障基地、海洋生物与化学资源开发竞争日益激烈。围绕深海战略性资源，研制、开发前瞻性新概念船舶与深海工程装备技术已经成为国际海洋科技发展主要趋势。

近期在海洋工程装备领域的主要突破方向包括以下几点。

（1）新型海上资源开发装备，主要包括海洋油气开发、深海无人勘探开发、深海采矿、可燃冰开发、水面支持系统等重大装备。“十三五”期间需要突破的关键技术包括海洋天然气开发、海底开矿作业技术、重载装备布放、新概念海洋工程结构物研发和浮式海洋结构物定位技术。

（2）海洋可再生能源开发利用装备，主要包括波浪能发电、浮式风力发电、潮流能利用、温差能利用等装备。“十三五”期间需要突破的关键技术有波浪发电技术、风力发电技术、潮流能利用技术和温差能利用技术等。

（3）超大型浮体装备，主要为远海开发提供依托与补给基地。“十三五”期间需要突破的关键技术有海上机场、超大型深远海浮体性能、超大浮体系泊定位技术等。

（4）海洋生物质能的培养采集与转化装备，主要包括深海渔业养殖装备、深海微生物开发利用装备、生物基因培养与提取关键装备等重大装备。

《“十三五”规划纲要》明确提出实施高端装备创新发展工程，明显提升自主设计水平和系统集成能力。同时，该规划在提升海洋装备制造能力、服务海洋强国建设方面提出发展深海探测、大洋钻探、海底资源开发利用，以及海上作业保障等装备和系统。推动深海空间站、大型浮式结构物开发和工程化，重点突破邮轮等高技术船舶及重点配套设备集成化、智能化、模块化设计制造核心技术[①]。

《“十三五”国家战略性新兴产业发展规划》“促进高端装备与新材料产业突破发展，引领中国制造新跨越”中更为明确地提出了“海洋工程装备创新发展工程”，主要内容包括推动大型浮式结构物等新型装备、3 600 米以上超深水钻井平台等深远海装备、海洋极地调查观测装备等研究开发，实现科研成果工程化和产业化，促进总装及配套产业协调发展[16]。完善海洋工程装备标准体系。

为提升我国自主开发、设计、建造、应用大型海洋工程装备的能力，以及缩短我国与高端海洋工程装备产业强国的差距，我国正在加强以下工作：

（1）提高在海上油气开发装备、海洋可再生能源装备、海上浮式保障基地等重点领域核心装备的国际一流装备研制开发水平。

我国经济持续发展对资源有日益强烈的需求。例如，我国南海虽然蕴含丰富的油气、矿藏资源，但长期得不到有效开发利用；占到风能总资源的近一半近海区域风能资源尚未得到有效开发利用。因此，继续倡导海上油气开发装备［浮式液化天然气生产装置（floating liquefied natural gas system，FLNG）、张力腿平台、立柱式平台、浮式生产钻井储油船（floating production drilling storage offloading，FPDSO）、水下重载作业装备、实时监测装备］的技术创新、海洋可再生能源（波浪能、海上风电、潮流能、温差能等利用装备）和海上浮式保障基地（海上机场、深远海保障基地、深海岛礁建设施工装备、海上发射平台）等重点领域的基础研究、设配研发，大力发展海洋工程装备，全面推进海洋可再生能源等装备的产业化，缩短与国外先进水平的差距，促进我国海洋工程装备制造业科技实力的逐步提高。

（2）加强极地资源开发装备、海底矿藏开发装备和海洋生物与化学资源开发利用等海洋开发创新领域的技术与设备探索。

极地开发装备、深水无人遥控深潜器（remote operated vehicle，ROV）、深海采矿装备以及水面支持船是海底矿藏资源开发的必备装备，其中，极地开发装备是人类正在逐步深入的极地资源开发的必要装备，ROV 具有作业时间不受限制、安全性高、节约成本、方便控制和协调、可进入危险区域执行勘探任务等明显优势。加强深水 ROV、采矿装备、水面支持船设计及建造技术的探索研究对我国可持续发展具

① 中华人民共和国国民经济和社会发展第十三个五年规划纲要。

有重要的战略意义。提高海洋天然有机物资源的开发利用、深海渔业养殖装备、海水淡化、海水提锂、海水提铀等不仅可以促进我国医药行业的发展，对提高资源储备也具有重要的战略意义。

（3）提高海洋工程配套装备生产能力和本土化程度，完善产业链条。

海洋工程装备产业是我国海洋经济的支柱型产业，同时我们必须意识到与欧美等先进技术国家和地区相比，我国仍处于全球海洋工程装配产业的下游，存在规模大而实力较弱、配套生产能力弱、关键配套装备对国外依存度较高，以及利润较低等严重制约我国海洋工程装配产业发展的因素。因此，必须重视海洋工程配套装备的生产研发能力，提高关键配套装备的本土化程度，为打造具有国际影响力的知名海洋工程装配品牌奠定基础。

（4）加强智能船舶与海洋工程装备研发力度，主要包括数字化设计建造技术、装备精益制造技术、海洋工程新材料技术、深海装备实验与性能验证。

（5）重视汲取其他国家先进的技术、经验，加强国际合作交流，进行技术引进；同时加强对高等院校等研究机构的资金投入，注重重大研究设施建设，培养海洋工程装配产业优秀人才。

11.3.3 最新进展

（1）我国海域天然气水合物试采成功。

2017 年 5 月 18 日上午，国土资源部在试采海上平台举办天然气水合物试采现场会。国土资源部部长姜大明宣布我国海域天然气水合物试采成功。姜大明表示，这次试采成功为实现天然气水合物商业性开发利用提供了技术储备，积累了宝贵经验，对保障国家能源安全、推动绿色发展、建设海洋强国具有重要而深远的影响。自 2017 年 5 月 10 日起从我国南海神狐海域水深 1 266 米海底以下 203 ～ 277 米的天然气水合物矿藏开采出天然气，经试气点火，已连续产气 8 天，最高产量为 3.5×10^4 米^3/ 天，平均日产量超过 1.6×10^4 立方米，累计产气量超过 12×10^4 立方米，天然气产量稳定，甲烷含量最高达 99.5%[17]（图 11.13）。

（2）半潜式钻井平台“蓝鲸 1 号”在烟台命名交付。

2017 年 2 月 13 日，总部设在深圳的中集集团透露，其旗下烟台中集来福士海洋工程有限公司（简称中集来福士）建造的半潜式钻井平台“蓝鲸 1 号”，13 日在烟台命名交付。

据介绍，该平台作业水深和钻井深度都冲破了世界纪录，并配备双钻塔，是全球最先进的半潜式钻井平台。同时，这也是中国船厂在海洋工程超深水领域的首个“交钥匙”工程，将由 Blue Whale 联合中国石油集团海洋工程有限公司共同履行服务合同，进行海洋能源勘探。

图 11.13　我国海域天然气水合物试采成功 [18]

资料来源：新华社记者梁旭摄

“蓝鲸 1 号”由中集来福士完成从设计到采购、生产、调试至最终交付的总承包建造，并顺利通过中油海安全运营管理体系认证，交付后即刻投入作业（图 11.14）。

图 11.14　“蓝鲸 1 号”钻井平台

资料来源：李欣摄

该平台采用 FrigstadD90 基础设计，由中集来福士完成全部的详细设计、施工设计、建造和调试，配备 DP3 动力定位系统，入级挪威船级社。平台长 117 米，宽 92.7 米，高 118 米，最大作业水深 3 658 米，最大钻井深度为 15 240 米，是目前全球作业水深、钻井深度最深的半潜式钻井平台，适用于全球深海作业[19]。

（3）“雪龙”船首次成功穿越北极西北航道。

2017 年 9 月 6 日，中国第八次北极科学考察队乘“雪龙”船进入波弗特海，标志着中国考察队首次成功穿越北极西北航道，开辟了北美经济圈（大西洋沿岸）至东北亚经济圈海上新通道（图 11.15）。

图 11.15　部分考察队员合影留念，庆祝成功穿越北极西北航道

资料来源：袁帅摄

试航期间，考察队在巴芬湾西侧陆坡区完成了 1 400 平方千米区块的海底地形勘测，测线总长 613 千米；完成 3 042 千米航渡海底地形地貌数据采集；获取了 21 个人工定点气象观测记录、39 个人工海冰观测记录、2 583 帧海冰形态影像记录，以及 139 轨卫星遥感影像数据；采集了 3 份海表生物多样性样品，获取了第一手的海洋环境数据资料，填补了我国在该海域的调查空白，将推动我国对北极西北航道适航性的系统评估[20]。

（4）中核海洋核动力发展有限公司浮出水面。

为促进海洋核动力装备产业化，中国核电、上海电气等 5 家企业拟共同出资 10 亿元，在上海成立中核海洋核动力发展有限公司（暂定名）。

海洋核动力装备是小型核反应堆与船舶工程的有机结合。在民用领域，可为海上油气田开采、海岛开发等领域的供电、供热和海水淡化提供可靠、稳定的电力，也可为破冰船提供推进动力，在军事领域也有很多用途。

中核海洋核动力发展有限公司的成立是为了促进国家核能可持续发展，推动核动力装置在水面舰船、海上综合利用平台等工程领域的应用，掌握海洋核动力自主化核心技术，共同促进我国海洋核动力装备产业化发展，有利于公司业务发展[21]。

在开发创新装备的同时，我们还积极在实现科研成果的工程化和服务产业升级方面推进，使我国海洋装备制造业的技术能力不断提升，同时，促进总装及配套产业协调发展，完善海洋工程装备标准体系，以促进我国海洋工程装备产业抢占国际高端市场。

（撰稿：杨建民、彭涛，审核：林忠钦）

11.4 工业机器人

11.4.1 发展现状

“十三五”开局以来，我国机器人产业继续呈现良好的发展势头，产业规模保持较快增长，技术研发突飞猛进，机器人应用密度进一步提高，应用领域继续拓展。但同时，我们仍要正视同世界先进水平的差距，探究阻碍行业健康快速发展的问题。

1）产业规模继续较快增长，国产机器人表现突出

2016年，我国机器人产业在政策指导及市场需求推动下继续保持快速增长。最新数据显示，2016年我国工业机器人市场销量达到8.9万台，连续四年位居世界首位；销量同比增长26.8%，增幅分别高于同期欧洲市场15个百分点、美洲市场19个百分点、亚洲市场8个百分点，在全球范围内仍属快速增长市场。2016年，在我国销售的国产工业机器人数量占比继续提升，从2012年的12.0%提高至32.7%（图11.16和图11.17）。

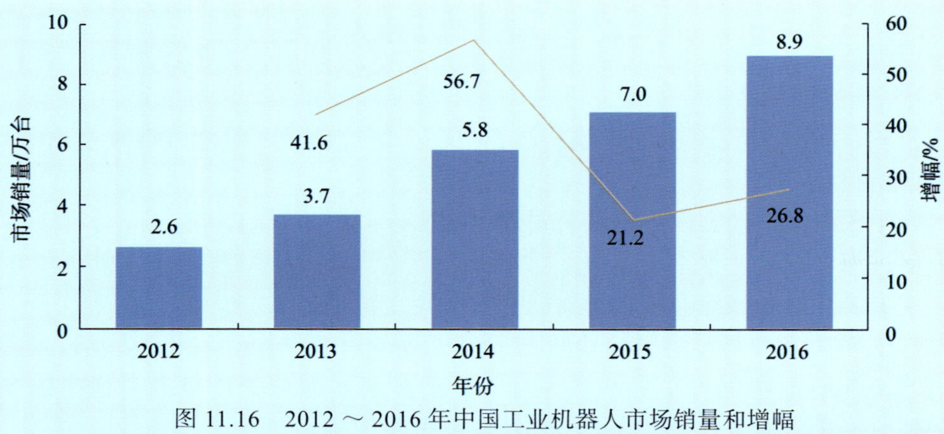

图11.16　2012～2016年中国工业机器人市场销量和增幅

资料来源：中国机器人产业联盟（Chinese Robot Industry Alliance，CRIA）和国际机器人联合会（International Federation of Robotics，IFR）

2）多关节机器人销量快速提升

从机械结构来看，多关节机器人销售快速增长成为行业年度发展亮点。2016年，我国市场多关节机器人销量达到5.5万台，同比增长35.4%，在各类机型中增速最

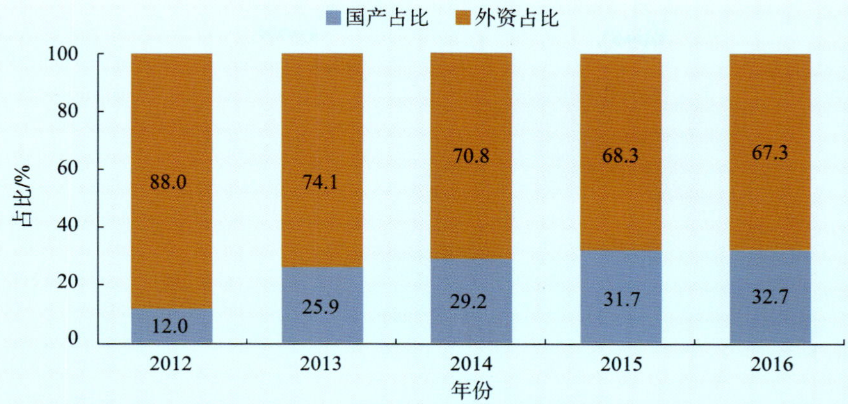

图 11.17　2012 ～ 2016 年国产、外资工业机器人销量占比

资料来源：CRIA 和 IFR

高，比上年同期加快了 22.8 个百分点（图 11.18）。

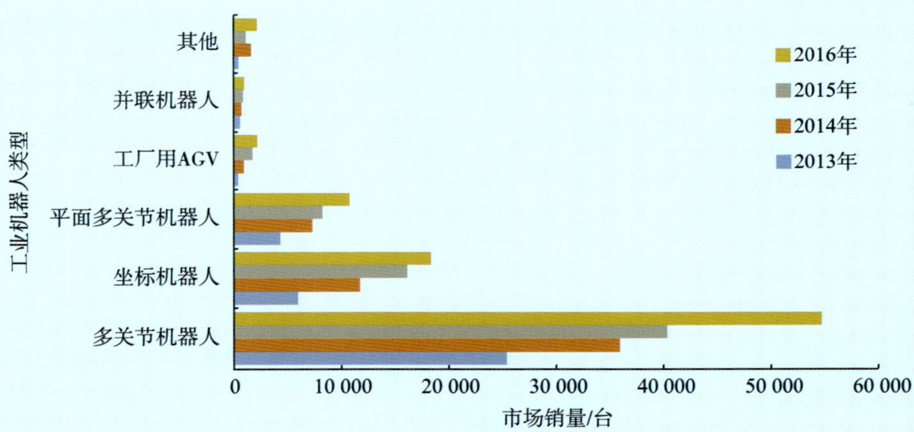

图 11.18　2013 ～ 2016 年中国工业机器人市场销量

资料来源：CRIA 和 IFR

国产多关节机器人增长更快，2013 ～ 2016 年销量年均增速达到 77%。2016 年我国国产多关节机器人首次超过万台，达到 11 756 台，同比增长 92.7%，远高于我国市场外资品牌多关节机器人 25.2% 的增速。

3）电气电子设备和器材制造业成为最大市场

在我国，工业机器人主要应用于汽车制造业、电气电子设备和器材制造业、金属制造业、塑料及化工用品制造业等。2016 年在我国销售的 8.9 万台工业机器人中，电气电子设备和器材制造业占 34%，销量达到 3.1 万台，同比增长 74.2%；汽车制造业销量占 30%，销量为 2.7 万台，同比增长 6.7%；金属制造业占 11%，销量为 9 928

台，同比增长 4.6%（图 11.19）。

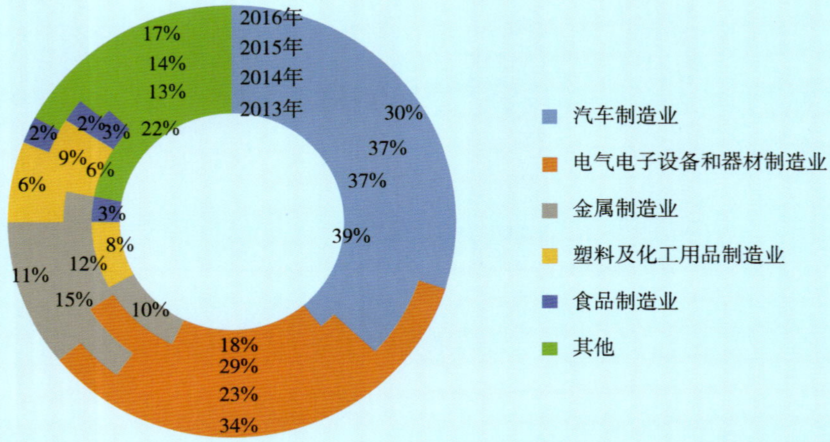

图 11.19　2013 ～ 2016 年中国工业机器人按应用行业分销量占比

资料来源：CRIA 和 IFR

从变化趋势来看，近年来我国工业机器人在汽车制造业中的销量虽然仍在增加，但由于电气电子设备和器材制造业对工业机器人需求量的迅速增长，2016 年汽车制造业作为第一大应用行业的位置被电气电子设备和器材制造业所取代。

4）搬运和上下料依然是工业机器人首要的应用领域

从应用领域来看，“搬运、上下料”和“焊接与钎焊”两个领域的工业机器人销量最多，2016 年分别占我国工业机器人总销量的 45% 和 25%。从近几年的变化来看，随着工业机器人在我国量大面广制造业的广泛应用，用于搬运、上下料的工业机器人销量占比呈上升趋势，由 2013 年的 39% 增至 2016 年的 45%；而焊接与钎焊领域的工业机器人销量占比下降明显，由 2013 年的 36% 降至 2016 年的 25%，这与汽车制造业工业机器人销量占比下降有关（图 11.20）。

5）国产机器人应用广度和深度不断拓展

国产工业机器人市场的持续增长，一方面体现在典型行业、知名企业开展的示范应用（应用的深度）方面；另一方面体现在应用行业的不断拓展（应用的广度）方面。近年来，在工信部、国家发改委等有关部门的推动下，若干工业机器人示范应用类项目得以实施，直接推动了国产工业机器人在家电、电力电子、汽车零部件、金属加工、家具卫浴等行业龙头企业的应用。目前，创维、澳柯玛、海尔、美的、格力、广汽、上汽及上海大众等行业知名企业都开始逐步使用国产机器人。一些机器人厂商充分把握示范应用的机会，通过与用户企业的深入合作，实现了技术的改进与提升。此外，通过国产机器人的批量应用，也拉动了国产核心零部件的应用推

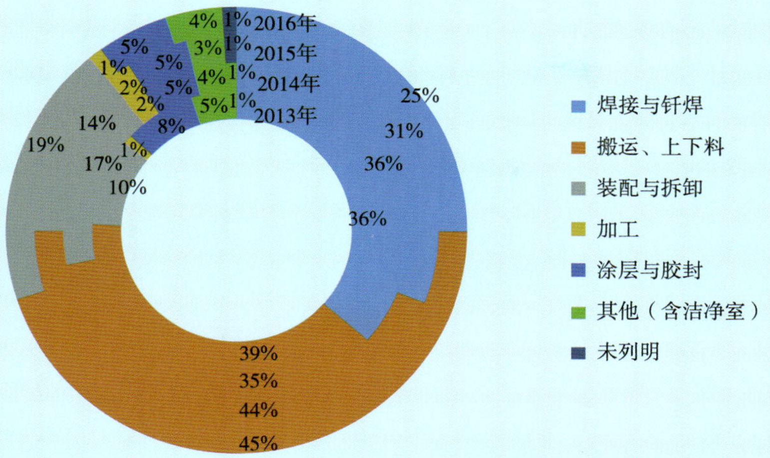

图 11.20　2013 ～ 2016 年中国工业机器人按应用领域分销量占比

资料来源：CRIA 和 IFR

广，带动了国内细分市场系统集成商的成长，并促使我国机器人整机企业、零部件企业、集成商与用户企业更加紧密地合作，极大地促进了整个机器人产业体系的良性发展和可持续发展。数据显示，2016 年国产工业机器人应用范围持续增加，已服务于国民经济 34 个行业大类和 91 个行业中类，国产工业机器人在越来越广泛的行业中得到应用。

6）行业仍存在若干亟待解决的问题

虽然近几年我国机器人产业发展较快，但仍要警惕产业发展过程中存在的各方面问题。

（1）“机器人”概念过热，地方发展缺乏理性。随着机器人产业在我国迅速升温，各地纷纷将机器人作为促进当地经济发展的新增长点，一些地方政府不顾当地发展实际，盲目过快地推进“机器换人”。这一方面导致很多企业急功近利，不重视技术研发，仅通过买来设计、买来零件，组装后即低价向市场销售，还有一些企业为代加工企业，仅仅停滞在贴牌生产（original equipment manufacturer，OEM）阶段，附加值极低。另一方面，大举招商引资吸引了包括“四大家族”在内的多家国外机器人生产商来华投资建厂，严重挤压了国内机器人企业的发展和生存空间。机器换完之后，本土的机器人产业却并没有发展壮大起来。

（2）国内企业研发投入资金压力大。当前，我国机器人企业越来越重视自主创新，但常常面临资金瓶颈，很多企业表示难以支撑长期巨大的研发投入。究其原因，一是机器人产业是技术密集型和资金密集型产业，投资大、占用资金多，加之我国机器人产业发展时间尚短，企业技术基础普遍较为薄弱，更需要大量持续的研发资金投入，否则难以同具有几十年发展历史的外资品牌同台竞争。二是我国机器人产业作为战略性新兴产业，近几年才发展起来，绝大多数为中小型企业，资金实力有限，无法支撑巨大的研发投入，难以应对迅速变化的市场需求。

（3）国产工业机器人应用仍存在阻碍。工业机器人尤其是国产工业机器人在推广应用过程中仍然存在一些障碍。一方面，一些用户虽然在生产过程中使用了工业机器人，但并未改进原有的生产工艺和生产组织模式，仅简单地将传统生产过程中的一个产业工人替换成一台机器人，并未发挥出工业机器人这一制造业智能化关键核心装备的主要作用。另一方面，一些用户对国产工业机器人仍存在一些认识误区。有的企业用设计精度较低的国产产品同设计精度较高的外资品牌产品做对比，就简单地认为国产工业机器人无法满足精度要求高的场合；有的企业并没有真正使用过国产机器人，便认为其不能满足生产需求，对国产工业机器人的信任度、认可度仍较低。

11.4.2 发展趋势

1）市场需求将继续高位增长

中国虽然已经是全球工业机器人最大市场，但制造业工业机器人应用密度仍然较低。2015 年中国大陆工业机器人密度仅为 49 台 / 万人，远低于全球平均水平（69 台 / 万人），与工业自动化程度较高的韩国、日本和德国相比差距更大，市场需求潜力巨大（图 11.21）。

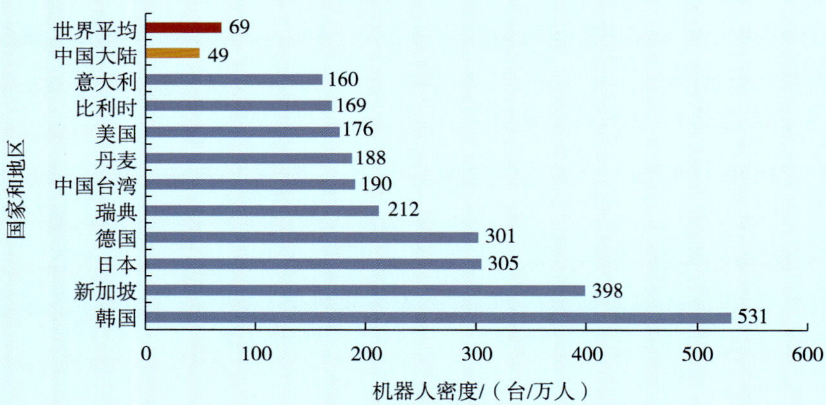

图 11.21　2015 年全球主要国家和地区制造业工业机器人密度

资料来源：IFR

随着制造业转型升级的持续推进，中国工业机器人市场仍有较大的提升空间，市场规模将继续扩张，应用领域将更加广泛，世界第一大工业机器人市场的地位仍然稳固。预计 2017 年中国工业机器人市场将延续良好的发展态势，销量同比增长 20% 左右；其中，国产工业机器人在国家产业政策的支持与引导下，增长速度仍将高于外资品牌，全年增速在 25% 左右。预计到 2020 年，中国工业机器人市场销量有望达到 20 万台。工业机器人一方面将继续加深在汽车、电气电子、金属制造、食品加工等行业的应用；另一方面将扩展在轻工、纺织、冶金、建材等行业的应用范围。

2）新技术融入提升产品智能化水平

随着新一代信息技术、新材料、新型传感等技术的快速发展，机器人的智能化程度将越来越高，向具备与人共融、自主学习、灵活作业、适应复杂环境等功能的方向发展，人机交互的层次将日渐加深。特别是随着人工智能技术与机器人技术的深度融合，机器人将具备更深层次的思维、学习和决策能力。

从当前我国工业机器人技术的发展情况来看，未来几年，基于工艺云的新一代工业机器人、人机协作机器人等智能机器人产品有望实现批量生产及规模化应用。支撑性工艺云平台建立以及大数据分析算法、软件的开发，将为工业机器人提供智能系统必备的大规模计算能力，提升机器人智能水平，实现人的智能与机器人的自主行为能力的智能融合，降低客户使用成本与企业维护成本。新一代机器人控制器、传感器、协作型本体相结合，将使工业机器人与人的协作能力显著增强，在使用方便性、灵活性和安全性方面取得突破，能够替代人做更多的工作或减少辅助工装设备，应用领域进一步扩展。

11.4.3　最新进展

1）工业机器人新产品不断涌现

近年来，在市场驱动及政策支持下，我国机器人企业不断成长，同市场需求紧密结合的新产品不断涌现。沈阳新松自主研发的国内首台具备柔性多关节机械臂及主动视觉导航系统的轻载复合型机器人（图 11.22），可快速布局于自动化工厂、仓储分拣、自动化货物超市，实现物料自动搬运、物品上下料、物料分拣等，并在国内率先推出了采用麦特纳姆轮的重载复合型机器人；其自主研发的国内首台斜交中空手腕喷涂机器人，专为高度集成的喷涂系统而设计，外观设计和管路布局方便喷涂工艺控制设备的集成。

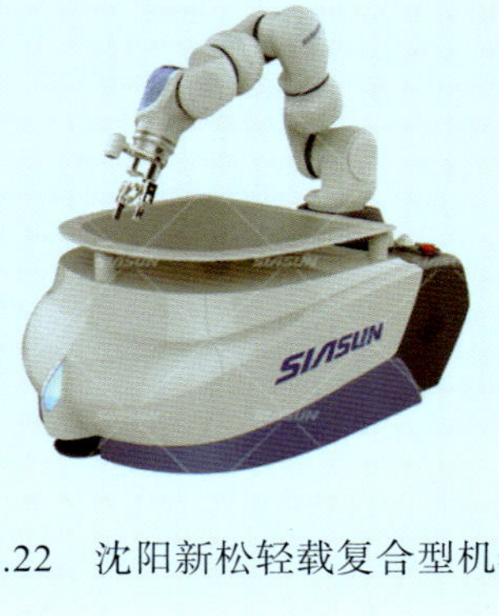

图 11.22　沈阳新松轻载复合型机器人

广州数控全自主研制的新型号 RMD08（图 11.23）、RMD160 码垛机器人，在结构设计及控制方案上都做了重大调整，在整体制造成本、运动特性、节拍时间及定位精度上都有了很大的提升，相关技术指标达到或部分超过国内外同类产品。

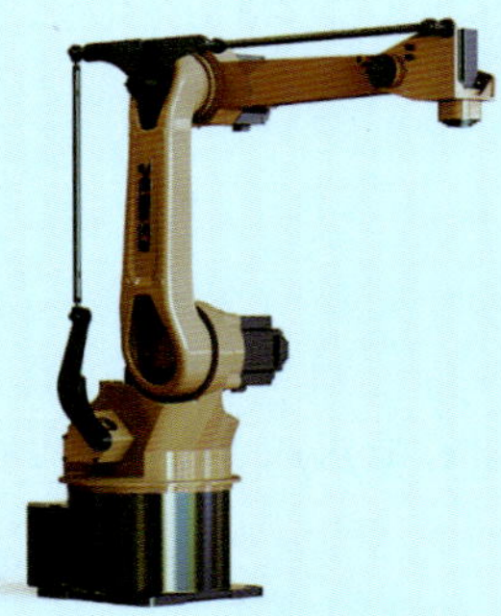

图 11.23　广州数控 RMD08 码垛机器人

基于国内电子行业对自动化的旺盛需求，埃夫特在明星产品 ER3 的基础上，精心打造了高速、高刚性的桌面级工业机器人 ER7B-C10（图 11.24）；同时，为进一步夯实埃夫特在喷涂机器人方面的领先优势和增加产品的海外竞争力，埃夫特自主研发了 GR6100ST、GR680S 两款喷涂机器人，获得了欧盟 ATEX（ATmosphèresEXplosibles，即潜在爆炸性环境）防爆认证证书以及中国 PCEC（石油和化学工业电气产品防爆质量监督检验中心）防爆认证证书，成为国内首家获得防爆双认证证书的机器人企业。

图 11.24　埃夫特：ER7B-C10

埃斯顿公司凭借金属板材加工自动化领域以及折弯工艺的丰富经验，结合自主的 ER 系列工业机器人、折弯数控系统，开发了专门的折弯软件，解决了板材折弯过程加速度大而产生的折弯跟随变差问题以及示教时间长等问题，可提供钣金智能制造的完整解决方案（图 11.25）。

图 11.25 埃斯顿机器人在折弯领域的应用

哈博实针对我国矿热炉冶炼行业生产环境危险恶劣、劳动强度大等问题，成功开发了国内首创的电石炉出炉机器人、捣炉机器人等系列化产品（图 11.26），使原来需要大量人工在危险环境下完成的电石炉前烧炉眼、开眼、带钎、堵眼、清炉舌及料面翻撬等出炉生产实现机器人化作业，填补了国内电石行业机器人自动化出炉的空白，技术达到世界领先水平。

图 11.26 哈博实出炉作业专用重载机器人及系统

2）工业机器人向智能化发展

为满足制造业专项升级新需求，近两年我国工业机器人企业加强自主研发，将新一代信息技术与机器人技术相结合，推动工业机器人向智能化发展。沈阳新松国内首创的 7 轴柔性多关节机器人具有快速配置、牵引示教、视觉引导和碰撞检测等功能（图 11.27），突破了传统产品的示教和安全防护措施，特别适用于布局紧凑、精准度要求高、工作空间有限的柔性化生产线；国内首台双臂协作机器人具有高灵活性、安全性和自主避障等特点。埃夫特自主研发了基于工艺云的智能机器人系统，可实现在喷涂、打磨、焊接等领域的自主编程，目前已经完成中试，同时已有部分产品投入实际应用和实现销售，相关产品已经具备部分智能自动编程功能，能根据工业品形状，自动生成机器人程序，产品已遍布数个不同行业，技术成熟度较高。遨博智能研制的实用化轻型人机协作机器人 i5（图 11.28），具有负载自重比大、精度高、安全性好、示教简单以及协作功能良好等特点，技术指标超过国际同类竞争对手。大族电机的 Elfin 机械手是一款集减速机、电机、编码器及驱动控制于一体的协作型六轴机器人，采用模块化安装，装配快捷，控制简单，维修方便，成本较低。

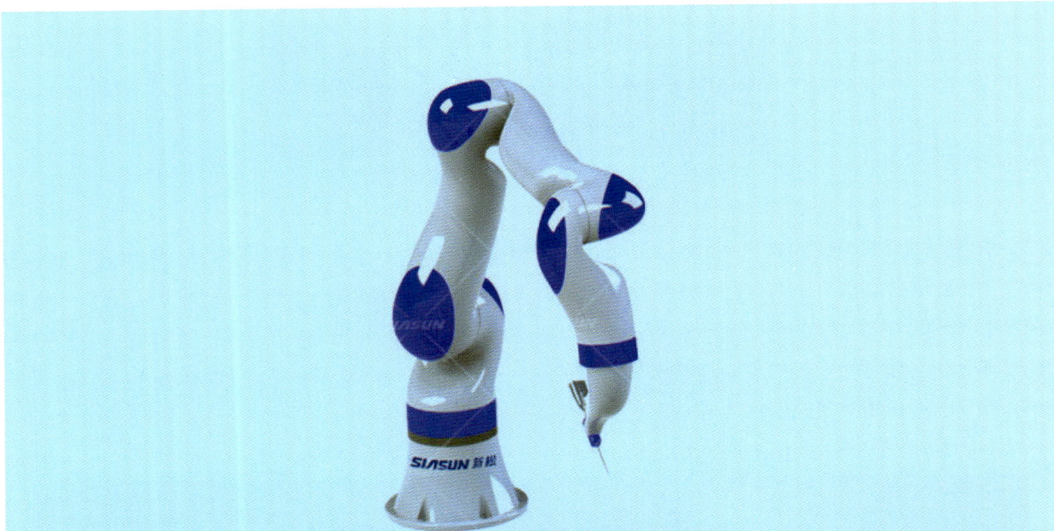

图 11.27　沈阳新松 7 轴柔性多关节机器人

图 11.28　AUBO-i5 轻型人机协作机器人

3）关键零部件研制取得进展

近年来，我国工业机器人所需高精密减速器、高精度伺服电机及驱动器、传感器等关键零部件技术研发取得突破性进展，关键零部件的性能及可靠性显著提升。目前，部分国内企业已攻克了高精密RV减速器的设计原理、结构设计、材料优化、加工与装配工艺、热处理、过程检测与质量控制、综合性能测试等关键技术，并逐渐实现批量生产，年销量已向万台迈进。苏州绿的已经打破哈默纳科的垄断，谐波减速器年销量达到6万多台，仅一年时间翻了两番以上，在国内机器人市场占有率由不到30%提高到60%以上，并已进入ABB集团的供应体系。新时达、广数、汇川、埃斯顿等伺服系统生产商突破了伺服驱动器和伺服电机设计、生产中的相关核心技术，自动化生产能力及整体制造水平明显提升。固高、广数、新松等企业的机器人控制器产品已经较为成熟。广数结合丰富的自动化应用经验设计的具有全自主知识产权的新一代机器人控制器，集成了2D和3D视觉引导、条码检测、激光跟踪、碰撞检测等功能，提供多种开放性的数据通信接口，可满足实时性和非实时性的不同通信需求，实现机器人与加工设备、检测设备、传感器、上位系统等现场设备之间的数据交互，体现智能化生产要求。北京大恒、凌云等视觉系统生产商完成了多款工业智能相机/数字摄像机产品的开发，完成了基于国产化核心器件的产品开发及小批量试制，实现了视觉系统在视觉对位、引导和检测等方面的批量应用。

（撰稿：陈丹、赵军平，审稿：王天然、宋晓刚）

参考文献

[1] 工业和信息化部装备工业司 . 中国民用航空工业年鉴 2016. 北京：航空工业出版社 .

[2] 航空工业科技委 .“十三五”战略性新兴产业发展重大行动计划航空装备制造业研究报告，2017.

[3] 中国商飞公司新闻中心 . 我国自主研制 C919 客机在上海圆满首飞 . 中国商飞网，2017-05-05.

[4] 王舒宁，张一 . 先进民机航电综合座舱实现新跨越 . 中国航空报，2017-07-11.

[5] 中国商飞公司新闻中心 . 第二届民用飞机复合材料技术国际论坛在沪举行 . 中国商飞网，2017-08-26.

[6] 波音公司 . 当前市场展望（2016 年预测报告），2016.

[7] 空中客车公司 . 全球市场预测（2016 年预测报告），2016.

[8] 吴斌斌 . 中俄国际商用飞机有限责任公司在上海挂牌成立 . 中国航空报，2017-05-23.

[9] 何欢，王学山 . AC313 直升机城市消防型完成空中首秀 . 中国航空新闻网，2017-01-12.

[10] 雷鸣，李小路 . 试飞院首次完成 HES 直升机铁鸟台激励试验 . 中国航空新闻网，2017-01-12.

[11] 中国工程科技发展战略研究院 .“十三五”战略性新兴产业培育与发展规划咨询研究，2015.

[12] 曹学，申雷，穆山 . 我国商业卫星发射回顾与展望 . 靶场试验与管理，2009.

[13] 中国工程科技发展战略研究院 . 2017 中国战略性新兴产业发展报告，2017.

[14] 中国工程科技发展战略研究院 . 中国航天与经济社会发展战略研究（2014），2015.

[15] 徐晓丽 . 2017 年全球海工装备产业发展形势与展望，2017.

[16] 国务院 .“十三五”国家战略性新兴产业发展规划，2016.

[17] 天工．我国海域天然气水合物试采成功．天然气工业，2017，37（5）：7.
[18] 吴涛，王攀．我国海域天然气水合物试采成功．新华社，2017-05-18.
[19] 郑小红．中集来福士交付全球最先进超深水钻井平台．中国新闻网，2017-02-13.
[20] 吴琼．“雪龙”船成功穿越北极西北航道．中国海洋报，2017-09-08.
[21] 杨漾．中核海洋核动力浮出水面：中国核电上海电气等参股．澎湃新闻，2017-08-10.

第 12 章

新材料产业

屠海令　吴　玲　付　东　陈思联　贾德昌　赵璐冰　毕　勇　张国强　杨治华
李腾飞　马　飞

【内容提要】材料是人类赖以生存和发展的物质基础，也是人类社会发展的先导。新材料是指新出现的具有优异性能和特殊功能的材料，以及传统材料成分、工艺改进后性能明显提高或具有新功能的材料。融入了当代众多学科先进成果的新材料产业在新一轮科技革命和产业变革中扮演着重要角色，它是重要的战略性新兴产业，也是新能源、节能环保、新一代信息技术、生物、高端装备制造、新能源汽车等战略性新兴产业发展的基础。

近年来，随着战略性新兴产业的快速发展，对新材料的需求急剧增加，新材料产业不断壮大，在体系建设、技术进步和产业规模等方面取得了明显的成就。据不完全统计，2016 年新材料产业总产值已达到 2.65 万亿元，其中稀土功能材料、储能材料、复合材料、光伏材料等产能居世界前列，预计到 2020 年产值将接近 4 万亿元。同时国家不断出台规划及政策加大对新材料产业的支持力度，2016 年出台了《“十三五”国家科技创新规划》和《“十三五”国家战略性新兴产业发展规划》等，为未来一段时期我国新材料产业的发展指明了方向。为更好地贯彻实施制造强国战略，加快推进新材料产业发展，国务院于 2016 年 12 月 22 日成立国家新材料产业发展领导小组，国务院副总理马凯担任组长；2017 年 2 月 28 日成立了国家新材料产业发展专家咨询委员会，中国工程院院士干勇担任组长，这都将成为我国新材料产业发展的新契机。

回顾过去的两年，我们在《2013 中国战略性新兴产业发展报告》和《2014 中国战略性新兴产业发展报告》中系统阐述了我国信息功能材料、新能源材料、特种功能材料、稀土及电子陶瓷材料、生物医用材料等先进功能材料产业和先进钢铁材料、高端轻质合金材料、特种结构材料及高性能复合材料等先进结构材料的发展现状，梳理了产业发展存在的突出问题，提出了发展重点及政策建议。《2015 中国战略性新兴产业发展报告》和《2016 中国战略性新兴产业发展报告》分别对海洋工程材料产业、半导体材料产业、生物医用材料产业和高温合金材料产业、高性能稀土永磁材料产业、高性能高分子复合材料产业、高性能轻合金材料产业、先进电池材料产业等细分领域进行了论述。《2017 中国战略性新兴产业发展报告》总结了我国新材料产业“十二五”以来及 2016 年的发展概况，阐述了“十三五”产业发展的方向，同时提出了发展我国新材料产业的相关建议和政策取向。

这次在《2018 中国战略性新兴产业发展报告》的新材料产业篇中选取了宽禁带半导体材料、新型显示材料、特殊钢材料、新型陶瓷材料等业界关注的典型产业领域进行分析，并提出了相应的建议，希望能为读者提供有益的参考。

12.1 宽禁带半导体材料

以碳化硅（SiC）和氮化镓（GaN）为代表的宽禁带半导体材料具备耐高压、高频、高效、耐高温、抗辐射能力强等优异性能，面向节能减排、智能制造、信息安全、产业升级等重大战略需求，已成为全球半导体技术研究前沿和新的产业竞争焦点。我国在宽禁带半导体领域已初步形成了具有较强竞争力的技术研发和产业体系，未来有很大机会从宽禁带半导体产业大国发展为产业强国。

12.1.1 概念及范畴

宽禁带半导体材料，是指带隙宽度明显大于硅（Si）（1.1 电子伏）和砷化镓（GaAs）（1.4eV）的宽禁带半导体材料，主要包括Ⅲ族氮化物［如 GaN、氮化铝（AlN）等］、SiC、氧化物半导体［如氧化锌（ZnO）、氧化镓（Ga_2O_3）、钙钛矿（$CaTiO_3$）等］和金刚石等半导体材料。它是继 20 世纪 40 ～ 50 年代发展起来的以锗（Ge）、Si 等元素半导体为代表的第一代半导体材料和 60 ～ 70 年代发展起来的以 GaAs、磷化铟（InP）为代表的第二代半导体材料之后兴起的新型半导体材料。

面向绿色、低碳发展的全球性需求，发展基于宽禁带半导体材料的高效电能转换技术刻不容缓，建设自主可控的万物互联、移动互联的信息化社会、现代国防和空天技术对宽禁带半导体材料也提出了迫切需求，美国、日本、欧洲等各国和地区积极进行战略部署，正在成为全球半导体产业新的战略高地。我国经过近 20 年的发展，已经成长为以半导体照明为主体的宽禁带半导体产业大国，近 10 年平均产值年增长率保持在 30% 以上，我国在宽禁带半导体领域已初步形成了具有较强竞争力的技术研发和产业体系。

12.1.2　发展现状

1. 各国战略层面高度重视，技术快速突破，市场逐步渗透

发达国家正在创新组织模式，加大研发投入，加快产业化部署。美国等国家为了抢占宽禁带半导体技术的战略制高点，通过国家级创新中心、协同创新中心、产业联盟等形式，将企业、高等院校、研究机构及相关政府部门等有机地联合在一起，通过协同组织、共同投入，实现宽禁带半导体技术的加速进步，引领并抢占全球宽禁带半导体市场。2014 年初，美国总统奥巴马宣布成立“下一代电力电子技术国家制造业创新中心”，以宽禁带半导体产业作为重振美国能源经济的重要抓手。该创新中心由北卡罗来纳州立大学领导，协同 ABB、Cree、RFMD 等超过 25 家知名公司、大学及政府机构进行全产业链合作。该中心通过美国能源部投资，带动企业、研究机构和州政府共同投入，加强宽禁带半导体技术的研发和产业化，占领下一代功率电子产业新兴市场，并且创造出一大批高收入就业岗位。2014 年 7 月，美国纽约州宣布将联合 100 多家私营企业组建一个 SiC 产业联盟，由通用电气牵头主导，在未来 5 年内，由纽约州政府拨款 1.35 亿美元，吸引私人投资和知识产权作价用于支持人才与公共研发平台建设，协同开发新一代 SiC 材料和工艺，并创造出上千就业机会。日本新能源与产业技术开发组织正在组织由诺贝尔物理学奖获得者名古屋大学天野浩教授牵头的功率电子器件国家重点科技项目，通过联合日本相关科研机构和企业，推动日本 SiC 和 GaN 技术研发与应用的快速产业化。欧洲启动了产学研项目“面向电力电子应用的大尺寸碳化硅衬底及异质外延氮化镓材料”，由意法半导体公司牵头，协同来自意大利、德国、法国、瑞典、希腊和波兰等六个欧洲国家的私营企业、大学与公共研究中心，联合攻关 SiC 和 GaN 的关键技术。

发达国家在掌握成熟的 Si 基器件技术的同时，早已开始针对以 SiC 和 GaN 为代表的宽禁带半导体材料和器件的研发，2017 年已基本实现中低压器件和模块规模量产技术瓶颈的突破，预计 2～3 年后，随着成本下降和可靠性提升，以及世界各国对节能减排、智能制造和万物互联的需求越来越迫切，宽禁带半导体将向新能源汽车、轨道交通、智能电网、变频家电、5G 移动通信、物联网等诸多市场快速迈进。

SiC 方面，国际主流产品逐渐由 4 英寸[①] 向 6 英寸过渡，并开始研发和生产 8 英寸衬底。SiC 肖特基二极管（Schottky barrier diode，SBD）、金属氧化物半导体场效应晶体管（metal-oxide-semiconductor field-effect transistor，MOSFET）等均已实现量产，产品耐压范围为 600～1 700 伏，单芯片电流超过 50 安；实验室开发了 10 000～15 000 伏 /10～20 安的 SiC MOSFET，并研发出了 SiC IGBT[②] 芯片样品，

① 1 英寸≈ 2.54 厘米。

② IGBT：insulated gate bipolar transistor，即绝缘栅双极型晶体管。

最高耐压水平已经超过 20 千伏。应用方面，SiC 器件正在渗透到电动汽车、消费类电子、新能源、轨道交通等民用领域。在电动汽车领域，2015 年丰田推出了基于 SiC MOSFET 的凯美瑞试验车，逆变器开关损耗降低 70%；意法半导体量产的 SiC 器件已用于特斯拉 2017 年上市的电动汽车中。在消费类电子领域，日本多家空调厂商均计划在近期推出采用 SiC 器件的空调变频驱动器，以大幅提升空调效率，减小变频器体积。在新能源领域，科锐公司的 SiC 器件已用于开发光伏逆变器和风电变流器，转换效率达到 98%；通用电气采用 SiC 器件开发了 75 千瓦逆变器，用于航空航天电源系统。在国防领域，美国采用 10 千瓦 /120 安的 SiC MOSFET 功率模块开发了 1 兆伏安的电力电子变压器，并建立了基于 SiC 器件的 2.7 兆伏安的固态功率变电站，该固态功率变电站可能将被应用于美国下一代航空母舰 CVN-21 的配电系统中，预计使变压器的重量可由 6 吨降低到 1.7 吨，体积从 10 立方米降低到 2.7 立方米。

GaN 方面，住友电工、日立电线、古河机械金属和三菱化学等日本公司已出售 2 ～ 3 英寸的 GaN 衬底并具备 4 英寸衬底材料的小批量供应能力。中国台积电、台湾稳懋已开始提供 GaN 材料和芯片的代工服务。GaN 电力电子器件方面，目前已推出耐压 650 伏系列 Si 基 GaN 功率器件，主要用于服务器电源（power factor correction，PFC）、车载充电、光伏逆变器等。2016 年 8 月美国 Dialog 公司（由台积电代工）推出了针对电源适配器的 GaN IC，为未来电源小型化和无线快充提供了新的产品方案。Transphorm 公司的 GaN FET 通过了美国汽车电子协会的 AEC-Q101 测试，将应用于电动汽车。GaN 微波射频器件方面，目前主要用于高功率级别，如雷达、移动基站、卫星通信等。美国、日本等的十几家公司均推出了 GaN 射频功率器件产品。GaN 光电器件方面，2016 年日本日机装公司研发的 280 ～ 300 纳米紫外 LED（light emitting diode，即发光二极管）峰值外量子效率达到 14.3%。基于半导体照明的可见光通信技术已定义为新一代信息技术。在半导体照明的替代照明和超越照明创新应用方面，国内外的发展趋势是更专注于专业市场的固态照明整体解决方案，以及结合特殊应用环境的高性能光源和光学设计方案。

2. 国内技术快速跟进，全链条加紧布局

我国经过近 20 年的发展，已经成长为以半导体照明为主体的宽禁带半导体产业大国，近 10 年平均产值年增长率保持在 30% 以上。“十三五”期间，随着“中国制造 2025”等国家战略的深入实施，以及《“十三五”国家科技创新规划》《“十三五”国家战略性新兴产业发展规划》《“十三五”节能环保产业发展规划》等相关政策发布，国务院成立了“国家新材料产业发展领导小组”。作为战略性新兴产业和实现节能减排的重要抓手，宽禁带半导体技术和产业受到了中央政府、各地方政府和企业的高度重视。我国在宽禁带半导体领域已形成了具有较强竞争力的技术研发和产业体系，并通过培养、引进方式在产业链各环节聚集了大量优秀人才，培育了一些具备产业核心竞争力的领先技术和团队。中国在宽禁带半导体这个新兴的高技术领域，

迎来由追赶到超越的难得的历史机遇。

2016 年我国半导体照明产业产值为 5 216 亿元，较 2015 年同比增长 22.8%，已成为全球最大的生产国。技术与国际水平差距缩小，部分领域处于国际领先地位，如硅衬底黄光 LED 光效达到 130 流 / 瓦，绿光 LED 光效超过 180 流 / 瓦。在紫外 LED 方面，基于氧化镓铝（AlGaN）材料的 UVC 波段深紫外 LED 光输出功率达到 25 兆瓦，紫外 LED 在光固化、印刷、曝光等领域迅速取代汞灯应用，紫外 LED 在净水领域不断突破并取得进展，基于紫外 LED 的杀菌率超过 99%。《LED 照明应用接口要求：自散热、控制装置分离式 LED 模组的路灯 / 隧道灯》（CSA016-2013）获得 2016 年中国标准创新贡献奖二等奖（唯一团体标准）。通过国际半导体照明联盟（International SSL Alliance，ISA）牵头的金砖国家半导体照明合作工作组等合作平台，开展了技术、科技园区、示范推广、标准检测认证等深度国际合作。

目前在功率器件方面，国内多家企业和机构已实现 600 ～ 2 500 伏的 SiC 肖特基二极管量产，处于用户验证阶段；开发出 1 200 ～ 3 300 伏的 SiC MOSFET 原型器件，产品目前主要在国外少量代工，尚未形成批量供货能力。进口的 SiC 功率器件已经小批量应用于服务器电源、UPS（uninterruptible power system，即不间断电源）、光伏逆变器、充电桩和车载充电机。中车株洲时代电气、国家电网联研院、厦门三安集团等大型企业正在建设 6 英寸 SiC 电力电子器件工艺线，预计 2017 年底前陆续建成，可进一步推动我国 SiC 从材料、工艺、封装到系统应用技术的创新和发展，并将孵化出一批国际领先的设计和应用技术团队。GaN 射频器件以高频高效大功率的特点广泛应用于雷达、电子战等军工领域，在解决国家重大安全需求方面发挥了关键作用，近期有望在新一代移动通信等民用市场爆发，中电 13 所已形成系列化 GaN 微波功率器件和单片微波集成电路（monolithic microwave integrated circuit，MMIC）产品，已被华为、中兴通讯采用并进行基站的研发。三安集团获得大基金投资 48 亿元，正在建设 GaN 射频器件工艺线，有望成为国内 GaN 晶圆代工龙头企业。

12.1.3　面临问题及发展趋势分析

1. 面临的问题

经过 20 余年的发展，我国宽禁带半导体材料在国家科研项目的支持下，技术水平与国际先进的差距已缩短到 3 ～ 5 年；产业化方面，在材料和相关应用领域已涌现出一批高新技术企业。总体来说已经解决了宽禁带半导体材料的有无问题，下一步需要突破材料、器件、封装及应用等环节的关键核心技术和实用化、工程化难题，以及移动通信基站、新能源汽车、智能电网、轨道交通等广大应用行业对高可靠性宽禁带半导体材料、器件、封装的认可。

原始创新、应用开发与国外差距较大，创新链尚未打通，缺乏有能力落实全链条设计、一体化整体实施的牵头主体。宽禁带半导体材料及应用技术涉及材料、能源、交通、信息、装备和自动化等多个领域，从基础研发到工程化应用的创新链也很长，研发投入力度不够，原始创新和应用开发能力较弱，应用端与核心材料、器件分离，链条没有打通。此外，研发分散，缺乏稳定持续的团队培养与建设，产业创新体系尚未建立。与产业协同研发及转化机制不健全，难以形成对产业的持续支撑。企业规模较小，人才队伍匮乏，长期原始创新投入方面能力有限，与国际上同类国际整合元件制造商（integrated device manufacturing，IDM）模式大企业相比，更缺乏全链条的配套与整合能力，所以我国企业面临研发与产业化的发展困境。

缺乏体制机制创新、可持续发展的公共研发平台和开放国际化新型研发机构。宽禁带半导体研发与产业化需要昂贵的生长和工艺设备、高等级的洁净环境和先进的测试分析平台，投入较大，运行成本高，国内研究机构、企业单体规模小，资金投入有限，目前缺乏一条开放的、公益性的、完整的、先进的宽禁带半导体芯片制造工艺线，这种硬件条件与国外的差距，使中国大陆研发要到中国台湾地区、国外流片，导致研发创新速度慢，工程化技术成为突出的短板。因此，公共研发服务平台缺乏，使研发“死亡谷”现象严重，需要政府有效引导，结合市场化方式建设这一类支撑行业发展的中试线。

产业培育和发展服务不配套。我国在宽禁带半导体产业具有爆发性增长潜力的应用领域，如5G移动通信、电动汽车充电桩、光伏逆变等，与国外相关产业和市场的差距比较明显，其落后程度甚于技术层面，缺乏对国产材料和器件的应用试错支持。在标准、检测、认证等方面的行业规则、办事程序和现有的体制等与新材料产业发展规律及特点不相匹配，尚未解决材料“能用—可用—好用”发展过程中的问题和障碍，需要通过示范工程，培育市场，建立新的标准、检测与认证体系，在政策上形成“组合拳”。

2. 发展趋势分析

宽禁带半导体材料正处于研究和产业化的高速发展过程中，应用研究需求驱动基础研究、产业需求驱动技术创新的特征非常明显。

光电子基础与前沿技术将持续突破，超越照明成为半导体照明的重要发展趋势。半导体照明在过去10多年已形成具备完整产业链条的高技术产业，目前正由光效的技术推动向成本和品质的应用拉动转变，LED发光技术已突破传统的照明概念：沿长波方向已从蓝光拓宽到绿光、黄光、红光，解决“黄光鸿沟”问题，提升长波LED的材料生长和芯片制造技术，不断开拓在生物、农业、医疗、保健、航空、航天和通信等领域的应用；沿短波方向已发展高效节能、环境友好、智能化的固态紫外光源，将逐步取代真空紫外光源，开启紫外技术和应用的革命性变化。

节能、高耐压、高可靠和低成本是电力电子发展的主流方向。宽禁带半导体材料SiC和GaN电力电子器件在电源转换、逆变器等应用中已具有技术与综合成本优势，规模化生产将促进价格进一步下降，将在中小功率市场快速启动，尤其是充电桩、汽车电子、光伏逆变、电源转换等领域。但目前该电力电子器件在技术成熟度、批量化生产能力、全产业链的配套能力、测试评价方法、优化的应用解决方案等方面还存在问题，需要在长期可靠性和低成本方面继续努力。SiC 器件的高耐压、大电流、高可靠与 GaN 和 Si 兼容的 IC 集成化发展将成为未来趋势。

高频和带宽是新一代移动通信技术发展的核心与主要挑战。现有主流 Si 基横向扩散金属氧化物半导体（LDMOS）技术受工作频率限制（低于 3 吉赫兹），且宽带窄、效率增益提升已接近极限，无法满足未来 5G 系统的应用需求，而 GaAs 则受到输出功率的限制（低于 50 瓦）无法满足高频大功率需求。业界公认 GaN 功率放大器将成为 5G 移动通信基站的主流技术，正向高频率、大带宽、高效率快速演进，其应用将全面启动万物互联时代，行业龙头大举进入，市场格局将面临重新洗牌。但目前在高频器件的设计、制备与测试方面，GaN 射频器件的散热技术、增益提升、高度集成化等需要突破，是未来产业化的焦点。此外，在 6 吉赫兹以下低频及射频能量应用领域，Si 基 GaN 射频器件表现出了良好的性价比，正成为产业化热点，特别是在射频能量应用领域，通过采用可控的电磁辐射来源加热物品或为各种工序提供动能，现阶段主要采用磁控管，Si 基 GaN 射频器件可实现高功率输出（300 瓦以上）、低电压驱动、小尺寸高可靠的解决方案，未来将围绕全固态射频半导体形成新的产业链和应用市场。

宽禁带半导体材料将持续引发关注。宽禁带半导体材料体系在不断演进与发展，如铟镓锌氧化物（IGZO）半导体作为一种宽禁带半导体，IGZO-TFT[①] 背板具有大尺寸、超高清（ultra high definition，UHD）、超低功耗特点，有望取代目前 α -Si TFT-LCD[②] 液晶显示技术，还有望用于有源矩阵有机发光二极管（active-matrix organic light emitting diode，AMOLED）等新型显示领域。另外，Ga_2O_3 等宽禁带复杂氧化物、氮化硼等材料也逐渐步入应用视野。

产业整合进一步加剧。产业链的垂直整合、跨界整合及海外并购已经成为宽禁带半导体产业发展的频繁事件。上市企业三安光电在布局蓝 / 白光 LED 之后，近年来在 LED 汽车照明、植物照明、半导体射频器件、电力电子器件等领域布局力度很大，通过安芯基金收购了瑞典企业 Norstel，从 GaN 领域跨到 SiC 领域，形成了比较完整的垂直与横向产业链整合。木林森成功收购欧司朗的光源业务，同时通过增持收购美国普瑞，完成了半导体照明芯片、器件和应用的全产业链布局。尽管我国企业收购飞利浦、爱思强等企业因美国政府的阻挠而终止，但是海外并购已经成为重要的发展趋势。

12.1.4 政策建议

（1）打破体制障碍，统筹部署，集中投入，形成发展合力。宽禁带半导体材料研发到工程化应用，需要投入巨大的研发资金，单个部门难以支撑。发展宽禁带半导体材料需要充分发挥举国体制优势，制订连续性国家计划。宽禁带半导体产业发

① TFT：thin film transistor，即薄膜晶体管。

② LCD：liquid crystal display，即液晶显示器。

展需要打破体制障碍、统筹部署、加大并集中资金投入，在打通创新链各环节上出台政策措施，确保在技术应用、成果转化、示范推广、标准检测认证等市场培育的过程中，形成持续、配套的政策合力，同时建立和完善产业发展所需的财税政策、人才政策、进出口政策、融资政策和国际资源深度整合相关政策等产业创新环境。

（2）创新国家重大科技计划组织与管理模式。围绕产业链打通创新链，依据知识产权、人员、资金等要素集中、集聚的原则，进行全链条统筹设计，支持组建从研发、产业化到应用全链条的利益共同体。改革总项目与子项目的评估评价指标和体系，有及时调整、分配的权力，有明确的责任主体。实施分阶段滚动支持，通过动态考核，根据第三方评测结果，从鼓励适度竞争到优胜劣汰后集中投入，降低风险和提高资金使用效率。围绕产业和技术动态分析研究、技术路线图制定、专利战略及预警分析、标准研制等方向，设置软课题研究，并建立持续的数据库，支撑项目顶层设计和实施路径选择。

（3）推动项目、人才、平台、基地全链条协同发展，构建产业创新的全体系。发展宽禁带半导体材料需要以中央财政投入为引领，充分带动地方政府投入、社会资本进入，发挥区域研发和产业优势，实现对世界半导体强国的“换道超车”。

（4）进一步加强国际与区域的深度合作，促进创新人才引进和团队培养。吸引集聚全球科技资源，开展更深层次、多形式的科技合作。鼓励企业和研究机构走出去，在国外建立孵化中心和技术创新中心，积极参与和推动国际科技与产业合作。搭建国际化的技术创新平台、科技服务平台，主动参与国际标准制定，提高国际标准话语权；鼓励企业对接国家重大战略部署。大胆探索人才的“双跨”机制、异地/异国孵化、双向基金联合投入等国际化创新模式，以吸引人才、团队、项目、企业。落实新型研发机构在人才引进、落户、福利性住房、子女上学、配偶就业等方面的政策。

（5）坚持市场导向，完善创新创业生态环境。在跨界融合的产品开发、培育新的应用和新商业模式等方面，加大对市场、产业的引导，探索通过政府购买服务、引入风险补偿机制等，鼓励使用创新技术和产品，有效培育市场。政府在培育市场、推动示范应用方面加大力度，在智慧城市、新能源汽车、移动通信等领域开展宽禁带半导体器件开发与示范应用，为宽禁带半导体及其应用产业的创新发展提供应用资源保障。加强技术标准研制与应用对接，构建技术研发、标准研制、测试方法构建、检测与认证全流程的技术标准服务体系。有序开放检验检测认证市场，打破部门垄断和行业壁垒，鼓励不同所有制检验检测认证机构平等参与市场竞争。

12.2 新型显示材料

12. 2.1 新型显示发展迅猛

新型显示材料是国家信息电子产业的基石之一。“十二五”以来，我国在新型显示产业领域投资已超过 5 000 亿元[1]，预计在 2018 年将成为全球第一的面板制造大国。与此相对应，我国在新型显示领域的技术（包括上游材料与装备等）还依赖于国外。因此，通过重大工程的实施，我国新型显示产业实现从跟随到引领的转变就变得尤为重要与紧迫。

全球显示 LCD 产业经过 40 多年的发展，已开发出 G11 代产线。但随着基板尺寸不断扩大，技术门槛越来越高，对资源的占用越来越大，如果继续沿用半导体 / 真空工艺路线，扩大基板尺寸，显示产业的发展将难以为继。因此，新型显示产业亟须制造模式的突破，用一种新的、具有高投入产出效率的工艺路线，代替现有半导体 / 真空工艺。

新型显示产业的发展与信息产业的发展相互促进，共同成长。当前移动互联网技术在全球迅速推广，逐步对显示技术提出了柔性、轻薄、省电、便携和低成本等诸多新的要求。近年来，一场涉及整个显示产业链的技术革命正在悄然发生。从技术路径来看，现有的半导体 / 真空技术将发展为印刷及柔性显示技术，其具有轻薄、柔性、大面积、低成本和节能等特点，是从显示材料、器件、装备到制造技术等整个显示产业链的一次全面的技术革命。

同样，激光显示也是电子信息领域重要的战略性产业之一，其健康发展对促进信息消费扩大内需、推动我国显示产业转型升级具有重要意义。当前，全球激光显示处于产业引导期，国内外均在大力进行产业化关键技术攻关、开发多样化样机或试销产品，技术进步和应用创新不断涌现，我国已具备了参与国际竞争的基础和能力，需要进一步加大引导和支持的力度，形成自主知识产权可持续发展的全链条创新体系，抢占显示产业“换道超车”的重大先机。

12.2.2 概念及范畴

1. 印刷及柔性显示产业

印刷显示技术，是使用喷墨打印的方式，将含有发光材料或者反射材料的墨水打印在所需要的像素显示位置，控制溶剂挥发和干燥，获得高质量的显示材料薄膜，经过多次印刷、成膜的工艺循环获得由多层功能薄膜叠加形成的器件，以实现显示器的制造[2, 3]。印刷显示的主要趋势是使用喷墨印刷工艺制造自发光类型的显示器，其中印刷型 OLED 与印刷型 QLED（quantum dot light emitting diodes）是最主要的两种产品形式。

传统 OLED 制作方法采用真空蒸镀的方式，需依次蒸镀多层薄膜，该方式十分复杂，成本极高，在大规模大尺寸显示屏制备方面有不可避免的缺陷。而印刷显示采用喷墨打印工艺来制备上述各层薄膜中的多层或者全部。相对于真空蒸镀工艺，喷墨打印具有以下特点与优势：①喷墨打印为大气压工艺，无须高真空，因此能耗要求大大降低，属于节能减排制造；②印刷工艺中材料按照预先的设计要求仅喷打于所需位置，因此材料利用率极高（大于 90%），属于增材制造；③喷墨打印技术不需要使用精密掩模，因此不存在蒸镀工艺中的掩模翘曲与掩模阴影问题，可制作大尺寸显示面板；④印刷显示器件结构可大大简化，从而对工艺流程、器件良率等有极大帮助。

从业内技术上来分析，新型印刷显示技术已经处于一触即发的阶段：第一，在材料领域，业内早已开展了关于印刷材料的相关研究，目前已经在可溶性显示材料方面获得关键性进展。例如，红色材料效率已经达到 12 坎 / 安，半衰期寿命已经超过 2 万小时；绿色材料效率已经达到 50 坎 / 安，半衰期寿命也已经达到 2 万小时；蓝色材料效率已经接近 5 坎 / 安，其半衰期寿命也已接近 5 000 小时，由此可见，印刷显示材料体系已经十分接近商业需求，即将获得突破[4]。第二，在喷墨打印与成膜技术方面，业内已经具备从 200 毫米至 G8.5 的喷墨打印设备，目前，可提供 100 ～ 160ppi① 所需的打印精度，可完全应对 31 英寸 4K 显示（143 ppi）或 65 英寸 8K 显示（136 ppi）的工艺需求；通过基板图案化技术、喷头墨滴实时在线监控技术、打印喷头混合搭配术、温度精准的干燥成膜技术，有望将印刷成膜均匀地控制在 5% 以内。第三，在原理样机验证方面，日本松下已完成 55 寸 RGB（red green blue，即三原色）印刷 OLED 样机的制备，日本 JOLED 公司使用喷墨印刷工艺制备出 20 英寸 230ppi 的 RGB-OLED 样机，并且已经在 2017 年下半年进入小批量量产阶段，首批产品将用于医疗显示；韩国 LG 已使用喷墨印刷工艺制备出 55 英寸 Hybrid-OLED 样机。以上国外厂商均采用喷墨印刷工艺，从另一侧面验证了印刷 OLED 显示技术即将突破，进入产业化。由此可见，喷墨印刷显示技术作为下一代新型显示技术势在必行。

柔性显示技术，是有别于传统的基于玻璃基板的硬屏显示方式，它是基于柔性衬底制作柔性的 TFT 阵列，进一步在 TFT 阵列上制备可弯曲的 OLED 或 QLED 器件，最后经过柔性封装技术形成整体的柔性显示器件[5～7]。柔性显示越来越受到重视，并且得到市场的高度认可，三星 Galaxy 手机、苹果手表都使用柔性 OLED 显示屏，屏幕的边缘可以进行高度的弯曲，但该技术仍属于被动折叠；目前市场对主动折叠的柔性显示技术需求十分迫切，多家国内外主流厂商（如 LG、三星和天马等）已经推出多款演示产品。柔性显示技术将给未来的信息显示带来更多设计空间，可以使显示器渗透到更多的应用场景［如可穿戴、VR（virtual reality，即虚拟现实）、汽车等应用领域］，由此可以预见柔性显示时代即将来临。目前已经得到普及的传统液晶显示器，因为受背光膜片与液晶盒厚度的影响，弯曲到一定程度时会产生严重的漏光与不均匀现象（mura），所以难以用于柔性显示器件中。而 OLED 与 QLED 为自发光器件，结构不同于液晶显示，其器件结构由多层纳米级的薄膜构成，可以任意弯曲与折叠。因此柔性自发光型显示器的主要产品形式，也将主要体现为 OLED 与 QLED 这两大类型的显示器。

此外，印刷显示与柔性显示相结合，可实现卷对卷（roll to roll）的印刷柔性显示器件制作，其工艺类似于印刷报纸，制备过程中，显示器的尺寸只受到一个维度（宽度）的限制，在另一个维度（长度）上尺寸不受约束，使柔性、低成本、大屏显示成为可能。

① ppi：pixels per inch，每英寸所拥有的像素。

2. 激光显示产业的概念及范畴

激光显示采用三基色激光作为显示光源，能够实现大色域、双高清（几何、颜色）视频图像显示和真三维显示，被业界视为“人类视觉史上的革命”，是实现高保真图像再现的最佳途径，在大屏幕激光家庭影院、数字电影、军事指挥、展览展示、便携显示终端及空间科学等领域有广泛的应用[8]，是显示领域的研究热点和发展方向。当前激光显示已初步具备了产业化基础，2015 年全球激光显示产品市场比 2014 年增长率超过 10 倍以上，正处于产业快速增长的早期，国际知名企业均有部署，行业竞争日趋激烈。

12.2.3 发展现状分析

1. 印刷及柔性显示产业

我国在国际上首次实现了全印刷彩色 OLED 显示样机，相关研究结果在 *Nature Communications*、*Advanced Materials* 等国际著名学术期刊发表[9]，在墨水材料技术、电化学溶液成膜技术、喷墨打印技术、印刷显示相关材料性能评价方面已开展了多年研究，拥有较好的技术研发基础。

我国显示产业领域，TCL、京东方、天马、维信诺等公司一直致力于印刷显示领域的产业化技术开发，在高精度喷墨印刷技术、喷墨印刷器件结构、印刷背板驱动技术、柔性显示基板技术、柔性封装与阻隔膜技术等方面积累了许多研究经验，并着力与合作企业和高等院校共同推动量产型印刷 OLED 显示技术的开发及 OLED 喷墨打印平台的建设。其中，TCL 与深圳华星光电技术有限公司在 2014 年第三季度，成功点亮 31 英寸 FHD（full high definition）印刷显示样机，该样机使用印刷用氧化物 TFT 背板；京东方于 2012 年点亮了氧化物 TFT 和高分子喷墨打印技术的 17 英寸 AMOLED 屏，完成了 31 英寸打印 OLED 屏的样机，广东聚华印刷显示技术有限公司，作为国家“印刷 OLED 显示技术集成与研发公共开放平台”，已开展 G4.5 喷墨印刷平台建设和印刷显示技术的前期研究，这些都为未来印刷显示技术的产业化奠定了坚实的基础。

韩国政府从 2000 年初开始重视印刷与柔性电子领域的发展，于 2006 年成立了韩国印刷电子中心，并投资 740 亿韩元用于前沿核心设备和基础设施的建设。2012 年韩国政府启动了发展印刷及柔性电子整体方案的大型研究计划，将在 2012 ～ 2018 年投入 1 725 亿韩元（约 10 亿元人民币），三星和 LG 都有大量的研发投入。目前，韩国显示公司在印刷显示领域获得的代表性成果如下：三星显示器和 LG 显示器主导 OLED 市场，致力于引进喷墨印刷技术，在 2017 年开始启动印刷 OLED 示范产线。LG 已经使用印刷方式完成 55 寸 Hybrid 显示样机开发。

2015 年开始，三星陆续推出了多款采用柔性 OLED 屏幕的 Galaxy 系列手机。2017 年 6 月，LG 展示了全球最大尺寸柔性 OLED 产品，尺寸达到 70 英寸。

作为印刷和柔性产业的技术领先者，日本于20世纪90年代中期就已经在印刷与柔性电子领域布局。2011年5月由其国内的大学、公司和研究机构联合成立了日本先进印刷电子技术研究联盟，获得日本新能源与产业技术发展组织五年的资助。日本研究机构和企业在材料与工艺设备方面掌握了领先的技术，并基于此实现了很多原型系统。著名的企业有JOLED（表12.1）、住友化学、TEL/EPSON、Toppan Printing、Dai Nippon、Asahi Glass、Zeon、Seiko Epson、Konica Minolta和Ricoh等。

表12.1　日本显示“国家队”——JOLED公司股权构成（单位：%）

JOLED	产业革新机构（INCJ）	日本显示（JDI）	Sony	松下
股权	75	15	5	5

2011年，日本的NHK送放技术研究所展出了5英寸柔性AMOLED显示屏。2012年，日本的东芝公司也开发出一款采用IGZO-TFT技术的柔性AMOLED显示屏，显示尺寸达到了11.7英寸。

2015年1月5日，具有日本政府背景的“产业革新机构”（Innovation Network Corporation of Japan，INCJ）联合JDI、Sony、松下成立了JOLED公司。JOLED采用松下的“印刷式”工艺技术完成55寸[①] RGB印刷OLED样机制作，2016年4月完成了20寸高分辨（200ppi）样机制作，并计划于2017年底实现量产，用于笔记本电脑、平板电脑的OLED面板（图12.1）。

欧洲是从事印刷与柔性显示相关技术研究和产业化最早的地区。欧盟将包含印刷与柔性显示在内的印刷和柔性电子产业作为提高产业竞争力的重要方向，在第六、七框架先后投入大量资金，尤其是英国、德国、芬兰和荷兰政府都投入大量资源，成立了国家级的研发中心，以支持相关材料、工艺设备、元件和系统原型的研究。比较著名的企业包括Merck、FlexInk、Plastic Logic、Cambridge Display Technolog等，研究机构有英国剑桥大学［OTFT（organic film transistor，即有机薄膜晶体管）PLED（polymer light emittling diode，即高分子发光二极管）］、帝国理工大学（OTFT，PLED）、英国印刷电子中心（Centre for Process Innovation，CPI）、荷兰Holst Center、芬兰国家技术研究中心、德国海德堡Innovation Lab等。

美国于20世纪90年代初开始印刷与柔性显示相关领域的研究计划，包括能源部、国防部先进研究项目局（Defense Advanced Research Projects Agency，DARPA）科研项目等政府机构，先后投入数亿美元用于资助包括关键材料、器件、工艺技术及系统原型等方面的基础与应用研究，并成立了针对显示、柔性与印刷电子技术发

① 1寸≈3.33厘米。

（a）大型 TV　（b）高精细印刷显示

（c）中型高精细印刷显示

图 12.1　日本印刷显示领域展示的代表性成果

展的合作联盟（FlexTech Alliance），让产业界、学术界、投资方及联邦政府机构建立紧密的联系。比较著名的企业包括 Dupont、Polyera、Plextronics、QD Vision、Kateeva（装备公司）等，研究结构有 Stanford、Northwest Univ.、UC Berkeley、PARC 等。

2. 激光显示产业

近年来，日本 Sony、三菱电机、Seiko Epson，韩国三星，美国德州仪器、科视，德国欧士朗、耶拿光学、巴克等知名企业正在加紧研发各种激光显示核心关键技术。2009 年，三菱电机推出 65 英寸薄形化激光电视，揭开了国际激光显示产业化的序幕。2010 年，在拉斯维加斯 CES 产品展上，卡西欧公司发布了激光光源与 LED 光源混合照明的便携式激光投影产品并开始市场销售。以日本几家激光投影机主要生产厂商为例，2014 年累计出货量超过 2 万台，到 2016 年已达到 10 万台，在 2017 年第一季度又比 2016 年第一季度增长 20% 以上（图 12.2）。

中国激光显示技术研究水平与国际基本同步。中国科学院理化技术研究所率先在国内开展激光显示研究：20 世纪 90 年代初，激光显示技术得到“863”计划和中国科学院创新工程计划支持，2003 年推出激光显示原理样机；2005 年推出 60 英寸、80 英寸、140 英寸、200 英寸激光电视样机，研制出的中国首台激光显示样机，色域覆盖率为 79.2%。目前，我国激光显示技术研究和产业化总体上处于国际第一梯

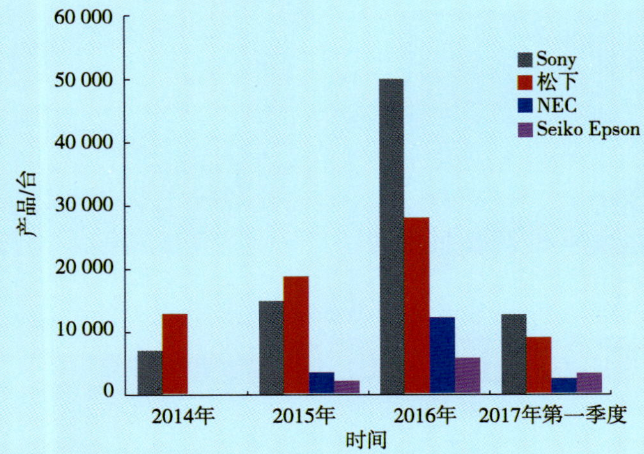

图 12.2　日本主要厂商激光显示产品出货量

队，国内多家单位（如海信、长虹、上海仪电电子、大连华录等）也都积极开展了激光显示技术和产品的研发。

12.2.4　存在问题及发展趋势分析

1. 存在问题

近年来，我国显示产业快速崛起，形成了我国大陆及台湾、韩国、日本的“三国四地”产业竞争格局，全球显示产业正加速向我国转移。目前，在国际平板显示产业发展趋缓的形势下，我国显示产业呈现出逆势而上的发展势头，但是依然面临多项挑战。

（1）创新能力不足，新技术开发分散，各自为政。

在全球新型显示产业竞争已提升到国家级的“战争”的关键时刻。我国在新型显示产业的各自依靠自身仅有的人力、财力、资源组织技术攻坚，战略布局重复，这造成资源浪费。因此，建立国家级的公共平台联合行业内一切力量，统一进行规划与布局，结合各家自身优势资源，组织全国性的协同技术攻坚，可以起到事半功倍的效果，对我国新型显示产业的发展起到无比巨大的推进作用，有助于我国实现产业技术弯道超车，从以往的技术跟随角色，转变为国际新型显示产业的领导者。

（2）面临着国际竞争与技术壁垒。

显示产业在信息电子产业中具有举足轻重的作用，为保障其未来的竞争优势，国际上各大面板厂商都将新一代的显示技术列入各自的发展战略，积极开展研究布局，各国政府也大力推出政策予以支持。与此同时，各大面板厂商还根据自身需要，抱团组成利益集团，形成技术壁垒。在这种形势下，我国要在显示产业的竞争中占有一席之地，就必须积极开展下一代显示技术的研究，逐步积累形成自己的技术体系与知识产权，这样才能使我国的显示产业获得可持续发展。

（3）产业链不够完善。

我国显示产业链发展极不均衡，关键材料设备对外依存度较高，包括柔性核心材料，如PI（polyimide，即聚酰亚胺）材料、封装材料、印刷OLED发光材料和生产设备，均依赖进口。从产业安全发展来看，基础材料产业链必须完善。但目前的产业背景是上游材料的供应基本被韩国、日本和美国垄断，由于技术难度大、导入产线困难，我国印刷及柔性显示材料企业仍处于起步研发阶段。为了产业安全与健康发展，必须对印刷及柔性显示的核心材料开展国家级的协同研发，完善产业链布局。因此，必须加大整个OLED产业链的完善和培育，注重材料、设备和工艺的共同发展，使国内的AMOLED产业链整体发展起来。

显示器件技术的创新往往由材料、设备等突破带动，显示产业的竞争力依托于材料体系的建立与成熟。因此，我国下一代显示产业的发展必须依托于关键材料与产业链的健全。

（4）人才团队与基地平台不足。

显示产业的竞争依赖于技术的竞争，技术的竞争归根到底是人才的竞争。我国LCD显示产业在发展的中前期，都是付出了高额的代价才从国外获得转移技术。因此，专业人才的缺乏和开发平台的不足也是制约我国显示技术可持续发展的重要影响因素之一。为使我国在新一代显示技术的研发中保持优势，人才的培养和研究平台的建设是我们必须补上的一课。

在激光显示方面，目前激光显示技术已进入产业引导期，全世界均在大力进行产业化关键技术攻关、开发多样化样机或试销产品，以提高性价比、实现规模产业为目标，以期争得未来10年左右显示器市场的新商机。我国激光显示现状及发展趋势基本与国外同步，虽然激光显示市场前景广阔，但是受制于三基色激光光源成本高[10]，其市场化进程缓慢。近几年，激光显示进入了以全固态激光光源（diode pumped lasers，DPL）和复合光源（DPL+LED或荧光粉）为主的过渡阶段。其中，激光荧光粉显示技术（laser phosphor display，LPD）采用蓝光半导体激光器作为主光源，激发荧光粉得到绿光和红光，与剩余蓝光组成三基色光源，这种光源具有散斑不明显的优点，但是由于绿光和红光系荧光粉发光，谱宽大（数十纳米），色饱和度低，色域小［约85%国家电视制式委员会（national television system committee，NTSC）］，不具备激光显示大色域优势，且荧光粉受到烧蚀效应的限制，其亮度较低，寿命短，不能成为激光显示产业化的方向。采用DPL光源的激光显示技术，其激光产生的过程是先用LD（laser disc）泵浦激光晶体产生红外激光，再通过非线性光学频率变换产生可见光，结构复杂，可靠性差，无法低成本批量生产，且激光光源谱线过窄（小于1纳米），消散斑技术难度大，也不是激光显示产业化的方向。

2. 发展趋势分析

在印刷及柔性显示产业方面，相对于传统显示技术，印刷与柔性显示由于具有适合大尺寸、高对比度、高色域及高色纯度、动态画面响应快速、可弯曲折叠、产品多样性等优势，从而可以在更广泛的领域得到应用与普及。

（1）大尺寸显示应用。家用显示面板市场以“大尺寸化、高清化”为趋势，根据 WitsView 的最新研究，2016 年全球大尺寸电视出货约 2.2 亿台，预估 2017 年全球大尺寸电视出货将达到 2.25 亿台，可见大尺寸显示市场惊人。然而在传统显示中，生产比 65 英寸更大尺寸（10.5 代线或以上）的 LCD 或蒸镀型 OLED 需要极为昂贵的设备投入及能源与材料消耗，一味地扩大设备尺寸这种模式来实现大尺寸显示应用是难以为继的，但通过印刷工艺，可以摆脱高真空设备，消耗更少的能源与材料，以更低的成本生产出大尺寸的显示屏，若采用新型的卷对卷的生产技术，类似于印刷报纸的方式实现显示器件的生产，可以实现在长度方面不受限制的超大尺寸显示屏制作，使大屏显示器件的制作成本大大降低，促进更大尺寸、更高显示质量的显示屏渗透到民众的日常生活中。

（2）汽车、航空及军事显示应用。传统液晶显示器需要依靠液晶分子在电场下的转动来控制光的通过以实现显示，但在较低或者较高的温度环境下，液晶分子将无法转动或者其排列受到不可逆转的破坏而导致显示故障。因此，对于使用环境较为苛刻、安全系数要求较高的汽车及航空军事，依靠分子自发光的印刷因其更宽的适用温度范围而具有更大的优势及更高的安全性。目前，世界上各大科技巨头公司均将智能汽车作为下一个市场热点进行战略性布局，汽车的自动行驶、视听影音等功能均需大量形式多样的显示屏作为信息交互窗口。随着汽车厂商进一步集成车载智能娱乐功能，仪表板、中央信息显示器及后座娱乐显示器等应用将持续增长。据 IEK（Industrial Economics and Knowledge）统计，鉴于物联网服务及智能汽车需求剧增，车载显示器市场规模预计将在 2020 年达到 720 亿美元。

（3）柔性及可穿戴显示应用。传统液晶显示屏弯曲到一定程度时会产生严重的漏光与画面不均匀，因此难以用于柔性显示器件中，而柔性 OLED 可以任意弯曲与折叠而不损坏，所以柔性 OLED 可以被应用在柔性衬底上进行显示。柔性显示屏发展的基础是 AMOLED 技术，具有低功耗、体积小、轻便、可变形等优势，其应用方向非常广泛，受到了业内的一致认可，尤其是对于未来显示行业的新领域，VR 和可穿戴智能设备等，柔性技术显得更为重要，并且，结合印刷显示技术具有的增材制造特点，可以在不同形状、不同尺寸的基板上根据需要来铺展显示材料，从而能更灵活地提供客制化的显示产品。柔性显示一个最重要的应用领域便是高端智能手机，这样的可折叠柔性设备折叠起来大概有手机大小，打开则是一部平板电脑。不但功能强大，而且非常便于携带和保护。从目前柔性显示屏的发展状况来看，其非常适合日常使用，无论是从视觉体验还是便携性方面都非常容易受到用户的青睐。

柔性显示全球市场规模有望从 2015 年的 11 亿美元成长到 2020 年的 420 亿美元，约占平板显示市场的 16%。按出货量基准预计，将从 2015 年的 2 500 万台扩大至 2020 年的 8 亿台，约占整个平板显示市场的 13%。柔性显示产品不仅会全面替代现有显示产品，还将创造出许多新型应用市场，从而引领整个显示市场的快速成长。

（4）高精细医疗显示应用。在进行内科可视化手术的过程中，医生需要对手术目标进行完全真实的实时观察。在相同的拍摄状态下，大尺寸的印刷 OLED/QLED 显示屏比液晶显示屏具有更高的对比度，印刷 OLED 显示屏理论上可到达无限的显示对比度，从而可以更加真实和突出地展示细节，使医生更全面地掌握病情，做出准确的诊断。

在激光显示产业方面，随着 LD 材料和器件技术的发展，三基色 LD 作为显示光源，与其他相干 / 非相干光源相比，具有电激发、高效率、高偏振度、长寿命、全固态、小型化、频域 / 空域 / 时域综合参数易于调控等优势，更重要的是，LD 可采用半导体制造工艺实现大规模量产降低成本的独特优势，支撑激光显示实现高性价比，进入寻常百姓家。激光显示技术的发展方向和路线图（图 12.3）就是基于三基色 LD 的新型激光显示，因此，提高三基色 LD 材料器件的性价比将成为激光显示产业发展的重要方向。

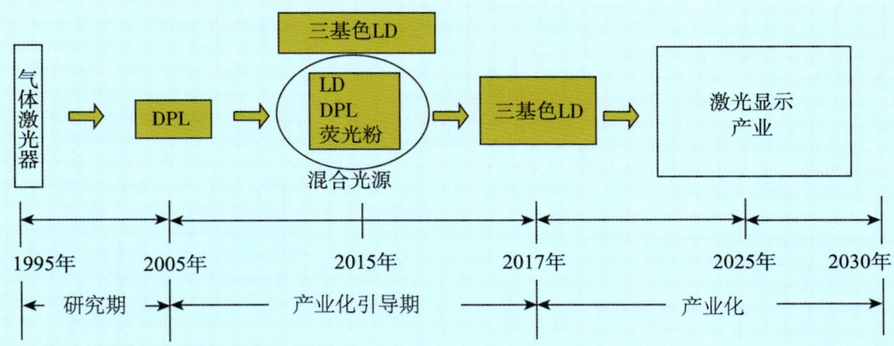

图 12.3 激光显示产业发展趋势

目前，在用于显示的红绿蓝三基色半导体激光器（LD）中，目前红光单管功率可达 750 毫瓦，使用寿命超过 20 000 小时。蓝光器件输出单管功率已达 5 瓦，产品已经开始销售。绿光器件输出功率可达 1 瓦，但效率尚待提高。

在未来的 5 年中，红绿蓝三基色半导体激光器（LD）将获得突破性进展，特别是起步较晚的绿光的进步将会更加显著，三基色激光显示整机将从试验样机走向产品，在未来的 10 年内将成为主流显示产品之一。

12.2.5 政策建议

1. 印刷及柔性显示产业

中国显示行业的多家面板龙头企业、高等院校、研究院所等单位已经意识到合作的重要性和紧迫性，于 2014 年共同成立了“印刷显示技术创新联盟”。此外，包括科技部在内的国家相关部委已充分认识到印刷及柔性显示技术的重要性，已开始展开科技发展布局，包括国家新材料与应用重大工程、新材料领域“十三五”国家重点研发计划、国家制造强国建设战略咨询委员会发布的中国制造2025重点技术路线图等，均将印刷及柔性显示列入其重要发展方向。

从我国新型显示的发展方向与需求出发，为了推进落实新型印刷与柔性显示技术发展的重点任务，现提出以下建议。

（1）制定印刷与柔性显示技术发展战略，进行技术攻关力量规划部署。

为适应印刷显示技术和产业的战略发展需要，加强决策与战略制定的科学性，强化各参与合作单位战略规划的执行力与协调性，有必要建设国家级的公共研发平台或创新中心，并完善公共研发平台的治理结构，设立战略委员会，以把控平台或创新中心的发展战略方向。

通过聚集显示领域优势单位，依托政府政策，强化行业龙头企业骨干作用，组建“利益共同体”，并通过面向全球的技术、人才、项目之间的交流、互动、融合，铺展全球协同开发的创新网络，构成高端、开放、创新的技术创新体，完成研发、工程化和产业示范任务；打造从材料、器件到整机的完整创新链，实现创新链各环节的无缝对接、参与单位的无障碍沟通协作；建立创新与产业化利益高度一致的承担主体。

（2）验证印刷与柔性显示量产技术。

在研发过程早期就应当以实现量产为最终目标，原材料、耗材均需要尽量符合量产需求，从而验证材料在量产时的稳定性与可靠性；使用与量产工艺原理相同的设备进行开发工作，以验证设备的功能性、可靠性与稳定性，确保量产过程中无设备差异影响；所有研发平台尽量按照量产工艺流程设计，以符合产品生产所需要的严格工艺条件与工艺环境，从而验证量产工艺流程的可靠性与合理性；开发过程中做好自主创新成果、技术和经验的积累，建立完善的数据库建设，确保印刷显示量产过程中技术与数据支持。

（3）进行核心共性关键技术创新、工艺创新。

组织国内龙头显示企业、研究所与高等院校进行印刷与柔性显示的共性关键技术的合作研发。围绕印刷显示器件所需的印刷显示材料、印刷墨水技术、TFT阵列结构设计技术、多层薄膜印刷与图形化工艺、工艺集成及封装技术、卷对卷印刷显示技术等方向开展科研攻关与技术创新，突破印刷显示工程制备的瓶颈和难点，主要包括以下几点：平台工程化集成创新；材料、墨水、器件结构的基础研究创新；喷墨印刷、高质量薄膜成型、背板驱动及封装等工艺研发创新。

（4）支持生态圈及产业链建设，为产业提供技术、工艺等服务。

吸引相关产业设立研发中心、产业基地等，使之成为显示产业聚焦区、科技创新引领区，形成以技术创新为重点的大联合、大协同、大网络的产业生态聚集圈。

通过开放式的创新平台，为产业提供信息、技术服务，实现真正意义上的开放，提升产业技术资源的利用率，减少企业大规模、重复的投入，为行业内的企业、高等院校及科研院所提供质优价廉的技术服务。吸引产业链企业聚集，将开放研发平台的成果直接转化到印刷显示产业链，形成行业孵化器，促进技术创新，引领产业发展，形成高速转化的滚动创新节奏。在开放型研发平台的场地规划单独场所，供孵化器企业入驻。吸引产业相关中小创业公司、产业内具备技术优势的高等院校、产业内上下游相关知名厂商入驻。

（5）建立专利池、做好标准与规范。

通过对印刷显示关键性技术的突破，布局一批核心专利，占领专利地图核心位置，形成不可取代的技术优势；同时开发一批保护性专利，建立起对核心专利的保护网；形成各协作单位统一规划建设的技术专利池，巩固我国在印刷显示方向的技术及知识产权地位，并通过专利相互许可机制，互惠互利地发展与壮大印刷相关的上下游产业链，以突破国际技术专利壁垒，为我国显示行业的高科技创新企业走向国际化提供知识产权的后盾。专利池的布局建设将有利于引领国内印刷显示产业的高速发展，在国际上掌握显示产业发展的主动权，在数千亿元规模的印刷显示市场中占据重要的市场份额。

在遵照国家关于知识产权归属的有关法律法规的前提下，鼓励项目参与合作单位签署知识产权归属文件，确保知识产权权益明晰，降低技术风险，保障各方利益，保证项目的顺利进行及相关知识产权成果的保护及分享。

（6）进行人才培养、鼓励人才流动，加强国际交流与合作。

设立院士工作站、博士后流动站，以公共研发平台或中心吸引并培养高水平创新型印刷显示方面的专业人才加入印刷与柔性显示联合开发。可采取聘任合同制，按需设岗，合理流动、动态平衡，不断为行业输出高素质研究人才。针对重大技术难题设立开放研究基金，吸引海内外高水平科研人员，或开展合作研究。也可接受产业内的企业委托培养要求，联合高等院校、企业对有需求的人才进行全方位的培训。利用平台或中心既含高等院校、科研院所又有企业的优势，为高等院校的本科生、研究生进入印刷显示领域的企业实习牵线搭桥，为行业新鲜血液的培养提供支持。以协同创新为目标，利用跨行业、跨学科、跨领域的技术创新优势力量，建立技术、人才、项目的交流合作机制，推动企业创新资源共享，面向全球开展开放的科技合作，以国际科技合作带动产业合作，推动优势产业和企业市场的全球化。

2. 促进激光显示产业发展的政策建议

（1）实施下游应用引导、中游系统创新、上游材料突破的全链条、一体化新型战略产业发展策略，集中国内优势力量，加强激光显示及关键材料器件产业化攻关和人才队伍建设，鼓励自主创新产业化，制定相应的保护政策，支撑我国具有自主知识产权的激光显示产业快速增长。

（2）建议国家加大资源投入，构建全流程创新链，提升创新能力，特别在产业化攻关阶段，加强对国内具有自主创新能力与核心技术企业的政策支持力度，与企业自主创新形成合力，以期实现显示产业弯道超车。

（3）建议国家 / 地方政府加强引导显示产业的健康发展，制定财政、金融、税收及激光显示系列标准等保护政策，加强知识、技术、平台和人才体系建设，营造绿色、健康的激光显示产业可持续发展环境[11]。

12.3 特殊钢材料

特殊钢广泛应用于工业和人们生活的各个领域，是重大装备制造和国家重点工程建设所需的关键基础材料，其生产和应用代表了一个国家的工业化发展水平。本章结合近年来特殊钢产业发展最新态势，给出了特殊钢产业概念及范畴，通过分析国内外特殊钢材料及其产业发展现状，提出了我国特殊钢材料及其产业发展问题及趋势。采用技术、产品、市场成熟度研究方法，重点剖析了新一代高强汽车钢关键技术研发、应用和推广的典型案例，并提出了促进我国特殊钢产业发展的政策建议。

12.3.1 概念及范畴

特殊钢，是指具有特殊化学成分、采用特殊工艺生产、具备特殊组织性能、能够满足特殊使用要求的钢类，是钢铁材料中高技术含量产品，主要包括不锈钢、轴承钢、工模具钢、合金结构钢、弹簧钢、高速工具钢和电工钢等。特殊钢广泛应用于动力机械、能源装备、化工装备、海洋工程设施、交通运输工具和武器装备等领域[12，13]，是国民经济建设和社会发展的重要基础原材料，也是国家重大工程建设、高端装备制造不可或缺的基础材料。特殊钢产业是以特殊钢材料研制、生产及应用为主，具有高度的创新性、战略性、带动性和成长性的产业集群，关系到国民经济建设和可持续发展目标的实现。

12.3.2 发展现状分析

特殊钢产品种类繁多、性能各异、用途广泛。社会经济发展各个阶段的需求和工业化进程是特殊钢及其产业发展的基本动力，技术与装备进步是特殊钢及其产业不断发展的重要条件。因此，特殊钢的产量和消费量与国家发达水平、工业化程度、技术进步水平及高端工业产品的出口量密切相关[13]。

工业发达国家特殊钢产量一般占其钢材总产量的 15% ～ 20%，其中瑞典特殊钢的占比高达 45% ～ 50%，是世界上特殊钢比重最高的国家。特殊钢总体水平最高的国家是日本，其产量和出口量位居发达国家之首。其他发达国家在某些特殊钢品种上各有特色。例如，瑞典 SKF 公司的轴承钢、山特维克（Sandvik）公司的工模具钢在国际上具有很高的知名度；法国的不锈钢、奥地利的工模具钢等都居国际一流水平。国外的特殊钢产品具有尺寸精度高、钢中有害物质少、夹杂控制水平高、使用寿命长、耐热耐腐蚀等使用性能优异的特点。同时，国外特殊钢产业发展具有以下鲜明特点[13]。

（1）优势特殊钢企业通过工艺、技术、装备优化，建立了专业化的技术队伍和营销网络，走国际品牌化路线；同时形成合理规模，不盲目追求规模，以实现效益最大化；以生产高端、高附加值产品为主要目标，避免同质化、低水平竞争；高度重视特殊钢产品个性化服务和深加工延伸。

（2）积极开展优势特殊钢企业重组与整合，先国内后区域，组建成规模合理、专业化分工明确、有竞争力的国际化企业集团，进行国际化经营和兼并重组。例如，瑞典特殊钢产业以生产分工专业化、产品质量优良化、销售市场全球化为重要特征，其特殊钢结构调整并不追求产量扩张，而是以满足用户对产品的质量要求为前提，重点生产高质量和高附加值的专业化产品，并把相同的产品合并集中生产，形成优势产品，在高速钢、不锈钢、轴承钢、工具钢、耐热合金等领域的生产和研发均处于国际领先地位，并由此造就了一批著名企业和产品，如山特维克的工具钢、奥沃科（Ovako）的轴承钢等[14]。

（3）采用聚焦发展战略，形成优势拳头产品。特殊钢的品种繁多，一个企业不可能生产所有的特殊钢产品，国外先进特殊钢生产企业多采用聚焦发展战略，不贪大求全，而是有取有舍、弃弱扬优，通过实现专业化生产，将企业资源和注意力集中在某一特定的市场或产品上，形成自身的优势产品。例如，芬兰的奥托昆普公司放弃了传统的铜生产，集中生产不锈钢，形成了非常清晰的公司战略目标，从而发展成为世界范围内具有竞争力的不锈钢公司。又如，美国铁姆肯（Timken）公司放弃了早在 1975 年就开始从事的特种冶金生产，并于 2006 年出让了下属的从事特种冶金生产的 Latrobe 公司，将全部业务集中到了轴承钢和合金结构钢领域。

我国特殊钢产业经过 60 多年的发展，产量已达到较高水平，不锈钢、轴承钢、齿轮钢、模具钢、高速钢等产量均居世界第一。特殊钢品种和产量基本满足国民经济建设约 80% 以上需求。近年来，我国特殊钢产业与整个钢铁工业一样发展迅速，取得了举世瞩目的成就，在生产装备、工艺技术等方面获得了快速发展，包括不锈钢、轴承钢、齿轮钢、模具钢等许多钢种产量均居世界第一，为我国国民经济建设和社会发展提供了重要的原材料保障[15]。

与此同时，经过多年发展，我国特殊钢企业进行了新一轮的流程再造，形成了专业化、制品化特色突出，创新成效显著的九大典型特殊钢企业集团，基本实现了钢铁流程绿色环保。其中，太钢、中信泰富、东北特殊钢、宝钢特材、西宁特殊钢、宝钢不锈等六家国有特殊钢企业生产已在数量上与国民经济发展大体适应（6 家企业产能总计达 3 980 万吨钢，其中不锈钢达 600 万吨，轴承钢 200 万吨，合金工模具钢 80 万吨，合金结构钢 800 万吨，棒材 1 600 万吨，线材 200 万吨，板材 400 万吨，管材 100 万吨），攻克了特殊钢专业化生产线共性关键技术问题，特殊冶炼装备、冶炼技术水平快速发展，炉外精炼工艺、电渣重熔工艺、真空感应熔炼工艺、真空自耗重熔工艺全面发展，产品纯洁度及气体含量明显提高。高强度钢丝可达 4 600 兆帕，耐高温钢使用温度可达 600℃，耐低温钢使用温度可达 –196℃；大型铸锻件技术取得显著进步；顶替进口，自主开发 G3 镍基油井管、GR2 冷轧纯钛卷等。逐步形成了特殊钢板带材、管材、棒线材、锻材、线材专业化生产线，有力支撑了装备制造业，量大面广的特殊钢品种质量、性能基本满足国民经济建设需求[16]。

（1）不锈钢板带的生产采用冶炼（EF-AOD/VOD）—板坯连铸—热连轧—冷轧—连续退火酸洗专业化生产线。

（2）耐热钢、轴承钢、齿轮钢、弹簧钢、合结钢和碳结钢等生产采用超高功率电炉冶炼—炉外精炼—方坯（管坯）连铸—棒线材（管材）连轧—精整热处理专业化生产线。

（3）高工合金模具钢的生产应用冶炼—精炼—模铸—快锻开坯—精锻成材—制品加工专业化生产线。

（4）电工钢板带的生产采用冶炼—精炼—板坯连铸—热连轧—冷轧—退火—平整热处理和涂绝缘膜的专业化生产线。

此外，以天工国际、久立不锈管、永兴特殊钢等为代表的民营特殊钢企业异军突起，以高端特殊钢生产为主，突出专业化、差异化特色，为我国高端特殊钢产业发展做出显著贡献。

12.3.3 存在问题及发展趋势分析

1. 面临的问题

我国特殊钢产业的整体发展水平和产品质量与先进国家相比，仍有很大差距。在量大面广的特殊钢生产技术方面存在品种结构不合理，低端品种过剩、高端品种缺乏，性能和质量稳定性差，制造成本高等问题。尤其在高端特殊钢研发和生产方面，仍有相当比例的高端、高附加值的特殊钢受制于人，亟待进一步自主开发。

1）高品质特殊钢比例低，特殊钢产品结构不合理

我国特殊钢产量占钢产量的比例低于工业发达国家。美国和韩国特殊钢产量占钢产量的10%左右，日本、法国和德国特殊钢产量占钢产量的15%～22%，瑞典特殊钢产量占钢产量的45%左右。近年来，日本特殊钢产量占钢产量的比例还在逐年增长，目前的比例已超过22%。而我国特殊钢产量约占钢产量的8%，比例远低于工业化国家，且比例还在不断下降。这种情况难以支撑我国制造业持续发展的需求。

我国特殊钢的品种结构不尽合理，产量中有一半是低端的优质碳素结构钢，不锈钢、耐热钢、合金结构钢、工模具钢、轴承钢等高端品种仅为50%（而日本达到75%），并且产品还存在纯净度差、化学成分控制精确度低、组织均匀性低、性能的稳定性差、尺寸精度低等问题。例如，我国时速200千米以上高速列车的车轴锻坯、车轮及轴承尚没有实现国产化，大飞机用高强钢、不锈钢和轴承钢等材料尚不能满足设计性能要求，核电中关键部件的特殊钢材料仍主要依赖进口；高性能硅钢板带不能满足电力、电子、军工等领域的需求。

2）特殊钢缺少共性、公益性技术创新平台，整体技术水平急待提高

我国特殊钢品种及生产技术还无法满足重大装备制造、重点工程、资源和环境保护对特殊钢高端品种的需求。目前我国特殊钢冶炼、连铸、热轧、冷轧、锻造、热处理和应用等技术与国外有较大差距。例如，国外先进的特殊钢冶炼和精炼工艺技术可以准确地将化学成分控制在较窄的范围内；特殊钢的凝固工艺技术可以保证钢坯（锭）的化学成分和组织的高均匀度；变形工艺技术能够满足钢材精确形状尺寸和组织状态的控制要求；热处理工艺技术可以精确控制钢材和部件的组织与性能；喷射成型和金属注射成型技术可以精确控制夹杂物数量以及改善材料的组织结构等。我国特殊钢产品达到国际先进水平实物质量的特殊钢产品低于15%。此外国内缺少类似国外的共性、公益性技术创新平台，难以保持特殊钢行业技术进步和可持续发展。

3）特殊钢生产的高资源和高能源消耗状况急待改善

相比普通钢，特殊钢中的合金元素含量高，工艺复杂，技术严格，并且需要热处理，因此资源和能源消耗大。例如，我国铁素体不锈钢仅占不锈钢总产量的22%（日本为40%，各工业化国家均有较大比重），以Cr-Ni系奥氏体钢为主要品种的我国不锈钢发展每年消耗大量的贵金属镍资源（由于镍资源的短缺，近几年镍价格由4万元/吨增加到40万元/吨以上）；我国目前生产的耐热钢管无法满足高参数超超临界火电机组的需求，达不到提高发电热功效率的要求；日本、韩国和欧洲80%的汽车锻钢件均采用省去了热处理工序的微合金非调质钢，而我国仅有部分曲轴和连杆等汽车部件使用，大多数锻钢件仍然使用调质钢，每年的汽车零件热处理消耗了大量能源和材料；硅钢特别是取向硅钢制造流程中包含高温板坯加热、长时间高温（二次再结晶）退火等，生产周期长、能耗大。

2. 发展趋势

特殊钢产业是国民经济建设、社会发展及战略性新兴产业发展的重要材料基础，我国制造业发展和相关产业节能减排（如火力发电）目标的实现，急需大力发展高品质特殊钢生产和加工技术与装备，积极推进高品质特殊钢产业化和大宗高品质特殊钢的规模化生产应用[16]。

我国制造业强国战略深入实施与战略性新兴产业的快速发展，对特殊钢性能提出了高强、高韧、耐高温、耐腐蚀、耐磨损及结构功能一体化等新需求。例如，超超临界火电机组与核电装备用特殊钢，高速列车的车轮、车轴、轴承与大功率风电机组轴承用钢，海洋工程及油气开采/储运/输送用耐蚀钢及合金、资源节约型环保不锈钢的需求日益增大，品质要求越来越高。《“十三五”国家科技创新规划》和《中国制造2025》均将发展特殊钢材料技术作为未来我国高端装备及制造业发展，实现材料强国乃至制造强国的重要支撑基础。同时，国家各部委也陆续出台相关规划，围绕我国钢铁工业结构调整、转型升级的新需求，统筹推进特殊钢技术及产业发展，例如，工

信部出台《钢铁工业调整升级规划（2016—2020 年）》明确提出钢铁关键品种重大工程，针对先进轨道交通、节能与新能源汽车、电力、关键基础零部件等领域对耐热钢、超高强度钢、高强汽车钢、高性能轴承钢、齿轮钢、高强度紧固件用钢等特殊钢的需求，持续推进高品质特殊钢品种的研发和产业化，增加有效供给[17]；科技部出台的《“十三五”材料领域科技创新专项规划》将高品质特殊钢列为“十三五”期间“重点基础材料技术提升与产业升级”的重点任务之一，并在 2016 年国家重点研发计划重点专项中先期启动实施，围绕轴承、齿轮、紧固件、传动轴、弹簧等用钢，围绕轴承 / 齿轮 / 弹簧 / 紧固件等基础件用钢、高温强度耐蚀不锈钢、先进硅钢、高性能工模具钢等特殊钢材料技术提升和产业化应用，按照“全链条创新设计、一体化组织实施”原则安排了五项项目，通过项目攻关，全面提升我国特殊钢质量稳定性，达到国际先进水平，带动相关产业产值大幅度提升，为我国制造业升级乃至“中国制造 2025”战略目标实现奠定坚实的材料基础[18，19]。

图 12.4 从特殊钢材料技术、产品及应用等方面给出了我国重点特殊钢的发展趋势。总体上看，我国特殊钢材料仍需进一步加强特殊钢新型强韧化机制与高可靠长寿命机理；制备及服役过程微观组织演化规律及其定量化描述；超级奥氏体不锈钢凝固偏析和析出行为及其热加工机理等基础性技术研发。攻克耐高温、应力、腐蚀等服役环境适应性的材料设计技术；特殊钢高洁净度冶炼、夹杂物精确控制、均质化与组织精细化控制、精确成型与加工等产品质量稳定控制技术；低成本制造及简化流程技术；柔性轧制技术等系列应用关键技术。推动我国特殊钢及产品水平由目前的跟跑向跟跑 + 并跑转变，最终实现领跑。

从技术方面看，随着科技革命和产业变革的深度进行，国际特殊钢将进一步向高洁净、均质化、高精度、易成型，性能超级化、复合化、功能化、环境协调化、制备工艺高技术化等方向发展。对比分析国外特殊钢发展趋势，我国特殊钢关键技术未来将围绕创新链和产业链，重点发展特殊钢基础性技术及应用关键技术，将材料性能研究与应用研究、材料质量提升与基础件性能提升有机结合，着重研发高强度、高韧性、长寿命、高品质特殊钢，实现关键产品国内市场自给率 80% 以上，使用寿命提高 50%，质量达到国际先进水平，以满足我国重大工程建设需求，推动战略性新兴产业发展，支撑我国制造业升级。

重点突破传统冶炼及轧制技术，开发高效低成本洁净钢冶炼、新一代轧制及热处理技术，实现资源和能源节约的绿色化制造与钢材品质的升级换代；通过多相组织调控与超细晶控制，实现高强塑积、低成本汽车用高强钢的制备；突破大规格高强度海洋工程用钢制备及应用技术；实现高耐蚀性、高成型性、耐热和抗氧化不锈钢的和非调质节能环保型特殊钢的开发。到 2025 年突破低成本减量化冶炼和轧制技术，以及短流程钢铁生产，实现绿色制造和制造绿色。开发重大工程与重大装备用高强度、高韧性、高塑性、低屈强比、高持久断裂强度的高技术含量、高附加值先进的特殊钢材料。

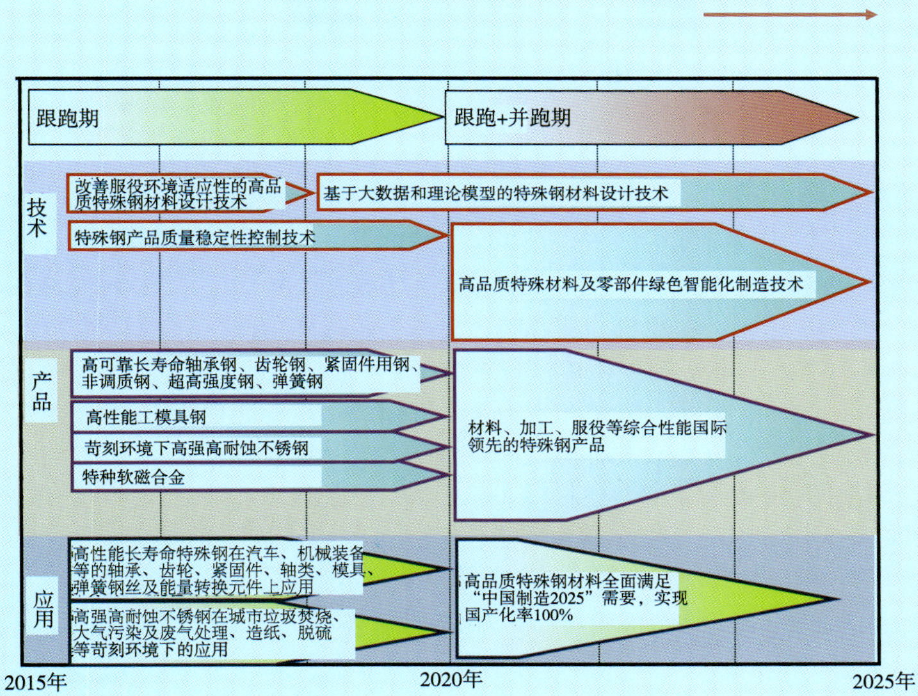

图 12.4　我国重点特殊钢材料发展趋势图

从产品应用及产业发展方面看，通过关键技术突破及推广应用，推动我国特殊钢及其制品的性能、质量稳定性和可靠性的全面提升，关键产品质量达到国际先进水平，打破我国关键高品质特殊钢长期依赖进口的局面。到 2020 年，高品质特殊钢年均生产量约为 1 350 万吨，年均产值为 500 亿～ 600 亿元，推动优势特殊钢生产企业的合并重组，形成以龙头企业为核心的特殊钢产业集团，主要材料自主供应率达到 80%；到 2025 年，高品质特殊钢年均生产量约为 2 000 万吨，年均产值为 600 亿～ 900 亿元，主要材料自主供应率达到 90%。大幅度提升高品质特殊钢和零件的研发、创新能力及制造技术水平，降低能源、资源消耗，减少环境负荷，满足国民经济建设及重大工程、高端装备制造等国家战略需求。

12.3.4　促进特殊钢材料产业发展的政策建议 [21]

（1）设立高品质特殊钢创新联盟，加强顶层设计，制定高品质特殊钢可持续发展战略，制定高品质特殊钢标准，促进产业转型升级。

（2）建立高水平高品质特殊钢共性技术和关键品种、质量研发平台，扭转核心技术、关键品种受制于人的被动局面。孕育具有国际水准的以企业为中心的中央企业研究院，最终升级为国家高品质关键基础钢材工程中心。

（3）加强基础研究，通过产学研用结合，协调创新，攻克特殊钢技术瓶颈，实现高端产品生产工艺与装备的国产化，提高特殊钢质量与品质。

（4）调整产品结构，走专业化、特色化发展道路，通过兼并重组，提高产业集中度。

12.4 新型陶瓷材料

新型陶瓷材料是先进无机非金属材料的一个重要分支，由于其特定的精细结构和高强、高硬、耐磨、耐腐蚀、耐高温、导电、绝缘、磁性、透光、半导体，以及压电、铁电、声光、超导和生物相容等一系列优良性能，被广泛应用于国防、航空、航天、化工、冶金、电子、机械和生物医学等领域，其发展程度已成为这些关键工业领域的发展瓶颈或发达程度标志之一，备受各发达国家的关注。因此，在“制造强国”战略中，应加大新型陶瓷材料在新能源、电子信息、环境保护、高端机械制造和国防等应用领域的产业化力度，进一步推动我国先进陶瓷向规模化、应用化、高端化发展，以提升我国新型陶瓷材料制造及装备水平。

12.4.1 概念及范畴

新型陶瓷材料又称为精细陶瓷、先进陶瓷、现代陶瓷、高技术陶瓷或高性能陶瓷。一般认为，新型陶瓷材料是指采用高度精选的原材料或先驱体制备技术，具有精确控制的化学组成，按照便于控制的制造技术加工、便于进行结构设计，并具有优异特性的陶瓷材料。新型陶瓷材料通常包括结构陶瓷、功能陶瓷（电子陶瓷）和生物陶瓷等。结构陶瓷具有高强度、高硬度、高耐磨、耐高温和耐腐蚀等特性；电子陶瓷具有导电、半导性、绝缘、压电、透光、光电、电光、声光和磁光等性能；生物陶瓷具有医疗（人工关节、骨、牙齿等）和催化等功能。新型陶瓷材料于20世纪发展起来，在近二三十年内，新产品不断涌现，在现代工业技术，特别是在高技术、新技术领域中的地位日趋重要，在未来的科学技术发展中也必将占据十分重要的地位。

12.4.2 发展现状分析

1. 国外发展现状

目前，全球范围内新型陶瓷技术进步明显、应用领域拓宽、市场稳定增长。随着航天、航空、船舶、核工业、化工冶金、微电子、半导体等下游应用的快速发展，新型陶瓷行业的市场规模日益增长。

当前新型陶瓷材料最大的市场是日本和美国，其次是欧盟。由于较高的技术壁垒，新型陶瓷行业长期被发达国家具有独特技术的公司垄断。其中，日本是最大的新型陶瓷材料生产国，门类最齐全，产量最大，应用领域最广，综合性能最优，在陶瓷市场特别是电子陶瓷市场中占据主导地位。美国先进陶瓷协会和美国能源部联合资助并实施了为期20年的美国先进陶瓷发展计划，计划到2020年，新型陶瓷以其优越的高温性能、可靠性及其他独特性能，成为一种经济适用的首选材料，并广泛应用于工业制造、能源、航天、交通、军事以及消费品制造等领域。其中，耐高温结构陶瓷是美国精细陶瓷发展的重点，美国国家航空航天局（National Aeronautics and Space Administration，NASA）正实施大规模的研究与发展计划，重点对航空发动机、民用热机中的关键部件实现陶瓷替代，同时对纳米陶瓷涂层、生物医学陶瓷和光电陶瓷的研究、产业化进行资助。欧盟各国特别是德国、法国在结构陶瓷领域进行了重点研究，主要集中在发电装备、新能源领域和发动机中的陶瓷器件等。

2. 国内发展现状

我国的新型陶瓷材料是为支撑“两弹一星”而起步的，主要是为核试验和航空航天配套开发耐高温、耐烧蚀的特种陶瓷材料。1986年，为跟踪国外研究，我国开始执行“先进结构陶瓷与绝热发动机”的五年研究计划，带动了新型陶瓷材料研究的热潮。进入21世纪以来，我国已在新型陶瓷产业领域积累了自身的优势，在某些新型陶瓷与陶瓷基复合材料的科研方面达到世界先进水平，形成较大规模发展的项目的主要有汽车陶瓷刹车片、氧化锆固体电解质研究、纳米陶瓷成型、钴酸钙系热电材料研究、二氧化钛光催化技术的应用、生物功能陶瓷等。这些领域均取得突破性的发展，必将成为产业化发展的新途径。同时，在涉及国家安全领域的应用，尤其是航天国防领域，已具有很强的尖端陶瓷材料的研发与制造能力，诸如近净尺寸成型技术、低成本结构陶瓷规模化制备技术以及高温超导陶瓷等尖端高技术陶瓷的理论研究和实验水平也已处于世界领先地位。

然而，同国外先进水平相比，我国的新型陶瓷材料产业的总体水平仍有差距，尤其是在产业化和应用方面落后更多。目前国内与国外新型陶瓷产业之间，无论是从产业规模，还是产业水平上均存在较大差距，主要表现在以下几个方面。

（1）生产能力之间的差距：我国新型陶瓷材料的生产能力仅为国际市场需求量的4%～6%，远无法满足实际需求，这主要受制于国内制备技术与水平的落后。

（2）生产规模之间的差距：国内新型陶瓷材料的生产企业大多为中小企业，没有形成规模化生产。国际上著名的新型陶瓷企业，如村田制造（Murata）、京都陶瓷（Kyocera）、通用电气（GE Quartz/AM）、圣戈班（Saint-Gobain）、摩根公司（Margon）等均属于世界500强企业，而我国至今还没有相同层次的企业。

（3）产品结构之间的差距：我国新型陶瓷材料发展的初衷是服务于国防、航天等涉及国家安全的领域，虽然在透波、防热一体化陶瓷技术，先进陶瓷基复合材料等个别领域已达到国际领先水平，但是对于一些涉及民用、商用的领域，研究基础相对落后，产业化水平较低。因此，目前国内新型陶瓷材料产业整体上缺乏完善的产品结构。

（4）技术水平之间的差距：我国新型陶瓷的生产设备技术水平大多还停留在实验室研发阶段，尤其对于一些关键技术的掌握还未成熟，从而造成了国内外行业技术水平的差距。

（5）产业化水平之间的差距：任何一个产业的形成，都要求具备完备的产业生态。我国新型陶瓷产业还没有形成完善的产业链条。无论是从产业化的深度，抑或是产业化的广度都需要需进一步拓展。

12.4.3 面临问题及发展趋势分析

1. 面临的问题

当前，我国的新型陶瓷材料产业正处于一个机遇与挑战并存的特殊时期。尽管我国的新型陶瓷材料产业已经取得了较大的发展，但与世界先进水平相比仍有较大差距，在发展过程中仍存在不少问题，主要体现在以下四个方面。

（1）原始创新能力不足，核心技术受制于人，高端产品自给率不高。

我国新型陶瓷材料相关技术的研究大多针对某一方向、某一需求展开，不同学科、领域之间缺乏深层次的交流，原创性的思想、概念、理论匮乏；企业作为创新的主体，在产品研发方面重视不够，参与自主研发创新少、生产跟踪仿制多，普遍缺乏核心知识产权。例如，高纯、超细、高性能陶瓷粉体制造技术和工艺基本掌握在日本、美国等少数发达国家手中，导致我国电子陶瓷急需的粉体仍主要依赖进口。

（2）产品研发与应用推广脱节，创新产业链不够完整。

新型陶瓷材料研发资源主要分布在大学、研究院所和少数企业，共性技术研发进程滞后，成果转化率低，规模化生产程度低，创新产业链有待进一步完善。而我国目前从事新型陶瓷材料生产的企业主要以中小型企业为主，其产品的技术附加值低，面向的市场大多属于低端应用领域，尚无高端陶瓷部件，以及精密制造陶瓷元件等高端制造的专门供应商。与此同时，大部分陶瓷制备设备、精密加工设备及加工工具也依靠进口。

（3）从研发到应用缺乏系统性，相应配套体系支撑不足。

目前我国新型陶瓷材料并没有形成大批具有自主知识产权的材料牌号与体系，新型陶瓷材料领域统一的设计规范、材料标准和工艺质量控制规范尚不完善，符合行业标准的陶瓷材料的结构设计、制造、评价共享数据库更为缺乏。此外，我国材料配套的装备工程化水平和制备能力不高，全面引进装备导致产品成本难以降低，产品性能及稳定性就很难得到持续保证，这也严重制约了产业的进一步发展。面向工程化服务的多元化投融资体系和中介服务体系尚不完善，制约了我国新型陶瓷材料乃至整个新兴产业的创新和产业的发展。

2. 发展趋势及建议

未来新型陶瓷材料产业，必须注重产业的全局性、长远性及导向性，切实满足新形势、新发展的要求。新型陶瓷材料产业发展将会出现以下趋势。

（1）绿色环保化。目前，绿色、低碳经济、节能环保成为这个时代使用频率最高的词汇。近年来，全球气候变暖、极端气候条件频发等更是使绿色、低碳成为多个国家甚至全球今后不变的战略发展方向。新型陶瓷材料产业必须大力拓新，积极向符合绿色环保型的模式转型。

（2）技术融合化。当前，技术交叉与融合越来越明显，引发产业间的相互渗透，且趋于融合，已经成为推动世界经济发展的大趋势。因此，技术融合趋势决定了新型陶瓷材料产业不可能也不应该孤立发展，而是既要有利于推动现有先进陶瓷产业的创新，又要有利于未来陶瓷材料产业的崛起。今后，新型陶瓷材料产业内部之间，以及与其他产业之间的融合也是大势所趋，作为一种相互补充和衔接，将使行业间的界线越来越模糊，综合竞争力越来越强。

（3）产业高端化。未来的新型陶瓷材料产业领域定会越来越强调走高端化路线，其产业特点主要表现为科技含量高、附加值高、环境经济效益高等一系列特点；在涵盖范围上，包括产业结构高端化、技术高端化、产品功能高端化等。

（4）区域集聚化。集聚是新型陶瓷材料产业化十分关键的一步。一批基本类似的公司企业雨后春笋般涌现并集聚抱团发展，开始初具产业规模，以至于集聚化发展成为战略性新兴产业成长的一般趋势和规律。

参考文献

[1] Hoath S D. Fundamentals of Inkjet Printing：The Science of Inkjet and Droplets. New Jersey：WILEY-VCH Verlag GmbH & Co.KGaA，2016.

[2] Hutchings I M，Martin G D. Inkjet Technology for Digital Fabrication. New York：John Wiley and Sons Ltd，2013.

[3] Hebner T R，Wu C C，Marcy D，et al. Ink-jet printing of doped polymers for organic light emitting devices. Applied Physics Letters，1998，(72)：519.

[4] Flattery D K. Progress and Status of Solution OLED Materials，OLED summit，2013.

[5] Bharathan J，Yang Y. Polymer electroluminescent devices processed by inkjet printing：I. Polymer light-emitting logo. Applied Physics Letters，1998，72 (21)：2660.

[6] Brandon B. Flexible electronic display will get army field test. Los Angeles Times，2011-01-31 .

[7] Light emitting wallpaper could replace bulbs. BBC News，2009-12-30.

[8] Nogee A. The worldwide market for lasers market review and forecast 2015，2015.

[9] Zheng H，Zheng Y，Liu N，et al. All-solution processed polymer light-emitting diode display. Nature Communication，2013，4：1971-1974.

[10] 许祖彦 . 大色域显示——新一代显示技术 . 物理，2010，39（4）：227-231.
[11] 许祖彦，毕勇，张文平，等 . 高技术发展报告（3.7 显示技术产业化新进展）. 北京：科学出版社，2016.
[12] 高宏适 . 特殊钢应用概述 . 世界金属导报，2010-07-27.
[13] 王一德，唐荻，党宁 . 国外特殊钢产业的特点及发展趋势 . 钢铁，2013，48（6）：1-6.
[14] 王建英 . 瑞典特殊钢工艺和技术 . 特殊钢，1997，18（3）：43.
[15] 王一德，唐荻，米振莉，等 . 中国特殊钢行业的发展现状及思考 . 钢铁，2013，48（7）：1-6.
[16] 董瀚 . 对发展高品质特殊钢产业的认识 . 中国钢铁业，2011（10）：10.
[17] 中国工业和信息化部 . 钢铁工业调整升级规划（2016—2020 年），2016.
[18] 中国科学技术部 .“十三五”材料技术领域创新规划，2017.
[19] 中国科学技术部 .“重点基础材料技术提升与产业化”重点专项 2016 年度项目申报指南，2016.
[20] 董瀚，曹文全，时捷，等 . 第三代汽车钢的组织与性能调控技术 . 钢铁，2011，46（6）：1-10.
[21] 翁宇庆，陈蕴博，刘玠，等 . 特殊钢在先进装备制造业应用中的战略研究 . 北京：冶金工业出版社，2012.

第 13 章

互联网+智能制造产业

柴旭东　侯宝存　王永峰　张　霖　刘　阳　杨春伟　王庆国　程　琳

【内容提要】制造业是立国之本，兴国之器，强国之基。新一轮科技革命和产业革命正加速推动制造业向数字化、网络化、智能化转型升级，智能制造已成为各国制造业发展战略规划中的主攻方向，“互联网＋智能制造”产业已成为各国战略性新兴产业的重要组成部分。本章将概述国外智能制造产业发展，系统分析我国“互联网＋智能制造”产业的发展现状，梳理《“十三五”规划纲要》颁布以来我国“互联网＋智能制造”产业取得的最新成果，剖析我国“互联网＋智能制造”产业目前存在的问题及未来的发展趋势，进而从技术 / 产业 / 应用的协调发展、人才体系建设、创新体系完善、资金支持力度和组织实施方式等方面给出建议，以促进我国“互联网＋智能制造”产业的快速稳步发展。

13.1　引言

当前，一场新技术革命和新产业变革正在进行。全球“创新、绿色、开放、共享、个性”的发展需求，与新互联网技术、新信息通信技术（information communication technology，ICT）、新人工智能技术、新能源技术、新材料技术和新生物技术等的飞速发展[1]，正引发国民经济、国计民生和国家安全等领域新模式、新手段和新生态系统的重大变革。制造业作为国民经济、国计民生和国家安全的重要基石，同样面临全球新技术革命和产业变革的挑战，特别是新一代信息通信技术、智能科学技术与（大）制造技术的深度融合，使制造模式、制造手段、生态系统等正发生重大变革。

制造业是立国之本、兴国之器、强国之基。在当前新一轮科技革命和产业变革与我国加快转变经济发展方式的历史性交汇时期，为实现从制造大国向制造强国、从中国制造向中国创造的关键转变，我国先后提出了“中国制造 2025”、“互联网 +”行动、“信息化和工业化深度融合”、“十三五战略性新兴产业规划”及“新人工智能规划”等战略规划与计划，旨在通过技术创新、产业培育和应用示范的协调发展，推进我国跻身世界先进制造强国行列。

世界各国纷纷推出智能制造的创新战略对策。德国在提出“工业 4.0”之后，又提出了《保障德国制造业的未来：关于实施“工业 4.0”战略的建议》和《高技术战略 2020》等战略规划；美国也相继提出“先进制造业伙伴计划”（advanced manufacturing partnership，AMP）、“国家先进制造战略计划”和“国家制造业创新网络计划”，从而推进工业互联网战略的实施；英国提出以“工业 2050”为牵引的“互联网 +”工业发展策略；日本提出以“人工智能”为抓手的“互联网 +”工业发展策略。各国制定战略的核心都聚焦在面向智能制造技术、产业和应用的协调发展方面 [2]。

本章通过对比国外各国智能制造产业的发展现状，系统分析我国“互联网 + 智能制造”产业的发展现状，梳理《“十三五”规划纲要》颁布以来我国“互联网 + 智能制造”产业取得的最近成果，剖析我国“互联网 + 智能制造”产业目前存在的问题以及未来的发展趋势，进而从技术 / 产业 / 应用的协调发展、人才体系建设、创新体系完善、资金支持力度和组织实施方式等方面给出建议，以促进我国“互联网 + 智能制造”产业的快速稳步发展。

13.2 国内外“互联网 + 智能制造”产业发展现状分析

13.2.1 国外“互联网 + 智能制造”产业发展现状分析

1. 德国“工业4.0”

2013 年德国正式发布“工业 4.0”战略规划，它由一个网络、三项集成、四大主题、八项计划组成（图 13.1）。德国为推进“工业 4.0”，相继提出了《保障德国制造业的未来：关于实施“工业 4.0”战略的建议》和《高技术战略 2020》等新的战略性政令或政策。“工业 4.0”旨在充分利用信息通信技术和网络空间虚拟系统构建的信息物理系统（cyber-physical systems，CPS），将制造业向智能化转型。按照“工业 4.0”纲领，未来工业企业的各种 CPS 将由全球的工业互联网支持，将各类智能机器、后勤系统与生产系统集成在一起，在制造环境中，这些 CPS 所包含的智能机器、存储系统和生产实体可以自动地交换信息，触发动作、相互独立地控制。

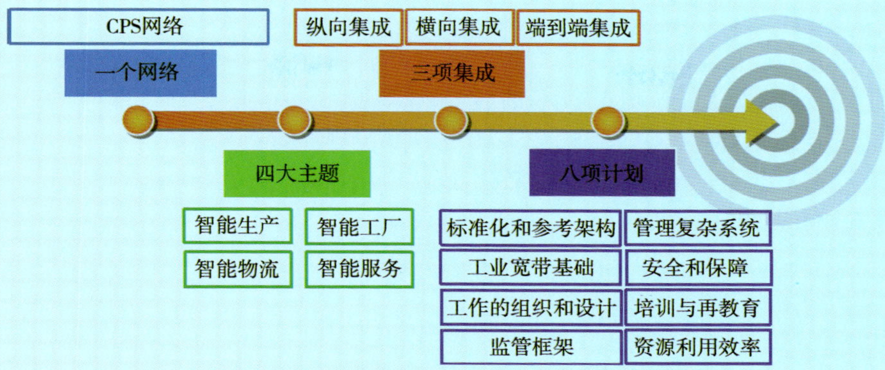

图 13.1　德国“工业 4.0”整体架构

德国“工业 4.0”建立在其自动化装备全球领先的优势地位基础之上，德国国内以西门子、菲尼克斯电气等为代表的大型企业以及数以千计的中小企业纷纷参与到“工业 4.0”体系中。西门子凭借其“数字化企业平台”和全集成自动化在信息技术集成领域具有领导地位，推出了工业互联网平台——MindSphere，提供远程设备维护、工业大数据和网络安全服务等，能有效提升制造大型能源设备、轨道设备及医疗设备的竞争能力。菲尼克斯电气则在加大力度开发 Profinet 工业以太网，提升公司竞争力，通过与思科公司密切合作，推进标准以太网快速发展，通过与现有以太网设备透明衔接，实现产业融合。由德国联邦政府财政部和经济部资助，费劳恩霍夫（Fraunhofer）牵头研发的 Virtual Fort Knox 平台为中小型工业企业和工程公司提供安全的 IT 服务，以简化 IT 系统在工业价值链中的应用，在德国“工业 4.0”实施中，已成为其测试和应用推广的重要平台。

2. 美国“工业互联网”

工业互联网的名词及其初始理念于 2012 年由通用电气提出，它就是一种智能制造系统。近年来，各国根据各自不同的背景与特色，提出并发展了工业互联网的模式、手段与业态。我们团队对其的解读如下。

工业互联网是基于泛在互联网，将人、产品、制造装备、数据、智能分析与决策和执行系统等智能地连接在一起，构成一个信息（赛博）空间与物理空间融合的智能制造系统，它的目标是大大提高制造业的创新能力、制造能力和服务能力，进而实现工业的再革命。

美国在推进工业互联网战略的过程中，积极响应和引领新一代信息技术的发展，借助其在信息技术领域的先发优势，力求实现对工业数据资源的获取、保存、计算和分析，以此为杠杆激活传统工业，保持制造业的长期竞争力，进而占据未来世界产业链的高端。金融危机后，美国政府不断出台各项政策，力图以革命性的生产方式重塑制造业。

1）“先进制造业伙伴计划”

2011 年 6 月，美国政府启动“先进制造业伙伴计划”，以期通过政府、高等院校及企业的合作加快先进制造技术的投资和部署，建立并支持跨部门的产学研合作伙伴关系，计划四年内投入 5 亿～ 10 亿美元。当前，该计划已经及时更新并已将重点锁定在可视化、信息化和数字化制造（virtual，information technology and digital manufacturing，VIDM）等智能化技术领域，如图 13.2 所示。

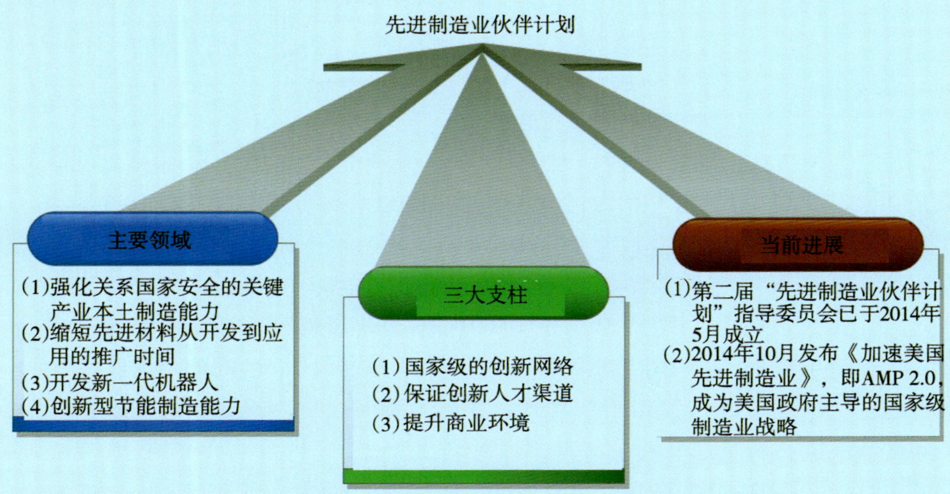

图 13.2 “先进制造业伙伴计划”概览

“先进制造业伙伴计划”已成为美国“互联网 +”工业的重要规划，此后，美国于 2012 年、2013 年分别出台了“国家先进制造战略计划”和“国家制造业创新网络计划”与之相互呼应、相互支撑。

2）“国家先进制造战略计划”与“国家制造业创新网络计划”

2012 年 2 月，美国国家科学技术委员会公布了“国家先进制造战略计划”，旨在加速对新一代信息技术、快速成型制造、智能制造等领域制造业企业，特别是对中小型企业的投资，并优化联邦政府对先进制造 R&D 投入，加强国家层面和区域层面所有涉及先进制造的机构之间的伙伴关系，实现开放融合的协作创新局面。2012 年 3 月，“国家制造业创新网络计划”出台，计划 10 年内投资 10 亿美元，组建 15 ～ 45 个具有先进制造业能力的创新集群（institutes for manufacturing innovation，IMIs），以打造制造业不同细分领域的专业创新研究中心。到 2015 年末已建立 9 个创新集群，如表 13.1 所示。

表 13.1 美国国家制造业创新网络计划进展

名称	成立时间	牵头部门	主要参与机构	功能
国家增材制造创新机构	2012 年 9 月	国防部	能源部、国家航空航天局、国家科学基金会、商务部及 100 多家成员单位	帮助美国增强 3D 打印技术、快速成型的实力
下一代电力电子制造业创新研究机构	2014 年 1 月	能源部	北卡罗来纳州立大学及超过 25 家公司、大学以及州和联邦机构	打造更加智能化、可靠安全、低成本且节能环保的 21 世纪电力网络
轻量制造和现代金属制造业创新研究机构	2014 年 2 月	国防部	以爱迪生焊接研究所主导，60 个成员单位	解决轻型、高性能金属及合金产品在制造过程中的障碍
数字制造和设计创新研究机构	2014 年 3 月	国防部	由伊利诺伊大学实验室主导，汇集 73 个成员单位	解决各种设计、工程、制造和维护系统之间相互转换数据的问题
先进复合材料制造业创新研究机构	2015 年 2 月	能源部	以田纳西大学为首，汇集 122 个参与机构	车辆，风力涡轮机，压缩气体储存，设计、建模和仿真，复合材料及加工技术
集成光子制造业创新研究机构	2015 年 7 月	国防部	124 家企业以及纽约州立大学研究基金会领导的非营利机构和大学	建立端到端集成光子制造生态系统，包括芯片制造、集成设计、自动封装、集成与测试、劳动力培训等
柔性混合电子制造创新研究机构	2015 年 8 月	国防部	包括应用材料、苹果、高通等半导体公司；洛马、波音、通用电力、雷声等终端用户；斯坦福大学、哈佛大学、麻省理工学院、加利福尼亚大学伯克利分校等大学在内的 162 个成员单位	确保美国在下一代可弯曲、可穿戴电子器件制造业中居于领导地位
智能制造创新研究机构	2015 年 9 月	能源部	开放申请流程中	针对先进传感器、控制器、平台和制造建模技术，支持能够减少其部署成本达 50% 的研究与开发行动

在行业层面，数据和信息资源与工业体系的融合趋势更为明朗。“工业互联网”概念一经提出，美国五家行业龙头企业就联手组建了工业互联网联盟（Industrial Internet Consortium，IIC），通用电气、IBM、思科、英特尔和 AT&T 等企业纷纷加盟。通用电气联合英特尔、思科、华为等公司，开发了基于云计算的管理平台——Predix，管理公司生产的各类设备。Predix 的实质是工业设备的操作系统，可以承载各种工业软件。各行业用户可以在 Predix 上创建和开发应用程序，从而实现设备的互联网连接，将各种工业资产设备和供应商相互连接并接入云端，并提供资产性能管理（asset performance management，APM）和运营优化服务。Predix 可以部署在云中，实现分布式计算和大数据分析、资产管理、设备间通信与移动应用。目前，该平台已经管理了 13 个行业超过万亿美元的资产，成为全球工业互联网领域的领军

者。工业互联网联盟采用开放成员制，致力于发展一个“通用蓝图”，使各个厂商设备之间可以实现数据共享。其目的在于通过制定通用标准，打破技术壁垒，利用互联网激活传统工业过程，更好地促进物理世界和数字世界的融合。一旦这些标准建立起来，将有助于硬件和软件开发商开发与物联网完全兼容的产品，推动整个工业产业链的全面整合和效率全面提升。

3. 其他国家的发展现状分析

1）英国以“工业2050”为牵引的“互联网+”工业发展策略

2013 年 10 月，英国政府发布了长达 250 页的关于英国制造业及全球发展的报告——《制造的未来：英国的机遇和挑战新时代》，该报告将为英国的政策制定人员、立法人员以及广泛的制造业界人士服务。该报告展望了到 2050 年制造业的发展状况，并分析了英国在制造业方面存在的问题，总结了与英国政府相关的未来四个方面的关键特征：①对客户的响应更快、更密切；②新市场机遇的出现；③更好地可持续发展；④更加依赖高技能人才。该报告提出了未来需要政府给予关注的三个系统性领域：①更加系统地、完整地看待制造业领域的价值创造；②明确制造价值链的具体阶段目标；③增强政府长期的政策评估和协调能力。

2）法国以“工业新法国”为抓手的工业发展策略

2015 年 5 月 18 日，法国经济、工业与就业部发布“未来工业”计划，作为“工业新法国”二期计划的核心内容，主要目标是建立更具竞争力的法国工业。

3）日本以“人工智能”为抓手的“互联网+”工业发展策略

日本发展“互联网 +”工业的背景是国内市场狭小、人口老龄化加剧，特色是突出人工智能产业的探索，强调人机交互，以解决劳动力断层问题，并支持未来的工业智能化。集中有限资源，汇聚传统优势，在机器人、3D 打印等重点领域实现技术和标准的领先。与此同时，日本产业界也在“互联网 + 工业”标准化建设方面不断探索。2015 年 7 月，日本三菱电机等约 30 家日企组建“产业价值链主导权”联盟，共同探讨工厂互联的技术标准化，目的在于建立行业标准，并推动其成为国际标准，抢占先机。

4）韩国以“制造业创新3.0”为牵引的工业发展策略

韩国推出了《制造业创新 3.0 战略实施方案》。在战略目标上，以促进制造业与信息通信技术相融合，从而创造出新产业，以提升韩国制造业的竞争力为目标，大力发展无人机、智能汽车、机器人、智能可穿戴设备等 13 个新兴动力产业，并计划在 2020 年前打造 10 000 个智能工厂。在战略设计上，采取由大企业带动中小企业，由试点地区向全国扩散的“渐进式”推广策略。同时，高度重视提升韩国制造业的“软实力”，将其作为强化制造业核心竞争力的主要手段之一。《制造业创新 3.0 战略行动方案》提出，针对当前韩国制造业在工程工艺、设计、软件服务、关键材料和零部件研发、人员储备等领域的薄弱环节，大力投入技术研发、资金、人力等，以取得重要突破。

4. 国外发展现状对中国发展“互联网+智能制造”的启示

智能制造是中国制造的未来，是中国制造业调整结构、转变发展方式的新机遇和新挑战，也是中国制造跨越的关键核心所在。上述世界先进国家对未来制造业发展和相关问题的战略布局与对策，对同为制造大国的中国而言，值得我们高度关注并认真借鉴。

1）加强智能制造融合技术的研究深度和广度

未来智能制造产业新模式、手段、业态的建立和发展需要进行创新技术融合应用方面的突破，具有自主知识产权的创新技术是新模式、手段和业态生命力的基础。例如，美国通过先进制造业能力的创新集群和专业创新研究中心，来加强对创新技术的研究广度和力度，数据和信息资源与工业体系的融合更为明朗，创新技术的发展更偏重人工智能、大数据等应用技术。

借鉴国外各国的先进经验，中国可在以下几方面推进智能制造技术发展：通过智能制造技术与新一代人工智能技术的深度融合，促进智能制造系统总体技术、平台技术和制造全产业链应用技术的快速发展；通过与边缘计算技术融合，带动工业现场智能化水平的提升；通过与区块链技术融合，打造更安全、智能的智能制造系统。

2）着力推进对智能产品及智能互联产品、使能工具、平台及系统等的发展力度

为抢占全球智能制造领域的制高点，需加大对智能产品及智能互联产品、使能工具、平台及系统等的研发。例如，在智能互联产品方面，通用电气研发的智能互联发动机；在工具平台方面，通用电气推出工业互联网平台——Predix、德国西门子搭建了跨业务新数字化云端服务平台——MindSphere；等等。

参考国外各国的先进经验，中国应该从智能产品及智能互联产品、使能工具、平台及系统等方面入手，研制具有自主知识产权的智能产品、智能互联产品，以及智能传感器、智能装备等，搭建自主可控的工业互联网平台，建立不同层次的智能制造系统，进一步提升中国智能制造系统产业的国际竞争力。

3）加快发展智能制造系统应用示范及推广力度

世界各国在推进“工业 4.0”及工业互联网落地过程中，发挥本国制造业的现有优势，大力推进信息化和工业化深度融合，打造制造业转型升级，布局重点领域的应用示范工程。例如，西门子等企业成功研发安贝格智能工厂系统。

参考国外先进经验，中国在推广普及智能制造应用示范的过程中，应以面向不同层次智能制造系统和智能工厂智能制造模式为重点，分领域组织实施智能制造推进工程。选择航空航天装备、机床、汽车、机械、纺织、冶金、石化等重点行业，通过工业转型升级、智能制造装备发展、物联网等专项，围绕推广普及智能制造单元—智能车间—智能工厂—智能制造系统，组织开展装备智能升级、工艺流程再造、基础数据共享、远程诊断维护等试点，探索应用模式，形成一系列成熟的、可复制推广的应用模板，推动制造业向智能化发展转型。

13.2.2 我国发展“互联网＋智能制造”产业的政策落实情况

当前，我国正面临以“三期叠加”为突出特征的经济新常态，积极推动“互联网＋”和“智能制造”发展日益成为激发创新活力、培育新兴业态、创新服务模式、改造传统产业的有力工具。尽管面临来自发达国家先进工业实力和发展中国家高人口红利的双重压力，但我国制造业发展仍具备物质基础雄厚、人才资源密集、制造业门类健全、国内市场广阔等他国无法比拟的优势，制造业体系的转型升级大有可为。因此，引导互联网与制造业资源融合，助力“双中高”是党和政府极其重视的关键议题。在此背景下，我国密集出台了多项“互联网＋”及“智能制造”政策措施，如表 13.2 所示，逐渐勾勒出未来一个时期工业与互联网深度融合的发展蓝图。

表 13.2　我国出台多项“互联网＋智能制造”相关政策

时间	名称	要点
2007 年 10 月	两化融合国策	实现信息化和工业化高层次的深度结合，确定两化融合的战略地位
2015 年 1 月	国务院关于促进云计算创新发展培育信息产业新业态的意见	到 2017 年，云计算在重点领域的应用得到深化，产业链条基本健全，初步形成安全保障有力，服务创新、技术创新和管理创新协同推进的云计算发展格局，带动相关产业快速发展
2015 年 1 月	原材料工业两化深度融合推进计划（2015—2018 年）	计划大力推动钢铁、有色、建材、石化、轮胎等行业智慧工厂建设。培育打造 15 ～ 20 个标杆智能工厂，并推动机器人企业研发制造 5 000 台以上专用机器人替代上述行业高危岗位、繁重劳动和特种工种
2015 年 3 月	政府工作报告中首提“互联网＋”	推动移动互联网、云计算、大数据、物联网等与现代制造业相结合
2015 年 5 月	中国制造 2025	部署全面推进实施制造强国战略。这是我国实施制造强国战略的第一个十年行动纲领
2015 年 7 月	工信部公布 2015 年智能制造试点示范项目名单	通过点上突破，形成有效的经验与模式，以便今后在制造业各个领域加以推广与应用
2015 年 7 月	机器人产业“十三五”发展规划（初稿）	目前我国精密减速机、控制器、伺服系统以及高性能驱动器等机器人核心零部件大部分有赖于进口，引导机器人产业由大变强或许是助推中国制造业由大变强的起始点
2015 年 7 月	国务院关于积极推进“互联网＋”行动的指导意见	到 2025 年，网络化、智能化、服务化、协同化的“互联网＋”产业生态体系基本完善，“互联网＋”新经济形态初步形成，“互联网＋”成为经济社会创新发展的重要驱动力量
2015 年 9 月	国务院关于印发促进大数据发展行动纲要的通知	推动大数据与云计算、物联网、移动互联网等新一代信息技术融合发展，探索大数据与传统产业协同发展的新业态、新模式，促进传统产业转型升级和新兴产业发展，培育新的经济增长点
2015 年 10 月	标准联通“一带一路”行动计划（2015—2017）	“一带一路”沿线国家的重点关切，也是中国制造业走出去的着力点

续表

时间	名称	要点
2015 年 10 月	中共中央关于制定国民经济和社会发展第十三个五年规划的建议	实施智能制造工程，构建新型制造体系，促进新一代信息通信技术、高档数控机床和机器人等产业发展壮大
2015 年 12 月	工信部出台“互联网 +”三年行动规划	通知中特别提到要将“智能制造培育推广行动”作为三年规划中七大行动之一。到 2018 年，建成一批重点行业智能工厂，培育 200 个智能制造试点示范项目，初步实现工业互联网在重点行业的示范应用
2015 年 12 月	国家智能制造标准体系建设指南	该建设指南将指导未来一段时期内智能制造国家标准和行业标准立项及制修订工作的依据，同时也是对智能制造标准进行科学管理的基本依据
2016 年 1 月	扎实推进“双创”加快形成制造业发展新动能	通过“大众创业、万众创新”注入新技术、新管理、新模式，是制造业提质增效升级的强大动力
2016 年 3 月	制造业单项冠军企业培育提升专项行动实施方案	到 2025 年，要提升 200 家制造业单项冠军示范企业，巩固其企业全球市场地位；培育 600 家有潜力成长为单项冠军的企业，引领和带动更多的企业走“专特优精”发展道路
2016 年 4 月	机器人产业发展规划（2016—2020 年）	大力发展机器人关键零部件，全面提升高精密减速器、高性能伺服电机和驱动器、高性能控制器、传感器和末端执行器等针对五大关键零部件的要求，直指我国工业机器人产业发展的薄弱环节
2016 年 4 月	智能制造试点示范 2016 专项行动实施方案	该实施方案提出了智能制造试点示范 2016 年专项行动的五大重点行动，是智能制造落地的举措
2016 年 5 月	国务院关于深化制造业与互联网融合发展的指导意见	该意见部署深化制造业与互联网融合发展，协同推进“中国制造 2025”和“互联网 +”行动，加快制造强国建设
2016 年 5 月	“互联网 +”人工智能三年行动实施方案	在重点领域培育若干全球领先的人工智能骨干企业，初步建成基础坚实、创新活跃、开放协作、绿色安全的人工智能产业生态，形成千亿级的人工智能市场应用规模
2016 年 7 月	国家信息化发展战略纲要	该纲要提出建设网络强国
2016 年 8 月	装备制造业标准化和质量提升规划	推进结构性改革尤其是供给侧结构性改革，促进产品产业迈向中高端，建设制造强国、质量强国
2016 年 11 月	工业控制系统信息安全防护指南	该指南指导工业企业开展工控安全防护工作。随着信息化和工业化融合的不断深入，工业控制系统从单机走向互联，从封闭走向开放，从自动化走向智能化
2016 年 10 月	信息化和工业化融合发展规划（2016—2020 年）	大力推进两化深度融合工作，为推动我国制造业转型升级、重塑国际竞争新优势奠定了坚实基础
2016 年 12 月	“十三五”国家战略性新兴产业发展规划	把战略性新兴产业摆在经济社会发展更加突出的位置，大力构建现代产业新体系，推动经济社会持续健康发展

续表

时间	名称	要点
2016年12月	智能制造发展规划（2016—2020年）	作为指导“十三五”时期全国智能制造发展的纲领性文件，明确了“十三五”期间我国智能制造发展的指导思想、目标和重点任务
2017年7月	新一代人工智能发展规划	为抢抓人工智能发展的重大战略机遇，构筑我国人工智能发展的先发优势，加快建设创新型国家和世界科技强国，按照党中央、国务院部署要求，制定本规划

下文是对最新出台的相关政策规划的解读。

1.《“十三五”国家战略性新兴产业发展规划》政策解读

2016年12月19日，国务院发布的《“十三五”国家战略性新兴产业发展规划》明确提出，加快建设制造强国，实施《中国制造2025》，到2020年，战略性新兴产业增加值占GDP比重达到15%，形成新一代信息技术、高端制造、生物、绿色低碳、数字创意等5个产值规模为10万亿元级的新支柱。其中，关于智能制造板块，该发展规划指出，制造业智能化、绿色化、服务化和国际化是国际发展趋势，力争到2020年，高端装备与新材料产业产值规模超过12万亿元。实施智能制造工程，构建新型制造体系，着力发展信息通信技术、高档数控机床和机器人、航空航天装备、海洋工程装备及高技术船舶、先进轨道交通装备、节能与新能源汽车、电力装备、农机装备、新材料、生物医药及高性能医疗器械十大产业。

打造智能制造高端品牌，着力提高智能制造核心装备与部件的性能和质量，打造智能制造体系，强化基础支撑，积极开展示范应用，形成若干国际知名品牌，推动智能制造装备迈上新台阶，在重点领域开展智能工厂应用示范工程。构建网络强国基础设施，实施网络强国战略，加快建设“数字中国”，推动物联网、云计算和人工智能等技术向各行业全面融合渗透，构建万物互联、融合创新、智能协同、安全可控的新一代信息技术产业体系。深入推进“宽带中国”战略，加快构建高速、移动、安全、泛在的新一代信息基础设施。推进“互联网+”行动，深化制造业与互联网融合发展，推动“中国制造+互联网”取得实质性突破，发展面向制造业的信息技术服务，构筑核心工业软硬件、工业云、智能服务平台等制造新基础，大力推广智能制造、网络化协同、个性化定制和服务化延伸等新业态、新模式。发展人工智能，培育人工智能产业生态，促进人工智能在经济社会重点领域推广应用，打造国际领先的技术体系。

2.《“互联网+”人工智能三年行动实施方案》政策解读

2016年5月23日，国家发改委、科技部、工信部、中央网信办等四部门印发《“互联网+”人工智能三年行动实施方案》，明确了人工智能的总体思路、目标与主要任务。到2018年，在重点领域培育若干全球领先的人工智能骨干企业，初步建成基础坚实、创新活跃、开放协作、绿色安全的人工智能产业生态，形成千亿元级的人工智能市场应用规模。

该方案指出，一是培育发展人工智能新兴产业，重点工程为核心技术研发与产业化工程、基础资源公共服务平台工程；二是推进重点领域智能产品创新，重点工程为智能家居示范工程、智能汽车研发与产业化工程、智能无人系统应用工程、智能安防推广工程；三是提升终端产品智能化水平，重点工程包括智能终端应用能力提升工程、智能可穿戴设备发展工程、智能机器人研发与应用工程。

3.《新一代人工智能发展规划》政策解读

2017 年 7 月 20 日，国务院印发了《新一代人工智能发展规划》，从战略态势、总体要求、重点任务、资源配置、保障措施和组织实施等方面明确规划了我国新一代人工智能的发展蓝图。在规划重点任务的“加快推进产业智能化升级”中，对发展我国智能制造提出：“围绕制造强国重大需求，推进智能制造关键技术装备、核心支撑软件、工业互联网等系统集成应用，研发智能产品及智能互联产品、智能制造使能工具与系统、智能制造云服务平台，推广流程智能制造、离散智能制造、网络化协同制造、远程诊断与运维服务等新型制造模式，建立智能制造标准体系，推进制造全生命周期活动智能化。”

该规划明确指出了基于新一代人工智能技术发展我国智能制造的实现要点。要围绕制造强国重大需求，协调推进基于新一代人工智能技术的智能制造的技术、产业和应用发展；要基于新一代人工智能技术，推进智能制造技术的集成应用及其制造模式；要基于新一代人工智能技术，推进制造全生命周期活动的智能化；要加快建立和发展基于新一代人工智能技术的我国自主的智能制造技术、标准、使能产品和系统运营等产业。

在对各类政策规划分析的基础上，形成以下三点内容。

一是以“互联网 +”为平台，促进产业升级。

立足于制造大国转型升级的大背景，发挥我国互联网已形成的比较优势，促进产业转型升级是我国“互联网 +”工业的核心特征之一。《国务院关于积极推进“互联网 +”行动的指导意见》指出：要充分发挥互联网在促进产业升级以及两化融合中的平台作用，推动生产方式和发展模式变革，到 2018 年互联网在促进制造业等产业转型升级方面取得积极成效；要求切实推动互联网与制造业相融合，提升制造业数字化、网络化、智能化水平，加强产业链协作，发展基于互联网的协同制造新模式。由此可见，依托互联网改造传统制造业，实现工业体系的泛在互联、信息互通、资源共享、能力协同，形成创新型“互联网 +”工业协作网络，将是我国从制造大国向制造强国转变的重要途径。

二是以智能制造为主攻方向，强调重点领域突破。

以智能制造为主攻方向，带动信息化与工业化的大融合，着力发展智能装备和智能产品，推进生产过程智能化，培育新型生产方式，全面提升企业研发、生产、管理和服务的智能化水平。《中国制造 2025》指出：到 2025 年，制造业重点领域全面实现智能化，试点示范项目运营成本降低 50%，产品生产周期缩短 50%，不良品率降低 50%。可见，智能制造的引领作用将至关重要。

与此同时，《新一代人工智能发展规划》也明确了重点发展的领域和关键技术，在信息技术产业、数控机床和机器人、人工智能等方面将集中性地投入资源，目标是核心技术对外依存度明显下降，基础配套能力显著增强，形成具有自主知识产权的高端产品，技术实力达到世界先进水平，并在国际市场上占据重要地位，如图 13.3 所示。

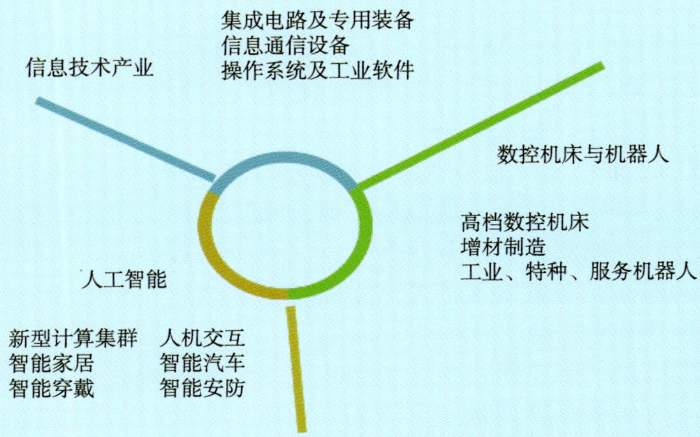

图 13.3　我国“互联网 +”工业重点领域

三是以关键技术为保障，支撑“互联网 +”工业发展。

加强网络基础设施、大数据、云计算平台等公共服务平台的建设是当前“互联网 +”工业相关政策指向的重点。在加强互联网基础设施建设方面，《中国制造 2025》指出，加强工业互联网基础设施建设规划与布局，建设低时延、高可靠、广覆盖的工业互联网。针对 CPS 网络研发及应用需求，组织开发智能控制系统、工业应用软件、故障诊断软件和相关工具、传感和通信系统协议，实现人、设备与产品的实时联通、精确识别、有效交互与智能控制。在工业大数据建设方面，《关于促进大数据发展的行动纲要》提出推动大数据在工业研发设计、生产制造、经营管理、市场营销和售后服务等产品全生命周期、产业链全流程各环节的应用，分析感知用户需求，提升产品附加价值，打造智能工厂。在云平台建设方面，《国务院关于促进云计算创新发展培育信息产业新业态的意见》提出鼓励大企业开放平台资源，打造协作共赢的云计算服务生态环境。引导专有云有序发展，鼓励企业创新信息化建设思路，在充分利用公共云计算服务资源的基础上，立足自身需求，利用安全可靠的专有云解决方案，整合信息资源，优化业务流程，提升经营管理水平。

13.2.3　我国“互联网＋智能制造”产业发展现状

1. 重点地区的产业发展现状

1）北京市

在智能装备方面，近年来北京市在智能制造关键技术和核心装备领域取得一批重大创新成果；在公共服务平台方面，北京市智能制造公共服务建设在全国领先；在系统解决方案方面，其拥有一大批全国知名的系统解决方案提供商，进一步凸显了北京市智能制造的综合创新实力和集成服务能力；在智能制造标准创制方面，北京市逐步成为全国智能制造标准的高地。

在应用发展方面，一批企业承担国家智能制造新模式应用项目和国家智能制造试点示范任务；一批企业通过实施数字化车间、智能工厂技术改造和建设，成为重点产业智能转型发展的标杆；一批企业积极探索京津冀联网智能制造。

最新发布的《“智造100”工程实施方案》提出，2020年前将实施数字化车间、智能工厂、京津冀联网智能制造等100个左右智能制造应用示范项目，同时打造60个左右的智能制造标杆企业，大幅度提高制造产能，降低单位产品能耗。通过实施应用示范项目和打造标杆企业，引领带动重点产业智能化转型升级，同时推动一批关键智能部件、工业软件、装备和系统的研发及产业化实现突破，培育一批立足北京、服务全国的高水平系统解决方案供应商和智能制造领域单项冠军。

2）上海市

上海市经济和信息化委员会最新印发了《关于上海创新智能制造应用模式和机制的实施意见》，提出智能制造应用“十百千”工程，2020年前培育10家引领性智能制造系统解决方案供应商，建设100家示范性智能工厂，带动1 000家企业实施智能化转型。其中，建设100家示范性智能工厂将聚焦汽车、装备、电子信息、航空航天和船舶海工等重点产业。

积极推进和落实《中国制造2025》规划，在浦东新区临港地区启动建设国际智能制造中心临港行动方案编制工作，提出要以前沿引领、跨界融合、重点突破为原则，把临港地区打造成为辐射带动长三角地区、服务我国制造业能级提升并在全球具备一定影响力的“国际智能制造中心”。

上海交通大学与临港管理委员会共同研究组建“上海智能制造研究院”和“上海交通大学智能制造创新中心”。由临港集团与上海交大产业集团共同出资组建的“上海交大临港智能制造创新科技有限公司”（即平台公司）也正式运营。

上海智能制造研究院主要侧重于智能制造共性技术研发、试验测试环境建设、高端人才培养等方面，为临港地区以及上海的企业创新活动提供支撑与服务。目前，上海智能制造研究院作为上海首批研发与转化功能型平台之一，正在加紧建设中，已完成了步行机器人、智能维护、智能检测等实验室的研发环境建设。上海科创中心的建设规划将打造若干科技创新区，其中临港作为智能制造承载区，推动了国际智能制造中心的建设。同时，临港地区集聚了一批高端产品制造企业，具有较为完整的产业链。智能制造作为加快产业转型升级的突破口，是重塑制造业竞争力的新引擎，临港地区的产业发展急需打造智能制造服务平台。而智能制造平台公司则主要侧重于技术成果的产业化，包括研究院的成果、上海交通大学的成果等。目前，通过平台公司正在实施的产业化项目包括汽车发动机国产化制造装备与工艺、航空发动机关键零部件试验、燃料电池极板制造等。作为上海建设具有全球影响力的科技创新中心的主体承载区，如今的临港地区是高端装备制造领域的高地。

3）深圳市

深圳市最新发布的《中国制造 2025 深圳行动计划》提出，以加快新一代信息技术与制造业深度融合为主线，以推进智能制造为主攻方向，推动制造业转型发展。该计划同时提出力争通过“两步走”，到 2020 年，实现突破一批核心关键技术，建设一批智能制造标准化体系及公共服务平台。先进制造产业规模大幅度增长，在通信设备等领域培育规模超万亿元的产业集群，在机器人、可穿戴设备和智能装备等领域培育规模超过两千亿元的产业集群，在新能源汽车、海工装备、集成电路设计等领域形成规模超千亿元的产业集群，在医疗器械等领域形成规模超过五百亿元级产业集群。到 2025 年，力争跻身国际制造业强市之列，创新能力显著提升，打造国际创客中心和创投之都。制造产品的性能稳定性、质量可靠性、环境适应性、使用寿命等指标达到国际先进水平，打造一批特色鲜明、竞争力强、市场信誉好的产业集群区域品牌。宽带普及、数字化研发设计工具普及率、关键工序控化率显著提高，生产过程、管理体系、服务方式、产业形态的智能化水平显著提高。绿色制造体系基本建立，制造业绿色发展和主要产品单耗达到世界先进水平。

4）小结

目前，我国智能制造产业虽尚未形成明显的产业聚集区，但集聚特征已基本呈现。例如，以北京为聚点的京津冀地区、以上海为聚点的长三角地区以及以深圳为聚点的珠三角地区的智能制造产业集群化分布格局初步显现。其中，京津冀地区的智能制造产业以北京、天津和河北为核心地区，京津冀三地在智能装备、创新平台、数字化车间和智能工厂智能制造应用示范等方面各具优势，已培育出一批优势突出、特色鲜明的智能制造产业集群。长三角地区的智能制造产业主要以上海、江苏和浙江为核心区域，目前，三个重点区域均已通过强化区域优势产业和培育高端产品制造企业方式，打造辐射性的国际智能制造中心，培育具备完备产业链的智能制造产业集群。珠三角地区的智能制造产业已在人才、科技、资本等生产要素市场、产业配套能力和政策支持等方面具备较为雄厚的发展基础，已初步显示出智能制造产业集聚发展的特征。2017 年上半年，上海智能制造产业完成总产值约为 4 700 亿元，比上年同期增长 6.8%。深圳把创新确立为发展战略，已经取得了一定的成效，2016 年，深圳全社会的研发投入达到了 800 亿元，支持工业企业技术改造 235 个项目，并针对机器人、可穿戴等重点领域进行专项政策支持。

2. 重点行业发展现状分析

1）工业机器人行业

（1）工业机器人产销量大幅度增长。

2017 年上半年工业机器人产量同比增长 52.3%，比上年同期高出 24.1 个百分点，比上年全年增速高出 18 个百分点。国际机器人联合会（International Federation of Robotics，IFR）发布的数据显示，2016 年中国工业机器人销量同比增长 31%，远高于 14% 的世界平均增速。

在销售量方面，中国工业机器人从 2012 年开始就保持迅猛的需求势头，连续四年蝉联销售量世界第一（图 13.4）。中国机器人产业联盟数据显示，2016 年国产工业机器人销量为 29 144 台，同比增长 16.8%。

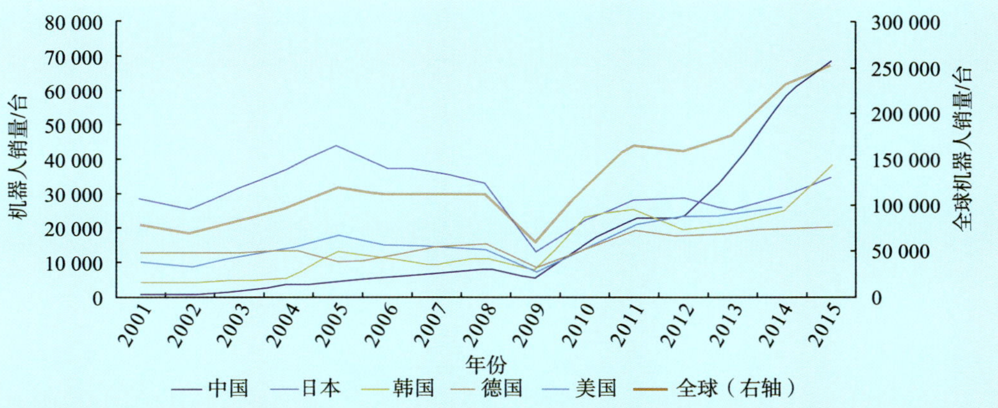

图 13.4　工业机器人销量

2015 年我国工业机器人密度为 49 台 / 万人，根据机器人规划，到 2020 年密度将达到 150 以上（表 13.3）。因此，未来几年中，机器人产业将迎来更加快速的增长。据预测，工业机器人在未来将以 25% 的年复合增长率增加，国产机器人的年复合增长率将达到 80%。随着工艺和技术成熟带来的生产成本降低，预计到 2020 年国产机器人利润年复合增长率将超过 80%。

表 13.3　我国机器人密度预测

项目	2015 年	2020 年	年复合增长率
机器人密度	49 台 / 万人	150 台 / 万人	25%
国产化率	8%	50%	—
总体	3.92	75	80%

（2）政策红利将持续释放。

2012 年以来科技部、国务院、工信部等从顶层设计角度为我国机器人的发展制定相应政策要求。一方面有利于督促地方政府加快扶持发展地方机器人产业；另一方面，有利于激发机器人企业的创新动力。在政策的促进下，我国工业机器人产业将继续迅猛增长（表 13.4）。

表 13.4　机器人产业政策梳理

时间	政策	内容
2012 年 4 月	科技部出台《智能制造科技发展“十二五”专项规划》和《服务机器人科技发展“十二五”专项规划》	“十二五”期间将重点培育发展工业和服务机器人新兴产业
2012 年 7 月	国务院印发《“十二五”国家战略性新兴产业发展规划》	重点发展自动控制系统、工业机器人等感知、控制装置及其伺服、执行、传动零部件等核心关键技术
2013 年 12 月	工信部《关于推进工业机器人产业发展的指导意见》	到 2020 年，形成较为完善的工业机器人产业体系，培育 3 ～ 5 家具有国际竞争力的龙头企业和 8 ～ 10 个配套产业集群；高端产品市场占有率提高到 45% 以上，机器人密度达到 100 台 / 万人以上，大力发展机器人产业
2016 年 3 月	《“十三五”规划纲要》	到 2020 年实现自主品牌工业机器人年产量达到 10 万台，六轴及以上工业机器人年产量达到 5 万台以上
2016 年 4 月	工信部、国家发改委、财政部发布《机器人产业发展规划（2016—2020 年）》	平均无故障时间（mean time between failure，MTBF）达到 8 万小时，在关键零部件中取得突破，在六轴及以上工业机器人中实现批量应用，市场占有率达到 50% 以上。集成应用方面，完成 30 个以上典型领域机器人综合应用解决方案。机器人密度达到 150 台 / 万人以上
2017 年 8 月	科技部《“智能机器人”重点专项指南》	围绕智能机器人基础前沿技术、新一代机器人、关键共性技术、工业机器人、服务机器人、特种机器人六个方向部署发展
2017 年 8 月	浙江省《浙江省“机器人 +”行动计划》	到 2020 年，机器人在经济社会各领域的应用取得重大进展，形成一批富有活力和可持续发展的“机器人 +”新模式、新业态，建设国内一流的机器人应用示范基地和产业创新发展示范区

2）数控行业

数控技术和数控机床是制造业现代化的基础，是一个国家综合国力的重要体现。在我国从制造大国向制造强国转变的过程中，大力发展数控技术具有重要重义。数控系统是数控机床装备的核心关键部件。数控系统既可用于数控机床的生产，也可以对原有的数控机床或非数控机床进行系统升级、改造，其具体的应用市场为机电行业，包括机械、电子、汽车、航空、航天、轻工、纺织、冶金、煤炭、邮电和船舶等。另外，航空航天、船舶制造、大型电站设备、冶金设备、汽车制造等都是我国机床业的下游产业，都离不开高档机床，因而也为数控系统的发展提供了广阔的空间，2011 年，我国数控系统市场消费额约为 69.3 亿元，同比增长 15.4%；销量约为 23.1 万套，同比增长 31.3%。前瞻产业研究院分析，2020 年我国数控机床行业的资产规模将到达 2 720 亿元，如图 13.5 所示。

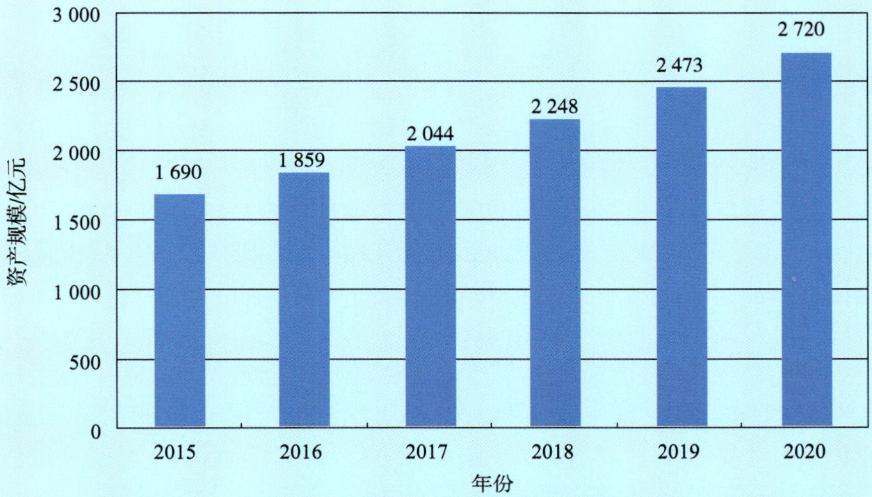

图 13.5　2015 ～ 2020 年我国数控机床行业的资产规模统计及预测

（1）数控行业智能化进程加快。

智能机床是先进制造技术、信息技术和智能技术集成与深度融合的产物，是数控机床发展的高级形态。国产高档数控系统在智能化功能的研发上取得可喜的进展，华中数控、广州数控、大连光洋、沈阳高精和航天数控五家企业均攻克了数控系统软硬件平台、高速高精、多轴联动、总线技术与纳米插补等一批高档数控系统关键技术，研制出全数字总线式高档数控系统产品，实现从模拟接口、脉冲接口到全数字总线控制、高速高精的技术跨越。一批数控机床主机制造企业通过科技攻关，在主机上集成应用智能化技术，提高了数控机床的使用性能。具有一定智能功能的国产高档数控机床示范应用效果明显；由云南 CY 集团有限公司承担的工信部首个“智能制造装备项目”——《高档数控车床制造数字化车间的研制与示范应用》于 2016 年 8 月通过验收；“数控机床互联通讯协议标准与试验验证”项目启动。

随着人工智能技术的发展，为了满足制造业生产柔性化、制造自动化的发展需求，数控机床的智能化程度正在不断提高，具体体现在以下几点：加工过程自适应控制技术；加工参数的智能优化与选择；智能故障自诊断与自修复技术；智能故障回放和故障仿真技术；智能化交流伺服驱动装置；智能 4M 数控系统。

（2）积极出台国家支持政策。

编制《“十三五”规划纲要》指导性文件——《中国机床工具 2020》，其中，“智能制造”被列为“十三五”数控机床技术发展的重要方向，并提出数控机床智能化发展任务和重点研发内容，贯彻国家《智能制造发展规划（2016—2020 年）》。机床协会组织行业重点企业积极承担国家智能制造新模式示范项目，积极参与国家智能制造标准制定工作。由中国机床工具工业协会牵头组织成立“数控机床互联通讯协议标准联盟”，开始启动“数控机床互联通讯协议标准与试验验证”项目工作。

3）家电行业

随着互联网的高速发展，科技 + 互联网已成为大势所趋。而搭载互联网技术的家电产品更是为家电行业的发展提供了新鲜的血液。家电智能化为中国家电企业的发展带来了全新的思路，同时由中国制造向中国“智”造之路的转型，已迫在眉睫。

（1）我国智能家电用户规模小，智能化潜力大。

从市场总体用户规模来看，中国智能家电类应用用户规模小于 1 000 万台，总体渗透率约为 6.6‰，市场成长潜力巨大，如图 13.6 所示。根据 HIS 市场预测，国内智能家电使用家庭将在 2025 年达到 2 832 万台的规模，基于该用户群体产生的大数据服务将衍生出 O2O（online to offline，即线上到线下）与智能管家服务，具有巨大的价值与前景。2020 年白色家电、生活电器、厨房电器智能化率将分别达到 45%、28% 和 25%，智能化家电未来五年将累计带来 1.5 万亿元的市场需求。由此可见，未来智能化家电所带来的利润空间是无比巨大的，1.5 万亿元的市场需求将为整个家电行业的进一步腾飞带来巨大的推动力。

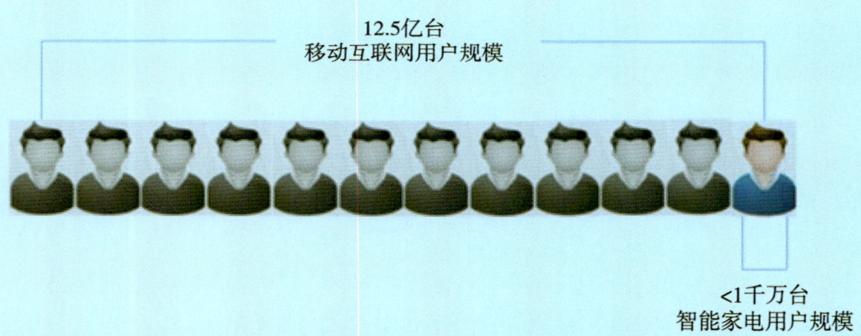

图 13.6　中国智能家电应用用户规模

资料来源：TalkingData 移动数据研究中心，数据截止到 2017 年 2 月

（2）龙头企业带动家电行业转型智能制造。

中国是一般工业领域机器人应用的最大单一市场。海尔、美的和格力三大白色家电巨头智能生产的经验一旦沉淀下来，顺势向机器人和自动化领域延伸，便可形成新的增长点。因此，海尔搭建了 COSMOPlat，试图把智能制造打造为业务增长点。美的收购了全球四大机器人公司之一的德国库卡集团，修筑机器人和自动化的“第二跑道”。格力也重金投入，积极研发、制造机器人和数控机床。

海尔明确提出，支撑自身转型的同时，把互联工厂的模式推广复制，将智能制造做成一个新的产业，实现市场化运营，未来将带来收益。美的副总裁顾炎民表示，中国在一般工业领域的机器人密度，只相当于德国的十分之一，有很大的发展空间。同时，中国劳动力工资不断上升，机器人成本不断下降，机器换人的投资回报期从以前的 5 年下降到现在的 1.6 年。而格力的六轴机器人，在 2017 年全国“两会”期间也首次亮相。格力董事长兼总裁董明珠表示，未来格力电器将紧密围绕机器人和精密机床两大领域进行深入研究，在完成格力自身制造系统转型升级的同时，为“中国制造 2025”提供一批完全自主研发的高端装备。

（3）积极布局工业机器人。

高工产研机器人研究院指出，机器人在家电行业的应用，近年来增长速度超过 30%。美的、海尔、格力和长虹等家电巨头在机器人领域的布局尤为迅速。高工产研机器人研究院调研数据显示，家电行业的自动化率依然偏低，只有 20% 左右，机器人的应用大部分还只停留在简单上下料、搬运码垛和包装装配等领域，因此，全方面布局工业机器人有很大的发展空间。2010 年中国工业机器人销量仅为 14 978 台，到 2016 年已达到 9 万台，市场规模增长超过 5 倍。根据工信部发布的规划，到 2020 年中国自主品牌的工业机器人年产量将达到 10 万台。

作为智能制造重要的支撑力量，工业机器人无疑在中国找到了庞大的市场。家电业作为中国制造业的骨干，更是大力推进智能制造，而进军并布局机器人产业，系统深入地完成对智能制造从机器人到智能产业链的垂直一体化布局，正是掌握智能制造的新钥匙。海尔、美的、格力、长虹和 TCL 等家电巨头，也纷纷通过自身的直接投资手段进入机器人产业。面向智能制造的布局和自主话语权体系打造，对中国这些家电巨头今后的发展至关重要。而拥有机器人的研发、制造和协同能力无疑是“重中之重”。

4）小结

智能制造越来越广泛地覆盖到制造业的各个行业，涉及智能装备和产品、行业、智能服务等多个行业。通过对传统行业智能制造商业模式、组织形态、智能制造系统解决方案等方面的变革，适应“互联网 + 智能制造”时代发展的需求。例如，工业机器人技术和工艺日趋成熟、成本快速下降，具备更高的经济效率。随着智能技术的快速发展，实现人机共融将成为工业机器人下一个要攀登的高峰，也是实现产业跃升的新兴增长点。高端数控机床在智能化功能的研发上取得可喜进展，关键智能产品、核心部件不断突破，基础数据全方位共享，工艺流程优化改造，促进基于新一代信息通信技术、人工智能技术的高端装备产业不断发展壮大，更大限度地满足智能制造产业发展模式。家电行业积极改变行业传统的以出售硬件终端赚取成本差价的商业模式，通过构建智能云平台，发挥数据、交互、服务等方面的优势而获得收益。

3. 典型企业发展现状分析

1）航天云网

中国航天科工集团下属的航天云网公司，以“互联网 + 智能制造”为发展方向，以建立智慧云制造新模式、新手段、新生态为核心，以提供覆盖产业链全过程和全要素的生产性服务为主线，以支持工业 2.0/3.0/4.0 同步发展为途径，以技术创新、商业模式创新和管理创新为重要战略举措，依托中国航天科工集团雄厚的科技创新和制造资源，开放整合社会资源，构建以总体研究和专业技术为牵引、以区域市场为支撑的组织体系，形成以“制造与服务相结合、线上与线下相结合、创新与创业相结合”为特征，适应互联网经济业态与新型工业体系的航天云网生态系统。

（1）立足“互联网 + 协同制造”，推广区域、行业云服务。

航天云网基于“互联网 + 协同制造”的理念，结合云计算、物联网与大数据等先进技术，充分发挥智慧云制造在生产要素配置中的优化与集成作用，全面整合区域范围的产业配套需求与能力，建立起立足区域、面向全国的区域云，打通产业链的薄弱环节、增强集聚效应，并根据行业的特定需求，建立起提供定制化解决方案的行业云。多层次打造数字化、网络化、智能化和协同化的开放平台，构建结构合理、智能配套的工业体系与产业生态。

区域云现已在贵州建成贵州工业云，项目作为“云上贵州”“7+*N*”云工程的重要组成部分，以资源整合与技术创新为贵州大数据产业发展提供数据来源，带动大数据关联产业应用发展，促进信息消费，为经济增长提供新的支撑点，为两化深度融合与工业企业创新发展提供服务支撑。南康家具产业集群“互联网 + 智能制造”的转型升级解决方案，打造 1+1+*N*“互联网 + 家具”智能制造云平台（康居网），实现南康家具产业由价值链低端向高端转移，助推南康家具产业成为促进南康经济发展动力最强劲、拉动最有效、惠及老百姓最广泛的第一产业。

（2）智能化工厂改造，推进企业实现全面升级。

航天云网重点开展智能工厂改造、生产装备智能化升级、工艺流程改造和基础数据共享等服务，将企业各项制造业务及服务与云端联通，实现制造相关环节柔性化改造，推进企业全部经营活动的数字化、网络化和智能化。

航天某企业的弯管生产线经航天云网对线上线下的整体智能化改造，现已形成线上以商务协作、跨企业协同设计和跨企业协同生产为主要目的，线下主要以精益生产、车间透明化管理和生产自动化智能化为主要目的的新生产模式[3]。

（3）基于航天云网，打造多级双创平台 。

航天科工双创示范基地的核心建设内容如下：一网三平台、线下多中心、四众一生态，以航天云网作为基础支撑，着力打造面向航天科工集团内部的专有云双创平台、面向央企的创新创业平台，以及对社会开放的航天云网双创平台等三大网上载体集聚线上资源，基于航天云网有效支撑内部双创、央企双创与社会双创。

航天云网双创示范基地依托航天科工现有线下资源，目标是打造北京中关村、江西南昌、四川成都、广东深圳等线下科创服务中心，升级北京雍和航星园、南京 1865 创意产业园已有空间，联合中钢科创展交中心等优质央企双创资源，建立覆盖华北、华东、华中、华南和西南等区域中心的多点互动的航天云网双创示范基地全国布局。

2）三一集团

近年来，三一集团紧跟《中国制造 2025》战略部署，积极推进两化融合体系工作，形成了智能化制造、装备智能化、智能服务的完整产业链模式下的集成示范应用，并集合优势智力资源，打造智能工厂建设。

（1）聚集资源形成全产业链集成示范应用。

三一集团数字化车间 / 智能工厂相关技术的应用示范，一是面向精益制造的数字化车间。通过全三维环境下的数字化工厂建模、工业设计软件，以及产品全生命周期管理系统应用、多车间协同制造环境下的 SanyMES，实现计划与执行一体化、物流配送敏捷化、质量管控协同化。

二是面向服务型制造的智能服务云平台。以设备运维过程数据和生产过程数据为基础，形成大数据分析与决策平台，以“互联网 + ”为创新工具，形成了客户和产品的 360 度分析，通过 CRM（customer relationship management，即客户关系管理）、互联网产品、ECC（enterprise command center，即企业指挥中心）、客户互动中心、大数据分析平台，全面提升客户洞察、营销互动、配件服务、融资债权和调剂租赁等服务的管理水平。

（2）精益管控大幅度提高自主研发能力 。

全产业链示范应用大幅度提高三一集团的自主研发能力，实现了三一集团全球研发体系的协同，新研发产品平均每年增加 52 件，新增知识产权 142 项 / 年，研发周期平均缩短 1.5 年，即缩短 30%。

通过数字化车间建设，实现对整个生产过程的精益管控，大大提高产品制造过程的质量、物流、生产管控程度，企业生产效率提高 24% 以上，生产周期缩短 28%，减少导致生产的误操作 40%，不良品率下降 14%，物流运作效率提高 18% 以上，送货速度提高 12%；节省人力成本约 20%，总体制造运营成本降低 28%，生产节能 7%。

三一集团通过面向服务型制造的智慧服务体系建设，可持续提升在售后服务环节上的高效、贴心的形象，使可跟踪追溯的物料达到 90% 以上，异常事件响应时间缩短 60%，订单按时交付率提高 15%，总装质量问题可追溯率为 100%，企业服务型收入占比将进一步提高至 68%，比原来的提高 8% ～ 10%。

为保障通信的安全性与再创新的可持续性，在三一集团面向工程机械装备全生命周期的数字化制造与智能服务平台中，装备自主与国产化率超过 72%，产品自主与国产化率超过 85%，软件的自主与国产化率超过 70%。

三一集团在数字化车间、智能装备和智能服务三个方面的总体规划、技术架构、业务模式、集成模型等方面进行了有益的探索与应用示范，为工程机械行业开展类似应用提供了一个很好的范式，不仅有助于工程机械行业通过信息化的手段和先进的物联网技术来加速产品的升级迭代，而且促进行业通过开展数字化车间 / 智能工厂的应用实践来完成企业创新发展。

3）华数机器人

华数机器人自成立之初，即以“自主、自立、自强，助力中国制造”为宗旨，依托华中科技大学和华中数控，制定了“PCL”工业机器人发展战略，即以通用多关节工业机器人产品（P）为主攻方向、以国产机器人核心基础部件（C）研发和产业化为突破口、以工业机器人自动化线（L）应用为目标，积极进行自动化、智能化、智慧工厂等应用开发，并围绕《中国制造 2025》的总体发展战略进行了全面部署。

（1）自主研发打响“华数”品牌。

通过自主研发，华数机器人攻克了工业机器人控制、驱动、设计、应用、自动化、工程化等方面的多项核心关键技术，形成自主知识产权 30 余项，填补了国内空白，形成了 4 大系列 27 个品种工业机器人，申请自主知识产权 30 余项。工业机器人生产百分之百本土化，实现了国产机器人“重庆造”。现已经形成了月产百台，年产千台的规模，成为中西部地区工业机器人整机生产的龙头企业。公司拥有多机器人协助控制技术，具有完全自主知识产权。最终其精确度可达到 0.05 毫米，肉眼几乎看不见误差。整个表演过程仅仅 1 分钟，其中一号机器人每次的动作半径可达到 2 米，轨迹超过 6 米，实现精准的抓取和摆放，代表了国内工业机器人制造的最高水平。

（2）掘金攻克机器人市场。

作为一家集机器人核心零部件、机器人整机和机器人自动化生产线的研发、制造、销售、服务于一体的高新技术企业，华数机器人在重庆生产期间，一直运行良好。如今，凭借两江新区良好的机器人市场，华数机器人生产的各类机器人产品已经广泛应用于海尔集团、格力电器、川仪集团、凌云集团、集诚电子、星宇达和中怡科技等各类企业中，应用行业涵盖焊接、冲压、注塑、电子装配、机械加工、仪表和伺服节能等多个领域的自动化生产线。这些以机器人为核心的自动化生产线或单元有效地提高了生产效率，为制造业的转型起到了引领和促进作用。2016 年华数机器人销售工业机器人相关产品已达到 1 200 台套，实现工业总产值 15 000 万元，力争核心零部件率达到 90% 以上。

（3）助力两江新区“一区五平台”。

目前，华数不仅掌握数控系统核心技术，在实现高档数控机床产业化的同时，也打响了“华数机器人”品牌，包括华数机器人在内的已落户重庆的机器人研发、生产机构和企业，能完成本体、控制器、伺服、电机四大环节的研发和生产，只有减速器这一环节尚需从国外进口。为了达到以两江新区为基地，完善机器人标准检测、融资租赁、展示体验、人才培训、成果孵化五大平台建设的目标，华数机器人总部投入 200 万元编写工业机器人系列教材，成为国内首家编写专业机器人教材的企业。

近年来，中国正在实施创新驱动发展战略，大力推动“大众创业、万众创新”、“互联网 +”和“中国制造 2025”，这将有力促进机器人新兴市场的成长，创造世界上最大的机器人市场，机器人是衡量现代科技和高端制造业水平的重要标志，也是抢占智能社会发展先机的战略领域。根据工信部的有关规划，到 2020 年，中国工业机器人万人拥有率将提高到 100 台。增量背后，意味着巨大的市场蛋糕。定位于长江上游科技创新中心的两江新区，正通过打造“一区五平台”的机器人全产业链战略，角逐机器人市场。

（4）开拓工业互联网领域。

华数机器人联合北京航天云网打造的“华数机器人云平台”上线。作为国内首个工业机器人云服务平台，该平台将为企业解决生产自动化后的机器人管理缺失问题。国产工业机器人要以智能制造技术和产业快速发展为契机，共同推进机器人专业数据应用，并逐步为企业用户提供线上线下服务。

华数机器人云平台主要分为“一个中心、三大平台”，即大数据中心以及云管家、云制造、云智能平台。机器人从运行起就会产生数据，所有与机器人参数相关的基础数据、操作、状态等过程数据，以及速度、电流等实时数据都是这个机器人的“属性”。当这些数据被实时采集至云平台后，就构建了机器人大数据中心。

大数据中心就是三大应用平台的基础。云管家是面向设备管理的云服务平台，可实时监控设备运行数据，自动发送故障提醒短信，支持基于地理位置的故障报修，还可以申请专家进行远程协助和故障诊断，也能够根据实际需要自动推送升级包、远程注册等。而云制造和云智能分别面向生产管理与智能决策，根据大数据分析评估机器人的运行状态和健康状态，及时协助用户对机器人进行生产优化、效能优化，以发挥机器人最大的效能。

4）小结

面对智能制造发展的迫切需求及市场空间，国内各领域企业在智能制造方面的探索实践也取得不少佳绩。可以看出，各领域企业纷纷进军智能制造系统解决方案领域，通过线上平台智能协同、线下智能化改造，提供用户深度参与、供应链高度协同、迭代创新的制造智能化、柔性化和定制化解决方案。

13.3　中国“互联网＋智能制造”产业发展最新进展分析

我国在智能制造的技术、产业与应用等方面已取得了一定的成绩。在技术方面，已初步形成智能制造的技术体系，核心技术装备取得突破。在工业软件方面，形成全球首款增材制造开放式一体化的控制软件、运动控制核心技术等创新成果。在产业方面，形成一批工业互联网的领军企业，产生了一批具有自主知识产权的工业云平台，一批系统集成商正孕育形成，为发展智能制造提供了良好的支撑。在应用方面，我国组织实施智能制造的试点示范专项行动，一些试点项目智能化改造前后生产效率平均提高了30%以上，运营成本降低幅度平均超过了20%，探索形成了一批较成熟、可复制、可推广的智能制造的新模式。例如，航空装备、汽车等领域，以供应链优化协同为核心的网络协同制造模式；服装、家居等领域，以满足用户个性化需求为导向的大规模的个性化定制生产模式。企业智能典型示范初见成效，如航天云网公有云上制造业企业已近80万家，以及青岛红领集团个性化定制、海尔集团互联工厂等范例。

13.3.1 智能制造的技术成果

1. 形成基于新一代人工智能制造的云制造系统的技术体系

随着互联网技术、新一代人工智能技术的创新发展，智能制造技术的发展将不断与各类新兴科学技术交叉融合，推进智能制造技术体系的不断完善，形成基于新一代人工智能制造的云制造系统和技术体系，涵盖云制造模式、系统集成技术、系统架构技术、标准化技术、安全技术、系统开发和应用实施技术、评估体系等的总体技术，涵盖感知技术、物联技术、虚拟化和服务化技术、大数据 / 仿真引擎等技术，以及包括云设计、云生产、云管理、云仿真、云试验和云服务等的制造生命周期活动的智能化技术的技术体系，如图 13.7 所示。

2. 提出面向云服务的云制造系统的体系架构

在对智能制造技术研究和实践的基础上，初步提出智能制造系统的体系架构，包括智慧资源 / 能力 / 产品层、感知 / 接入 / 通信层、云服务平台层（智慧虚拟资源 / 能力 / 产品层、云服务支撑功能层、智慧用户界面层）、智慧云服务应用层和人 / 组织。云制造系统实质是一种基于泛在网络及其组合的、人 / 机 / 物 / 环境 / 信息深度融合的、提供智慧制造资源、产品与能力的人 / 机 / 物 / 环境 / 信息深度融合的制造服务系统（图 13.8）。

云制造系统是一种基于“互联网（云）+ 人工智能 +”的智慧制造资源、产品与能力的人 / 机 / 物 / 环境 / 信息深度融合的智慧互联制造服务系统。

13.3.2 智能产品和智能互联产品研发成果

传统设备将纷纷呈现出智能化的趋势，智能电视、可穿戴设备将是近期可以实现的方向。谷歌、三星和高通等厂商均已推出智能眼镜、手表等可穿戴产品，它们从交互方式以及用户体验方面带来新鲜感，未来的规模化应用值得期待。同时，路由器等设备也已经启动了智能化的步伐。随着智慧化的不断扩散，智能城市也将不断深化，成为未来主要的发展趋势。

（1）在智能产品方面，以可穿戴设备为例。北京君正作为国内外领先的嵌入式中央处理器（central processing unit，CPU）芯片及解决方案提供商，致力于在中国研制自主创新 CPU 技术和产品，并且已经拥有全球领先的嵌入式 CPU 技术和低功耗技术，推出了独特的 32 位微处理器技术——XBurst。基于 XBurst 内核的 Jz47 系列嵌入式处理器，凭借其优异的性价比、强劲的多媒体处理能力和超低功耗优势，迅速在众多领域得到大量应用。Jz47xx 系列芯片已成为我国出货量最大、应用领域最广的自主创新微处理器产品。广东乐心公司作为著名的智能硬件厂商，发布了 mambo2 智能心率手环，采用 ARM Cortex-M4 内核处理器，搭载美国 SILICON LABS 高精度心率传感器，同时结合全新的第二代动态心率算法，让其拥有较高的抗干扰能力，在复杂的运动环境中也能保证准确监测。

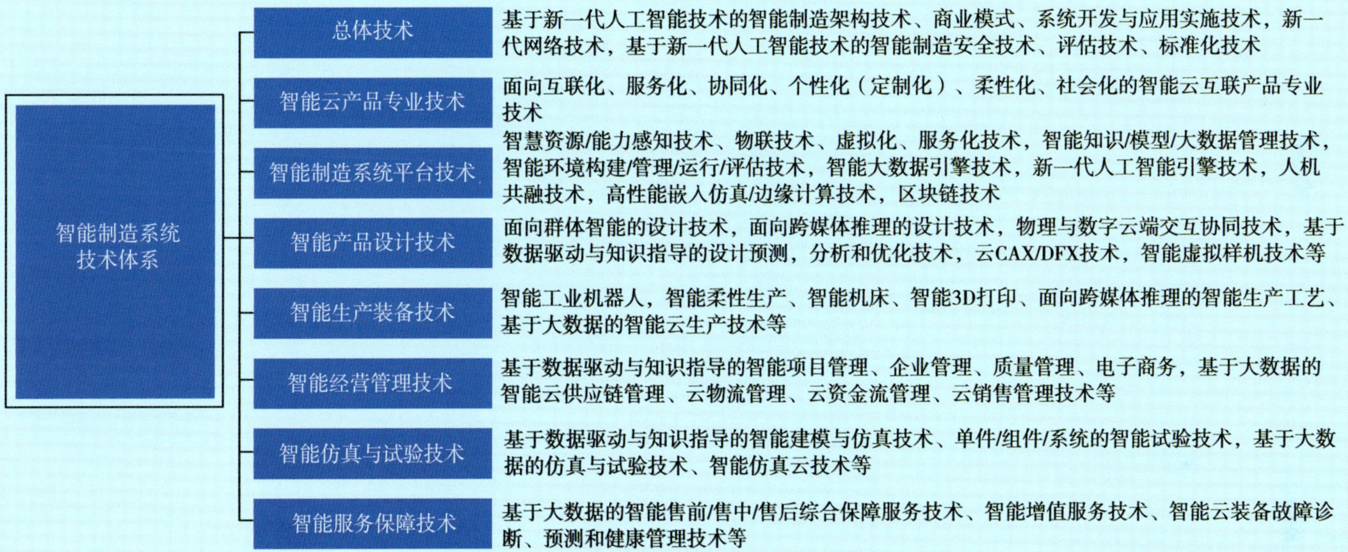

图13.7 云制造系统的技术体系

CAX：computer aided X，计算机辅助技术的综合称谓；DFX：design for X，面向产品全生命周期的设计技术

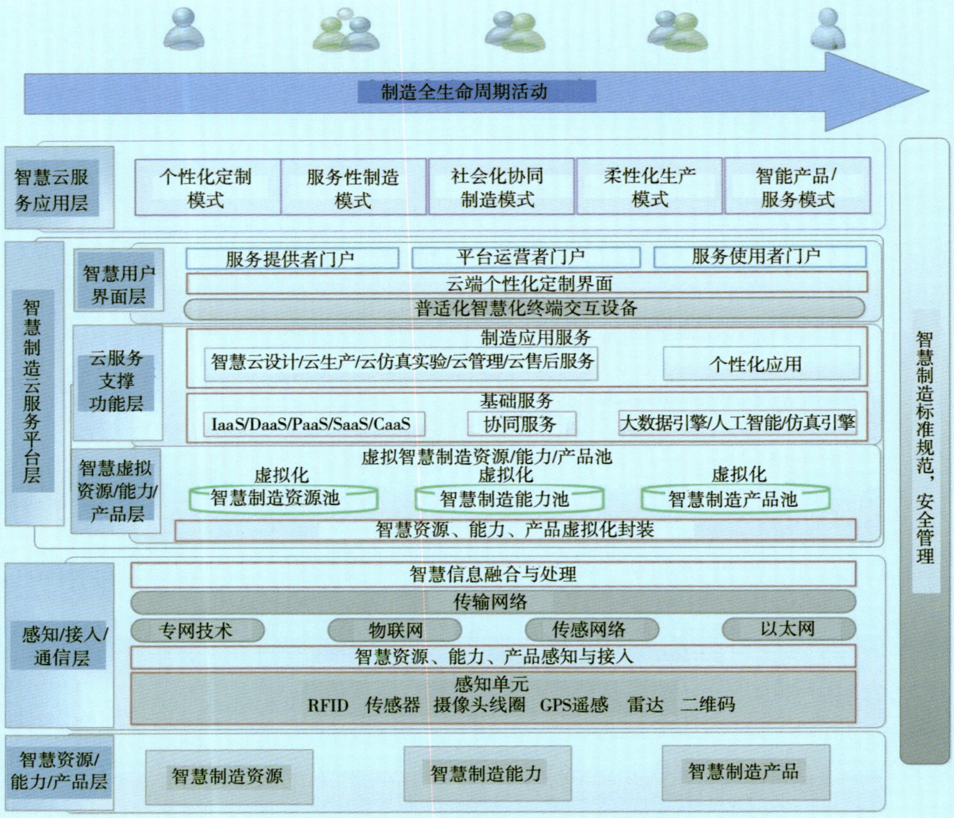

图 13.8 云制造系统的体系架构

IaaS：infrastructure as a service，即基础设施即服务；PaaS：platform as a service，即平台即服务；DaaS：data as a service，即数据即服务；CaaS：capability as a service，即能力即服务；SaaS：software as a service，即软件即服务；RFID：radio frequency identification device，即射频识别；GPS：global positioning system，即全球定位系统

（2）在智能互联产品方面，华为业务网关与控制器专注于流量智能感知、流量调度优化、业务快速部署的研究和方案开发，通过融合 SDN（software defined networks，即软件定义网络）、NFV（network functions virtualization，即网络功能虚拟化）、SA（system analysis，即系统分析）新技术，推出适合运营商有效提高网络运营效率的一系列方案和产品。华为业务智能网关（SIG）系统利用多项专利业务感知技术，通过高性能的硬件平台实现网络数据报文的分析和处理，并辅助提供智能的、灵活的业务控制手段，可以在固网、无线网络及融合网络中实现流量分析、带宽管理及网络安全防护等多种功能。同时，SIG 系统支持分布式部署和集中管理，可灵活扩展。经过十余年发展，SIG 已经在全球 50 多个国家和地区的 70 多个运营商中进行了商用，累计覆盖 8 万多千兆字节链路，为运营商在流量可视化、智能运维、业务创新等方面提供了有力支持。海康威视公司推出业内首款支持传感器设备接入的 Cls 多功能互联网摄像机——萤石“居家暖男”。C1s 集成 RF433 模块，拥有 140° 超大广角，可捕捉更多场景，通过无线连接萤石全系列传感器，探测范围达到

150 米空旷距离，可联动报警，完成家用安防监控从远程看护到安全预警的功能延伸。C1s 可以实现语音交互，应用场景多元，成为智能家居控制中心，C1s 将成为未来萤石智能家居布局中最重要的入口。

13.3.3　智能使能工具方面成果

智能使能工具是企业建立智能制造系统的必要砖石，同时是我国在智能制造方面与发达国家之间差距的最主要体现。加强在智能制造使能工具方面的战略部署和研发支持，从智能制造供给侧发力，为我国“互联网 + 智能制造”的发展提供有力支撑。

（1）在核心装备方面，高性能大型金属构件的激光增材制造装备、自动染色成套技术与装备、轨道交通设备等实现了突破。

第一，激光增材制造装备实现全球领跑。

作为先进制造技术的代表，增材制造在我国高端产品的研发领域拥有不可磨灭的功绩。随着我国 3D 打印技术的不断发展，在高端工业领域应用方面也取得不少硕果。特别是在激光增材制造装备方面，武汉光电国家实验室研制出最大激光 3D 打印设备，目前处于全球领跑地位。武汉光电国家实验室完成的“大型金属零件高效激光选区熔化增材制造关键技术与装备”（俗称激光 3D 打印技术）已顺利通过了湖北省科学技术厅的成果鉴定。该技术深度融合了信息技术和制造技术等特征的激光 3D 打印技术，由四台激光器同时扫描，是目前世界上效率最高和尺寸最大的高精度金属零件激光 3D 打印装备。该装备攻克了多重技术难题，解决了航空航天复杂精密金属零件在材料结构功能一体化及减重等方面的关键技术难题，实现了复杂金属零件的高精度成型、提高成型效率、缩短装备研制周期等目的。

数据显示，国内增材制造市场在 2015 年市场规模为 78 亿元左右。预计 2017 年中国增材制造产业市场规模将达到 173 亿元，未来五年年均复合增长率约为 41.36%，2021 年将达到 691 亿元。受材料种类和性能的限制，当前中国增材制造产业仍处于起步科研阶段，并未实现工业及个人消费领域的大规模应用。国内增材制造只能做到使用 PLA（poly lactic acid，生物降解塑料聚乳酸）、ABS（acrylonitrile butadiene styrene，即丙烯腈）树脂、橡胶、石膏、塑料、可黏结的粉末颗粒等，进口材料特别是金属材料受国外市场控制，价格居高不下。

目前，增材制造中国专利申请中，国内专利申请人占 2/3，国外申请人主要来自美国、德国和日本。北京和陕西为 3D 打印研发的第一梯队；上海、广东、江苏、湖北为第二梯队。与国外来华专利申请相比，国内的技术侧重点更倾向于工艺研究，材料方面的研究相对薄弱。研究单位以高等院校为主，国外行业巨头（如美国 3D Systems 公司、德国 EOS 公司）已开始利用专利在中国“跑马圈地”。

第二，全球首台自动染色成套技术与装备诞生。

在传统行业的数字化、智能化改造中，山东康平纳集团有限公司与机械科学研究总院共同承担研制的“筒子纱数字化自动染色成套技术与装备”是全球第一台筒子纱数字化自动染色设备，取得了行业内的巨大突破，山东康平纳集团有限公司与机械科学研究总院共同承担研制的“筒子纱数字化自动染色成套技术与装备”已经顺利通过由中国纺织机械器材工业协会组织的科技成果鉴定。该设备采用的方法、工艺及组建的生产线已经达到国际领先水平，在中央控制系统单元等10多项关键技术上取得了突破，开发出筒子纱微波烘干机、元明粉自动称量系统、装纱脱水机器人、中控软件系统等设备18台/套。针对纺织印染行业存在的生产效率低、质量稳定性差、能耗高的难题，研制出适合于筒子纱数字化自动染色的工艺技术、数字化自动染色成套装备及染色生产全流程的中央自动化控制系统，创建了筒子纱数字化自动高效染色生产线，建立起数字化染色车间，实现了筒子纱染色从手工机械化、单机自动化到全流程数字化、系统自动化的跨越，使我国成为世界首家突破全流程自动化染色技术并实现工程化应用的国家。

第三，轨道交通设备发展取得突破。

轨道交通装备是国家公共交通和大宗运输的主要载体。目前，中国标准动车组“复兴号”在京沪高铁已经实现双向首发，作为中国铁路总公司牵头组织研制、具有完全自主知识产权、达到世界先进水平的新一代高速列车，“复兴号”集成了大量现代高新技术，在安全性、经济性、舒适性、节能环保等方面表现出色。中国标准动车组拥有“中国心”，牵引传动系统硬件和软件全部实现了自主设计、自主制造，中国成为世界上少数全面掌握这一技术的国家之一。动车组是当今世界制造业尖端技术的高度集成，涉及牵引、制动、网络控制、车体和转向架等9大关键技术，以及车钩、空调、风挡等10项主要配套技术。中国标准动车组实现了4个技术平台、17种车型的标准统一，在最终采用的254项重要标准中，中国标准占84%，整体设计和关键技术全部自主研发，具有完全自主知识产权。11个系统96项主要设备采用统一的中国标准和型号，实现不同厂家零件互换。“复兴号”最大的意义在于标准化。

（2）在工业软件方面，形成了自主可控的工业软件、工业操作系统等创新成果。

第一，数码大方工业软件的发展成果。

数码大方在中国工业软件研究、开发方面处于领先地位，是“智能化协同制造技术及应用国家工程实验室”承建单位，目前拥有包括中国二重、沈鼓集团、西电集团、东方电气、福田汽车等制造企业和清华大学、北京航空航天大学、北京理工大学等知名院校在内的3万余家用户，重点支撑了兰石集团、宏华装备、康斯特等企业的国家智能制造示范项目建设；海外用户遍及欧洲、美洲等24个国家和地区，包括波音、丰田、霍尼韦尔等知名工业企业，主要面向装备、汽车、电子电器、航空航天、教育等行业，提供以CAD（computer aided design）、MES（manufacturing execution system，即制造执行系统）和PLM（product life-cycle management）软件为基础的智能制造解决方案，实现企业营销、研发、生产、供应、管理和服务等核心业务板块的数字化、网络化、智能化，全面提升工业企业的创新设计能力、先进制造能力以及人才保障能力，推进企业智能制造和实现“中国制造2025”。

2017年7月，数码大方、工业大数据创新中心、和利时集团共同签署了《京津冀离散制造业大数据智能制造应用工程战略合作》，通过整合三家优势单位在研发设计、制造执行、自动控制、工业大数据等领域的优势，制订国内首个面向离散制造领域大数据驱动的智能制造软硬件一体化智能解决方案，三方携手建设离散制造智能生产大数据平台，构建面向京津冀的工业大数据应用生态体系，在汽车、轨道交通、电力装备、电子等领域进行示范应用，为京津冀地区离散制造业产业升级提供坚实的支撑。

第二，首个自主点扫描 3D 打印软件操作系统发布。

珠海西通电子有限公司在北京国家会议中心发布我国首个自主研发的点扫描 3D 打印软件操作系统 RiverOS 1.0。这标志着国产点扫描 3D 打印软件操作系统成功打破美国 3D 技术垄断，将为我国高精度 3D 打印的发展注入加速剂。RiverOS 解决方案是一个独立的软件系统，激光光点扫描采用全新算法，振镜扫描精度大幅度提高，同时打印功率大幅度增强，操作界面更加人性化。该系统可兼容 Formlabs、3DSYSTEM、RIVERSIDE 等主流桌面 3D 打印机机型，同时还支持用户远程控制并通过互联网提交打印任务。

13.3.4　智能云服务平台建设

工业互联网是集互联网技术、物联网技术、云计算技术、人工智能技术、大数据采集与挖掘技术于一体的全球性工业创新载体。随着中国智能制造战略的推进，工业互联网平台发展热度再次升高。

1. 航天云网——INDICS工业互联网云平台

INDICS（industrial intelligent cloud system，即工业互联网云平台）由中国航天科工集团重磅发布[4]，该平台由中国航天科工旗下子公司航天云网历时 2 年潜心研发。INDICS 平台能够提供涵盖 IaaS、DaaS、PaaS 和 SaaS 的完整工业互联网服务功能，适合不同层次、类型、规模的企业；可支持各种工业设备接入、集成各类工业应用服务，构建良性工业生态体系，使制造管理更加便捷高效；构建了涵盖设备安全、网络安全、控制安全、应用安全、数据安全和商业安全的工业互联网完整安全保障体系（图 13.9）。作为我国唯一提供智能制造、协同制造、云制造公共服务的云平台，在技术上 INDICS 与西门子公司的 MindSphere 云平台、通用电气的 Predix 云平台处于同一水平，但平台功能和应用场景更为丰富，推广应用的速度与成效优势明显[5]。

航天云网自 2015 年 6 月 15 日上线运行近 2 年来，注册企业数达到近 80 万家。其中，境外企业 3 000 多家，中小微企业占比超过 90%，私营企业占比超过 90%，与线下实际分布一致；线上协作需求发布约 1 000 亿元，协作成功约 400 亿元；业务运行过程嵌入云平台企业 1 500 余家，设备接入云平台 6 000 余台，这已经是全球已知嵌入企业数和接入设备数最多的云平台。

2. 海尔集团——COSMOPlat

在互联网时代，海尔致力于成为互联网企业，颠覆传统企业自成体系的封闭系统，根据对“工业 4.0”的理解，海尔开始打造互联工厂，而互联工厂及其生态系

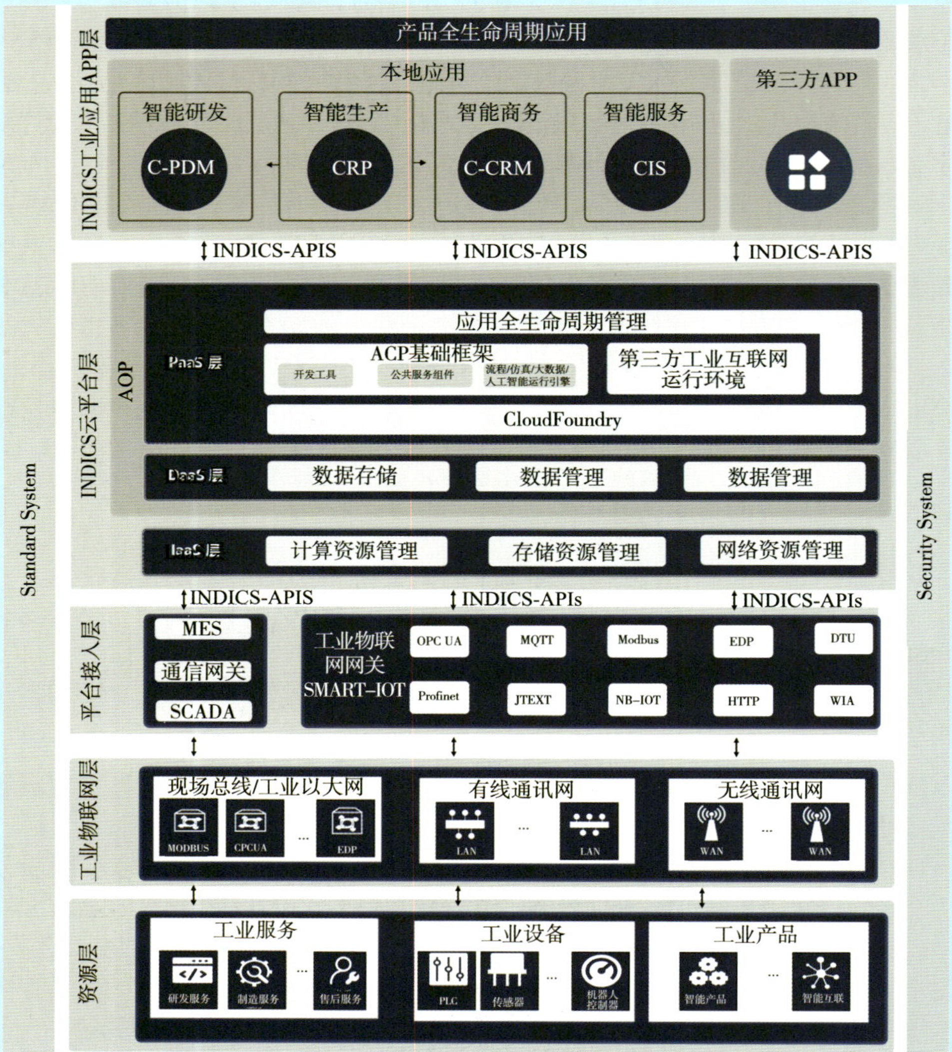

图 13.9　INDICS 互联网平台架构图

C-PDM：cloud-product data management，即云化产品数据管理；CRP：cloud（enterprise）resource planning，即云化企业资源计划；C-CRM：cloud-customer relationship management，即云化客户关系管理；CIS：corporate identity system，即企业识别体系；API：application programming interface，即应用程序编程接口；AOP：astronautic open platform，即航天开放平台；SCADA：supervisory control and data acquisition，即数据采集与监视控制系统；Smart IOT：smart Internet of things，一种工业物联网网关名；MQTT：message queuing telemetry transport，即消息队列遥测传输；JTEXT：车载终端扩展协议；Modbus：Modbus是由Modicon（现为施耐德电气公司的一个品牌）发明的，用于工业现场的总线协议；NB-IOT：narrow band Internet of things，即基于蜂窝的窄带物联网；Profinet：是由PROFIBUS国际组织（PROFIBUS International，PI）推出的新一代基于工业以太网技术的自动化总线标准；EDP：embedded DisplayPort，即一种基于DisplayPort架构和协议的内部数字接口；HTTP：hypertext transfer protocol，即超文本传输协议；DTU：data transfer unit，即数据传输单元；WIA：wireless networks for industrial automation，即工业无线网络；LAN：local area network，即局域网；PLC：programmable logic controller，即可编程逻辑控制器

统的核心就是COSMOPlat。海尔的COSMOPlat全面实现从用户的角度出发，用户

全流程参与，实现用户的个性化定制以及全流程的可视化；与用户实时互联，从产品的研发到产品的制造，以及到海尔的供应商、物流商，实现全流程全供应链的整合；自动化生产和用户个性化相结合，也就是从为库存生产到为用户生产的转型。COSMOPlat 包括三大技术平台，即互联平台、云平台和大数据平台。互联平台保证接入平台商的设备之间互联互通、顺畅通信；云平台整体管理平台上的所有设备、用户、应用、数据和内容等；大数据平台是智慧生活平台的大脑，通过对云平台上设备或使用数据的不断挖掘和分析，为产品开发或服务的迭代升级提供数据依据，提升用户智慧生活的体验，更好地满足用户需求，真正实现平台的智慧化[6]（图 13.10）。

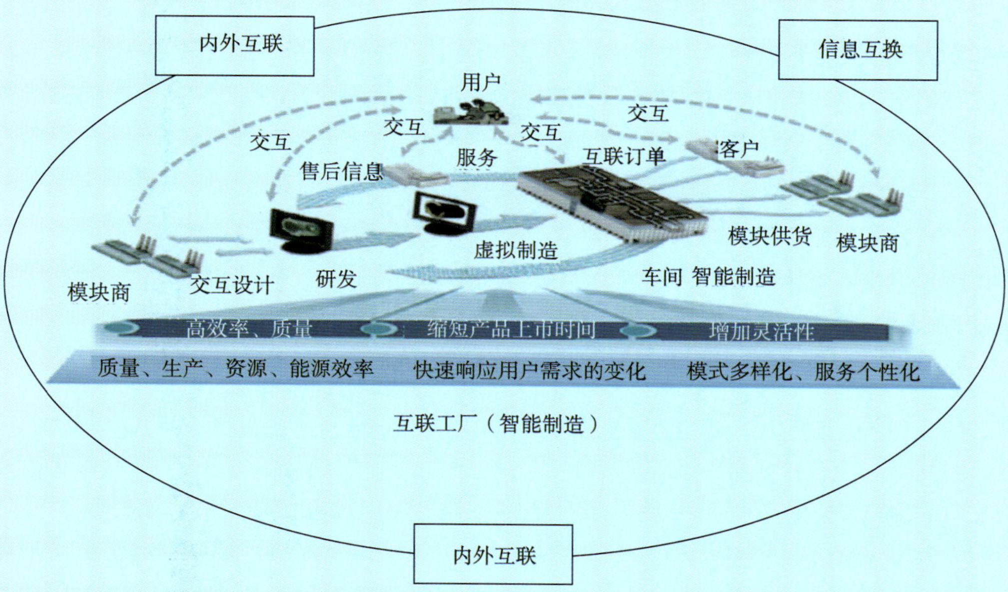

图 13.10　海尔互联网工厂图解

3. 三一重工——树根互联平台

以工业互联网平台为基础打造的树根互联技术有限公司（简称树根互联）是三一集团基于自身打造的工程机械物联网平台。伴随该平台的逐步完善与成熟，制造领域网络化的进程加速，而树根互联的成立，能够进一步在开放、共享的平台之上为更多本土企业提供最具价值的解决方案，帮助企业实现智能化转型升级。树根互联工业互联网平台不仅在三一重工原有的“终端 + 云端”架构基础上极大地拓展了数字化、信息化的应用管理范畴，而且在智能研发、智能产品、智能制造、智能服务上强势布局，获得了不可复制的核心竞争力；另外，树根互联还融入了大数据、移动互联、云计算、人工智能以及 VR/AR[①] 技术，将机器、数据、流程、人等因素融合创新，形成工业领域各行业的端到端解决方案，让客户即插即用，便利地使用到工业互联网大数据的增值服务。目前，树根互联已经从两个方面确立了行业的前瞻优势，打造领先的工业互联网平台：一方面，可以让客户底层的设备“发声”（提取数据），而且行业的覆盖会更加广泛；另一方面，在提取海量数据的基础上，树根互联对大数据的分析能力可以让数据“说话”，进而帮助用户做出智慧化的决策。

13.3.5 “互联网 + 智能制造”应用示范取得新进展

在航空装备、汽车等重点领域，组织实施智能制造的试点示范专项行动，一些试点项目智能化的改造前后生产效率平均提高了 30% 以上，运营成本平均降低幅度超过了 20%，探索形成了一批较成熟、可复制、可推广的智能制造的新模式，如以供应链优化协同为核心的网络协同制造模式，以及以用户个性化需求为导向的大规模的个性化定制生产模式等。

1. 以智能工厂为方向的离散制造产业试点示范

基于智能工厂建设的智能化改造实现了线上商务协作、跨企业协同设计和跨企业协同生产以及线下实现精益生产、车间透明化管理和生产自动化智能化。

例如，航天云网公司为河南航天液压气动技术有限公司提供基于云平台的智能工厂解决方案建设，实现基于云平台的设计生产一体化制造以及智能车间、智能产线和生产自动化智能化。通过智能化改造后，每台机器人可控制 3 台设备自动加工、自动装卸零件，实现了 24 小时连续作业，机床主轴利用率提高 50%，操作工人减少 60%，运营成本降低 30%，产品质量合格率提高 15%，能源利用率提高 15%。

中国商飞公司实施基于模型的民机协同制造示范项目。开展各种研制成员单位间的协同产品定义与工艺设计，打通车间现场管控的信息壁垒，建设 C919 飞机设计制造一体化智能制造体系，实现民用飞机研制过程的协同设计、敏捷生产与智能管理，为 C919 大型客机的研制成功提供必要保障。在 C919 飞机的智能制造项目建设过程中，建立了一整套较为完整的基础标准规范、业务操作规范、设计与工艺流程规范。项目实施过程中，中国商飞公司针对并行协同设计支撑平台、虚拟仿真、专家系统、三维模型定义、企业资源规划（enterprise resource planning，ERP）、MES、BI（business intelligence）研发、敏捷制造、云制造、物联网，以及智能云服务等方面开展了试点研究，能够进一步指引相关技术的研究方向。项目形成了一套主制造商—供应商模式下的协同制造技术和管理方法，为航空、航天、船舶等大型复杂产品的智能制造提供了有效借鉴。

① VR：virtual reality，即虚拟现实；AR：augmented reality，即增强现实。

2. 面向网络协同制造新模式产业试点示范

基于工业互联网平台的协同商务、协同研发、协同生产和智能服务等制造全产业链服务功能实现复杂产品的网络化协同制造。

例如，航天云网公司针对贵州省制造业建设运营贵州工业云，围绕大数据服务、专有云支撑的区域企业协同、智能制造和两化融合等业务方向，打造立足贵州、辐射全国、面向全球的工业云公共服务平台，打造开放、协同、高效、共赢的工业云端生态环境，整体提升企业信息化水平与核心竞争力。其中，工业云平台为企业提供云制造资源和业务协同等服务，如协同研发、设计、生产、采购、销售和售后服务等；企业可以在平台上发布产品、需求和能力等，平台将帮助企业实现供需撮合，利用“互联网 +”帮助企业打开市场，拓展渠道;工业云还为企业搭建众创空间平台，以创新为驱动促进企业转型升级。

泉州海天材料科技股份有限公司在纺织服装网络协同制造试点示范项目中，打造满足消费者个性化需求的网络协同智能工厂，建立网罗世界各地优秀设计师的互动平台，对纺织服装产业链各个环节进行数字化、智能化改造升级，通过网络协同将消费者个性化需求、设计师资源、产业链各环节生产企业以及同一环节不同区域企业产能资源集成对接，形成设计、供应、制造和服务等环节并行组织与协同优化的纺织服装绿色智慧制造生态系统，以满足消费者个性化需求。

3. 满足大规模个性化定制新模式产业试点示范

基于互联网平台，通过终端销售设计软件、网络协同设计平台与基于虚拟现实设计技术的云计算设计服务系统，实现了数字化销售设计的创新商业模式，为最大限度地满足终端消费者的个性化需求提供定制化产品及服务。

例如，佛山维尚家具在“全屋家居大规模个性化定制”项目中，进行智能化改造时利用信息化和工业化相融合，发展个性化全屋家居定制之路。通过信息技术改造，利用仿真和虚拟设计制造、参数化智能设计、网络协同设计等技术实施销售设计网络化、生产排程电脑化、制造执行信息化、流程管理数码化，建立了企业“大规模家具设计定制生产系统”，有效解决了个性化定制与标准化批量生产的突出矛盾。维尚家具以智能化、信息化系统为支撑，整合了仓库管理、财务管理、生产管理、采购管理、销售管理等内部管理流程，推进了公司的信息化综合集成，解决了各种内部矛盾，促进了公司的稳步快速发展。

4. 面向远程运维服务新模式产业试点示范

基于工业互联网平台的大数据解决方案，提供产品和设备云端接入、资产性能管理和运营优化服务，以及基于数据的产品创新应用、生产线优化分析、供应链优化和工业治理应用等工业大数据应用服务。

例如，哈电水轮机远程故障诊断系统，实现了对大型发电设备（包括燃气轮机和水轮机）和核电设备进行远程运维与健康管理。相关系统软件和平台部署在新型大型燃气轮机上，实现设备管理和运营的自主可控。电站第一个试点在丰满水电站。

金风科技在风电设备远程运维服务试点示范项目中，建立风机故障预警平台，为每台风机核心部件安装监测传感器，运行状态数据实施回传，基于大数据中心、全球监控中心、远程专家系统、资产管理系统等核心应用，为整个风电场全寿命周期内的流程及状态提供解决方案，实现全球各地的风机故障在四小时甚至更短时间内完全解除的目标，完成风电行业智能应用服务体系构建，促进风电行业服务升级，为客户和企业创造更多的经济价值，降低企业运营和风电场运营成本。

13.4 中国“互联网＋智能制造”产业发展中存在的问题及趋势分析

13.4.1 中国“互联网＋智能制造”产业发展中存在的问题

1. 中国“互联网+智能制造”的技术体系仍需完善

中国“互联网＋智能制造”产业技术体系框架的雏形已经基本形成，但是技术体系仍有待进一步完善，特别是随着新互联网技术、新信息通信技术和新一代人工智能技术的发展，新技术的融合面临着全新的挑战，新技术之间交叉融合还存在一定的技术壁垒和障碍，目前尚未形成开放兼容、完整的技术体系，具体表现在以下几点：网络、信息技术、人工智能等共性关键使能技术的研究力度仍然不足，自主核心技术有待提高；基于SDN的虚拟化技术、高性能嵌入仿真/边缘计算技术、智能大数据引擎技术、新一代人工智能引擎技术、人机共融技术、区块链技术等系统平台技术的研究应用有待进一步突破；基于新一代人工智能技术的智能制造安全技术、评估技术、标准化技术等也都亟待完善和发展。

2. 中国“互联网+智能制造”平台和使能工具产业仍然薄弱

中国“互联网＋智能制造”平台、使能工具及智能产品产业与国际先进水平仍有较大的差距。智能制造平台的研发投入力度不足，平台在汇聚整合企业制造能力与创业创新资源，以及带动技术产品、组织管理、经营机制创新方面的潜力还没有发挥出来；在智能制造产业使能工具方面，数控机床、机器人等工具的研发与先进国家相比仍有差距。以数控机床产业为例，国内产品仍处于全球产业链的中低端，尽管国内普及型数控机床中有60%～70%采用的是国内产品，但其中约80%均使用进口数控系统。高档机床产品方面，国内产品大约只能占到2%，基本都是依靠进口；智能产品及智能互联产品虽然不断涌现，但各种智能产品之间缺少互联互通，研究智能产品与现代通信与网络技术的融合，实现人、智能设备、外界环境的感知与互联；尚未建成智能产品互联服务平台，智能互联产品不成系统。

3. 中国“互联网+智能制造”系统及软件产业发展缓慢

中国制造业企业在智能装备、工业软件等领域尚未推出具有足够竞争力的创新产品，拥有自主品牌、技术专利的企业不多，核心竞争力不足，自主创新水平有限，总体创新能力偏低，且科技活动及科技活动经费支出比例较低，科研投入亟待提高。以工业软件为例，中国的整体发展水平远远落后于主要发达国家。在国内市场，国产软件企业在研发设计、业务管理和生产调度 / 过程控制三类软件中均有一定的市场份额，但在某些细分领域仍与国外领先软件企业差距较大，属于行业末端跟随者的角色。国内市场排名前五位的厂商占据整体市场份额较低，且其 96% 的销售在国内市场，全球份额不足 0.3%。在 CAD 软件方面，达索、西门子 PLM 和 Vero 占据 41% 的市场份额，国内 3D CAD 市场主要由外资企业掌控，软件核心技术——几何内核在国内仅有一家企业具有知识产权，其他企业均采用“授权”的经营方式。

4. 中国“互联网+智能制造”的融合应用水平低，运营成果不明显

中国互联网与智能制造融合应用的程度、水平及范围在总体上处于初级阶段，能力和经验有待积累，在“互联网 +”技术面向全生命周期过程应用、智能产品研发、产业衍生等方面还正在起步。行业内跨界融合创新机制尚未建立，通用平台、测试验证、市场推广等方面的能力和经验有待积累。同时，传统制造业企业运用“互联网 +”技术的意识和能力不足，缺乏具有龙头带动效应的“互联网 + 智能制造”应用实施示范工程。从统计数据来看，中国大部分企业尚处于研发阶段，仅 16% 的企业进入智能制造应用阶段；从智能制造的经济效益来看，52% 的企业其智能制造收入贡献率低于 10%，60% 的企业其智能制造利润贡献率低于 10%。

5. 中国“互联网+智能制造”产业相关体制机制建设仍处于初期

中国“互联网 + 智能制造”产业仍处于起步阶段，其发展、监管、安全等重点领域的立法，以及智能制造创新资源、主体、行为的监管均缺乏统筹。“互联网 +”制造业催生的网络协同制造模式、群体智能创新设计模式、个性化大规模定制、远程运维及故障诊断等新兴业态需要创新的融合发展体制机制、财税金融、人才梯队建设的机制体制等，亟须建立健全。值得重点关注的是亟须建立战略策源地、技术创新源、产业孵化器、大数据中心的国内外交流平台；亟须填补在“互联网 + 智能制造”领域的新兴学科建设和布局方面的空白，解决智能制造领域专业人才匮乏的状况。

13.4.2　中国“互联网 + 智能制造”产业发展趋势分析

参考国际先进经验，结合对目前中国“互联网 + 智能制造”产业发展情况的分析

与思考，未来中国“互联网＋智能制造”产业的发展趋势主要体现在新一代人工智能技术、新信息通信技术等新技术融合创新发展，智能产品及智能互联产品、使能工具、平台、系统的研发，以及智能制造应用示范三个方面。“十三五”期间，智能制造产业发展的具体目标如下：攻克融合创新技术的智能制造系统总体、平台及全生命周期活动的智能化技术；形成自主知识产权的智能产品及智能互联产品、智能制造使能软硬件工具、智能制造系统及制造云运营服务等的智能制造产业；实施一批重点行业的智能制造系统示范和面向制造生命周期活动的智能制造示范等两大类工程。

1. 技术发展趋势分析

随着新一代人工智能技术、制造科学技术、信息通信科学技术及制造应用技术等四类技术在制造领域的深度融合发展，未来智能制造技术与新一代人工智能技术融合发展、智能制造技术与边缘计算技术融合发展、智能制造技术与区块链融合将成为智能制造技术发展的三大趋势。

1）与新一代人工智能技术融合发展趋势分析

人工智能技术的发展已经进入新一代进化阶段，其主要特征是数据驱动下深度强化学习的直觉感知、基于网络的群体智能、人机和脑机交互的技术导向混合智能、跨媒体推理及自主智能无人系统等。智能制造未来发展将走向更高层次的智能化，新一代人工智能技术与智能制造技术的深度融合，将不断促进智能制造系统总体技术、平台技术、智能设计、智能生产、智能管理、智能试验、智能保障等制造全生命周期活动智能化关键技术，进而形成满足智能制造产业发展需求的技术创新体系。

2）与边缘计算技术融合发展趋势分析

在智能制造智能化改造升级过程中，随着智能终端与接入规模的急速扩展，传统集中式信息处理与管理模式已不再适用，将逐步演进为集中式管理与分布式处理相结合的混合模式。边缘计算与智能制造技术的融合应用，能满足工业现场智能化改造升级的需求。边缘计算采用物端的嵌入式计算能力，以分布式信息处理的方式实现物端的数据分析和智能化处理，更加高效安全，并与云计算相结合，建立“云计算＋边缘计算”的新型设备连接和数据处理方式，通过云端的交互协调，提高工业数据处理效率和信息安全水平，实现系统整体的智能化。根据预测，未来将有数以百亿的终端设备互联，超过 50% 的数据需要在物端分析、处理和存储。

3）与区块链技术融合发展趋势分析

实施智能制造的重点任务是要实现制造业企业内部信息系统的纵向集成，以及不同企业间基于价值链和信息流的横向集成，进而实现制造的数字化、网络化和智能化。在智能化的过程中，由于制造设备涉及多个厂家和不同型号，企业制造系统和信息系统中的订单需求、生产数据、库存水平等信息都存储在企业内各自的系统中，这些系统的技术架构、通信协议、数据存储格式等各不相同，严重影响系统间数据的互联互通，也制约了智能制造在智能化改造转型升级中的应用。通过区块链技术改造现有的智能制造系统，提升智能制造系统的适用性、安全性和智能性，显得尤其迫切。区块链的特征是分布式数据存储、点对点传输、共识机制、加密算法等技术。利用区块链技术，可有效采集和分析在原本孤立的系统中存在的所有传感器与其他设备所产生的信息，并借助大数据分析，对收集的数据做分析和评估，帮助企业建立更安全的运营机制和高效的工作流程，有助于提高价值链的透明度、灵活性，更敏捷地应对生产、物流、仓储、销售、售后服务等环节。

2. 智能产品及智能互联产品、使能工具、平台及系统等发展趋势分析

1）智能产品及智能互联产品发展趋势

近年来我国在智能产品以及智能互联产品和服务上都有所突破。以智能硬件设备为例，2017 年第二季度全球智能穿戴设备出货量为 2 630 万台，同比增长 10.3%，预计 2017 年全年可穿戴设备的市场规模将达到 305 亿美元；就我国而言，2016 年可穿戴设备市场规模增长至 185.5 亿元，预计 2017 年可穿戴设备市场规模在 266.8 亿元左右，增长速度显著高于全球增速。

（1）面向“中国制造 2025”十大行业的智能产品研发。

面向“中国制造 2025”，围绕新一代信息技术、高档数控机床和机器人、航空航天装备、海洋工程装备及高技术船舶、先进轨道交通装备、节能与新能源汽车、电力装备、新材料、生物医药及高性能医疗器械、农业机械装备等十大重点领域，推动以人工智能为基础的智能产品研制，支撑实现制造全系统及全生命周期活动中人、机、物、环境和信息自主智慧的感知、互联、协同、学习、分析、预测、决策、控制与执行，支撑单租户与多租户协同、跨阶段、按需动态组织制造资源 / 能力等多种新型智能制造模式。

（2）智能互联产品。

各种智能产品不断涌现，但各种智能产品之间缺少互联互通，因此，智能互联产品的智能部件和连接部件的研发将成为未来智能制造发展的重点。智能互联产品，能够实现人、智能设备、外界环境的感知与互联，促进智能产品之间的互感、分工协同，完成更加高级、复杂的任务，构建智能产品互联服务平台，将支撑智能物流、智能家居、车联网、物联网等智能互联产品系统的建设。

2）智能制造产业使能工具发展趋势

（1）智能工业软件。

随着智能制造系统的进一步发展和完善，智能工业软件领域的研发将成为重点。2016 年中国工业软件市场规模达到 1 241.90 亿元，同比增长 15.0%，增速仍高于全球工业软件市场增长率。面向移动互联网、物联网、数字化产品与智能装备需求，研发终端操作系统与嵌入式操作系统软件、云平台系统软件、智能制造领域应用支撑服务软件，成为工业软件研发的支撑方向，主要包括研发软件［CAD、CAPP (computer aided product planning)、CAE (computer aided engineering)、CAM (computer aided manufacturing)、PDM (product data manufacturing) 等]、生产软件 [MES、MRP (material requirement planning)、质量控制 (quality control, QC) 等]、管理软件 [ERP、HR (human resource)、SCM (software configuration management, 即软件配置管理)、财务等]、服务软件 [CRM、MRO (maintenance, repair & operation)、智能监控等] 和电子商务 (在线销售和互联网金融等) 等服务应用软件。例如, 开目软件推出的基于三维装配的 CAPP 具有一定的智能水平; 索为高科和金航数码合作, 开发了面向飞机机翼、起落架等大型部件快速设计系统, 其也是一种智能研发的软件, 大大提升产品的设计效率。

(2) 智能硬件工具。

我国智能硬件市场规模在 2016 年达到 3 315 亿元, 预计 2017 年将达到 3 999 亿元, 同比增长 20.63%, 智能硬件市场总体保持稳定的增长态势, 预计到 2019 年, 我国智能硬件市场规模将达到 5 411.9 亿元。随着人工智能等技术的发展和传感器等技术的进入, 智能硬件将在人机交互模式、智能化性能上更加完善, 智能硬件将成为物联网生活的重要组成部分。在智能硬件工具研究领域, 近年来取得了一定程度的发展, 重点在智能材料及基于智能材料的智能传感器, 如光纤传感器、压电传感器、微芯片传感器, 以及推进精密和智能仪器仪表与试验设备、智能控制系统、关键基础零部件、元器件及通用部件、高档数控机床与基础制造装备、智能专用装备及自动化成套生产线等六大类产品研制。例如, 伊利诺伊大学香槟分校联合消费电子及医疗领域的巨头, 发布首款贴合皮肤的智能传感器。GE 公司、西门子及日立等企业在智能制造软件方面引领潮流的同时, 也在智能装备、智能机器人等诸多领域形成企业优势。例如, 安川发布了新一代小型工业机器人 MOTOMAN-GP 系列; 发那科推出重量仅为 53 千克的小型协作机器人 CR-7iA。

3) 智能制造系统研发产业发展趋势

通用电气、西门子等工业巨头在智能制造系统解决方案的研究与实施上依旧走在世界前列, 作为世界级的多元工业集团, 为了在开创和全面推进高技术战略智能化工业的时代进程中发挥主导力量, 具有庞大的产业链、产品体系和技术实力的巨头公司, 纷纷推出自己的智能制造系统解决方案, 将智能机床、先进分析方法以及人的连接, 深度融合数字世界与机器世界, 深刻改变着全球工业。

目前, 面向"中国制造 2025"十大重点建设领域, 支撑流程智能制造、离散智能制造、网络协同制造、远程诊断与运维服务等新型制造模式, 在智能制造单元、智能车间、智能工厂、智能行业不同层次上推动智能制造系统的研发和运行。

(1) 智能制造单元。以适应大规模定制化生产制造模式为目标, 研究智能制造单元的布局规划技术; 研究基于多种感知技术的工件识别与定位技术; 研制根据加工对象自适应加工制造、加工、测量检验为一体的智能加工设备; 研制根据加工对象自适应的自动上下料装置; 研究基于多种感知技术的生产线监测和异常报警技术, 实现制造单元的柔性化。

（2）智能车间。以提升车间生产管理能力、产品质量、及时交付能力、检验能力、安全生产能力以及整体生产制造水平为目标，研究推进超高频 RFID、非接触式传感器、三维图像识别等多种感知技术在制造业的深入应用，全面感知制造企业人机料法环测等制造要素状况；研究推进工控设备、传感器、工业以太网、工业软件、工业企业管理信息系统之间的互联通信及数据集成；研究基于大数据算法在车间排产等方面的应用，实现车间生产调度管理自主化决策、智能化运行，构建智能车间建设新模式。

（3）智能工厂。以提升工厂研发、生产、能源利用、整体运营管理水平为目标，研究新型网络、智能设备、先进传感技术、大数据技术、人工智能技术与工厂制造业务的融合；研究供应链精益管理、营销管理、安全生产管理、工厂物流管理、售后服务管理、能源利用管理等业务环节的智能化与自主化决策；研究工厂不同层级设备、工控系统和工业软件系统以及企业管理信息系统的互联互通，形成人机相互协调合作、"状态感知-实时分析-自主决策-精准执行和学习提升"的生产模式。

（4）智能行业。以支撑企业间动态链接，实现产品开发、生产制造、经营管理等企业间的信息共享和业务协同为目标，围绕全产业链、主价值链，研究典型制造业企业的核心业务流程、核心业务环节集成（如研发设计内部信息集成）、跨环节集成（如研发设计与制造环节的集成）、产品全生命周期（如产品需求、研发、设计、计划、工艺到生产、服务的全生命周期）的信息集成，以及端到端的流程集成，研究企业之间、企业与产品之间的协同，实现企业与人、人与人、人与系统、人与设备之间的集成，动态形成智能虚拟企业联盟，构建上下游产业环境高效动态衔接、与最终用户良性互动的智能行业。

4）智能制造云运营产业发展趋势

打造制造业企业互联网"双创"平台。组织大型制造业企业实施互联网"双创"平台建设工程，支持建设基于互联网的"双创"平台，深化云计算、大数据、物联网等技术的集成应用，汇聚众智，加快构建新型研发、生产、管理和服务模式，促进技术产品创新和经营管理优化，提升企业整体创新能力和水平。

3. 智能制造应用示范及推广发展趋势分析

1）构建不同层次智能制造系统应用示范

构建重点行业跨企业（行业 / 区域）智能制造系统与应用示范，构建制造资源 / 能力 / 产品服务云，支撑跨企业智能化协同研发、生产、管理、经销、物流和配套服务等全生命周期智能制造活动；面向制造业企业，建立企业级智能制造系统与应用示范，构建企业级智能制造系统 / 云，提供基于大数据的智能云设计、云仿真、云试验、云生产、云管理、云供应链、云销售和云服务等企业服务，支撑企业开展智能制造全生命周期的活动；构建车间各类资源 / 能力服务云池，采用智能监控、智能车间物流技术、云排产技术等建立智能装备与智能生产线，以及智能管控和智慧车间决策等，搭建智能车间运营中心，实现人机物协作的车间云应用示范；采用在线监测技术、工件识别与定位技术，建设智能装备、智能加工装置、在线监测系统、智能工位、报警安全系统、自动上下料装置等，搭建智能制造单元控制中心，推进智能制造单元应用示范。例如，航天云网公司为某航天企业提供智能工厂总体解决方案，从线上提供云端服务、业务协同等解决制造模式等问题，以及线下提供智能化改造服务，并通过线上和线下业务数据集成，实现制造模式的转变和智能化改造的转型升级。

2）构建智能工厂应用示范

未来在机械、航空、航天、汽车、船舶、轻工、服装和电子信息等离散制造领域，开展智能车间/工厂的集成创新与应用示范，成为推进智能制造的重点方向。研究人机协同的智能制造单元布局规划技术、在线监测技术、工件识别与定位技术，实现柔性化、智能化的智能制造单元，研究自主式无人系统的智能机器人技术、智能优化技术、智能监控技术、智能车间物流技术，推进基于自主式无人系统的智能车间建设，以及大数据驱动的智能设计、智能生产、智能管理、智能服务、智能物流等技术，推动智能工厂的建设，实现制造资源、能力、知识的全面共享和协同，提高制造资源利用率，实现资源增效、绿色和低碳制造。例如，西门子的安贝格工厂是智能工厂的典范，该工厂采用西门子 SIMATIC 自动化解决方案，将制造设备接入工厂物联网，实现了制造过程的识别、分析、推理、决策及控制的闭环。

此外，针对石油化工、钢铁、有色金属、建材、纺织、食品、医药等流程制造领域，也要重点开展智能工厂的集成创新与应用示范。实现智能决策、智能优化运行与控制一体化技术，融合新一代信息通信技术与流程工业信息通信集成技术，研发流程工业智能优化制造系统，进行大范围优化运行与动态实时调整，提升企业在资源配置、工艺优化、过程控制、产业链管理、质量控制与溯源、节能减排及安全生产等方面的智能化水平，同时取得显著的经济和社会效益，实现流程工业高效化、绿色化和智能化。例如，九江石化建设了集中集成平台、应急指挥平台和三维数字化平台等公共服务平台，形成信息数字化、网络高速化、数据标准化、应用集成化和感知实时化的智能工厂，通过智能工厂的建设实现了企业生产运营的自动化、数字化、模型化、可视化和集成化。

13.5 促进中国“互联网＋智能制造”产业健康发展的建议

中国“互联网＋智能制造”产业的发展需要注重以企业为中心的“政、产、学、研、金、用”结合的技术创新体系的建设和各类人才培养，要重视加强技术、产业、应用的协调发展。为促进中国“互联网＋智能制造”产业的健康发展，特提出如下建议：

（1）注重创新体系的建设，实现技术、产业、应用的协调发展。

从技术研究、产业培育和应用推广三个方面来推进“互联网＋智能制造”的健康发展。

在技术方面（五个重视），要重视（大）制造技术、新信息通信技术、新一代人工智能技术及制造应用领域技术的深度融合发展。例如，要加强智能制造系统总体技术中的异构集成技术的研究，平台技术中融合大数据技术、边缘计算技术、新人工智能技术及5G技术等研究。要重视智能设计、智能生产、智能管控、智能试验和智能服务等智能制造活动的新模式、新流程、新手段、新业态的研究。要重视数据库、算法库、模型库（包括一次模型、二次模型等）、大数据平台、计算能力等基础能力研究与建设。要重视符合“共享经济”的商业模式技术研究。要重视应用区块链技术的安全技术及相关标准和评估体系技术研究。

在产业方面（三个加强），要加强智能制造工具集和平台的研发产业；要加强行业、企业、车间制造云及制造产业链上各层次各阶段智能制造系统的构建与运行产业；要加强智能制造系统运营中心的运营服务产业。

在应用方面（四个突出），要突出行业、企业特点；要突出以问题为导向的制造模式、手段和业态的变革；要突出系统的“五要素”、“五流”的综合集成化、优化和智慧化；要突出系统工程的实施原则，即“一把手挂帅”，以及“创新驱动，总体规划，突出重点，分步实施”的指导思想，制定好发展规划与阶段性实施方案；等等。

（2）健全人才培养机制，构建“互联网＋智能制造”领域多层次人才队伍。

创新技术技能人才教育培训模式，促进企业和院校成为技术技能人才培养的“双主体”。鼓励有条件的高等院校、科研院所和企业建设智能制造实训基地，培养满足“互联网＋智能制造”发展需求的高素质技术技能人才。支持高等院校开展“互联网＋智能制造”学科体系和人才培养体系建设。建立“互联网＋智能制造”人才需求预测和信息服务平台。大力弘扬工匠精神，突出职业精神培育。加强智能制造人才培训，培养一批能够突破“互联网＋智能制造”关键技术、带动制造业智能转型的高层次领军人才，一批既擅长制造企业管理又熟悉信息技术的复合型人才，一批能够开展“互联网＋智能制造”技术开发、技术改进、业务指导的专业技术人才，以及一批门类齐全、技艺精湛、爱岗敬业的高技能人才。

（3）加大财税支持力度，创新金融扶持方式，推动“互联网＋智能制造”产业发展，充分利用现有资金渠道对“互联网＋智能制造”予以支持。按照深化科技计划（专项、基金等）管理改革的要求，统筹支持智能制造关键共性技术的研发。完善和落实支持创新的政府采购政策。推进首台（套）重大技术装备保险补偿试点工作。落实税收优惠政策，企业购置并实际使用的重大技术装备符合规定条件的，可按规定享受企业所得税优惠政策。企业为生产国家支持发展的重大技术装备或产品，确有必要进口的零部件、原材料等，可按重大技术装备进口税收政策有关规定，享受进口税收优惠。发挥国家财政投入的引导作用，吸引企业、社会资本，建立智能制造多元化投融资体系。鼓励建立按市场化方式运作的各类智能制造发展基金，鼓励社会风险投资、股权投资投向智能制造领域。搭建政银企合作平台，研究建立产融对接新模式，引导和推动金融机构创新产品与服务方式。依托重点工程项目，推动首台（套）重大技术装备推广应用，完善承保理赔机制。支持装备制造业企业扩大直接融资，发展应收账款融资，降低企业财务成本。

（4）健全组织实施机制，统筹协调“互联网 + 智能制造”全局性工作。

统筹协调“互联网 + 智能制造”建设全局性工作，审议重大规划、重大政策、重大工程专项、重大问题和重要工作安排，加强战略谋划，指导部门、地方开展工作。建立任务落实情况督促检查和第三方评价机制，完善统计监测、绩效评估、动态调整和监督考核机制；建立中期评估机制，适时对目标任务进行必要调整。各地区政府和部门应充分认识建设“互联网 + 智能制造”产业的重大意义，加强组织领导，健全工作机制，强化部门协同和上下联动。各地区要结合当地实际情况，研究制订具体实施方案，细化政策措施，确保各项任务落实到位。

参考文献

[1] 李伯虎，张霖，任磊，等．再论云制造．计算机集成制造系统，2011，17（3）：449-458.

[2] 左世全．我国智能制造发展战略与对策研究．世界制造技术与装备市场，2014，（3）：36-41.

[3] 李伯虎，张霖，任磊，等．云制造典型特征、关键技术与应用．计算机集成制造系统，2012，18（7）：1345-1356.

[4] 航天．中国航天云网正式上线．军民两用技术与产品，2015，（15）：5.

[5] 魏毅寅，柴旭东．工业互联网技术与实践．北京：电子工业出版社，2017.

[6] 刘宜平．海尔互联工厂探索．中国工业评论，2015，（7）：80-86.

审稿：李伯虎　陈左宁　邬贺铨　王礼恒　吴　澄　柴天佑　王天然

第 14 章

数字创意产业

孙守迁　汤永川　王振中　周明全　王效杰　黄江杰　刘曦卉　王　贞　杜雅军　徐国仙

【内容提要】本章主要结合国家“十三五”战略性新兴产业发展规划，概述了数字创意产业的基本内涵和整体发展面貌。同时，以数字创意产业的三大领域——基础支撑、核心开发和融合渗透为主线，勾画出数字创意产业神经网络全景图、数字创意产业IP价值全景图和数字创意产业文化及经济价值全景图，提出数字创意产业中三大能力构成：以创新设计能力和数字创意技术应用能力作为基础支撑能力；以文化创意、内容创作和版权利用作为核心开发能力；以科技＋设计＋文化的深度融合引领周边产业领域发展，从而形成融合渗透能力。本章还详细梳理数字创意产业中设计业、VR/AR[①] 产业、文化与博物业、影视与传媒业、数字出版业、动漫与游戏业、玩具业、旅游业、体育与健康业、时尚服饰业、人居环境设计业等相关产业的发展状况。另外，本章还介绍数字文化创意技术装备创新提升、数字内容创新发展和创新设计发展三项重大工程的实施情况。最后，本章阐述在我国经济结构转型和社会主义文化强国建设的关键时期，数字创意产业面临的一系列机遇和挑战。

① VR：virtual reality，即虚拟现实；AR：augmented reality，即增强现实。

14.1 数字创意产业概述

2016年12月19日，国务院正式公布《“十三五”国家战略性新兴产业发展规划》，其中，数字创意产业首次被纳入国家战略性新兴产业发展规划，成为规划中的一大亮点，备受人们关注。该规划提出，到2020年，我国将形成文化引领、技术先进、链条完整的数字创意产业发展格局，相关行业产值规模将达到8万亿元。8万亿元的产值规模为数字创意产业发展提供了更多的可能性，也展示了高速发展中的数字创意产业的极大潜力。

数字创意产业是指以数字创意技术与创新设计为基础支撑，以文化创意、内容生产、版权利用为发展核心，通过融合渗透带动周边产业领域发展的新兴产业集群。作为“十三五”战略性新兴产业，数字创意产业具有多向交互融合以及无边界渗透的特点。当前数字创意产业覆盖众多的细分领域，产业边界模糊以及产业领域重叠是其发展的特点。总的来说，目前数字创意产业包括或部分包括VR/AR产业、设计业、影视与传媒业、动漫与游戏业、数字出版业、人居环境设计业、文化与博物业、时尚服饰业、玩具业、体育与健康业、旅游业等产业领域。

进入“十三五”时期，数字创意产业高速发展，产业规模不断扩大，不断为转变经济发展方式、促进消费增长、引领社会发展提供了有力支撑和有效供给（图14.1）。2016年，中国VR/AR市场规模增长速度飞快，未来五年中，VR市场的年复合增长率将超过80%；设计业正进入规模化高速增长阶段，其中工业设计在2015～2018年的年复合年均增长率预计达到29.8%；影视与传媒业繁荣发展，结构调整显著，数字技术成为重要推手，影视业转型提质，回归理性，2016年传媒业产业总规模达1.6万亿元，较上年同比增长19.1%；数字出版业发展势头强劲，新技术、新产品、新业态不断涌现，盈利模式不断成熟，2016年产业总收入为5 721亿元，增长速度稳居30%之上，远远超越了其他行业；2016年游戏业市场规模为1 653亿元，首超美国，成为全球最大的游戏市场，未来有望保持25%的年均增长速度；2016年动漫业市场规模达到1 300亿元，国内动漫业以IP为核心、内容为王的衍生盈利模式基本形成，预计未来将保持15%的年均增长速度；人居环境设计业稳步发展，持续年均增长速度7%，特色小镇的设计规划成为未来一段时间的亮点；文化与博物业蓬勃发展，与数字技术融合成为趋势；时尚服饰业产业规模在1.5万亿元级别，未来有望保持14%的发展速度，并将加快迈入智能化、数字化进程；玩具业已达到千亿元级产业规模，近年来也是稳步上升发展，研发设计驱动和内容IP驱动逐渐成为产业发展的重要动力；体育与健康业产业规模在2万亿元级别，规模体量庞大并稳步上升，体育赛事IP、电子竞技成为数字化新兴领域；旅游市场迎来了爆发式增长，在线旅游成为旅游业市场主流，数字化技术应用广泛，预计未来五年将以25%的速度高速增长。

数字创意产业同样是投资的热点和风口。根据国家信息中心发布的《数字创意产业投资热点报告》可知，2016年至2017年上半年，投资案例为3 990件，投资金额为6 727.6亿元，其中，数字创意产业投资案例达到了859件，投资金额高达659.3亿元，分别占总体的21.5%和9.8%（图14.2）。从地域上来看，一线城市的比

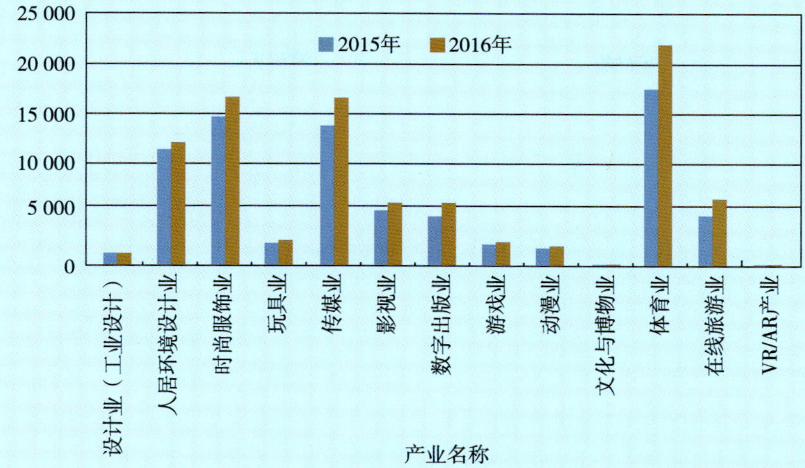

图 14.1　2015 ～ 2016 年数字创意产业市场规模

资料来源：根据国家统计局、国家旅游局、国家体育总局、《中国传媒产业发展报告（2017）》、《中国广播电影电视发展报告（2017）》、《2016—2017 中国数字出版产业年度报告》、艾瑞咨询和申万宏源报告等相关数据整理

例依然遥遥领先，仅北京市、上海市和深圳市三个城市的比例就超过 7 成；从投资轮次上看，数字创意产业的融资轮次主要集中在天使轮和 A 轮，二者加起来占比为 76.3%；从投资金额上来看，数字创意产业的投资金额主要集中在 5 000 万元以下，一半以上集中在 1 000 万元及以下 [1]。

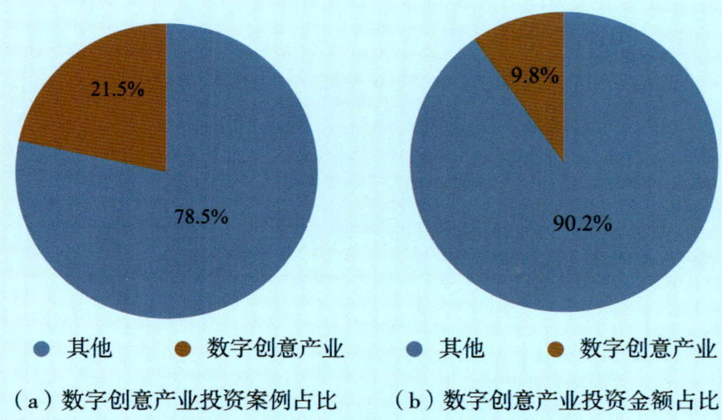

图 14.2　数字创意产业投资金额占比和投资案例占比

资料来源：根据国家信息中心《数字创意产业投资热点》整理

在数字创意产业各个细分领域中，VR/AR 产业、设计业、文化与博物业成为最具潜力的产业；人居环境设计业、数字出版业和影视与传媒业是数字化程度最高、成长速度最快的产业。在制造强国和文化强国发展战略的大背景下，国家相继推出了提升创新设计能力、数字文化创意技术装备创新、丰富数字文化创意内容和形式、

推进相关产业融合发展的有关政策与举措，为未来数字创意产业的发展积蓄了充足的新动能。

14.2 数字创意产业全景图

数字创意产业分为基础支撑领域、核心开发领域和融合渗透领域，分别以创新设计能力和数字创意技术应用能力作为基础支撑能力，以文化创意、内容生产和版权利用作为核心开发能力，以科技 + 设计 + 文化的深度融合引领周边产业领域发展，从而形成融合渗透能力。以上三种能力正在重塑并引领 VR/AR 产业、设计业、影视与传媒业、动漫与游戏业、数字出版业、人居环境设计业、文化与博物业、时尚服饰业、玩具业、体育健康业、旅游业等产业领域的快速发展（图 14.3）。

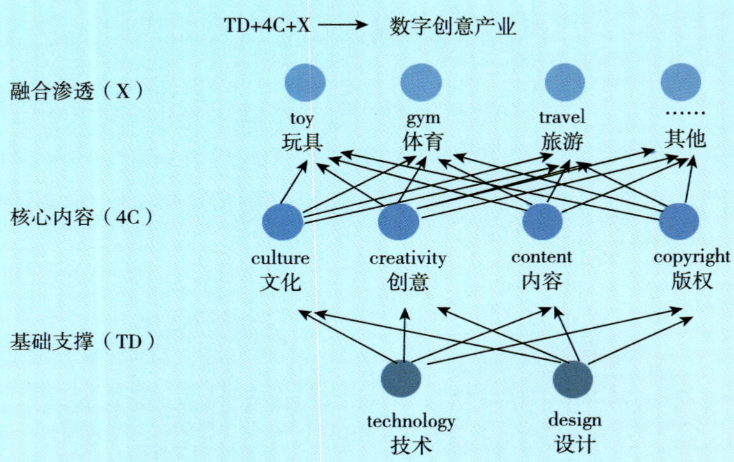

图 14.3 数字创意产业神经网络全景图

在数字创意产业各个细分领域中，IP 作为数字创意产业的核心和线索，贯穿了以内容创作为主的上游产业，以衍生品和扩大 IP 影响为主的中游产业，以及实现变现并且反哺上游和下游产业，由此形成了一条系统且完整的 IP 价值循环链条。

文化与博物业作为中华文化的重要资源和载体，是内容创作的灵感源泉，是各种原创的宝库。动漫业与设计业，通过对文化、现实、艺术等元素的利用与再创作，形成了一大批具有影响力的 IP 精品，构成了数字创意产业的上游内容。游戏业和影视业，既有对之前 IP 的利用和开发，也有原创的内容，随着互联网的普及，其影响力日益增强。数字出版业是 IP 价值产业链中重要的一环，是 IP 开发利用的保证，也是优质 IP 多元发展的重要途径。玩具业、VR/AR 产业是 IP 内容衍生品的重要产业，对进一步扩大 IP 的影响力有重要的作用。传媒业是 IP 价值链流动的重要载体，在扩大 IP 价值，实现 IP 变现方面都有重大的作用，是 IP 中下游产业链中不可缺少的一环。旅游业、体育业、人居环境设计业都是源头 IP 渗透发展的领域，如主题公园、电子竞技、特色小镇等不仅变现能力强，而且能够在一定程度上延长 IP 寿命，反哺上游的原创 IP(图 14.4)。

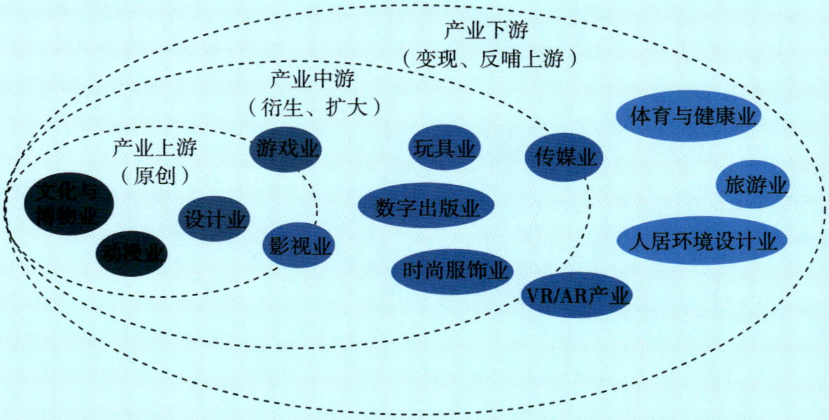

图 14.4　数字创意产业 IP 价值全景图

数字创意产业有其独特的经济价值和文化价值，在其细分领域，价值侧重各有不同。在设计服务方面，设计业由于当前经济体量不大，经济和文化价值中等，但依然有很大的发展潜力，对实体经济和其他产业的发展有很大的推动作用。在文化创意方面，以文化与博物业为典型代表，表现出较高的文化价值，对其经济价值的开发利用还有很大的空间；其中，与内容创作有关的影视与传媒业是当前这些领域中经济体量相对较大的产业，同时具备较高的经济价值和文化价值；另外，动漫与游戏业也呈现出较高的经济价值以及一定的文化价值。数字出版业作为版权利用的主要产业，在文化与经济方面都具有较高的价值。数字创意产业通过与玩具、旅游、体育与健康、人居环境、时尚服饰等行业的融合渗透，推动这些行业在经济和文化上进一步发展（图 14.5）。

14.2.1　基础支撑领域

1. 创新设计

创新设计是一种具有创意的集成创新与创造活动，它面向知识网络时代，以产业为主要服务对象，以绿色低碳、网络智能、共创分享为时代特征，集科学技术、文化艺术、服务模式创新于一体，并涵盖工业设计、人居环境设计、工艺流程设计、工程设计、服务设计以及商业模式设计等全生命周期和全产业链的综合与拓展，是

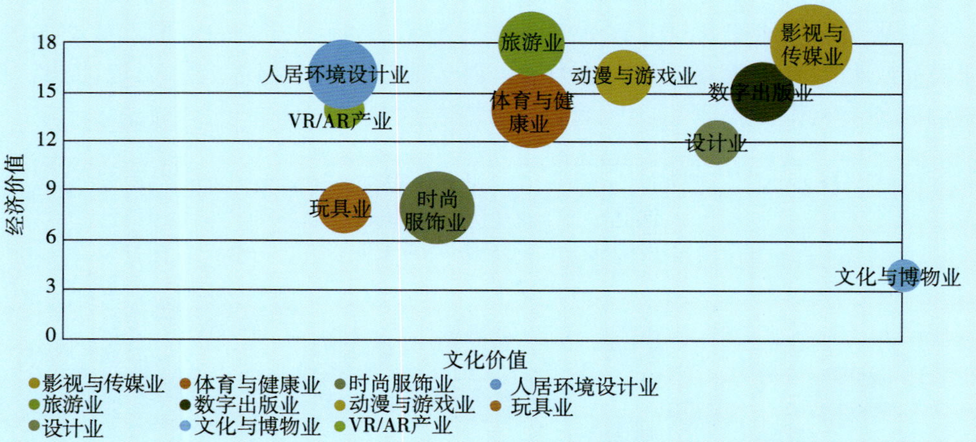

图 14.5　数字创意产业文化及经济价值全景图

横轴表现为文化价值，纵轴表现为经济价值，气泡大小为当前经济体量

科技成果转化为现实生产力的关键环节，正有力支撑和引领新一轮产业革命[2]。

1）工业设计

工业设计主要服务于制造业，近年来正在快速发展，行业需求逐步增长，创新能力有所提升，产业格局初步形成，设计成果不断涌现，为经济社会发展做出了积极贡献。申万宏源报告预测，2018 年工业设计市场规模将达到 1 556 亿元，2015 ～ 2018 年年均复合增长率将达到 29.8%[3]。尽管设计服务业与实体经济的融合程度在不断加深，但我国工业企业的设计能力以及工业设计企业的服务能力还急需提高。当前我国工业设计产业的主要发展瓶颈在于：企业的创新设计能力不足，工业设计对制造业转型升级的推动作用不够；大量的代工生产（original equipment manufacturer，OEM）使企业丧失设计能力和品牌建设；工业设计发展水平存在区域与行业短板；设计企业小型分散，缺乏系统设计和管理能力；创新设计人才匮乏，设计教育体系不适应产业体系发展。

“中国制造 2025”制定了建设制造强国的重点任务与重点领域，其核心是致力于我国制造业从产业链的低端向高端发展。除了技术创新驱动发展智能制造以外，还应该按照产业价值链的微笑曲线，推动企业向两端延伸，这实际上需要依靠创新设计驱动发展。在面临“中国制造 2025”的重点任务时，当前可以工业设计为抓手，推动创新设计发展。但从长远和全局来看，还需明确制造业创新设计行动纲要和具体内容。

以智能手机行业为例，2016 年全球智能手机出货量排名前十的企业有三星、苹果、华为、OPPO、Vivo、小米、ZTE、LG、联想等，其中中国企业有七家。但市场调研机构 Strategy Analytics 的最新报告显示，在 2016 年总营业利润的 537 亿美元中，苹果 iPhone 稳居榜首占比 79.2%，三星占比 14.6%，尽管华为、OPPO 以及 Vivo 已跃居全球前五大智能手机制造商行列，但是由于它们所销售的大部分都是利润微薄的低端机，三家中国手机制造商去年在全球智能手机利润中的总占比不到5%[4]。众所周知，苹果智能手机是设计驱动的典范，创新设计是苹果可持续发展和价值创造的核心竞争力。我国手机企业还需要大力提高创新设计能力，以提升产品的核心竞争力。

2）人居环境设计

人居环境设计是建筑业中的重要组成部分，它主张城乡规划、风景园林、建筑、室内是一个大的人居系统。通过人居环境设计体现出城乡地域特征、民族特色和时代风貌，提升人居生活质量[5]。人居环境设计一直也对全新的数字化技术需求迫切。VR技术和大数据技术可以广泛应用于城市规划、设计的各个方面，并能带来实际可观的利益。VR技术在展示规划方案时能够给人带来沉浸式的互动，利用数据接口还有助于项目工程的规划、设计、投标、报批和管理。

近年来我国人居环境设计业稳步发展，产业规模已达到万亿元级别。国家高度重视人居环境设计问题。2013年12月，中央城镇化工作会议提出，让城市融入大自然，让居民望得见山、看得见水、记得住乡愁。2015年12月，中央城市工作会议指出，要通过城市设计，统筹城市建筑布局，协调城市景观风貌，体现城市地域特征、民族特色和时代风貌。2017年2月，习近平总书记在北京考察时强调，不但要搞好总体规划，还要加强主要功能区块、主要景观、主要建筑物的设计，体现城市精神、展现城市特色、提升城市魅力[6]。

3）商业模式创新

全球知识网络时代的创新设计将基于全球信息网络物理环境，形成绿色、智能、超常、全球、网络协同，以及个性化、定制式创造与智造[7]。未来的创新设计将创造全新的网络智能产品、工艺装备以及新的设计模式和商业服务方式。生意帮-协同智造众包平台作为一家初创企业，基于大数据和互联网技术，进行了成功的服务模式和商业模式创新。生意帮通过工程师专业评审、生产工艺优化、网络众包分包、精准供应链匹配、全生产流程品控，为创客团队、外贸公司、工厂等提供高性价比的供应链解决方案，包括模具加工、五金加工、表面处理和成品采购等，帮助客户缩短工期、提高效率、降低成本，实现制造业委托外加工环节生产力的智能调度和统筹优化，面向全球提供优质的专业代工服务。小米公司的商业模式创新在于其铁人三项——“软件＋硬件＋互联网服务”，通过将互联网服务的思维导入硬件和软件业务，构建MIUI系统及其软硬件服务生态；通过粉丝营销、饥饿营销方式，以及与消费者（米粉）共同创造价值的模式，加强了用户的体验感和参与感。

国家政策导向层面，正逐年加大对创新设计的培育和支持力度。工信部采取了一系列措施来提升企业创新设计能力，自2013年起，工信部每两年认定一次国家级工业设计中心，通过推动企业工业设计中心和工业设计企业的建设，促进工业设计产业发展；《国务院关于推进文化创意和设计服务与相关产业融合发展的若干意见》中提出，推进文化创意、设计服务与实体经济深度融合；《中国制造2025》将创新设计作为制造业转型升级的重要能力建设，并为提高创新设计能力、完善创新设计生态系统做出重要布局；《中华人民共和国国民经济和社会发展第十三个五年规划纲要》明确列出了数字创意产业，支持发展工业设计和创意产业，支持工业设计中心建设，设立国家工业设计研究院。《"十三五"国家战略性新兴产业发展规划》中十分重要的一部分内容是促进数字创意产业蓬勃发展，创造引领新消费，以数字技术和先进理念推动文化创意与创新设计等产业加快发展，促进文化科技深度融合、相关产业相互渗透；《战略性新兴产业重点产品和服务指导目录》指明了数字创意产业（包括设计服务业）的重点方向及细分产品和服务；《文化部关于推动数字文化产业创新发展的指导意见》中提出，推进数字内容创新，通过"文化+"提高相关产业的文化内涵、设计创意水平和附加价值。

"十三五"期间，设计服务业和创新设计将面临巨大的发展机遇与发展空间。发展创新设计是培育国民经济新的增长点、提升国家文化软实力和产业竞争力的重大举措，是发展创新型经济、促进经济结构调整和发展方式转变、加快实现由中国制造向中国创造转变的内在要求，必将为促进产品和服务创新、催生新兴业态、带动就业、满足多样化消费需求、提高人民生活质量等方面提供新动力。

2. 数字创意技术

数字创意技术在产业发展过程中有不可替代的重要地位，新兴的数字创意技术代表了数字化环境中产生的信息与传播的所有形式，同时代表了新一代信息技术和创意产业深度融合与应用的所有形式。以新一代信息技术为核心的数字创意技术作为产业发展引擎，成为创新设计、影视、媒体、动漫、游戏、数字出版等相关产业发展的重要推动力。其中，新型数字感知技术、新一代人工智能（artificial intelligence，AI）技术、下一代媒体传播技术、新一代文物保护技术正在逐步成为十分重要的数字创意技术。

1） 新型数字感知技术

新型数字感知技术是未来技术发展的方向之一，利用先进的数字化手段捕获、再生或合成各种来自外部世界的感官输入（视觉、听觉、触觉、嗅觉、味觉等）；以各种不同的方式将再生的或合成的输入与自然接收的输入进行组合；协助人类感知组合的输入并对其做出反应；协助机器感知组合的输入并对其做出反应。

在当今新型数字感知技术中，最具热度和影响力的主要包括 VR、AR 及混合现实（mixed reality，MR）。VR 借助计算机软件系统及硬件传感器构建一个三维环境，借助体感交互装备为用户营造身临其境的沉浸式体验。AR 将多维数字信息与现实世界的某种介质建立映射，进而融合虚拟与现实。MR 介于 VR 和 AR 之间，既呈现逼真的虚拟物体，又让用户看到真实的现实世界，数字信息和物理实体并存，实现真实的人、场景与虚拟物体混合效果。从产品形态和应用场景来看，三者经常会出现重叠，未来市场产品融合趋势明显。

艾瑞咨询数据显示，2016 年中国 VR 市场规模为 34.6 亿元，尽管当前这一规模有限，但是市场规模增长速度非常快，未来五年中，VR 市场的年复合增长率将超过

80%。预计到 2021 年，中国会成为全球最大的 VR 市场，行业整体规模将达到 790.2 亿元（图 14.6）。

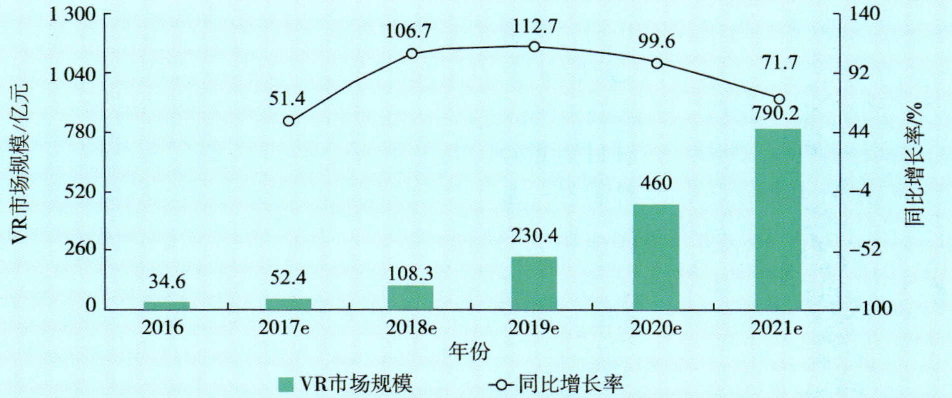

图 14.6　2016 ～ 2021 年中国 VR 市场规模

2016 年，中国 VR 市场中规模最大的细分市场是 VR 头戴设备，以 20.5 亿元的规模占据整体份额的 59.2%。而目前占比最小的 VR 内容市场（包括消费级内容、企业级内容和 VR 营销）会在未来五年快速增长，预计 2021 年的市场规模为 386.4 亿元，年复合增长率为 163.4%。这也意味着 VR 内容市场将达到整体市场规模的近 50%，成为 VR 市场中最大的细分市场。预计到 2021 年左右，VR 产业将进入相对成熟期，硬件解决方案统一、平台系统开源化、内容支撑全面、应用场景改进，产业链逐渐完善（图 14.7）。

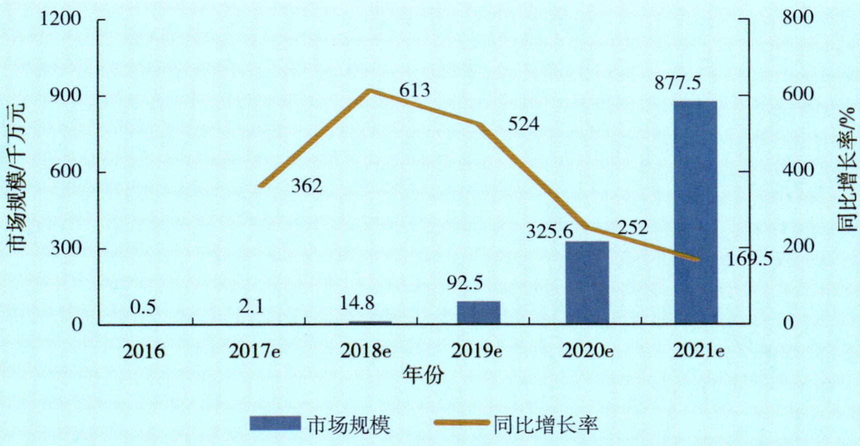

图 14.7　2016 ～ 2021 年中国 VR 企业级内容市场规模及增长率

根据科技产业分析机构 Canalys 的权威数据，2016 年中国 VR 市场中，HTC Vive 的市场份额最大，达到 17.7%，发货量超过了 5 万台。国产品牌同样表现出色，3 家企业产品榜上有名，其中大朋 VR 以 16.9% 的市场份额位列次席，发货量超过

4.7 万台。而国产品牌 3Glasses、小派科技分别以 9.4% 和 7.7% 的份额位列第三与第五。索尼 PS VR 的市场份额为 9.1%，排名第四。目前，小米、华为以及一些 VR 初创企业开始将目光聚焦在 VR 手机和储备手机 VR 头显。互联网巨头——百度、腾讯和阿里巴巴也开始提供 VR 电影、电视、游戏等 VR 内容研发。VR+ 游戏、VR+ 健身 + 电子竞技等产品服务模式不断兴起，但因为 VR 产业仍处发展初期，产品低端同质化竞争严重，也有厂商就此倒下。

VR 市场具有产业链长、产业带动比高等特点，涉及产业众多，包括 VR 硬件设备、内容制作、分发平台和行业应用。硬件设备类可细分为输入设备、输出设备、显示设备、拍摄设备和交互设备等；内容制作可细分为影视、游戏等内容；分发平台可细分为应用商店、社交影院、实体体验店、网店和播放器等内容；行业应用可细分为娱乐、工业、军事、医疗、教育、房地产和旅游等内容。由于 VR 产业涉及面极广，亟须在国家统一协调和管理下，通过技术标准体系与关键标准的制定、标准符合性检测和相应的质量验证系统的支撑，从而保证产业健康持续发展。

2017 年上半年，VR 产业政策出台落地，软硬件和内容应用等产业链关键环节发展迅速，产业规模仍将保持快速增长。至少来自三个方面的力量将会大力推动 VR 产业发展。

一是行业应用的驱动，目前 VR 产业的发展重点由硬件向内容演进，行业应用将会带来产业的引爆点，目前，消费级和企业级 VR 设备形态分化将日趋明显。VR 应用场景多样，消费级应用是最容易推动市场火爆发展的驱动力。游戏是 VR 行业最直接的应用领域，消费基础良好。因此，以游戏为主的娱乐产业最容易培育为 VR 杀手级应用（killer application）。而企业级应用则需要依靠企业、政府等多方面市场主体共同推动，目前看来，教育、工业界最有可能产生引领企业级市场的应用。

二是技术的发展，软件、系统和分发平台是推动 VR 产业发展的核心，从底层硬件到上层应用的各个环节都需要前沿技术的支持，主要涉及的技术领域涵盖计算机图形学、计算机视觉、人机交互、通信等，可以说主导技术发展即掌握产业发展制高点，是完善产业生态体系必不可少的关键环节。目前，三维引擎技术快速发展，图形图像处理工具日益丰富，开放平台和操作系统也在逐步发力。可以预见在未来几年内，随着技术的演进、光场技术的发展，以及空间定位、动作捕捉等交互技术的成熟，VR 软件技术在用户体验、内容生成方面将取得大幅度进步，必将极大地推动 VR 产业发展。

三是政府引导政策支持，作为科技前沿领域，VR 产业必然受到从国家到地方政府的高度重视，我国在《"十三五"国家信息化规划》、《"十三五"国家科技创新规划》、《"互联网 +"人工智能三年行动实施方案》及《智能硬件产业创新发展专项行动（2016—2018 年）》等国家政策中明确提出鼓励和支持 VR 产业发展，同时，多个地区纷纷出台相应的专项政策鼓励 VR 产业发展。集聚发展是重要的发展模式，当前，国内各地区积极布局，加紧打造 VR 产业基地和产业集聚区。在产学研结合方面目前已形成了以北京航空航天大学、清华大学、工信部电子工业标准化研究院、北京师范大学与浙江大学等各大高等院校、研究院所和高科技公司联合研究开发制作，以及密切结合的良好发展局面。随着已建设产业集聚区的经济带动效应显现，可以预见将有更多地区建设孵化器、小镇、产业园等形式的产业基地，推动 VR 产业集聚发展。

2）新一代人工智能技术

人工智能正在成为新科技革命和产业变革的核心技术，正在突破传统的“用计算机模拟人的智能”的用途，如人机博弈、机器识别和自然语言处理等。同时，正向着“机器与人融合智能”的方向（人工智能 2.0 时代）迈进，如自主无人系统、机器自主创作、智慧城市、智慧医疗、智慧金融和智能制造等。2016 年以来，已出现了几次国际大并购，说明人工智能芯片技术被业界普遍看好。2016 年 7 月，日本电信巨头（软银）用 320 亿美元收购了全球最大的半导体公司 ARM，当时收购的目的就是应对人工智能时代的到来；同年 9 月，英特尔收购了硅谷计算机视觉领域的初创公司 Movidius；2017 年 3 月，英特尔用 153 亿美元收购了以色列自动驾驶辅助公司 Mobileye。这预示着人工智能正在进入竞争、整合的高潮阶段。在数字创意领域，将会出现基于新一代人工智能技术的数字内容理解与创作以及智能设计等关键技术。

3）下一代媒体传播技术

近年来 VR、人工智能技术日益崛起，将会引领传媒行业进入一个新的发展阶段，下一代媒体传播体系将会体现出沉浸式、智能化、互动化等特点，不仅可以借助 VR、超高清（ultra high definition，UHD）、全息成像等技术为观众提供更加逼真的临场感受，同时还会加强观众对媒体内容的参与互动程度，通过家庭交互娱乐中心等平台使观众融入内容制作和传播的各个环节，真正实现由观看者到参与者，甚至是制作者的转变。

下一代数字内容传播体系的建立，将把信息获取的手段和用户体验提升到一个全新的高度。面向内容前端，建立起跨越互联网、广播网的融合媒体平台，构建出覆盖内容制作、传输、分发的媒体传播体系，有效支撑 4K 超高清、VR 等沉浸式内容的生产传播。通过内容提供者和终端用户间双向通道的建立，下一代传播体系能够实现“随需而变”的智能传播服务模式，为用户参与内容生产与传播提供途径，并立足传媒产业与关联行业进行联动，推动衍生产品的发展。

面向用户内容消费能够提供“量身定制”的个性化服务，并将分别建立面向家庭和移动环境的使用平台。针对家庭场景，重点打造用户高端体验，建立起基于光纤到户（fiber to the home，FTTH）的家庭交互娱乐中心，使观众足不出户即可享受智能式、互动式、沉浸式服务。面向移动场景重点解决内容高质量接入问题，建立基于 4G、5G 的移动媒体平台，保证用户能任意时间、任意地点、任意设备享受内容服务，特别是要保证火车、飞机、轮船等特定场景下的内容接入能力。

下一代媒体传播体系的构建要依托于三个层面技术的突破，即使能技术、应用技术及终端设备技术。

（1）使能技术。

使能技术是指通用的基础性信息技术，包括人工智能、大数据、云计算、数字感知和未来网络技术等，这些技术是各行业进行数字化建设的前提条件，为行业自身应用的开展提供支撑平台。

（2）应用技术。

应用技术是指媒体行业中，各专业技术领域实现层面的技术，如集成广播宽带平台技术、交互娱乐引擎开发、数字内容加工处理软件、VR 处理软件、动漫游戏制作引擎软件和开发系统、家庭娱乐产品软件、文化资源数字化处理等。

（3）终端设备技术。

终端设备是用户进行内容消费的承载对象，包括硬件及其装载的应用软件，如 4K 电视机（支持 HDR[①] 功能）、沉浸式音频设备（支持 3D Audio）、裸眼 3D 电视机、VR 头戴设备、AR、MR 眼镜、感知终端（数据手套、游戏控制器、人机交互装置）、超感影院（观众座椅、多维渲染器）等。

4）新一代文物保护技术

文物在保存过程中经常遭受人为和自然因素的破坏，为加强对文物的保护，继承中华民族优秀的历史文化遗产，发展新型文保技术和装备对文物保护意义重大。其中，与数字文化创意产业有关的技术装备主要包括文保虚拟修复、博物馆虚拟布展、博物馆互动体验和古建筑数字化平台等。

（1）文保虚拟修复。

文保虚拟修复是利用计算机、图形图像处理和 VR 等信息领域最新发展技术，结合传统的文物保护与修复工作，形成文化遗产的科学保护理念和程序。它采用近景摄影测量和三维扫描技术等采集获取文物现状信息数据，通过三维建模技术建立模型，结合计算机技术、专家研究分析和相关资料的记载等对文物模型进行修补，通过计算机调色技术、多光谱技术等对文物进行色彩的复原，最终实现对文物的虚拟修复。

（2）博物馆虚拟布展。

博物馆虚拟布展是将三维 VR 技术和二维网上信息系统融合在一起，采用嵌入式技术运行，将现实中的博物馆以三维模型的方式展现于客户端，构造出栩栩如生的三维网上博物馆环境。结合博物馆三维虚拟漫游功能、虚拟娱乐功能等，博物馆虚拟布展综合服务系统具有划时代的意义。将博物馆的运营维护从现实转到计算机环境，减少或避免珍贵文物的搬运与环境多次变化等，通过计算机即可实现不同摆放布置、不同环境的切换，并实时呈现最终效果，为博物馆的宣传环境和文物保护提供直接的技术保障。

（3）博物馆互动体验。

通过创建 VR 互动体验室、虚拟体验装备等，以博物馆教育主题、展览主题、宣传主题为蓝本，创建三维 VR 环境，再现历史场景或新建虚拟场景，实现游客身临其境的互动游览，通过第六感模拟等技术，实现寓教于乐的目的。

（4）古建筑数字化平台。

---

① HDR：high-dynamic range，即高动态范围图像技术。

建立建筑遗产数据库，实现对测绘图纸、文档、照片、视频、三维模型和管理数据等数字资源进行存储管理，形成更广泛的互联互知与更科学的可视化管理；将互联网、物联网、空间信息技术、云计算、大数据管理集成应用，建立文物资源信息采集、加工、存储、传输、交换系列标准；建立古建筑文物信息资源共享、利用、挖掘和创新的数字化服务平台。

14.2.2　核心开发领域

数字内容产业是数字创意产业的核心组成部分，它包含多个方面，影响巨大。数字内容领域由文化创意、内容创作、版权利用作为主要环节形成完整的链条。在"互联网 +"的大背景下，中国数字内容产业呈现蓬勃发展的态势。2016 年数字内容产业的产值突破 5 600 亿元，其中直接创造的产值超过 3 800 亿元，数字内容产业已经成为社会经济发展中的重要组成部分，已经形成十分严密、庞大的产业链群。

数字内容是全民创新最活跃的领域，核心用户庞大，参与人群更多。据统计，直接参与过内容创造的用户超过 1.4 亿，而为内容消费过的用户超过了 5 亿，更不用说几乎每个人每天都会接触数字内容产品（图 14.8）。

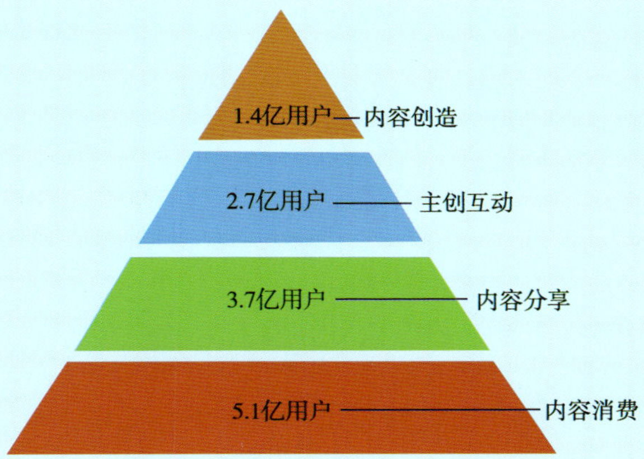

图 14.8　互联网内容产业各环节用户参与程度

数字内容的生产模式从单一的专业生产内容（professional generated content，PGC）模式转变为 PGC 和用户生产内容（user generated content，UGC）模式并存，同时产生了完全不同的两种商业模式。高质、大型但耗时较长，而数量较少的 PGC 作品，更多地被用做 IP 的生产，一部优秀的作品，就能跨越多个内容领域，拥有多领域的受众人群。而相对数量众多，以及小型、轻质、即时的 UGC 作品，可通过相应的平台实现快速传播与变现。

然而，数字内容产业快速发展的同时依然存在很多的问题。例如，国内创新的环境不佳，UGC 的大部分作品质量偏低，优秀人才匮乏，并且相对应的政策机制还不是很完善等。这些问题依然需要政府、企业和个人的共同努力来克服。

1. 文化创意

文化产业是指从事文化产品生产、提供文化服务的经营性行为，属于第三产业范畴。博物馆作为文化载体，具有发展文化产业的先天优势。一方面，博物馆承担着以公益为主的社会功能，如文物收藏、展示、文化传播与教育；另一方面，博物馆可以为文化产业运营的各个阶段提供宝贵的文化资源。博物馆文化产业发展蕴藏着巨大的社会经济效益，将博物馆与文化产业有机融合形成博物馆经济，可带来综合社会效益，有效带动区域经济发展和软实力提升。

由国家统计局发布的数据可知，2016 年我国文化及相关产业增加值为 30 254 亿元，首次突破 3 万亿元，与 2011 年的 15 516 亿元相比实现翻番；占 GDP 的比重为 4.07%，首次突破 4%（图 14.9）。

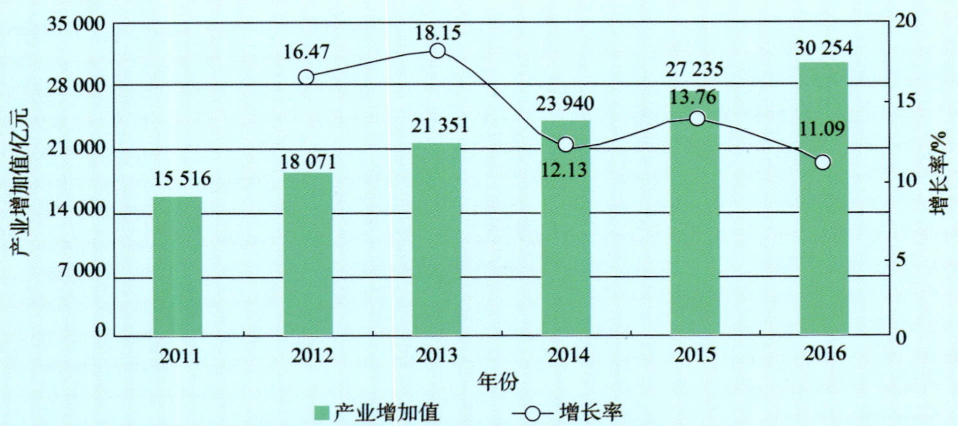

图 14.9　2011 ～ 2016 年中国文化产业市场规模及增长率

资本投入方面，国家统计局资料显示，近年来社会资本对文化产业充满热情，涉及数字创意的文化产业固定资产投资活跃，2015 年为 2.8 万亿元，2016 年达到 3.2 万亿元，同比增长 14.3%。截至 2016 年底，我国文化及相关产业企业数量达到 297.65 万户，注册资本为 14.29 万亿元。

营业收入方面，截至 2016 年，我国规模以上文化及相关产业 5 万家企业实现营业收入 8.03 万亿元，比上年增长 7.5%，增速比上年加快 0.6 个百分点。从细分结构看，以“互联网 +”为主要形式的文化信息传输服务业营业收入增速最快，达到 5 752 亿元，增长 30.3%。依托博物馆衍生出的博物馆数字创意产业发展势头迅猛，截至 2016 年底，我国登记注册的博物馆已达到 4 873 家，博物馆接待观众 8.5 亿人次，同比增长 8.9%。蓬勃发展的博物馆事业为博物馆文化产业提供了丰厚的资源以及产业融合的有利环境。

目前博物馆文化产业链尚不明晰，多以发展实体文化创意产业为主，与互联网、VR、AR 等信息技术融合，形成数字博物馆，发展虚拟浏览、在线参观是典型趋势。

受众群体结构变化，用户需求提升，加之现代科技在社会各个层面的渗透让博物馆不得不重新审视顾客体验。无论规模的大小，博物馆都趋向于考虑如何通过 VR 技术创造独特的用户体验，以独有的方式欣赏收藏品，获得更加生动直观的观赏感受。总体来看，博物馆文化产业链所涉及的专业复合性强，具有产品丰富多样、产业外延丰富、涉及行业广、区域属性强等特点。为满足更加多样化的游客需求，科技与文化的有机融合势在必行。

在全球博物馆市场相对稳定成熟的情况下，中国博物馆产业发展势头突出。美国主题景点协会（TEA）和国际专业技术与管理咨询服务提供商 AECOM 的经济部门发布的 2016 年《主题公园指数和博物馆指数报告》显示，在排名前 20 位的全球最受欢迎的博物馆中，中国共有 4 家博物馆榜上有名，分别是中国国家博物馆、上海科技馆、台北故宫博物院和中国科学技术馆。中国国家博物馆以 755 万的参观人数在全球 TOP20 的博物馆中位列榜首，成为全世界人气最旺、最受欢迎的博物馆。

为了促进文化产业的发展，国内一些博物馆设立了馆属企业，这些企业拥有独立的法人资格，使博物馆文化产品的开发更为方便。国家博物馆、故宫博物院、首都博物馆和辽宁博物馆等较早实现这样的运营机制。

从技术层面看，互联网环境下数字博物馆开发技术相对成熟，很多互联网公司（如百度、腾讯等 IT 巨头）也在数字博物馆、文创产品开发领域有所涉及。其中，百度百科的数字博物馆已上线 220 家博物馆，收录 1 611 家博物馆，目前已有超过 6 000 万访问量。VR 技术和博物馆的融合，可使观众在足不出户的情况下，能身临其境地体验到 3D 环境下的博物馆建筑、博物馆陈列和考古发掘现场等。它不仅能提升观众参观展览的趣味性和参与性，使展示内容具有更高的接受度，也能让人们在认知层面和心理层面上达到良好的接受效果。由于其为博物馆教育和陈列展示带来了较好的体验与感受，自 2016 年以来，VR 和 AR 技术也为博物馆文化发展提供了新的热点。其中一个典型项目就是故宫博物院推出的端门数字博物馆，利用最新的 VR、AR 和交互技术，采用立体投影、CAVE 系统、VR 眼镜等设备营造了虚实结合的参观体验，实现了故宫文物的全新数字化展示。此外，人工智能的发展势必会为博物馆文化产业带来新的发展机遇。

《“十三五”规划纲要》明确提出，继续构建文化产业体系，使之在“十三五”末期成为国民经济的支柱产业，到 2020 年，文化产业将占 GDP 比重的 5% 以上，文化产业增加值应在 4.5 万亿元以上。加之“一带一路”倡议部署，博物馆的产业价值不容小觑。以数字博物馆、博物馆文化创意以及特色资源类博物馆为主的产业项目潜力巨大。

在当前整个文化创作生产和消费形态都趋于数字化、网络化、智能化的形势下，以数字创意为代表的新兴文化产业，融合“文化 + 科技”，将会给博物馆产业发展带来新的势能。

2. 内容创作

数字内容包含网络文学、网络游戏、网络动漫、网络视频、数字音乐和互联网广告等多个领域。一般而言，网络文学和网络动漫自带的完整世界观设定，使其天生即具有易于改编为其他作品形式的特性，并且改编后的作品也更易于为原有核心用户所支持，形成粉丝经济效应。因此，网络文学和动漫作品逐渐成为影视题材、游戏题材的重要组成部分，也是整个 IP 生态的核心。

在数字视频和数字音乐领域，正版化的趋势逐渐凸显，逐渐打破了长久以来的盗版困局，培养了用户的付费习惯。同时，数字视频和数字音乐业呈现出三大主要发展趋势：一是移动化，网络视频和音乐用户在移动端的使用时长已经超过 PC 端；二是社交化，视频成为塑造用户个人社交形象的重要媒介形式，视频直播成为发展新方向；三是付费化，视频收入结构由以广告为主向广告、会员付费转变。

网络游戏是数字内容产业中规模最大、变现能力最强的领域，在 2016 年产值已经突破 1 700 亿元，占据全球市场份额的四分之一以上，已经成为全球最大的游戏市场。近几年，电子竞技成为网络游戏发展的新方向，是未来发展的新动力。

在网络动漫领域，借助于迅捷的网络传播以及年轻核心用户的成长，二次元动漫逐步从小众亚文化走向大众视野。在核心群体带动下，泛二次元用户不断增多，动漫的影响日益增大。由于二次元动漫本身的营利能力较弱，其最主要的商业化路径是 IP 化运营，促进粉丝消费，二次元和三次元彼此融合，跨次元统合发展。

近几年，BAT 等互联网公司积极布局内容产业，这在一定程度上促进了内容产业的蓬勃发展（图 14.10）。

图 14.10　腾讯泛娱乐内容矩阵

1）网络文学

近年来，网络文学市场规模保持平稳增长，尤其是移动端成为网络文学平台之间竞争的主要战场。网络文学市场用户和产值呈持续上升态势，2015 年，网络文学用户达到 3.5 亿，产值达到 70 亿元，2016 年，网络文学用户达到 4.5 亿，同比增长

28.6%，产值达到 100 亿元，同步增长 42.9%（图 14.11）。

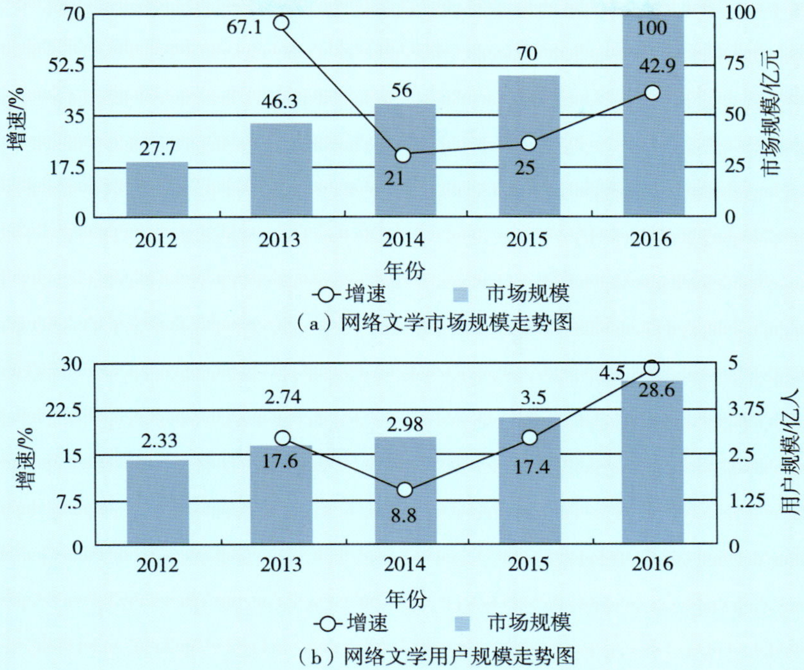

图 14.11　网络文学市场规模及用户规模走势图

网络文学的各平台格局日渐清晰，主要有阅文集团、阿里文学、百度文学、中文在线和掌阅文学等（图 14.12）。

图 14.12　网络文化市场格局

资料来源：易观智库

网络文学成为互联网内容产业重要的 IP 来源。据统计，2015 年移动游戏题材有 19.9% 为文学作品；而 2015 年上半年，TOP100 影视作品中有 39.0% 的题材来自网络小说 IP 改编（图 14.13）。随着网络文学成为互联网内容产业最重要的 IP 库，培养、扶持拥有广泛受众的优质内容成为经营者的普遍选择，跨界影游联动代表了网络文学产业未来的发展方向。

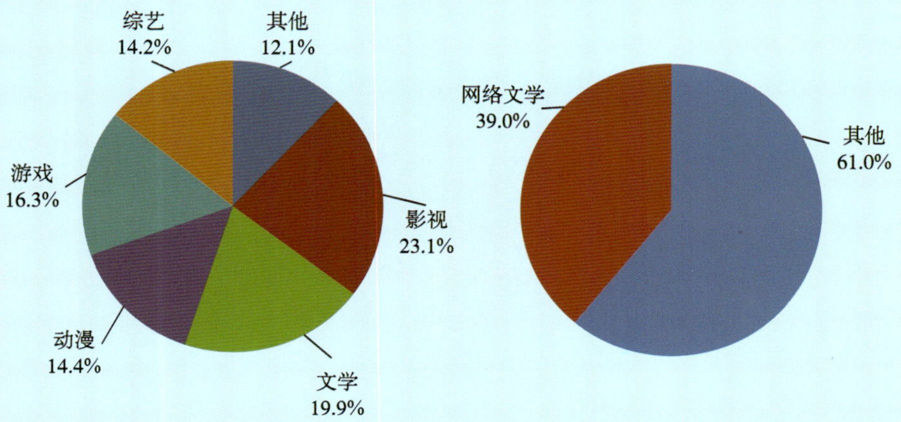

（a）2015年移动游戏典型IP类型构成　（b）2015年上半年TOP100影视IP分布情况

图 14.13　2015 年移动游戏典型 IP 类型构成

2）网络游戏

2016 年全球游戏产业总值为 6 474 亿元，其中，欧洲为 1 527 亿元，北美为 1 651 亿元，亚太地区为 3 029 亿元，拉丁美洲为 266 亿元，移动游戏占 37%，中国移动游戏占 56%（图 14.14）。

2016 年国内游戏产业总值为 1 655.7 亿元，同比增长 17.7%，增长率相对上年有所放缓，但销售收入增量保持稳定，占全球市场规模比约为 27%，首次超越美国成为全球最大的游戏市场（图 14.15）；游戏产业中移动游戏产业 2016 年总值为 818.2 亿元，占比为 49.4%，呈两位数增长，首次超过 PC 游戏；网络游戏市场从 PC 端逐渐向移动端转移，成为游戏产业最大的细分市场；电子竞技总值为 504.6 亿元，占游戏业的 30.5%，游戏直播已达 1 亿用户；TOP10 企业游戏总值为 357.6 亿元，占国内总值的 21.6%；新游戏投入网易与腾讯占 51%，移动游戏海外收入占比为 63.4%，客户端游戏与网页游戏产值下降 7.7%。2016 年游戏用户为 5.21 亿，其中 PC 端用户为 4.8 亿，接近顶峰；“90 后”“00 后”将是移动游戏市场的潜在用户；端游与页游呈萎缩态势，增长率在 6% ～ 7%；移动游戏呈明显增长态势，这一态势趋于平缓；开设游戏专业的高等院校已有 200 多家，高职开设电子竞技专业；未来国内游戏产业有 60 万人就业需求（图 14.16）。

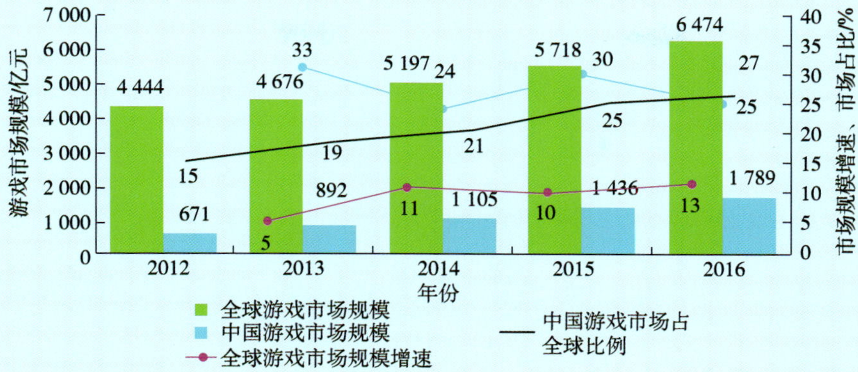

图 14.14　2012 ～ 2016 年中外游戏市场规模

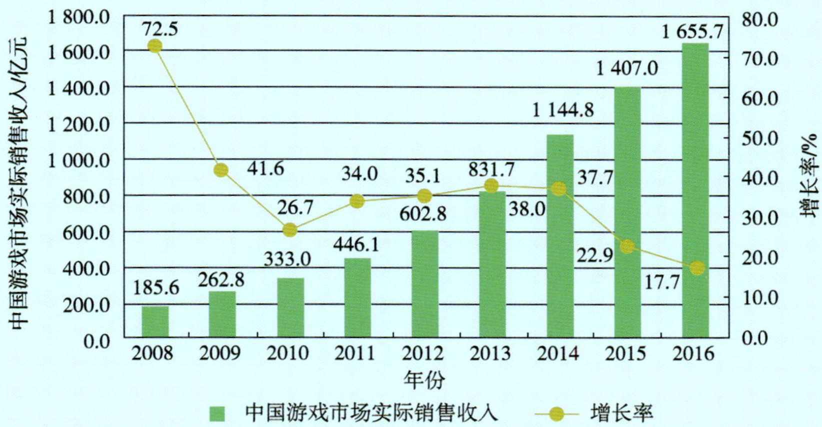

图 14.15　2008 ～ 2016 年中国游戏产业规模统计

2016 年以来，我国游戏产业链已完善，游戏产业发展呈现新的特征：① IP 改编占比最高，其中客户端最出色、影视改编也较突出；IP 战略成为发行商的突破口，市场竞争 IP 重要性愈发突出，IP 的释放与获取实现运营精细化，多领域布局合作挖掘 IP 价值成为竞争关键。②从硬件上看，光纤网络和移动 4G 网络的全面普及为网络游戏的发展提供了良好的硬件设施；从需求上看，人们的生活水平快速提升，对娱乐的需求越来越重；从企业经营来看，游戏泛娱乐化，影视文学动漫游戏化，文娱产业间的跨界联动频繁，拓宽了游戏产业的外延。③游戏业新的增长将在 VR 游戏、电子竞技、游戏直播方面呈明显增长趋势；游戏与媒体融合进一步加强。④游戏

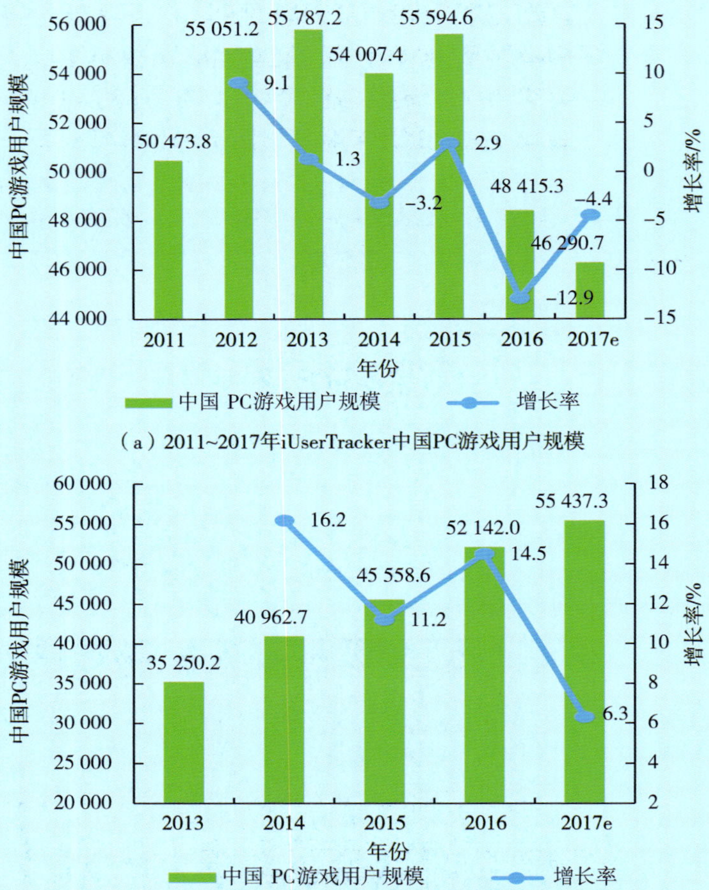

（a）2011~2017年iUserTracker中国PC游戏用户规模

（b）2011~2017年mUserTracker中国移动游戏用户规模

图 14.16　2011 ～ 2017 年中国游戏用户市场规模

跨界联动的升级与进化，形成游戏业从衍生到深度植入相互导流，尤其是影视与游戏联动更为突出。⑤海外市场明显扩大，音乐类游戏及游戏广告变现能力逐渐增强。⑥ 2016 年移动游戏业在用户获取方面表现出较强的优势，66 项新款游戏产品市场收入占移动游戏总值的一半。⑦ 2016 年 5 月国家新闻出版广电总局手游过审施行上线审批前置严格管控，苹果 Apo Store 上传游戏严格管控施行版号管理。⑧ 2017 年，由于游戏艺术性提升，消费市场泛娱乐化发展显现；游戏品类日趋丰富、移动硬件提升，游戏全民化趋势显现；终端游戏与页游产品的移动化，使手机游戏重度化更加明显；伴随 PC 游戏平台化、游戏分发社会化，PC 游戏业各自为政的格局将被打破。

3）网络动漫

2016 年国内动漫产业市场规模为 1 301 亿元，全球占比在 8% 左右，同比增长 15.0%；2016 年国内动画电影产量票房为 23.43 亿元，电视动画产量为 11.989 5 万分钟，继续维持从 2011 年起动画产量下降的态势；预计 2017 年，动漫总产值将超过 1 500 亿元，2021 年可突破 2 300 亿元 [8]。2015 年中国动漫企业约有 4 600 家，从业人员为 22 万人，其中，国家认定动漫企业为 370 家，重点企业为 43 家。二次元动漫产值与用户呈明显增长趋势，用户规模达到了 2.7 亿人，覆盖 68% 的“90 后”和“00 后”（图 14.17 ～图 14.19）。

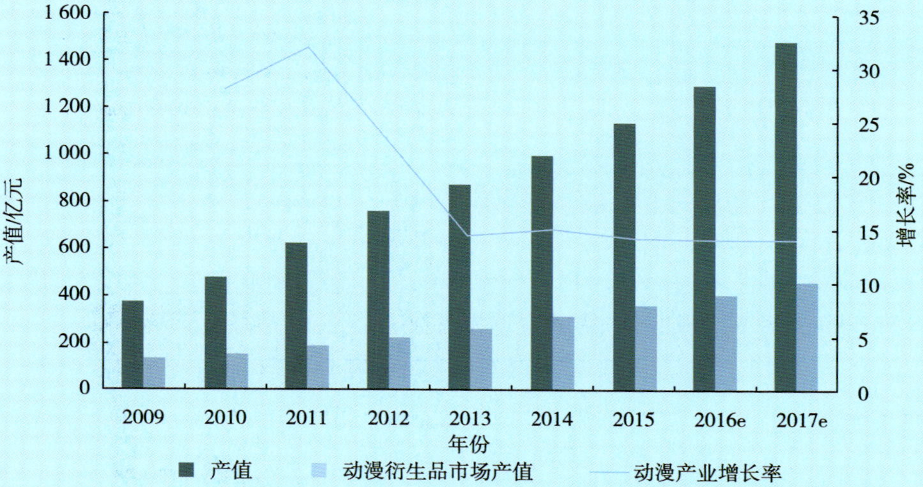

图 14.17　2010 ～ 2017 年中国动漫产业总产值及增长率

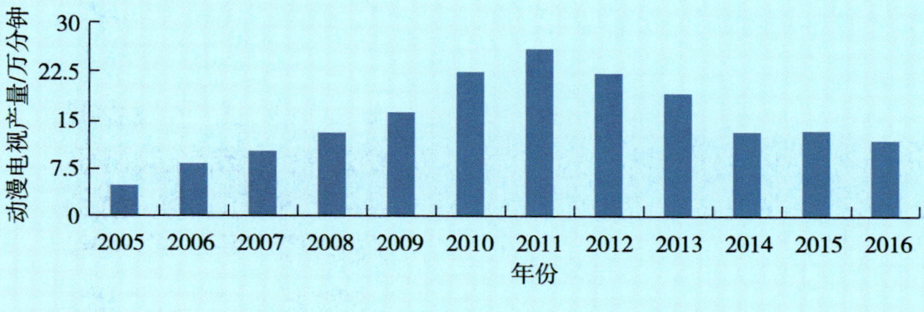

图 14.18　2005 ～ 2016 年中国电视动画产量

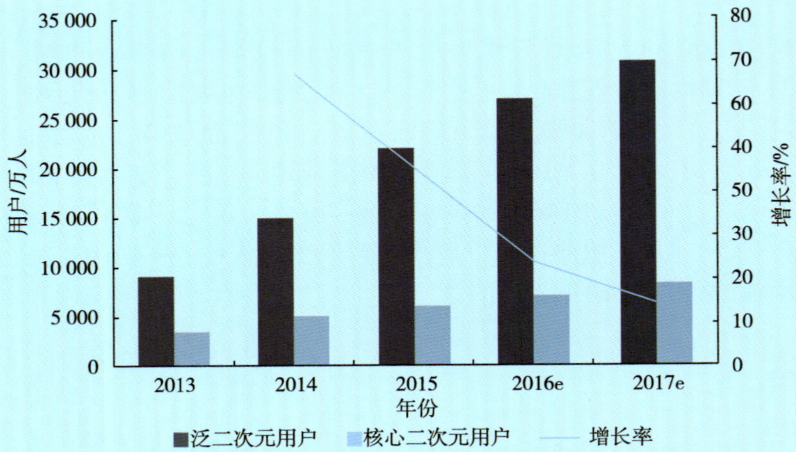

图 14.19　2013 ～ 2017 年中国二次元用户市场

2016 年以来，动漫产业发展呈现出新的特征：①动漫产业多元发展格局基本形成，业务、产品、品质、市场活力、产业潜能等进入整体结构调整、产业融合和转型升级的关键阶段。②国内动漫产业链基本形成，动漫产业以 IP 为核心、内容为王的衍生盈利模式基本形成。③ IP 成为动漫发展热点，IP 市场化运营成为主流。④二次元动漫愈发风靡，核心二次元人群 25 ～ 27 岁出现了急剧下降，“95 后”“00 后”人群成为二次元主力军。⑤动画电影创制投资与生产规模显著扩大，动画电影包含的成年观众明显增加。⑥动漫全龄化发展态势增强，并伴随年龄的延伸自然增长。⑦动漫与游戏、影视、出版的相互融合模式基本呈现，QQ 表情包与弹幕网络动漫呈显著增长。⑧动漫产业以其强大的创意设计力量和品牌版权价值日渐融入国民经济大循环，个性化、多样性、无边界的动漫文化消费促进动漫产业跨界融合日益强化。⑨动漫衍生产值呈现为动漫核心价值的 3 ～ 10 倍，但国内动漫衍生产业发展现状仍然落后于美国和日本。

4）网络视频

网络视频市场规模持续扩大，移动端用户规模贡献突出。网络视频行业积极拥抱线下影视，借力热门 IP 跨界发展，优质内容资源扩大了市场机遇并丰富了变现方式。根据 CNNIC 数据，截至 2016 年 6 月，我国网络视频用户规模达 5.14 亿人，较 2015 年底用户规模增加 1 000 万人；网络视频用户使用率为 72.4%。其中，手机网络视频用户规模为 4.40 亿人，与 2015 年底相比增加了 3 514 万人，增长率为 8.7%；手机网络视频使用率为 67.1%，相比 2015 年底增长 1.7 个百分点（图 14.20 和图 14.21）。

在网络视频平台渠道地位不断彰显、内容成为移动端流量入口的背景下，网络视频平台“版权 + 自制”的比例分配发生变化，平台通过与专业制作公司加紧合作以及自行搭建内容制作团队的形式加深与渠道和内容环节的融合程度，通过大投入提升自制内容数量，实现平台品牌的塑造（表 14.1）。

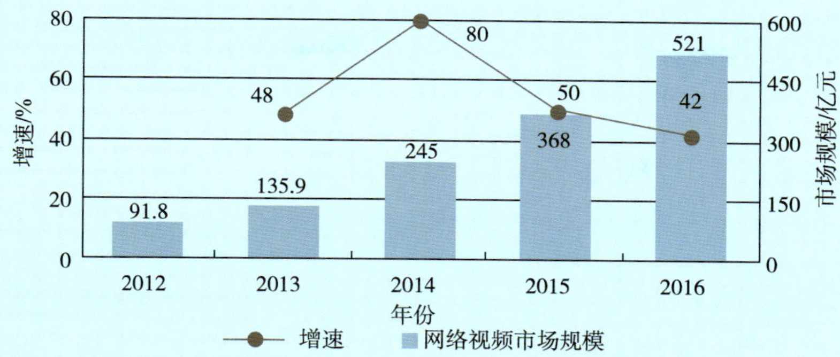

图 14.20　2012 ～ 2016 年网络视频行业市场规模

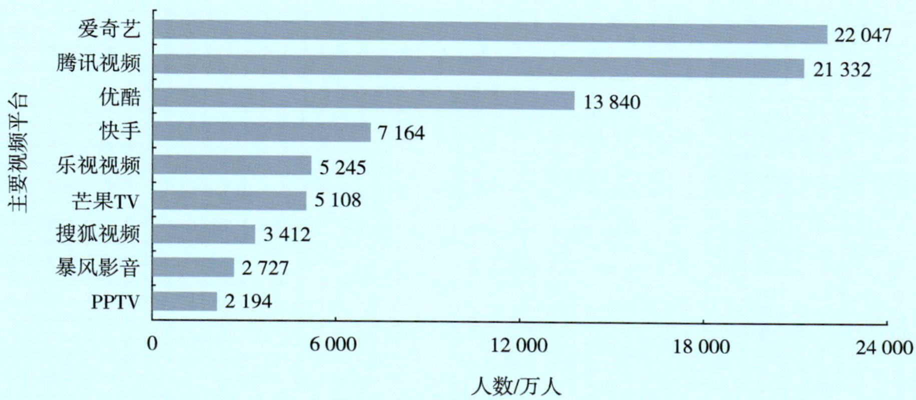

图 14.21　主要视频平台人数统计

表 14.1　主要网络综合视频平台 2017 年自制策略

平台	主要网络综合视频平台 2017 年自制策略
爱奇艺	2017 年内容投入超过 100 亿元，其中，自制剧 28 部、自制综艺 38 部
乐视视频	大剧资源中自制内容超过 60%，推出 18 档自制综艺
芒果 TV	将推出超过 10 部网络 IP 自制剧
搜狐视频	重点开发自制剧内容；自制综艺重点在网上动漫、喜剧、定制综艺等
腾讯视频	2017 年自制投入将是 2016 年的 8 倍。2017 年旗下的企鹅影视联合欢瑞世纪共同开发四部自制剧，自制综艺将推出 20 档
优酷	2017 年自制剧重点在悬疑、玄幻、古装题材，自制综艺将覆盖脱口秀、喜剧、真人秀、亲子类、偶像养成和音乐六大品类

5）数字音乐

2015 年 7 月 8 日，国家版权局发布《关于责令网络音乐服务商停止未经授权传播音乐作品的通知》，同时启动规范网络音乐版权专项整治行动，要求各网络音乐服务商必须将未经授权的音乐作品全部下架。经过规范整治之后，国内的网络音乐版权问题明显得到改善，直接推动网络音乐行业突破长久以来的盗版困局，有效培养了用户的付费习惯，市场规模进一步提升。

得益于各大网络音乐平台的正版黏性和新兴互联网演艺平台的社交吸引力，网络音乐用户规模持续大幅度增长，移动音乐用户渗透率继续提升。截至 2016 年 6 月，网络音乐用户规模达到 5.02 亿人，较上年底增加 77 万人，占网民总体的 70.8%。其中，手机网络音乐用户规模达到 4.43 亿人，较上年底增加 2 706 万人，占手机网民的 67.6%（图 14.22 和图 14.23）。

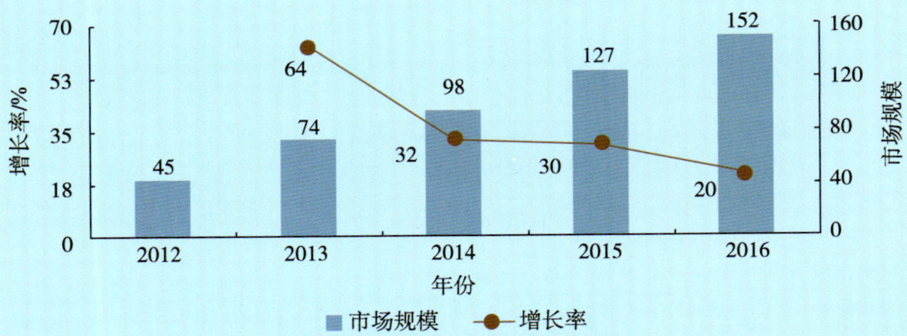

图 14.22　2012 ～ 2016 年中国数字音乐整体市场规模

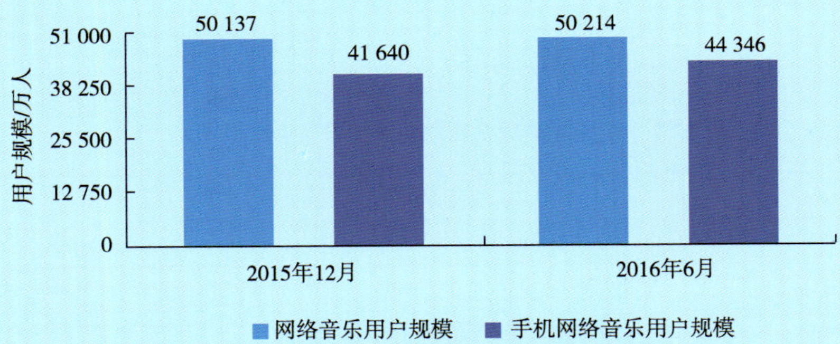

图 14.23　2015 年 12 月和 2016 年 6 月网络音乐 / 手机网络音乐用户规模

音乐产业的三大盈利模式基本确立，即在线演艺、粉丝经济和互动式演唱会。在线演艺即秀场模式，以音乐舞蹈的在线演出为展现形式，依靠高黏性的用户道具付费获得收益，其主要用户群体分布于三四线城市，用户黏性高，付费意愿强，目前已经成为围绕音乐产业最强的变现方式。

粉丝经济作为文化娱乐产业的主流商业模式，移植于互联网音乐产业同样适用，经营 100% 的用户群体，赚其中 5% 的粉丝的钱是其要义。

互动式演唱会这种模式始于乐视音乐的电视大屏演唱会直播，整场演唱会线上直播入口实现了数十万元的售卖，一时成为行业的典型案例，也成为被互联网冲击多年之后，第一次实现规模化的内容售卖变现。

6）互联网广告

2016 年中国网络广告市场规模达到 2 902.7 亿元，同比增长 32.9%，在电视、广播、杂志、报纸和网络五大媒体广告收入中的占比已达到 68%；同期电视广告收入为 1 049.9 亿元，在五大媒体广告收入中的占比接近四分之一。随着网络进一步普及，以及数字媒体使用时长增长、网络视听业务快速增长等因素的推动，未来几年，报纸、杂志、电视广告将继续下滑，而网络营销收入还将保持较快速度的增长。移动广告市场规模达到 1 750.2 亿元，同比增长率为 75%，占比为 60%，发展势头强劲。移动广告的整体市场增速远远高于网络广告市场增速（图 14.24）。

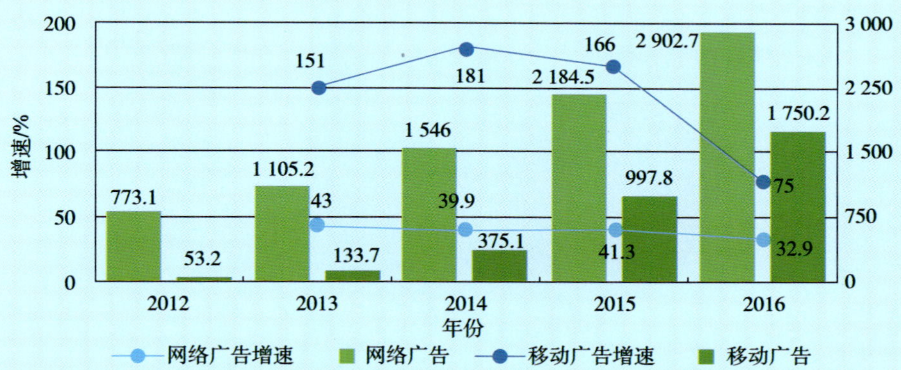

图 14.24　2012 ～ 2016 年网络广告市场规模及增速

资料来源：艾瑞咨询

在政策方面，国家工商行政管理总局于 2016 年 7 月 4 日发布了《互联网广告管理暂行办法》，界定了互联网广告范围，强化了互联网广告的监察和管理措施，首次提及了程序化购买，并于 2016 年 9 月 1 日起正式施行。该办法提出“本办法所称互联网广告，是指通过网站、网页、互联网应用程序等互联网媒介，以文字、图片、音频、视频或者其他形式，直接或者间接地推销商品或者服务的商业广告”。互联网广告包括下述内容：以推销商品或者服务为目的，含有链接的文字和图片或者视频等形式的广告、电子邮件广告、付费搜索广告、商业性展示中的广告以及其他通过互联网媒介的商业广告等。

3. 版权利用

数字出版业内容提供方有网络文学、图书出版机构和有声机构。运营方则有互联网运营方、线下运营方和第三方服务提供方。近年来，由于数字版权内容分发的新技术、新产品、新业态不断涌现，盈利模式不断成熟，数字出版行业收入实现了高速发展，增长速度稳居30%之上，远远超越了其他行业。中国新闻出版研究院发布的《2016—2017中国数字出版产业年度报告》显示，2016年中国数字出版产业总收入为5 720.85亿元，比2015年增长29.9%。其中，互联网期刊收入为17.5亿元，电子书收入为52亿元，数字报纸收入为9亿元，博客类应用收入约为45亿元，在线音乐收入为61亿元，网络动漫收入为155亿元，移动出版的收入约为1 399亿元，网络游戏的收入约为827亿元，在线教育收入为251亿元，互联网广告收入约为2 902亿元，其他产业收入约为2.35亿元（图14.25）。

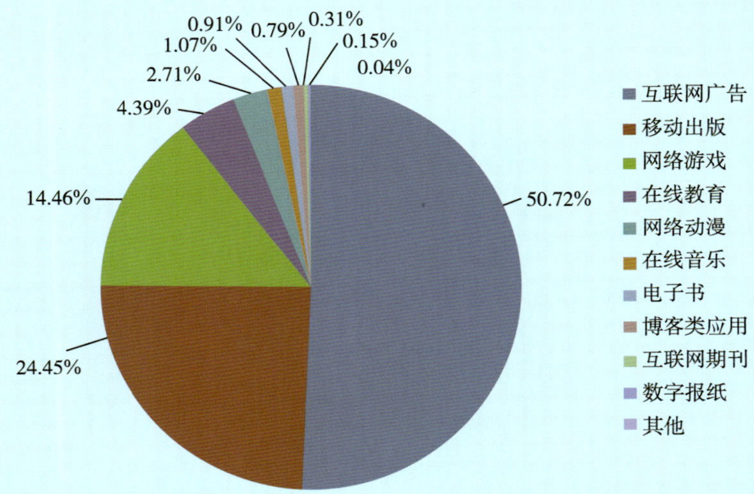

图14.25　2016年数字出版业收入构成

《中国网络版权产业发展报告（2017）》显示，2016年中国网络核心版权产业的行业规模突破5 084.6亿元，比2015年增长了31.3%。其中，网络广告服务行业规模达到2 486.2亿元，网络游戏行业规模达到1 827.4亿元，中国网络文学产业规模为100亿元，网络视频行业规模达到521亿元，网络音乐产业行业规模突破150亿元。从这些数据可以看出，在中国版权保护生态环境不断改善的前提下，网络核心版权产业规模正在大幅增长，已经成为中国经济增长的新动能（图14.26）。

值得说明的是，《中国网络版权产业发展报告（2017）》遵照WIPO指南和分类方法，将网络核心版权产业划分为五个子类别，即网络游戏软件、网络文学作品、网络广告服务、网络视频和网络音乐演艺。因为网络核心版权产业处于早期发展阶

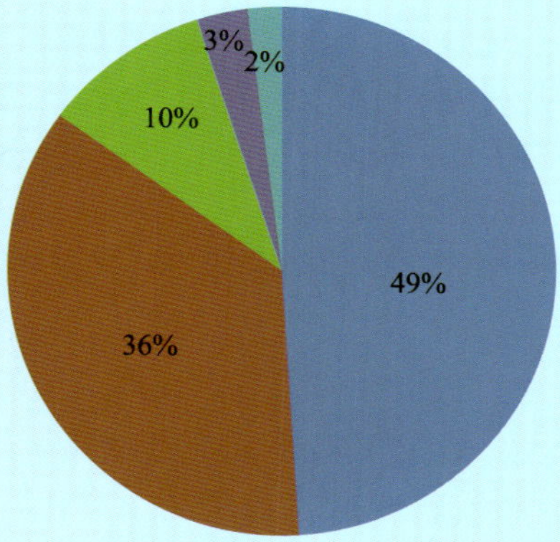

图 14.26　2016 年数字出版业收入构成

资料来源：《中国网络版权产业发展报告（2017）》

段，盈利模式尚在摸索，所以报告是以产业行业规模即产业内各企业的营业收入规模总计，来替代 WIPO 指南中的行业增加规模，以更准确地反映产业当前面貌。

《中国网络版权产业发展报告（2017）》显示，2006 ～ 2016 年，中国网络核心版权产业行业规模从 2006 年的 163.8 亿元增长到 2016 年的 5 086.9 亿元，年增长率保持在 30% 以上，产业规模增长超过了 30 倍，形成了泛娱乐等跨界版权运营的独特商业模式，并且带动了智能硬件、线下 IP 授权开发等实体经济转型升级。由此可以看出，中国网络核心版权产业规模大幅度增长，已经成为中国经济增长的新动能（图 14.27）。

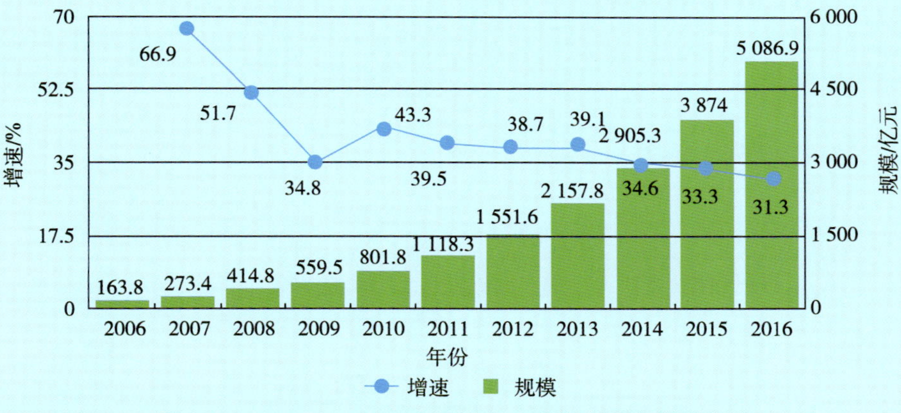

图 14.27　2006 ～ 2016 年网络核心版权产业规模及增速

在《“十三五”规划纲要》中，明确提出加快发展数字出版等新兴产业。2013 年发布的《国务院关于促进信息消费扩大内需的若干意见》中，着重强调了大力发展数字出版等新兴文化产业，促进数字文化内容消费，提升文化产品的制作传播能力，鼓励提供健康向上的信息内容。2016 年 12 月 27 日首个全民阅读的国家级五年规划——《全民阅读“十三五”时期发展规划》出台，进一步激发了数字阅读市场活力，刺激了数字出版的热情。

尽管国家先后出台了《关于推动传统媒体和新兴媒体融合发展的指导意见》、《关于推动新闻出版业数字化转型升级的指导意见》和《关于推动传统出版和新兴出版融合发展的指导意见》等推动数字出版业发展的政策与文件，但从 2016 年的数据来看，互联网期刊、电子图书、数字报纸收入总数为 78.5 亿元，这些传统出版的数字化的收入比 2015 年增长了 5.44%。在数字出版收入中所占比例为 1.37%，与 2015 年相比有所下降。传统出版物的数字化收入虽然总量有所增加，但在整个数字出版收入中所占比例有所下降，这说明传统出版物数字化收入低于数字出版其他的增长速度，出版单位在数字化转型升级、融合发展方面仍不尽如人意，需要改革创新加大投入。

14.2.3 融合渗透领域

1. 玩具业

1）产业发展现状

中国是一个玩具生产大国，据估计，全球约 80% 的玩具在中国生产。最重要的玩具生产和出口基地是“五省一市”，即广东、江苏、山东、浙江、福建和上海。广东又是中国的玩具大省，主要集中在深圳、东莞、广州、汕头和佛山等地[9]。中国玩具业大部分的出口是为国外品牌加工生产，创新设计水平薄弱。当前，国内玩具业已经达到千亿元级产业规模，近年来稳步上升，玩具出货量全球第一。2015 年中国玩具出口额到达 973.5 亿元，同比增加 12.4%；2015 年国内玩具销售额为 650 亿元；预计中国玩具业总规模将在 2018 年达到 2 000 亿元（图 14.28 和图 14.29）。

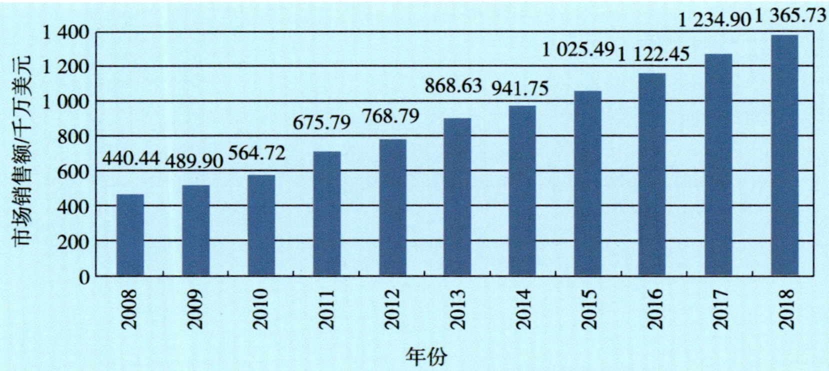

图 14.28 中国玩具市场销售额规模走势

资料来源：中国产业信息网

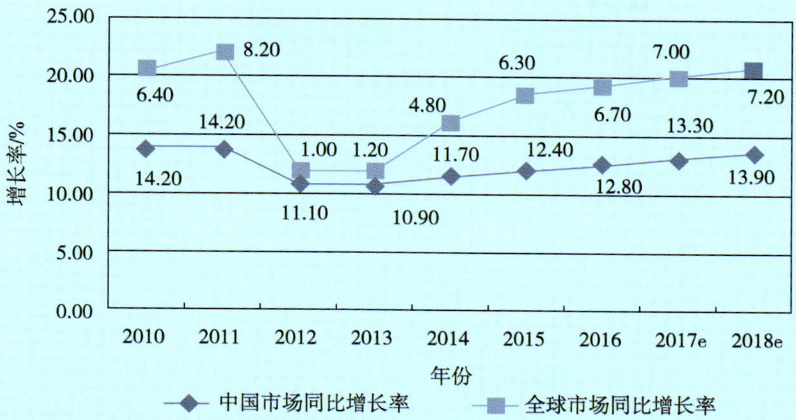

图 14.29 中国玩具市场增长率及全球玩具市场增长率走势

资料来源：中国产业信息网

“十三五”期间，三大因素合力助推国内玩具行业发展：第一，随着中国经济稳步发展，城乡居民收入不断提升，消费能力逐渐加强，在玩具消费上也会有相应的增加；第二，第四次婴儿潮的到来以及二胎政策的放开，为玩具行业提供了很好的消费者基础人群；第三，当前国内家庭玩具消费尚处于较低水平，和玩具成熟市场以及部分新兴市场相比仍有很大的提升空间。

2）产业发展特征

玩具产业链一般由材料制造开始，到玩具设计再到玩具制造，最后通过玩具批发零售商到达消费者。玩具从材质上可分为传统材料和新型材料。传统材料有陶瓷、橡胶、塑料和毛绒等；新型材料有信息材料、生物材料、纳米材料和稀土材料等。玩具设计主要有研发设计驱动和内容 IP 驱动两种产业链价值模式。研发设计驱动的玩具产业价值链以乐高企业等为典型。内容 IP 驱动的玩具产业价值链由动漫衍生品产业向上游动漫影视产业拓展，逐步建立起品牌优势，再利用动漫品牌推动下游动漫衍生产业及周边产业发展，从而建立起完整的动漫产业体系，是一种逆产业链扩张的发展模式，以万代、孩之宝、迪士尼等企业为典型代表。但是，绝大多数的中国玩具制造业企业具有小散低等特点，仍以贴牌生产经营模式为主，在价值链中局限在制造加工环节，依赖性和局限性十分明显。

随着信息时代的发展，玩具产业也呈现出新的趋势：①个性化定制，如 MakieLab、亚马逊等；②社交 IP 形象，如 Line Friend 、QQ FAMILY 等；③ STEM[①] 教育，如 Lego Boost、Fisher-Price 等；④可穿戴式，如迪士尼的 Playmation 等；⑤ 3D 打印，如 Blokko、MOYUPI、FabZat 等；⑥ VR 技术，如美泰 & 谷歌、小米等；⑦ AR 技术，如 Crayola&Daqr、口袋动物园等；⑧人工智能，如 Elemental Path、Toy Talk 等；

① STEM：science，科学；technology，技术；engineering，工程；mathematics，数学。

⑨ O2O（online to offline）玩具租赁平台，如 Pley、玩具超人等。

目前，国内玩具产业不足以与欧洲、美国、日本竞争。虽然中国的玩具制造水平已经达到全球领先水平，但是，中国玩具业也存在若干劣势，如缺少大 IP 支持、缺乏玩具的整体运作思路、设计人员匮乏、自主品牌少等。制造只是玩具产业链的底层环节，而获得成功的都是美泰、孩之宝这种掌握大量 IP 的巨头。因此，提升创新设计水平，拓展业务至上游 IP 开发端，才是中国玩具业发展的关键。

2. 旅游业

2017 年是实施《“十三五”规划纲要》的重要一年，也是推进供给侧结构性改革的深化之年。我国旅游市场规模稳步扩大，继续领跑宏观经济。酒店、旅游度假产品、景区门票、机票、社交媒体和租车等快速实现在线化，在线旅游度假产品、在线度假租赁、旅游网络购物和在线租车平台等快速生长，中国的旅游市场迎来了爆发式增长。

根据国家旅游局“2017 年全国旅游工作会议”发布的数据，2016 年全年旅游总收入预计达 4.69 万亿元，同比增长 13.6%，其中，在线旅游发展十分迅速，代替传统旅游成为未来发展的主要领域 [10]。2016 年在线旅游市场交易规模为 5 934.6 亿元，增长率为 34.0%，线上渗透率为 12.1%，对 GDP 的贡献达到 6.3%。在线旅游已完全代替传统旅游成为市场主流，同时进一步促进在线交通的发展。2016 年，在在线旅游领域，携程和去哪儿网居于市场领先地位，交易规模分别为 2 636.2 亿元和 1 345.1 亿元，二者所占市场份额超过一半。同时，以大数据 UGC 为特色的蚂蜂窝，为用户精准推荐旅游产品，提升用户体验，也获得大家的喜爱。

2017 年上半年发布了《文化部关于推动数字文化产业创新发展的指导意见》。该指导意见提出，数字文化产业以文化创意内容为核心，依托数字创意技术进行创作、生产、传播和服务，呈现技术更迭快、生产数字化、传播网络化、消费个性化等特点，有利于培育新供给、促进新消费。当前，数字文化产业已成为文化产业发展的重点领域和数字经济的重要组成部分。作为与数字创意产业紧密结合的旅游业，也在大好形势下蓬勃发展。

当前旅游业的产业图谱比较系统和完整。海航旅游、万达集团成为旅游产业上游综合性企业，如家、首旅等组成上游住宿资源，航空公司、铁路公司组成上游交通资源，宋城、方特等组成上游景区资源。在旅游产品组合分销阶段，由港中旅、中青旅等比较传统的旅行社组成现在的分销渠道，由易行天下、旅游圈等组成了 B2B（business to business）平台，由途牛、驴妈妈、携程等组成了 OTA（online travel agent）类 B2C（business to customer）平台，由去哪儿网、蚂蜂窝、飞猪等组成了非 OTA 类 B2C 平台。而在产业下游，一方面有蚂蜂窝、穷游等 UGC 平台和约伴、走呗等社交媒体；另一方面，传统媒体（如门户网站、搜索引擎等）也有营销，当然还包括景区的直销。

数字创意技术与文化创意对旅游业的发展作用日益增大。

1）VR技术的发展使旅游的内容更加丰富

近几年，VR 技术的发展使旅游的内容更加丰富，成为旅游业发展的又一新模式。国内许多景区目前已在尝试利用 VR 技术，并结合当地景区特色来实现旅游多样化，如海南海口的火山口森林公园计划建设全景式 VR 火山森林灯光秀，从而弥补景区夜晚没有旅游体验项目的缺陷；走在 VR 旅游发展行列前沿的企业有赞那度、空空旅行、到此一游等平台，它们将 VR 旅游作为一种营销方式，通过自主拍摄的旅游目的地全景宣传视频向用户提供旅前体验服务；国内某些景区已经开始利用 VR 技术与设备培训新导游，同时导游也可以利用 VR 来改善自己的服务；在主题公园方面，VR 技术提供了更有趣且趋近真实的体验场景，为前来主题公园寻求刺激或者乐趣的人提供了更新奇的体验，同时给没有能力购买昂贵 VR 设备的普通民众提供了一次体验机会。

2）大数据技术推动精准营销

近几年随着计算机技术的不断发展，“智慧旅游”逐渐出现在人民群众的生活中，大数据成为智慧旅游的核心技术，大数据将分散的数据孤岛串联起来，是精准营销和精准运营的保障。例如，蚂蜂窝利用大数据结构内容，为个性化交易提供指导；九寨沟等景区利用大数据预测高峰流量，从而合理分配运营资源。

3）人工智能技术助力旅游业发展

人工智能技术突飞猛进，大规模在旅游行业应用，现在主要的应用领域主要集中在客服的人机交互上，从而降低行业的运营成本。例如，阿里飞猪通过“店小蜜”辅助平台商家客服运营；携程四成的机票预订客服请求是通过机器人完成的。信用系统基于真实信息和交易状况对个人偿付能力进行测评，形成产品化解决方案，为共享经济、签证服务等旅游交易提供信用保障，简化交易流程，提升交易效率，如阿里飞猪通过芝麻信用简化签证办理和酒店入住等流程；蚂蚁短租通过信用体系免收租房押金。智能设施也大量地运用在旅游领域，尤其以景区为代表，电子闸门和监控系统为景区积累运营数据、实时调控奠定基础，并为大数据应用积累底层数据，如国家旅游产业运营监测与应急指挥平台于 2016 年 10 月启动。直连在 2016 年也成为新模式频繁出现，它体现了供应链两端合作模式的改变，代理商从独占渠道的定位退出，将更多的资源分享给供应商，并推动供应商与用户直接对接，实现三赢的平衡，为供应链合作提供新选择。例如，携程与汉莎航空达成系统直连；众荟和石基信息达成战略合作，共同推动酒店与在线平台直连。

4）共享经济模式为旅游业带来新的发展空间

共享经济成为未来旅游的重要趋势，在各个领域都有发展前景。在交通领域，滴滴打车、租车等大大丰富了新的出行方式，一方面，大大提高了闲置车辆的利用率；另一方面，大大提高了人们旅游的自由度。在住宿领域，Airbnb、民宿等也代替传统酒店成为旅游住宿新的选项，一方面，大大提高了闲置房屋资源的利用率；另一方面，也让用户的住宿体验大幅度增加。

旅游作为一个具有高度包容性的产业，与其他产业融合发展成为重要趋势。乡村旅游、工业旅游、商务旅游、文化旅游、科技旅游、研学旅游、养生旅游、医疗健康旅游、科考探险旅游、邮轮游艇旅游和低空飞行旅游等，在发展旅游业的同时，也促进了当地文化、科技等其他产业的发展。但是，旅游产业当前依然存在许多问题。旅游资源主要集中在比较发达的区域，不能给较为贫困的地区带来效益。同时，在线旅游用户大多分布在一二线城市，三线及三线以下的城市渗透率较低。一二线城市竞争激烈，未来可以在渠道下沉方面加大力度，着力布局三线及三线以下城市，为我国在线旅游发展提供新的市场空间，使在线旅游覆盖面更广，惠及更多的用户。

3. 体育与健康业

1）产业发展现状

我国体育产业规模体量庞大，规模稳步上升。国家体育总局和国家统计局联合发布的《2015 年国家体育产业规模及增加值数据的公告》显示，2015 年，国家体育产业总产出（总规模）为 1.7 万亿元，实现增加值 4 737 亿元，占当年 GDP 的 0.70%，但是其中体育用品占比近 79%，体育服务占比近 21%。而美国体育产业中竞技赛事占比为 24.8%，健身户外占比为 30.8%，体育用品占比为 26%，相对而言，结构比较科学完善（图 14.30 和表 14.2）。

我国体育产业虽然发展十分迅速，但是也存在许多急需解决的问题，如体制管理体制改革需要深化、公共服务水平不高、竞技体育布局不够合理、产业结构占比不平衡、体育文化的贡献率较低等（图 14.31）。

体育产业的产业图谱比较系统和完善。由皇马俱乐部和恒大俱乐部等著名俱乐部组成的职业运动俱乐部以及美国男子职业篮球联赛（national basketball association，NBA）、欧洲冠军联赛等在内的职业赛事 IP 组成了体育产业的上游，由体育场馆服务和包括万达赛事与腾讯体育在内的赛事运营部分组成了体育产业的中游，包括新浪体育、搜狐体育、乐视体育在内的体育传播、媒体和社区平台。而体育产业的下游则由赛事票务、体育旅游、体育博彩、体育游戏和体育电商等不同领域组成。另外，近几年，民间 / 大众赛事 IP 也逐渐受到大众的欢迎，智能运动产品和健身管理类 APP 也因为“互联网 + 体育”而变得流行起来。同时，运动 O2O 社交也成为新的社交方式。

国家政策助力体育产业发展。《全民健身计划（2016—2020 年）》提出到 2020 年，经常参加体育锻炼的人数达到 4.35 亿，体育消费总规模达到 1.5 万亿元。《竞技体育“十三五”规划》提出以足球改革为突破口，提升足、篮、排三大球的发展水

（a）2006~2015年中国体育产业增加值及增速

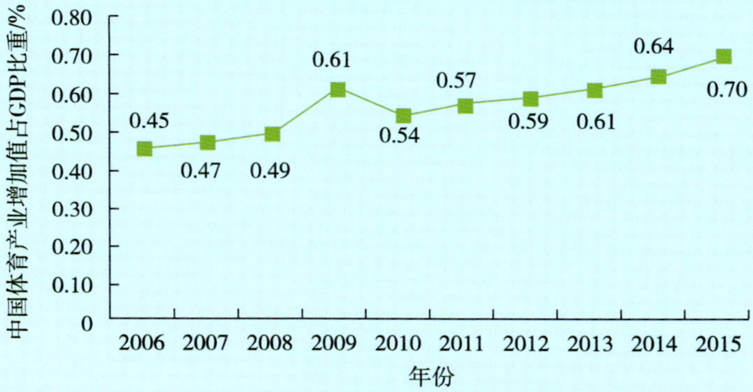

（b）2006~2015年中国体育产业增加值占GDP比重

图 14.30　2006 ～ 2015 年中国体育产业增加值及增速

表 14.2　我国体育产业发展现状

指标	2010 年	2015 年	2020 年 e	2025 年 e
体育人口 / 亿人	3.5	4.0	4.35	5
体育行业总产值 / 万亿元	0.22	1.7	3	5
体育行业 GDP 占比 /%	0.5	0.7	1.0	2.0
体育服务业占比 /%	12.4	21	>30.0	>55.0

平，巩固和扩大优势项目，挖掘潜优势项目增长点。进一步转变职能，深化单项体育协会改革，管办分离，提高公共服务能力。水上运动、冰雪运动、航空运动和山地户外运动，四大新兴领域成为实现体育产业“十三五”目标的关键。

图 14.31　2017 年中国体育人口规模、构成及消费现状

"+"表示人口规模超过

《体育产业发展"十三五"规划》中提出，"十三五"期间要实现产业总量进一步增长，体育产业总规模超过 3 万亿元，产业增加值占 GDP 的比重达到 1.0%；产业体系进一步完善，体育服务业增加值占比超过 30%。

2）产业发展特征

近几年，随着互联网与各行各业的融合日渐加深，互联网体育发展迅速。互联网给体育服务行业带来重大变革，诞生出更多新型的体育服务模式，促使体育用户群体产生更多商业价值点，为进一步提升体育服务的占比提供了新的发展模式。

体育赛事 IP 成为重点发展方向。苏宁、腾讯、新浪等企业纷纷布局体育产业，购买国际著名赛事的版权，获得体育爱好者的欢迎。自主商业赛事也慢慢发展起来，如昆仑决，这是中国首个体育赛事版权国际输出的成功案例。商业版图涵盖赛事运营、场馆、俱乐部、游戏和线上社区等。另外，中国乒乓球队联手腾讯体育将国乒直通赛打造成"地表最强 12 人"赛，是传统精品赛事 + 互联网时尚化包装的成功案例。充分利用赛事 IP 价值，能够推动体育产业跨界发展。

电子竞技成为数字与体育结合的新兴领域，发展十分迅速，电子竞技赛事数量迅速提升，电子竞技直播快速兴起，移动电子竞技也开始逐渐兴起。电子竞技存在 IP 培养快、变现周期短、用户规模大、潜在需求大、用户黏性强等特点，但同时存在社会认可度低、知识产权意识弱、赛事体系未成熟、缺少专业人才、用户消费力待提升等问题。

在大众健身领域，2016 年包括马拉松、越野跑、趣味跑等各种路跑赛事大幅度增加，参与运动健身的人数也不断增多。跑步、骑行等运动形式具有广泛的群众基础，商业化的潜力十分巨大（图 14.32 和图 14.33）。

近年来，随着经济稳步增长，体育与科技、文化、医疗、养老和会展等相关行业日益融合，体育产业的内涵和外延不断地丰富和拓展，体育服务贸易、体育康复等新型业态层出不穷。体育产业正体现出多面性、混合性和包容性等特点。其中，体

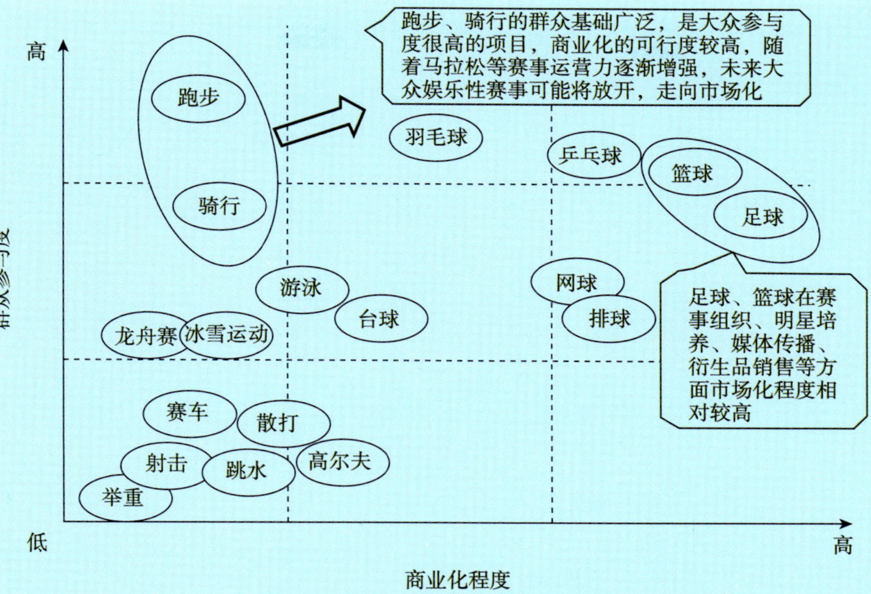

图 14.32 中国体育项目商业化程度与群众参与度分布图

育旅游是未来发展的重要方向，随着国内优质赛事不断增加，观赛旅游和参赛旅游的用户需求也不断上升，加上大众赛事的兴起以及户外休闲体育活动的类型不断增多，以体育为主要特色的旅游形式受到大家的喜爱。

4. 时尚服饰业

“十二五”期间中国服装产业迅速增长，2016 年实现 2 735 亿美元的服装零售额。2012 ～ 2016 年，中国的服装零售市场以 6.1% 的复合年均增长率快速扩张，预计到 2021 年市场规模将达到 3 407 亿美元，同期的复合年均增长率为 4.5%。2016 年，运动服及户外服、内衣与起居服分别取得 143 亿美元、307 亿美元和 115 亿美元的零售额，预计 2017 ～ 2021 年将以 9.0%、6.1% 及 5.8% 的复合年均增长率强劲增长，到 2021 年市场规模将分别达到 219 亿美元、413 亿美元及 152 亿美元。中国服装与时尚市场的四大销售渠道为购物中心、百货公司、专卖店及网上平台。Analysys 易观发布的《中国 B2C 市场季度监测分析 2017 年第 2 季度》数据显示，2017 年第二季度，中国 B2C 市场服装交易规模达到 3 077.4 亿元，同比增长 47.3%（图 14.34）。

服装与时尚产业价值链条包括纺织相关技术研发、原料处理、产品设计、加工生产和成品销售等主要过程。据行业统计，全球服装与时尚价值链条上的利润分配比例如下：设计研发占 40%，营销占 50%，生产占 10%。从比例来看，数字创意所在的设计研发处于服装与时尚价值链的高端，加强数字创意设计的发展对中国服装与时尚行业来说至关重要，因为目前中国的服装与时尚行业还未真正进入国际市场竞争中，目前中国服装与时尚行业主要还是以 OEM 或是模仿跟随为主要生存方式。

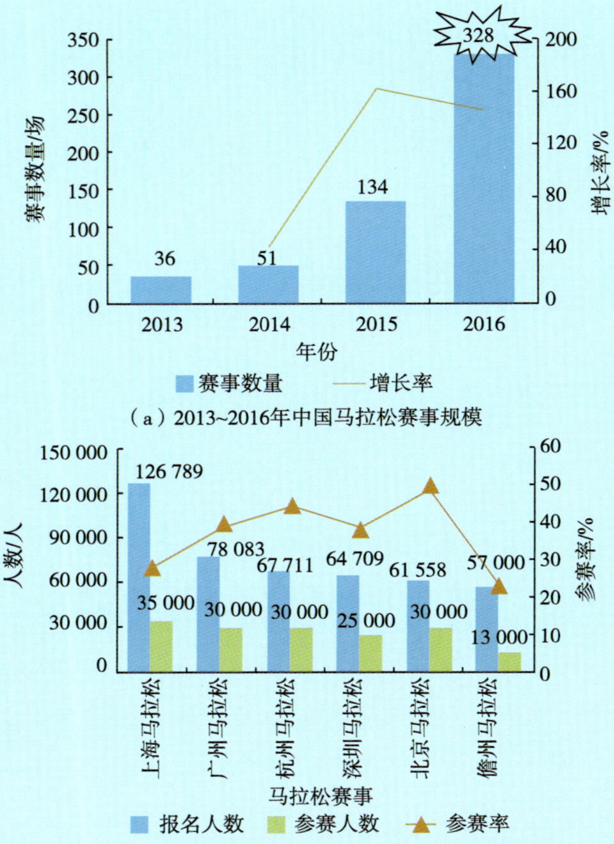

（a）2013~2016年中国马拉松赛事规模

（b）2015年国内马拉松赛事报名与参赛人数对比

图 14.33　2013 ～ 2016 年中国马拉松赛事规模

部分成长起来的品牌生产商以代工厂经营自有品牌（open book management，OBM），如美斯特•邦威、森马、雅戈尔和彬彬等品牌，虽然在国内市场控制服装价值链，但是与全球价值链存在较大差距。

服装与时尚产业链是消费者驱动型的。近年来，中国互联网电商的快速发展为服装与时尚产业带来了新的契机，越来越多的自主品牌、独立设计师通过创新研发 + 互联网的方式快速成长，如韩都衣舍、361 度等。

1）新趋势及典型技术、企业

2016 年 9 月 28 日工信部正式发布了《纺织工业“十三五”发展规划》，中国服装行业正式迈进智能化、数字化的转型进程。中国服装与时尚产业通过融入数字创意，实现了迅速增长，主要呈现以下四个趋势。

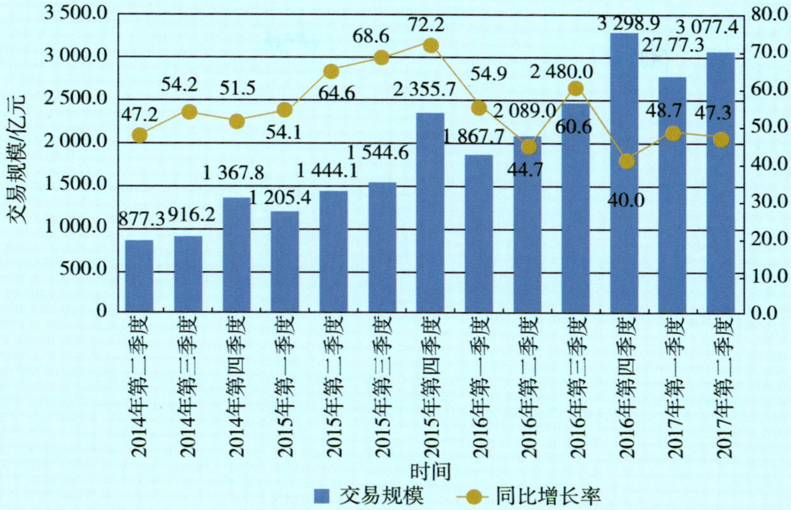

图 14.34　2014 年第二季度至 2017 年第二季度中国 B2C 市场服装服饰品类交易规模

资料来源：Analysys 易观《中国 B2C 市场季度监测分析 2017 年第 2 季度》

（1）个性化柔性制造：数字高级时装定制。个性定制正在颠覆千篇一律的同质化产品，推动整个产业生产方式、交换方式的革命性变革。有数据显示，2016 年我国私人定制服装市场规模为 1 022 亿元，预计 2020 年将达到 2 000 亿元。新的数字高级时装定制是利用手机 APP 中的追踪技术来根据用户所处的位置、活动、当地天气等信息设计出最合适的衣服，也能根据用户的生活方式和喜好，为他们定制服装。服装生产中的人体测量、体型分析、款式选择、服装设计、服装定购和服装生产等各个环节都要依赖数据分析。

（2）服装时尚产业智能制造工程。服装产品数据管理（product data management，PDM）系统，实现了对版型的服装 CAD（computer aided design，即计算机辅助设计）文件数字化、工艺开发数字化、版单开发数字化管理，携助产品的制版、工艺、版单的信息处理与管理，使服装产业制造工程全面智能化，以数字信息化为手段，整合并优化产业链，全面提升企业的综合竞争实力，以此带动整个产业的升级。

（3）“互联网＋智能制造＋智慧物流”引领个性定制新风潮。目前，“智能化转型”成为服装行业追求的新方案。通过“互联网＋智能制造＋智慧物流”的无缝连接闭环，打通服装行业智能制造的完整链条，引领个性定制新风潮。以往需要量体师手工测量的三维数据，现在只需在 3D 智能扫描仪上站一下，两秒钟便可以收集人体 200 多项数据，而且量体地点可根据实际位置就近选择。更加方便的是，顾客可自行选择线上或者线下试衣。通过 3D 人模，魔镜试衣系统可以展示各种款式衣服穿在顾客身上的效果。尤其值得一提的是，该“智能化转型”所生成的方案都建立在海量的数据基础之上，根据测量识别的体型、脸型、肤色等特征，自动检索出适合消费者的搭配风格，款式数据和工艺数据囊括了各种流行元素，能满足消费者自我设计，99.9% 覆盖个性化需求。

（4）数字化高科技让线上交易形态深度虚拟化。阿里巴巴在 2016 年推出全新购物方式，即 Buy+，Buy+ 使用 VR 技术，利用计算机图形系统和辅助传感器，生成可交互的三维购物环境。Buy+ 将突破时间和空间的限制，真正实现各地商场随意逛，各类商品随便试，使消费者以虚拟的方式购得实物，提升消费者在网络购物上的现实体验感。这一购物方式的出现，使服装创意产业线上的交易形态越来越虚拟化。

2）新的商业模式及国内本领域的发展状况

“新零售”的核心要义在于推动线上与线下的一体化进程，其关键在于使线上的互联网力量和线下的实体店终端形成真正意义上的合力，从而完成电商平台和实体零售店面在商业维度上的优化升级。同时，促使价格消费时代向价值消费时代全面转型。在新零售时代，企业将以实体门店、电子商务、移动互联网为核心，通过融合线上线下，实现商品、会员、交易、营销等数据的共融互通，将向顾客提供跨渠道、无缝化体验。而随着智能化购物设备的普及，新零售时代的店铺将融入更多的科技元素，实现门店数字化与智能化改造终端，智能终端取代旧式的货架货柜，延展店铺时空，构建更加丰富多样的消费场景。

大数据时代的精准研发与营销。“单品全程运营体系”，是指每一款产品从设计、生产到销售都以“产品小组”为核心，企划、摄影、生产、营销、客服和物流等相关业务环节配合，全程数据化、精细化的运营管理系统，“多款少量，以销定产”，最大限度地发挥互联网的优势，建立了“款式多，更新快，性价比高”的竞争优势，也有效地解决了服装行业最为头痛的库存问题，可以保证以极高的性价比给顾客提供更多的商品选择。山东韩都衣舍电商集团创立于 2006 年，是中国最大的互联网品牌生态运营集团之一。韩都衣舍电商集团凭借“款式多，更新快，性价比高”的产品理念，深得消费者的喜爱和信赖。2016 年 7 月韩都衣舍获批成为互联网服饰品牌第一股，旗下运营了 70 个自由品牌，满足各类人群的不同需求。

14.3 数字创意产业发展态势

《“十三五”国家战略性新兴产业发展规划》提出以数字技术和先进理念推动文化创意与创新设计等产业加快发展，促进文化科技深度融合、相关产业相互渗透，创造引领新消费。该规划同时提出了促进数字创意产业蓬勃发展的三项重大工程，主要包括数字文化创意技术装备创新提升工程、数字内容创新发展工程和创新设计发展工程。力争到 2020 年，形成文化引领、技术先进、链条完整的数字创意产业发展格局[11]。

数字文化创意技术装备创新提升工程的主要内容包括以下几点：以企业为主体、产学研用相结合，构建数字文化创意产业创新平台；加强基础技术研发，大力发展VR、AR、互动影视等新型软硬件产品，促进相关内容开发；完善数字文化创意产业技术与服务标准体系，推动手机（移动终端）动漫、影视传媒等领域标准体系广泛应用；建立文物数字化保护和传承利用、智慧博物馆、超高清内容制作传输等标准；完善数字创意“双创”服务体系。

数字内容创新发展工程的主要内容包括以下几点：依托先进数字创意技术，推动实施文化创意产品扶持计划和“互联网+”中华文明行动计划，支持推广一批数字文化遗产精品，打造一批优秀数字文化创意产品，建设数字文化资源平台，实现文化创意资源的智能检索、开发利用和推广普及，拓展传播渠道，引导形成产业链。

创新设计发展工程的主要内容包括以下几点：制定实施制造业创新设计行动纲要，建设一批国家级工业设计中心，建设一批具有国际影响力的工业设计集聚区；建设增材制造等领域设计大数据平台与知识库，促进数据共享和供需对接；通过发展创业投资、政府购买服务、众筹试点等多种模式促进创新设计成果转化。

国家信息中心数据显示，在数字创意产业主要领域，从投资类型上来看，有146笔投在数字创意技术和装备上，495笔投在数字创意内容创作上，49笔投在创意设计服务上，169笔投在外围融合发展产业上，可以看出，数字创意内容创作是数字创意产业的投资核心，但对比2016年上半年、2016年下半年、2017上半年的上述四部分比例变化发现，内容创作和创意设计服务的份额都有显著上升，潜力巨大（图14.35）。在数字创意产业投资内部结构变化方面，我国创意设计和数字创意内容领域投资规模出现了上升，数字创意技术和装备领域投资规模出现了下降，其中数字创意内容创作领域占据了投资额的绝大多数（图14.36）。

14.3.1　数字文化创意技术装备创新提升与应用情况

在数字文化创意产业发展进程中，文化与科技的关系越来越密切，科技为文化产业的发展提供了支撑，并且不断催生出数字文化创意产业的新业态。加强内容和技术装备协同创新，提升创作生产技术装备水平，增强传播服务技术装备水平，对数字创意产业的发展将起到极大的促进作用。国家信息中心数据显示，数字化处理技术、AR/VR、影视娱乐设备、创意软件开发等数字技术和装备的投资旗鼓相当，都有很好的发展。其中，对AR/VR的投资在2017年上半年有所下降，头次轮次也主要集中在A轮和B轮，可见，投资市场对AR/VR的发展仍处于观望状态（图14.37）。

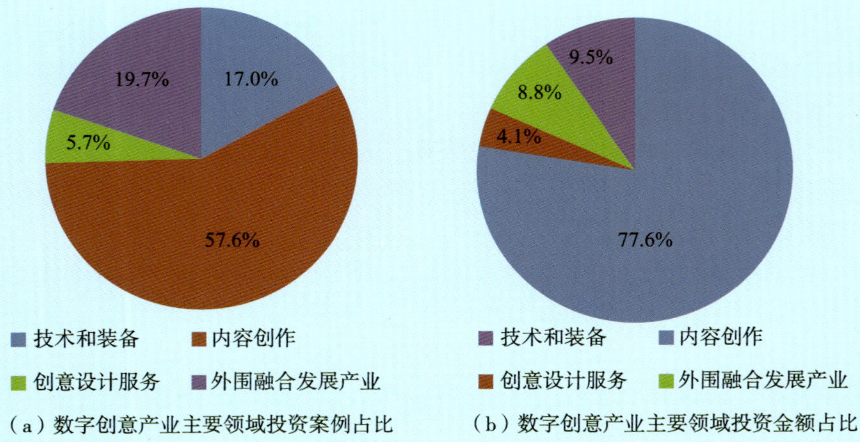

图 14.35 数字创意产业投资案例占比和投资金额占比

资料来源：根据国家信息中心发布的《数字创意产业投资热点》重新生成

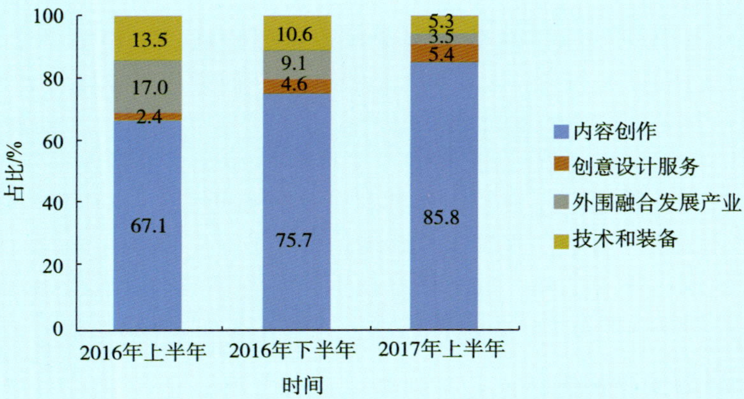

图 14.36 数字创意产业投资内部结构变化

资料来源：根据国家信息中心发布的《数字创意产业投资热点》重新生成

1. G20杭州峰会文艺演出3D全息投影技术创新应用

全息投影是一种虚拟成像技术，第一步是利用干涉原理记录物体光波信息，此即拍摄过程；第二步是利用衍射原理再现物体光波信息，这是成像过程，通过这两项过程，能再现物体真实的三维图像，不仅可以产生立体的空中幻像，还可以使幻像与表演者产生互动，一起完成表演，产生令人震撼的演出效果。G20 杭州峰会文艺演出“最忆是杭州”，通过大量 3D 全息投影技术创新应用，展现出如诗如画的壮观视觉感受。

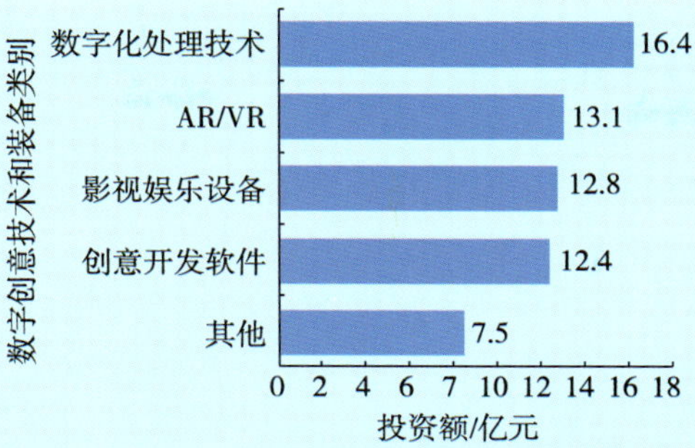

（a）数字创意技术和装备投资额

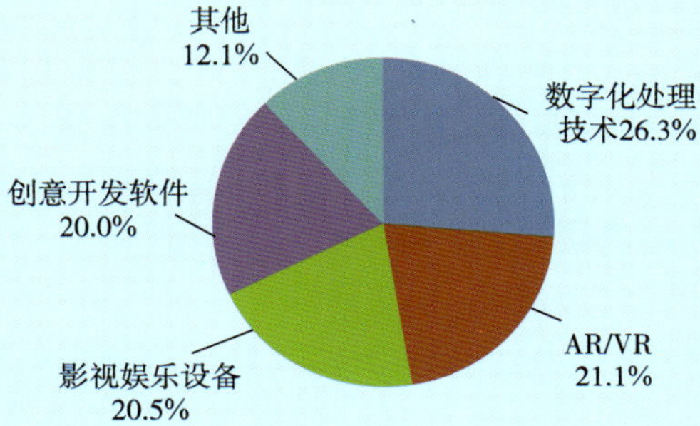

（b）数字创意技术和装备投资额分布

图 14.37　数字创意技术和装备投资额及分布

资料来源：由国家信息中心发布的《数字创意产业投资热点》重新生成

2. VR/AR技术不断发展

自 2014 年 Facebook 以 20 亿美元收购 Oculus 开启全球 VR 时代，Oculus、索尼、HTC 已成为 VR 三大巨头厂商，中国市场也紧随其后，在众多产业资本积极涌入的情况下，国内 VR 产业热度已仅次于美国。目前，国内暴风魔镜、乐相科技、3Glasses 等均有代表产品发售，其中，2016 年 1 月 21 日暴风魔镜宣布 2.3 亿元 B 轮融资，融资完成后估值已达 14.3 亿元，成为国内目前估值最高的 VR 公司。在 2017 年的国际消费类电子产品展览会（international consumer electronics show，CES）上，国内 VR/AR 产品——联想第二代 AR 眼镜、华为 VR 产品、0glass Pro 开发者版、HTC Vive 无线套件 TPcast 一并亮相，引发业界关注。

2016 年 8 月，工信部电子科学技术情报研究所发布的《2016 全球虚拟现实产业研究报告》显示，当前 VR 产业技术发展存在五个问题：屏幕清晰度不够产生的颗粒感、画面延迟导致的眩晕感等问题直接影响用户的实际体验；VR 内容制作缓慢严重阻碍了 VR 的全面普及；VR 设备对配套终端性能要求较高限制了 VR 技术的规模化应用；VR 相关标准缺失增加产品适配难度；在大量关键技术难题尚未攻克的前提下，由于行业过度鼓吹，在一定程度上透支了产业的生命力。当前 VR/AR 产业三维引擎技术快速发展，图形图像处理工具日益丰富，开放平台和操作系统也在逐步发力。在硬件逐渐成熟的基础上，VR 内容创作和人工智能技术研发将是未来的发力点。

而从政策层面，国家也对 VR/AR 新技术给予了极大的支持和认可。2017 年 1 月 15 日，中共中央办公厅和国务院办公厅印发《关于促进移动互联网健康有序发展的意见》，将 AR 列入中国实现核心技术系统性突破的重要目标之一，要求加紧 VR、AR 在内的关键技术布局，尽快实现部分前沿技术、颠覆性技术在全球率先取得突破。

3. 4K超高清行业技术标准即将颁布

4K 超高清行业主要涉及 HDR、3D Audio 两项核心技术。HDR 技术目前已对非线性变换曲线、元数据定义、传输编码方法及终端接口及参数定义等核心内容形成了国际标准，一些国际知名厂商也已经推出了商用设备，已有国家开始试运行相关系统，但总体而言尚未形成成熟完备的产业链。3D Audio 技术发展情况针对渲染算法、元数据、制作环境部署方式、编解码算法等核心技术已形成国际标准，并已有系统级商用产品推出，已有国家开始试点运行，但总体而言尚未形成成熟完备的产业链。

我国关于 HDR 和 3D Audio 的技术标准已经开始制定，但是尚未有 4K 超高清商用产品投入市场。超高清技术的应用前期需投入较高的成本进行研发等工作，由于目前国内在 HDR、3D Audio 方面尚无技术标准和成型解决方案，因此国内市场规模较低，整体处于技术准备阶段。随着 2017 年国内 HDR 和 3D Audio 标准的颁布，产业技术准备即将完成，超高清将在 2017 ～ 2018 年迎来大规模发展机会，预计将成为我国传媒行业“十三五”期间的重要增长点。

4. 文化科技融合项目顺利实施

“文化 + 科技”已成为当前文化建设的一大亮点和重要的前进方向，促进文化与科技融合发展也成为文化创意和内容生产的新途径。2017 年，国家文化科技提升计划、国家文化创新工程两大类共 18 个项目通过文化部文化科技司验收，一批具有前瞻性、全局性和引领性的重大文化科技融合项目的科研工作已经基本完成，即将进入落地阶段，为支撑、提升和引领文化发展提供新的典范与样本。

例如，国家文化创新工程项目“丝绸织锦文化创意与工艺创新及示范推广”，力图搭建一个现代织锦文化创意产品的研发平台，在织锦的工艺技术、形式内容、传播手段与商业模式方面进行创新实践。改进传统织锦工艺，以及运用现代数码仿真彩色丝织技术，丰富织锦艺术的表现力和产品品质。利用互联网技术手段，改变传统的织锦商业模式，将生产既定规格和题材产品，转变为为客户提供个性化定制、数字化制造的现代文化商品创作平台。该项目首次实现了中国传统织锦的数字化设计与制作，使传统工艺在新的社会历史环境与数字创意技术手段下获得有效发展，织锦工艺的技术水平也达到甚至超过了国际先进水平，为弘扬我国优秀传统工艺，实现传统工艺美术设计转型和升级探索了有效的路径。

14.3.2　数字内容创新发展实施情况

数字内容是信息时代文化、创意、信息多内容融合的交叉领域。实施数字内容创新发展工程，对国家经济、社会、文化持续健康发展具有重大的战略意义。在经济层面，创新发展数字内容领域是国家供给侧结构性改革的重要抓手，将为国家经济发展提供新动力。数字内容本身不仅对经济的直接贡献不小，对经济的辐射价值更是巨大。在文化层面，数字内容产业与文化产业具有天然的联系，一方面，通过对传统文化的挖掘、提炼，有助于传统文化的进一步开发和利用；另一方面，通过创新创意对科技和文化进行有效融合，形成新时代背景下的文化创新。在社会层面，数字内容是群众娱乐生活的主要构成部分，与人们的生活具有紧密的联系。优质的数字内容供给能够很好地引导人们的审美、趣味，形成良好的社会氛围，具有十分重大的社会价值。

在数字内容创作投资领域，国家信息中心数据显示，在数字内容的所有细分领域中，直播、内容资讯和媒体、影视制作分别以 167.2 亿元、93.1 亿元与 69.8 亿元成为获得投资金额最高的三个领域。而在所有投资领域中，对直播的投资占比遥遥领先，达到了 4.5 亿美元，并且主要集中在 B 轮和 C 轮，可以说，直播行业已经进入一个比较成熟的阶段（图 14.38）。

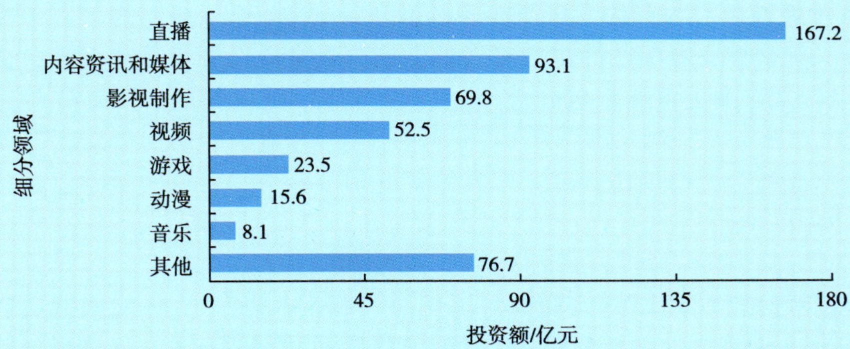

图 14.38　数字内容创作投资额

资料来源：根据国家信息中心发布的《数字创意产业投资热点》重新生成

在国家政策层面，国家出台了一系列基金和工程，支持文化内容创作，包括国家出版基金、国家艺术基金以及《中国历代绘画大系》编撰出版工程、故宫端门数字博物馆工程等。

国家出版基金设立于 2007 年，是继国家自然科学基金、国家社会科学基金之后国家设立的第三大基金。国家出版基金由国家出版基金管理委员会负责管理。自 2008 年实施以来，国家出版基金投资逐年增加，2014 年规模已达 4.5 亿元，累计投入达 19 亿元，资助出版具有文化传承与积淀价值的图书 1 200 余项。

国家艺术基金于2013年12月30日正式成立，是中央财政拨款，同时依法接受自然人、法人或者其他组织的捐赠的一项公益性基金。文化部原部长蔡武任国家艺术基金理事会首任理事长。国家艺术基金旨在繁荣艺术创作，培养艺术人才，打造和推广精品力作，推进艺术事业健康发展。

《中国历代绘画大系》编撰出版工程作为国家重大文化工程、国家出版基金项目和浙江省文化研究工程，收录国内外210余家文博机构收藏的自战国至清代共约11 600余件绘画作品，是现代海内外中国历代名画收集最全面、制作最精美、规模最浩大的，集鉴赏性、学术性和收藏性于一体的高端艺术出版物。《中国历代绘画大系》项目已先后出版了《宋画全集》和《元画全集》，取得了一流的社会效益和经济效益[12]。

故宫端门数字博物馆已于2015年12月22日开馆试运行。公众可登录故宫博物院官方网站预约报名，不用“进宫”也能欣赏紫禁城全貌。故宫端门数字博物馆位于端门城楼展厅，是古代建筑、馆藏文物与数字创意技术相结合的新型数字展厅。

数字内容产业同样是企业追逐的热点和风口。百度、腾讯、阿里巴巴也纷纷布局内容产业，瓜分市场。

百度提出2017年将累计向内容生产者分成100亿元，所有个人和机构内容生产者都可以入驻百家号，参与百亿元分润。个人和机构都可以成为百家号作者，百亿分润计划中的100亿元分润将完全分配给百家号作者，已经开始的分成方式包括两种：第一种是原生广告分成，目前在手机百度资讯流以及百家号内容页中都有不少原生广告，百家号作者生产的内容将会根据其分发量以及阅读量等流量数据获得原生广告分成；第二种是联盟广告分成，这部分广告模式也是百度非常成熟的变现模式。

阿里巴巴旗下UC在北京召开UC订阅号“W+”量子计划发布会，宣布投入10亿元专项扶优基金，以创作奖金、广告分成两种形式对平台订阅号予以扶持，总体人数不设上限。每个自然月内，优秀创作者将获得“万元创作奖金”；并以星级评定为基础，创作者有机会获得最高达3倍的广告分成。

腾讯发布芒种计划2.0，宣布给自媒体内容创作者提供12亿元的资金扶持，其中包括10亿元的现金补贴和首期2亿元的内容投资资金。2016年，腾讯公司正式启动“芒种计划”，对坚守原创、深耕优质内容的媒体和自媒体给予了2亿元的资金扶持，为媒体和自媒体营造良好的内容创作生态圈。

14.3.3 创新设计发展实施情况

在数字创意产业各个领域，正逐步强化创新设计的引领作用。推动建设贯穿产业链的研发设计服务体系，不断深化创新设计在企业战略、产品合规、品牌策划、绿色发展等方面的作用。探索发展众包设计、用户参与设计、云设计、协同设计等新型模式，增强自主创新设计能力。推动创新设计在产品、系统、工艺流程和服务等领域的应用，强化创新设计对数字创意产业的服务支撑。引导数字创意企业加大对创新设计的投入和应用，带动产学研用协同创新。鼓励竞争性领域优势企业建立独立设计机构，加快培育第三方设计企业，面向制造业、服务业、城乡建设等领域开展专业化和高端化服务[13]。

1. 中国创新设计产业战略联盟成立

为了汇聚中国产学研、媒用金各方力量，提升创新设计能力，2014 年 10 月 11 日，中国创新设计产业战略联盟在杭州成立，联盟依托浙江大学，两院院士路甬祥任会长、中国工程院院士潘云鹤任理事长兼副会长。联盟下设中国创新设计大会工作委员会、中国好设计工作委员会、中国创新设计大数据工作委员会、中国设计教育工作委员会、中国设计竞争力工作委员会等专家工作委员会（图 14.39）。近年来，相继成立了海上丝绸之路创新设计产业联盟、丝绸之路创新设计产业联盟、长江经济带创新设计产业联盟、京津冀经济区创新设计产业联盟等区域及行业联盟。联盟成立后积极促进以企业为主体、市场为导向、产学研结合、媒用金协同，适应全球知识网络时代的中国创新设计体系与人才队伍建设；促进交流合作，激发提升中国人的想象力和创造力，吸纳汇聚全球创新设计资源，激励创造更好更多的“中国好设计”，促进形成若干各具特色的“创新设计之都”；促进支持中国制造向中国创造转变，提升中国制造的质量和效益，为传统产业、新兴产业、现代农业、现代服务业、公共和国防安全提供知识网络时代的绿色智能装备与优质服务；提升资源能源利用率，优化资源能源和材料产业结构，从源头保护生态环境，提升可持续发展能力；提升适应和引领全球市场多样化、个性化、定制式设计制造服务的能力，提升中国制造、中国品牌在全球产业链的地位、竞争力和附加值。

图 14.39　中国创新设计产业战略联盟成立
资料来源：http://www.idachina.org/index.php

2. 服务型制造三年行动计划开始实施

服务型制造，是制造与服务融合共生发展的新型产业形态，是制造业转型升级的重要方向。制造企业通过创新优化生产组织形式、运营管理方式和商业发展模式，不断增加服务要素在投入和产出中的比重，从以加工组装为主向“服务 + 制造”转型，从单纯出售产品向出售“产品 + 服务”转变，有利于延伸和提升价值链，提高全要素生产率、产品附加值和市场占有率。

2016 年 7 月 26 日，工信部联合国家发改委与中国工程院共同发布《发展服务型制造专项行动指南》，提出到 2018 年基本实现与制造强国战略进程相适应的服务型制造发展格局。该指南提出了四大行动，分别是设计服务提升行动、制造效能提升行动、客户价值提升行动和服务模式创新行动。其中，设计服务提升行动聚焦前端的研发设计等环节，主要包括创新设计和定制化服务；服务模式创新行动则是一项开放式的行动，着力引导制造业企业以其核心生产要素为基础，创新服务模式，在更大范围整合金融、人才和技术资本，提供更加系统、更加专业的“产品 + 服务”，打造市场竞争新优势。创新设计能力的提升，已经成为发展服务型制造的重中之重（图 14.40）。

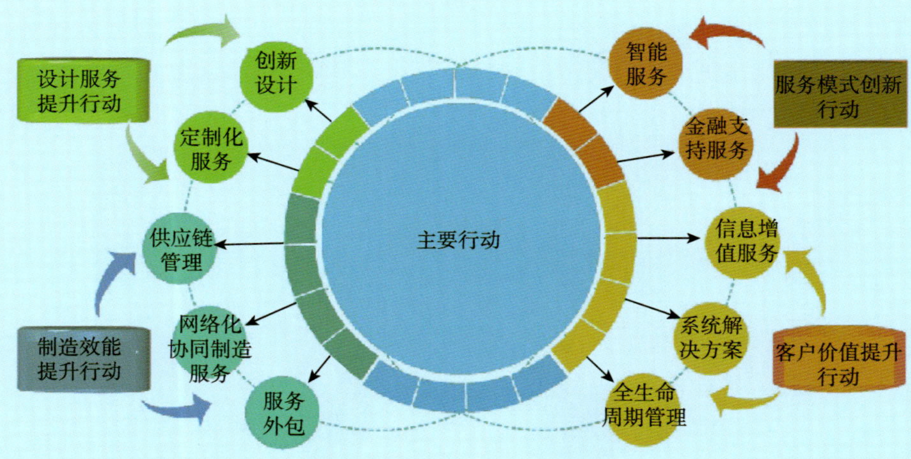

图 14.40 《发展服务型制造专项行动指南》主要行动

资料来源：http://www.miit.gov.cn/n1146290/n4388791/c5166428/content.html

《发展服务型制造专项行动指南》提出到 2018 年基本实现与制造强国战略进程相适应的服务型制造发展格局，这一格局意味着创新设计引领作用进一步增强、协同融合发展水平进一步提高、网络化服务支撑能力进一步拓展。具体来看，有一系列量化指标，包括要培育 50 家服务能力强、行业影响大的示范企业；支持 100 项服务水平高、带动作用好的示范项目；建设50个功能完备、运转高效的公共服务平台；遴选5个服务特色鲜明、配套体系健全的示范城市。

3. 国家级工业设计中心认定

为加快我国工业设计发展，推动生产性服务业与现代制造业融合，促进工业转型升级，提升我国企业创新设计能力，工信部自2013年起开展国家级工业设计中心认定工作。经认定的国家工业设计中心拥有较强的创新能力和较高的研究开发投入，工业设计人才队伍素质较高，工业设计服务水平在行业中处于领先地位。2013年和2015年共认定国家级工业设计中心64家，包括49家企业工业设计中心和15家工业设计企业。

4. 全国特色小镇建设及城市设计

2016年，《住房城乡建设部　国家发展改革委　财政部关于开展特色小镇培育工作的通知》提出，“到2020年，培育1 000个左右各具特色、富有活力的休闲旅游、商贸物流、现代制造、教育科技、传统文化、美丽宜居等特色小镇”。目前，已经公布和认定了第一批与第二批共计403个全国特色小镇，其中，有许多特色小镇与数字创意产业直接相关。

2017年7月，住房和城乡建设部印发《关于将上海等37个城市列为第二批城市设计试点城市的通知》，继北京等第一批20个试点城市之后，又将上海等37个城市列为第二批城市设计试点城市。住房和城乡建设部在通知中要求试点城市探索建立有利于塑造城市特色的管理制度，因地制宜地开展城市设计；坚持问题导向，使用信息化等新技术，做有用实用的城市设计；划定城市成长坐标，保护城市历史格局，延续城市文脉；结合“城市双修”，开展城市设计，推动城市转型发展。

14.4　发展数字创意产业的机遇与挑战

14.4.1　面临的主要挑战与发展瓶颈

1. 中国传统文化资源数字化程度较低

20世纪90年代以来，随着数字创意技术的突飞猛进，中国优秀传统文化的数字化储备、保护和传播逐步升温。当前，中国传统文化资源数字化程度还处于一个较低的水平。作为一个古老的文明古国，中国具有丰富的传统文化资源，这些传统文化资源已成为文化创意和内容生产的优良土壤。数字化技术可以使传统文化资源“活起来”，是建设当下中国文化“软实力”的根基，更是实现中华民族伟大复兴的动力源泉之一。

2. 科技研发与应用水平与产业发展需求尚有较大差距

一些新兴的人工智能、VR/AR 等技术已有一定的发展，在部分领域也有不错的应用，但在数字创意产业领域的应用相对不足。

3. 数字内容文化品位不高

文化市场和大众传媒的新发展给我们带来了文化生活的很多可喜的变化。但有些新媒体在经济利益的驱动下，生产、销售品味低下的文化产品，自媒体内容质量良莠不齐，需要提升内容品质和品味。数字出版产品内容整体水平有待提升，数字教育出版精品内容资源匮乏、网络文学精品原创内容整体水平偏低，核心竞争力有待进一步加强。

4. 数字版权保护不力

随着互联网的发展，版权中数字版权的占比逐渐提升。在海量的互联网信息中，数字产品确权难、发现侵权难、维权难，成为数字版权面临的三大难题，并且会对数字版权的发展产生破坏性影响。数字出版是我国出版行业的发展趋势，在数字化的背景下，如何保护我国数字出版版权是亟待解决的问题。

5. 文化产业发展体制机制障碍

近十年来，文化产业的发展势头很好，取得了显著成绩，但是也存在“小”“散”“弱”等突出问题，问题的背后是制约文化产业发展的观念和体制机制性障碍。具体而言，这些障碍主要有以下七个方面：一是各级领导对文化产业发展重视不够造成的观念性障碍；二是政策和法规体系不完善带来的保障性障碍；三是人才培养引进使用方面的制约造成的人才空缺性障碍；四是创新意识缺乏导致的创新性障碍；五是融资渠道不通畅导致的资金供应性障碍；六是文化管理体制方面存在的体制性障碍；七是文化资源利用方面存在的僵化性障碍。

就具体产业来讲，VR 产业存在内容短板：VR 内容稀缺、制作成本过高，内容呈现方式多样，没有统一标准，各类 VR 设备之间还无法实现互联互通，成为制约 VR 产业大规模应用的关键因素；同时 VR 内容数据量庞大，给实时网络传输带来新挑战；动漫与游戏产业高质量、高水准动漫游戏 IP 创意作品与创意人才缺乏；高等院校动漫游戏复合型创意人才培养规格缺位、复合型毕业生缺乏；动漫游戏开发硬件技术、软件技术及终端消费硬件技术与系统软件、主流应用软件技术掌握在国外企业手中，国内只能实施跟随式迈进；数字版权缺失，数字内容创意盗版问题比较严重；内容付费消费市场有待进一步培育、扶持和引导。

6. 市场运营能力仍有较大提升空间，复合型人才相对短缺

以数字出版业为例，数字出版产业是随着信息技术的发展而新兴起的行业领域，

但其行业本质仍然是内容的出版。然而很多出版企业都是相对传统的企业，在当今信息化的大背景下，诸多传统出版领域企业表现出数字化转型升级和市场运营能力不足。为使数字出版行业健康有序发展，既要发挥传统出版业内容方面的优势，又要加强信息时代复合型人才的培育，以提升数字出版业的市场运营能力。

14.4.2　数字创意产业发展的机遇

数字创意产业能够有效促进应用技术和终端设备的优化更新，为创作者提供更加优越的创作环境和使用工具，借助数字创意技术手段挖掘我国优秀文化资源，有效帮助我国媒体行业进一步向移动化、内容化、智能化和融合化的方向发展，并与动漫、游戏、VR/AR、玩具、服饰等其他行业形成有效联动，为我国打造泛娱乐产业链，加速产业融合发展，起到不可或缺的推动作用。

（1）产业政策驱动：数字创意产业是绿色、环保、低碳、科技的战略性新兴产业，具有经济价值高、带动就业的能力突出等特点，近年来国家越来越重视数字创意产业的发展，并持续出台一系列支持鼓励数字创意产业发展的产业政策，从国家和政策角度提高了数字创意产业发展的积极性。

当前，我国正处于经济结构转型和社会主义文化强国建设的关键时期，数字创意产业的发展前景非常广阔。

（2）经济社会发展的新趋势：信息技术的发展为经济发展和社会生活模式的发展与转变奠定了基础。近年来，数字经济和共享经济的快速发展为广大人民群众的学习、工作、生活等各个方面创造了越来越便捷的环境与条件，包括网络购物、外卖餐饮、共享单车、共享汽车、数字阅读、数字教育和网络文学等，可以说数字化、信息化已成为当下经济社会发展的大势所趋，必然为数字创意产业的发展带来持续的活力。

（3）传统产业转型升级：经过近几十年的发展，传统产业在国民经济中已占有举足轻重的地位和份额。然而，随着经济和技术的持续发展，很多传统产业发展遇到瓶颈，难以适应当今社会发展的新潮流和新需求，面临产业转型升级，而这也为数字创意产业诸多领域带来新的发展机遇，如创意设计服务与传统制造业融合创新，传统出版的数字出版转型升级，以及传统影视等内容由线下向线上创新发展等均为数字创意产业带来新的发展机会。

（4）居民文化消费持续提升：经济的发展带来了我国居民收入的不断增加，居民消费水平大幅度提升，物质消费已无法满足当前我国广大居民的需求，文化娱乐在今天显得越来越不可或缺。文化消费在居民消费中所占份额持续增加，这为包括创意设计服务、影视动漫游戏、数字出版、数字教育、网络文学、VR/AR等诸多数字创意产业的发展提供了持续的消费动力。

因此，数字创意产业的发展需要在数字文化创意技术装备、数字内容、创新设计等方面进行重点创新。

（1）技术创新，针对数字创意软硬件技术的原始创新和集成创新。鼓励地方和企业组建数字创意研究院，攻关关键技术和技术标准。

（2）内容创新，针对优质 IP 内容与二次元跨界联动的创新。激活优质创意个体和机构，以政府政策和资金扶持培育，以市场机制推动产业化运作。

（3）设计创新，以设计方法推动数字创意科技、文化、艺术等多元要素的集成创新，整合产业资源，推动创意与素材经过设计平台又快又好地转化为产业成果。

（4）融合创新，构建产学研合作平台，实施产学研协同创新项目政策与资金扶持，激励数字科技、数字内容创新成果产业化社会化平台与途径建设。

参考文献

[1] 国家信息中心 . 数字创意产业投资热点，2017.

[2] 路甬祥 . 论创新设计 . 北京：中国科学技术出版社，2017.

[3] 李景 . 消费升级拓宽发展空间——工业设计掘金千亿市场 . 经济日报，2017-03-31.

[4] Strategy Analytics. 2016 年全球智能手机利润 537 亿美元苹果独占 79.2%. http://www.199it.com/archives/570704.html，2017-03-08.

[5] 吴唯佳，吴良镛，何兴华，等 . 人居科学与乡村治理 . 城市规划，2017，41（3）：103-108.

[6] 住房城乡建设部 . 住房城乡建设部公布城市设计新试点名单 . http://www.mohurd.gov.cn/zxydt/201707/t20170725_232719.html，2017-07-25.

[7] 路甬祥 . 设计的进化与面向未来的中国创新设计 . 全球化，2014，（6）：5-13.

[8] 中国产业信息网 . 2016 年中国动漫产业市场现状及发展趋势分析 . http://www.chyxx.com/industry/201611/472820.html，2016-11-30.

[9] 中国产业信息网 . 2016 年中国益智玩具市场调研及发展规模统计 . http://www.chyxx.com/industry/201702/493679.html，2017-02-13.

[10] 国家旅游局 . 2017 年全国旅游工作报告 . http://www.cnta.gov.cn，2017-01-13.

[11] 国务院关于印发“十三五”国家战略性新兴产业发展规划的通知 . http://www.gov.cn/zhengce/content/2016-12/19/content_5150090.htm，2016-12-19.

[12] 曾福泉 .《中国历代绘画大系》工程即将“合龙”. 浙江日报，2016-12-03.

[13] 工业和信息化部 . 三部门关于印发《发展服务型制造专项行动指南》的通知 . http://www.miit.gov.cn，2016-07-26.

审稿：潘云鹤　丁文华　徐志磊

政策篇

第 15 章

我国战略性新兴产业政策“碎片化”原因及对策分析

韦结余　薛　澜　洪志生　王秀芹

【内容提要】“十二五”期间，中央和地方陆续出台了一些支持战略性新兴产业发展的政策文件，在促进战略性新兴产业快速发展的同时，也存在着政策之间相矛盾、部分政策重叠、政策体系不够完整等政策“碎片化”现象。本章首先基于传播学中“碎片化”理论的研究，通过具体产业举例分析战略性新兴产业政策“碎片化”的表现，其次分析战略性新兴产业政策“碎片化”的原因，最后提出解决战略性新兴产业政策“碎片化”的政策建议。

15.1　“碎片化”及政策“碎片化”理论

首先，政策的“碎片化”根植于政府行政管理的“碎片化”。行政管理理论，特别是韦伯的行政组织理论强调了政府的专业分工和层级制度，而各个部门出于部门利益，各自为政，导致部门之间缺乏协调，造成政府管理的“碎片化”。从社会生产分工的角度来看，亚当·斯密在《国富论》中认为分工可以极大地提高劳动生产率；从行政管理来看，古利克在《组织理论评论》（1937 年）中提出要按照目标来建立组织机构，并指出分工虽然可以提高效率，但是过度的分工容易演变为分散化，无法创造整体效益[1]。

20世纪80年代，“碎片化”首先在传播学中使用，后来被广泛应用于社会学、政治学、经济学等不同学科，其本意是指所研究领域存在问题零散、治理失效、不统一等现象。90年代以来，西方学者开始对中国经济体制进行研究，Lieberthal和Lampton用“碎片化”来描述有关中国的决策体制，认为政府各部门会根据其所在部门的利益进行政策制定或影响政策制定过程，中央各部门之间、中央和地方政府之间、各级地方政府之间通过在谈判中的争论、妥协、讨价还价，最后才制定出公共政策[2]。英国学者Dunleavy提出许多社会问题治理也存在“碎片化”现象，他认为新公共管理因为产生“碎片化”等一系列问题而已宣告结束[3]。

我国也有不少学者对政策“碎片化”问题开展过研究。叶托等把我国政府的“碎片化”分为组织价值的“碎片化”、权力和资源配置的“碎片化”以及政策过程的“碎片化”三个方面[4]。张玉强认为，政策“碎片化”作为政策系统的破坏状态，主要表现为政策内部要素的“碎片化”以及政策关系的碎片化[5]。唐兴盛认为政策“碎片化”表现为政策价值、目标、资源、政策要求与执行的内部“碎片化”以及部门政策、地方政策、部门与地方政策、先前与后续政策之间的关系“碎片化”[6]。欧秀兰对我国地方政府行政“碎片化”进行分析，她认为地方政府行政“碎片化”表现为基础设施重复建设、部门间相互扯皮推诿、上下级政府政策断裂等问题[7]。丁任重和陈姝兴对我国区域经济政策“碎片化”现象进行了研究，指出区域规划在制定和实施中存在着区域规划政策“碎片化”、普惠化、非动力化等问题[8]。张帆和薛澜从提升专业性的角度对深化公务员制度改革进行研究，提出了消除“碎片化”的政策设计[9]。

基于以上研究和我国战略性新兴产业发展的现实基础，本章认为，战略性新兴产业政策“碎片化”是政策在制定和执行过程中，中央各部门政策之间、中央政策和地方政策之间出现政策之间相矛盾、政策重叠、政策体系不够完善或缺乏配套、政策缺乏稳定性等现象，影响了政策的整体功能和执行效果。

15.2 战略性新兴产业政策“碎片化”的表现

2010年10月，国务院颁布了《国务院关于加快培育和发展战略性新兴产业的决定》，其中对战略性新兴产业的概念进行了界定并选择了节能环保、新一代信息技术等七个产业作为战略性新兴产业。2012年7月，国务院发布了《“十二五”国家战略性新兴产业发展规划》，对重点发展方向、主要任务、重大工程进行了部署。2016年11月，国务院又发布了《“十三五”国家战略性新兴产业发展规划》。“十二五”以来，我国战略性新兴产业取得快速发展，2015年，战略性新兴产业增加值占GDP的比重达8%，已经成为转方式、调结构、稳增长的重要力量。“十三五”时期，我国经济发展进入新常态，经济发展面临着转变增长方式和供给侧结构性改革的任务，大力发展战略性新兴产业，对于稳定经济增长，促进产业结构升级和转变经济发展方式，促进经济社会可持续发展具有重要意义。

同时，由于我国战略性新兴产业的发展仍处于初级阶段，新技术和新产业不断融合发展，出现了许多新业态、新模式，现行的监管体制往往不能适应新业态的发展要求，不同的监管部门又出台不同的政策，造成了战略性新兴产业的政策“碎片化”现象。综合来看，战略性新兴产业政策“碎片化”主要表现为出台政策之间矛盾，政策重叠，单一政策、缺乏配套，政策多变、缺乏稳定性、政策缺乏系统性和前瞻性等现象。

15.2.1　政策之间矛盾

在战略性新兴产业政策制定中，有些部门从自身利益出发，政策推出并不是从问题的解决途径着手，而是从部门利益、绩效考核的竞争视角来看问题，从而导致政策之间出现相矛盾的现象，主要表现在以下三个方面。

第一，中央各部门政策相矛盾。在国务院和各部委出台的政策文件中，由于职能分工和各自利益导向，出现了政策相矛盾的现象。以新能源产业为例，迄今为止，中国能源领域有四部单行法，这四部法律的出台有不同的时代背景，并且由不同的部门制定，导致不同法律之间彼此割裂，甚至有些政策相矛盾。其中，《中华人民共和国节约能源法》（1997 年制定）和《中华人民共和国可再生能源法》（2005 年制定）强调了节能减排和可再生能源的使用，而《中华人民共和国电力法》（1995 年制定）和《中华人民共和国煤炭法》（1996 年制定）可能由于制定时间较早，强调了企业的利益，并不含有节能减排的相关内容，甚至与促进能源改革和可再生能源发展等内容相冲突。现今，随着能源技术的提升和新能源的发展，中国的能源结构发生了很大的变化，因此，要不断地修正原来的法律，使能源政策能够促进中国能源新技术的发明和可再生能源的使用。

第二，中央与地方政策相矛盾。由于中央和地方都会出台一些促进战略性新兴产业发展的政策，地方往往倾向于选择短期能产生效益的研究项目，而中央往往比较强调政策的宏观性和总体性，所以各类主体之间缺乏必要的沟通与协调，并且各个地方政府自成一体、封闭运行，导致政策无法形成合力，出现了中央与地方政策相矛盾的现象。以生物医药产业为例，现阶段我国医疗用品物价审批存在中央政策和地方政策不协调的问题。按照我国现行政策，营利性医疗机构提供的医疗服务实行市场调节价，非营利性医疗机构实行政府指导价。因此出现了以下问题，如不同地区之间的物价审批各自为营，不同省市之间的政策不统一，各省市、地市级医院招标时间段不同、招标方式不同，导致中央和地方政策之间相矛盾。

第三，政策与政策环境相矛盾。有些政策的出台往往只关注政策执行的效果，而忽略了大的政策环境，导致政策的出台和政策环境相矛盾。例如，“十二五”期间在新材料领域出台的政策文件中，行业准入条件占据了大多数，一般设置生产规模、工艺、装备三道准入门槛，一方面促进了产业结构升级和节能减排，有效遏制了行业重复建设和盲目扩张，促进了产业结构转型升级；但是另一方面，这一政策也导致了鼓励垄断，限制了竞争，与政策导向中的让市场起决定性作用不相符。建议应该放低市场准入门槛，规定技术标准和产品标准，从终端市场来促进产业结构的调整。

15.2.2 政策重叠

由于战略性新兴产业处于发展的初级阶段，强调技术性和产业性，其政策与工信部、国家发改委、财政部、科技部等皆有关联。在国家强调战略性新兴产业发展战略意义的时候，各部门需要根据部门自身职责，确定出台战略性新兴产业政策，在这种情况下，政策重叠不可避免。以信息产业为例，2011 年工信部出台的《物联网“十二五”发展规划》和 2013 年国务院出台的《国务院关于推进物联网有序健康发展的指导意见》中都提到了技术突破和应用示范部分，并且对于保障措施中的统筹协调机制、发展环境和财税支持等政策内容绝大部分一致。以节能环保产业为例，国务院各部委出台的《国务院关于印发“十二五”节能环保产业发展规划的通知》、《工业节能“十二五”规划》与《国务院关于加快发展节能环保产业的意见》政策虽然一环套一环，但在支持方式、支持重点上有许多重叠。从宏观来看，从 2011 年的《关于开展节能减排财政政策综合示范工作的通知》和《国务院关于印发“十二五”节能减排综合性工作方案的通知》到《2013 年工业节能与绿色发展专项行动实施方案》，虽然有所延续，但也存在政策重叠。

15.2.3 单一政策，缺乏配套

在政策制定过程中，各个部门的政策制定往往从本部门的角度出发，新旧政策之间、各部门之间缺乏协调，没有形成很好的衔接和配套，没有形成科学合理的政策体系。以新能源的税收政策为例，现行税制中没有设计独立的新能源税种，目前对新能源产业的税收优惠主要是增值税和所得税，税收优惠范围很小，减税幅度也很低，对光伏、风能、核电等新能源和新能源技术的减税方式也较为单一，缺乏配套政策的支持，特别是缺乏需求侧政策的支持，税收的调节作用相对有限，政策效果一般。

15.2.4 政策多变，缺乏稳定性

由于战略性新兴产业大部分处于发展初期，其规律性较难把握，政策“碎片化”也表现为政策多变，缺乏稳定性和连续性，影响政策权威性和可信度。以新能源汽车产业为例，2010 年 5 月，财政部联合科技部、工信部与国家发改委出台了《私人购买新能源汽车试点财政补助资金管理暂行办法》，确定在 5 个城市启动私人购买新能源汽车补贴试点工作，其中补贴主要采取试点城市转拨补贴资金的兑付方式。2013 年 9 月，财政部等四部委联合下发了《关于继续开展新能源汽车推广应用工作的通知》，改变了补贴的方式，由中央财政将补贴资金直接拨付给企业。补贴的标准也在不断变化，2015 年 4 月，财政部出台的《关于 2016—2020 年新能源汽车推广应用财政支持政策的通知》明确表示，2017 ～ 2018 年，除燃料电池汽车外，其余车型补助标准在 2016 年基础上下降 20%，2019 ～ 2020 年补助标准在 2016 年基础上下

降40%。从中可以看出，新能源汽车的补贴形势、补贴标准等政策不断变化，政策缺乏稳定性。

15.2.5　政策缺乏系统性和前瞻性

有一些政策往往由于新情况的出现而做出的临时性对策，缺乏系统性和前瞻性，导致政策的应急反应式。以节能环保产业为例，国务院出台的《大气污染防治行动计划》规定，国务院与各省（区、市）人民政府签订大气污染防治目标责任书，将目标任务分解落实到地方人民政府和企业。作为环境治理的一个手段，地区目标责任制在一定程度上可以解决部分问题，但忽视了环境污染的外部性问题。不考虑区域外部溢出的政策注定得不到良好的治理效果。问题是，大气污染不仅是一个地方的责任更是一个大片区域的责任，除将目标分解到每个微观主体外，还需要考虑区域的协调行动，以及为达到这一协调行为所应该设计的激励机制。

15.3　战略性新兴产业政策“碎片化”的原因

战略性新兴产业之所以会出现“碎片化”，一方面是由于传统的行政管理“碎片化”；另一方面是，由于战略性新兴产业作为具有重大技术突破和以重大发展需求为基础的产业融合而出现的新兴产业，也有自己的特点。总体来看，造成战略性新兴产业政策“碎片化”的原因有以下五个方面。

15.3.1　政府定位不清

在战略性新兴产业发展过程中，由于受传统计划经济观念的影响，我国政府在产业培育发展中的定位模糊。一项政策的出台，政府既是市场监管者，又是政策的制定者，有时候也是利益相关方，三位一体，集于一身。这样从不同的定位出台了不同的政策，容易造成政策的重叠或者矛盾，出台的政策很容易失去政府作为市场监管者应有的作用，制定的政策也往往和实际脱离较大。

15.3.2　政策制定过程“碎片化”

我国的公共政策一般由政府相关部门共同参与制定，政府各部门之间通过相互博弈，最后才制定出公共政策，这个过程也会造成政策制定过程的“碎片化”。并且政策制定过程往往忽略了企业、协会、中介机构、公众等其他相关主体的利益，容易造成制定出来的政策偏于一方，缺乏客观性、稳定性。

同时，战略性新兴产业作为以重大技术突破为基础，新技术和新产业融合出现的新业态，旧的监管机制往往不能适应新产业的发展，会出现新兴产业的发展隶属于多个部门监管，从而造成令出多门、各自为政的现象。例如，“网约车”的出现，也是“互联网+”出租车所形成的新技术和市场经济的结合，这造成了和传统出租车监管上的不一致。同时，新兴产业往往涉及多个产业链，对不同部门的政策都一定的需求，也会导致政策“碎片化”的出现。

15.3.3 政策执行体系“碎片化”

首先，利益主体不一致是造成政策执行体系“碎片化”的主要原因。从政策执行的现实情况来看，主要表现在三个方面，即中央与地方、部门与部门、个人与整体利益间的矛盾。例如，目前产业政策工具（如税收优惠中的研发抵扣等）集中于中央政府，地方政府则缺乏足够的财力，很多地方政府都借助土地财政提升财力，一定程度上限制了其对新产业创新的投入。

其次，监督体制不健全也是造成执行体系“碎片化”的重要原因。在政策执行过程中，我国缺乏强有力的监督机构，也缺乏进行评价的第三方机构，当政策遇到问题时，通常通过下发文件做出相关规定，而很少关心这些政策的执行情况和可完善之处。

15.3.4 中央与地方政策目标不一致

中央与地方的政策目标不一致，也会造成出台政策之间相矛盾。中央政府推进战略性新兴产业的发展，一是战略性新兴产业不但代表了未来产业的发展方向，更是我国转变经济发展方式、调整产业结构的主要抓手，二是我国经济发展处于新常态，战略性新兴产业是稳定经济增长的重要力量。

地方政府发展战略性新兴产业的主要目的是追求地区生产总值增长、追求政绩，在发展思路上，容易采用传统的追求规模效益的世界工厂模式和以市场换技术的发展模式支持战略性新兴产业的发展。进一步，可能使得各个地方为了争夺某一发展迅速的新兴产业而投资过度，最后造成恶性竞争，以及产能的重复建设（这一点在光伏产业的发展上已经出现），从而导致地方政府容易出现偏离政策目标、滥用政策工具等现象。

15.3.5 产业链协调不一致

产业链的建立、延伸和改造，不仅有利于推动经济的发展，也促进了相关联企业的发展、业务的拓展和竞争力的增强，从而促进产业竞争力的提高。然而随着产业链的发展，产业链内部各组织为了追求自身利益最大化，激化了彼此间的矛盾，产业链不协调导致政策出台的“碎片化”现象也开始出现。战略性新兴产业由于处在发展初期，产业链不完整，各个主体之间为了追求各自的效益而出台不同的政策，也会造成政策的“碎片化”。

15.4 战略性新兴产业政策“碎片化”的对策

为了避免战略性新兴产业政策的“碎片化”，实现战略性新兴产业的健康发展，

“十三五”期间我国战略性新兴产业的政策制定，既要注重市场在资源配置中的决定性作用，又要注重政府对市场的宏观引导，还要充分考虑中央和地方的政策协调互补。同时，应该加强战略性新兴产业发展的相关立法，构建有利于战略性新兴产业发展的体制机制。

15.4.1　政策的制定要以发挥市场的决定性作用为目标

十八届三中全会提出使市场在资源配置中起决定性作用和更好地发挥政府作用。战略性新兴产业政策的制定要以发挥市场的决定性作用为目标，培育开放、公平的环境，同时，应该明确政府的服务性角色，构建有利于创新的市场环境。

首先，深化行政审批制度改革。进一步简政放权，改革行政审批管理制度，规范管理、提高效率。减少政府对资源的直接配置，根据市场规则实现效益最大化和效率最优化。市场机制能有效调节的活动，要取消行政审批。

其次，完善市场准入、完善价格机制和退出机制，使企业能够公平地进行市场竞争并自由地退出市场。实行统一的市场准入制度，通过制定技术标准，建立市场准入的技术门槛。由市场选择新兴产业的技术方向，充分发挥企业作为技术创新、产品创新的主体作用。

最后，进行监管创新。特别是对于阻碍新兴产业发展的监管机制，应该按照市场对资源配置起决定性作用的原则进行创新。一方面，现有的体制机制阻碍新兴产业发展的，要不断地进行修改、完善或创新，以适应新兴产业的发展；另一方面，新兴产业的发展需要市场监管的，要采取新的监管方式，让新兴产业的发展符合市场经济发展的规律。同时，要跳出部门利益和地方利益，让新兴产业的发展符合市场经济发展的规律，确保新兴产业的发展能够在一个开放、公平的市场环境下进行。

15.4.2　完善战略性新兴产业的法律法规

在十八届四中全会“全面推进依法治国”思想的指导下，对“十三五”期间战略性新兴产业部分领域的发展进行相关的法律完善。一方面可为战略性新兴产业发展创造良好的法律制度环境；另一方面通过立法完善有利于战略性新兴产业发展的体制机制，是“十三五”期间经济运行机制建设的重要内容。

在战略性新兴产业层面，可围绕产业创新制度环境，补充制定相关法律。建议出台能指导战略性新兴产业总体发展的法律法规，围绕战略性新兴产业的科技创新和商业模式创新，完善相应的法律法规。例如，在新一代信息技术领域，可着手关于大数据的立法与网络安全立法。在节能环保领域，要加快土壤环境保护立法，以及相关产业政策和技术标准的制定。在生物医药领域，建议制定生物产业发展规范方面的法律法规[10]。

15.4.3　建立科学合理的政策制定机制

第一，建立协同政策制定机制。政策的制定要打破传统官僚制形成的“碎片化”，就必须要构建协同政策制定机制。明确各个部门的职能职责，将重叠的政策制定部门进行整合，并且建立以职能联合为组织结构特征的政策制定机制[11]。

第二，充分发挥企业在政策制定中的作用。在政策制定过程中，企业不仅需要提出需求，而且要参与具体政策制定。同时，政策的制定应该打破原来自上而下的思路，鼓励自下而上，结合企业的实际需求，由企业和相关协会参与政策的制定，更积极地纳入企业界的建议，实现由管理型政府向服务型政府的转变。

第三，发挥行业协会的作用，建立适应新兴产业发展需要的行业协会体系。加快推进新兴产业行业协会的改革和发展，逐步建立体制完善、结构合理的行业协会体系，充分发挥行业协会在新兴产业政策制定中的重要作用。

15.4.4 政策执行的体制机制创新

政策执行是非常关键的环节，决定了政策的实际效果，应该从以下三个方面来消除政策执行的“碎片化”。一是实现公共政策执行的公开化，提高公共执行活动的透明度，提高社会对执行的认识和配合程度，加强政策执行的协调，尽量让更多的部门与人员之间相互配合和密切合作[12]。二是增强理性与法律权威，加强政策执行人员的法律和政策权威意识，避免“上有政策、下有对策”现象。三是要重视反馈控制，要根据政策的执行效果，及时进行反馈和调整，建立良好的反馈机制。

参考文献

[1] 谭海，蔡立辉．论“碎片化”政府管理模式及其改革路径——“整体型政府”的分析视角．社会科学，2010，(8)：12-18.

[2]Lieberthal K G，Lampton D M. Bureaucracy，Politics and Decision：Making in Post-Mao China . Berkeley：University of California Press，1992.

[3]Dunleavy P． Digital Era Governance：IT Corporations，the State，and E-Government．Oxford：Oxford University Press，2006.

[4] 叶托，李金珊，杨喜平．碎片化政府：理论分析与中国实际．中共宁波市委党校学报，2011，(2)：42-48.

[5] 张玉强．政策“碎片化”：表现、原因与对策研究．中共贵州省委党校学报，2014，(5)：102-109.

[6] 唐兴盛．政府“碎片化”：问题、根源与治理路径．北京行政学院学报，2014，(5)：52-56.

[7] 欧秀兰．我国地方政府行政碎片化分析．辽宁行政学院学报，2014，(5)：13-15.

[8] 丁任重，陈姝兴．大区域协调：新时期我国区域经济政策的趋向分析——兼论区域经济政策“碎片化”现象．经济学动态，2015，(5)：4-10.

[9] 张帆，薛澜．弥合碎片化的政策设计：从提升专业性的角度深化公务员制度改革．中国行政管理，2015，(12)：10-16.

[10] 洪志生，薛澜，周源．战略性新兴产业运营模式创新类型及策略研究．科技进步与对策，2015，（6）：52-58.
[11] 吴根平．地方政府公共政策执行中的失范现象及其对策．前沿，2006，（11）：181-184.
[12] 江涛．我国公共政策转型中存在的问题及其对策．政策，2004，（1）：41-42.

第 16 章

省域“十三五”战略性新兴产业发展规划对比分析

许冠南　周　源　赵丽萌　曲一璠

【内容提要】为进一步适应全球新一轮科技革命和产业变革及我国经济发展新常态，落实中央“五位一体”总体布局和“四个全面”战略布局要求，2016年11月，国务院颁布《“十三五”国家战略性新兴产业发展规划》（国发〔2016〕67号），以创新、壮大、引领为核心，紧密结合“中国制造2015”战略实施，把战略性新兴产业摆在经济社会更加突出的位置，明确了“十三五”时期我国战略性新兴产业的发展目标、发展路线图及保障措施，为“十三五”时期我国战略性新兴产业发展指明了方向。各省域亦纷纷出台省域“十三五”战略性新兴产业发展规划相关政策文件，大力推进各区域的战略性新兴产业建设。

本章通过国家发改委官方网站，各省（自治区、直辖市）人民政府官方网站、发改委官方网站等途径，搜集并梳理了我国31个省域（港澳台除外）的“十三五”期间战略性新兴产业发展规划相关政策，对比分析了各区域的重点发展产业以及重点发展方向，从而为区域战略性新兴产业发展提供建议。

16.1　省域“十三五”战略性新兴产业发展相关规划概述

截至2017年9月12日，总计30个省域发布了“十三五”战略性新兴产业发展的相关政策。其中，17个省域已正式颁布省域“十三五”战略性新兴产业发展规划，2个省域颁布了省域“十三五”战略性新兴产业发展规划征求意见稿，11个省域颁布了涉及省域“十三五”战略性新兴产业发展的类似规划，如“十三五”科技创新规划、“十三五”工业规划、“十三五”产业发展规划等。各省域“十三五”战略性新兴产业发展相关规划文件汇总如本章附件所示。

从发展目标来看，各省域“十三五”时期战略性新兴产业的发展目标主要集中在扩大产业规模、提升产业创新能力和竞争力、优化产业发展环境、发挥产业引领带动作用、形成产业发展新体系等方面。此外，部分省域结合自身产业基础和区位优势，提出多元化的发展目标。以北京、上海、广东为代表的发达地区主要以发展高精尖产业、建设具有全球影响力的科技创新中心、辐射带动更广大区域的创新发展作为发展目标；山东、福建等沿海城市提出以巩固壮大海洋高新产业为重点发展方向；河北强调与京津合作建设一批具有重要影响力的协同创新平台，推进京津冀协同发展；云南确立建设面向南亚、东南亚的经贸、科技、服务辐射中心的发展目标[1]。

从发展形势来看，各省域均将战略性新兴产业发展放在重要位置，对推动战略性新兴产业发展的迫切性和重要性达成共识，但各地面临的发展形势不尽相同。东部地区整体而言科技基础设施完备、人才资源丰富，新兴产业投资需求旺盛。例如，江苏加快推进苏南国家自主创新示范区、“一中心、一基地”建设；山东国家企业技术中心、工程（技术）研究中心数量全国第一，形成了一批影响力强、辐射带动作用大的产业集聚区和创新型产业集群；天津积极参与国际产业分工与合作，深度融入全球战略性新兴产业发展格局。中西部地区产业规模相对较小，但在发展战略性新兴产业方面也存在巨大潜力。例如，山西、江西、湖南等是连接东西部地区的重要过渡带，可利用自身区位优势和成本优势承接产业转移和布局的重大项目。

从保障措施来看，各省域主要从体制机制、资金、人才等方面统筹协调战略性新兴产业持续健康发展。具体而言，通过创新体制机制，激发市场活力；通过加大财税支持，拓宽融资渠道，强化资金支持；通过加强高端人才引进与培养，强化智力支撑；通过推动开放合作，鼓励协同发展，增强产业生命力和竞争力[2]。

16.2　省域战略性新兴产业重点领域对比分析

由图16.1可见，已出台“十三五”战略性新兴产业发展相关规划的绝大多数省域均将信息技术、高端装备制造、新材料、生物、新能源汽车、能源新技术、节能环保列入重点发展产业。其中，30个省域均提出发展信息技术产业、新材料产业和生物产业；29 个省域提出发展高端装备制造业和节能环保产业；28 个省域提出发展新能源汽车产业，26 个省域提出发展能源新技术产业。数字创意产业作为 2016 年《“十三五”国家战略性新兴产业发展规划》新提出的重点领域，16 个省域将其列入战略性新兴产业中的重点发展产业。

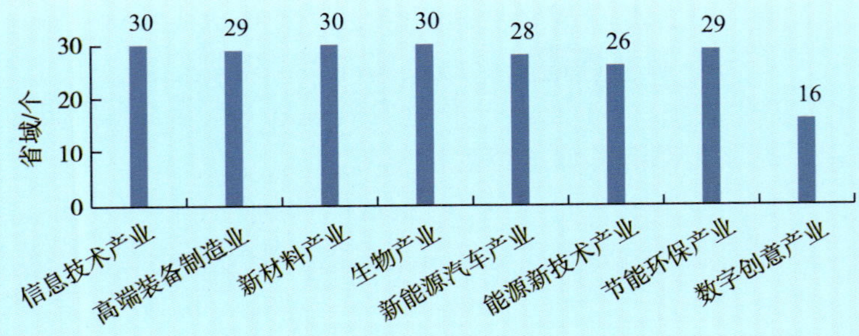

图 16.1　各产业在省域“十三五”战略性新兴产业相关政策中的体现

此外，部分地区的“十三五”战略性新兴产业规划已尝试将具有区域特色与优势的相关产业划为重点发展的战略性新兴产业。例如，山东省将发展现代海洋产业列入战略性新兴产业；山西省根据本省产业特点，从能源新技术产业中提炼形成现代煤化工产业及煤层气产业，作为新的战略性新兴产业发展目标；甘肃省提出发展煤化工、公共安全、现代服务业等产业[3]。

16.3　省域各产业重点方向对比分析

16.3.1　信息技术产业

如图 16.2 所示，关于省域“十三五”战略性新兴产业发展相关规划中信息技术产业的重点方向，11 个省域提出建设基础设施、25 个省域提出发展大数据、27 个省域提出发展信息技术核心产业、13 个省域提出发展人工智能、21 个省域提出发展“互联网 +”。

东部、中部、西部及东北地区① 的信息技术产业重点方向的区域分布如图 16.3 所示。其中，东部地区 10 个省域均提出发展信息技术核心产业，9 个省域提出发展大数据产业，7 个省域提出发展“互联网 +”产业，5 个省域提出发展人工智能产业，3 个省域提出发展基础设施相关产业；中部地区 6 个省域中 5 个省域提出发展大数据产业和信息技术核心产业，4 个省域提出发展“互联网 +”产业，2 个省域提出发展

① 根据国家统计局于 2011 年 6 月颁布的经济区域划分方法，各产业根据东部、中部、西部和东北四大地区进行整体分析。其中，东部包括北京、天津、河北、上海、江苏、浙江、福建、山东、广东和海南；中部包括山西、安徽、江西、河南、湖北和湖南；西部包括内蒙古、广西、重庆、四川、贵州、云南、西藏、陕西、甘肃、青海、宁夏和新疆；东北包括辽宁、吉林和黑龙江。

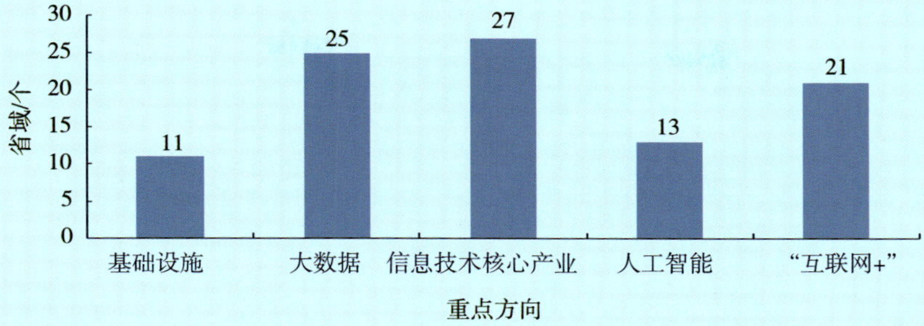

图 16.2　信息技术产业在省域“十三五”战略性新兴产业相关政策中的体现

基础设施相关产业和人工智能产业；西部地区 10 个省域[①] 中 9 个省域提出发展大数据产业和信息技术核心产业，7 个省域提出发展“互联网 +”产业，5 个省域提出发展基础设施相关产业，4 个省域提出发展人工智能产业；东北地区 3 个省域均提出发展信息技术核心产业及“互联网 +”产业，2 个省域提出发展大数据产业和人工智能产业，1 个省域提出发展基础设施相关产业。

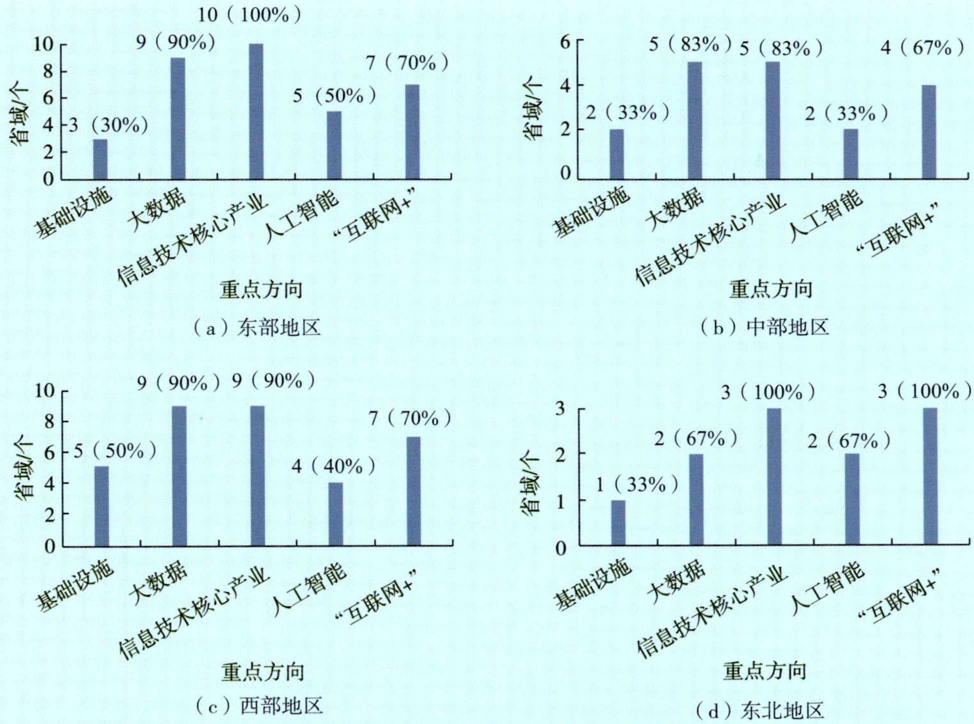

图 16.3　信息技术产业重点方向的区域分布

括号中数值为地区占比

① 《宁夏回族自治区战略性新兴产业发展“十三五”规划》暂未公开全文，西藏自治区未发布省级“十三五”战略性新兴产业发展相关政策，因此宁夏回族自治区及西藏自治区产业重点方向未纳入本章的研究分析。

根据区域不同的产业基础与资源优势，信息技术产业在各区域的侧重略有差异。在基础设施方面，西部地区政策支持力度较大。青海省提出“宽带青海”“数字青海”的政策理念，积极倡导推进国家农村信息化示范省建设；四川省提出将深入实施“宽带中国”战略，加快构建高速、移动、安全、泛在的新一代信息基础设施；广西壮族自治区提出深入实施“宽带广西”战略，建设新一代国际光通信示范网络、小语种信息服务平台、第五代移动通信技术（5G）应用等重大专项，促进三网融合，加快光缆到村建设。在“互联网+”方面，黑龙江省提出加快研究开发物联网在农业、能源、运输业、信息产业、医疗卫生等领域的应用技术，以及传感器及物联网应用技术、射频识别技术，推动物联网在医疗、煤矿安全生产、松花江水质水灾检测领域的应用；吉林省提出“互联网+”工业、现代农业、服务业，以及“互联网+”安全软硬件技术产品研发生产、试点示范和推广应用；辽宁省提出“互联网+”协同制造及“互联网+”益民服务方向相关政策。

16.3.2 高端装备制造业

如图 16.4 所示，关于省域“十三五”战略性新兴产业发展相关规划中高端装备制造业的重点方向，25 个省域提出发展航空产业、14 个省域提出发展卫星及应用产业、25 个省域提出发展轨道交通产业、16 个省域提出发展海洋工程装备相关产业。

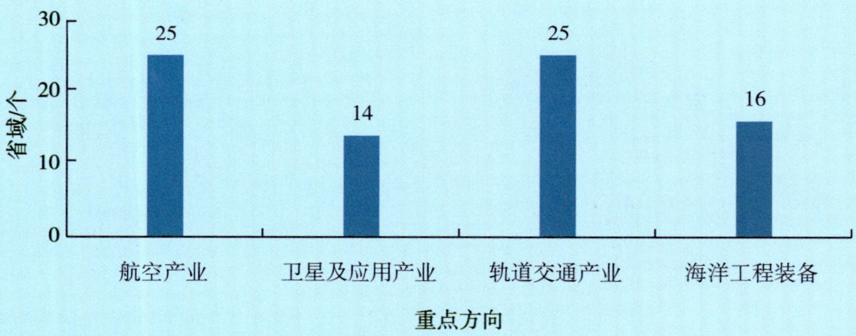

图 16.4　高端装备制造业在省域“十三五”战略性新兴产业相关政策中的体现

东部、中部、西部及东北地区的高端装备制造业重点方向的区域分布如图 16.5 所示。其中，东部地区 9 个省域提出发展航空产业，8 个省域提出发展轨道交通产业和海洋工程装备相关产业，3 个省域提出发展卫星及应用产业；中部地区 6 个省域均提出发展航空产业，5 个省域提出发展轨道交通产业，3 个省域提出发展海洋工程装备相关产业，2 个省域提出发展卫星及应用产业；西部地区 9 个省域提出发展轨道交通产业，7 个省域提出发展航空产业和卫星及应用产业，3 个省域提出发展海洋工程装备相关产业；东北地区 3 个省域均提出发展航空产业和轨道交通产业，2 个省域提出发展卫星及应用产业、海洋工程装备相关产业。

根据区域的不同产业基础与资源优势，高端装备制造业在各区域的侧重略有差异。

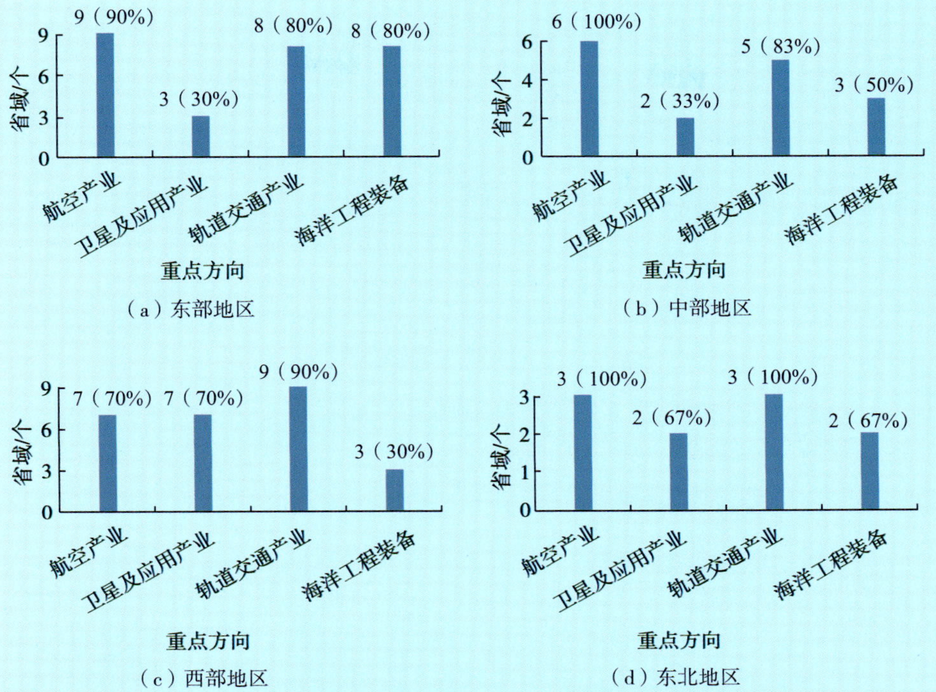

图 16.5　高端装备制造业重点方向的区域分布

括号中数值为地区占比

西部地区多省域着重发展卫星及应用产业。甘肃省突出推动北斗导航与移动通信、地理信息、卫星遥感、移动互联网的融合发展；四川省提出积极推进星-地激光通信地面站关键装备、星上高精密光电测量装备升级，推动卫星通信、导航、遥感应用系统开发，发展卫星运营增值服务；新疆提出大力推动全球定位系统 / 北斗导航卫星应用，形成持续稳定的卫星遥感、通信、导航等空间信息服务能力。东部地区根据地理优势，对海洋工程装备有较多的涉及。山东省提出大力发展钻采装备和船舶，研究开发海洋观测与监测关键装备；浙江省以高端特种船舶等领域为重点，深入推进船舶产业技术创新，发展海洋工程装备；天津市提出发展海洋油气装备、临港机械、海水利用工程装备、海洋仪器设备等海洋工程装备，突破大型高倍浓缩多效蒸馏海水淡化等一批关键技术和产品；广东省提出发展深海探测、资源开发利用、海上作业保障装备及其关键系统和专用设备，提升海洋工程装备集成化、智能化、模块化设计和制造能力。

16.3.3　新材料产业

如图 16.6 所示，关于省域“十三五”战略性新兴产业发展相关规划中新材料产业的重点方向，26 个省域提出发展特种金属功能材料[①]、高性能复合材料、前沿新材料，23 个省域提出发展高端金属结构材料，27 个省域提出发展先进高分子材料，24 个省域提出发展新型无机非金属材料。

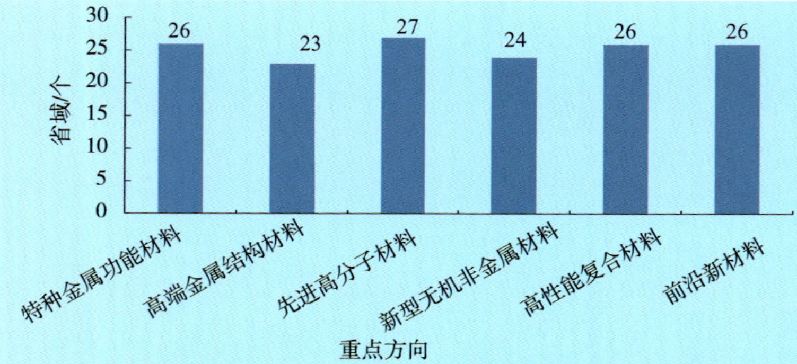

图 16.6　新材料产业在省域“十三五”战略性新兴产业相关政策中的体现

东部、中部、西部及东北地区的新材料产业重点方向的区域分布如图 16.7 所示。东部地区 10 个省域均提出发展前沿新材料，9 个省域提出发展特种金属功能材料、先进高分子材料，7 个省域提出发展新型无机非金属材料、高性能复合材料，6 个省域提出发展高端金属结构材料；中部地区 6 个省域均提出发展特种金属功能材料、先进高分子材料、新型无机非金属材料、高性能复合材料、前沿新材料，5 个省域提出发展高端金属结构材料；西部地区 10 个省域均提出发展高性能复合材料，9 个省域提出发展特种金属功能材料、高端金属结构材料、先进高分子材料、前沿新材料，8 个省域提出发展新型无机非金属材料；东北地区 3 个省域均提出发展高端金属结构材料、先进高分子材料、新型无机非金属材料、高性能复合材料，2 个省域提出发展特种金属功能材料，1 个省域提出发展前沿新材料。

根据区域不同的产业基础与资源优势，新材料产业在各区域的侧重略有差异。浙江省提出以加快材料工业升级换代为主攻方向，重点发展氟硅新材料、高性能磁性材料、高性能纤维及复合材料、电子信息用化学品、增材制造（3D 打印）材料、新型显示材料、超高纯金属溅射靶材、化工新材料等，加快碳纤维、石墨烯、纳米及生物基材料下游应用领域相关产品的研发、产业化及规模化应用；云南省提出围绕钛及钛合金新材料、稀贵金属新材料、锡新材料、化工新材料、半导体材料、新型储能电池、大容量动力电池、液态金属等，实施新材料重大科技专项；北京市提出要提升新材料的智能制造水平，推动基础材料产业调整与新材料产业发展相互融合渗透，重点推进高端前沿新材料发展，建设好新材料研发中心；天津市提出研发战略性新材料，培育高性能新型功能材料，发展轻质高强合金等高性能材料，做大绿色化工材料，突破新型能源材料等基础研究与前沿技术，建设国内领先、产学研用紧密结合的新材料研发制造基地。

① 依据工信部 2012 年 1 月 4 日颁布的《新材料产业“十二五”发展规划》分类。

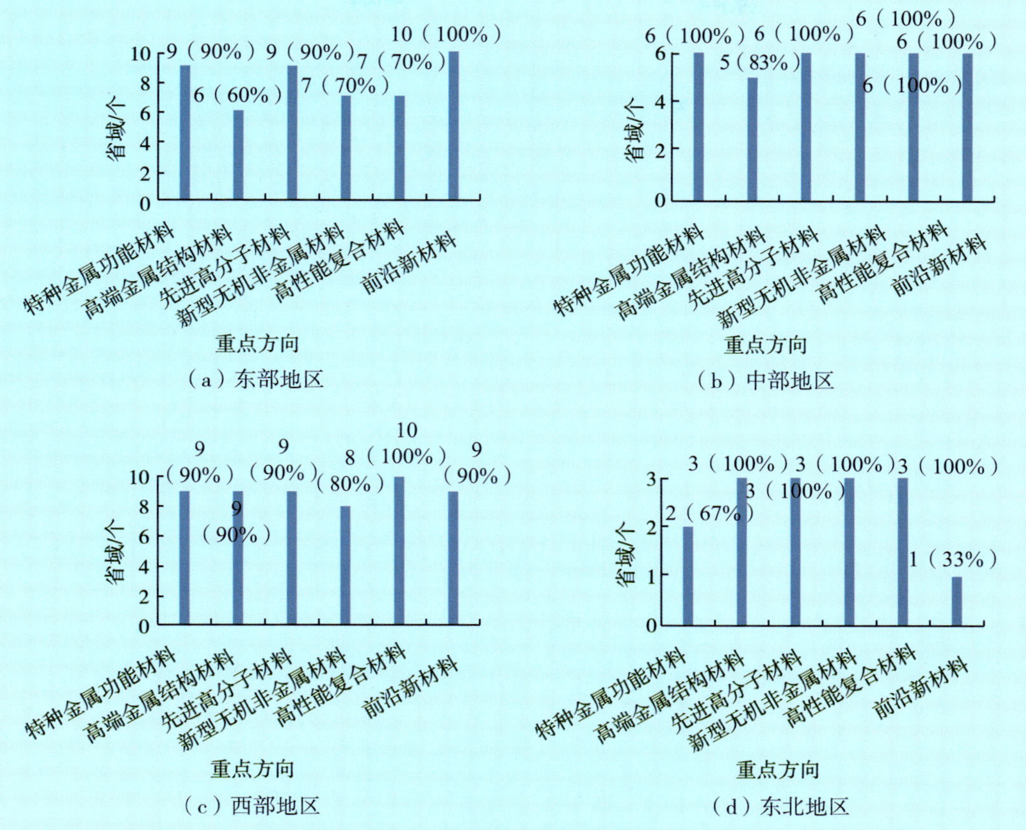

图 16.7　新材料产业重点方向的区域分布

括号中数值为地区占比

16.3.4　生物产业

如图 16.8 所示，关于省域“十三五”战略性新兴产业发展相关规划中生物产业的重点方向，各省域均提出发展生物医药、21 个省域提出发展生物医学、20 个省域提出发展生物农业、16 个省域提出发展生物制造、12 个省域提出发展生物服务、15 个省域提出发展生物能源。

东部、中部、西部及东北地区的生物产业重点方向的区域分布如图 16.9 所示。东部地区 10 个省域均提出发展生物医药产业，8 个省域提出发展生物医学产业，6 个省域提出发展生物农业产业和生物制造产业，5 个省域提出发展生物服务产业和生物能源产业；中部地区 6 个省域均提出发展生物医药产业，4 个省域提出发展生物医学产业、生物农业产业、生物能源产业，3 个省域提出发展生物制造产业，2 个省域提出发展生物服务产业；西部地区 10 个省域均提出发展生物医药产业，8 个省域提出发展生物农业产业，7 个省域提出发展生物医学产业，5 个省域提出发展生物制造

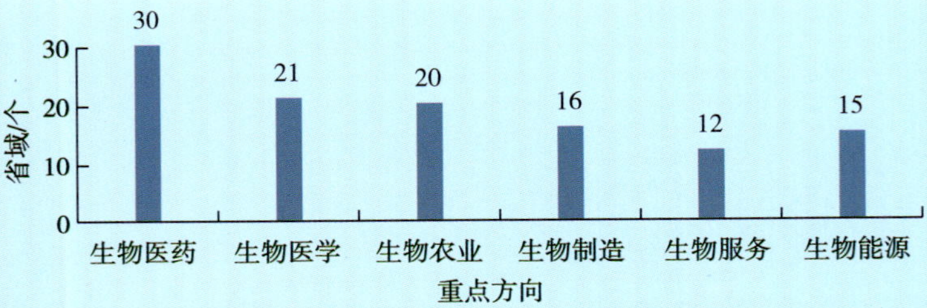

图 16.8 生物产业在省域“十三五”战略性新兴产业相关政策中的体现

产业，4 个省域提出发展生物服务产业和生物能源产业；东北地区 3 个省域均提出发展生物医药产业，2 个省域提出发展生物医学产业、生物农业产业、生物制造产业、生物能源产业，1 个省域提出发展生物服务产业。

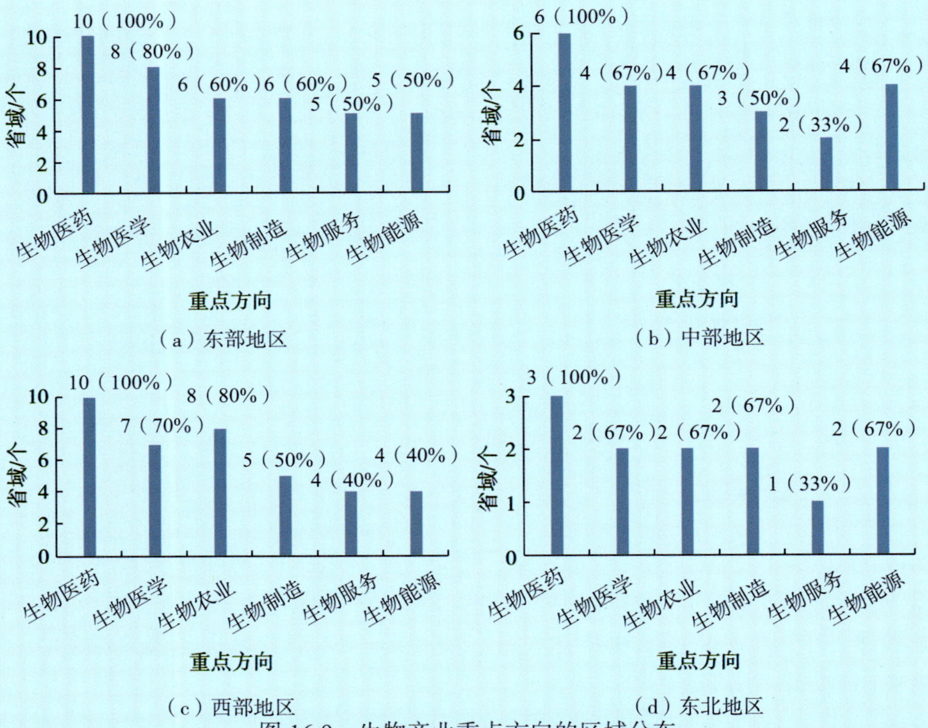

图 16.9 生物产业重点方向的区域分布

括号中数值为地区占比

根据区域不同的产业基础与资源优势，生物产业在各区域的侧重略有差异。西部地区着重发展生物农业。陕西省在生物育种、生物农药、生物肥料、生物饲料、生物兽药及兽用生物制品、生物资源保护与利用等方面均有提及；青海省提出建设特色生物种质资源库，构建高原特色生物资源安全保障和开发利用技术标准体系。东部地区重点发展生物医学。上海市在干细胞与组织功能修复、国际人类表型组、合成科学与生物创制等高端生物医学方面提出了相关的政策指导；山东省提出发展生物医学工程高端产品，构建智能诊疗体系；福建省提出重点发展数字医学影像设备、医用直线加速器、新型放疗和热疗设备、人体功能状态检测设备、治疗微系统等高端诊疗设备。

16.3.5　新能源汽车产业

如图 16.10 所示，关于省域“十三五”战略性新兴产业发展相关规划中新能源汽车产业的重点方向，27 个省域提出发展整车、25 个省域提出发展动力电池产业、13 个省域提出发展燃料电池汽车。

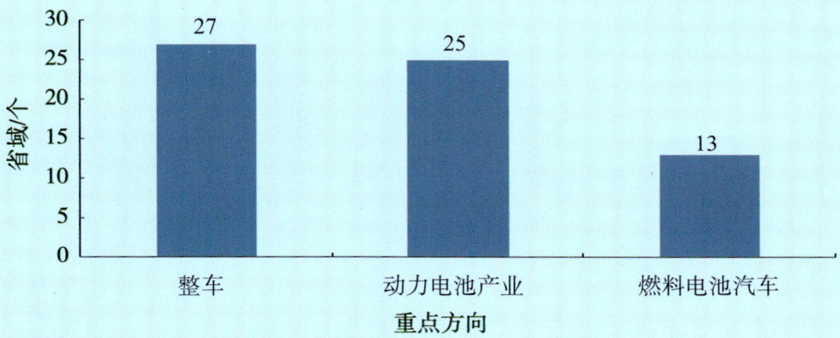

图 16.10　新能源汽车产业在省域“十三五”战略性新兴产业相关政策中的体现

东部、中部、西部及东北地区的新能源汽车产业重点方向的区域分布如图 16.11 所示。其中，东部地区 10 个省域均提出发展整车，8 个省域提出发展动力电池产业，4 个省域提出发展燃料电池汽车；中部地区 6 个省域均提出发展整车和动力电池产业，3 个省域提出发展燃料电池汽车；西部地区 10 个省域中 8 个省域提出发展整车和动力电池产业，5 个省域提出发展燃料电池汽车；东北地区 3 个省域均提出发展整车和动力电池产业，1 个省域提出发展燃料电池汽车。

根据区域不同的产业基础与资源优势，新能源汽车产业在各区域的发展侧重点略有差异。山东省提出推动整车企业建设低能耗与新能源汽车共性技术研发平台、建设配套体系完善的新能源汽车生产基地、推动低速电动车发展，着力满足乡村出行需求、推动国Ⅳ及以上低能耗发动机在重卡汽车上的推广应用；辽宁省提出研究和开发 A0 级纯电动轿车、插电式混合动力轿车和新能源公交车；湖北省提出要进一步扩大中小型纯电动汽车、插电式混合动力汽车生产规模，围绕整车驱动系统、控制系统进行技术研发和品质提升；甘肃省提出要加快发展新能源乘用车、公交车、专用汽车和低速汽车，加快突破新能源汽车储能、驱动、控制、充电、试验、检测等关键技术以及整车集成技术。在动力电池产业方面，江苏省提出重点发展动力电池，加快合金系负极材料的研发与产业化，支持发展新型电解质体系和新型隔膜，开展新型电池基础材料和系统集成的研究；广东省提出大力推进动力电池技术研发，

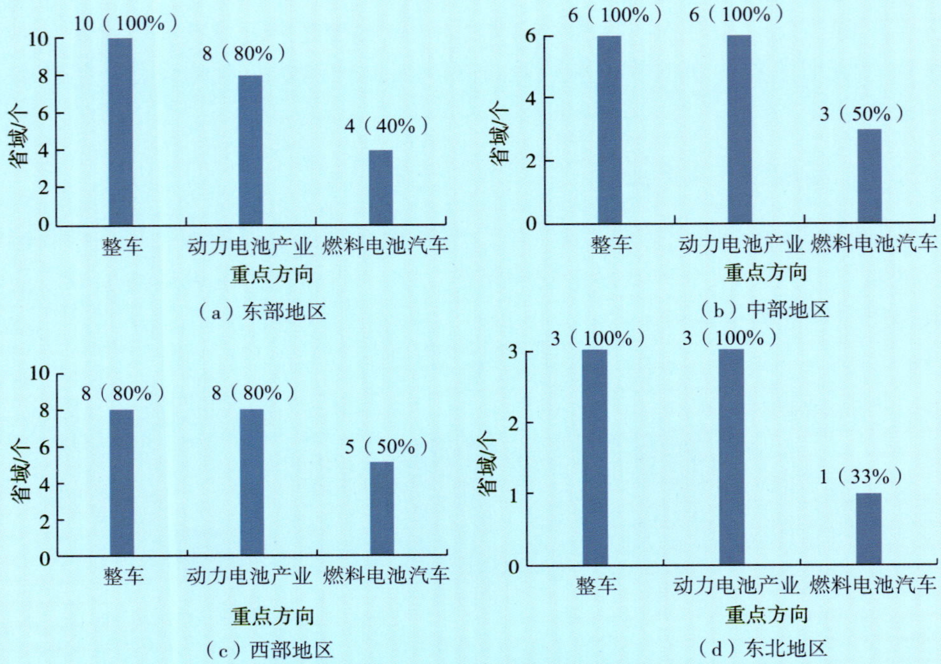

图 16.11　新能源汽车产业重点方向的区域分布

括号中数值为地区占比

着力突破电池成组和系统集成技术，超前布局研发下一代动力电池和新体系动力电池，构建具有全球竞争力的动力电池产业链；甘肃省提出发展成本低、使用寿命长、快速充电的动力锂离子电池、高容量镍氢电池，带动电池负极材料、电解液材料和隔膜材料发展，建立完备的废旧电池回收拆解、冶炼提纯体系，实现有价金属的循环利用，短期内打造百亿元电池材料产业链，向千亿元产业链发展；湖北省提出增强电池、电机、电控系统的技术改进，深入研究电池单体及模块设计、生产工艺，在电机方面继续推动电机系统生产企业间的密切合作。

16.3.6　能源新技术产业

如图 16.12 所示，关于省域“十三五”战略性新兴产业发展相关规划中能源新技术产业的重点方向，13 个省域提出发展核电、24 个省域提出发展风电、25 个省域提出发展太阳能、12 个省域提出发展“互联网 +”智能能源。

东部、中部、西部及东北地区的能源新技术产业重点方向的区域分布如图 16.13 所示。其中，东部地区 10 个省域中 9 个省域提出发展风电和太阳能，7 个省域提出发展“互联网 +”智能能源，6 个省域提出发展核电；中部地区 6 个省域中 5 个省域提出发展太阳能，4 个省域提出发展风电，2 个省域提出发展“互联网 +”智能能源，

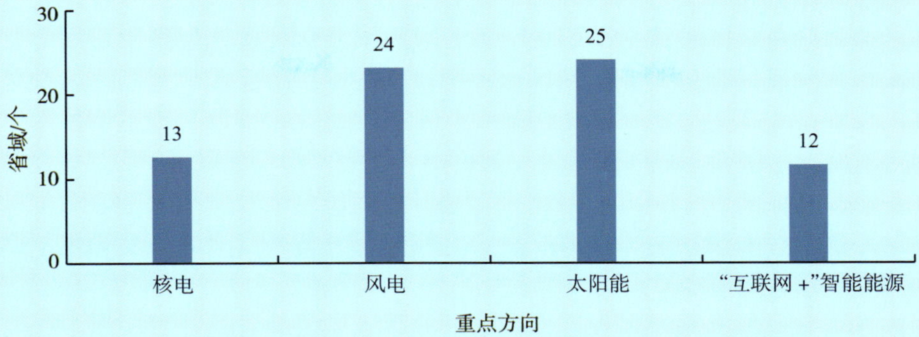

图 16.12　能源新技术产业在省域“十三五”战略性新兴产业相关政策中的体现

1 个省域提出发展核电；西部地区 10 个省域中 9 个省域提出发展风电，8 个省域提出发展太阳能，4 个省域提出发展核电，2 个省域提出发展“互联网 +”智能能源；东北地区 3 个省域均提出发展太阳能，2 个省域提出发展核电和风电，1 个省域提出发展“互联网 +”智能能源。

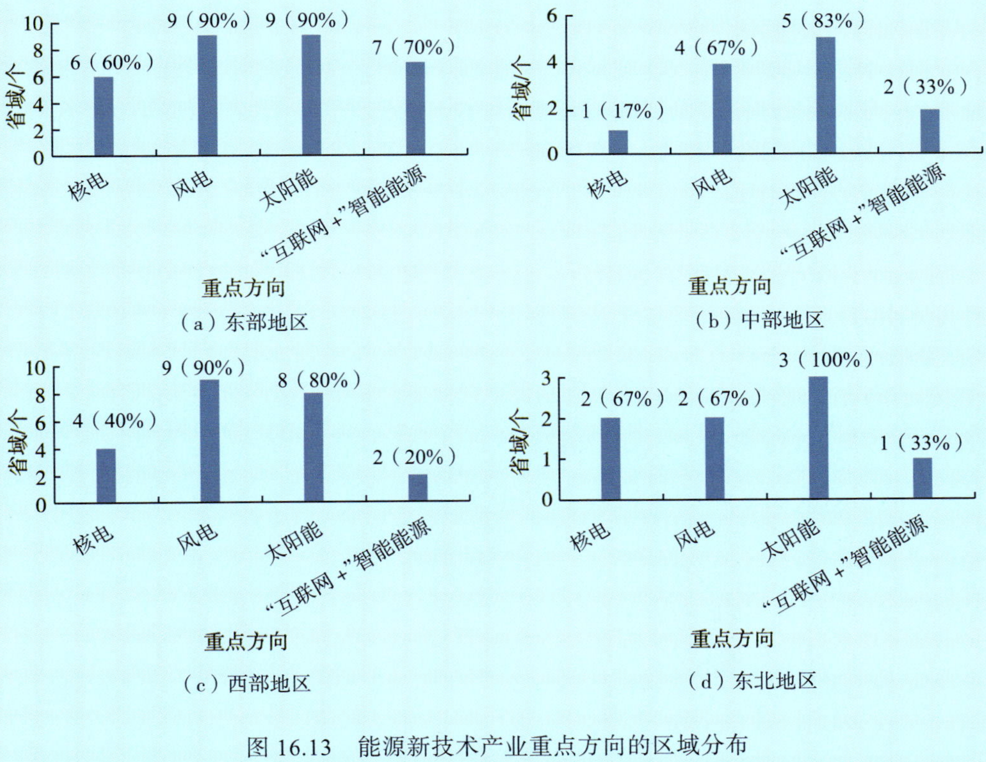

图 16.13　能源新技术产业重点方向的区域分布

括号中数值为地区占比

根据区域不同的产业基础与资源优势，能源新技术产业在各区域的侧重略有差异。东部地区着重发展“互联网+”智慧能源。上海市提出重点开展智能电网用户端综合能源服务云平台技术的研发，基于大数据分析技术开展精细化用电、高效节能和需求侧响应等增值服务研究，为大用户直购电、新能源和节能改造及售电服务等提供技术支撑，推动商业模式创新；广东省提出大力发展智能电网技术，加快研发分布式能源、储能、智能微网等关键技术，大力发展“互联网+”智慧能源，大幅提升新能源消纳能力；河北省提出推动超导特高压传输技术研发和应用，推进先进传感量测技术、通信技术、自动控制技术与输配电基础设施的高度集成，提高电网需求响应和智能负荷水平，构建智能化电网。西部地区在大力发展太阳能的前提下，同步推进风电产业发展。甘肃省提出推进分布式风电装备的开发应用，提高本地配套能力，完善风机制造产业链，建成全国重要的风电装备制造产业基地；陕西省提出大力研发风电开发、风电整机制造、关键部件制造技术，重点发展低风速电机组及关键零部件、集中监控和智能风场等管理系统及设备，开展风光储一体化供电系统示范；重庆市提出发展大型海上风电装备，重点解决风电装备研制的基础、共性及瓶颈技术问题，突破超大风轮直径、大功率整机传动链设计、风电智能化可靠性等关键技术，掌握风电机组整体设计、智能健康管理、极限长度叶片设计等技术，开发一系列拥有高技术含量、高附加值的风电关键产品和成套装备，形成有代表性的风电系统并开展应用示范。

根据不同的地域特点，各区域在能源新技术产业方面也有不同的发展重点及发展新方向。黑龙江省提出发展高寒地区电力技术；江苏、辽宁、海南、广东等多省提出大力发展海洋能源；山西、黑龙江、吉林、广东等多省提出发展地热能。

16.3.7 节能环保产业

如图 16.14 所示，关于省域“十三五”战略性新兴产业发展相关规划中节能环保产业的重点方向，26 个省域提出发展高效节能产业和先进环保产业、25 个省域提出发展资源循环利用产业。

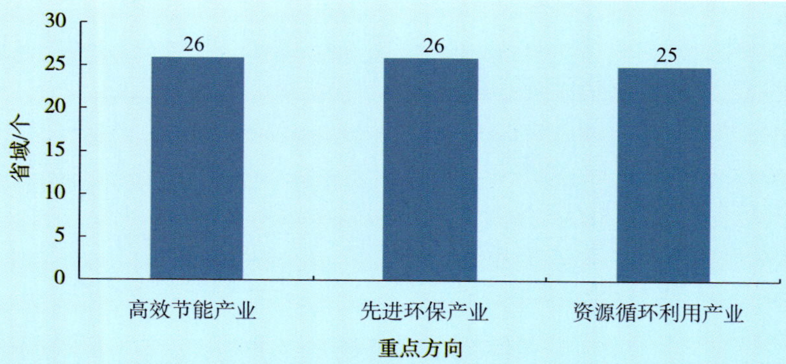

图 16.14 节能环保产业在省域“十三五”战略性新兴产业相关政策中的体现

东部、中部、西部及东北地区的节能环保产业重点方向的区域分布如图 16.15 所示。其中，东部地区 10 个省域中 9 个省域提出发展高效节能产业，8 个省域提出发展先进环保产业，7 个省域提出发展资源循环利用产业；中部地区 6 个省域均提出发展高效节能产业和资源循环利用产业，5 个省域提出发展先进环保产业；西部地区 10 个省域均提出发展先进环保产业，9 个省域提出发展高效节能产业和资源循环利用产业；东北地区 3 个省域均提出发展先进环保产业和资源循环利用产业，2 个省域提出发展高效节能产业。

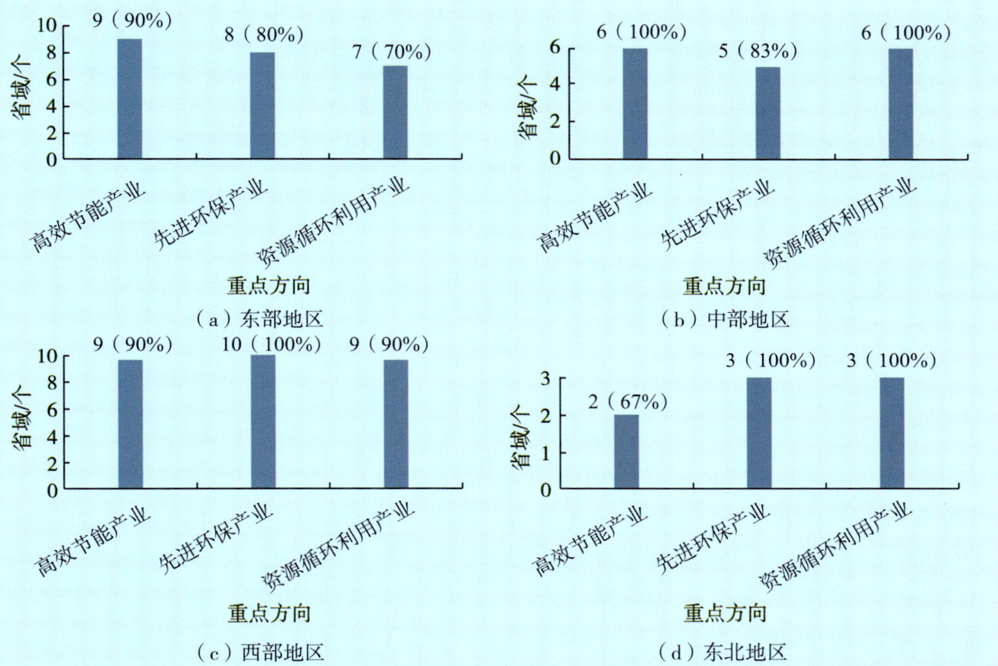

图 16.15 节能环保产业重点方向的区域分布

括号中数值为地区占比

根据区域的不同产业基础与本地需求，节能环保产业在各区域的侧重略有差异。东部地区着力发展高效节能产业。福建省提出发展高效节能锅炉窑炉自动化控制、低温烟气余热深度回收、非晶变压器、高效电动机等工业节能设备，以及高效照明产品、节能汽车等节能产品；海南省提出研究智能电网、交通节能、建筑节能、半导体照明、LED 照明、工业节能等新一代节能技术；山东省提出推进工业节能，推动建筑节能。西部地区侧重发展先进环保产业。重庆市提出要推动节能环保装备（产品）专业化、成套化、系统化、标准化发展，推动环境污染治理产业、环境监测产业及生态保护与修复产业；四川省提出优先发展大气、水、土壤污染防治技术及装备，以及生活垃圾、污泥等废弃物无害化处理与资源化利用技术及设备；内蒙古自治区提出要发展用于污水净化、黄河水沙分离、土壤修复的关键技术工艺及模块化集成设备，并发展高效的环境污染防治技术。

16.3.8 数字创意产业

如图 16.16 所示，关于省域“十三五”战略性新兴产业发展相关规划中数字创意产业的重点方向，12 个省域提出创新数字文化创意技术和装备、丰富数字文化创意内容和形式，11 个省域提出提升创新设计水平，5 个省域提出推进相关产业融合发展。

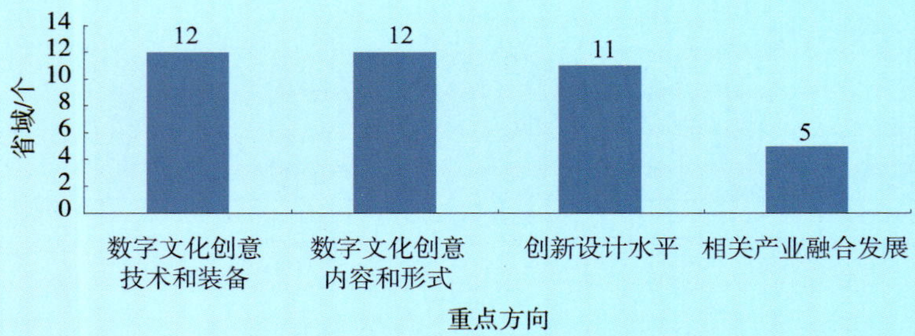

图 16.16 数字创意产业在省域“十三五”战略性新兴产业相关政策中的体现

东部、中部、西部及东北地区的数字创意产业重点方向分布如图 16.17 所示。其中，东部地区 10 个省域中 6 个省域提出发展数字文化创意技术和装备、数字文化创意内容和形式、创新设计水平，2 个省域提出相关产业融合发展；中部地区 6 个省域中 3 个省域提出发展数字文化创意技术和装备、数字文化创意内容和形式，2 个省域提出发展创新设计水平，1 个省域提出相关产业融合发展；西部地区 10 个省域中 2 个省域提出发展数字文化创意技术和装备、数字文化创意内容和形式、创新设计水平，1 个省域提出相关产业融合发展；东北地区 3 个省域各有 1 个省域提出发展数字文化创意技术和装备、数字文化创意内容和形式、创新设计水平、相关产业融合发展。

根据区域不同的产业基础与资源优势，数字创意产业在各区域的侧重略有差异。吉林省提出要加快发展数字文化创意技术和装备，丰富数字文化创意内容和形式，提升创新设计发展水平，促进相关产业融合发展；安徽省提出发展创新数字文化创意技术和装备，丰富数字文化创意内容和形式，提升设计服务水平，逐步形成文化引领、技术先进、链条完整的数字创意产业发展格局；新疆维吾尔自治区提出鼓励发展以少数民族文化为蓝本的文化网络休闲游戏、手机游戏、在线影视动漫产业，积极向中亚推广宣传优秀传统文化中具有民族特色的数字内容产品；内蒙古自治区提出重点突破数字文化、数字出版、数字动漫、数字旅游、游戏设计制作、文化创意服务、民族艺术品生产数字化等关键技术，支持开发 3D 打印民族建筑技术；浙江省提出加快发展数字阅读产业，鼓励发展网络视听、网络表演、在线演出等产业，积极发展文化创意产业，加强数字出版产业发展，鼓励虚拟现实、增强现实等核心技术创新发展。

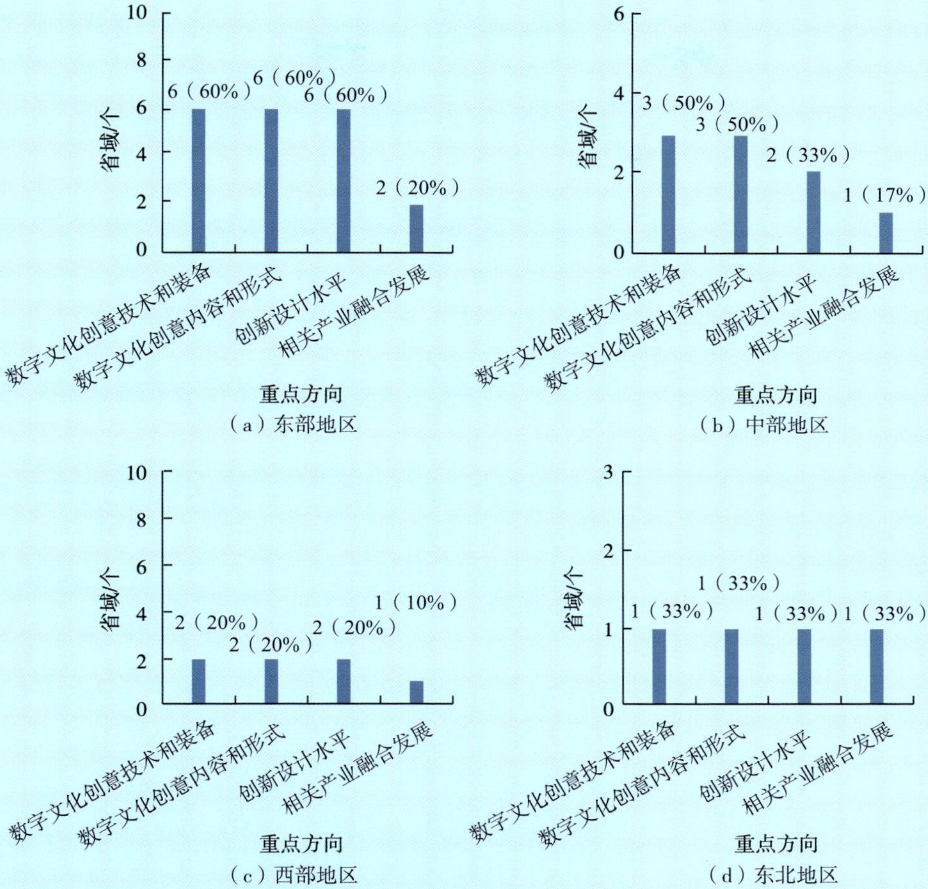

图 16.17　数字创意产业重点方向的区域分布

括号中数值为地区占比

16.4　政策建议

综上所述，各省域均十分重视战略性新兴产业发展，并出台政策规划引导和培育产业发展。但同时，各省域的战略性新兴产业发展存在同质化现象，在今后发展中应在以下方面予以重视：

第一，发挥区位优势，着力打造省域特色产业。针对省域“十三五”战略性新兴产业发展普遍存在的发展重点不明确、特色产业不突出的问题，各省域应根据自身地理位置、产业基础、投融资环境等优势区位条件，明确产业发展定位，找准产业发展突破点，瞄准能够做深做精的特色产业，打造核心竞争力，切实将战略性新兴产业发展成带动区域经济转型升级的重要力量。

第二，加快出台各产业专项指导政策，有针对性地分类指导。鉴于不同产业有不同的发展要求与发展路径，建议各省域结合国家产业发展政策和自身市场环境，尽快出台针对各产业的省域“十三五”专项发展规划，制定各产业具体的发展思路、发展目标、发展路线图、任务分工，切实推动政策的落实与管理，以引导产业发展方向、优化产业发展环境，促进产业提质增效。

第三，强化政策体系的系统性与协调性，发挥可持续性指导价值。结合各省域经济发展实际和产业发展宏观布局，科学利用政策工具，在持续供给环境型政策工具的同时，适当增加供给型政策工具和需求型政策工具，理顺各类政策的内在逻辑，发挥科技创新和政策创新的双轮驱动作用，强化政策组合的整体协调性，避免出现政策“碎片化”问题，以不断完善战略性新兴产业政策体系，发挥其可持续指导价值[4]。

第四，鼓励出台区域性产业发展政策，增强战略性新兴产业区域协同发展能力。各省域可根据自身经济社会发展需求和产业结构特色，结合国家《标准联通“一带一路”行动计划（2015—2017）》《“十三五”时期京津冀国民经济和社会发展规划》《长江经济带发展规划纲要》等战略布局，出台相应的区域性产业发展政策。在总体规划的指导下，可展开产业培育、人才培养、创新创业等多领域的区域合作，整合优势资源，推动区域产业梯度转移，发挥辐射带动作用，变同质竞争为整体集群优势，提升战略性新兴产业区域协同发展能力。

参考文献

[1] 杜壮，徐晨曦．多省“十三五”战略性新兴产业规划盘点．中国战略新兴产业，2017，(1)：82-88.

[2] 韦结余，薛澜，周源．战略性新兴产业政府引导方式创新研究．中国工程科学，2016，18（4）：18-22.

[3] 杜壮．战略性新兴产业已成为支撑我国经济增长的重要力量　国家发展改革委负责人就《“十三五”国家战略性新兴产业发展规划》答记者问．中国战略新兴产业，2017，(Z1)：16-18.

[4] 王钦，邓洲，张晶．“十三五”战略性新兴产业发展的政策选择——能力导向与机制创新．北京师范大学学报（社会科学版），2017，(2)：140-148.

审稿：薛　澜

本章附件

省域“十三五”战略性新兴产业发展相关规划文件汇总

类别	地区	政策名称	政策文号	发文时间
省域“十三五”战略性新兴产业发展规划	福建	《福建省“十三五”战略性新兴产业发展专项规划》	闽政办〔2016〕61号	2016年4月25日
	山西	《山西省“十三五”战略性新兴产业发展规划》	晋政发〔2016〕41号	2016年8月4日
	甘肃	《甘肃省“十三五”战略性新兴产业发展规划》	甘政办发〔2016〕124号	2016年8月9日
	广西	《广西战略性新兴产业发展“十三五”规划》	桂政办发〔2016〕108号	2016年9月5日
	河北	《河北省战略性新兴产业发展“十三五”规划》	冀政办字〔2016〕146号	2016年9月13日
	陕西	《陕西省“十三五”战略性新兴产业发展规划》	陕发改高技〔2016〕1159号	2016年9月13日
	江西	《江西省战略性新兴产业倍增计划（2016—2020年）》	赣府厅发〔2016〕61号	2016年9月29日
	安徽	《安徽省战略性新兴产业“十三五”发展规划》	皖政办〔2016〕53号	2016年10月19日
	江苏	《江苏省“十三五”战略性新兴产业发展规划》	苏政办发〔2016〕137号	2016年11月24日
	新疆	《新疆维吾尔自治区战略新兴产业“十三五”发展规划》		2016年12月8日
	河南	《河南省“十三五”战略性新兴产业发展规划》	豫政办〔2017〕11号	2017年1月6日
	湖南	《湖南省“十三五”战略性新兴产业发展规划》	湘发改高技〔2017〕74号	2017年1月23日
	四川	《四川省“十三五”战略性新兴产业发展规划》	川府发〔2017〕8号	2017年2月8日
	山东	《山东省“十三五”战略性新兴产业发展规划》	鲁政发〔2017〕7号	2017年3月9日
	天津	《天津市人民政府办公厅关于贯彻落实“十三五”国家战略性新兴产业发展规划的实施意见》	津政办发〔2017〕68号	2017年4月29日
	宁夏	《宁夏回族自治区战略性新兴产业发展“十三五”规划》		2017年7月1日
	广东	《广东省战略性新兴产业发展“十三五”规划》	粤府办〔2017〕56号	2017年8月17日
省域“十三五”战略性新兴产业发展规划征求意见稿	吉林	《吉林省战略性新兴产业“十三五”发展规划（征求意见稿）》		2017年4月16日
	浙江	《浙江省战略性新兴产业“十三五”行动计划（2017—2020年）（征求意见稿）》		2017年6月29日
省域“十三五”战略性新兴产业发展规划相近政策	辽宁	《辽宁省壮大战略性新兴产业实施方案》	辽政发〔2015〕25号	2015年7月28日
	上海	《上海市科技创新“十三五”规划》	沪府发〔2016〕59号	2016年8月5日

续表

类别	地区	政策名称	政策文号	发文时间
省域“十三五”战略性新兴产业发展规划相近政策	湖北	《湖北省工业“十三五”发展规划》	鄂政发〔2016〕47号	2016年9月10日
	青海	《青海省“十三五”科技创新规划》	青政办〔2016〕178号	2016年9月13日
	海南	《海南省“十三五”科技发展规划》		2016年9月30日
	重庆	《重庆市科技创新“十三五”规划》	渝府发〔2016〕51号	2016年11月3日
	云南	《云南省“十三五”科技创新规划》		2017年1月19日
	北京	《北京市“十三五”时期现代产业发展和重点功能区建设规划》	京政发〔2017〕6号	2017年1月25日
	贵州	《贵州省“十三五”科技创新发展规划》		2017年2月15日
	黑龙江	《黑龙江省“十三五”科技创新规划》	黑政规〔2017〕15号	2017年6月12日
	内蒙古	《内蒙古自治区“十三五”科技创新规划》	内政办发〔2017〕114号	2017年7月4日

第 17 章

战略性新兴产业的知识产权管理

张路蓬　薛　澜　周　源

【内容提要】加快建设知识产权强国，提高我国战略性新兴产业的知识产权创造、运用、保护和管理能力，推动战略性新兴产业的创新发展，已经成为我国“十三五”时期知识产权战略实施的重要任务之一。知识产权服务为创新技术的扩散与产业化奠定了重要基础，是共性技术进行社会转移的桥梁。本章首先分析了国际主要发达国家利用知识产权助推新兴产业发展现状，其次分析了我国战略性新兴产业知识产权管理发展现状及挑战，并将区块链技术引入知识产权管理，以期解决现阶段存在的产权管理问题。在此基础上，提出新形势下的战略性新兴产业知识产权管理政策建议。

17.1　引言

战略性新兴产业是以重大技术突破和重大发展需求为基础，对经济社会全局和长远发展具有重大引领带动作用，知识技术密集、物质资源消耗少、成长潜力大、综合效益好的产业[1]。技术的创新与进步是决定经济发展的内生变量，技术成果通过作用于中间产品，从而提升最终产品的产出。同时，技术创新通过外溢效应提高研发部门人力资本生产率，进而实现经济持续发展[2]。战略性新兴产业为新兴国家在一些产业上实现“弯道超车”提供了捷径，是引导未来经济社会发展的重要力量[3]。战略性新兴产业具有创新要素密集、投资风险大等特点，因此，新兴产业的发展具备较强的科技创新实力，对知识产权创造和运用的依赖性强，对知识产权管理和保护的要求高[4，5]。

知识产权管理是集聚新兴产业生产要素、提升新兴产业竞争优势的基础。完善并优化战略性新兴产业的知识产权管理与服务能力，一方面可以提高我国新兴技术的扩散效率、激发新兴企业的创新活力、加速新兴产业的健康发展，另一方面对培育战略性新兴产业创新链和产业链、推动创新成果产业化和市场化具有重要作用[6]。随着世界经济一体化时代的到来，我国企业越来越多地参与国际贸易与竞争，在新兴产业发展中，面对外国企业密布的“专利网”，我国企业必须有效保护新兴企业的自主知识产权，通过有效运用知识产权，培育战略性新兴产业的成效和未来的发展。这对正在进军国际市场的我国企业具有十分重要的意义。

17.2 国际主要发达国家利用知识产权助推新兴产业发展现状

近年来，新兴技术的知识产权管理在国际竞争市场上扮演着越来越重要的角色，知识产权公共服务对于新兴产业的发展具有重要的促进作用[7～9]。美国、德国、日本等主要发达国家，纷纷加快了知识产权战略布局。

美国作为专利战略的创始国高度重视专利权的获得，力求从知识产权的政府支持与垄断性布局两方面，助推新兴产业的发展。美国政府于2009年首次颁布《美国国家创新战略》，并于2011年及2015年两次修订创新战略。除确定优先发展领域及强调创新型政府的作用外，《美国国家创新战略》还强调了知识产权制度的平衡性，在鼓励创新者的同时吸引关键的资本投资，一方面掌握产权保护边界与市场竞争的平衡，另一方面实现激励与防止滥用之间的平衡。此外，美国《国家制造创新网络知识产权指南》从机构层面、项目层面、产权归属、数据权利与管理、发布权等多方面，为不同机构的知识产权服务提供了借鉴。借助相对完备的产权保护及服务系统，以专利为核心的知识产权已经成为美国企业最重要的资产和国际竞争的战略手段[10]。以IBM公司为例，至2016年该公司已经连续24次荣获美国专利排行榜首席位置，其每年用于知识产权管理工作的费用占其全部费用的10%左右。

德国作为高度发达的工业强国，其新兴产业的发展离不开政府的大力资助、法律体系的完善以及司法制度的高效。德国政府长期致力于推进知识产权战略与新兴产业发展战略的高度融合。德国每年在科学研究和科技发明创新上的投入都是全世界比例最高的国家之一，突出表现在对大学、政府科研机构、国家实验室以及企业重大共性技术、前沿技术的发展予以支持[11]。例如，德国西门子公司拥有集中统一的知识产权部，专门负责管理全球各分、子公司的知识产权相关事宜，知识产权部门所建立的知识产权数据库有效实现了数据共享与信息沟通；此外，西门子公司的产学研合作发展模式，也有效地促进了知识产权成果的产业化和市场化。

日本在面对欧美高技术产业及亚洲传统工业和劳动密集型产业的双重夹击时，

提出了知识产权立国的国家战略，通过《知识产权战略大纲》，以“创造、保护、运用和人才培养”为四大支柱，加强知识产权管理与服务力度，构建了以国家为主导、企业积极参与的动态知识产权战略管理体系。日本在知识产权归属、发明奖励制度以及知识产权运营三个方面，均取得了显著成绩。例如，日本富士通公司、东芝公司纷纷实行等级奖励制度，专利发明与员工奖金挂钩；日立公司知识产权管理部门工作人员合计 300 余人，年专利申请费超过 10 亿日元；东芝公司本部设有专利信息、新产品研发与质量管理中心；三菱公司成立了独立运行的专利情报中心，为公司提供战略决策支持等相关服务[12]。

国际主要国家的知识产权管理经验主要包含以下几个方面（表 17.1）：第一，基于国家顶层设计的角度，各国政府近年来纷纷致力于知识产权战略的实施，力图以知识产权助推新兴产业发展，从而实现知识产权与创新驱动发展的高度融合。第二，基于新兴产业发展的角度，在战略引导及政策推动下，企业、高校、科研院所等创新主体不断加强内部沟通，战略性新兴产业的产权管理实现了由外部支持到内部参与的整合，各个机构大都建立了知识产权网络系统[13]。第三，基于企业微观运作的角度，企业内部设立知识产权及文献数据库，实现了数据内部共享与实时、有效的内部交流。综上所述，无论从宏观政策层面，还是微观企业管理层面，世界主要发达国家政府对于知识产权管理的政策支持与资金投入都是促进国家经济发展、提升国家竞争实力的重要保障之一。尤其是对于知识密集型的战略性新兴产业而言，知识产权管理与服务不仅可以保护新兴企业的专利所有权，还可以促进新技术、新知识的流动，有效提升国家创新效率。

表 17.1　国际主要发达国家知识产权管理特征

国家	新兴产业与知识产权管理		
	国家层面	产业层面	企业层面
美国	注重顶层设计；《美国国家创新战略》《国家制造创新网络知识产权指南》等政策分别对新兴产业知识产权管理及服务提出要求	构建产业与产权管理体系	对员工进行专利激励，增加企业内部知识产权管理费用，等等
德国	完善的民主法治和知识产权是德国制造业快速发展的后盾。《德国 2020 高技术战略》提出要加强知识产权管理投入比重政策	产学研合作发展模式；知识产权管理内部网络；以企业为主体，以专利为重点，促进产权与产业管理的高度融合	构建知识产权数据库，提升信息交流效率，动态管理，等等
日本	设立日本专利局；颁布《知识产权战略大纲》《知识产权基本法》等政策；最早在中国设立知识产权特派员的国家	设立专门研发机构和科学园区，实现产学研的紧密结合	采用专利激励制度，员工奖金与专利挂钩；专利管理中心解决侵权、产权纠纷问题；专利情报中心为决策提供支持服务；等等

17.3 我国战略性新兴产业知识产权管理发展现状及挑战

我国国务院于 2008 年印发了《国务院关于印发国家知识产权战略纲要的通知》，将知识产权提升为国家战略。2010 年发布《国务院关于加快培育和发展战略性新兴产业的决定》后，国务院办公厅于 2012 年转发国家知识产权局等部门《关于加强战略性新兴产业知识产权工作的若干意见》，并于 2017 年发布了《2017 年深入实施国家知识产权战略加快建设知识产权强国推进计划》。自 2008 年起，国务院及国务院办公厅共发布知识产权类相关文件 31 份，部分内容整理归纳如表 17.2 所示。

表 17.2　2008 ～ 2017 年我国知识产权相关文件（部分）

发文机关	文件名称	发布时间
国务院办公厅	全国打击侵犯知识产权和制售假冒伪劣商品工作要点	2010 ～ 2017 年
国务院	国务院关于新形势下加强打击侵犯知识产权和制售假冒伪劣商品工作的意见	2017 年 3 月 22 日
国务院	国务院关于印发“十三五”国家知识产权保护和运用规划的通知	2017 年 1 月 13 日
国务院办公厅	国务院办公厅关于印发知识产权综合管理改革试点总体方案的通知	2017 年 1 月 12 日
国务院办公厅	国务院办公厅印发《国务院关于新形势下加快知识产权强国建设的若干意见》重点任务分工方案的通知	2016 年 7 月 18 日
国务院	国务院关于新形势下加快知识产权强国建设的若干意见	2015 年 12 月 22 日
国务院办公厅	国务院办公厅关于转发知识产权局等单位深入实施国家知识产权战略行动计划（2014—2020 年）的通知	2015 年 1 月 4 日
国务院办公厅	国务院办公厅转发知识产权局等部门关于加强战略性新兴产业知识产权工作若干意见的通知	2012 年 4 月 28 日
国务院办公厅	国务院办公厅关于成立全国打击侵犯知识产权和制售假冒伪劣商品专项行动领导小组的通知	2010 年 10 月 26 日
国务院	国务院关于印发国家知识产权战略纲要的通知	2008 年 6 月 5 日

资料来源：中央人民政府网站公开文件

发文分别对打击侵犯知识产权相关工作、发布知识产权战略、改革试点总体方案等进行了通知。其中，《国务院办公厅转发知识产权局等部门关于加强战略性新兴产业知识产权工作若干意见的通知》特别指出，到 2020 年我国战略性新兴产业的知识产权创造、运用、保护和管理水平显著提高，知识产权有效支撑战略性新兴产业发展，涌现一批国际竞争力强、具有较强产业影响力和知识产权优势的企业，形成较为明显的战略性新兴产业知识产权比较优势。

知识产权服务是知识产权制度有效运转和实现创新发展的重要支柱 [14]，知识产权服务作为连接技术拥有方与需求方之间的桥梁，其公共服务内容、数据更新速度等，将直接影响创新主体的创新扩散与使用效率。《国家知识产权战略纲要》中要求，强化知识产权公共服务，提高知识产权公共服务水平，构建国家基础知识产权信息公共服务平台。然而，我国在战略性新兴产业领域的知识产权发展方面仍然面临着严峻的挑战，态势不容乐观：知识产权数量与质量不协调、区域发展不平衡、保护不够严格等问题依然突出，核心专利、知名品牌、精品版权较少，布局还不合理，一些企业缺乏国际布局和参与全球竞争的意识[15]；知识产权机构服务效率低下、确权时间长、数据缺失、检索系统分散等问题，严重影响了技术的扩散与利用效率[16]。加之大数据、互联网等先进技术的兴起，使新兴技术的侵权现象愈加严峻，挫伤了企业等主体的创新积极性。现阶段，我国战略性新兴产业知识产权管理与服务主要面临如下挑战：

第一，垄断性威胁。我国战略性新兴产业的知识产权服务供给垄断较为严重，导致服务链条冗余、工作效率低。从整体来说，我国知识产权服务业的产业规模相对较小，知识产权管理体制分割，尚未形成以战略性新兴产业为主要服务对象的行业机构。国家相关机构要面向庞大的企业、高校、科研院所甚至社会公众，因此，其处理知识产权相关业务的周期相对较长，由于缺乏统一的产权服务流程及标准，一些专利在确权、授权、维权、转移和产权保护方面服务链条冗余[17]。

第二，供给与需求方信息不对称。创新主体之间的产权交易信息不对称，产学研之间交易对接困难。新形势下，越来越多的创新主体开始寻求外部创新资源，从而缩短创新周期、降低创新成本。知识产权的转移与保护，可以有效促进技术流动，加快新兴技术的产业化。

第三，知识产权难以溯源，企业知识产权管理意识不足。目前，我国大部分企业尤其是中小企业存在知识产权意识不足、知识产权管理水平不高和知识产权纠纷应对能力较差等问题[16]。我国大部分企业尚未建立知识产权管理制度，尤其对于发展战略性新兴产业的企业来说，由于新兴产业的技术、知识密集，知识产权管理制度的缺失对此类企业的创新以及产权纠纷处理非常不利。

第四，数据维护水平较低。知识产权公共服务平台运营、维护水平有限。知识产权检索平台作为知识产权的底层基础平台，一方面对产权的转移、保护有着基础支撑作用，另一方面对促进共性关键技术的快速扩散、新技术的成果转化有着重要作用。此外，对于技术专利的深入、全面分析，有助于战略性新兴产业进行技术与市场预见，提前开展战略布局，并在一定程度上缓解新兴产业在发展过程中可能遇到的风险，以便做好预警。

17.4　基于区块链技术的战略性新兴产业知识产权管理分析

于2008年兴起的区块链技术，是分布式数据存储、点对点传输、共识机制、加密算法等技术的集成应用[17]，其以“去中心化、不可篡改性、分布式自治”等特点，受到了各国政府、企业界以及学者的广泛关注。面对战略性新兴产业在知识产权管理与服务方面面临的多重挑战，探索区块链技术相关机制与产权管理相关问题的耦合机制，利用区块链技术解决知识产权管理问题，对改革知识产权体制机制、完善新兴产业知识产权管理制度、开拓新技术的应用场景具有重要的启示作用。

工信部于2016年底发布的《中国区块链技术和应用发展白皮书》中，从广义与狭义角度对区块链做了定义：狭义来讲，区块链是指一种按照时间顺序将数据区块以顺序相连的方式组合成的链式数据结构，并以密码学方式保证不可篡改和不可伪造的分布式账本；广义来讲，区块链技术是指利用块链式数据结构来验证与存储数据、利用分布式节点共识算法来生成和更新数据、利用密码学的方式保证数据传输和访问的安全、利用自动化脚本代码组成的智能合约来编程和操作数据的一种全新的分布式基础架构与计算范式。区块链技术最先应用于比特币交易，是比特币的底层技术。其先后经历了以比特币为代表的区块链1.0可编程货币时代、区块链2.0可编程金融时代，发展至今的区块链3.0跨行业应用时代。区块链技术的应用在我国乃至国际市场均引起了广泛关注，并应用于政府治理、金融、智能制造等多个领域。

区块链技术的分布式存储、共识机制、智能合约以及全过程的时间认证（时间戳）和不可篡改特性，将分别解决战略性新兴产业的知识产权在管理与服务方面所面临的垄断威胁、信息不对称、产权难以溯源以及数据维护方面的挑战。

区块链的分布式存储技术体现了其去中心化特性，使得各个节点可以分地域、分时段地进行知识产权管理活动，众多节点形成端到端的网络结构，保证了每个节点的独立性。如前文分析，战略性新兴产业的知识产权管理尚未与全部产权管理业务分离开来，囿于国家产权管理机构的低效率工作状态，新兴技术的更新速率大大降低，而多节点分布式并行工作，可以提升知识产权服务效率。同时，区块链技术的同步更新机制，也保证了整体网络的同步性与一致性。此外，当任何区域的数据库遭到恶意攻击或出现运转障碍时，知识产权信息的分布式存储技术可使其他节点正常工作，保证了数据库的安全、平稳运行。

区块链的共识机制通过非对称加密算法实现，即在加密和解密的过程中使用一组密钥对，由于密钥对的非对称性，其具有高度的保密特性。一方面，通过一个密钥进行加密后，只有另一个密钥才能解密；另一方面，通过一把密钥无法获得解开该密钥的另一把“钥匙”。“私钥”的应用保证了信息的准确性，防止其他节点恶意进攻或篡改。例如，某知识产权局下属机构对一项技术确权后，可以通过密钥加盖机构识别签名，该签名只有此机构拥有，其他任何节点均无法获取此机构密钥。该加密算法使各参与知识产权工作的节点以及需求方可以达成共识，即使没有中介机构参与知识产权服务，需求方仍然可以信任数据库中存储的信息。

区块链技术的共识机制催生了私有链、联盟链及公有链等多种信息共享的渠道，丰富了战略性新兴产业知识产权的管理与服务方式。由于我国战略性新兴产业涉及范围较广，除企业的非涉密通用技术外，还包括军民融合甚至军用技术等密级较高的新兴技术。私有链的产生，保证了该区块链由某个组织和机构全权控制，即其节点和网络环境都是完全可以控制的，因此，可以在保密机构内部进行使用。联盟链是指其控制过程受到预选节点控制的区块链，对于某些企业或产学研联盟共同体来说，联盟链的使用在促进联盟主体之间的技术交流、转移的同时，又确保了数据私密。公有链则相对开放，可以供所有主体进行信息搜索、查询等活动。因此，区块链的共识机制，从数据、技术的不同保密层级角度，对知识产权数据进行录入、更新，保证了数据供给方与需求方之间信息的透明化。

区块链的智能合约是由一系列计算机算法预先设置的，其自治性表现为合约一旦启动就会自动运行，外界无法对其进行干预；自足性表现为智能合约可以通过提供服务获得一定的报酬，同时可以利用这些资源进行二次交易[18]；去中心化即不依赖某个中心化服务器[19]。涉及知识产权服务的不同主体共同签署一个知识产权服务合约，约定各方的责任与义务。合约将以智能合约的形式存入区块链中，由区块链技术确保合约在履行过程中不得篡改[20]，一旦开始执行产权服务，合约逐条完成后即生效，并可进行查询。近年来，我国知识产权纠纷不断，而互联网具有开放共享性，网络传播速度大大快于产权获得速度，使得一些新兴技术在未授权的情况下，就会传播于网络中，导致这些新兴技术无法受到法律保护。区块链技术的智能合约机制，保证了新兴技术的可追本溯源特性，使得产权纠纷可以得到基础性保障。

区块链的时间戳是指每个节点进行数据更新后，要在该信息下加盖时间戳，说明此段信息的产生时间，按照时间顺序将区块信息链接起来，即形成区块链，同时信息的加密处理，以及密钥的生成、解码等算法，保证了信息的不可篡改性。时间戳与不可篡改性共同维护了区块链所形成的数据库的完备性。例如，技术的二次更改与授权转移、买卖等，均按照时间顺序进行记录，一方面保证了数据来源、更新的可靠性，另一方面也使产权得到了基础保护。

综上所述，区块链的不同技术特点，将从不同角度攻克我国战略性新兴产业现阶段所面临的挑战，每项技术并非独立于某个单独矛盾点而存在。分布式存储技术、共识机制、智能合约、时间戳和不可篡改性耦合互补，应对信息不对称、管理垄断性等新兴产业知识产权管理问题。

17.5　政策建议

战略性新兴产业是我国转变经济发展方式、调整产业结构的重要力量。随着国家对战略性新兴产业知识产权管理越来越重视，发挥新兴技术优势，完善新兴产业知识产权管理，成为提升我国技术优势、实现创新驱动的重要环节。区块链技术的兴起，颠覆了多项传统业务领域，其高效、安全的技术模式，驱使世界各个国家开始探索基于区块链技术的应用场景。一些实践经验表明，区块链作为具有去中心化特征的生态链，与现存体制下的利益机制产生一定程度的冲突，因此，为了保障基于区块链技术的战略性新兴产业知识产权服务系统得以开拓式应用，可从以下方面做好预见工作：

第一，做好区块链技术与知识产权融合的顶层设计。现阶段，国家互联网金融安全技术专家委员会以及工信部等各部委，分别对区块链技术予以不同层面的研究，2017 年 8 月 1 日发布的《合规区块链指引》以及《中国区块链技术和应用发展白皮书》，结合国际经验与我国国情，对我国区块链技术的发展路径、标准化进行了规范，这在一定程度上对区块链相关研究机构提出了更高的要求。由于区块链技术刚刚兴起，我们将面临一些不确定性风险，如何应对可能来临的风险，又不过分压制新兴技术的利用，我国政府需要进行全面、深入的思考、调研，出台合适的制度、法规，在示范性应用的基础上进行改进，普及化后再进行广泛推广，从而促进新兴技术在不同产业领域的共享性应用。

第二，区块链技术对大数据治理的启示。区块链作为数据存储的底层技术，在很大程度上解决了隐私数据被泄露、数据被篡改、遭受恶意攻击等安全性问题。随着“互联网 +”大数据时代的到来，诸如人工智能、智能制造等越来越多的新兴技术依赖于大数据信息，要在数据未“泛滥”前，对其进行统一管理，防止数据爆发式增长后可能引起的灾难性数据无法收拢式管理的问题。

第三，动态监管。新兴技术的应用，必将面临之前无法预知的风险，因此，在对区块链技术进行应用的同时，应该做好动态监管工作，做到边监管边发展，一方面增强相关机构应对风险的能力，另一方面也为政府的后续工作提供相关借鉴。同时，区块链技术作为一种新兴技术，用其改变旧有制度将会面临一系列的问题，该技术的使用必将催生出一些新的商业模式，以新技术带动新模式，从创造增值的部分找到新机会，也将是区块链技术给新兴产业带来的新机遇。

诚然，本章的研究是对区块链技术在知识产权管理方面应用的一个初步探索，对该技术应用的更深入挖掘将有待于团队的进一步研究。

参考文献

[1] 中华人民共和国国务院．国务院关于加快培育和发展战略性新兴产业产业的决定，2010.

[2]Romer P M. Endogenous technological change. The Journal of Political Economy，1990，98（5）：71-102.

[3] 陈凯华，余江．新兴产业发展中的知识产权战略研究．第六届中国科技政策与管理学术年会，北京，2010.

[4] 国家知识产权局．关于加强战略性新兴产业知识产权工作的若干建议，2012.

[5] 李明星，何娣，张愍，等．知识产权促进战略性新兴产业发展实证研究——以江苏省为例．科技进步与对策，2013，30（9）：54-59.

[6] 冼志勇，徐洁．战略性新兴产业知识产权保护的协同合作机制研究——以集成电路设计公司为例．科学管理研究，2013，31（4）：57-60.

[7] 李明星，何娣，张愍，等．知识产权促进战略性新兴产业发展实证研究——以江苏省为例．科技进步与对策，2013，30（9）：54-59.

[8]Ginarte J C，Park W G. Determinants of patent rights：a cross-national study. Research Policy，1997，26（3）：283-301.

[9]Kyle M. Intellectual Property Rights and Access to Innovation：Evidence from TRIPS. New York：Social Science Electronic Publishing，2017.

[10] 顾晓燕．知识产权国际强保护下我国战略性新兴产业发展模式研究．经济纵横，2014，（4）：43-46.

[11] 田力普．国内外知识产权最新形势分析．知识产权，2014，（1）：3-7.

[12] 莫守忠，王曦，李蓓．发达国家运用知识产权助推战略性新兴产业发展对我国的启示．湖南财政经济学院学报，2012，28（2）：5-13.

[13] 王建华，卓雅玲．全球研发网络、结构化镶嵌与跨国公司知识产权保护策略．科学学研究，2016，34（7）：1017-1026.

[14] 杨红朝．知识产权服务业培育视角下的知识产权服务体系发展研究．科技管理研究，2014，306（8）：176-180.

[15] 雨齐．知识产权保护要在新兴领域有突破．http://www.sipo.gov.cn，2017-08-01.

[16] 贾辰君．论我国知识产权公共服务供给的现状和改进．科学管理研究，2015，（2）：5-8.

[17] 洪群联．我国知识产权服务体系发展现状与战略思路．经济纵横，2011，（11）：44-49.

[18] 刘伟，蔺宏宇．区块链技术原理及基于区块链技术的知识产权服务浅析．产权导刊，2016，（11）：65-69.

[19] 龚鸣．区块链社会．北京：中信出版社，2016.

[20] 斯万 M. 区块链：新经济蓝图及导读．龚鸣译．北京：新星出版社，2016.

第 18 章

我国智能制造产业的技术扩散与有组织创新

魏　峰　周　源　薛　澜

【内容提要】长期以来，中国科技宏观管理更习惯于使用科技政策促进关键技术突破，并以此为抓手推进产业创新。然而中国仍远未完成工业化发展进程，不同区域和领域的制造业发展水平参差不齐，与原创性尖端技术的发展对接非常有限；与此同时，中国经济发展转型对量大面广的制造业升级的需求极为迫切。在此局面之下推动中国制造业实现广泛的产业升级，推广扩散平台型的制造业共性使能技术尤为关键。而这类共性使能技术的扩散推广，不仅涉及量大面广的制造业企业，还涉及创新链条的其他多个主体、部门，传统自上而下的命令控制型政策模式难以适应这种形式。如何动员组织众多制造业企业，在市场经济的原则下克服各种困难，主动学习并采用关键共性技术，是中国产业创新面临的一大挑战。“数控一代创新工程”旨在将数控技术应用到各行业机械产品实现制造装备整体升级换代从而带动产业升级，是推广制造业共性使能技术扩散的成功范例。在此创新扩散工程的实施中，政府起到“四两拨千斤”的关键作用，通过少量政策资源撬动广泛的市场资源投入，充分发挥企业、研发机构、中介、金融等多元创新主体的积极性，以多元治理模式推动新一代的“有组织创新”。本章围绕数控一代创新工程的实践，以泉州市数控装备升级换代为案例，在创新治理的框架下，讨论多元创新主体协同合作而产生的新一代“有组织创新”模式，为更好地推进共性使能技术扩散、带动制造业广泛升级提供决策依据。

18.1　引言

数控技术是实现不同行业机械产品创新的颠覆性关键共性技术，是先进信息技术与自动控制、机械制造技术相结合的集成技术。加快转变经济发展方式的核心是优化产业结构，关键是产品升级换代。数控技术及产品（包括数控系统和驱动装置等）作为共性使能技术与各行业机械产品的有机融合，可以实现机械产品的数字化控制，从根本上提升各行业制造装备的功能和性能，修复企业动能，提高其市场竞争力，并为机械产品最终实现向智能化方向发展奠定坚实基础[1，2]。“数控一代机械产品创新应用示范工程”（简称数控一代创新工程）是《中国制造2025》的重大工程，旨在将数控技术应用到各行业机械产品以实现制造装备整体升级换代，是共性技术扩散的成功范例，同时也面临严峻的困难和挑战，需要进一步改进和完善。

共性技术创新和扩散是指以市场为导向，以共性技术创新为基础，以提高产业竞争力为目标，以创新技术在企业与企业、产业与产业之间的扩散为重点，从新产品或新工艺设想的产生，通过技术的开发（或引进、消化吸收）、生产、商业化到产业化整个过程的总和[3]。因此，共性技术扩散是不同机构间复杂相互作用的结果，包括各种创新主体有机联系、相互作用所构成的社会网络系统以及形成的各种复杂关系[4，5]。长期以来，中国科技宏观管理更习惯于使用科技政策促进关键技术突破，并以此为抓手推进产业创新。然而中国仍远未完成工业化发展进程，不同区域和领域的制造业发展水平参差不齐，与原创性尖端技术的发展对接非常有限；与此同时，中国经济发展转型对量大面广的制造业升级的需求极为迫切。在此局面之下，推动中国制造业实现广泛的产业升级，推广扩散平台型的制造业共性使能技术尤为关键。数控一代创新工程对各行业机械产品而言是产品创新工程，对数控技术而言则是共性技术扩散工程[1]，这类共性技术的扩散推广，不仅关系广大制造业企业，还涉及创新链条上的其他多个主体和部门。然而传统自上而下的命令控制型政策模式以及单靠市场机制的模式都已不再适应这种形式，因此，如何驱动和引导广大制造业企业在市场经济原则下克服众多障碍接受共性技术的应用，是产业创新面临的一大挑战。在创新工程实施当中，企业是技术扩散体系的核心，政府起到“四两拨千斤”的关键作用，通过少量的政策资源撬动了广泛的市场资源投入，充分发挥了高等院校、科研院所、行业中介、金融机构等多元创新主体的积极性，在创新治理的框架下，以多元治理模式推动了新一代的有组织创新。

自20世纪70年代以来，社会、经济和管理领域出现的一些新问题推动了公共管理和公共行政理论研究的变革[6，7]。以治理为代表的新理论提出了多元化、自组织、合作和去意识形态的公共治理模式[8～11]。90年代以来，西方政治学和经济学将治理的概念广泛用于社会经济领域，并形成了较为统一的定义：治理是各种公共或私人机构管理共同事务的诸多方式的总和，是使相互冲突或不同的利益得以调和并且采取联合行动的持续过程[11，12]。因此，治理既涉及公共部门，也包括私营机构，其过程基础不是控制，而是协调。

创新治理是治理的理念、结构、模式等在科技政策管理中的运用，将解决政府失灵和市场失灵的措施有效结合，旨在提高效率，降低成本，优化资源配置以及促进科技创新与社会经济协同发展[11]。创新治理主体的多元化为科技政策执行力的提高创造了条件。在推广和应用数控技术的过程中，如何围绕创新链条的多部门、多主体、跨领域完善创新治理开展有组织的创新工程是当前中国产业转型升级亟须解决的重大问题。

创新治理不但关系科技资源的配置，并且和创新体系建设以及产业链、创新链之间的无缝衔接相关联。目前，创新治理的研究方兴未艾，主要集中在创新体系与发展模式的比较上[10，11]。然而关于创新治理的多元主体及其在大规模共性技术扩散中的作用，构建创新治理体系和提升创新治理能力的研究比较少，特别是关于这方面的案例分析和实践研究更为鲜见。因此，在创新治理的理念之下，本章将围绕数控一代创新工程的实践，以泉州市数控装备升级换代为案例，从推动数控技术扩散和制造业升级的视角，讨论多元创新主体协同而产生的新一代有组织创新模式，总结数控一代工程的成功经验，查找存在的问题，为更好地推进中国共性使能技术扩散、带动制造业广泛升级提供决策依据。

18.2 数控技术扩散的主要特征

回顾历史上产业结构调整和机械产品升级的进程：蒸汽机技术使机械工业由人力制作时代进入机械化时代（“工业 1.0”或机械一代）；电气技术使机械工业由机械化时代进入电气化时代（“工业 2.0”或电气一代）；数控技术正在使机械工业由电气化时代进入数字化时代（“工业 3.0”或数控一代）；智能技术则将使机械工业由数字化时代跃升为智能化时代（“工业 4.0”或智能一代）[1，2]。

当前数控技术的普及程度是衡量中国制造业核心竞争力和整体技术发展水平的重要标志。而智能制造技术则是在机械产品数字化的基础之上，将新一代信息技术应用在制造系统的关键环节当中，具有一定自主性的感知、学习、分析、决策、通信与协调控制能力，能动态适应制造环境的变化，从而达到某些优化目标，实现智能一代。

因此，数控一代产品创新是实现智能制造的基础。结合中国工业发展起步晚、底子薄、区域和行业发展不均衡的实际国情，当前制造业发展的主要任务是实现“2.0 补课，3.0 普及，4.0 试点示范”的战略目标。在此背景下，“十二五”期间中国启动实施了数控一代创新工程。

历史上，机械产品的演化创新主要有两种方法[1，2]：一是创新工作原理或工作装置，具有根本性和颠覆性特征，比较罕见但尤为重要；二是创新机械运动的驱动和控制系统。传统机械产品主要包括动力装置、传动装置、工作装置（图 18.1），机械产品的数控化即对其运动的驱动和控制系统的创新（图 18.2）。

图 18.1　传统机械产品的结构

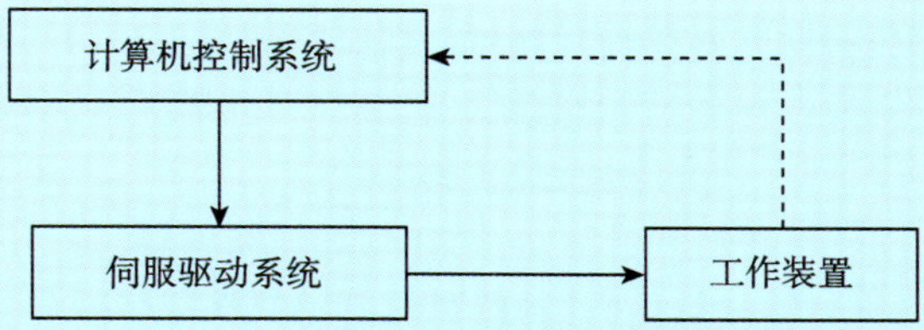

图 18.2　数控机械产品的结构

对驱动和控制系统进行数控化创新既有鲜明特征也有本质规律，可以广泛应用于各种机械产品，同时引起机械产品的升级换代和制造业的深刻变革。数控化是实现机械产品创新的有效途径，其技术核心有两方面 [1]：一是用计算机控制系统对机械运动与工作过程进行控制；二是用伺服电机驱动系统代替传统动力和传动装置。数控技术以先进的信息技术与自动控制、机械制造技术相结合，可以使机械产品的内涵和性能产生本质性变化，是典型的机械产品创新的共性技术。

共性技术是能够在多个产业广泛应用并对其产生深度影响的、处于竞争前阶段的一类技术 [4]。从技术属性看，共性技术处于竞争前阶段，是不同企业专有技术的共同技术平台。从产业属性看，共性技术可以带动相关产业领域中多个企业专有技术的研发，带动多个相关产业集群的技术进步与突破，提高相关产业部门的综合经济和社会效益。

作为一种典型共性技术，数控技术的应用兼有技术含义和产业含义，可以基于技术学和经济学两个视角，对数控技术及其应用进行分析 [13～15]。从技术学视角看，数控技术具有如下几个特性：①基础性，数控技术为后续数控化机械产品开发提供技术原理和基础方法，直接影响和制约机械产品研发的水平，是技术产品商业化、市场化的基础。在数控技术的扩散过程中，由于其需要与量大面广的不同工作装置相结合，因此根据不同工作装置的工艺需求进行个性化的技术定制服务和开发非常重要。②关联性，数控技术涉及多产业部门的不同机械产品，并与其他技术成分共同支撑产品的性能，关联产品范围广泛，技术共性强，因此数控技术的稳定性和可靠性对其扩散效果影响非常大。③开放性，数控技术作为技术源，能够为后续相关企业的技术开发提供公共平台，其成果可以在相关企业、产业得到广泛应用，因此在扩散过程中，对技术的开放性也有一定要求。

从经济学角度看，数控技术的应用具有如下特征 [3，4]：①正的外部性。数控技术能够带动其他相关产业领域机械装备的整体进步和突破，数控技术成果容易溢出到相关部门和产业领域，并为这些部门和领域带来相应经济效益。②经济效益的潜在性。数控技术属于竞争前技术，其价值只有与后续专用制造装备相结合才能体现出来，因此其经济效益是潜在的，只有在其基础之上研发形成专用制造装备才能产生实际经济效益。

综上所述，作为处于竞争前阶段的技术，数控技术在“科学—技术—生产”的整个机械产品创新链条及产业价值链条中，处于关键基础性地位，其有效供给可以改善制造业企业获取技术创新的能力，降低企业后续应用性研发的技术风险，是企业核心竞争力的源泉。同时，由于数控技术所具有的经济特性，其推广应用更为复杂并充满风险，单一技术创新主体很难也没有必要独立承担数控技术和产品的开发及其扩散过程中的全部活动和相应的风险。因此，相关创新主体之间需要加强互动合作，共同推进数控技术和产品的创新及扩散。

18.3 案例研究

2016 年 6 月，全国数控一代创新应用工程现场工作会在泉州召开，近年来该市大力贯彻落实数控一代创新工程，取得了显著成绩。泉州机械装备产业已迈入千亿集群，研发出各类数控化装备 100 多种，推广应用国产数控系统 2 000 多套，累计带动研发投入增长 30%。有近千家企业应用数控技术和产品，平均减少劳动力 20%～30%，缩短产品研制周期 20%，提高生产效率 20%。泉州数控一代创新工程在实施过程中，充分应用了以市场为主导、企业为主体的模式，使政府积极转变治理方式起到引导作用，高等院校、科研院所、金融机构共同起到支撑作用，是充分运用创新治理理念成功实施的有组织的创新工程。

本章以“制造强国战略研究”为背景，围绕数控一代创新工程的实践，以泉州数控装备升级换代为案例，分析在新型创新治理框架下的有组织创新过程中多元创新主体间的协同关系，探究数控技术扩散带动产业升级过程中有组织创新的模式，在总结现有成功经验的基础之上查找存在的不足，为更好推进《中国制造 2025》提供决策依据。

18.3.1 多元创新主体协同的有组织创新

1. 政府转变治理方式，发挥积极引导作用

政府在市场经济中主要发挥着保持宏观经济稳定、维护市场秩序、弥补市场缺陷、提供公共产品的作用[16, 17]。产业共性技术是企业专有技术和应用技术的基础，数控技术对企业发展乃至产业升级都有不可替代的影响，因此在数控技术扩散过程中，政府可以发挥重要作用。

关键共性技术是对整个国民经济有重大影响的共性技术，其突破能带动多个产业的技术升级，经济和社会效益明显。由于数控技术是一种典型的关键共性技术，在泉州贯彻实施数控一代创新工程中，政府的职能就是在结合部分行政命令的基础之上，积极建立健全数控技术和产品的研发与扩散平台，通过大力支持竞争前共性

技术研究与扩散以及建立高效的中介服务体系来推动整个技术体系的升级与完善。泉州政府创新管理机制，采取不同组织形式来引导数控技术的扩散和转化，对合作开发各方主体的利益进行协调与补偿，吸引多方参与，使得当地中小企业能够以较低价格较快获得数控技术，在此基础之上结合工艺需求进行专用制造装备的开发，实现通过数控技术扩散推动制造业整体进步、增强产业竞争优势的目的。当地投入大量财政资金引进设立泉州华中科技大学智能制造研究院、中国科学院海西研究院泉州装备制造研究所、哈尔滨工业大学机器人研究所以及厦门大学、福州大学等 10 多个科研单位和高等院校参与技术扩散，促进各类技术服务平台与企业的频繁互动和紧密结合，由单一向企业提供补贴进行技术改造转变为向技术服务平台购买行业共性技术服务，然后低成本转移至中小企业应用推广，加快泉州制造业转型升级的步伐；在整机企业、零部件生产和系统集成企业、应用企业间组建泉州数控一代产业联盟，建立协同创新和互利共赢的运行机制，实现创新资源和产业转型升级的匹配。

2. 企业通过需求推动技术扩散，实现产业升级

科技成果转化是一场接力赛，第一棒就是研发产出，如果研究项目与产业发展需求不匹配，产出的成果不具备潜在应用市场，成果转化就无从谈起。对于正处于转型升级的制造业，首先意味着科研活动要紧密契合企业发展的实际需求。

在泉州数控一代创新工程的实施过程中，企业发挥了显著的主体作用，以强化产业需求为导向，有效提升了制造业的装备技术水平。当地重点企业与相关领域专家通过交流会、培训会等各种形式开展对话洽谈以实现紧密对接。泉州企业对数控技术有巨大需求，在千家企业技术需求征集中，针对重点产业的数控技术需求进行了全面调研和论证，然后在纺织鞋服、建筑建材、机床和机器人等需求量大的产业进行数控技术开发和产品推广应用，有百个示范项目、百家示范企业得到相关部门的认证。当地企业协同技术专家和创新团队开展联合攻关，通过产学研合作、公开招标等形式寻求解决行业共性和关键性技术难题以实现产业化，推动一批数控装备在装备制造企业和劳动密集型企业分别得到研发和应用。截至 2016 年 4 月，泉州已有数百家装备制造集群企业和装备应用企业参与了数控技术的创新应用试点示范，并完成 423 台机器人、1 834 台 3C（China Compulsory Certification，即中国强制性产品认证）钻攻中心、2 239 台（套）数控装备的推广应用。

3. 多元化创新主体充分发挥协同作用，保障有效供给

技术创新和扩散不是理想的线性过程，而是在统一的系统内部各要素之间相互作用和反馈的结果[13，18～21]。由于数控技术扩散关联到不同部门及不同产业的技术基础，在研发投入、技术储备、人才资源以及组织管理方面有较高要求，是不同创新主体之间复杂相互作用的结果，需要协同参与，从而实现风险共担、成果共享。

泉州当地企业毫无疑问是核心主体，没有企业的直接参与，数控技术的创新就难以产生实际经济效益。与此同时，各类公共技术服务平台也发挥了重要作用，企

业开展数控装备研发和创新也离不开其他科研机构、高等院校和中介部门等多元主体的协同合作。在泉州，参与数控技术扩散的各类创新主体为实现既定目标与其他主体之间进行频繁的信息交流、资源交换和各种合作，形成一批产学研合作应用示范项目和创新成果：泉州华中科技大学智能制造研究院、中国科学院海西研究院泉州装备研究所、哈尔滨工业大学机器人研究所等与嘉泰、海天、黑金刚、瑜鼎等企业在多主轴、多通道数控机床、折弯机控制系统、智能机器人开发和应用方面已经取得实际成效。此外，华侨大学、福州大学等高等院校与企业合作研发的数控技术项目也分别进入小试、中试、产业化和市场化阶段。在数控机械产品推广和应用过程中，除高等院校及科研机构提供数控技术基础支撑外，金融机构、各类基金提供资金支持，行业中介部门提供信息保障和协调服务，教育培训部门提供创新人才，科技部门提供制度建设、政策干预和法律环境建设等保障。实践证明，只有包括私营部门（如企业）、公共部门（如政府、公共科研机构、高等院校）及市场中介组织（如行业协会）在内的各类创新主体加强协同配合，系统构建科学合理、运行规范、互利共赢的产业共性技术支撑体系，才能有效规避数控一代创新工程实施中的各种风险，保障数控机械产品研发和应用能够在泉州这样一个市场经济高度发达的环境下得以规范有序地运行和推进。

18.3.2 泉州实施数控一代创新工程中存在的不足

过去以财政拨款为主渠道的科技投融资机制难以适应自主创新发展的需求，未来应该充分发挥各类社会资本和金融资本在技术扩散过程中的作用。目前，在各方利益关系的协调和相关政策的鼓励下，泉州当地融资担保、融资租赁等金融部门已逐步参与到支持共性技术在制造业的创新和扩散当中，当地多个民间组织也出资设立了部分基金予以资助。但是，据调研，目前在泉州制造业企业开展数控装备升级换代的过程中，大约有超过 80% 的企业依靠自有资金或银行贷款开展设备升级改造，融资方式过于单一，使得数控技术扩散的力度和范围影响有限。因此，下一阶段贴息贷款、融资租赁、风险补偿等多种方式需要及时跟进，从而降低装备数控化升级中的投融资风险，拓宽企业融资渠道，鼓励更多金融和社会资本投入实体经济，有效增强对技术改造的资金供给。

此外，在共性技术创新和扩散的过程中，企业不只是技术应用的主体，更是技术创新的主体。数控技术是共性技术，但是数控技术与不同行业量大面广的机械产品工艺需求相结合则是数控技术的二次开发和应用。面对成千上万的企业需求做二次开发，仅靠高等院校和科研院所的力量显然不够，需要进一步发挥千千万万企业自身的技术能力。此现状在实地调研中也得到了反映，当地企业设备数控化升级改造的首要技术来源是企业自身而非科研院所和高等院校。与此同时，泉州当地专业化、市场化的技术服务机构较少，因此，开展针对企业技能人才的大规模培训培养工程以及扶持培育一批以市场为导向的专业化技术服务公司刻不容缓。

18.4　总结

数控化是创新机械产品的有效途径，将数控技术及产品与各行业机械设备有机融合，实现机械设备的数字化控制，可以从根本上提升其功能和性能，为最终实现机械设备智能化升级奠定基础。因此，实现数控技术在中国制造业大范围的扩散具有承前启后的重要意义。长期以来，中国科技宏观管理着重于研发链条的科研管理，传统自上而下的命令控制型政策模式已不适应新的发展形势。如何在创新治理的框架下，围绕创新链条的多部门、多主体、跨领域开展有组织的创新工程，并动员组织量大面广的制造业企业，在市场经济的原则下克服各种障碍主动接受关键共性技术，是当前中国产业升级亟须解决的重大问题。本章围绕数控一代创新工程的实践，通过对泉州数控装备升级换代进行具体分析，探究在新型创新治理框架下的有组织创新过程中多元创新主体间的协同关系。发现在此过程中，政府通过发挥“四两拨千斤”的作用，在用户市场强大需求的拉动和研发机构有效技术推动的基础之上，以少量政策资源撬动了广泛的市场资源投入。最后，在总结现有成功经验的基础之上查找存在的不足，为更好地推进数控技术扩散带动制造业广泛升级提供决策依据。

参考文献

[1] 周济，邵新宇，周艳红 .《“数控一代”机械产品创新工程》的战略意义和技术路线 . 中国机械工程，2012，23（1）：1-6.

[2]Zhou J. Digitalization and intelligentization of manufacturing industry. Advances in Manufacturing，2013，（1）：1-7.

[3] 李纪珍 . 共性技术供给与扩散的模式选择 . 科学学与科学技术管理，2011，10（32）：5-12.

[4] 傅家骥 . 技术创新学 . 北京：清华大学出版社，1998.

[5] 范小虎，陈很荣，仰书纲 . 技术转移及其相关概念的涵义辨析 . 科技管理研究，2000，（6）：44-46.

[6]Horbach J. Determinants of environmental innovation—new evidence from German panel data sources. Research Policy，2008，37（1）：163-173.

[7]Pelkonen A. The problem of integrated innovation policy：analyzing the governing role of the science and technology policy council of Finland. Science and Public Policy，2006，33（9）：669-680.

[8]Trianni A，Cagno E，Worrell E. Innovation and adoption of energy efficient technologies：an exploratory analysis of Italian primary metal manufacturing SMEs. Energy Policy，2013，61：430-440.

[9] 陆铭，任声策．基于公共治理的科技创新管理：一个整合框架．科学学与科学技术管理，2010，6：71-79.

[10] 王焕祥，段学民．公共科技管理理论的最新发展述评．科学与科学技术管理，2008，(6)：108-113.

[11] 杨继明，冯俊文．从创新治理视角看我国科技宏观管理体制改革走向．科技进步与对策，2013，30（3）：99-103.

[12] 孙福全．加快实现从科技管理向创新治理转变．科学发展，2014，(10)：64-67.

[13]Zhang X，Shen L，Chan S Y. The diffusion of solar energy use in HK：what are the barriers. Energy Policy，2012，(41)：241-249.

[14] 窦丽琛，李国平．对后发优势的国内实证——基于技术创新扩散视角的分析．经济科学，2004，(4)：27-32.

[15]Robertson P，Patel P. New wine in old bottles：technological diffusion in developed economies. Research Policy，2007，36（5）：708-721.

[16] 王诗宗．治理理论及其中国适用性．浙江大学博士学位论文，2009.

[17]Zhou Y，Xu G，Tim M，et al. How do public demonstration projects promote green-manufacturing technologies? A case study from China. Sustainable Development，2015，23：217-231.

[18]Arora S K，Foley R W，Youtie J，et al. Drivers of technology adoption—the case of nanomaterials in building construction. Technological Forecasting and Social Change，2014，87：232-244.

[19]Liu X，Gao X. A survey analysis of low carbon technology diffusion in China’s iron & steel industry. Journal of Cleaner Production，2016，129：88-101.

[20]George M，Abdullahi D. Cognitive skills，innovation and technology diffusion. Economic Modelling，2013，30（2）：565-578.

[21]Zhou Y，Zhang H，Ding M. How public demonstration projects affect the emergence of new industries：an empirical study of electric vehicles in China. Innovation Management Policy & Practice，2015，15（2）：1-23.

投融资篇

第 19 章

战略性新兴产业投融资回顾及“十三五”展望

国家开发银行、国家信息中心课题组

【内容提要】受国内经济结构调整、国家出台大量利好政策等多重因素的影响，我国战略性新兴产业投资快速增长，战略性新兴产业融资模式不断创新。“十三五”时期，全球处于新一轮新兴产业投资浪潮，经济新常态为战略性新兴产业发展提供良好土壤，战略性新兴产业具备了更快发展的潜力。本章对战略性新兴产业投融资问题进行了回顾，分析了战略性新兴产业投资完成情况、资金供给平衡情况、融资渠道的变化趋势，研判“十三五”战略性新兴产业投融资面临的机遇和挑战，在“十三五”战略性新兴产业重点领域投资发展前景判断的基础上，对“十三五”战略性新兴产业投资需求和资金供给结构进行了预测，并提出完善战略性新兴产业投融资的政策建议。

19.1　战略性新兴产业投融资回顾

“十二五”期间，战略性新兴产业增加值保持持续较快增长，2015 年，其增加值预计达 5.41 万亿元（图 19.1），占 GDP 的比重约为 8.0%。2011 ～ 2015 年，战略性新兴产业增加值年均增速达到 27.7%，是同期 GDP 增速的 3 倍多。

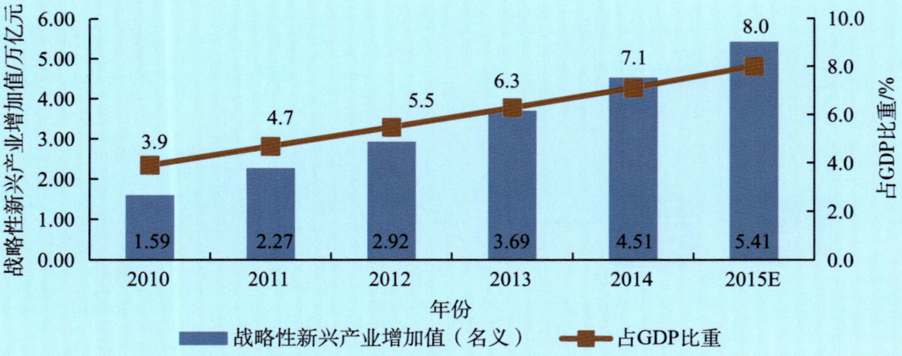

图 19.1　战略性新兴产业增加值及其占 GDP 比重

19.1.1　战略性新兴产业投资完成情况

2005 ～ 2015 年，我国战略性新兴产业固定资产投资总量保持持续上涨趋势。2015 年战略性新兴产业固定资产投资总额超过 4 万亿元，7 倍于 2005 年的水平，约占全社会固定资产投资总额的 7.4%（图 19.2）。“十二五”期间，受到全球金融危机、国内经济结构调整，以及国家出台大量利好政策等多重因素的影响，我国战略性新兴产业投资快速增长，预计“十二五”期间，战略性新兴产业投资总额达到 15 万亿元，年均增速高达 20.3%，高于同期全社会固定资产投资年均增速 2.9 个百分点。战略性新兴产业已成投资热点领域。

图 19.2　战略性新兴产业固定资产投资额及增速

1. 新一代信息技术产业投资完成情况

2005 ～ 2015 年，新一代信息技术投资保持较快增长态势，预计 2015 年投资额达到 14 193 亿元（图 19.3）。其中，“十一五”期间，新一代信息技术产业投资增速达到了 18.1%，“十二五”期间，增速小幅下滑至 16.6%。从投资构成来看，电子信息制造业投资占到了绝对主体地位，占比为 66.9%，其次是通信服务业以及软件和信息技术服务业，两者分别占到了 16.6% 和 13.1%，最后是互联网及相关服务业投资，占比为 3.3%（由于舍入修约，占比之和可能不为 100%）。

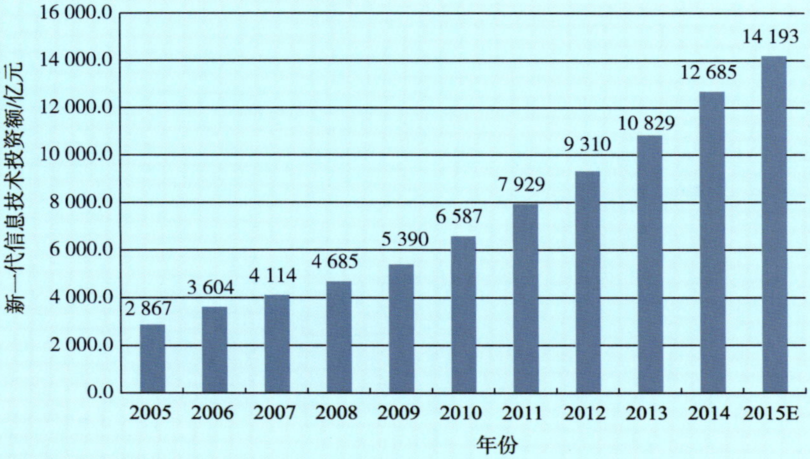

图 19.3 新一代信息技术产业投资完成情况

2. 生物产业投资完成情况

2005 ～ 2015 年，生物产业投资保持了快速增长态势，年均增速保持在 24% 上下，预计 2015 年生物产业投资额达到 10 579 亿元（图 19.4），其中生物制造投资占比达 69%，生物服务投资占比达 31%。生物制造投资中医药制造业投资占到了绝对主体地位，占比达 85.3%；其次是医疗器械及器械制造业投资和制药专用设备制造业投资，分别占到了 13.6% 和 1.1%。

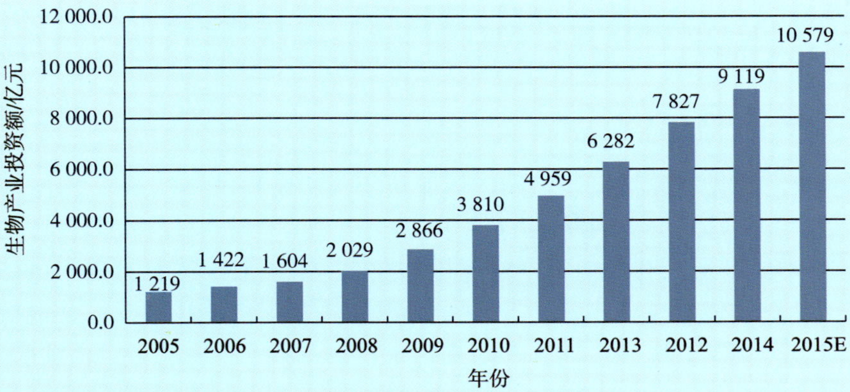

图 19.4 生物产业投资完成情况

3. 高端装备与新材料产业投资完成情况

2005 ～ 2015 年，高端装备与新材料产业投资实现快速增长。预计 2015 年投资额达到 3 518 亿元（图 19.5）。其中，“十一五”期间，高端装备与新材料产业投资增速达到了 42.2%，“十二五”期间，增速维持了较高水平，达 24.5%。从投资构成来看，预计高端装备投资额占 60.3%，新材料投资额占 39.7%。

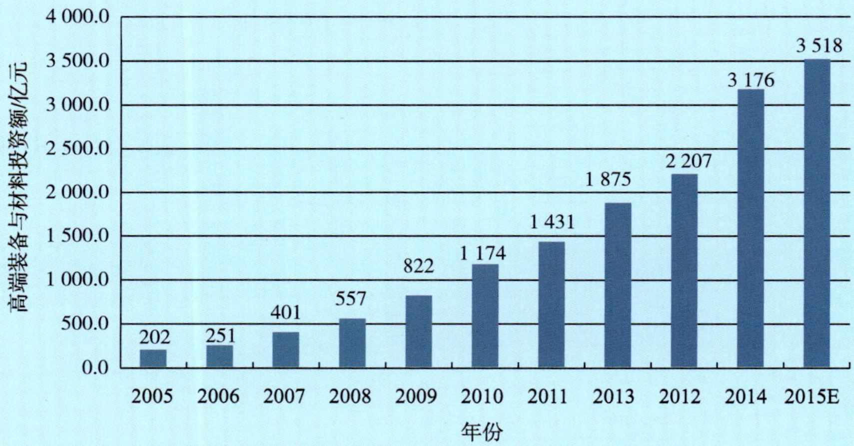

图 19.5 高端装备与新材料产业投资完成情况

4. 绿色低碳产业投资完成情况

2005 ～ 2015 年，绿色低碳产业投资快速增长，预计 2015 年投资额超过 1.2 万亿元，达到 12 187 亿元（图 19.6），2005 ～ 2015 年增长超 6 倍，平均增速超过 22%。其中，“十一五”期间，绿色低碳产业投资增速达到 23.3%，“十二五”期间，增速保持稳定快速增长，年均增速约为 21.6%。鉴于缺乏新能源汽车行业投资数据的情况，这里分析的绿色低碳产业投资主要包括新能源产业与节能环保产业，其中新能源投资占比达 59%，节能环保产业占比为 41%。

5. 数字创意产业投资完成情况

数字创意产业投资体量虽然较小，但保持了快速增长态势，预计 2015 年投资额为 938 亿元，9 倍于 2005 年的水平（图 19.7）。其中，“十一五”期间，该产业投资增速达到 22.8%，“十二五”期间，增速提升至 27.4%。数字创意投资中电影制作和发行占到了绝对主体地位，占比达 59.9%；其次是专业化设计服务以及电视制作与发行，分别占到了 17.7% 和 14.8%；广播、录音以及数字内容服务等占比相对较小，三者合计占比不到 10%。

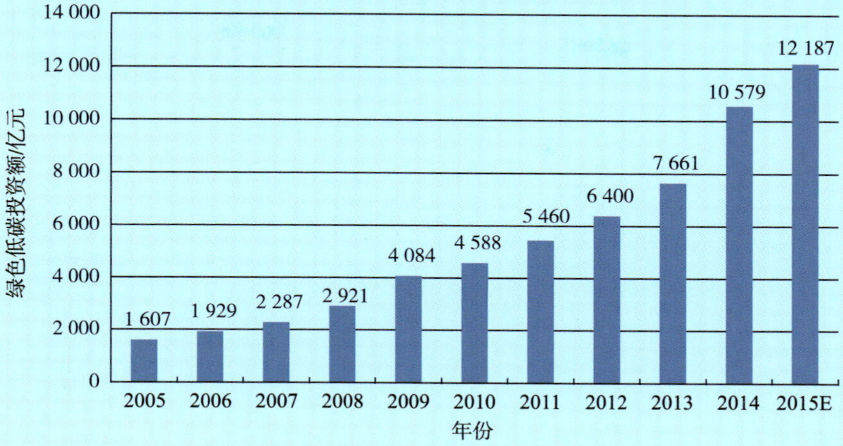

图 19.6 绿色低碳产业投资完成情况

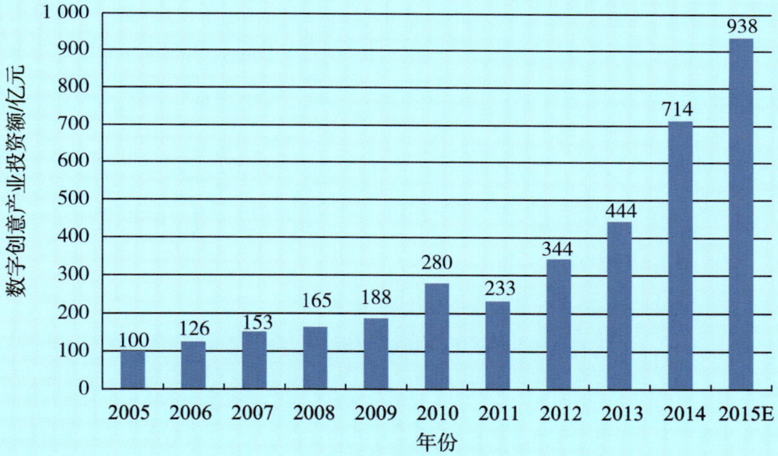

图 19.7 数字创意产业投资完成情况

19.1.2 战略性新兴产业资金供给平衡情况

"十二五"期间，战略性新兴产业投资资金主要来自国家预算内资金、国内贷款、利用外资、自筹资金以及其他资金。其中，自筹资金和国内贷款是最主要的资金来源，两者合计年均占比超过 90%。自筹资金占比呈逐年上升态势，国内贷款占比呈逐渐下降趋势。"十二五"期间战略性新兴产业资金供给情况如表 19.1 所示。

表 19.1 “十二五”期间战略性新兴产业资金供给情况

项目	自筹资金	国内贷款	国家预算内资金	利用外资	其他资金	战略性新兴产业总体
2011 年 / 亿元	10 335	7 349	704	808	816	20 012
2012 年 / 亿元	13 541	8 350	941	742	636	24 210
2013 年 / 亿元	17 130	9 423	1 045	642	728	28 968
2014 年 / 亿元	22 269	11 009	1 394	715	886	36 273
2015 年 E / 亿元	26 249	11 999	1 585	750	831	41 414
“十二五”合计 / 亿元	89 524	48 130	5 669	3 657	3 897	150 877
占比 /%	59	32	4	2	3	100

19.1.3 战略性新兴产业融资渠道多元化发展

随着战略性新兴产业的蓬勃发展，我国战略性新兴产业不断加强融资模式创新。“十二五”期间，除了传统的银行贷款等融资方式外，战略性新兴产业在债权、股权融资模式创新以及政策性资金支持的设立和运用等方面都取得了较大进展，为打通融资瓶颈开辟了空间。

1. 债权融资

（1）无形资产抵押贷款。对于一些科技型、知识型、创意型中小企业来说，有形资产少，可用于向银行融通资金的抵押品较少，且信用水平不够高，很难从银行取得贷款，融资瓶颈大大限制了这些企业的发展。针对这一问题，“十二五”期间，多家银行推出了无形资产抵押贷款等符合战略性新兴产业特点的创新融资模式。

（2）科技型中小企业“三集”（集合债券、集合票据、集合信托）融资。“三集”融资方式是通过政府组织协调，将企业进行捆绑集合发行的债务融资方式。这种发行方式利用规模优势，合理分摊资信评级、发债担保、承销等费用，有效地规避了单个企业发债规模偏小、发行成本过高的弱点，使科技型中小企业发行债券成为可能，为解决中小企业融资难的问题提供了新的途径。成都市近年就曾通过“三集”融资方式加强了对科技型中小企业的支持力度。

（3）租赁。战略性新兴产业具有前期投入较大、投资回收期较长等特点，特别是新能源中的风电、水电、核电以及半导体、新材料等重资产行业，前期大规模的投资使得大量企业难以承受。而租赁模式能够使投资初期的资本支出大量减少，有效缓解战略性新兴产业企业所面临的资金困境。中芯国际同武汉市合作的 12 英寸[①] 工厂为战略性新兴产业利用融资租赁模式开了先河，该项目由当地政府出资兴建生产线，然后由中芯国际全权管理，并有权在 3 ～ 5 年按原价回购。这样既满足中芯国际扩大产能

① 1 英寸≈ 2.54 厘米。

的战略目标，又可以将资本开支降至最低，对中芯国际的现金流很有帮助。

2. 股权融资

（1）产权交易。战略性新兴产业企业大多数属于中小企业，融资难严重制约着行业的健康发展。随着我国产权交易市场的不断成熟，产权交易逐渐成为企业融资的一种重要渠道。经过多年的探索和发展，非公开权益性资本市场的产权交易已经逐渐成为战略性新兴产业企业资产重组和资本进退的桥梁、增强资本与存量资产嫁接的平台。

（2）风险投资。风险投资是由职业金融家投入新兴的、迅速发展的、具有巨大竞争潜力的企业中的权益资本，旨在促使高新技术成果尽快商品化、产业化，以取得高资本收益的过程，是利益共享、风险共担的一种投资方式。近年来风险投资在我国发展十分迅速，对于促进我国高新技术产业发展发挥了重要作用。

3. 政策性资金支持

（1）专项扶持资金。为支持战略性新兴产业发展，“十二五”期间，我国各级政府设立了种类繁多的基金、专项资金，有针对性地对各类企业发展提供专项资助和扶持。例如，各部委分别建立了扶持基金或专项资金支持战略性新兴产业发展，如国家发改委的高技术产业化专项、科技部的国家重点新产品计划、工信部的电子信息产业发展基金等；除各部委之外，地方政府对战略性新兴产业的财政投入规模也在持续扩大，如 2012 ～ 2014 年，浙江省财政从战略性新兴产业专项资金中统筹安排 7.4 亿元，支持 107 家重点企业研究院建设。

（2）创业投资基金。2009 年 10 月，国家发改委、财政部联合启动实施了“新兴产业创投计划”，由中央财政资金与地方政府资金、社会资本共同发起设立新兴产业创业投资基金，通过设立创业投资企业，或以股权投资模式直接投资创业企业等方式，引导社会资金支持初创期、早中期新兴企业的发展。截至“十二五”期末，我国“新兴产业创投计划”已累计支持设立 206 家创业投资企业，资金总规模 557 亿元，该投资基金对拓宽战略性新兴产业企业融资渠道发挥了重要作用。

（3）财政贴息。2012 年 3 月 19 日，财政部印发修订的《基本建设贷款中央财政贴息资金管理办法》对贴息的对象、申报、审核和下达等做了明确规定，其中战略性新兴产业新增为财政贴息的重点对象。该管理办法明确指出，对于西部地区国家级高新技术开发区、战略性新兴产业集聚和自主创新能力强的国家级高新技术开发区，给予重点贴息支持。例如，广东省在 2011 ～ 2015 年安排 50 亿元，通过贷款贴息方式扶持战略性新兴产业发展。

19.1.4 战略性新兴产业投融资存在的问题

1. 科技型中小企业仍面临融资难困境

中国人民银行的统计数据显示，近年来我国境内各类金融机构向小微企业发放贷款余额增速保持快速增长。但我国战略性新兴产业企业，尤其是处于萌芽期的科技型中小企业通过银行融资仍存在困难。银行在提供贷款时首先考虑的是资金安全和风险控制，需要对贷款企业的生产状况、发展前景、潜在风险、财务指标和经营管理等多方面情况进行调查评级。而科技型中小企业自身存在的企业前景不明朗、财务制度不完善、抵质押品不足、市场风险较大等多种因素使得通过商业银行的融资较难实现。

2. 金融产品、融资模式仍有待继续创新

战略性新兴产业本身科技含量高、研发投入大，投融资方面具有高风险、高收益特征，均有别于传统行业。而目前我国的金融政策和产品主要仍以普适性的传统金融产品和信贷政策为主，难以满足战略性新兴产业发展融资需求，针对战略性新兴产业发展特点的金融产品创新仍有待加强。

3. 多层次风险分担机制仍有待建立和完善

战略性新兴产业是一个具有高成长性、高回报率同时又有高风险的产业，迫切需要构建多层次的风险分担机制和区别于传统产业的融资机制，为其兴起和快速壮大提供良好的金融支撑环境，从而实现新兴产业与金融资本之间的互动，推动产业规模的不断壮大和产业层次的不断提升。目前，我国战略性新兴产业融资担保体系、信用能力建设仍有较大改善空间。

19.2 “十三五”战略性新兴产业投融资需求预测

19.2.1 “十三五”战略性新兴产业投融资面临的机遇和挑战

1. 投资面临的机遇

1）全球正处于新一轮新兴产业投资浪潮

金融危机之后，全球经济恢复速度缓慢，主要发达国家纷纷推出各自的促进经济增长战略，焦点不约而同地锁定在战略性新兴产业上，大力推动战略性新兴产业成为各国稳定经济增长的重要法宝。麦肯锡全球研究机构的一份研究报告量化分析了移动互联网、知识工作自动化、物联网、云计算、先进机器人、自动驾驶汽车、新一代基因组技术、储能技术、3D 打印、先进油气田勘采技术、先进材料以及可再生能源等未来潜在的 12 种颠覆性技术将如何改变全球经济，而这些颠覆性技术均属于战略性新兴产业范畴。麦肯锡研究认为，这些颠覆性技术将对经济发展产生最重要的意义，据其预测，这些领域到 2025 年都将至少为世界经济带来 1 万亿美元的效益，从而对包括我国在内的全球经济增长起到重要推动作用。“十三五”期间，在全球新一轮新兴产业发展浪潮的带动下，我国将出现新一轮的战略性新兴产业投资发展热潮。

2）经济新常态为战略性新兴产业发展提供良好土壤

改革开放以来，我国经济取得了长足的发展，经济增速保持了快速增长，经济规模也在不断扩大。目前，我国已经成为全球第二大经济体，强大的经济实力为我国“十三五”乃至更长时期内继续较快发展奠定了坚实的物质基础。“十三五”期间，我国经济增速有望维持 6.5% 以上的较高增长水平，为战略性新兴产业发展提供良好支撑。与此同时，“十三五”时期，我国经济仍将处于增长速度换挡期、结构调整阵痛期、前期政策消化期三期叠加的新常态，大力培育发展壮大战略性新兴产业是稳定经济增长的必然选择，而战略性新兴产业对经济增长的带动作用将愈发突出。

3）战略性新兴产业具备了更快发展的潜力

产业生命周期是每个产业都要经历的一个由成长到衰退的演变过程，一般分为初创阶段、成长阶段、成熟阶段和衰退阶段四个阶段。目前我国大量战略性新兴产业正处于产业生命周期的初创期和成长期，相较于传统产业和经济总体具有更好的成长性，决定了“十三五”期间战略性新兴产业增速仍将继续快于经济总体增速。“十三五”期间，战略性新兴产业增加值占 GDP 的比重将达到 15%，占比将较“十二五”期末 8% 的水平实现大幅提升。预计“十三五”期间，战略性新兴产业增加值增速将超过 20%，达到 20.8%，约 3 倍于同期 GDP 增速（图 19.8）。

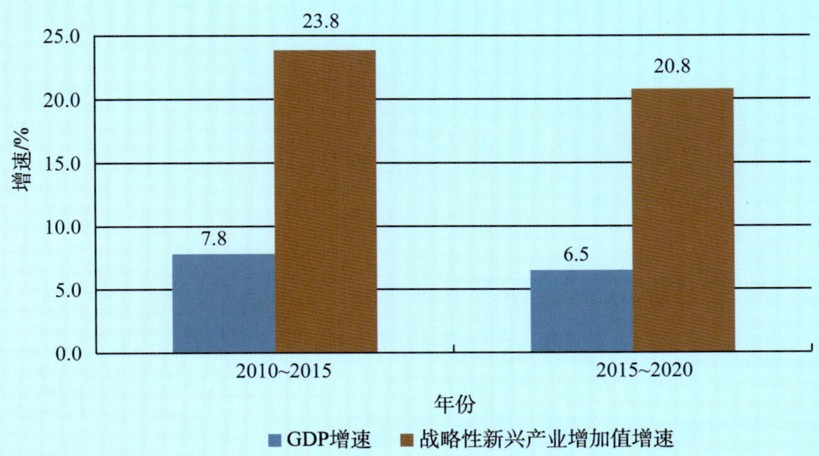

图 19.8　战略性新兴产业增加值增速预测

2. 投资面临的挑战

1）关键核心技术创新能力不足

当前，我国战略性新兴产业面临着关键技术和核心环节缺失的状况，创新能力不足。虽然我国战略性新兴产业部分细分领域的创新能力已经取得长足进步，但大部分领域还主要依靠要素投入、规模效益和精益生产以实现规模化发展，技术研发及应用仍面临原始创新能力欠缺、核心技术受制于人、标准体系不健全、高层次人才匮乏等瓶颈，高端产品、关键核心技术、关键基础材料、核心基础零部件和元器件、关键设备受制于人的局面并未发生根本改变，产业尚未实现自主安全可控，制约了产业进一步发展。高端环节严重依赖国外，约 95% 的高档数控系统、90% 的锂电池高端隔膜、90% 的高端传感芯片、大型科学仪器、大型医疗设备等长期依赖进口；8 代、8.5 代液晶面板生产线已顺利投产，但偏光片、超薄玻璃基板、液晶材料等关键材料自给率均不超过 10%；国内碳化硅和铌酸锂等一些新材料具备一定的生产和研发能力，也具有良好的应用前景和市场潜力，但是国内缺乏中游器件生产企业，导致下游应用难有起色；有机发光二极管（organic light-emitting diode，OLED）领域的驱动集成电路（integrated circuit，IC）、ITO（氧化铟锡）玻璃、精密掩模板、光刻胶、干燥剂以及封装用的紫外固化胶等原材料基本依靠进口。面对核心技术和环节的缺失，“十三五”期间我国要突破“低端锁定”、实现价值链的向上攀升、转变“跟随者”角色以实现效益化发展，必须依靠以技术进步和技术创新为基础的核心竞争力的提升，强化需求导向，坚持创新引领，努力形成一批具有自主知识产权的关键核心技术。

2）国际竞争压力加剧

近年来，主要发达国家和地区日益重视来自“中国制造”的威胁，更加频繁地对中国企业发起诉讼并开始瞄准布局新兴产业领域的中低端产品市场。2012 年始，中国光伏产品先后遭遇欧洲、美国、印度等国家和地区持续的“双反”抵制，大批企业倒闭或濒临倒闭边缘。仅 1 年间，国内光伏企业数量就由 2011 年的 262 家减少至 112 家，60 多家多晶硅企业仅剩 10 余家勉力维持生产，多家企业基本处于停产状态。常州天合光能有限公司、洛阳中硅高科技有限公司等光伏企业普遍反映，虽然他们在行业大洗牌中幸免于难，但整个行业远未走出困境，历史财务数据严重亏损，在“双反”影响及各种负面新闻持续打击下，企业融资难、负担重，客户源持续流失。机器人及智能制造行业开始面临来自德国、日本等国家同行企业越来越激烈的竞争。据广州数控、嘉腾机器人等企业反映，目前一些国际知名企业，如 ABB 集团、松下、西门子等也纷纷瞄准中低端机器人、智能制造产品市场，尤其针对“中国制造”的产品发起攻势，以品牌和性价比优势挤压中国企业。

3）体制机制束缚仍有待改善

体制机制束缚也是当前制约战略性新兴产业发展壮大的重要方面。例如，在药品领域审批、定价、进入医保目录等环节长期存在周期长、积压项目多、招标及定价机制不合理、医保目录范围和采购制度不利于制药企业创新等情况，但一直没有得到根本解决。医疗及健康服务、可再生能源生产与运营、航空航天等行业市场开放程度不够、市场化进程偏缓等问题长期存在。新能源装备制造、药品与医疗器械、节能环保装备等一些领域的招投标过程中还存在比较严重的地方保护主义。其他诸如机器人和智能制造、轨道交通装备制造、新能源研发运营、节能环保、新能源汽车等领域，也面临行业标准体系建设滞后、相关法律法规不健全、行业质量和服务监管缺失或落后、行业准入管理规则不适应新业态等各种制约，远未形成有利于战略性新兴产业公平竞争、可持续发展的体制机制环境。

此外，伴随移动互联网技术加速渗透到传统汽车租赁、医疗、健康服务、零售、餐饮以及传统制造业等领域，互联网打车、移动医疗、互联网金融、个性定制等新模式、新业态层出不穷，相关部门却难以出台适时适度的管理制度，“亡羊补牢”式的事后补救措施往往也比较乏力，迫切需要建立灵活高效、动态调整的政策制定、调整、跟踪、评估机制。

19.2.2 “十三五”战略性新兴产业重点领域投资发展前景判断

1. 新一代信息技术产业

1）新一代信息技术产业投资发展前景

一是预计传统电子信息制造业投资增速总体延续下滑趋势。传统电子信息产品消费需求趋于饱和是电子信息制造业投资增速下滑的主要原因。例如，2015 年我国移动电话普及率回落至 92.5%，移动电话普及率趋于饱和不利于通信设备制造业发展。此外，微型计算机与彩色电视机产量增速持续低位徘徊，2015 年两者产量增速仅为 -10.4% 和 2.5%。虽然“十三五”期间传统电子信息制造业总体投资增速将继续下滑，但是其中集成电路以及光电子元件等热点行业投资有望维持“十二五”期间的快速增长态势，2010 ～ 2014 年两者投资年均增速分别达 36.1% 和 19.0%，明显高于其余主要电子信息制造细分行业。

二是预计“十三五”期间通信服务业投资增速将呈现前低后高态势。2010 年以来，在 3G 及 4G 通信快速发展带动下，通信服务业投资实现持续反弹，2014 年，通信服务业投资额达到了 2 154.4 亿元，同比增长 24.3%。“十三五”期间，4G 投资增速高位回落以及电信收入下滑，5G 产业未进入大规模商用，可能对电信业投资带来负面影响。按照我国 5G 商用时间表，“十三五”前期主要完成 5G 测试工作，待相关机构公布 5G 正式标准后进入建设阶段，最快于 2020 年正式商用 5G 网络。大规模的 5G 网络建设将于“十三五”期末启动。

三是预计“十三五”期间软件和信息技术服务业投资维持快速增长。在《国务院关于积极推进“互联网 +”行动的指导意见》、《中国制造 2025》及《促进大数据发展行动纲要》等一系列政策刺激下，软件产业将面临更广阔的发展空间，并继续保持平稳较快发展的良好势头。同时，云计算、物联网、大数据、移动互联以及人工智能等新兴信息技术将带动软件和信息技术服务业维持快速发展态势，并催生大量热点投资领域。

2）“十三五”新一代信息技术产业投资热点领域

集成电路、光电子元件等电子元器件制造业具有较好投资前景。首先，中国各级政府对集成电路产业重要性的认识不断深入，2013 年以来，支持集成电路产业发展的态度进一步明确，国家对集成电路产业的支持力度明显加大，在融资、税费等各方面措施密集出台和落地。此外，工信部表示将在“十三五”期间通过设立国家产业投资基金、加大金融支持力度等方式，最终在 2020 年，实现集成电路产业与国际先进水平的差距显著缩小，全行业销售收入年均增速超过 20% 的目标。近年来，国内集成电路行业经受住了全球经济不景气的冲击，取得了较大发展。有关数据显示，2015 年，国内集成电路产业销售额为 3 609.8 亿元，同比增长 19.7%，2015 年中国集成电路行业新增固定资产 671.43 亿元，比 2011 年增长了 2.2 倍多。此外，近年来，中国光电子器件制造行业实现了较快发展。在光通信、光显示等应用领域需求不断扩大的刺激下，产品产量实现重大突破，行业整体技术水平得到进一步提升，与国际上发达国家的差距正在逐渐缩小，并逐渐涌现出一批具有较强竞争力的领先企业（如武汉光讯、华工科技、京东方等）。未来，随着通信技术升级，全球分工与制造中心不断向中国转移，以及国家政策的大力扶持，行业整体技术创新能力将得到进一步增强，产业结构将不断调整，有助于中国光电子器件制造行业的健康、持续发展。

新兴信息技术在带动软件和信息技术服务业维持快速发展的同时，催生大量热点投资领域。例如，在信息技术服务方面，数据存储和处理服务、信息系统集成服务以及集成电路设计将是热点投资领域；在软件产品方面，信息安全产品、大数据应用等相关的统计和数据库软件等将是热点投资领域；在嵌入式系统软件方面，通信设备、智能家居以及自动控制设备相关的嵌入式系统软件将是热点投资领域。

在“互联网 +”带动下，互联网及相关服务业投资将成为新一代信息技术热点投资领域。“互联网 +”已经逐渐发展成为中国经济的新引擎，互联网及相关服务业发展潜力巨大。根据麦肯锡测算，2013 ～ 2020 年，互联网将带来 4 万亿～ 14 万亿元的经济增长。2020 年，互联网经济占 GDP 的比重将从 2013 的 4.4% 提升至 7% 以上，甚至可能超过 10%。

2. 生物产业

1）“十三五”生物产业投资发展前景

“十二五”以来，我国生物产业复合增长率达到 15% 以上，2015 年产业规模超过 3.5 万亿元，在部分领域与发达国家水平相当，甚至具备一定优势。随着现代生命科学快速发展，以及生物技术与信息、材料、能源等技术加速融合，高通量测序、基因组编辑和生物信息分析等现代生物技术突破与产业化快速演进，“十三五”期间，生物经济将加速成为继信息经济后新的经济形态。根据生物产业“十三五”规划的安排，生物产业规模将保持中高速增长，2020 年产业规模达到 8 万亿～ 10 万亿元，增加值占 GDP 的比重超过 4%，成为国民经济的主导产业。

分领域来看，十三五期间，生物产业主要领域产业规模均有望保持快速增长。生物医药领域，精准医学模式将推动药物研发革命的趋势性变化，立足基因技术和细胞工程等先进技术带来的革命性转变，新药研发速度和品质都将提升，到 2020 年，医药工业销售收入将达到 4.5 万亿元，增加值占全国工业增加值的 3.6%。生物医学工程领域，在智能、网络、标准化的新趋势推动下，新型医疗器械将得到大力发展，到 2020 年，生物医学工程产业年产值达 6 000 亿元，初步建立基于信息技术与生物技术深度融合的现代智能医疗器械产品及服务体系。生物农业领域，在生物种业、生物农药、生物兽药、生物饲料和生物肥料等新产品开发与应用方面将取得重大突破，大幅提升生物农业竞争力，到 2020 年，生物农业总产值有望实现 1 万亿元，2 家以上领军企业进入全球种业前 10 强。生物制造领域，产业创新发展能力提升将推动生物基材料、生物基化学品、新型发酵产品等的规模化生产与应用，推动绿色生物工艺在化工、医药、轻纺、食品等行业的应用示范，到 2020 年，现代生物制造产业产值有望超 1 万亿元，生物基产品在全部化学品产量中的比重达到 25%。生物能源领域，在能源生产与消费革命和大气污染治理重大需求带动下，生物能源应用空间将进一步拓展，到 2020 年，生物能源年替代化石能源量超过 5 600 万吨标准煤，在发电、供气、供热、燃油等领域实现全面规模化应用，生物能源利用技术和核心装备技术达到世界先进水平，形成较成熟的商业化市场。

2）“十三五”生物产业投资热点领域

热点一：与基因技术相关的药品制造与服务。随着生物治疗技术、基因技术等快速进展，其在生物应用方面取得了巨大突破，以抗肿瘤生物药为代表的生物药品制造和以基因检测为代表的生物服务将是生物领域未来投资的热点之一。当前，生物治疗技术取得大量突破，以抗肿瘤生物药为代表的生物药品制造呈现了良好的发展前景，2014 年，我国生物药品制造投资占生物产业投资的比重达到了 11.8%，较 2010 年提升了 2 个百分点。此外，随着基因技术的不断进步以及医疗卫生投入的快速增长，我国基因检测市场呈现了巨大发展空间。例如，我国的肿瘤发病率与出生缺陷率均较高，可做基因检测的医院却很少，这个市场处于萌芽状态，目前我国只有 30 多万人做了基因检测，而欧洲每年有超过 700 万人做基因检测，未来我国基因检测发展空间巨大。

热点二：高端医疗装备。2000 年以来，全球医疗器械市场需求实现持续快速增长。与此同时，随着经济的进一步发展、人均医疗费用支出提升以及社会老龄化程度提高，电子计算机断层扫描（computed tomography，CT）、核磁共振、核医学、血管造影机、彩色超声波诊断仪、内窥镜、医用导管等高端医疗设备行业成为医疗器械市场发展最快的行业之一。当前我国高端医疗设备整体实力不强，跨国公司长期垄断我国高端医疗设备市场，导致其在定价上具有绝对的控制权，它们还通过垄断设备售后服务，使得我国医院不得不支付高昂的后期维护费，这也成为老百姓看病贵、医保支出高的主要原因之一。当前，我国生产大型高端医疗设备的企业并不多，如东软集团、华润万东、深圳迈瑞、上海联影医疗等。习近平主席在考察上海联影医疗时明确表示要加快高端医疗设备国产化进程，降低成本，推动民族品牌企业不断发展。2015 年我国医疗器械销售规模超过 3 000 亿元，同时我国已经是全球第二大高端医疗市场，未来高端医疗设备仍将具有较大投资前景。

3. 高端装备与新材料产业

1）“十三五”高端装备与新材料产业投资发展前景

一是由于铁路运输装备以及海洋工程装备投资继续保持较高增长，“十三五”期间高端装备整体投资增速将较“十二五”期间基本持平。首先，预计“十三五”铁路建设新增建设里程约 3 万千米，固定资产投资将达到 3.5 万亿元，建设规模及投资量与“十二五”期间基本持平。其次，预计“十三五”期间，石油等大宗商品价格仍将保持低位运行，导致开采需求下滑，将对海洋工程装备等投资带来负面影响。

二是航空航天装备产业迎来高速发展期。从行业驱动力来看，航空发动机、国产大飞机、国产工业机器人等行业核心技术有望在“十三五”期间实现突破，国产高端装备产品竞争优势进一步增强。目前我国“一干两支”项目进展顺利，未来将逐步投建产能。而航空发动机专项于 2017 年正式开始实施，预计将涉及超 1 000 亿元投资。此外，以空客和波音为代表的外资航空装备制造企业均加快在华建厂速度。

三是新材料产业投资总体将保持稳步增长态势，但增速同样将出现下滑。当前，先进结构材料在新材料规模上占绝对主体地位，但经济增速保持相对低位，对先进结构材料需求及投资增长将造成不利影响。例如，“十三五”期间，受钢材价格维持下滑趋势、市场需求难以明显改善、企业盈利困难等影响，特钢产量增速将低位运行，稀贵金属材料以及新型合金材料需求增长也将受到负面影响。

2）“十三五”高端装备与新材料产业投资热点领域

“十三五”城市轨道交通建设仍将处于高峰期，相应的装备制造投资将持续快速增长。2005 ～ 2014 年，城市轨道交通增长 13 倍，年均增速达 35%。2015 年末，全国共 25 个城市开通城市轨道交通，运营线路长度达 3 286 千米。到 2020 年，城市轨道交通总里程预计达到 6 000 千米。

“十三五”期间，航空航天装备产业投资具有巨大前景。首先，如果低空空域开放将给通用飞机市场带来巨大发展前景。“十三五”期间，民用航空制造将进入高速增长期，预计到 2020 年，我国民用飞机产业年营业收入将超过 1 000 亿元，我国的航空材料市场及与之相关的加工设备总体市场规模将达到 1 200 亿元。到 2020 年，国产干线飞机国内新增市场占有率达到 5% 以上，支线飞机和通用飞机国内市场占有率大幅度提高。其次，在国家规划和政策支持下，北斗卫星导航系统及其兼容产品将在国民经济重要行业和关键领域得到广泛应用，在大众消费市场将逐步推广普及，预计未来几年对国内卫星导航应用市场的贡献率将达到60%，重要应用领域达到80%以上，国际竞争力将不断提升。再次，C919国产大飞机在“十三五”期间逐渐实现商用，C919相关的大飞机产业链将具备良好的投资前景。最后，ARJ21支线飞机已在2016年正式投入运营，未来需求有望继续大幅释放，投资前景良好。

机器人作为智能制造热点领域，未来投资前景巨大。根据《机器人产业发展规划（2016-2020年）》，到2020年，我国工业机器人年销量将达到15万台，保有量达到80万台，机器人产业集群产值有望突破千亿元。

先进功能材料同样具备良好的投资前景。功能材料主要是指具有优良的电学、热学、磁学、光学、力学性能等，用来制造各种功能元器件而被广泛应用于各类高科技领域的高新技术材料。它是信息技术、生物技术、能源技术、纳米技术等现代高新技术及产业的先导、基石和支撑，有着十分广阔和诱人的市场前景。未来，高性能碳纤维、海量存储材料、稀土磁性材料、功能晶体、纳米材料、超导材料、新型分离材料等将是重点发展的功能材料，与此同时，纳米材料、生物基材料、石墨烯等碳基材料、高温超导材料、极端环境材料、超材料等一批前沿功能材料领域同样存在较好的投资前景。

4. 绿色低碳产业

1）“十三五”绿色低碳产业投资发展前景

一是随着绿色发展的生态约束和美丽中国建设的不断推进，“十三五”节能环保产业将实现快速发展。“十三五”时期将有更多的污染物纳入国家约束性减排指标，约束性减排指标体系的持续扩容以及主要污染物总量控制的不断强化将为环保行业发展开启新的成长空间。“十三五”节能环保市场潜力巨大，预计此期间社会投资有望达到8.5万亿元。在国家强力推进污染治理以及着力发展节能环保产业的大背景下，节能环保行业将迎来重大历史发展机遇期，成为国内最具成长性的战略性新兴产业之一。从主要发展指标来看，2015年环保装备制造业主营收入达2 822.9亿元，2011～2015年平均增速达到了24.0%。2015年，节能服务业产值达3 127.34亿元，2011～2015年平均增速达到了30.2%。预计，“十三五”期间环保装备制造业以及节能服务业规模增速将保持在20%以上。

二是目前我国新能源占比仍明显低于全球总体水平，未来新能源产业具有巨大成长空间。2015年，我国主要新能源发电占比不到全社会发电量的8%，明显低于世界平均16%的水平（图19.9）。“十三五”期间，预计我国主要新能源并网装机容量占比将超过15%，新增投资约2万亿元。

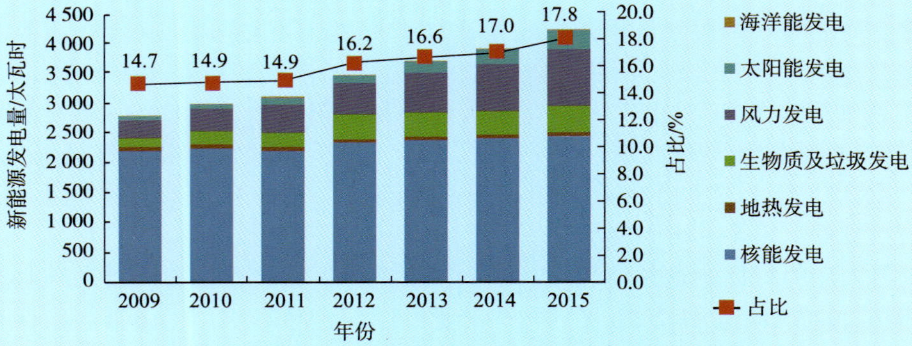

图 19.9　世界新能源发电情况对比

三是政策的大力支持以及产品和技术突破将带动新能源汽车产业高速发展。基于环保性、能源安全性等原因，大力发展新能源汽车产业是我国的基本国策。自2013年以来，国家发改委、财政部、工信部以及科技部等各大部委陆续出台了一系列鼓励和推广新能源汽车发展的政策，包括新能源汽车购置价格上的高额补贴，以及不限行、不限号等政策优惠。与此同时，我国大量汽车厂家正在持续加入新能源汽车产品研发投入，未来电池技术以及产品多样化方面将有明显提升，有利于市场的进一步拓展。根据相关规划，到2020年，我国纯电动汽车和插电式混合动力汽车生产能力达200万辆，累计产销量超过500万辆，燃料电池汽车、车用氢能源产业与国际同步发展。

2）“十三五”绿色低碳产业投资热点领域

首先，光伏以及风能等新能源产业仍将是绿色低碳产业投资的重要领域。《中国能源展望2030》显示，到2020年太阳能发电累计装机将达1.6亿千瓦（光伏1.5亿千瓦），其中光伏累计装机将较2015年提升1.07亿千瓦；到2020年，风力发电累计装机将达2.5亿千瓦，将较2015年提升1.21亿千瓦。

其次，新能源汽车及其上下游产业链（电池、电池材料、充电桩制造等）都将会是“十三五”绿色低碳产业投资热点领域。2015年我国新能源汽车呈现爆发式增长，产量37.9万辆，同比增长3.5倍，我国也成为全球最大的新能源汽车的增量市场。在“十三五”期间全国新能源汽车将达500万辆保有量的政策目标的预期之下，我们预计到2020年前新能源汽车产量将会保持大约40%的年复合增速，“十三五”期间继续高增长势头。

5. 数字创意产业

1）“十三五”数字创意产业投资发展前景

一是数字文化及互联网内容推动数字内容快速发展。“十三五”我国数字文化产业将保持快速发展，成为主流的文化产业，并带动数字内容产业发展。同时，互联网内容产业规模将加速增长，目前包括IP版权交易规模和授权衍生周边在内的广义产值已经突破5 000亿元。此外，新一代青少年的生活消费习惯将继续推动动漫、游戏、数字电影等数字内容产业快速发展。

二是数字技术装备有望出现爆发式增长。首先，在虚拟现实、全息成像、裸眼三维图形显示等核心技术创新发展带动下，数字技术装备有望迎来爆发式增长，2015～2020年，虚拟现实年均增长预计超过100%。其次，数字化艺术展演展陈技术装备、文物数字化保护和传承装备、智慧博物馆和文化遗产地转化保护展陈装备、图书馆、美术馆和文化馆数字化装备等有望大量推广应用。

三是设计服务业维持快速增长态势。首先，我国经济正处于结构调整、产业升级的关键时期，技术创新、设计创新是实现转型发展的重要利器。当前，越来越多的企业意识到设计和创意的重要性，各行各业对设计服务的需求日渐凸显。其次，伴随着大数据、云计算、物联网、虚拟现实等先进技术的运用，产品设计、系统设计、工艺流程设计、商业模式和服务设计等实现跨越发展。最后，基于大数据、虚拟现实等先进技术和先进理念的人居环境设计服务不断流行。

2）“十三五”数字创意产业投资热点领域

游戏产业将是数字创意热点投资领域之一。2016年中国游戏市场用户约为5.66亿人，全年游戏市场收入规模达到1 656亿元，“十二五”中国游戏市场规模增速超过了30%。未来，随着玩游戏人员增长、宅文化兴起、游戏制作群体大量涌现以及移动端数量不断增多，游戏产业将具备巨大发展潜力。与此同时，网页游戏、移动游戏将成为新的增长点。

电影市场高速发展，有望成为数字创意产业投资重要增长点。自2003年电影产业化改革启动以来的十余年间，中国电影的市场规模便一直保持着每年30%左右的增长。2000年，全国各电影制片厂和制作公司出品的故事片电影总和只有88部，但是仅仅过去了十年，到2010年时，国产故事片电影的数量便达到了526部。根据国家新闻出版广电总局电影局公布的数据，2013年各大电影制片方共生产故事片电影638部，相比2001年提升了625%。以此推算，中国故事片电影的产量平均每年增长48%左右，产品规模增速极为可观。不仅仅是电影产量快速增长，中国电影市场的票房容量进入21世纪之后也在不断扩大。国家新闻出版广电总局电影局公布的相关数据显示，2015年全年中国电影市场票房总额已达440.69亿元，2010年以来票房增速超过30%。

数字动漫产业有望延续爆发式增长态势。“十二五”期间，中国动漫产业保持了高速增长态势，2015年动漫产业规模超1 100亿元。虽然中国动漫产业保持高速增长，但是相比动漫大国日本和美国，中国动漫产业仍处于弱势地位，日本的动漫产业产值每年达230万亿日元（约18万亿元），成为日本的第二大支柱产业，相比而言，中国动漫产业规模与影响力尚偏弱。“十三五”期间中国动漫产业发展空间巨大，在宏观政策和一系列鼓励扶持动漫产业发展的专项政策支持下，中国动漫产业有望延续快速发展态势，逐渐实现从小到大、由少到多、由代工走向原创的转变。

同时，一大批国内优秀的动漫产业品牌正迅速崛起，逐渐成为动漫产业中的领军力量，有效推进中国动漫产业发展。预计“十三五”期末中国动漫产业规模将超过2 000亿元。

规模的爆发式增长以及广阔的应用前景将促使虚拟现实成为数字创意投资热点领域。以虚拟现实眼镜、虚拟现实头盔和虚拟现实体验馆等为代表的虚拟现实技术已切实出现在人们的生活中。2015～2020年，虚拟现实年均增长预计超过100%，2020年虚拟现实市场规模将达到550亿元。在游戏市场之外，虚拟现实技术在医学、军事航天、室内设计、工业设计、房产开发、文物古迹保护等领域具有尚待开发的巨大潜力。

19.2.3 “十三五”战略性新兴产业投资需求预测

1. 战略性新兴产业投资需求预测方法

固定资产投资是促进经济增长的重要因素，在统计意义上，全社会固定资产投资与GDP具有明显的因果关系。本章通过建立战略性新兴产业固定资产投资总额与战略性新兴产业增加值之间的回归方程，了解它们之间的线性关系，进而预测战略性新兴产业未来固定资产投资需求。具体的预测主要利用线性回归模型，表示为如下形式：

$$y_t=b_0+b_i\times x_i+u_t$$

式中，y_t为被解释变量（或因变量）；x_i为解释变量（或自变量）；u_t为随机误差项；b_0为常数项（截距项）；b_i为回归系数。在模型中，x_i是影响y_t变化的重要解释变量。b_0和b_i也称作回归参数。u_t则包括除x_i以外的影响y_t变化的众多微小因素，u_t的变化是不可控的。

2. 战略性新兴产业投资需求预测结果

首先预测战略性新兴产业增加值（x_i）变化。“十二五”期间，战略性新兴产业增加值保持持续较快增长，2015年，其增加值预计达5.41万亿元（图19.10），占GDP的比重约为8.0%，2011～2015年，战略性新兴产业增加值年均增速达到27.7%。预计“十三五”期间，战略性新兴产业增加值增速将有所回落，增速预计超过20%，约3倍于同期GDP增速，至“十三五”期末，战略性新兴产业增加值占GDP的比重将达到15.0%。

战略性新兴产业固定资产投资需求“十二五”回顾及“十三五”预测如表19.2所示。

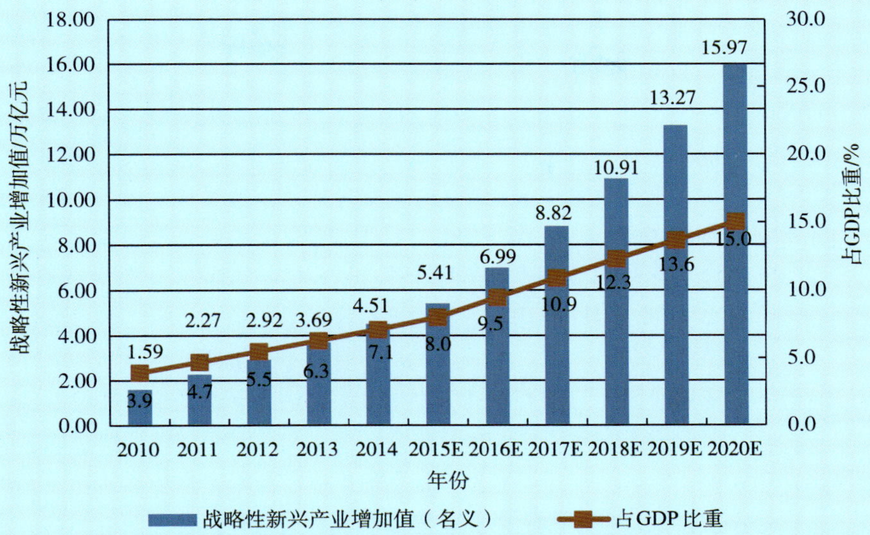

图 19.10　战略性新兴产业增加值及其占 GDP 比重预测

表 19.2　战略性新兴产业固定资产投资需求“十二五”回顾及“十三五”预测（单位：亿元）

年份	战略性新兴产业投资需求	战略性新兴产业增加值
2010	16 438.8	15 947.2
2011	20 012.2	22 657.0
2012	24 210.6	29 216.5
2013	28 967.9	36 927.6
2014	36 272.9	45 149.6
2015E	41 413.7	54 136.6
2016E	51 988.5	69 872.9
2017E	64 280.4	88 164.5
2018E	78 325.9	109 065.5
2019E	94 240.5	132 747.9
2020E	112 342.8	159 685.8

3. “十三五”战略性新兴产业重点领域投资需求预测

基于上文分析判断，预计“十三五”期间，战略性新兴产业重点领域投资需求均有望实现大幅增长，期末投资需求均将两倍以上于“十二五”期末水平（表 19.3）。

预计“十三五”期间，新一代信息技术产业投资需求最高，达 12.9 万亿元，其次是绿色低碳和生物产业，两者投资需求分别为 12.1 万亿元和 10.8 万亿元，高端装备与新材料以及数字创意产业投资需求相对最小，分别为 3.0 万亿元和 1.3 万亿元。战略性新兴产业重点领域投资需求预测见表 19.4。

表 19.3 重点领域投资需求预测

领域	投资额/亿元	年复合增长率/%	
		2010~2015年E	2016~2020年E
生物	3 810 10 579 30 774	22.7	22.9
绿色低碳	4 588 12 187 34 164	21.6	22.0
数字创意	280 938 4 208	27.4	33.4
新一代信息技术	6 587 14 193 35 337	16.6	19.3
高端装备与材料	1 174 3 518 7 861	24.5	16.4

2010年
2015年E
2020年E

表 19.4 战略性新兴产业重点领域投资需求预测（单位：亿元）

年份	新一代信息技术	绿色低碳	生物	高端装备与新材料	数字创意	战略性新兴产业总体
2010	6 587	4 588	3 810	1 174	280	16 439
2011	7 929	5 460	4 959	1 431	233	20 012
2012	9 310	6 400	6 282	1 875	344	24 211
2013	10 829	7 661	7 827	2 207	444	28 968
2014	12 685	10 579	9 119	3 176	714	36 273
2015E	14 193	12 187	10 579	3 518	938	41 415
2016E	17 460	15 436	13 478	4 283	1 331	51 988
2017E	21 157	19 257	16 870	5 137	1 859	64 280
2018E	25 393	23 583	20 934	5 947	2 469	78 326
2019E	30 094	28 516	25 523	6 869	3 238	94 240
2020E	35 337	34 164	30 774	7 861	4 208	112 344
“十三五”合计	129 441	120 956	107 579	30 097	13 105	401 178

19.3 “十三五”战略性新兴产业总体资金供给结构预测

战略性新兴产业投资资金主要来自国家预算内资金、国内贷款、利用外资、自筹资金以及其他资金，自筹资金以及国内贷款是主要的资金来源。《“十三五”规划纲要》提出，积极培育公开透明、健康发展的资本市场，提高直接融资比重，降低杠杆率，未来自筹比例将继续提升，其余资金来源比例将呈现不同程度下滑（图 19.11）。

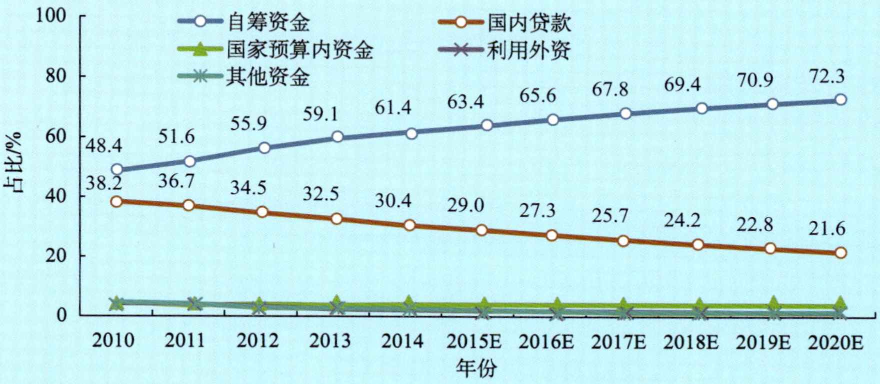

图 19.11　战略性新兴产业资金来源结构变化

根据前文预测得出的历年战略性新兴产业投资需求，结合战略性新兴产业各资金来源结构变化趋势，得出战略性新兴产业信贷需求“十二五”回顾及“十三五”预判如表 19.5 所示。预计“十三五”期间，战略性新兴产业新增信贷市场规模达到 9.5 万亿元。

表 19.5　战略性新兴产业信贷需求“十二五”回顾及“十三五”预判（单位：亿元）

年份	自筹资金	国内贷款	国家预算内资金	利用外资	其他资金	战略性新兴产业总体
2010	7 964	6 284	760	683	749	16 440
2011	10 335	7 349	704	808	816	20 012
2012	13 541	8 350	941	742	636	24 210
2013	17 130	9 423	1 045	642	728	28 968
2014	22 269	11 009	1 394	715	886	36 273
2015E	26 249	11 999	1 585	750	831	41 414
2016E	34 118	14 181	1 985	864	840	51 988
2017E	43 563	16 503	2 442	981	791	64 280
2018E	54 391	18 943	2 953	1 082	957	78 326
2019E	66 854	21 505	3 504	1 179	1 198	94 240
2020E	81 275	24 220	4 124	1 274	1 450	112 343
“十三五”合计	280 201	95 352	15 008	5 380	5 236	401 177

19.4 政策建议

经过多年发展，战略性新兴产业对我国经济社会发展产生了重大的引领带动作用，日渐成为稳增长、调结构、转方式的重要力量。在新一轮产业变革与我国经济进入新常态形成历史性交汇的背景下，加快培育和发展战略性新兴产业，是抢占产业发展制高点的迫切需求，是推动我国经济提质增效、迈向中高端水平的重大举措，是培育经济发展新动力、实现创新驱动发展的必然选择。产业的发展离不开金融支持。党中央和国务院也多次强调要发挥金融服务实体经济的作用。针对战略性新兴产业的投融资特点，构建符合科技型企业的投融资机制、加强金融产品开发和投融资模式创新、建立多层次的风险分担机制，是改善战略性新兴产业投融资环境、激发社会资本支持战略性新兴产业发展积极性的重要保障。

（1）构建科技型中小企业融资保障政策体系，改善科技型中小企业融资渠道和环境。

在政策法规方面，一是要进一步建立健全相关法律法规，如完善《中华人民共和国中小企业促进法》、健全科技型中小企业上市融资政策体系、推动建立科技型中小企业专利权质押贷款制度等；二是要加强对战略性新兴产业税收优惠政策支持，进一步落实好各项税收优惠政策，使科技型中小企业知晓用足政策，并结合新问题，统筹研究新的税收政策；三是要探索设立科技型中小企业专项发展基金、风险补偿基金等，带动地方、创业投资机构及其他社会资本投资科技型中小企业，引导各类社会资金支持科技型中小企业发展。

在保障措施方面，一是要搭建专门的针对科技型中小企业的服务平台，充分发挥创业孵化器等机构的积极作用，帮助科技型中小企业了解、利用各级政府推出的相关政策措施，为科技型中小企业提供财务制度、税收制度、融资知识等相关方面的培训，为科技型中小企业提供全方位服务，帮助其提升融资能力。二是要鼓励设置专门的金融服务机构，为科技型中小企业提供融资服务。三是促进中小企业信息公开和评估体系建设。依托全国信用信息共享平台，研究设立中小企业信息沟通交流平台，建立中小企业信用信息共享机制。支持利用大数据以及各类信息资源，建立包括企业纳税信息、进销存信息、诚信经营信息等中小企业信用信息平台。鼓励各类平台畅通与银行业金融机构间的信用信息渠道，便于金融机构对中小企业进行评级及授信。

（2）加强金融产品和融资模式创新，满足战略性新兴产业企业不同层次融资需求。

一是要创新和扩大债券、信托、票据发行方式和规模，进一步推进中小板、创业板、新三板和区域股权交易市场等发展，促进形成金融机构充分竞争的市场格局，增加融资供给，便利战略性新兴产业中小企业融资选择及获取；二是要通过深化银行自身考核机制等改革，提升对战略性新兴产业企业的贷款意愿，简化审批程序，为战略性新兴产业企业融资提供便利；三是推动银行业金融机构创新，使其提供适合科技型中小企业需求的金融产品和服务，发展应收账款、存货（仓单）等动产融资模式，推动开展供应链融资；四是积极探索信用结构搭建与创新，根据科技型企业特点，可采用第三方担保或担保公司担保、抵质押担保等方式，积极探索符合其自身特点的抵质押模式，包括但不限于应收账款、股权、知识产权、订单、专利技术等担保方式；五是加强金融机构间的协作，充分发挥风险投资、私募、天使基金、银行、证券等方面的作用，通过开展投贷联动、债贷联动等，以融资支持战略性新兴企业做大做强；六是鼓励部分战略性新兴产业中小企业通过互联网金融模式打通融资瓶颈，支持网络小额贷款、第三方支付、网络金融超市、大数据金融等新兴业态发展。

（3）建立多层次的风险分担机制，激发社会资本支持战略性新兴产业发展的积极性。

建立银行、投资公司、政府、担保机构等之间信息共享和风险分担机制。一是发挥财政资金的引导作用，建立科技保险奖补机制和科技再保险制度，对重点科技产业领域给予补贴、补偿等奖励和优惠政策。研究设立国家融资担保基金，鼓励和推动有条件的地方设立政府性担保基金。加快组建省级再担保机构，完善以省级再担保机构（基金）为核心的担保体系建设，推进建立产权纽带关系，发挥其增信、分险作用。二是与现有政府性融资担保机构、商业性融资担保机构合作，为战略性新兴企业提供增信服务。同时，考虑设立多层次、专业化的科技担保公司和再担保机构，逐步建立和完善战略性新兴企业融资担保体系。例如，国家开发银行江苏分行开展的“创新型科技中小企业统贷”产品建立的“四台一会”[①]+政府风险偿债资金=免担保授信”模式，较好地满足了战略性新兴产业企业的融资需求。三是尝试探索与符合条件的服务于科技企业的专营保险机构开展合作，共同探索符合科技创新企业需求的保险产品。针对科技创新企业在产品研发、生产、销售各环节以及数据安全、知识产权保护等方面提供保险保障方案，为科技企业降低风险损失提供支持。

① “四台一会”是指国家开发银行与各地高新区政府签订合作协议，共同建立组织平台、统贷平台、风险分担平台、社会公示平台、信用协会等，通过民主推荐、民主审议、民主监督的方式控制授信风险。

后　记

当前，新一轮科技革命和产业变革与我国加快转变经济发展方式形成历史性交汇，我国经济发展进入新常态。2017 年李克强总理在政府工作报告中提出，要加快培育壮大新兴产业，全面实施战略性新兴产业发展规划，做大做强产业集群。”可见，培育和发展战略性新兴产业，对加快形成新的经济增长点、抢占未来经济和科技制高点具有重要的战略意义。

在党和国家的高度重视与推动下，在全社会的共同努力下，创新驱动发展战略深入实施，战略性新兴产业发展日新月异，发挥出越来越大的引领带动作用，我国战略性新兴产业的发展取得了显著成效，实现了跨越式发展。2016 年 12 月国务院印发了《“十三五”国家战略性新兴产业发展规划》，明确指出，要把战略性新兴产业摆在经济社会发展更加突出的位置，大力构建现代产业新体系，推动经济社会持续健康发展。“十三五”时期是我国全面建成小康社会的决胜阶段，也是战略性新兴产业大有可为的战略机遇期。一方面，我们要推动九大产业领域的发展，突出 21 项重大工程技术领域的突破；另一方面，我们要努力实现到 2030 年，成为世界战略性新兴产业重要的制造中心和创新中心，形成一批具有全球影响力和主导地位的创新型领军企业。

2018 年是实施《“十三五”规划纲要》承上启下的重要一年。为了更好地促进战略性新兴产业发展，提升科学决策的水平，2010 年起，受国家发改委委托，中国工程院与清华大学和国家开发银行一起，开展了“战略性新兴产业发展战略研究”系列咨询项目，为战略性新兴产业相关政策的制定提供了决策支撑。同时，为了更好地反映我国战略性新兴产业发展的总体情况及各领域发展态势，介绍国内外相关技术和产业的前沿热点与最新动向，宣传国家政策和引导社会投资，中国工程科技发展战略研究院以科技和产业发展为核心，围绕年度热点，已经连续五年（2013 ～ 2017 年）出版了《中国战略性新兴产业发展报告》，引起了社会各界的积极反响，获得专家学者、政府官员、行业从业人员等多方好评。

《2018 中国战略性新兴产业发展报告》在前五年的年度报告的基础上，总结《“十三五”国家战略性新兴产业发展规划》发布以来，各领域的发展现状、发展趋势及 2017 年各个产业的最新进展。本书分为四大部分，共计十九章，按照综合篇、产业篇、政策篇、投融资篇依次展开。第一部分为综合篇，主要对“十三五”前期我国战略性新兴产业的发展情况进行了总结，并对战略性新兴产业 2018 年的发展形势进行了预判，同时提出了战略性新兴产业面临的三大瓶颈问题。第二部分为产业篇，围绕战略性新兴产业的九大领域展开，系统综述了九类产业在2017年的发展情况，并对《“十三五”国家战略性新兴产业发展规划》提出的21项重大工程对应的技术产业领域发展现状、趋势进行了详细的分析。第三部分为政策篇，对“十三五”期间战略性新兴产业的相关政策进行了梳理分析，并对扩散模式、政策“碎片化”以及新兴产业产权治理问题进行了研究。第四部分为投融资篇，介绍了“十三五”期间战略性新兴产业的投融资发展情况。

本书的编写工作得到了中国工程院、国家发改委、国家开发银行、清华大学、国家信息中心等单位和部门的大力支持，得到了徐匡迪、路甬祥、周济、潘云鹤、林念修、干勇、邱勇、陈清泰、朱高峰、杜祥琬、胡怀邦等同志的亲切关怀与悉心指导，在此表示衷心的感谢。

感谢本书的撰稿人和审稿人，众多的院士和专家为本书各章节的编写付出了辛勤劳动。感谢中国工程院吴国凯同志的指导和高效的组织管理。感谢中国工程科技发展战略研究院的周源、刘晓龙、韦结余、张路蓬、季桓永、安剑波、赵丽萌、曲一璠等同志，他们搜集了大量的资料，承担了组织联络工作，确保了本书编著工作的顺利进行。感谢科学出版社的大力支持，尤其感谢编辑马跃先生和刘文娟女士，是他们辛勤、细心、负责的工作确保了本书能如期与读者见面。

除了上述名字，诸多机构和个人在本书编写过程中参加了各类实地调研、座谈会、研讨会和工作会，分享了宝贵的经验和独到的见解，对于所有对本书做出贡献和给予支持的机构和个人，一并致以诚挚的谢意！

编委会
2017年10月

2017
中国企业集团财务公司年鉴

ZHONGGUO QIYE JITUAN
CAIWU GONGSI NIANJIAN

中国财务公司协会　编

中国金融出版社

责任编辑：丁　芊
责任校对：孙　蕊
责任印制：张也男

图书在版编目（CIP）数据

中国企业集团财务公司年鉴（Zhongguo Qiye Jituan Caiwu Gongsi Nianjian）．2017/中国财务公司协会编．—北京：中国金融出版社，2017.11
ISBN 978－7－5049－9257－4

Ⅰ．①中…　Ⅱ．①中…　Ⅲ．①企业集团—金融公司—中国—2017—年鉴　Ⅳ．①F279.244－54

中国版本图书馆 CIP 数据核字（2017）第 262474 号

出版发行　中国金融出版社
社址　北京市丰台区益泽路 2 号
市场开发部　（010）63266347，63805472，63439533（传真）
网 上 书 店　http：//www.chinafph.com　（010）63286832，63365686（传真）
读者服务部　（010）66070833，62568380
邮编　100071
经销　新华书店
印刷　北京市松源印刷有限公司
尺寸　210 毫米×279 毫米
印张　43.5
插页　36
字数　1030 千
版次　2017 年 11 月第 1 版
印次　2017 年 11 月第 1 次印刷
定价　398.00 元
ISBN 978－7－5049－9257－4
如出现印装错误本社负责调换　联系电话（010）63263947

2016 年 6 月 2 日，时任中国银监会主席尚福林一行在陕西银监局、陕西省金融办领导陪同下，莅临中航工业集团调研，对财务公司支持集团产业发展的作用予以肯定。

2016年5月30日，国务院国资委总会计师沈莹在中国企业集团财务公司2016年年会上发表讲话。

2016年5月30日，时任中国银行行长陈四清在中国企业集团财务公司2016年年会上发表讲话。

2016年5月30日，中国人民银行支付结算司司长谢众在中国企业集团财务公司2016年年会上发表讲话。

2016年5月30日，中国银监会非银部主任毛宛苑在中国企业集团财务公司2016年年会上发表讲话。

2016年10月12日，时任广东省委常委、省纪委书记黄先耀率省纪委监察厅、驻省国资委纪检组负责同志一行到广东省广晟财务有限公司调研。

监管调研

2016 年 3 月 3 日，海南省国资委主任倪健调研海南农垦集团财务有限公司。

2016 年 7 月 13 日，北京银监局局长苏保祥、副局长逯剑一行莅临国投财务有限公司调研。

2016 年 7 月，北京银监局局长苏保祥一行到中国电子财务有限责任公司调研。

2016年11月3日，河南银监局局长王泽平莅临郑州宇通集团财务有限公司考察，指导“两个加强、两个遏制”回头看现场检查工作。

2016年10月24日，中国人民银行营业管理部副主任严宝玉带队到京能集团财务有限公司调研。

2016年7月14日，山东省国资委党委副书记、纪委书记时民一行督导山东黄金集团财务有限公司“两学一做”教育学习情况。

2016 年 4 月 20 日，重庆银监局副局长向恒带队，对重庆市能源投资集团财务有限公司进行开业一周年现场驻点检查。

2016 年 5 月 11 日，江苏银监局副局长章莳安到访调研亨通财务有限公司。

2016 年 5 月 11 日，江苏银监局副局长章莳安一行莅临苏州创元集团财务有限公司调研指导。

2016年11月24日，河南银监局副局长李焕亭一行到中国平煤神马集团财务有限责任公司调研。

2016年11月29日，江苏银监局副局长章莳安一行莅临国联财务有限责任公司指导工作。

2016年3月10日，厦门银监局副局长梁洁红一行莅临厦门海翼集团财务有限公司调研指导工作。

2016年8月31日，龙岩银监分局局长詹启刚一行到紫金矿业集团财务有限公司调研指导。

2016年8月10日，淮北市政府副秘书长陈贤新，淮北银监分局副局长（主持工作）梁禾，副局长樊跃进、葛德坤等出席淮北银监分局在淮北矿业集团财务有限公司举行的淮北矿业转型发展银企对接专题座谈会。

2016年9月7日，山东银监局到山东钢铁集团财务有限公司开展“两个加强、两个遏制”检查督导。

2016年7月29日，贵州银监局信息科技处到贵州盘江集团财务有限公司检查指导工作。

2016年5月26日，宁波银监局监管四处一行到宁波舟山港集团财务有限公司调研指导。

2016年8月24日，湖北宜化集团财务有限责任公司迎接宜昌银监分局“两个加强、两个遏制”回头看工作督导组检查指导工作。

2016 年 5 月 30 —31 日，中国企业集团财务公司 2016 年年会在长沙举行。

2016 年 3 月 2 日，中国财务公司协会 2016 年会员大会在北京召开。

2016年8月30日，中国财务公司协会党委书记、常务副会长张电中，专职常务副会长王岩玲和纪委书记曹春彦一行赴内蒙古电力集团财务有限责任公司调研。

2016年8月31日，中国财务公司协会党委书记、常务副会长张电中，专职常务副会长王岩玲一行赴伊利财务有限公司调研。

2016 年 8 月 18 日，中国财务公司协会专职常务副会长王岩玲一行赴东航集团财务有限责任公司调研。

2016 年 8 月 18 日，中国财务公司协会专职常务副会长王岩玲一行赴百联集团财务有限责任公司调研。

2016 年 10 月 13 日，中国财务公司协会专职常务副会长王岩玲与北京、北方地区理事一行赴创维集团财务有限公司调研。

2016 年 10 月 24 日，中国财务公司协会专职常务副会长王岩玲、秘书长李矛斗一行赴徐工集团财务有限公司调研。

2016年11月7日，中国财务公司协会第九届监事会监事赴上海外高桥集团财务有限公司走访调研，中国财务公司协会专职常务副会长王岩玲参加了本次调研。

2016年11月29日，中国企业集团财务公司行业履行社会责任情况暨《中国企业集团财务公司行业社会责任报告(2015)》发布会在北京召开。中国财务公司协会专职常务副会长王岩玲介绍了财务公司行业发展及履行社会责任情况。

2016年8月2日，中国财务公司协会纪委书记曹春彦一行到云南云天化集团财务有限公司进行标准化信息系统调研。

2016 年 8 月 4 日，中国财务公司协会纪委书记曹春彦一行莅临云南昆钢集团财务有限公司调研指导并参观集团养生敬老产业。

2016 年 2 月 25—26 日，中国财务公司协会组织召开“2016 年度宏观经济形势及企业运营环境分析会”。

2016 年 7 月 4—11 日，中国财务公司协会在北京举办第一期国际财资管理师（CTP）认证课程培训班。

2016 年 9 月 21 日，中国财务公司协会在山西省太原市组织召开北方地区财务公司业务交流暨华东、华南理事调研会。

2016 年 10 月 26 日，中国财务公司协会在安徽省合肥市组织召开华东地区财务公司业务交流会。

2016 年，北京控股集团财务有限公司召开第二次股东会暨一届十一次董事会。

2016 年，北京汽车集团财务有限公司召开党员大会。

2016 年，陕西延长石油财务有限公司召开 2015 年度股东会。

2016年1月，海航集团财务有限公司召开2016年工作会议。

2016年1月20日，中国核工业建设集团财务有限公司召开第一届董事会第三次会议。

2016年1月28日，四川省宜宾五粮液集团财务有限公司召开第一届董事会第八次会议。

会。

2016 年 1 月 30 日，马钢集团财务有限公司召开 2016 年度职工大会。

2016 年 2 月 4 日，西电集团财务有限责任公司召开 2016 年度工作会议暨三届十次职工大会。

2016 年 3 月，中电投财务有限公司召开 2016 年第一次股东会、第四届十次董事会。

2016年3月，中远财务有限责任公司召开2016年工作会。

2016年3月8日，保利财务有限公司召开第二届董事会2016年度第二次会议、第二届监事会2016年度第一次会议及股东会2015年度会议。

2016年3月11日，红豆集团财务有限公司召开第三届董事会第二十次会议。

2016年3月15日，南山集团财务有限公司召开第三届董事会第二次会议。

2016年3月18日，中材集团财务有限公司召开第一届董事会第二十次会议。

2016年3月22日，青岛啤酒财务有限责任公司召开2016年度职工大会。

2016年3月28日，中煤财务有限责任公司召开第一届董事会2016年第一次会议。

2016年4月8日，航天科工财务有限责任公司召开党员大会。

2016年4月12日，上海上实集团财务有限公司召开股东会、董事会、监事会。

2016 年 4 月 15 日，河北港口集团财务有限公司召开第一届董事会第三次会议。

2016 年 4 月 22 日，山东省商业集团财务有限公司召开第二届董事会第一次会议、第二届监事会第一次会议。

2016 年 4 月 27 日，山东重工集团财务有限公司召开 2016 年第一次股东会会议。

2016年5月5日，鞍钢集团财务有限责任公司召开五届一次董事会、一届二次监事会暨2016年度股东大会。

2016年5月5日，重庆化医控股集团财务有限公司召开2016年股东会暨第二届董事会第三次会议。

2016年5月10日，上海浦东发展集团财务有限责任公司召开六届十一次董事会、第72次股东会。

2016年5月13日，中国移动通信集团财务有限公司召开第二届董事会第十八次会议。

2016年5月27日，内蒙古伊泰财务有限公司召开第一届董事会第三次会议。

2016年6月，开滦集团财务有限责任公司召开股东会第五次会议、董事会二届三次会议。

2016 年 6 月 14 日，包钢集团财务有限责任公司召开二届六次董事会、2015 年股东会、二届四次监事会会议。

2016 年 6 月 23 日，大同煤矿集团财务有限责任公司召开 2015 年职工大会。

2016 年 6 月 29 日，潞安集团财务有限公司召开第三届第六次董事会。

2016年7月7日，内蒙古电力集团财务有限责任公司召开董事会。

2016年7月15日，中国化工财务有限公司召开2016年年中工作会议。

2016年8月12日，国电财务有限公司召开2016年第三次股东会、三届九次董事会及三届四次监事会会议。

2016 年 8 月 30 日，山东能源集团财务有限公司召开第二次股东大会。

2016 年 9 月 9 日，湖南高速集团财务有限公司召开第二届董事会第二次会议、监事会第一次会议。

2016 年 9 月 25 日，西王集团财务有限公司召开 2015 年度股东会和第一届董事会第四次会议。

2016年11月，中车财务有限公司召开第一次全体党员大会。

2016年11月16日，中国南航集团财务有限公司召开第二次党员大会。

2016年11月22日，中国能源建设集团财务有限公司召开第一次股东会暨一届一次董事会。

2016 年 12 月 9 日，中铝财务有限责任公司召开第二届董事会第八次会议。

2016 年 12 月 24 日，安徽省皖北煤电集团财务有限公司召开第一届监事会第五次会议。

2016 年 12 月 27 日，珠海格力集团财务有限责任公司召开第十五次股东大会暨五届一次董事会、监事会会议。

创新合作

2016年，中铁财务有限责任公司与中铁昆明建设投资有限公司签署财务顾问服务协议。

2016年3月10日，青建集团股份公司金融事业部赴青岛港财务有限责任公司调研财务公司筹备事宜。

2016年4月20日，中国财务公司协会会长、中国电力财务有限公司董事长盖永光一行莅临中广核财务公司进行调研指导。

2016年4月27日，由浙江省能源集团财务有限责任公司承办的“财务公司资金集中管理同业交流会”在杭州召开，浙江银监局、省内七家财务公司相关负责人出席了此次会议。

2016年7月2日，山东晨鸣集团财务有限公司与日照港集团财务有限公司进行业务交流。

2016年8月9日，天瑞集团财务有限责任公司成功承办2016年上半年河南省企业集团财务公司座谈会。

2016 年 8 月 26 日，西部矿业集团财务有限公司邀请太钢集团财务有限公司、中国航油集团财务有限公司等五家财务公司在青海省西宁市召开同业交流会。

2016 年 9 月 29 日，中铝资本控股有限公司董事长一行到访诚通财务有限责任公司并进行交流。

2016 年 10 月 14 日，神华财务有限公司与中国建设银行北京市分行开展神华建行产融互促联学共建活动。

2016年10月31日，航天科技财务有限责任公司参加“军工票”合作签约仪式。

2016年11月12日，中央建筑企业财务公司业务研讨会在中国铁建财务有限公司召开。

2016年12月，国机财务有限责任公司为江苏苏美达集团有限公司出口德国的20.8万吨散货船提供预付款保函支持的船舶交付现场。

2016 年 12 月 18 日，北京金隅股份有限公司与中国工商银行等金融机构签署银企合作协议。

2016 年 12 月 18 日，申能集团财务有限公司首款消费金融产品“和气生财”之“绿能贷”正式上线。

2016 年 12 月 28 日，中国电建集团财务有限责任公司组建联合银团签署金融服务协议。

公司风采

2016 年，TCL 集团财务有限公司十周年庆典。

2016 年，北京首都旅游集团财务有限公司参观中国人民抗日战争纪念馆。

2016 年，光明食品集团财务有限公司员工合影。

2016年，海尔集团财务有限责任公司举办年度反洗钱知识竞赛。

2016年，珠海华发集团财务有限公司全体员工在集团运动会上走方阵。

2016年，西门子财务服务有限责任公司总经理办公会后合影。

2016 年，云南建工集团财务有限公司营业厅员工办理业务。

2016 年，浙江省交通投资集团财务有限责任公司组建青年突击队。

2016 年，中国电子科技财务有限公司参加集团运动会。

2016 年，中国航空集团财务有限公司参加集团跨境双向人民币资金池专项业务沟通会。

2016 年 1 月，广东省交通集团财务有限公司参加广东银行同业公会羽毛球比赛并获得冠军。

2016 年 1 月 1 日，武汉钢铁集团财务有限责任公司组织全体员工开展迎新年登山活动。

2016年1月15日，中开财务有限公司组织员工开展深圳湾单车健步走活动。

2016年2月7日，河南能源化工集团财务有限公司贯彻落实《金融机构大额交易和可疑交易报告管理办法》动员大会。

2016年2月26—27日，东风汽车财务有限公司召开公司"十三五"战略发展研讨会。

2016 年 3 月 7 日，中核财务有限责任公司组织花艺培训。

2016 年 3 月 15 日，中国电力财务有限公司新核心系统建设项目启动。

2016 年 3 月 23 日，营口港务集团财务有限公司全体员工合影。

2016年3月24日，海亮集团财务有限责任公司员工三八妇女节安徽黄山旅游合影。

2016年3月25日，中国黄金集团财务有限公司员工参加集团公司广播操比赛。

2016年4月18日，中化集团财务有限责任公司开展爱心林植树活动。

2016年4月23日，中交财务有限公司组织平谷冀东革命根据地参观活动。

2016年4月27日，中国华能财务有限责任公司举办资金账户监管系统推广暨信贷业务研讨会。

2016年4月28日，中国大唐集团财务有限公司董事会、监事会成员及股东代表参观调研中国大唐集团公司资金调度中心。

2016年4月29日，河北建投集团财务有限公司组织全体员工健步走活动。

2016年5月，中化工程集团财务有限公司全体员工参加“凝聚团队力量 共创美好明天”春季素质拓展活动。

2016年5月，中兴通讯集团财务有限公司举办成立五周年座谈会。

2016 年 5 月 4 日，吉林森林工业集团财务有限责任公司举办五四青年节徒步活动。

2016 年 5 月 7 日，中联重科集团财务有限公司举办“银企直联杯”羽毛球比赛。

2016 年 5 月 11 日，广西交通投资集团财务有限责任公司开展插花艺术欣赏与培训活动。

2016年5月14日，忠旺集团财务有限公司参加第十四届大连徒步大会。

2016年5月15日，安徽省能源集团财务有限公司参加安徽省金融工会“百万金融职工走向健康、走向快乐——安徽站”活动。

2016年5月22日，江苏交通控股集团财务有限公司组织党员赴井冈山开展革命传统教育活动。

2016年6月，海信集团财务有限公司员工活动。

2016年6月，中海集团财务有限责任公司于中共二大会址开展“重温入党誓言 坚定理想信念”主题活动。

2016年6月3日，新奥财务有限责任公司全体员工参加团队拓展活动。

2016年6月4日，江铃汽车集团财务有限公司党员干部践行井冈山红色精神，开展“两学一做”专题教育活动。

2016年6月4日，中国铁路财务有限责任公司全体员工到詹天佑纪念馆参观，弘扬新时代铁路精神。

2016年6月21日，山西焦煤集团财务有限责任公司组织举办消防应急演练活动。

2016年6月25日，江苏省国信集团财务有限公司组织党员和入党积极分子赴沙家浜参加红色教育活动。

2016年6月29日，南方电网财务有限公司组织新党员入党宣誓暨全体党员重温入党誓词活动。

2016年6月30日，中国航油集团财务有限公司全体党员在“两学一做”专题教育活动中重温入党誓词。

2016年6月30日，中国人民银行济南分行营业管理部与新风祥财务有限公司举办联学联创："两学一做"专题教育活动，参观孔繁森同志纪念馆。

2016年7月，港中旅财务有限公司开展"两学一做"主题教育活动。

2016年7月，上海电气集团财务有限责任公司开展"循足迹·跟党走"定向活动。

2016 年 7 月，中国石化财务有限责任公司演讲比赛参赛选手合影。

2016 年 7 月 1 日，中冶集团财务有限公司组织健康长走活动。

2016 年 7 月 2 日，中船重工财务有限责任公司参观抗日战争纪念馆，重温入党誓词。

2016 年 7 月 8 日，供销集团财务有限公司党支部与中华全国供销合作总社财会部党支部开展联学活动。

2016 年 7 月 8 日，太钢集团财务有限公司开展主题党日活动。

2016 年 7 月 15 日，湖南华菱钢铁集团财务有限公司党员参观湖南历史陈列馆。

2016年7月16日，山东招金集团财务有限公司周年庆全体员工合影。

2016年7月19日，淮南矿业集团财务有限公司接待金融机构投资者到集团实地调研。

2016年8月，松下电器（中国）财务有限公司员工在新办公室合影。

2016 年 8 月 12 日，物产中大集团财务有限公司召开 2016 年半年度经营工作会议。

2016 年 8 月 22 日，中信财务有限公司党支部开展“两学一做”西柏坡红色主题教育活动。

2016 年 8 月 23 日，湖北交投集团财务有限公司“两学一做”专题党课——全体党员唱国歌环节。

2016 年 8 月 23 日，上海华谊集团财务有限责任公司举办“华财杯”羽毛球比赛。

2016 年 9 月，海马财务有限公司员工风采。

2016 年 9 月，日立（中国）财务有限公司张家界年度旅游员工合影。

2016 年 9 月，五矿集团财务有限责任公司全体员工参加中国五矿集团公司第三届合唱比赛，获得最佳创意奖。

2016 年 9 月 3 日，云南冶金集团财务有限公司牵头组织举办云南地区财务公司业务培训交流会。

2016 年 9 月 10 日，为庆祝公司成立五周年，福建省能源集团财务有限公司在永泰千江月开展拓展培训活动。

2016 年 9 月 24 日，美的集团财务有限公司参加“2016 年佛山市顺德区金融系统金融知识普及活动”，并以“维权知识”为宣传主题，践行金融服务理念。

2016 年 9 月 26 日，中国重汽财务有限公司新一代业务系统成功上线，全体员工合影留念。

2016 年 9 月 27 日，大连港集团财务有限公司组织核心业务系统培训班。

2016年9月27日，上海自贸区成立三周年之际，宝钢集团财务有限责任公司总经理接受主流媒体采访。

2016年10月，华联财务有限责任公司组织员工拓展活动。

2016年10月，天津渤海集团财务有限责任公司召开“两学一做”专题三学习交流研讨会。

2016年10月14日，国药集团财务有限公司员工管理业务培训。

2016年10月27日，中海石油财务有限责任公司北方片区金融业务推介培训会。

2016年10月28日，东方集团财务有限责任公司组织召开资金运营、电票系统硬件平台建设项目招标、评标会议。

2016年11月，兵工财务有限责任公司党员代表重走长征路。

2016年11月，天津港财务有限公司组织员工参观“家风耀中华”展览。

2016年11月7日，河钢集团财务有限公司到河钢集团石钢公司开展反洗钱现场宣传活动。

2016 年 11 月 30 日，广东粤电财务有限公司“粤汇通”系统荣获中国电力企业联合会 2016 年度电力行业信息化优秀成果一等奖。

2016 年 12 月，兵器装备集团财务有限责任公司“掌上兵财”移动金融服务产品上线发布。

2016 年 12 月 1 日，北大方正集团财务有限公司举办 2016 年趣味篮球赛活动。

2016 年 12 月 2 日，晋煤集团财务有限公司召开党员大会。

2016 年 12 月 9 日，上海汽车集团财务有限责任公司获“2016 中国金融机构金牌榜 · 金龙奖——年度最佳服务财务公司”称号。

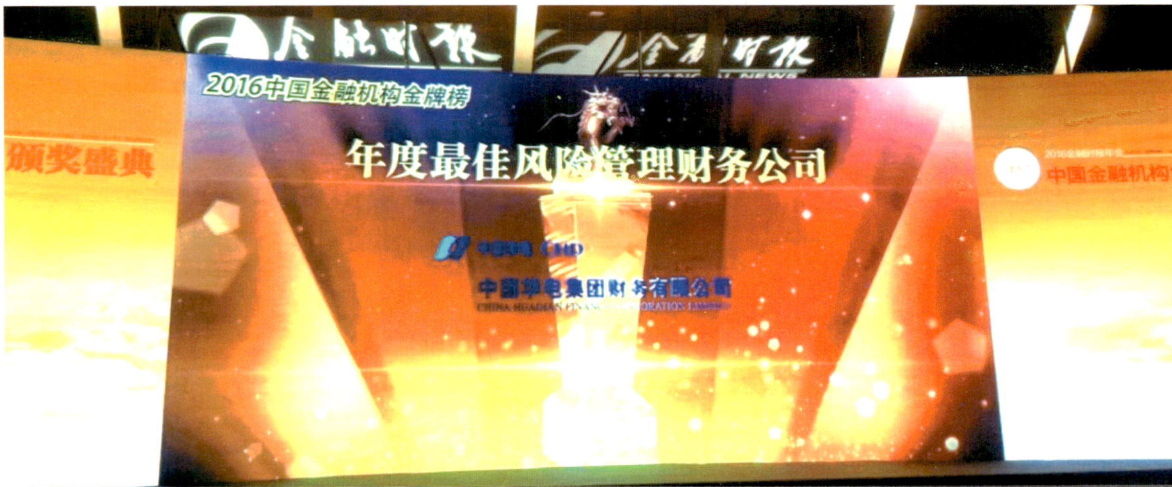

2016 年 12 月 9 日，中国华电集团财务有限公司获“2016 中国金融机构金牌榜 · 金龙奖——年度最佳风险管理财务公司”称号。

2016 年 12 月 9 日，中节能财务有限公司获“2016 中国金融机构金牌榜 · 金龙奖——最具成长性财务公司”称号。

2016 年 12 月 15 日，首都机场集团财务有限公司召开员工座谈会。

2016 年 12 月 16 日，江西铜业集团财务有限公司召开成立十周年座谈会。

2016 年 12 月 16 日，清华控股集团财务有限公司举办第一届业务发展论坛。

2016年12月25日，东方电气集团财务有限公司青年参加集团总部团拜会表演谐趣小合唱。

2016年12月26日，渤海钢铁集团财务有限公司组织各部门主要负责人召开经营形势分析会。

2016年12月28日，天津物产集团财务有限公司2016年述职大会。

2016 年 12 月 31 日，湖南出版投资控股集团财务有限公司年终结算后员工合影。

2016 年 12 月 31 日，通用技术集团财务有限责任公司 2016 年度“全家福”。

2016 年 3 月 1 日，江苏悦达集团财务有限公司揭牌签约仪式。

2016 年 3 月 15 日，宝塔石化集团开展财务公司筹建工作。

2016 年 5 月 20 日，日照港集团财务有限公司揭牌暨合作签约仪式。

2016 年 6 月 22 日，河南双汇集团财务有限公司开业暨财银合作签约仪式。

2016 年 6 月 27 日，北京粮食集团财务有限公司召开启动大会，北京银监局颁发金融许可证。

2016 年 6 月 27 日，联通集团财务有限公司开业启动仪式。

2016 年 7 月 28 日，甘肃电投集团财务有限公司开业仪式上员工合影。

2016 年 8 月 3 日，中国人民银行厦门市中心支行领导莅临厦门翔业集团财务有限公司，现场辅导开业工作。

2016年9月28日，新华联控股集团财务有限责任公司与中国工商银行等10家重点银行签署银财合作协议。

2016年10月27日，顺丰控股集团财务有限公司开业揭牌。

2016年12月28日，上海文化广播影视集团财务有限公司成立仪式上领导揭牌。

《中国企业集团财务公司年鉴》编辑委员会

陈春利（一汽财务公司）
陈东红（江铃汽车财务公司）
陈景东（国电财务公司）
陈丽娜（上海复星高科财务公司）
陈敏宏（中煤财务公司）
陈庆丰（武汉钢铁财务公司）
陈庆锴（日立财务公司）
陈文玲（深圳能源财务公司）
陈永强（重庆机电财务公司）
陈　宇（中国华电财务公司）
陈月明（锦江国际财务公司）
初向青（天津物产财务公司）
丛树峰（上海电气财务公司）
邓文杰（海南农垦财务公司）
邓香全（五粮液财务公司）
丁　锋（江苏国信财务公司）
董养利（开滦财务公司）
窦广清（天津港财务公司）
杜心红（申能财务公司）
樊明海（三房巷财务公司）
方平凡（中集财务公司）
方泰峰（淮南矿业财务公司）
房茂雨（新凤祥财务公司）
封　光（珠海华发财务公司）
冯　强（重庆力帆财务公司）
冯　勇（东方电气财务公司）
付　维（贵州茅台财务公司）
傅哲祥（浙江交投财务公司）
傅志芳（万向财务公司）
高昆冲（物美商业财务公司）
高玉臣（南山财务公司）
高　宙（大冶有色财务公司）
顾曰滇（中开财务公司）
郭芳丽（国投财务公司）
郭光莉（大唐电信财务公司）
郭　箐（山东黄金财务公司）
郭如东（江苏悦达财务公司）
郭　涌（太钢财务公司）
韩　军（渤海钢铁财务公司）
韩维平（神华财务公司）
韩文杰（中国重汽财务公司）
郝力平（中航工业财务公司）
贺海柱（山西焦煤财务公司）
洪毅俊（深圳有色财务公司）
侯文捷（中国电力财务公司）
胡金红（天津医药财务公司）
黄必烈（中外运长航财务公司）
黄　丹（上海外高桥财务公司）
黄美智（顺丰财务公司）
黄天珊（铜陵有色财务公司）
黄　巍（国药财务公司）
黄文阁（北京金隅财务公司）
火照里（甘肃电投财务公司）
棘　军（河南能化财务公司）
冀　涛（中国铁建财务公司）
姜建平（东方财务公司）
姜进明（中国大唐财务公司）
姜明群（中国化工财务公司）
姜在国（首钢财务公司）
蒋　宁（淮北矿业财务公司）
揭佳莉（联通财务公司）
金峰逸（吉林森工财务公司）

瞿　曲（粤海财务公司）
饶　璞（湖南华菱财务公司）
任文恺（首都机场财务公司）
沙春枝（陕西延长石油财务公司）
单　纯（中节能财务公司）
沈根伟（上海汽车财务公司）
沈　洁（中国航空财务公司）
史艳晓（兵工财务公司）
孙晓斌（中海财务公司）
唐建君（河钢财务公司）
唐　捷（巨化财务公司）
田文英（北京粮食财务公司）
田中卓志（松下财务公司）
涂　华（广西交投财务公司）
王厚勇（航天科工财务公司）
王金新（紫金矿业财务公司）
王　娟（云南昆钢财务公司）
王力佳（大同煤矿财务公司）
王立华（北京控股财务公司）
王丽波（湖南出版财务公司）
王　平（重庆化医财务公司）
王文烈（上海文广财务公司）
王晓明（红豆财务公司）
王甬明（宁波舟山港财务公司）
王宇彪（中兴通讯财务公司）
王玉明（阳泉煤业财务公司）
王增业（中油财务公司）
王　展（江苏交控财务公司）
毋浩民（西电财务公司）
吴国权（山东招金财务公司）
吴　俊（光明食品财务公司）
吴汝江（山东重工财务公司）
吴　彤（哈电财务公司）
伍生林（马钢财务公司）
葸有峰（酒钢财务公司）
肖　华（湖南高速财务公司）
谢继明（湖北交投财务公司）
谢美玲（包钢财务公司）
谢沃德勒夫（伊利财务公司）
胥勋畅（四川长虹财务公司）
徐　春（东航财务公司）
徐立波（山东能源财务公司）
徐　舍（中船重工财务公司）
徐伟锋（中车财务公司）
徐蔚萌（中国电子财务公司）
徐燕青（中国南航财务公司）
徐振声（青岛啤酒财务公司）
许国栋（河北港口财务公司）
杨东旗（重庆能源财务公司）
杨广玉（潞安财务公司）
杨海静（冀中能源财务公司）
杨　楠（中海石油财务公司）
杨　倩（青岛港财务公司）
杨士东（山东钢铁财务公司）
姚连江（中国华能财务公司）
姚卫东（新奥财务公司）
银　虹（中材财务公司）
尹　亮（西部矿业财务公司）
尹新全（贵州盘江财务公司）
印　凤（兵器装备财务公司）
游　华（中交财务公司）
于红卫（中铝财务公司）

《中国企业集团财务公司年鉴》编辑部

范思爽（中船财务公司）
房茂雨（新风祥财务公司）
冯　菁（苏州创元财务公司）
冯　伟（重庆化医财务公司）
高　静（海信财务公司）
高昆冲（物美商业财务公司）
高　贞（深圳能源财务公司）
龚　民（云南建工财务公司）
郭　宏（大连港财务公司）
郭金妍（海马财务公司）
郭　箐（山东黄金财务公司）
郭书言（鞍钢财务公司）
郭树圆（天津天保财务公司）
郭文惠（山西焦煤财务公司）
郭振华（内蒙古电力财务公司）
杭　帆（国联财务公司）
何晓君（百联财务公司）
胡　杰（亨通财务公司）
胡金红（天津医药财务公司）
胡　帅（中信财务公司）
花　卉（北大方正财务公司）
黄静茹（TCL 财务公司）
黄美善（日立财务公司）
黄书寒（中材财务公司）
黄晓峰（西部矿业财务公司）
黄永辉（中国南航财务公司）
吉华莉（中国重汽财务公司）
吉　敏（上海华谊财务公司）
江　洋（贵州盘江财务公司）
江育珊（美的财务公司）
姜　旭（营口港务财务公司）
姜　艳（河钢财务公司）
蒋　总（湖北交投财务公司）
焦玉鹏（甘肃电投财务公司）
揭佳莉（联通财务公司）
金克浩（锦江国际财务公司）
井　雪（西王财务公司）
孔　超（国投财务公司）
孔祥霞（山东晨鸣财务公司）
李　昂（江苏国信财务公司）
李博文（河南双汇财务公司）
李丹妮（珠海格力财务公司）
李棣棣（安徽能源财务公司）
李　灏（中国电子科技财务公司）
李佳瑶（上海文广财务公司）
李建明（物产中大财务公司）
李　靖（兵工财务公司）
李　麟（广东交通财务公司）
李　曼（华联财务公司）
李培锋（中国铁建财务公司）
李　睿（中远财务公司）
李特豪（晋煤财务公司）
李　伟（中国大唐财务公司）
李卫龙（日照港财务公司）
李文馨（海南农垦财务公司）
李志平（天津渤海财务公司）
李宗泽（哈电财务公司）
梁文波（云南昆钢财务公司）
廖绪文（三峡财务公司）
刘　丹（福建七匹狼财务公司）
刘　鼎（首钢财务公司）
刘　力（兵器装备财务公司）

刘莅祥（湖南华菱财务公司）
刘伟伟（清华控股财务公司）
刘　雯（青岛啤酒财务公司）
刘香庆（天津物产财务公司）
刘晓溪（中国华电财务公司）
刘欣杨（国药财务公司）
刘一凡（北京金融街财务公司）
刘　钊（铜陵有色财务公司）
刘　志（湖北能源财务公司）
柳佳月（上海电气财务公司）
龙　莎（创维财务公司）
罗晓枫（重庆能源财务公司）
吕慧媛（东方集团财务公司）
吕丽华（包钢财务公司）
马　林（忠旺财务公司）
马晓旭（天瑞财务公司）
马　秀（大冶有色财务公司）
毛麒淼（新希望财务公司）
梅　艳（武汉钢铁财务公司）
米国新（中海石油财务公司）
米　瑞（中国华能财务公司）
莫晨栋（中国移动财务公司）
倪梦雨（中建财务公司）
潘建荣（国机财务公司）
潘亚楠（宁波舟山港财务公司）
潘义平（金川财务公司）
彭　刚（中广核财务公司）
彭璐璐（中兴通讯财务公司）
彭晓晨（保利财务公司）
普　艳（云南冶金财务公司）
齐建寨（中船重工财务公司）
齐昕宇（鄂尔多斯财务公司）
钱　程（北京控股财务公司）
钱　荣（深圳华强财务公司）
邱健熙（广东粤电财务公司）
曲诗瑶（中冶财务公司）
任红柳（东方电气财务公司）
任　祥（中铁财务公司）
沈桂权（山东钢铁财务公司）
沈龙海（上海上实财务公司）
师率杰（神华财务公司）
石子锐（河北建投财务公司）
史　蕊（中开财务公司）
史若琳（国电财务公司）
宋　歌（青岛港财务公司）
宋晓彤（天津港财务公司）
宋晓阳（山东重工财务公司）
宋子夏（南方电网财务公司）
苏春林（四川长虹财务公司）
孙佳琳（东风汽车财务公司）
孙　晓（五矿财务公司）
孙　翼（吉林森工财务公司）
孙玉婷（上海汽车财务公司）
孙志远（马钢财务公司）
孙卓煜（江铃汽车财务公司）
谭　英（中化工程财务公司）
唐红亮（中国电建财务公司）
唐要斌（振华财务公司）
滕　丽（中联重科财务公司）
田华琼（云南云天化财务公司）
田小卫（酒钢财务公司）
涂　华（广西交投财务公司）

汪炳青（江苏交控财务公司）
王　辉（首旅财务公司）
王　娟（平煤神马财务公司）
王　娟（一汽财务公司）
王可琝（陕西煤化财务公司）
王龄莹（中航工业财务公司）
王　瑞（渤海钢铁财务公司）
王涛峰（中国一拖财务公司）
王锡升（巨化财务公司）
王学斌（浙江交投财务公司）
王　洋（开滦财务公司）
王奕方（海尔财务公司）
王　宇（中煤财务公司）
王　渊（大同煤矿财务公司）
王韫宇（北京金隅财务公司）
魏　茵（广东广晟财务公司）
温家东（南山财务公司）
吴小姣（阳泉煤业财务公司）
吴志远（河南能化财务公司）
武传德（中国电力财务公司）
武丽霞（新华联财务公司）
武　莉（皖北煤电财务公司）
夏卡璐（江苏华西财务公司）
谢家亮（光明食品财务公司）
熊雯雯（港中旅财务公司）
胥　娜（山东省商业财务公司）
徐蔚萌（中国电子财务公司）
许承奇（淮南矿业财务公司）
许向亭（顺丰财务公司）
杨　涵（湖南出版财务公司）
杨涵浠（海亮财务公司）

杨素华（珠海华发财务公司）
杨婷婷（中国核工业建设财务公司）
杨　笑（海航财务公司）
杨　艳（中外运长航财务公司）
杨　逸（东航财务公司）
叶　斌（中油财务公司）
叶美芳（红豆财务公司）
易予晴（湖南高速财务公司）
于　涛（山东招金财务公司）
于　颖（中化财务公司）
于永敏（深圳有色财务公司）
袁　野（诚通财务公司）
张　贝（中国石化财务公司）
张碧瑶（中节能财务公司）
张　辰（中海财务公司）
张　弓（中交财务公司）
张宏宇（河北港口财务公司）
张劲松（湖北宜化财务公司）
张　凯（松下财务公司）
张亢亢（宝塔石化财务公司）
张　玮（供销财务公司）
张问宇（中车财务公司）
张幸东（航天科技财务公司）
张　旭（本钢财务公司）
张　旭（大唐电信财务公司）
张　妍（北京粮食财务公司）
张宇香（冀中能源财务公司）
张玉婷（中粮财务公司）
张　岳（中铝财务公司）
张　韫（潞安财务公司）
赵　欢（中电投财务公司）

赵　强（郑州宇通财务公司）
赵　瑞（中核财务公司）
赵　妍（航天科工财务公司）
赵　龚（陕西延长石油财务公司）
赵宇星（三房巷财务公司）
周灿红（重庆机电财务公司）
周　洁（西电财务公司）
周　茜（万向财务公司）
朱春会（淮北矿业财务公司）
朱敏翔（申能财务公司）
朱　婷（中集财务公司）

编辑说明

一、本卷主要收录2016年度监管机关领导讲话、各财务公司的经营管理状况、重要法律法规以及行业和机构的业务经营统计数据等内容。

二、本卷“特载”部分的内容由中国银监会非银部和中国财务公司协会提供；“机构概览”“统计资料”及“附录”部分的内容由各财务公司提供；“文件与规章”“大事记”部分的内容由中国财务公司协会收集整理。

三、本卷各财务公司是按照其获得监管部门开业批准文号的顺序进行排列；“文件与规章”部分是按照各发文机关公布的日期进行排列。

四、本卷“机构概览”部分收录中国境内的依《企业集团财务公司管理办法》设立的正常经营的企业集团财务公司，本年新成立的广州发展集团财务有限公司、江苏凤凰出版传媒集团财务有限公司、青建集团财务有限责任公司未提供相关资料。

五、本卷各部分的行业整体数据因统计机构和统计口径不同，会出现不一致，请使用时注意甄别；“统计资料”篇中由于四舍五入，总计数据与分项、不同表格的数据也可能存在误差；业务统计部分只列示了开展相关业务的公司。统计表格中，“空格”表示该项统计指标数据不详；“—”表示无该项数据。

六、本卷照片部分除“关怀指导”“监管调研”和“共谋发展”三部分之外，其他是以事件发生时间进行排序。

七、本卷“附录”部分的行业受表彰情况收录了财务公司的“集体荣誉”“部门荣誉”及“个人荣誉”，“个人荣誉”部分未出现具体人名，行业社会责任情况单独列示，部分公司提供的资料未能录用，敬请谅解。

八、本卷在编纂过程中得到中国银监会非银部领导的关心和指导，得到全国各财务公司的大力支持，参加编写的财务公司233家。各位组稿编辑、编写人员为本卷年鉴的出版付出了辛勤的劳动；各财务公司的其他工作人员也给予了大力协助；在此一并表示衷心的感谢！

九、本卷在编纂过程中难免存在错漏之处，敬请广大会员和读者批评指正。

《中国企业集团财务公司年鉴》编辑部

二〇一七年六月

目　录

特　载

机构概览

文件与规章

统计资料

大事记

附　录

特　　载

领 导 讲 话

开拓创新　提升能力
积极推动集团公司转型发展

——国务院国资委总会计师沈莹在中国企业集团财务公司2016年年会上的讲话

（2016年5月30日）

首先，我代表国务院国资委对中国企业集团财务公司2016年年会的召开表示热烈祝贺！对金融监管部门长期以来对中央企业改革发展给予的支持表示衷心感谢！在银监会等有关部门的指导支持下，中央企业财务公司继续保持稳健规范发展良好态势，功能定位更加清晰，金融服务能力明显提升，为中央企业改革发展提供了有力的金融支持。下面我简要讲几点意见。

一、财务公司为中央企业提质增效和转型升级发挥了重要作用

近年来，中央企业处于深化改革和结构调整的关键阶段，面临速度换挡、结构调整和动力转换带来的巨大挑战，提质增效和转型升级的任务艰巨。尤其是2015年，面对石油、钢铁、煤炭等大宗商品价格深度下跌、部分行业产能严重过剩等多重压力，认真贯彻党中央、国务院决策部署，牢固树立新的发展理念，积极应对困难和挑战，统筹推进稳增长、调结构、促改革、强管理、防风险各项工作，生产经营总体保持平稳，利润下滑趋势得到有效遏制，效益降幅从1—2月的32.4%收窄至年末的6.9%，扣除石油石化企业因素，中央企业利润增长7.5%，多数企业效益稳定，106家企业中，99家盈利，37家利润过百亿元。运行质量稳中有升，平均成本费用利润率同比提高，“两金”增速同比放缓，资产负债率同比下降。2016年1—4月中央企业实现利润总额同比增长1.8%，为全年实现效益恢复性增长奠定了较好的基础，为国民经济持续健康发展作出了重要贡献。

国资委对中央企业财务公司发展高度重视，2014年10月与银监会联合印发了《关于进一步促进中央企业财务公司健康发展的指导意见》，2015年7月专门召开了中央企业财务公司工作会议，要求各中央企业建立健全财务公司管理体系，管好用好财务公司，充分发挥财务公司功能作用。人民银行、银监会等部门对中央企业财务公司发展给予了大力支持，紧密结合企业发展实际需要，加大了财务公司存款准备金率差异化调整力度，启动了延伸产业链金融服务、电子商票线上清算、外汇资金集中管理等试点工作。中央企业财务公司坚持依托集团、服务主业的经营方针，立足资金归集、资金结算、资金监控和金融服务四大平台的功能定位，不断拓展业务范围，持续提升服务能力，为中央企业提质增效和转型升级发挥了重要作用，在以下四个方面较为突出：

一是资金集中管理功能进一步完善，为企业集团提升资金使用效率发挥了重要推动作用。中央企业普遍依托财务公司不断完善资金集中管理体系，在资金管理的广度、深度、精细度上下功夫，有力提升了企业集团资金使用效率，2015 年中央企业财务公司全口径资金集中度同比明显提高，其中有些企业超过了70%。有的财务公司将资金集中管理范围由“现金池”扩大至“票据池”和“外汇池”，实施“三池”联动，最大限度发挥资金集聚效应。一些企业财务公司针对集团内部上市公司数量多、关联交易存款受限的突出矛盾，加大沟通协调力度，资金集中度大幅提升。有些企业财务公司结合集团司库体系以及财务共享中心建设等创新实践，优化业务流程，增进业务协同，实现全球资金集中。有些企业财务公司紧密结合集团预算管理体系建设，优化资金使用标准，强化资金支出效果监测与考核，积极推动集团不断改进资源配置效益。

二是融资能力进一步提升，为企业集团降低财务成本提供了有力支撑。财务费用快速增长是制约中央企业效益提升的重要因素。中央企业依托财务公司积极拓宽融资渠道，优化调整资本来源与结构，着力提升资金精细化管理水平，扩大外部低成本融资规模，减少资金低效投放，协助企业集团构建稳定的银企关系，通过发债、内部委贷、跨区域资金调剂、资产证券化、创新表内外融资工具等措施，为集团发展提供方便快捷、风险可控的资金支持。2015 年中央企业财务费用增幅明显趋缓。

三是风险管控能力进一步增强，为企业集团防范经营风险提供重要手段。中央企业注重加强财务公司风险控制体系建设，不断完善法人治理结构，优化业务管控流程，财务公司经营状况稳健良好，各项风险均处于可控水平，平均资本充足率和平均流动性比率明显优于监管要求。同时，积极加强与集团资金管理的有效对接，依托资金集中与结算功能，对各项资金收支进行实时监测，对大额资金流动进行风险预警，对投融资活动提供决策支持，防范支付风险和资金流动性风险，确保企业资金看得见、管得住、用得好。部分中央企业财务公司协助集团开展利率风险、汇率风险等金融风险管理，协助集团做好内外部授信、用信和信用维护工作，对成员企业信用状况进行动态管理，有效维护集团内部金融秩序，极大地提升了企业集团风险预测、识别、化解与防范能力。

四是金融服务方式不断创新。中央企业财务公司紧密结合企业集团战略规划，提供个性化、差异化、低成本的金融服务，增强适应性和灵活性，为企业集团在市场融资、票据结算、年金管理、资本运作、投资理财等方面提供金融支持；树立共享竞合理念，积极探索产业链内财务公司之间金融合作，通过向上下游客户提供金融服务，为集团主业和重点产业发展优化配置金融资源，有效推动企业消化库存、加快资金回收，有力支持企业提升产品在成本、品种、品质、品牌、服务等方面的竞争优势。

二、破解发展难题，更好地服务于企业集团供给侧结构性改革

推进供给侧结构性改革，是当前和今后一个时期我国经济工作的主线，是筑牢实体经济发展根基、保障国民经济健康发展的关键措施。国资委监管的中央企业基本上都是随着新中国基础工业体系布局建设而发展起来的，多数分布在石油、电力、钢铁、冶金、装备制造等重化工传统产业，结构性矛盾更加突出，严重制约着中央企业发展质量和效益的提升。2016 年 1—4 月中央企业经过努力虽然实现效益增长，但效益增长基础不稳固，市场供求关系没有根本改善，“三去一降一补”任务非常繁重。国资委认真贯彻落实党中央、国务院关于供给侧结构性改革的决策部署，紧密围绕

“三去一降一补”重要任务，以提升发展质量和效益为目标，研究制定了深化改革、“瘦身健体”、提质增效工作方案，明确了工作目标、时间表与措施，正在抓紧落实，迫切需要更加专业、更加定制化、更加高效的金融服务。

财务公司根植于实体企业，是金融服务供给侧结构性改革的最直接平台，能够为企业改革发展量身定做最贴心、最适合的金融服务，助力“瘦身健体”、转型升级。但从目前企业发展实际看，提升财务公司服务供给侧结构性改革的能力还面临一些亟待破解的难题，以下三大难题较为突出：

一是亟待解决资金归集不足难题。资金集中管理是现代大企业提升竞争力的通行做法。同时，成熟大型跨国公司的资金集中管理正在从“现金池”向司库模式转变，资金集中管理的广度、深度和精细度迅速提升。我国企业集团资金集中管理模式主要有结算中心、财务公司，有些集团两种模式并存。总体看，资金集中管理水平同国际企业存在一定差距，资金集中度普遍较低。近年来，中央企业财务公司全口径资金集中度虽然在逐年提高，但平均集中度尚未达到50%，部分企业资金集中度处于偏低状态，严重制约着财务公司资金运作能力和金融服务水平。究其原因：一是部分企业集团化财务管控体系不完善，财务公司与集团财务部门业务协同配合不够，与资金管理政策、资金预算、资金收支流程等衔接不够，集团成员单位依托财务公司归集资金的积极性未充分调动，财务公司的专业优势未能充分发挥。二是资金归集仍受到较多政策限制，增加了难度，如各类履约保证金以及各类项目专项资金仍要求以现金形式专户存储；集团60%以上的资产均在上市公司，但要受到严格的关联交易限制；等等，造成集团可归集资金十分有限。三是财务公司资金运作能力仍显不足，存款准备金、贷款规模限制在一定程度上降低资金归集的效果，同业拆借、财务公司债券等长期资金来源渠道仍然不够畅通等因素，一定程度上影响了财务公司的金融服务尤其是信贷服务能力，也给财务公司的资产负债期限配置和流动性管理带来了较大挑战。近期，国资委在中央企业深化改革“瘦身健体”工作方案中明确要求，用两年时间将中央企业平均资金集中度提升到70%，增强财务公司资金归集功能迫在眉睫。

二是亟待解决产业链金融服务能力不足难题。企业集团多是产业的龙头企业，是产业体系的组织者，是中小企业发展的依托。构建各类企业协同发展、互助共赢的产业链，共同构筑良好的产业生态圈，是产业转型升级的重要任务。目前产业链上下游企业正在主动搭建产业联盟，通过市场化运作、以利益共享为基础创新合作模式。财务公司作为各企业集团旗下的专业金融机构，最清楚集团的金融需求和变化，通过探索以金融为纽带，延长金融服务链条，为企业集团产业链上下游牵线搭桥。一是有利于促进产业链上的深度合作，联合压降运行成本。二是有利于加快企业之间资金结算与周转，稳定客户关系，有效解决目前企业之间相互拖欠和产品存货积压问题，推动降杠杆、降库存，提升效益空间。三是有利于解决中小企业融资难、融资贵问题。目前“一头在外”的业务仅有极少数财务公司试点，远不能满足实际需要。

三是亟待解决国际业务拓展不足难题。近年来，中央企业积极落实“一带一路”、国际产能和装备制造合作等国家战略，大力推动国际化经营，产业“走出去”步伐进一步加快，业务遍布全球150多个国家和地区，但是财务公司服务“走出去”还远远没有跟上。虽然部分企业启动了跨国公司外汇资金集中运营管理试点，但仍处于探索起步阶段，难以充分满足集团及成员企业开展全球资金管理、境内外资金融通管理、外汇风险管理和全球金融咨询等国际化金融服务的需求。

三、加强能力建设，提升服务品质

（一）加强资金集中管理能力建设，提升资金集约化管理水平。一是要在资金集中上下功夫，充分利用好境内外资金池，不断拓宽资金集中管理范围和深度，实现集团资金的集约化、精细化管理。二是要在资源配置上下功夫，以服务集团需求为导向，以企业发展战略为依托，聚焦重点领域和重点任务，强化资金融通调配和资源集中共享，更好地支撑企业落实改革发展任务。三是要在精准服务上下功夫，针对成员企业的发展阶段和业务特征，打造多元化金融产品，提供专业化和个性化金融服务，在风险可控的前提下，积极稳健发展金融创新服务。

（二）加强客户资源管理能力建设，提升产业链金融服务水平。财务公司发展产业链金融具有天然的客户信用信息和风险管控优势，资金流、信息流与物流高度合一，风险可控，操作可行，可释放巨大生产力。各中央企业财务公司要充分利用集团核心企业优势，依法合规，积极稳健探索和开展产业链金融服务。一是企业集团要加大支持力度，将产业链金融作为产业发展的重要手段，发挥核心企业影响力，为财务公司发展产业链金融搭建桥梁渠道，创造有利条件。二是财务公司要牢固树立服务意识和共赢理念，立足产业链金融需求提供服务，促进企业集团稳定合作伙伴关系、优化产销衔接、加快资金周转，有效改善集团产业链金融生态。三是扩大财务公司“朋友圈”，促进多层面合作共赢，积极探索产业链内财务公司业务合作模式与路径，在同业授信、票据互认、票据流转与贴现以及买方信贷、信用保函等方面加强金融服务合作。此外，要全面深化与集团内外部金融机构合作。

（三）加强风险控制能力建设，完善风险控制体系。财务公司集中了集团内大量资金，一旦出现问题，将引发系统性风险，因此要坚守底线，加强风控能力和体系建设。一是要不断完善内部控制体系，优化管理流程，管控好自身金融风险，确保依法合规经营，这是财务公司首要责任。二是要积极服务集团风险管控，主动融入集团内控体系，为企业集团管控资金风险、票据风险、汇率风险、利率风险、信用风险、财务风险等各类风险提供专业的金融服务和支撑，这是财务公司的优势所在。三是要切实防范区域性和系统性风险，对成员企业金融风险承受能力和信用状况进行动态管理，协助维护集团内部金融秩序；对产业链上金融风险进行严密监测，维护产业链金融安全，做好风险隔离和应对预案。

（四）完善监管政策，优化发展环境。国资委将继续指导督促中央企业依托财务公司进一步完善集团资金运作与管控体系，更好地发挥财务公司的功能作用。同时，也建议在考虑财务公司经营现状和转型发展需求的基础上，进一步优化财务公司监管政策：一是适度放宽业务范围限制，鼓励财务公司因企制宜，开展金融业务和服务，鼓励财务公司之间开展金融服务合作。二是适度拓展融资渠道，鼓励财务公司发行金融债券，适当放宽财务公司同业拆借时间和规模限制。三是适度减少上市公司资金归集、募集资金存放、境外资金管制等监管限制，准许国际业务需求较大的财务公司设立境外分支机构。四是继续给予定向降准等政策支持，取消贷款规模限制，进一步降低实体企业资金成本，助力企业提质增效。

同志们，中国实体经济改革任务繁重，各中央企业财务公司要始终坚持功能定位、市场定位和业务定位，苦练内功，增强金融服务能力，积极助力集团发展和国民经济持续健康发展！

最后，预祝会议取得圆满成功！谢谢大家！

加强银财企多方合作　推动供给侧结构性改革

——中国银行行长陈四清在中国企业集团财务公司2016年年会上的讲话

（2016年5月30日）

很高兴和大家相聚长沙，参加中国企业集团财务公司2016年年会。首先，我代表中国银行，向年会的召开表示热烈的祝贺！同时也借此机会，向湖南省委省政府、监管部门和广大财务公司及企业集团对中国银行的支持与帮助，表示衷心的感谢！

近年来，财务公司协会在监管部门的领导下，做了大量卓有成效的工作，推动财务公司蓬勃健康发展，充分发挥产融结合优势，有力地支持了实体经济的发展，取得了良好的成绩。对此，我们表示由衷的钦佩和热烈的祝贺！

当前，中国经济进入新常态，中央提出要把供给侧结构性改革作为主攻方向，着力纠正供需结构错配和要素配置扭曲，推动经济实现中高速增长、迈向中高端水平。金融是现代经济的核心，支持和推动供给侧结构性改革是商业银行和财务公司共同的责任和使命。长期以来，商业银行与财务公司相互支持、密切合作，为推动中国经济发展作出了重要贡献。今天，我想就进一步加强双方合作、共同推进供给侧结构性改革，和大家分享几点看法。

一、中国银行是广大财务公司及企业集团的忠实合作伙伴

财务公司是产融结合的产物。1987年我国第一家财务公司——东风汽车工业财务公司成立，经过近30年的发展，财务公司在机构数量与经营质量上都取得了飞跃式发展。根据我们的了解，截至2015年末，全国财务公司机构数量为224家，表内外资产规模6.7万亿元，利润总额758亿元，核心资本充足率超过20%，主营业务种类进一步丰富，资金集中水平稳步提高，资金使用效率持续提升，为推动集团提高供给效能、促进经济发展作出了重要贡献。

长期以来，中国银行与众多财务公司建立了良好的合作关系，形成了针对财务公司的完整的金融服务体系。目前，在全部224家财务公司中，中国银行与其中222家财务公司及所在企业集团开展了合作，业务范围涉及存款、贷款、理财、现金管理、跨境业务、咨询顾问等多个领域。截至2016年4月末，各家财务公司及所在集团在中国银行的本外币授信余额超过3万亿元，授信总额超过5万亿元。

中国银行在与财务公司及企业集团长期的合作中，建立了卓有成效的合作机制，促进了双方业务的共同发展。在整个合作的过程中，实际上涉及监管部门、企业集团、财务公司和商业银行四个主体，对于这四个主体的关系，我们的体会是：遵守监管要求是前提，服务企

业集团是目标，服务财务公司是关键，做好银行服务是基础。

一方面，商业银行可以成为监管部门与财务公司沟通的桥梁。企业集团成立财务公司是强化内部管理、应对市场竞争的必然要求，中国银行积极支持企业集团成立财务公司。特别是在财务公司筹备初始阶段，很多企业集团对于财务公司的监管规则还有一个了解和熟悉的过程。针对这种情况，中国银行积极承担咨询服务职能，全面参与财务公司的筹建、设立、开业及营业过程，协助企业财务公司制定管理制度、搭建业务系统。截至目前，中国银行先后为几十家企业财务公司提供了咨询顾问与金融服务，成为很多大型企业集团财务公司的战略合作银行，覆盖电信、有色、油气化工、食品饮料等多个行业。

另一方面，财务公司是企业集团与商业银行合作的重要通道。通过以财务公司为通道，商业银行能够为企业集团提供全方位的金融服务。主要集中在三个方面：一是以财务公司为载体，支持企业集团业务结构调整。银行通过向财务公司提供短期流动性支持，或与财务公司共同组成银团等方式，对战略性新兴产业、先进制造业、现代服务业和环保产业等重点行业、重点领域提供信贷支持，积极参与支持“一带一路”建设、“互联网＋”“中国制造2025”等重要战略，增加有效供给，培育新的发展动力。二是以财务公司为纽带，支持企业集团跨境发展。银行利用外汇业务和跨境人民币的专业优势，以及海内外平台的联动优势，帮助财务公司打通境内外资金融通渠道，优化全球资产负债配置结构，提高全球资金的使用效率，降低财务成本，实现企业利益最大化。三是以财务公司为平台，支持企业集团提质增效。银行利用全方位的渠道网络，为财务公司提供可持续的全球现金管理服务，支持企业优化资源配置，加强市场开拓，实现持续发展。

二、进一步深化中国银行与财务公司及企业集团的合作，推动供给侧结构性改革，促进经济持续健康发展

今年是“十三五”规划的开局之年，商业银行与财务公司及企业集团的合作迎来了更加广阔的发展空间。面对新时代新任务，银、财、企三方要在符合监管要求的基础上，更加紧密地携起手来，深化合作、锐意进取，为推动经济增长作出更大的贡献。

第一，勇于担当责任，共同推动供给侧结构性改革

推进供给侧结构性改革，是中央综合研判国际、国内经济形势作出的重大决策，是我国适应和引领经济发展新常态的重大创新。推动供给侧结构性改革，要着力在三个方面下功夫：一是在扩大有效供给上下功夫。要加快推进结构调整，减少无效和低端供给，扩大有效和中高端供给，增强供给结构对需求变化的适应性和灵活性，提高全要素生产率。二是在深化改革创新上下功夫。要通过持续创新，不断推动新技术涌现、新产业壮大、新商业模式增加。三是在“三去一降一补”上下功夫。要“优化存量、引导增量、主动减量”，即优化现有产业结构，增加对新经济所需的资本、技术及金融投入，促进新供给增加；对闲置的资产和过剩的产能及时进行关停并转，做好减法。

供给侧结构性改革对金融业提出了新的要求，赋予了金融业新的战略角色。商业银行与财务公司作为金融机构，要进一步增强责任意识，着力做好以下工作：一是要成为推进创新发展的引领者，解放思想、与时俱进，加快管理机制创新、商业模式创新、科技手段创新，不断重塑和拓展金融服务领域。二是要成为服务实体经济的先行者，主动适应国家经济结构调整和对外开放新格局，全力支持传统产业升

级改造，支持战略性新兴产业和科技创新企业发展，持续加大对国民经济薄弱环节的支持力度，切实补足金融服务短板。三是要成为化解金融风险的担当者，进一步强化大局观念和担当意识，坚决落实“三去一降一补”的工作部署，推动实现市场出清，同时要把握好客户、业务和地区结构调整的节奏，统筹兼顾，协调发展，守住不发生系统性区域性金融风险的底线。

第二，落实监管要求，确保各项业务依法合规

“没有规矩，不成方圆”。金融是最讲规则的行业，落实监管要求是商业银行和财务公司共同的责任。目前，监管机构对商业银行有一套严密的监管规则和措施，对财务公司也有详细的监管规定，这些规定就是商业银行与财务公司开展业务必须遵守的规矩。

在业务开展过程中，商业银行和财务公司都要严格遵守各项法律法规和监管要求，增强合规意识，依法合规开展业务。与此同时，双方在开展业务合作时，也要以符合监管规定为前提，不碰红线、不越边线、不破底线，确保各项业务健康持续发展。中国银行愿意在合规经营、稳健经营和风险防控等方面，与财务公司相互学习借鉴，分享工作经验，共同改进提高。

第三，发挥中行优势，支持财务公司及企业集团发展

面对新常态新要求，中国银行将充分发挥自身优势，进一步扩大与财务公司及企业集团的合作，实现共赢发展。

一是围绕“一带一路”建设，提供全球金融服务。“一带一路”建设，是中央统筹国内国际两个大局作出的重大战略决策，也是供给侧结构性改革的有力支撑。“一带一路”建设有利于企业“走出去”开拓海外市场、提升盈利能力、参与国际竞争、实现转型升级。特别是对于资源、机械、建筑等领域的企业，更是面临难得的历史性机遇。

中国银行把构建“一带一路”金融大动脉作为自己的历史使命，充分发挥国有大型银行的作用，积极以金融力量推动国家战略落地实施。我们支持“一带一路”建设的总体思路是：紧跟国家战略，坚持商业原则，资源配置先行，风险管控到位。根据这个思路，目前中国银行在“一带一路”沿线的 18 个国家设立了机构，未来机构将覆盖“一带一路”沿线 50% 以上的国家，这些机构与分布在其他国家和地区的机构一起，构成了完善的全球服务网络，能够在全球范围内为客户提供优质高效的金融服务。中国银行还坚持项目市场化原则和差异化的授信政策，推出了银团贷款、并购融资、出口信贷、结构化融资等高端产品，全面满足企业“走出去”的需要。我们计划从 2015 年到 2017 年的三年时间里，对“一带一路”沿线国家的相关授信不低于 1000 亿美元，力争成为“走出去”企业的首选银行、“一带一路”跨境人民币业务的主渠道银行。

二是统筹境内境外两个市场，提供全球现金管理服务。现金管理服务依托银行业务系统、网上银行和现金管理平台，以资金流动性管理为核心，为集团客户构建结算账户管理体系，提供便利的收付款业务服务，实现企业资金的集中管理和高效运作。中国银行依托全球服务网络，搭建起业内领先的全球现金管理平台，支持跨区域、多货币、多渠道及多种现金池模式，能够满足企业集团对资金管理和运作的要求，是财务公司开展跨境本外币资金集中运营的首选平台。目前，多家世界 500 强企业都是中国银行全球现金管理服务的客户。中国银行还为国内近 60 家大型集团财务公司提供跨境本外币资金集中运营业务。

通过全球现金管理服务，中国银行将协助财务公司构建全球账户体系，实现全球账户交

易信息实时传递；开展资金集中运用及管理，降低企业整体融资成本；依托跨境专户，实现境内外资金调拨，帮助财务公司打通境内外资金融通渠道，提高全球资金的使用效率；协助开展境内外资金头寸集中结算，规避汇率风险，形成规模优势。

三是适应多层次资本市场发展趋势，提供多元化金融服务。加快建设多层次的资本市场，对于拓宽企业融资渠道、促进经济转型升级具有重要意义。与此同时，中国信贷市场与资本市场的联系更加紧密，资产价格的相互影响机制日益复杂，客户对利率、汇率、股权及大宗商品等领域的创新产品及风险管理的需求也急剧上升，迫切需要银行在提供传统商业银行服务的同时，积极提供投资银行、直接投资、证券、基金、保险和租赁等多元化金融服务，满足财务公司和企业集团的业务发展需要。

中国银行作为我国多元化程度最高的银行，旗下拥有中银国际、中银投资、中银保险、中银航空租赁等多家多元化公司，可以为财务公司及企业集团提供收购兼并、财务顾问、杠杆及结构融资、资产证券化、资产管理、保险、飞机租赁等多元化的产品及服务。

各位朋友，面对新的发展形势和要求，中国银行将秉承“担当社会责任，做最好的银行”理念，按照“创新、转型、化解、管控”的要求，与财务公司和企业集团一起，共同推进供给侧结构性改革，促进经济持续发展，为实现中华民族伟大复兴的“中国梦”作出新的更大的贡献。

最后，预祝中国企业集团财务公司 2016 年年会取得圆满成功！

谢谢大家。

中国人民银行支付结算司司长谢众在中国企业集团财务公司2016年年会上的讲话

（2016年5月30日）

很高兴参加中国企业集团财务公司2016年年会。借此机会，我跟大家交流一下财务公司在支付服务方面的有关情况。

一、我国支付体系的最新进展

我国支付体系在经济社会发展中的基础支撑作用日益突出。支付体系是国家货币转移机制，包括账户体系、工具体系、支付清算系统，以及其运行的规则和制度。支付体系是我国的核心金融基础设施，是我国经济金融体系的重要组成部分，它的重要作用突出表现在加快社会资金流转，畅通金融资源要素的有效配置，促进产业资本的规模积累和高效运用。在发挥这一积极作用的同时，如果缺乏有效的监管，支付体系会成为风险传递的渠道。从这一意义上说，安全、高效的支付体系，不仅是促进经济增长的重要手段，关乎实体经济和社会公众利益，而且是抵御外部冲击的重要屏障。它直接影响了金融稳定或者社会稳定。

党中央、国务院高度重视我国支付体系的建设和发展。十八届三中全会通过的《关于全面深化改革若干重大问题的决定》要求，“加强金融基础设施建设，保障金融市场安全高效运行和整体稳定”；国家“十三五”规划纲要则从金融宏观审慎管理框架的角度，提出构建“多层次的支付体系”“统筹监管重要金融基础设施”，这些纲领性文件都将国家支付体系的建设提升到国家改革发展的高度，支付体系的建设和完善具有重要的战略意义。

人民银行作为我国国家支付体系的组织者、监督者和重要的建设者、运营者，长期以来和相关单位、各市场主体一道，积极落实党中央、国务院工作部署，努力推动我国支付行业快速健康发展，取得了显著的成效。具体来说：

一是账户规模不断扩大。账户是各类金融服务的基础。随着经济社会的发展，特别是“大众创业、万众创新”的持续推进，越来越多的市场主体参与到经济金融活动中，享受到越来越多的账户服务。截至2015年末，全国共开立人民币银行结算账户74亿户。其中，单位账户4439万户，个人账户73亿户。

二是非现金支付工具不断丰富。随着互联网和移动通信技术在支付领域的广泛应用，非现金支付工具从传统的卡基支付快速向电子支付转变，以互联网支付、移动支付等为代表的新兴电子支付，成为非现金支付工具的发展方向并快速增长，非现金支付工具的表现形式层出不穷、应用场景不断丰富。2015年，全国共发生票据业务4亿笔，金额238万亿元；银行卡交易852亿笔，金额670万亿元；网络支付364亿笔，金额2018万亿元；移动支付138亿笔，金额108万亿元。

三是支付与市场基础设施建设深入推进。人民银行相继建成运行大小额支付系统、网上支付跨行清算系统、人民币跨境支付系统等跨行支付系统，连接275家直接参与者和13万家间接参与者，覆盖全国办理支付结算业务的银行机构，成为经济金融健康发展的重要支柱，大额支付和零售支付协同发展、人民币国内支付与国际支付统筹兼顾的支付清算结算服务格局已经形成。2015年，人民银行支付系统共处理支付业务60亿笔，金额3135万亿元，同比分别增长43%和28%；日均处理业务1805万笔，金额12.5万亿元。

四是支付服务主体发展日益多元化。我国支付服务市场快速发展，除了中央银行提供跨行清算、结算服务外，市场主体日益丰富，由单一的银行机构提供支付服务发展为银行机构、特许清算机构、财务公司和非银行支付机构等主体并存的支付服务供给格局。银行机构依托行内业务系统，借助传统柜台渠道和新兴电子渠道，为广大企事业单位和个人提供支付服务，仍是支付行业的主力军。中国银联、城市商业银行资金清算中心、农信银资金清算中心等特许清算机构，为特定领域的支付业务提供安全高效的跨行清算服务。非银行支付机构运用互联网和现代通信技术，创新零售支付业务，成为支付服务市场不可或缺的新生力量。此外，还有中央国债登记结算有限责任公司、中国证券登记结算有限责任公司、银行间市场清算所和中国外汇交易中心等多家金融市场交易、清算、结算主体。截至2015年底，全国提供支付服务的银行机构3000多家、特许清算机构3家、财务公司224家、非银行支付机构268家。

五是支付行业在普惠金融中的重要作用日益突出。近年来，我们构建“市场主导为主、行政扶持为辅”的工作机制，连续多年全面深化农村支付环境建设，强力推进农村支付服务普惠进程，打通农村金融服务的“最后一公里”。截至2015年末，农村地区个人银行结算账户33亿户，人均3.6户；全国农村地区年助农取款服务点达到99.8万个，基本实现行政村全覆盖，全年办理业务合计4.4亿笔，金额4008亿元；人民银行支付系统基本实现农村地区银行网点的全覆盖，接入系统的农村金融机构及其分支机构共计45261家。支付行业在城乡区域协调发展程度不断提高，城乡支付服务一体化进程大大加快，农村居民逐步享受到支付行业现代化发展成果。

二、财务公司在我国支付体系发展中具有重要作用

财务公司以加强企业集团资金集中管理、提高企业集团资金使用效率为宗旨，从支付的角度来说，财务公司是很特别的一类机构。财务公司面向集团成员单位提供资金管理服务，服务对象集中、需求相对单一，而银行机构面向广大企事业单位和个人提供服务，点多面广、需求差异化明显。财务公司的服务对象既是客户，也是集团成员，所以，在达成共识的情况下，推动力和执行能力特别强。

在支付结算领域，在单位使用的重要支付工具中，财务公司的作用特别突出。这其中最典型的案例就是商业汇票的推广使用。20世纪80年代中期推出的时候，商业汇票增长比较缓慢。90年代初，人民银行在煤炭、电力、钢铁等几个行业大力推动之后，商业汇票的增长速度非常快。2009年电子商业汇票系统投产以来，财务公司在推动电票系统方面发挥了很好的龙头作用。截至目前，已有147家财务公司接入电票系统。这些财务公司累计办理承

兑业务72万笔，金额13737亿元；贴现业务16万笔，金额4342亿元；转贴现业务1.9万笔，金额1121亿元。其中，个别财务公司已经实现整个集团对外付款100%地使用电票，收款环节使用电票率达到60%～70%。针对财务公司在电票业务中票据交付和资金结算不同步的问题，人民银行经过深入研究和慎重考虑，于2013—2014年及时调整电票系统功能，推出电票线上清算业务，便利财务公司及时结算票款，有效解决了财务公司办理电票业务的瓶颈制约，大大提高了业务处理效率。

三、进一步提升财务公司服务企业集团发展的支付服务能力

我们已经注意到，财务公司提出加入人民银行支付系统，进一步提升支付功能方面的诉求。这个问题需要深入研究。

首先，要解决“能不能”的问题。所谓“能不能”，一方面取决于财务公司的定位，另一方面取决于国家支付系统的定位。从财务公司的定位来看，一是财务公司原来一直定位于服务企业集团的成员单位，也就是说“两头在内”。目前来看，无论是依托财务公司自身系统还是依托商业银行的系统，支付效率已经很高，结算通道也没有问题。二是财务公司涉及到“一头在外”的业务到底是财务公司自己办理，还是仍然通过银行办理。理论上应该通过银行办理。财务公司与商业银行的区别即在于此。从国家支付系统的定位来看，央行运行的支付系统，包括大额支付系统、小额支付系统、网上支付跨行清算系统、电子商业汇票系统，是国家支付体系的核心。支付系统的直接参与者只有两类，一类是银行，另一类是特许参与者，包括中央国债登记结算有限公司、中国银联、银行间市场清算所股份有限公司等清算机构。目前，还没有其他机构成为支付系统的直接参与者。如果财务公司需要加入支付系统，我们需要解决定位和参与者结构等问题。

第二，加入支付系统解决什么问题？也就是“该不该”的问题。刚才陈四清行长说了，中国银行提供全方面的服务，在支付资金通道上，打通人民币及外币业务、境内外业务，相当于“包了”。不仅中国银行，其他银行实际上都是支付服务提供方。在现在的情况下，财务公司的瓶颈或者突出困难是什么？是资金的汇划速度问题，还是环节问题？财务公司目前完全可以做到即时到账。在这种情况下，财务公司加入人民银行支付系统是要解决哪些突出问题？我们也想听听大家的具体需求或者想法。

最后一个问题是怎么加入，即加入方式问题，是加入特定系统还是全部系统。现在已有7家财务公司使用了电票系统的线上清算功能。线上清算功能已经逐步成熟，符合条件的财务公司都可以加入。除此之外，财务公司还需要加入哪些支付系统，实现哪些功能，这些仍需要进一步研究探讨。

在现有格局下，我们希望财务公司还是用好用足现有政策，充分利用开户银行的业务系统办理跨行支付业务。

一是加大电票业务推广力度。财务公司要抓住电子商业汇票发展的历史机遇，多措并举。还没有加入电票系统的，我们鼓励加入；符合条件但没有开通线上清算功能的，我们大力支持开通。已经加入系统的，要发挥好所属企业集团在上下游产业链中的枢纽地位，使更多的企业能够使用电子商业汇票。我们计划在2～3年内，采取有效措施，大力推广电子商业汇票，使其逐渐占据主导地位，尽量减少纸质票据的使用，最终消灭纸质商业汇票。与电子商业汇票相比，纸质票据在整个运作环节中问题较多。最重要的两个问题，一是票据基础关系的真实性，二是交易真实性和票据真实

性。克隆、复制商业汇票的案件在实践中非常多。电子商业汇票全程每个环节都很清晰。到现在为止，电票系统还没有发生过案件或者欺诈情况。目前，人民银行正在上海筹备建设票据交易所，使商业汇票的支付功能和交易融资功能得到更好的结合，充分发挥其支持实体经济的作用。希望财务公司继续发挥在电子商业汇票方面的独特作用。

二是加强风险管理。财务公司是金融机构，务必时刻保持对风险的清醒认识。无论票据业务，还是资金划转，做好内控非常重要。去年到今年年初发生的几起票据案件，其共同特点是有章不循、违规操作、内控形同虚设。特别在纸票业务中，要加强外部监督和内控制约，督促岗位人员恪守规章制度，避免有章不循、内控失效的情形发生。要特别加强票据实物管理，建立健全监督有力、制约有效的票据保管制度，严格执行票据实物清点交接登记、出入库制度，加强定期查账、查库，做到账实相符，防范票据传递和保管风险。

此外，技术和运行风险不容忽视。商业银行业务处理能力已经达到每秒万级次，腾讯和支付宝在“双十一”的时候业务处理高峰值达到每秒 12 万笔。可以说，现在支付业务的处理非常快。但是，一旦出现状况，其影响也非常大。某家支付机构违规存储客户信息，被攻击后造成数据泄露，到现在为止，利用泄露信息制造的伪卡已造成数千万元损失。这些都属于技术和运行风险，需要财务公司重点关注。

第三，要关注流动性风险。今年以来，短期融资券、中期票据等都出现了打破刚性兑付的情况。这种情况今后可能会成为常态。由于深度和广度有限，我国金融市场存在同向性和同质性等问题，市场机构真正需要资金的时候，可能无法变现。例如，国债有可能会出现单边业务，即使兑付性强，也无法即时换取流动性。财务公司掌管集团资金，运用资金也是其重要工作。资金量越大、效率越高对流动性管理的要求越强。流动性管理，包括高风险的投资管理，都是风险点。希望各财务公司能够进一步提高风险防控能力和水平。

第四，希望大家进一步关注支付行业、支付体系和支付技术应用的新趋势。尤其要关注新技术的应用，比如云技术、系统的分布式处理等。以前银行都是“大机模式”，配置的灵活性、扩容性相对较差，现在的分布式技术可以不断加载。非银行支付机构就是充分利用互联网的新兴技术手段，不断改善客户体验，提高服务能力，以此不断拓展市场占有率。希望各财务公司能够了解最新的支付发展趋势和发展动向，引进新的支付方式，更好地服务企业集团的成员单位。

最后，祝愿财务公司围绕集团实业，强化服务能力，实现稳健发展！

谢谢大家！

中国银监会非银部主任毛宛苑在中国企业集团财务公司2016年年会上的讲话

（2016年5月30日）

2016年企业集团财务公司年会就要结束了，受会议委托，我简要做个总结。这次年会开得很好、很成功，针对性和指导性都很强，达到了预期目的。昨天，银监会领导就财务公司当前和今后一个时期，在我国经济发展新常态、供给侧结构性改革形势下，如何坚守产业金融、发展并购金融，如何加强银财合作、苦练内功，行业协会如何强化行业意识、促进行业发展，监管部门如何做好财务公司监管工作等内容提出了要求，既肯定了财务公司取得的成绩，也对我们下一步“怎么干”进行了具体部署，为财务公司行业的发展指明了方向。人民银行、国资委的有关领导也结合各自的监管职责，对财务公司的改革、发展提出了下一步的方向和建设性指导意见。中国银行陈四清行长就如何加强商业银行与财务公司合作，实现互利共赢发表了演讲，还有来自各方面的嘉宾代表都就各自的专题发表了独到见解，充分体现了大家对财务公司行业的高度关注和热情支持。相信在大家的共同努力和协同配合下，财务公司将在全面深化改革的新时期更加大有作为，在服务企业集团发展、支持实体经济上发挥更加重要的作用！下面，我主要讲三方面内容：

一、财务公司行业整体经营情况稳健良好，为企业集团改革发展和转型升级提供有力支撑

2015年，财务公司积极应对宏观经济下行、部分企业集团效益下滑、转型升级压力加大等不利影响，坚持资金集中、服务集团的基本定位，充分发挥“资金归集平台、资金结算平台、资金监控平台、融资营运平台、金融服务平台”功能，开发金融产品，创新金融服务，帮助企业成员单位提质、降本、增效，为促进企业集团转型发展、提升竞争力发挥了重要作用。回顾一年来的行业发展情况，成绩值得充分肯定，主要体现在以下几个方面：

（一）资产规模和盈利能力稳步提升，有效支持实体经济提质增效

2015年，财务公司继续保持良好的发展势头，在银行业里遥遥领先，一枝独秀。截至2015年末，财务公司行业表内外资产总额6.67万亿元，同比增长20.6%；所有者权益5709亿元，同比增长26%；全年实现税后利润594.15亿元，同比增长10.9%。作为与实体经济联系最为紧密的一类非银行金融机构，财务公司通过资金集中管理，提高资金使用效率，降低了整个集团内部交易成本和融资成

本。2015年末，财务公司服务的企业集团资产规模达到92万亿元，成员单位超过6万家，全年为企业集团成员单位办理结算业务266亿笔，结算金额220万亿元，为企业集团节约资金成本超过700亿元，此外5家财务公司作为延伸产业链金融服务试点单位，为上下游企业提供相关产业链金融业务余额111亿元，一定程度上纾解了上下游企业的融资难、融资贵问题。

（二）机构数量持续增加，民间资本进入财务公司实现常态化，市场活力增强

截至2016年5月末，全国已开业的财务公司227家，比2015年初增加了31家，除西藏、新疆外，其他省（自治区、直辖市）均设有财务公司法人机构。新疆目前也已经有2家企业集团正在申请筹建财务公司，已完成申请材料的论证程序。从集团所属性质看，227家财务公司中，中央企业财务公司74家，地方国有企业财务公司115家，民营企业财务公司35家，外资企业财务公司3家。民营企业财务公司数量占全行业机构总数比重为15.4%，占比较2015年初增加2.1个百分点。所有制构成进一步呈现多元化趋势，民间资本进入财务公司实现常态化，财务公司行业改革开放的活力和动力不断增强。

（三）资产质量保持优良，资本和拨备充足，抵御风险能力较强

2015年，财务公司不断完善法人治理结构，加强内部控制，强化风险约束，行业整体抵御风险能力有很大提升。2015年，财务公司不良资产余额同比下降38.4%，不良资产率同比下降0.06个百分点，在银行业金融机构不良资产普遍上升的环境下，实现“逆市双降”。而财务公司的其他监管指标，如资本充足率、流动性比例、拨备覆盖率等也均优于商业银行同期数据，可以说，财务公司是金融业中最让人省心的一类机构。

（四）资金集中度稳步提高，功能作用进一步增强

2015年，财务公司继续深入学习和借鉴国际大型企业集团司库管理经验，拓宽资金归集范围，加强对集团内上市公司、合资企业的资金管理和金融服务；同时积极争取成为集团外汇资金集中管理的实施平台，依照国家外汇管理有关规定，有效联通和运作集团境内外资金池，充分发挥财务公司资金归集平台优势，提高集团资金管理水平。截至2015年末，全行业全口径资金集中度为42.65%，同比上升5.6个百分点。资金归集能力的提升，对盘活沉淀资金、加快资金回笼、提高资金配置效率，实施企业集团资金集约化、精细化管理发挥了重要作用。昨天银监会有关领导对资金归集度提出了更高的要求，今年要争取达到50%以上，这需要大家共同努力，继续拓宽资金归集范围和深度，推动集团资金的跨账户、跨主体、跨地域集中。

在肯定成绩的同时，我们也要清醒地看到，行业发展也面临着一些问题，需要财务公司从业人员和监管部门共同思考：一是财务公司发展面临的产业风险和外部挑战不断加大，风险防控压力有所增加。2015年，受经济增速放缓、产业结构调整深化等因素影响，部分行业企业集团包括大型央企经营效益下降、进而导致产业风险加大，财务公司资产规模及利润水平增速也相应放缓，信用风险和流动性管控压力上升。同时，随着利率市场化改革力度加大、存贷款利差收窄，以及市场上各类金融产品的不断创新，财务公司的传统盈利模式受到较大冲击。二是部分财务公司定位不明确，影响服务集团的功能作用发挥。部分企业集团过于偏重财务公司的创利功能，对财务公司的考评重利润而轻服务，将财务公司等同于一般的子公司，在用人机制、绩效考评等方面未能实现差异化管理，年度利润指标逐年提高，造

成部分财务公司资金归集能力不强，片面追求账面盈利，聚焦集团主业、支持集团转型发展的功能作用发挥受限，并可能引发风险。三是财务公司经营管理水平有待提升，人员素质有待进一步提高。在经营管理上，部分财务公司存在公司法人治理独立性不够、内部控制的精细化程度不高、行业研究能力薄弱等问题。在人员素质上，财务公司大部分员工来自于集团财务或生产部门，金融从业经验不足，人才流失率偏高。这些因素都在一定程度上制约了财务公司发展。

二、2015 年监管工作务实有效，为财务公司行业持续稳健发展创造良好外部环境

回顾过去一年，银监会全面贯彻党中央、国务院决策部署，坚持稳中求进的工作总基调，一手抓防范金融风险，一手抓服务实体经济，坚定不移深化改革，稳步推进简政放权，持续改善政策环境，引导财务公司在有效服务实体经济的同时，实现自身稳健可持续发展。

（一）加强顶层设计，确立财务公司监管评级体系与分类监管制度规范

为深化企业集团财务公司分类监管，扶优限劣，促进财务公司差异化、特色化发展，2015 年 12 月底银监会修订发布新的《企业集团财务公司监管评级与分类监管办法》（银监办发〔2015〕199 号）。该办法对财务公司实施监管评级和采取相应监管举措提出了具体的要求，并首次尝试将监管评级与财务公司协会行业评级有机结合起来，以充分发挥行业评级的引导和对标作用，规范财务公司外部市场评级，推动行业健康发展。同时，该办法作为银监会对派出机构实施再监管的有力抓手，是监管架构改革后确保落实监管主体责任的制度保障。

（二）推进简政放权，落实监管权责

一是按照银监会监管架构改革总体部署，2015 年 4 月，将财务公司的直接监管权限下放给属地银监局，银监会机关重点专注财务公司顶层制度设计，把握行业整体发展方向，引导财务公司行业健康发展。二是 2015 年 6 月，修订后的《中国银监会非银行金融机构行政许可事项实施办法》公布实施，财务公司法人机构的开业、业务范围调整等许可事项审批权限均下放至属地银监局，充分体现放权于基层的改革原则，有利于提高行政审批工作效率，更好服务被监管机构。

（三）持续优化行业外部发展环境，支持、引导财务公司科学发展

一是指导中国财务公司协会制定《企业集团财务公司行业评级办法》，建立核心（CORE）评级体系，并在 2015 年财务公司年会上发布。行业评级体系的发布，将对强化财务公司行业自律，加强市场约束，树立行业标杆，引领创新发展发挥重要作用。同时，行业评级结果也将作为监管部门对财务公司进行监管评级的重要参考。二是建立常态化监管通报制度。为提高监管有效性，促进监管政策的协同与传导，加强与相关部门和地方政府的协调配合，2015 年银监会建立起向财务公司所属集团和集团相关主管部门通报监管情况的常态化机制。至今已向国资委发函通报了中央企业财务公司 2014 年度和 2015 年度的监管情况，同时也要求各派出机构向当地政府和主管部门通报了辖内财务公司的年度监管情况，强化了财务公司发展的外部约束，完善了财务公司规范发展的体制机制。三是积极协调人民银行降低财务公司存款准备金率，并专门召开电视电话会议，要求财务公司定向用好降准释放资金，加大服务实体经济力度。2015 年人民银行五次下调财务公司存款准备金率，共调降 7 个百分点，有效释放了财务公司可用资金，增

强财务公司服务集团发展和实体经济力度。昨天，人民银行支付结算司谢众司长还表示要加大电票系统的推广力度，鼓励财务公司加入电票系统，鼓励财务公司直接开通电票线上清算。在此向人民银行、国资委等有关部门一直以来对财务公司行业的关心关爱和大力支持表示诚挚的感谢！

三、2016年监管部门将着力深化改革发展、提升监管有效性，大力支持供给侧结构性改革

2015年11月10日，习近平总书记在中央财经领导小组第十一次会议上发表重要讲话，强调推进经济结构性改革是贯彻落实党的十八届五中全会精神的一个重要举措，并指出在适度扩大总需求的同时，着力加强供给侧结构性改革，着力提高供给体系质量和效率，增强经济持续增长动力，推动中国社会生产力水平实现整体跃升。中央经济工作会议也指出，认识、适应和引领经济发展新常态是当前和今后一个时期我国经济发展的大逻辑，推进供给侧结构性改革是适应我国经济发展新常态的必然要求。

所谓供给侧结构性改革，就是从提高供给质量出发，用改革的办法推进结构调整，矫正要素配置扭曲，扩大有效供给，提高供给结构对需求变化的适应性和灵活性，提高全要素生产力，更好满足广大人民群众的需要，促进经济社会持续健康发展。财务公司是我国金融体系中不可或缺的一部分，在支持供给侧结构性改革中发挥着积极的功能和作用，一是通过加强资金集中管理，提高资金使用效率，降低整个企业集团内部交易成本和融资成本；二是通过多种方式满足企业集团重点项目融资需求，支持企业集团淘汰落后产能，加快结构调整和转型升级。对应财务公司的监管，就是要及时研究市场需求和动向，与时俱进调整监管思路和监管政策，不断适应实体经济发展需求，不断适应改革创新和风险管理需要，引导财务公司在实现自身稳健发展的同时，增加金融有效供给，支持实体经济健康发展。主要体现为：

（一）加强监管引导，提升服务实体经济效率

继续通过政策支持和引导，推动财务公司坚持“依托集团，服务集团”的功能定位，加强资金集中管理，通过优化资源配置、强化金融服务、细化风险管控，在实现自身持续稳健发展的基础上，为企业集团加快资金融通、节约资金成本、实施集约管理做好服务。引导有条件的财务公司充分发挥企业集团财务顾问的功能，为企业集团做好融资安排，实现金融解决方案与企业集团产业特点的个性化对接，为企业集团投资并购、兼并重组提供专业化金融服务支持。督促财务公司在当前企业集团困难时期进一步发挥金融平台功能作用，支持企业集团降本增效、转型升级，在企业集团消化过剩产能和产业结构调整中发挥专业支持作用，服务好稳增长、调结构的国民经济发展大局。

（二）严守风险底线，健全完善风险防控长效机制

加强风险监管，严守风险底线，高度关注经济下行期因部分行业和企业集团效益下滑对财务公司可能产生的影响，对钢铁、煤炭、有色金属等受经济形势影响效益下滑严重的行业重点跟踪，进一步提高风险监管的前瞻性，增强财务公司对产业风险的预警防范能力，督促财务公司着力规范自身信贷管理、流动性管理和投资业务管理，有效管控风险。同时，督促财务公司筑牢与集团内部金融机构以及小贷公司、融资担保公司等各类融资公司之间的“防火墙”，严防财务公司与集团内金融机构和各类融资性公司的风险传染。

（三）加强监管体系建设，进一步提高监管有效性

一是做好顶层设计，完善监管规制体系。新修订的《企业集团财务公司监管评级与分类监管办法》已于去年末发布。新办法将财务公司的监管评级分为定量、定性评价两部分。其中，定量评价由财务公司协会发布的 CORE（核心）评级体系的 17 个指标构成，由协会负责完成；定性评价包括公司治理、内部控制、风险管理、集团支持与功能发挥以及一票否决事项五方面内容，由监管人员结合市场准入、非现场监管和现场检查情况得出。定量、定性评价得分按一定权重加权平均后，形成监管评级得分，再按照一票否决事项进行调整，形成监管评级的最终结果。希望各局高度重视并认真开展评级工作，对财务公司作出客观准确的分析和判断评价，以评级结果衡量财务公司的风险程度，并据此进行监管规划、配置监管资源和采取相关监管措施。二是加强同派出机构的沟通交流、工作指导，形成良性互动。6 月底我们将举办市场准入工作培训班，提供现场交流平台，通过对准入政策进行解读，讲解非银行金融机构市场准入的审核要点、重点和难点，加强监管能力建设。三是加强对派出机构的再监管工作，做到放管结合。辅导各派出机构做好监管架构改革后对财务公司的日常监管和行政审批工作，落实银监会提出的强化监管责任、提高监管有效性的要求，按照量化的行为准则和评价制度，对各派出机构的监管情况进行后评价、再监管，对未能有效落实属地主体监管责任的派出机构进行指导和约束，发挥好再监管的作用。

（四）推动创新发展，提升金融服务水平

推动财务公司深入挖掘成员单位的资金管理和金融服务需求，在风险可控、依法合规的前提下丰富金融服务功能，提升金融服务水平。一是按照《企业集团财务公司管理办法》《企业集团财务公司监管评级与分类监管办法》的相关规定，对财务公司业务范围实施分类监管，按照不同的资格条件核定基础业务、升级业务和创新业务。对于风险管理能力较强，处于稳健发展阶段的财务公司，可以开展有价证券投资、发行金融债券、成员单位产品的买方信贷、消费信贷以及融资租赁等升级业务；对于风险管理强，具有一定的创新能力，能较好地控制新业务、新产品方面风险的财务公司，可以开展资产证券化、衍生产品交易等创新业务，经批准可设立境外子公司。二是继续探索开展延伸产业链金融服务试点。允许试点的财务公司为企业集团产业链上下游企业提供基于真实贸易背景的“一头在外”票据贴现和应收账款保理等金融服务，在促进集团主业发展的同时，降低企业集团产业链上下游中小微供应商的融资成本，为之提供及时的资金支持，提高产业链上下游企业间的资金运转效率，实现产业链各方共赢发展。

（五）夯实基础建设，增强财务公司内生发展动力

督促财务公司注重合规管理，加强内控制度体系建设，提升信息科技系统的管理、分析功能，建立科学的绩效考评机制，提升法人治理结构独立性和内部控制有效性。合规方面需要强调一点，未经批准，不得超范围开展业务。推动财务公司完善员工队伍建设，按照金融行业的特点和金融机构的功能定位加快实施有效的人才培养和引进计划，拓宽业务视野，健全激励约束机制，提升财务公司软实力。鼓励财务公司加强对金融政策和金融市场的研究，采取有效措施降低利率市场化对公司传统盈利模式的冲击，为集团财务资金和利率、汇率风险管理提供有力支持。

（六）注重行业自律，充分发挥协会作用

财务公司协会要围绕“自律、维权、协调、服务”的职责使命，认真落实好银监会关

于强化行业意识，促进行业发展的具体要求。不断完善行业评级体系，做好行业评级结果的对外发布工作，发挥市场监督力量；建好财务公司的服务平台、培训平台和政策业务研究平台，更好地为会员单位服务；继续保持与政府各相关部门的沟通，倾听财务公司的呼声，正面宣传、共同发声，维护好财务公司的市场形象。

同志们，2016 年是“十三五”规划和全面建成小康社会决胜阶段的开局之年，更是中国经济转型期的关键之年。大家应当正视当前面临的机遇和挑战，共同努力、共同研究、共同思考，既分工明确，又形成共识、统一指挥，为财务公司发展提供清晰高效的监管和规则环境，使财务公司在我国经济金融体系和经济发展中发挥更大的积极作用，开创财务公司改革发展和监管事业的新局面。

最后，感谢大家长期以来对非银部工作的理解和大力支持，谢谢大家！

机构概览

东风汽车财务有限公司

【经营概况】2016 年，东风汽车财务有限公司（以下简称“公司”）抓机遇，防风险，注重工作创新，加强内部管理，整体经营在较高起点上保持了稳定增长，主要经营指标再创历史最好水平，实现了“十三五”良好开局。2016 年汽车金融总放款 291288 台，同比增长 55.60%，汽车金融综合渗透率 12.54%，同比提高 2.57 个百分点；东风直属及控股单位资金集中度为 88.93%，同比提高 7.06 个百分点；不良贷款率为 0.87%，同比降低 0.16 个百分点；实现利润总额 12.78 亿元，同比增长 19.33%；净资产收益率 18.54%，同比提高 1.43 个百分点。

【产品销售信贷业务】2016 年，公司汽车金融业务继续坚持以客户为中心，以市场为导向，全年累计放款 291288 台，投放资金 233.46 亿元，有力促进了集团产品的销售。商用车金融业务重点着眼于转型发展，注重对关键市场的拓展，全年累计实现放款 39666 台，同比增长 47.08%，综合渗透率提升至 13.22%，同比提高 1.73 个百分点，商用车金融业务实现恢复性增长，再创历史新高。乘用车金融业务更加注重对 6 个服务品牌的合理定位，精准确定不同品牌的金融营销策略和发展方向，全年累计实现放款 251622 台，同比增长 57.03%，综合渗透率提升至 12.44%，同比提高 2.69 个百分点，乘用车金融业务继续保持强劲增长势头。2016 年末汽车金融（零售）贷款余额 247.74 亿元，同比增幅 36.11%。

【资金集中】2016 年，公司通过优化资金集中管理平台服务格局，以为解决集团成员单位资金管理难题为根本出发点，更加注重资金管理系统功能的扩展，通过开发“财企直联”系统，将集团成员单位 ERP、财务系统与 CMS + 系统对接，实现集团成员单位账务、结算业务处理的一体化；通过开发“集团票据池”系统、“集团资金预算管理”系统，配合东风主机厂建设会计共享中心，为更好地实现集团内部资金的有效配置提供了强有力的信息技术支持。2016 年，集团直属及控股单位资金集中度平均达 88.93%，较 2015 年的 81.85% 增长了 7.08 个百分点；资金集中管理成员单位户数达 181 家，较 2015 年末的 173 家增加 8 家。

【公司金融】2016 年，公司通过推广优化 CMS + 系统、大力营销公司金融产品、积极拓展合资公司金融业务等举措，不断提升对成员单位的金融服务质量，公司金融业务规模进一步扩大。2016 年累积投放成员单位各项贷款 551.09 亿元，同比增幅为 5.26%。其中，自营贷款累计投放 38.83 亿元，同比增幅为 12.39%，委托贷款累计投放 488.80 亿元，同比增幅为 2.79%。2016 年末，成员单位融资余额达到 196 亿元，同比增幅 14%。

【资金和投资业务】2016 年，公司面通过加强资金头寸管理，优化营运资金期限结构，保障公司业务发展的资金需求，保持了较好的流动性；通过丰富资金营运品种，调整营运资金结构，在满足资金安全前提下，通过购买流动性、收益性兼具的同业约期、银行理财产品，有效提高营运资金的收益率，取得了较好的资金营运收益。2016 年，公司营运资金年均余额约为 94.49 亿元，全年实现资金营运收入 2.98 亿元。

【票据业务】2016 年，公司票据业务重点是加大力度向集团成员单位推广财务公司电票，发挥电票融资功能。2016 年累计为成员单位开出财务公司电票 34.35 亿元，同比增长 16.86 亿元，增幅达 96.33%。

【业务创新】2016 年，公司在商业模式、产品企划及信息技术等各方面大力开展管理创新。为重塑商用车金融领先优势，公司大力推进商用车金融直客模式的创新与推广，商用车金融从“管经销商”向“管终端客户”的管理模式转变。为进一步加快乘用车金融业务，促进东风自主乘用车发展，公司着力打造了东风自主乘用车批发融资体系。在金融产品方面，公司以“普惠金融、和畅东风”为理念，建立普享贷（标准产品）、惠享贷（贴息产品）、畅享贷（一证贷）、和享贷（贴息一证贷）四大产品系列，形成产品矩阵，最大限度满足客户的核心需求和消费偏好。为顺应“互联网 + 金融”，积极利用互联网技术，着手搭建面向终端客户的东风金融电商营销平台，实现对汽车金融业务模式升级，开发增值税管理系统，确保了“营改增”模式转换下业务的正常开展。

【风险管理和内部控制】2016 年，公司继续完善内部控制，聘请专业机构开展内部控制活动诊断，找准内部控制的薄弱点，确保了公司整个内控制度体系的清晰、完整和有效。加强公司规章制度管理，全面有效梳理在用规章制度，完成《制度汇编》（2016 版）的编制，确保公司各项业务合规运作。进一步优化风险信息传递机制，建立了规范有效的风险信息收集渠道，动态分析评估公司风险状况，确保对各类风险事项快速反应，稳妥应对。实行关键风险指标预算管理，风险管理目标逐层分解，压力逐层传递，确保对风险进行全流程管控。

【人力资源管理】2016 年，人力资源工作以“不断完善基础工作，重点解决业务快速增长与人力资源配置，提高员工满意度”为主线开展工作。探索开发培训资源，为全体员工提供网络培训课程，为公司高管提供针对性公开课。公司全年参培人次达到 2876 人次，累计培训学时 11321 小时，人均培训学时 38.7 小时。与集团同步实施 E－HR 相关功能模块，薪酬管理水平及人力资源信息化水平得到了明显提升。有序推进人员、岗位配置优化，开展专业资格序列评审，提高关键岗位人员待遇。

【信息化建设】2016 年，公司信息化建设围绕完善基础建设，改善汽车金融系统，优化资金管理平台，纵深发展互联网金融业务，提升内外部服务质量展开。通过构建汽车金融审批决策系统、贷后催收系统、批发金融系统，为公司汽车金融业务的快速增长提供了有效的系统保障；加快信息安全建设，初步建立了全公司数据中心安全防护体系、运维权限管控与审计体系、信息安全教育培训体系、信息安全外部应急支撑体系，并通过 ISO27001 信息安全管理体系认证。在业务领域，开发上线汽车金融批发金融系统、辅助审批系统、催收管理系统，通过完成与集团成员单位用友 NC 和 SAP 两类财务系统对接，实现财企接口，建设集团票据池、集团预算管理等系统，进一步提升对成员单位的资金管理服务。在互联网金融领域，与天猫车秒贷合作，借助第三方垂直媒体和自运营微信公众号，将线上营销与线下渠道融合，进一步促进业务量提升。

【企业文化建设】2016 年，公司以“两学一做”学习教育活动为契机，把“做合格党员”作为工作重点。通过“学做结合、学做互促”，积极推进党建、经营工作的融合，有效地激发了党员先进性和全体员工干事创业的激情，增强了党组织的凝聚力和战斗力，为公司的业绩持续增长和经营转型升级提供了强劲动力。

公司重视以人为本的企业文化建设，以搭建“连心桥”等多种活动，进一步关怀员工，公司上下的凝聚力、向心力得到进一步加强。通过改善员工办公环境，帮助员工有效地舒缓了工作压力；倡导“开心工作、快乐生活”，组织员工才艺汇演，开展趣味运动会，进一步创造和谐团队，员工满意度持续提高。

中国重汽财务有限公司

【经营概况】2016 年初以来，面对异常严峻复杂的经济形势，中国重汽财务有限公司（以下简称“公司”）积极开展“改革创新升级年”活动，不断强化合规经营意识，围绕集团公司成员单位及产业链上下游积极开展各项金融服务，逐步融入了集团公司整体经营，金融服务实体经济发展成效显著，资产规模 207 亿元，实现了历史性突破，实现营业收入 5.31 亿元，比上年的 4.69 亿元提高了 13.2%，实现账面利润总额 2.36 亿元，比上年的 1.88 亿元提高了 25.6%。同时，新一代信息科技系统顺利上线，风险管控能力得到了进一步增强，经营水平、管理水平得到了进一步提高，实现了大发展、大跨越在全国行业评级中达到 A 级，在集团公司年度考核中被评为优秀。

【信贷业务】为支持集团公司主业发展，公司充分发挥金融平台优势和资金优势，对集团各成员单位贷款及票据贴现坚持优惠利率运作，降低其融资成本，同时，在利率政策限度内对存款业务实行利率上浮，提高集团公司资金存放收益，有力支持了集团公司实体经济发展。2016 年底，集团公司成员单位贷款 97.80 亿元，较年初新增 43.50 亿元，主要是用于置换集团外部商业银行的贷款，进一步优化了公司信贷结构和客户结构，大幅降低了集团公司整体的融资成本，集团公司在财务公司的贷款占比已达其全部融资的 70.0%，为集团公司节省财务费用超过 0.45 亿元，创造协同效益近 5 亿元，为集团公司经济效益及降本增效作出了积极贡献。

【资金和投资业务】公司设立了投资决策委员会，并在计财部设立了专门的资金管理中心，配备了专业人员，及时了解资金市场，在确保资金安全的前提下努力提高资金收益，并成功申请了有价证券投资、债券交易及外汇交易资格，成为国内财务公司行业中为数不多的金融全牌照公司之一。2016 年，全年办理资金业务金额 1237 亿元，实现收益 1.43 亿元，资金按时按约定收益足额全部收回，未出现任何资金风险。

【票据业务】根据公司实际经营情况和金融需求，将金融产品有效嵌入集团公司生产经营活动，实现了产品流和资金流的有效结合。通过各种有效方式积极在集团公司客户中推广电子汇票业务，2016年累计签发电子银行承兑汇票179亿元。高效、快捷、安全的金融服务不仅满足了全国经销商票据回款需求，又降低了集团公司票据回款风险，为促进集团销售、调整销售回款结构、支持客户发展收到了显著效果。在9月召开的山东省第二届电子商业汇票暨电子现金业务推进会上，公司受邀介绍了电子商业汇票业务推广工作经验，人民银行济南分行对公司电票业务给予了高度评价。

【外汇业务】公司紧紧围绕集团国际化战略，先后成功申请了跨境双向资金池业务资格、即期结售汇业务资格和银行间外汇市场会员资格，初步搭建了服务集团国际化发展的金融平台。作为省内第一家获批外汇资金集中管理业务的财务公司，初步开展了相关国际资金业务。2016年，公司办理美元结算1500多笔，结算金额1.68亿美元，累计归集及下拨外汇资金0.67亿美元，办理境内外通道业务2.32亿美元，跨境人民币资金池业务6.4亿元人民币，有效解决了集团公司境内外外汇人民币资金"流通难""流通严"的管制问题。公司申报的《以财务公司为平台的全球资金管理体系构建与实施》项目荣获第三十届山东省企业管理现代化创新成果一等奖，并被作为27个典型案例之一编入成果汇编。

【资金集中】2016年，资金集中管理作为公司基本职能和监管部门重要监管指标，公司高度重视，集团公司大力支持。公司每月末配合集团公司做好数据预测，确保当月集中度水平，次月初将集团公司资金部门提供的银行存款数据与集团公司报表管理部门提供的数据进行核对，确保各项原始数据准确无误后，编制、计算当月的资金集中度，并撰写上报集团公司及银监局的报告草稿，及时上报审批。财务公司资金集中度（可扣除口径）保持在80%以上，全口径集中度始终保持在70%以上，位居省内行业前列。

【业务创新】2016年5月9日，国家外汇管理局核准公司结售汇业务资格，核定结售汇综合头寸限额上限为5000万美元，下限为－5000万美元。5月30日，中国人民银行济南分行核准公司作为中国重型汽车集团有限公司主办企业开展跨境双向人民币资金池业务。7月12日，公司成功办理了首笔电子商业承兑汇票再贴现业务，有效促进了电子票据业务发展。

【风险管理和内部控制】2016年，公司认真落实监管要求，紧紧围绕"两个加强，两个遏制"回头看活动，强化合规经营管理，进一步提升公司风险管理水平。一是根据"两个加强、两个遏制"回头看活动的工作要求，深入开展自查及整改工作，依法合规经营效果明显。二是积极与集团公司、汽车金融公司沟通，做好存量汽车金融业务的管理工作。三是根据政策法规发布及业务需要，及时修订、完善各类合同、协议文本。四是稽核审计工作做到全覆盖，开展20项专项审计，并对发现的问题督促整改。五是提高贷审会审批质量，贷审会成员主动加强同业务部门的沟通，把风险控制前移，不断加强贷中、贷后管理，有效降低信贷风险。

【人力资源管理】积极参加交通银行总行组织的相关培训，为信息系统切换工作打下了坚实的基础。组织相关业务人员参加了信贷、投资、外汇交易、财务报表、票据风险防控、营改增等专业培训，并有多人获得了外汇交易员资格证书，为国际业务提供了人才保障。根据国家在金融服务业实行营改增的要求，多次进行业务培训，各项工作推进顺利，被济南市高新区国税局指定为营改增样本企业。

【信息化建设】2016 年，公司不断加强信息科技建设，成效显著。一是为突破信息科技瓶颈，经过近一年的精心准备和三个月的主体开发及集中测试，公司新一代业务信息系统于2016 年 9 月 26 日正式上线，该系统在行业信息科技发展方面具有积极的引导意义，为公司更好地服务于集团发展和金融产业平台建设提供了有力保障。二是配合新系统上线，用用友U9 财务系统置换原九恒星账务系统。三是成立了信息科技管理委员会，进一步完善了科技治理结构。四是聘请专业机构现场梳理信息科技制度和流程，完成 9 项信息科技制度修订工作。

【企业文化建设】公司十分注重将企业文化与金融文化有机结合，并取得了一定的成效。公司规范化的管理，积极向上的精神风貌，体现了良好的企业文化。公司年度开展的优秀员工评比、工会积极分子评选、集团劳动模范的推荐等体现了公司积极向上的精神状态。公司根据员工特点经常组织乒乓球比赛、台球比赛、羽毛球赛等一系列文化体育活动；组织职工拓展训练活动，在活跃职工文化生活的同时，增强了大家的团队意识和协作意识；公司积极组织职工参加社会公益活动，如无偿献血活动、文明交通义务指挥员、关爱留守儿童、走访困难家庭、为梁山儿童捐献书本衣物、慈心一日捐等公益活动，培养了职工关心公益、奉献爱心的公德意识，也提升了公司的企业文化内涵。公司以新变化、新拓展、新面貌在集团树立了良好的新形象。

中国华能财务有限责任公司

【经营概况】2016 年，中国华能财务有限责任公司（以下简称“公司”）按照“服务于集团效益、服务于集团发展、服务于基层企业，防范资金风险”的工作要求，建立健全集团系统统一的，覆盖本外币、境内外全方位的资金集中管理服务体系，打造高效的集团系统资金归集、资金结算、资金监控平台，强化对集团成员企业的资金支持，不断提升集团整体资金使用效率、效益，提高集团资金风险管控水平。

2016 年，公司实现利润 8.63 亿元，平均存贷比 88.72%，客户满意度 97.8%。公司实现营业收入 10.34 亿元；日均存款 255.39 亿元；日均贷款 226.59 亿元；累计结算笔数40.41 万笔，结算量 2.04 万亿元。公司各项监管指标均符合监管部门要求，其中资本充足率为 19.34%，流动性比例为 41.18%。公司被评为2016 年度中国华能“先进企业”，并取得监管评级、行业评级 A 级。

【信贷业务】公司充分发挥公司应急资金保障和资金周转作用，严格坚守合规底线，动态调整信贷工作策略，强化资金支持，服务企业发展。一是信贷规模创历史新高。2016年公司累计信贷投放289笔，共计695亿元，分别同比增长36.23%和8.03%；实现日均贷款226.59亿元，同比增加33.41亿元，增长17.3%。年末公司信贷资产余额达到226.67亿元，比年初增加34.95亿元，增长18.23%，日均信贷规模与信贷余额均创历史新高。二是应急保障能力提升。调整对集团企业的应急资金保障额度，应急额度由10亿元调整至20亿元。在集团公司统筹下，为4家集团企业发放应急贷款29.5亿元，帮助企业解决资金接续困难。三是信贷结构不断优化。适应集团公司结构调整，优先发展清洁能源的要求，坚持量价双优惠策略，向多家成员单位企业提供8.75亿元资金支持。

【资金和投资业务】公司强化资金营运管理，提高资金使用效率和效益。一是不断加强同业合作，持续提升资金使用效率。在不断增强与存差大行业务合作的基础上，通过加强与其他财务公司等金融机构的沟通合作，不断开拓新的融资渠道。2016年公司开展同业资金拆入437亿元，同比增长54%。利用资金短时富裕的有利时机，积极开展对外拆出、配置短期定期存款、购买银行理财等现金管理类业务。在保证资金安全的同时，适度压降存量资金规模，提高资金使用效率，实现日均备付率17.63%，较去年同期下降5.39个百分点。二是坚持审慎原则，适度压缩权益类投资规模，增加安全边际高、回报水平好的固定收益类投资，努力稳定投资收益实现水平。2016年全年实现投资收益2.64亿元。

【票据业务】公司扎实开展电子票据承兑、保函等各项业务，签发电子银行承兑汇票79.69亿元，部分集团企业基于公司在商业银行的高等级授信，进行票据贴现，较同期限贷款节省财务费用约1300万元。开立保函90笔，共计3.20亿元。

【外汇业务】2016年，公司新增14家境内集团企业参与外汇资金集中运营管理。在结售汇和跨境支付业务方面，为集团企业办理结售汇并免除跨境支付手续费，充分让利集团企业。全年开展外汇结售汇37笔，共计7555万美元。

【资金集中】公司深入落实资金集中管理各项要求，努力提升资金管理能力，资金集中水平不断提高。一是落实集团公司加强资金集中管控“四个百分之百”的要求，完成全部集团二级企业的资金账户监管系统上线工作。2016年新增开户企业60家，具备开户条件的企业在财务公司的开户率由年初的93.5%提高至100%；新增自动上收企业61家，有稳定收入的集团企业自动上收账户占比由年初的80.6%提高至91.86%。扎实推进企业资金支出预算辅助控制系统的推广使用，实现对集团所有二级企业资金支出预算辅助控制的全覆盖。二是公司的存款规模实现了新的增长，日均存款同比增长12.08%，创历史新高。年末全口径资金集中度由上年的46.26%提升至50%以上。三是坚持优惠利率政策让利集团企业。2016年公司存贷款息差为2.9%，处于同类型企业中较低水平。

【业务创新】公司攻坚克难，不断推进落实创新业务的开展。持续开展循环贷款业务，满足企业债务置换和短期资金周转需要，全年发放循环贷款136笔，共计520亿元；继续以跨地区银团贷款的方式为集团企业提供低成本资金，筹组银团贷款3笔，共计16亿元。首次开展内部产业链金融服务，与华能上海电商平台开展国内贸易预付款融资；借助公司在银行的高等级信用，首次为能源交通公司代开信用证，开展电子商业汇票贴现；开展美元贷款业务，支持境外水电项目建设。

【风险管理和内部控制】公司一是及时开展业务合规审查与监管指标重点监测，确保合规安全与监管达标；实现法律事务管理、风险控制与审计信息系统上线；开展信息系统安全检测与评估；开展年度内控评价和内部审计工作。2016年未发生各类资金、投资损失事件，各项外部监管指标全部达标。二是完成制度的修订和完善，涉及信贷、融资、外汇等业务领域及授权、招标采购、绩效考核等管理领域，有力推进公司规范化管理水平的提高。三是积极配合完成国家审计、高管离任审计、集团公司巡视整改以来制度建设和执行情况回头看现场检查、集团招投标专项检查、银监局监管评级现场检查与集团内部财务稽核等审计检查工作，按要求进行积极整改落实，有力地促进了公司各项工作的规范化开展。

【信息化建设】2016年，公司一是资金账户监管系统成功上线运行并按期推广使用，完成集团要求的所有成员单位的账户上线工作，实现了10家直联银行的上线。二是完成了同城灾备中心的验收，灾备系统按期投入运行，实现了同城灾备系统与10家银行的直联及与集团公司的直联，使灾备系统的应急能力得到提升。三是完成年度ERP优化工作，解决有关成员单位集中支付凭证电子化及直联传输、开发联测和业务开展需要增加的系统功能。

【企业文化建设】按照集团公司企业文化建设总体要求，结合“两学一做”学习教育要求，公司努力创新活动方式，开展员工文化体育系列活动，丰富职工的精神文化生活。组织并参加了集团公司工委组织的健走比赛、乒乓球比赛；开展书法、绘画比赛、参观革命先烈故居等活动；公司还继续开展兴趣小组的游泳、乒乓球、瑜伽、太极拳各项文化体育活动，满足职工精神文化需求，推动职工文化建设和企业文化建设相融共进；继续做好典型和先进文化的宣传工作，通过内容丰富、形式多样的学习实践活动让员工在企业发展的同时实现自我成长和提升。

锦江国际集团财务有限责任公司

【经营概况】2016年，锦江国际集团财务有限责任公司（以下简称“公司”）共实现营业收入1.14亿元，投资收益0.037亿元，净利润0.35亿元。

截至2016年12月底，公司注册资本5亿元，所有者权益6.8亿元，总资产54.37亿元，总负债47.57亿元。

【公司治理】2016年初，经公司股东会决议，推选董事长人选并增补董事。7月，公司召开六届一次董事会会议。与会董监事表决通过任命新一届董事会董事长、增补董事事项；表决一致通过公司2015年度财务决算、2015年度利润分配、2016年度财务预算方案。

【公司金融】为支持集团收购业务的顺利进行，公司与相关银行协调配合收购项目的资金管理需求，提供短期贷款融通，全年贷款发生额共为 114 亿元。2016 年底委托贷款余额为 16 亿元，公司仅收取手续费 0.02 亿元，共计让利成员企业约 0.62 亿元。

【风险管理和内部控制】完成原董事长的离任审计。根据集团内部审计制度规定和上海银监局的相关要求，对原董事长任职期间的法人治理结构、公司经营状况、资产保值增值、会计报表及会计账簿的真实性、廉政规定遵守情况等实施了稽核审计，形成离任审计报告上报上海银监局。

配合年报审计及合规检查。普华永道会计师事务所经过对公司的预年审、年审两轮审计，已于 2016 年 3 月出具了无保留意见的审计报告，确认了公司的财务报表在所有重大方面按照企业会计准则的规定编制，公允反映了公司 2015 年度的经营成果和现金流量。12 月，普华永道又对公司 2016 年全年财务报表进行了预年审，没有提出重大问题。

新增、修订公司规章制度。为满足公司创新业务需要，结合特色保理业务的开展，做到制度先行。公司制定了《保理业务管理办法（试行）》《保理业务操作规程（试行）》，同时修订了《声誉风险管理办法》等。

【信息化建设】2016 年，公司将信息化建设作为推进业务创新、管理提升和服务优化的落脚点，依托集团信息化战略，对接集团信息化平台标准。

持续推进业务系统四期开发工作。截至 2016 年末，公司开发完成了委托投资模块；开发实现了投资管理、网上申贷、客户对账和同业余额调节表等多项功能。完成会计报表升级开发。共计开发月报表式 30 张、季报表式 10 张和年报表式 18 张。初步完成领导决策系统开发，包括流动性比率分析、资金缺口分析、企业贡献度、收益分析表、每月平均数分析表、利率定价和风险管理关键指标预警等功能。营改增系统经过价税分离功能开发以及持续完善已正式上线启用。

一汽财务有限公司

【经营概况】2016 年末，一汽财务有限公司（以下简称“公司”）资产总额达 703 亿元，较年初增长 18.82%，全年累计实现利润总额 10.53 亿元，较上年增长 19.16%。

2016 年，公司坚持“稳中求进，创新变革”，取得了良好的经营业绩，具体表现在：存款营销取得突破，日均存款达 567 亿元，同比增长 49%，为年度利润增长奠定基础。推进结算票据集中项目，完成集团 13 家全资企业的结算业务集中，以及实现与一汽大众、一汽轿车、一汽进出口等公司电票业务突破，提升结算、电票业务量级。调整业务结构，7 月开始办理商用车汽车金融业务，助力集团自主销售。为谋求业务突破，2016 年即期结售汇业务取得实质性进展，业务量大幅上升。探索票据业务模式创新，成功与北京丰田销售合作买方付息贴现业务。在满足监管指标前提下，主动调整投资策略，抓住市场机遇，资金运用业务取得良好收益。

【信贷业务】2016 年，公司充分发挥服务集团实体经济的功能，为集团成员单位提供金融服务支持，充分让利生产企业。一方面，提升信贷服务效率，通过循环额度贷款，优于同业的放款效率，全流程实现 1 小时内放款，踏入信贷业务“小时贷”。同时，开创买方付息贴现、无追索权贴现业务模式先河。另一方面，响应集团“降本增效”号召，利用循环额度贷款保证企业可以将信贷需求锁定到周，根据实际用款节奏随借随还，节省了融资财务费用。同时，为成员单位提供优于同业的信贷利率，贷款利率最大下浮力度达到低于基准利率的 37.93%，贴现利率平均低于同业 20 个基点左右。2016 年，公司投放信贷规模 211.28 亿元，其中自营贷款（含循环额度贷款）170.75 亿元，贴现 40.54 亿元；12 月末受央行信贷规模调控影响，信贷业务年末余额 17.31 亿元。

【产品销售信贷业务】在商用车汽车金融业务方面，公司借助有利的政策及市场环境，大力推进与厂家的联合贴息促销活动，提升业务规模和市场竞争力。截至 2016 年 12 月，公司累计发放终端消费贷款 29.92 亿元，促销解放车辆 1.4 万台。

在融资租赁业务方面，2016 年公司操作商用车融资租赁业务 88 笔，共计 106 台；乘用车融资租赁业务 3 笔，共计 22 台；融资租赁资产余额为 0.26 亿元。

【资金和投资业务】2016 年，在利率下行、股债市场大幅震荡背景下，公司对组合管理、投融资策略制定、品种研究、渠道与模式构建等工作进行了优化。同时，资金运用以提升资本回报率为目标，追求风险和收益的平衡，在资产负债管理框架下进行久期、杠杆、利差的组合管理和投资资产的配置。全年资金运用收益率为 3.48%，实现收入 10.01 亿元。

【票据业务】为进一步完善集团票据池建设，2016 年公司重点开展了票据综合管理平台建设工作，健全票据业务系统功能，实现票据全流程电子化管理，为构建完整的“票据池”，盘活票据，提升整体运营效率、效益奠定基础。制定电票线上核对服务方案，开发专用的系统模块和服务，设计多项定制化回单和对账单，实现利用业务系统进行线上核对的功能，为客户提供全方位、一站式的服务体验。制定电票业务自动化服务方案，设计电子票据自动收票签收、自动背书签收以及自动提示付款功能，提升批量电票的系统操作效率。2016 年公司票据承兑 4.21 亿元，贴现 40.54 亿元，票据接收 228.35 亿元，票据托收 115.94 亿元。

【外汇业务】2016 年持续为成员单位办理即期结售汇业务，8 月起正式办理一汽进出口代理一汽轿车信用证项下的日元购汇业务，业务规模较上年度有所突破，全年累计办理售汇业务 2.04 亿美元，为客户节省购汇成本近 130 万元。

【资金集中】2016 年，公司存款规模显著提升，年末存款余额 631.54 亿元，同比增长 35%，存款集中度实现历史突破。

存款营销方面，深挖存量客户存款，提前 n-1 月启动分红跟踪工作，成功吸收大众系、丰田系分红款 200 亿元；积极获取增量存款，以优于同业的价格为客户进行差异化存款定价，争取更多增量存款；建立存款日监控机制，通过客户经理对所辖客户存款进行按日跟踪管理，时时监控客户资金流向，稳定存量存款。

电票集中方面，加强对重点客户的专属化服务，为一汽大众专属化建设的批量复核比对功能，为一汽轿车设计的自动背书签收、自动收票签收、自动提示付款功能，为重点客户分派专人进行票据单证传送服务等，提升了票据业务量级，增加客户粘性。

货币结算集中方面，启动集团全资单位的货币结算集中，逐户上门开展网银结算业务推介，2016年完成13家客户的货币结算集中，提高了客户存款粘性。

【业务创新】探索票据业务模式创新，2016年10月，公司与北京丰田销售、经销商搭建的“买方付息贴现业务”平台正式开通。在业务创新过程中，公司经过走访经销商了解厂家系统、组织内部各部门研究业务流程、探讨信息系统开发、拟定业务操作制度、开创异地柜台延伸服务等工作，为客户制定全方位的票据贴现实施方案。以优质的服务、具有竞争力的贴现价格，以及高效的贴现放款效率，赢得与北京丰田销售的破冰合作，截至12月末累计发放贴现达5.90亿元。

【风险管理和内部控制】2016年，公司持续完善全面风险管理体系，加强各类风险的全面统筹管理，风险管理水平进一步提升。着力开展信用风险防控，推动信贷流程优化，加强风险评估与限额管理，推进不良资产处置，不良贷款实现“双降”；完善利率定价差别化管理，增强定价弹性，调整期限结构，降低重定价及基准风险；开展流动性及融资策略管理，确保满足支付、清算基本需求下实现资金平稳运行，提高资金使用效益；深入开展操作风险管理，推进操作风险深化及外规内化项目，守住合规管理底线，全年无操作风险损失事件发生。

【人力资源管理】2016年，从人员引进、培养、选拔、激励等方面为公司业务发展提供战略支撑。经理人员管理方面：为满足监管要求及一汽财务经理人员、后备队伍配置需要，任命两名总监、两名室经理、两名见习经理。培训开发方面：结合战略对人才培养要求，着力打造经理人员和新进员工两大“培训产品线”，收到了良好的效果。薪酬激励方面：完善薪酬管理体系，建立工资效益联动机制，为企业市场化运作提供保障。福利方面：满足员工多样化需求，实现员工福利产品自主选择，提升对福利的感知度。

【信息化建设】为提升客户体验，增强客户粘性，保障信息技术安全并实现信息系统周期管理，2016年公司加大IT资源投入，全面启动核心系统重建工作。通过对标银行的业务模式和系统建设方式，使用互联网化的操作方式，重点从系统的稳定性、灵活性、运行效率、产品参数化程度、用户交互体验，对公司网上银行、核心系统、综合票据系统、综合柜面系统、支付清算系统五大系统进行全面换型升级。新系统于2016年12月31日完成测试，以并行方式上线。

【企业文化建设】2016年，公司以关心关爱员工，促进企业文化落地为目的，开展多项文化建设工作。组织员工围绕“诚信、稳健、高效、创新”核心价值观及“用户意识”，结合日常工作案例进行讨论，持续将“用户第一”理念深入员工心中。开展“争五好榜样，促提质增效”故事讲述活动，通过客户经理团队的情景演绎，再现了公司员工钻研业务、承诺守信、坚持合规的工作作风，推动团队凝聚力的提升。搭建员工风采展示及技能提升的平台，开展员工岗位技能大赛，以赛促学，组织多种文化活动，丰富员工生活，加强队伍建设。

西电集团财务有限责任公司

【经营概况】2016年末，西电集团财务有限责任公司（以下简称“公司”）资产总额同比增长6.48%，负债总额同比增长2.95%，所有者权益同比增长41.68%，其中当年母公司西电电气向公司注资5亿元人民币，实收资本达到15亿元人民币；累计实现利润总额同比增长6.78%。

【信贷业务】公司通过优化企业综合绩效评价、客户信用评级、综合授信、五级分类等信贷管理措施，全面提升授信质量，规范信贷业务流程，严控企业信用风险。2016年末，公司人民币自营贷款余额超过15亿元，委托贷款余额超过16亿元，满足集团成员企业合理的资金需求。累计办理各类保函同比增长20%，促进了成员企业对外招投标及产品的销售。同时，公司积极开展“减费让利”，降低企业融资成本，通过多项让利优惠措施，每年为成员企业节约财务费用在6000万元以上，缓解了企业融资难融资贵的问题，促进了成员企业提质增效工作。

【资金和投资业务】2016年，受市场利率下降等多种因素的影响，资金和投资业务收益水平面临较大的下降压力。公司积极研究、调整运作策略，一是通过缩短资金运作周期，加强资金利率差异化管理，保证了资金运营收益的稳定；二是灵活调整投资策略，在以固定收益类产品为主的前提下，适度增加浮动收益类投资产品比例。全年取得收益与上年基本持平，且未发生一笔业务风险。同时，公司收入结构也进一步优化，全年从集团外部取得收益占比达到78%。

【票据业务】2016年，公司累计签发各类票据超过50亿元，同比增长16%，包括纸质商票、电子商票以及电子银票。其中，电子票据业务的高效、快捷已逐步得到了多数成员企业，特别是外地企业及供应商的认可，使用度明显提高，全年签发电子商票、电子银票同比分别增长了78.57%、45.21%。通过优化贴现利率、加大宣传力度等措施，推动贴现业务的办理，2016年累计办理票据贴现超过11亿元。同时，公司继续推进集团“票据池”建设，票据入池量和集中度不断提高。截至2016年末，累计入池票据近20亿元，余额超过5亿元，票据集中度在50%以上。

【外汇业务】一是加强外币归集和结售汇业务力度，业务量增幅明显，业务办理速度及价格都要优于外部商业银行；二是积极尝试代开外币保函业务，进一步拓宽保函业务服务范围；三是加强与外汇监管部门沟通，充分利用外汇政策，向境外成员企业发放了外币自营贷款，满足集团境内外成员企业外汇需求，更好地服务集团“走出去”战略；四是与商业银行合作办理了外币“互换赢”结构性存款业务，为提高外汇资金使用效率与收益作出了有益的尝试。

【资金集中】2016年，公司不断夯实资金管控基础，深挖资金归集潜力，资金集中度持续稳步攀升。2015年度公司全口径资金集中度达到88.94%，在全国218家财务公司中排名第8位，比上年末又提高了2个名次，创历史最好水平。一是加强账户管理，及时跟进做好新开账户的归集，积极配合集团开展账户清理和规范工作，截至2016年末，成员企业在公司开立本、外币账户212户，已归集成员企业在外部银行开立的本、外币账户158户；二是强化资金归集力度，挖掘企业存款潜力，不断提高资金结算效率。目前与13家商业银行建立归集合作关系，2016年累计结算资金同比增长12.07%，累计归集资金同比增长9.59%。

【融资租赁】一是稳步推进面向成员企业的融资租赁，继续加强宣传推广力度，及时了解企业需求，截至2016年末，融资租赁业务余额近450万元；二是围绕成员单位产品融资租赁业务，继续加强与成员企业、下游客户、银行等多方的沟通谋划，积极寻找合适的项目，同时进一步完善内部相关合同文本、协议、单据等以及系统的设计开发，为业务的全面开展做好充分准备。

【风险管理和内部控制】一是为加强风险管理，充分发挥董事会下设委员会的职能作用，完善了《董事会风险控制委员会工作规则》，优化了人员构成，进一步强化了董事会治理水平。二是结合银监局“合规建设推进年”活动，组织员工对《商业银行内部控制指引》《企业集团财务公司全面风险管理指引》等政策法规进行学习，不断规范完善内部业务处理流程。同时组织不同层级合规考试3次，编撰印发《合规手册》40册，创办内部电子刊物《合规半月刊》年内累计发行11期。三是深入开展“两个加强、两个遏制”专项自查整改。公司成立了领导机构，坚持问题导向，结合银监局现场检查及自查发现的问题，及时组织整改落实，同时以此为契机，细化完善各项工作措施，进一步规范各项业务流程，确保公司各项业务合规开展。四是集中开展了多次专项业务检查，重点对有关资金进出、票证收付、手续费核算等内容加强稽核力度，切实为公司资金进出把好关，确保每个环节都有控制，重点步骤都有复核，切实堵住风险源头。同时完善了公司AB角制度，全面梳理各部门岗位设置及职责，确保重点业务、重要岗位相互监督、相互制约，有效防范风险。五是不断完善各项制度，明确并规范了制度审核流程，年内先后审议通过新增制度9项、修订制度8项，同时梳理各类制度流程表单200余项，逐步嵌入公司协同办公系统，规范了业务流程，提高了工作效率。

【人力资源管理】一是开展对中层干部的综合考评，包括业绩、能力、态度、自律等方面，考评得分情况与本人年度绩效薪酬挂钩兑现，发挥了薪酬激励引导作用；二是强化员工培训教育，2016年累计组织外训26人，参训人次同比增长23.81%，组织内训11次，参训人次同比增长7.35%，同时各岗位员工从业资格实现了全覆盖，中高级职称占比已达到65%；三是鼓励员工钻研业务，参加理论研究和实践探索，其中8人次在西安市金融学会举办的金融征文评选中获奖，2人次在陕西省金融学会举办的金融征文评选中获奖，1人次在第19次珠江金融论坛——财务公司发展论坛征文中获奖。

【信息化建设】一是公司搭建的财企直连系统已在西电西容等多家成员企业中推广使用，初步构建起成员企业、财务公司、银行互联互通的闭环体系，实现“资金流、结算流、信息流”的三统一；二是推进电子印章在成员企业结算系统中的应用，目前已在西电西容、西电通用、西电宝鸡电气等多家企业中试点，节省了打印回单、企业取单等耗时的流程，减少了漏打凭证、漏盖印章、分错回单等操作风险；三是协同办公系统（一期）搭建完成并正式运行，基本实现了无纸化办公的要求；四是实施磁盘阵列扩容项目，完善应急处置预案，提升核心系统的数据冗余性和可靠性。同时扎实做好日常系统维护与数据管理工作，确保公司信息系统安全运营，年内未发生任何信息安全事故。

【党建工作】一是先后建立完善了“党员学习制度”“民主生活会制度”“三会一课制度”以及“民主评议党员制度”等多项党建工作制度；二是通过多种形式深入学习十八届六中全会精神、国企党建工作会精神以及习近平总书记系列重要讲话等内容，包括中心组月度集中学习研讨、参加网络培训班、集团安排的历次培训讲座等，坚定不移地在思想上、政治上、行动上同党中央保持高度一致；三是围绕“两学一做”学习教育，先后组织开展了手抄党章、讲党课、党员亮身份、红色教育基地参观、《中国共产党纪律处分条例》和《中国共产党廉洁自律准则》答题、演讲比赛等系列活动。

中国石化财务有限责任公司

【经营概况】2016 年，中国石化财务有限责任公司（以下简称“公司”）坚持立足石化、服务主业、助力主业，强化创新驱动，加快转型发展，为中国石油化工集团公司（以下简称“集团公司”）改革发展和生产经营提供优质高效的金融服务支持，通过提供结算、贷款、委托贷款、直接购付汇、优惠贴现等各项服务，为集团公司降本增效贡献超过 35 亿元。公司深入落实价值引领战略，主动适应金融市场变化，不断提升市场化管理水平，全年实现营业收入 21.54 亿元，实现利润 19.06 亿元，年末资产总额 1661.23 亿元，所有者权益 235.54 亿元。

【资金集中】2016 年，以公司为平台的集团公司“票据池”建成运行，资金集中管理平台职能再度拓展。积极推进集团公司电商统一支付平台成功上线试运行。加强与直联银行财银系统的升级测试与监控，全年累计办理分账户 871 个，确保 5 家直联银行 15 次系统升级的平稳过渡。全年优质高效完成内外部结算 2626 万笔，结算资金规模 36 万亿元，连续 8 年保持集团公司资金集中管理安全高效运行，为集团公司正常生产经营和资金高效使用发挥重要作用。

【筹融资业务】2016 年，公司拓宽融资渠道，扩大同业合作范围，取得 41 家银行综合授信。创新融资方式，扩大债券回购交易对手范围，新增交易对手 60 余家；充分利用同业拆借中心债券回购匿名交易平台，先后与 5 家银行建立交易关系。优化授信结构，灵活调整融资策略，发挥各方优势，确保足额低成本融入资金，保障集团公司和企业的融资需求和支付需要。积极争取内外支持，成功实现80亿元未分配利润转增资本，公司资本金总额达到180亿元。

【信贷业务】2016年，公司紧贴集团公司生产经营、结构调整和转型发展需求，积极稳妥开展信贷服务，全年提供各类信贷支持1575亿元，日均规模达到414亿元。大力推广财务公司电子票据，全年开立财务公司电子承兑汇票4516张，共计63亿元。完善贴现指导价格数据库，灵活运用贴现指导价格动态调整信贷资产结构，办理票据贴现2604张，共计62亿元。高效开展委存委贷业务，委托贷款日均规模749亿元。稳步推进保函业务发展，全年为5家企业办理保函业务16笔，共计1.06亿元。积极采取差异化存款营销策略，通过充分利用通知存款、协定存款等产品组合方式，吸收合资企业存款。

【外汇业务】2016年，公司充分发挥集团公司购汇主渠道作用，主动配合监管要求，及时跟踪把握市场动态，保证集团公司进口原油购汇业务顺利开展，全年累计办理结售汇业务1855笔，共计492亿美元。不断提高交易能力，精心操作代客交易。

【投资业务】2016年，公司沉着应对资本市场疲弱动荡局面，加强市场跟踪研究，调整建立更加贴近市场化的交易操作模式及运作制度，审慎丰富交易品种，深化拓展滚动交易策略，稳健操作，股票综合收益率跑赢大市。开拓创新资产管理业务，加大产品研发力度，积极挖掘探索适合财务公司特征的多形态资产管理产品，有效分散投资风险，提升公司资产收益水平的同时，进一步丰富优化公司证券资产结构。积极开展债券市场跟踪与研究，提高分析工作深度与广度，公司债券资产保持较好的结构与收益，有效支持和参与集团股份发债工作。

【业务创新】2016年，公司制定完善产业链金融业务相关制度流程，顺利完成监管报备工作。买方信贷业务平稳开展，在控制风险的前提下，成功试办3笔业务。作为财务公司行业代表，成为新成立的上海票据交易所首批上线会员，并实现首批线上交易，为丰富票据资产市场化运作手段、提高运作效率创造良好条件。

【市场化管理】2016年，公司充分发挥资产负债管理委员会统筹协调作用，科学制定公司资产负债平衡计划，资产负债管理水平不断提升。加强日常流动性管理，及时准确编制资金计划，合理安排支付顺序，实现流动性、拆入比等关键监管指标自动化监测和警示。积极推进利率市场化管理，优化系统构架、管理内容和模型参数，内外部利率市场化定价试运行工作正式启动。构建涵盖存贷款、投资、外汇、短期资金运作及司库业务的FTP定价体系，基本实现全资产负债科目内部资金转移定价管理。

【人力资源管理】2016年，公司深入开展“强化管理严细实、创新服务增效益”主题活动。完善绩效考核办法，细化总部和分公司共329项考核评分细则。全力打造结算业务严细实“样板田”，固化业务规范，细化岗位操作，量化考评标准。全年结算、信贷、资金、外汇、投行等各项业务继续保持“零差错、零失误、零损失”的目标。统筹规划、周密部署，按期完成营改增税制改革任务。成员企业和外部服务对象的服务满意度达到99.55%，连续4年逐年上升。

【风险管理和内部控制】2016年，公司持续完善以业务部室和分公司自我控制为第一道防线，风险管理部门风险控制和会计部门监督为第二道防线，稽核部门检查为第三道防线的风险管控体系。修订2016年版《内部控制管理手册》，公司业务内部控制矩阵达到88个，涵盖各主要经营管理活动。开展制度评估优化，新增和修订制度39项，制度总数达到15大类共177项。严格实行财务预算管理，预算的预判导向作用不断增强。定期开展内控自查，检查控制点41000多频次，保持执行率100%；认真开展8个审计项目的现场稽核，监督体系保障作用有效发挥。

【信息化建设】2016年，公司顺利完成集团公司电商统一支付平台、“票据池”、产品定价和内部资金转移定价系统二期、“营改增”、费用报销等六大主要信息系统的同步开发、试运行、上线推广等工作，公司重要信息系统达到21个，为经营管理水平的进一步提升提供有力的系统支撑。持续加强系统运维及安全管理，累计开展系统升级46次，解决优化问题170个，各主要信息系统保持安全平稳高效运行。

【党建工作】2016年，公司扎实开展“两学一做”学习教育，围绕打造“四讲四有”党员队伍，抓好学习研讨，加强督促指导。召开公司第一次党员代表大会，成立纪检监察部和党群工作部，进一步配齐配强党支部班子。制定完善30项公司党建工作制度，印发执行16项。首次对分公司党支部开展现场考核。作为集团公司人才成长通道建设十家试点单位之一，公司构建专业技术职位体系和任职资格标准体系，对31名专业技术人员进行认证，15人竞聘上岗。认真落实党风廉政建设“两个责任”，党委层面与总部各部室、各分公司党政主要领导干部签署“年度党风廉政建设责任书”，并集中进行警示谈话；纪委层面以抓工作纪律为突破口，探索运用“四种形态”，让咬耳扯袖、红脸出汗逐步成为常态，持续营造风清气正、干事创业、心齐劲足的政治生态。

【企业文化建设】2016年，公司召开第二届职工代表大会和第二次团员代表大会，配齐配强工、团班子，分别完善工会和团建工作制度体系。持续推进民主管理，职工代表提案落实率100%。开展“走基层、访万家”和“走基层、访青年、寻找最美青工”系列活动。坚持开展“橙房子”系列志愿者活动，累计为10000余名路人提供志愿服务。坚持开展丰富多彩的群众文体活动，不断提高活动的参与率和覆盖面，在公司内部营造健康和谐的环境氛围。

东方电气集团财务有限公司

【经营概况】2016年，东方电气集团财务有限公司（以下简称“公司”）资产总额217亿元，比上年减少1%。所有者权益28亿元，增长7%。收入逾6亿元，比上年减少13%，外部收入占全部收入82%以上；利润总额近4亿元，比上年增长7%。

【信贷业务】2016年，公司日均发放贷款40亿元以上，主要为贷款、票据贴现、买方信贷，同时帮助企业设计融资和应收账款保理方案等手段积极支持企业发展，降低企业费用。

【产品销售信贷业务】2016 年，公司以助力集团企业产品销售为出发点，借力融资租赁和买方信贷金融工具效能加大对外部市场的拓展，持续拓展涉及电力、钢铁、新能源汽车等多个领域的项目。全年成功签订融资租赁和买方信贷合同逾 10 亿元。

【资金和投资业务】2016 年，公司投资创新能力不断提升，在二级市场股票投资等领域实现突破。在宏观流动性充裕、市场利率不断下行的情况下，通过合理配置投资产品，稳定了投资收益水平。

【票据业务】2016 年，针对信贷需求下降的严峻局面，公司以票据贴现为稳增长的突破口，成立专业服务团队，针对承兑企业、票源重点、贴现大户，主动登门营销、开展宣介，取得了良好的效果，确保了票据贴现规模的稳定和增长，有力地缓解了信贷需求下降对公司盈利造成的压力。

【外汇业务】2016 年，公司外汇集中运营管理获得突破。推广应用跨国公司总部外汇资金集中运营试点资格，成员企业通过公司能实现全球收付汇，且程序更加便捷。成功向外汇局申请调增美元短期外债额度由 1000 万美元提升至 1 亿美元，有效拓宽了外债融资途径。

【资金集中】2016 年，在集团资金集中管理平台稳健运营的基础上，经集团公司批准新增纳入资金集中管理企业 4 家，新增纳入资金集中管理账户 17 个。截至 2016 年末，资金集中度为 60%。

【业务创新】2016 年，公司业务创新主要体现在投资产品的多元化：在做好传统的债券、货币基金、网下新股申购等投资品种的基础上，推进二级市场有价证券投资落地实践，并在券商资管计划、银行理财、信托计划、债券型基金、保本基金、ABS、定向增发等领域均实现突破。

【风险管理和内部控制】一是根据国资委试点要求和集团公司试点安排，开展合规管理体系建设试点工作，以公司重点业务板块为切入点，进行全流程梳理并初步建成较为完善的合规管理体系。二是为加强金融产品系统性管理，实现产品规范化、标准化，公司完成《金融产品库》编纂工作，覆盖近 50 项各类业务。

【人力资源管理】一是从人力资源档案维护和管理、绩效考核管理、薪酬及人工成本核算、劳动纠纷防控及处理等方面实现人力资源管理的全面信息化。二是强化业绩导向机制，完善绩效考核体系，进一步促进薪酬分配的合规化、合理化和差异化，强化竞争，充分调动员工的工作积极性，发挥薪酬绩效的激励导向作用，争取人才、留住人才。

【信息化建设】2016 年，公司持续加强信息系统建设，本地第二灾备中心和异地灾备中心均已搭建、验证并投运，“两地三中心”灾备架构已基本完成，信息安全保障体系得到进一步夯实。

【企业文化建设】2016 年，公司坚持党政工团齐抓共管，积极围绕“两学一做”活动主题和党的十八届六中全会精神加强党的基层组织文化建设并以此规范日常经营、带动团工建设，积极开展党支部书记向全体党员授课、党小组专题学习讨论会、“两学一做”知识竞赛和网络培训等活动，成效显著。

企业宣传阵营除原有的网站外，增设党务宣传栏和黑板报，及时传达党的精神、集团以及公司的发展战略和经营目标，分享金融资讯，宣传集体活动，鼓舞士气，增强凝聚力。同时加强对员工身心的疏导工作，组织参加排球、羽毛球、舞蹈等各类文体活动，以缓释日常繁重的工作压力，倡导健康的生活方式。

宝钢集团财务有限责任公司

【经营概况】 2016年，国家大力推进供给侧结构性改革，市场利率下行，“资产荒”严重，信用风险事件频发，内外部经营环境十分复杂。宝钢集团财务有限责任公司（以下简称“公司”）扎根产业，加大服务与创新力度，支持核心主业降本增效，改善经营现金流，助力成员单位提高资金管理效率。积极探索移动金融技术，改善客户体验，提升服务效率。当年实现利润总额1.69亿元，净资产收益率6.62%，自营资产规模151亿元，委托业务规模187亿元，各项监管指标全部符合银监会要求，风险水平较低，资产质量优良。时隔一年，再次荣膺金融时报和中国社科院金融研究所联合颁发的“2016中国金融机构金牌榜、金龙奖——年度最具创新力财务公司”奖项。

【公司金融】 积极协同钢铁去产能与供给侧结构性改革，采取区别对待、有扶有控的差异化信贷策略，调整优化信贷的产品、客户和期限结构。产融协同先后开发了票据直贴、买方付息贴现、利息分拆贴现等产品，产品体系不断丰富；从柜面到PC端再到移动端，服务渠道更加多样；聚焦欧冶电商平台，建立客户、信息、仓储、物流共享共管机制，累计办理现货质押融资1.02万笔，金额2.41亿元，促进宝钢产品销售。对接中国人民银行再贴现资源，全年引入9.7亿元的低成本资金注入实体经济。

【资金和投资业务】 自营投资坚持谨慎原则，主动学习新业务，接受新产品，提高风险识别能力，积极寻找安全优质的投资资产。先后配置了保本类、绝对收益类、分级A、转债、定增等投资品种，参与新股申购，在保证资产安全的前提下，保持稳定的盈利水平。流动性管理在保障结算用款的前提下，通过新增交易对手行、约期存款、同业存单等方式，加大资产配置力度，努力提升短期资金运作效率。

【票据业务】 针对企业票据管理中的痛点和难点问题，公司借助移动金融技术，将服务嵌入流程，提供安全、高效、低风险、低成本的贴身服务。围绕纸票收付存融全生命周期，推出APP票据影像、查询查复、异地托管、电子化背书等服务。办理查询查复4.5万笔，发现异常票据6张，使成员单位避免了票据损失。电票方面，以“支部共建”为抓手，体系协同打通全流程在线操作，支持核心主业大力推广电票支付，出票金额同比增长4倍。

【结算和资金集中】 作为集团的结算主渠道，发挥金融牌照优势，运用多种流动性管理工具，在保障结算支付前提下，提高流动性资金的配置效益。2016年累计办理结算流量3.34万亿元，业务量124万笔；同比分别增长30%和29%。按照管办分离原则，承接集团平台日常操作，提高平台运作效率。推出手机端移动资金平台 APP 应用，支持财务人员随时随地掌握平台动态，享受移动办公的便捷和高效。

【业务创新】适应金融业务移动化和社交化趋势，重构移动金融服务布局，推出“小财迷”移动金融服务品牌，按照服务用户群的不同，开发了 APP 资金平台、APP 查票、APP 票据贴现、APP 开票审批等移动应用模块，支持成员单位享受移动办公和即时通讯的便捷、高效，提高财务公司金融服务效率，推动服务转型升级。

【外汇业务】为自贸区内成员单位开立 FTE 账户，提供“信用证收汇 + 代理远期结汇 + 跨境结算”一条龙服务。以代理模式开展远期结售汇业务，保障集团货币类衍生品交易平台顺利运行。获批远期结售汇和外汇掉期业务资质，具备了以代客模式服务成员单位的条件，为后续业务拓展打下基础。

【风险管理和内部控制】推进流程再造工作，优化前中后台功能配置，集中运营，在线风控，提高效率。对信贷资产分行业进行细分，建立差异化信用风险考量指标体系和专项化贷后跟踪管控体系，加强信用风险管控。关注资本市场去杠杆、去通道等监管政策变化，提高前瞻性审视能力，完善投资风控体系建设，加强投后管理和市场风险防控。

【信息化建设】对原有系统进行全面诊断和评估，制定科学有效的系统稳固和架构优化方案：即一个安全稳定的核心、应用的模块化部署、迭代式客户端服务。新系统 6 月份上线，保障传统业务稳定运行，有效隔绝业务变化带来的影响，有力支撑电商金融、电子票据、移动金融、FT 分账核算等新业务发展。

中国一拖集团财务有限责任公司

【经营概况】2016 年末，中国一拖集团财务有限责任公司（以下简称“公司”）资产规模为 52.14 亿元，负债总额 44.85 亿元，所有者权益 7.29 亿元，审计后利润总额 2619.90 万元；不良贷款和案件发案率为零，各项监管指标均符合中国银监会的监管规定。

【结算和资金集中】资金结算业务是公司的基础业务，实现了一拖集团成员单位内部的转账结算和托收承付，对提高资金使用效率发挥着重要作用。2016 年，公司为一拖集团成员单位累计办理结算金额 1873.03 亿元，办理结算笔数 8.18 万笔；平均资金集中度达到 89.20%，平均资金集中度较 2015 年有大幅提高，提升了一拖集团资金整体管理水平。

【信贷和票据业务】信贷业务和票据结算业务促进了一拖集团生产经营及产品销售，对提高资金使用效率发挥着重要作用。2016 年，公司向一拖集团及成员单位累计发放贷款 21.85 亿元，年末贷款余额 9.18 元，全部为正常类贷款，全年未发生不良贷款。2016 年，一拖集团及成员单位贴现业务集中度 100%，公司累计办理票据贴现 18.41 亿元。公司通过贷款和贴现业务为一拖集团成员单位生产经营提供了有效的资金支持。电票线上清算及承兑业务方面，公司自成功接入中国人民银行大额支付系统以来，顺利实现电票线上清算，电票的交付与承兑不再依赖外部银行，提高了一拖集团整体资金保障能力，丰富了成员单位对外支付手段。同时，公司把电子承兑汇票融入农机产品买方信贷业务中，更好地发挥了银监会赋予的金融职能，协助一拖集团成员单位获取更多的资金融通渠道，增加了公司的保证金存款，提升产品销售的市场竞争力。2016 年，公司累计为成员单位办理电票 23.98 亿元，累计办理商票 5.12 亿元。年末票据余额 18.74 亿元，其中电票余额 15.20 亿元，商票余额 3.54 亿元。票据管理方面，一拖集团将所有成员单位票据统一纳入公司“票据池”集中管理，搭建了一拖集团的票据管理中心。同时，公司对成员单位的长期沉淀票据进行盘活使用，实现与成员单位的双赢。2016 年末，公司票据管理业务开户累计 51 家，累计保管票据金额 41.89 亿元，办理业务 1.13 万笔；成员单位委托收款累计 7.94 亿元，办理业务笔数 1764 笔；为一拖集团成员单位票据的安全管理提供保障。

【产品销售信贷业务】由于受国机集团业务板块整合及关联交易限制，公司无法继续开展工程机械产品融资租赁业务，而受煤炭行业市场下滑影响，矿用车买方信贷业务处于停滞。2016 年，随着国家对“三农”的持续重视和对农业的支持、投入力度不断加大，公司深入企业产业链下游的产品销售前沿，积极拓展农机产品融资租赁及买方信贷业务，探索引入保险机构的方式解决担保问题，并尝试性开展买方信贷业务，取得一定成效和经验。随着公司农机产品融资租赁及买方信贷业务的不断深入，将有利促进一拖集团成员单位农机产品的销售。

【投资业务】有价证券投资业务是公司充分利用资金资源和提高资金使用效率的主要途径。2016 年，公司在董事会批准的年度投资额度内，利用暂时闲置资金，以审慎的投资策略开展投资业务，累计实现投资收益 3350.28 万元（含公允价值变动损益）。

【同业业务】为更好地服务于一拖集团成员单位的生产经营，公司打破原有的“银企”合作模式，积极推行“企业—财务公司—银行”三方合作。一方面争取将一拖集团所有金融业务都通过财务公司来开展，实现一拖集团利益最大化；另一方面加强与各金融机构的联系与交流，争取更多的同业合作支持，以此获得更多外部资金资源支持一拖集团成员单位。2016 年，公司再次抓住人民银行支持“三农”的有利政策，加大再贴现业务规模，累计办理再贴现总额 4.14 亿元，通过再贴现业务为一拖集团获取更多低成本资金。同时，公司利用自身金融机构优势与外部金融机构广泛合作，不断拓展金融同业业务，开辟新的业务品种，积极获取外部资金资源。

【风险管理和内部控制】风险管理和内部控制是全面风险管理的核心内容，是对公司各部门与人员相互制约和协调的一系列制度、措施、程序和方法。2016 年，公司始终坚持把内控机制寓于经营管理活动之中，根据公司治理要求，建立健全股东会、董事会、监事会合理分权制衡的公司经营管理机制；实行董事会领导下的总经理负责制；董事会下设风险管理委员会和稽核部，分别全面负责风险管理工作和对各项经营管理的稽核监督；明确划分部门之间、岗位之间、上下级之间的职责，建立了职责分离、相互监督制约的内部控制机制；根据业务需要，设置风险管理委员会、内部控制委员会、审贷委员会、投资审核委员会、资产负债管理委员会，分别负责各自职责范围内的业务风险评估、合规审核；公司遵循“主动合规、制度先行”的原则，将内部控制措施嵌入到各项规章制度和每个岗位操作环节之中，形成了有效识别风险、主动避免违规的内控机制。全年公司共制定及修订12项内控制度和业务规程，对内部控制的目标、原则、要素、组织体系、要求、监督及内部控制制度体系建设均作出了明确的规定，内部控制活动均在公司各专业委员会的领导下有序开展。

【人力资源管理】2016年，公司按照中国银监会关于规范商业银行同业业务治理相关规定和要求，将同业专营制纳入全面风险管理，实施了部门职能调整和人员优化工作。一是在原有投资业务部基础上成立了金融同业部，将同业拆借、同业存款、代开承兑等同业投融资业务并入金融同业部，建立健全了前、中、后台分设的内部控制机制；二是公司打破过去的用人机制，实行能者上、平者让、庸者下的管理模式，全体员工，不论职务高低都站在同一起跑线上，重新接受公司的挑选和任用，经过层层选拔并通过梳理岗位职责，明确笔试、面试和组织考察、班子集体决定、任前公示等环节，使有能力者脱颖而出，充实到适合的岗位上，进一步激发了员工工作热情和积极性。在此基础上，公司不断加大培训工作力度，按照层级及工作岗位安排员工培训，所有员工年初上报培训计划并进行全员内部培训，全年累计组织内部培训14次，参培人数达到477人次。公司整体员工队伍的年龄结构继续优化，文化素质和专业技术水平不断提升。

【信息化建设】2016年，公司不断提高信息系统管理水平。一是推进企业征信系统、个人征信系统、反洗钱系统的更新和上线工作，既满足人民银行监管需要，又提高了上报和查询效率，促进公司有效合规开展；二是积极配合人民银行进行国产密码算法测试，满足密码算法国产化和数据信息加密解密安全的需要；三是加强各系统的日常维护和业务连续性管理，积极组织应急演练，全面提升公司信息系统安全管理能力和风险防范水平。

【企业文化建设】公司十分注重企业文化建设和社会责任，始终坚持以人为本的方针，按照“发展为了员工、发展依靠员工、发展成果与员工共享”的基本要求，落实“以人的发展带动公司发展，以公司发展促进人的发展”的工作目标。同时，公司积极参加一拖集团组织的各项社会活动及公益活动，并通过日常的宣传教育，增强员工作为“一拖人”的荣誉感和社会责任感，并以实际行动来回报一拖、回报社会。2016年，公司号召全体员工及党员加入到爱心帮扶活动中来，再次向“国机爱心基金”注入捐款7586元和一个月党费，通过爱心捐助活动的不断开展，将爱心传递下去，关心更多需要帮助的人。

五矿集团财务有限责任公司

【经营概况】 2016 年是五矿集团财务有限责任公司（以下简称“公司”）管理关系由五矿集团金融中心转变为由集团公司直接管理的第一年，标志着公司辅助金融业务发展的历史使命已经完成。在集团公司回归经营本质，全力提质增效，全面深化改革的关键时期，公司重新由集团公司直接管理，意味着其发展使命将重新聚焦到公司的核心定位，即以高效便利的内部金融服务，发挥资金管理平台功能，促进集团公司的资金集中管理，提高资金使用效率，助力提升集团公司财务竞争力，发掘集团公司资金内涵价值。2016 年，公司完成了经营定位和经营原则的转变，紧紧围绕集团公司资金战略开展经营，围绕新的使命推动管理提升，全面完成了各项经营管理任务。公司各类运营指标全部控制在考核设定值内，重点管理工作全面达到了预期效果，各类财务性指标全面完成了预算目标。

截至 2016 年末，公司资产总额 170.28 亿元，负债总额 122.49 亿元，所有者权益 47.37 亿元。全年人民币结算规模达 2401.36 亿元，国际结算规模 13.33 亿美元；公司人民币自营贷款余额 50.31 亿元，人民币委托贷款规模 41.90 亿元。

【信贷业务】 2016 年，公司信贷工作紧紧围绕公司经营目标和集团整体资金计划，合理配置信贷资源；结合经营环境变化，积极调整信贷结构，优化客户结构；提高对经营环境变化的敏锐性，贯彻集团公司“稳健、审慎、灵活”的风险管理方针，完善内部控制，提升服务水平，促进产融结合。截至 2016 年末，公司人民币自营贷款余额 50.31 亿元，人民币委托贷款规模 41.90 亿元。

在加强信贷管理方面，公司密切关注国内外经济金融形势及其对信贷客户经营情况和财务状况的影响，加强信贷精细化管理，切实防范信贷风险；积极配合各项检查、审计工作；继续开展利率市场化研究，推进贷款利率市场化工作；加强对金融新产品的了解与学习，积极与成员单位沟通交流，及时了解其金融需求，提供更贴近集团成员单位的信贷产品。

【资金和投资业务】 在投资业务方面，2016 年公司投资收益较 2015 年大幅减少，主要是因为 2016 年国内宏观经济从快速下滑期进入缓慢探底期，企业盈利情况恶化，证券市场年初遭遇“熔断”危机后一直在寻找底部，资金持续流出、成交量低迷，市场信心严重不足。因此公司主动降低了二级市场及权益类基金的投资规模，积极参与新股申购和定增基金投资，并在公司资金充裕的情况下积极进行流动性管理，提高了资金运营效率。

在资金业务方面，2016 年公司通过多种融资手段，确保集团在整体信贷规模没有大幅度增加的基础上，有效地补充了公司流动性。

2016年主要开展了同业拆借业务，全年拆入资金24笔，累计拆入资金120亿元。

【票据业务】2016年，公司继续通过票据业务有力地支持集团公司各板块主营业务、重点项目的发展，成为公司发挥金融支撑作用的重要业务手段。截至2016年12月底累计开立银行承兑汇票7笔共计2.36亿元，代开立银行承兑汇票56笔，累计4.71亿元，有效提高了集团成员单位的资金周转效率。同时，公司积极与各银行沟通联系，捕捉市场机会，在节约成员单位融资成本的前提下，取得了部分收益。

【外汇业务】自主结售汇业务：截至2016年年底，公司通过全国外汇交易中心的直接交易，为成员单位办理代客售汇业务3.96亿美元，代客结汇业务1.03亿美元，为集团公司整体节约汇兑成本数百万元。

跨境资金池业务：2016年，由于人民币对美元汇率波动日益加剧带来的汇率风险加大，从2015年开始，集团加强了对外汇资金业务的风险管理，逐步降低美元负债比例，严控新增业务的汇率风险敞口头寸，跨国公司外汇资金集中运营管理业务资金运作也相应受到影响。2016年全年，集团无新增跨境外债资金引入业务，公司累计协助境内企业归还外债借款近0.40亿美元，办理外债延期0.63亿美元，公司跨境外债借入规模从年初的1.02亿美元减少到2016年末的0.63亿美元。

【资金集中】2016年，公司采取多种举措进一步加强资金集中：一是灵活运用业务工具，推出阶梯利率定价机制，为成员单位办理协定存款及提供较银行理财产品更安全、灵活的定期存款，加大存款吸引力。二是积极与集团财务总部多次沟通，配合推进资金集中管理工作相关策略和方案，寻求集团在资金集中和结算集中方面的支持与合作。三是通过专程拜访、贷后检查等多种形式，与京外成员单位深入交流，了解其经营情况、资金情况及业务需求，为进一步加强对京外成员企业的资金归集打下了基础。

【业务创新】公司开展了即期结售汇业务创新工作。2016年8月，完成了相关结售汇业务制度、业务流程设计、数据报送及外汇交易专线搭建、建立了与主要结算银行外汇交易对手关系，完成了结售汇电子系统比选及测试上线等前期准备工作。9月，系统上线运营，即期结售汇业务正式展开，截至2016年年底，公司通过中国外汇交易中心的直接交易，为成员单位办理代客售汇业务3.96亿美元，代客结汇业务1.03亿美元，为集团公司整体节约汇兑成本数百万元。在人民币汇率急剧波动、集团公司降本增效任务艰巨的关键时期，公司即期结售汇业务的推出，为集团公司带来了实实在在的成本节约，充分发挥了公司产融结合，助力实业的功能，也对推动集团公司国际结算业务的集中管理起到了积极作用。

【风险管理和内部控制】随着经济下行，集团主业面临严峻的经营环境，流动性风险和信用风险大幅上升。为此，公司着重强化风险管理，保障稳健经营，资产质量进一步提升，不良资产率保持为零，流动性指标也一直处于较好水平。公司全年开展三次内部稽核工作。分别进出口、外汇业务、客户身份识别、资金业务进行了稽核，着重于管理制度、数据与资料核对、内控标准落实情况等，并对银行账户资金管理开展了风险排查。

【人力资源管理】为全面提升员工素质，培育专业化的人才队伍，公司积极组织员工参加由银监会、人民银行、财务公司协会、集团公司以及金融中心举办的各类培训项目11项、培训期数14期、组织参与培训人数158人次、总培训课时201课时，年度人均培训课时21学时。

【信息化建设】一是推进资金管理信息系

统的建设。2016年，按照集团公司统一部署，与集团财务总部、信息管理部紧密合作，推进资金管理信息系统的更新改造工作。

二是多部门协同共同完成结售汇系统的建设，确保结售汇业务上线。通过组织相关业务部门进行需求调研、测试，于2016年9月初完成了试运行上线，公司正式进入中国外汇交易中心开展了自主结售汇业务。结售汇系统运行稳定，所有需求已经基本开发完毕，尽管面临诸多困难，但技术和性能上较好地达到了预期目标。

三是督促结算系统运维工作，确保结算系统支撑业务正常开展。

在结算系统日常运维方面，2016年基本没有出现较大故障，关键节点季度结息、月末等均未出现系统错误，保证了结算系统的正常运行。

【企业文化建设】为建设和谐、向上的企业文化，引导员工强化相互间的互帮互助和团结协作，提升团队凝聚力和向心力，2016年公司积极组织全体员工参与了集团公司合唱比赛，并获得最佳创意奖。此外，为帮助困难职工，公司以工会名义组织全体员工进行了捐款活动。

武汉钢铁集团财务有限责任公司

【经营概况】2016年，武钢集团财务有限责任公司（以下简称“公司”）从提升客户服务，创新金融产品，深化体制改革着手，加快资产结构、业务结构和人力资源优化调整，实现了特殊时期下的平稳运营。完成了当年的经营目标，实现利润2.77亿元，年末资产规模426亿元，不良资产率为0.002%，资本充足率为28.6%，均优于监管指标。

【信贷业务】2016年，公司日均贷款规模约161亿元，年末人民币信贷资产总额130亿元。利用人民银行应收账款融资平台，为成员单位开展应收账款保理业务，盘活了企业存量资产。

【资金和投资业务】根据客户需求，公司积极推动代客理财业务发展，通过广泛市场询价，拓展交易对手，完善产品池等，在保障资金安全性的前提下，提高了集团整体资金收益水平。针对市场形势变化，加强系统性风险防范，根据市场行情，在权益类投资上以低仓位运行为主，在债券市场上把握时机参与转债网下申购，全年获取较好收益。

【票据业务】围绕钢铁主业发展特点，继续深化产业链金融服务，同上下游十余家企业集团财务公司签订了金融合作协议，相互授信、票据互认、票据互贴，授信金额近20亿元。向人民银行争取集团11家成员企业可签发商票，签发额度总计近150亿元，拓展了集团成员单位票据融资的规模。

【外汇业务】2016年末，公司累计发放外汇贷款4亿美元，贷款余额为1.56亿美元，全年完成结售汇业务8.2亿美元。针对国际市场的动荡局势，公司加强了外汇资金流动性管理和外汇交易市场研判，结合阶段性客户购汇情况，调整负债配置，减少闲置资金，提高整体资金收益。

【资金集中】2016年，公司人民币日均存款近100亿元，外汇日均存款3000多万美元。为保障经营性资金来源，公司加强对大客户的走访与沟通，稳定主要客户的存量资金。利用阶梯性存款价格，拓展票据业务等市场手段，促进存款的稳定和集中，日均存款与上年相比略有上升。年度内资金集中度保持在60%以上的较好水平。

【业务创新】根据人民币国际化发展的形势和集团跨境运营管理的发展需要，在集团统筹安排下，公司作为主办企业代表武钢集团向人民银行申请了开展跨境双向人民币资金池业务的资格；并在资格获批后，完成了首笔跨境人民币委托贷款业务，打通了本外币、境内外资金流转政策障碍，为后续集团资金运营创造有利环境。

【风险管理和内部控制】针对票据业务激增的特点，公司及时修订了商票兑付相关业务制度及流程，有效防范瑕疵票、克隆票、逾期票的风险。结合人民银行反洗钱工作要求，利用业务系统加强了开户单位基础资料的管理及账户管理。加强贷后管理，运用担保、抵押等手段实现风险敞口的覆盖，严控信用风险。持续开展信息系统安全、消防安全防护管理，保持了金融风险、重大消防、设备等安全事为零的纪录。

【人力资源管理】公司持续健全法人治理工作，定期召开监事会，对董事会履职履责情况进行评议打分，2015年度董事履职全部称职。按照集团业务回归要求，完成了人力资源及岗位的优化调整，进一步提高劳动生产率，降低人工成本。完成了新一届支委会的换届选举，基层组织工作得到加强。

【信息化建设】按照人民银行的要求，公司开展电子票据营销工作，为成员单位提供电票政策说明和业务指导，2016年年底基本实现了电票对纸票的替代。2016年公司新开通网银6家，新开通电子票据系统23家，开通网银和电票系统分别累计达到277家和120家。根据客户需求，持续完善核心业务系统和电子票据系统，开发了资产业务的发票控制程序，完善计息功能及电子回单功能，增加了票据并库管理的相关新功能。根据监管要求，完善了与银监会非现场监管系统（EAST）的报文接口，提升相关数据报送效率。

【企业文化建设】公司基层党组织认真承接上级党委要求，扎实开展“三严三实”及“两学一做”等学习教育活动，支部书记亲自上党课，定期开展形势任务宣讲，为经营工作和管理工作开展打下坚实的思想基础。完善了“三重一大”事项报告制度和廉政预警机制，加强对党员领导干部的约束和责任落实，增强了决策管理透明度。通过一系列作风建设活动的开展，公司内继续保持良好的工作作风。在集团公司先进支部评比活动中，公司支部获集团直属机关“先进支部”荣誉称号。在“中国金融机构金牌榜·金龙奖”评选活动中，公司荣获“2016年度最佳财务公司”荣誉称号。

中远财务有限责任公司

【经营概况】2016年，中远财务有限责任公司（以下简称“公司”）认真落实集团年度工作部署，秉承“一个团队、一个文化、一个目标、一个梦想”的理念，扎实推进党的“两学一做”专题教育，紧紧围绕全面深化改革，稳定效益增长，加强企业党建这条主线，积极推进年度重点工作落实，取得了一定的经营业绩。截至2016年12月末，公司实现营业收入3.80亿元；实现利润总额3.04亿元；实现净资产收益率8.95%；公司总资产规模达到345.31亿元（不含委托类），各类财务指标均符合监管要求。

【信贷业务】按照集团严控资本开支、努力降低资金成本的政策，集团内部成员企业只要有贷款需求，并且符合总体重组战略发展需要，公司均按照低于市场利率水平给予贷款支持。截至2016年12月末，公司人民币自营贷款规模为69.30亿元，同比增长115%；美元自营贷款规模为1.30亿元，同比减少30%；人民币委托贷款规模为72.47亿元，同比增长48%；美元为1.68亿元，同比减少55%。公司继续通过保持最低委托本、外币贷款服务费用，降低了成员企业的运营成本，年内委托贷款规模大幅增加，为成员企业提供了金融服务，践行了“依托集团、服务集团”的经营宗旨，树立了公司的良好形象。

【投资业务】2016年，公司深入贯彻年初工作会制定的“用足投资额度，合理配置资产”的要求，一方面积极参与新股和转债申购；另一方面，继续保持较高的投资规模，并进一步拓宽权益类投资产品范围。截至2016年12月末，公司实现投资收益（含公允价值变动）为0.67亿元。

【结算业务】2016年1—12月，公司人民币结算量为8631.57亿元，同比小幅增长15.82%，结算笔数93.35万笔；美元结算量391.02亿元，同比增长4.72%，结算笔数14.07万笔。公司1—12月人民币日均存量210.39亿元，同比增长13.45%；1—12月美元日均存量11.83亿元，较去年同期增长37.24%。

【外汇业务】公司稳步推进结售汇业务，业务发生金额和参与企业范围不断扩大。1—12月，公司共代北京、上海、天津、大连、广州、青岛六地辖内的158家成员单位办理结汇业务1062笔，共计8.28亿美元；为10家客户办理售汇业务86笔，合计0.81亿美元。通过公司办理结售汇业务，为成员单位节约财务成本约人民币909万元。

【资金管理】面对2016年复杂的金融形势，公司围绕集团资金管理战略目标，不断强化资金安全管理，并积极落实融资目标，分别与农业银行、招商银行、民生银行等进行综合授信，年内继续保有约40亿元的银行综合授信额度，有效地提升了公司资金流动性的弹性和灵活性，为各项资产业务的开展提供了坚实的保障。

公司继续推进上市公司资金管理，协助上市公司做好包括事务所延伸审计、每日存贷款余额统计监控等常规工作，完成了与中远航运、中远国际、中远海运港口等上市公司新一轮关联交易额度核定确认以及金融财务服务协议签署工作，根据额度变化及时调整报送口径及预警金额。2016 年未发生上市公司与财务公司存贷款关联交易额突破监管限额的事项。

【风险管理和内部控制】公司不断建立健全“三重一大”集体决策制度和机制，紧密结合金融监管机构的规定要求，积极推进《中远财务公司“三重一大”集体决策制度实施细则》和《中远财务公司资产业务审批和风险管理委员会议事规则》的有机融合。按照国资委《关于进一步加强中央企业内部审计工作的通知》精神，公司加大对审计发现问题的整改落实和跟踪检查，及时了解进程，约谈被审计部门，限期督办解决，确保整改工作落到实处。通过加强审计整改落实督促检查，促进公司规范管理制度，完善内部控制，优化经营管理流程，有效地发挥审计监督对加强企业管理的促进作用。

按照监管合规的要求，公司成立了风险合规部，着力提升风险管理力度，不断完善防控制度建设和风险评估体系建设。在公司信息系统支持配合下，建立前中后台一体化运营模式，全面提升风险管理水平和公司运行效率。

【人力资源管理】2016 年，公司按照“中远财务公司 2014—2016 年发展规划”研究确立了中长期人才队伍建设的基本思路，着力培养企业领导人才、经营管理人才、高技能专业人才和党务工作人才。持续组织开展员工业务知识和技能的学习培训。为适应公司业务发展需要，持续提升员工业务素质和服务水平，公司邀请北京迪威格投资咨询有限公司对公司本部、五地延伸柜台及中海财务公司相关人员进行外汇交易业务培训，围绕人民币外汇发展历程与市场动态、外汇交易风险控制、外汇衍生品风险案例分析、贵金属市场与黄金交易等专题，进行为期三个多月的培训。通过持续不断的外汇业务培训，为公司业务发展储备了相应的专业人才。

【信息化建设】公司把信息系统建设作为持续发展的有效平台之一，扎实做好信息系统开发建设、升级改造及日常运维工作。完成了资金管理系统 2.9 版本的开发测试工作，启动中远海运集运共享中心 SAP 系统与资金管理系统接口测试以及与招商银行 CBS 系统接口开发工作。

【党建工作】公司党委深入学习贯彻党的十八大以来党中央的重大决策部署，严格落实集团党组各项工作要求，突出全面从严治党主题，抓班子、带队伍、聚人才、扬正气，不断提高党建工作科学化水平，以党组织的工作创新推动企业变革发展。从以下几个方面做好党建工作：一是坚持党要管党，进一步加强领导班子队伍建设；二是扎实开展“两学一做”学习教育，进一步加强党员队伍建设；三是坚持问题导向，积极开展问题整改情况“回头看”；四是坚持执纪问责，进一步营造廉洁从业的良好氛围；五是坚持职工主体地位，不断激发职工群众的内在动力。

【企业文化建设】公司坚持依靠职工办企业，落实职工大会各项权利，积极推进厂务公开，维护职工合法权益；工会共青团组织公司本部及五地延伸柜台员工开展书法、扑克比赛等活动，丰富了职工生活。密切关注离退休人员、长期休病假员工以及家庭出现重大变故员工的生活情况，积极开展了走访慰问和送温暖活动，公司向失去直系亲属的员工发放抚恤金各 5000 元。

江铃汽车集团财务有限公司

【经营概况】江铃汽车集团财务有限公司（以下简称为“公司”）围绕“合规、守信、稳健、创新”的经营方针，以“经营业绩、管理能力、专业素质”三大提升为发展主题，立足集团、服务集团，创新金融手段，严控各类风险，保持稳健经营。2016 年，公司加强集团资金集中管理，深化布局汽车金融网络，创新资金运作渠道，提升信息化管理水平，进一步打造金融人才队伍，有效助力集团实体产业发展。在全面深化供给侧改革的背景下，积极引导和支持产业链转型发展，助力实体经济“降本、提质、增效”。公司全年完成营业收入同比增长 14%；利润总额同比增长 9.2%；资产总额同比增长 84%，各项监管指标均符合要求。

【信贷业务】2016 年，公司积极应对经济增速大幅下滑，去产能、去库存、去杠杆压力持续增大等不利影响，立足集团战略定位，搭建资金归集平台、资金结算平台，创新金融工具，开展融资租赁业务，填补新业务空白，通过整段起租和分段起租进一步为企业节约了财务费用，降低企业资产负债率，作为江铃集团的“内部银行”，公司通过组合金融方案、优化担保方式等手段，切实助力实体经济“降成本”发展，为企业节约财务费用同比增长 20%。

【产品销售信贷业务】2016 年，公司进一步深化汽车网络布局，提出“贴客户、争市场、促销售”的方针，一是加强与厂商的联系，重点提升产品竞争力及产品服务品质，加大对业务空白区域及重点经销商的营销开发力度，及时灵活调整贷款政策，提高业务的覆盖面，提升客户满意度；二是采取“有的放矢，以点带面”方式拓展库存融资网络，巩固“厂商一体化金融”，完成对逐笔贷及逐车贷、商票贴组合投放，2016 年库存融资累计投放量同比增长 130%；三是拓展消费信贷市场，深化与各主机厂的合作粘性，公司进一步优化消贷业务与渠道维护、运行机制；推行复合激励政策，对内整体优化汽车金融体系，对外持续推进“库存融资 + 消费贷款”组合，试行了买方信贷与消费信贷业务联动的利率商务政策，奠定了江铃汽车金融网络格局，进一步提升市场占有率和消费信贷渗透率，消费信贷累计投放量同比增长 96%，有效渠道渗透率同比增长 14%。

【资金和投资业务】面对“收益率持续下降、信用风险暴露增多、权益市场缺乏投资机会”的市场环境，公司采取了“严控风险，固收为主，权益增强，适度开拓新品种，强化流动性管理”的投资策略，搭建资金营运平台。一是积极把握市场投资机会，运用多种金融工具进行组合投资，创造投资收益，2016 年超越大盘 19.7%；二是积极开展创新业务研究，形成成员单位信息库，为成员企业在产业并购、债务融资、公司上市等方面提供全方位金融、财务咨询服务。

【票据业务】 公司进一步打造票据池业务，大力推广电子商业汇票，不断提升金融服务能力。2016 年，公司配合集团公司开展了票据池业务的调研、系统开发工作，同时与合作行进行接口测试，完成对成员企业票据池业务的培训和推广工作。公司加强对票据流的管理，与资金池上线相协同，共同降低集团总体融资成本，2016 年，公司票据业务总量同比增长 20.5%。

【资金集中】 一方面，搭建资金归集平台，资金池业务全面落地实施，在 2016 年 3 月完成集团并表成员单位存款入池，年末资金集中度达 82.47%，同比增长 18.4%，大幅提升集团议价能力，降低财务成本，实现集团整体效益最大化。另一方面，公司参与合作银行对成员企业统一授信项目，从资金使用成本、授信方式、授信规模、投资业务种类等多方面综合考虑，利用银行资源优势，运用财务杠杆撬动银行资本，拓宽企业融资渠道，助力集团做大做强。同时，公司积极稳固池外企业存款，加强客户分类管理，根据客户需求定制差异化专业综合金融服务方案，为企业出谋划策获取资金最大收益。

【风险管理和内部控制】 随着集团战略的逐步落地和资金池的建立，资金资源的集中对财务公司风险管控能力提出了更高的要求。公司高度重视风险防范。一是积极防范资金流动性风险，根据公司业务品种逐渐多样化、集团整体业务大步向前的预期，加大对资金缺口的监测和预警，确保资金渠道通畅；二是完善利率定价策略，在利率市场化放开的背景下，本着成本、效益和风险匹配的原则，公司对金融产品实行差别化定价；三是构建风控模型，进一步提升审批质量和速度，通过前期实地调研、对后台大量数据分析及对行业内建模进行研究，公司以评分卡为基础构建公司消贷模型，已取得一定的成效；四是完善公司质量管理体系，公司 2016 年在现行制度中导入“ISO9001：2015”新版本的管理理念，全年质量管理体系新增 87 个文件，修改制度 273 次，公司 ISO 质量管理体系运行稳定，于 2016 年 9 月通过中国质量认证中心换证认证。公司批发业务不良资产率为零，零售业务不良资产率为 0.0108%。

【人力资源管理】 2016 年，公司以“经营业绩、管理能力、专业素质”三大提升为主线积极开展人才培养工作。一是联合高校开展校企合作课题研究，借助高校科学技术和人才培养力量，通过课题研究，拓展和提升员工系统性思考能力，丰富人才培养渠道；二是提供针对性培养计划，打造专业性人才团队，通过分层次多形式进行全方面阶梯式培养，努力打造专业金融团队；三是推动员工提升金融专业素质，鼓励员工取得与岗位相适应的资格证书，不断提升学历和能力，全年公司新取得各类证书等共计 49 人次，公司本科以上学历同比增长 25%；四是针对中高层员工提供分层次培养计划，引进 EAP 管理培训课程，提升对各层级管理人员的管理能力，公司在业务优化和效率提升方面取得明显成效。

【信息化建设】 2016 年，公司全面升级打造信息版块，三大系统护航金融业务发展。一是核心业务系统升级建设，公司在核心业务系统中升级打造资金池、票据池模块，进一步奠定了金融业务全面发展的基础；二是重塑库存金融系统建设，开发金融产业的配套系统项目，并紧随金融发展趋势成功开发资产证券化模块，按照人民银行标准完成征信查询系统、征信上报系统开发工作；三是推进零售金融系统建设，提升后端市场的配套基础设施、完善消费信贷系统功能。在三大系统建设基础上，公司高度重视风险控制，不断完善金融贷后建设，通过信用评级、五级分类、统计分析等功能完善风险监测预警机制，公司金融信息化安全水平进入全新高度。

【企业文化建设】围绕“三大提升”发展主题，以企业经济工作为中心，公司企业文化蓬勃发展。一是加强组织建设，2016年，升格两个党支部，完善支部委员组织架构，优化党员管理；二是完善体系建设，形成《江铃财务公司党总支制度汇编》《江铃财务公司党建工作控制程序》等系列制度汇编，将制度纳入公司ISO体系管理，规范基层党组织“三会一课”，完善三重一大制度；三是践行“两学一做”，稳抓各项建设，不忘财务公司成立的“初心”，营造良好的学习氛围，建设“模范工程”，增强党员干部战斗力；四是贯彻全面从严治党，通过加强民主管理，坚持集体决策，实行党风廉政建设责任制，深化落实两个责任；五是履行社会责任，作为金融机构，公司积极关注社会问题，承担社会责任，大力支持公益事业发展，对贫困小学扶贫助学，对弱势群体开展援助，开展慈善一日捐等活动，树立公司形象，展现公司责任与担当；六是创新“党建+”，始终坚持党建带工、团建设，紧扣创新发展主题，精心制定建家方案，公司工会积极开展劳动竞赛6次，参与集团劳动竞赛13次，团支部开展各类活动5次，公司党政工团联合，不断提升员工的归属感和幸福感，进一步凝聚成推动企业发展的蓬勃力量。

中国航空集团财务有限责任公司

【经营概况】2016年，中国航空集团财务有限责任公司（以下简称“公司”），发挥自身功能定位及金融专业优势，在关键时刻为集体成员企业提供资金支持，为集团成员单位提供优质金融服务。以稳健、合规、审慎原则全面加强经营管理，保持经营业绩稳定发展，公司面对新形势，扎实工作，稳中求进，开拓进取，不断提升资金管理水平，提高资金集中度，扩大内部结算，积极开拓外汇业务；工作中认真贯彻各项监管要求，加强风险和内控管理，不断强化内部审计监督，在保证公司合规运营的基础上完成各项经营指标。截至2016年12月31日，公司资产总额91.10亿元，负债总额75.40亿元，实现利润总额0.83亿元，资金集中度达到57.5%。

【信贷业务】准确把握政策趋势，做好MPA相关工作；开展多元化综合信贷服务，稳定信贷规模，调整优化信贷资产结构，航空企业贷款规模同比保持稳中有升；科学合理安排信贷投放节奏，助力专业公司发展，持续提供资金支持，发挥服务优势，加强与高相关产业的业务融合；协助降低成员企业的融资成本，实现收益性、流动性和安全性的有效平衡。

【产品销售信贷业务】2016年，为有效拓展业务范围、贴合主业经营，公司对“开展成员企业产品的消费信贷、买方信贷及融资租赁业务”展开研究，在积极与主业公司了解业务需求、与同业沟通交流的基础上，开展筹备业务申请的相关工作。

【投资业务】2016年，公司投资业务坚持低风险稳健投资策略，主要从以下几方面开展：一是调整债券投资规模，防范投资风险。投资业务的重点工作是加强持仓债券基本面研究和调整持仓，使公司持仓的债券结构更安全，保证公司稳定的投资收益来源。二是加大信托、理财短期投资的规模和力度。公司在投资产品上适当加大对信托产品及银行理财的投资比重，尽量选择期限较短，流动性较好的产品进行投资，弥补债券投资收益率下降，降低持仓风险。三是股权投资平稳运行。公司继续保持对航联保险经纪公司的跟踪分析，对该公司经营情况、市场影响力、业绩等方面提出相关经营建议。

【外汇业务】2016年，公司正式取得国家外汇管理局北京外汇管理部即期结售汇资格批复，经中国外汇交易中心批准成为银行间人民币外汇即期会员。公司作为银行间外汇市场会员，在取得业务资格后，积极让利成员单位，取得了突破性进展，于年内直接参与银行间场内交易，以最优惠价格为成员企业开展代理结售汇业务。

【资金集中】2016年，在集团公司和主业公司的高度重视和支持下，公司强力推进资金归集业务，积极与成员企业及相关银行进行沟通，开通资金归集渠道，资金归集规模达到291.78亿元，资金集中度达到了57.5%。公司继续加大吸存力度，深挖主业系存款资源。2016年12月底，存放同业达到40.27亿元，办理内部结算6.43万笔，充分发挥了“内部银行”的服务优势及资金结算中心的管理职能。根据集团强化资金集中管理要求，公司加强资金集中度跟踪分析，配合集团开展资金管理调研工作，加大账户清理力度，对于无效账户及时敦促清理；与主业公司建立有效沟通机制，配合进行债务结构调整；拓展资金运作方式，提高资金效益；继续加强流动性管理，确保外部融资渠道畅通，保证流动性安全。

【业务创新】2016年底，为了配合集团对资金管理的要求，提高资金集中度，扩大存款规模，公司在严格遵守人民银行指导利率下，开创了“利率促销”的新点子，在短短两周的促销期间，增加了6.82亿存款，为公司吸存工作开辟了新的思路。在开拓业务形式方面，公司打破部门局限性，根据业务需求，以项目小组的形式开展工作，集思广益，促进业务发展。

【风险管理和内部控制】2016年，公司结合外部监管政策和内部经营发展的需要，稽核部门积极开展风险管理、法律合规、内部审计、内控评价等各项工作，不断加强风险排查，深入开展全面风险管理工作。配合毕马威会计师事务所，根据国航集团要求，对内部控制体系进行全面梳理，从多方位全流程的角度出发，不断挖掘内控风险点，并于2016年年底完成了公司内控建设手册，形成了风险矩阵。

【人力资源管理】2016年，公司的人力资源工作紧紧围绕公司的工作目标，坚持以人为本的原则，积极有序推进行政管理、人力资源等工作，发挥了承上启下、协调各方的积极作用。公司严格遵守党管干部原则，履行选人、用人工作程序，利用自主招聘、内部选拔和集团公开招聘等方式，及时补充人才队伍，持续加强人才队伍培养，陆续开展管理人员培训活动，邀请集团领导围绕如何加强企业文化建设作专题讲授、邀请专业教授围绕提升管理能力进行培训。同时，各业务部门也根据自身业务特点，选择参加财务公司协会、银监等机构举办的各类培训，不断提高员工专业素养和岗位知识。面对公司有史以来首次部门撤销和人员安置的重大工程，公司成立专项小组，协调各方资源，拟定工作方案，最终实现大部分人员岗位平稳过渡。

【信息化建设】2016 年，公司加强了系统功能建设，加大运维力度，全面支持各项业务和金融创新，逐步完善运维管理体系，确保系统稳定运行。根据国家密码管理局《关于做好公钥密码算法升级工作的通知》的有关要求，公司将现有财务管理系统的证书系统 RSA1024 位算法升级迁移至 RSA2048 位。为了确保系统安全稳定运行，本年度公司修订了《计算机机房管理办法》《数据集中备份系统管理办法》，新增《信息科技外包管理办法》，并完成 2016 年供应商综合评价及资料归档工作。

【企业文化建设】加强党建工作，健全党组织，发展基础党员，2016 年发展入党积极分子 17 人，发展党员 2 名人，定期开展党员活动，组织党员学习研讨、民主生活会等工作；利用展板的形式不定期地进行党风廉政、“两学一做”等内容宣传，有利推动企业持续平稳发展，确保企业文化正确的发展方向。积极开展各类文体活动，团委举办多次“悦读”活动，工会多次组织趣闻运动会、扑克牌、象棋、围棋比赛，还开展了模拟炒股大赛、英语知识比赛，在工作之余，使员工们拓宽业务知识。公司还积极参与国航集团健步走活动，购买了运动设备，为员工提供丰富多彩的业余活动。

天津渤海集团财务有限责任公司

【经营概况】2016 年，天津渤海集团财务有限责任公司（以下简称“公司”）牢牢把握风险合规底线，以满足成员单位的需求和应对金融形势挑战为出发点，不断提升金融信贷业务对成员企业的支持；改革创新、丰富金融产品，更好地发挥了金融机构的平台作用。截至 2016 年末，公司总资产为 66.21 亿元，较年初增加 22.82 亿元，增长 52.59%；负债总额 53.57 亿元，较年初增加 22.57 亿元，增长 72.80%；所有者权益合计 12.64 亿元。累计实现营业收入合计 1.4 亿元，利润总额 1 亿元，净利润 7511.34 万元，资本充足率为 32.67%，不良贷款率和不良贷款额继续保持为零。

【信贷业务】2016 年，在整体金融形势复杂严峻、企业外部融资难度加大的背景下，公司充分发挥内部融资平台作用，加大对成员企业信贷支持，向成员企业提供融资支持累计发生额 257.16 亿元。截至 2016 年末，公司自营贷款及贴现余额 27.68 亿元，较年初增加 17.54%；委托贷款余额 23.73 亿元，较年初增加 259%；开立电票余额 7.86 亿元，结合企业需求创新业务模式，开展了代开国内信用证、代开银承等业务。

【同业业务】2016年，公司加大与商业银行、证券、信托、财务公司等同业合作力度，获取49亿元同业授信，将企业需求与银行金融产品联动，积极开拓创新服务，累计获得外部利息收入1412万元。

【票据池业务】2016年，在集团公司的统一部署和大力支持下，公司进一步完善和优化“票据池”业务流程及功能，通过系统管理、额度统筹、优化产品等措施，逐步整合集团票据资源，为企业提供低成本融资和高额存款收益，有效降低了企业财务费用，防范金融风险。截至2016年末，公司为集团15家成员企业开展票据池业务，累计入池票据13.98亿元，累计办理票据换开8.83亿元，超短贷10.19亿元，贴现1.2亿元，在有效降低了成员企业融资成本的同时也获得了票据增值收益。

【资金集中】2016年，在资金集中管理方式上，公司更加注重资金的结构性和计划性，核心负债比例较高，资金管理工作取得了一定进展，资金使用效率较以往提升较大，资金集中度有所增长。

【业务创新】2016年，为进一步提高集团整体资金管理水平，加强境内外成员企业之间资金流转，公司于9月12日获得跨境双向人民币资金池业务核准备案。经核定，池内成员企业19家，流入额上限为190.02亿元，成为天津市首家获准开展跨境双向人民币资金池业务的财务公司。截至2016年末，公司通过跨境人民币资金池实现多笔跨境人民币资金调拨，其中跨境流入9.17亿元，跨境流出3000万元。通过跨境资金池的运作，公司有效地为成员企业补充了现金流量，降低了财务费用。

【风险管理和内部控制】面对复杂多变的经济和金融环境，2016年，公司始终将风险防范作为开展各项业务的基础和底线，通过多种渠道完善内部控制体系，加强风险防范，保障公司的合规稳健运行。一是完善内部控制体系架构。构建以风险管理、稽核审计和合规管理互为支撑的内部控制体系，形成风险管理、合规管理和稽核内审多部门、多环节联动的风险防范组织架构，同时，进一步完善修订公司制度、部门及岗位职责。二是加大对重点风险的审查和整改力度。结合银监会“两个加强、两个遏制”回头看活动，将开展内部检查及专项审计常态化，严肃风险管理自评报告的运用，定期开展经营风险综合评估。对全部合同文本进行修订，对大额资金支付强化了发放审核及后督环节，增加抵质押管理、风险预警等重要制度，提高风险抵御能力。三是加大问责追责力度，强化风险意识和管理。建立和完善公司《问责制度》，发挥公司内审稽核部门作用，进一步规范员工行为，强化风险意识和责任意识。

【党建工作】2016年，公司以“两学一做”学习教育活动为契机，充分发挥党支部战斗堡垒作用，把抓党建和发挥党组织的政治核心、领导核心作用融入公司经营，促进公司的稳健发展。一是完善工作机制，把任务清单落实为责任清单。进一步完善党建工作责任制，坚持“一岗双责”，与各部门、党员干部层层签订目标责任书，将党建工作纳入日常考核。同时，对各部门的目标任务定期督促检查落实情况，坚持业务工作与党建工作同安排、同部署、同落实。二是加强制度建设。公司党支部充分围绕党组织的政治核心和领导作用，按照从严治党的要求，不断加强公司制度建设。年内针对“三重一大”、公职消费以及选人用人制度进行细化和完善，将公司重大事项纳入到制度体系、法律范畴。三是充分发挥党员干部的先锋模范和业务骨干作用，针对业务存在潜在风险，成立专项小组，认真分析、及时制定应急预案，协调解决问题，落实推进措施，增强了基层党组织的战斗力。

深圳市有色金属财务有限公司

【经营概况】2016 年，深圳市有色金属财务有限公司（以下简称“公司”）按照监管要求稳健经营、合规发展，认真开展各项工作，取得了较好的经营业绩。

2016 年 1—12 月，公司累计实现营业收入 0. 50 亿元，实现利润总额 0. 57 亿元，税后净利润 0. 43 亿元，超额完成集团及公司董事会下达的全年净利润 3000 万元的任务目标。2016 年 12 月末，公司总资产为 14. 20 亿元，总负债为 8. 31 亿元，净资产 5. 89 亿元。

【信贷业务】为更好地为集团服务，2016 年，公司一方面不断完善贷款的调查、报告、审批程序，加强贷款五级分类管理，努力做好贷款业务的风险防控；另一方面，合理调度资金头寸，努力满足集团及其下属企业的资金需求，全年累计为各成员单位发放贷款 8. 39 亿元，办理票据贴现 1. 84 亿元（含买方贴息式票据贴现 1. 64 亿元），特别是积极向集团下属的高新技术企业提供融资服务，助推集团结构调整和产业升级，有力地支持了集团发展。

【投资业务】2016 年 1 月，公司对持有的投资产品进行了部分减持，兑现了部分收益；其余日常工作主要是继续持有、跟进原有投资产品，并与券商投行进行沟通，与多家有增发计划的企业进行交流，为投资工作做积累。

【资金业务】资金是公司提供服务和持续经营的基础。2016 年，公司在吸收成员单位存款的基础上，积极开展同业授信业务和再贴现业务，努力丰富和完善融资渠道：一是积极作为，争取到了 6 家商业银行合计 12. 50 亿元的授信额度，并与 3 家财务公司签订了总额为 7 亿元的授信协议；二是开展再贴现业务，2016 年 1—12 月，公司累计发生再贴现业务 11 笔，共计 57 张电子商业汇票，累计总金额 1. 56 亿元，再贴现利率仅为 2. 25%，有效地降低了资金使用成本；三是利用结算收支业务沉淀下来的资金，与工商银行开展同业存放业务，以提高资金效益。

【票据业务】公司多次组织相关人员学习票据业务相关知识；对现有的票据业务操作流程，进行逐条讨论、修订和补充；并结合信用评级管理，对有信贷关系的成员单位，进行信用评级，根据评级结果和成员单位的动态状况，来确定票据授信额度。通过努力，公司票据业务有了较好发展。2016 年 1—12 月，公司累计发生再贴现业务 11 笔，涉及总金额 1. 56 亿元；累计为成员单位办理票据贴现 2. 11 亿元（含买方贴息式票据贴现 1. 64 亿元）。

【业务创新】行业性质决定了公司服务对象一直仅限集团成员单位，因此，公司传统金融业务较难突破发展瓶颈，“走出去”变得越来越迫切。2016 年，公司积极开展产业链金融业务，对集团核心企业下游经销商、客户，采取票据买方贴息三方协议的模式，帮助集团核心企业及时取得贷款，缓解下游企业资金压力，同时公司从中获得贴息收益，实现多方共赢。截至2016年12月末，该模式累计贴现1.64亿元，公司累计获得贴现利息收入251.44万元。

【风险管理和内部控制】公司一直重视风险管理工作，并采取多种手段防范风险的发生。2016年8月底，公司根据银监局“两个加强、两个遏制”回头看工作要求，对各项业务进行了内部稽核；2016年9月初，深圳银监局对公司实施了现场检查。公司结合稽核及现场检查，对日常经营管理情况进行梳理，及时发现和纠正经营管理中潜在的风险点和薄弱环节，并在此基础上，完善了部分管理制度和业务流程，较好地防范了合规风险和经营风险。此外，公司还通过开展项目监察、党风廉政建设、纪律教育学习月活动、案件风险防控、信息科技风险防控等专项工作，多角度、多维度地加强风险防控管理。

【人力资源管理】为建立“职务能上能下、人员能进能出、收入能增能减”的竞争、激励和约束机制，公司根据集团人力资源部的文件要求，制定了《三项制度改革实施方案》，并拟定了《薪酬管理制度》《绩效考核制度》和《员工职业发展通道及晋升管理制度》。

【信息化建设】2016年年初，公司启动了“集财务、资金、信贷、风控、内控等内容为一体的”信息系统全覆盖项目。截至2016年末，该项目稳步推进。

【企业文化建设】2016年，公司扎实展开内部物质文化、制度文化和精神文化建设工作。一是物质文化建设。加强公司固定资产及办公物品的精细化管理，做好公司办公环境优化工作，为公司员工创造和谐、舒心的工作氛围。二是制度文化建设。结合公司实际，不断优化公司各项管理制度，对多项制度进行了重新梳理和修订，为公司的经营管理提供强有力的依据和支撑。三是精神文化建设。通过组织文艺演出、健身、体育比赛等对职工身心有益的文体活动和开展慰问、帮扶等一系列人文关怀工作，来增强职工的凝聚力和向心力。

中国南航集团财务有限公司

【经营概况】2016年，中国南航集团财务有限公司（以下简称“公司”）取得营业收入（含投资收益）2.54亿元，同比减少0.92亿元，减幅为27%。实现利润总额1.32亿元同比减少0.50亿元，减幅为27%。截至2016年末，公司资产总额为78.01亿元，同比增加11.23亿元，增幅为17%；负债总额为67.28亿元，同比增加10.74亿元，增幅为19%；所有者权益为10.73亿元，同比增加0.49亿元，增幅为5%。公司贷款余额为17.88亿元，同比增加3.30亿元，增幅为23%。公司吸收存款余额为66.97亿元，同比增加18.75亿元，增幅为39%。

【信贷业务】2016年，公司办理了自营贷款、委托贷款与保证三类信贷业务，累计发放贷款金额33.56亿元，担保金额500万元，委托贷款金额1.05亿元。截至2016年末，公司存量贷款合计17.88亿元。2016年，公司信贷业务运行状况良好，各项风险指标均控制在安全范围内，未发现任何指标异常风险情况，信贷风险可控。一是满足集团成员企业项目开发资金需求，及时提供项目开发贷款。二是协助主业置换美元贷款调整债务结构，解决其临时性人民币资金需求。三是以较优的价格、高效的服务为成员企业提供人民币贷款。2016年，公司各项贷款平均利率4.63%，同比下降1.09个百分点，有力支持成员企业业务发展和降低融资成本。四是关注小微企业的发展，通过提供履约保函及贷款等服务，有效解决小微企业的融资难题。

【资金和投资业务】一是加大主动负债力度，合理优化配置资产，从资产负债管理角度强化资金管理，保障公司流动性。二是利用资金集中优势，提高同业谈判能力，获得高于市场平均水平的同业存放利率。2016年可运用资金平均收益率达2.61%，高于同期活期利率水平。三是加强交易对手和投资产品的甄选能力，新开展基金专户、资管计划等品种的投资，在有效控制信用风险的同时获得了较高的投资组合收益率。

【票据业务】2016年，公司就搭建电子商业汇票业务平台事项展开调研，经与多家银行联系，并结合公司自身特点，最终确定采用银行代理的方式，与招商银行合作，利用其网银系统接入人民银行电票系统。

【中间业务】持续推进中间业务，2016年公司实现中间业务收入0.51亿元，同比增长36%，创历史新高。一是持续推动南航门户网站、移动APP、官方微信公众号等多个线上渠道的电子化航意险产品升级，升级后总体呈量价齐升局面，业务规模与收入进一步提升。二是推动广州及深圳地区柜台行李险项目上线，广州地服国际航意险项目新增激活卡销售方式，营业部柜台电子化航意险业务取得突破性进展，广州营业部项目成功试运行。三是相继完成广州地区航意险业务协议、货运险业务协议、股份公司平台服务协议、保险公司兼业代理协议等多项重要协议的续签工作，确保了业务的顺利延续。

【资金集中】2016年末，集团全口径资金集中度约为81.4%，同比提高17.7个百分点，达到国资委管理要求，并创历史新高。一是继续做好集团资金集中工作，巩固工作成果，2016年新增15家成员单位加入资金集中管理平台。二是针对核心客户人民币资金面偏紧、加强资金归集力度的需求，协调合作银行利用“资金池”“贵宾室”等产品，增加归集账户数量，加密资金归集频率，协助客户加快资金周转速度，提高资金使用效率。三是积极推进结售汇业务资格申请工作，探索研究南航集团境内、境外一个资金池的管控和运营模式；顺利完成股份公司本部外汇资金集中管理业务，实现归集美元资金0.60亿元。

【风险管理和内部控制】一是对原有的《内部控制与风险管理手册》及规章制度进行全面的梳理，制定和修订制度23项，废止2项。二是制定《关于进一步加强安全生产工作实施细则》，完善《安全责任书》内容，增加落实安全责任、强化按章操作意识等内容，在考核中增加了因操作不当、违章操作导致损失的责任追究。三是积极推进不良资产清收与核销工作，彻底解决不良资产率长期偏高的问题，资产质量指标明显改善，不良资产率由年初的2.42%下降到年底的0.18%。四是积极开展稽核检查工作，全年开展2场现场检查、2次专项检查、12次非现场检查，提出意见建议33条。

【人力资源管理】 一是加强干部管理，推动中层干部管理的制度化、规范化，制定了《管理人员岗位交流暂行办法》，安排了两名部门经理轮岗交流。二是制定《部门负责人述职考核办法》，在经营层副职和部门经理绩效考核中增加“合规管理类”和“风险管理类”指标，并尝试将述职与述廉结合，使得干部考核更加全面、规范。三是以个别部门为试点，以防范操作风险为契机，建立岗位准入制度，对不符合岗位任职资格的员工要求其在一定期限内取得相关资质。四是加强员工培训工作，全年共组织内外部培训共计27场，参加人数累计达100余人次，有针对性地提升员工岗位胜任能力。

【信息化建设】 一是完善公司业务系统和财务系统数据共享平台的建设。通过搭建业务处理系统中间数据库平台和协调集团公司完成了财务系统数据接口建设，彻底解决了公司数据孤岛问题，实现了1104、人民银行大集中等监管报表的自动化处理。二是提升数据分析在运营决策上的应用。通过开发数据决策分析系统，掌握客户存款波动情况和客户的收、支频率及规律，为公司决策提供所需数据，实现了管理科学化。三是强化信息科技风险管理。组织信息科技安全专题学习研讨，加大公司信息系统投入，聘请信息安全专业机构开展测评，查找系统缺陷与漏洞，制定改进措施，提高公司防范信息科技风险能力。

【企业文化建设】 一是深入学习贯彻十八届六中全会和全国国有企业党建工作会议精神，深入开展“两学一做”学习教育，开展手抄党章、写心得体会等活动，党委、党支部定期集中学习研讨，公司领导带头讲党课。二是持续加强党风廉洁建设，通过下达“廉洁通知书”压实“一岗双责”；通过开展“四风”整治回头看，驰而不息落实“八项规定”精神；通过广泛开展提醒谈话，践行监督执纪四种形态；通过推进党委巡察，强化组织和纪律建设。三是加强群团组织建设，完成工会委员会换届选举，充分发挥职代会作用，持续推进厂务公开，开展形式多样的员工关心关爱活动。

上海汽车集团财务有限责任公司

【经营概况】 上海汽车集团财务有限责任公司（以下简称“公司”）成立于1994年5月，是经中国人民银行批准成立的非银行金融机构。2016年，公司注册资本金增加至人民币103.80亿元（含1000万美元），公司股东上海汽车集团股份有限公司和上海汽车工业销售有限公司分别持股98.999%及1.001%。

2016年末，公司资产总额超2000亿元，营业收入132亿元，全年实现净利润33.4亿元，在连续多年高速增长的基础上又增长12%。

【汽车金融】2016年末，公司汽车金融业务已覆盖全国383个城市2041家经销商，汽车金融融资余额达725亿元，同比增长44%。全年发放整车零售贷款近70万单，同比增长近70%。

2016年，公司自主研发的全新一代“消费信贷审批系统”正式上线运行。该系统建立在人工智能技术和大数据分析技术的基础之上，不仅完全无人干预操作，而且具有自动学习和改进功能。此外，公司汽车金融信用服务平台和支付平台项目也都已投入使用。

公司全力支持集团内品牌尤其是自主品牌的发展。为自主品牌的小微经销商网络覆盖计划提供融资支持，并继续提供最优消费信贷利率，助力其超额实现全年32万辆的挑战目标；为集团商用车企业上汽大通、上汽依维柯红岩竭诚提供优质金融服务；为集团互联网汽车开发“斑马钱包”账户体系，增强其综合竞争力。

【公司金融】2016年，在利率全面市场化的新环境下，公司继续以客户需求为导向，以精细化管理助推业务全面发展。全年日均存款金额达914亿元，同比上升了13%；年内单日存款峰值首破千亿元大关，达1101亿元。

2016年4月，公司在新网银的基础上为上汽通用度身打造的智能票据组合支付系统正式上线，获得了中外双方的高度评价。10月，联合电子智能组合支付系统上线；11月，上汽大众销售自动收票系统上线，并获得上汽大众公司年度“最佳项目奖”。此外，公司跨行现金管理业务年内也在集团本部和安吉物流公司取得突破。

2016年8月，由公司担任牵头行的集团200亿元创新性银团贷款项目正式签约；继续发放“绿色信贷”支持集团重点光伏新能源项目，全年累计为71兆瓦的光伏项目融资3.55亿元；继续以电票为纽带，稳步拓展供应链金融市场，集团企业全年通过公司电票系统转让背书电票近3000亿元，比上年同期增长2倍。

【互联网金融】2016年，公司继续致力于将“好车e贷”平台打造成集“寻找客户、培育客户、精确触达、贷款促成、理财增值、会员服务、置换/购车”等多项功能于一身的综合互联网汽车金融平台。至年末，平台已覆盖合作经销商及SP经销商1600多家；累计注册用户超79万，同比增长84%；扣除重复因素后的日均浏览量达5500余次，同比增长51%；全年累计通过平台放款近21万单，同比增长166%。

针对贷前用户快捷办理贷款购车的需求，2016年公司推出了“神速贷”产品。通过“在线实名认证征信授权+大数据反欺诈+征信自动审批”的模式，“神速贷”产品实现了2分钟完成在线申请、2~10分钟完成贷款审批、1~2小时完成放款的最快速度，极大提升了互联网用户的快捷体验。

【投融资】2016年11月，公司2016年“上和一期”30亿元车贷资产证券化产品正式发行，投资者认购踊跃，全场认购倍率达3.14倍，远高于市场平均水平。本次发行对拓宽公司汽车金融融资渠道，支持汽车金融业务长期发展具有重要意义，同时也创下了发行效率市场最高、产品评级市场最优、发行成本市场同期最低等多项之最。

2016年，公司控股的合资企业——上汽通用汽车金融有限责任公司业务继续持续增长，2016年全年完成零售合同超82万笔，同比增长43%；全年实现净利润达22亿元，同比增长27%；年末汽车金融信贷资产余额809亿元，同比增长19%。

【风险管理】2016年，面对各类风险状况的多发，公司对风险管理工作进行了多维度的安排，效果显著。年内在银监会联合财务公司协会开展的集团财务公司行业评级中，公司得到监管机构的大力支持和认可，获得上海地区财务公司定性综合风险评级评分年度第一名，综合评定为A级优秀类。公司根据业务发展多年来积累的数据和经验，设计了完整的买方信贷精细化管理方案，将在全国逐步推广。针对产业链延伸的情况，公司加强了以财务公司为实施主体的下属企业审计监督，切实推动下属企业内控体系的持续完善。

【企业文化建设】2016年，公司推行的"关键岗位人才见习培训制度"进入全面细化和实施阶段，相继颁布了制度的实施细则和《中层干部岗位见习培训工作方案》，见习培训从部门关键岗位向中层管理岗位全面铺开，以真正实现人才自身发展和公司业务创新的双赢。

2016年，公司继续通过企业文化的塑造提升员工的凝聚力和战斗力。在倡导创新文化方面，开展了党员"万众创新"工程，党员"岗位建功"及创新方案设计大赛等全员创新活动；在以竞赛促发展方面，举行了"五星"评选、先锋号创建和汽车金融劳动竞赛；在丰富职工业余生活方面，持续开展了外勤太太俱乐部、亲子夏令营、三八妇女节"多肉DIY"等特色文体活动；在员工关怀方面，升级"爱心妈咪小屋"，继续开展职工节日、生日慰问，外勤家属关怀活动以及"送温暖、送清凉"等活动。

振华集团财务有限责任公司

【经营概况】2016年，振华集团财务有限责任公司（以下简称"公司"）坚持"依托集团，服务集团，稳健经营，持续发展"的经营理念，认真贯彻执行国家金融方针政策，规范运作，依法经营，全体员工齐心协力，扎实推进各项经营管理工作，基本完成了各项经营目标。

2016年，公司实现营业收入0.36亿元，较上年增加2.55万元，增幅为0.07%；实现利润总额0.16亿元，较上年减少18.66万元，减幅为1.15%；全年实现所得税410.98万元，比上年减少4.08万元，减幅为0.98%，实现营业税金及附加60.48万元，较上年减少116.12万元，减幅为65.75%，主要为营改增后的影响。

【信贷业务】2016年，全年累计发放贷款共计70笔，发生额共计6.34亿元，贷款余额为5.63亿元；全年累计办理银行承兑汇票贴现85张，发生额共计0.86亿元，贴现余额0.29亿元；全年办理委托贷款业务69笔，发生额共计4.48亿元，委托贷款余额3.09亿元。

期末各项贷款余额为9.01亿元（含委托贷款），比上年减少1.82亿元，减少了16.81%。

【票据业务】 2016年，公司为成员企业托管银行承兑汇票128张，金额为0.82亿元，总共为企业担保开票159张，总额达0.72亿元。

【资金集中】

2016年末，公司吸收存款余额为9.12亿元，较上年增长30.48%，公司资金集中度为80.49%（不考虑不能归集的资金）。全年累计办理结算20585笔，累计结算金额229亿元。

【业务创新】 公司积极参与中国电子应收账款证券化的各项工作，成为资金的托管机构，负责振华集团参与应收账款证券化企业的资金管理工作。2015—2016年，应收账款证券化一期振华集团8户成员企业实现融资3.03亿元；应收账款证券化二期振华集团10户成员企业实现融资3.38亿元。

【风险管理和内部控制】 2016年，公司进一步加强案防工作，防范化解金融风险，确保全年未发生任何案件。公司领导与各部门负责人之间签订《风险防控责任制目标责任书》《案件防控工作责任书》，各部门负责人又与部门员工签订防控目标责任书，将风险防控责任层层分解、层层下达。风控部对每笔贷款、委托贷款、贴现及担保开票等业务进行事前审核，进行风险监控；对贷款损失准备计提情况进行复审，加强贷款业务的风险管控力度，按季出具风控报告；对重大事项进行风险评估，并出具相关风险意见书。

稽核部对各项业务操作流程及合规性进行日常事中、事后审查，按季出具稽核报告；同时按计划对重要业务进行专项审计，出具专项审计报告，发现问题，及时通知相关责任人进行更正，并根据发现的差错按照公司《问责制度》进行风险问责。

根据银监局《关于开展2016年“两个加强、两个遏制”回头看检查工作的通知》（黔银监办发〔2016〕137号）要求，公司开展了全面自查和整改工作，完成了自查方案、自查报告、工作汇报、整改报告、附表等资料的报送，并根据制定的整改报告，将整改措施切实落实到位。

根据中国电子信息产业集团有限公司内部控制制度和评价要求，在内部控制日常监督和专项监督基础上，对公司截至2016年12月31日（内部控制评价报告基准日）的内部控制有效性进行了评价。在2016年度工作中，内部控制是有效的，未发现重大缺陷，均为一般缺陷。并制定相应的整改意见，督促各部门及时整改到位。

【人力资源管理】 2016年，公司加强员工培训，鼓励员工参加学历、职称及资格考试等各种有助于提高自身素质的学习考试。职工参加的业务培训涉及范围有基础业务、营改增税务政策、税收新规、法律合规、内控制度、风险管理、人事管理等各种培训。全年完成了培训人员337人次，共计2094学时。

东方集团财务有限责任公司

【经营概况】2016年，东方集团财务有限责任公司（以下简称“公司”）积极创新，锐意进取，充分发挥了集团金融平台作用，为成员单位提供优质金融服务，在提高公司资本实力、加强业务管理、系统建设升级及企业文化建设等方面都作出了不懈的努力，各项工作取得了良好成效，为集团产业发展加油助力。2016年8月16日，公司收悉《中国银监会黑龙江监管局关于同意东方集团财务有限责任公司变更注册资本、调整股权结构的批复》（黑银监复〔2016〕129号），完成注资、验资、工商变更登记等工作，取得新的营业执照，注册资本金增至30亿元。截至2016年末，公司资产总额56.47亿元，负债总额25.51亿元，所有者权益30.96亿元，全年实现营业收入1.32亿元，利润总额0.40亿元。

【信贷业务】2016年，公司紧随集团产业发展步伐，立足集团、服务集团，通过贷款发放和票据贴现支持了集团粮仓、矿业和金融业等重点产业发展，各项工作指标顺利完成。全年通过自营贷款为集团及成员企业新增资金支持27亿元，通过委托贷款帮助集团完成项目资金投入81亿元。公司还通过开展商业票据贴现业务，获得了人民银行对集团农业板块的再贴现支持。截至2016年末，公司各类贷款余额（各货币汇总折人民币）149.81亿元，较年初增幅为263%，呈现出自营贷款稳定增长、委托贷款大幅增长的良性发展趋势。

【资金集中】2016年，公司结合自身实际情况逐步完善资金运营系统功能，更好地为集团成员单位资金收支提供保障。一是积极与集团管理层及财务部门沟通，充分了解集团业务发展方向和金融服务需求，创新结算业务模式；全年共为集团成员单位办理结算业务金额2022亿元，增幅为33%；二是进一步强化资金结算系统建设，升级资金运营系统，运用商业银行的资金集中管理模式对成员单位银行账户进行资金归集，保障资金安全支付；三是充分利用公司资金筹集和运用方面的优势，通过资金集中管理平台将成员单位资金进行统筹、调度、管理和运用，在保持适度比例流动性的前提下，有效降低了成员单位的运营风险和财务成本，提高了资金使用效率。

【业务创新】2016年，公司结合自身优势及现阶段业务发展情况，为集团实体产业发展提供多元化金融服务支持，通过与银行、证券公司、信托公司等机构建立良好合作关系，扩大同业合作规模，增强财务公司在集团金融板块业务比重，促进公司业务提档升级。同时，公司因地制宜探索适合集团产业与金融双赢的产融结合新模式，采取多项举措助力加强银企合作力度，充分发挥桥梁纽带作用，支持集团农业板块发展。公司通过与华润集团积极联系沟通，达成适合集团粮油板块产业发展的合作途径，利用华润旗下五丰、万家销售平台为集团拓宽销售渠道，运用金融手段推动华润集团与东方集团粮油板块深度合作，促成粮仓销售成品米2万余吨，创历史新高。

【风险管理和内部控制】2016年，公司进一步加强与完善风险控制管理体系建设。一是强化风险防范控制，结合案件风险评估及银监局布置的“两个加强、两个遏制”回头看自查及整改工作，对公司各业务层面进行了全方位的自查，进一步提升了公司合规管理水平；二是高度重视业务操作风险控制，重点对信贷业务、票据业务、资金结算、重要空白凭证管理、对账制度及对账工作、业务流程操作等方面进行了认真自查，防微杜渐，促进公司稳健发展；三是重视提高核算人员的合规操作意识，在人民银行账务核对、缴存款业务、统计报表报送等方面做到报送及时、准确，连续3年获得人民银行调统处金融统计工作“先进集体”与“先进个人”荣誉称号；四是发挥集团内风险控制作用，一方面利用公司自身优势开展对集团粮仓体系客户授信评级工作，控制成员企业在贸易过程中的交易风险；另一方面利用结算平台发挥资金监控作用，有效控制集团企业资金划付风险。

【人力资源管理】2016年，公司加快推进人力资源管理工作步伐，一是强化绩效考核管理，并对考核结果进行全面总结和分析，将集团整体战略目标融入到绩效考核当中，与管理人员签订责任状，根据绩效考核结果来确定员工的薪资、奖金以及晋升；二是协调推进公司团队化建设，做好人员配置工作，合理用人。本年度根据业务发展需要进行岗位调配，跨部门调动4人、同部门调动3人，保障了公司各项业务的正常运营；三是多种培训方式结合提高员工综合素质。积极参加监管部门及财协组织的各类培训，通过多种手段对培训效果进行跟踪评估。全年共参加培训13次，课时达64小时，累计121人次。

【信息化建设】2016年，一是为进一步提升现有业务处理水平，为成员单位提供更加全面、优质的服务，在集团的大力支持下，公司斥资700余万元打造信息化业务处理平台——资金运营系统，将资金结算、信贷、同业、票据、1104报表系统集成同一平台下，实现了板块间数据交互关联，彻底改变过去板块间信息孤岛局面。同时系统采用全业务节点审批流程控制，有效防范资金运行风险，在保障资金安全的基础上提高业务处理效率。二是按集团要求进行电子商业汇票系统接入申请、测试工作。公司根据《电子商业汇票系统直接参与者接入端信息系统检查标准》及银监局软件正版化工作要求购买相应设备，做好系统接入准备工作。三是着力提高信息科技风险管控水平，完善信科风险管理制度，对已有信息科技制度进行修订，并新增加17项新制度，制度总数达到36项，进一步完善了信息科技制度体系建设，实现了公司信科工作制度化、规范化、标准化管理。随着公司系统运维管理工作不断深入、强化，2016年公司实现各业务系统、各业务专网网络全年安全无故障运行。

【企业文化建设】2016年，公司持续倡导以企业文化与作风建设来推动经营发展的理念。在企业宣传方面，公司充分利用集团内部《东方人报》及微信公众号等宣传平台，全面展现经营管理成果及业务亮点，全年投稿44篇，累计2万余字。同时积极向《黑龙江银行业》《黑龙江金融》期刊投发稿件，向人民银行、财务公司协会报送公司金融年鉴材料，展现公司经营发展风貌，连续3年被评为《黑龙江金融年鉴》“优秀组稿单位”及“优秀撰稿人”。在开展文娱活动方面，公司组织员工每天做工间操、夏季开展健康徒步走活动，以及参加集团羽毛球赛、文化月马拉松比赛、企业文化宣贯等活动。通过广泛开展各项文体活动，不断激发员工的创新思维，提高了员工进取、协作意识，有效促进了公司经营工作的顺利开展。

东航集团财务有限责任公司

【经营概况】2016年，东航集团财务有限责任公司（以下简称“公司”）按照规划平稳发展，截至2016年12月31日，公司资产规模达到128.47亿元，营业收入1.72亿元，实现利润总额1.22亿元。

【信贷业务】根据航空运输资金密集型企业特点，公司开发了个性化的现金池、法人账户透支信贷服务产品、循环贷款产品，满足资金管理和快速融通的需要。针对房产板块基地建设体量大的特点，公司首次采用市场上合作模式，作为牵头行，联合合作银行开拓银团贷款产品，丰富信贷产品线。

【资金和投资业务】针对年内投资市场较弱、风险暴露的特点，公司采取积极措施动态调整策略和资产配置布局，有效地控制了市场风险在授权和可承受水平。降低二级市场权益类投资比例，适度增加一级、一级半市场等中长期限投资配置，增加固定收益和现金管理类投资配置，根据市场情况进行投资总量控制，防范风险。

【票据业务】公司通过银行代理间连的模式，加入了人民银行的电票系统，实现了电票直贴、转贴的技术手段。同时，联合银行大力推进集团内电票的使用和宣贯，完成试点初期股份公司、食品板块电票闭环操作，为下一步推广使用和延伸产业链上游进行了初步探索。

【外汇业务】2016年，汇率市场大幅贬值，对航空主业造成巨大影响。公司充分发挥外汇池和人民币双向池的平台作用，配合股份公司快速交易，灵活调配本外币境内外资金，使得股份公司降低美元负债比重、优化债务结构的战略目标快速完成，大幅降低了汇兑损失。全年公司外汇池项下累计办理结售汇48亿美元，收汇4亿美元，付汇53亿美元，人民币双向池内累计流入120亿元，流出90亿元，办理远期售汇0.3亿美元，有力地支持了集团的降本增效。此外，公司完成跨国公司外汇资金集中运营管理外债比例自律申请，将外汇资金池外债额度扩大至30亿美元。同时完成了加入东航股份衍生产品交易商库的工作，并成功从境外金融机构融入资金贷与境外成员单位，首次实现境外融资的外来外用，充分发挥了境外资金池的功效，为板块兄弟公司节约了融资成本。

【资金集中】公司配合东航集团部署，启动了东航集团资金管理系统建设，实现对集团下属8个辅业板块及76家结算单位的银行账户的集中管理，实现与公司、工商银行等14家主流银行的银企直联。

2016年，公司资金集中度水平大幅提升，达到72%，同比增长近50个百分点。公司积极配合集团搭建开发资金监控系统，完成8家银行的银企直联技术手续和测试，使得集团系统动态监控账户覆盖率达到75%左右。

【业务创新】针对利率市场化大背景，公司建立动态的利率市场化快速响应机制，开发“乐 e 存”系列存款产品，满足客户资金管理需要。该产品和市场价格动态挂钩，有利于成员企业做好资金计划的同时提升存款收益水平。

为进一步规范和管理下游代理人，提升平台功能改善用户体验，股份公司年内进一步完善开发 B2T 和账户清算系统。该系统是集账户申请、机票预订、预付款冻结、票款结算和出票等多功能于一体，为代理人和旅行社提供完善便捷的团队票解决方案。公司积极参与到方案清算环节的设计和建设中，协助完成资金归集、到账查询、票款清算等职能。

【风险管理和内部控制】在业务转型发展的同时，公司高度重视合规、风险管理工作。不断完善信用评估体系，逐步建立量化评分模型，对同业授信、贷款客户实行动态打分机制。公司将取得的同业和客户的经营数据及各项指标，运用特定的公式进行打分，再通过模型套算得到量化的评估结果，将结果与制定的标准相结合，为综合评估提供依据。

针对公司面临的信用风险，公司定期对已有贷款进行压力测试。公司信贷人员制定一系列的压力情形（普通压力、严重压力、极端压力等），通过测试评估贷款客户在不同的压力情形下的贷款偿还能力，完善对信用风险的防范。

公司在进行投资项目之前，由研发部进行可行性分析和尽职调查，形成相应的研发报告。风险管理部独立提出风险收益情况、潜在损失情况等风控意见，为投决会和管理层决策提供建议。

【人力资源管理】2016 年度，公司继续深度开展人力资源全面管理工作，加强培训、轮岗、绩效考核、薪资激励工作。继续推行两周一次、全员参与的业务培训；推进员工轮岗计划；完善绩效考核与薪资挂钩的激励计划，并创新性地利用科学的人力资源管理工具，实行了岗位工作量统计工作，深入统计各个岗位工作内容和工作量，反复讨论、形成岗位职责和工作量核算的重要资料，为公司人力资源的规范管理打下良好基础。同时，公司配合集团采用 E－HR 管理系统，协助集团完成人力资源统一与规划的工作。

【企业文化建设】公司不断加强企业文化建设，扎实推进“幸福东航”工程，积极营造和谐共进的企业氛围。深入开展党建工作，加强党员学习，开展了多次“两学一做”学习会活动，并加强了党员后备力量的培养，提升党员思想觉悟与先进性。

中油财务有限责任公司

【经营概况】2016 年，中油财务有限责任公司（以下简称“公司”）积极应对内外部复杂形势，提升服务，强化管理，着力开源节流、挖潜增效，补短板、提质效，资产规模稳步增长、利润总额大幅提升，实现了“十三五”良好开局。

截至2016年12月末，公司总资产余额6184亿元，平均规模6251亿元，同比增加255.3亿元，增长4.3%。其中自营资产平均规模4293亿元，同比增加380.9亿元，增长9.7%。实现收入152.9亿元，利润总额89.2亿元。公司资产、收入、利润等主要指标继续保持行业领先，资产质量进一步提升，年末贷款损失准备充足率和不良贷款率等指标均优于监管标准，在行业评级和监管评级中双双获评A类。荣获中央国债登记结算公司颁发的2015年度中国债券市场优秀自营商。

公司坚持以融促产，产融结合，助力集团实体产业发展。全年为成员企业降息、减免交易手续费、节约汇兑成本等共计31亿元。充分利用境外税收优惠，为集团节省各类税费达8.5亿元。强化封闭结算、加速资金周转，为集团节约流动资金100.1亿元。积极发挥专业优势，强化资金运作，有效缓解减利因素影响，全年实现挖潜增效17.9亿元。

2016年，公司积极配合推进中国石油金融业务重组各项工作，抓好统计分析、政策及市场研究、人事管理、协调督办等工作，服务保障功能成分发挥。

【结算和资金池业务】扎实推进司库业务，司库二期升级取得实质性进展，为下一步提升司库结算覆盖面和结算效率奠定基础。利用跨境外汇资金池成功归集和调剂境内外资金，进一步提升资金池管控能力。截至2016年12月末，公司共管理本外币结算账户2488个，全年办理本外币结算591.8万笔，结算金额17万亿元，吸收存款平均余额2549亿元。

【信贷业务】2016年，公司围绕国家战略和集团境内外重点投资项目，加大信贷投放力度，积极争取政策支持，强化资金保供，稳定信贷规模，年末本外币信贷余额2425亿元。电子商业汇票系统与人行系统成功对接上线，完成首单电子银行承兑汇票业务。严控信贷风险，强化贷款三查制度，贷款质量持续优良。推进利率定价机制，提高贷款议价能力，增强信贷业务发展后劲。

【资金和投资业务】2016年，公司加大融资力度，积极应对流动性压力。全年累计外部融资1.92万亿元，日均规模1377亿元。通过境内外银行拆借、境外发行美元债券和商业票据等多渠道筹集外部资金。利用银行间和交易所跨市场资质，以及短期资金期限错配，赚取无风险资金收益。积极应对“资产荒”，多渠道筛选投资项目，严控风险审慎投资，滚动投资货币市场基金，依靠二级市场基金交易和申购新股挖潜增效获得较好回报。

【外汇业务】2016年，公司紧跟集团境外项目和重组并购融资进展，多渠道筹措资金保障外汇贷款需求。通过加强资金长、短期运作，有效利用衍生工具以及调负债结构降资金成本等经营措施，弥补贷款规模下降产生的利润缺口。全年通过开源节流降本增效实现增利1.2亿美元，合理三地税收筹划减免税费1.26亿美元，有效发挥了集团境外司库平台职能作用。

【分支机构管理】2016年，公司强化分子公司服务窗口作用，四家分公司全力配合司库一期、二期安排部署，全年累计办理结算业务315.6万笔、金额4.3万亿元，分别占结算总量的53.3%、25.3%。香港分公司服务能力持续提升，新加坡分公司各项业务取得新进展并首次参与银团贷款。

【风险管理】公司严格执行中国人民银行、银监会、北京银监局等监管机构相关规定及公司股东会、董事会、监事会各项决议，认真落实监管评级意见，推进公司治理、“三会一层”建设及合规管理工作。进一步完善风险管理体系，业务审查关口前移，标准化合同体系建设有序推进。全面理顺业务流程，推进制度建设，通过建立对业务流程内控审查机制，进一步提升风险管理和内控水平。

【信息化建设】2016 年，公司完成司库二期系统升级及试点、投资管理软件和电子商务系统整体升级以及增值税管理系统开发工作，数据仓库系统建设取得阶段性成果，公司信息化水平有效提升。

【党建工作】公司认真学习党的十八届六中全会精神和习近平总书记系列重要讲话精神，扎实开展“两学一做”学习教育。加强党委自身建设，完成党委、纪委换届选举，规范党委中心组学习。全面推进从严治党，认真学习《中国共产党廉洁自律准则》和《中国共产党纪律处分条例》，集中精力抓好巡视整改。落实党风廉政建设“两个责任”和“一岗双责”要求，践行监督执纪“四种形态”。弘扬石油精神，开展“重塑中国石油良好形象”工作，凝心聚力推动发展。

上海电气集团财务有限责任公司

【经营概况】2016 年，上海电气集团财务有限责任公司（以下简称“公司”）实现净利润 4.27 亿元，超额完成年度预算目标；截至 2016 年末，财务公司总资产 612 亿元，首度超过 600 亿元人民币，同比增长 8.5%；净资产规模 53.56 亿元，同比增长 8%；各项吸收存款合计 555 亿元，创历史新高，其中外币存款 26 亿元，本外币资金池辐射面进一步扩大；信贷资产 184 亿元。

【公司金融】2016 年，公司努力克服降息通道和利率市场化带来的不利影响，积极开拓各项信贷业务，为集团内企业有效地降低了融资成本，截至 2016 年 12 月末，公司人民币信贷余额 176.92 亿元，欧元贷款 1 亿元，为公司完成年度经营计划提供有力支撑。另外，为配合监管机构关于调整财务公司票据贴现业务的管理要求，2016 年 11 月和 12 月分别与商业银行完成两笔票据转贴现业务。同时，为降低转贴现成本，减少转贴对财务公司信贷利润的冲击，通过协调安排集团成员企业用自有资金提前兑付 4.48 亿元商业汇票。

【供应链金融】在供应链金融服务创新方面，沿产业链下游的项目业主，全年投放买方信贷金额 6.121 亿元，其中集团外企业 5.121 亿元，并在国投财务公司的基础上，新拓展了京能财务公司作为集团外企业买方信贷的联合贷款人，与京能财务公司签署全面战略合作协议；沿产业链上游的供应商，全年累计开立电子商业汇票 97.85 亿元，其中电子商业承兑汇票 82.8 亿元，公司承兑的电子银行承兑汇票 15.05 亿元。

【票据业务】公司通过构建集团票据池，支持集团票据管理功能深化。年内完成了构建集团票据池方案，并逐项落实银行合作协议谈判及签署、协助股份公司拟定及评审相关制度、促进股份公司制度发布、票据池系统开发测试及正式上线运行，协助集团在原有资金集中管理基础上进一步推进票据集中管理，提升集团整体财务管控能力。截至2016年末已有3家成员单位加入第一批试点，对试点企业进行了全面培训并完成电站集团工程公司一笔纸质票据入库代保管的业务，标志着票据池建设已实现年度战略目标。

【资金和投资业务】2016年，证券市场延续低迷态势，公司权益投资以防风险、保收益为主要原则，年初熔断后大幅降仓控制风险敞口，保住了主要胜利果实，后续根据市场机会加强资产配置和调整，努力发掘和把握各类绝对收益机会，如一级市场、基金分红等，最后实现市值小幅正收益（含兑现和浮盈变化）。2016年，公司在监管额度及董事会授权范围内，审慎开展权益投资业务，严格控制投资规模，完善止损和限额规定，并由风险管理部切实履行独立的交易监控职责。

2016年，货币市场资金利率一路下滑，市场流动性过于充裕，中低风险资产配置呈现“资产荒”局面。在这种形势极其严峻的背景下，固定收益业务在低风险资产配置上调整思路，根据大类资产收益率情况进行资产轮换，不断调整、优化资产配置结构，特别是年中和年末抓住市场流动性阶段性波动机会，加快大类资产配置调整，在货币市场利率高企的窗口，积极配置3个月至1年期定存约70亿元，为固定收益业务后续持续发展夯实基础。坚持稳健投资原则，审慎开展债券等固定收益类有价证券投资业务，一方面主动控制投资规模，缩短久期，提升风险偏好；另一方面，加强对持仓债券的负面信息追踪、二级市场价格波动、信用资质跟踪分析，密切关注债券违约风险，未发生持有债券出现违约风险。在投资标的选择上，公司按照穿透原则，根据实际承担的风险，审慎开展对各类特定目的的载体的投资业务，不投资P2P、政府融资平台非标产品等，并保持与投资管理人的及时沟通，跟踪所购理财产品资金投向是否与产品合同出现偏离，规避信用风险。

【业务创新】依托自贸区，持续进行业务创新与拓展，主要体现为：一方面，跨境金融创新持续深化，抓住离岸市场波动机会，年内为集团香港公司境外融资度身定做了“人民币境外放款+境外市场掉期”的组合方案，等值1000万美元。该笔业务为公司首笔人民币境外放款和首笔利用境外市场价格平盘的衍生产品，实现了公司富余人民币资金的跨境运用，协助香港公司降低了融资成本和规避了利率汇率上涨风险。另一方面，依托网银系统和公司花旗银行外汇现金池，初步实现了境外资金可视化。借助集团SAP报表系统，通过与境外公司会计报表货币资金数据的比对，不仅首次实现了对境外成员单位存量资金的“了然于胸”，更为公司加强全球司库管理打下了基础。

【风险管理和内部控制】公司年内加强风险防控能力建设，推进风险偏好项目实施。为更好加强风险风控能力建设，公司通过公开招投标的方式最终选择聘请德勤作为外部咨询顾问，于2016年5月正式启动风险偏好及内部评级咨询项目，并于年底前结项，完成了整个内部评级体系建设，进而统一金融服务风险管理政策，建成主要交易对手的风险评级系统。同时，公司针对日常经营中呈现出的制度漏洞和风险隐患，开展全业务及全流程的风险自查整改工作，通过对交易对手资质审核、合同签订（印章使用）、资金划付、档案保管等重点环节进行全面自查，全面详尽梳理管理制度和业务操作流程，务求不留死角，提升公司风险管控能力。经全面自查分析，全公司范围内涉及11个部门的37个风险点已于6月末按整改计划完成整改工作。

【人力资源管理】加强干部队伍建设，建立干部管理机制，年内已初步形成了干部任职标准，明确了公司干部职数，并结合集团职级体系梳理工作，构建公司干部职级体系，开展了干部培训工作。同时探索建立职级体系，开展对员工的岗位评估，公司已按照集团统一部署，启动“集团职级推广项目”，并完成部门职责切分、岗位职责切分和大部分岗位说明书撰写工作。同时，开展专项培训，提升员工案防意识好能力。公司在2016年启动“案防培训年”工作，按不同受众面进行了全面案防培训：按周编制和发布28期案防知识报，宣传面向全体员工；按季开展4次案防宣讲，向公司中高层领导进行案防宣讲和案例分析；开展2次专项案防培训，分别为面向全体员工的案防警示宣传片观看，以及面向中高层领导的《国有企业面临的高危犯罪解析及防范》培训。

【信息化建设】2016年，公司加快信息系统建设力度，完成了新核心系统三四期项目、证券投资资产管理系统、金融BI系统和集团票据池等信息系统建设，规范业务流程同时提升了信息化处理能力，满足长远发展需求。

中国能源建设集团财务有限公司

【经营概况】2016年，中国能源建设集团财务有限公司（以下简称“公司”）积极践行“立足集团，服务实体”的根本宗旨，紧密围绕集团整体效益最大化的终极目标，坚持“以服务促发展”的经营理念，稳妥推进各项基础业务，不断加快业务结构调整，努力克服各项不利因素，保持了经营管理工作的连续性和稳定性。公司全年实现营业收入2.71亿元，利润总额1.53亿元，资产规模达到280.15亿元，同比增长14.81%；所有者权益达到23.95亿元，同比增长36.62%。

【信贷业务】2016年，在巩固信贷服务优势的基础上，公司加强信贷营销，加快信贷结构调整，积极争取监管支持，保持了信贷规模的基本稳定和贷款质量优良。全年平均贷款为42.5亿元，较上年小幅增长，贷款回收率保持100%。深入挖掘金融中介功能，大力开展中间业务，按零费率收取中间业务手续费，既发挥了金融机构的功能作用，又提升了财务公司的客户认同度。公司全年累计发放委托贷款85笔，办理各类保函20笔，办理资信鉴证业务25笔。

【资金业务】公司建立了科学、精细、灵活的资金管理机制，通过加强同业合作、配置不同期限的短期同业存放、同业结构化存款，使公司的头寸资金收益水平在利率下行的压力下仍保持了较高水平。2016年公司同业活期存款利率锁定在2.4%，较企业活期存款利率和人民银行同业指导利率分别高出205个和78个基点，其他短期同业存放和结构化存款的综合收益率达到2.81%。通过大额资金使用报备机制，公司实时掌握客户大额资金支付需求，提前合理安排头寸资金，全年未发生支付危机事件，有效保证了集团资金体系的运行安全。

【资金集中】2016年，股权调整及增资后公司成为所属集团的直接控股二级子公司，公司的服务范围扩大至中国能建集团，资金集中管理工作成效显著。2016年末，公司吸收存款余额达到92.43亿元，同比增长29.54%，再创历史新高。一是建立考核机制，将资金集中的任务分解至各部门，有效提高了全员资金集中的积极性和主动性。二是在集团整体效益最大化的原则下，坚持让利成员单位，继续推行各项优惠政策。坚持贷款基准利率不上浮，保持存款利率上浮30%～50%，继续推行公司网银系统转账手续费全免、公司汇款业务手续费全免等优惠政策。三是加强同集团财务部门的沟通和联系，共同推进集团资金集中管理。

【业务创新】2016年，公司大胆创新，主动作为，全力打造外汇信息系统，并实现了一期系统的上线。一期外汇系统与原有结算系统进行横向集成，纵向贯通双币种金融流通通道，对完善集团国际资金归集和实现外汇资金内部调剂发挥着重要作用。认真研究电票业务政策，保持与监管部门的沟通交流，年内公司已取得加入电票系统（直联）的批复，电票系统建设初步方案已基本确定。

【风险管理和内部控制】2016年，公司继续推进全面风险管理体系建设。一是强化按制度、按规范、按程序办事的制度文化，启动了制度全面梳理和修订工作。截至年末，公司正在修订制度107项，拟新增制度13项，拟废止制度3项。二是进一步强化风险管理的“三道防线”，充分运用事前、事中、事后风险管理手段及时发现问题、堵塞漏洞，全年未发生任何风险事件。公司全年开展计划审计项目5个，完成计划外项目3个，提出建议14条全部得到了有效整改。2016年年末，公司不良贷款率保持为零，利息回收率保持为100%，不良资产率为0.18%，同比降低0.08个百分点，内部控制和风险管理手段进一步提高。

【公司治理】2016年，公司积极践行《关于进一步促进中央企业财务公司健康发展的指导意见》，开展了股权结构调整、增资和更名，股权结构、资本实力进一步优化增强。公司股东数量减少至5家，注册资本金增加至19亿元，公司名称变更为“中国能源建设集团财务有限公司”。同时按照现代企业制度要求，公司不断建立健全法人治理结构，建立了新一届的董事会、监事会和高管层，董事、监事、高管依法、合规、尽责履职，决策程序规范。全年共召开股东会2次，董事会3次和监事会2次。

【人力资源管理】2016年，公司有计划地开展人力资源管理，通过员工的招聘、培训、使用、考核、激励等一系列过程，努力调动员工的积极性，充分挖掘发挥员工的潜能，为公司持续健康发展打下基础。一是持续引进人才，创新培训方式方法，开展分层次、分岗位的培训，不断加强人才队伍建设。2016年公司开展了营改增专题培训、新OA系统等培训工作。二是根据新形势、新情况，建立了科学规范的绩效考核标准，实施全员绩效考核，切实将绩效考核与职工薪酬、职务晋升、评先评优等紧密结合，极大地调动了员工的主观能动性，提高了工作效率。

【企业文化建设】2016年，公司继续加强企业文化建设工作。组织开展了中国能建集团核心理念的宣贯活动，参与了葛洲坝集团打造企业核心竞争力的文化建设活动，积极响应银监局和人民银行号召，开展了“金融知识进万家”和反洗钱知识宣贯活动，推出了公司一批文明建设先进集体和个人典型。2016年公司继续保持了“中国能建文明单位”、湖北省“守合同，重信用”企业，荣获“中国能建文明单位标兵”称号。

西门子财务服务有限责任公司

【经营概况】2016 年，西门子财务服务有限责任公司（以下简称“公司”）实现了自身业务稳定增长，各项监管指标全部达标。截至 2016 年末，公司资产总额折合人民币约 387 亿元。

【信贷业务】根据集团内部规定，公司的贷款发放对象主要为西门子（中国）有限公司和/或德国西门子股份有限公司持有其 50% 以上股份的在华成员单位，且集团母公司提供支持。按照西门子全球内部惯用的 10 级风险分类，西门子控股成员单位的信用风险等级为零。授信主体相对集中，最大的 5 家客户贷款总余额占 2016 年末公司贷款余额的 71%。

【票据业务】公司仅向西门子集团控股企业提供贴现业务且公司接受的均为全国性商业银行承兑的银行承兑汇票，并事先对票据要素和贸易背景的真实性进行了严格审核，已经将风险降至可控范围。

【外汇业务】2016 年，外汇业务主要为吸收西门子在华成员单位的外币存款、外汇资金集中运营管理试点业务、即期结售汇业务和即期外币对业务。

【资金集中】公司一直致力于减少集团成员在外部银行的存款，提高资金集中度，为集团的稳健发展提供最好的保证。公司资金集中度常年保持在 90% 以上。

【风险管理和内部控制】公司建立健全各项规章制度，严格遵守内控制度，坚持稳健发展和合规经营的原则，实现健康经营。将风险管理作为日常工作的重要组成部分，着重关注信用风险、流动性风险、市场风险及资本充足率水平。同时认真学习并执行监管机构的各项监管指标及监管要求，保证公司的合规经营和稳健发展。

【人力资源管理】公司按照集团要求，通过西门子（中国）有限公司的人力资源共享服务部门实现公司的人力资源管理，包括人员招聘、培训管理、劳动用工制度、薪酬体系、绩效考评管理等，完善公司人力资源基础建设，实现目标管理与激励机制的有机结合。同时根据外部监管要求，公司亦结合自身行业特点，安排或组织相关部门员工进行形式多样且有针对性的岗位培训，丰富员工的职业技能和综合素质，在促进个人职业发展的同时，也提高了公司的经营效率。

【信息化建设】公司使用从德国总部引进的 Murex 系统，该系统的交易模块、风险监控模块以及授信管理模块等，可满足各类内外部交易管理、市场风险管理和信用风险管理等需求。其中交易模块涵盖了公司现行所有内外部交易，包括存贷款、贴现、外部银行定期存款、银行间同业拆借、债券回购、同业存单、交易所回购以及外汇交易等。风险测量模块主要用于市场风险管理，包括实时在险价值（VAR）

计量及其限额控制，实时损益监控及其限额控制等。授信管理模块主要用于信用风险管理，包括为内外部交易对手设置授信额度、实时风险敞口计量和授信额度使用率计算、超限预警等。同时，Murex 系统与 Finavigate 系统实现了无缝对接，Murex 用于金融交易录入、确认、本金和利息清算和交易查询，Finavigate 完成结算和会计处理和基本财务报表等，最大限度地减少了人员操作风险和会计核算风险。

【企业文化建设】公司一直提倡和营造和谐团队，通过组织各类活动激发团队活力和提升凝聚力，包括户外旅游、健身锻炼、新春联欢等。同时，西门子集团工会也定期组织面向员工的文体活动，如音乐会、艺术展、各类体育运动协会，内容丰富多彩，得到大家的积极响应和普遍欢迎。

兵工财务有限责任公司

【经营概况】2016 年，兵工财务有限责任公司（以下简称“公司”）按照国资委、银监会对央企财务公司的职能定位，以中国兵器工业集团公司（以下简称“集团公司”）产业发展为依托，深入推行全价值链体系化精益管理战略，以融入集团、提升能力、整合资源、创新发展为工作主线，逐步推进产融结合，全面完成各项经营指标，实现了“十三五”的良好开局，为集团公司实体产业发展提供了良好的金融支撑。

2016 年，公司为集团公司及下属各成员单位提供贷款和贴现平均规模 175. 21 亿元，同比增长 6% ；全年实现利润总额 10. 07 亿元，同比增长 2% ；结算存款日均规模达到 244. 84 亿元，同比增长 5% ，全年结算业务量 7807 亿元；期末资产规模达到 841. 87 亿元，同比增长 20. 00% ，净资产收益率为 11. 88% 。

【公司金融】公司坚决贯彻金融服务理念，全面按照监管机构要求，紧跟集团公司发展战略，通过加大信贷结构调整的力度，不断优化资源配置，加大对军品和重点民品产业、北斗和资产证券化等重点项目的支撑力度，同时不断加大金融服务的让利力度。2016 年全年累计办理贷款贴现规模 266. 52 亿元，为集团公司重点事项提供资源保障 28. 59 亿元，为客户提供雪中送炭和应急保障金融支持 74. 87 亿元；通过给予客户优惠的利率费率政策，全年累计为集团公司降本增效达 5 亿元，同比增长 25% ，并在“资产荒”背景下为各成员单位实现理财资金收益 2. 4 亿元。

【资金和投资业务】2016 年，公司优化资产负债匹配管理，加大流动性风险的管控力度。一方面加强资金收益管理，努力扩大资产规模及资金总量，克服同业利率持续走低的不利影响，密切银财关系，提高同业收益水平。另一方面实时监测军品结算回款状况，以集团公司发行超短融作为保障措施，加强同业沟通，新增兵装财务同业拆借渠道，并在人民银行大力支持下取得低成本的票据再贴现回购融资额度，保证公司资金流动性。

公司克服证券市场2016年全年剧烈震荡的不利因素，稳健运作投资业务，努力把握市场节奏，做好库存品种的调研和梳理，调整优化持仓结构。同时通过建立“定向增发股票池”“二级市场股票池”“基金池”，积极储备优质权益品种，坚持围绕定向增发的选股策略，创新参与模式，降低投资风险，提高投研效率，全年自营及代理投资业务取得良好的业绩。

【票据业务】公司加强信贷政策倾斜，以产业链金融模式推广票据业务。一是推动票据社会化流通，发挥票据“准现金”作用，2016年全年实现票据业务规模390.95亿元，其中系统外票据支付规模82.13亿元，同比增长85%，覆盖了产业链上2000余家供应商。二是推动票据集中管理工作，制定票据业务长期发展规划，盘活存量票据资源，完善“票据池”信息系统功能，加强政策研究及培训，优化业务流程，完善风控措施，全年实现票据集中度65.2%，为客户节约资金成本2.69亿元。三是推动实现电票集中收付管理，提高电票使用率，全年累计签发电票177.02亿元，同比增长46%。

【外汇业务】结合2016年外汇监管新政，公司密切关注市场动向与客户动态，加强前中后台协调配合，进一步扩大外汇资金集中管理范围与业务规模。全年办理代客结售汇业务211笔，累计金额1.65亿美元，帮助企业实现汇差收益216.2万元人民币。同时针对境内外汇市场波动加大，监管要求以及公司实际业务情况，增强了代客售汇业务的审核，开展外汇业务数据采集规范升级调整，制定了《外汇业务风险管理办法》，严控外汇业务风险。

【资金集中】公司精细化推进资金集中管理工作，以提升全口径资金集中度为目标，形成具体措施方案，并通过优化信息化管理手段，努力挖掘各类资源，重点抓好司库单位资金集中管理的质量和效果，促进整体存款规模的有效增长。2016年，公司结算存款日均规模达到244.84亿元，同比增长5%，全年结算业务量达到7807亿元。

【业务创新】2016年，公司牵头打造的“军工票”品牌正式起航。一方面，公司积极推进“军工票”项目合作，组织十大军工财务公司举行“军工票”签约仪式，签订多边合作协议。全年新增票据互认额度10亿元，累计规模达110亿元，票据互认项下业务实现突破，累计办理电子商票8.20亿元。另一方面，公司主动向上级机构提供专题报告，争取政策层面支持并获得认可，国资委将“军工票”作为中央企业降本增效的创新手段予以交流推广；通过参与专项课题论证，“军工票”项目获国防科技工业企业管理创新成果一等奖和国家级企业管理现代化创新二等奖。

此外，公司创新开展了军品联合保理业务，提供直接融资2.2亿元，同时发挥金融杠杆作用，以下浮10%的优惠利率撬动银行资金4.8亿元，有效降低集团公司整体两金占用规模。办理固定资产融资租赁业务0.76亿元，有效扩大业务覆盖范围，将金融服务向整条产业链延伸，促进客户的产品销售。

【风险管理和内部控制】一是按照监管要求，组织开展全面自查，完成“两个加强、两个遏制”回头看专项检查工作，有效整改问题，全面提升经营管理水平。二是开展担保法培训，提高员工法律意识，规范担保手续的办理，有效降低信用风险。三是依托信息化手段，启动风险管理系统项目建设，有效提升监管数据报送质量与效率。四是扎实推进制度建设体系化，完善内部控制体系，保证制度体系层级分明、繁简适度、规范有效。

【人力资源管理】2016年，公司发布了一系列薪酬考核管理制度，并按照新的制度形成新旧体系对接方案，完成职位分析项目成果落地。同时完善了选拔任用、问责、个人事项报告等一系列人力资源管理制度，面向市场充实人才队伍，并做好员工培训，提升公司核心竞争力。

【信息化建设】 2016年，公司重点加强新型信息系统建设，做好系统平台的推广运用。一是实施利率市场化信息系统升级改造项目，为推进公司利率市场化改革，支撑资金定价实施工作奠定基础。二是完成了集团公司资金分析、子集团结算中心和成员单位财企直联系统，加大对管理和决策信息化的支撑力度，帮助提高子集团资金管理能力，有效拓宽结算服务平台，进一步完善集团公司资金集中管理体系。三是开发公司资金管理系统和接入人民银行企业征信系统，实现资金业务流程的信息化，保证数据报送的准确性和及时性，大幅提高工作效率。四是做好服务器、网络设备和异地灾备系统项目升级，加强信息设备的安全保障能力。

【企业文化建设】 2016年，公司完善了内外部信息交流平台，落实意识形态工作责任制，加强兵器文化理念教育，倡导“负责任、讲担当、重执行”的工作作风，塑造简单、务实的工作文化，获得金融时报社和中国社会科学院金融研究所联合颁发的“2016中国金融机构金牌榜·金龙奖——年度最佳服务财务公司”奖项，为兵器行业增光添彩。公司主动落实全面从严治党要求，切实加强党建和党风廉洁建设，持续开展廉洁从业宣传教育，扎实推动“两学一做”学习教育并取得阶段性成果。

三峡财务有限责任公司

【经营概况】 2016年，三峡财务有限责任公司（以下简称“公司”）努力发挥“五大平台”功能，对中国长江三峡集团公司（以下简称“集团”）及成员单位开展全方位金融服务，以金融市场化手段协助集团完善财务管理与资金管理，实现资产保值增值，取得了较好的经济效益，超额完成董事会下达的经营目标。

截至2016年末，公司管理的各类金融资产达到1562.39亿元，产生综合效益59.24亿元。其中，自营资产余额476.81亿元，同比增加228.98亿元，增长92.40%。实现总收入18.38亿元，同比增加3.31亿元，完成全年预算的124.65%；实现利润总额11.47亿元，同比增加0.45亿元，完成全年预算的110.18%。委托理财余额156.05亿元，现金资产管理日均规模162.28亿元，实现收益8.76亿元，运作收益率为4.85%，高出同期银行理财收益率80～125个基点。委托贷款余额929.53亿元，较年初增长0.20%，为集团及其他成员单位代收利息39.01亿元。

【信贷业务】 充分发挥内源融资功能，降低集团财务费用。公司 2016 年全年共发放自营贷款 378.44 亿元，回收 273.86 亿元，年末自营贷款余额 204.65 亿元，较上年增长 104.52%；实现利息收入 10.29 亿元，较上年增长 96%；累计发放委托贷款 419.44 亿元，回收 417.54 亿元，年末委托贷款余额为 929.53 亿元，为集团及其他成员单位代收利息 39.01 亿元；自营及委托贷款共为集团节约财务费用约 6 亿元。在贷款规模实现跨越式增长的同时，公司严把信贷质量关，有效控制信贷风险，全年未发生自营贷款逾期或欠息的情况。

【资金和投资业务】公司审慎应对市场风险，稳妥开展证券投资业务。2016 年，市场利率下行，股市低迷，资产配置难度较大，公司加大研究力度，在控制风险的前提下积极发掘投资机会，全年实现投资收益 2.26 亿元。

在资金计划方面，公司充分利用集团各级成员单位的月度、周资金收付信息，提高资金计划的准确性，使资金配置与用款进度相匹配，降低备付金规模。充分利用信息化手段，通过资金调拨系统和资金债务管理系统实现资金全流程在线管理，全面掌握集团及成员单位的存量资金余额及收支明细、债务规模及债务久期，实现资金在线监控，提高了集团整体资金使用效率。在资金收益方面，公司通过与银行议价提高活期存款账户存款利率、增加结构性存款存放等手段提高短期资金收益。在市场资金收益率下行的情况下，实现短期资金收益率 2.67%，高于 7 天、14 天 Shibor 30 ~ 50 个基点，全年实现短期资金利息收入 4.37 亿元。

【票据业务】开办电子商业汇票的成员单位由 2015 年末的 26 家迅速增长至 56 家，同比增长超过 115%，且呈持续增长趋势。

【资金集中】2016 年，集团及成员单位日均存款 414.62 亿元，同比增长 107.81%，人民币资金集中度为 98.62%。2016 年，三峡财务（香港）有限公司（以下简称“香港公司”）在境外资金集中管理取得明显进展。欧洲资金池成功上线运行，标志着集团全球资金池体系初步建立，香港资金池实现归集范围和资金规模双增长。截至 2016 年 11 月底，香港资金池资金集中度达到 95.77%，全球范围内（可归集资金）资金集中度达到 88.67%。同时，香港公司克服外部监控实施复杂等多重困难，首次实现境外非归集银行账户实时监控。

【业务创新】推动湖北能源财务公司整合工作。制定湖北能源财务公司系统对接方案并帮助完成信息系统搬迁；完成设立武汉分公司的可研报告及合并实施方案并组织提交。在获得监管部门初步许可后，进一步细化业务部门对接安排，及时完成审计、评估、法律等中介机构的竞争选聘和现场配合工作；组织完成了交易对价测算、整合方案设计、业务继承安排、风控预案准备、上会议题拟订等工作；稳步推进公司电子服务系统总分建设，为下一步整合报批奠定了基础。

【风险管理和内部控制】2016 年，公司开展常规稽核检查项目 9 项共计 25 次、专项审计项目 6 项共计 6 次，提出审计事项整改建议 19 条并加以跟进落实，在监督、规范相关部门、单位业务操作的同时，也为其优化执行、提高效率、加强风控等方面发挥了较好的促进作用，推动公司形成了“制度制定、执行、完善”的动态闭环管理机制。首次实施对保险经纪公司、香港公司的审计检查，实现稽核审计对控股及代管公司的延伸覆盖。

【人力资源管理】公司认真贯彻落实中央及集团公司干部人事管理各项要求，及时梳理公司现有人力资源管理制度体系，查缺补漏，持续规范选人、用人工作流程，完善人力资源相关制度，先后修订和补充了 5 项制度，不断推进公司人力资源管理规范化和制度化。2016 年，公司培训工作以提升干部综合能力和员工业务能力，尤其是金融投资、境外资金管理等方面为重点，统筹推进各类培训，确保培训质量。全员参加培训共计321人次（不含公司内部组织的党建学习），其中，组织公司内训9班次，外派培训68人次。

【信息化建设】2016年，公司信息化建设为公司作为集团资金集中管理平台起到了重要支撑作用，已基本实现业务信息化和管理信息化。信息化建设不断夯实业务基础，坚持服务创新，初步构架了垂直门户系统，同时致力于移动应用的开发，费用报销实现了全流程移动客户端处理；信息化项目开发全程管控，实现可控外包，实行“两头在内，中间在外”的技术策略（即需求设计和测试工作自主开展，编码工作依托外包），并强调注重自主知识转移，把核心技术掌握在自己手中。

【党建工作】扎实开展“两学一做”学习教育，全面推进从严治党。支部拟订《“两学一做”教育实施方案》，并提交公司党委审议通过。公司董事长以及经营班子成员、各支部书记带头讲党课，党群工作部每周对学习教育进行督办，各党支部每季度开展一次党员专题讨论，各党小组每月至少组织一次集中学习。印制《“两学一做”学习教育应知应会手册》读本，开展“两学一做”知识竞赛。学习形式丰富多样，保证了党员学习效果，有效实现了“基础在学、关键在做、抓在日常”。

加强党的基层组织建设。2016年，经集团公司直属党委批准，公司成功召开党员大会，选举产生了新一届党委班子，明确了党委班子工作分工和党委委员联系点；按照全面从严治党向基层延伸的要求，公司党委将全体党员重新划分为5个党支部，各党支部委员均由中层以上干部担任，选强配齐了支部领导班子。

【企业文化建设】公司工会积极创建职工之家，接受集团工会模范职工小家验收，获得好评；奉献爱心，点亮希望，代表公司连续11年资助宜都贫困学生上学；公司团委建立“三财青年”微信群、QQ群、微信公众号三个联络沟通平台，宣传公司团青形象，展现团青风采；组织开展“青工技能节”比拼和“五四评优”活动，公司3名青年被评为集团公司“青年岗位能手”，1名青年被评为集团公司“优秀团员”，香港公司团队荣获集团公司“青年文明号”荣誉称号。

中广核财务有限责任公司

【经营概况】2016年，中广核财务有限责任公司（以下简称“公司”）灵活应对依旧复杂多变的国内外宏观金融形势，认真贯彻执行国家金融方针政策，严格遵守金融法规底线，各项重点工作均取得了良好的成绩。

2016年，公司实现营业收入8.85亿元，利润总额6.59亿元，净利润4.87亿元，净资产收益率为11.62%；实现经济增加值2.24亿元，资产总额288.16亿元。

【信贷业务】2016年，公司扎实做好信贷管理与融资服务，多渠道、多形式加强成员公司资金保障，同时抓住市场机遇，降低融资成本，增加集团整体效益。一是保障英国核电项目股权交割资金需求，锁定长贷利率等关键条件，为英国核电项目签约和履约打下坚实基础；二是设计多种融资方案，保证马来西亚埃德拉项目远期购汇所需资金在交割前全额到位，顺利完成相关工作；三是为成员公司优化融资结构，创造最优利率条件，降低项目融资成本，增加整体效益；四是创新核准前核电项目融资模式，保证核准前项目的资金需求；五是根据资金形势及资金计划，拓展融资渠道，有效缓解资金流动性压力。

【投资业务】自营投资方面，面对A股市场突如其来的变化，公司加大投研分析力度，多次调整投资策略，确保实现投资收益。即便在市场行情出现极端情况下，所持有项目依然处于止损条件安全范围内。

发债顾问服务方面，2016年，公司完成集团中票45亿元、超短融103亿元人民币的发行。为中广核集团首次成功申报交易所公司债发行额度80亿元人民币，并成功发行了集团首期交易所公司债20亿元。同时，公司协助集团成功注册银行间市场统一债务融资工具（DFI），保证了集团未来2年内在银行间市场的各品种债券（包含中票、短融、超短融、永续票据）发行资质，对保障集团整体资金需求和业务发展具有重要战略意义。

【资金业务】2016年，公司全面加强成员单位资金计划管控力度，成员企业全集团平均月度资金计划执行偏差率大幅下降，为后续资金计划的精细化管理，建设全集团资金信息管理系统上线工作提供前期保障。公司着力提升同业业务议价能力，对于竞争性业务采用竞价方式进行市场比价，在经历2015年利率多次下调的情况下，2016年人民币同业收益率依然达到较高水平。同时通过建立财务公司资产负债模型，优化各项资金配置，经模型预测准确率达90%以上，资金存贷比大幅提高。

【外汇业务】2016年，公司积极介入集团“走出去”项目。参与马来西亚埃德拉项目融资购汇总体方案设计，圆满完成市场购汇操作；参与英国核电项目债务风险管理工作，对融资币种的选择提供定量测算及专业建议，规避潜在的汇率风险；参与罗马尼亚核电项目外汇风险管理工作，提供项目整体汇率、利率风险分析服务，就收入与支出现金流匹配及利率结构优化等提出建议；完成英国CLOVER项目的利率保值交易，锁定了全部债务偿还期的利息成本，锁定价格优于境外发债价格。

【资金集中】2016年，公司继续严格执行集团资金集中管理制度，加强对成员企业资金使用的管控力度和对集团内外部资金存量及流量的监控。2016年全年共完成财务公司内部结算账户开立65个，外部银行账户审批开户224个，外部银行账户销户审批88个，新增挂接账户118个，资金集中管理工作进展良好。

【业务创新】2016年，公司在加强原有业务管理基础上积极求变创新。一是积极应对利率市场化带来的挑战，针对利率市场化带来的影响，公司提升同业业务议价能力，对于竞争性业务采用竞价方式进行市场比价，人民币同业收益率达到较高水平。二是建立财务公司资产负债模型，优化各项资金配置，经模型预测准确率在90%以上，资金存贷比大幅提高。三是创新核准前核电项目融资模式。协助陆丰公司采用银行开票承兑、贴现、应收账款保理的融资模式，大幅降低融资成本；协助惠州和苍南项目获得低利率表内贷款授信，为未核准项目首次获得银行表内授信，有效解决了这两个项目融资难度。

【风险管理和内部控制】2016年，公司积极适应复杂多变的经济金融形势和市场环境的挑战，严守风险底线，加强风险的动态监控、分析、提示和及时应对，业务运营中重点做好信用风险、市场风险的防控和防范外部风险传导的工作，并开展重大风险应对措施的细化工作，委派专人按月跟踪推进，按季向公司风管会报告落实情况，提升风险管理效果。

2016年，公司从组织调整，流程优化、执行细化三方面持续加强内控体系建设。在组织机构设置方面，公司将原“风险稽核模块”升级为“风险合规部”，负责风险管理、合规管理、内部控制接口等工作，并加强了相关岗位人员配置，为公司内控管理工作的开展提供了组织和人员保障；在制度流程方面，公司根据业务发展及组织机构调整，升级完成2016版内控手册编写，并于2016年9月正式出版，手册涵盖了信贷融资业务、结算业务、资金业务、投行业务等公司主要业务领域的23个关键流程，并梳理出风险点及控制措施；在内控执行方面，通过内控宣贯培训强调按制度流程开展业务，并通过各项业务全面稽核以及信贷融资业务等专项审计保证内控流程的全面落实。

【人力资源管理】2016年是公司人力资源管理体系市场化改革的攻坚之年。人力资源部全力以赴，深入推进人力资源管理体系市场化改革的“1214”工程。主要工作有四点：

第一，落实一个机制。基于金融的行业特色，立足于公司发展的现状，构建起了符合市场化方向的薪酬激励与约束机制，将薪酬与业绩联动，让员工产生较强的自驱力，与公司共成长，初步形成了能增能减的市场化收入分配机制。

第二，初步建成两个体系。脱离原职级晋升体系的固有思路和框架，以能力为导向，通过同业对标，构建了基于KSAE的市场化岗位管理体系及人才培养体系，为员工提供了顺畅的职业发展跑道。同时建立起了市场化的人才培养体系，通过引进知鸟系统，为员工提供了高效快捷的碎片化学习移动平台。

第三，引进一批市场化人才。公司通过构建多元化的招聘渠道，建立起了专业的人才引进体系，从外部金融机构引进了一些综合素质高、业务能力强的金融才俊，为公司持续稳定发展注入了新的活力。

第四，管控四类指标。公司的人力资源管理持续以提升人力资本产出为根本目标，切实做好人工成本效率、招聘、人才培养、员工敬业度四类指标的管控工作。

【信息化建设】2016年，公司信息化工作主要开展三方面工作：第一，积极推进集团资金管理系统开发建设，该系统已实现全集团上线使用，有效提升了集团资金管理精益化水平；第二，对公司资金结算管理系统进行升级优化，更好服务于集团资金结算管理；第三，对ISO27001信息安全管理体系开展运维，保障公司信息系统安全稳定持续运行；第四，不断强化数据机房基础设施设备、信息系统及系统客户端运维服务，为成员单位系统用户提供稳定、可靠服务。

【企业文化建设】2016年，公司通过组织梳理《中广核金融周报》、设计制作宣传册、梳理发布企业文化理念、开展“文化闯关”活动及文化共识培训等，进一步传承中广核企业文化，宣传公司金融服务价值，加强宣贯、严格落实，促进了集团企业文化基本价值观、员工守则和行为规范等在公司的落地，引导员工树立专业、严谨的工作态度，养成自觉践行“一次把事情做好”核心价值观的良好习惯，更好地指导企业经营决策和员工行为规范。

中船财务有限责任公司

【经营概况】2016年，面对严峻的金融市场环境和经济下行压力，中船财务有限责任公司（以下简称“公司”）坚持以立足集团为原则，以创新发展为动力，以提质增效为手段，严控风险，坚持依法合规经营，坚持以管理促发展、向精益要效益的发展目标，夯实各项管理工作，努力为成员单位提供优质高效的金融服务，积极协助集团推进产业调整和转型发展。截至2016年末，公司资产总额566.30亿元，全年实现营业收入15.38亿元，实现利润总额10.20亿元，各项指标均符合监管标准。

【结算业务】2016年1月1日结算中心正式上线，公司实现结算模式成功转型，提供包括无纸化电子支付、代理付款、资金自动归集及结算手续费全免等便利服务和优惠政策，并全面实现结算业务电子化，为成员单位提供了便捷、高效的一站式金融服务和结算体验，最大限度满足成员单位的结算需求，进一步降低集团资金运作成本，助力集团提质增效。

【信贷业务】公司努力帮助成员单位降低融资成本，缓解融资难、融资贵的难题，在保持存款利率上浮30%～40%的基础上，从2016年5月1日起对集团全资子公司贷款利率下浮的最大幅度由10%扩大到15%。同时，根据集团新产业的战略规划，为发展新产业的成员单位提供低息、贴息和无息贷款，助力集团公司新产业的培育和发展。

【资金业务】公司不断丰富优质流动性资产配置，建立了较完善的流动性资金分层备付体系，兼顾流动性和收益性，除开放式结构性存款、货币基金外，2016年又新增配置开放式结构性存款及开放式保本理财等业务，大大提升了流动性应对手段的有效性。此外，针对资金大幅波动的特征，公司定期开展流动性压力测试，考察公司流动性承压能力，为流动性管理提供参考及决策依据。

【外汇业务】2016年，公司充分发挥跨境外币资金池优势，合理运用两个市场，通过对外放款和代理偿还外债等形式满足成员单位资金跨境融通。同时，公司充分运用即期结售汇业务、远期结售汇业务、人民币外汇掉期交易等资质，为成员单位提供多种汇率风险防范工具，满足成员单位需求。

【保险业务】2016年，公司积极推动首台（套）保险业务的开展，充分利用首台（套）保险的财政补贴政策，帮助涉及研发新产品的成员单位申请办理首台（套）保险，鼓励新产品的研发和制造，促进成员单位加快产学研科技成果的转化，促进新产业的快速发展，为集团科技创新提供风险保障。

【业务创新】2016年，公司实现银团贷款创新业务，首次牵头联合银行推进成员单位流动资金银团贷款，这是公司第一次以牵头行身份组织银团贷款，也是公司践行产融结合、支持实体经济的又一次重要的金融创新。此次利率为同期基准利率下浮15%，既有效降低了集团内部信用风险集中度，又帮助成员单位降低融资成本、助推产业转型发展。

【风险管理和内部控制】2016年，公司持续加强对风险的事前预估、动态分析和持续监控力度，尤其对新开展业务的操作流程及风险控制环节进行重点跟踪和合规评估，完善相关配套制度，优化业务流程，并加强对各项业务合规性审查，规范法律事务处理程序，进一步强化公司重大经营决策、规章制度、经济合同必须经过法律审核的规定。同时，加大合规宣传力度，狠抓内控制度宣贯及执行，推进合规文化建设，培育风险防范意识，积极倡导合规人人有责、主动合规等合规理念。

【人力资源管理】2016年，公司优化人员配置，探索建立人才培养和成长机制，加大人才资本投入，实行全员培训，培养专业化人才。公司坚持内部培养和适度外部引进相结合，通过市场化途径引进具有较丰富投资经验的专业人才，培养和提拔有能力、有发展潜力的骨干员工，努力形成层次结构分明、年龄结构合理、专业结构配套的专业、精干、相对稳定的金融服务人才队伍，为公司实现持续稳健发展提供智力支持。

【信息化建设】2016年，公司制定《“十三五”信息化发展规划》，明确公司信息化发展方向和实现路径，并打造“业务全覆盖、流程全固化、数据全集中、信息全集成”的一体化信息系统平台总体规划。同时，全面完善升级核心业务系统功能，提升业务集成度，实现对结算、信贷、即期和远期结售汇、电子票据等业务的全面支撑。2016年，公司新增人力资源系统和固定资产管理系统，实现对全部人力资源模块线上管理和固定资产的精细化管理。

中核财务有限责任公司

【经营概况】2016年，中核财务有限责任公司（以下简称“公司”）深入贯彻党的十八大以来的历次会议精神，牢固树立“四个意识”，以“服务集团、创造价值”为核心理念，加强合规管理，注重防范风险，充分发挥公司作为集团公司资金管理平台和产融结合平台的功能，全年实现营业总收入16.96亿元，同比增长8.36%；实现利润总额10.00亿元，同比增长33.13%，为中核集团经济发展、提质增效作出了新的贡献。

【资金集中】2016年，公司作为集团资金集中平台的功能更加突出，全年新增结算客户40户，累计承担业务笔数32.58万笔，交易金额8261亿元，分别比上年增长6.78%和27.39%。日均吸收存款473亿元，较上年增加105亿元。注重精益管理，做到颗粒归仓，盘活存量资金，加大同业操作频度，全年增加同业利息收入超过3600万元。集团可归集资金集成率为97.50%，全口径资金集成率为87%，对标远优于同行资金集成率，大大提升了集团内低成本资金的供给能力。

【信贷业务】2016年，在公司低成本资金供给能力显著提高的保障下，公司信贷业务扎实开展，自营贷款规模年末为318亿元，较年初增长63亿元，日均存贷比达到60%，比上年提高10个百分点，为集团整体节约财务费用12亿元；委托贷款余额340亿元，新增95亿元，进一步降低了集团财务费用。公司始终坚持贷款利率以基准下浮10%保障项目资金需求，为集团和成员单位向商业银行争取优惠贷款利率奠定了基础。

【投资业务】2016年，面临年初股票市场熔断、全年固定收益产品收益率偏低、年末债券市场信用危机等不利因素影响，公司审时度势、果断应对，及时调整投资资产结构，特别是在股票市场熔断时保持极低的股票仓位以及债券市场信用危机发生前及时赎回债券基金，通过主动管理提高投资机会把握能力。全年实现投资收益1.89亿元（含税），较上年增加0.73亿元，投资业务价值创造能力进一步提升。

【服务集团“走出去”】2016年，公司协助集团公司成功发行50亿元中期票据及50亿元超短期融资券，并实现超短期融资券发行利率同期同信用级别最低，为集团通过直接融资降低财务费用发挥了重要作用。配合集团公司完成阿根廷重水堆和压水堆项目，巴基斯坦C5项目，埃及、加纳项目融资阶段性工作；协助推进集团参股法国阿海珐项目并购重组工作；推进伊朗、英国、约旦、巴西、阿尔及利亚项目等的融资工作；成功完成对阿根廷项目的再报价，信保费率由6.5%降至5.56%，节省信保费成本约4.86亿元。

【业务创新】2016年，公司着力推进跨境资金池和应收账款保理两项创新业务，仅用5个月时间完成集团跨境外汇资金池业务从团队组建到业务资质获得国家外汇管理局核准的创新任务，为实现公司从国内结算服务向国际金融服务奠定基础。进一步创新信贷服务品种，逐步推进“产业链金融”建设。公司启动并顺利开展第一笔应收账款保理业务，此项业务不仅增强相关成员单位资金管理能力，促进应收账款回收速度、增强销售能力，同时降低成员单位“两金”占用，提升成员单位资产运营和管理水平。

【专业研究】利率市场化对银行业的影响日益深入，对财务公司而言既是机遇又是挑战。公司积极开展存贷款利率定价系统建设方案的研究，并对方案的可行性进行了充分论证和数据测算。在此基础上深化贷款利率定价体系建设工作，研究并提出“成本+评级+市场”为核心的差异化贷款利率定价政策，有力地提升了公司的金融服务能力及核心竞争力。注重加强专项投资风险评价方法研究，针对公司非标准化产品投资规模日益加大，研究制定非标准化投资产品的三个维度17项指标的风险评价标准并发布实施，为公司作出投资决策提供更为明确的依据。

【风险管理和内部控制】2016年，公司践行风险合规融入业务，实现价值创造的理念，严格遵循新业务开展必须以内控先行的监管要求，并将风险防范措施嵌入业务流程的各环节，保证业务合规可持续开展。公司通过与全员签订《合规承诺书》，党委会、总经理办公会设立“会前学习”，举办“合规大讲堂”，不定期出具“合规解读”等方式加强合规文化建设。2016年，公司全面完成内部控制体系建设工作，形成了涵盖26项主要业务与管理事项、165个末级流程、385个关键控制点、140张流程图的《公司内部控制手册》。同时，根据公司“十三五”发展规划，对各部门岗位职责、权限、任职资格进行了科学分析和系统梳理，确保凡事有章可循、凡事有人负责、凡事有据可查、凡事有人监督。

【信息化建设】 2016年，紧密围绕公司“十三五”信息化规划“小核心、大外围”的建设思路，积极推进信息化各项年度重点工作的开展。公司引入毕马威优秀的管理咨询团队，站在巨人的肩膀和行业成功实践经验的基础上启动了公司“十三五”IT基础架构规划项目；同时，加强主营业务系统建设、夯实核心业务，为集团资金结算平台提供坚强的信息科技支撑；启动智能化办公平台建设工作，将公司管理类信息系统进行整合，打造一个基于移动互联的统一办公管理平台，公司各项内部管理的协同效率得到提高，年底项目具备了上线的条件。

【党建工作】 2016年，公司深入贯彻中央十八届三中、四中、五中、六中全会精神和习近平总书记系列重要讲话精神，以从严治党为主线，加强基层党建工作，深入推进“两学一做”学习教育。公司党委认真落实“两个责任”，严格贯彻民主集中制，加强班子建设和队伍建设，加强思想建设、组织建设和作风建设，把党的建设作为最大的法宝抓严抓实。公司领导班子以“四风回头看”工作为抓手，严格遵守廉洁自律准则，严明政治纪律和政治规矩，在经营管理中，牢固树立“四个意识”，以上率下，坚定理想信念，守住纪律底线，始终与党中央在思想上政治上行动上保持高度一致，以更高的标准、更严的纪律，带出一支忠诚于党的党员干部队伍。

上海浦东发展集团财务有限责任公司

【经营概况】 2016年，上海浦东发展集团财务有限责任公司（以下简称“公司”）按照集团决策部署，坚持以产融结合为主线，坚持稳健发展、审慎经营、合规操作、风险可控的经营理念，全力为集团和各成员企业提供优质、高效、全面的金融服务，圆满完成“十三五”规划开局之年的目标任务。截至12月末，公司资产总额186.02亿元，同比增长2.54%；所有者权益25.99亿元，同比增长7.16%；实现净利润2.78亿元，同比增长5.15%；净资产收益率为11.04%。各项资产质量保持良好，各类监管指标和重要经营资产质量指标均符合监管机构的监管要求。

【信贷业务】 截至2016年12月31日，公司累计发放各类贷款148.62亿元，同比增长135.64%；日均贷款规模25.94亿元，同比增长36.22%。在控制风险的基础上，深入了解集团各产业板块金融需求，加大金融服务力度：通过组建银团的方式协助集团推进重大项目的融资，加大对房产项目的监管力度严控房地产贷款风险，协助集团搭建路灯PPP项目财务模型大力推进金融服务创新。同时，结合公司转型发展目标，以推广电票业务为突破口，积极谋划以票据为主的产业链金融模式，加快公司金融服务的转型发展。

【资金和投资业务】2016年，公司继续坚持“功能性”优于“盈利性”的资金管理原则，在安全合规、流动性得以充分保障的前提下，合理安排业务结构，平衡配置同业定期存放、同业存单CD、债券逆回购等业务，新增质押品正回购业务，实现资金业务收入3.05亿元（不含央行准备金收入）。年内，公司在分析形势及把控风险的基础上，开展了债券、货币及类货币基金投资，股票市场一、二级联动投资，可转债投资及混合型基金投资，实现了4.14%的投资收益率。同时，积极协助成员企业和产业基金完成1.8亿元的投资，实现国有资产的保值增值。

【资金集中】2016年，公司有计划、有重点地推进资金归集工作：一是加大资金集中拓展力度，完成南发集团53家企业的开户及网银安装，实现南发集团新增客户率为100%；二是强化季度资金动态监控，敦促成员企业推进资金归集，日均存款规模131.63亿元，同比增长53.15%，年度平均资金归集率为78%；三是开展资金定制化服务，搭建资金集中管理平台，助推成员企业向其所属企业实现资金归集、协助上市公司做好日均存贷款规模的监测。

【业务创新】在资金业务方面，公司通过上海证券交易所新质押式国债回购交易：正回购交易及时补充流动性，为集团大额用款提供保障；逆回购交易抓住市场机会提高资金收益，助力完成盈利目标。在投行业务方面，完成国际主体评级A级，为集团跨境融资战略打下基础；通过开展绿色金融债的可行性研究，并积极推进发行申报，进一步拓宽融资渠道，优化负债及期限结构。

【风险管理和内部控制】公司坚持以深化内部控制、防范业务风险为主线，强化风险识别、分析、监测和控制：通过压力测试、差别化信贷还款政策的推行、严控房地产企业后续用款支付等措施，严控房地产项目风险；通过提高同业交易准入门槛和交易品种的筛选，并辅以流动性风险监测分析及预案管理，切实防范投资和资金业务的市场风险；通过风控和业务部门前往首次合作的金融机构，进行“双录”操作及风险防控模式，提升操作风险防控水平；通过专项稽核和差错问责的开展，有效发挥内审监督职能，内核外审中发现的问题均能得到及时整改。

【人力资源管理】2016年，通过招聘、挂职和考核的不断深化和完善，公司干部人才队伍建设得以持续加强；通过搭建外部网络学习平台和内部微课制作等措施，推进整体培训，优化员工知识结构，提升员工整体素质；通过新增和修订涉及员工发展、奖惩方面的制度，进一步深化人事制度建设，夯实人力资源管理基础，提高人力资源管理规划化水平；通过薪酬激励的探索，最大限度调动部门和员工工作积极性、主动性、创造性，为实现公司整体目标提供支撑。

【信息化建设】2016年，公司信息化建设主要开展了三项工作：一是完成灾备机房和灾备系统建设并开展灾备演练，提升了信息系统的整体运营水平；二是组织完成财务集中核算系统、业务系统的二次开发工作，并自主开发了“工作任务督办系统”和“报表取数系统”，加强对工作任务的管控，提高了制表效率和制表精度；三是落实了信息系统等保测评和公司信息化综合评估工作，提高公司信息安全保障能力和水平。

【企业文化建设】公司党总支致力于加强文化建设：《关于永续债如何对接PPP项目支持实体经济发展的研究》获上海市金融学会年度重点课题三等奖，《关于发展绿色金融推进实体经济发展的研究》的研究成果，入围上海市金融学会青年课题评审；有计划、有目标地组织推进“两学一做”学习教育，强化党员干部的理想信念和宗旨意识；发动了圆梦“微心愿”活动，全体党员自发捐款为社区困难党员奉献爱心；注重员工身体素质的锻炼，组织开展趣味运动会、漫步走和网络公益跑等活动，切实增强了团队协作精神和凝聚力；通过修订、新增各类规章制度、推行内外双重培训机制以及定期开展合规排查和穿行测试检查等措施，多措并举，助推全面风险管理文化建设。

鞍钢集团财务有限责任公司

【经营概况】2016 年，鞍钢集团财务有限责任公司（以下简称“财务公司”）认真贯彻落实鞍钢集团工作会议精神，深入践行“调整、改革、创新、加强党的建设”四项重点工作，按照“控险、创效、服务、保障”的工作要求，积极应对各种不利因素的影响。推进精益管理，不断提升服务质量和效率，开展多种方式创效工作，努力提高盈利能力。充分发挥党委的领导核心和政治核心作用，切实担负起管党治党的主体责任，党的组织建设、思想建设、作风建设、制度建设和反腐建设都取得长足进步。截至 12 月末，公司累计实现利润总额 7.49 亿元，超预算进度 0.17 亿元；资产总额 207.44 亿元，自营贷款余额 134 亿元，委托贷款余额 257 亿元，吸收存款平均规模 139 亿元，存放同业平均规模 60 亿元。各项监管指标全面完成，资本充足率为 29.57%，流动性比例为 47.87%，资本收益率为 8.58%，资产收益率为 2.44%。

【信贷业务】公司针对成员单位差异化资金需求，设计个性化融资方案，帮助其解决融资难题，全年累计为成员单位发放自营贷款 141.72 亿元，累计为成员单位办理票据贴现 44.28 亿元。尤其是充分运用票据功能，多方式为成员单位解决资金需求。全年累计为攀钢区域办理商票贴现 37 亿元，缓解了攀钢区域资金紧张问题。全年累计为成员单位开出电子银行承兑汇票 44 亿元，发挥承兑汇票融资功能延缓成员单位资金压力。与商业银行合作开展同业代理业务，为重机公司及钢绳公司开具纸质银行承兑汇票 1.14 亿元。

【资金和投资业务】一是加强资金头寸管理，提升同业存放收益。在风险可控的条件下积极主动与银行协商提高协议存款收益，实现收入 0.95 亿元。二是抓住资本市场运行环境向好的有利时机，开展可转债和新股申购业务，持有可转债和股票 0.59 亿元。三是优化资金池资产结构，合理配置债券，取得利息收入 0.42 亿元。四是积极为攀钢集团开展转贴现业务，降低集团融资成本，全年累计共实现转贴现 15.30 亿元。

【资金集中】跨区域人民币资金集中管理系统进一步完善。公司配合鞍钢集团各板块成员单位的账户开立及变更工作，保证各板块结算业务有序进行。同时，在信息（N9）系统中增加了系统内自由转账功能，使操作资金调拨等付款业务可以直接在系统中做自由转账，有效规避了支付风险，也简化了业务操作环节。全年累计资金结算总额2.23万亿元，结算业务量24.54万笔。鼓励成员单位以定期存款、通知存款及协定存款的方式降低财务费用，服务和让利于成员单位。截至12月末，各类定期存款余额2.23亿元，协定存款余额90.7亿元。申请获批跨境人民币资金池业务资格，人民币双向资金池初步搭建。

【票据业务】票据集中管理平台建设基本完成。按照鞍钢集团票据集中管理工作的统一部署，公司积极与建设银行、成员单位多方沟通，做好各单位票据池系统的入池手续办理及维护，制定票据池流程及系统操作手册。截至12月末，完成鞍攀两地43家成员单位的纸质票据集中上线运行。同时，针对电票集中管理也多次与主管部门及有关银行进行探讨研究，并形成初步方案。

【外汇业务】外汇集中管理平台正式运行。经过积极申请，公司获批结售汇综合头寸、全国银行间外汇市场会员、全国银行间同业拆借中心外币拆借会员资格。成功申请提高外债额度，可归集的外债额度由0.5亿美元增加至20亿美元，境外放款额度由30亿美元增加至50亿美元，境内外参与企业由31家增加至35家。按照鞍钢集团外汇资金集中管理要求，2016年3月开始对境内中国银行美元及香港地区3家企业的外汇资金进行集中管理。截至12月末，境内10家成员单位及境外3家成员单位已实现外币资金上收、下拨。澳洲地区资金集中工作正式启动，集中方案已经确定。通过环球银行金融电信协会（SWIFT）对境内外非直联行进行集中管理。

【业务创新】一是与兵工财务公司签订《商业汇票互认合作协议》，将股份公司持有的3.24亿元兵工集团商业承兑汇票转贴给兵工财务公司，实现鞍钢对外票据互认第一单。二是配置票面利率3.02%、期限1年的同业存单0.3亿元。三是购买短期证券理财产品0.2亿元，票面利率为4.05%。

【风险管理和内部控制】公司针对内控环境、风险合规管理、信息与沟通机制及内部控制效果进行风险识别，排查新业务风险点。结合内外部经营环境，有效防控风险，对重点成员单位进行风险压力测试。开展制度“立改废”工作，完善制度体系建设，全年新建制度20个，修订制度34个。研究财务公司行业CORE（核心）评级体系各类指标，完善提升方案，促进管理升级。开展风险文化周答题活动，深植风险文化的管理理念。

加强业务审计力度，对业务开展、董事会履职及存放同业情况等22项内容进行稽核和合规检查，实现检查全覆盖。对银监局“两个加强、两个遏制”提出的问题制定整改方案，全面完成落实整改。

【信息化建设】公司梳理完善信息系统存在的问题，针对提出的118个缺陷和需求进行逐一落实，截至12月末已完成115项。在成都建设应用级灾备中心，实现数据库两地三机同步，保证资金结算系统安全不间断运行。建立信息例会制度加强业务与科技信息间的交流，形成业务与科技互动的定期交流机制。整合OA办公系统，全面实现总、分公司和住房公积金部三处办公地点的OA系统统一管理。

【党建工作】加强党建基础工作。公司完善党委工作运行机制，落实管党治党主体责任，对照《鞍钢集团公司党建工作考核评价办法（试行）》，健全党建工作体系，严肃党内组织生活。将巡视整改与“三严三实”专题教育和民主生活会相结合。召开党风廉政建设警示教育大会，认真做好中央巡视组及鞍钢党委第二巡视组专项巡视的反馈意见的整改落实，落实党风廉政建设主体责任。加强党风和反腐倡廉建设，深化惩防腐败体系建设。

扎实开展“两学一做”学习教育。公司通过外聘教授讲课、组织员工竞赛答题、发布学习资料、班子成员讲党课及党支部互检等形式，扎实开展“两学一做”教育。

强化活动载体建设。公司开展共产党员工程主题实践活动，建立完成6项财务公司级共产党员工程项目、1项鞍钢级共产党员工程项目，创效1324万元；开展“党员献良策”活动，共收到建议27条；开展纪念建党九十五周年系列活动、党委书记抓基层党建项目活动等。

中国电力财务有限公司

【经营概况】2016年，中国电力财务有限公司（以下简称“公司”）面对存贷款利差大幅收窄、内蒙古电力公司因自身成立财务公司转出资金、成员单位压降并表资金等经营形势变化，认真贯彻国家电网公司决策部署，积极落实监管要求，挖掘集团成员单位各类资源，着力增加存款，加大信贷投放，提高资金运营效率和效益，扎实推进具有商业银行先进功能的新一代业务运营系统建设，大力拓展市场化业务，强化管理，提升服务，提质增效，较好地完成各项经营目标任务。全年存款日均余额1699.74亿元，贷款日均余额1101.61亿元，实现利润33.63亿元。高效推进各项重点工作，未发生安全风险事件，无新增不良资产，主要监管指标均符合监管要求。连续六年荣获“金龙奖”年度最佳财务公司称号，保持了良好的发展态势。

【结算业务】2016年，按照国家电网公司要求，各级成员单位均在公司开立了内部账户，为全面推行内部封闭结算奠定了基础。公司进一步优化资金结算系统性能，不断增强结算能力，业务承载能力提高3倍以上，全年累计办理结算业务375.78万笔，同比增加8.2%，继续保持结算安全零事故、客户资金零风险。

【存款业务】2016年，在内蒙古电力财务公司正式运营、转出存款平均规模113.67亿元的情况下，公司实现存款日均余额1699.74亿元，比年初计划增加133.74亿元，增长8.54%。完善存款业务市场化激励机制，积极拓展社保、工会等存款业务，着力稳定存款规模。

【信贷业务】2016年，公司在满足监管要求的同时，努力提高信贷业务管理水平，实现了信贷规模稳步增长，贷款日均余额1101.61亿元，同比增长21.30%，有力支撑了重大电网项目和农网改造升级工程建设。同时，积极进行信贷业务创新，完成首笔融资租赁直租业务，研究确定首笔人民币外债引入方案，多种形式落实集团融资需求。

【资金业务】2016年，公司财修订资产负债管理制度，完善资金计划统一调度管理流程，调整备付额度管理策略，发挥内部资金转移定价的引导作用，加大资金运作力度，进一步提升公司资产负债管理水平，资金备付规模有效压降，资金利用率同比提升6.11个百分点。

【投资业务】2016年，公司面对投资市场形势的变化，及时调整投资思路，完善证券投资业务激励机制，全年实现证券投资收益7.20亿元；多次参与投资国家电网公司绿色债券和短期融资券，投标认购国债为国家电网公司的国际复兴开发银行贷款提供质押，积极支持集团融资业务；加强投资创新业务研究，联合外部金融机构，创新新股投资合作模式，创新定增类产品投资品种，进一步提高投资效率和效益。

【票据业务】2016年，公司推进电票系统与财务管控系统集成，积极申请加入人民银行电票线上清算系统，提高业务便利性，加大票据业务推广，累计办理票据承兑177.31亿元，同比增长2.8倍；票据贴现30.17亿元，同比增长17.5%。

【外汇业务】2016年，为更好地服务国家电网公司国际化发展战略，公司成功建立本外币跨境资金双向通道，完成监管备案和主归集账户开立，与各合作方形成业务方案，服务手段更加丰富。协助完成国网全球能源互联网研究院美国分院、欧洲分院的注资工作，按时完成国网节能公司提前还贷977万美元、国网总部还贷663万美元等购汇任务。服务对象扩大至18家，全年累计办理结售汇业务1.87亿美元。

【资金集中】2016年，公司建设集体企业资金监控系统，实现国网公司集体企业资金在线监控。国家电网公司召开两次大规模视频会，明确要求各成员单位必须在公司开立内部账户，全面推行内部封闭结算。

【管理创新】2016年，公司在业绩考核管理中，将各经营单位核心考核指标的计划值核定与薪酬分配评价得分系数结合起来，将指标预期计划增幅由高到低分为A、B、C三档，由各经营单位自主选择，认领合适的档位套餐，如果选择A档高档位，则完成计划，获得的奖金多，若未完成计划，扣减的奖金也多。公司较好地解决了计划核定过程中上下信息不对称的问题，增强了考核激励的针对性和有效性。此外，在财务公司行业率先采用商业银行核心系统产品，推动构建“六化三中心”先进运营管理模式（“六化”：产品模型化、业务流程化、渠道协同化、风险体系化、架构组件化、本外币一体化；“三中心”：产品中心、定价中心、运营中心），为公司业务、管理、技术全面升级创造条件。

【风险管理和内部控制】2016年，公司始终坚持将依法治企和风险管控摆在突出重要的位置，严格依法合规经营，有效监控各类经营风险，持续提升风险管控能力，为公司实现年度经营目标保驾护航。一是对照银监会2015年度监管意见，逐一完成整改。二是按照统一部署，完成“两个加强、两个遏制”回头看工作。三是优化管理界面，进一步明确专责风险师职责，加强分支机构风险防控。四是全面开展资金安全专项检查和为期三个月的信贷风险联合检查，累计开展18家分支机构负责人任期经济责任审计和6个专项审计。五是认真开展2011年以来国网内外部审计整改回头看工作，推动解决历史遗留问题，收回账销案存和不良资产6206万元。六是强化同业业务和证券投资业务的风险管控机制建设，有效防控市场风险。七是开展普法宣传教育，完善公司规章制度体系，推进合规授权管理，提升合同审核质量及效率，做好招投标管理及法律保障工作。八是加强保密、档案、值班和安全管理，没有发生失窃密和信息安全事件，日常运转平稳有序。

【人力资源管理】2016年，公司坚决贯彻落实国家电网公司人力资源管理各项决策部署，扎实推进人力资源管理各项工作。一是构建“职务”“职级”双序列，完成公司首批职员职级聘任工作，拓展员工职业发展通道。二是借鉴市场化金融机构运作经验，建立健全覆盖存款、信贷、投资和资金业务的市场化激励机制，并取得明显成效。三是建立员工薪档积分实施细则，强化绩效管理与结果应用。四是多渠道开展挂职挂岗培养锻炼，向国家电网公司系统推荐挂岗人员 11 名。五是成立公司创新发展柔性团队，选聘 46 名研究员。

【信息化建设】2016 年，公司信息化建设以积极推进新一代核心业务系统建设为重点，加强信息化项目建设，保障系统安全稳定运行。一是扎实推进新一代业务系统建设。相继完成产品培训、应用研讨、需求梳理、需求评审、应用开发等环节工作，有序开展用户验证、数据移植测试，组织开展试点试用。二是重要系统建设和安全运行工作成效显著。完成资金结算系统性能优化，完成 8 家地方商业银行银财直联，完成电票系统蒙东上线开发及人民银行线上清算项目建设，完成集体企业资金监控系统项目立项、项目管理、安全测评等工作，为落实国网内部封闭结算、加强资金安全管理提供了坚强技术保障。全面加强信息系统安全运行管理，完成 25 项安全专项工作、70 余次应急演练、45 次版本发布，通过主动运维，有效防范资金支付风险，继续保持信息安全零风险事件。

【企业文化建设】2016 年，公司的企业文化建设稳步加强。一是进一步加强党的建设。扎实开展“两学一做”学习教育活动，推进各级党组织思想政治建设常态化、制度化。顺利召开公司第一次党员代表大会，选举产生公司第一届党委和纪委，在国网系统率先完成党组改党委工作，各分支机构也顺利完成党组织关系划转和换届选举工作。深化党风廉政建设，扎实开展协同监督，认真落实全面从严治党要求。二是民主化、公开化选树典型，弘扬先进，营造干事创业、创先争优的浓厚氛围。公司被中国人民银行营业管理部评为“综合评价 A 级单位”，荣获国家电网公司财务、审计、信息通信工作先进单位和会计知识竞赛、党群技能竞赛优秀组织奖；公司直属营业部被评为国家电网公司优秀共产党员服务队；盖永光董事长和刘和平同志被评为国家电网公司劳动模范；1 名同志被评为全国电力行业优秀思想政治工作者；7 名同志获得国家电网公司先进表彰。公司还评出 1 个先进单位、15 个先进集体和 29 名先进工作者。

神华财务有限公司

【经营概况】2016 年，神华财务有限公司（以下简称“公司”）围绕神华清洁能源发展战略，以“建设国内一流财务公司”为目标，凝聚共识、转变思想、开拓进取，锐意创新；

以清洁能源发展战略为引领，完善风险防控体系，巩固和加强传统业务；以全面深化改革为抓手，推动职业经理人改革试点和公司投融资业务创新升级；以对标管理为支点，夯实基础管理，强化业务能力，全面推进信息化建设；以“两学一做”学习教育活动为契机，推动岗位薪酬体系建设，提升全员素质，超额完成全年各项经营任务。

公司全年实现营业收入20.60亿元；实现利润总额10.41亿元，超出考核值2.91亿元，增幅38.76%。实现中间业务收入0.61亿元，超出考核值0.26亿元，增幅73.11%。资产利润率1.83%，同业存款收益率2.27%。管理费用和七项费用控制在目标范围内。

截至2016年底，公司自营贷款余额306.71亿元，为成员单位节约利息支出约1.31亿元；委托贷款余额985.26亿元；公司吸收存款余额为466.36亿元；实现投资收益0.03亿元。集团全口径资金集中度达到53.25%。

2016年，公司为集团成员单位提供结算服务量213075笔，同比增加4923笔，增幅为2.37%；结算金额20160.53亿元；为成员单位出具询证函221份。

2016年，公司再次获得集团五型企业考核和财务公司协会行业评级双A级，多项经营指标位列行业前列。

2016年，公司经营稳健，资金运行安全，未发现违法、违纪事件。截至年底，公司资本充足率为18.74%，不良贷款率继续为零，流动比率为80.01%，各项风险监管指标均符合要求；信贷投放符合人民银行调控要求；关联交易额度符合金融服务协议和中国神华的文件要求。

【信贷业务】2016年，公司根据集团的形势和风险评估，主要领导组织研究，形成信贷政策和框架，确定将信贷重点安排在符合集团战略发展、产业政策和重点项目上，并稳步增加中长期贷款占比，使资金投向更为合理，资金结构更为优化。同时加强信贷风险管控力度，加强对潜在风险的监控、预警和排查，加大实地贷后检查工作，保障信贷资产安全。

【资金和投资业务】2016年，公司力争在投资业务上取得更大突破，制定了公司2016年度投资政策和框架并经公司董事会审议通过。在此基础上，为全力推进投资业务，公司从投资制度优化、证券交易室建设、投资具体实施方案设计、投资项目等多个方面入手，投资业务成果丰硕。一是大力推进证券交易室建设，按照硬件配备、账户系统搭建及信息化建设三个阶段分步实施，并完成交易室设计规划和实施方案。二是制定投资业务方案。公司多次召开总经理办公会议，专题研究完成投资业务方案和具体实施方案。三是投资业务顺利起步，在公司年度投资业务的顶层规划和政策指引下，多次召开投资业务审查委员会和总经理常务会议，讨论研究投资项目。全年完成五笔投资项目，共计25亿元，构建了以中低风险投资产品为投资对象、期限合理搭配的投资组合，预期年化收益率达到4.2%，创造了新的利润增长点。

【资金集中】公司抓住集团经营向好，资金总量上升的有利时机，加强与集团财务部和成员单位的沟通协调，不断加强资金管理工作，严格资金调拨审批，确保资金运行安全。通过“服务”和“安全”两个发力点，有效提高吸收存款规模，2016年11月吸收存款余额首次突破700亿元。全年平均资金集中度为55.42%，较2015年提高近8个百分点，最高达到62.91%，日均存款余额为570.35亿元，较2015年增加163亿元。

【业务创新】公司以保险经纪公司作为职业经理人改革试点，推进全面深化改革工作。为落实集团关于财务公司实施职业经理人改革试点的要求，一年来公司陆续完成了对集团公司及成员单位保险开展情况的多次调研、多方选定战略合作者、拜访保监会审批部门，以及开展多层次多轮商务谈判等重要工作，最终推动保险经纪公司设立取得实质性进展，并向集团正式上报设立申请材料。

【风险管理和内部控制】公司以监管部门“两个加强，两个遏制”和设立审计稽核部为契机，将风险合规检查和日常稽核工作常态化，并逐步纳入考核机制。公司领导高度重视、亲自督办、重大事项沟通由分管风险的领导亲自协调，前后多次赴优秀财务公司调研学习，梳理公司各业务流程和风险点，将风险管理嵌入核心业务流程中。公司不定期开展合规检查工作。在2016年合规自查中，累计发现问题25个，公司多次召开会议，研究制定整改措施，确定时间表和任务分工。2016年公司还组织7项风险排查工作，防患于未然，提高了公司风险管理的精细化水平，确保资金安全。

结合监管部门关于公司资金安全内部控制问题整改工作，公司多次组织会议研究整改措施，各部门积极推进落实整改工作，积极与集团公司及相关银行沟通协调，坚持以资金安全为核心，紧密结合金融业务实际和集团资金管控要求，保证一次整改到位。公司加大对银行账户管理、印鉴保管、大额资金审批和贷款发放等重点业务的审计稽核力度，梳理出关键风险点73个，进行专项检查5次，不定期抽查2次，联合检查1次，确保重点领域重点业务风险可控，有效发挥了审计稽核的监督、预警和诊断职能。

【人力资源管理】优化岗位薪酬体系建设，打通员工职业发展通道。为进一步优化公司薪酬体系，引导和激发员工的价值创造能力，创造优胜劣汰的企业文化，公司在完成岗位梳理和岗位评价的前提下，组织实施岗位薪酬体系建设工作，实现员工薪酬与企业经济效益变动、个人价值创造的联动机制，形成业绩导向和积极向上的文化氛围。经过与咨询公司多次进行沟通，领导班子多次专题研究，完成岗位体系建设及薪酬优化方案，并经员工大会通过。

创新培训方式，提高全员素质。为了激励员工，提升员工综合素质，公司围绕“管理创新、业务创新、服务提升”主题开展了9期自我启迪系列培训。该系列培训由员工主讲，年末进行了评优，为员工提供了自我展示和交流的平台。此外，公司还以赴现场参观、实地考察和外部培训等形式开展培训工作，组织员工参观国家安全委员会系列展览，赴神华矿区参观调研，参加人民银行、银监局、财务公司协会组织的各类培训，开阔员工视野，提高业务能力和综合素质。全年培训40余批（次），培训总人次213人次、总学时2544小时，人均学时47.11小时，培训覆盖率100%。

【信息化建设】公司信息化建设一直受到了集团公司和公司董事会的高度重视和大力支持，公司“以打造‘集团金融服务的资金管理中心’为目标，统一规划，分步实施，急用先行，以信息化建设带动业务发展”的信息化工作思路。信息化整体规划建设自2015年启动以来，多次召开会议专题研究，历经现状调研、信息化架构蓝图设计、实施路线规划、汇报与总结等阶段，于2016年全面完成。

经过公司反复研究，并和集团沟通，最终确定先期推进新核心业务系统建设项目。公司于2016年9月6日召开了信息化工作暨新核心业务系统建设启动会，正式启动该项目。已完成项目立项，并启动招标工作。公司信息系统架构规划和业务连续性实践研究课题获得中国银监会信息科技风险管理课题三类成果奖。

中国电子财务有限责任公司

【经营概况】 2016年，中国电子财务有限责任公司（以下简称“公司”）全年营业收入5.51亿元，同比下降3.46%；利润总额2.69亿元，同比下降34.79%；对集团收益贡献8.02亿元，同比下降16.2%；全口径资金集中度49.40%，含委托贷款、委托投资的资金集中度为57.09%；管理费用贡献比为16.72%，比上年同期下降2.18%。

【信贷业务】 2016年，公司通过对成员企业总体经营情况的分析和项目的提前介入，为成员企业提供个性化金融服务方案，增加多品种的担保业务，提高为企业提供金融服务能力。系统总公司及下属公司新增13.30亿元授信，用于支持改制、转型及新中标项目的建设；进出口总公司新增13亿元授信，用于军品出口贴息贷款；长城开发新增14亿元授信，用于产业转移和智能总部基地建设；置换长城电脑、三乐、长江科技等企业银行贷款。同时新授信企业17家，新增授信115亿元。截至2016年末，金融服务日均规模达到208.79亿元，同比增长246.19%；委托贷款日均余额70.22亿元，同比增长61.91%；受人民银行控制信贷规模压缩3亿元至5亿元的影响，信贷规模89.71亿元，较上年同期增加54.19%。；融资性担保余额23.55亿元，同比增长30.47%。

【资金和投资业务】 加强同业合作，增加银行授信品种和额度，公司取得授信额度157.40亿元，同比增加1.55%。在保证企业资金需求的前提下，沉淀资金安排灵活多样，活期资金收益最大化，适度开展多品种低风险投资。

建立投资决策体系，规范投资业务。2016年公司成立了投资决策委员会，制定了投资决策委员会议事规则；制定了《公司委托投资基金和交易所逆回购业务流程细则》，优化了委托投资业务操作流程，分别在基金公司和证券公司为委托单位开立代理购买专户，对委托单位实行分户管理。通过上述工作，严控自营投资和委托投资风险，提高业务效率。2016年底委托投资业务余额16.26亿元，同比减少62.96%；丰富投资品种，增加投资收益。公司经过多年努力，于2016年10月获取有价证券投资的全品种业务资格，积极筹备银行间债券市场准入备案工作，为多品种投资提供了先决条件。继续拓展理财渠道和市场，突破原有单一委托投资模式，实现资金连续委托多品种投资，增加了债券基金、交易所逆回购、资管计划和上市公司定增等投资品种。加强与专业投资机构的交流合作，借用外脑，开展低风险投资业务。通过投资组合，分散风险，提高自营投资收益，也提高了成员企业理财资金收益。2016年8月公司首次成功参与了上市公司定向增发项目，认购资金1.66亿元，按12月30日收盘价格，浮盈179.53万元；2016年

12月参与申购“银河资本—弘尚资产耕耘中国3号资管计划”和“鹏华宏明均衡FOFD专项资管计划”两款资管产品，各投资人民币0.1亿元。这是公司获得有价证券全品种投资资格后，首次委托专业的投资管理团队进行投资，也是对开展委托外部投资工作进行的有益尝试。

【票据业务】加大与银行合作力度，公司在取得建设银行、招商银行、农业银行、中国银行、北京银行等7家银行票据保贴额度56亿元的基础上，积极推进与工商银行保贴业务和代开银票的合作。扩大票据业务的覆盖面和规模，降低企业资金占用量和资金成本，2016年全年票据业务规模55.19亿元，较上年同期增长11.18%。同时，公司集中集团票据资源，大力开展票据池业务，选择了南京、上海、深圳等地4家集团成员单位进入票据池，2016年全年票据池累计发生额3.80亿元。

【外汇业务】有26家企业在财务公司开展结售汇业务。2016年为成员单位办理865笔结售汇业务，较上年同期下降33.77%；总规模18.48亿元，较上年同期下降52.11%，共计为企业节约汇兑成本444.07万元。由于外汇局结售汇窗口指导政策和结售汇差额考核指标限制，外汇结算业务较上年同期有所下降，但在结算额度内，最大限度地满足企业的业务需求；完成跨境付汇银企接口的开发、测试、上线工作，实现了成员单位网银端付汇、代理成员单位收汇/付汇、国际/国内主账户间外币资金调拨等业务全部通过银企接口完成，节省了时间，降低了差错率。成员企业收汇也可以通过银行的实名收款账户自动进入公司结算平台，实现了与人民币实名收款同样的效果。2016年底资金池委贷业务余额19.45亿元，较上年同期4.09亿元增长375.55%。在年末趋紧的监管形势下，通过释放内部额度和寻求外部额度等方式，最大限度地满足中电控股资金出境需求，确保其按时偿还境外发债资金。

【资金集中】2016年，公司配合集团总部完成了对成员企业上年度资金集中考核工作，并对表现突出的成员企业给予专项奖励。公司继续依靠转变服务方式、提升服务质量拉动资金归集，建设优质高效的结算平台，不断提高服务意识和水平。2016年资金集中规模达287亿元（含企业存款、委托贷款和委托理财），同比下降7.42%。

【业务创新】公司与中电信息合作，共建深圳业务中心，充分整合财务公司与成员企业优质资源，扩大服务规模，提高主营业务收入，降低成员企业资金成本，促进产融结合，增加与成员企业的粘合度，更好地发挥财务公司金融服务平台的功能。2016年8月完成业务中心搭建，根据中电信息及其下属企业信用情况，在原有46亿元整体授信基础上，增加授信14亿元；8—12月中电信息整体贷款平均余额23.44亿元，较1—7月平均余额增加4.68亿元，增长24.95%，置换银行贷款3亿元，为中电信息节约资金成本982万元，公司增加营业收入0.20亿元。

【风险管理和内部控制】2016年，公司进一步完善了全面风险管理体系，加强风险评估分析，根据经营成本、市场利率趋势及成员企业综合贡献度等指标制定了差异化的存贷款利率管理办法及流程。

2016年，公司信贷规模89.71亿元，所有信贷资金均正常回收，均未出现逾期情况，对较高风险业务要求集团成员企业提供第三方担保或抵质押，以减少风险敞口；公司重视流动性管理，强调资金计划的重要性和及时性，2016年流动性比例为119.91%，资金流动性较为充裕；公司没有发生过操作风险事件，操作风险引致的资产损失为零。

2016年，公司继续推进内控建设工作。

结合公司业务发展的需要修订了《授信工作尽职管理办法》《信息系统管理暂行办法》等制度35项。通过制度流程的修订与完善，规范了业务流程，加强了风险管理。

【人力资源管理】2016年，公司着力加强全员考勤和绩效考核工作。公司选人、用人及考核机制逐步市场化，人员的进出上下和考察严格按照岗位职责要求和工作实绩执行。新的考核体系充分调动员工的积极性和创造性，进一步强化公司考核约束和目标管理工作，也提升了公司内部管理。

【信息化建设】2016年，公司信息化重点工作主要有三个方面：一是优化了网银端客户查询功能、打印功能，增加了“到期业务提醒”功能。在结算端优化了“实名收款到账查询功能”，使实名收款到账查询时间由优化前的半小时左右，提升到3分钟左右。二是与软通动力签订2016年系统升级优化合同，对核心业务系统完成了99项功能开发工作；完成了中国银行跨境付汇银企接口、外汇资金池二期等专项开发工作；完成财务部“报表管理系统”与核心业务系统接口的开发工作；调研了软通动力的“微信平台”，调研了兵工财务公司微信业务开展情况。三是满足公司独立上网及灾备需要的网络设计及设备选型，待公司装修完成后实现相关功能。

【企业文化建设】2016年，公司继续以开展党的群众路线教育实践活动为载体，积极建设阳光、和谐、透明的企业文化，树立“务实高效、勤俭节约”的企业作风。公司以丰富的形式组织员工学习、讨论，开展业务知识和管理知识培训，鼓励青年职工加快成长，勇挑重担，逐步建立业绩导向、积极进取、有朝气、有活力、有战斗力的专业团队。公司长期坚持开展丰富的文体活动，搭建职工交流沟通的平台，增加了团队的融合和团队的向心力，使员工队伍的精神面貌积极向上，创造了和谐的企业文化氛围。

航天科技财务有限责任公司

【经营概况】2016年，航天科技财务有限责任公司（以下简称“公司”）全年实现业务收入30.32亿元，实现利润总额15.40亿元。公司资本充足率、不良资产率、资产损失准备充足率、流动性比例等各项指标符合监管要求，全年无新增不良资产。

【信贷业务】公司积极开拓集团内外部信贷市场，日均信贷达到274亿元。紧盯集团融资需求，进一步加大内部信贷支持力度，给予成员单位授信额度654亿元，置换集团外部超短融、长期银团贷款36亿元，发放军贸贴息贷款38亿元，全面满足集团内部融资需求。

【产品销售信贷业务】公司积极推广多样化金融工具，满足成员单位个性化需求，全年累计办理融资租赁1.80亿元，应收账款保理12.40亿元，与商业银行合作开展联合保理

8.40亿元，多种金融产品的应用，丰富了成员单位采购支付手段、降低了融资成本、优化了财务报表；公司大力拓展产业链金融服务，解决产业链上下游外部客户的融资问题，审批通过买方信贷额度19.30亿元，累计发放买方信贷6.90亿元。

【资金和投资业务】公司准确把握债券市场波段机会，优化固收类产品配置结构，积极捕捉货币市场工具的投资机会；在2016年上半年同业存款利率较低且利率曲线较为平坦的情况下，及时采取长期资金短配策略，取得较好投资收益。

【票据业务】公司积极参与“军工票”业务，“军工票”业务合作由兵器工业财务公司发起，联合十大军工财务公司共同参与，旨在深化和拓展各军工财务公司票据业务，有效整合市场资源，提升产业链金融服务能力，提高军工财务公司地位和影响力。公司与合作商业银行论证推出了票据转贴现业务，分别与招商银行、中信银行、光大银行、交通银行、宁波银行论证了转贴现方案，解决了成员单位提出的产业链上游客户贴现问题。办理外部供应商票据贴现0.77亿元，在促进成员单位产品销售的同时，降低了应收账款的增长，并进一步提升了航天商票市场流通性与认可度。

【外汇业务】公司积极宣传推广即期结售汇业务，不断扩大业务试点单位范围，全年办理结售汇业务1.94亿美元，在下半年人民币大幅贬值、外汇管理部门严控外汇流出的情况下较上年增长6%。结售汇业务覆盖资本项下和经常项下，为成员单位节省大量结售汇费用，受到成员单位的肯定和欢迎。

【资金集中】公司加快资金归集效率，将建设银行资金归集模式由分散授权改为集中授权，归集耗时由数周、数月缩短至3个工作日；积极与工商银行协商降低账户管理收费标准，节省账户管理费近200万元；设计记账联动支付功能，电汇付款、商票兑付等业务记账实时付款；完成外币存款、即期结售汇、保险代理等业务回单电子化，提升结算基础服务效率；进一步推广网银服务，成员单位网银结算占比达86.10%，提高资金支付效率，完善成员单位资金管理信息。

【风险管理和内部控制】公司利用开展合法合规审查清单化、规章制度体系标准化，提升风险管理效率；开展决策、信贷、投资专项管理提升工作，优化审贷会、投委会决策程序，提升风险管理质量与效率。完成委托理财、票据业务等9个专项审计，提出了22项审计建议并得到采纳；积极推进内外部审计意见整改落实检查，督促整改，内审整改完成率为87%，集团审计整改完成率为94%。

【人力资源管理】公司针对骨干员工流失较多的问题，运用各类招聘渠道，及时补充部分部门重要岗位人员，保障工作正常开展；开展薪酬改革，调整工资固浮比结构，提高月工资收入，增强工资收入的保障功能，稳定员工队伍；制定投资团队超额业绩提成与客户服务团队超额业绩奖励的分类激励方案，加强业务人员激励；制订青年人才培养计划，储备骨干人才；开展面向新员工的集训、实习、传统教育等多种培训，帮助新员工认同航天、胜任岗位、自我发展。

【信息化建设】公司持续搭建综合大前置平台，统一外部接入核心系统渠道；完善外汇业务系统，实现集中收付汇电子化；完善票据、业务流程办理等核心业务系统功能，提高业务处理效率；持续完善1104报表、数据仓库等系统，保障监管报表准确报送；完善人力资源系统，为人力资源管理提供有效支撑；加强信息化政策环境、先进信息技术发展趋势研究，为公司信息化发展提供依据；开展信息安全等级保护测评、信息安全管理与灾难应急演练工作，保障信息系统安全稳定，提升突发事件应急抗风险能力。

【企业文化建设】公司指导团支部制订年度工作计划，丰富青年工作载体，宣贯航天优秀青年事迹，组织开展五四青年节主题活动及青年形势任务教育，选树优秀青年及先进事迹，参加集团公司青年文明号评选，搭建青年成长平台。丰富员工业余生活，不断增强员工向心力、凝聚力，组织开展“尽植树义务，享绿色成果”植树活动及“多彩六一，缤纷童年”六一主题亲子日、棋牌比赛、乒乓球比赛、健身操等各类文体活动，激发员工的内在活力和工作积极性。

【党建工作】公司积极加强基层党组织建设，发挥党支部战斗堡垒作用和党员先锋模范作用。对党支部实施目标管理，制定并下发《2016年支部目标责任书》及支部工作台账。先后完成支部委员增补、支部调整设置及换届改选，确保支部各项工作有效推进。加强对党员的教育管理及思想政治工作，按计划组织3名党务工作者及2名新党员参加集团公司党员轮训；按照集团要求，做好党员组织关系排查及党费收缴情况自查工作。坚持“双培养”原则，制订支部党员发展及培养计划，建立党员定期联系、定期谈话制度，指导支部做好党员发展及入党积极分子的培养教育工作。

航天科工财务有限责任公司

【经营概况】2016年末，航天科工财务有限责任公司（以下简称“公司”）资产总额达到713.03亿元，同比增长4.08%，营业收入实现15.58亿元，同比增长14.64%，利润总额实现10.03亿元，同比增长2.23%。截至2016年底，公司在职员工73人，平均年龄38岁，本科以上学历占比56%，硕士及以上学历占比38%。

【信贷业务】公司深入挖掘成员单位信贷需求，推进外部贷款置换，调整授信模式，完成贷款利率市场化调整，日均贷款规模达78.50亿元。

【资金和投资业务】公司通过不断优化资金与期限结构，灵活开展周期性资金配置，不断提高议价能力，有效提高资金收益。在上证指数下跌12%、深证成指下跌19%、债券和非标资产收益率不断走低的市场环境下，公司实时跟踪市场走势变化，合理调整投资仓位，全年仍实现较好的投资收益。

【票据业务】公司大力推广票据承兑与票据贴现，帮助成员单位改善经营活动现金流，全年累计完成票据承兑18.12亿元，票据贴现5.83亿元。

【资金集中】公司完成存款利率市场化调整，引导成员单位改善存款结构，相应带动日均存款规模显著提升。2016年，公司吸收存款年末规模达672亿元，日均规模达473.55亿元，通过实施差异化存款营销方案，不断挖掘新客户，新增各类账户405户。

【保险业务】公司贯彻落实集团公司统保工作要求，扩大保险范围，有效降低投保单位财产保险费率。全年承保车辆1197辆，投保率达92%，非车险保障金额达66.20亿元。

【业务创新】一是积极与成员单位协调沟通，加强与银行合作，第一时间开立美元账户，境内美元资金归集业务实现零的突破，年末美元存款规模达1.19亿元。二是与其他军工财务公司共同签署《“军工票”项目全面合作协议》，正式启动“军工票”业务产品，2016年完成“军工票”贴现7100万元。三是适应市场化需求，借鉴征信公司先进模式，建立了更加符合公司风控要求和自身发展的授信模型体系，满足不同类型成员单位融资需求。

【风险管理和内部控制】公司对现行规章制度进行梳理，修改、完善现行制度160余项；将法治工作融入经营管理全链条，实现了对重大决策、经济合同、规章制度的100%法律审核；确定公司层面五项重大风险，认真分析风险成因，制定适宜的应对措施及解决方案；加强投资业务市场风险的监控力度，为公司管理层决策提供有效的数据支撑；贯彻落实集团公司审计工作“3+1”机制，年度整改完成率达到100%。

【人力资源管理】公司制定了人才工作“十三五”专项规划和具体实施方案，明确未来五年人才工作的任务目标和发展方向；构建基于岗位价值创造的薪酬分配激励约束机制；修订月度绩效考核管理办法，进一步加强考核工作过程管控力度；制定《专业技术序列职务管理办法》，为非行政序列员工提供了较为完备的职业发展上升渠道。

【信息化建设】公司信息化建设稳步推进，服务能力迅速提升。一是加快核心信息系统建设步伐，完成了“新一代核心业务系统”7大业务板块、86个业务流程的梳理及优化，新增保理业务、银团贷款、短信平台、信贷类业务线上办理、超级网银、财企直联、全景查询等功能，为开展创新业务、提升业务办理便捷度提供支撑。二是完成ERP整体方案论证、实施建议书编制及蓝图设计；开展业务需求调研，完成财务系统业务流程梳理、数据标准制定等工作，实现财务核算流程闭环管理。三是配合集团公司全面启动智慧企业建设，完成了相关实施方案的编制以及集团公司智慧企业门户、收发文流程的初始化和应用推广工作。

【党建工作】公司党委、纪委正式成立，党建公司开启新篇章。通过“三会一课”、知识答题等方式，开展“两学一做”学习教育。扎实推进从严治党能力提升专项工作，不断夯实党建基础工作的规范化水平。深入推进党风廉政建设，修订完善公司《保障监督体系》，切实发挥保障监督体系整体作用。

【企业文化建设】公司充分利用互联网和官方微信等宣传平台，对公司突出鲜活事迹、一线典型事例开展集中宣传报道活动，营造了积极良好的工作氛围；通过职工春游及各类兴趣小组活动的开展，增强团队凝聚力；以举办读书会和沙盘模拟培训的方式，庆祝公司成立十五周年，传承公司传统文化；定期邀请航天医院专家举办健康讲座，提高职工的健康意识；组织参加集团公司第三届职工运动会，在几个项目角逐中取得较好成绩。

中船重工财务有限责任公司

【经营概况】2016年，在资产规模明显下降的不利情况下，中船重工财务有限责任公司（以下简称“公司”）全年实现营业收入23.65亿元，同比增长10%；利润总额22.22亿元，同比增长38.70%；经济增加值13.37亿元，同比增长39.54%；成本费用总额占营业收入比重为53.89%，全面完成集团公司和董事会确定的各项经营目标。

【信贷业务】公司遵循“精益、持续、改善”的工作理念，充分发挥各类信贷产品的功能，为集团和成员单位提供个性化、有针对性的融资服务。

积极落实集团公司与商业银行“总对总”授信落地，调整公司自营贷款整体结构。通过自营贷款置换到外部银行、重点客户贷款回收、调整僵尸企业贷款、协助集团成员单位在地方银行贷款等措施，实现贷款结构的有序调整；同时，大力推广中间业务，中间业务收入增速明显。

全年实现贷款利息收入12.33亿元、为成员单位开立电子银行承票88亿元，为集团整体节约财务费用13.60亿元。

【资金业务】落实集团公司资金集中管理新要求，全力推进资金归集工作。公司注重风险管控和流动性安排，以确保成员单位支付为前提，合理安排存放同业结构；加强资金的计划管理，严格控制头寸资金规模，提升资金精细化管理水平。按权责发生制统计，存放同业（剔除回购融资和央行存款准备金）收益率为3.40%。

【投资业务】积极把握资本市场变化，拓宽投资渠道。2016年，“资产配置荒”的尴尬境地和A股反复震荡的走势，给公司投资业务带来巨大压力，投资机会难以把握、投资收益大幅收窄。公司着眼长远，从业务布局、产品创新、积累经验、培养专业人才队伍出发，加强各类投资品种的研究、跟踪和布局，拓宽投资渠道，优化投资结构，寻求市场各种收益机会。

一是积极参与新股投资，通过卓有成效的新股管理与合理的投资方向，积极把握新股上市卖出机会，实现了较好收益。二是通过对国家战略和政策的深入分析，合理布局市场热点。公司根据经济新常态的战略定位，在年初及时加大符合国家发展战略、具备政策支持的重点行业基金的配置，并加强波段操作，取得了良好收益。三是以获取绝对收益为目标，加大专户等品种的布局。通过对市场大幅调整过程中产品的综合考量，从获取绝对收益的角度，公司加大了对专户产品的配置。四是推进一揽子投资业务建设工作，扩展与市场机构的沟通和合作。公司加大市场调研力度，就银行理财、信托等产品与各类机构沟通、交流、合作，逐步建立起一揽子投资业务。

公司2016年实现投资收益7.35亿元。

【资金集中】 强化资金流动性管理，积极开展同业业务创新。支付结算是财务公司的基础业务，是进行资金集中管理和为成员单位提供服务的重要手段。经过统筹安排、协同推进，提前三个月完成了结算业务系统的优化改造，于2月22日起全面恢复了成员单位直接对第三方结算。并在此基础上，对清算渠道进行了扩容，建成工商银行、建设银行、招商银行和交通银行四家银行同步代理汇兑的资金清算体系，进一步提高了资金支付清算效率。

组织开展集团公司资金预算管理系统建设工作，历时8个月，于2016年4月正式上线运行。

【业务创新】 发力业务创新，提升服务能力，拓展盈利模式。2016年，公司资金预算管理系统、信贷管理系统上线运行，为成员单位提供了更丰富、便捷的服务手段；以电子商业承兑汇票为代表的中间业务增速明显，保理业务迈出了第一步，与其他九家军工财务公司共同推出“军工票”为供应链金融服务提供了通道；在融资租赁、买方信贷等方面积极研究。

【风险管理和内部控制】 健全和完善风险防范机制，提升风险管理水平。2016年，公司健全和完善了从经理层到董事会，形成相对完善的风险管理体系，确保风险防控策略在事前防控、事中控制、事后监督跟踪和评价发挥积极作用。

针对公司各项业务面临的具体风险，在经理层，形成自总经理办公会、贷款审查管理委员会、投资审查委员会、风险合规部和稽核审计部到风险合规岗位的风控管理体系；在董事会，形成由战略与投资决策委员会、风险管理委员会和审计委员会组成的风控管理机制。在风险过程控制方面，公司根据法律法规和业务运营实际情况，重新修订完善了涵盖结算、贷款、投资、存放同业、融资租赁、保理、买方信贷等各业务条线管理办法、实施细则和操作程序。在业务开展中，严格授权，规范决策，规避风险。同时，通过风险合规审核、合规任职承诺、运营指标监测和风险排查等工作，提高全员风险合规意识、消除各类风险隐患、提升风险防范能力。

2016年，公司各项资产质量保持优良、流动性强，经营利润稳步增长，结算业务保持零差错，同业资金存放安全，信贷业务无不良资产产生，投资业务保持稳健。同时，公司继续保持了金融风险事故为零的良好风险控制记录，各项监管指标符合监管规定。

【人力资源管理】 强化人才队伍建设，提供人才强企新支撑。

一是坚持正确的选人用人导向，加强干部的选拔任用。坚持党管干部、党管人才的原则，严格规范干部选拔任用的程序，建立和实施公司《干部选拔任用管理暂行办法》，通过动议、民主推荐、考察等环节，提拔任用年富力强的中层干部6人；建立领导干部谈话制度，坚持领导干部个人有关事项报告制度，重视从德、能、勤、绩、廉各方面考核干部。

二是夯实业务骨干中坚队伍，推进梯次衔接的人才队伍建设。通过重点培养、内部交流、外部引进等多种形式，加强后备干部和业务骨干队伍的梯次培养，对挖掘员工潜力、发挥员工特长、提升员工综合素养起到了积极的推动作用，激发了队伍活力。

三是拓宽干部培养渠道，加大对年轻干部的培养使用力度。适应和满足公司转型发展的需要，积极探索后备干部培养的新途径，通过增设部门总经理助理岗位并选拔培养综合素质高的年轻员工，给机会、压担子，为青年员工的成长搭建平台、畅通渠道。

四是建立有效的激励与约束机制，激发队伍的积极性和创造性。制定和实施《部门绩效考核办法》《员工绩效考核办法》，完善《奖惩管理办法》，激发部门和员工的工作积极性；修订和实施《新聘员工等级管理实施细则（试行）》《员工考勤休假管理办法》《劳动合同实施细则》《岗位轮换及重要岗位强制休假管理（暂行）规定》等，对维护正常工作秩序、保障员工权益，保证新员工定级工作的规范化发挥了重要作用。

【信息化建设】大力推进信息化建设，为资金管理提供强有力的业务支撑。2016 年，公司建成并运行了信贷管理系统、灾备中心信息系统扩容改造等，电子档案管理系统、征信接口系统等项目有序推进，这些项目的建成使用，为公司业务开展和服务的深化夯实了基础。

【企业文化建设】大力支持工会的工作，重视员工身心健康。通过常年性“四个看望慰问”、员工拓展、健康体检、集体健走以及瑜伽、羽毛球健身等活动，增进员工的沟通、交流，增强团队建设；专门出台《员工健步走活动奖励相关规定》，激励员工开展持续性的日常锻炼，构建起积极和谐的发展氛围。

增进员工对军工和公司文化的认同。分批次选派新员工到集团成员单位，特别是历史悠久的企业去现场感受学习，接受军工传统和精神的教育洗礼，树立军工央企员工的责任担当意识；推进各级领导人员与各层级，尤其是普通员工的谈心、谈话，构建开放、平等、民主的氛围。

中海石油财务有限责任公司

【经营概况】2016 年，中海石油财务有限责任公司（以下简称“公司”）面对原油价格持续低迷、金融市场利率走低、同业竞争趋于白热、各类风险不断抬头的复杂形势，抓住集团主业实际需求，发挥内部金融独特优势，配合集团全面提升资金管理与资金资源统筹集约利用的质量与效益，争取良好经营收益。经过努力，公司逆市而上，存款、贷款投放、资金集中度等主要经营指标再创历史新高；主营业务收益稳中有进，超额完成各项经营目标，在复杂局面下实现了超常规的业绩表现；发挥了内部金融机构贡献管理效益、创造服务价值、助力主业发展的独特作用。

截至 2016 年末，公司资产总额达 1138.44 亿元，自营存款、自营贷款余额双双达到历史同期最高水平，并继续保持不良资产、不良贷款为零的良好记录。公司全年完成营业收入 27.09 亿元，实现拨备后利润 11.26 亿元，同比下降 27.27%，预算目标完成度达到 130.93%，人均年利润超过 950 万元。公司以为成员单位提供优惠利率贷款、随借随还灵活条款的方式，直接协助成员单位降低融资成本 9.6 亿元；帮助成员单位以委托贷款形式调剂余缺、间接降低财务成本 4.6 亿元；信贷业务收入实现费用支出内部化，减少外部银行财务费用 12.4 亿元；存款让利 1.2 亿元，合计为集团创造表外效益 27.8 亿元。

【信贷业务】公司根据集团成员单位抱团取暖、应对经营压力的实际需要，紧密跟踪各单位资金需求变化，量身打造信贷服务方案，一方面抓住集团内日益稀缺的大项目展开综合性服务，另一方面积极主动帮助成员单位置换原有高利率银行贷款、千方百计降低财务成本。公司凭借精心筹划、量身定制的最优融资方案，在集团内多个重点项目融资招标中脱颖而出，不但为自身赢得了最大融资份额，更为成员单位争取到最优融资条款，创造了互利共赢的良好局面。截至 2016 年 12 月 31 日，公司自营信贷余额为 316.04 亿元，较年初增加 26.56%；峰值达到 349.52 亿元，刷新了 2015 年全年 274.91 亿元的峰值纪录。自营信贷日均余额达 299.22 亿元，较 2015 年全年日均水平增长 39.83%。各项指标均创公司开业以来最好水平。

【资金业务】公司积极研究市场运行规律，总结把握集团资金运行特点，采取有针对性的期限配置策略，同时充分运用货币市场基金、同业拆入、准备金账户透支等多种流动性调节手段，在保证了客户大额用款的前提下，抓住了春节、国庆及年末等市场小幅上扬的时机，取得较好资金收益，并且尽可能规避了利率风险。2016 年，公司累计从银行间市场拆入 40 亿元短期低成本资金；多次使用人民银行准备金账户透支政策，争取到 16 天日均 6.35 亿元无息周转头寸。公司存放同业全年日均余额 332.29 亿元，加权收益率 2.88%，共取得存放同业收益 9.56 亿元。

【外汇业务】公司面对集团外汇现金流总量减少、外汇局要求京外成员企业购付汇业务回归属地办理等不利形势，深入挖掘业务潜力。全年完成结售汇金额 301.39 亿美元，略降 4.89%；为成员企业办理结售汇 543 笔，同比增长 39%。在努力保持业务规模稳定的同时，公司加强对市场的跟踪研究，提高操作水平。公司在银行间外汇市场取得的购汇汇率，较银行间即期外汇市场均价优 20 个基点，比上年同期增长了 43%，提升了结售汇业务的定价空间。2016 年全年外汇业务收入为 1785 万元，同比上升 29%。

【资金集中】公司大力推进金融服务网络建设，发展结算业务，对集团内具备条件单位的服务覆盖率已达 93%；客户遍布 28 省 107 个城市。公司全年完成结算业务 224123 笔，同比增长 3.01%；完成结算金额 2.34 万亿元，在油价大幅降低的情况下下降 11.22%，帮助集团加速资金流动，保障各类生产经营活动的高效运转。在此基础上，公司一方面配合总公司落实资金管理政策，发挥辅助管理职能；另一方面充分发挥专业金融机构的服务优势，完善服务网络，提高服务水准，以优质服务提高对于成员单位资金的吸引力。全口径和可归集口径资金集中率年末值和峰值均创历史最高水平。

【业务创新】公司为更好地发挥专业金融优势，帮助集团缓和利润压力，密切跟踪市场走势，积极推动业务创新，在现有投资品种基础上努力优化投资组合，先后开辟了定制公募和信托业务两大投资品种，在市场资本回报率一再下行的不利环境中确保了整体收益率水平的提升。

【风险管控和内部控制】公司 2016 年完成新一轮内控制度集中修订，实施制度新增 9 项，修订 92 项，废止 2 项，风险管控和内部管理的制度化水平继续提高；完成公司外聘律所的招标采选，法律工作水平再上新台阶；全面优化采办管理体系；妥善完成“营改增”，为公司健康发展提供了坚实保障。

【信息化建设】公司继续完善网络设备安全机制，升级征信系统，上线新 OA 系统；全面推广财务公司银行自动收款渠道，提高代客资金清算效率；实施售付汇业务系统整合优化方案，以信息化手段提升外汇业务效率。

【信用评级】依托于稳健有力的风险管控和严谨高效的内部管理，2016年，公司继续保持境内商业性金融机构最高水准的标准普尔、穆迪信用评级，在中国金融市场继续保持良好声誉。

海尔集团财务有限责任公司

【经营概况】截至2016年末，海尔集团财务有限责任公司（以下简称“公司”）注册资本60亿元，资产规模达720.67亿元，全年累计实现营业收入23.32亿元，利润总额16.95亿元，全年合计上缴税金7.13亿元。

【产品销售信贷业务】公司立足集团产业链中小微企业，积极探索中小微企业产品创新模式，通过聚合资源，整合服务，为客户提供全方位、定制化的金融服务，既能缓解产业链上中小微企业“融资难、融资贵”问题，也能够助推集团公司获得业务聚集优势，最终有效提升整个产业链的竞争力，助力实体经济发展。

公司在互联网数据分析、金融产品、流程再造上不断创新，为集团产业链超过2000家经销商客户提供金融服务，截至2016年，累计发放贷款100多亿元，创新推出了生意兴融、程易贷等系列金融产品。

创新大数据分析与O2O风险管理模式。公司在经销商融资产业数据方面已经完成与集团ERP系统对接，实时掌握经销商客户的订单数据、销售数据、库存数据、物流数据，为客户提供个性化的信贷产品，在额度、期限、还款模式上更加符合客户的真实需求。在操作系统上，全面引进专门针对中小微企业业务的信贷工厂系统，线上完整地解决了贷前资料收集、贷中审批及贷后管理的所有操作。

创新金融产品，提供个性化产品服务。在产业大数据分析基础上，对产业链客户进行分层管理，针对不同客户推出更加个性化的金融产品。例如，针对年销售额500万元以下的乡镇零售网点客户贷款，推出了“生意兴融”纯信用小额贷款，这类产品融资额度控制在30万元以内，通过大数据分析模型以及线下负面信息分析，为这类客户批量授信，并在产品设计中考虑到客户零售现金回笼快的特点，为客户专门设计了分期还款模式；针对销售额在2000万～3000万元的一线城市的中型产业链工程类客户，推出了符合工程特点的程易贷产品，不仅解决了客户由于资金问题而不敢承接优质工程业务的难题，也解决了原有订单融资产品中订单变融资、融资变库存的风险点，大大促进了整个产业链上库存的有效化解。

【资金和投资业务】2016年，公司通过精确编制资金预算，合理安排资金头寸，实现了资金需求得到有效满足和资金运营效率的最大化。

人民币流动性管理。公司不断加强资金预算管理，提高预算编制准确性，形成了以周资金预算为重点保月资金预算，建立各个业务部门共同参与、全流程控制的全面月资金预算管理体系。2016 年上半年，公司针对集团 GE 并购项目交割带来的流动性冲击，制定了科学的资产配置调整方案，并根据资金缺口制定多渠道资金补充预案，确保了150 亿元资金的一次性顺利交割。

融资业务。2016 年，公司累计融资 1322 亿元，其中，通过银行间市场融资 1288 亿元，加权平均利率为 2.51%，包括质押式正回购 1272 亿元和拆入 16 亿元，加权平均利率分别为 2.51% 和 2.85%；转贴现累计交易量为 18 亿元，加权平均利率为 3.03%；再贴现业务累计办理 572 笔，累计交易量为 16 亿元，年末余额为 2.98 亿元，再贴现利率为 2.25%，较低的利率有效降低了公司的融资成本。

投资业务。2016 年，公司通过银行间市场累计投资 1837 亿元，加权平均收益率 3.39%，高出同期 Shibor 71 个基点。其中，同业存款 62 亿元，质押式逆回购 998 亿元，买断式逆回购 166 亿元，理财 611 亿元，加权平均收益率分别为 3.24%、2.97%、3.17%、3.70%。投资业务品种的不断丰富，使得投资收益与资金运营效率得到进一步提高。

【外汇业务】2016 年，公司打造了外汇金融资源整合与集聚开放式平台，实现同集团境内外客户共创共享的发展模式。

外汇资金集中管理业务稳步推进。2016 年，公司资金归集流入总额 83.13 亿美元。全年外汇业务结算额达 342.93 亿美元，业务结算笔数达 4.5 万笔，分别较上年增长 16% 和 11.25%。截至 2016 年末，集团共有 92 家境内外成员公司在公司开立外汇账户 244 个同时实施资金归集，另有 80 个外部银行账户接受公司统一管理，保证了资金归集度及资金使用效率。

信用证业务广泛开展。2016 年，公司国际结算量达 16.1 亿美元，笔数合计 3383 笔。其中，信用证业务量 3.29 亿美元，境内电汇业务量 3.31 亿美元，境外电汇业务量 8.75 亿美元，境外代收业务量 0.25 亿美元，较上年增加了约 58%。市场份额方面，信用证业务市场份额约占 95%，境内电汇市场份额占 100%；境外电汇业务市场份额占 100%，SWIFT 系统的全面应用和公司国际结算互联网平台的搭建及优化，使境外成员单位享受“零距离”结算服务。

外汇衍生品业务有序开展。2016 年，公司在银行间市场累计交易量达 88 亿美元，较上年同期增长 40%。其中，即期结售汇 17 亿美元（交易中心排名 121/584），远期结售汇 36 亿美元（交易中心排名 19/160），人民币外汇掉期 35 亿美元（交易中心排名 68/159），外币对远期 0.7 亿美元，外币对掉期 0.7 亿美元。

【风险管理和内部控制】公司始终坚持审慎、稳健的运行原则，各项业务合规运营，整体风险可控。

业务流程梳理优化。2016 年，公司新增设贷后管理团队，建立贷后标准化管理体系，设定贷后监测、检查及处置流程，推进信贷工厂中贷后管理模块上线运行，并依据业务实际情况及贷后体系运行情况，对贷后流程、预警指标、检查频率等进行了优化完善。另外，对综合授信统一管理、保证金管理、押品流程管理、贷后管理模块均进行了梳理及优化，通过“综合授信”流程梳理排查，将部分专项授信业务并入集团内企业综合授信以便统一管理。制定了《贷款业务保证金操作指引》，对线下保证金业务操作流程进行了规范，确保保证金与业务的一一对应关系，拟定了《保证金质押合同》，要求保证金缴存前一律签订保证金质押合同，以保证对保证金的优先处置权，并将国际信用证保证金收支纳入国际结算业务系统进行统一管理。

内控制度建设。2016年，公司对全部制度重新梳理及再修订，新增制度10个，修订试行制度3个，包括《公司押品管理办法》《贷后管理制度》《公司业务保证金操作指引》等。成立新产品评审委员会及风险管理委员会，修订相关委员会工作规则。

【信息化建设】2016年，公司通过搭建财务系统、本币交易系统，推进网银平台、微信银行等系统上线，进一步完善了公司业务应用体系。已上线的系统，特别是网银与微信银行，在客户体验提升、新客户引流、提高作业效率等方面对业务发展带来极大支持。2016年，公司等级保护三级取得了96.9分的历史高分，通过了由DNV进行的ISO27001：2013版的评测。

【企业文化建设】2016年，公司积极构建符合自身特色的企业文化价值体系，组织开展了以产品创新、共创共享为主旨的“金融产品开放日”活动；以提升员工战斗力、树立标兵为目的的“创客之星”评选活动；以加强业务风险管理为主题的“风险合规文化建设”活动等，使企业文化的“软实力”真正成为转型发展的“硬支撑”，并把每年的6月定为企业文化活动月，开展丰富多彩的企业文化活动，进一步推动公司的经营发展。

吉林森林工业集团财务有限责任公司

【经营概况】2016年，吉林森林工业集团财务有限责任公司（以下简称“公司”）面对集团经济转型与产业结构转换的压力，克服停伐导致资金集中规模大幅下降、集团银行授信减少、资金头寸紧张等不利因素，以合规经营为前提，发挥财务公司功能作用，积极拓展同业融资业务，提高资金管理水平与融通效率，较好完成全年经营任务，更为维护集团资金链条平稳运行提供了强有力的支持。公司全年实现营业收入1.72亿元；实现利润总额1.13亿元；实现净利润0.84亿元。截至2016年末，公司资产总额26.3亿元，负债总额20亿元，净资产6.3亿元，流动性比例为41.6%，资本充足率为24.5%，资产收益率为3%，净资产收益率为13.4%。本年度公司被吉林省信用评价认证中心评为“AAA级信用企业”。

【信贷业务】2016年，因集团成员企业存款大幅萎缩、贷款和同业存款利率大幅下调等因素，信贷业务开展较往年难度加大。为保障集团公司改革顺利进行，公司一方面加大对集团及成员企业的贷款支持，另一方面争取为集团整体提供的担保总额度不压缩，保证了集团公司资金的流动性。年度累计发放自营类贷款84笔，累计发放金额68.13亿元，同比增长

35.78%；年度累计发放委托类贷款7笔，累计发放金额3.80亿元。年度累计为集团公司及成员单位办理了担保业务8笔，金额6.10亿元。

【资金和投资业务】2016年，外部授信业务的困难与问题逐步显现出来，公司在集团整体评级下降、原有授信额度逐步萎缩情况下，不断开发新的授信银行进行融资。截至12月末，有8家银行及财务公司与公司保持有效授信，累计授信余额19.90亿元。累计开展融资业务19笔，融入资金24.60亿元，同比增长34.43%。另外，公司在保证结算资金正常支付的前提下，对头寸资金合理匹配运用。截至12月末，累计划转资金193.50亿元。开展同业理财、同业存款等业务实现业务收入884万元，同比减少11.2%。

【资金集中】2016年，公司充分协调集团及集团成员企业，全年新签约上线资金集中账户21户，使集团公司、人造板集团、股份公司等重点客户资金集中情况得到了一定程度改善，在国家停伐政策导致集团成员企业资金量下滑的情况下，维持吸收存款日均余额14.61亿元，年末吸收存款时点余额16.42亿元，全口径资金集中度保持在60%左右，剔除不可归集因素影响，资金集中度可达90%以上。此外，继公司与工商银行、农业银行、中国银行、建设银行、兴业银行、交通银行开展资金集中合作后，新增了九台农商银行资金集中平台，归集范围得到了进一步扩大。

【风险管理和内部控制】2016年，公司内部审计部门紧围绕“制度建设”和“制度执行”两个基本“点”，开展风险管理与内部控制工作。研究制定了公司《内部控制评价试行办法》和《内部控制评价标准》，使公司《内部控制制度》不只是一项纲领性制度，更具有可操作性，弥补了过去“有制度无评价”“有评价无标准”的内控缺陷，得到了监管部门的充分认可。在制度执行方面，全面系统开展了公司制度、业务流程和岗位规范执行情况审计。另外，公司通过制定业务相关制度，规范业务流程，明确岗位职责权限和报告路径，加强对关键岗位控制等措施进行业务的风险控制。在日常工作中，针对在合规检查中发现的问题填制“反馈表”，由经办人确认，部门负责人监督整改。同时定期出具合规风险报告等，为公司稳健运行提供了有力保证。

【人力资源管理】公司加强人力资源六大模块建设，通过对组织构架、部门分工及员工定岗定责进行全面梳理和优化，建立健全公司薪酬制度和激励约束机制，进一步完善了《绩效考评管理暂行办法》《员工考勤管理暂行办法》等制度，加大对人才的引进、培养、考核力度，促进人岗匹配，人尽其才。

公司始终坚持“建立学习型企业”的管理理念，注重员工学习培训投入，鼓励员工参加相关职业资格考试和职称考试，组织员工参与各类业务培训和行业交流活动，提高员工的专业素质，不断增加员工的风险防控意识，有效提高员工的工作积极性和责任心。

【信息化建设】首先，在基础设施方面，利用不间断电源建立了关键岗位、关键区域应急供电系统，为关键岗位人员持续的操作业务系统提供了连续性保障。同时更新改造办公楼的视频高清网络监控系统，提升了公司的安全保卫能力。其次，在核心业务系统方面，结合公司发展需要，对资金管理系统进行了升级和功能扩展，增加了贷前管理、合同管理、贷后管理、同业授信、同业拆借、存放同业等模块，为业务的顺利开展奠定了基础；部署了办公自动化系统，简化办公流程，节本降耗的同时提升行政管理水平。最后，在网络安全方面更新了互联网控制网关，规范了上网行为规则，控制了上网流量，提高了资金管理系统的网络访问速度，确保了公司全网络的安全运行。

【企业文化建设】2016 年，公司强化党支部堡垒作用，组织全体员工共同开展“两学一做”系列教育，公司领导带头加入大讨论，深入领会“两学一做”理论内涵，提升党性修养，将支部作为全体党员交流分享、献计献策的平台，为改革发展凝心聚力的同时坚持执行企业内训制度，公司全体员工轮流担任内训老师，逐一讲解公司重要管理与业务制度，学习交流中强化公司制度执行力度，提高全员综合素质。

万向财务有限公司

【经营概况】2016 年，万向财务有限公司（以下简称“公司”）按照助力集团“国际化万向”的战略目标要求，重点围绕“服务创新、转型发展和风险合规”三大任务，积极开展金融业务探索和实践，创新与拓宽金融服务渠道，充分发挥金融服务功能，确保集团资金管理体系安全运行，实现公司稳健快速发展。

2016 年，公司共实现营业收入 46729.62 万元，利润总额 26751.8 万元，净利润 20969.61 万元，计划完成率分别达 101.59%、102.89% 和 99.86%；公司总资产规模达到 134.46 亿元，较上年增长 29.19%。公司资金集中度稳步提高，盈利能力、风险管控能力、业务拓展能力、IT 保障能力不断提升，圆满完成集团公司和公司董事会下达的年度经营、管理考核指标，各项监管监测指标全部达标。

【信贷业务】2016 年，公司信贷业务严格执行监管机构各项政策法规，实行适度、合理的信贷政策，保证信贷业务健康安全发展，有效满足成员企业客户经营需求。至 2016 年末，公司累计发放人民币贷款同比增长 13.52%；公司本外币贷款余额同比增长 44.08%；公司不良贷款为零，信贷资产业务运行良好。

【票据业务】2016 年，公司进一步推进和完善集团纸票登记系统的应用工作，及时充分发挥系统的信息收集分析功能，不断强化集团的票据风险防范工作。积极探讨并推进财务公司票据池方案的深入开展；全面推广电票业务应用，年末，已实现全集团应用，集团外接收财务公司电票的单位也达到 300 余家，主要成员单位的财务公司电票开票量占新开票量约 50%。2016 年，公司累计开立电子银行承兑汇票较上年增长 29.93%；票据贴现余额较上年增长 84.47%。

【外汇业务】2016 年，外汇资金集中运营管理试点业务取得新进展，全年累计完成集中收付汇业务 3058 笔。年末，共有 41 家成员企业客户列入可开展跨境双向人民币资金池业务备案名单，其中已有 3 家成员企业开展了跨境人民币集中收付汇业务。继续推进结售汇业务常态化进程，所有结售汇业务成员企业均已开展相关业务，并不断扩大结售汇业务范围，可开展业务成员企业新增至 25 家，业务量和利润均大幅增长。2016 年 4 月，公司获取在中国外汇交易中心外币同业拆借会员资格，为进一步开展外汇资金拆借业务打好基础。

【资金集中】2016 年，公司资金统筹功能继续巩固、强化，重点加强了财务公司、银行、企业三方协作，扩大了资金归集面，有效提高了资金集中度；配合集团清查企业银行账户，巩固资金归集成果。年末，公司本外币存款余额同比增长 40.39%；整个集团的资金集中度较上年有所提高，进一步提升了资源配置能力和效果。

【筹融资业务】2016 年，进一步完善筹融资结构，为集团国际化战略提供高效快捷的全方位金融服务。年末，公司争取到的集团综合有效授信额度使用率达到 50%；代理融资余额同比增长 24.95%；其中，政策性代理融资余额同比增长 12.71%；基准利率下浮 10% 及以下的贷款占代理融资余额的 16.43%，较大幅度地为集团降低了财务成本。

2016 年，公司重点推进了万向三农 15 亿元短期融资券、顺发恒业 12 亿元中期票据和 12 亿元公司债的审批和发行工作；组织完成了万向三农 15 亿元中期票据和万向钱潮 35 亿元超短融的申报审批工作，将根据利率情况适时发行。并启动了万向钱潮 15 亿元短期融资券和 15 亿元中期票据的注册工作。

【投资业务】2016 年，公司重点完善队伍建设，为业务稳健运行夯实基础。2016 年投资业务收益总体浮盈 10% 以上；并且通过两次开展基金申购业务，较好达到了理财创效的目的。

【风险管理和内部控制】2016 年，公司继续强化内控合规部和稽核部两部门的风险内控职能，健全了事前、事中以风险控制为核心，事后以稽核跟踪为导向的风险内控体系。公司在管控好自身金融风险的首要责任基础上，还肩负了整个集团的汇率风险、利率风险、财务风险等金融风险把控职责。2016 年，公司高效完成了各项信贷、票据及融资担保业务的合规审查工作，审慎提出业务的风险点和防控办法，充分保证了经营业务风险可控，有效保障了主营业务审慎合规，不断实现了合规和稽核在风险、控制与治理中的作用。

【人力资源管理】2016 年，公司重点围绕“七定”（定岗、定编、定责、定权、定能、定薪、定考核）目标对员工有序开展招聘、培训、考核、薪酬等各项人力资源管理工作。（1）完善公司薪酬分配制度，进一步改进业绩考核与风险金提留制度相结合的分配模式，健全员工激励机制；修订公司《各部门经济责任制考核办法》《各部门员工岗位考核办法》，明确岗位职责和目标任务，健全公司目标与绩效考核机制，切实将年度经营目标任务层层分解，落实到岗、到人。（2）健全人力资源管理制度体系，实行人力资源流程的全覆盖，修缮了包括薪酬管理、人员招聘、绩效考核等在内的 10 余项制度。（3）为公司业务经营提供人员支持，按需完成金融专业人员招聘工作。（4）强化“学习型组织”建设工作，通过“送出去”和“请进来”相结合的方式，累计开展了 20 余期内外部的业务专题讲座和金融前沿知识培训。（5）积极推进公司激励机制，根据评优办法开展季度优秀员工、年度先进集体、个人和年度优秀党团员评选工作，对年度经营工作、党团工作中表现出色的员工给予表扬；公司在对优秀员工、先进部门给予物质奖励的同时，对其先进事迹进行公布表扬、树立典型，激励全体员工向优秀党团员及优秀员工学习，此项工作取得了实效。

【信息化建设】2016 年，公司继续推进信息化建设工作，坚持系统优化和创新，实现信息系统对公司业务的有力支撑。根据经营发展需要，公司重点完成了运维规范的建设和无纸化办公系统的开发运行及不断创新、优化资金结算系统、电票系统、纸票系统和外汇业务系统等功能，很大程度上提高了业务开展的便捷性。

公司紧跟“大数据管理”发展热潮的步伐，持续深入开展大数据分析管理工作。经过努力，2016 年公司已落实各部门指定专人负责每个部门的数据统计、分析，最后由财务部汇总分析形成每月数据报告。大数据管理工作通过加大信息收集量和提高信息质量进行有效的数据分析，取得了明显成效，为公司决策起到了较大参谋作用。

【企业文化建设】2016 年，公司注重将企业文化与金融文化有机结合，取得了一定成效。一是继续发挥公司工会带头作用，积极组织开展金融业务知识竞赛书法比赛等活动，举办卡拉 OK 比赛、登山比赛等形式多样的文娱活动，丰富员工精神文化生活；二是进一步发挥党建工作对公司企业文化建设的主导和推进作用，将党风廉政建设与公司经营管理体系有机结合，发挥党员干部的先锋模范作用带动身边广大员工，促进公司企业文化建设；三是强调团队观念，开展员工关怀工作。组织员工开展员工岗位、薪酬满意度调查谈话，与公司员工就所关心的利益及焦点问题进行一对一面谈，对部门经理、新进员工、轮岗员工等不同类型群体也单独展开了专访，及时把握员工心态，及时反馈员工工作、生活状态，促进员工沟通，促使员工以更好的心态投入工作，创造更加和谐的工作环境。

中粮财务有限责任公司

【经营概况】截至 2016 年末，中粮财务有限责任公司（以下简称“公司”）资产总额 173.33 亿元，比年初增加 10.22 亿元，增幅为 6.27%；负债总额 141.29 亿元，比年初增加 8.72 亿元，增幅为 6.58%；表外业务 333.55 亿元，比年初增加 79.71 亿元，增幅为 31.40%；所有者权益 32.05 亿元，比年初增加 1.51 亿元，增幅为 4.94%。扣除资产减值损失后，全年利润总额 2.04 亿元，比上年减少 0.19 亿元，降幅为 8.52%；不良资产率为零。应计提拨备 1.76 亿元，实际计提 1.76 亿元，足额计提。

【信贷业务】公司紧跟集团专业化公司（平台）整合的脚步，深入剖析各专业化公司（平台）融资结构，明确服务方向，进一步拓展了中粮贸易、中粮屯河、中粮饲料、中国粮油等专业化公司融资业务，并创新采用安慰函形式增信，拓展了中粮置地大悦城项目。截至 2016 年末，公司自营贷款余额为人民币 88.06 亿元，较上年末增加 26.18 亿元，增幅为 42.31%。各项贷款全部属于正常范围，贷款收息率 100%，没有逾期、不良贷款。公司自营贷款业务全年共为成员单位节省财务费用人民币 2.71 亿元。公司全年发放委托贷款共 349 笔，同比增长 2.65%，累计发放金额 340.43 亿元，与上年相比增长 4.11%。

【投资业务】截至2016年末，公司有价证券投资合计3.19亿元，全年投资收益0.46亿元。由于2016年证券市场波动较大，公司继续循着安全稳健的投资理念，同时充分考虑资金流动性管理的需求，主要持仓信誉较好、规模较大、收益率较稳定的货币基金、资管计划及信托产品。

【外汇业务】公司继续推进结售汇业务，坚持集团整体利益最大化，以银行间市场的成本价格为成员单位提供结售汇服务，全年办理即期结售汇业务447笔，金额折合人民币29亿元，为集团节省财务费用570万元人民币。调研集团远期结售汇业务需求，开始远期结售汇资格申请前期准备工作。

公司继续扩大跨境资金集中运营范围，开拓外汇业务品种。2016年新增跨境人民币资金集中运营成员企业43家，增加净流入限额至571.59亿元；新增跨境外汇资金集中运营成员企业44家。公司全年累计协助集团及成员企业办理跨境资金调拨10.80亿美元及9.40亿元人民币。公司全年累计办理成员单位集中收付汇业务103笔，金额折合人民币168.80亿元。

【资金集中】公司致力于落实集团资金集中管理政策，推动集团资金管控水平提升，与8家国内主要商业银行建立银企直联系统，借助自身金融机构职能，行使对集团及各成员企业的资金归集、调剂、监控职责，在提高集团资金使用效率、降低财务成本、防范资金风险方面取得显著成效。截至2016年末，集团共有728家成员单位在公司开立账户，银行联网账户达2316个，较上年增长15%；共有551家成员单位开通代理支付功能，代理支付业务16.80万笔，结算金额852.40亿元，日均完成代理支付672笔，月均代理结算金额71亿元，较上年增长138%。

公司自推出资金管理子平台以来，在提高成员单位资金使用效率、资金预算结算等方面取得了良好的经济效益和管理效益。2016年，公司在集团内继续推广并成功为多家成员单位新建个性化资金管理子平台。据统计，各资金管理子平台内已实现资金集中管理103.07亿元。

【票据池业务】公司通过对各专业化公司（平台）票据业务的开展情况进行调研，并与多家商业银行进行研讨，选择招商银行票据网络，于2016年8月完成集团票据池试点业务，对控制票据管理风险、盘活存量票据和实现资源共享具有积极作用，同时为集团全面掌握票据信息提供有力支持。

【供应链融资】公司于2015年10月和2016年4月，先后完成应收账款融资和应付账款融资试点业务。公司通过不断加强供应链融资服务的系统化建设，在原有信贷模块基础上，开通供应链融资核算模块，为供应链融资业务的推广提供了坚实的系统支持。截至2016年末，公司累计为企业提供供应链融资12亿元，其中应收账款融资3亿元，应付账款融资9亿元，解决了企业账期短、融资成本高的实际困难，同时降低了集团整体资产负债率及融资成本。

【风险管理和内部控制】2016年，公司逐步健全风险管理体系，加强重点领域的风险识别与防控能力，做到风险识别清晰、防控措施明确、责任分工到位。持续加强对信贷业务、资金业务、投资业务和外汇结售汇业务的风险控制审查，提出风险控制意见，有效防范各项业务的市场风险、信用风险、操作风险和流动性风险。持续监控各类风险状况及指标监测变动情况，在监管指标临近预警值时及时提出风险警告和风控意见。

公司董事会下设审计委员会，主要负责制订年度审计工作计划，指导内部审计工作，审查审计工作完成情况，跟踪问题整改情况，对公司经营管理活动的合规性、真实性、有效性进行审计评价，提出意见和建议，审查公司重点风险事项的管控情况等。同时健全公司稽核部对各项业务环节的稽核监督机制，积极落实常规和专项稽核工作，在账户开户、代理支付、预提息结息、贷款业务、风险资产、外汇结售汇、风险指标等方面进行有效稽核和评价。公司内部控制体系得到全面完善。

【信息化建设】为进一步满足各专业化公司的个性化资金管理需求，2016年公司资金集中管理系统分别为中粮贸易、中粮地产、大悦城地产、中国食品、中食公司、中糖公司、中粮生化7家专业化公司新建资金管理子平台，实现成员单位的内部资金融通。

在现有的资金集中管理系统基础上，公司于2016年新增了账户管理模块，将集团所属企业境内银行账户的开立、变更、销户、联网纳入信息化管理，建立分层审批制度，实现集团对全部账户的可视化管理，有效提升各专业化公司（平台）对所属企业银行账户的管理效率。

【企业文化建设】公司始终秉承“诚信，团队，专业，创新”的企业文化，努力建设学习型组织，提倡在工作中领会共同思考问题和做事的方法。2016年，为了进一步提高员工工作的积极性和主动性，公司不断优化培训体系，组织多层次、多角度的业务及专业能力培训，包括内部和外部的专业和拓展培训，提升公司人才队伍的整体素质，树立符合企业文化的核心价值观，增强团队凝聚力和创造力。

苏州创元集团财务有限公司

【经营概况】2016年，苏州创元集团财务有限公司（以下简称“公司”）全年实现营业收入5845万元、实现利润1957万元和净利润1250万元，年末吸收存款余额17.10亿元，贷款及贴现余额12.11亿元，总资产规模首次突破20亿元，各项监管指标也全部符合监管要求。此外，公司首次被中国财务公司协会评为2015年度企业财务公司A类机构，被江苏银监局评为2015年度风险评价结果二级（良好）金融机构。

【信贷业务】2016年，公司信贷投放紧跟集团“十三五”规划重点项目领域，加大了对工业转型升级产业，十大战略性新兴产业的金融服务支持力度，重点支持集团内新能源、新材料及其他高新技术企业的信贷需求。集团重点板块企业授信总额9.69亿元，较上年同期增加3.09亿元，累计发放贷款及贴现17.59亿元，较上年同期增加6.96亿元。在风险可控的前提下，分别为电瓷、新能源、洁净环保三大板块企业提供特色化服务。并始终服务成员企业，累计发放贷款加权平均利率4.72%，较上年同期下降0.54%，经测算，共为成员企业节约财务费用约850万元。在2016年的客户满意度调查问卷中，公司也取得了满意度达99%以上的好成绩，较上年同期提高了5个百分点。

【资金和投资业务】公司持有0.2亿元“09汾湖债”（2009年苏州汾湖投资集团有限公司公司债券），根据合同约定，本金从2016年开始分二期逐年归还，每期归还50%，因此，2016年年末公司持有至到期投资还剩余1000万元。该债券发行规模10亿元，固定利率7%/年，8年期。2016年取得税后收益119万元。另外，为增加营收渠道，公司加大了同业资本市场的操作，累计购买保本型银行理财产品3.9亿元，取得税后收益163万元。

【票据业务】公司开展了票据贴现（再贴现）、票据承兑、委托贷款、对外担保、同业拆借、自主银票、电子商票等业务，2016年累计办理汇票贴现38笔，共计金额1.53亿元，自主签发电子商业汇票2笔，共计金额504万元，代理签发保函19笔，共计金额1796万元。续办及新增委托贷款7笔，共计金额2.42亿元。充分解决了成员企业流动资金周转问题，大大降低了各成员企业的融资和经营成本。

【资金集中】公司主要对集团控股企业实施资金归集管理，努力挖掘内部融资潜力，积极走访成员企业，及时掌握成员企业的资金需求，通过提升服务品质、上浮存款利率等手段，着力增加有效存款。推进与上市公司的合作，签署金融服务补充协议，紧抓资金归集率增长较大的企业如苏净集团、资产开发公司、爱能吉公司等，这些企业的有效存款增加，保证了公司存款规模的基本稳定。2016年，全口径资金集中度为69%，可归集口径资金集中度为90%，归集率基本保持稳定。

【风险管理和内部控制】一是继续保持对已投放项目的贷后检查工作，严格执行贷款“三查”制度，特别是对经营业绩下降幅度较大的贷款企业，重点跟踪检查，要求贷款企业制定还款计划、控制贷款总量。定期进行现场检查，密切关注重点板块的生产、经营、现金流情况，及时了解企业的信用变动情况，定期形成汇报材料，提升信贷资产质量。二是针对江苏银监局关于开展“两个加强、两个遏制”的回头看的工作要求，公司全面开展自查工作，制定自查方案，明确自查内容，各部门分工协作，共检查账户132户，金额37.45亿元，未发现存在重大问题，对于发现的缺陷性问题已全部整改到位，着力规范了自身信贷管理、流动性管理和投资业务管理。三是公司严格按照监管部门要求和公司实际业务内控操作要求，对所有规章制度进行定期梳理，通过补充、修订、增减制度，对现有制度编排梳理，年内对104个《公司内控制度》进行了修订，新增内控制度5项、修订4项，废止1项。

【人力资源管理】为使公司青年员工迅速成长，公司继续与南洋商业银行合作，2016年6月派出第四批2名青年骨干到该行系统学习银行实务知识及操作技能培训，历时两个月，收到了较好的效果。另外，为提升公司各条线员工的整体素质，先后派员参加了人民银行、江苏银监局、财务公司协会、集团公司组织的“2016年非现场监管报表”培训、财务公司行业统计分析系统培训班、财务公司基础业务及风险管理培训班、创元投资集团党务干部党性教育培训班、安全生产知识复审培训班等各类会议培训40余次，全体员工的参训率达100%以上。

【信息化建设】为适应“三证合一”的企业工商注册新规，公司全面启动人民银行征信系统2.2版本的升级改造。2016年上半年，走访调研了省内多家财务公司征信系统配置情况，多次与软件公司沟通协商原系统数据迁移问题，设计完成符合公司实际的系统更新方案。2016年下半年，与软件公司进行老系统数据的迁移、新系统的部署、报文测试等一系列工作，经过近3个月的系统测试，完成了新老数据7轮测试，所有数据达到人民银行的验收标准，实现了征信新系统的正式上线。

【企业文化建设】公司始终践行“聚、创、诚、稳、优、廉、智、信”的核心企业价值观，并逐步成为每位员工的自觉行为和行动指南。充分发挥党组织作用，积极开展“两学一做”专题教育活动，以培训培养、团队建设活动为抓手，增强跨部门沟通，塑造良好的团队氛围。2016年先后组织了重温入党誓词、党员亮身份、三八妇女节蛋糕烘培DIY大赛、培育好家风征文比赛、“两学一做”专题灯谜等多种形式的活动，充分发挥党、团、工会在企业文化建设中的作用。另外，还组织员工开展了无偿献血、捐献“两学一做”党员关爱基金等公益活动，奉献爱心，履行企业社会公益责任。

珠海格力集团财务有限责任公司

【经营概况】2016年，珠海格力集团财务有限责任公司（以下简称“公司”）实现营业收入8.06亿元，实现利润总额7.55亿元，净利润5.66亿元；资产总额472.81亿元。公司不断进行金融产品创新，支持实体经济，风险管控能力、业务拓展能力、IT保障能力提升，全面完成董事会和集团公司下达的年度经营、管理考核指标，各项监管监测指标全部达标。

【信贷业务】公司根据产业链企业的实际情况，通过实践，不断加强金融创新，在金融服务产品、业务流程、风险控制、服务方式等多方面进行了有效创新，加大了对实体经济的支持力度，取得了一定成效。2016年，公司累计信贷投放与去年基本持平，产业链金融服务业务累计投放同比增长9.43%。贷款不良率继续保持为零，收息率达到100%，未出现逾期或欠息情况。按照五级分类，所有贷款均属正常，信贷资产质量良好。与市场利率相比，2016年公司为产业链企业节约融资成本超过0.61亿元。

【产品销售信贷业务】为了满足经销商的融资需求，促进格力电器产品销售，针对格力经销商的特点，公司不断创新业务形式、担保方式等，为经销商提供股权质押贷款、担保贷款、票据质押贷款、担保公司担保贷款等金融产品，有效地满足经销商的融资需求。2016年，对格力经销商累计信贷投放同比增长190.53%，有力地促进了格力电器产品销售。

【资金和投资业务】资金业务。2016年，面对错综复杂的金融环境，公司在资金管理方面依然坚持安全性、流动性和收益性原则，完善资金预算机制，通过资金匹配分析，及时调整资金计划安排，不断完善同业存款询价机制，合理配置同业定期存款的金额与期限，提高资金收益率。2016年，同业定期存款业务日均余额同比减少9.59%。

投资业务。2016年，公司继续坚持稳健谨慎的投资策略，不断优化投资组合，改善投资结构，丰富投资品种，截至2016年末，投资余额22.52亿元。为进一步拓宽公司投融资渠道、分散投资风险、提高公司资金收益，公司不断加深与银行、证券两个板块交易对手合作，同时开始布局与基金公司更深层次的合作，拓宽资金保值、增值渠道。

【票据业务】2016年，公司通过梳理集团产业链企业的结算模式，并将结算模式与票据业务相结合，形成了票据承兑、贴现和转贴现等业务链条通畅的票据融资业务。公司按照人民银行要求，积极规范和促进电子商业汇票业务发展，电子票据在格力产业链得到了更加广泛的应用，2016年，公司票据承兑业务全部实现电子化；累计为格力成员单位、产业链企业办理各类电子票据业务364.98亿元。

【资金集中】2016年，公司各项业务全面发展，资金的安全性、流动性管理进一步提升，通过对集团实体产业链加大支持力度，资金集中管理得到控股股东认同与支持。公司作为集团资金集中管理的核心平台，始终致力于加强集团资金集中管理和提高集团资金使用效益，为企业集团成员单位提供信贷与融资管理服务。2016年公司可归集资金集中度约为77.21%。

【业务创新】支持格力战略转型，做强金融服务。2016年，公司继续围绕成员单位战略转型服务，一是建立相关方案、制度；二是积极洽谈推进；三是对项目的现金流进行估算，并报董事会审批通过。获董事会批准宿迁基地等3个项目，授信额度27.80亿元，并根据进度放款，争取了政府的政策支持。

提升管理效率加强决策科学性。2016年，公司在资金转移定价（FTP）模型和资金转移定价管理办法的基础上，开发了“资金转移定价（FTP）管理信息系统”，通过流程再造，采用自动取数模式，提升了工作效率，系统能按业务单位生成FTP增加值，加强决策科学性。

资金分析系统数据对接模块细化。2016年，公司完成资金分析系统与九恒星系统数据对接，实现自动生成表格，分析数据同步更新，自动生成存贷款余额表功能，减少工作量；细化了企业存款、企业贷款到期日查询与预测，增加分类汇总功能；新增同业存款资金使用预测功能等，进一步加强流动性管理，应对利率市场化风险。

【风险管理和内部控制】2016年度，公司股东会、董事会、监事会严格按照《广东银行业金融机构合规风险管理指导意见》《商业银行内部控制指引》《企业集团财务公司管理办法》以及公司章程等的规定，明确公司董事会、监事会及经营班子在合规风险管理方面所承担的职责，确立了“全面、审慎、有效、独立”的内部控制政策。

2016年，公司经营班子始终坚持业务运营与合规风险管理并重的发展战略，建立了以合规风险管理为核心的事前、事中、事后的内部合规风险控制系统；健全了各项业务的管理制度和操作规程，完善了责任追究与处罚机制；将信用风险、市场风险、操作风险及其他风险纳入全面风险管理范畴；进一步明确了董事会、监事会、高级管理层、操作执行层在风险管理上的具体职责，形成了明确、清晰、有效的全面风险管理体系。

【人力资源管理】2016年，为提高工作效率，更好地促使公司年度经营目标的达成，公司每季度根据各部门里程碑节点时间进行催办并提交相应辅证材料，从项目“时间进度”和“完成效果”两大维度进行考评，审核评议各部门创新项目完成情况。

2016年，公司重新修订了《员工绩效考核管理办法》《经营班子绩效考评管理办法》，在绩效考核中增加了合规风险类指标完成情况，并确保合规风险类指标高于其他利润类指标，并且重点考评经营班子合规风险类指标的完成情况以及对集团的整体贡献情况等，其中突出金融服务支持以及服务质量的考核。为促进公司高管依法合规操作，重新修订了《格力财务公司高管问责制度》，确定了问责范围、问责事项、问责方式、问责规定和问责后管理，并针对问责事项的严重程度制订有针对性、可操作性的条款，进一步细化、完善违规惩戒机制。

【信息化建设】2016 年，公司在系统建设方面，继续实施信息系统二期项目，完成票据转贴现、中小企业授信实施上线，二期合同未完成模块的摸底工作，制订未完成项目的实施计划，签订营改增系统改造合同。在自主管理软件建设方面，继续完善产业链下游经销商大数据分析管理系统的开发建设，开发资金分析系统，满足业务发展需要，自主开发 FTP 定价系统，为公司管理层提供有效辅助业务决策。2016 年，公司还完成了服务器架构体系改造方案、虚拟服务器的安装迁移工作、机房 UPS 电池更新工作以及公司门禁系统建设工作。

【企业文化建设】2016 年，公司党支部，认真落实党的各项方针政策，深入开展党的群众路线教育活动和“两学一做”专题教育活动，积极开展创先争优、党风廉政建设教育活动。组织公司“巾帼文明岗”建设工作。在中国共产党成立 95 周年之际，格力集团授予公司党支部“先进基层党组织”称号，进一步激发了广大党员干部推动企业创新转型、建设幸福珠海的热情和干劲。

为丰富员工生活，促进员工交流沟通，增强团体凝聚力，公司积极组织开展各项健康有益的文体活动。协助举办新春员工、三八女员工、五四青年员工座谈会，为全体女员工开展美容礼仪培训课程，为全体员工开展中医“治未病”议诊活动。发动青年员工参加珠海市银行业协会智力运动会电子竞技比赛，组织全体员工参加珠海斗门南澳村幸福团队拓展活动。各项活动丰富了员工的业余生活，为员工的身心健康营造了良好的环境。

国机财务有限责任公司

【经营概况】2016 年，国机财务有限责任公司（以下简称“公司”）积极推进公司转型升级和二次创业，坚持产业链金融综合服务商的发展战略，着力培育“资金结算与管理中心”“客户服务与产业链金融中心”和“投资与资产管理中心”，充分发挥“1 + N”的团队服务模式作用，通过完善资金集中平台功能建设、拓展外汇业务服务范围和服务规模、优化信贷结构、稳定存款规模等具体措施，对内挖潜，对外增收，取得了较好的经营成果，公司吸收存款金额和资产规模都迈上了新台阶。2016 年，全年累计实现营业收入 6.32 亿元，利润总额 3.35 亿元，年末公司资产总额为 255.93 亿元，所有者权益总额 22.62 亿元。

【公司金融】2016 年，公司累计办理各类贷款、贴现、担保业务 138 亿元，各项信贷业务日均余额 64.47 亿元，年末贷款余额 84.81 亿元，同比增长 17%。在发展方向上，继续坚持以集团产业链为导向，以成员企业项目及业务为轴心，努力创新产业链金融产品，增强产业链金融服务能力；增加对光伏清洁能源项目、机器人项目等高端装备、智能制造、清洁能源等集团战略新兴产业的信贷支持度，助力集团转型升级。在风险控制上，针对供给侧结构性改革推进中集团成员企业呈现的经营分化态势，积极调整优化信贷业务结构，提高项目专项贷款、票据等与具体经营项目相关的项目资金支持，降低一般性的流动贷款比重；强化贷款三查工作力度，完善授信管理体系，增强自身风险甄别能力，有效控制信贷业务风险。

【产品销售信贷业务】经过多年发展，公司融资租赁、买方信贷等产品已具备国机特色的个性化特征，以及标准化的业务运营模式，在支持成员企业产品销售，降低成员企业“两金”占用中发挥了积极的作用。2016 年根据成员企业经营的新特点，公司进行了融资租赁业务结构调整，加强售后回租业务的宣传推广，不断提高售后回租业务比重，实现了融资租赁业务结构的优化和整体风险更为有效的管控。截至 2016 年末，公司融资租赁业务余额为 4.48 亿元，较年初增加 1.95 亿元，增幅为 77%；直租业务余额 1.71 亿元，售后回租业务余额 2.77 亿元。

【资金和投资业务】2016 年，公司继续加强资产负债动态管理，不断健全完善资金信息传导和枢纽机制，掌握资金动态及客户结算特点，在资金计划和资金变动趋势预判的基础上，在满足成员企业信贷需求、保障结算资金安全的前提下，以流动性与收益性兼顾为原则灵活调配公司资金，不断提高资金运用效率和效益。在同业资金运作方面，继续巩固与银行的合作关系，为丰富公司金融服务手段和寻找更为适合的资金配置渠道提供了更多的选择。通过广泛收集市场信息，挖掘运用较高收益存款产品，如保本理财、活期稳存等，提高日常闲置资金收益。通过分析资金价格走势，把握价格运行规律，抓住月末季末时点存款收益水平上浮机会，尽力获得较高收益。在投资方面，针对固收及类固收产品呈现收益、风险、期限不匹配现象，主动调整策略，在保持固收类产品合理比例的同时，适度增加对前景较好、龙头地位明显、相对稳定发展的定向增发权益类产品比重，公司整体投资产品结构合理，投资风险得到了较好管控，并实现了目标投资收益。

【票据业务】在票据系统建设方面，公司努力推动票据管理系统的建设，使票据系统功能更加齐备和完善，票据管理安全性和使用效率均得到提高。在票据业务研发方面，公司通过深入研究成员企业汽车销售中对票据业务的需求，开发设计了经销商票据融资业务模式，为成员企业之间的汽车销售资金需求提供票据支持，进一步丰富了票据产品的内涵，拓宽了使用范围。在票据业务结构方面，公司利用自身在银行的授信资源为成员企业提供代开银行承兑汇票服务，解决成员企业授信不足的难题，同时加强财务公司承兑汇票特别是电子财务公司承兑汇票的推广力度，增加财务公司承兑汇票的运用范围进一步增进了公司与成员企业的业务融合度，使公司在为客户创造价值中不断提升自身服务能力。

【外汇业务】2016 年，公司大力宣传推广跨国公司外汇资金集中运营和外汇即期结售汇两项外汇业务，并对成员企业需求较大的集中收付汇、即期结售汇业务进行深入专题研究，配合成员企业做好开户备案和结售汇业务的安排，初步培育较为稳定的外汇业务客户群。针对一些成员企业购汇困难的现状，公司为成员企业与银行搭建桥梁，提供综合性解决方案，缓解企业购汇压力。公司充分利用自身在金融同业市场中的资源，丰富自身与银行可开展的外币存款、理财类产品，以自身金融平台优势，协助成员企业提高存款产品收益。2016年末，成员企业境内资金时点集中2.29亿美元，累计结售汇2644万美元，累计发放外汇贷款3200万美元，币种涉及美元、欧元和日元。外汇结售汇业务和跨国公司外汇资金集中运营业务的开展，为提高集团外汇资金集中度提供了有力的支持，外汇资金集中金额从2015年末的0.5亿美元提高到2016年末的2.3亿美元。

【资金集中】2016年，公司在进一步完善资金集中结算平台功能建设的基础上，推进存款业务，坚持以表内吸收存款与表外委托存款相结合的“大存款”概念，通过表外委托存款规模的增长带动表内吸收存款规模的增加；同时继续坚持“1+N”客户服务模式，做好重点客户存款研究，摸索客户资金运营规律，以融入客户项目、日常业务资金流为突破点，提出有针对性的个性化创新产品和优化方案，不断升级期限组合定期存款等存款产品，以财务公司为平台落实集团资本收益收款等工作，开拓新的存款来源，稳定和扩大存款规模；以直租、售后回租、汽车经销商票据等特色金融产品服务，扩大上市公司关联交易品种，实现与上市公司金融服务协议的全覆盖，提升上市公司的集团内部资金归集管理。2016年末，公司存款余额231.8亿元，同比提高82%；日均存款规模120亿元，同比提高4%；可归集资金集中度达到93%，同比提高25个百分点。

【业务创新】公司一直高度重视创新，鼓励创新，致力于走上创新驱动、内生增长的内涵式发展道路，积极推进公司转型升级和二次创业。经过不断的探索实践，公司已拥有买方信贷、融资租赁、财务公司承兑汇票、厂商一票通、经销商票据融资、财企直联、代理收款、代理付款等一系列具有财务公司特色的创新产品，形成了覆盖集团主要产业链条的特色金融产品线。2016年，公司针对集团汽车服务板块业务经营特点，与成员企业一道共同研究汽车批售、零售等环节的金融需求，共同梳理业务流程和风险控制点，设计了经销商票据融资业务，为成员企业之间的汽车销售回款提供了专项金融服务工具，有助于降低成员企业资金占用，提高资金使用效率。同时，公司在推动信息系统开发建设的过程中，结合自身经营管理特点，在深入分析业务数据的基础上，自主创新开发台账管理系统模块，将投资和同业数据精简整合，实现自动化导账以提高业务数据管理水平和使用效率。

【风险管理和内部控制】在复杂多变的经营环境下，公司确定了“风险和业务两手抓、两手都要硬”的管理原则，不断加强风险管理和内控体系建设，为公司稳健经营和业务转型升级起到了重要的保障支撑作用。一是对内控制度完备性进行持续梳理，对内控执行有效性进行定期和专项的检查监督，及时发现并解决内控管理中的不足，完善内控体系。二是针对2016年度重点风险开展专项工作，提升对重点风险的管控力度。通过对业务操作过程中出现的风险苗头和隐患，及时查找内控制度漏洞和执行缺失，制定操作风险手册，进一步突出操作风险管控要点，构建畅通的内部沟通机制，形成前、中、后台高效联动控制操作风险的体系；通过制定“一企一策”策略，建立财务信息审核小组，从信贷、风控、财务多个角度深入项目考察，提出专业意见，做到项目全过程风险控制，使资产质量保持良好状态，较好地控制了部分客户经营下滑导致的潜在信用风险；通过进一步发挥法务管理在公司重大经营决策中的作用，将法律法规、法律实践与公司业务实际相结合，严把合同审核关，有效控制法律风险，全年未发生法律案件，公司合法权益得以有效保障。通过持续推动信息系统建设，对网络安全系统实施升级改造，更新网络安全设备，消除网络安全漏洞，为公司电子支付结算系统、电子业务管理系统等连续性安全运行提供了基础性保障。

【人力资源管理】2016 年，公司着重完善人力资源管理体系、加强人才培训和干部梯队建设等工作。在人力资源管理体系方面，进一步优化人力资源管理和薪酬管理，树立全员薪酬收入与公司效益紧密挂钩的观念，完善公司薪酬分配体系完善，进一步提高激励和考核工作的科学化水平。在人才培训方面，通过“走出去、请进来”方式，提高人员培训的针对性与科学性，在业务开展中员工普遍关心的保险、保函、银行账户新政等课题，公司邀请同业专家举办专题讲座；联合其他单位在大连高级经理学院举办提升干部职工素质的集中学习培训班，拓展视野，提升专业素质。在干部梯队建设方面，公司认真做好规划，选拔任命有能力、有担当的年轻干部到领导岗位进行锻炼，同时做好专业序列管理，为业务骨干提供发展空间，有力提升公司员工的工作热情。

【信息化建设】公司信息系统建设紧跟业务发展，为业务发展提供支撑和牵引作用。2016 年信息化建设项目主要包括：一是完成 2016—2020 年信息化建设发展规划完善工作，为搭建全方位、立体化、多功能的信息化金融服务平台、更好地服务集团及成员企业提供了支撑，充分体现了规划对信息系统建设以及公司业务发展的引领作用；二是开发台账管理系统，用于管理公司投资和同业业务，使业务系统覆盖公司所有业务；三是对公司现有核心业务系统进行优化改造，增加批量承兑、自动入账手工处理等功能，进一步丰富系统功能、提高系统业务处理效率；四是完成异地灾备项目实施，实现系统异地容灾，提升公司系统储存安全性、业务连续性和数据处理效率；五是开发征信管理系统，实现征信数据自动报送。

【企业文化建设】2016 年公司坚持全面从严治党要求，进一步加强党建工作，以党建工作的强化带动公司企业文化建设，通过严格落实“两学一做”专题学习要求，构建常态化学习机制，增强党员干部在分析问题解决问题上的能力。公司党员已成为践行公司发展战略，推动公司转型升级和二次创业，实现产业链金融综合服务商愿景的中坚力量，为广大员工树立了良好的榜样和表率，在公司营造出了和谐奋进的企业文化氛围，有效破解了公司经营发展中的难题。

海航集团财务有限公司

【经营概况】2016 年，海航集团财务有限公司（以下简称“公司”）以“稳发展，拓范围，重创新，促转型”为工作思路，根据集团战略变化和转型发展需求，积极改善内部管理、技术手段和产品服务，追求服务创新转变。公司各项经营指标持续优化，年末资产总额达到418.32亿元（含代理业务资产61亿元），资产负债比率为72.83%，较上年略有上升，主要为业务规模扩展导致。实现营业收入9.37亿元，实现净利润5.05亿元。

【信贷业务】2016年，公司在保证原有信贷规模和质量的基础上，深入了解集团各产业成员单位的金融需求，丰富信贷产品种类，各产品的分配结构进一步得到了优化，有力支持了集团资金平衡和成员单位的发展。2016年末，公司贷款规模为229.40亿元。

【资金和投资业务】2016年，公司积极开拓工作思路，与全国同业金融机构广泛开展投资业务，公司各类债券交易总量累计达355.38亿元，各类银行理财、信托计划、资管计划投资交易总量累计达22.51亿元；年末持有债券余额17.31亿元，持有各类银行理财、信托计划、资管计划余额10.51亿元。

【票据业务】2016年，公司票据业务稳步发展，开展电子承兑汇票业务16亿元，满足了成员企业较长期流动资金需求。

【外汇业务】2016年，公司秉承审慎合规，风控优先的态度，严格按照监管机构要求的“展业三原则”开展跨国公司外汇资金集中运营管理业务，同时以加强单据审核、完善业务操作流程、积极传达政策导向等方式多管齐下，防范业务操作风险，并按时向监管部门报送业务开展情况。2016年全年为集团成员单位提供约2.61亿美元的结售汇服务。

【资金集中】2016年，公司通过创新账户查询监控模式，构建了多层次查询监控体系，综合运用银企直联、境内SWIFT授权、网银对账单导入和头寸录入等方式，实现了对银行账户的全面监控。同时，公司持续深化资金归集考核管理，提高结算服务水平与效率，全年结算笔数达32.35万笔，结算金额达9.65万亿元。此外，公司通过拓展管控渠道、深入开展账户清查、组织开展系统培训和赴成员单位调研等方面，不断提升公司服务及管理职能。

【风险管理和内部控制】2016年，公司从严进行业务审核，完善监管数据信息化平台建设，维持了良好的外部监管关系，同时，重点开展公司创新业务的风险研判，强化风险管控的全面性和时效性，为公司全年稳健运营作出了贡献。另外，公司提升风险前移研判，量化信贷投资等业务审核标准，建立并完善历史数据库，进一步加强业务风险事前把控的精细化程度。同时，加强内控制度管理，保障公司业务开展制度先行有制可依，完善制度修订流程，清理制度死角，加强各部门的沟通，有效保障了常规业务开展的合规性和稳健性。丰富风险管理手段，风险控制部从全面授信、投资期限匹配、规模控制、损益控制、风险指标监测等方面对公司传统和创新业务实施多维度、多层次的全面风险管理。并通过丰富完善投资业务日估值监测程序、压力测试程序等手段，确保公司全年各项创新业务稳健顺利开展，助力公司转型升级。

在法律合规工作方面，公司继续加强与监管机构的沟通协调，紧密跟踪监管政策，推进新型业务法规政策解读，全面、及时、有效贯彻落实监管提出的新要求，保障公司合规经营。同时，进一步规范合同管理，在合同制度、审批、跟踪等方面优化流程与管理，并通过开展培训、监管知识分享等宣传合规文化，树立良好合规理念。

【人力资源管理】2016年，公司培训在2015年培训的基础上有了较大的发展。2016全年共开展培训60余次，涵盖公司全部干部员工，其中高管占10%，中基层管理干部约占40%，基层员工约占50%。其中，公司高管参加境外培训4次，公司干部员工参加英语培训150小时，极大地提高了人员英语素质水平，为国际化业务奠定基础。同时，公司开展持证上岗活动，2016 年，公司新增中级职称 9 人，国际职称 2 人，人员素质进一步提高。

在人员招聘方面，公司严格按照规章制度执行，保证引进人员素质，从人员引进的第一个关口提高公司人员质量。全年公司共引进 18 人。其中，具备国际化背景 6 人，研究生 8 人。公司人才梯队建设工作进一步加强，圆满完成公司 2016 年人才引进工作。

【信息化建设】公司于 2016 年 1 月完成海航集团资金结算管理系统（二期）项目终验工作，项目对稽核、结算、投资、信贷、风控等方面业务信息系统进行优化升级，并根据业务需求新增保理、买入式转贴现等业务模块。

公司于 2016 年 6 月底完成海航集团财务有限公司官网 V1.0 的网站试运行工作，网站提供了公司的基本情况及业务内容介绍，方便集团内成员单位及同业公司更好地了解公司，进一步提升了公司的企业形象。

公司于 2016 年 12 月完成了海航集团财务公司资金结算管理系统 V3.0 项目的试运行工作，该项目是在公司现有资金结算管理系统的基础上对现有系统功能进行改造，以满足公司业务发展和集团对资金监控的需求。项目共涉及财务公司 6 个部门、27 个功能模块、5 个数据接口，涵盖资金结算管理系统、集团资金管控平台及主数据平台系统。项目分阶段完成了营改增、电子票据、存款利率市场化、资金归集度考核、资金集中度计算等模块及余额明细推送、银行账号同步、主数据架构同步等接口的开发，不仅满足了业务部门对日常业务系统的需要，而且满足了监管和集团对公司的要求。

【企业文化建设】公司于 2016 年 8 月组织新入职员工在北京、海口等地进行了企业文化培训及宣讲，有效增强员工凝聚力。

中国华电集团财务有限公司

【经营概况】中国华电集团财务有限公司（以下简称“公司”）注册资本金 50 亿元，员工人数为 63 人。2016 年，公司上下紧紧围绕“服务集团、服务主业”这一中心，紧跟集团改革发展步伐，积极应对内外部不利形势，充分发挥金融优势和平台作用，着力在转变观念、抢抓机遇、开拓创新上求突破，在做足服务、做强管理、做精业务上求实效，不断提升助力集团管理水平，有效防范金融风险，各项工作取得新成绩，实现了“十三五”良好开局。截至 2016 年末，公司管理资产规模达到 941.35 亿元，较年初增加 33.34%；累计实现利润 10.03 亿元，经济增加值（EVA）完成 4.82 亿元，圆满完成集团公司年初下达的考核目标，各项监管指标全面达标，不良贷款率和不良资产率持续为零，未发生对公司稳定和形象造成不利影响的事件。公司主要经营指标继续保持五大发电集团财务公司前列，保持监管、行业评级双优秀，并连续获得“金龙奖——2016 年度最佳风险管理财务公司”称号。

【资金集中】公司大力开展专项攻坚，强化资金集中管理，提升资金归集率。一是狠抓账户管理。集中推进积压账户的清理、入网，配合集团完成 1017 家单位账户稽查统计，对集团账户进行多角度、多层面的清理，全年新增绑定银行账户 335 个，全口径账户入网率为为 77.44%，较上年末提高 4 个百分点。二是紧抓资金归集不放松。加大力度落实网络内银行账户归集，对直联行实施限额管理、日资金清查，非直联行账户实施零余额管理，加强网络外账户资金管理，专人盯到行、盯到户，重点协调沟通，加大网外资金压缩力度。年末结算系统网络外沉淀资金仅为 2.8 亿元，可归集口径资金归集率达 98.42%，较上年同期提高 3.66 个百分点，全口径资金归集率为 81.47%，较上年同期提高 13.97 个百分点，效果显著。在集团日均资金规模大幅下降超过 30 亿元的情况下，公司日均存款规模仅下降 5 亿元左右，较好地满足了企业运营资金的需求。

【信贷业务】保持稳健信贷投放，支持优质产业资源。公司根据集团战略，按照客户分层，在适度扩大信贷规模的基础上，着力调整信贷结构，优先投向二级公司、上市公司、大型水电项目，加大中长期贷款投放力度，恒星级客户信贷占比达 42.61%。在公司资金富裕时，细致安排贷款期限结构匹配，扩大循环贷款办理频度，提高公司短期资金利用效率，主动调节流动性，年内共办理循环贷款 82.38 亿元，全年累计实现信贷利息收入 9.62 亿元。

【资金业务】公司灵活开展资金运作，提高市场化收益。一方面，公司充分发挥机构全牌照优势，积极引入外部低成本资金，满足资金需求。公司运用外部金融机构评价体系，积极推动合作银行开展利率协商，灵活开展市场融资，控制市场融资额度，提升外部资金增长率，在满足集团产业发展的资金需求的同时，降低集团融资成本，支持产业发展。另一方面，公司在防范风险、保证集团资金链安全的前提下，积极开展短期资金运作，提升市场化收益。加大力度研判市场资金收益率水平变化，持续跟踪原有投资标的，做好存量资产的市值管理；加大新股申购和二级市场投资力度，尝试不断丰富投资品种，积极寻找市场投资机会，获得弹性收益机会，累计实现资金运作及投资收益 2.35 亿元。

【业务创新】公司坚持围绕产业协同、服务主业，研判集团及成员单位业务需求，积极开展金融产品与服务的创新。一是扎实推广“华电电票”，拓宽应用渠道。按照全面推广、重点突破的原则，分产业板块、分区域、分企业逐个突破，加强与重点单位协调沟通，参与企业资金管理，增进企业对电票的深入了解，打通运销类企业支付渠道，在福建、陕西、湖南、湖北、宁夏等区域建立起财票支付采购链，与中信银行、宁波银行、招商银行建立起财票保贴业务合作伙伴关系，积极拓展票据转贴、再贴渠道，扩展电票使用的广度和深度。全年累计承兑电票 69.71 亿元，贴现 36.45 亿元，转贴 12.63 亿元，再贴 6.73 亿元，创历史新高，第一手收票人已达 183 家，其中，系统内 40 家，系统外 143 家，“华电电票”社会认可度大幅提升。二是积极扩展中间业务，推进金融服务创新。通过与宁夏分公司签订全面服务协议，为宁夏区域提供多层次、多领域的金融服务，开启财务公司向区域公司提供全面金融服务的新模式；在融资顾问、债券发行顾问等中间业务拓展方面不断作出新尝试，为芜湖公司、江苏分公司提供融资顾问服务；参与集团债券发行和资金引入工作；配合集团规范委贷管理工作，加快委托贷款办理速度。全年实现中间业务收入 4385 万元，较上年增加 1268

万元，同比增长40.68%，创历史最好水平。

【风险管理和内部控制】一是风险防控持续加强。根据2016年度稳健型风险偏好策略，实施风险偏好体系试运行，持续开展风险偏好指标监测。二是全面完成内部控制体系更新。新增《权限指引手册》，调整形成17个一级流程、105个二级流程、317个三级流程、858个控制点，强化对内控成果的时效性和实用性；运用集团ERP（二期）合同模块，实现公司合同管理全流程闭环线上管理，实施效果优异。

【信息化建设】一是增强信息化平台功能。为集团管理要求落地提供支撑。公司优化现金预算管理平台，严格按照集团资金支付刚性控制要求，配合集团开发、优化周资金计划管理功能，增加二级公司的预算审批功能，贯彻集团多级管控要求，为集团公司加强现金流量管理提供坚实支撑；按集团要求组织开发、设计带息负债网络台账暨统计分析系统，实现了23类融资产品利息计算和余额统计等功能，实现集团系统全部企业上线应用，为集团全面掌握系统融资情况，提升融资管理提供决策支持。二是信息化系统保障能力不断增强。开发建设"营改增"管理平台，实现税务管理的细化、优化，提高了税务管理、发票管理的效率和水平，确保营改增成果落地；启动数据抽取平台暨监管报送系统建设工作，对公司内部现有数据情况、报表需求、报送要求进行全面梳理分析，搭建系统，已完成一期上线运行；实施核心系统升级改造，按计划完成服务器、专线及网络等升级工作；异地系统级灾备中心建成上线，夯实系统安全稳定运行环境，大幅提升系统安全保障能力。

【人力资源管理】公司以正向激励为主导，以岗位能力素质提升为抓手，改革激励机制，为公司创造有利于转型发展的良好环境。一是以实绩选人用人。从工作一线选拔良将贤才，并实行中层干部岗位交流，对这些党员骨干从严管理，又关心爱护，树立正向激励的鲜明导向，取得了较好的效果。二是以机制促提升。开展人力资源子规划建设前期准备工作，调研市场和同业状况；推动专业技术岗位晋升通道方案落地，完善专业岗位体系，经过系列公开透明的程序，完成对24名员工进行了岗位序列的认定。三是转方式见实效。切实加强员工培训，创新培训方式，引入移动端学习模式——微课，并开发具有知识产权的微课程，为逐步建立公司自有培训课程体系打下基础；加大市场化人才招聘工作力度，与智联招聘、猎聘网等知名中介机构紧密合作，全年引入专业人才5人，弥补公司专业人员不足，实现公司招聘工作日常化的整体工作目标。

【党建文化】一是全面落实从严治党。2016年，公司根据中央以及集团关于党组清理规范工作的相关要求，撤销党组，成立党委，完成党支部换届调整，进一步理顺党组织关系，发挥党组织领导核心作用。第一，强化理论武装，深入学习贯彻十八届六中全会、全国国有企业党的建设工作会议精神，以党章党规为根本遵循，扎实开展"两学一做"学习教育，高质量完成学习教育各节点的"规定动作"的同时，以"一亮、二诺、三比"的形式突出财务公司特点，突出党性锻炼。第二，强化组织堡垒，建立实施"党员活动日"制度，严格民主生活会制度以及谈心谈话制度，扎实开展"三会一课"，创新方式方法，丰富组织生活，深入推进党支部工作规范化建设，落实党支部对党员日常教育管理的责任，切实把党支部建设成为团结群众的核心、教育党员的学校、攻坚克难的堡垒，充分发挥基层党组织战斗堡垒作用。第三，强化党风廉政建设，2016年全年涉及公司发展的重要事项和干部选拔任用及员工招聘等，全部纳入"三重一大"范畴，实施班子集体决策、公司纪委严格监督，认真组织开展党风廉政“三级”责任体系建设，落实“两个责任”约谈和检查签字背书，将党风廉政建设与部门年度重点工作同安排、同检查、同考核，有力提升了党风廉政建设的管理水平，为公司发展提供了坚强保障。

二是扎实推进文化建设。针对发展需要，多种方式强化《“金帆”宣言》的宣传落地，做好《华电财务画册》和《华电财务年报》企业文化相关宣传内容，不断丰富“金帆”文化内涵。积极落实公司《品牌建设规划》，拓展华电财务和“金帆品牌”的影响力。2016 年 11 月获得中国企业文化建设促进会“十三五”开局企业文化建设“品牌文化优秀单位”“优秀文化成果”两项奖励，使“金帆”文化品牌建设又迈出了坚实的一步。

中国大唐集团财务有限公司

【经营概况】 中国大唐集团财务有限公司（以下简称“公司”）紧紧围绕集团公司提质增效年部署，以服务集团价值最大化为宗旨，全面提升辅助管理能力和金融服务水平，各项工作成效显著。公司全面超额完成集团下达任务指标，各项监管指标均符合银监会要求。公司实现利润总额 10 亿元，连续保持集团公司资产经营考核 A 级企业，荣获年度先进单位称号，蝉联中国财务公司协会行业评级 A 级，先后获得“年度最具创新力财务公司”“中国财资力先进单位”等外部奖项，实现了“十三五”良好开局。

【信贷业务】 2016 年，公司科学制定年度信贷政策，实行“以量补价”服务策略。信贷规模显著提升，服务覆盖面继续扩大，不良贷款率为零。优化调整信贷资产结构，加大中长期贷款投放力度，实现服务性、安全性、流动性和收益性的有效平衡。公司全程参与集团债务重组，降低成员单位融资成本。通过搭桥贷款、主动下浮利率等多种方式，帮助系统企业化解资金难题，实现降费降造。

【投资业务】 不断加强长期股权投资管理，积极参与参股企业重大决策，建立定期报告机制，及时动态了解参股企业经营状况，辅助公司经营决策。科学研判市场走势、顺应趋势操作，稳健开展新股网下申购和流动性产品投资业务。

【票据业务】 积极探索供应链金融，票据业务继续保持先进水平。依托集团实体产业，将票据业务延伸至燃料、装备制造、电力设备物资购销、科技环保工程产业链上游供应商，通过票据业务运作，缓解资金支付压力，为成员单位支付和低成本融资保驾护航。大力推广票据即开即贴、即贴即转，电子商票实现零突破。

【外汇业务】 积极推进外汇资金集中运营业务，为服务集团公司“走出去”战略和国际化布局做好充分准备。取得外汇集中运营和跨境人民币集中运营资格，健全外汇管理制度及操作流程，实现外汇资金归集零突破，初步搭建集团外汇资金池。通过银行间外汇市场获得优惠汇率，平价为成员单位办理即期结售汇业务，业务规模和种类持续增加，为成员单位有效节约汇兑成本。

【资金集中】公司不断加强资金调度中心运营管理，持续提高资金集中度。以“账户监控率、预算准确度、资金集中度和统一结算率”指标为抓手，显著提升二级单位资金管控意识。协助设立调度中心分中心，实现资金调度功能下移，提高成员单位资金管理规范性，有效促进集团资金调度管理落地。2016 年，公司全口径资金集中度达到 89.58%，可归集口径资金集中度达到 98.91%。

【业务创新】2016 年，公司深入贯彻集团融资管控指导意见，牵头制定大型项目融资方案，确保融资利率低、授信落实。协助系统成员单位成功引入外部低成本资金，降低重点项目融资成本。公司积极发挥连接外部金融市场优势，投行投资业务开拓创新。主动承揽集团本部及成员单位的发债融资顾问业务，遴选承销商，协助融入资金，服务覆盖率达 80%。综合运用公司投资投行业务的甲方地位，创立投资投行业务联动模式，引导债券利率发行下行。协助集团本部完成银行间债券及交易所债券注册及发行。探索远期买入增信新方式支持成员单位资产证券化业务，金融综合服务的覆盖面快速扩大。公司实施主动负债管理，扩大资金运用规模，拓宽了长期稳定资金渠道，有效缓解流动性压力及期限错配情况，扩大了资金池规模，增强了存款稳定性，为资金的高效运用开辟新的渠道。

【风险管理和内部控制】公司持续强化依法合规理念，完善内控体系建设。2016 年统筹梳理了全业务领域的制度、流程、表单及台账，及时根据业务发展优化业务系统权限。全面提高全员对内控体系的运用意识，促进全部管理及业务流程实现在线运行、在线审核、在线监控。建立了风险合规管理员联络机制，进一步完善合规管理组织体系，形成了公司清晰、明确、规范的基本授权体系。制定“法制大唐”建设实施方案及“七五普法”方案，开展各项活动营造良好法治建设氛围，为公司发展战略提供坚实的法治保障。

【人力资源管理】公司以岗位价值管理为导向，推动全面责任落地。不断完善人力资源管理体系，调整发布新的人力资源管理制度。组织全员签订岗位目标责任书，有效推动公司目标落地。完善业绩导向的薪酬管理机制，实施全员以岗定薪。坚持体现金融特色，将培训与业务需求相结合，建立全员自主学习机制，继续举办大唐金融讲堂，邀请知名专家围绕业务创新进行专题讲解，组织 12 期制度大讲堂加强制度和业务宣贯，充分调动部门和员工培训积极性，提升金融业务水平。建立后备干部管理机制，确立公司各层级后备干部，形成后备人才库并实施动态管理，为优秀人才脱颖而出提供平台与保障。

【信息化建设】精心编制金融信息化规划，优化核心业务系统功能。以有效支撑公司发展战略为导向编制信息化规划，以业务实际需求为驱动，创新金融服务模式，明确“小核心”“大外围”，提出一套核心、三大平台、五项保障的总体规划，清晰了未来五年信息化建设思路，为构建坚强可靠的金融信息平台奠定基础。持续推进资金调度系统的稳定运行与优化，完成 1104 报表系统、投资管理系统、营改增系统的成功上线运行，稳步推进信贷系统、接入人民银行征信系统等重点项目建设，有效提升金融信息化水平，保障集团资金安全和公司运营安全。

【企业文化建设】2016 年，公司牢固树立“四个意识”，全面落实从严治党主体责任，扎实推进“两学一做”学习教育，严格规范党内政治生活，持之以恒狠抓作风建设，促改革、稳增长、强党建取得实际成效。公司强化职工民主管理，推进司务公开，构建和谐企业。开展劳动竞赛和合理化建议活动，完善职工创新工作室助力创新创效。组织“书香大唐”“职工健步走”等文化活动，发挥了凝心聚力作用。理顺内外部宣传通道，创新新闻管理机制，促进新闻宣传工作迈上新台阶，营造了良好的发展氛围。

南方电网财务有限公司

【经营概况】2016 年，南方电网财务有限公司（以下简称“公司”）资产总额 547.84 亿元，同比增长 64.59%；实现营业收入 20.83 亿元，同比增长 10.37%；利润总额 11.13 亿元，同比增长 10.71%；实现经济增加值 4.72 亿元，同比增长 19.67%。公司年末主要指标均优于上年，创历史最高水平。

【信贷业务】加大信贷投放力度，优化信贷结构。2016 年，公司累计发放各项贷款 264.12 亿元，同比增加 115.27 亿元，其中，固定资产贷款 81.24 亿元，同比增加 71.35 亿元，流动资金贷款及票据贴现 182.33 亿元，同比增加 43.38 亿元，保理融资 5506 万元；截至 2016 年底，各项贷款余额 378.18 亿元，同比增长 51.25%，创历史新高。加大电网重大工程建设资金支持力度，全年为滇西北至广东特高压直流输电工程、深圳抽水蓄能电站建设工程等国家重点工程提供资金支持 57.38 亿元，同比增长 480%。盘活内部资金，助力集团成员单位提质增效、扭亏增盈，累计为集团成员单位发放流动资金贷款 176.4 亿元，办理票据贴现 5.93 亿元，为集团节约财务费用 6.3 亿元。支持精准扶贫攻坚战，为广西电网、云南电网“农村电网升级改造工程”签订信贷合同 33.80 亿元，实际发放 23.86 亿元。搭建内部资金融通桥梁，提高资金使用效率，全年累计办理委托贷款 61.63 亿元，截至 12 月底，委托贷款余额 109.61 亿元。

【资金业务】2016 年，公司优化投资策略，优先开展货币基金、现券、理财产品等同业投资业务，创新开展大额活期存放和非保本理财产品业务，提高公司资金收益。截至 12 月底，公司累计运作资金 1.18 万亿元，同比增长 8.96%；实现资金收入 7.12 亿元，同比增长 2.89%，均创历史新高。其中开展同业投资 299.5 亿元，是上年的 8.3 倍；实现收益 1.51 亿元，是上年的 3.7 倍。

【票据业务】继续发挥票据集中管理作用，全年累计集中全网票据 18349 笔，金额合计 217.84 亿元，协助成员单位办理背书转让 18136 笔，金额合计 223.16 亿元；到期托收 119 笔，金额 1.17 亿元。发挥票据在电网产业链结算和融资功能，开立商业汇票 17.76 亿元，帮助成员单位减少资金备付压力，降低财务成本约3800万元。深化与产业链上下游财务公司的合作，促进电网电费收缴，扩大公司业务收入来源。

【外汇业务】为配合集团“走出去”发展战略，满足成员单位外汇金融服务需求，公司积极争取并获得国家外汇管理局批复的即期结售汇业务资格和中国外汇交易中心批复的银行间外汇市场会员资格。公司已获得开展即期结售汇业务所需的所有外部资格。

【资金集中】提升结算覆盖率，努力拓宽结算服务范围。公司全年新增开户642个，结算覆盖率为71.16%。推广财企直联电子支付业务，打通公司与成员单位资金结算通道，构建起财务公司、成员单位及银行互联互通闭环型一体化管理体系，推进南方电网五省区地市县各级单位结算服务。截至2016年12月，公司累计结算金额达2.11万亿元，同比增长1.18%；结算笔数达44.51万笔，同比增长70.33%，吸收存款平均余额442.37亿元，同比增长67.91%；资金集中度达75.39%，同比增长22%。

【业务创新】首次以承销商身份参与南方电网公司2016年第二期50亿元超短融发行工作，共分销15亿元，降低集团资金成本。开展首笔保理融资业务，办理应收账款保理融资5506万元，协助客户完成“两金”压降工作。融资租赁业务迈出了坚实步伐，就国家重点工程项目“500千伏鲁西背靠背换流站扩建工程”换流变压器及阀冷却系统设备采购达成了融资租赁合作，租赁标的3.17亿元。

【风险管理和内部控制】强化风险管控，巩固内控体系建设。加强合规建设，严格落实监管政策，把防控金融风险放在突出位置，强化信用风险、市场风险、操作风险、流动性风险等各类风险管控，完善应急响应机制，建立风险监测及预警模型，按月对资金集中度、流动性比例、资本充足率等17项监管定量指标进行分析和警戒值提示，持续动态监测指标的安全性、合规性，进一步提升内部控制、风险管理水平，确保合规经营、资金安全。严控资金风险，重新审视梳理公司资金运作策略，完善资金运作管理，确保资金运作规范有序。严格开展同业授信，从全国交易百强以及国企财务公司中“优中选优”，给予43家交易对手授信，确保同业交易有据可依，风险可控。协助成员单位开展风险管控，为客户编制操作手册、风险提示书，组织开展用户U－KEY清理，排除潜在风险隐患，确保依法合规、资金安全。巩固内控体系建设，修订完善公司《内部控制管理手册》和《内部控制评价手册》，根据内控两本手册的具体规范与作业标准，对20项专项业务领域及269项业务风险点开展内控评价工作，巩固内部控制体系建设成果，保障内控制度设计及运行有效性。

【人力资源管理】加强素质能力建设，为公司发展提供人才支持。加强干部队伍建设，坚持“德才兼备、以德为先”的选人用人标准，注重年轻干部培养，突出履职能力建设，通过轮岗交流，安排优秀年轻干部和业务骨干在关键岗位担当重任；选派业务骨干参加南方电网公司、银监会、中国财务公司协会组织的高层次专业培训，重点提升干部职工履职能力。强化日常监督，严格落实领导干部报告个人有关事项制度，开展领导干部个人有关事项报告抽查核实工作，规范开展核实结果处理工作。深化岗位责任制建设，加强岗位管理，开展2016年岗位责任体系建设，组织员工逐级签订了173份岗位责任书，为开展绩效考核提供科学合理的依据。

【信息化建设】强化核心功能完善，提升信息化支撑能力。按照“互联网＋金融服务”思路，以满足未来五年内用户访问量、业务功能扩展、业务连续性、安全稳定运行等需求为目标，完成了公司“十三五”金融业务信息化发展规划。开展金融业务管理系统架构升级研究，以系统稳定运行为基本目标。开展系统架构优化，保证新旧系统顺利衔接，平滑过渡。开展信息系统功能开发与优化，完善票据集中管理系统，优化票据管理流程，增强了票据集中管理系统的应用效果。完成BI报表管理系统项目开发工作，初步实现报表数据的自动采集、自动计算、报表模板校验、报表生成和报表上报审核等功能。完成邮储银行接口相关功能、新财务系统导账接口和退款交易等34个优化类项目的功能开发和上线应用。提升公司信息安全建设水平，对金融业务管理系统进行安全和能力“体检”，查找系统可能存在的安全隐患，发现系统安全隐患62个，整改完成率100%。做好信息系统运维管控，提高系统可靠性，提升应急处置能力，为确保业务连续性做好保障工作，全年核心系统可用率达到99.95%。

【企业文化建设】公司深刻领会南方电网公司企业文化内涵，开展《南网总纲》宣贯，做好幸福南网建设。通过“三抓三到位”开展《南网总纲》的学习宣传贯彻工作，以《南网总纲》为指引，践行“诚信、服务、和谐、创新”企业理念，落实管理精益、服务精细要求，提升公司持续发展能力、经营能力、创新能力、金融服务能力，将南网价值观融入创建“两精两优、国内一流”财务公司具体实践。开展“重塑合规年”主题活动，通过开展合规自评自查、合规风险案例讨论、举办合规专题培训、分享十年合规文化建设成功等合规系列主题活动，培育员工的合规意识，参加广东银监局“重塑合规年”主题知识竞赛，获得三等奖的优异成绩。公司工会举办首届趣味运动会和第二届职工气排球比赛，足球、篮球、羽毛球、瑜伽等协会定期开展活动，丰富职工文化生活。

中电投财务有限公司

【经营概况】2016年，中电投财务有限公司（以下简称“公司”）认真贯彻金融监管部门的各项监管要求，多措并举，实现利润总额10.57亿元。公司依法合规经营，各项指标符合监管要求，全年未发生违规经营事项；顺利完成增资，成功引入国家核电作为公司新股东，公司的股权结构得到进一步优化，注册资本金增至60亿元人民币。2016年公司再次蝉联财务公司行业最高评级A级，继续保持行业第一梯队的位置。

【信贷业务】2016年，公司紧跟集团“十三五”战略，积极支持集团成员单位资金需求，协助集团实现资金及时衔接。累计日均贷款规模232亿元，累计向清洁能源发放贷款50.45亿元。同时，优化调整信贷结构，加大信贷运作力度，新增中长期贷款投放32.56亿元。落实差别化定价机制，综合考虑客户资质差异、贷款时点、当地外部融资利率等因素，维持了较好的贷款收益水平。

【资金和投资业务】2016 年，公司努力扩大资金来源，在存款来源低于预期的情况下，扩大融资交易对手，保证资金安全平衡运营。主动与 23 家金融机构建立同业授信关系，争取外部同业授信总额度 524 亿元。面对资本市场跌宕起伏、投资机会相对较少的不利市况，公司及时调整投资策略，理性布局投资，加大固定收益类产品投资规模，锁定收益。年度日均投资规模 27 亿元，实现投资收益 1.46 亿元。

【票据业务】2016 年，公司积极推广电子票据业务，累计办理电子票据承兑 51.94 亿元，贴现 4.52 亿元。同时结合集团票据管理需求，积极探讨票据池管理模式，并提出了搭建“以票据池为前端操作，以票据贴现和银行保贴为流通支撑，以转贴现和再贴现为规模调节手段”的立体票据业务体系思路。

【外汇业务】公司积极为集团公司相关成员单位提供外汇风险管理咨询服务，编写外汇风险管理报告，并协助进行方案落实。2016 年 12 月，配合集团公司在境外成功发行 12 亿美元债券。

【资金集中】2016 年，公司配合集团审计部开展资金集中及银行账户专项审计，组织完成 41 家二级单位自查并督促 30 家重点单位落实审计整改要求；规范账户管理，完成集团公司银行账户全面清理，核实审查账户 5863 个、撤销账户 658 个；配合集团财务部修订银行账户和资金集中管理办法，起草并配合下发《关于进一步加强资金集中管理的意见》，并督促未集中资金归集；年末可归集口径资金集中度达到 99.72%，全口径资金集中度达到 63.21%，同比提升 4.06 个百分点。

【业务创新】2016 年，公司创新工作取得阶段性进展。年初公司发布创新管理办法，规范创新项目管理。制订创新项目计划，确立年度十大创新项目。存款定价模型、新能源信用评估体系、绩效考核体系等已初步验收通过，开始逐步实施，进一步提升了公司存款定价、新能源项目评估的科学性，提高了考核的激励与约束效果。

【风险管理和内部控制】2016 年，公司切实强化风险内控与法律合规。为落实集团公司依法治企要求，进一步做好公司法律合规风险防范工作，结合管理提升、创新业务拓展和国际业务开展的实际需要，继 2015 年开展的风险管理与内部控制体系优化项目落地之后，聘请律师事务所开展强化法律合规风险防范专项工作，查找问题，完善机制，提升全员的法律风险防范意识，提升依法合规治企水平。组织 2015 年监管意见书的整改和“两个加强、两个遏制”回头看自查，以专项检查为契机，进一步提升规范化、精细化管理水平。强化审计监督工作，对公司部门开展轮审稽核，做到部门审计稽核全覆盖，不断提升公司内控和管理水平。

【人力资源管理】2016 年，公司全面完成人员岗位和薪酬优化调整。通过双向选择，人岗匹配、人尽其才的岗位优化向前迈进了一大步。同时，修改薪酬管理办法，优化薪酬结构，强化以业绩为导向，突出个人薪酬水平与工作业绩及承担的工作量相匹配，初步发挥薪酬激励与约束功能。

【信息化建设】2016 年，公司信息一体化建设取得阶段性进展。同时开展技术创新，解决现有业务系统与新购硬件、新版操作系统不兼容的难题，完成关键设备的替换，有效化解生产系统设备老化的潜在风险，系统运行基础更加牢靠、业务运行效率显著提升。此外，信息安全管控能力进一步提升，顺利通过了集团公司及监管机构组织的多批次信息安全检查，标志着公司信息安全管理工作迈上了新台阶。

【企业文化建设】2016 年，公司深入推进企业文化建设。突出文化引领，培育企业核心价值观，开展员工“文化、安全、创新、关爱”四大行动，组织“夏送清凉”和帮扶困难职工等“送温暖”活动，开展登山、拔河、好声音歌唱比赛等工会活动，通过集体活动增进团队合作精神，提升了团队凝聚力。

国电财务有限公司

【经营概况】2016 年，国电财务有限公司（以下简称“公司”）全面贯彻集团公司和董事会各项决策部署，坚持市场化改革，深化产融结合、融融协同，妥善应对风险挑战，各方面工作都取得了良好进展，总体保持了平稳健康发展，利润增长保持在合理区间，实现了“十三五”良好开局。公司在北京银监局 2016 年监管评级中荣获 A 级，作为中国财务公司协会全国 35 家理事单位之一，获得协会行业 A 级评级。2016 年，公司克服净利差水平逐步下降的影响，通过提高日均资金归集率，扩大信贷和中间业务规模实现利润总额 8. 10 亿元。

【信贷业务】信贷业务规模稳步增长，结构更加合理。各项贷款（含贴现、融资租赁、保理）日均规模 213. 35 亿元，同比增长 7. 24%。实现信贷业务收入（含贴现、融资租赁）8. 88 亿元，其中利息收入 8. 87 亿元，手续费收入 69. 95 万元。融资租赁业务余额 31. 91 亿元。

【资金和投资业务】资金管理方面，完善多层次备付体系，通过资金管理周例会、日资金滚动计划统一协调头寸，合理利用拆借、透支、质押回购、信贷投放、大额支付等手段，完善流动性管理协同机制，形成了“明确定位、合理配置、强化计划、丰富手段、应急预警”的管理模式，确保流动性风险可控在控。投资方面，牢固树立风险意识，牢记规范意识，落实“风险为本，审慎经营”的发展理念，确立稳健平衡的投资方向。兼顾流动性管理大局，坚决不做股票二级市场投资。有序开展以短期银行理财、政策性金融债等安全性高的流动性投资为主，结合金融市场和具体标的估值水平，通过择机择时和具体项目甄选等方式，适度介入分级 A 等收益性投资品种，提高收益水平。

【票据业务】电票业务持续推广。已与建设银行、中国银行、中信银行、招商银行等 9 家商业银行签订了国电电子财票保贴协议，提升了国电电子财票的流通程度。截至 2016 年末，全年累计办理国电电子财票业务 337 笔，金额共计 14. 19 亿元。

【资金集中】截至 2016 年 12 月末，累计完成资金结算量 20703. 30 亿元，同比降幅为 3. 9%；结算笔数 45. 19 万笔，同比增幅为 11. 96%；归集资金日均规模 222. 08 亿元，资金的稳定程度有所提升。海外上市公司资金归集和结算水平显著提高，完成平安银行、民生银行、光大银行直联正式上线，使财务公司直联银行数增加到 18 家，“国电网银”覆盖面进一步扩大。坚持“零结算费用”优质服务，免费提供存款询证、资信证明、“国电网银”指纹U盾等服务，全年为集团公司成员单位节省财务费用约1000万元，有效服务集团公司系统降低财务费用。

【业务创新】积极推动产业链金融业务，已向银监局就产业链金融业务相关方案进行了报备；作为参与行协同商业银行对国电集团内企业进行资金支持，帮助集团内企业扩大资金来源，降低融资成本；与商业银行协商推进信贷资产转让业务，拟通过债权转让提高财务公司资产流动性，将根据市场情况和信贷资产质量适时开展；以人民银行票据新政和票交所的设立为指引，拟依托集团公司建立票据池，提高票据的流通效率，探索票据新的盈利模式，已形成初步方案。采取稳健的、逆周期的风险管理策略，通过风险识别、数据格式设计、风险量化、复杂衍生结构分析、风险形势判断、风险情景假设和风险管理建议等步骤，协助集团公司加强外币融资风险管理，积极应对汇率波动风险，服务集团公司“走出去”。

【风险管理和内部控制】坚持“内控有制度，风险有监测；部门有制约，岗位有职责；操作有规程，过程有监控；工作有评价，事后有考核”的四十字工作方针，进一步完善公司治理结构，建立董监事履职评价体系，明确专业委员会职责分工，规范决策程序。严格履行公司高级管理人员报批流程，及时做好授权与转授权工作。开展案件风险排查工作，开展合同执行过程的风险排查。落实监管评级要求，切实做好“两个加强、两个遏制”回头看自查工作，积极做好现场评级检查的落实整改；严格合规审查，妥善化解法律风险。深入开展合规教育工作，提高全员风险管理意识。开展了以“合规经营，健康发展”为主题的合规讲座，印发了《国电财务有限公司合规手册（2016年版）》，分业务、分岗位、分事项梳理和规范相关制度，制定了51大类合规要求，对公司提升全员的合规意识，增强自我约束能力，保障公司依法合规经营起到了积极作用。

在运营风险管理方面，一是为贯彻落实“审贷分离”“审投分离”和“四个集中管控”要求，将信贷管理委员会和投资管理委员会合并为信贷和投资管理委员会，设立运营风险管理办公室，独立运营。2016年累计召开信贷和投资管理委员会14次，授信项目覆盖集团系统内19个区域57家成员单位，授信额度359.85亿元，投资项目涵盖基金投资、债券分销等业务，产品标的总额约0.8亿元。二是制定《国电财务有限公司信贷和投资管理委员会工作制度（试行）》，明确了委员会、运营风险管理办公室职责及委员会委员构成，规范了项目运营风险审议材料、审议程序、表决规则及审批方式等。三是建立了项目运营风险提示和执行稽核机制，实现了项目风险调查、审核、评估、反馈的全流程控制，全面掌握项目运营情况，提高整体资产质量。

【人力资源管理】2016年，公司稳步推进人力资源各项工作。干部管理方面，牢固树立正确的选人用人导向，坚持党管干部原则。干部人事任免事项均由公司党委研究决定。严格履行全程纪实相关程序，严控动议提名、民主推荐、考核考察、任前公示、讨论决定、任命谈话等六大“关口”，选任工作均做到坚持原则不动摇，履行程序不变通，提拔过程留痕迹，遵守纪律不放松。结合实际，针对性地出台了轮岗交流、人员调配、借调、退休和退二线人员管理等多项人事制度。人才建设方面，公司坚持“人才引进、人才培养、人才储备”并举，通过组织选拔、公开招聘、毕业生引进等多种渠道选取优秀人才充实到员工队伍中。以需求为导向，组织开展了金融服务、财务管理等专题讲座，切实提升培训的针对性、实效性。在遵循干部队伍建设和干部成长规律的基础上，围绕拓宽来源、优化结构、改进方式、提高质量四个方面，初步建立后备干部、中长期培养对象、青年英才、财务骨干等多个专业人才库，进一步加强了优秀年轻干部的培养选拔力度。绩效考核方面，建立“业绩与党建党廉考核、定性与定量考核、年度重点任务督办与年终绩效指标考核”的“三位一体”部门考核模式；探索建立“平时了解、深入考察、年度考核”“三位一体”的中层管理人员考核模式，为公司进一步考准考实干部，科学评价干部奠定了基础。

【信息化建设】2016年，信息科技部坚持稳中求进，保障安全运营，推进项目建设。一是强化国电网银系统和机房设备的运行维护，完成了对公司主备数据中心之间的双光纤链路建设工作，进一步提升了系统安全性水平。二是优化国电网银系统功能，完成开户银行标准化、批量指令优化、自动开关机、电子对账等功能的开发上线。三是配合集团财务共享中心系统建设，研究制定国电网银改造方案。四是建成国电网银移动服务平台，实现让用户在手机上查询和处理业务。五是完成国电网银CA证书平稳升级，数据加密安全性水平提升。六是开展了平安银行、民生银行、光大银行、河北银行的直联接口建设，进一步提升资金监控覆盖面。七是开展国电网银技术改造，全面支持“营改增”。2016年，国电网银系统顺利通过了中国信息安全测评中心的全面测评，符合公安部信息安全等级保护三级要求，达到了信息安全保障能力一级水平。

【企业文化建设】强化社会主义核心价值观、集团公司“家园文化”宣贯践行，积极打造“容融”特色品牌。扎实开展“读大同故事，推创新实践”活动，征集“思享家园”优秀故事或案例，突出示范引领、分类施策。举行“国电梦·爱国情”主题演讲比赛，激励广大员工岗位建功，岗位成才。深入开展“以人为本，生命至上”安全文化主题活动，评选出“国电网银”“办公安全”等安全典型并予以推广。深化“爱国爱企爱家庭、争做文明国电人”主题教育，结合“家训”“廉政”等主题举办道德讲堂4期。组织开展了最美文明部门评选活动及文明家风作品征集活动，选树出一批先进集体和先进典型。加强民主管理，深入实施惠民工程，丰富职工文体生活。创新新闻宣传方式，强化微信平台建设，用员工喜闻乐见、接地气的形式讲好公司故事，为推动公司改革发展凝聚正能量。

华联财务有限责任公司

【经营概况】2016年，华联财务有限责任公司（以下简称“公司”）在国内经济发展进入新常态，实体经济下行压力加大，利率市场化加快推进的背景下，本着“依托集团、服务集团”的宗旨，发挥自身功能定位，保持经营业绩基本稳定，为集团成员单位提供优质的财务和金融服务。截至2016年12月31日，公司资产总额84.86亿元，比上年同期增加19.37%；负债总额66.77亿元，比上年同期增加23.26%；所有者权益总额18.09亿元，比上年同期增加6.91%；截至2016年12月31日，公司实现营业收入2.83亿元，比上年同期降低4.07%；实现利润总额1.37亿元，比上年同期降低2.84%；净利润1.17亿元，比上年同期降低1.68%。

【信贷业务】截至2016年12月31日，公司为成员单位发放贷款306笔，全年累计发放贷款190.25亿元，较上年增长5.55%，实现贷款利息收入2.63亿元。

【票据业务】截至2016年12月31日，公司办理集团内成员单位开出的商业票据贴现18笔（其中电子票据7笔），贴现总金额6675.48万元（其中电子票据5722万元）；全年共承兑票据19笔，承兑票据总计11458.99万元。

【结算业务】截至2016年12月31日，公司吸收成员单位存款47.95亿元，较年初增幅20.15%，日均吸收存款62.66亿元，较上年日均存款增长10.15%。2016年公司为集团及成员单位办理代理支付83.91万余笔，日均处理约3200笔，全年代理支付金额201.26亿元。

【资金和投资业务】2016年，宏观经济金融形势依然复杂多变，债市波动，股市低迷，基金/理财收益率持续处于较低水平，资产获利难度加大，公司积极应对复杂外部环境，合理、充分、高效配置资金投向，加强与银行、基金、券商等各类机构的沟通，努力提高资产收益水平。

【中间业务】2016年，公司为集团下属各门店提供保险代理业务，办理了308笔保险理赔案件，理赔金额179.65万元，全年实现82.88万元的保险代理手续费收入。

【风险管理和内部控制】2016年，公司继续认真开展风险自查工作；按照监管部门要求，开展了“两个遏制”回头看工作，包括上报工作方案、组织开展自查，撰写自查报告和整改情况报告等内容；2016年，公司根据公司内外部情况变化完成了两年一次的制度修订和重新汇编工作；公司在短时间内按照税务部门的要求顺利完成从缴纳营业税到计算缴纳增值税的过渡。

【信息化建设】为增强业务系统安全性，公司2016年完成了从自建机房搬迁到专业托管机房的机房迁移工作，并实施了物理隔离措施，实现了7×24小时值守、安全稳定的电力和空调系统运行，从根本上解决了机房物理环境的安全运行问题，有效保障了公司各业务系统的安全稳定运行。

【人力资源管理】2016年，公司继续开展全员内训课程，加强内部业务学习与交流，提升岗位技能和业务知识，培育良好的风险文化。

【企业文化建设】2016年，公司组织全体员工蓟县盘山春游、全体员工户外拓展训练、第六届跳绳踢毽比赛等文体活动。

兵器装备集团财务有限责任公司

【经营概况】2016年，兵器装备集团财务有限责任公司（以下简称“公司”）以集团公司领先发展战略为牵引，全力服务集团主导产业，稳妥推进业务体系切换，系统提升风险管理水平，紧盯年度目标稳增长，围绕提质增效调结构，坚持改革创新求突破，有效保证了公司经营活动的健康稳健运行。公司实现营业收入30.30亿元，同比增长28.00%；实现营业利润14.05亿元，同比增长16.70%；实现利润总额11.53亿元，同比增长25.12%；实现净利润8.54亿元，同比增长23.48%。

【信贷业务】公司坚持“服务第一”的市场意识，产融结合服务主业，有效助推集团产业升级。一是军品信贷以“军品必保”为使命，服务军品技术研发、项目建设和生产经营所需。军品产业授信总额85亿元，同比增长29%；信贷投放64亿元，同比增长16%。二是汽车信贷以提供“汽车上、中、下游产业链金融一体化解决方案”为服务宗旨。汽车产业授信总额217亿元，同比增长68%；信贷投放186亿元，同比增长13%。三是输变电企业以“稳定支持”为原则，服务企业恢复增长、转型升级和国际化拓展。输变电产业授信总额39亿元，同比增长68%；信贷投放64亿元，同比增长220%。四是装备制造和光电信息企业以“有效支持”为原则，满足企业经营和转型升级需要。装备制造产业授信总额16亿元，同比增长23%，信贷投放15亿元，同比增长15%；光电信息产业授信总额12亿元，同比增长20%；信贷投放10亿元，同比增长11%。五是摩托车等困难企业以“一厂一策”为原则，在严控风险和保障资金安全的前提下，支持企业资金链安全和转型资金需要。

【产品销售信贷业务】一是与长安汽车金融公司、监管机构密切沟通协调，推进汽车金融公司筹备进展。二是集中优势资源全力支持汽车金融业务剥离，率先向长安汽车金融公司授信120亿元。三是做好汽车金融业务剥离的同时，继续拓展汽车金融业务。2016年，公司和汽车金融公司合计信贷投放1096亿元，为38.80万长安各品牌汽车个人购买者提供消费贷款服务，其中，公司实现个贷合同件310882件，同比增加83466件，增长37%，有力支持了集团汽车销售。

【资金和投资业务】资金运作方面：2016年，公司资金运作高效，资金调配及时合理、富余头寸管理卓有成效。第一，及时总结资金头寸变化规律，提高头寸预判能力，形成大额资金预报机制，做好资金统筹规划，对融资需求做到预判及时、提前筹划。灵活运用多种融资工具，解决存贷款期限错配的问题，缓解公司的流动性压力，确保成员单位支付安全。同时，关注关键时点业务资金配比状况，及时进行资源调配，支持公司主业发展。第二，在市场流动性宽松，公司资金紧张的情况下，实现同业收益1.64亿元，其中活期存款平均收益率为1.97%，高于活期一般水平125个基点。

投资业务方面：2016年，公司充分利用优质市场资源，稳步推进投资业务布局。第一，以“1335”战略为牵引，积极推动业务转型。资产配置上由以中低风险套利品种为主转变为各类资产全面均衡配置，充分利用外部市场资源，搭建业务平台，为投资业务的发展打下扎实基础。第二，在全面深入研究定增市场、筛选定增项目的基础上，布局于外部市场项目，促成公司参与集团外上市公司定增第一单。第三，积极探索与市场上优秀团队或机构合作进行委外投资。

【票据业务】一是逐步建立推广“票据池”，提升企业票据管理效率。2016年，公司明确“推广使用电子票据，争取建立集团票据池，升级资金集中管理2.0、增强票据外源融资、助推供应链金融”的票据业务策略。以中国长安下属子公司为试点，拓展票据池业务，已成功拓展建安车桥、保定长安客车和东安发动机等企业，并有效带动存款的增长。2016年，票据池入池票据总额累计达80亿元，票据余额近12亿元。二是积极发展电票业务，满足企业多元化金融服务需求。通过给予成员企业电票使用保证金及利率方面的优惠、强化对企业签票经办人员的培训等措施，引导、鼓励成员企业使用电票，电票占比大幅提升。2016年，公司累计为46家成员企业办理票据贴现业务7080笔，金额合计97.30亿元。其中，75%为电子承兑汇票贴现，占比同比提高25个百分点。累计为34家成员企业办理签发承兑汇票业务4209笔，金额合计61.03亿元，同比增长165%。其中，签发公司票据47.98亿元，占比为78.60%，99%为电子票据。

【外汇业务】2016年，公司持续探索外汇业务，持续完善公司外汇业务相关制度及流程。完成了成员单位在公司的美元存款，金额114万美元，拓宽了成员单位的外币存款渠道。同时，通过参与相关外汇政策解读培训会及与合作银行保持沟通探讨，确保公司及时掌握最新外汇政策、持续提升业务人员水平。

【资金集中】公司发挥“优、快、活”的竞争优势，进一步加强服务职能，多渠道拓展存款，深入推进资金集中管理，充分发挥资金集中管理平台功能。同时，积极走访同业及客户企业，全面对标，深入调研，进一步明确推进资金集中管理的重点和突破点，协助集团，统一共识，更加积极地推进资金集中管理。2016年，公司国资委口径资金集中度为68.18%，银监局口径为48.73%。

【业务创新】一是全力满足客户多样化金融服务需求，成功拓展代开保函业务。2016年，先后为成员企业签发或代签预付款保函、履约保函、质量保函和民工工资保函等，金额合计9亿元，实现保函业务突破。二是以“军工票”为载体，十大军工财务公司形成合力联盟，互相提供100亿元的意向授信额度，目标市场规模1000亿元。一方面推动各军工集团成员单位接受“军工票”作为结算方式用于相互配套资金支付，另一方面与主流合作银行开展“军工票”增信，最终以军工票为载体，穿透十大军工集团外围庞大的供应商集群，推动供应链金融支持集团主业发展。

【风险管理和内部控制】一是重视运用专业分析工具，逐步实现风险主动管理。第一，加强资本充足率专题研究；第二，加强新监管评级体系研究；第三，完成2016年风控报告，对各业务板块的整体风险情况和风控措施与机制进行分析和评估，对各项监管指标进行分析，对面临的各类风险的总体状况和风控机制进行分析并提出改进建议，在此基础上优化完善公司全面风险管理体系建设思路和下一步工作重点。二是推进监审联动，形成风险监督合力。通过加强与监管部门的沟通，按照监管要求做好自查工作，配合完成银监局和国资委监事会现场检查工作，形成监管合力，推动公司贯彻监管要求，提升风险管理水平。

【战略管理】为有效应对汽车金融业务剥离对公司可持续发展、稳定利润增长的较大挑战，叠加国内宏观经济持续下行压力、利率市场化改革对传统盈利模式冲击、金融服务需求不能有效满足造成客户忠诚度及黏性下降等诸多影响，公司启动了“1335”战略审视与评估工作，以发展愿景为目标，以内外环境为基础，以解决问题为导向，通过评估宏微观环境、资源禀赋、发展瓶颈和制约因素等对实现“1335”战略目标的影响，再次明确公司战略定位，细化战略目标，聚焦主要问题，修正战略路径，完善战略举措，以构建核心竞争力，实现持续稳健发展。

【人力资源管理】一是启动人力资源管理咨询项目。本着促进公司业务发展、激发员工潜能、提高队伍素质的基本原则，经过公开招标选聘咨询公司实施人力资源管理咨询项目。二是研究制定三项制度改革方案。三是持续推进分层分级培训，不断开阔员工视野，拓展知识结构。

【信息化建设】一是搭建移动金融服务平台，不断完善客户服务手段。为企业客户打造贴身业务管家，具备信贷业务信息总览、账户交易明细查询、财务付款交易审批、金融服务产品介绍等功能，涵盖企业存贷款、结算及票据业务，综合且直观地呈现客户在公司的业务数据，是客户随时随地开展业务查询与审批的一站式服务平台。二是核心业务系统稳定运行，高效支持公司业务快速发展。三是通过国家信息安全等级保护三级标准测评，标志着公司建成较为完备的信息安全保护体系，信息系统安全管理能力跃上新台阶。

【企业文化建设】2016年，公司紧密围绕以价值文化为核心的企业文化体系，进一步培育适应公司战略发展要求的企业文化，增强公司员工对企业文化的理解和认识，努力将企业文化固化在公司制度及员工行为意识中，对内形成健康的文化氛围，对外树立良好的公司形象。一是丰富企业文化内涵，推动企业文化落地。二是强化创新宣传工作，创优公司舆论环境。

京能集团财务有限公司

【经营概况】2016年，京能集团财务有限公司（以下简称“公司”）深入推进“人才兴企、文化兴企、品牌创造和创新驱动”四大战略，积极应对金融市场不利局面，深化金融财税改革，拓展金融服务领域，创新金融服务方式，发挥金融资源管理运作优势，实现“十三五”良好开局。截至2016年末，公司资产总额182.10亿元（不含表外业务），负债总额145.43亿元，所有者权益36.67亿元，吸收存款144.72亿元，自营贷款（含拨备）119.63

亿元；全年实现营业收入65091.25万元，投资收益3601.28万元，利润总额36577.56万元；净资产收益率为7.51%，资本充足率为19.62%，贷款本息回收率为100%，不良贷款率为零。

同时，公司发展过程中也存在一些差距和不足，一是集团对公司定位尚停留在资金集中管理方面，对财务公司行业新产品和新服务的重视程度有待提升；二是公司尚不具备有价证券、金融股权投资等业务资格，金融服务创新渠道有限；三是信息化建设和人才队伍建设需加快步伐。

【信贷业务】2016年，公司面对贷款实际利率下降，贷款规模增长乏力的局面，通过提高放款效率、寻找新客户、应机调剂资金等措施，确保了年度收入指标的顺利完成，全年自营贷款日均规模113.89亿元，较上年增长34.08%；实现自营贷款利息收入49193.91万元，较上年增加9.78%；委托贷款手续费收入1487.06万元，较上年减少14.95%。全年贷款本息回收率为100%。

【资金和投资业务】在资金运作方面，一是充分利用金融市场适时开展拆入拆出业务；二是创新类定期存款业务，为公司额外创利141.66万元；三是实现同业存放利息收入3304.01万元，平均收益率为3.08%。

在投资业务方面，实际共参与债券分销共计4.0亿元。截至年末，公司共持有债券余额为7亿元，平均投资收益率为5.61%，全部投资收益为3601.28万元。

【票据业务】2016年度公司的票据业务开展取得重大突破。累计开展票据承兑业务840笔，金额超过12.25亿元，既解决了成员单位资金紧张无力付款的难题，又有效提升了商业承兑汇票的信用等级，受到了集团成员单位好评。

【外汇业务】2016年，为满足集团海外市场拓展，进行境内外资金一体化调配运营，公司积极谋划新时期集团外汇资金管理工作，克服了年内外汇监管审慎趋紧的不利影响，于2016年12月获得了国家外汇管理局北京外汇管理部批复“跨国公司外汇资金集中运营管理业务资格”。

【资金集中】2016年，面对集团成员单位货币资金流入减少的不利形势，公司秉承变“资金归集”为“资金筹集”的工作思路，通过加强“客户服务”和“管理创新”深化归集平台管理职能，以市场化手段为主、行政手段为辅，以多元化的存款产品、个性化的客户服务和集成化的信息手段增加客户黏性，提高结算效率，加强服务水平和稳定存款水平；同时，在集团公司银行账户核定工作的基础上，依据“扁平化+垂直化”相结合的模式加强新并入集团的资金归集，实现京能网银与SAP系统集成，实现“应归尽归”的管理目标。全年可归集资金归集率年均达88.64%；年末资金集中度达到62.46%，超过行业平均水平。2016年全年日均存款达136.82亿元，较上年增长11.26%。

【业务创新】在外源融资方面，公司取得外部金融机构授信总额152亿元，较上年增长63%，其中取得财务公司授信59亿元，实现融资26亿元；对外部金融机构授信195.3亿元，其中对财务公司授信33.3亿元，有效保障了公司资金链的安全，拓宽了公司与同业交流的通道。

在金融服务方面，创新金融服务能力和品种，实现集团综合收益最大化。一是创新开展应收账款保理融资，保理融资利率较普通贷款降低23.22%，切实有效降低成员单位财务成本并盘活了存量资产；二是创新同业合作，与上海电气财务公司建立战略合作关系，向集团成员单位开展联合贷款，开创了产业链金融服务和拓展新路径；三是开展保险代理，累计涉及成员单位固定资产保额92亿元，较上年增长263%，实现手续费收入122万元；四是开展银团贷款项目，解决集团成员单位项目融资需求28亿元；五是编写财务公司《利率周报》和《汇率周报》，并定期在成员单位范围内发布，提升了财务公司金融服务水平。

【风险管理和内部控制】2016年，公司深化全面风险管理体系建设，注重培养良好的风险管理理念和管理意识。一是开展市场风险整合及风险成因分析和风险可能性分析，通过开展识别与评估工作共识别出公司层面风险39项，风险事件库事项182项，完善了公司业务层面风险数据库；二是确定重点关注与优先控制的风险，形成风险坐标图并制定相应的风险应对策略和完善风险预警指标体系。

同时，公司进一步夯实风险导向型后督管理体系，不断整合稽核信息资源，为公司“十三五”期间改革发展提供绿色动能。一是率先开展全方位对标工作，按照“全员、全过程、全方位”原则，内标管理重在夯实基础和持续改进，外标管理重在拓宽思路、鼓励创新；二是针对资金安全、标准化体系管理和合同管理等重点风险环节开展专项稽核；三是针对公司经营管理活动整改事项建立“管理建议改进跟踪库”并固化于制，实现整改完成率从年中的45.71%到年终100%的大幅提升。

【人力资源管理】截至2016年末，公司共有员工43人，平均年龄34岁。2016年，公司认真贯彻“选人、用人、识人、育人、举人、留人”的人才兴企战略，努力打造集团高级财务管理人员的培养基地，加大优秀人才的定向培养和挂职锻炼，并适时向集团输出优秀人才。

一是积极取得编制扩充的同时将人才招聘作为日常管理工作常抓不懈，成功通过社会化招聘方式招录3名从业人员，通过校园招聘招录1名硕士应届毕业生，急需专业人才得到有效补充，专业匹配度得到有效提升。

二是为员工创造良好的学习环境和激励机制，本年度公司员工获得各类资格证书28项，6名员工通过高级职称评审，1名员工获得学位提升。

三是通过干部轮值和各种形式培训活动相结合，提升员工业务能力和管理能力，深化队伍建设成果。

四是通过岗位竞聘打开员工职业发展通道，2名管理干部获得职位晋升，并有1名同志借调到集团党群工作部学习工作。

2016年，公司逐步建立起符合公司发展的新的人才梯队，使公司发展与员工自身发展得到有机结合。

【信息化建设】作为集团资金管理系统的运营中心、数据中心和技术支持中心，公司2016年进一步对资金管理系统的使用功能进行升级，全面提升信息化管理水平。通过实施稽核管理模块、网银对账、结算对账、价税分离、CA算法升级等项目，完善系统统计、分析、业务提醒等功能，促进业务顺利开展。同时，通过规划、设计、实施有效的技术解决方案，公司网络现已发展成为与集团、商业银行互联互通的复杂网络，并经过持续的网络优化，实现了高效的数据传输、稳定的网络运行和灵活的扩展架构。在信息化制度方面，结合业务实际情况，围绕信息系统的规划、设计、实施、运行、维护、完善等过程，公司新增和修订了一系列管理制度，保证了信息系统建设的规范化、制度化和有序化。

【企业文化建设】公司成立第十年，继续坚持“文化兴企”战略，以企业文化建设为重要抓手，增强企业战斗力和凝聚力，推进公司品牌建设。

一是机构支撑：由公司副总经理亲自挂帅组建公司企业文化小组，充分发挥其沟通、协调和智囊作用，保证各类活动落地实施。

二是工作创新：通过企业文化故事汇的形式开展“发现身边的感动”主题征文活动，以成立十周年为契机开展“十个一”系列文化活动，推动企业文化内化于心。

三是品牌建设：公司连续两年获得财务公司行业评级A级；连续五年荣获北京市管理创新成果一等奖；参加电力企业管理创新论文大赛，上报的6篇论文全部获奖；获得全国国有企业财务管理创新成果二等奖和论文一等奖；首次荣获“中国财资奖企业财资力先进单位”；连续两年获得集团领导班子突出贡献先进集体二等奖。

浙江省能源集团财务有限责任公司

【经营概况】2016年，浙江省能源集团财务有限责任公司（以下简称“公司”）围绕浙江省能源集团（以下简称“集团”）“大能源”战略和“能源立业，科技兴业，金融富业，海外创业”的发展思路，各项工作取得了良好成绩。截至2016年末，公司资产总额达264.81亿元，归集资金244.69亿元，银监口径资金归集率年内平均达87.80%，全年累计实现营业收入6.14亿元，利润总额5.55亿元，净利润4.21亿元，对集团净利润的贡献率为4.53%。

【信贷业务】2016年，公司继续挖掘集团内部信贷需求潜力，扩大授信覆盖面，将更多符合公司授信支持条件的集团三、四级单位纳入授信范围，信贷投放工作稳中有进，成员单位资金链得到有效保障。截至2016年末，共对79家成员单位提供授信，较上年末新增7家。自营贷款（含贴现）余额110亿元，中长期贷款占比由年初的31.63%上升到42.77%，信贷资产结构进一步优化调整。积极开展电票承兑、保函和委托贷款等表外业务，为成员单位提供多样化金融服务，节约集团整体财务成本。全年开展电票承兑业务126笔，累计金额3.56亿元；开立保函35笔，累计金额1.61亿元；发放委托贷款94笔，累计金额67.61亿元。

【资金和投资业务】2016年，公司一是资金使用有了“新”渠道。2016年，新增同业存单和银行间市场债券投资两个资金投资品种，截至2016年末，公司累计完成同业存单投资13.93亿元，银行间市场债券投资0.6亿元。二是货币市场研究分析能力有了“新”突破。2016年，公司加强对货币市场运作规律的研究分析，抓住资金价格较高的关键节点，适时开展期限较长的同业业务，锁定较高的资金收益水平，获得了高于市场平均水平的收益率。三是资金预算管理水平有了“新”提高，资金头寸测算更加准确，在狠抓同业业务的同时，保持了较为合理而充足的流动性，较好地平衡了资金收益和流动性二者之间的关系。

2016年，公司继续深化投研水平，获取

稳健投资收益。公司投资团队定期高质量完成宏观经济研究、货币市场研究、证券市场研究三大内部报告，为集团和成员单位提供及时、准确、专业的金融信息资讯，当好集团参谋。同时，继续坚持“有所为，有所不为”的投资理念，审慎开展证券投资业务，在确保风险可控的前提下追求合理利润。2016 年累计实现投资收益 3952.37 万元。此外，公司还充分利用专业优势，为集团提供财务顾问、债券承销、协助集团注册 DFI 和发行直融工具等增值金融服务。

【票据业务】公司在 2010 年就已加入人民银行电子商业汇票系统（ECDS），实现开立票据 100% 电子化。电票业务在为成员单位解决融资难题、降低短期融资成本和降低票据操作风险等方面取得了良好的成效，得到成员单位的广泛认同。2016 年，公司累计办理 126 笔电子票据承兑业务，金额共计 3.56 亿元，累计办理 4 笔电子票据贴现业务，金额共计 2.27 亿元。公司票据业务流程简单、费率优惠，有效缓解部分成员单位融资难和融资贵的问题。

【资金集中】2016 年，公司采取有力措施，有序推进资金归集工作，稳定和提高资金池“水位”。一方面，公司积极加强与集团、成员单位沟通协调，及时将新成立的成员单位纳入到资金归集范围。同时，不断加强存款利率定价管理，基本形成了常态化的存款定价管理机制，提高存款利率，保障成员单位合理存款收益。截至 2016 年末，191 家成员单位在公司开立结算账户，较年初新增开户成员单位 16 家，其中 133 家纳入“收支两条线”的资金管理模式，司库型财务公司建设成效显著。

【业务创新】公司作为集团的资金集中管理中心，资金业务是其提高集团整体资金使用效率的主要途径之一。为拓展资金运用渠道，在已有中债登账户的基础上，公司成功在上清所开立账户，为公司开展同业存单及高等级信用债投资奠定了基础。公司于 2016 年成功开展了第 1 笔同业存单投资和第 1 笔银行间市场债券投资。截至 2016 年末，公司累计完成了同业存单投资 13.93 亿元，银行间市场债券投资 0.6 亿元。

【风险管理】一是健全和规范“三会一层”运作机制，充分发挥“三会一层”在公司治理中的作用。公司全年顺利召开股东会 2 次，董事会 4 次，监事会 1 次，审议议案 21 项，召开党总支会议 12 次，总经理办公会议 22 次，公司依法治企、科学决策水平得到有效提升。二是不断加强合规培训和技能培训，深入打造以“守规矩、负责任、重合作”的特色合规文化。公司全年组织反洗钱、营改增政策解读、监管新政解读等各类培训 28 次，参加培训达 116 人次，有效提升员工合规意识和业务技能，不断深化合规企业文化建设。三是加强制度建设，规范业务操作流程。公司全年新制定制度 43 项，修订制度 27 项，逐步形成了比较完备的制度体系。公司共有各类制度 180 余项，涵盖了综合管理、业务操作、党建纪检、信息安全、安全生产、工团建设六大方面。四是加强稽核审计，加大内部控制执行力度。全年累计开展常规稽核 10 次，专项稽核 6 次。

【人力资源管理】2016 年，公司一是有序开展人才招聘，持续为公司注入新鲜“血液”。2016 年，公司从全国知名财经类院校招聘新毕业本科大学生 9 名，通过社会招聘引进研究型人才 1 名（博士），为公司各项业务发展提供充足的人才储备。二是创新人才培养模式，打造复合型人才队伍。2016 年，公司对大学毕业 3 年内的新进员工通过派驻成员单位、跨部门轮岗等方式，加快员工对集团产业和公司业务的全面了解，致力打造一支既懂金融又懂能源的复合型人才队伍。三是加强员工培训，提升员工技能。2016 年，公司按照“多渠道、多形式、多层次”的原则，通过集团培训、协会代训、公司内训、学习交流等多种方式，加强对公司青年员工和中层领导人员的教育培训。

【信息化建设】2016 年，公司把信息科技管理作为提升风险管理的重要手段，并初步达成了五大目标：一是通过全面的风险评估识别高风险因素，有效降低信息科技风险；二是通过对标国标、上级监管部门管理规范，建立符合公司实际的信息安全制度体系，将信息科技操作规范化、标准化，有效降低操作风险；三是通过培育信息安全文化，将日常的安全职责明确到人，把信息安全管理的要求嵌入各个业务条线，拓展了信息安全管理的覆盖面；四是通过运用持续动态的指标监测，加强运行监督，从而提高信息系统的可靠性，实现管理过程和结果的双管控；五是实现信息安全管理人员的角色由“消防队”向“纠察队”的转换，充分发挥有限人力的效能，实现主动安全管理。

【企业文化建设】2016 年，公司在打造与浙能核心价值理念体系高度一致的企业管理风格和职工行为规范的同时，增加员工对公司的认同感和归属感。

合规文化。公司始终牢固树立以合规文化为核心的企业文化理念。2016 年，结合政策要求，公司通过开展反洗钱培训、营改增政策培训、旁听法院审理案件、定期发布《政策法规与财经月报》等多种形式做好合规宣传和培训工作，用合规文化教育、引导和规范员工行为，增强员工依法经营和规范操作意识，增进员工对企业的文化认同，培育财务公司特色企业文化。

家园文化。2016 年，公司通过组织员工分批外出疗休养、春游西湖划船比赛、秋游登高爬山、趣味运动会、足球篮球友谊赛、工间操、冬至包饺子等多形式的集体活动，增强企业凝聚力和员工归属感。同时，通过组织迎新滑雪、青年联谊、团员青年定期开讲微团课、观影活动、“五四”献血、“善美”志愿者活动等青年活动增强青年员工的参与感和企业活力。通过系列家园活动，切实保障和维护职工权益，创造良好的家园文化氛围。

广东粤电财务有限公司

【经营概况】广东粤电财务有限公司（以下简称“公司”）成立于2006 年 12 月，是广东省粤电集团有限公司（以下简称“集团”）的控股子公司。截至 2016 年 12 月 31 日，公司资产总额 170.38 亿元，已开户成员单位 121 家，吸收存款余额 143.59 亿元；贷款余额（含贴现）118.01 亿元，委托贷款余额 24.09 亿元。全年累计实现净利润 2.26 亿元，净资产收益率达 10.63%。

【信贷业务】2016 年贯彻“以规模换空

间”策略，公司持续强化信贷营销力度，着力做大信贷规模，提高资金使用效益，信贷规模总体有较大增长。2016年末信贷余额为118.01亿元，同比增长6.97亿元。2016年日均贷款余额达到108.25亿元，较上年日均100.33亿元同比增长7.92亿元，同比增幅为7.89%。此外，公司抓住供给侧结构性改革“促进实体经济提质增效”的核心主线，结合“三去一降”政策要求，通过“有保有压”信贷调节政策，合理配置内部信贷资源，突出服务重点，主要完成以下重点工作：在自营贷款方面，坚持在价格上“让利”成员单位，执行利率优惠并发挥价格引导作用，降低整体融资成本，2016年全年利率下浮累计为成员单位节约财务费用约4856.96万元。在新能源项目建设方面，抓住近年来太阳能发电、风电等新能源产业迅速发展的趋势，结合集团战略，积极主动地调整信贷策略，强化了向风电、太阳能发电等清洁能源产业的信贷投放力度，截至2016年末，对清洁能源类发电项目累计贷款余额为17.88亿元。公司搭建金融桥梁，在成员单位与金融机构之间发挥信息协调功能，加大“联合牵头行”模式银团贷款的推广力度，协助成员单位引入外部低成本资金。

【资金和投资业务】公司金融同业资金业务主要包括定期业务、同业拆借、约期业务。定期业务方面，通过对定期业务期限选择以及业务开展时点选择的策略管理，获取较高成交利率，年内定期业务最高成交价格较同期限Shibor价格加83.20个基点；拆借业务方面，通过建立起主辅互补的业务交易模式，实现在极短的交易时间内精确对位交易对手，2016年年内还获得南方电网财务有限公司授信，实现同业拆借业务交易对手的多元化。为寻求更高的资金收益，提高公司资产配置效率，积极开拓新型同业资产类业务，成功与招商银行、中信银行及兴业银行达成约期业务品种。2016年度内共办理约期业务23笔，累计成交金额95亿元，利息收益达1623.5万元。2016年4月，投资范围由货币市场基金扩大至包含短期理财债券型基金的货币市场类基金，通过在一定程度上扩大投资范围和锁定产品流动性以争取实现超越货币市场基金的收益。公司货币市场基金投资业务2016年全年投资收益为4258.23万元，投资组合年化收益率为2.821%，比行业平均收益高22.40个基点，可比收益率为3.523%。

【票据业务】票据业务兼具产业链融资和流动性管理的双重特性，是资产负债管理的重要手段。2016年以来，公司持续强化票据业务推广力度，特别注重发挥电票系统的各项优势，电票业务呈现加速发展态势。2016年合计办理票据贴现业务32笔，合计金额为124196.63万元，较上年同期增长42925.63万元，同比增幅为52.82%，其中电票业务21笔，较上年全年增加15笔，增幅为250%，合计金额为113745.83万元，较上年全年增长71748.60万元，增幅为170.83%，2016年电票业务占全部票据贴现的比重为91.59%，较上年同期提升39.91个百分点，且在开票方面实现了全部电子化、电票化，电票业务占比在行业内处于领先水平。

【外汇业务】公司利用现有市场资讯、金融人才资源，满足集团投资国际电力能源项目的外汇资金需求，及时跟踪人民币汇率走势，加强汇率管理，为集团汇兑决策提供参考依据，协助集团降低汇兑成本。2016年在集团对超康增资2.04亿美元项目中，为集团财务部提供实时外汇牌价分析，抓住人民币快速升值的短暂交易机会，建议集团全额购汇，比前一日银行挂牌价节约成本1124.04万元人民币。

【资金集中】公司资金集中度一直保持在

较高水平。2016年公司对单位账户进行持续监控和清理，进一步提高账户归集率。截至2016年末，公司已为121家具备独立法人资格的成员单位开立了账户，管理的各类账户总数为225个，账户集中度达到69.75%。2016年末公司吸收的成员单位存款余额143.59亿元，日均余额143.31亿元。行业评级口径资金归集率为67.84%，剔除外方股东资金、外币资金及专户资金等因素，集团考核口径资金归集率达97.48%。全年结算笔数79437笔，金额8654.54亿元，结算业务集中度为91.53%。

【业务创新】2016年8月，公司通过“粤汇通”系统平台成功归集超康投资有限公司境外资金，以公司为主办企业，由包括集团公司、超康等44家境内外成员单位构成的跨境人民币双向资金池业务正式上线开通。该项业务成为广东省内第一家以银企直联模式实现的跨境人民币双向资金池业务，实现集团资金归集从境内到境外的拓展。

【风险管理和内部控制】2016年，公司以从严、从高、从实的标准对现存131项制度进行全面修订，并新增19项制度，夯实合规基础，前移风控关口，从制度源头建立长效合规管理机制。

【人力资源管理】为规范员工培训管理工作，增强培训效果，2016年公司加强员工培训计划性，通过对公司各部门、各岗位培训需求进行梳理和筛选，有针对性地组织员工参加业务创新及业务资质相关的培训及考试认证，多位员工相继获得注册会计师、基金从业资格证、本币交易员证等职业资格。此外，还在年度培训中，加入人文、防灾、应急演练等内容，提高员工的综合素质及应变能力，为培养全面人才奠定基础。

【信息化建设】2016年，公司以整合信息系统、优化完善系统功能、提升系统运行效率为目标，完成“粤汇通”资金集中管理系统四期项目的建设工作，四期项目共分四大类51项需求，主要包括：批量代理优化、跨境双向人民币资金池、电子商业汇票等。截至2016年底，“粤汇通”系统累计办理业务达39万多笔、结算量超过3.7万亿元。2016年11月“粤汇通”系统获中国电力企业联合会评定为电力行业信息化优秀成果一等奖。

【企业文化建设】公司努力营造“学习型企业”氛围，鼓励并引导员工积极参加公司业务、金融理论等的学习研究，从多角度提高员工理论知识水平，并重视与实际的结合及落地，使理论研究成为推动日常工作顺利开展的助推器之一。2016年9月，公司员工参加第19次珠江金融论坛“财务公司发展”主题研究论文征文，并获一等奖。2016年10月，三位员工参加广州金融行业读书交流会，围绕读书会主题撰写读书心得，并揽获多个奖项。公司积极践行“用心工作，健康生活”的粤电人精神，充分挖掘、重点鼓励、大力支持员工参与各项文体活动，2016年获集团“风采杯”歌唱比赛银奖。

TCL 集团财务有限公司

【经营概况】截至 2016 年末，TCL 集团财务有限公司（以下简称“公司”）资产总额 312.30 亿元，较年初增加 134.80 亿元，增长 75.94%；负债总额 293.80 亿元，较年初增加 134.40 亿元，增长 84.32%；实现净利润 1.07 亿元，较上年下降 14%。公司围绕着“金融秩序维护者”“金融资源整合者”“产融价值创造者”的企业定位，较好发挥对集团实体经济发展的金融支持作用，盈利能力、风险管控能力、业务拓展能力等方面全面完成董事会的年度经营考核指标，各项监管监测指标全部达标。

【公司金融】公司坚持寓管理于服务的经营理念，发挥财务公司专业优势，提供多方位金融资源支持，充分保障集团各产业运营发展。坚持丰富信贷品种，优化企业信贷产品服务结构，满足成员企业业务发展需求。一是支持成员企业建设，为成员企业生产经营提供金融保障；二是通过全球资金池进一步盘活境内外外币资金，推出全球资金池下境外中长期外币贷款；三是推广财务公司代理信用证业务，提升成员企业融资业务效率，并有效节省整体融资成本，实现了财企双赢。2016 年，公司累计向成员企业及产业链投放信贷 201.45 亿元，有效支持了成员企业与产业链客户发展需求。年末信贷资产分类全部为正常，并已足额提取贷款损失准备。

【产品销售信贷业务】公司依托集团核心产业，主要通过买方信贷、代理开证、代开商票等业务为供应链客户提供资金支持，并加强产业链产品创新能力，提升品牌知名度，有效促进成员企业产品销售。

【资金和投资业务】为有效应对市场剧烈变化，公司着力打造灵活高效的资产负债管理、资产配置机制，在动态分析资产成本收益的基础上，构建自身特色的利率定价模式，通过精细化经营，使公司各项资源得到充分利用，创造最大价值。公司利用非银行金融机构平台，深度参与金融市场，在确保资金安全的前提下提升短期闲置资金使用效益。优化金融资产配置组合，抓住市场机会加大优势产品的资源配置，细化集团资金头寸管理，拓展新型高收益产品。深入开展同业定存等传统资金业务，匹配资金状况及市场情况积极参与货币基金、开发现券买卖等业务。

【票据业务】公司继续深入推广票据托管、托收和电子票据业务，全年为企业开票 117.06 亿元，全部为电子票据，电票开票得到深入推广，保证了票据业务的高效安全。全年累计办理再贴现 2.11 亿元，为产业链业务开展提供充足的资金保障，有效地促进了产业链实体经济的发展。

【外汇业务】面对波动剧烈的市场环境，集团及成员企业主要面临外币融资汇率、利率成本上升，以及外汇风险敞口影响业务损益等。一方面，公司根据企业自身经营及外汇敞口情况，调整负债结构，减少了外汇负债敞口；另一方面，进一步加强外汇风险管理，为成员企业提供咨询服务，逐月监控美元敞口变动，自然对冲后剩余的净敞口部分再运用外汇衍生品等工具，尽可能降低外汇风险敞口，规避汇率风险。2016 年，TCL 集团外汇资债敞口控制在 0.50 亿美元内，公司较好地完成了外汇风险管理任务。

【资金集中】2016 年，公司各项业务全面发展，提供优质服务，资金的安全性、流动性、效益性进一步提升，资金集中管理得到集团及成员单位的认同与支持。公司作为集团资金集中管理的核心平台，始终致力于加强集团资金集中管理和提高集团资金使用效益，为成员单位提供信贷及融资管理服务。2016 年，公司资金集中度为 74.59%，较上年增加 8.26 个百分点。

【业务创新】充分发挥公司贴近金融市场的专业优势和资本市场买方地位优势，为集团和成员企业贴身定制差异化的金融服务方案。2016 年，公司准确把握债券市场行情，担任集团债务融资工具总协调人，保证了债务融资工具的规范化与低成本，确保集团发行债券利率保持较低水平，进一步提升顾问服务的专业内涵。

【风险管理和内部控制】持续深化“全面风险管理体系”建设，持续推动打造优秀财务公司改善项目。通过具体的行动方案落实关键改善点，努力提升财务公司风险评级。通过这一项目，公司建立了监管指标监控制度和指标体系，按月监控，定期报告和提出预警建议。2016 年，行业评级及监管评级均被评为 A2 级。

从风险文化、制度、执行、评估等多维度，强化风险管控。一是加强文化建设，坚持以人为本，开展多形式的合规培训、风险文化教育活动，增强全员尤其是新入职员工的风险意识、合规意识、道德意识。二是构筑制度体系，坚持内控优先原则，强化新业务、新产品、案防制度建设，从源头防控风险。持续完善核心业务、反欺诈、评分卡系统建设，提升风控能力。三是加大检查力度，坚持惩防并举，加大风险排查、审计力度，强化全员八小时内外行为监督，全力防控信用风险、案件风险。四是强化持续评估，对内部控制制度建设、执行情况定期开展后评价和检视，并及时根据法律法规要求、经营管理变化进行完善。

【人力资源管理】公司从多渠道引入高端人才，充实公司的人才队伍。为了充分激发优秀人才的潜能，为人才培养提供更好的土壤，公司实施职业双通道的发展机制，不仅拓宽了员工职业发展的通道，而且激发员工向更加专业的方向去发展。同时，也对薪酬激励实施了多元化调整，让激励更加贴近业务，更符合行业的规则，使激励变得更加及时有效，更起到驱动业务的关键作用。

不断学习是促进人才发展的根本，公司培训结合“互联网 +”作出了创新，组织开展了多场次的线上“微课程”，邀请业界权威人士在微信上为大家讲授行业前沿知识，让大家实现学习方式多元化，学习形式多样化，加大了对零散时间价值的利用。

【信息化建设】公司已启动核心系统二代建设，将实现对公司所有业务的全面管理。同时，公司已制定了“信息科技安全管理策略”，为信息系统数据的完整、机密、安全，为信息系统的数据隐私性、数据完整性、数据安全访问等方面建立标准；制定了《信息科技关键设备故障应急操作规程》，建立信息系统关键设备故障应急操作管理，降低故障对财务公司业务连续性的影响；制定《信息科技突发事故应急处理管理办法》，确保在事故发生时公司能准确掌握情况、分析评价并作出相应决策，确保系统和业务正常、高效、稳定、安全运转。

【企业文化建设】公司通过多种形式组织员工参与各种有益身心健康的文体活动，强化企业文体建设，增强公司凝聚力。团队通过“新春踏青”“公司周年庆”“TCL 金控 60 公里徒步行”等活动及对活动的宣传，对内对外传递了企业文化，逐渐形成了创意创新的团队氛围和简单温暖的企业文化；充分发挥新人的热情和激情，凝聚了团队、发挥了价值，形成了全员互联互动、年轻、激情、创新、突破的企业文化氛围。同时，加强与产业的沟通，充分了解客户需求，让客户感受到简单温暖的产业金融；积极与银行、其他金融同业进行沟通与学习，增加了业务交流合作机会的同时积极宣传公司理念及文化，提升了公司影响力和知名度。

湖南华菱钢铁集团财务有限公司

【经营概况】2016 年，湖南华菱钢铁集团财务有限公司（以下简称“公司”）以“两学一做”教育实践活动为契机，紧紧围绕“依托集团，服务集团”的总方针，着力提升金融服务水平，优化业务结构，加强运营管理，突出风险防控，盘活集团内部资金，优化和精细流动性管理，全力帮助和支持成员单位的主业生产，充分体现了财务公司的重要作用和价值。

2016 年，公司实现营业收入 20347.47 万元，公司实现净利润 13608.62 万元，为成员单位创效 8611.68 万元，共计为集团整体创造经济价值 22220.30 万元，创造历史最好水平。

【信贷业务】2016 年，公司继续加大对成员企业资金支持力度，对成员企业的信贷业务总量再创历史最高水平。通过贷款、票据贴现、开具电子汇票等方式为成员企业提供信贷资金支持较上年增长 23%。

【票据业务】2016 年，公司继续大力发展为成员企业开立电子银行承兑汇票业务和票据贴现业务，缓解了成员企业的资金压力，并通过转贴现和再贴现等方式进行票据转让，提高流动性。

【外汇业务】2016 年，公司通过跨境外汇资金池和跨境人民币资金池累计融入资金较上年增长近 10 倍，既提高了境内外资金使用效率，也化解了集团的资金风险。此外，多次帮助和支持成员单位就外汇资金出入境事宜与省外汇局协调，化解了境内外资金流动性风险，为成员单位节约了融资费用。

【风险管理和内部控制】公司坚持稳健合规经营，将风险控制作为经营活动的首要前提，严格遵照监管部门的各项政策和要求，做好风险管理工作。一是完善风险管理体系。根据监管要求，成立董事会下属的风险管理及审计委员会，并拟订了工作规则；成立风险管理部，明确部门作为风险管理的牵头部门和中台部门，实现风险层层把关。二是强化内部控制建设。全年共修订和制定制度41个，涵盖了业务流程、会计结算、业务操作、委员会工作规则、履职评价等方面。通过制度规范形成约束机制，从源头上强化了对各类业务操作运行的监督制约。三是加强内部稽核。全年共完成任12次月度日常稽核，完成九恒星信息系统、各交易系统、办公事务、人力资源管理、档案管理等若干项专项稽核，并形成了专门的稽核报告，存在问题的督促整改。

【人力资源管理】2016年，公司通过强化激励、招才引智、学习培训等措施，不断完善人力资源管理。一是制定了一系列绩效考核管理制度，坚持绩效优先、兼顾公平，充分发挥激励作用，激发员工积极性。二是加强员工教育和培训，每季度安排一到两次内部培训。全年开展内部培训8次，参加财务公司协会、外汇局等单位组织的业务培训20余人次。三是加大人才引进力度，为公司发展提供人力资源保障。

【企业文化建设】公司着力打造以“诚信、合规、廉洁”为内涵的企业文化，积极倡导和培育全体员工的核心价值观，规范行为准则，强化合规意识，营造和谐氛围，为企业和谐发展提供文化保证。

【信息化建设】公司严格执行信息科技管理相关制度，确保计算机系统安全运行，全年未出现系统性安全事件。在软件系统建设方面，一是围绕核心业务系统进行升级优化，全年对业务系统进行3处更新，修订4处系统功能缺陷；二是优化银企直联接口，对招商银行、建设银行、交通银行接口进行更新升级；三是完成1104报表系统以及线上清算交易系统等外联系统的更新升级工作。在系统运维方面，扎实做好信息系统日常监控及运维工作，开展了多次信息科技风险排查，完成了2次核心系统应急切换演练，为业务系统稳定运行奠定坚实基础。

江西铜业集团财务有限公司

【经营概况】2016年是江西铜业集团财务有限公司（以下简称“公司”）发展史上经营较为困难的一年。这一年，世界主要发达经济体经济复苏步伐持续分化，国内经济出现积极变化但基础并不牢固，大宗商品价格低位企稳回暖，但货币市场利率持续低位运行，利差空间被大幅压缩。面对种种经营困境，公司党政审时度势，保持发展定力，以十八届六中全会精神和集团公司“两会”精神总揽全局，以“改革创新”和“提质增效”为抓手，深入开展“两学一做”学习教育，带领广大干部员工真抓实干、攻坚克难，通过全方位挖掘业务潜力点，多渠道培育利润增长点，深层次控制经营风险点，顺利实现了公司经营的稳健发展，开启了“十三五”的崭新篇章。

截至2016年12月31日，公司资产总额为118.56亿元，较上年同期减少24.16亿元；吸收存款余额92.02亿元，各项贷款余额68.43亿元，投资类资产余额23.86亿元，实现利润总额3.71亿元。资本充足率为23.46%，流动性比率为38.95%，均符合监管要求。同时，通过减免结算手续费、存款上浮贷款下浮等方式让利成员单位0.80亿元，连续第五年被评为“南昌高新区先进企业”和“南昌高新区纳税重大贡献企业”。

【信贷业务】2016年，国际国内严峻的经济形势导致一些成员单位外部融资难度进一步增大。为此，公司在严格遵守贷款“三查”制度的基础上，配合企业集团对重点生产单位开展落实信贷扶持工作，主动延续2015年各项措施，进一步强化了对成员单位的帮扶责任，帮助其有效缓解了资金压力，确保了企业的正常生产经营。同时，公司密切关注并掌握贷款企业的生产经营情况、资金运行状况及外部市场的变化趋势，确保所发放贷款的使用安全。

全年累计发放贷款136笔。其中，自营贷款135笔，累计金额74.85亿元（人民币贷款72.17亿元，美元贷款4000万美元），委托贷款1笔，金额1700万美元。

【资金业务】2016年，公司进一步加强资金计划管理，努力找到资金流动性与收益性的最佳平衡点。9月，江西铜业68亿元可转债到期，公司提前统筹安排资金备付，与成员单位保持密切联系，通过及时掌握成员单位中短期大额资金结算或支付需求，总结出成员单位资金波动规律，从而进一步提高公司的资金流动性管理能力，增强了资金计划的及时性和准确性，最终做到了既能满足成员单位日常资金结算需求，又确保了江西铜业可转债到期成功兑付。同时，为使公司每一分钱都不“闲置”，公司成立了资产负债管理小组，由该小组根据公司日常资金计划及成员单位用款规律，合理预测公司短期富余资金，并通过分析与预测资金市场利率走势、向其他金融机构询价等方式，筛选期限合理且收益率相对较高的理财产品，以“见缝插针”方式及时将短期富余资金投向市场，做到了资产的最优配置，实现了资金效益的最大化。

【投资业务】2016年，公司积极拓展外部资金运营渠道，积极寻找风险可控、收益率相对较高的投资产品，公司投资方向主要为股票一级市场申购、信托理财产品、银行理财产品及银行间市场拆借等，投资业务多点突破，外部创效功能凸显。年末投资业务余额23.86亿元，全年实现投资收益1.64亿元，约占据公司全年利润总额的半壁江山，公司综合实力大幅提升。

【外汇业务】2016年，全球外汇市场受美元加息、英国脱欧等事件影响，震荡剧烈，人民银行、外汇管理局采取“控流出、扩流入”的监管政策，控制财务公司购汇规模，降低结售汇差额规模和占比。面对如此不利的经营环境，公司结售汇业务仍然实现较快增长：全年累计办理即期结汇业务3.53亿美元（折合人民币23.30亿元），为成员单位节省财务成本435万元人民币；办理对外放款5700万美元，较上年同比增长36%，业务量再创历史新高。

【资金集中】2016年，公司严格执行江铜集团账户管理各项制度，通过控制成员单位账户开户数量、对成员单位不常用账户进行清理、对成员单位协作行账户进行账户授权等方式，进一步加强了企业集团的本外币资金集中，助力企业集团基本实现本外币一体化管理；同时，通过为成员单位提供快捷、便利、优质的全币种结算服务进一步取得了成员单位的信赖和支持，真正使成员单位“离不开”“舍不得”。

2016年，公司为成员单位办理资金结算业务累计11.84万笔，日均办理474笔；结算金额累计5351.94亿元，日均结算金额21.41亿元。全口径资金集中度较上年略有提高，可归集资金集中度维持在90%以上。

【业务创新】2016年，多数承销商提高了机构投资者参与IPO网下询价的市值门槛，为满足该要求，公司申请取得了股票二级市场投资资质，为公司网下新股申购、定增等投资业务的开展提供了更强保障。

2016年5月1日起，金融业等四行业实施营业税改增值税试点。公司事前加强对营改增政策的解读与把握，关注相关后续政策的出台，参加了财务公司协会组织的“营改增”政策培训，顺利实现“营改增”税制转换，实现“营改增”减负效益557.46亿元。

2016年，公司积极抓住江西省委省政府《关于开展降低企业成本优化发展环境专项行动的通知》的政策机遇，积极向南昌市高新管委会申请降本减负扶持基金政策，争取到降本减负扶持基金1430万元。

【风险管理和内部控制】2016年，公司内控自查工作纵向到底，横向到边，合规经营理念深入人心。全年，公司根据监管部门的监管要求，科学组织，严密实施，充分发挥了内部稽核监督的风险防范作用，稽核监督成效显著。一是强化投资业务风险管控。公司始终在风险可控的前提下审慎开展投资业务，绝不将资金投向房地产、股市等高风险领域。对于一些风险相对较高的信托产品投资，公司均采取股权质押、设置警戒线平仓线、融资人控股股东提供连带责任担保等多种措施控制风险，全年保持了投资业务风险为零的纪录；二是借助江铜集团的党委稽核工作载体，以现场检查方式盘点现金等重要凭证，并专项稽核各项资产质量五级分类工作；三是风控人员参与公司投资、信贷业务前期调研，将风险关口前移，确保公司业务在内部控制及风险防范等方面的合法合规性。

【人力资源管理】2016年，公司业务范围不断增加，原有的部门和人员配备已无法满足业务发展需要。为此，公司积极向江铜集团申请并成功获批成立了外汇业务部和信息技术部，组织机构得到完善。同时，公司因业务发展需要，新增应届毕业生1名，社会招聘专业人才5名，其中，研究生4名（海归3名），进一步提高了员工队伍整体素质，增强了公司的核心竞争力。

【信息化建设】2016年，公司信息化建设成果丰硕，陆续上线了“金融衍生品风险管理系统”“投资业务管理信息系统”和“容灾系统”等项目，进一步增强了公司信息科技风险防范能力，公司已逐步形成以九恒星软件为操作平台，多系统集成统一、实用高效的信息管理平台。

【企业文化建设】2016年，全国上下掀起“两学一做”学习教育高潮。根据上级党委关于“两学一做”学习教育部署安排，公司党总支全年认真落实创新方式讲党课要求，坚持聚焦“改革创新”“提质增效”主题、紧贴“服务集团、服务成员单位”的实际，创新思路、创新方法，形成了党总支书记带头、党员干部踊跃参与的生动局面。公司在“两学一做”学习教育中，以“鲜活、精准”为抓手，突出“把党员培养成为骨干，把骨干培养成党员”原则，实行强化党性与提升业务的良性互动态势，从而形成了从“书记讲”到“群言堂”的格局。

此外，公司还组织员工参加羽毛球、乒乓球、自行车、英语角等活动，有效缓解了员工的工作压力，大力增强“员工与企业是利益共同体、事业共同体、命运共同体”的意识，提升员工对企业的认知度、认同度，培育员工共享的核心价值观，从而增强了公司凝聚力。

天津港财务有限公司

【经营概况】2016 年，天津港财务有限公司（以下简称“公司”）紧密围绕集团公司发展战略，以提高企业自身发展质量和经济效益为根本，做大做精核心业务，持续提升资金管理水平，不断加强业务创新和产品创新，完善金融服务功能，努力寻求新的收入增长点，确保公司平稳运营。截至年末，公司资产规模 105.55 亿元，同比增长 4.64%；负债规模 83.19 亿元，同比增长 4.44%；所有者权益 22.36 亿元，同比增长 5.37%。全年公司实现收入 3.21 亿元，同比降低 5.59%，；实现利润总额 2.66 亿元，同比下降 7.96%，不良贷款率和不良资产率均为零。

【信贷业务】2016 年，公司面临着央行降息、进一步放开存款利率上限等政策的滞后性影响，本年信贷平均利率水平下降。公司采取措施、积极应对，一是着力提高信贷规模，全年平均信贷规模达 52.93 亿元，同比增加 4.39 亿元，增加收入 0.24 亿元；二是发挥财务顾问职能，协助成员单位建立与商业银行、融资租赁公司及保理公司的沟通，提高融资效率，平抑融资成本，提升服务水平；三是开展不占用资金的委托贷款、保函等中间业务，保证公司收入水平。截至 2016 年末公司为 29 家成员单位办理 86 笔贷款业务，累计放款 38.48 亿元；办理 47 笔保函业务，累计 2.75 亿元；办理 57 笔委托贷款业务，累计 45.17 亿元；办理 1 笔融资租赁业务，金额为 0.20 亿元；全年实现信贷业务收入 2.66 亿元。

【资金和投资业务】2016 年，公司科学调配资产配置比例，适时增加长期投资，提升公司收益；积极了解同业市场行情，择优选择，适度增加同业资产额度以提高收益；合理配置资产期限，确保公司流动性指标符合监管部门要求，保障公司流动性安全。截至 2016 年 12 月末，公司开展同业定期存款业务共 57 笔，实现利息收入 0.43 亿元；长短期理财产品投资产品 37 笔，实现投资收益 0.42 亿元；持有平安银行二级资本债共计 1.60 亿元，2016 年实现债券投资收入 0.11 亿元。

【票据业务】2016 年，公司持续推进电票业务开展，完善业务操作系统功能，提高业务办理速度，为成员单位提供便捷、高效、安全的金融服务。公司全年办理 109 笔票据贴现，累计 1.86 亿元；为 14 家成员单位出具并承兑电子银行承兑汇票 410 笔，金额达 5.88 亿元。

【资金集中】公司发挥资金集中平台功能，规范资金管理并定期向集团主管部门汇报资金集中工作进展。集团于 2016 年 4 月组织召开“资金集中度工作推动会”。会议要求各成员单位进一步重视资金归集工作，强化责任意识，做好工作落实，做到资金“应归尽归”；会议提出集团公司相关主管部门要与上市公司计财部、财务公司以及基层单位建立多层次沟通机制，并充分利用新签署《金融服务框架协议》的最高存款上限，尽快增加上市公司在财务公司的资金归集规模。同时，集团重申了对财务公司的要求：公司应优化金融服务水平，强化市场竞争优势，根据成员单位的不同规模，研究丰富现有产品，按需提供个性服务，以提升成员单位的满意度、认可度，促进资金归集工作的有序开展。截至 2016 年末，全年新增 13 家单位在公司开立账户，资金集中度（监管口径）为 56.95%，较上年同期 48.43% 提升了 8.52 个百分点。

【业务创新】公司开展创新工作，学习同业先进经验，研发金融业务新产品，拟定了集团公司司库管理系统搭建方案。同时，公司推进金融创新研究，认真学习监管部门及集团下发的产业链金融服务创新相关文件，深入研究业务，成立工作小组，查找自身不足，提高评级水平，落实文件要求。

【风险管理和内部控制】2016 年，公司不断夯实基础管理工作，健全制度体系，结合公司业务开展情况，公司制定下发《安全生产委员会工作规则》《金融许可证管理办法》等 7 项新制度，修订《内部控制管理办法》《业务费用开支管理办法》《反洗钱管理办法》等 9 项制度，进一步提高了公司规章制度的合规性与完备性水平。

【人力资源管理】2016 年，公司继续做好人资管理工作，不断提高绩效管理水平，加强了对绩效考核相关理论知识的学习，继续完善了绩效考核办法，结合公司考核指标完成情况及时修订；梳理公司部门和岗位职责，完成了集团公司新一轮竞聘，合理配置了人力资源，有效促进公司持续发展。

【信息化建设】公司加强信息化建设，保障公司高效运营。公司自主研发了在线存取款系统，实现了成员单位网上办理存取款业务，提高了业务处理效率和准确性；公司自主研发了“天津港财务有限公司反洗钱系统”，实现了公司反洗钱大额和可疑交易的监测与分析，满足了人民银行的监管要求，进一步提升了公司资金安全运营管理水平。

松下电器（中国）财务有限公司

【经营概况】截至 2016 年末，松下电器（中国）财务有限公司（以下简称“公司”）实现营业总收入为 0.89 亿元，实现利润总额为 0.76 亿元；年末资产总额为 106.46 亿元。

【信贷业务】公司信贷业务均为流动资金贷款，作为集团金融服务平台，主要为了满足成员单位短期融资的需求。2016 年，根据集团公司的业务需求，公司贷款规模有所扩大，年末一般贷款余额为 0.91 亿元。

【外汇业务】公司已开展的外汇业务主要有外汇集中收付汇及代理远期外汇预约业务。2016 年，共有 48 家集团成员公司已通过公司开展远期外汇预约业务，通过开展此项业务，为集团成员公司规避外汇风险提供便利条件。

【资金集中】2016年，公司继续与各成员单位加强互动，努力争取吸收成员单位的存款，年末公司的资金集中度为48.66%，较上年提高15.09%。

【业务创新】2016年，公司作为试点企业向国家外汇管理局上海市分局就开展外汇资金集中运营管理业务进行了申请备案。6月，公司获批参与上海市跨国公司总部外汇资金集中运营管理试点业务。对公司办理经常项下集中收付汇、经常项下轧差净额结算业务予以了备案。截至2016年末，已有12家集团成员公司导入此业务，实现了日元和美元的集中结算，为集团成员单位提供外币的集中收付服务，通过此业务的开展较大程度提高了集团成员单位收付汇时的便利性。

【风险管理和内部控制】在信贷业务中，因公司的贷款对象皆为集团内成员公司，如果发生任何经营问题，投资公司松下电器（中国）都会给予大力支持，所以公司层面所面临的信用风险整体水平较低。公司着重新员工的培育，通过合规意识的养成，以及各项业务开展的明确规范，预防经营过程中操作风险的发生。

公司非常重视内控制度的建立，从未发生过违法、违规等问题，并且公司深刻意识到内控制度是合法合规经营的基础，是一个长期的系统工程，公司继续加强内部控制的监督管理工作，及时发现内部监督中的缺陷与问题，完善内部控制评价标准；加强对内部控制人才的培养，为公司内部控制提供高质量的人才，确保公司内部控制发挥出应有的作用。

【人力资源管理】公司在日常工作中注重加强公司员工的专业技能，合规意识培养，通过制度法规等的学习，不断提升业务人员素质、职业判断能力。

【信息化建设】2016年，公司的业务核心系统九恒星升级测试工作于10月顺利完成，新九恒星系统上线。本次九恒星系统的开发、升级实现了成员单位一般贷款、存款、票据贴现、外汇远期业务等的线上申请、业务审核，完善了统计所需基础数据的查询、导出等主要需求。本次系统开发将对扩展财务功能、强化内控体制、减少系统外作业、提高效率等有重大意义。

中航工业集团财务有限责任公司

【经营概况】2016年正值“十三五”启航之年，是国内经济增速换挡、结构优化的关键之年，也是国企深化改革，国防科技工业推进自主创新、军民深度融合的关键时期。为配合集团公司深化改革、转型升级要求，推进“瘦身健体、提质增效”工作，中航工业集团财务有限责任公司（以下简称“公司”）以客户为中心，创新模式，拓展业务，提升管理，实现了公司经营持续稳健发展。

2016年，公司实现营业总收入13.86亿元，实现利润总额9.12亿元，年末总资产606.37亿元，管理总资产达1018.69亿元。

【信贷业务】2016年，公司秉承“立足集团、高效服务”的经营理念，支持航空主业发展。一是动态调整投放策略，提升信贷投放的计划性与精准度。继续推进差异化投放策略，根据成员单位融资预算、信用状况、业务贡献等因素，逐一制定年度信贷投放政策，明确投放的重点领域及定价空间。二是勇于市场开拓，主动发掘潜在客户，稳定信贷规模。面对经济增速趋缓，部分非航空民品单位经营状况恶化，信用风险增加，企业需求不旺盛的经营环境，公司主动作为，对于财务状况良好，属于航空主业，信用评级较高的单位，主动营销，深入了解企业的融资需求，制定个性化的融资方案，通过高效的审批与放款速度，赢得客户的信任与好评，大幅提升公司信贷资产质量。三是加大对航空主业的投放力度。公司全年贷款规模增加49.93亿元，其中聚焦主业，通过基建技改固定资产建设贷款、军品应收账款保理及票据贴现等方式新增军用航空企业贷款规模38.62亿元，占新增规模的77%。

【投资业务】公司投资业务按照“开拓市场增效益、创新服务促协同、精益管理提能力”的思路开展工作，通过紧抓短期富余头寸、调节大类市场配置、严格投资风险控制，实现的综合收益率达6.18%。公司紧跟监管动向和产业导向，多维度跟进定向增发市场，量化对冲市场，拓展配置各类权益产品。同时进行深度市场挖掘，选取优质的信托、债券、新兴市场等固收资产的配置。通过配置货币类产品、银行理财产品、信托资金池等产品，主动降低高风险产品占比。积极拓展合作渠道，抓住同业存款的高收益时点，最大程度地提升公司短期资金的收益。积极协同外部金融机构，将金融协同融入公司对集团企业的综合金融服务，公司财务顾问业务取得实效。

【保险代理】2016年，代理业务持续服务集团统保，全级次统保集中度达76%，为集团2400亿元可保资产提供了高性价比的保险服务。公司代理业务紧密围绕主业开展。一是创新性地完成了集团航空产品责任保障体系建设工作。实现了集团民用航空产品从事前风险管理到事后风险转移双重保障、历史产品和新产品的一揽子保障、直接损失和间接损失的一揽子、国内和全球范围一揽子保障的全面保障体系建设。二是为集团和客户争取国家政策保险补贴。成功帮助西飞、哈飞两家企业成功获得国家“首台（套）重大技术装备保险保费补贴项目”财政补贴，分别获得了最高限额为1亿美元的产品责任保障，同时符合首台（套）重大技术装备保险保费补贴标准，其保费的80%成功申请到财政专项补贴。

【外汇业务】公司不断通过合作银行与监管部门沟通，成功向人民银行营业管理部申请新增中国银行作为跨境人民币资金池的合作银行，新增境内和境外成员单位共42家（境内4家、境外38家）纳入跨境资金池的范围，人民币净流入的限额从200亿元人民币提升至1000亿元人民币。申请于2016年11月获得人民银行营业管理部批复，全年最终实现协助客户人民币资金流出10亿元，人民币资金流入总量5亿元。公司启动了外币拆借业务线上操作，完成交易系统对接连通，并正式开展业务。同时，修订了《外币同业拆借管理暂行办法》，完善了外币交易系统线上拆借业务的管理制度。提高了外币拆借效率，巩固外币资金池的稳定性，提升应对突发支付问题的能力。

【资金集中】一是加强资金分析能力。公司按季对集团公司2000余家并表成员单位的资金情况进行分析，对上市公司、直属公司的资金情况进行汇总和对比，定期分析资金集中工作中存在的问题，改进资金集中工作方法。二是提升客户服务水平。公司制定了“重点客户走访计划”，确定60家重点客户走访名单，进行重要性分级。探索对部分重点客户进行差异化存款定价，综合考虑客户的存款规模、资金集中度和客户重要程度等因素，探索利率市场化实践。三是做好主动营销。主动与资金量大的成员单位进行沟通，营销客户存款，预判军品回款进度，保障公司流动性安全。四是加强账户联网管理。以集团账户管控系统为抓手，督促客户新开账户联网。

【风险管理和内部控制】2016年，公司各项风险管理指标符合监管要求，风险整体可控。信用风险整体可控，年末无不良贷款。贷款风险得到化解，公司将继续关注个别困难企业和部分行业。全年流动性波动较大，平均流动性比例为76.48%。市场风险方面，各项投资项目运转正常，全年未发生操作风险事件。在经济下行、系统性风险增加的背景下，公司严控风险，从制度框架、信息化手段及优化结构三个方面入手，修炼内功，提升风险防范能力。

【人力资源管理】公司坚持“问题导向”和“文化引领”双主线，打造“以敬业者为本，向卓越者倾斜”的人力资源管理文化理念，不断完善人力资源体系建设。在引入第三方公司总结现行人力资源管理机制实施效果的基础上，明确人力资源管理机制下一步完善方向和步骤，制订“十三五”人力资源发展规划，努力打造适应公司发展需要的人力资源队伍。

开展人才招聘，为公司发展补充新鲜血液。开展干部队伍建设，修订《干部管理工作暂行规定》，完成中层干部竞聘。制定了2016年职级调整方案，完成任职资格审核，组织竞聘答辩，12人获得职级晋升，激活员工积极性。编制年度全员培训计划，组织各项培训248人次，并选派70人次参加外部各类培训，开拓了员工视野，提升了业务能力和专业素养。

【信息化建设】公司着力开展信息化建设，保障业务效率与安全。一是完善业务支撑，优化用户体验。不断加强信息系统对业务的支撑，对资金集中与结算、集团账户管控等系统进行了进一步完善，提高结算效率和系统可靠性。二是扩展外围功能，提升管理效能。完成了征信系统升级、存款准备金改造、营改增等系统开发，完善业务审批线上化流程；开展了不同信息系统之间数据调度统一管理的实践。三是强化安全意识，完善风控手段。建成本地数据级灾备系统一期，实现生产数据与备份数据的准实时同步、跨机房隔离。四是沉淀专业知识，加强信息共享。自主设计的运维知识库系统上线，提高了运维响应速度和质量，数字资料云投入使用，通过先进的技术手段加强知识的管理与共享。

【党建工作】为了发挥党组织独特优势，加强党建工作，促进公司科学发展，公司党委根据2016年党建和思想政治工作要点，以开展“两学一做”学习教育为契机，认真对标集团公司基层党组织星级管理考核办法，全面启动星级党组织建设工作，并顺利通过了基层党组织星级管理“三星”级评审。

继续巩固群众路线教育实践活动、“三严三实”专题活动成果，开展“两学一做”学习教育。开展党员组织关系排查，梳理党员档案排查失联党员、口袋党员。开展党费收缴专项检查，通过梳理转接关系，收集工资信息，计算党费标准，完成党费补缴。开展党员领导干部民主生活会，开展批评与自我批评。围绕公司中心工作，强力推进“党、工、团”联动机制，党政工团协同开展丰富多彩的文化活动和业务宣传、客户走访活动。

中冶集团财务有限公司

【经营概况】2016年，中冶集团财务有限公司（以下简称“公司”）努力提升公司财务管理水平，提高资金管控能力，确保公司稳健经营，业绩稳步提高。全年实现营业收入3.84亿元，同比增加0.2亿元，增幅为5.49%；实现利润总额2.88亿元，同比下降0.17亿元，降幅为5.57%；净利润2.22亿元，同比下降0.14亿元，降幅为5.93%。

一是资金集中管理再上新台阶。公司全年归集资金创历史新高，日均集中资金总额160亿元，同比增加41亿元，增幅为34.5%，可归集资金集中度达81%，剔除定增和年末统筹调度资金的影响后全口径资金集中度为44.4%，同比上升了4个百分点。二是公司金融服务总量创历史新高。日均贷款达到108亿元，同比增加24亿元，增幅为29%。贷款峰值突破142.4亿元，年末余额114.9亿元，同比增加52亿元；票据贴现余额4.1亿元，同比增加3.1亿元；票据承兑3.6亿元，同比增加3.4亿元。三是集团“票据池”迈上新高度。2016年10月与浙商银行签署了票据池合作协议，达成“多级次集团票据池”合作业务模式，有效防范风险，盘活存量资产。全年票据托管入池279.8亿元，票据融资14.9亿元，年末票据池余额117.2亿元，入池率为81.5%。四是“轧差结算”助力服务再升级。自2016年5月公司分别对十九冶、中冶京诚开展轧差结算业务。两家单位共轧差还贷63笔，金额25.5亿元；转流贷41笔，金额21.9亿元。按照合同利率计算，共为两家单位节约利息支出595万元，财务公司节税33.6万元，集团整体节约财务费用628.6万元。五是资金运营效益大幅提升。以保安全、提效率和降费用为核心，通过实施灵活、科学的资金调度机制，提高资金管理效率和资金收益。全年实现金融企业往来收入1.24亿元，超额完成年度预算目标。

【信贷业务】2016年，全年累计发放289.95亿元，全年日均贷款规模108亿元，其中贷款106.94亿元，票据贴现1.06亿元，金融服务总量创历史新高，开发了超短贷业务，全年累计发放超短贷68.8亿元，促成十九冶昆明市春雨路项目、五冶成渝高速项目等多个大型PPP项目成功中标，支持集团主业市场开拓。全年办理工程保函1.6亿元，促成集团多个工程项目中标签约并为工程施工过程中提供保障支持，利用同业合作优势，撬动银行为子公司带开保函0.8亿元，置换中冶置业横琴项目保证金0.83亿元。创新开展了单一项目集合承兑、锁定购销合同资金封闭运行的承兑业务新模式，促进中冶京诚唐山中厚板项目顺利施工，为中冶金吉镍钴资源开发项目提供采购资金支持，全年开立电子票据3.6亿元，较好支持子公司业务发展。

【资金和投资业务】2016年，公司首先继续坚持货币基金池管理方式，以提高备付金收益水平。全年实现投资收益0.25亿元，投资年化收益率为2.76%（高于货币基金市场收益率均值2.5%）。其次，调整存款及投资结构，实现收益最大化。公司根据同业存款利率和货币基金收益率波动情况，适时将投资额度调整至同业存款，以最大限度提高备付金收益率。全年累计完成同业存款利息收入1.23亿元，完成年度计划的261.98%。最后，在高效运作资金过程中合理利用拆借资金，增加公司整体收益。全年累计拆入资金18笔，合计56亿元。

【票据业务】公司与浙商银行合作搭建多级次票据池，将3个地区7家单位同时加入浙商银行票据池，探索开展票据统收统付业务。2016年，集团子公司所在地12个区域的29家二级子公司和7家三级子公司纳入票据池管理，已经覆盖中冶票据存量的90%以上，集团（财务公司）、二级子公司的两级票据池基本建立。截至2016年12月31日，各子公司票据合计入池余额117.19亿元，同比增长138.67%；入池余额比例为81.50%。同时，取得票据池合作银行融资额度206亿元，票据融资余额14.88亿元，节约保证金4.46亿元。在票据池业务基础上，公司与银行合作，取得银行保贴额度20亿元，并积极开展票据业务创新。

【外汇业务】2016年，一方面继续做好外汇资金归集和即期结售汇业务，另一方面在资金监控和归集资金使用方面取得突破。一是账户监控系统建设取得实质性进展。通过SWIFT报文建立外汇账户监控系统，一期于年末上线，将斯里兰卡、马来西亚、新加坡及科威特重大工程项目及瑞木、杜达项目两个重要资源项目账户纳入，每天接受账户内资金信息，配合项目预算管控执行风险。二是拓展闲置外汇资金使用方式。合理利用外汇管理政策，以委贷方式统筹子公司闲置外汇资金用于偿还外部融资，改善合并报表财务指标。三是继续推广升级即期结售汇业务，拓展交易对手银行数量，超额完成结售汇预算目标。

【资金集中】2016年，公司通过推行“现场开户、多方监管”，保函置换、电子票据等方式解决受限资金归集问题，采用增加信贷服务量、创新金融产品、存贷款优惠利率等方式提高资金集中积极性，公司全年归集资金创历史新高，日均集中资金总额160亿元，同比增加41亿元，增幅为34.5%，可归集资金集中度为81%，剔除定增和年末统筹调度资金的影响后全口径资金集中度为44.4%、同比上升了4个百分点，极大地提升了集团整体资金使用效率。

【业务创新】一些成员单位为确保工程项目的投标需要，账面存款经常保持较大数额以备付，贷款依然高企不下，针对有这一需求的成员单位，公司研发了“存贷款轧差结算”业务产品，确定了以上一日终存款额为限、当日进行贷款还款操作的总体思路，如当日需要用款，系统自动为其进行日间透支，日终时如不能转负为正，系统自动转为流动资金贷款处理。2016年，累计轧差还贷80余笔，金额35亿元，日均减少贷款4亿元，转流贷50笔，金额27亿元。按照合同利率计算，共节约利息支出近600万元。公司节税34万元，集团整体财务费用节约600万元。轧差结算模式的创新，既降低财务公司和集团整体税负水平，又增强了成员单位对财务公司服务的粘合度，有利于促进资金集中管理工作。

【风险管理和内部控制】2016年，公司认真贯彻落实北京银监局“两遏制回头看”工作，组织开展了公司业务风险排查、评估和应对，针对公司声誉风险、信用风险、金融许可证管理风险开展专项排查，对公司重大风险管理制定专门方案，动态掌握公司的整体风险状况，形成了对风险进行事前防范、事中控制以及事后的监督评价与纠正的风险与内控管理机制。2016 年，公司风险管理信息系统建设进入了实施阶段，银监会非现场监管报表信息系统的全面上线标志着财务公司风险管理信息化落地工作的正式启动，提高了非现场监管数据搜集的效率和准确性。加强合同管理和审核，规范了合同全流程管理，明确职责，对所有产品、合同和规章制度进行合规性审查，防范和规避合同及经营风险。对公司授信评级、信贷、投资业务进行合规评审，并对贷款资料进行逐笔审查和落实后予以放款，为业务的合规开展提供了保障。

在内部控制方面，组织梳理改善公司内控管理体系，及时补充、修订和完善现有制度，同时全面梳理各业务流程，重点关注各业务风险点，持续规范业务流程。2016 年，公司新增了《公司超短贷业务管理办法》《公司重要岗位人员轮换及强制性休假管理办法》等制度规定，修订了《公司额度授信管理办法》《公司对外担保业务管理办法》等业务管理办法。

【人力资源管理】2016 年，公司进一步完善员工考核激励体系，开展股东会对董事考核、董事会对高管考核、部门绩效考核、员工绩效考核四个层面的考核，将考核结果与薪酬管理结合起来，切实达到考核约束激励的效果，形成了完备的考核体系。开展初步的薪酬改革，提升薪酬体系中固定薪酬的占比，增加员工工资的标准，激发员工工作积极性，提高员工归属感。同时加强员工队伍建设，加强与集团、子公司的人才队伍交流，促进实现金融人才队伍的有效交流与良性发展。

【信息化建设】软件建设方面，公司三大系统初见雏形：账户管理系统实现银行实体账户全生命周期管理，实时了解账户状态，便于资金归集；结算系统实现全业务流程在线申请、审批和业务处理，同时开发结算服务产品，如轧差结算、智能存款等；资金监控系统可以收集子公司筹融资信息，利用大数据优化资金管理方案。

云平台建设方面，实现多台硬件资源的统一管理，根据业务需要进行统一分配，并可以根据业务量的大小动态地增加硬件资源。同时，整体资源云的资源也可以根据需要进行添加，增加了系统扩展能力。

信息安全建设方面，持续完善科技管理制度与技术规范体系，对内部相关操作流程进行了全面梳理和检查，并对关键流程建立详细操作流程，规范了人员行为。另外，完善了业务连续管理体系和流程，确保突发情况下应急方案可用并能保障业务连续运行，实现了从信息系统连续性到业务连续性的跨越。

【企业文化建设】2016 年，公司坚持以人为本，关心员工工作生活，激发职工创造活力，营造浓厚人文关怀氛围。组织开展健康徒步走活动，倡导员工树立健康、绿色发展理念；组织工会活动，公司合唱团在集团举办的纪念建党 95 周年和红军长征胜利 80 周年歌咏大会上演唱歌曲《南泥湾》；积极组织摄影比赛、观影活动、新年寄语征集等丰富多彩的员工活动，增强了员工的归属感，活跃了文化氛围。2016 年，公司加强对外新闻宣传力度，建立了公司微信公众号，为公司品牌宣传提供了新的渠道；同时积极向财务公司协会网站、集团网站、报刊投稿，宣传公司良好形象。

申能集团财务有限公司

【经营概况】2016 年，申能集团财务有限公司（以下简称“公司”）注册资本从 10 亿元增加到 15 亿元，为公司“十三五”期间的新一轮发展夯实基础。2016 年，公司总体经营情况良好，截至年末，总资产 190.7 亿元，净资产 23.3 亿元，净利润 3.52 亿元。年内实现日均存款 140.8 亿元，日均贷款 83.9 亿元。

【公司金融】2016 年，公司共为 23 家系统企业提供包括银团贷款、项目融资、流动资金贷款和票据贴现在内的信贷产品，年末贷款余额 86.41 亿元，其中，绿色信贷余额 55.51 亿元，占比为 64%，远高于商业银行。

2016 年，在与财政部中国清洁发展机制基金良好合作的基础上，公司积极跟进基金的市场化转型，为集团内绿色能源项目申请清洁委贷打好基础。公司积极争取入围清洁基金担保机构名单，为集团内项目申请清洁委贷提供担保，还帮助成员单位组织申报材料，为项目申报清洁委贷提供一条龙服务。

2016 年，公司积极研究碳金融和绿色金融，密切关注政策动态，正确研判市场趋势，帮助成员企业设计配额和 CCER 置换方案，以低成本完成其年度碳配额履约工作。

【资金和投资业务】2016 年，公司在投资业务上秉承一贯的谨慎策略，在资产配置上坚持以低风险的固定收益品种为主，在持仓结构上保持稳健均衡。因此，在 2016 年年初 A 股市场受熔断机制影响大幅下跌，以及全年债券市场持续震荡、收益下降的情况下，公司投资业务依然运行稳健、盈利良好，全年实现投资收益 1.37 亿元，顺利地完成了年初的经营目标。

【票据业务】2016 年，公司电子商业汇票累计出票量 25.61 亿元，贴现业务量 23.62 亿元。回购式再贴现累计达到 10.81 亿元。截至年末，公司未结清存量电票余额 25.35 亿元。2016 年，顺利完成公司于 2015 年续作的买断式转贴现业务到期跨机构资金清算，金额合计 5.05 亿元。2016 年，电子商业汇票系统新增签约客户 2 家。

2016 年 8 月，人民银行发布《中国人民银行关于规范和促进电子商业汇票业务发展的通知》，推广财务公司电票线上清算。公司抓住这一历史机遇，积极向人民银行递交电票线上清算资质申请。

【外汇业务】2016 年，公司完成银行间即期结售汇折美元 3.99 亿元，为集团及成员企业节约汇兑成本超过 581 万元人民币。公司认真学习研究外汇政策，做好充分的监管沟通和客户沟通，积极应对政策及市场变化，严格控制汇率风险，对每笔交易进行背对背平盘，保持日终结售汇综合头寸为零，力求做到交易额度“早报告、早安排”，切实保障系统企业用汇需求。

2016年，公司外汇业务还抓住自贸区机遇，通过与监管机构、银行同业的不断沟通，顺利完成将房产公司收到的境外美元租金在自由贸易账户内结汇的操作，使企业享受到境内外“两个市场、两种资源”的汇率价格优势，提高了汇兑收益，这也是财务公司行业FTU项下首笔代客结汇业务，是公司进行的又一自贸区业务创新探索。

【资金集中】2016年，公司全年吸收存款日均140.84亿元，年末时点余额159.56亿元，较上年增幅分别为17.4%和30.5%。系统运营实体的资金归集量较上年有明显增长。全年总结算量5873.12亿元，其中分账核算单元FTU结算量4亿元，与上年基本持平。全年交易笔数达136972笔，较上年增幅为12.58%。其中成员单位结算量3604.51亿元，资金池归集业务实现交易量45.50亿元，增幅分别为9.09%和10.12%，公司金融服务结算深度持续提升。

【业务创新】公司捕捉消费金融业务发展机遇，在集团的统一协调和部署下，结合成员单位的渠道与产品，研究借鉴法国巴黎银行个人金融集团（BNP PF）在欧洲节能领域消费金融的成功经验，形成了一套促进天然气消费，促进成员单位燃气服务转型和燃气大数据开发利用的绿色消费信贷产品方案。在此基础上确定了针对成员单位天然气灶具等产品的首款商品分期贷款——“绿能贷”。“绿能贷”产品于2016年12月18日正式上线。

为适应成员单位融资需求，丰富公司服务品种，公司于2016年开发了融资租赁业务，并于2016年底完成了首单融资租赁业务落地。公司建立起了融资租赁业务完整的制度、流程、系统和文本等配套体系。

【风险管理和内部控制】公司一贯强调内部控制和风险防范，2016年公司继续开展信用评级体系建设工作。在2015年创新信用评级量化评估方法的基础上，完成了信用评级系统后期开发工作。通过引入信息化风控的理念，进一步规范公司授信业务风险控制，完善公司的风险管理体系。此外，2016年公司聘请德勤会计师事务所对公司业务流程开展全面的复核再造，以期加强风险控制、提升管理能力、提高运营效率、增强服务能力。流程复核的第一阶段投资业务和信息系统正在进程中，公司将做好做实此项业务，保障公司稳健长远发展。

【人力资源管理】公司在2016年继续深耕团队建设，采取定向挖掘与市场化引入相结合的手段，全年市场化新进员工9人；向集团系统输出人才3人。同时，公司的队伍建设获得监管部门和各方认可。

截至2016年末，公司共组织53人次参加28项培训，覆盖包括债券、消费金融、融资租赁、人事薪酬管理等各方面。

【信息化建设】公司2016年重点进行新一代核心业务系统建设，年内基本完成。系统的正式上线将满足公司大运营管理架构下的业务流程复核和再造需要，满足公司业务版本由1.0至2.0的转变，更好地适应公司业务创新发展。

公司在2016年启动“申e通”移动金融平台二期建设，开发微信平台“申能财务”，与APP相互补充，使“申e通”移动金融平台内容更加丰富，形式更加多样，通过移动端的延伸，为集团成员单位提供更快捷、更高效的移动结算平台和贴身金融服务。

为配合公司消费金融创新业务，公司积极进行核心业务系统建设工作，并于年底随消费金融产品上线正式启用。

【企业文化建设】2016年，公司继续加强学习型组织建设，全年完成研究课题共14项，其中，燃气大数据、融资租赁、消费信贷、绿色金融债等都是围绕集团主业及公司的发展方向而定，具有一定的前瞻性和应用意义。

公司还积极参与人民银行、银监局、上海市支付清算协会、集团等外部课题共5项。其中，《燃气大数据金融价值分析及应用研究》为上海地区财务公司唯一通过上海银监局评审的课题，获得银监会科技信息风险课题四类成果奖。

公司党、政、工、团多管齐下，成功主办与成员企业联建活动，积极参与集团系统足球、羽毛球、健康跑等比赛，联合浦东新区金融办党支部走访红色基地等活动，既凝聚员工，也增进了与集团系统成员企业、行业主管部门的感情，取得良好效果。

潞安集团财务有限公司

【经营概况】2016年，潞安集团财务有限公司（以下简称“公司”）坚持“依托集团，服务集团”的经营宗旨，以集团需求为出发点、以提升服务为落脚点、以全面风险管理为保障，紧跟集团战略步伐、适时调整工作思路，各类业务统筹有序开展，融资服务成为新亮点，并取得了较为稳定的经营业绩。

截至2016年末，公司资产总额302.43亿元，同比减少29.04亿元，减幅为8.76%；负债总额283.51亿元，同比减少29.03亿元，减幅为9.29%；所有者权益18.92亿元；资本充足率为22.18%；流动性比率为49.75%；实现营业收入3.13亿元，实现利润总额2.83亿元；资本回报率为11.53%；不良资产率、不良贷款率均为零。

【信贷业务】公司信贷继续以稳定、创新为基调，积极创新金融产品、优化工作流程、提升服务效率，配合集团落实煤炭行业去产能要求，促进了传统产业升级和新兴产业壮大，大大节约了集团的整体融资成本。一是在煤炭形势异常严峻的特殊时期，将集团审批作为信贷业务必经程序，确保公司信贷工作与集团融资工作“一盘棋”；二是逐步优化信贷资产结构，加大非煤产业支持力度，煤炭主业各项自营贷款余额占比同比下降近27个百分点；三是为了有效应对融资难、融资贵等问题，不断改进金融服务方式，扩大对成员单位的电票、商票等低成本表外融资业务规模，并争取到银行贴现授信额度，持票人可以较低利率进行贴现融资，全年共为集团公司签发电子银行承兑汇票共计5.2亿元，缓解了集团公司短期资金压力。2016年，在归集资金规模一度大幅下滑的情况下，公司有效运用多种信贷业务产品，本着“保证重点，兼顾一般，有保有压”的原则，不搞“一刀切”式压贷、抽贷，持续为集团各产业提供信贷支持，年末自营贷款余额为59.67亿元。

【资金和投资业务】公司在严格执行资金预算管理的基础上，不断加强资金的科学配置，审慎开展同业合作和参与金融市场运作。在确保结算资金头寸和满足信贷投放基础上，预判利率走势、加速资金周转，运用剩余资金开展短期资金业务，资金使用效益不断提高。面对集团公司艰巨的融资任务，公司继续增强主动融资能力，通过开展正回购业务融入短期资金，大大充实了公司现金流“粮仓”。在投资业务方面，公司谨守“控风险、合监管、求效益”的投资原则，以固定收益类产品为主，以权益类产品为补充，深入挖掘新的合作对手和具有比较优势的产品，进一步提升了资金效益。

【票据业务】 随着财务公司行业票据在市场中认可度和便利性的逐步增强，公司票据业务量有了较大幅度提高。2016 年，公司按照监管要求建立票据贴现专项授信制度，强化了贴现额度管理和贴现业务风险控制，并积极提高同业票据业务授信额度比例，进一步发挥了票据在支付结算、短期融资、增信服务方面的重要作用。

【资金集中】 公司继续严格落实“应归尽归、能归则归”的资金归集总要求，以账户管理为切入点，加强资金源头管理，提升结算服务水平。一是落实账户审批报备、账户全面清理和账户专项检查要求，推进账户直联、网银授权和分类管理，账户直联率达到了 70%，账户管控力度和资金流监控力度进一步增强；二是继续加强预算管理，推进协定存款、商业承兑汇票等业务，进一步提高了成员单位的主动归集意愿；三是增强主动服务意识，在优化日常结算服务的基础上，为部分成员单位开立了增资、验资、安全生产等专用账户，既满足了成员单位业务需求，又提高了财务公司资金归集水平。截至 2016 年底，集团成员单位在财务公司开户率高达 100%，全年日均归集资金 64.18 亿元。

【业务创新】 2016 年，面对复杂多变的市场环境和异常严峻的煤炭形势，公司在保障集团资金链安全和促进集团转型发展方面发挥了重要作用，体现了存在价值。公司利用自身的债券投资功能，在最困难时期协助集团成功发行债券，累计购买 6.5 亿元，并在债市好转时溢价出售，有效发挥了通道作用；在集团的统一安排下，短时间内完成了与信达资产管理公司合作的 25.3 亿元信贷资产转让业务，及时为集团融入了大额资金，支持了转型项目建设。协助集团制定了票据集中管理办法，初步达成了以财务公司为平台，银、财、企三方合作共赢模式的“票据池”建设方案。

【风险管理和内部控制】 公司始终将风险管控摆在突出位置，通过持续完善全面风险管理体系、健全内控监督机制、开展重点领域风险排查等方式，使公司内部控制水平不断提升，真正落实了风险管理主体责任，保证了公司安全稳健运行。在风险管理方面，继续完善事前防范和事中控制机制，并通过设置预警及止损线、持续跟踪信贷资产、加大日常稽核等方式，弥补事后管理的薄弱点。在内控管理方面，继续加强制度体系建设，全年新增修订制度、流程共 29 项，对规范业务开展、强化内部控制、防控各类风险提供了重要的制度保障，通过日常稽核、现场重点稽核和专项稽核“三大稽核手段”的联合运用，对业务开展中存在的风险隐患进行了风险提示和整改建议，有效发挥了稽核的事后监督作用。在案件防控方面，贯彻落实监管部门案防工作要求，牢固树立“一把手”责任观念，逐级签订《案防目标责任书》《合规从业承诺书》，开展员工思想行为排查等工作，从思想和行动上强化全体员工主动防控风险的意识，并认真开展了“制度执行年”“加强内部控制遏制违规经营和违法犯罪”回头看、煤炭钢铁行业信贷等自查工作。

【人力资源管理】 在集团脱困转型战略引领下，公司为了解决面临的薪酬分配机制僵化等问题，开展了薪酬调研并起草完成了薪酬改革实施方案，将有助于进一步健全“员工能上能下、收入能多能少”的人力资源管理体系，实现员工自我提升，激励全体员工围绕中心、服务大局，促进公司稳健可持续发展。同时，按照集团干部选拔任用工作条例的要求，公司从选拔任用、组织考察、任免谈话、公示等各个环节理顺了干部任免流程，建立了科学规范的领导干部选拔任用制度和后备干部管理制度，有助于形成有效管用、简便易行、有利于优秀人才脱颖而出的选人用人机制。

【信息化建设】2016年，公司继续加大信息系统运维力度，通过电话服务、远程服务以及上门服务，累计为成员单位服务300多次。根据国家版权局办公厅要求，修订完善了三项密钥和软件管理制度，对公司信息系统内外部在用密钥、现有软件进行了全面的台账登记，确保公司密钥安全和软件管理有章可循。为了解决信息系统功能与业务发展不匹配的问题，经过多方实地调研，以及相关资料的准备、申报、审批和招标等一系列前期筹备工作之后，公司新机房建设和信息系统改造工作于2016年末迈入实质性阶段，并已完成了机房装修、设备购置、数据迁移及第一轮测试等工作，信息系统升级改造，不仅有助于完善信息系统功能、提高运行安全性，更有助于实现信息系统由事务处理向信息管理和决策支持的转化。

【企业文化建设】2016年，公司开展了推进员工文明用语和文明礼仪活动，制作了《潞安集团财务公司员工礼仪规范和文明用语手册》，督导员工学习和落实；按照银行业协会工作要求，对《长治市银行业金融机构行业准则》和《长治市银行业金融机构从业人员行为守则》进行了广泛宣传和专项学习，进一步提高了全员的自觉合规从业意识，丰富了合规文化内涵。同时，每季度开展“形势与任务”活动，使全体员工及时认清了内外发展形势，激发了主动干事创业热情，为公司完成全年目标任务提供了思想和行动保证。积极组织员工参加各类纪念日、文体和志愿服务活动，搭建了员工交流平台、活跃了公司文化氛围。

淮南矿业集团财务有限公司

【经营概况】2016年，淮南矿业集团财务有限公司（以下简称“公司”）积极践行“立足集团、服务集团”核心职能，切实保障集团资金链安全，提供优质金融服务，为集团转型发展提供坚实的金融支撑，取得显著成效。一是全力以赴确保集团资金链安全，全年代理集团融资393亿元，综合融资成本在行业内处于较低水平。二是经营发展稳中有进。盈利状况保持良好，全年实现经营业务收入4.29亿元，利润总额4.65亿元，超额完成集团公司下达的利润目标。三是资产规模平稳增长，截至2016年末，公司资产总额116.85亿元，比上年末增长3.3%；吸收存款90.37亿元，比上年末增长1.76%；所有者权益25.44亿元，比上年末增长6.1%。资金集中度保持稳定。四是经营风险得到有效控制。截至年末，公司不良贷款已核销处置完毕，10项监管指标全部达标。

【信贷业务】公司顶住存贷息差收窄的效益压力，坚持服务集团战略，支持煤电主业的思路，加大贷款支持力度，通过发放循环贷款，对煤炭、电力主业贷款余额保持在48亿元以上，保障了集团各产业发展的现金流滚动接续，有力支持集团主业持续发展。树立集团利益最大化的经营理念，向集团执行贷款优惠利率，一律按基准利率下浮30%执行。

【资金和投资业务】在保证资金安全和流动性的前提下，充分运用闲置资金，开展投资业务。在资金运作方面，加强短期资金运作，开展结构性存款业务，全年共开展9笔结构性存款业务，累计存放68.8亿元，利息收入0.065亿元；开展同业拆借业务，全年拆出资金20亿元。在投资方面，全年开展短期融资券投资业务共25笔，取得投资0.156亿元；本年理财产品收益较上年有所下降，产品配置以30天为主，全年投资理财25.1亿元。

【票据业务】积极推广电票业务，缓解成员单位资金压力。支持成员单位采用电票对外付款，全年累计开立电子承兑汇票114笔，金额5.17亿元，办理新增成员客户10个。完成人民银行综合前置系统（ACS）上线和电子票据系统线上清算的申请工作，为日后电子票据线上清算业务核算提供了保证。代理票据业务方面，全年办理集团托管票据入库101.14亿元。年末结存票据41.44亿元。

【资金集中】巩固联动账户及房地产监管资金账户运行效果，重点做好日常资金的监控、调度；争取将“去产能专项奖补资金”和“矿业权价款返还资金”监管账户开立在财务公司，当年集中资金23亿元。全年资金集中度保持在85%以上，日均归集资金达80亿元以上，资金管理效率得到显著提升。

【业务创新】实施职工储蓄计划，通过合法合规方式增加职工理财收益，为全集团职工开辟了一条持续的理财渠道。与建信养老金管理公司合作，完成集团第一期职工储蓄计划，归集资金5.22亿元，为集团节省费用支出156万元。

【风险管理和内部控制】一是完成不良贷款核销处置。截至2016年末，公司不良贷款全部处置完毕，不良贷款率、不良资产率双降为零，消除了不良贷款对公司经营上的不利影响。二是做好评级授信及信贷合规审查。采取集中授信与分批授信相结合的方式，共对23家成员单位展开了年度评级授信工作，授信总额127.86亿元，较上年增长16.84%，全年共审查信贷业务83笔。三是完善规章制度，强化风险内控。全年修订规章制度18项，新增条款47条，增补7项。发挥风险、稽核部门作用，持续不断地对风险、内控和制度遵守情况进行内部检查、稽核，完成了11项稽核审计检查，开展日常风险检查118项，确保公司规范经营。四是严把合同审查关，防范法律风险。2016年共审核、签订各类合同139份，合同标的额累计231亿元，所有合同未出现部分履行、违约、变更和解除的情形。

【人力资源管理】加强人才队伍建设，做实人才培养和培训，全年培训130人次。拓宽培训渠道，选送多名员工参加财务公司协会、集团举办的业务培训。创新培训方式，创建微信课堂、开发微信公众号、开设网站专栏等，开展网络在线学习。通过内部招聘、高校招聘，新增7名员工。

【信息化建设】信息化建设整体平稳，信息系统未发生重大运行故障，升级部分硬件设备。重点做好信息系统的日常维护和信息化服务工作，确保资金管理系统稳定运行，为业务的稳定开展提供技术支撑。更换机房网络设备和 UPS 电源，进一步提高了设备整体性能。

【企业文化建设】建设家园文化，弘扬和培养“忠诚、敬业、坚韧、开放、创新、协同”的企业精神，并作为公司的家风家训，作为共同遵循的价值导向。一是围绕民主管理这条主线，保障职工合法权益。坚持实施职工大会制度，每年开展提案征集活动，组织职工围绕经营管理、生活福利、薪酬分配等关系公司发展与大家切身利益的事项进行提案。二是开展爱心帮扶，自发为大病职工及家属伸出援手。三是进一步丰富职工精神文化生活，开展健步走、知识竞赛等活动，在职工群众中形成了坚强的凝聚力、向心力，呈现出风气正、人心齐、工作顺的良好风尚。

日立（中国）财务有限公司

【经营概况】日立（中国）财务有限公司（以下简称“公司”）坚持“依法经营、优质服务、提高效益、和谐发展”的经营方针，结合实际情况，紧紧围绕日立集团的主业和战略目标，积极拓展公司业务规模。本着“稳健经营、服务高效、客户满意”的经营原则，不断构筑完善合规、稳健的经营管理体制，在日常经营中坚持“依托集团、服务集团”的宗旨，以风控合规为本，以客户利益为上，兼顾自身效益，很好地发挥了公司在集团中的集中资金管理、提升资金利用效率的作用。

截至 2016 年末，公司资产总额为 364530.58 万元人民币，比上年同比增长 1.24%，负债总额为 322250.81 万元人民币，比上年同比增长 0.49%，所有者权益为 42279.76 万元人民币，比上年同比增长 7.38%；公司全年实现营业收入 4759.17 万元人民币，比上年同比减少 8.87%，最终净利润 2904.10 万元人民币，比上年同比增长 97.69%。资本充足率为 19.10%，无不良资产。本年度资产质量优良，各项监控和监测指标均符合监管规定。

【信贷业务】2016 年，公司在合法合规、风险可控的基础上，向成员单位发放人民币一般贷款，同时为成员单位之间办理委托贷款业务，从全年整体来看，信贷业务规模有了一定的发展。公司贷款期限均为短期贷款，截至 2016 年末，一般贷款余额 205130 万元，比上年年末减少了 26.26%，均为正常类贷款，无不良贷款。在此基础上，公司根据新修改的《贷款风险分类管理办法》和银监会颁布的《中国银监会关于中国银行业实施新监管标准的指导意见》等文件规定以及信贷风险管理委员会会议的决定，准备金计提比例继续进行从 2013 年开始的修正，每月增加 0.04%。截至 2016 年 2 月，公司计提比例已达到规定要求的 2.5% 的标准。同时，委托贷款余额 40695.24 万元人民币，比上年年末增加了 4195.24 万元人民币。2016 年全年共实现贷款利息收入 5984.91 万元人民币，同比减少

4.80%，委托贷款手续费收入324.94万元人民币，同比减少8.65%。

【资金集中】公司继续做好成员单位范围扩大工作，加强了与新加入成员单位的联系与沟通。在集团公司的支持下，由公司总经理牵头，以业务课为中心，主动出击、上门服务，前往全国各地拜访了各家新老成员单位，了解成员单位的业务服务需求、生产经营状况，维护彼此良好的关系，解决其系统接入问题，将其纳入公司的系统网络，为业务的深度开发奠定了基础。截至2016年末，公司新增成员单位累计达到59家，其中35家成员单位已在公司开户，并且已经在公司实际开展业务。其中，本年度吸收新增成员单位存款累计共295004.00万元，发放新成员单位贷款累计共27000万元，发放委托贷款累计共62465.30万元，并办理了132171.25万元的代理支付业务。2016年末，公司吸收成员单位存款余额为317650.26万元人民币，同比增长0.05%。

【业务创新】2016年，继续扩大跨境双向人民币资金池业务，通过开展此业务，扩大了公司业务规模，在开拓创新的同时，对自贸区建设起到了一定的积极作用。2016年办理跨境人民币资金池累计流进出资金为1100000万元。

【风险管理和内部控制】2016年，公司坚持风控为先、合规先行的原则，从完善制度着手，进一步强化和完善全面风险管理体制，不断健全相关管理制度，细化业务管理办法和操作流程。公司根据相关法规规章，结合公司实际情况，修改了《人民币贷款业务管理办法》《人民币存款准备金管理办法》《重要物品管理办法》等公司基本规章制度及业务管理办法，这些管理办法的最新修订版已经报送监管部门。管理办法的修改，使得实际工作中各个岗位之间职权明确，相互独立、相互制约，进一步明确了其中各项权利义务与责任的分配，更加符合相关规章制度与实际工作需要的要求，保证了在合规风险可控的前提下，业务能够顺畅地进行。同时，公司对共计25项存贷款业务、支付代理业务以及其他类业务的案件风险进行了排查，所有业务均合法合规，没有发现异常。公司还积极做好内审及外部审计工作，定时接受内审及外部审计公司安永会计师事务所的审计，对于在审计中发现的问题公司都会及时予以纠正、解决。2016年，公司各项监管指标均符合监管当局的非现场监管要求。

【人力资源管理】公司一向注重员工业务素质的培养，围绕公司经营宗旨，依托公司核心文化，强化员工的服务意识、风险意识和质量意识。2016年，公司在人力资源管理上主抓了培训工作和考核激励工作。在培训工作上，公司内部组织共2次员工教育培训，通过对外部法规规章以及公司内部管理办法的讲解，加强了员工的合规意识及业务操作水平。同时，邀请公司的顾问银行向公司员工进行了共2次业务培训。公司还多次分派员工参加集团总部以及财务公司协会等组织的外部培训，有效地拓展了培训的知识面，丰富了培训内容，提高了员工的综合素质。在考核与激励工作上，公司实行MBO目标管理考核制度，从公司经营目标到个人目标，层层递进、层层相扣，将个人工作目标计划与公司目标计划有效地结合在一起，目标的设定客观、科学、真实，在具体实施考核时，本着公开、公平、公正的原则，合理地对员工进行绩效评价。在最终评价以及决定激励措施时，充分考虑考核结果，通过定岗定责，将员工升职加薪和年度奖金与绩效考核结果挂钩，进一步提升员工的工作积极性，进而提升工作效率。

【信息化建设】2016年，对公司核心管理系统九恒星现金管理系统进行了升级改造，通过系统版本升级改造能够使公司现金管理系统更稳定、更先进、更高效，将为公司各项业务发展提供强有力的信息技术支持。此外，根据公司业务发展需要，公司更换了两台数据库服务器，提高了公司业务系统的稳定性与安全性，完善了公司信息系统的整体结构。同时，公司及时对应人民银行、银监局等监管部门对公司非现场监管数据报送系统的升级要求，保证了非现场监管数据能够及时准确地传送到监管部门。公司还认真做好对成员单位的服务工作，及时处理成员单位资金管理系统发生的各类问题，保证了成员单位能够正常及时地使用资金管理系统进行业务操作。

【企业文化建设】公司坚持以人为本，提倡“和、诚、开拓者精神”的日立企业文化，在公司中自上而下地贯彻培养企业文化，使企业文化得到了全体员工的认同。公司要求员工在工作中将合法合规作为大前提，所有业务都要在风险可控的前提下开展。在面对成员单位时则强调服务意识与效率标准，尽我所能向其提供高质贴心的服务。在内部员工培养方面，公司重视员工与企业的共同成长，给员工提供各种进修提升的机会，大力提倡员工自我学习、自我提升，在公司中形成了浓厚的学习氛围。同时，公司注重公司内部的和谐管理，充分发挥工会等组织的作用，听取员工的心声，解决员工实际困难，改善员工福利，并通过公司旅游以及新年联欢、工会文体活动等形式，提升员工对于公司的归属感，增强企业凝聚力，争建和谐企业。

【高管变更】根据公司2016年度董事会第一次会议、2016年度董事会第二次会议的决议，并经上海银监局发文批复同意，公司的董事长由西冈宏明变更为吉冈准人，董事由南顺三变更为小田雅巳。

保利财务有限公司

【经营概况】2016年，保利财务有限公司（以下简称“公司”）努力应对内外部形势的不利影响，各业务保持突出成绩，超额完成年度经营任务：结算、信贷业务稳中求进，同业、投资业务抢抓时机，资金集中、外汇跨境及财务顾问等业务创新思路，陆续推出了“跨境双向人民币资金池”“虚拟资金池”“打新宝”等一系列新产品、新服务。公司在年内顺利完成增资工作，注册资本从7亿元增至20亿元，综合服务能力进一步增强。

截至2016年末，公司资产总额186亿元，同比增长12%；净资产25.8亿元，同比增长63%。全年实现营业收入5.56亿元，同比增长18%；实现利润总额2.95亿元，同比增长10%；实现净利润2.3亿元，同比增长13%。

【信贷业务】2016年，公司积极发挥信贷服务职能，进一步加强对集团主业的融资支持力度，融资服务范围覆盖地产、军贸、民品、文化、民爆等集团主业。截至2016年底，为成员企业提供各类融资服务余额总计75.34亿元，同比增长 35%。其中，自营贷款余额 44.53 亿元，同比增长 57%；委托贷款余额 27.23 亿元，同比增长 70%；年末存贷比 30.5%，同比提高 8.6 个百分点。

【资金业务】2016 年，人民银行继续实行稳健的货币政策，货币市场流动性充裕，公司适度加大了定期规模。为保证流动性，一方面扩大同业授信范围，满足公司资金拆借需求；另一方面与合作银行探索兼顾收益和流动性的新型合作产品，在提高收益的同时满足公司流动性需要。

【投资业务】公司始终坚持“严控风险、适度收益、与主业相契合”的投资原则，继续以低风险的货币类基金作为流动性管理手段并扩大投资规模，累计投资货币基金 39.7 亿元。此外，继续聚焦在集团内部与艺术品经营相关的优质金融产品，投资文化艺术品信托。公司紧盯市场变化，年末及时赎回在手基金，避免了因债市波动造成巨额赎回的流动性风险。2016 年日均投资规模 15 亿元。

【票据业务】2016 年，公司继续推进票据承兑及贴现业务，全力推动票据电子化，逐步提高电票使用占比。进一步帮助成员企业降低财务成本，优化融资结构。截至 2016 年 12 月底，全年累计办理票据承兑业务 14.2 亿元，票据贴现 9.5 亿元。

【外汇业务】公司制定了以即期结售汇为切入点，先易后难逐步开展各项外汇业务的规划。2016 年 5 月成功办理第一笔美元即期结售汇业务。截至年末，累计办理即期结售汇业务美元 2217 万、欧元 1100 万。同时，公司推出“跨境双向人民币资金池”业务，帮助成员企业快捷调动境内外人民币资金，并在此基础上，着力筹划外币资金池（通道）业务。

【资金集中】2016 年，公司资金归集工作成效显著。成员企业开户总数达 512 家，结算业务量及结算额创历年最高，全年办理结算 5.2 万笔，同比增长 53%；结算额突破 1.1 万亿元，同比增长 108%。一方面，集团公司将资金归集度纳入各平台公司考核指标，为提高资金归集起到重要作用。另一方面，公司不断挖掘更加贴近成员企业需求的创新产品，开展“虚拟资金池”业务，有效帮助平台公司提高资金管控力度，节约资金成本，降低调剂资金难度。2016 年，公司资金归集规模创历史新高，时点存款创历史新高达 250 亿元，日均吸收存款 148 亿元，同比增长 32%。

【业务创新】2016 年，公司发挥专业优势，抓住新股市场机会，推出“打新宝”产品，为有股票市值的成员企业提供一揽子网下打新服务，帮助相关企业盘活沉淀资产，协助其获取无风险收益，取得了好的成绩和口碑。

【风险管理和内部控制】2016 年，公司注重控制经营风险，各项监管指标表现优秀，不良资产和不良贷款率均为零。公司根据业务开展情况及监管意见要求，梳理现有制度流程，进行细化充实。全年新增制度及流程 8 项，修订制度及流程 2 项。公司根据集团公司和监管部门要求，开展“两个加强、两个遏制”回头看专项自查，从制度、流程、系统及业务操作方面共查找薄弱环节和内控隐患，并建立持续跟踪检查和纠正机制，为业务的发展系紧“安全带”。此外，针对 2015 年及 2016 年投资业务开展专项稽核，稽核金额共计 92 亿元，针对薄弱环节提出整改意见，为进一步加强投资业务风险防范发挥作用。

【人力资源管理】公司坚持“以人为本”的理念，支持员工成长，针对自身人员紧凑、年轻人多、专业性强的特点，有针对性地加强各层级人才特别是新员工的培养，着力提升员工业务水平和把握政策的能力。一方面，通过内部各部门业务培训和参加财协举办的基础业务培训班等形式，加强新员工的基础业务能力。另一方面，采用聘请外部专家，参加人民银行、银监局、外汇局等外部监管机构举办的专项培训，借调到监管部门参与监管检查等方式，进一步提高员工专业技能。

【信息化建设】2016 年，公司信息化建设以“加强安全管理措施，提升系统安全等级”为工作重点，同时推广应用外汇和虚拟资金池系统，并根据实际需求对预算内项目进行了调整。一方面，对信息系统安全进行加固，业务网络增加漏洞扫描、入侵检测、终端安全管理、安全审计和网络抗攻击等安全防护设备，持续提升系统安全等级。另一方面，持续优化成员企业网银系统功能，提高系统服务水平。

【企业文化建设】2016 年，公司进一步推进企业文化建设，营造积极和谐的企业文化。一是按照中央和集团公司各项要求和部署，以“每月都有学习活动、每次活动都抓实效”的原则加强“两学一做”教育学习：建立党支部微信群，每日发布一条“两学一做，每日小课堂”学习知识点，开展“两学一做”知识抢答赛，取得良好学习效果；每月安排一次集中学习，组织党员学习党章党规、学系列讲话；组织参观抗战博物馆、观看《筑梦中国》《做合格党员》等教育影片，不断把“两学一做”学习教育引向深入。二是通过员工健步走、乒乓球比赛、羽毛球训练等活动，提高员工身体素质，营造积极健康向上的企业文化氛围。三是参与集团公司爱心基金捐款，积极帮助系统内困难职工。

深圳能源财务有限公司

【经营概况】2016 年，深圳能源财务有限公司（以下简称“公司”）继续坚持“依托集团、服务集团”的经营宗旨，为集团及成员单位提供资金支持，帮助融资难、经营困难的企业渡过难关。2016 年主要工作：一是密切关注客户需求，便捷、高效提供结算服务；二是全力支持集团新能源项目发展，持续多元化服务集团战略转型；三是开展投行咨询业务，为集团决策提供参考意见；四是确保电厂完成年度配额履约，通过碳排放权交易实现配额保值增值；五是信息系统升级完善稳步推进，系统保障能力显著提升；六是扎实推进对标工作，提高公司经营水平；七是统筹落实合规管理，强调业务流程到位，实现风险防控目标。截至 2016 年 12 月 31 日，公司总资产 88.88 亿元；净资产 14.65 亿元；全年实现销售收入 3.58 亿元，实现利润总额 1.83 亿元。

【信贷业务】新能源项目经过近几年的积极拓展，已发展成为能源集团的又一重要战略支柱产业。为满足集团战略发展需要，公司全力调集资金资源，充分考察各个区域的经济发展趋势以及当地企业的特色，因地制宜，从信贷政策、产品创新等多方面支持集团光伏、风力、水力、垃圾发电等新能源项目发展。从贷款规模、贷款期限和利率水平方面向新能源项目倾斜，致力于提升服务、创新金融工具，助推能源集团传统产业升级改造和发展新能源。截至2016年末，信贷余额为68.7亿元，较上年增长8.2亿元。从贷款行业划分来看，为可再生能源（垃圾发电、风力发电、光伏发电、水力发电）贷款40亿元，占57.2%；为传统能源项目贷款28.7亿元（其中为困难企业贷款7.2亿元）。

【资金业务】为了确保集团资金资源、信用资源的高效运作，充分发挥公司金融平台的效能，2016年，公司积极参与银行间资金交易市场，在同业业务方面通过与交易银行多方询价，积极主动地争取市场最优利率，获取资金效益最大化。为了让公司的资金用好用足，在保障资金流动性的情况下尽可能地扩大资金的使用率，存入同业定期存款，让资金有效运转起来。最终实现全年资金使用率96.06%。

公司协调集团各种资金资源和信用资源，继续积极推动供应链融资产品的运用，推动公司承兑、银行授信保贴的“财票通”产品的运用，为集团成员单位争取更优惠的融资便利条件，在解决实际用款的需求同时，尽可能地降低企业财务费用。

【结算业务】2016年，共完成结算业务量1420亿元，结算业务笔数43031笔。截至2016年12月31日，已在财务公司开户的成员单位共72户，2016年度新增4户。

【风险管理和内部控制】2016年，公司紧盯不良贷款“双控”目标，健全“双线”风险防控机制，持续强化案件防控，充分运用外部监控信息的持续监测分析，与监管部门就监管标准、指标变动及风险提示情况保持及时联动，做到风险早期预测和监管关口前移，保障了2016年准备金率、存贷利率、流动性指标、不良资产、数据质量等多项行业指标要求的调整落实。

按照集团公司内部控制管理及公司《风险控制与稽核监督管理》制度要求，2016年年初及7月各开展了涵盖一次对账及轮岗检查的内部控制有效性全面稽核检查，每季度还对重点业务开展暗访排查。截至2016年12月31日，未发生因内审稽核未发现风险点引发案件情况。风险稽核及内部控制有效性自查工作的开展，有效地督促提醒各个业务部门严格按照制度要求开展业务，确保制度措施落实到位，规避操作风险出现，提高公司风险防控水平，防范违规现象及严重内控失效情形发生。

【人力资源管理】面对金融行业的人才流动情况，为引进、留住人才，公司将根据岗位、工作内容以及对集团的贡献度，研究市场化人才试点方案，参照外部市场标准逐步建立合理的市场薪酬、考核评价机制，调动员工积极性；积极探索员工专业化发展的道路，搭建起发现人才、积极培养、帮助成长的平台，为集团战略发展提供人才保障。

【信息化建设】2016年，公司作为集团成员企业资金归集、结算的平台，根据监管机构的管理要求、集团资金集中管理政策以及公司资金管理要求，圆满完成了集团各项信息管理工作，同时为公司及成员单位提供相关信息服务，保证公司资金集中管理系统、电子商业汇票系统、企业征信系统等的安全、高效及稳定运行。主要工作有：一是优化OA办公系统，提高办公效率；二是等级保护整改完成，排除不稳定隐患；三是顺利实现征信接口版上线，保证数据上报的及时准确；四是推动公司信息系统升级，业务能力及安全性有效提升；五是开展IT全面审计工作，提升公司信息管理规范高效运行；六是加强对票据系统及机房等日常运维，保障公司信息系统安全稳定运行；七是加强公司信息化制度梳理，保证公司信息治理有法可依；八是注重培训与交流，提升服务能力。

【企业文化建设】2016年，公司为了营造健康向上的企业文化氛围，公司党支部、工会、妇联、青联充分发挥作用，组织员工参加文体活动，丰富员工业余生活，增强了员工活力和凝聚力。

中化集团财务有限责任公司

【经营概况】 2016 年，中化集团财务有限责任公司（以下简称“公司”）积极应对复杂多变的经营环境，坚持“依托集团、服务集团”的定位，履行管控与服务两项职责，发挥央企财务公司“资金归集、资金结算、资金监控、金融服务”四大平台功能。通过有效组织和配置内外部金融资源，公司为中化集团及成员单位在提高资金使用效率、保障资金运营安全、促进核心产业发展方面作出了贡献。2016 年全年实现营业收入 7. 58 亿元，利润总额 5. 2 亿元。

【信贷业务】 公司坚持以服务集团核心战略业务板块为重点，围绕成员企业多样化需求，以优于市场的效率和价格，提供自营贷款、票据、银团、财务顾问等综合融资服务，有效发挥资金支持与融资保障功能。进一步优化金融服务框架协议，强化上市企业金融服务；探索集团企业产业链上下游金融需求，研发符合集团行业特点的产业链金融产品，助力企业拓展市场。

【资金和投资业务】 公司动态管理资产负债，流动性安全与资金高效双达标，不断优化资产负债期限结构，降低资金错配风险，通过加强资金计划管理，精益摆布头寸努力降低备付率，实现流动性与收益性的平衡。协助下属企业引入外部资源提供渠道，有力保障成员企业获取低成本资金。持续提升同业业务拓展能力，在同业拆借、头寸存放、票据融资方面发挥规模效应和专业化优势。

【票据业务】 公司电子票据市场认可度提升，电票业务规模增幅显著，完成买断式转贴现业务，促进电票流通，首次成功对接票据资产证券化项目，开拓了新的票据融资渠道。制定电票综合融资服务方案，探索售后回租业务使用票据支付，降低融资成本，助力业务开展；根据人民银行资金运用投放引导，着力开展小微、涉农票据贴现，开展人民银行再贴现业务。

【外汇业务】 公司外汇交易连续第八年入围中国外汇交易中心年度银行间人民币外汇市场 100 强。在国际收支形势严峻的背景下，配合监管机构践行央企责任，严格执行真实性审核和结售汇交易的各项操作；在此基础上，满足集团和成员单位的跨境资金调拨和结售汇需求，为集团和成员单位提供国际结算风险管理服务。同时，积极跟踪汇率改革与市场变化，加强汇率市场分析与研究，为成员单位及时提供各类汇率资讯与咨询服务。

【资金集中】 在完善金融服务框架协议基

础上，提升上市公司存款上限，向上市公司提供资金集中支持，为集团负债管理提供有力保障。协助集团资金调配，为集团提供流动性支持。2016 年公司资金集中度达 41.95%，再创历史新高。

【业务创新】公司票据业务不断创新，电票推广成果显著。票据承兑规模较上年同期大幅提升。市场化利率定价系统成功上线有效运行，2016 年投产的利率定价决策系统已成功应用于公司日常的产品和对客定价工作，也在存贷息差管理、利率风险管理、满足人民银行 MPA 宏观审慎合规管理中显现重要作用，有利于公司参与市场竞争时传导集团战略意图、培养产品创新能力、提升金融服务和盈利能力。研究互联网金融业务，“中化支付”系统正式运营。2016 年，公司“中化支付”项目获突破性进展，建立了面向集团的统一支付通道，满足集团公司及成员单位的互联网业务发展需要，降低成本、防范风险，为“产业 + 互联网 + 金融”发展需求提供有力保障，项目一期随同成员单位电商平台的上线正式运营。首次与业内财务公司开展战略合作，增加同业渠道。

【风险管理和内部控制】公司全面启动内控修订工作，风险管控体系融合工作全部完成；研究宏观利率汇率市场变化，开发和推广量化管理工具，提升风险预判能力；开展业务专项检查，落实内部管控手段，强化风险监督机制；坚持不懈开展风险文化宣贯，提升全员风险管控意识。

【人力资源管理】公司以服务公司战略发展为指引，以盘活人才存量为核心，以优化管理机制为抓手，围绕“系统化人才培养、多通道发展路径、多样化激励体系”三条主线，致力于打造一支“定位明确、规模适度、结构合理、能力匹配、人员稳定”的人才队伍。优化薪酬结构，对标市场水平，提高固薪比例，缓解员工生活压力。持续完善培训体系，多样化课程形式；搭建线上培训平台。持续开展队伍建设工作，加强公司核心人才梯队建设，完成新任管理人培训、“登峰者”青年人才系列培训。

【信息化建设】围绕公司业务发展，信息化基础设施建设、信息系统建设力度不断加大。建成满足行业信息安全及集团协同管理要求的、先进的 A 类新一代数据中心，进一步提升信息安全建设，为达到金融行业等保三级标准奠定基础；中化支付平台、报销平台及核心系统功能优化等系统的搭建，为拓展业务服务范围提供信息化平台和服务支持；增值税管理、利率定价、投资管理等系统搭建，用信息化手段促进内外部监管及管理自动化，提升精细化管理手段。

【企业文化建设】以“亲情、服务、学习、创新”为宗旨，以培训培养、团队建设活动为抓手，增强跨部门沟通和团队凝聚力。以学习型组织建设为抓手，搭建司内学习与沟通交流的双通道。开展多项线上活动，举办“悦读者”图书推荐活动；开展“弓箭伐谋”“极速前进”两期拓展活动，组织年度优秀员工评选等活动，全方位促进员工沟通交流，锻造有凝聚力的团队精神。

海信集团财务有限公司

【经营概况】2016 年，海信集团财务有限公司（以下简称“公司”）秉持“立足集团，服务产业”的基本宗旨，各项基础工作扎实推进，信贷融资、结算清算、同业业务、跨境资金池等业务规模持续增长，同时在面临存贷利差收窄、同业市场利率下行等严峻复杂的经济形势下，公司积极探索新的业务增长点和模式，取得了良好的经营业绩。截至 2016 年末，公司资产总额为 152.84 亿元，同比增长 68.42%；2016 年累计实现利润总额 2.80 亿元，同比增长 14.42%。2016 年末，公司资本充足率为 19.08%，流动性比率为 59.76%，各项指标均优于监管要求。

【信贷业务】公司信贷业务规模和品种持续增加，原有各项信贷业务增长显著，其中贷款、贴现、电子汇票承兑均同比显著增加，期末各项贷款余额为 51.63 亿元，同比增长 112.91%；公司应付银行承兑汇票余额为 59.40 亿元，同比增长 41.90%。公司能够根据成员单位资金需求开展各项信贷服务，如房地产开发贷款、委托贷款等。

【产品销售信贷业务】2016 年是公司开展针对集团产业链下游经销商买方信贷业务的第二年，年累计发放贷款 250 万元，较同期微幅增加。该业务的开展在缓解经销商资金压力方面起到一定作用，同时也利于促进海信产品的销售。

【资金和投资业务】2016 年，受持续宽松的货币政策影响，银行间市场存放同业利率持续下行，为提高资金收益率及更加合理地配置资产，在确保资金安全的前提下，资金运作由主要投向银行间存放同业定期存款，逐渐增加隔夜理财、定期理财等投资业务品种，2016 年累计实现存放同业利息收入 1.54 亿元，累计实现投资理财收益 0.2 亿元。

【票据业务】2016 年，公司联合各产品公司大力宣传并持续推广海信电票，在平度、黄岛、顺德、江门等制造基地连续举办了多场面向海信供应商的供应链金融服务推广会，加强了海信电票推广力度，扩大海信电票的接收度和影响力，从而提高电票对外付款占比，使电票签发规模不断扩大，海信电票的金融市场接受度和信誉度持续提升。2016 年，各成员单位累计对外签发电票 230.31 亿元，同比增长 86.62%。

【外汇业务】2016 年，公司持续积极开展即期结售汇业务，从而有效调剂境内成员单位外汇资金余缺，降低汇兑成本及汇率风险。全年累计为成员单位办理代客即期结售汇共计 44 笔，其中代客即期结汇约 0.42 亿美元，代客即期购汇约 0.96 亿美元。

【资金集中】公司能够有效发挥集团资金集中管理职能，通过推行集中收付、结算系统升级等举措，集团境内资金归集率保持在较高水平。截至2016年末，公司全口径资金归集率为81.87%，可归集口径资金归集率为98.28%。

【业务创新】2016年，公司不断创新业务品种，提高金融服务水平，主要表现在：一是积极申请银行间外汇拆借会员资质，2016年4月，公司获批成为银行间外汇拆借会员，外汇拆借业务由线下交易转为线上交易。2016年，公司累计操作外汇拆借线上交易4笔，金额合计0.96亿美元。线上拆借交易具有“集简单、快捷、高效”的特点，能够有效克服地域限制，节约时间和成本；同时线上拆借价格更为透明，有利于争取更优惠的价格。二是关注境外企业资金需求，创新产品，实现公司境外外汇贷款零的突破。为充分满足境外成员单位的外币资金需求，2016年，公司利用外汇资金集中运营管理资质，累计对外放款0.82亿美元，有效提高了集团整体外汇资金的效率。

【风险管理和内部控制】2016年，公司在内控建设和风险管理方面主要工作如下：一是完善公司治理，在组织架构上增设审计委员会和风险管理部，审计委员会负责检查公司风险及合规状况、会计政策、财务报告程序和财务状况，风险管理部负责公司内控、合规、风险管理及贷审等工作，进一步强化风险管理职能。二是加强内控制度建设，根据公司业务开展情况，及时修订和发布制度，确保各项制度及时更新并有效执行。三是加强稽核检查频度，针对公司各项业务进行专项稽核检查，并根据检查情况提出整改意见，跟踪整改落实情况，以加强事后监督管理，促进业务合规经营。

【人力资源管理】一是调整招聘方式，提升招聘质量。公司通过公司经营层推荐、走出去挖掘等方式，拓宽了固有的招聘渠道，提升了招聘质量。对公司完成人才引进计划和业务的健康有序发展提供了有力的保障。二是优化考核方式，提升工作状态。为调动干部创新热情，促使创造、推动利润增长，提升工作业绩，公司优化了中层干部评价办法，激发了干部追赶超的工作状态，为公司经营目标的达成奠定基础。同时，通过积累并不断改进管理方法持续提升部门的专业管理水平，传递经营压力，提升工作状态。

【信息化建设】公司根据监管要求做好各项信息化建设和管理工作，同时在集团技术管理部门的支持下，于2016年全面排查信息系统并进一步完善覆盖信息系统全生命周期的信息安全检测方案。为有效支撑公司各项业务的开展，公司对现有系统进行完善和优化，并实施了业务系统需求的升级工作，有效保证系统运行效率。2016年3月，公司顺利开通人民银行企业征信系统查询权限。

【企业文化建设】2016年，公司积极发挥党团组织带头作用，通过组织员工内部培训、户外登山、健步行等活动的方式践行“诚实、正直、务实、向上”的核心企业价值观，进一步提升员工为集团产业发展提供金融服务的能力和意识，增强员工的凝聚力和向心力。2016年10月，公司对办公环境进行了改善，重新划定办公区域，优化办公环境，营造良好的工作氛围，利于员工保持积极饱满的工作状态。同时，公司在员工关爱方面工作显著，如组织员工体检、提高各项福利标准等。

国联财务有限责任公司

【经营概况】2016 年，国联财务有限责任公司（以下简称“公司”）以“准确定位、合规经营、严控风险、稳健发展”为宗旨，除做好资金归集工作、各项资产经营工作和成员企业金融服务工作外，努力拓展业务创新，年内首推保理业务和票据池融资业务，进一步提升了公司综合竞争力和服务成员企业的能力。截至年末，公司累计实现营业收入 15067 万元，实现利润总额 7103 万元，吸收存款余额 49 亿元，各项贷款余额 24.85 亿元，资本充足率为 19.69%，流动性比例为 48.74%，存贷比为 50.71%。

【信贷业务】随着集团转型发展步伐的加快，环保产业、新能源产业的新企业不断加入，公司除加强存量成员企业走访，及时了解客户需求外，对于新设或者新纳入集团的企业，积极配合集团实业投管部，在前期通过调查了解其需求，并根据其特点提前做好服务方案，及时满足其融资需求。公司提供的授信品种包括贷款、银票贴现、商票贴现、电票、银团贷款、代开银票、代开保函等，授信总额和品种基本能够覆盖成员企业融资需求。截至年末，公司共有授信客户 32 家，授信余额 29 亿元，其中贷款 24.85 亿元，贴现 2.37 亿元，银票 1.68 亿元，保函 0.18 亿元，电票 0.4 亿元，委托贷款 5.34 亿元。

【资金业务】公司一方面通过与建设银行、招商银行、浦发银行、兴业银行、南京银行、江苏银行、平安银行、华夏银行等多家银行建立固定的询价与报价机制，及时掌握货币市场资金价格变动，根据市场走势合理安排资金运作；另一方面，利用资金预算表，提高长期备付预测的准确性，通过尽可能安排长期限资金存放，提高资金收益。公司还逐步建立资金池，利用集团非控制企业的大额间歇性资金、同业拆借以及再贴现等资金，通过期限错配不断提高资金运作收益。截至 2016 年末，公司当年平均资金运作 11.54 亿元，取得运作资金收入 3096.05 万元，其中通过利用外部资金获得的净收益 99.86 万元。

【投资业务】为顺利开展固定收益类有价证券投资业务，公司在落实行业准入备案、人员资质达标等方面积极落实各项工作要求，加快推进业务进入实质开展阶段。在充足、完备的前期工作基础上，公司于 2016 年 9 月开展首笔 2000 万元为超短期融资券的投资工作。

【票据业务】一是电票贴现。公司为无锡市国联金属材料市场有限公司办理了 2016 年首张他行承兑电子银行承兑汇票贴现业务，实现了电票贴现余额“零”的突破，增加了成员企业资金回笼品种。2016 年，公司累计为成员企业办理电票贴现业务 4000 万元。二是商票贴现。公司用利率较低的商票贴现产品为成员企业替换利率较高的贷款，降低成员企业融资成本。截至年末，公司商票贴现余额4000万元。三是代开业务。公司大力推动成员企业在财务公司代开银票、代开保函业务，有效降低成员企业的保证金比例，同时加强票据保证金的归集，截至年末累计为成员企业代开银票300笔，票面金额4亿元，代开保函20笔，保函金额为2000万元。为了提高服务质量，满足成员企业的需求，公司一方面提高业务办理效率，针对部分客户开票金额小、张数多、时间要求高等情况，通过与多家商业银行进行沟通，缩短了银行业务审批时间；另一方面拓展代开类业务渠道，代开银票业务办理渠道拓宽为4家，代开保函业务办理渠道拓宽为两家，为成员企业就近办理业务提供了更多选择。四是小票贴现。银行对小额银票一般不太接受或者报价奇高，公司全部接受，贴现价格和大额银票一样。截至年末，公司共办理50万元以下小额银票150张，总额3000万元，最小面额5万元。

【资金集中】2016年，集团对财务公司和成员企业都下达了资金归集率的考核要求，由财务公司在充分考虑成员企业实际情况的基础上，制定相应的考核指标计算方案，并明确工作流程和管理要求。在此基础上，为了提高资金集中度，公司主要做了以下几项工作：一是每月逐户计算和分析资金归集率指标完成情况；二是积极与成员企业就资金归集中出现的问题进行沟通；三是通过增加资产和负债产品，满足成员企业需求，以提高资金归集率。截至年末，剔除金融企业自有资金及客户保证金等不可归集的资金后，实际资金归集率为86.15%。

【业务创新】一是首推保理业务。2016年1月，公司为无锡国联华光电站工程有限公司办理了公司首笔有追索权应收账款保理业务，总金额5000万元。该项业务的开展，一方面扩展了公司的业务品种，提供了新的利润增长点，另一方面帮助成员企业降低了应收账款风险，盘活了应收账款资金占用，提高了资金收益。二是首推票据池融资。截至年末，公司通过与浙商银行合作的票据池池内额度，为无锡市国联金属材料市场公司累计开立电子银行承兑汇票2000万元。随着该项业务的开展，公司票据池业务从简单的票据托管和查询功能扩展到票据池融资功能，增加了财务公司为成员企业的金融服务功能。

【风险管理和内部控制】2016年，公司通过完善风控体系建设和实行风险预警机制，有效防范各类风险，切实提高公司风险管控水平；通过对内控制度实行动态调整机制，全年共新增制度6个，修订制度10个，使各项业务开展有章可循；对关键制度、关键岗位、关键人员进行排查，严肃各项纪律，强化问责制度，进一步加强全员责任意识和合规意识。

【人力资源管理】2016年，公司制定了《员工教育培训积分管理办法》，为每位员工建立积分档案，坚持统一标准、分级考核、效果量化、挂钩联动的原则，以建立激励员工自主学习的长效机制。在此基础上，制定公司全年内部培训计划，指导员工制定个人学习计划，并把握过程管理，督促员工完成全年积分考核指标。公司还通过咨询公司的人才测评软件，组织财务、审计、法务、风控、人力资源五类人员进行全面的岗位胜任力测评，通过此次测评科学评价、合理使用、优化管理人力资源，并制定人力资源提升计划，为公司长远发展打下了良好基础。

【信息化建设】根据公司“十三五”业务发展、效率提升、管理规范的要求，以及集团资金预算管理的需求，公司制定了《国联财务信息技术三年规划》，明确了信息系统升级改造方案。国联财务金融运营服务平台经公开招标后，已于2016年10月正式启动。

【企业文化建设】公司坚持党建带群建，凝聚团组织、妇女组织等力量，积极打造和谐向上的企业文化，在广大员工中发起了“推进全员阅读、打造书香企业”活动，建立读书角，并组织了多场读书分享会；组织了演讲比赛、摄影比赛、环保徒步、爱心捐助等各类职工活动，丰富员工业务生活，增强团队凝聚力。此外，公司坚持办好自己的一个网站、一个官方微信，利用宣传阵地为公司企业形象加分。

首都机场集团财务有限公司

【经营概况】2016 年，首都机场集团财务有限公司（以下简称“公司”）深挖内部潜力，扩大服务对象，保持了各项业务规模的稳定增长。年末，公司吸收存款余额 129. 50 亿元，同比增长 9. 87%，全年日均吸存规模 116. 17 亿元，同比增长 7. 54%；为成员企业发放 63. 6 亿元自营贷款，同比增长 6. 88%。

2016 年，公司克服连续降息翘尾、同业利率持续下滑等不利影响，全年实现营业收入 4. 17 亿元，实现利润总额 1. 93 亿元，较好地完成了集团下达的年度经营任务。在业务平稳健康发展的同时，公司始终重视风险内控管理，年末公司资本充足率为 12%，流动性比例为 62. 23%，存贷比为 49. 12%，均符合监管要求。

【信贷业务】针对国家重点工程之一的北京新机场建设项目，公司联合外部 7 家参团商业银行，在与银团牵头行密切配合的基础上，完成了北京新机场银团贷款的首笔贷款发放工作。为支持成员机场改扩建项目的顺利开展，公司协助吉林机场顺利完成了长春龙嘉国际机场扩建项目银团招标比选、银团筹组签署工作。

在为主业提供基建信贷资金支持的同时，公司根据集团及成员单位的多样化融资需求，抽调专业人员协助集团完成了债券发行承销商竞争性谈判比选、北京新机场招商项目评审工作。为降低成员机场融资成本，为部分成员机场提供了流动资金循环额度贷款及委托贷款服务，有力保障了成员机场的日常运营与建设。

【资金和投资业务】针对 2016 年拆借市场利率报价持续低位的现实情况，公司与拆借交易对手进行了充分协商，通过提高交易频度及拆借价格，确保了同业拆借收益稳定增长。同时，面对国内市场资产配置荒的严峻形势，抓住基金市场阶段性投资机会，开展了货币市场基金的申购交易，取得了良好收益。

【资金集中】公司始终按照集团公司资金集中管理的规定，协助集团公司清理成员企业账户，严格账户管理，持续推进成员企业上线，顺利实现新核心业务系统单轨运行，实现了收款记账自动化、付款记账半自动化、当日日结及与 SAP 直联自动形成会计凭证等功能，有效减少了人工干预及工作强度，资金集中管理力度显著提高。截至2016年末，上线成员企业共232家，成功归集及监控成员企业账户共945户。公司以“真情服务”为抓手，不断提高服务成员单位的意识，切实提升服务水准；以新的核心业务系统为手段，不断突破技术障碍，切实提高信息化水平和工作效率，年末实现归集成员企业资金129.50亿元，结算量1578.50亿元。

【风险管理和内部控制】2016年，公司完善法人治理结构，增设审计委员会，进一步优化公司治理，夯实制度建设基础。全年召开风险控制委员会会议4次、审计委员会会议1次、审贷会会议5次，审议公司重大事项，切实发挥决策支持作用。扎实开展监管评级意见整改、“两遏制、两加强”回头看自查、信用风险及洗钱风险排查整改、监管评级自评价等专项工作。持续开展风险评估和案件防控工作，落实贷款“三查”工作。建立法律信息系统及法律风险防控手册，推动依法治企进程。

扎实开展重要制度执行情况对照自查工作，根据自查结果制定整改方案，并按月督办各项整改工作。制定下发公司《规范性制度管理规定》，将公司制度管理纳入规范化的轨道。强化制度建设工作，全年共新增制度15项，修订制度4项。

公司将加强内控机制建设、规范经营、防范和化解金融风险放在各项工作的首位，建立良好的公司治理以及分工合理、职责明确、相互制衡的组织结构，为内部控制的有效性提供必要的前提条件。明确划分相关部门、岗位之间的职责。截至2016年末，公司高级管理层无超越授权的经营管理行为，各部门、各岗位间做到责任分离，相互监督，相互制约，执行有效。

【人力资源管理】根据集团对公司提出的2016年度人力资源战略规划要求与重点工作任务部署，公司于2016年8月正式启动了完善人力资源管理体系项目。

在咨询公司的积极配合下，公司基本完成了包含公司管理序列和技术序列的设置和完善、定岗定编及编制岗位说明书、完善绩效考核管理体系、完善薪酬福利体系等各项优化完善人力资源项目工作。

召开座谈会认真听取员工意见，不断完善各项培训管理工作，修订完善了培训制度，制定并切实落实培训年度计划。公司与世纪名家讲堂、高顿财税学院合作签订培训协议，采取线上线下学习方式，为员工提供丰富多彩的培训课程与灵活机动的学习时间。公司还组织员工参加监管部门、集团公司和各类培训机构的培训，提升员工专业知识与能力。

【信息化建设】2016年1月18日，公司新的核心业务系统正式上线，实现单轨运行。系统实现的功能有月度资金预算的上报与审批、付款申请审批与结算、信贷业务审批流程及放款、各类单据和报表的查询打印，实现了业务系统的自动记账、在当日即可完成日结、业务系统与SAP财务系统的自动集成，以及向民航局财务管理信息系统提供数据支持等，减少了工作量，提高了工作效率。针对系统运行中出现的问题，项目组均出具了解决方案，及时修改问题，优化程序，保证系统运行稳定，向建设一个既能满足公司业务需求，又能提高整体资金管理水平的业务系统的目标迈出了第一步。

红豆集团财务有限公司

【经营概况】2016年末，红豆集团财务有限公司（以下简称“公司”）资产总额32.77亿元，较年初增长27.45%；负债总额23.05亿元，较年初增长42.30%；营业收入1.15亿元，较上年增加3.20%；经审计全年实现净利润0.66亿元，较上年同期增长9.20%。

【信贷业务】2016年，公司继续为集团产业发展“添砖加瓦”，助力集团产业从中端向中高端攀升。对于国家产业政策支持及符合集团战略要求的重点项目、重点企业，研究制定信贷综合服务方案，提供针对性强、附加值高的金融服务。2016年，公司着重在制造业、新型服务业增加了信贷投放。2016年，公司共为29家成员企业授信，授信总额达到33亿元，贷款余额已经达到19.49亿元（其中流动资金贷款13.91亿元，项目贷款3.43亿元，融资租赁0.14亿元，贴现2.01亿元），贷款规模较上年增加2亿元（其中制造业增加了1.7亿元，新型服务业增加了0.1亿元），同比增长11.47%，贷款日均余额16.29亿元，上年同期14.77亿元，比上年增加1.52亿元，同比增长10.28%。利息收入11160.73万元，比上年减少707.50万元，同比减少5.96%。满足成员企业的融资需求，降低了成员企业的融资成本，助推成员企业业务发展。

【产品销售信贷业务】2016年，公司继续做好成员单位下游经销商的买方信贷业务，共发放4笔累计金额3300万元；与银行合作开展对成员单位供应链企业的融资顾问服务，共完成建行E贷款、浦发银行商票贴现等累计金额约1.3亿元。融资租赁业务方面主要对上一年度项目进行跟踪，并积极开展调研，了解成员单位需求。

【资金和投资业务】2016年，公司通过运用银企直联平台、本外币双向“资金池”，实现了实时监控成员单位资金流入流出状况。2016年全年，公司代理结算金额已达1969亿元，结算笔数11万余笔，且继续实现结算零在途、零风险、零损失。2016年，公司在确保安全性、流动性前提下，积极同银行、证券公司等各类金融机构合作，开展同业存放、同业拆借、同业理财等业务，提升了公司在银行间市场的影响力。2016年实现金融企业往来收入1772万元，短期投资收益77万元，平均年化收益率3.06%，比上年同期增长951万元，增长率为105.90%。2016年，公司对江苏大丰农村商业银行股份有限公司进行了增资扩股，以每股4.39元的价格取得其股权733.6155万股，增资扩股完成后，公司持股比例为9.0095%，仍为其第二大股东。江苏大丰农村商业银行股份有限公司经营状况良好，积极准备上市。

【票据业务】2016年，公司继续推进电票业务的发展。公司通过走访成员单位鼓励其对外付款使用电票，并在供应商大会等会议上推广宣传；通过加强与银行合作，争取同业票据专项授信，打通了电票流通渠道，提高电票流动性；结合有关政策，积极申请加入中国票据交易系统。2016 年，公司累计开具电子银行承兑汇票 3.4 亿元，较上年增加 3419 万元；余额 2.35 亿元，较上年增加 7039 万元。其中，最长的一笔电票背书已达 7 手，并实现了公司电票的转贴现，公司电票的市场认知度及流通性有了较高的提升。

【外汇业务】2016 年，公司充分用好跨境资金池平台，积极开展人民币双向资金划拨，实现了财务公司对集团本外币资金的集中管理，为集团的国际化发展提供了便利。全年通过跨国公司外汇资金集中运营管理业务对外放款 6 笔，累计 937 万美元；收回本金 12 笔，累计金额 206.95 万美元。2016 年通过公司跨境资金池对外放款 1 笔，金额 1630 万人民币。

【资金集中】2016 年，公司通过跨境资金池实现了外汇资金的成功归集，同时，通过积极签发电子商业承兑汇票，增加保证金收入，扩大资金归集；与成员单位以及与相关方的协调沟通，增加上市公司资金的归集，扩大了集中范围。到 2016 年末已实现集团成员单位上市公司红豆实业股份有限公司、江苏通用科技股份有限公司的资金归集。

【业务创新】2016 年，公司顺利加入银行间债券市场并开展业务。经过申请、高管资格及交易员资格培训、交易线路的连通等前期工作，公司通过了人民银行上海总部的备案，相继完成了在上海清算所、中债登的开户、联网工作。6 月末完成了在交易商协会的债券交易回购主协议文本的备案，并于 7 月初通过上海清算所购买了中期票据 5000 万元，期限 3 年。

【风险管理和内部控制】2016 年，公司针对内部管理的流程和环节进行完善、优化，建立健全完善了一批制度。全年新增了包括新增《红豆集团财务有限公司监事履职评价办法》《红豆集团财务有限公司绩效考核管理办法》等六项规章制度，完成了《红豆集团财务有限公司规章制度》汇编共计 90 项。通过制度的汇编工作，使公司内部管理更加全面、完善，业务开展有章可循。同时公司结合发展实际，本着规范、科学的原则，对公司的业务签批流程、培训管理、档案管理等行政类流程、规章进行了完善，确保了制度的前瞻性和科学性。公司加强前、中、后台的确立，不相容岗位的分离等岗位管理，从风险识别到风险控制/缓释的环节管控。为优化公司治理结构、完善经营业务前、中、后台管理，公司分别引进和提拔了 2 名高管，充实了公司经营层的管理实力，完善了公司经营层“一正两副”的高管配置，加强了公司的资金业务管控工作，促进公司稳健经营和健康发展。同时通过每周召开重点工作分析会、每月召开经营分析会及问题分析会等措施，促进部门间的有效沟通，提升管理的有效性。2016 年，公司加大稽核检查，除每月一次的日常稽核外，还开展了 13 项专项稽核检查，提升了内控制度执行力。

【人力资源管理】公司根据集团的战略及人才规划、结合自身实际，通过人才引进、学习提升、考核评价、特质分析、员工关爱等方面来打造人才队伍。2016 年共引进 7 名金融、财务专业人才，其中 4 名研究生，充实了人才队伍，提升了团队的整体专业水平。2016 年，通过打造学习型团队卓有成效。公司共组织各类培训 11 场，内容包括“担保法律知识”“反洗钱基础知识培训”“卓越绩效评价准则”“营改增相关情况介绍”等。其中公司 9 名员工在集团举办的卓越绩效自评师考试中成绩突出，受到集团表彰并被聘为“卓越绩效自评师”。公司通过鼓励自学、依托行业协会及红豆大学的资源平台、组织同行交流学习等方式培养提升员工。4 月初至 5 月底，营业部 3 名员工分别参加了中央国债登记结算有限责任公司托管结算和券款对付结算业务的培训及考试，均一次性顺利通过了考试，并获得了债券托管结算和券款对付业务证书。2016 年还开展“走出去”学习活动，公司组织前往徐工集团财务公司进行了结售汇业务的学习。

【信息化建设】2016 年，公司在 2015 年系统升级的基础上不断完善和优化，增强系统的稳定性，同时完成了融资管控模块的测试、上线工作。

【企业文化建设】公司为加强宣传于 2016 年开始编制《信息简报》。《信息简报》分为行业动态、集团简讯、公司动态、宏观政策四项内容，全面反映了公司的风貌，每季一期，截至 2016 年末，已编制三期，取得了良好的效果。公司还重点关注企业核心价值观，积极开展丰富多彩的党、团活动，如每月组织一场别开生面的集体生日会、与建设银行无锡市分行共同举办“品悦书香”读书沙龙、与农业银行锡山支行开展“统筹共建”活动、参加红豆集团第七届“十佳歌手”大赛、参加 2016 尚湖国际半程马拉松赛等丰富多彩的团体活动，充分发挥了党、团员先锋模范作用，传递“诚信、感恩、创新、卓越”的红豆精神，激发团队热情，营造健康、积极、向上的和谐工作氛围。

海马财务有限公司

【经营概况】2016 年，海马财务有限公司（以下简称“公司”）秉承“依托集团、服务集团”的经营宗旨，支持集团公司主营业务的发展，并紧紧围绕“对外提升效益，对内提升效率”的经营策略，全力提升自主盈利能力和内部管理水平，推动各项业务健康发展，圆满完成了全年经营管理目标，公司规模又上了一个新台阶。

截至 2016 年 12 月 31 日，公司资产总额为 78.30 亿元，全年实现利润总额 1.93 亿元，年末各项贷款规模 56.22 亿元，流动性比率为 63.02%，资本充足率为 17.15%，拨备覆盖率为 329.99%，不良贷款率为 0.37%。

【信贷业务】公司信贷规模稳步增长，2016 年末各项贷款余额 56.22 亿元。公司积极贯彻普惠金融、服务实体经济；其中经销商贷款余额 12.81 亿元，基本上全部为中小微企业贷款，同比上升 46.77%，全年为中小微企业放款 57.98 亿元；汽车个人消费贷款余额 32.87 亿元，其中涉农贷款余额 9.77 亿元，全年涉农贷款放款 8.10 亿元。并针对个贷业务与公司合作良好的经销商，提供不同程度的对公贷款优惠，降低经销商融资成本，支持经销商经营，提高公司与经销商合作黏度。

消费信贷方面，一是试水互联网产品，3 月 4 日，公司与阿里汽车金融合作推出的首款互联网产品“车秒贷”上线，借用阿里汽车金融的大数据和审批模型，实现自动审批。11

月，公司对车秒贷产品进行升级，扩大产品客户群体，实施分级审批准入，12 月 25 日车秒贷3.0 版上线。二是公司于 5 月 18 日推出“极速贷”产品——“一张身份证申请贷款，一小时审批，当天放款”，最快甚至半小时内可放款，达到了行业领先水平。极速贷全年放款 12966 笔，极速贷推出后，获得了客户好评，树立了公司在经销商端的良好口碑。

【结算业务】 全年资金结算总量 2862 亿元，资金结算无差错无事故，保证了资金的安全，提高了集团及成员单位的资金结算效率。并根据国家政策，配合落实“三证合一”。

【票据业务】 公司开票业务顺利开展，贯彻落实“服务集团”的宗旨，全年开具财务公司承兑票据 1002 张，金额 12.55 亿元。

【业务创新】 根据《银监会办公厅关于稳步开展企业集团财务公司延伸产业链金融服务试点工作有关事项的通知（银监办发〔2016〕167 号)》，公司于 2016 年 12 月 20 日向海南银监局备案开展延伸产业链金融服务业务相关资料，并逐步开展该项业务。

【风险管理和内部控制】 在业务快速发展的同时，公司严格控制风险，保证资产质量，公司 2016 年末整体信贷资产不良率仅为 0.37%，远低于监管要求。

风险管理方面，一是提高风险识别能力，将“业务开展，风控先行”的理念植入每位员工心中，让风险意识和风控文化深入人心，真正做到“全员、全业务、全流程”防控风险，发现异常及时报告，迅速处理，避免风险事故发生，减少风险损失。同时公司前后历时 3 个月，用近 10 万笔客户数据反复测试，优化客户信用评分表，将风险识别关口提前到业务最前端。

二是后端严格控制不良贷款，使用多种催收方式开展催收工作，并确立了适合公司的“自主催收、诉讼催收和外包催收”相结合的不良资产管理模式。三是继续优化各项业务制度，制定《个贷业务落实放款操作手册》《海马财务有限公司经销商评级授信管理办法》等制度，完善业务流程。

在内部控制方面，一是全年共完成了信贷业务、同业业务、投资业务、人事部门等各项业务稽核，并督促业务部门对发现的问题进行整改，未发现重大风险问题。二是按监管部门要求，每季度及时组织各部门开展案件防控常规自查工作，并将反洗钱工作纳入内部稽核工作中，把反洗钱工作常态化。三是将风险关口前移，发现问题迅速反馈到业务端。加大对信贷审批质量的检查力度，根据检查情况与相关业务人员召开交流会，规范业务操作行为，提高业务操作水平，提升业务处理质量，防范审批风险。通过各项措施，进一步完善了风险管理体系，落实风险管理措施，有效提高了风险管理水平，全年未发生重大风险事件。

【人力资源管理】 一是随着公司业务规模不断扩大，公司积极开展招聘工作。截至 12 月底，公司员工总人数 135 人。二是扎实做好各项培训工作，建立分层级、有针对的培训体系，管理人员参加“领导力”管理相关课程，外派业务骨干参加财务公司协会等外部培训，新员工参加内部业务培训、拓展培训及财协基础培训。提升公司各层干部、员工的管理水平和业务能力。三是丰富员工业余生活，为员工创造积极向上的工作氛围：青工中心组织了与海口当地广播电视台联合主办的员工联谊、“芳菲三月 · 遇见最美的自己”“中秋迎新”等多场活动。

【信息化建设】 2016 年，公司运用信息技术，大幅提升风险管控水平和内部管理效率，主营业务规模稳步增长，各项工作取得了长足的进步。一是身份认证与人脸识别系统上线，将客户身份信息自动与公安登记信息进行核对，即时反馈身份真假，防范部分个人或组织利用假身份证进行金融诈骗的行为。二是催收系统上线，借用系统实现了一键拨号、自动分配任务等多项功能，极大地提高了催收工作的效率和成效。同时，便于对逾期、不良客户数据进行统计，有利于分析和发现风险特征，并采取相应防范手段。三是征信机读系统上线，系统上线后，无需人力进行查询，几秒就可查询信息，还可自动抓取征信报告的重点信息，并规范清晰地呈现在客户经理的调查界面，提高客户经理调查效率。四是优化资金管理平台，根据业务需要，完成向资金管理平台增加营改增模块等优化工作，为业务做好服务支持工作。

在运用新技术的过程中，公司高度重视防范信息技术风险，切实做好信息科技安全保障和信息化建设工作，在保证系统稳定、风险可控的基础上，推进业务自动化、提高业务效率、提升服务水平。

南山集团财务有限公司

【经营概况】2016 年，南山集团财务有限公司（以下简称“公司”）紧密围绕董事会的决策部署，准确把握复杂多变的经济金融形势，积极推进业务创新，强化内部管理和队伍建设，较为圆满地完成了各项工作任务。

截至 2016 年末，公司本外币总资产达到 83.30 亿元，负债 70.09 亿元；实现净利润 1.84 亿元；资本充足率为 25.64%，流动性比率为 58.52%，贷款损失准备率为 398.69%，不良贷款率为零，各项监管指标均符合要求。

【资金集中】2016 年，公司不断拓宽资金来源渠道，负债规模不断提高：一是完善与集团的信息沟通机制，参与新设立公司的股权设计。新增成员单位 23 个，账户数量达到 459 户；二是收回外部“票据池”资金，严防资金外部滞留；三是“一户一策”，全额归集北京、海南等异地企业资金；四是妥善应对房地产监管部门的政策变化，通过“早下拨、晚归集”方法，满足了监管要求，留住了房地产预售资金。可归集和全口径资金归集度分别达到 90.48% 和 66.81%。

【外汇业务】2016 年，集团积极参与“一带一路”建设大潮，国际化进程不断加快，为了更加有力地支持企业“走出去”，充分发挥金融机构的专业作用，公司一是发布市场信息，让企业及时了解市场变化情况。每日发送《金融简讯》，按周推出《汇市简报》；二是举办外汇风险管理研讨会，帮助企业运用金融手段抵御汇率风险；三是提高驾驭市场的能力，与企业共同制定解决方案；四是提高议价能力，为企业提供结售汇价格优惠，办理结售汇 410 笔，金额达 6 亿美元，为企业节省成本 807 万元；五是完善跨境资金功能，通过跨境平台为美国铝业公司发放首笔 500 万美元跨境贷款，实现境外人民币资金归集，提高集团整合全球资源的能力。

【金融服务】2016年，公司不断挖掘服务潜力，扩大服务内涵，提供贴心金融服务，客户满意度为100%。一是灵活调剂资金，将使有限的资金用在“刀刃”上，发放各类贷款27.35亿元，贴现票据7亿元，承兑电子票据4590万元；二是通过开发企业自动付款模块、增加企业收款直接入账功能等，提高结算效率，发挥好资金枢纽作用，全年办理资金结算量达2.12万亿元，其中网银业务占比已达95%；三是创新保险代理服务模式，通过“资产打包、集合竞价、集中承保、统一理赔”，既为集团降低保险成本，又通过这种模式参与到保险理赔决策之中，有效地解决了理赔难问题；四是减费让利，主动减免账户管理费、电汇手续费、结算手续费110多万元，贷款平均利率下调近1个百分点，直接为企业减少利息支出3700多万元。

【风险管理和内部控制】2016年，公司着力加强内控及全面风险管理体系建设，继续保持了开业八年“零”案件的案防工作成果。一是将风险管控贯穿事前、事中、事后全过程，特别是对市场及利率敏感、风险弹性大的投资、结售汇业务，加强形势研判，防范市场风险；二是梳理了58项重要业务920多个风险点，制定相应的措施，保证业务规范操作；三是“制度先行、与时俱进”，各类制度达到260多篇；四是加大监督检查力度，新编制21项审计手册，“无死角、全覆盖”，开展各类检查近40次，处罚人员60多人次，通过持续跟踪整改，提高了内控管理水平；五是继续推动合规文化建设，通过案例警示教育、差错点评等，促使全体员工警钟长鸣、警示自我，打牢了案防的思想长堤。

【信息化建设】2016年，公司认真谋划，精心布局，加强信息科技建设，为业务发展提供技术支撑。一是全力推进系统再造后的二期项目，先后完成10多个大型模块上线以及国际间高速线路拉设等工作，为业务发展提供全线技术支持；二是不断优化系统性能，完成数据库存储磁盘优化、单独重要文件备份系统建设、办公网与业务网的彻底分离等工作，提高系统稳定性和安全性；三是扎实做好运维工作，完善三地灾备体系，组织6次演练，主备设备切换逾40次，应急管理能力大大提高。

【人力资源管理】2016年，公司实施多元化的人才培养策略，提高凝聚力、向心力和战斗力。一是因材施教，开展集中培训107次，总计达370多个小时；二是成立课题小组，外派员工参加专业培训，拓宽视野；三是公开选拔两名总经理助理、一名部门负责人，鼓励员工上进，打造干事创业的舞台；四是开展系列主题鲜明的集体活动，进一步凝练以“团结、进取、务实、创新”为核心的企业文化，特别是通过组织员工参观反腐倡廉暨预防职务犯罪警示教育基地等，使员工受到了更为深刻的教育，做到“警钟长鸣，警示自我”。

国投财务有限公司

【经营概况】2016年，国投财务有限公司（以下简称"公司"）进一步推动"四个平台"建设，加强创新驱动，深化金融服务，有效防控风险，扎实开展"两学一做"，强化从严治党，业务发展和公司建设取得双丰收。公司增资如期完成，服务集团和抗风险能力得到提升，同业合作逐步深化，金融企业资金集中实现有效突破，结算主通道初步建成，保险集中成绩显著，创新成果接连落地，服务覆盖不断延伸，党建工作持续加强，精准扶贫落到实处，行业影响再度扩大，精品财务公司雏形渐显。截至2016年底，公司资产248.11亿元，负债182.81亿元，所有者权益65.3亿元；累计实现收入8.23亿元，实现利润总额4.29亿元，为集团节约成本费用6.3亿元。

【信贷业务】2016年，公司为各板块提供授信额度453.1亿元，共投放表内外信贷融资245.48亿元，其中表内自营贷款、贴现179.75亿元，表外承兑、保函业务26.4亿元，委托贷款39.33亿元。牵头筹组银团放款54.36亿元，其中公司放款8.45亿元，撬动外部资金5.43倍。国投财务充分发挥"产业+金融"双重属性优势，围绕投资公司产业链特点、业务板块行业周期特征、投资企业经营生命周期等维度，整合设计了包括28个产品、12个组合的金融服务方案，切实打造"客户身边的银行"。

【资金和投资业务】稳步做好公司资金平衡，继续推进资金计划填报，合理配置短期资金，实现资金高效平稳运营。保持同业拆借渠道畅通，全年累计拆入资金318亿元。国投财务加大市场研判力度，严格控制权益类投资额度，加强短期理财配置，积极寻找定增、量化专户、策略专户、公募基金等各种机会，全年实际完成日均投资规模14.88亿元，其中，固定收益类日均规模9.86亿元，权益类日均规模4.50亿元，共计实现投资收益1.37亿元。

【票据业务】公司已打通了票据业务的出票—承兑—贴现—再贴现全业务链条，并围绕票据开展了买方付息贴现、电子票据、带息票据、外部大型设备供应商票据融资、票据池等服务。截至2016年底，公司票据池规模27.73亿元，电票托管比例超过90%，票据承兑比例超过60%；与银行签署保贴协议，提高"国投电票"的市场信誉与资产流动性。

【外汇业务】公司全年即期结售汇业务额1.25亿美元。通过延伸结算覆盖、拓展外汇场内交易对手、增加结售汇币种、加强头寸管理与清算效率等多种方式，持续开拓结算业务渠道，降低集团本外币结算手续费支出200万元。同时，密切跟踪市场，及时分享外汇信息，每日为客户提供外汇资讯早报、分享外汇政策和最新产品。

【资金集中】公司继续实行"集团行政推

动、公司服务带动、业务合作联动、成员企业互动”的资金集中管理模式，加强上门服务与日常沟通，资金归集稳中有升。2016 年，公司继续认真落实“一企一策”，一批重点难点企业资金集中取得新突破，公司日均归集资金 160.3 亿元，集团考核口径月均资金归集率为 61.66%。

【业务创新】一是依托电子汇票系统完善集团票据池建设。二是为国投安信设计并购贷款融资方案，贷款金额 18.8 亿元。三是持续推动产业链票据、买方信贷等业务，和上海电气财务公司按 1:4 的承贷比例，与云南风电签订 2 亿元买方信贷联合贷款合同。四是先后担任集团公司债和国投电力公司债发行财务顾问。五是成功取得跨国公司总部外汇资金集中运营管理业务资格，配合总部进行跨境资金集中运营建设，助力集团全球资金管理。

【保险经纪】2016 年，保险经纪业务运营日趋稳健，集团保险集中率达到 94%，签约保费规模 5206 万元，赔案结案率 76.09%，累计为成员企业节约保费 1000 万元。保险经纪公司积极主动开展企业走访和上门服务，针对成员企业的需求，大力开展风险查勘和组织风险管理论坛等工作，逐步成为成员企业风险管理的好帮手。

【风险管理和内部控制】持续提升风险管理水平，深入推进内控管理落实与检查，建立健全风险防控体系，为公司稳健经营构筑安全屏障。一是把控风险关口前移，突出风险管控前置，风险管理紧密嵌入公司业务开展。全年累计完成 177 份信贷业务风险评价报告，召开 21 次投决会，加强贷款与投资的事前尽职调查和事后管理，确保资产安全。二是全面加强风险防范，服从集团结构调整。公司紧密关注煤炭板块划转事宜，多次上门沟通，提供详细的操作方案和法律文本，跟踪落实贷款偿还进度，截至 2016 年底，已回收煤炭企业贷款 31.31 亿元，并确保未结清信贷业务全部取得中煤集团担保或兜底承诺。三是健全制度建设，强化内控检查。全年共制定、修订制度 62 项；有序开展结算及资金业务内控检查，跟踪落实后续整改。

【风险管理和内部控制】扎实做好各项审计稽核工作，内审服务经营管理的能力进一步提升。为确保经营合规，公司加强与监管沟通，接受北京银监局现场检查和调研，积极争取监管政策。在配合总部对公司 5 位领导人员开展离任经济责任审计的同时，加强内部审计稽核，开展了 6 个专项审计和稽核项目，提出整改建议 40 项，并同步开展内控评价工作。企业年度报告连续两年获集团优秀。

【人力资源管理】探索建立适度差异化的内部绩效考核机制，细化分解任务，层层传递压力。利用自主招聘、内部选拔和集团招聘等方式，及时补充人才队伍。持续加强人才队伍培养，员工专业素质进一步提升。组织开展新员工培训、举办 9 期创新小讲堂和 22 次内外部培训。

【信息化建设】公司高度重视信息系统建设、维护工作。加强 IT 创新，引入第三方支付，无缝集成接入集团电子采购平台；开发一、二级账户联动功能；扩展网银覆盖，优化网银功能，集中升级 5 次，上线需求 18 项，实施运维 73 项；启动建设数据仓库及二期灾备；开发与集团新资金系统接口；上线营改增价税分离系统；启动电票线上清算项目；顺利完成机房搬迁、数据迁移，保持各系统零故障宕机，有力地支持了公司业务发展和客户服务。

【企业文化建设】公司高度重视企业文化建设，在建设学习型组织、开展群团文体活动、响应扶贫号召、践行社会责任等方面积极行动，颇有成效。高度重视对标行业先进，组织多次行业交流与学习，全年对外交流走出去 10 余次，积极了解业务方面的好经验、好做法，接待来访财务公司交流9次；鼓励学习研究，不断加强学习型组织建设，积极参与财务公司协会课题研究，获财务公司协会邀请介绍风险管理经验做法和信贷业务授课，受到同行一致好评；积极开展群团文体活动，组织开展健步走、棋牌比赛等集体活动，增强活力，凝心聚力；响应国家精准扶贫，选派优秀干部挂职贫困地区，并组织全体员工募集捐款12.7万元（人均2000余元）资助贫困家庭及大学生。

【党建工作】认真组织开展“两学一做”教育活动，学习党章党规、习总书记讲话等23次，公司领导带头讲党课5次，召开员工座谈会2次；着力在“四讲四有”、发挥党员先锋模范作用和党支部战斗堡垒作用上下功夫，围绕中心，服务大局，一岗双责齐上阵，党建业务同发力。加强巡视问题整改落实，代表集团基层党组织的三家支部之一接受中组部检查并获好评。加强从严治党，深入贯彻落实中央“八项规定”精神，落实党风廉政建设，加强反腐败警示教育，保障员工廉洁从业和公司持续健康发展。

河南能源化工集团财务有限公司

【经营概况】2016年，河南能源化工集团财务有限公司（以下简称“公司”）认真贯彻中国银监会各项监管要求，为集团加快资金融通、降低融资成本发挥了重要作用。截至2016年末，公司各项贷款165.78亿元，各项存款121.39亿元，实现利润总额3.17亿元。近三年，公司资产总额和负债总额持续下降，平均降幅分别为4.76%和8.68%，各项贷款余额呈U形增长，所有者权益实现平稳增长。

面对宏观经济下行、煤炭行业不景气、去产能压力加大等不利影响，公司采取各种措施，缓解成员单位资金压力，帮助企业集团提质、降本、增效。一是在国家金融政策的许可范围内，服务让利集团成员单位利息达1.25亿元；二是向成员单位投放信贷资金129.22亿元；三是强化预算管理职能，积极配合企业集团做好预算管理与执行，并积极开展同业拆借等业务。

在日益繁重的业务压力下，公司各项监管指标均达到监管部门要求，用实际行动实践了企业集团“从零开始，向零奋斗”的安全理念，案发率始终保持“零”发生。

【信贷业务】2016年，公司积极应对严峻的市场形势，优化信贷投放结构，提高资产质量，通过“减收让利”，降低成员单位财务费用，支持集团企业实体经济发展。2016年，发放自营贷款28笔，共129.22亿元；发放委托贷款30笔，共29.48亿元；办理贴现10笔，共15.32亿元；办理保函1笔，金额0.06亿元。

【票据业务】公司不断提高服务质量，为集团成员单位量身定做金融服务。2016年签发电子银行承兑汇票17.30亿元，帮助企业提高资金使用效率，降低财务费用。另外，根据集团成员单位的实际经营需要，为其办理卖方付息贴现业务，使成员单位在降低财务费用的基础上获得了经营周转资金。

【资金集中】一是监控支出账户限额执行情况。支出户额度控制限额下发后，及时监控各成员单位的执行情况，月初由记账员指定专人检查各成员单位外部支出账户资金存款情况，对存款额度超限额的账户进行了逐一沟通及提示，并将超额部分上划，从而使支持限额控制严格执行。二是对在财务公司已经开立账户但一直未使用的单位逐一进行了解和沟通，部分单位已将存款转入财务公司。三是加大资金归集力度，按照限额对大额资金进行上收，从而增加资金集中度。四是对纳入集团公司合并报表范围内的子公司，没有在财务公司开立账户的积极催促及时办理开户手续。积极催足投资款，验资后及时上存财务公司。五是对部分集团公司参股不控股的成员单位，加大宣传力度，让成员单位充分了解财务公司的性质及功能定位，了解资金存放在财务公司的安全性和流动性。

【业务创新】2016年，受国内经济增速变缓、节能减排、煤炭产能过剩等多种不利因素的影响，河南能源效益大幅下滑，再加上到期银行借款及债券额度较大，导致集团公司资金严重紧张。公司充分发挥金融平台作用，积极与金融机构开展合作，帮助集团公司筹集资金：一是成功办理首笔信贷资产转让业务。二是与中信银行、国信证券公司开展票据合作。三是与兴业银行、宇通财务公司开展同业拆借业务。四是协助集团公司完成成员单位债券转让工作。通过以上业务共筹集资金43.01亿元，为集团公司按期偿还到期债券作出了一定贡献。

【风险管理和内部控制】2016年，稽核风险部紧紧围绕公司年度工作目标，积极发挥稽核部门的监督、检查职能，在加强内部控制、防范风险、保障公司业务稳健运行等方面开展工作：一是做好内部稽核工作，提高检查监督实效，按照《2016年度内部稽核工作计划》安排，对公司信贷业务、结算业务、保险代理业务和财务管理等业务的合法性、合规性、稳健性，内部控制的有效性，以及业务记录、财务信息和其他管理信息的真实性、准确性、及时完整性等情况进行了日常稽核，同时按计划进行了资产管理、成员单位开户情况、授信业务和案件防控四项专项稽核。二是持续合规提升，做好合规管理及风险控制工作，全面梳理制度，优化业务操作流程。从年初开始，稽核风险部组织各部门对公司现有内控制度和业务操作流程进行了梳理完善，并根据公司业务发展和管理需要增加反洗钱、合规考核评价、案件防控工作评价等相关制度。三是贯彻落实“两个加强、两个遏制”回头看工作要求，认真组织开展加强内部管控、遏制违规经营和违法犯罪“回头看”专项自查工作。四是积极做好公司案件防控工作，形成了以合规促案防，以案防保合规的良好局面。五是严格履行客户身份识别、交易记录保存义务，合规操作，从源头上预防和控制洗钱风险，积极开展反洗钱知识培训和宣传工作。

【人力资源管理】2016年，公司人力资源工作紧紧围绕公司工作目标，积极开展各项工作：一是积极支持员工参加人民银行、银监会和财务公司协会等组织的各类业务培训，不断提升员工的专业素养；二是加强日常岗位培训，普及金融知识和政策法规，结合河南银监局“学法用法，知法守法”法律知识竞赛活动，组织利用各种时间进行全员覆盖的“普及法律知识，运用法律手段，有效防范法律风险”系列培训活动，活动的开展有力推动了公司合规建设。

【**信息化建设**】2016 年，公司对核心系统软件进行了一系列的升级、优化，重点部署了企业征信 2.2 接口开发项目，对加入人民银行二代支付结算系统进行了前期研究。

【**企业文化建设**】2016 年，公司坚持以人为本、讲求实效、重在领导、系统运作的四大基本原则，围绕“改革创新、稳中求进”的总基调和公司中心工作，一是坚持做好舆论导向的宣传和引领，在工作中主要突出宣传好集团公司工作重点、重大部署，宣传好公司各部门工作的推进情况，通过多种形式的形势教育，给干部员工讲清形势，提振信心，围绕不同阶段工作重点，突出抓好针对性强的主题教育活动，形成全员工作合力。二是结合金融工作和专业特点以及金融监管要求，紧紧围绕“合规建设”，建立了“一把手负责、党政工团齐抓共管”的有效机制，加强组织领导广泛发动员工，深刻领悟企业文化的内涵。

中国化工财务有限公司

【**经营概况**】2016 年，中国化工财务有限公司（以下简称“公司”）立足于服务中国化工集团公司（以下简称“集团公司”）发展，同时面对存贷利差收窄、集团公司“三去一降一补”任务重等影响，积极发挥金融服务功能，防控金融风险，创新内部管理和服务。多措并举使国内资金集中规模达到历史最高值；发挥重要客户部作用，以银团贷款为抓手，筹融资顾问业务得到广泛认可；一企一策执行优惠的协定存款利率；完成增资阶段性任务，壮大发展实力。经过逐步调整，公司的业务结构从单一存贷业务逐步向以服务客户、降低企业融资成本为目标的综合性金融服务企业转型，努力成为成员企业与银行之间不可或缺的、提供针对性解决方案的桥梁和纽带。2016 年，公司实现营业总收入 3 亿元，实现利润总额 1.18 亿元，日均存款 77 亿元，年末存款达到 107 亿元，创历史新高，日均贷款 54 亿元。各项监管指标符合监管要求。

【**信贷业务**】2016 年，公司发放自营贷款 198.52 亿元，其中银团贷款 1.85 亿元，自营贷款年末余额 50.87 亿元，发放委托贷款 127.03 亿元年末余额 77.09 亿元，无不良贷款。2016 年，公司一是调整信贷政策，从信用评级、资金集中度两个维度明确客户分类标准，设置差异化的授信条件，积极发展优质客户，严格限制淘汰类客户。二是完善自营贷款差异化定价管理办法，降低利率上浮上限，扩大利率下浮下限。全年贷款平均利率降至 3.92%，较基准利率下浮 9.89%。对部分困难企业实行减收或免收委托贷款手续费政策。两项措施共为企业节约财务成本 6500 余万元。三是积极开展银团贷款业务，放大信贷规模效应。公司通过 3 家银行为 6 家企业组建了银团，利用近 2 亿元自有资金，撬动银行 15.45 亿元信贷资金，利率全部下浮 5% ~10%，为借款企业年化节约成本1160.70万元。

【资金业务】2016年，公司在保证企业信贷需求和流动性的前提下，合理安排日常资金头寸，提高资金存放收益。一方面，积极与合作行谈判，争取了较高的活期同业存款利率，较上年同期增长7个基点。另一方面，根据公司资金起伏较大的特点，在短期资金较为充裕的阶段，通过7天、14天等短期同业定期存款提高资金收益。同时，利用部分时段银行拆借利率低于同业存款利率的时机，拆入资金存入同期限定期存款，获取无风险资金收益。

【外汇业务】2016年，公司在同城结售汇的基础上，开通了异地结售汇业务，并在结汇时采用T+2资金交割方式以获得更为优惠的汇率。公司为29家企业在外汇局进行了结售汇备案，并开立了外币账户，企业累计通过财务公司办理结售汇35笔共计8785万美元，较上年同期增加7423万美元，为企业让利人民币51.55万元。

【资金集中】2016年，公司新增6家直联银行，资金集中规模达到历史最高值。在集团公司的支持下，公司发布了加强银行账户集中和监控工作的文件，要求成员企业对全部银行账户进行归集授权或监控。对未归集成员企业逐户通知、沟通，逐个账户核对。截至2016年末，公司直联银行10家，覆盖集团国内企业的60%左右的账户。此外，公司继续执行资金集中度统计通报工作，按月对成员企业的全口径资金集中度进行统计发布，对排名靠后的企业以“黑榜”形式进行通报，效果比较显著。

【业务创新】2016年，公司实现以下业务创新。一是为成员企业开立国内信用证，累计金额1.4亿元。二是代开银行承兑汇票共计600万元。三是参与集团电商平台建设，探索产业链金融服务。完成与建设银行、农业银行的协议签署、上线测试、线上资金结算。会同集团商务部与兴业银行、平安银行、浦发银行、招商银行等多家银行深入探讨基于集团电商平台为油气下游企业提供融资服务的可行性。

【风险管理和内部控制】一是完善信贷审批流程，规范授信审批事项，分割授信业务品种和额度，加强贷中和贷后检查。二是完善制度体系，加强操作风险管理。全年新建了《招投标管理暂行办法》《声誉风险管理办法》等8项制度。修订《人民币贷款利率定价管理办法》《人民币存款准备金管理办法》等25项管理制度。三是开展风险分析，消除风险隐患。围绕监管要求，开展市场风险、资产风险等风险分析工作，对反洗钱、案件防控和招投标进行自评估，及时消除各类风险隐患。四是强化内审职能，开展公司银行账户和企业内部账户资金管理风险排查。开展了利息核算、法定存款准备金、自营贷款制度执行有效性等专项检查。

【人力资源管理】2016年，公司修订完善考核办法，结合各部门和个人的目标责任，开展全员考核，严格兑现奖惩，并逐一反馈考核结果。加强员工内外部培训，提高队伍整体水平。组织结售汇业务、营改增知识普及、营改增网银端填报和《担保法》等培训，并派员参加专题课程及研讨会等。

【信息化建设】2016年，公司完成信息系统升级，实现账户余额监控、贴现买方付息、循环贷、存款准备金改造、营改增等新功能的开发上线，并启动电票业务系统建设。完成大部分老旧设备更新改造，建立起两地三中心的生产架构。完善文档及数据备份体系，使文档和数据的备份更及时、更稳定、更安全。提升信息安全水平。新编制电票运行、应急方案等三项制度，并强化制度执行。增加上网行为管理、堡垒机和监控平台等技术手段来保障生产服务和IT使用的安全。

【企业文化建设】2016年，公司围绕公司中心工作，提升客户经理“一对一”服务理念，积极开展新闻宣传，组织开展“听君一席话”征文活动，编辑《相信自己·我能行》内刊，鼓励员工为公司发展建言献策。

紫金矿业集团财务有限公司

【经营概况】2016年，紫金矿业集团财务有限公司（以下简称“公司”）面对有色金属价格波动频繁，积极面对经济金融新常态，坚持立足紫金矿业集团实际，采取服务化、市场化、差异化经营策略，加强业务创新，细化风险管控，公司金融服务和企业价值不断提升。截至2016年末，公司资产总额71.18亿元，同比增长1.36%，实现营业总收入2.66亿元，完成年度计划的102.91%，利润总额1.75亿元，完成年度计划的101.26%；公司资产质量和财务状况良好，资本充足率为15.43%，流动性比例为53.17%，无不良资产和不良贷款，各项监管指标均符合监管规定。

【信贷业务】2016年，公司坚持执行绿色信贷政策，将安全环保作为公司信贷业务受理首要前提，结合集团公司对成员单位建设项目“轻重缓急停”的划分以及人民银行核定的信贷规模细化信贷计划、灵活信贷投放，有效合理投放信贷资金支持集团重点项目建设，全年以优惠的利率累计发放贷款53.05亿元，年末贷款余额41.58亿元，共为成员单位节省贷款利息支出约3350万元。

2016年末本外币委托贷款余额61.25亿元，在有效满足成员单位资金需求的同时，进一步规范了集团成员单位间的资金往来。

【资金和投资业务】2016年，公司作为集团资金结算中心的地位功能得以进一步巩固，公司结算网络覆盖全国各区域并拓展了多家境外成员单位，全年新增成员单位8家，新增开立账户8户，累计成员单位131户办理结算8.24万笔共3310亿元，分别同比增长19.08%和105.33%。面对金融市场利率波动，公司积极灵活地调整同业存款结构，全年共开展结构性存款85笔合计66亿元；择机开展同业拆借，全年发展交易对手11个，开展同业拆借27笔合计40.3亿元。公司坚持安全性、流动性、效益性原则，审慎稳健开展投资业务，全年累计投资8.32亿元，年末投资余额4.11亿元。

【票据业务】票据业务是公司除贷款业务外的主要融资业务，公司大力推广电子票据业务，开立的电子票据业务已逐步得到商业银行和外部企业的认可，票据业务流转通道和出口逐步拓宽。2016年共办理票据业务1275笔累计29.38亿元，其中开立票据14.89亿元，票据托收3.50亿元，办理贴现7.80亿元、再贴现2.20亿元；年末票据池持有票据余额11.75亿元，票据业务量快速增长。

【外汇业务】公司为成员单位提供优于商业银行挂牌的外汇交易价格，全年累计办理美元结售汇 38307 万元、欧元结售汇 4502 万元，外汇交易量快速增长，为成员单位节省了大量财务费用，得到广泛认可。

境外金融服务能力不断提升。随着外汇资金集中运营管理试点和跨境双向人民币资金池业务的开展，公司对境外成员单位的金融服务水平不断提升，境外资金业务占比逐步增加。全年累计归集境外资金 26257 万美元，向境内调入欧元 2280 万元，向境外下拨美元 5477 万元，发放境外贷款 1500 万美元和 4000 万元人民币，办理跨境人民币双向资金池业务 3.1 亿元，有效支持集团境外项目建设。

【资金集中】在集团公司支持和公司业务政策优惠的双重作用下（通过集团对各子公司财务总监资金归集的考核，以及公司执行最高上浮的存款利率），公司采取加强调研、账户清理、日终归集、共享支付等措施，坚持执行时点存款和期间存款并重，分部门、分层级，每月兑现的考核办法提升资金归集量。截至 2016 年底，公司可归集资金归集率为 92.87%，同比上升 1.66%，全口径资金归集率达 64.35%，同比上升 1.54%，年末吸收存款余额 59.02 亿元。

【业务创新】2016 年，公司坚持在风险可控的前提下鼓励创新，在存贷款、结算、票据池、保函等传统业务基础上，进一步丰富了融资租赁、抵押贷款、境外放款等多元化信贷业务体系；集团统一保险工作成功落地开展，整体保险费率同比大幅下降；获批开展跨境双向人民币资金池业务，各项境外外汇试点业务规模不断扩大，境外金融服务能力不断提升；票据融资服务能力提升，同比增长 38.72%，有效减少了部分成员单位大量流动现金的支付，缓解了相应的融资压力；全年深化同业合作，建立与多家金融机构的金融对接合作渠道，投资资产实现有效保值增值，资本市场的参与度和机构活跃度有着显著提升。

【风险管理和内部控制】2016 年，公司立足于企业持续、健康、稳定发展的高度，坚持审慎经营，有效防范和管控经营风险。公司坚持执行每月稽核检查，检查覆盖前中后台业务，全年执行检查 42 项，完成内部整改 92 条；全年贷款“三查”率达 100%，按季开展五级分类，内控工作逐步精细化。积极开展案件防控专项宣传检查，做好反洗钱监控工作，积极防范社会金融风险向公司渗透，全年开展合规检查 4 次、回头跟踪整改情况 4 次，组织资金管理信息系统业务应急切换演练和硬件巡检 2 次。积极配合集团公司、管理部门进行公司年度评级稽查，配合外部审计机构对公司业务的审计检查，及时落实相关整改事项，逐步构建多重风险管控网络。

【人力资源管理】2016 年，公司切实加强人力资源管理和员工队伍建设，努力提升业务发展软实力。一是重视员工综合技能培养，采取形式多样的培训形式，包括公司内部高管授课、员工讲座或培训、内部研讨会、组织员工外出学习等，全年派员参加各类业务培训 131 人次，团队业务水平和创新服务意识不断提升。二是不断加强人才队伍建设，为员工搭建事业成长发展的平台，公司制定和修订了《职务管理制度》《工资积分调薪办法》《新晋升管理人员试用考察管理办法》《培训与教育管理办法》，规范和优化了公司员工的职务管理，拓宽员工晋升空间。三是通过日常安全和社会案件相结合的宣传方式，深化案件防范教育，整体团队风险防范意识不断增强，员工职业道德素质不断提升，艰苦创业的紫金精神得以进一步发扬。

【信息化建设】2016 年，根据业务部门反馈的意见，公司不断升级完善资金管理信息系统。完成对中国银行、农业银行外汇业务资金信息系统的优化升级，为境外资金集中运营管理提供了保障；完成对公司资金系统与集团SAP系统接口程序升级优化，保证财务数据准确高效传输；完成了人民银行征信系统测试和上线前所需的各项工作；完成机房部分设备的更新，组织规划明后年的信息系统建设。全年系统运行安全、平稳、高效。

【企业文化建设】公司积极发扬“艰苦创业、开拓创新”的紫金精神，多形式多途径地将企业文化建设与员工业务素质技能培养有效融合。通过外派培训、到矿山学习、“五一”和“国庆”趣味运动会等形式提升员工团结协作和开拓创新能力；以创造企业价值为出发点，引导员工加强对自身价值潜力的挖掘；以“金品”立世、共赢通惠的经营哲学为指导积极培养员工廉洁自律、诚信尽职的道德品质。

江苏华西集团财务有限公司

【经营概况】截至2016年末，江苏华西集团财务有限公司（以下简称“公司”）的核心资本为70330.56万元，比年初增加1212.80万元，资产总额为26.33亿元，比上年减少4亿元，下降13.19%，负债总额19.30亿元，比上年减少4.12亿元，下降17.59%，吸收存款为18.34亿元，比上年减少4.13亿元，各项贷款余额16.85亿元，比上年增加2.71亿元，增长19.17%，利润总额6018.86万元，净利润4514.15万元，2016年计提了资产减值损失2742.19万元，资产收益率为1.59%，净资产收益率为6.47%，流动性比例为52.95%，资本充足率为29.09%，各项指标均符合监管要求。

【公司金融】公司严格执行“审贷分离、分级审批”的管理机制，有效防范信用风险和不良信贷资产的发生，对贷款用途、收息情况、逾期贷款和展期贷款进行监控管理，跟踪检查贷款的安全性和可收回性，并撰写贷后检查报告。2016年累计发放贷款39笔，累计发放金额37.82亿元，年末短期贷款余额15.35亿元，贴现余额1.5亿元。公司利用集团企业之间闲散资金、自有资本和外部融入等资金，做足规模，做优服务，提升信贷质量和效率，努力扩展业务，信贷业务增长较快。

【资金和投资业务】2016年，公司代理集团融资313.67亿元，其中，代理集团成员企业向金融机构借款147.69亿元，代理签发票据106.98亿元，代理发行债券17亿元，短融12亿元，中票30亿元。同时不断加强与金融同业的合作，2016年先后与江南、紫金、常熟、无锡及张家港等多家农商行接触，商讨双方合作模式及业务产品，顺利获得江南农村商业银行6亿元的新增授信规模；进一步降低融资交易成本，全年共计降低集团财务费8100多万元。灵活运用资金拆借等金融工具，调剂资金头寸和临时性资金余缺，提高资金使用效率，全年共办理了拆借业务35笔，累计拆借金额56.5亿元。

【票据业务】2016年，公司利用集团内部票据资源和集团规模优势，开展灵活多样的综合票据业务，选择最佳交易对手，获取比成员企业更低成本的资金，支持集团成员企业生产经营，实现成员企业与财务公司的共赢。2016年公司共办理人民银行商票再贴现8笔，共计贴现金额2.4亿元，办理商票贴现9笔，贴现金额3.3亿元。充分运用票据融资功能帮助集团成员企业及公司本身，直接或间接减少支出，增加收入。

【资金集中】2016年，公司把加大资金的集中管理作为重点工作，抓住企业账户归集比例和企业资金集中度两个关键指标，采取的措施包括首先对每一成员企业账户资金归集比例进行排查，逐一分析归集资金占比，查找未把资金归集进来的企业原因，对这些企业逐个制定归集计划和措施，通过不断地沟通联系，公司高管协调和争取，专人持续跟踪落实，直至资金归集到位。2016年已顺利实现上市公司的资金归集，归集资金规模2亿元；2016年新增西藏华博实业有限公司、金寨华西新能源发展有限公司、江苏华西村股份有限公司、江阴华西村资本有限公司、江苏华西村股份有限公司特种化纤厂等企业9家。累计归集企业已达88家，归集账户169户，扩大了资金归集覆盖面，增强了资金归集的力度。

【业务创新】2016年，公司集中力量加大电票、外汇结售汇业务、买方信贷等创新业务，电子票据硬件设备已全部采购到位，电票申办手续已上报人民银行，软件系统也由上海睿明软件科技公司实施安装完毕，公司后期将加快对“电子票据”系统软件进行调试和测试工作，加快推进电子票据业务上线运行；同时积极探索买方信贷以及产业链融资等新业务，帮助集团企业盘活应收账款等存量资产，提高资产使用效率，创新服务新模式，提高金融服务水平，也为集团企业转型发展作贡献。

【风险管理和内部控制】一是风险管理方面，强化信贷“三查”业务培训与教育，切实提高人员从业能力和责任意识，风险管理人员还亲临成员企业一线调查核实有关财务数据，从严把控，严控风险，保障公司经营稳健、持续发展。风险排查时，加大内部检查和整治力度，确保检查无死角，做到有违必查、有错必纠、有责必究；落实完善内部考评和责任层层追究制，提高“三查”制度执行力。加强风险管理与稽核审计工作之间的交流沟通，不断提高工作质量，增强风险识别。二是内部控制方面，在内控制度上，2016年新增设董事会下设内部审计委员会，并制定通过了《内部审计委员会工作制度》《存款利率定价管理办法》《大宗采购管理办法》《大宗采购操作规程》《绿色信贷管理办法》和《资产管理办法》六项内控管理制度，公司治理结构进一步完善；起草拟订了《监事履职管理办法》等八项管理办法，细化监事履职内容、标准和程序，明确对监事履职评价结果须定期通报股东大会，各监事履职责任感进一步提高，更好地梳理和完善了内控制度。

【人力资源管理】截至2016年12月末，公司从业人员25名，经营管理层包括总经理1名、副总经理3名。各治理主体累计学习传阅各项文件201件，组织专题会议学习9次，参加内外专题培训8次，外出研讨交流1次；积极与海尔财务、红豆财务等同业机构开展业务交流。公司鼓励和引导员工进行各项专业知识学习，既注重专业知识的学习，也重视国家政策、财务知识、法律知识、管理知识以及行业知识的学习，不断提高员工的职业素养。

【信息化建设】2016年，公司由上海宝信软件科技有限公司成功完成核心新老系统切换，全面完成了现有信息系统机房进行扩建和改造项目，新增机房面积20平方米左右，总投入约100多万元，有效改善了信息系统运行环境，构建适应公司发展的信息系统框架设计、功能模块、软硬件配置，满足公司业务发展和管理需求。

【企业文化建设】公司2016年继续发扬“弘扬华西精神、坚定理想信念、艰苦奋斗创业、不断追求卓越”的企业精神和“敬业、尽职、担当、有为”的员工精神，推进公司文化建设，加强员工的职业道德教育和廉政建设，组织员工学习反洗钱、非法集资等政策措施，建立管理人员学习和教育的长效机制，营造企业活力，激发工作热情。增强公司团队的凝聚力和员工的工作效率，提升公司的美誉度和对优秀人才的吸引力，进一步提升公司的核心竞争力，促进公司绩效的持续、健康增长。

冀中能源集团财务有限责任公司

【经营概况】2016年，冀中能源集团财务有限责任公司（以下简称“公司”）认真贯彻落实冀中能源集团深化改革工作要求，秉承“依托集团、服务集团、创新发展”的经营理念，坚守资金风险防控的红线，克服资金紧张的不利因素，超前谋划，稳中求进，完成了增加注册资本金的核准、公司住所变更、电票业务系统升级等重要工作，各项业务稳健发展。2016年，实现营业收入1.59亿元，实现利润总额1.02亿元；2016年末，资产规模达到61.25亿元；贷款余额41.76亿元；委托贷款余额106.75亿元。

【信贷业务】在煤炭企业面临银行抽贷压贷的不利融资环境下，坚持以服务企业为出发点，充分发挥财务公司金融功能，不断深化对企业的资金支持。2016年，共为成员企业办理贷款45笔，金额79.67亿元；累计办理票据贴现业务5.02亿元；信贷规模41.76亿元，较年初增长22.25%。同时发挥内部资金平台作用，办理成员企业间委托贷款91.99亿元，年末委托贷款余额106.75亿元。

【票据业务】在集团成员单位范围内大力推广电票应用，充分利用财务公司金融同业优势，以财务公司电票业务平台，衔接成员企业与外部融资渠道。通过“贴现+转贴现”和“直贴”“保贴”等不同业务模式，进行同业市场快速融资，为成员单位实现各类票据短期融资31亿元；直接签发财务公司承兑电票13亿元。

【资金集中】加大资金归集力度，积极吸收成员企业存款。2016年末，企业存款余额44.55亿元，同比增长38%，存放同业余额16.23亿元，同比增长6%，全口径资金集中度较上年末提高10个百分点，为公司健康发展夯实基础。

【风险管理和内部控制】加强资金计划管理，在“年预测、月计划、周安排、日调度”的基础上，开展资金计划与实际变动对比分析，设置风险预警标准，确定合理的备付金区间，确保资金安全底线。

妥善解决遗留多年的不良贷款，清理操作不够规范的质押贷款，2016年公司已无不良资产。制定风险准备计提规划，从2016年开始至2018年完成风险准备计提工作，覆盖全部风险资产，达到监管要求，提高公司抗风险能力。进一步优化公司风险防控体系，为业务的长期稳健发展夯实风险管理基础。加强内控制度体系建设，新修、制定《委托贷款业务实施细则》《电子商业汇票管理办法》等制度16项。

【人力资源管理】 加强人才队伍建设，提升员工综合素质。派骨干员工参加高水平的外部培训15次，部门内针对性业务培训13次，网络课程自学30人次，新增5名员工取得高一级专业学历。开展了评先评优活动，评选出2016年优秀党员和年度优秀个人，树立标杆，激励全体员工争先创优。参加了河北省委组织部组织的“英才入冀”招聘活动，达成招聘意向名校金融专业人才6名，为公司新的发展目标加强人才储备。

【信息化建设】 以公司变更住所为契机，同步完成了公司信息系统硬件升级，显著优化了机房基础设施，增强了系统稳定性。完成电票直联系统的升级工作，为深化集团公司资金集中管理，实现资金在“现金池”与“票据池”的互联互通，提供了技术支撑。着手开始公司新一轮的信息化建设规划。

【企业文化建设】 在冀中能源企业文化框架下，提炼发展金融企业特色的企业文化，始终坚持以人为本的文化管理理念，重视员工队伍建设和合规企业文化建设。注重关爱员工，三八妇女节组织女员工进行了书法比赛，让员工静心感受书法魅力，丰富员工文化生活；通过微信平台在公司内部开展银监局相关法律法规有奖知识竞答活动，促使全员牢固树立法治理念，主动培养法治思维，真正做到“学法用法、知法守法”。

山西焦煤集团财务有限责任公司

【经营概况】 2016年是“十三五”规划的开局之年，山西焦煤集团财务有限责任公司（以下简称“公司”）努力解放思想、振奋精神、扎实工作，资金集中管理作用有效发挥，金融创新步伐持续加快，各项业务有序开展，2016年实现营业收入7.6亿元，利润总额4.9亿元，年末资本充足率为25.28%，流动性比率为37.73%，无不良贷款。

【信贷业务】 公司认真分析影响煤炭行业信贷风险的主要因素，科学把握信贷变化新形势，对涉及信贷业务管理及操作流程的信用评级、综合授信业务管理办法、信贷审查委员会议事规则等15项管理制度提出修订意见，使制度建设更趋完善，为规范、健康的业务发展提供了有力保障。2016年对21户成员单位开展信用评级，提供167.8亿元的综合授信，累计为成员单位提供各项金融支持 50.8 亿元，办理集团委托贷款 50 笔，金额 167.2 亿元。

【资金和投资业务】在资金业务方面，进一步理顺内部市场定价机制，依据集团整体资金形势制定定价策略，业务价格以金融机构公开挂牌价为基准，按照成员单位给予适当的鼓励政策，同时积极主动与人行沟通增加信贷规模，为成员单位提供更多信贷资金支持。2016 年集团存量资金逐渐减少，各成员单位资金缺口也较大，公司认真做好资金调配，合理安排资金头寸，最大限度满足集团和成员单位资金需求，避免资金供应脱节情况的发生，确保资金安全。

在投资业务方面，公司遵循“安全性、效益性、流动性”的原则，以资产负债比例管理和风险管理为中心，努力降低投资风险。2016 年，公司继续稳步开展投资业务，综合评价投资品种的风险与收益，适时选择金融市场的优良投资品种，并根据调查的相关情况撰写《投资分析报告》。组织召开了十二次投融资审查委员会，审议通过中融信托、工商银行、晋商银行、渤海银行等多家理财产品计划，成功完成 17 笔投资业务，累计投资总金额 14.1 亿元，在保证资金安全的前提下，实现存量资金收益最大化。

【票据业务】为了进一步提高票据业务服务质量，公司先后制定、补充完善《代开银行承兑汇票业务管理办法》《电子商业汇票管理暂行办法》等业务管理办法及管理流程。全年共办理票据贴现 5.4 亿元，累计为成员单位代开银行承兑汇票 6 亿元，办理电票承兑业务 6.1 亿元，充分利用了票据业务融通资金的作用。

【资金集中】努力提高资金归集比例，积极发挥账户监管职责，加强新开账户的统计管理，并按照有关要求不断扩大资金上收覆盖面，防止无序新增账户，保持现有清理成果，降低备付资金的低效率占用，保证了资金归集率不断提高。与成员单位有关人员进行沟通座谈，主要就资金归集工作开展深入探讨和协调，及时发现和解决资金归集工作中遇到的实际困难和问题。

【业务创新】为了更合理的配置资产结构，提升流动性管理水平，紧密贴合市场，同时获得较高的收益率，公司于 2016 年 12 月开展了国债逆回购业务，共计投入 3 亿元。

为响应人民银行下发的《中国人民银行关于规范和促进电子商业汇票业务发展的通知》，更好地服务集团公司各成员单位，公司向人民银行提出以直连方式加入电子商业汇票系统申请，并于 12 月 22 日取得人民银行太原中心支行关于公司以直连方式加入人民银行电票系统的批复。

【风险管理和内部控制】公司 2016 年共计开展了 9 次稽核检查，通过开展日常稽核检查，对日常业务中一些不规范的地方及时进行纠正，修补了一些隐患漏洞，整体促进了内控管理水平和风险控制水平提升。认真组织“两个加强、两个遏制”专项检查回头看工作，并对 2015 年度的案防工作情况进行了自我评估，再次对公司治理、内部控制、风险管理、案件防控和服务实体经济方面进行了全覆盖自查，特别对前期整改效果不突出的地方进行了重点排查整治。积极推进“制度执行年”各项活动开展，着力提高公司制度执行力。根据《企业集团财务公司监管评级与分类监管办法》的要求，配合监管部门完成了 2015 年度监管评级打分，最终定性定量综合得分结果为 80.8 分，评价结果为发展类 B1，属于风险管理能力较强，可以根据自身业务发展需要逐步扩大业务种类，处于稳健发展阶段。公司对各项业务和制度进行全面自查、认真梳理、查找不足，起到对公司风险全面防控的作用。

【结算业务】落实资金集中管理要求，注重提高服务水平，拓展结算覆盖面，结算业务的深度和广度进一步扩大。经过努力，2016年新上线成员单位16家，新增归集和管理商业银行账户45个，结算量日均300笔，系统业务操作规范流畅，结算业务办理安全快捷。

【保险经纪】公司在2016年度努力提高保险兼业代理工作的服务质量，进一步加强与保险公司的沟通协调、监督管理，完成对中国人保财险公司、太平财险公司、中华联合财险公司、中煤财险公司四家合作保险公司2015年度保险工作的整体评价、考核评分工作并及时通报考核结果，督促保险公司的各项工作更加完善，并利用集团的规模优势，获得优惠的保费费率，为成员单位最大限度地节约保费。2016年全年累计为93家成员单位办理各类商业保险188笔，保险金额255亿元，发挥了保险集中代理的整体优势。

【人力资源管理】建立和完善人力资源管理制度，落实《财务公司员工职业发展规划与管理实施方案（试行）》，邀请山西银监局及商业银行的业务骨干及高校教授等，对全体员工进行业务培训，并按照银行业风险管控要求，对重要岗位的员工进行岗位轮换。公司相关业务部门人员多次前往首钢、海尔、同煤等知名企业参观学习调研，选派人员参加中国财务公司协会在太钢召开的北方地区财务公司业务交流会，并组织召开了中国财协华东、华南区理事调研会。根据业务发展需要，公司2016年公开招聘了11名员工，缓解了员工紧张的现状，也为公司拓展业务储备了人才。

【信息化建设】为了加强系统安全工作，公司制定了《山西焦煤集团财务有限责任公司外包管理办法》《山西焦煤集团财务有限责任公司特殊用户和系统数据维护管理办法》和《山西焦煤集团财务有限责任公司电票系统应急预案》，并且每个季度进行一次全方位应急演练，对网络系统、电源系统、数据库服务器系统的演练尤为重视，发现问题及时改进，使系统的稳定性大幅提高。2016年，集团公司整体搬迁提上日程，公司与系统集成商、软件供应商多次沟通，确定了机房搬迁、系统升级、异地备份等多项基础设施建设方案，为搬迁工作做好了各项基础准备工作。同时积极与施工方联系，通过多方征求意见，确定了办公环境网络布线方案，并与施工方签订网络布线合同，经过精心准备，于2016年12月16日组织实施了机房搬迁、系统升级工作。机房搬迁顺利完成，系统主模块平稳切换，成员单位在使用新系统过程中的反应较为平稳，符合切换系统的实际预期。

【企业文化建设】公司形成了涵盖公司三个层面的21个企业文化理念、即六个宗旨目标理念、七个行为意识理念、八个规范要求理念，简称“678”企业文化理念体系，印制成册。认真落实上级党委关于“两学一做”学习教育活动的安排，做到学习有计划、有落实、有考核，按照时间表组织全体党员开展了“四讲四有”专题讨论，深入开展反腐倡廉宣传教育和党性党风党纪教育。坚持以人为本，为全体员工每年进行体检，对劳动模范、先进工作者进行奖励，为员工发放生日蛋糕卡，为女职工办理特病医疗商业保险，为员工办理住院医疗互助金，组织开展员工跳绳和健步走比赛。

阳泉煤业集团财务有限责任公司

【经营概况】2016 年，阳泉煤业集团财务有限责任公司（以下简称“公司”）积极应对经营压力，努力缓解资金困惑，围绕集团公司经营目标，立足集团公司主业发展，全力服务实体经济，通过提高资金效益，提高资金流转速度，强化基础工作，打造“资金归集平台、资金结算平台、资金监管平台、金融服务平台”四个平台建设，全年共实现营业收入 4.46 亿元，利润总额 3.69 亿元，资产规模 109.8 亿元，全年结算量达 10.14 万笔，净资产收益率为 17.12%，资本充足率为 21.19%，无不良贷款，各项指标符合监管要求。

【信贷业务】2016 年，公司发放贷款 206.59 亿元，其中自营贷款 127.54 亿元，委托贷款 69.53 亿元，代签银行承兑 9.52 亿元。公司结合宏观经济形势，不断调整工作思路，提高信贷资金使用效率。深入基层贷款企业，加强贷款管理工作，加大实地贷后检查力度，防范贷款风险。严格审查企业信用等级和经营状况，加强贷款“三查”工作；深入贷款企业，了解企业生产经营状况、成本管控、资金需求等，剖析贷款企业存在的实际问题，识别和防范企业信贷风险，为信贷管理工作打好基础；落实贷款担保措施，多重担保措施并行，对信贷客户进行分类管理，要求部分信贷客户附加提供应收账款质押、设备抵押、第三方保证等担保措施；加强与贷款企业的沟通与协调，对企业到期贷款提前提示准备资金，并积极配合成员单位多渠道筹措资金，避免出现贷款违约现象。

【投资业务】2016 年，公司紧盯市场变化，合理安排投资项目，提高投资收益水平。一是择期开展短期同业定期存款业务。全年共办理同业定期业务 37 笔，累计金额 64.6 亿元，实现利息收入 0.20 亿元，较同业活期收益增加 0.07 亿元，综合收益率为 2.64%。二是办理投资产品 8 笔，累计投资金额 14.9 亿元，实现投资收益 0.73 亿元，收益率为 6.92%，日均投资量 11.02 亿元。

【票据业务】着力推动电票业务，促进票据流转途径。一是为了依托银行实现票据保管风险的转移，利用票据规模优势，减少票据融资的财务费用，加快票据与现金的转换速度，提升票据资产流动，公司积极与集团主要合作银行联系，推进票据池业务。二是推动票据的流转，累计办理票据贴现 8.15 亿元，重点支持煤炭、化工等现金流短缺企业。三是发挥同业优势，开展代签银行承兑业务。全年共办理代签银承汇票 9.52 亿元，有效缓解了成员单位短期资金周转的困难。四是积极推进申请电票业务。2016 年 11 月取得人民银行总行关于公司以直连方式加入人民银行电票系统的批复，标志着公司已经正式取得开展电票业务的资格，同时系统完善工作也正在按照人民银行的要求紧锣密鼓地进行。

【资金集中】一是以账户为抓手，提高资金归集率。面对集团公司各成员单位资金紧张的不利局势，紧紧抓住账户管理，挖掘资金归集潜力。完成对四级及以上具备上线单位的开户归集工作。公司成员单位开立基本结算账户的单位469家，绑定各类账户816个。二是建章立制，实现资金全面监管。出台了《阳煤集团资金管控实施细则》，明确了资金的归集、划转、下拨要求和工作流程，通过结算中心平台，将票据、结算中心资金纳入预算，实现了预算的全面和全过程管理。

【风险管理和内部控制】一是加强风险预警，强化合规操作观念，开展专项检查，就信贷业务进行现场贷前调查、贷中审查、贷后检查工作，强化信贷管理、降低信贷风险。二是根据公司业务发展需求，全年对25项业务制度进行修订，对所有岗位的流程进行梳理，对49个业务事项的审批流程重新核定，确保制度覆盖所有业务领域和工作环节。三是开展专项检查7次，对各岗位业务流程做不定期跟踪。共检查问题259条，整改248条，整改率达95.75%。跟踪流动性指标，共出具风险提示11个。

【信息化建设】2016年，公司改进硬件设施，完善了资金管理系统，满足成员单位不断扩大的需求。通过增加建行代理行模式，提升服务质量，扩大了服务范围；通过改造机房电路，增加了防涌浪功能和电路双回路功能，实现电路断电后自动切换，增强系统安全性和稳定性；通过调试线路、设备增加，与人民银行成功连接金融城域网，为电子商业汇票奠定基础；通过增加营改增业务系统模块，提高了工作效率；通过调试同步备份设备，实现了工商银行、农业银行、中国银行、建设银行应用服务器和数据库服务器数据自动实时备份。

【党建工作】坚持“以党建促发展”的工作理念，践行“为民务实清廉”，聚焦“三严三实”“两学一做”。一是以“三会一课”为抓手，全面提升党员和领导干部的政治素养。以“学习讨论落实”活动和“三严三实”专题教育为契机，通过“两学一做”、开展专题党课、观看反腐教育视频、自学《习近平总书记系列重要讲话选编》、全文抄录《党章》《中国共产党廉洁自律准则》及《中国共产党纪律处分条例》等多种教育形式，用生动的事例敲响警钟，树立正确的宗旨意识，严守党的纪律，争做“四讲四有”党员。二是通过制度建设，确保公司风清气正。制定了《公司“三严三实”研讨方案》《处置不合格党员的实施方案》《“两学一做”学习教育方案》；坚持民主公开透明的办事程序，积极推进“双务公开”和企联网建设，强化对权力的制约，每月将工作简报、案防简报、及“三公”经费上墙公示，集团业务情况上网公示，自觉接受群众监督。三是亮明身份，坦诚接受监督。公司党支部共产党员在工作岗位上主动亮明身份，时刻保持共产党员的先进性，全面提升个人素质，不断提高责任感，增强事业心，认真履行岗位职责，牢记党员宗旨，养成良好的工作习惯，做到活学活用，努力成为移动的标杆，提高办事效率和群众满意度。

晋煤集团财务有限公司

【经营概况】2016 年晋煤集团财务有限公司（以下简称“公司”）紧紧围绕集团“效益优先、改革驱动、创新引领”的工作方向，加强资金集中管理，提升金融服务水平，稳步扎实地推进各项工作，在服务成员单位、助力集团转型升级方面取得新成就。截至 2016 年底，资产总额 97.28 亿元，营业收入 2.74 亿元，利润总额 2.60 亿元，净资产收益率为 13.30%，资本充足率为 21.64%，资产质量持续优良，各项指标均符合监管要求。

【信贷业务】公司作为集团金融服务机构，按照“盘活存量、用好增量”的工作思路，积极筹措资金，发放贷款，大大缓解了成员单位资金紧张的局面，也为集团资金链安全提供了一道屏障。

自营贷款方面，全年共向 21 家成员单位累计投放流动资金贷款 67.87 亿元，其中存量贷款通过续贷方式累计投放 25.26 亿元，投放新增贷款 14.44 亿元，为满足成员单位资金需求投放临时周转贷款 28.17 亿元。在贷款的板块分布中，煤炭板块 34.30 亿元、煤化工板块 27.33 亿元、多经板块 6.23 亿元。

委托贷款方面，为了有效化解资源整合主体与矿井委贷业务违约风险，积极向集团公司相关职能处室反馈信息，共同协商和制定解决方案，于 7 月和 9 月分两批完成了 39 户共计 103.77 亿元的“借转贷”业务的到期置换。通过变更还本付息方式，既避免了信用风险的集聚，也缓解了成员单位的资金压力，为经营发展赢得了时间与空间。

【投资业务】2016 年，公司在满足成员单位资金需求的基础上，积极转变投资方式，在保证资金流动性的前提下将富余资金分别进行中短期投资，通过比较分析购买邮储银行中期理财产品 3 亿元和山西证券短期收益凭证 0.5 亿元，取得相应投资收益 0.048 亿元，年化收益率为 3.2%。在年末及时抓住“翘尾行情”，购买山西证券收益凭证 2 亿元，年化收益率为 4.75%，提高了资金的收益水平。

【票据业务】2016 年，全年为 25 家成员单位共办理票据贴现 66 笔，金额共计 8.12 亿元；共为 18 家成员单位办理代签银承业务，金额共计 25.32 亿元，无一笔发生兑付风险，实现了代签银承业务的有序衔接和平稳运行。

【资金集中】2016 年，公司继续加大资金集中管理力度，紧扣资金集中度指标，不断拓宽资金归集广度与深度。一是强化政策引导，制定了 2016 年度资金集中管理工作安排和考核办法，进一步细化资金集中工作内容和流程，推进资金管理工作深入开展；二是加强对资金集中管理的考核，严格按照《集团公司资金集中归集管理办法》的要求，收集考核资料，兑现考核结果，通过奖优惩劣，增强员工资金集中管理工作的积极性；三是组织召开资金归集月度例会，每月中旬对上个月度资金集中管理月度表统计情况等进行研究，安排、督导和落实下一步工作的展开；四是加强账户管理，公司积极发挥账户监管职能，加强账户检查，进一步规范成员单位银行账户的开立和使用，提高资金集中和使用效率；五是定期召开月度分析会和季度讲评会，对成员单位资金集中情况进行整理分析，查找资金集中度低的原因，有针对性地做好资金归集工作。截至2016年末，新增5家成员单位账户开立，共计对358家成员单位进行资金归集，全口径资金集中度为28.33%。

【业务创新】一是参与集团融资租赁公司设立方案研究，根据国资委的反馈，进一步完善《关于在上海自贸区设立外商投资融资租赁公司的计划书》和《关于在上海自贸区设立外商投资融资租赁公司的可行性研究报告》，拟订《晋煤集团对香港金港通国际贸易有限公司实施股权重组的提案》报集团公司董事会、股东会审议。在发挥财务公司金融机构平台和专业人员优势、拓宽集团的融资渠道、搭建集团进入资本市场的通道上提供了重要的金融支持。

二是投资晋城农商行。按照《公司法》和晋城农商行公司章程，参与讨论第一届董事会第三次和第四次会议议案以及第一届股东会会议议案，履行了公司作为股东的各项权利和义务。

三是申请加入全国银行间债券市场，获得全国银行间债券市场成员资格，并完成中央国债登记结算公司和上海清算所开户和联网工作，组织相关人员参加了资格培训。新业务资格的获批和资金运作渠道的组合使用，有利于公司更好地进行资产配置，提升资金运作效益。

四是申请发行金融债券和承销成员单位企业债券两项新业务资格，拟定《财务公司债券发行业务管理办法》《财务公司债券发行业务操作规程》《财务公司债券承销业务管理办法》《财务公司债券承销业务操作规程》和《财务公司申请增加新业务可行性研究报告》等制度和报告，加快新业务申请步伐，积极稳妥开展新业务，提高金融服务能力，更好地发挥金融价值。

【风险管理和内部控制】2016年，公司继续加强风险管理和内控体系建设工作，确保各项业务稳健、合规运行。一是强化合规管理，根据监管要求和业务实际，结合绩效考评体系，全面梳理内部规章制度和业务流程，并严格按照部门、岗位职责开展审查、稽核工作。二是强化贷后检查及风险评价，对公司全部有贷户进行了现场贷后检查。共涉及煤化工企业8家、煤炭企业3家、其他板块企业5家，对其生产经营情况、财务状况、融资情况等进行了评价，并根据检查情况，形成了详细的风险评价报告。三是认真对公司各项业务进行风险审查，针对信贷业务、投资业务进行风险识别、风险审查，充分揭示业务风险点，确保公司资产安全。四是积极开展业务稽核，主要从内部控制有效性出发，以公司已印发执行的业务及管理制度为依据，采取查阅档案、访谈等形式，最终形成稽核报告，并就所发现问题及建议与相关部门负责人进行了沟通。

【人力资源管理】2016年，公司聘请管理咨询顾问开展绩效考评管理提升项目。对公司、部门职责及岗位设置、部门绩效考核指标等项目进行了优化与改进，并形成《绩效考核管理办法》《薪酬管理制度》等规范性文件，填补了制度层面的一大空缺。在薪酬改进方面，在完成全年薪酬管理、结构分析的基础上，通过结合岗位工资及津补贴的浮动调整策略，打破原先僵化的薪酬体系，开辟业务序列晋升通道，为全体员工开辟更为宽阔的发展路径；在绩效改进方面，着重对绩效工资的计发方式进行了优化，对员工公共指标和业务指标进行考评，将考核结果作为干部选拔、薪资调整的重要依据；在培训方面，根据公司实际需求安排专业技术人员进行培训，通过开展系列培训活动，不断提升员工的业务素养以及服务水平。

【信息化建设】2016年，为了提高工作效率，加强信息化管理与服务，公司从综合管理部划分出信息管理职能，组建信息科技部，专门负责信息系统建设和运维保障工作。一是立足公司实际及业务发展需求编制信息科技制度，起草并完善《晋煤集团财务有限公司IT设备管理制度》等一系列规章制度，进一步完善信息科技制度体系，推动公司信息科技工作的制度化、规范化、标准化管理。二是全方位升级完善资金管理信息系统。在升级扩建原有业务模块的基础上，新增客户评级授信、贷后管理模块，为降低贷款风险，维护资金安全提供保障；对公司与集团系统接口进行优化升级，保证财务数据准确高效传输。三是通过日常运维工作，保障公司全年系统运行安全、稳定、高效。

云南冶金集团财务有限公司

【经营概况】2016年是“十三五”开局之年，面对更加复杂多变的国内外经济形势，在有色金属市场总体低迷和集团连续亏损的背景下，作为集团资金“集散地”的云南冶金集团财务有限公司（以下简称“公司”）经营风险不断累积，经营压力更加凸显，“防风险、保安全”成为新常态。公司全面深入贯彻党的十八届三中、四中、五中、六中全会精神，按照省委、集团党委“两学一做”的要求和部署，不断强化资金集中管理金融服务功能，确保资金链安全，全体干部员工始终坚持“底线思维”，紧紧围绕“防风险、保安全”这一主线，迎难而上，灵活应对，圆满完成了集团资金保障工作。

截至2016年末，资产总额40.92亿元，同比减少4.03%，完成营业收入1.92亿元，同比减少6.76%，实现利润0.91亿元，同比增加3.55%。

【信贷业务】公司召开资金集中管理工作会进行安排部署，董事会专题研究资金管理和风险防范工作，明确了“确保不发生任何一笔逾期、欠息”的目标，及时出台了《支持稳增长调结构和加强系统性风险防范工作的信贷指导意见》，为公司服务实体经济和集团升级脱困指明了方向，提供了政策支持。面对“煤化工”事件持续发酵，集团评级下调的影响，公司按照“大胆探索、谨慎操作”和“不抢资源，另辟蹊径”的原则，一方面主动拜访金融机构，积极协调授信额度的挖潜使用，主动退出成员单位可以提用的额度，创新方式，积极协商提用有条件的额度；另一方面，积极争取监管部门、非银金融机构的理解和支持，创新交易架构和产品模式，开辟和扩大资金来源。

2016年，公司累计投放各类资金125.51亿元，累计收回各类资金117.11亿元，年末资金投放余额48.47亿元，同比增加7.30亿元；其中，累计发放流动资金贷款103.46亿元，回收流动资金贷款93.84亿元，均超过前六年发放和收回的总和。公司通过票据承兑、票据转贴现、票据再贴现、同业拆借、信贷资产转让等方式，直接引入集团外资金112.34亿元，有力地支撑了集团现金流平衡，保障集团资金安全。同时，公司通过加强资金管理，助力集团降低财务成本，投放资金加权利率从上年的6.11%下降至4.89%，降低1.22个百分点，直接“让利”0.39亿元，服务集团改革脱困。

【产品销售信贷业务】2016年，公司牵头组织启动了与长城资产管理公司“债转股”3.39亿元。同时，在云南驰宏锌锗股份有限公司的支持下，完成了“银登中心”信贷资产标准化流转（云南首笔，全国第三笔）0.89亿元，开启了市场化“降杠杆”的序幕，公司金融平台的功能不断提升。

【资金和投资业务】在狠抓“稳流、节流”的同时，公司“大胆探索、谨慎操作”，主动出击，巩固和拓宽资金来源。2016年，公司通过票据、拆借、转让等交易方式的探索，累计引入集团外部资金112.34亿元，同比增加85.74亿元，有效管控大额债务临期周转，配合支持资本市场资金流转。

【票据业务】承兑汇票业务方面，2016年，公司开立银行承兑汇票29笔，是上年的3.20倍，累计金额达20.08亿元，是上年的3.80倍；截至2016年末，开立银行承兑汇票余额7.99亿元，较年初4.35亿元增长3.64亿元。

再贴现业务方面，2016年公司累计办理再贴现17笔，累计金额13.74亿元，较上年增加2.74亿元，增幅达24.91%，再贴现日均5.87亿元，较上年增长43.87%，最高再贴现余额达7.61亿元。2016年，省内众多金融机构争相办理再贴现业务，申报机构均不同程度出现挑票、减额或暂不办理电票再贴现等情形，而公司实现了100%票据受理，以及特殊时期的当日申报次日办理的佳绩。再贴现业务成为公司引入资金和保证利润的重要增长点。

【资金集中】账户和结算是集团资金集中管理的基石，也是公司稳定和扩大资金来源的关键，公司始终坚持以优质的结算服务来稳定和扩大资金来源，牢牢盯住“新增开户”和“银财直联”两个关键点，一方面加强内部业务技能提升、优化结算流程、合理调整职能分工，促进内部效率提升，以服务提升拓展发展空间；另一方面，利用“集团资金集中管理工作会”契机，在集团财会部的支持下，积极参与大额资金调度，通过建立“结算QQ群”等方式进一步密切沟通，专人负责账户开立、连线等工作，加强关键指标日常监控，做好资金调配应急预案，确保集团资金调度及时、通畅。2016年末，集团资金集中度虽较上年末降低7.85个百分点，但日均吸收存款20.53亿元，较上年增加3.87亿元；集团各单位开户数达97户，新增15户，银行账户银财直联新增77户，完成结算1478.05亿元，较上年增加244.06亿元，日均（工作日）结算量再创新高，达到5.88亿元。结算量和日均存款的持续增加，增强了集团资金链弹性，对缓释大额债务临期风险产生了积极的作用。

【业务创新】2016年，公司“固定收益类有价证券投资”和“直连方式接入电子商业汇票系统”、接入云南省金融城域网先后获得监管部门批复，业务功能和渠道进一步拓宽。

【风险管理和内部控制】面对经济持续下行的压力，公司“坚守自身不发生风险的底线、坚守不蔓延集团风险的底线”，逐步树立和强化“合规是风险管理的第一要务，风险是可以管理的，风险是靠发展来解决的”理念。在董事会支持下，审议通过《支持稳增长调结构和加强系统性风险防范工作的信贷指导意见》，为提升公司服务实体经济能力提供了坚实的制度保障。2016年，公司坚持在“合规和可控”的条件下，坚定不移支持集团产业解困、脱困，通过为进出口公司提供贸易资金，支持金鼎锌业渡过难关；坚持“系统性、重要性”原则，抓住主要矛盾和关键环节不松手，在云铝和驰宏公司的大力支持下，顺利完成约54亿元的大额债务置换，避免资金链断裂；坚持风险前移和措施管控的原则，在分析评估的基础上，分别组织完成了建锰公司、斗南公司各自7.01亿元、2.73亿元资产抵押，有效避免集团资产出现大额损失的不确定性。长期以来，公司始终坚持流动性和头寸管理日常化，通过长期的积累，摸索建立了符合实际的流动性监测和调节工具，随着主动负债渠道的拓宽和稳定，在资金风险集中暴露的情况下，对及时识别和防范资金风险发挥了积极有力的和决定性的作用。

【人力资源管理】 为进一步加强干部队伍建设，规范干部管理，公司制定了《中层干部选拔任用工作管理办法》，并根据实际需求开展了中层干部选拔任用工作，严格按照工作程序考察任用1名中层干部。同时，认真落实董事会审议通过的《部门调整方案》的实施，按“前中后台”分离的原则，对公司原部门设置和部分岗位人员进行调整。

【信息化建设】 一是2016年，公司在原有21条连接网络线路基础上，新增1条恒丰银行银企互联专线、2条连接中国人民银行金融城域网线路。

二是新开通人民银行数字通信专用线路，实现了公司与云南省金融城域网的互联互通。云南省金融城域网的连通，结束了公司利率报备人工刻盘的历史，通过金融城域网连通人民银行利率报备系统实现直接报送。

三是通过积极沟通协调和认真筹备，经人民银行现场检查及接口验收，公司于年内成功获批以直连方式接入人民银行电子商业汇票系统，公司成为云南省第二家获准加入电子商业汇票系统的财务公司，为实现与人民银行电子票据处理系统的直连提供了必要工具。

四是聘请外部专业评测机构，组织实施了信息系统安全评测，完成信息系统首次“体检”，摸清了信息资产家底，拟订了信息科技整改框架。

【企业文化建设】 为切实加强公司宣传思想文化工作和企业文化建设，2016年公司成立了编辑部，积极组织撰写新闻稿件并向集团宣传部、集团工会、财务公司协会等进行投稿，及时宣传冶金财务公司业务发展及转型升级成果。同时，对公司微信公众号进行了升级，并对下一步制作公司客户服务手册、门户网站等工作进行了部署。公司编辑部的成立开辟了对外宣传和展示公司工作成果、展现员工风采的新阵地，树立公司企业形象，为公司发展战略的落地创造良好的舆论氛围。

中海集团财务有限责任公司

【经营概况】 2016年，中海集团财务有限责任公司（以下简称“公司”）在航运市场低迷、金融市场错综复杂的环境下，努力克服存贷利差缩小、资产收益下降、流动性波动大等困难，推进提质增效工作，累计实现营业收入3.50亿元，利润总额1.39亿元，净资产收益率为10.48%。

【公司金融】 2016年，全年公司累计发放信贷资金128亿元，实现利息收入1.76亿元，平均收益率为4.11%；累计操作人民币存放同业定期存款313亿元，实现利息收入0.80亿元，平均收益率为3.07%，超出同期Shibor利率31个基点；通过隔夜存款等方式积极提升存放同业活期存款收益，增加利息收入0.43亿元。

公司积极服务实体经济，主动让利成员单位。一是在集团整合重组期间确保了成员单位结算稳定。2016年完成结算77万笔，结算金额14000亿元，较上年同期增加约34%。二是创新存款定价机制，让利成员单位，为成员单位增加利息收入0.14多亿元。三是努力为成员单位降低财务费用，信贷业务平均让利14个基点，最大贷款利率下浮30%。

【资金和投资业务】 注重加强流动性管理。1—12月平均流动比为61.42%。针对资金波动大、额度大等特点，公司一是按集团计划周密安排重组项目股权交易、对外投资以及多次超短融及中票兑付，制定配套资金方案，确保集团融资、重组项目的有序进行；二是通过存贷灵活调剂资金，确保集团及重点单位的资金需求；三是每日实时监控流动性指标，及时调整资金配置计划，确保资金流动性安全。

投资业务。累计开展3.23亿元，日均规模为5.33亿元，平均收益率为4.78%，实现投资收益0.26亿元。

【外汇业务】 全年公司共完成结汇业务763笔，共计4.97亿美元；售汇业务150笔，共计2.45亿美元。

2016年8月，公司获国家外汇管理局批准，可开展代客远期结售汇和外汇掉期业务。为确保外汇衍生品交易顺利开展，公司制定《衍生产品交易业务管理办法》《衍生产品交易业务远期、人民币外汇掉期交易操作规程》《衍生产品交易业务风险管理办法》等制度。

【资金集中】 积极推进资金全景图建设，通过银企直联、SWIFT等方式，真实、准确、及时、完整、动态地展现集团整体账户及资金情况，截至12月31日，实现原中海集团下属全球账户资金可视覆盖率80%。

【业务创新】 2016年公司相继取得外汇衍生品、债券自营、股票等新业务资质。公司积极为成员单位提供外汇交易套期保值建议，与成员单位签订金融服务协议，提供具有针对性的外汇融资及套保方案。完成公司第一单自营债券业务，研究股票资质落地方案，为公司资产配置开辟新途径。

公司积极探索建立创新机制，制定公司创新研究工作指导意见，设立创研委员会、课题带头人、创新工作组等工作制度，完善创研工作目标要求和运行机制，为业务创新奠定基础。

【风险管理和内部控制】2016年，公司风险管理工作突出对信贷及投资业务的全流程重点监控。截至年末，公司信贷资产、投资资产五级分类均正常。公司注重加强外汇衍生品及股票投资等新业务风险管理，密切关注与上市公司关联交易余额变动，建立实时预警及应急处理机制，确保关联交易符合监管要求。

根据上海银监局关于“两个加强、两个遏制”回头看现场检查监管意见，公司高度重视在治理架构、内控体系建设和案防机制建设、制度建设和执行、贷款业务的内控管理、投资业务授权以及风险管理等方面存在的问题，多次召开专题会研讨整改落实方案，确保按时全部整改落实到位。

公司根据监管要求，积极开展防范非法集资集中培训及多渠道宣传教育活动，切实增强了公司员工防范非法集资的意识，提高识假防骗的能力；梳理6个方面，171个操作风险点，形成了《中海财务主要操作风险自查表》；开展员工行为风险排查，降低员工操作行为风险，提升风险预防能力。

公司全年开展反洗钱义务履行情况、主要银行一级账户余额、存放同业开展情况、投资交易对手甄选情况等专项审计11项，审计发现问题16项，提出审计意见及建议13条，并对审计整改工作进行逐项落实。

【信息化建设】完成GTMS一期规划所有业务和管理功能的需求规格编写与确认工作，开发完成83个模块建设，开展4轮UAT测试，处理解决803项BUG和需求变更。同时根据新公司新资金归集模式及时修改GTMS建设，至年末基本完成GTMS一期建设工作。

【股权变更】按照中远海运集团整体重组安排，经上海银监局核准，公司分别于3月、11月完成两次股权变更，原5家股东单位调整为3家，分别为中远海运集团、中远海运发展及中远海运能源，其中，中远海运发展占股本的65%，成为公司控股股东。

中集集团财务有限公司

【经营概况】2016年，中集集团财务有限公司（以下简称“公司”）按照“资金集中运营管理者、综合金融服务提供者、资产负债管理协同者、产融结合价值创造者”的战略定位，依托集团服务产业，强化风险防控，深化创新服务，保持了公司的稳健发展。截至2016年末，公司全年实现营业收入人民币1.37亿元，实现净利润超过人民币5600万元，同比增加约690万元，增幅超过14%；公司总资产折合人民币约为78亿元，同比增加约19亿元，增幅达32%。

【资金集中】2016年，公司加大力度推进全口径资金集中工作。在原有工作基础上，公司采取多种措施充分发掘客户业务需求，针对性地完善整体资金集中方案和结算服务方案，不断扩大资金集中范围；借助集团资金管理系统和现有银行现金管理平台，公司启动了账户可视化工作，以逐步实现集团成员企业外部账户资金可监控，从而有效推动集团资金集中工作。截至2016年末，公司全口径资金集中度超过60%。为提升集团全球现金管理平台运营效率，2016年公司有针对性地进行流程梳理和系统优化，通过经监管机构批准的跨境外币、人民币互联互通通道实现境内外资金池的联通，配合集团资金管控措施进行流动性管理，实现了境内外现金管理平台的高效运营。

【公司金融】公司积极发挥和利用集团产业优势，加强与成员企业的业务协同，进一步丰富金融产品，有效延伸金融业务触角，优化授信额度等金融资源配置，加大力度服务实体经济，助推集团主业发展并提升了综合价值创造能力。一是根据集团产业发展需要，大力支持业务板块和成员企业的转型升级和业务拓展。公司不断完善利益分享机制，丰富营销手段及形式，发挥协同营销作用，积极推动集团主业发展。2016年，公司累计投放信贷资金折合人民币超过135亿元，同比增幅超过12%，为集团产业发展和成员企业经营提供了有力的支持。二是积极拓展中间业务，满足成员企业金融服务需求。公司主动加强了中间业务合作渠道数量和质量，通过多种措施整合资源降低业务成本，不仅更好地满足了成员企业对中间业务的需求，也进一步提升了自身的金融服务能力。

【票据业务】2016年，公司继续加强票据业务平台运营管理。针对业务板块和成员企业不同的特点和需求，公司进一步优化和完善票据资产集中管理方案，以市场化手段和多样化票据业务品种，推动集团票据信息集中；建立和拓展票据业务运作渠道，为成员企业提供全面的票据业务服务；通过盘活应收票据等资产，协助集团实现资产负债的柔性化管理。

【资金和投资业务】2016年，公司利用同业拆借市场和银行间债券市场业务网络开展资金拆借和投资业务，不仅提升了公司流动性管理水平，也提升了相应的资产收益。与此同时，公司还根据集团资产负债管理的整体策略和目标积极协助集团进行资金管理，适时利用多种金融工具提供流动性支持，协同集团加强货币资金管控和降低资产负债率，为集团资产负债管理提供有力支持。

【外汇业务】公司在2016年向集团成员企业提供了更加多样化的外汇增值服务。公司全年代理集团成员企业办理结售汇业务总额折合约为10亿美元，并通过直接参与外汇市场交易大幅缩小买卖点差，为集团节省了大量外汇交易成本。与此同时，公司积极利用自身力量加强专业研究，进一步提升与集团相关部门和各业务板块的外汇风险管理协同，主动加强与成员企业的沟通和互动，一方面协助重点客户量身定做外汇风险管理方案；另一方面紧跟外汇政策及汇率波动变化，结合集团业务情况及外汇风险策略，及时向业务板块和成员企业提供研究报告，共同提升外汇风险管理水平。

【业务创新】2016年，公司继续创新金融服务产品和手段，进一步丰富业务品种，金融专业能力持续提升。为配合和支持集团成员企业的业务拓展，3月，公司完成了买方信贷产品的开发并上线运行。公司还同时加强了对其他金融产品的研究，深入企业经营一线了解市场需求、探索业务开展可行性，积极寻找和丰富能够支持集团产业发展的新产品、新工具，以更好地在风险可控的前提下满足企业需求。

【风险管理和内部控制】公司在2016年继续深入落实“系统性、前瞻性、指导性、规范性、实效性”的风险防控要求，加强风险管理和内部控制工作。公司坚持以风险红线为底线，积极探索风险红线管理的基础上的风险黄线管理模式以提高风险预警能力，不断完善内部授权体系，高度重视风险管理制度建设和业务稽核检查，采取多种措施加强新业务风险控制，积极组织开展风险管理培训，强化贷前风险审查、贷后风险管理；加强风险管理团队专业化建设，进一步提升了识别风险、管控风险的能力和风险管理的规范化水平。

【人力资源管理】公司在2016年继续贯彻“共同事业、以人为本”的管理理念，把全体员工的思想和行动统一到公司发展的主线上。继续组织开展管理岗位竞聘，进一步充实公司管理团队；根据工作需要选派多批次员工参加集团和外部的多种专业培训，以提升员工综合能力；公司还组织开展了多种员工活动，以进一步激发员工活力、提升公司凝聚力。与此同时，为积极寻找和探索适合公司管理要求的精益管理之道，公司借鉴集团ONE模式组织开展“持续改善”活动，设立组织、形成行动、制定规范、培养习惯，并将其作为提升公司经营管理的重要工作，以推动“持续改善、创造价值”的文化深入人心。

【信息化建设】2016年，公司持续加强信息系统建设，提升金融信息化能力。为了满足业务发展需求，公司核心业务系统继续升级优化，在确保各系统正常运行同时，稳步提升了业务运营效率；5月，公司完成征信系统升级版本开发，系统功能进一步完善；12月，公司监管报表系统完成开发上线，大大减轻了相关的数据采集和报表编制工作的难度。

沙钢财务有限公司

【经营概况】沙钢财务有限公司（以下简称“公司”）紧紧围绕年度任务目标和降本节支、创新挖潜增效这一重点工作，切实发挥好金融服务功能。通过创新融资品种，强化资金计划管理，多措并举抓理财等多项措施，取得了一定的成效。2016年末，公司资产总额73.99亿元，负债总额59.40亿元，所有者权益14.59亿元。全年实现营业收入1.58亿元，利润总额1.03亿元，公司净资产收益率为5.30%，资本充足率为26.96%，流动性比率为69.66%，无不良贷款。

【公司金融】2016年，公司加大了对成员单位信贷支持，累计为成员单位发放流动资金贷款37.18亿元，比上年增加了2.47亿元，确保了成员单位正常运转所需资金。截至2016年末，公司各项贷款余额30.91亿元，其中流动资金贷款24.32亿元，贴现贷款6.59亿元，累计办理成员单位票据贴现11.17亿元，向人民银行再贴现5.68亿元，为成员单位“代开银票”3.24亿元，为成员单位办理电子承兑汇票业务6.07亿元。

2016年，公司充分发挥金融服务功能，代理好集团融资管理工作。公司积极拓宽融资渠道和融资方式，不断优化融资结构，通过努力使集团及成员单位财务费用进一步下降。集团本部财务费用比上年同期下降7.18亿元。2016年，公司牵头做好江苏沙钢集团有限公司关于DFI资质的申请工作，于6月成功获得中国银行间市场交易商协会的批文，成为国内首家拿到DFI资质的民营企业和钢铁企业，在钢铁行业债券发行困难的大环境下，有效提升了沙钢在债券市场的影响力，发行债券更加灵活快捷，在市场上起到一定的增信作用，同时，适当降低了发债成本。获批后，立即在DFI项下试发行了1笔10亿元超短融，发行较为顺利，综合利率比贷款基准利率低，随即发行了20亿元短融，并抓住8—11月发债环境好转的时期，果断发行了90亿元3至5年期的中票，发行平均综合成本为4.05%，与五年期贷款基准利率相比，每年可节约财务费用0.63亿元。同时，中票的顺利发行，进一步调整了集团的融资结构，使长期融资比例由年初的18%提高到38%。公司还强化美元贷款的压缩力度，采取境内境外联动压降，2016年减少美元贷款9.49亿美元。另外，为规避美元贷款汇率风险，及时锁定贷款汇率，与各家银行保持常态化联系，及时了解银行对汇率的走势分析以及相应汇率期权产品，做好比价分析并把握合适的时机择低做好汇率期权产品。

【产品销售信贷业务】公司积极推进融资租赁业务，通过梳理集团在建项目及主要固定资产清单，积极与交银租赁、建信租赁、招银租赁、平安租赁等多家租赁公司洽谈融资租赁方案，根据各家租赁公司提供的融资方案，测算对比融资综合成本，选择融资综合成本较低的公司进行合作。

【资金和投资业务】公司加强资金集中管理，提高资金使用效率、效益。2016年，通过年预算、月计划、周平衡、日控制的管控方式控制库存结算资金、压降存货资金占用，使资金使用效率进一步提高。同时，面对理财价格不断下跌，理财额度十分紧张等状况，为切实做好资金理财工作，公司主动与银行、证券公司等金融机构联系，洽谈购买高收益的理财产品。2016年操作有价证券投资业务，实现收益1628万元。

【票据业务】2016年，公司稳步开展票据贴现、再贴现等票据业务，累计办理成员单位票据贴现11.17亿元，向人民银行再贴现5.68亿元。全年实现贴现、转贴现、再贴现利差收入0.22亿元。累计为成员单位“代开银票”3.24亿元，办理电子承兑汇票6.07亿元，获得“代开银票”及承兑手续费47.56万元。

公司针对集团库存票据较多，短期票据占用资金较大，为盘活库存票据，与多家银行联系，共同研究，采用质押短票换长票的方法，推出了票据池业务。先后与浙商银行、建设银行、浦发银行签订了票据池协议，并办理了票据入池。2016年共办理2400多张票据入池，金额37亿元，通过开展票据池业务，集团票据库存比年初下降10亿元左右，进一步减少了财务成本。

【外汇业务】公司积极开展跨境人民币业务。2016年，充分利用跨境人民币双向资金池业务统筹运作境内外人民币资金，及时了解境外市场理财价格，通过资金调剂及时抓住境外高收益理财机会，1—12月调入境外人民币资金6.27亿元、外汇资金0.30亿美元，调出境外人民币资金11.48亿元，外汇资金0.1亿美元，有效实现了集团境内外资金调拨，进一步提高了资金归集率。

【资金集中】2016年，公司加强集团银行账户管理，对集团本部、外围成员企业银行账户进行了全面梳理，通过梳理、核对，及时处理未归集账户、长期不动户和外地账户闲置资金，进一步提高了银行账户资金使用效率。同时，采取多项措施，提高资金集中度。到12月底，全口径资金归集率为62.41%，比上年底的58.46%上升了3.95个百分点。剔除无法归集部分，资金归集率为93.21%，比上年底的84.89%上升了8.32个百分点。

【业务创新】公司积极推进有价证券投资业务的开展，主动与银行等金融机构联系，洽谈高收益的理财产品，在风险可控的情况下，操作有价证券股资业务。2016年操作有价证券投资业务32笔，实现收益0.16亿元，进一步拓宽了公司利润来源渠道。同时，公司积极探索研究供应链金融业务，组织相关人员进行调研，并做好申请开展供应链融资业务制度的起草、可行性研究报告等相关材料的准备。

【风险管理和内部控制】2016年，公司不断完善内控制度及业务流程。对原有的90多个制度及100多个业务流程进行了认真梳理，对不符合要求的制度及业务流程及时进行修订，并根据业务需要新增了制度和业务流程。2016年以来新增、修订了《集团账户管理办法》《流动性风险应急预案》《跨境双向人民币资金池业务操作规程》《信息系统应急预案》等18个制度及相关业务流程30多个。

2016年，公司加强了风险的检查，将检查的重点由财务公司内部扩展到全集团的共性业务，如检查集团账户管理、资金归集情况，同时检查延伸至外围成员企业。并强化源头控制和结果的评价。往年在风险管理方面主要集中在过程控制，2016年以来，开始向两头拓展，积极参与相关部门的制度建设，努力从制度入手来控制风险，不断强化制度执行结果的评价，力争全过程控制风险。

【人力资源管理】公司注重人才梯队培养，为进一步提升队伍素质，做好人才的培养，公司根据人员情况按照三个梯队建设要求做好工作分工和传、帮、带，通过三个梯队建设，员工的工作效率和工作质量有了进一步提高和改善。公司组织开展好培训工作，积极联系银行、保险公司专业人员来公司讲授信贷业务、风险防范、理财、保险等金融知识，同时，组织开展好内部培训，安排部门业务骨干讲课，通过讲课达到锻炼人才和培养人才的目的。2016年共组织开展各类培训22期。通过开展培训进一步提升了员工的业务素质和技能，为公司新业务开展提供有力支撑。

【信息化建设】2016年3月，由软通动力公司开发的公司核心业务系统正式上线，做好新旧系统并行。在系统并行使用期间，及时对使用中发现的问题汇总，并会同系统开发人员进行讨论和完善。为加强公司机房的信息数据安全，公司会同集团计算机应用中心技术人员前往张家港农商行学习交流，并结合其他财务公司的经验，增加堡垒机、防DDoS攻击设备以及IPS设备进行信息系统安全加固，与此同时，对原有的网络拓扑进行相关调整。

【企业文化建设】公司围绕“诚实守信、务实创新，把握细节、追求卓越”文化理念开展好文化建设工作，通过组织开展文化建设讲座、与银行及同业等机构组织开展文体活动、交流学习、参加各类竞赛等，不断丰富员工的文化生活，调动员工的积极性。2016年，积极参加人民银行组织的反洗钱知识竞赛和江苏银监局组织的江苏银行业金融机构监管统计劳动竞赛，通过制订学习计划，精心组织，各部门积极支持配合，认真做好参赛人员的选拔，采取“日计划、周考试、周总结”的学习方法，组织好参赛人员学习。经过努力，两个知识竞赛都取得了较好的成绩，有5名员工参加竞赛，其中有4名员工获得了个人奖项，同时公司在两个竞赛中都获得了集体奖项，为公司赢得了荣誉。

美的集团财务有限公司

【经营概况】2016 年，美的集团财务有限公司（以下简称“公司”）持续加大金融扶持力度，结合集团“产品领先、效率驱动、全球经营”三大战略主轴，不断优化信贷业务结构，完善风险架构，细化操作流程，以实际行动支持集团深化改革。截至 2016 年末，公司资产总额 208 亿元（本外币合计，下同），比年初增长 5.02%；负债总额 186 亿元，比年初增长 4.8%。所有者权益为 22 亿元，比年初增加 1 亿元，增长 6.96%。2016 年 12 月末，计提资产减值损失后的利润总额 4.70 亿元，同比增长 3%。按照信贷资产质量五级分类标准，2016 年公司资产全部为正常类资产，无不良资产，资产质量良好，公司足额提取贷款损失准备。2016 年末，公司各项监管指标均符合《企业集团财务公司风险监管指标考核暂行办法》要求，整体风险处于可控水平。

2016 年，公司大力开展买方信贷业务，助力小微企业；积极开拓外汇业务，拓宽业务渠道；全面促进资金归集，做好统筹调配；票据线上清算全面开展，并成为首批接入票交所的财务公司；公司注重风险、内控、合规管理，积极加入集团流程再造和体系优化项目；公司加大在会计结算和信息科技系统建设方面的力度，提高经营建设效率。同时，公司积极推进培训和合规文化建设，全面贯彻合规经营理念。

【信贷业务】2016 年，公司持续做好信贷支持，积极配合供给侧改革的步伐，优化信贷结构，助力集团及成员单位发展。

一是积极支持成员单位发展。2016 年全年人民银行共下调存款准备金利率 1 次，受到 2015 年人民银行数次降准降息的联动效应，公司紧跟人民银行政策，及时调整相关贷款利率，根据企业资金需求，在坚守合规风险的前提下，不断降低融资成本，满足企业的融资需求，让利于成员单位，充分发挥公司对集团及成员单位的资金支持功能。2016 年末，各项贷款余额 103 亿元（包括贷款余额 40 亿元，贴现余额 63 亿元），其中制造业 83 亿元居首，部分贷款利率按基准利率下浮 5% 执行，较好地满足了成员单位资金需求。

二是持续推进买方信贷业务。截至 2016 年末，累计办理买方信贷业务 68 亿元，买方信贷余额 4 亿元。买方信贷业务在推进业务的同时，加注重风险的可控性，开办了存货质押、供货方担保等形式的品种，及时共享集团信息资源，实施掌握业务采购和销售数据，注重贷后检查，强化贷后监测和管理，对于异常经营信息及时采取预警机制。

【资金和投资业务】公司持续扩大同业业务规模，累计与 19 家银行建立了授信合作关系，截至 2016 年末，累计办理同业拆借拆入业务 104 亿元，转贴现余额 0.29 亿元。

【票据业务】 进一步提高电票使用比例。截至2016年末，承兑汇票业务余额128亿元，贴现余额63亿元。2016年12月8日，公司或为首批上线的票交所交易平台成员，是仅有的两家财务公司之一。此举将有利于集团成员单位在资金交易过程中，降低票据市场风险、提高票据交易效率。

【外汇业务】 2016年全年办理境内即期结汇业务9.13亿美元，办理即期售汇业务0.57亿美元，极大地提高了本外币资金的优化配置，进一步增强了调剂成员单位外汇资金余缺、降低集团整体汇兑成本、控制集团汇率风险的功能。另一方面，继2016年1月取得开办衍生品交易业务的批复后，全面开启了包括外汇远期、掉期、货币掉期及期权交易在内的外汇业务衍生品种，为公司后期实现全面的汇率风险管理提供有力支撑。

【资金集中】 美的集团双向外币资金池成员单位共45家，其中境内35家，境外10家，对外放款总额度为16亿美元；吸收存款额度不限；跨境外债总额度为42亿美元。通过双向外币资金池借入外债累计2.78亿美元，极大地支持了境内企业的日常运营；除此之外，通过对外放款，集团给予境外企业累计1.75亿美元借款，对外放款余额为0.35亿美元，协助境外企业的发展和运营，助力集团国际化战略。

【风险管理】 公司加大风险合规体系建设的力度，积极加强风险监管指标的监测，对风险制度、风险防范、预警机制进行了梳理和完善。加强与成员单位的沟通合作，充分利用集团共享信息资源，做好信贷资金用途的监控。严控风险授信，在担保方式及贷款产品品类等方面加大控制力度，保证信贷资金安全。2016年，公司未发生不良贷款，贷款风险分类均为正常。

【内部控制】 一是制度管控。截至2016年末，公司共有相关制度文件55份，全年累计更新、完善制度9份，内容涉及买方信贷、反洗钱、征信管理、统计核查、审计稽核、票据考核、人力资源等。

二是流程管控。公司协同集团职能部门共同完成内控合规项目行动组计划，整合资源，精确内控合规方案，确定执行汇报制度，排查流程漏洞和盲区。项目历时四个月，公司梳理相关问题23条，整体参与度和完成度达到100%。项目涉及流程排查、制度完善、系统优化、流程再造等，进一步完善了合规流程体系。

三是体系管控。公司协同集团共同启动“承重墙”体系建设，再次明确了公司的功能定位和经营红线，以标准化流程为载体和抓手，使准则有效落地，围绕流程与风险点识别，设定管控点，完善流程场景，监控运行，防范风险，提高预警。

四是职能管控。公司内控合规管理架构较为完善，董事会下设风险管理委员会，负责决议和讨论重大风险、合规、内控事项；职能架构中设内控合规小组，其考核区别于其他职能部门，保持其独立性；通过引进银行机构专业人才，夯实金融队伍。

五是预警管控。公司强化合规预警的响应机制，力求做到及时汇报、积极响应、分工明确、危机处理。2016年先后参与了人民银行清算资金头寸应急演练、集团后勤综合安全演练等，从业务安全、营业场所安全、人员安全的角度做好预警管控。

六是培训管控。2016年，公司开办4次专项现场合规培训：通过植入在线学习和考试课程，将风险、合规、内控、信息安全等内容列入必修必学，将完成度、完成质量与绩效考核相挂钩；邀请集团和金融机构资深的讲师，分享反洗钱培训和信息安全案例、预警风险、缓释风险。

【人力资源管理】 公司通过拓展招聘渠道，提高招聘频次，积极引进专业型人才，优化公司架构，全年新增入职人员75人；同时，注重通过持续教育与培训工作，提高全员业务能力与服务意识，全年共组织现场培训70次，累计参加人员1600人次，其中外聘讲师250人次，内训1400人次，外出大型培训16次。

【信息化建设】 一是完成公司核心系统对广东结算中心的EFT接入，同步实现实时贷记、批量贷记、在线支付、同城外币、粤港外币的业务能力，增加中国银行、工商银行部分直联功能；完成票据系统营改增的系统改造，完成票交所系统一期客户端的接入。

二是完成了金融大数据平台的搭建，初步具备风险模型的支持，为金融风险提供数据支持；增强金融系统基础技术架构和安全架构的建设，在系统产品快速交付基础上加强了系统的安全能力。

三是严格监管系统的日常安全监控及运维，完善信息安全、网络安全、风险管理制度，保证系统稳定运行。

【企业文化建设】 随着公司队伍不断扩大，企业文化建设以多元化、合作性为主。2016年公司开展以“齐心协力、鼓舞飞扬”为主题的户外拓展培训，通过破冰之旅、组建部落、部落斗舞的方式，积极开展团队共建与合作拓展活动，提高组织凝聚力，增强队伍协作性；同时，公司通过举办员工生日宴、节日问候、年会聚焦、集体婚礼等形式，切实提高员工的归属感，将文化建设落实。

宁波舟山港集团财务有限公司

【经营概况】 宁波舟山港集团财务有限公司（以下简称“公司”），前身为宁波港集团财务有限公司，于2016年4月正式更名。公司坚持“依托集团，服务集团”的经营宗旨，充分发挥“集团资金归集平台、集团资金结算平台、集团资金监控平台、集团金融服务平台”四项功能，优化资源配置，保障资金安全，最大限度提高资金使用效率，降低集团财务费用，取得了良好的业绩。

2016年底，公司资产规模为111.01亿元，首破百亿元，同比增加34.42亿元；实现营业净收入2.46亿元，同比减少0.19亿元；实现利润总额和净利润分别为2.31亿元和1.73亿元，与上年同期基本持平。

2016年，公司累计发放贷款46.01亿元，日均贷款余额53.54亿元，同比增加9.97亿元，增长22.88%；日均存款余额为63.41亿元，同比增加12.11亿元，增长23.61%；累计拆出资金573.70亿元，同比增加118.90亿元，增长26.14%；累计完成结算交易量25.26万笔，结算金额2916.92亿元，同比增加389亿元，增长15.39%；累计完成成员单位票据代保管7.70亿元，完成票据托收7.45亿元，开立电票1.71亿元，完成电票贴现

0.12 亿元，完成电票到期兑付 0.15 亿元。

公司各类监管指标都满足监管机构的要求。年底公司资本充足率为 23.94%，流动性比例为 47.21%，不良贷款率为零。

【信贷业务】2016 年，公司顺应国家及集团战略大力拓展信贷业务。

一是服务范围扩大。2016 年，随着宁波舟山港实质性一体化不断深入，公司积极做好金融服务支持对接工作，服务范围由原宁波港拓展到舟山港所属企业，完成了 50% 的原舟山港所属全资子公司的开户和资金归集工作，并为舟山港务公司提供 7 亿元优惠利率贷款，有效支持了集团的宁波舟山港一体化战略。

二是服务品种增加。公司积极推广信贷业务新产品，为成员单位提供安全便捷的信贷服务。如为满足贸易和港口金融类企业随时提款和还款的需求，公司推出循环贷款业务，共发放贷款 1.37 亿元。

三是服务质量提高。公司主动顺应“一带一路”和长江经济带建设的发展契机，顺势而为、深耕细作，为重要节点上的 5 家成员单位累计发放优惠利率贷款 14.85 亿元，为成员单位节约财务费用 0.23 亿元。

【资金业务】2016 年，公司狠抓资金管控，在防范流动性风险的同时做好资金集中管理。

一是根据公司年初制订的经营计划目标，综合集团与股份年度现金流预算以及公司信贷规模投放进度和资金市场运作情况合理安排信贷以外的资金运用，全年与 19 家同业机构签订同业授信，拆出资金 573.70 亿元，拆出资金及存放同业利息收入为 0.51 亿元。

二是积极参与集团关于加强资金管理相关制度的起草，把握资金管理的主动权。公司配合集团财务部下发了《关于集团属各单位报送本单位货币资金需求和分布情况的通知》，每月收集成员单位银行账户资金的相关信息，并编制成员单位资金归集率统计表，掌握开户单位各类存款情况，形成分析材料报送集团领导参考。同时有针对性地加强营销，提高成员单位资金归集率。成员单位资金归集率呈逐年上升趋势。2016 年末资金归集率为 82.63%。

三是加强对流动性风险管控。对流动性比率做到实时监测，定期向监管机构上报流动性监测报表，全年流动性比率区间控制在 30% 至 40%。全年组织开展了两次流动性风险压力专项测试工作。

【风险管理和内部控制】风险防控是公司重点工作，也是银监会监管的重点。在各类风险中，流动性风险、操作风险、合规风险、信用风险是公司风险防范的重点。公司建立了覆盖全业务流程的规章制度来规范各项业务操作，各部门按照规章制度有序开展业务，内控部负责监督各项制度的有效性和业务操作的合规性。2016 年公司新增和修订制度 22 项，开展合规检查和内部审计 6 项，完成银监局监管意见的整改 6 条。

【信息化建设】根据年初董事会“完成核心业务系统的升级工作，建立满足各方监管要求的集结算、信贷、账务、各项金融业务管理和风险管控为一体的信息化系统，将信息化建设打造成公司重要的核心竞争力之一”的工作要求，公司将资金管理系统升级为 N6 系统。经过前期需求征集、开发和四轮测试，N6 系统已经于 2016 年 11 月 21 日正式上线运行。

N6 系统的上线，不仅优化了原业务系统各项功能，还新增了报表模块、证券投资模块、头寸管理模块、保险代理业务模块，新系统提高了集团资金统筹能力，优化了成员单位办理业务的客户体验，提升了公司的内部管理能力。

另外，为配合 N6 系统上线，对部分服务器及网络安全设备进行了更新，新设备将为宁波银监局报送专网、宁波金融城域网和杭州金融城域网提供安全的网络环境，同时也提高了 N6 系统的稳定性、安全性和运行效率。

兖矿集团财务有限公司

【经营概况】2016年，兖矿集团财务有限公司（以下简称“公司”）严格遵守金融监管政策法规，科学研判形势，以精益管理为抓手，强化资金集中管理，提高资金使用效率，“资金池”降本增效功能得到充分发挥，有力助推集团转型发展。

2016年末，公司资产总额88.74亿元，负债总额72.95亿元，所有者权益总额15.79亿元。全年实现营业收入3.06亿元，利润2亿元。资本充足率为24.12%，流动性比例为48.74%，不良资产率、不良贷款率均为零，各项指标符合监管要求。

【信贷业务】围绕集团成员单位资金需求，调整信贷投向，优化信贷结构，为成员单位“量身订制”并提供专业的信贷服务，年末贷款余额52亿元，比年初增加3亿元。及时调整贷款利率，贷款利率同比商业银行下浮10%～20%，为成员单位节约利息支出0.28亿元，大幅降低成员单位融资成本。审慎开展委托贷款业务，盘活存量资金，实现闲置资金在集团内部有效流动，全年发放委托贷款22亿元，委托贷款余额80亿元。

【资金和投资业务】以“安全性、流动性、效益性”管理为核心，加强资金动态管理，每日汇总、落实成员单位大额资金支付情况，在足额上缴存款准备金、保留安全备付头寸前提下，合理安排资金头寸，对资金存放期限、结构及利率进行有效分析，科学选择合作金融机构，利用资金使用时间差，提高资金整体收益，全年办理同业存款实现利息收入0.87亿元。

【票据业务】稳步推进电票业务，降低了成员单位交易成本，提高了资金使用效率，全年办理电票9亿元，同比增加5.63亿元。利用公司授信额度为成员单位票据贴现4.8亿元，节约融资成本0.043亿元，对部分成员单位减收保证金0.74亿元，节约融资成本0.023亿元。

【资金集中】强化账户管理、资金预算管理及支付控制，有效规范成员单位开销户行为，切断资金分流源头。集团公司与成员单位签订《经营目标责任书》，把资金集中度列为年度经营指标考核权重，加大资金集中检查力度，进一步增强成员单位资金归集意识。2016年末，可归集口径资金集中度为73.27%，全年日均存款余额71.66亿元，办理结算业务9.4万笔，结算金额3365亿元。

【风险管理和内部控制】以风险控制和内部审计为抓手，加大内控合规、案防安保、风险防范、规范管理方面的责任落实，进一步完善内控体系建设，重点加强业务管理、风险合规、审计监督三道防线建设，形成全方位合规管理体系；实时监控风险监管指标，提升流动性风险管理的精细化程度和专业化水平；深入实施“两个加强、两个遏制”回头看工作，提高公司风险管理案防水平；加强员工职业道德教育，坚持离岗离任审计、重要岗位轮换和强制休假制度，最大限度杜绝操作风险和道德风险。

【信息化建设】与技术服务商深入合作，完成资金系统 GS6.0 版本升级工作，在安全性、稳定性、高效性方面有了明显提升。增设系统堡垒机，加强系统运维安全审计，做到风险隔离。应用服务器技术架构由 32 位升级到 64 位，提升服务器处理能力，增强系统可操作性和实用性，为公司决策提供信息支持。

【企业文化建设】公司发挥党支部、工会组织优势，组织员工进行集体学习和文体活动，增强员工敬业爱岗意识和团结协作意识，提高了工作积极性。强化“合规人人有责”“人人、事事、时时合规”的合规理念，不定期开展风险合规教育，使合规理念渗透到每个员工的日常行为之中，员工能够自觉遵守规章制度，形成良好的合规文化氛围。

哈尔滨电气集团财务有限责任公司

【经营概况】2016 年，哈尔滨电气集团财务有限责任公司（以下简称“公司”）全年实现营业收入 3.82 亿元，同比增长 17.62%；实现利润总额 1.81 亿元，同比增长 7%，2016 年末，公司资产总额 153.85 亿元，信贷资产运行良好，不良资产率和不良贷款率均为零。公司不断进行金融产品创新，资金集中度稳定在 80% 以上、盈利能力、风险管控能力、业务拓展能力提升，各项监管监测指标全部符合监管标准。

【信贷业务】2016 年，公司共办理各类信贷业务 32.43 亿元，创成立以来新高。创新开展了以在建工程为抵押物的固定资产贷款业务，帮助成员企业盘活在手固定资产，提高成员企业的信用水平，进一步丰富了公司金融服务手段。2016 年，根据集团的功能定位，公司本着“服务于主业发展”的宗旨，基本做到了“能贷尽贷”，集团主体成员企业在外部商业银行没有贷款，均在财务公司办理。

【产品销售信贷业务】2016 年，公司融资租赁业务实现“破冰”。经过近 8 个月的积极准备，公司先后完成了融资租赁业务内部整章建制、外部培训调研、信息系统研发等前期准备工作，构建了公司融资租赁业务体系，基本形成了相关业务能力。2016 年 8 月 10 日，首笔融资租赁合同的顺利签订，标志着公司融资租赁业务实现了破冰。

【资金和投资业务】一是密切关注金融市场动态，持续开展同业资金业务。2016 年，公司密切关注人民银行货币政策及市场动态，科学管理资金头寸，灵活开展期限错配，不断拓展同业合作对手，充分发挥同业竞价机制的积极作用，创造了较好的资金收益，全年共计办理存放同业业务 111 笔，金额合计 303 亿元。同时，公司积极与同业拆借交易对手沟通，灵活开展同业拆借业务，2016 年，公司通过全国银行间同业拆借市场累计办理 5 笔同业拆借业务，拆出资金 7 亿元，进一步提高了公司资金的使用效率和收益水平。二是进一步丰富资产配置手段，有序推进有价证券投资业务。2016 年一季度，公司经过周密的准备和细致的论证，通过与招商证券股份有限公司合作，成功中标财政部发行的三年期 2016 年记账式附息（三期）国债，金额为 5000 万元。在国债投资业务取得突破的同时，公司先后适时启动了货币型基金、保险公司资管计划及银行非保理财等低风险非保本型产品的分析论证工作。三是成功加入全国银行间债券交易市场。为进一步推动债券投资业务的深入开展，在相关部门的通力合作下，公司顺利完成全部准入申请工作，并于 10 月 31 日收到人民银行上海总部下发的《全国银行间债券市场准入备案通知书》，标志着公司正式加入了全国银行间债券交易市场。随后，公司又相继完成中债等公司开户及市场联网等准备工作，为后续公司依托银行间市场开展债券投资业务做好准备。

【票据业务】2016 年，公司票据承兑业务办理量和笔数双创历史新高，共办理公司作为承兑人的各类汇票 24.12 亿元，共计 3681 笔；全年办理各类票据贴现业务 1.31 亿元，共计 241 笔。同时，公司积极与商业银行开展票据保贴业务合作，共有工商银行、中信银行、兴业银行三家银行可为公司承兑的汇票办理贴现，进一步帮助公司提高了所承兑票据的信誉度。在集团成员企业的配合推动下，公司作为承兑人的汇票的市场接受度不断提高，该类型汇票已成为集团成员企业重要的支付工具与手段。

【风险管理和内部控制】一是加强信用风险管理。完成了对 15 家成员单位进行客户信用评级，对总体业务进行综合授信工作，把控整体业务风险。二是加强流动性风险的提示和预警工作。保持同期限档次的主要资产和负债保持在合理比例。三是实时监控各项风险业务的监管、监测指标。公司全年资本充足率、不良资产率、不良贷款率、贷款损失准备率、流动性比例、自有固定资产比率、担保比率、存贷款比率等项监管、监测指标均在监管标准之内。四是加强新业务操作风险管控。积极沟通集团公司证券法务部和黑龙江银监局，确定合理的风险管控指标，保证业务合规开展。五是开展专项审计，加强合规经营。2016 年，公司对财务凭证档案、公司“三费”及出国人员费用、遏制违规经营、结算业务和信息化管理等方面进行了全面稽核审计，有效地控制公司经营、财务管理、信息化管理和发展中存在的风险隐患，不断提高公司经营的合规性，从而促进公司健康发展。

【信息化建设】公司组织承建哈电集团公司资金监管平台，经过不懈努力，提前两个月完成巡视整改任务。通过资金管控系统对所属企业账户资金自动归集和限额管理，对账户资金状况进行监控，按照资金预算对成员企业资金支付实施在线监管，以资金预算为手段，以信息化为工具，逐级实施审核，统一进行管理。按年初既定计划提前顺利完成了资金归集系统的搭建与试运行工作，实现了成员企业资金归集的全面覆盖。2016 年，资金监管平台已搭建完成，试运行期间整体平稳。

【企业文化建设】2016 年，公司着力培育具有积极、乐观、团结、向上的企业文化，以客户为中心，打造公司良好的服务形象；以人为本，打造和谐的企业文化氛围。根据集团公司党委的统一部署，结合公司实际，开展了“打造不漏水的资金池、服务主业、支助转型、创造价值”专题形势任务教育，通过集中学习、观看视频等多种方式，进一步推动公司健康发展。同时，积极参加公司党委、团委活动，通过开展“预防金融诈骗，打击洗钱犯罪”“参观锅炉公司，了解厂史”等一系列主题活动，提高了公司凝聚力和向心力。

北大方正集团财务有限公司

【经营概况】2016 年，北大方正集团财务有限公司（以下简称“公司”）继续发扬方正集团“持续创新”理念，秉承公司“融通内外资源，助推集团战略”的宗旨，为成员单位提供法律法规允许范围内的各项金融服务。

截至 2016 年末，公司资产总额 154.75 亿元，各类资产质量良好。所有者权益总额 61.73 亿元，较上年增长 2.78%。全年实现主营业务收入 3.71 亿元，净利润 1.67 亿元。成员单位已开户 101 家，全年资金结算超过 6453 亿元。

【信贷业务】表内业务方面，2016 年末公司全口径贷款余额 67.85 亿元，其中自营贷款余额 65.91 亿元，票据贴现余额 1.94 亿元。公司本年度在信贷投向方面，大力支持战略性产业的发展，对具备自主创新能力和先进生产技术的企业给予优先贷款发放，主要为医疗医药以及信息技术两个板块，年末对上述两行业发放贷款余额分别占全口径贷款余额的 13% 和 52%。在服务客户方面，公司信贷业务服务对象原来多为产业集团或者其他集团内的“大块头”企业，本年度着力扩大了客户覆盖度，将服务的触角延伸到了更多符合信贷政策导向及集团战略发展的“小块头”成员单位，年内为集团中 4 家中型企业办理了自营贷款及贴现业务。在信贷资产质量方面，公司注重对信贷业务发生企业的持续跟踪，不定期对重点企业进行走访调研，全年本息回收率 100%。表外业务方面，公司还为成员单位提供委托贷款、担保等业务服务。2016 年末公司委托贷款及担保余额分别为 0.09 亿元和 42.181 亿元，满足了成员单位的多种信贷服务需求。

【资金集中】2016 年，公司资金集中工作取得较大进展。年末，全口径资金集中度达到 36.91%，同比增长 103.14%；可归集口径资金集中度达到 83.98%，同比增长 8.11%；全年日均存款超过 60.07 亿元，同比增长 46.26%；流动性比例始终保持在行业平均水平以上。公司自成立以来，一直努力发展银企直联方式的自动化归集，陆续与发生业务较为频繁的重点客户签订银行账户归集协议。2016 年，公司在不断探索的过程中，开发上线了成员单位非直联银行账户余额报送系统，该系统的正式上线填补了公司未能掌握成员单位非直联银行账户资金分布情况的空白，为进一步提高资金归集度打下了良好基础。伴随着利率市场化的趋势，公司在支付结算费用以及利率政策上最大限度让利于成员单位，因此开户成员单位数量较前一年有小幅度增加。同时，在守法合规的前提之下，切实加强资金集中管理，加强精细化管理，也为成员单位的稳定发展提供强有力的后援保障。

【票据业务】2016 年 1 月，公司正式以直连方式加入人民银行电票系统，开启了票据电子化时代。全年办理纸质汇票贴现 1 亿元，电子汇票贴现 0.94 亿元。上半年，公司逐渐压缩票据规模，有效规避市场风险的同时，加强了内部风险控制，修订了票据业务制度和相关流程。下半年，公司充分发挥金融服务职能，利用再贴现业务，以低于市场利率的价格为成员单位办理贴现，有效地降低了企业融资成本。全年公司办理再贴现 1.15 亿元，其中 0.15 亿元为电子汇票再贴现。此外，公司将继续关注票据相关政策和发展走势，合理利用票据转贴现、再贴现业务丰富公司流动性管理，缓解成员单位资金压力。

【投资业务】2016 年，公司进一步完善有价证券投资管理规则，积极走访同行业财务公司调研，在 9 月通过投委会审议，正式开展投资业务。公司全年实现了投资收益 352 万元，业务品种涉及国债逆回购、货币市场基金、银行理财和资管计划等。在保障本金安全，保证流动性的前提下，公司实现了短期沉淀资金的增值。

【风险管理和内部控制】2016 年，公司风险管理政策以“合规、稳健经营”为原则，根据业务分布情况重点关注公司流动性风险、操作风险和信用风险管理。从全年来看，公司资金总量波动较大，给流动性管理提出了更高的要求。公司在优化资金配置方面下足功夫，同时加强流动性指标监控，坚持每日流动性监测，保证所有时点流动性达标，年度平均流动性比率达 98.44%。操作风险方面，通过访谈、流程检查和内部控制培训等方式强化员工内部控制规范化、流程化意识，完善公司操作风险管控。公司梳理出业务风险集中点和内部控制的薄弱环节，及时作出风险提示，并进行相应的整改和跟踪。加强信用风险管理，坚持贷前、贷中、贷后全流程管理。2016 年公司更新了信贷评级体系，适度提高了评价标准；严格执行对授信单位的尽职调查和风险审查，切实做到“了解你的客户”；进一步发挥审贷委员会的风险把控作用，严格履行审贷委员的职责；定期进行贷后管理和资产风险分类，各项准备计提充足。2016 年合规部对公司制度进行全面梳理，修订和新增制度 28 项，年末公司共有制度 101 项，完善了公司制度架构，对公司稳健经营提供了制度保障。

【人力资源管理】2016 年，人力资源管理工作以公司战略为指引，在人才引进方面，通过重点引进优秀应届毕业生及有经验的专业人士，持续优化公司人才结构，做到“三个提高”（提高人员学历结构水平，提高名校高学历人才占比，提高国际化人才占比），关注实习生引进率。在培训管理方面，公司全面开展了新员工入职培训、新经理培训、员工职业化培训、通用管理类培训、素质拓展培训、业务知识分享课堂、E – Learning 在线学习等培训。2016 年全员培训总次数达到 40 次，培训总时长 3413 小时，人均培训小时数 75 小时。在人才培养方面，对干部、后备干部进行分类盘点，对 A 类干部给予重点关注与倾斜，C 类干部坚决调整或淘汰；且积极推动特定岗位优秀人才轮岗工作。在员工关怀方面，为表扬先进，增强企业凝聚力，公司积极开展了年度优秀员工及优秀团队评选活动。在综合考评方面，对干部和员工进行业绩考核、综合素质考核、干部管理风格与个人能力倾向风格考评，并将考核结果作为干部选拔、调薪、激励、任免和淘汰等工作的重要依据。

【信息化建设】2016 年，公司对核心业务系统进行优化，使其更适合公司业务；开展核心业务系统与电子商业汇票系统的集成测试，实现电票与业务系统的统一；搭建新协同办公系统，并在手机上安装APP，很大地提高了办公效率，实现公司办公自动化和无纸化。

在基础设施建设方面，对机房机柜、空调及配电设备进行改造，提高了机房的安全性；搭建虚拟云平台，通过服务器虚拟化方案，解决了公司信息化发展与机房容量不足的矛盾。

在办公自动化方面，为了方便员工的日常办公，提高工作效率，降低办公成本，信息部建立电话会议、视频会议等自动化办公方式，给员工带来了方便。

在信息系统日常运维方面，每个工作日查看服务器及系统运行状态，保证对系统的监控检查及时到位；每季末核对备份数据与生产数据是否一致；同时每个月对小型机、核心网络设备等机房设备进行一次详细的巡检工作并进行记录；分别实施机房基础设施、网络、核心业务系统突发事件应急演练，提升突发事件的处理能力。

【企业文化建设】2016年，公司组织全体员工开展凤凰岭爬山比赛、趣味篮球赛、奥森健步走活动，并成立羽毛球训练营、篮球俱乐部，从而打造具有创新、和谐特色的企业文化，在参与中更好的激发自我潜能、认识到团队协作的重要性。

2016年公司成立六周年，公司以“成长的路上有你更精彩”为主题制作照片墙，展示员工风采，突出企业文化。同时公司以“亲近自然、激情绽放”为主题，组织开展北戴河秋游活动，让大家在感受自然的同时，放松身心，加强交流，营造和谐、向上的文化氛围。

公司深入调研了解员工的工作及生活需求，以人为本，力求为员工创造舒适、满意并具活力的工作环境，增进企业凝聚力，保障公司各项工作顺畅、有序、高效开展。

通用技术集团财务有限责任公司

【经营概况】2016年以来，通用技术集团财务有限责任公司（以下简称“公司”）深入贯彻落实党的十八大、十八届历次全会精神，紧密围绕集团转型升级新跨越发展战略目标，团结带领全体员工认真落实公司发展规划，始终坚持“依托集团、服务成员、规范经营、稳健发展”的经营理念，按照“服务与管理并举，金融与产业协同”的方针，确立“平台建设取得新进展、平台功能实现新突破”的总体目标，着力强化基础管理、提高服务能力，切实加强党的建设和企业文化建设，各项经营管理工作按计划推进，公司综合服务水平进一步提升，公司持续稳定健康发展。

【信贷业务】2016年，公司一如既往地坚持既定的资金配置原则，统筹规划、合理配置。根据集团公司总体授信安排，对41家成员单位进行了信用评级及风险限额的计算，并确认新年度额度授信。在实际操作中，公司坚持总额控制、程序审批，严格风险管理，根据资源状况及实际需求，分类有限提供信贷资金。2016 年，公司通过自营贷款、票据承兑、贴现等业务，及时满足成员单位资金需求，支持业务发展。公司全年累计发放自营贷款 50.29 亿元，12 月底贷款余额 63.98 亿元，不良贷款率为零。

【资金业务】2016 年，公司严格按照同业授信的范围和规模，通过资金合理配置及捕捉市场机会，在市场利率水平较上年有所下降的环境下，紧跟市场、科学预判，取得了较好的成绩。

【票据业务】2016 年，公司通过票据承兑、贴现等业务，及时满足成员单位资金需求，支持业务发展。公司不断加强票据信息、代保管、贴现等的内部管理，全年票据贴现业务累计发生额为 1.84 亿元，承兑业务累计发生额为 0.94 亿元。此外，2016 年，公司深入开展电票系统可行性研究，针对电子商业汇票业务进行了专项研究，通过调研同业财务公司、银行、软件开发商等，深入分析不同选型的优势劣势，形成研究报告，为开展电票业务做好铺垫工作。

【主动负债】2016 年，公司密切关注市场变化，灵活运用同业拆借、再贴现等主动负债手段，在有力支持公司流动性管理的同时促进了业务的开展。

【外汇业务】2016 年，公司积极走访有潜在结售汇业务需求的成员单位，以细致周到的服务和优惠的价格赢得成员单位的好评，取得较好的效果，并且协助成员单位有效规避汇率风险，实现集团利益最大化。

【资金集中】2016 年，公司有效加强与成员单位的沟通，深入挖潜、盘活资源，公司上下全力以赴努力拓宽归集渠道，资金归集规模、归集度和结算量均得到巩固并保持稳定增长。2016 年，公司日均吸收存款折合人民币为 92.20 亿元，12 月底，按监管口径计算，资金归集度为 47.05%。

【业务创新】2016 年，公司在全员范围内持续推动课题研究工作，从公司灾备建设及应用模式研究、供应链金融、利率重新定价风险计量分析等多领域开展专题调研和研究，形成研究报告，以开放的思维探讨公司发展模式和方向，为相关领域工作的开展奠定了良好的基础。

【风险管理和内部控制】2016 年，公司不断加强内控制度和风控体系建设。一是对公司现行内部控制设计上的合理性和完整性进行判定，识别管理缺陷并提出改进建议。二是以风险管理识别分析、计量评估、监测预警、防范控制等重点环节为切入点，编制专项规划，着力构建和完善公司全面风险管理体系，持续开展重点业务领域专项评估工作，借助 BI 系统的开发和建设，逐步实现重点监测指标的线上实时监测预警功能，提升信息系统在风险监测预警中的支持作用。三是对重大风险进行评估，确定年度重大风险，制定相应风险管理政策，明确主要应对措施，并对主要风险分类管理进行了初步的研究和探讨。四是对重点环节、重点领域进行重点关注，初步确立常态化的风险排查机制。

【人力资源管理】2016 年，公司不断加强队伍建设，编制专项规划，着力于形成符合公司实际的、有效的人才管理体系、教育培训体系、岗位职级体系、绩效激励体系“四位一体”的人力资源管理体系，推动建立适应公司升级发展的人力资源管理配套机制。一是补充专业人才，完善人才队伍；二是持续深化岗位职级体系；三是公司加强学习型团队建设；四是研究规划上岗准入机制。

【信息化建设】2016 年，公司不断加强基础设施建设，提升信息技术的支撑保障能力。一是编制专项规划，引领方向。二是上线核心系统短信服务平台，提升公司服务能力。三是加强基础设施建设。在平台建设方面，通过年度采购集成、终端安全管理、运行环境升级改造等项目的实施，有效支撑应用信息系统的运行；在应用系统建设方面，公司不断加强核心业务系统建设，丰富和完善核心业务系统功能，启动BI等项目建设，初步搭建起公司运营分析与决策支持平台及协同办公平台，有效提升业务运行平台的保障和支撑能力。四是不断完善IT治理，加强信息化建设领域的内控管理，有效规避风险。

【企业文化建设】2016年，公司积极推进企业文化建设。一是在2015年明确企业文化要素的基础上，2016年持续加强文化宣贯。二是公司将党风廉政建设及企业文化建设有机融合，组织开展反腐倡廉宣传教育以及企业文化月活动。三是公司通过组织观看展览视频、参加主题展览、开展“财务公司行业发展现状及未来发展探索”主题讲座、编纂《积跬致远——我的2016》年刊等形式，不断增加员工凝聚力和责任感，营造积极向上的文化氛围。

铜陵有色金属集团财务有限公司

【经营概况】2016年，铜陵有色金属集团财务有限公司（以下简称“公司”）实现营业收入1.97亿元，平均资产规模为54.50亿元。资本充足率为17.52%；流动性比率为66.62%。不良资产率和不良贷款率均为零。

【信贷服务】公司最大限度地发挥服务成员单位、调剂资金余缺的功能。积极开拓集团主业客户，稳定贷款数量及质量，全年共为20家成员累计发放贷款金额22.99亿元。

【资金集中】日均吸收存款为42.36亿元，同比上年增长10.28%。累计办理资金结算业务89472笔，结算金额3267亿元。

【外汇业务】在外汇交易中心业务量达到34.23亿美元，大幅降低了成员单位的购汇成本。在业务沟通、操作上也得到成员单位的极大认可。

【票据业务】全年共为17家成员单位提供了票据贴现服务，票面金额10.67亿元。2016年为成员代理票据融资27亿元，为企业开辟了新的融资渠道。

【风险管理】在系统和业务流程两个方面梳理风险隐患，针对风险点及时进行系统升级和业务流程优化。对所有规章制度进行修订完善，并汇编成册。

中建财务有限公司

【经营概况】2016年，中建财务有限公司（以下简称“公司”）继续坚持“依托集团、服务集团、规范管理、审慎经营”的方针，以“提质增效”为核心，在努力实现集团利益最大化的基础上，全力打造利益共同体。

2016年，面对国内持续低迷的金融市场，公司积极应对，通过稳健经营、稳中求进，全面完成了集团下达的各项预算指标。公司全年实现营业收入14.80亿元，同比增长21.6%；实现净利润5.84亿元，同比增长20.3%，公司营业收入中，60%来自金融市场业务，40%来自集团内部业务。截至12月31日，公司资产总额已达856亿元，其中用于内部发放的贷款及贴现179亿元，存放同业173亿元；负债总额817亿元，其中吸收存款816亿元；公司流动性比例为83.46%，资本充足率为15.32%，均保持在安全范围内。

【信贷业务】2016年，公司以全力支持成员单位发展和提高集团资金使用效率为宗旨，继续扩大资金配置平台作用，为成员单位提供融资便利，降低集团整体的融资成本以及对外带息负债规模。支持集团战略发展，为集团专业化及区域化板块提供信贷支持；开展供应链金融服务，支持集团集中采购；扩大票据业务规模，丰富服务种类。截至年末，办理贷款、贴现及保理业务121笔，日均贷款余额172.69亿元，比年初增长42.10%。通过给予集团成员单位优惠贷款利率，全年为兄弟单位节约财务费用约7900万元。

【资金和投资业务】2016年，公司继续加强资金业务管理，强化头寸管理手段，灵活运用资金拆借等金融工具，调剂资金头寸和临时性资金余缺，提高资金使用效率。为保证流动性、公司稳步开展同业拆借业务，年内共发生同业拆借273笔，累计本金1754亿元，在不占用公司资金的情况下额外创造299.6万元的收益，为公司和集团创造了新的盈利点，进一步提高了集团的整体收益。

有价证券投资方面，公司在集团批准的投资计划范围内，始终坚持稳健投资策略，积极开展投资业务，并取得较好的成绩。2016年，公司投资业务再上新台阶，主要投资了银行理财、信托、债券等金融产品，全年共实现投资收益0.9亿元，其中在债券投资和质押式回购业务方面实现零的突破。

【票据业务】2016年，公司有效利用汇票融资便捷优势，丰富票据业务种类。一是通过公司承兑商业汇票，支持集团集中采购。二是通过与商业银行合作开展商票保贴业务，提高成员单位商票的认可度。三是与商业银行合作开展票据转贴现业务，扩大公司票据业务规模。

全年累计为支持集团物资采购承兑电子汇票618张，金额共计7.38亿元，利用同业授信开展票据保贴及转贴现业务金额共计3.96亿元。

【资金集中】 公司始终以服务集团及兄弟单位发展为第一要务，紧紧依托集团，坚持资金集中取之于集团用之于集团，采取利益共享的政策，使公司资金集中和吸收存款规模持续扩大并屡创新高。公司作为服务于集团整体战略发展目标的金融机构，2016年公司吸收存款余额达到816亿元，与上年同期相比提高15%，日均存款余额为500亿元，比上年同期增长60%。与此同时，与市场利率相比为兄弟单位多支付存款利息1.01亿元。

【业务创新】 2016年，公司继续坚持创新为先导，加大业务创新力度，扩大公司配置平台作用。一是积极推广中长期贷款业务，为兄弟单位提供中长期资金支持。二是积极拓展与商业银行合作开展银团贷款业务，成功与商业银行组建44.9亿元银团贷款。三是首次与成员单位开展买断式应收账款保理业务，提高成员单位资产周转，提高公司的金融服务能力。

【风险管理】 公司通过控风险、管制度、抓合规、审业务、重法制的综合措施，进一步充实“五位一体”的风险管理体系。一是积极参与和配合银监会、人民银行等监管部门以及集团总部的监管工作，高质量完成风控、合规、法律、内控等专项任务；二是精心设计资本规划，高质、高效开展增资可行性研究，年内顺利完成增资申报，进一步夯实资本保障；三是注重法律与合规、内控、风险管理、业务管理的深度融合，在监管部门组织的机构风险评级以及案防评级中均获优异成绩；四是持续完善制度建设，提升内控实效，对金融业务档案、汇票的承兑贴现、信贷业务放款流程、信息化管理等领域开展专项优化工作；五是继续强化业务风控效能，加大贷后现场检查力度，对重点项目尝试引入受托支付机制，落实中长期贷款分期还款政策要求。2016年，风险管理工作在日常运营管理中成效显著，为公司稳健发展提供了坚实基础。

【内部控制】 2016年，公司将审计与效能监察业务相融合、同部署、共开展，聚焦核心业务，全面完成了年度内控评价综合性审计项目，以及信息系统、合同管理、理财投资、票据贴现、同业授信管理专项审计（监察）项目，有效提升公司整体内控管理水平，切实发挥“第三道防线”作用。

2016年，公司持续推进审计业务标准化建设，以“契合监管、重点突出、结构清晰、结论明确、切合实际、操作可行”为原则，设计并完善金融业务审计底稿与报告模板。同时，贯彻“年度计划、项目立项、业务开展、结果通报”的标准化审计业务流程，有效提升审计结果运用的层次和水平。

【人力资源管理】 2016年，公司坚持以“政治素质好、经营业绩好、团结协作好、作风形象好”为标准，加强人力资源管理，努力提升人才创效能力，为实现公司年度目标提供人才保障。

强化领导，完善干部队伍建设。首先，加强领导干部的思想政治教育，加强道德和法制教育。通过参加中央党校及北京银监局组织的领导人员、高管、专业人才培训，提高领导干部的专业综合素质。其次，逐步完善考评机制，执行双向评价，全年坚持领导干部考核全覆盖制度。最后，加强干部日常监督管理。

落实责任，创新考核激励。建立前台人员绩效与薪酬激励机制，通过激励机制来促进公司的良性化发展。公司参与集团股权激励方案，加大对关键人才的中长期激励力度。建立关键人才与公司的利益共同体，充分激励人才分享公司经营成果。

【信息化建设】 2016年，信息化工作主要以提升管理水平、防范操作风险、确保业务稳定开展为主要任务。重点开展了应用系统建设推广、基础设施建设、信息安全建设、业务连续性等项工作。

应用系统建设推广及信息科技成果建设方面，一是存款准备金系统上线运行，促进准备金缴存及时性、足额性和准确性的监督管理，有效避免了人为操作风险。二是完成人民银行征信报送平台升级工作，按照新报送要求开发完成2.2版本征信系统。三是深入推广应用运营管理系统，进一步提升公司精细化管理和服务水平，实现了对资金运营管理和风险的全面管控。

信息安全、业务连续性及外包商管理方面，一是对网络架构进行调整，增加了上网行为管理、堡垒机等安全设备，重新设置了防火墙策略，极大地增强了业务系统的安全性。二是进行了全公司层面的金融核心数据库的容灾应急演练工作。三是加强外包商管理工作，规范技术标准，提升运维管理水平。

【企业文化建设】2016年，公司以从严治党为核心，全面推动党建工作，落实党员学习教育，充分发挥党员先锋模范带头作用，以多种方式将中国建筑企业文化精神渗透到每位员工思想中，通过公司特色的学习项目“智汇讲堂”，推动公司企业文化建设。同时通过建立赛马平台，评选月度优秀员工活动，树立基层员工标杆，使公司员工积极“争优创先”。另一方面，公司努力营造有利于提高员工幸福感的企业文化。年内组织员工去野外开展活动、组织员工参加总部的趣味健身比赛、为员工举办小型生日庆贺会，并向3名伤病员工发放慰问金。

江苏省国信集团财务有限公司

【经营概况】2016年，江苏省国信集团财务有限公司（以下简称“公司”）以“转作风、强管理”为抓手，加强资金归集，资金集中度大幅提高，顺利实现上市公司资金归集零突破；推动外汇资金业务开展，成功取得外汇局关于公司开展跨境外汇资金池业务资格；加强业务创新，开辟有价证券投资业务提升外部市场盈利能力；探索产业链金融，尝试与潞安集团和哈电集团两家财务公司开展“财财”合作新模式；对标优秀同业，提升综合实力，实现行业A类评级；通过扎实高效工作，改善公司面貌，切实让工作节奏快起来，员工忙起来，资金转起来，新业务动起来。截至12月末，公司总资产为131.04亿元，表内外资产规模达到345.29亿元；实现营业收入2.27亿元，完成全年目标任务的112.04%，实现利润总额14730.11万元，完成全年目标任务的105.22%；成员企业开户数达到146家，归集资金余额达到112.91亿元，为成员企业提供融资68.3亿元，年末全口径资金归集率平均为73%，各项目标均圆满完成。

【公司金融】2016年，公司为成员单位办理了94.37亿元综合及专项授信，累计授信余额122.64亿元，根据成员单位不同特点和资金需求情况，通过贷款、贴现、电票等多种形式的资金运用，为成员单位提供资金支持，先后办理了64.7亿元的贷款业务、1.5亿元贴现业务、27笔电票承兑业务。截至12月末，公司为集团和成员单位提供资金支持余额达68.3亿元；此外，公司还作为受托人为集团本部及成员单位新办理了92.23亿元的委托贷款，12月末委托贷款余额160.63亿元。2016年公司积极开展承销顾问工作，共承担了12期超短融、二期中票和一期绿色债券的承销顾问工作，全年还协助集团开展直接融资172亿元，共实现承销顾问收入685万元。

【资金和投资业务】一是做好资金调度工作，公司要求成员单位按年度、月度编制资金预算，逐笔审核成员单位调整追加资金计划的申请，协调集团内各种资金支付，掌握集团的资金需求，保证成员单位的正常营运。二是积极开展同业业务。实时关注同业拆借市场利率变化，开展拆借交易，做到头寸不足时，及时填补资金缺口，保障成员单位用款；头寸充裕时，实现沉淀资金增值，促进集团资金整体使用效率和收益效率最大化。截至12月末，公司与金融机构往来利息收入共计0.77亿元，其中利用闲置资金开展定期存放业务共实现收入0.42亿元。先后4次从江苏银行、南京银行、农业银行累计拆入资金11亿元补充资金池头寸，拓宽了融资渠道。三是适时开展有价证券投资业务。尝试开展新的投资品种，包括货币基金、同业存单、银行保本理财、质押式逆回购、中期票据等，提高闲置资金收益，截至12月末实现投资收益0.22亿元。

【票据业务】2016年，公司累计为成员单位办理了1.5亿元的票据贴现；公司积极开展电子商业汇票业务，全年开具电子银行承兑汇票累计票面金额达2.94亿元，用于成员单位向上游企业购煤和发电设备等。公司还对集团票据集中管理工作积极研究，探索以提供票据承兑、贴现、转贴现等一揽子业务为抓手的集团票据池运作模式，力争进一步盘活集团票据资产，提高成员单位支付能力以及资金归集度。

【资金集中】2016年，在集团的支持下，首次将资金集中度指标列入二级子公司年度经营目标责任状，每月在集团内网上公布成员单位资金归集比例，极大地促进了集团整体资金归集率的提高。截至12月末，能源板块资金归集率平均在80%以上，金融板块和酒店板块资金归集率平均在90%以上，上市公司、天然气公司、房地产公司等资金归集难点在2016年有了突破或明显改观。公司主动加强与集团下属舜天股份公司的沟通、联络，组织各部门落实资金归集相关对接工作，与上市公司签订金融服务协议，积极为上市公司资金顺利归集提供解决方案，并于6月首次实现归集上市公司资金0.62亿元；集团另一家上市公司舜天船舶在年底资产重组，公司积极探索、研究上市资金归集政策，确保参与重组的7家成员企业在财务公司的存款不因上市而流失。1—12月，集团整体资金集中度平均为69.06%，较上年同期提高了21.58个百分点。

【业务创新】一是尝试资金归集新模式。2016年，公司变“定时归集”为“实时归集”，第一时间将成员企业上存的资金归集入户，确保资金能够实时“转动”，提升了资金的使用效率。公司与中国银行、工商银行、农业银行、交通银行等全部合作银行完成了系统对接，实现了实时归集，归集户达到127家。同时创新开展支出户资金二次归集。公司从4月起，每月月末对支出户沉淀资金创新开展资金归集，并于第二日再将资金返还支出户，在确保不影响成员企业资金使用的前提下进一步提升当月资金归集指标。二是成功实现外汇资金集中。公司积极试点外汇资金归集，成功取得外汇局关于公司开展跨境外汇资金池业务资格，明确舜天机械、舜天股份、舜天有色、舜天五矿等成员单位为试点企业，中国银行和平安银行为合作银行，完成了相关业务培训和业务方案、流程的制定，确保公司外汇归集工作有序开展。截至12月末，公司已经开展外汇资金归集11笔，共计3341.46万美元。

【风险管理和内部控制】公司着力对现有制度、办法、规定进行全面梳理，对公司治理、业务管理、稽核审计、风险控制、财务管理等方面70余项制度进行了全面修订，所有修订后的制度按照相关路径，分别报公司办公会、董事会审议批准后重新印发并汇编成册，进一步提升公司内控管理水平，促进公司规范运营。同时注重制度的执行检查，根据监管部门的要求，开展“两个加强、两个遏制”“反洗钱”等回头看全面自查评估工作，进一步落实整改情况；开展了由稽核审计部牵头，风险管理部和纪检监察室联合开展的制度执行专项检查工作，设计了公司制度知识考核试卷，进一步梳理、完善公司各项制度，检查员工了解、执行制度的情况，同时在监督整改工作中，建立了台账制度，包括下发整改通知书、问题描述、原因分析、进展情况、整改落实以及相关部门的整改反馈，促进公司内部管理更加规范。

【人力资源管理】一是稳步推进“三定”工作。2016年，公司着力加强人力资源管理和规划，推动公司开展“定编、定岗、定员”工作，形成“三定”工作方案，坚持因事设岗、按需设岗的原则，努力做到给想干事的人以机会、给能干事的人以舞台、给干成事的人以激励，进一步规范内部管理，提升工作效率。二是积极开展职业培训。2016年，公司积极开展立体式、全方位、多层次学习活动，以教育培训为抓手，将公司中心工作、重点任务以及党风廉政建设贯穿其中，着力提升核心竞争力。2016年，通过走出去、请进来、自己办，员工参加各类专业培训达400余人次。同时注意将调研学习与行业评级相结合，多次组织公司董监事、高管及骨干人员前往浙能、粤电、上汽、交控等省内外多家A级财务公司对标学习，积极借鉴同业的先进经营理念。

【信息系统建设】2016年，公司在原有业务系统基础上进行核心系统升级改造，进一步优化业务操作模式，增加票据池、外汇池、有价证券投资系统功能，提升公司业务信息化能力，为构建电子信息共享平台打好基础。公司作为集团第一批ERP上线试点单位，按照工作整体安排，制定了信息系统升级解决方案，明确了工作重心和节点进度，完成了多轮系统测试并于9月正式上线新业务系统，实现了全业务线上电子审批，提升了工作效率和为成员企业服务的能力。11月8日，公司实现了与集团ERP系统的数据迁移并成功上线，也成为集团ERP项目首批上线单位之一。

【企业文化建设】公司关心员工生活，关注员工在企业的发展。制定了《工会工作要点》，春节期间慰问低收入和患病住院的困难职工，开展了庆“三八”女职工座谈会。组织开展参观沙家浜革命教育基地活动，接受爱国主义和革命传统教育。积极开展“荐新书、读好书”活动，全年推荐、购买《工业4.0》《苦难辉煌》等书籍200余本。组织全体员工观看警示教育片《高墙内的官员们》。积极参加集团第四届职工运动会，先后举办羽毛球、益智类棋牌比赛。公司大力宣传引导弘扬雷锋精神，全体员工自发捐款3万余元，全年两次前往泗洪天岗湖乡捐助20名家境贫寒的小学生以及支援盐城阜宁县、射阳县灾区抗灾救灾工作。

重庆化医控股集团财务有限公司

【经营概况】 2016年，重庆化医控股集团财务有限公司（以下简称“公司”）致力于为集团成员单位提供“专业、高效、全方位”的金融服务，通过资金集中管理，合理配置集团金融资源，圆满完成了各项工作任务，通过“减费让利”等方式，切实降低了成员单位融资成本，适度缓解了企业融资困难，有效帮助成员单位化解了资金风险。2016年，公司被重庆市人民政府评为“金融贡献先进单位”，获评此项殊荣表示市政府高度认可重庆化医集团和重庆化医财务公司在金融服务实体经济方面所发挥的积极作用。截至2016年末，公司资产总额55.29亿元，净资产9.61亿元，吸收存款40.92亿元，发放贷款及贴现36.38亿元，实现营业收入1.88亿元，利润总额1.42亿元，不良资产率和案发率持续为零。

【信贷业务】 2016年，公司紧紧围绕集团“1365”发展战略，认真梳理集团公司重点支持的企业和项目，完成了对29家集团成员单位的综合评级授信工作，授信总金额22.28亿元；全年累计向24家成员单位发放自营贷款69笔，累计发放自营贷款14.15亿元。一是大力支持医药等重点产业的发展。二是积极开展市外成员单位融资业务，置换了市外成员单位高息贷款，降低了其融资成本。三是大力支持集团中小企业和涉农企业的发展，为18家中小企业和涉农企业累计发放自营贷款，有效缓解了成员单位的资金压力。

【资金和投资业务】 2016年，受市场环境影响，部分成员单位现金流减少，对资金需求加大，公司积极应对困难，想方设法筹集资金，努力保持对成员单位的资金支持力度。一是开展同业拆借，适当解决成员单位临时性资金需求。二是积极与人民银行重庆营业管理部沟通，新建小微、涉农绿色窗口，提高人民银行再贴现额度。三是由于成员单位票据票面金额小、承兑银行规模小等因素，绝大多数银行不愿接受此类票据，经过公司与重点合作银行不断沟通，2016年招商银行同意与公司开展票据池质押开票业务，节约了保证金近500万元。四是积极让利成员单位，全年累计为集团成员单位节约财务费用约746万元。2016年，公司利用临时闲置资金开展低风险、超短期的投资理财业务14.2亿元，取得投资收益155.81万元。

【票据业务】 2016年，公司累计收到35户成员单位归集的承兑汇票57.56亿元，其中为成员单位办理贴现42.48亿元，代开银行承兑汇票9.3亿元，托管票5.78亿元；办理转贴现23.85亿元，办理再贴现5.76亿元，年末票据余额21.40亿元（含托管票据）。

【资金和票据集中】 2016年，公司切实采取多种措施调动集团成员单位归集资金和票据的积极性。在资金集中方面，公司对二级成员单位账户做到了全归集，保证了账户应归尽归，实现资金集中全覆盖。在票据集中方面，为更好地服务企业，采取企业交票或上门收票两种方式，尽可能创造便利条件。将贷款利率定价与企业上一季度的资金归集度、票据归集度、日均存款金额和企业信用等级挂钩，实行差别化贷款利率，为了获得优惠的贷款利率，成员单位大大提高了归集资金和票据的积极性。

【风险管理和内部控制】对营业室当日所有会计凭证以T+1的机制进行事后核查监督，对发现的问题及时发出通报，提出整改意见，跟踪整改措施。严格开展信贷业务的主体资格、贷款用途、借款人偿债能力、贷款质量、贷款风险等方面审查，共计25笔，授信金额23亿元。对集团成员单位有贷户进行了全面的贷后检查，涉及贷款金额46亿元。抽查银行承兑汇票5515张，检查结果账实、账表、内外账相符。严格审查票据贴现业务基础资料合规性。不定期进行现金、支票、空白商业承兑汇票等重要空白凭证实物盘点。对印章保管与使用情况按季度进行检查，未发现违规问题。开展账户开户资料合规性及银企对账检查。按照重庆银监局要求认真开展“两个加强、两个遏制”活动及“回头看”活动，梳理完善规章制度，多种方式组织员工认真学习各类规章制度和业务流程，认真开展员工行为排查，强化员工合规意识。积极配合公司监事会开展2016年度集中监督检查，监事会认为公司经营层依法履行职责，认真执行国家政策、法律法规及“三重一大”制度，符合重大事项的决策程序。建立了较为完善的内部控制体系并在逐步健全完善中，新设立内审部与信息科技部，切实增强整体内控能力。聘请专业律师对公司重要业务合同进行审阅，并提出法律意见。

【人力资源管理】一是根据各部门实际需求，确定公司培训专题和内容，保证培训内容与实际工作相适宜。二是丰富教育培训方式，进一步拓宽培训渠道，积极参加监管部门、财务公司协会和集团公司组织的各类业务培训，保证培训学习质量，着力提升员工执行力和服务效率。三是建立科学的学习培训长效机制和绩效考核机制，以考促学，促进员工主动学习、终身学习，提升员工主动学习积极性，努力营造“我要学”的学习氛围，不断提高员工综合能力，为公司发展提供智力支撑。

【信息化建设】一是认真开展网络信息安全风险排查，按时上报《信息系统缺陷月报》《网络信息安全季报》等材料。二是做好日常信息科技设备巡查工作，确保公司网络安全及信息系统正常运转，全年未发生信息科技风险事件。三是积极开展新机房装修建设相关工作。四是加强与招商银行沟通，加快推进电子商业汇票系统开发，已完成三期开发和部分测试工作。五是按照人民银行要求开展征信系统转接口及版本升级工作，已完成程序开发并上报相关材料，等待批复。

【企业文化建设】坚持将企业文化建设同经营管理工作有机结合起来，一方面，突出以“服务”为导向的经营方针，通过真抓实干、苦练内功，不断培养和提高金融服务意识和技能，坚持标准化服务，规范窗口人员行为，实现由传统服务向营销服务的转变，在公司上下逐步建立起热情、周到、主动的服务意识。另一方面，公司大力倡导“人人合规、事事合规”的风控合规文化，通过学文件、学制度、开展警示教育、撰写学习心得等形式，风险防控意识深入人心，保障了公司日常经营活动的安全高效运转。

金川集团财务有限公司

【经营概况】2016年，集团主要产品价格断崖式下跌后持续低位震荡运行，经营形势严峻。金川集团财务有限公司（以下简称“公司”）紧紧围绕集团的战略规划和“提质增效、转型升级”重大举措，充分发挥经营主体责任，深化市场化经营，助力集团降本增效，经营管理水平和金融服务能力稳步提升。全年实现营业收入1.52亿元，利润总额1.03亿元，其中净利润0.87亿元，净资产收益率6.81%。截至年末，公司资产总额46.85亿元，负债总额33.61亿元，所有者权益13.24亿元。不良资产率保持为零，各项监管指标均符合监管要求。

【信贷业务】落实“增贷、稳贷、收贷”政策，充分发挥资金杠杆效应，在流动性安全的前提下，统筹信贷资源，优化信贷资产配置，针对不同成员单位制定差异化资金配置方案，差异化管理价格，加大对优质成员单位的信贷支持力度，提高金融供给有效性。全年累计发放流动资金贷款39.44亿元，同比增长4.4%，免费办理委托贷款业务30.93亿元，同比增长95%，信贷服务能力显著提高。

【资金业务】加强备付金管理，确保支付安全。拓展同业资金业务，新增兰州银行等6家商业银行同业授信。合理配置资金头寸，用足拆借规模，精比同业市场利差，提高资金收益。全年累计拆出资金32亿元，拆入资金38.30亿元，有效调节短期流动性。在市场利率低位运行形势下，发挥资金集中议价优势，稳定同业存款利率，加强短期闲置资金收益管理，全年实现同业存款收入0.28亿元。

【票据业务】公司持续推进集团票据集中管理，制定票据池业务优化方案，为做大票据池，盘活成员单位票据资产奠定基础。以优于市场价格的贴现率，引导成员单位及时贴现票据，免费办理承兑业务，2016年共办理票据贴现29.44亿元，转贴现3.95亿元，开具电子承兑票据3.85亿元，有效降低了集团资金占用及资金成本。

【外汇业务】严格执行外汇管理政策，合规开展结售汇业务。做好大额售汇事前报备，保障成员单位购汇需求，专人盯市、看盘和下单，降低市场交易成本。2016年为成员单位办理售汇业务19.60亿美元，同比增长74%，节约购汇成本2000万元。

【资金集中】集团对成员单位资金存量实行限额管理，资金沉淀大幅减少。公司加强账户管理，梳理并核对资金池关联账户，清理冗余账户，及时将新成立的单位资金纳入集中管理，定期监测和分析资金集中增减变化情况，保障资金集中度。2016年全口径资金集中度为37.89%，可归集口径资金集中度为

93.61%。吸收存款日均余额30亿元，全年为96家成员单位办理结算业务85412笔，同比增长8%，结算金额4204.75亿元，同比增长3.60%。

【业务创新】公司秉持“精细服务、创新服务”理念，发挥财务顾问专长，针对人民币贬值预期，年初及时向集团提出美元存量负债敞口减量、保值操作等建议，通过人民币融资置换12.85亿美元贷款，以及利用远期售汇工具锁定6.85亿美元贷款远期汇率，大幅减少集团汇兑损失。

【风险管理和内部控制】公司坚持合规稳健经营，严格遵照监管要求，做好风险管理工作。加强内部稽核，完成票据业务和信贷业务专项内审，日间稽核工作做到常态化，业务办理做到日清月结。规范评级授信，严格落实贷款三查制度，每月进行大客户监测分析和运营风险分析，做好资产五级分类管理，信贷资产质量持续优良。开展“两个加强、两个遏制”回头看专项自查及问题整改工作。持续完善内控制度体系，修订《流动资金贷款管理办法》《银行承兑汇票贴现业务操作规程》等5项制度，有效控制业务关键环节和节点。

【人力资源管理】公司优化岗位设置及人员配置，各岗位均设置A/B角，有效促进业务合规开展。优化绩效考核管理体系，完善激励、分配机制，调动员工积极性和主动性。加大风险合规指标考核权重，正向引导和激发员工风险和合规意识。加强员工培训，落实培训计划，聘请专家进行票据池业务、供应链金融服务、风险案例分析、信息系统等专题培训达270人次。加强同业间交流学习，组织业务骨干赴酒钢、甘肃电投等5家财务公司学习考察，开阔视野。定期开展部门内部业务及制度学习交流，提升业务知识和技能，员工综合素质进一步提高。

【信息化建设】公司全力构建安全、稳定、高效的资金信息管理平台，为经营管理、内部控制和业务拓展提供强有力的信息技术支持。着力推进信息系统升级工作，将九恒星资金信息系统升级为N9版，已完成升级项目立项和实施合同签订工作。强化资金信息系统运维管理，完善系统故障应急机制，及时解决问题，保障系统安全运行和业务正常开展。完成资金信息系统增值税管理模块上线，满足“营改增”业务核算要求。

【企业文化建设】公司持续推进具有金川特色的金融企业文化建设，弘扬艰苦奋斗、勇于超越的企业精神。积极为员工创造良好的工作和生活环境，改善员工食宿条件，添置咖啡机等设备，丰富员工文体活动，经常性组织各种球类、棋牌比赛和登山、徒步行等户外运动，增强员工团队精神和凝聚力。公司修订完善员工体检、慰问、互助金等制度，组织开展谈心谈话，促进员工沟通理解，通过人文关怀，不断增强员工的归属感，营造和谐的企业文化氛围，促进公司持续健康发展。

新希望财务有限公司

【经营概况】截至2016年末，新希望财务有限公司（以下简称“公司”）资产总额75.36亿元，与年初相比增加29亿元，增幅为62.56%，负债总额68.5亿元，比年初增加28.64亿元，增加71.85%，所有者权益6.85亿元，比年初增加0.37亿元，实现利润总额1652万元，实现净利润398万元。

【信贷业务】截至2016年末，公司各项贷款余额33.81亿元，较上年末增长9.14亿元，增幅为37.05%。2016年各项贷款日均余额20.18亿元。全年公司累计向集团成员单位发放流动资金贷款53.38亿元。公司通过资金集中管理，合理配置集团金融资源，积极开展“减费让利”，降低成员企业融资成本，全年在信贷业务方面累计为成员单位企业节约财务费用约300万元。

【产品销售信贷业务】2016年，针对集团下游客户，公司积极探索“财务公司+担保公司+合作社+农户+饲料厂”等产业链业务模式，与普惠担保公司建立战略合作关系，利用担保公司网络，协同推进买方信贷业务，专项用于下游生猪养殖户购买养殖所需饲料，支持农户养殖产业发展。2016年，按照一年期贷款基准利率对养殖农户和个体商户发放了251万元的半年期贷款。

同时针对集团上游供应商，公司设计了供应商票据电票贴现业务，在得到监管机构的认可后，与山东片联部分原料供应商就饲料厂的货款支付方式达成了一致，并在股份公司沂蒙特区试点。

【资金和投资业务】公司规范流动性管理、资金安全管理等方面的各项制度建设，下发了《新希望集团资金流动性管理办法》《关于规范集团成员单位购买金融投资产品的通知》《关于进一步加强集团增量负债控制的通知》《新希望集团融资管理办法》，同时对《新希望集团资金管理办法》进行了修订。

2016年，公司在维持原有银行授信格局的基础上，新增两家银行（北京银行、广发银行）对集团的整体授信。截至2016年末，集团整体授信782亿元。

鉴于资金市场总体宽松，公司与各家银行反复沟通，提前归还集团本部、南方希望本部银行贷款近40亿元，集团本部、南方希望本部最低时点贷款余额仅5亿元，为集团节约了大量财务费用。同时，集团、南方希望本部的新增贷款成本由年初的基准贷款利率下浮5%，逐步实现了基准贷款利率下浮10%。

2016年，集团本部发行债券4期共计56亿元，通过事前对市场的仔细研究，与主承销商及重点投资机构进行充分沟通，最终发行利率均较同时期同级别其他发行人的平均利率低，与集团本部正常贷款利率（即基准贷款利率下浮5%）相比，节约财务费用至少1.3亿元。以低于同时期同级别其他发行人的平均利率，协助房产事业部发行公司债2期。另外，还协助股份公司进行了20亿元短融的发行。

【票据业务】2016年，公司累计办理贴现业务2.54亿元，其中，为新希望六和股份有限公司下属公司办理贴现约0.20亿元，为新希望乳业股份有限公司及其下属公司办理贴现2亿元，为四川新希望贸易有限公司办理贴现0.34亿元。

【外汇业务】2016年1月，公司取得跨境双向人民币资金池资格，为集团搭建跨境人民币资金流通渠道。8月，新增集团2家香港成员单位（新希望环球控股公司、新希望国际公司）入池，截至年末已有6家境内成员单位和20家境外成员单位入池，跨境人民币资金净流入额度达77.6亿元。结售汇业务方面，公司实地调研有结售汇需求的成员单位，完成开展业务的可行性研究报告。

【资金集中】2016年全集团的资金集中度在小幅波动中稳步提升。在不考虑三季度新增纳入合并报表的华创证券资金的情况下，2016年末，集团全口径资金集中度为72.90%，较一季度上升24.13%；管理口径（剔除限制性资金及海外资金）资金集中度为95.27%，较一季度上升23.65%，创历史新高。

【风险管理和内部控制】2016年，公司在坚持“风险为本、内控优先”的原则下，着重从以下几个方面做好稽核风控工作。一是严格统计数据的归口管理，二是完善公司印章使用审查审批流程，三是完善内部控制制度体系，四是发挥专业优势提供法律服务，五是有序推进内部审计计划，六是开展专项检查确保资金安全。

通过以上工作，有力地促进公司安全、合规、稳健运行，全年公司未发生任何重大违规事件和安全事件。

【人力资源管理】2016年，公司通过校园招聘引进金融、法律、会计、经济类专业的7名研究生、本科生充实到业务一线工作。同时，从外部引进专业能力强、从业经验丰富的3名同志配备到公司中层岗位，通过引进专业化、年轻化的人员和采用绩效考核方案淘汰不合格员工相结合的方式，逐步改善和优化了公司员工队伍整体水平和结构。

【信息化建设】公司于2016年10月12日单独成立信息科技部。在资金安全支付方面，通过建立公司集中支付平台财企通，规范支付流程，进一步加强了资金安全管控，同时也大大提高了成员单位的支付效率；在系统资源整合方面，通过积极配合集团EBS财务核算项目、合并报表项目及财务共享服务中心项目等项目实施，加强跨系统业务流程运转效率，加速财资数据沉淀；在日常管理中，为严控信息科技风险，通过加强机房日常巡检、信息系统部门内和跨部门密码分段管理、系统升级配置审批流程化、异常处理制度化等手段，有效保证了信息科技风险可控。

【企业文化建设】公司一直重视培训工作，努力打造一支学习型和创新型的团队。2016年共组织内部培训22次，派出人员参加外部培训14次。公司还组织了多次工余集体活动，增强了凝聚力与组织活力。

酒钢集团财务有限公司

【经营概况】 酒钢集团财务有限公司（以下简称“公司”），主要负责为成员单位办理财务和融资顾问、信用鉴证及相关的咨询、代理业务；对成员单位办理票据承兑与贴现、贷款及融资租赁。协助成员单位实现交易款项的收付；办理经批准的保险代理业务，对成员单位提供担保；办理成员单位之间的内部转账结算及相应的结算、清算方案设计、委托贷款；从事同业拆借；承销成员单位的企业债券；有价证券投资（股票二级市场投资除外）。下设综合管理部、计划资金部、信贷业务部、金融市场部、客户服务部、信息技术部、风险稽核部7个部门及住房公积金酒钢分中心（托管）。截至2016年末，公司员工42人，其中，副调研员2人；研究生学历2人，大学学历39人，大专学历1人，高级职称3人，中级职称12人，初级职称15人；党员16人。

2016年，公司资产总额76.28亿元，负债总额61.44亿元，所有者权益总额14.84亿元。实现营业收入2.75亿元（含投资收益），利润总额1.51亿元，资产收益率为1.64%，净资产收益率为8.42%。截至2016年末，公司资本充足率为20.21%，流动性比例为40.2%，存贷比例为90.02%，担保比例为94.36%。

【信贷业务】 2016年以来，公司不断优化信贷资产结构，通过多种措施提升金融服务能力。一是在短期流动资金贷款的基础上加大中期流动资金贷款的投放力度，全年投放54.73亿元，有效缓解成员单位偿债压力。二是加强同业合作力度，通过推广电票融资，缓解集团融资压力。全年累计签发电子银行承兑汇票20.32亿元，为集团融入低成本资金19.8亿元，直接为集团公司降低融资成本0.17亿元。三是通过创新同业金融产品，拓宽集团融资渠道。公司通过加大与商业银行的沟通力度，将公司同业授信额度5亿元下拨给集团公司融资使用，为集团融资10亿元，降低融资成本0.12亿元。四是完善“票据池”融资功能，陆续与25家成员单位签订票据池服务协议，累计办理票据池代保管金额342.06亿元，质押银行承兑汇票32亿元，贴现银行承兑汇票2.6亿元。五是积极拓展表外业务，集团公司利用财务公司开展法人账户透支业务累计办理账户透支6亿元；通过开展保函业务，为集团公司和宏兴股份公司开立了金额为0.14亿元、0.18亿元的关税保付保函，并减免相应的手续费，在满足了集团及成员单位不同的融资需求的同时，将财务公司表外业务推上一个新高度。

【票据业务】 为提高票据使用效率，拓宽集团公司融资渠道，降低融资成本，公司根据集团公司关于票据集中管理的要求，认真调查成员单位服务需求，与各商业银行探讨票据管理模式，建立“票据池”管理系统，实现完整意义上的资金集中管理。通过票据池实现了对成员单位票据代保管和票据融资服务，大大提高了集团公司票据使用效率，拓宽了融资渠道。电子推广方面，通过对成员单位进行电票业务基础知识及实际操作的培训，大力推广电子商业汇票业务，进一步提高了票据结算效率，降低潜在风险，电票业务推广取得显著成效。

【资金集中】以提升金融服务能力、加强账户管理、提高服务质量为目标，通过梳理成员单位银行账户、加大专户资金归集力度等措施，加强了对成员单位账户管理力度，进一步提高公司资金归集度。在提高服务质量方面，一是加强对成员单位各方面的服务力度，及时解决各单位在业务办理过程中遇到的实际困难和问题，增加成员单位对公司的依存度，将传统的“财务公司给予服务——客户接受服务”的服务方式转变为“客户需要服务——财务公司提供服务”的新型服务方式，不断提高公司服务能力。二是为成员单位提供个性化服务，使其能主动将资金上存于财务公司，全方位实现集团公司资金集中管理的财务管理目标。2016 年公司日均吸收存款 52.72 亿元，剔除不可归集因素后月均资金归集率为 95%。

【投资业务】2016 年，公司逐步开展投资业务并不断完善投资业务体系搭建，充分发挥公司金融职能，提高资金的运作效率和效益。一是公司以风险可控为前提，努力扩大投资业务规模，资金运作效率大幅提高；二是优化投资业务结构和期限结构，不断提高投资收益水平；三是积极拓展投资渠道，通过与银行、券商、基金、资产管理公司加强合作，投资产品不断丰富。2016 年，公司大力开展同业业务，首先通过与银行业金融机构、企业集团财务公司合作，开展同业授信工作，然后与授信对象开展同业拆借业务，拆借规模不断上升，充分发挥了同业拆借业务短期资金调剂的功能。

【风险管理和内部控制】2016 年，不断完善“三会一层”法人治理结构和内控机制建设，公司各治理主体独立运作、有效制衡、相互合作、协调运转。充分发挥董事会风险管理与内部控制委员会及经营层风险管理部门的职能作用，进一步加强授权授信管理、风险尽职调查、事中审查、监测分析和预警预报，准确分类风险资产，足额提取减值准备，全面提升资产质量。

2016 年，董事会审计委员会及内审职能部门切实加强内部审计工作，完成了现场检查项目 15 个，其中，“两个加强、两个遏制”回头看自查、案件风险排查、监管评级自评、内部控制建设情况自查、经营安全检查、安全生产大检查、集团内部审计、制度建设及执行情况检查等全面审计项目 8 个，检查覆盖率达 100%；钢铁煤炭行业信贷情况、涉诉涉案风险、声誉风险、互联网金融风险、法律风险、票据业务、高级管理人员离任审计等专项审计项目 7 个，检查覆盖率为 100%，发现并督促整改存在的问题，进一步规范了操作流程，强化了合规管理。

【人力资源管理】2016 年根据公司新的定位，优化机构和岗位设置，压减一个内设部门和 6 个岗位，重新梳理修订部门岗位职责，提高运行效率、落实经营管理责任。为优化绩效考核体系，制定体现“能上能下、能高能低、能进能出”的薪酬和考核制度，全面落实合法、合规、创效主体责任。为完善效益决定分配机制，持续改进绩效激励体系，加强经营目标管理，有效促进指标进步和管理提升，修订《酒钢集团财务有限公司薪酬管理办法》，制定《酒钢集团财务有限公司绩效考核管理办法（试行）》。同时为适应公司快速发展和转型升级的新常态，不断提高人才培养和使用，法律风险防控和风险防范体系建设，以及人力资源管理水平。

【信息化建设】2016年实施资金系统平台改造项目，主要包含四部分内容：一是软件平台改造及票据池系统实施，二是结售汇系统实施，三是营改增系统实施，四是主机平台和网络平台改造。2016年7月22日如期完成项目验收，项目经理责任书的项目目标全部达成。项目建成后，一是进一步拓宽集团融资渠道，提高票据资金使用效率，加强票据资金集中管理，集约票据资源，降低票据融资成本。二是推进即期结售汇业务的开展，减少结售汇中间环节，满足集团公司外汇管理的需要。三是完成公司“营改增”的转换工作，实现增值税业务账票信息化管理，降低公司涉税风险。

【企业文化建设】2016年，公司坚持以“立足集团、服务成员、合规经营、稳健发展”的经营宗旨，紧密围绕公司发展目标，加强民主决策、民主管理和民主监督，不断进行企业文化建设。通过开展民主生活会、总结表彰大会、员工体检、“三八”活动、“五四”活动、体育比赛等多种主题活动，提升公司整体运营水平，进一步激发员工的工作热情，增强公司凝聚力和战斗力。

包钢集团财务有限责任公司

【经营概况】2016年，包钢集团财务有限责任公司（以下简称“公司”）营业场所未作变更，经营范围未变更。内设部门8个，在册职工42人。2016年5月5日，变更公司董事会、监事长。

公司围绕融资和服务两大中心任务，创新金融业务，提升服务质量，强化产融结合。截至2016年底，公司资产总额68.95亿元，负债总额54.45亿元，所有者权益总额14.5亿元。96家成员单位在财务公司开户，吸收存款54.22亿元。公司累计实现营业收入1.68亿元、利润总额1.43亿元，实现各项税金0.58亿元。11个监控性指标及5个监测性指标均在监测范围内，均符合监管规定。

【信贷业务】2016年，公司大力支持包钢集团成员单位转型升级、提质增效的需要，争取新增贷款规划3.63亿元，较上年增长10.29%。为集团母公司、包钢股份、辅业西创公司、北方稀土、职工医院等单位提供贷款、融资租赁、委托贷款及票据贴现等信贷服务。截至12月末，信贷资产规模为38.9亿元人民币，业务品种覆盖现有经营范围。

【资金业务】2016年，公司加大成员单位资金归集力度，提高内部存量资金利用率，整体减少融资额度。利用一切时机，开展对公理财和信托理财。取得对公理财收益0.03亿元，信托理财收益0.27亿元，全年理财收入0.30亿元，为公司降本增效作出贡献。2016年12月，获得16家商业银行同业授信，授信额度合计71亿元。同业拆借业务拆入资金8.7亿元；通过“涌金票据池”提取超短贷资金，解决集团资金头寸紧张，起到了资金的补充调剂作用。

【票据业务】 2016年，为保障集团公司正常生产经营的需要，以商业承兑汇票结算方式代替银行承兑汇票结算方式，全力盘活有限资金。3月，上线纸质商业承兑汇票防伪系统。6月，开始运用票据防伪系统批量签发纸质商业承兑汇票。11月，根据人民银行政策要求，大力推广电子商业承兑汇票结算方式。全年累计签发纸质商业承兑汇票金额48.39亿元；签发电子商业承兑汇票金额36.88亿元。

与各金融机构开展票据池业务，以票据质押方式开拓融资渠道，减少银行保证金，节省签票手续费，降低公司资金成本。12月末，通过“涌金票据池”为包钢股份线上代签票据4.4亿元。盘活票据，为集团低成本融入短期资金，实现票据利益最大化。

【外汇业务】 加强外汇资金集中运营管理，对成员企业进行集中收付汇，节省财务费用约0.15亿元人民币；采取引入第二家跨境业务合作银行、从境外直接借入外汇资金、远期锁汇等措施，提高了外汇使用效率，防范风险，节省财务费用。

【资金集中】 公司积极履行集团资金集中管理功能，与包钢股份、北方稀土签订年度《金融服务协议》。通过开展定存、网上结算等服务手段，吸引成员单位存款。有96家成员单位在财务公司开户，开户率达88.07%，资金归集率为90.68%（12月末货币资金可归集口径）。

【业务创新】 为扭转直接融资市场的不利局面，公司创新融资方式，开辟融资通道，先后开展股票质押融资、股票流动性管理、发行可交换公司债等新融资业务，质押上市公司股票融入资金96.2亿元，上市公司股票流动性管理融入资金24亿元，成功发行集团公司可交换债券33.5亿元。

外汇资金集中管理开展首笔外债登记业务，占用跨境资金池内集中外债额度0.25亿美元，外债占用期限180天，打通跨境资金池内国际资金主账户与国内资金主账户之间的资金通道。

申请开通动产融资统一登记系统，3月18日首次登记内蒙古包钢西创集团有限责任公司1.95亿元融资租赁业务。首次运用中国人民银行包头市中心支行应用应收账款服务平台，代理包钢钢联股份有限公司确认应收账款0.64亿元，推动企业及金融机构通过应收账款服务平台实现融资需求模式。

【保险代理】 公司代理集团产品责任险、机动车辆保险、机器设备损坏险、产品质量保证险等多个险种，累计代理保费0.56亿元，实现代理费收入0.11亿元。实现保险代理服务专业化，根据集团公司的实际情况和投保特点，增加了“保险公估人的选用约定”“24小时扩展条款”等6条特别约定，从保险保障、保险索赔等方面对续保方案进行补充、完善，维护集团公司保险保障权益。

【风险管理和内部控制】 高度关注风险，多举措防控风险。结合监管部门的最新要求，修订《信贷审查委员会工作规程暂行规程》，制定相应的管理办法及流程。加强对流动性风险的监测，定时举行业务协调会，及时通报资金情况。对金融同业和公司业务进行排查，对票据业务流程、对账、贴现以及票据保管流程进行突击检查，对发现的问题进行整改。完成全面稽核与专项稽核检查、各部门操作风险突击检查，并对存在问题整改情况进行复查，发挥审计稽核的监督作用。

【人力资源管理】 完善人力资源建设、加强人才梯队培养，提升员工队伍素质。教育培训紧贴工作实际，员工开展自主授课、单点课、微党课。建立“财务公司网络培训系统”，实现培训管理现代化。鼓励员工参加行业、协会组织的各类业务培训和专业资格考试；组织职工参与集团会计大赛，提高员工业务素质。

【信息化建设】更新换代硬件设备，降低系统风险。完成I8风控系统升级工作；上线公司票据防伪系统，实现公司自开票系统自动采集、票据防伪查询、状态查询等功能；完成ERP应付系统对接的前期工作；协助集团公司资金管理部门完成集团资金预算管理平台实施工作。补充完善原有技术系统，完善信息科技内控制度，形成有力的制度保障，防范信息科技风险。

【企业文化建设】组织开展“两学一做”教育实践活动，进一步规范“三会一课”、党费收缴、党务公开等基础工作制度。开展讲微党课、重温入党誓词等活动，丰富党员活动。加强党风廉政建设，强化作风建设，专项整治“吃拿卡要”。制定《包钢财务公司“三重一大”决策制度实施细则（试行）》，立项“搭建全方位票据系统平台，提升经营管理水平”效能监察工作。加大公司的宣传文化工作力度，再次获得“包头市银行业宣传先进单位”称号。

党工团组织各项文体活动，凝聚和激发职工工作热情；大力开展职工自主改善活动，全年征集自主改善建议41条。团支部开展“品鉴书香，智慧徜徉”读书活动和“包钢青年职业导航”业务论坛、经验交流畅谈会等活动。职工积极撰写专业论文，4篇论文获得包头市金融会计学会优秀论文奖。公司被评为2016年度包钢集团公司“先进单位”，公司员工获得包钢集团公司“劳动模范”称号。

新奥财务有限责任公司

【经营概况】2016年，新奥财务有限责任公司（以下简称“公司”）紧紧围绕年度目标，全面落实各项工作部署，面对错综复杂的环境，公司成熟业务稳健推进，保持了良好的发展势头；创新业务快速突破，取得了骄人的成绩。全年实现营业收入2.64亿元，较上年增加0.28亿元，增长12%，净利润1.48亿元，较上年增加0.43亿元，增长41%，公司资产总额达到103亿元，较上年增加3亿元。年末客户存款84.99亿元，增长5%；开户客户数量493家，增加99家，增长25%；资金结算量2166.55亿元，增加245.64亿元，增长13%。

【信贷业务】公司遵循国家政策导向，聚焦集团核心主业，积极开拓创新业务品种，对成员企业的能源再利用基础投资、能源技术变革的研究开发、城市管网建设等方面予以信贷支持；同时，针对处于涉及产能过剩压力较大的城市燃气企业制定个性化融资方案，适时调整融资方式。截至2016年末，公司完成新增授信和续授信49家，共计对125家成员企业进行授信；2016年累计发放自营贷款155笔，共63.18亿元，平均贷款利率约4.35%，远低于在银行等其他金融机构的融资成本；公司为成员企业办理委托贷款的手续费率基本保持在万分之一至万分之五，大大降低了企业的融资成本，同时也有利于企业富余资金的充分调动和保值增值，2016年累计发放委托贷款330笔，共计93.75亿元。

【产品销售信贷业务】公司十分注重新业务的开拓落地，在买方信贷业务资质获批后，公司积极进行推广，2016年公司走访了泉州、东莞、洛阳、青岛、常州等一类成员企业。通过大胆尝试，与开封特耐公司合作开展为期三个月的商票保贴业务，买方信贷余额由0.04亿元增长到0.11亿元；此外，公司还与永康力士达公司、常州君达公司、商丘中联玻璃公司等企业开展买方信贷业务，年末买方信贷余额达0.46亿元，对贯通产业链上下游的资金，提高流动性，增加客户粘度起到了积极作用。同时，公司也挖掘了泉州力健洗涤公司、华都燃气公司等一批潜在买方客户的需求，为后续的业务开展奠定了良好的基础。

【资金和投资业务】在资金管理方面，公司通过建立成员企业付款信息的数据库，对付款规模、规律进行前瞻分析预判，与资金计划执行偏差较大的企业主动沟通，共同查找偏差原因，实现了资金头寸高效统筹管理，极大地提高了资金使用的准确性。2016年平均备付金率由2015年的10%左右下降到7.3%左右，为公司盘活沉淀资金日均约1.76亿元。

为实现投资业务的扎实推进，在确保风险可控的基础上，公司将新业务规章制度建设列为2016年上半年的重点工作，以夯实基础，积累经验，锻炼队伍为主，尝试开展低风险产品投资；下半年，公司加强对投资业务的探索与创新，丰富优化投资产品组合，打通了多家机构、券商、信托、基金等的合作渠道，产品投资从简单的银行理财逐步扩展为结构化投资，尝试了“固定收益+浮动收益”、净值型产品等多种投资方式，在确保支付的前提下提高了公司资金收益，实现了富余资金的保值升值，2016年投资利息收入0.29亿元，投资日均余额保持在约7.50亿元。

【票据业务】2016年，公司积极谋划票据业务，大力推动贴现、再贴现、转贴现等业务，实现票据融资规模再创新高。其中，开办电票304笔，累计金额13.56亿元，同比增长9.53%；票据贴现累计687笔，累计发生额15.93亿元，同比增长2.77%；票据到期收回累计648笔，累计收回发生额16.62亿元。再贴现余额4.58亿元，累计发生额为12.96亿元，全年再贴日均4.80亿元。转贴现余额为0.70亿元，共11笔，均为转贴现转入电子汇票，加权平均利率为5.54%。

公司通过与建设银行合作搭建票据业务池，整合集团内票据资源，实现把成员企业的零散、小规模的票据集中入池，进行整体授信，达到了票据业务“零存整取”的目的。2016年累计入池质押票据41笔，累计金额0.31亿元。截至年末，票据池余额为0.85亿元。

【外汇业务】2015年末，公司获批作为新奥能源控股有限公司开展外汇资金集中运营管理的主办企业，可办理境外外汇资金境内归集、境内外汇资金集中管理、外债和对外放款额度集中调配等相关业务。公司积极推进跨国公司资金集中运营业务，2016年完成了国际资金主账户归集708.2万美元，下划700万美元；完成国内资金主账户归集650.3万美元，完成对外放款450万美元。

【资金集中】为加大资金归集力度，公司以客户需求为导向，将客户满意度放在首位，通过制定个性化的金融服务方案，采取差异化的信贷支持手段和优惠政策，2016 年的资金归集工作取得巨大突破，全口径资金归集率达到 69.22%。

为更好地发挥资金集中的平台功能，公司通过与银行、开户企业签署三方协议完成银行账户授权，实现对开户企业银行账户的查询与资金自动归集功能。截至 2016 年末，公司完成银行账户授权 811 户，其中本年新增银行账户授权 179 户，全年通过银企接口实现自动归集资金约 356.47 亿元。

【风险管理和内部控制】2016 年，集团要求财务公司进一步发挥好财务监控平台和金融服务平台作用，不断增强稳健意识、集团意识、合规意识，基于此，公司修订了《财务公司全面风险管理体系建设规划》，对风险管理工作的指导思想、工作目标、工作措施等内容进行了系统梳理和完善，重点推动新业务制度制定、风险审批流程优化、风险管理责任制落实等工作。同时，为进一步完善治理结构，公司推动设立了监事会，夯实了稳健合规运营的基石。

公司以内审稽核工作为抓手，着力改善公司经营管理和内控水平，2016 年先后对自营贷款、票据贴现、开销户管理、印章管理等 17 项重点业务开展日常审计稽核和专项审计。共提出整改建议 139 条，发出稽核整改通知书 20 份，有效发挥内部审计的监督、评价和风险防控职能。

【人力资源管理】公司始终重视人才培养，以建立符合战略要求及创新项目发展的人才培养体系为目标，2016 年人力资源工作重点是在招聘、薪酬、员工发展等方面建立机制、动态管理、持续完善。首先，注重金融人才梯队建设，引进了数名具有银行、审计从业经历的专业人才；其次，持续完善业务激励机制，最终实现了公司所有业务人员与业务指标挂钩的方式进行业务激励的目标，建立了公司与员工个人价值共享、风险共担的分配原则；最后，促进员工学习发展提升，通过建立人才培养机制，组织全员盘点、360 测评和潜力测评等，挖掘、培养公司战略后备人才队伍，为公司的战略发展提供人力资本支持。2016 年制定了《人才培养与轮岗实施方案》，明确公司“专业培养和综合培养”的培养原则，通过多样化的培养模式，定制化的培养项目，营造学习氛围，鼓励员工自主学习成长。

【信息化建设】2016 年，在信息化建设方面，公司通过加强系统基础架构及完善信息系统功能，确保业务操作安全。完成了电票系统 3.0 版本、财务系统基础软件、磁盘阵列及银行前置机等软硬件升级，实现了对业务发展的有效支撑；通过财易贷二期上线，新增智能定期、中行实名收款、营改增价税分离等业务模块，增加了公司管理手段，提高了工作效率；下半年公司与德勤合作开展了业务层面风险复核项目，针对财务资金系统的付款流程、EAS/SAP/必拓等财企接口等进行了全面风险评估，最终实现了接口管理标准化，更好地发挥了风险防控、效率提升的作用。

【企业文化建设】2016 年，公司组织了丰富多彩的团队文化活动，全年组织各类活动 10 余次，通过组织月亮节、民主生活会、健步走、“五四”系列文体活动等，平衡了员工的工作与生活，营造了公司轻松愉悦的氛围，塑造了团结向上的金融企业文化；另外，公司还强调员工个人修养的提升，在“三八”国际妇女节之际，组织女员工参观琴、棋、书、画等古代生活场景，体验功、德、食、书、香、乐、花七修传统健康养生方式，以别具一格的方式使女员工感受公司的关怀。

中外运长航财务有限公司

【经营概况】 中外运长航财务有限公司（以下简称“公司”）通过提高资金集中度，大力发展各项业务，丰富金融服务产品，为成员单位提供优质服务，圆满达成了年度预算确定的各项经营目标。截至2016年12月31日，公司当年累计实现营业收入1.80亿元，累计实现利润总额0.48亿元，完成全年预算的160.36%。截至2016年12月底，公司新增开户414个，境外通过SWIFT直联扩展了境外管理能力，吸收存款214.58亿元，日均存款余额64.04亿元，全口径资金集中度为52.66%，可归集口径资金集中度为98.07%；截至2016年底公司发放自营贷款折合人民币44.42亿元，较上年全年增长209.54%。

【信贷业务】 2016年，公司努力拓展客户数量，扩大信贷规模，丰富信贷产品种类。

一是续航新兴业务，探索业务成熟模式。融资租赁业务方面，财务公司与长航武汉汽车物流有限公司开展的两条1000车位滚装船融资租赁项目进展正常，融资租赁标的“长航江泰”轮、“长航江和”轮顺利起租，2016年两条融资租赁船舶收取租金共计228.85万元。票据贴现业务方面，2016年该项业务发展较快，目前已初具规模。法人账户透支业务方面，公司新签订法人账户透支协议额度7730万元。

二是丰富金融产品，拓展创新业务，获取新业务牌照。2016年，公司研究开发了多个新业务品种，包括固定资产项目贷款、电票贴现、保理、融资性保函业务的开展以及人民银行电票直连、票据再贴现、票据承兑的探讨及准备。

2016年，公司向德翰公司发放房地产开发贷款8.47亿元，是公司首笔固定资产贷款项目；为股份公司开立了1笔融资性保函，丰富了保函种类，取得了更高收益；与中外运现代物流有限公司开展了首笔国内保理业务；经北京银监局批准获得债券承销资格，并为股份公司15亿元人民币规模企业债的发行担任财务顾问，提供公司债承销与发行解决方案；通过中信银行与人民银行电票系统实现间连，开拓了电子银行承兑汇票的贴现业务，规模累计达3026.70万元。

【资金和投资业务】 公司资金业务主要是存放同业业务、存款准备金管理、同业拆借业务；积极开展自主定价工作；为扩大融资渠道，丰富业务类型，2016年公司与人民银行开展再贴现业务；与合作银行和同业公司接洽授信业务。

一是存放同业业务。2016年，公司完成人民币调拨614笔，累计金额1242.84亿元；美元调拨142笔，累计金额7.87亿美元。

二是存款准备金管理。2016年，公司共缴纳人民币存款准备金19次，累计金额达

6.78亿元；退缴准备金17次，累计金额达3.93亿元。缴纳外币存款准备金5次，累计金额达1797.2万美元；退缴外币准备金7次，累计金额达1657.6万美元。

三是同业拆借业务。2016年，公司完成同业拆出5亿元人民币（期限为7天）。

四是授信工作。2016年，公司完成对8家合作银行、北京银行以及广发银行的存放同业授信工作，同时与多家银行沟通公司授信事宜。中国银行、建设银行、招商银行、浦发银行和北京银行均已对公司的授信进行批复。中国银行授信金额5亿元（1年），品种为：同业拆借、银行间外汇交易；建设银行授信金额5亿元（2年），品种为：资金交易、国内金融机构信用支持类、同业专营类；上海浦东发展银行授信金额5亿元（1年），品种为：同业拆借、票据承兑；北京银行授信金额1.5亿元（1年），品种为：拆放同业、外汇业务、票据类业务、代开信用证、信用证保兑、保函保兑；招商银行授信金额5亿元（1年），品种为：同业拆借、回购型商业汇票转贴现、法人账户透支、场内远期结售汇、集中代理开立国内证、卖断型信贷资产转让、担保业务、商票保贴、国内信用证融资业务、商业承兑汇票质押开立银行承兑汇票业务及其他供应链金融业务。

五是存贷款定价工作。2016年，公司共完成定价工作43笔，其中人民币贷款定价18笔，美元贷款定价2笔，外币存款定价6笔，保理融资利率定价1笔，法人透支利率定价1笔，委托贷款手续费费率定价4笔，票据贴现定价6笔，保函手续费定价5笔。对多笔询价进行测算，其中包括人民币自营贷款定价测算22笔，美元贷款定价测算8笔，存款定价测算2笔，融资租赁定价测算1笔。

六是再贴现业务。2016年，公司于11月份完成了与中国人民银行开展的第一笔再贴现业务，共贴现5张电子银行承兑汇票，金额共500万元整，贴现年利率为2.25%，回购日期为2017年1月24日。

【外汇业务】一是建设资金集中平台。公司以统一的资金管理系统为操作平台实现境内外资金归集、资金统筹配置，满足集团“全球化、全过程、全币种”资金管理需求。截至2016年12月底，公司吸收存款214.58亿元；通过跨境外汇通道累计调入资金6.90亿美元，调出资金7.27亿美元；代理境内外公司收付汇0.38亿美元；通过跨境人民币双向资金池累计调入资金15.50亿元。

二是拓展账户直联渠道，增加外汇集中成员。利用境内银企直联和境外SWIFT直联方式，为资金集中提供技术保障，截至2016年底，境内外直联账户增加至2116个。2016年，公司新增外汇资金集中成员企业至114家。根据成员单位结售汇业务需求，结售汇试点成员单位增至147家。

三是稳步开展结售汇业务。借助跨境试点资格，逐步开展外汇及境外公司集中结算，将结算业务延伸到多个币种，覆盖境内外成员单位；开展代理收款业务，实现收付结算一体化。提高业务人员水平，参加外汇交易员培训。

【资金集中】公司不断规范资金收入和支付流程，努力建设统一、安全、高效、优质的全球化支付工厂，公司对成员单位境内结算全部免费。

一是搭建统一账户体系。以“开户扁平化、管理垂直化”为核心理念，搭建完成扁平与垂直统一的账户体系。2016年，公司共为1024家成员单位开立各类内部账户2227个。

二是推进结算集中。分批推进成员单位结算集中业务上线；2016年下半年，根据招商局集团整体工作部署，公司启动与招商局集团成员单位结算业务对接工作。

三是加强与上市公司合作。公司积极与中外运空运发展公司沟通，推动其下属公司开户、银企直联、结算及结售汇业务办理等事宜，外运发展新增上线单位104家。根据重组工作安排，公司积极与招商局集团上市公司沟通金融服务协议签署相关事宜。

【风险管理和内部控制】2016年，公司安排了针对授信与贷款管理、融资租赁业务、票据业务和跨境资金集中管理业务的常规稽核工作及针对财务管理（含资金管理）的专项内审，共发现问题26项，全部完成整改；完成了对2016年度15类业务或管理活动的内部控制预评价工作；每月进行行业评级分析；完成授信额度及贷款、保函和票据等各类业务审查审批；推进贷审会建设，进行贷后管理；开展“十三五”战略规划编制；完成50余项法律审查和咨询工作；组织全面风险管理工作；及时向监管部门报送统计报表和监管信息；完成统计自查、反洗钱等专项工作。

【人力资源管理】公司高度重视人才队伍建设，2016年开展了数十轮招聘，新增4名新员工，截至2016年底公司员工为35人，平均年龄33岁，92%的员工为本科以上学历，94%的员工具有金融、企业管理、财务、IT相关岗位的从业经验；推进实施全员绩效考核，完成2015年度绩效考核及绩效工资分配方案；注重人才培育工作，组织内训数次；优化人工成本结构，拓宽员工职业通道，开展岗位职能评估；完成公司微信公众号建立及运营工作。

【信息化建设】2016年，公司继续与交通银行合作推进资金系统升级与整合相关事宜。一是开展新系统功能差异分析，编写可研报告；二是研究SWIFT及集团结算中心等重点功能整合方案，研究解决跨境资金池及多币种等问题；三是设计滚动业务财务预测模型；四是搭建测试环境；五是分析业务需求，组织用户培训。

公司逐步推进全球SWIFT上线工作，维护和深入开发SWIFT系统。公司进行前期项目调研，了解各行全球范围内SWIFT直联技术支持情况，初步确定新增合作银行范围；争取外运长航集团有关SWIFT上线的支持；完成内部需求与外部供应商、银行沟通，推进银行接口开发和测试，维护SWIFT系统功能整合及安全性检查，参加SWIFT年会了解最新形势；与多家银行签署协议并下发授权书，跟进银行账户直联工作；确定SWIFT二期开发需求，梳理SWIFT系统功能和业务流程。

【企业文化建设】公司工会以服务员工和维护员工切身利益为中心，组织了各类文体活动。在与招商局集团正式对接开始后，公司主动融入招商局集团文化，力图实现“一张图、一家人、一条心”，从思想认识、文化理念、行为规范、宣传营销、LOGO应用等方面全方位地进行融合。2016年10月，公司与外运长航集团一起，组织公司全体员工参加了招商局集团以“融合和共赢”为主题的公司日活动。

青岛啤酒财务有限责任公司

【经营概况】2016 年，面对市场利率下挫、存贷利差收窄、同业市场利润空间持续压缩等不利形势和挑战，青岛啤酒财务有限责任公司（以下简称“公司”）始终坚持“优化运营，服务主业”的战略导向，以结构调整为主线，持续探索稳健增效新路径，在将风险防范放在各项工作首位的同时，努力提升资金综合运营水平，确保各项业务在稳健发展的同时有所突破。截至 2016 年末，公司资产总额 101.71 亿元，实现经营利润 2.18 亿元，资金集中度为 97.89%，资金集中度水平持续保持行业前三位，存放同业、自营贷款和有价证券投资业务实现大幅增长，“营改增”税制转换成功实现，2016 年度经营目标顺利达成。

【信贷业务】2016 年，公司继续坚持“服务为先，盈利为辅”的信贷业务理念，对成员单位贷款实行同期贷款基准利率下浮 10% 的优惠政策，为成员单位重点项目建设和生产经营活动提供了有力的资金支持。全年累计发放自营贷款 13.97 亿元，同比增长 66.71%，累计发放委托贷款 6.09 亿元，有效缓解了成员单位的资金压力，实现了集团资源的有效配置，促进了集团主业的持续发展。同时，公司积极拓展不动产抵押、费用控制和实际控制人及配偶连带责任保证担保等多种担保方式的买方信贷业务，并展开供应链保理融资业务的调研和制度流程及系统建设准备工作，努力加强对集团产业链上下游客户的金融支持，进一步促进集团主业发展。

【资金和投资业务】2016 年，面对市场利率大幅下行，利差不断收窄的不利形势，公司有重点地进行资产结构调整以有效应对利率市场化带来的挑战。一是在保证合理流动性的前提下，优化存放同业期限结构，提高可获取资金价格水平；二是取得银监部门许可，优化调整自营到期处理方式，对到期仍存在贷款需求的采取续贷方式解决，在简化贷款手续的同时提高资金使用效率；三是制定电子票据推广方案，积极申请“线上清算”，通过加强与集团相关部门的协同，打通上下游渠道，加大买方信贷业务规章和电子票据业务比重；四是在保障资金安全的基础上积极灵活安排理财产品投资运作方案，在人民银行 MPA 调控要求的前提下获取较高收益，全年累计进行理财产品投资 31.8 亿元。通过资产结构优化和调整举措，有效降低了利率下降对公司收益的影响，提高了公司的盈利能力。

【票据业务】2016 年，公司持续加大电子票据业务推广力度，实现所有制造工厂全部开通电子票据系统。全年累计办理电子票据承兑业务 965 笔，累计金额 4.0 亿元，同比增长 113.9%。通过实行电子票据承兑手续费减免政策，累计为成员单位节省承兑费用 33 万元。

票据业务的不断发展，增强了青岛啤酒电子票据的流动性，有效提升了公司资金的综合效益。

【资金集中】公司依据科学的运营管理机制，开展专业化资金集中管理，结合成员单位特点，实施个性化资金管理和提供综合金融服务，不断推动资金集中度再上新台阶。同时，创新求进、着力拓展重点业务和新业务，提高公司资金效率和服务质量；深层挖潜、强化金融服务，为成员单位节费增效；2016 年公司资金流转总量 2815 亿元，同比增长 59%，实现成员单位资金上收累计结算额约 594 亿元，资金支出累计结算额约 577 亿元，资金结算总笔数 125500 笔，较上年同期增加 3.08%，为成员单位共节费增效 1064 万元，可归集资金集中度为 97.89%，持续位居行业前列。

【风险管理和内部控制】2016 年，公司各项业务合规、稳健运行，内外部检查均未发现重大违规行为和显著风险隐患。一是加强合规管理。全面梳理内部规章制度和业务流程，2016 年新制定 5 项，修订 27 项管理制度；通过对主要业务流程开展内部控制自我评价、风险专项排查、内部专项审计和突击检查等措施，评价制度流程设计和执行的合规性、有效性；通过开展员工异常行为风险排查、合规及案防警示教育、签署合规责任承诺书、实施关键岗位轮岗及强制休假等工作，进一步加强员工行为管理，并探讨较为先进的系统化事后监督管理，创新推行事后监督对业务全流程的系统化管控，转型事后监督工作方法，提升后督工作实效性和精准度，切实防范操作风险。二是强化信用风险防控。针对买方信贷业务制定了不动产抵押、费用控制、实际控制人及配偶连带责任保证、担保公司担保等多项风险管控措施，规范了买方信贷业务流程，确保信贷资金安全、信用风险可控。三是有效应对市场风险。2016 年公司密切关注宏观经济政策，及时监测和分析市场风险变化趋势，不断优化和调整资产负债结构，拓宽外部合作银行范围，扩大投资理财业务规模，在保证资金安全和流动性需求的前提下，拓宽资金运营渠道，增强比价、议价能力，有效提升了公司的资金收益。

【人力资源管理】2016 年，公司持续推进人才战略，积极拓宽专业培训渠道和形式，扩大培训覆盖面，不断完善绩效激励机制，促进人才发展，努力打造业务强、纪律严、诚实守信的专业团队。通过内外部招聘渠道相结合的方式，先后完成 4 个岗位人员招聘配置工作，其中 2 人为具有银行从业经验的专业人才，有效提升了相关岗位的储备、应对能力；组织员工参加内外部培训 22 次，进一步提升员工岗位胜任能力；绩效管理机制进一步完善，在现有绩效管理机制的基础上继续细化完善公司绩效考评体系，建立了以公司、部门、员工为横向维度，以年度、半年度、季度为纵向维度的绩效分解、考核体系，并在运行中不断完善，支撑工作落实和战略落地。

【信息化建设】2016 年，公司信息系统开发与上线稳步进行，完成供应链融资平台模块和反洗钱模块的开发运行，通过开发“营改增”模块和采购财税一体化系统，有效支撑了“营改增”税制转换的实现。硬件方面，公司顺利完成首批到期信息设备的报废更新工作，并实施了小型服务器和存储设备的招标续保工作。针对重点项目，提前进行电票线上清算与堡垒机项目的前期设备规划与预算提报工作。

【企业文化建设】2016 年，公司以“努力打造业务强、纪律严、诚实守信的专业团队”为目标，认真践行“凝心、审慎、自律、效率”的文化精神，党支部和工会充分发挥自身作用，积极推动公司文化建设。2016 年，组织签订了《党风廉政建设目标责任书》，落实党风廉政建设工作责任；组织开展“两学一做”学习教育活动、支部书记主讲《如何做一名新时期合格的共产党员》专题党课；组建“金融先锋党支部”微信群，为全体党员提供了一个集体学习分享共同探讨进步的平台；组织党员共同观看历史纪录片《鉴史问廉》，促使大家思考腐败危害、提升自身拒腐防变的能力；会同青岛银监局联合举办“两学一做”学习教育专题党课暨主题实践活动。以送温暖活动为载体，全方位开展节日送温暖慰问困难员工活动；以健康向上的文体活动为平台，塑造优秀职工团队，组织开展“三八”节剪纸活动、“3·12 为岛城添绿植树活动”“定向寻宝世园会拓展训练”等活动；持续开展“特长、知识、团队共享”系列活动。通过青啤集团内刊《青岛啤酒报》，利用青岛金融青年微信平台、财务公司协会宣传平台等渠道开展宣传活动，在行业内外树立了良好的公司形象。

上海复星高科技集团财务有限公司

【经营概况】上海复星高科技集团财务有限公司（以下简称“公司”）于 2011 年 6 月 20 日经中国银行业监督管理委员会批准成立，同年 9 月正式开业。公司董事会下设立了两个委员会，即风险管理委员会、审计委员会。公司设立 8 个部门：公司金融部、金融投资部、营业部、计划财务部、风险管理部、综合管理部、稽核审计部以及信息科技部。截至 2016 年 12 月末，公司共有员工 25 人，已与 141 家成员单位开展了业务往来，加强了复星集团资金集中管理，提高了资金使用的效率。2016 年末报表显示，公司资产总额 82.41 亿元、负债总额 63.70 亿元、所有者权益 118.71 亿元、净利润 9798.50 万元。与上年同期相比，总资产增加 29.63 亿元，增幅为 56.15%；总负债增加 28.65 亿元，增幅为 81.74%；所有者权益增加 9798.50 万元，增幅为 5.53%；净利润增加 986.08 万元，增幅为 11.19%。

【信贷业务】2016 年，公司的信贷业务包括流动资金贷款和项目开发贷款。流动资金贷款主要是为了满足企业日常营运需要，缓解企业短期资金紧缺，例如支付人力资源成本、劳务费用、缴纳税金、购买材料款等。同时，公司作为银团贷款牵头行和参贷行为证大外滩国际金融服务中心项目发放了 5000 万元的开发贷。

【资金和投资业务】2016 年，公司继续强化资金计划管理，在确保流动性安全的基础上，做好资金头寸管理，确保结算，信贷业务的开展，完善资金备付体系，加强对资金使用效率，提高资金收益率；并通过同业拆借的流动性弥补手段，加强流动性管理。做好流动性预测分析，通过开展分析资产及负债端的期限结构，结合资金计划，进行流动性检测及预警提示，确保流动性充足。公司和集团各分支财务中心密切配合，以月度预报计划、周滚动计划为主要推手。在挂接企业定时汇报资金安排后进行统计和整理，对有冲突或不符合集团对外支付规定的要求进行反馈和协商，并重新排定。对企业合理的资金调拨进行统计及调配，确保每一笔款支付及时到位，不影响企业正常的业务营运。公司因尚未取得投资业务资格，故无投资业务。

【票据业务】2016年，公司取得了人民银行下发的电子商业汇票业务直联的许可，并积极推动相应的系统开发。

【外汇业务】公司于2016年一季度在获得国家外汇管理局上海市分局批准后购买了500万美元的外汇，将视业务情况推进此项业务。

【资金集中】公司资金运用主要用于信贷业务及结算需要，剩余资金除缴纳准备金外，主要运用于银行间同业存款及少量的授信范围内的存放同业。集团下属板块分为地产、医药、钢铁、金融、矿业、投资等，涉及多行业多地域。考虑到不同行业的特殊性，在资金集中时无法做到“一刀切”。地产板块，由于资金受到各方监管，因此主要是对销售的回款和项目公司对外支付的工程款、土地款进行管理；医药板块、钢铁板块和矿业板块的资金管理比较类似，主要是涉及对外原材料采购支付、销售款回款周期管理及分销商款项管理。根据各自行业的特性，根据各自公司不同的付款周期和收款周期，规定不同的资金头寸管理方法。并且每周对集团下属所有成员企业的资金计划进行管理和排序，每月定期和下属企业重要管理人员开会沟通，对企业情况进行全方位的财务管控。通过上述措施，公司的全口径资金集中度从2015年末的20.89%上升到了2016年末的25.41%。

【业务创新】公司2016年2月为星景生态建设投资（苏州）有限公司出具了预付款保函。本次保函业务的意义在于公司在此方面取得了零的突破，丰富了公司的业务品种。

【风险管理和内部控制】2016年，公司一是对制度体系进行了重塑，各条线的管理办法和实施细则做了全面的修订和新增。截至年末，共新增41个，修订34个，组成合计114个规章制度的制度体系。覆盖公司法人治理、内控管理、风险管理、计算机系统管理、财务会计管理和行政管理六大方面。二是加强了风险排查的力度。年内做了案件防控风险排查（4次）、声誉风险排查、软件正版化自查、异地业务排查、互联网平台合作排查、“两个遏制、两个加强”自查及复查等工作。三是完善了公司的法人治理。公司加强了内部控制的体系建设，合并董事会下原风险管理委员会及合规委员会为风险管理委员会，同时董事会下新设了审计委员会。四是加强了监管政策的学习。2016年，公司全体员工认真学习《廖岷同志在2016年上半年中资银行业机构监管情况通报会上的讲话》《尚福林同志在2016年上半年全国银行业监督管理工作暨经济金融形势分析会议上的讲话》《尚福林同志在2016年三季度经济金融形势分析（电视电话）会议上的讲话》和《廖岷同志在2016年三季度中资银行业机构监管情况通报会上的讲话》。五是开展了半年度的内部审计、年度资产负债审计及内控审计工作。对审计中发现的重大问题，及时召开会议，分析原因，跟踪整改结果。

【人力资源管理】2016年，公司完成组织架构、部门职责、岗位说明书的全面梳理；修订了绩效考核、薪资福利、考勤休假、奖惩管理等多项人力资源管理制度，通过制度的完善，规范各项管理行为。

2016年从外部金融机构、商业银行、优秀财务公司招聘引进多名专业人员，人员引进比例达到原有人员数量三成多，为员工队伍注入新鲜血液，促进团队新陈代谢。同时重视新员工导入工作，为新员工指定带教导师，制定带教、轮岗学习计划，引导新员工尽快融入和发展。重视内部人员培养选拔，关注中层干部和业务骨干的成长，搭建发展平台，通过员工在集团内部挂职轮岗等方式，推动人才体系内纵向横向的流动融通，为员工职业发展拓宽通道。

在培训工作方面，实行“请进来、走出去”培训相结合的模式，充分利用复星集团、中国财务公司协会、合作银行及其他内外部培训资源，先后派员参加了信贷业务培训、复星大讲堂系列培训，邀请银行、财务公司等同行到公司开展票据、内控等专题培训，帮助员工各项技能提升、拓宽视界。

【信息化建设】2016 年，在硬件网络方面，全年未出现过任何因故障造成的业务中断，与人民银行、银监、各银行间的网络也始终保持正常，确保其他部门每日的工作正常开展；在虚拟化技术上进行了尝试，将原先基于 PC server 的核心业务系统迁移至了虚拟化设备上。在系统建设方面，配合业务开展，完成了多项功能的开发或改造：保证金业务模块和代理开票相关业务模块的开发等；为了配合国际税务改革，系统将现有的涉及费用，利息收入的各环节做了改造，实现价税拆分，并于 2016 年 6 月正式投入使用。在信息安全方面，信息科技部的员工参加并通过了信息安全的认证培训，取得信息安全相关资质，实现人民银行要求的信息化安全持证上岗的基本要求。制度建设方面，2016 年修订及新增了多个管理办法，对信息科技类工作的管理起到了指导性作用。

【企业文化建设】作为复星集团的重要组成部分，始终坚持企业的整体核心价值——“修身、齐家、立业、助天下”，谋求个人、团队、公司、社会、环境的综合全面可持续发展。公司高度注重企业文化价值观的塑造与传承，将企业文化价值观贯彻到人员招聘录用、考核晋升的实务中。在企业内部积极开展企业文化建设，营造积极健康的工作氛围，组织年度员工体检、合规学习、春游、生日会、“六一”亲子活动、“三八”女神节等主题丰富、形式各异的活动，不断激发员工工作热情，传递尊重、快乐和关爱的理念。

中铝财务有限责任公司

【经营概况】中铝财务有限责任公司（以下简称“公司”）2016 年围绕经营和发展两条主线，积极应对各种挑战，内聚外联发挥各业务牌照价值。一是管理资产总额达到 469 亿元，同比增长 26%，营业总收入 5.70 亿元，同比增长 17%，利润总额 2.55 亿元，同比增长 12%。二是公司增资获得银监局批准，增资 10 亿元，注册资本金提高到 25 亿元，进一步提高了公司发展的资本保障水平。按照银监局审慎经营的要求合规稳健运营，各项监管指标均符合监管规定。三是助力集团企业降本增效，借力金融手段，发挥金融效能，全年为集团企业节约财务费用数亿元。

【公司金融】公司 2016 年融资服务能力再

上新台阶。针对成员企业“融资难、融资贵、融资慢”三大痛点，顶住存款波动压力，全年调剂资金总额502亿元，提供36次合计103亿元的“应急融资贷”，日均信贷规模100亿元，同比增长89%，全年信贷投放224亿元，同比实现翻番，满足了成员企业的融资需求。

【资金和投资业务】一是公司着力拓展同业授信。积极推进授信续接，增加了28家金融机构授信，总额度突破了200亿元，同比增长46%，进一步拓宽了外部应急资金通道。二是公司高效做开投资业务。在短时间内完成了建章立制、交易系统联网，成为银行间市场交易商协会会员，顺利开办自营及委托投资业务，全年基金投资、债券投资、债券撮合分销规模达到59亿元，收入超3000万元，配合集团成功发行了第四期超短融。

【票据业务】为满足企业支付结算需要，降低资金占用，在从严审查贸易背景、查验增值税票真伪的前提下，公司累计为成员企业办理电票承兑12.50亿元。在零保证金基础上对承兑费率实行差异化定价，降低了企业手续费支出，并通过贴现买方付息、转贴现和授信银行的保贴运作，进一步拓宽了财票外部流转渠道。

【外汇业务】公司拓宽了跨境资金通道。在购汇及境外汇出业务从严管控的政策环境下，主动与外汇局协调，新增10亿美元通道流入额度，跨境本外币资金池的参与企业从26家增加到84家，办理了结售汇1.55亿美元，保障了成员企业国际业务的正常开展。

【资金集中】公司在资金集中管控平台建设方面取得了新突破。一是按照集团“3·15资金集中工作部署会议”要求，由结算业务部总牵头，成立了6个专项小组，倒排时间表，逐项盯进度。摸清了集团全级次企业的银行账户信息，完成了云铜集团小集中迁移，上市公司存款关联交易上限提高到120亿元，新增了2家直联银行，702家企业和分支机构开户，直联银行账户授权1430个，开户率、直联银行账户授权率达到100%，新增开户数是过去5年的总和，新增授权数是过去5年的两倍，全口径日均资金集中度达到35%，基本建成了资金管理网络。二是公司存款和结算业务规模创历年新高。全年本外币日均存款171亿元，同比增长86%，其中人民币日均存款122亿元，同比增长34%。有效应对业务量攀升压力，积极满足成员企业个性化需求，结算规模首次突破万亿元大关，达到1.20万亿元，同比增长67%，结算笔数15.70万笔，同比增长150%，继续保持了“零差错、零损失、零在途”。

【业务创新】一是升级了有价证券投资牌照，投资资格快速形成业务能力。研判债券市场，稳健开展货币基金和债券投资，借助质押回购开展组合交易，发挥自有金融机构的市场影响力。二是着力研究业务创新。办理了首笔短期外币贷款业务，为集团贸易企业有效规避了汇率风险；在前期已开展融资性保函基础上，顺利为集团工程企业开具了首笔预付款保函，为供需双方业务的开展提供了保障。

【风险管理和内部控制】2016年，制定了公司“十三五”发展规划实施方案，已经由董事会审批通过。同时，牢固树立“内控提升品质，合规创造价值”的理念，组织架构不断完善，管理水平持续提升，形成了风险与收益均衡、稳健风险偏好、坚持三道风险防线的管理文化。

一是精益了运营管控。公司强化预算管理核心作用，加强资金计划和资产负债精准管理，日协调、周计划、月总结、季分析，优化三级滚动备付机制，“人勤钱不歇”，着力提升资金运营效率和效益，在存贷款利率比其他财务公司显著优惠的前提下，净利差高于行业均值20个基点。二是完善了风控审计体系建设。公司建立集体审议机制，落实银监会“两个加强、两个遏制”回头看，以行业A类企业为标杆，开展内控整改提升专项工作。审计稽核发挥第三道防线作用，全年完成日常业务后督3000余项，业务单元专项审计全覆盖，质效并重保障平台稳健运营。

【人力资源管理】公司稳抓人才建设，打造了一支优秀的创业创效队伍。“栽梧桐引凤凰”，内培外招，内部提拔任用了2名干部，招聘增加了9名员工。并进行了干部员工轮岗交流，开办了内部创新讲堂。公司确定了人才发展与激励体系的建设思路，被定为集团收入分配制度改革的试点单位。“重能力看业绩”，树立正向激励的鲜明导向，形成了创造业绩、追求卓越的“比学赶超”氛围，初步打造了一支素质过硬、结构合理、活力迸发、敢担当善创新的干部员工队伍。

【信息化建设】公司提升了信息科技保障能力。信息科技部坚持底线思维，组织15次各类巡检，严格机房每日巡查，实施主备机、冷热备设备切换，灾备演练，等保测评等安全保障措施，保障了各业务系统100%无故障运行。统一监管报表平台如期上线，移动端自动办公平台已投入使用，优化核心业务系统，升级网银密钥，推出短信平台，提升了服务能力、工作效率和管控效果。

【企业文化建设】公司稳抓宣传阵地建设，营造了良好的内外部发展环境。围绕发展主旋律，制定业务宣传册，在《中铝报》发布报道20余篇，部分新闻还被外部媒体转载，展现了公司的亮点和特色。营造良好的外部发展环境，与监管机构、行业协会、政府部门建立了工作沟通机制，在业务准入、信贷规模增加等方面获得了有力支持。

中兴通讯集团财务有限公司

【经营概况】2016年，中兴通讯集团财务有限公司（以下简称“公司”）始终坚持合规经营、集团利益最大化的服务宗旨，积极进行业务拓展和产品创新，在遵循集团整体战略部署，支持集团产业发展的过程中，逐步完善金融服务平台功能，着力培育市场化经营能力、专业化服务能力，全面完成集团年初下达的经营任务，各项监管指标均符合监管部门的要求。截至2016年末，在公司开户并办理业务的成员单位109家，各项存款余额260.15亿元人民币，所有者权益14.95亿元人民币，实现净利润1.82亿元人民币。

公司在2016年获得中国人民银行深圳市中心支行颁发的2015年度金融统计工作考评二等奖。同时，该岗位人员在深圳84家银行业金融机构中连续两年获得先进工作者的光荣称号，成为深圳获此殊荣的15家金融机构中唯一的一家财务公司。银监评级、财务公司协会评级结果发布，均获得A级评价结果。

【信贷业务】2016年，公司坚持对集团新兴产业和战略产业发展提供金融服务方面支持，全年累计提供贷款支持31.83亿元，年末贷款余额17.16亿元，办理票据贴现业务25.75亿元，年末票据贴现余额3.97亿元，年末信贷资产分类全部为正常类资产。本着服务集团业务，增强薄弱领域金融发展的理念，2016年专项推出保函业务，并和成员单位一同与客户反复沟通和推荐，最终取得保函受益人认可，全年共开出保函154笔，金额3.10亿元，年末保函余额2.97亿元。通过对成员单位开展保函业务试点，提高保函开具时效，降低集团财务费用，助力集团业务发展。

【产品销售信贷业务】2016年，随着公司融资产品的标准化完善、业务模式和流程的成熟，公司产品销售融资业务得到增速发展，为下游客户、集团内客户提供资金支持和配套的金融服务，促进企业产品销售。同时，秉承金融创新的理念，公司除了传统的融资业务如票据、保函、项目贷款、融资租赁、经营性租赁等，首次搭建“PPP+产业基金”的投融资模式、参与智慧城市项目的投融资顶层方案设计，首次引入社会资本，开拓公司的新的产品销售投融资业务，以多样化的金融产品服务于集团与客户，促进集团利益最大化。

【资金和投资业务】2016年，公司同业存放业务增长迅速，全年累计实现同业存放收入1.72亿元。公司不断通过加强流动性管理、拓展交易对手、深化合作关系等措施，强化资金业务的经营职能和盈利能力，在保证资金安全和流动性的前提下，提高同业存放收益。2016年12月，公司获银监会批复，取得有价证券投资（股票投资除外）业务资质。在融资方面，公司继续拓展主动负债渠道，挖掘同业合作潜力，积极采用同业拆借和人民银行再贴现方式满足短期流动性需求。

【票据业务】为解决成员单位结算和资金占用问题，降低成员单位财务费用，公司继续推广财务公司承兑的电子汇票，2016年共计签发财务公司承兑汇票12.68亿元，同比增长8.71亿元，其中签发财务公司承兑的电子汇票9.54亿元，占比为75.26%，电子汇票得到较好的推广和使用。

【资金集中】集团公司积极支持财务公司归集成员单位资金：一是制定并实施《集团资金归集项目考核及奖励办法》，进一步加强对子公司资金归集的考核，同时通过激励行为吸引子公司主动提高资金归集度。二是推动集团境外成员单位的资金加速回流，减少境外资金存量。三是针对受限使用资金，集团与国家开发银行协调和争取将项目风险补偿金于季末归集至财务公司。四是进一步加强项目专项资金和财政专项拨款的清理和归集。2016年，公司资金归集度有较大提升，日均归集资金94.09亿元，较上年提升97.42%。截至2016年末，公司全口径归集度达73.17%。

【业务创新】一是非融资性保函业务。集团在业务开展过程中存在大量开具保函的需求，公司本着服务集团业务，增强薄弱领域金融发展的理念，专项推出保函业务，并和成员单位一同与客户反复沟通和推荐，最终取得保函受益人认可。

二是通过财务顾问的形式，助力集团智慧城市领域项目拓展。2016年1月集团中标淮安智慧城市PPP项目。在淮安项目操作过程中，公司积极创新，搭建“PPP+产业基金”模式，参与项目的投融资顶层方案设计，配合集团出具淮安智慧城市综合解决方案。同时，为项目公司进行PPP模式的全流程梳理与操作辅导，并引入产业基金。

【风险管理和内部控制】2016年，公司通过优化信用评级体系、规范贷款三查、细化投向分类、引起专业人才等措施，强化信用风险管理；通过强化合规文化宣传、规范制度汇编、推进电子化流转和奖惩制度，防范操作风险；通过进一步强化自身业务发展与集团各成员单位财务管理的粘合度，加强预算管理，有效地管好了流动性风险管理；通过事前评估、事中控制、事后监督等手段，较好地控制了各项风险，推动各项业务健康发展。在内部控制方面，全年持续新增和修订各项制度，并对现有的制度按照管理、行政、人事、科技及业务类型进行分类分级，进行制度汇编；通过人员调整，强化重要岗位的独立性和权威性；通过流程再造，基本上实现对各项业务的E化和优化管理；通过风险审查、合规检查和内审监督，提高对各项业务的规范性和管理的有效性。综上所述，公司在2016年从制度、流程、人员、机制等全方位实施了一系列措施和方针，有效提高了内控的全面性和有效性。

【人力资源管理】2016年公司进一步强化人力资源绩效管理力度，实施全员绩效落地，公司—部门—员工三层绩效目标清晰可见，管理层依据公司战略、经营及风险合规要求签署年度工作责任状，员工层面可见公司、部门绩效目标，确定自己的PBC个人绩效承诺书，作出绩效目标、过程指标、学习提升的责任承诺。年中通过系统实施月度计划、执行、沟通、考核、排名的执行跟进，确保管理形成PDCA闭环，通过个人绩效提升保障公司绩效的达成。2016年公司从毕业生、骨干、月度绩效优秀员工、年度优秀员工维度设计了多层激励模式，每一个维度设置细分认可标准和奖励方案，及时表扬、及时肯定、及时兑现，从绩效结果运用角度进一步强化绩效的稳定推行。

【信息化建设】2016年，公司在信息化建设方面完成了三项重点工作，一是新实施了监管报表系统，通过和核心系统建立数据接口，可以自动获取并计算生成监管报表的各项指标数据，提高了报表报送人员的工作效率和报送准确率；二是在核心系统中新实施了增值税管理模块，顺利完成营改增的切换；三是完成了人事行政管理系统三期开发，实现对员工绩效考核、人员入职离职全程E化，为公司业务的快速发展奠定了新的基础。

【企业文化建设】2016年，公司学习和践行集团企业文化，为公司稳健发展提供了坚实的精神动力。公司通过年会誓师统一思想，携手向一致的目标努力；季度员工大会告知员工公司的治理、经营重大举措；部门月度“123”沟通（每1周沟通2名员工30分钟）使员工及时得到工作指导和思想矫正。开展丰富多彩的凝聚力活动，羽毛球协会、足球协会、篮球协会和各项集团赛事中，都活跃着公司同仁的矫健身影。

福建省能源集团财务有限公司

【经营概况】2016年，面对错综复杂的经济金融形势及利率市场大幅下滑的不利因素，福建省能源集团财务有限公司（以下简称“公司”）密切关注宏观经济走势，努力把握战略发展机遇，坚定落实各级监管要求，深化功能定位，专注打造特色平台，全面提升金融综合服务水平，取得了逆势突破的好成绩。

截至2016年12月末，公司资产总额113.09亿元，增长64.3%；负债总额99.80亿元，增长77.36%。2016年，实现营业收入3.06亿元，完成全年计划的122.33%；实现利润2.05亿元，完成全年计划的128.09%。平均流动性比例为49.24%，自有固定资产比例为0.05%，存贷款比率为35.55%，资本充足率为20.94%，成本收入比率仅为4.93%，长、短期投资比例65.38%，无不良资产。

【信贷业务】截至2016年12月末，公司信贷余额合计34.09亿元，较上年末增长1.67亿元，其中流贷余额24.63亿元，占总额的72%；固贷余额3.21亿元，占总额的10%；贴现6.25亿元，占总额的18%。公司信贷服务能力大幅提升。

公司通过开展银团贷款的形式大力支持风电、光伏发电、热电联产等绿色新能源产业发展，并成功投放了云南保山光伏电站项目银团贷款0.31亿元。截至2016年12月末，公司委贷余额为6.73亿元，较年初增加6.16亿元。累计办理承兑业务137笔，合计8.38亿元，同比增长54.95%；承兑余额7.15亿元，较年初增加3.62亿元，同比增长102.5%。保函余额为7.38亿元。

【投行业务】截至2016年末，公司正在进行中的投资业务12项，投资余额9.20亿元，较年初增加0.58亿元，增幅为6.73%。2016年，公司共发生投资交易58笔（包括债券交易），投资金额累计33.17亿元，其中，发生购买交易33笔，购买金额共29.35亿元；赎回交易25笔，赎回金额共28.77亿元。

全年累计完成投资收益0.36亿元，全年日均投资额度8.27亿元，累计平均投资收益率为4.38%。

【资金集中】2016年，公司资金运作在严管严控中成果喜人，资金规模再上新台阶，截至12月末，共归集成员单位各项资金95.88亿元，比年初增长43.48亿元，增长82.98%；吸收成员单位存款银监全口径归集率为83.34%，扣除后归集率为97.72%，资金归集率在业内领先，构建了强大的集团资金池。公司全年结算交易迅猛增长，无缝对接集团NC系统，并与工商银行、农业银行、中国银行等7家商业银行开展了银企直联合作，结算业务便捷高效。2016年，公司资金结算量达3631.72亿元，结算笔数155819笔，结算业务量再创新高。

【风险管理和内部控制】公司的风险防控在依法合规中稳健操守、全面覆盖，做到全员合规，公司层层签订了《员工案防工作责任书》《员工合规责任承诺书》责任书，开展了人民银行反洗钱风险警示有奖问答、全员“七五”普法知识测试等活动，全面宣贯了“合规人人有责”“合规创造价值”的合规观念。全面实行“合同审查、签订、履约”三确认管控，全年审核合同370份，审核率达100%，涉及标的额413亿元，未发生一起合同纠纷。“发展第一、风控优先”的风险管理理念在所有员工队伍和所有业务经营中得到认可和践行。

修订了各专业委员会、股东会、董事会、总经理办公会等各类议事规则，形成自我约束、相互牵制、授权控制的全面内控体系。成功编制了内含公司概览、公司业务操作流程及内控合规要点、运营保障内控合规要点、重要配套文件、附录，覆盖结算、信贷、投资和同业等公司业务内控要点的《内控合规风险手册》，构建形成横向和纵向覆盖各项业务的制度化体系。

【信息化建设】信息建设在与时俱进中攀上新峰。为助推集团NC系统上线，公司上下全力配合，投入大量人力、物力，参与了系统的功能定位、流程设计、银企直联等工作，开展了机房改造、系统接口建设，无缝对接了集团 NC 资金系统，完成了与 14 家银行的直联，实现整个集团资金归集、资金计划、预算结算、信贷、票据等功能于一体的信息化服务体系，大大提升了集团对资金往来的管控能力。

历经一年多建设之久的征信系统顺利通过了人民银行的验收，成员单位表内外征信情况一览无余。建设了增值税管理模块，实现了自动对业务进行归类、拆分、计算。开通了微信通知功能，账户的变动将通过微信发给用户，实现了客户对账户的实时监控。

公司成功自建了 CA 认证系统，实现了证书的申请、制作、更新、作废、冻结、解冻删除等 CA 生命体的全过程管理，提升了系统的安全性，也方便了成员单位的 CA 证书的更新。截至 2016 年末，已成功发放新证书 400 余个，每年可节约约 7 万元的证书更新费用。

【企业文化建设】2016 年，公司班子连续五年荣获福能集团“四好领导班子”称号。公司群团工作齐头并进，共青团活动丰富多彩，工会民主管理逐步规范，女工工作有序推进。企业文化建设扎实开展，“心怀感恩，创造感动”“福相伴，能永远!”等集团文化进一步入脑入心。困难员工帮扶、大病医疗互助和育才关怀等温心工程持续不间断开展，传递了温暖、创造了感动，和谐企业构建成效初显。

湖南高速集团财务有限公司

【经营概况】2016 年，湖南高速集团财务有限公司（以下简称“公司”）紧紧围绕服务集团和年度经营目标任务，精心制定年度工作计划，克服了高速公路在建项目减少，集团资金需求滞后等不利因素，保持了经营的安全稳定局面。截至 2016 年 12 月末，公司资产总额 55.76 亿元；所有者权益 13.32 亿元，较上年同期增长 4.91%；全年日均吸收存款 41.84 亿元；各项贷款余额 7.58 亿元；各项收入 1.53 亿元，完成年度目标任务的 105.44%；净利润 0.92 亿元，完成年度目标任务的 122.57%；净资产收益率为 7.04%，不良资产余额为零；连续 5 年超额完成年度目标任务，实现了国有资产的保值增值。

【信贷业务】2016 年，公司进一步夯实信贷基础，完善信贷相关制度，深入成员单位开展座谈、调研，建立客户金融需求快速响应机制，在不降低信贷审批质量的基础上，大幅提高信贷资金的投放效率，严格信贷资产管理，确保信贷资金的安全性、流动性和效益性。全年为集团提供建设资金 11.58 亿元，有力地支持了集团及各成员单位的发展。

【资金和投资业务】2016 年，公司按稳健、审慎、合规的原则，抢抓市场机遇，获取风险收益，破解公司收入来源单一困局。主动与券商、银行等外部专业机构合作，积极开展投资、同业业务，通过定存、理财、拆借、多元化配置投资产品等金融手段，提高资金效益。全年开展同业业务累计金额179.5亿元；开展投资理财业务累计金额24.9亿元；同业业务、投资业务在年度总收入占比分别为39.23%、33.07%，较上年同期分别增长18.83个和23.32个百分点，较好地推进了收入来源多元化。

【资金集中】2016年，公司坚持将做好资金归集工作，作为完成年度目标任务的突破点。协助省局召开“2016年全省高速公路系统资金归集工作会议”，通过与成员单位签订资金归集目标管理责任状，开展资金归集目标管理考核，建立资金归集压力传导机制；通过全面提升服务质量，丰富服务内容，狠抓资金归集度的提高。全年日均吸收存款41.84亿元，较上年同期增加20.05亿元，增长幅度达92.08%。

【风险管理和内部控制】2016年，公司积极应对国内宏观经济形势变化，紧紧围绕内部控制环境、风险评估与监测预警、内部控制制度与措施、信息处理与传导、监督评价与纠正五大工作重点。一是根据公司业务发展，不断修订和完善各项管理制度，全年完善了《湖南高速集团财务有限公司授权管理办法》等三十余项制度。二是通过印发《非银行金融机构监管法规知识问答》《法律法规及规范性文件汇编》，组织全员参加学法考法，使全体员工准确把握企业合规文化建设的发展形势，自觉融入到公司的合规文化建设当中。三是加强风险管理，建立起各类风险识别、计量、监测和控制方法，充分利用外聘机构审计及内部审计进行全面检查，筑牢操作风险防线。通过完善制度，强化信用风险管理；为应对利率风险变化对公司经营造成的影响，通过多措并举提高资金集中度，增强外部议价能力，弥补利差收窄导致的利润损失，强化市场风险管理；通过加强资产负债管理，保持资产负债额度、结构和期限的匹配，强化流动性风险管理；通过倡导有制必依、违制必纠，强化全员风险意识，并切实提高制度执行力，强化员工操作风险管理。2016年，人民银行长沙中心支行和湖南银监局对公司进行定期、不定期的现场检查和非现场监管，公司开展的业务没有一笔形成风险。

【人力资源管理】2016年，公司注重人本管理，加大人力资源工作力度。一是不断完善薪酬体系。根据中共中央、国务院《关于深化国有企业改革的指导意见》（中发〔2015〕22号）、中国银监会《商业银行稳健薪酬监管指引》（银监发〔2010〕14号）及湖南省委、省政府《关于深化省管国有企业负责人薪酬制度改革的意见》等文件制定了有利于公司发展的薪酬制度。二是持续加强“三会一层”建设。2016年，公司选举产生了新一届董事会及监事会，聘任了公司经营管理层，按董事监事高管人员履职评价体系，对董事监事及高管人员进行了年度履职评价。三是建立合理的绩效考评体系，年末对员工工作绩能进行客观的综合考核，有效地增强了全员工作的主动性、责任感和紧迫感。四是强化员工履职责任意识。进一步明确部门及岗位职责，增强员工尽责履职意识，确保各项规章制度的贯彻实施，促进公司内控管理规范、运营效率提升、经营事业跨越发展。

【信息化建设】2016年度，公司加强组织领导，强化宣传教育，落实工作责任，加强日常监督检查，形成了良好的安全保密环境。信息科技工作在保障现有系统平稳运行，业务稳定发展的情况下，加强支撑力度，支持新业务的创新开展，保证新成员单位的平稳接入，并以安全为着重点，使公司信息系统成为保障公司资金和信息安全，业务蓬勃发展的“铁网”，全年未发生一起计算机失密、泄密事故。

【党建工作】2016 年，公司按省局党建工作部署，加强党组织建设。一是“内修”。开展了“党内法规学习教育年”，组织参加《中国共产党廉洁自律准则》和《中国共产党纪律处分条例》知识抢答赛，增强了党员干部的党性观念、纪律观念和廉洁自律意识。二是“外治”。坚持把党风廉政建设和反腐败工作贯穿于各项工作的全过程，与中心工作、队伍建设工作紧密结合起来，扎实开展“两学一做”活动，学做结合，以做带学，学习教育参与率达 100%，充分调动了广大党员干事创业、担当进取的积极性。三是“凝心”。组织形式多样的党建教育活动，坚持党建带团建，经常性地开展青年职工思想教育活动，听党课、观看警示教育片、参观廉政教育基地等活动，慰问帮扶职工解决实际困难，不断提高党员的素质，增强青年职工的责任感、使命感和归属感，促进优秀青年成长成才，凝聚推动企业发展的强大合力。

【企业文化建设】2016 年，公司持续推进“以人为本、诚信共赢”的企业文化建设，着眼于提高员工队伍素质、着眼于提高公司的凝聚力和向心力，将员工的个人发展与公司的发展结合起来，从而营造“人人为公司、公司为人人”的企业文化。一是开展员工培训，助力员工成才。根据业务发展需要，以建设学习型团队为目标，组织员工参加提升型培训，员工队伍的专业技能、风险防控能力和业务创新能力进一步提高。二是开展积极帮扶，助力员工脱困。通过广泛排摸，掌握员工的实际情况，开展送温暖，困难救助等活动，加大帮扶工作力度。三是开展文体活动，丰富员工文化生活。全年组织员工篮球、羽毛球等文体活动 90 多次，员工的责任感、使命感和归属感不断增强，团队凝聚意识日益高涨。

马钢集团财务有限公司

【经营概况】2016 年，马钢集团财务有限公司（以下简称“公司”）积极应对集团融资困难、公司吸收存款大幅下降的严峻形势，以保集团资金支付为前提，持续提升资金管理水平、不断加大外部融资力度、努力稳定贷款规模，积极拓展新业务，着力提高资金使用效率。全年实现综合效益 2.45 亿元，其中报表利润 1.44 亿元，为成员单位节约财务费用 1.01 亿元，有力地支持集团实体经济发展。

【公司金融】公司坚持“不抽贷”“不压贷”原则，最大限度地稳步提升信贷规模，满足成员单位融资需求。全年累计信贷资金投放 38.01 亿元，其中新增贷款 14.3 亿元，办理票据贴现 23.71 亿元，下游供应商买方信贷 0.06 亿元。年末信贷资产 55.17 亿元，较上年同比增加 27.86%，有效缓解了集团资金压力。同时通过提供优惠贷款、贴现业务和免保证金票据承兑服务，全年为成员单位节约财务费用 1.01 亿元。

公司充分发挥保险代理优势，协助集团公司评价总结上年度财产险、货运险保险合同执行情况，完成 2016 年度各类保险品种招标工作。全年累计代收代付各类保费 0.36 亿元，比上年同期降低 0.11 亿元，降幅达 23%，实现保险代理收入 0.05 亿元。

【资金和投资业务】 公司加大对资金运营的考核力度，加强与成员单位信息沟通，不断提高资金运营精度，确保各成员单位及时支付，同时严格控制日常头寸资金在 3% ~6% 以内，提高资金管理水平，提升资金使用效率。

公司扩大主动负债，加大与合作银行沟通，年末共有 12 家金融机构为公司授信 28.22 亿元；首次办理债券质押融资、人民银行电票再贴现和电票转贴现，加上同业拆借业务共计融入短期资金约 200 亿元。融资能力的提升，对于解决资金短期缺口和平衡头寸起到重要作用。

为提升日常备付资金收益率，公司仅用半年时间建立起完整的银行间债券市场投资业务渠道，自 4 月份起陆续开展利率债和信用债的现券买卖、银行间质押回购、基金公司货币基金和同业存单等业务，实现银行间债券市场业务全覆盖。全年投资业务累计实现收益 0.40 亿元，资金收益水平大幅提升。

【票据业务】 充分发挥财务公司电票融资及支付功能，缓解成员单位资金压力。与股份、集团公司签订最低存款余额监管协议放大电票开票量，全年累计为 15 家成员单位开立 6 个月以上电子银行承兑汇票 40.44 亿元，日均电票承兑余额达 21.59 亿元。为股份公司首次办理外部财务公司电票贴现 0.38 亿元，解决了股份公司持有大量下游客户财务公司电票沉淀带来的资金占用，促进了马钢产品的销售。

公司为 72 家成员单位提供优质电票接入服务，办理电票业务 37675 笔，交易金额 678.2 亿元；同时为促进产业链合作，为有贴现需求的上游客户联系贴现银行、解答电票业务咨询，提高财务公司电票在外部的认可度，进一步增强电票的流动性和支付能力。

【资金集中】 公司以优质、高效的结算服务作为资金集中的坚实根基，全年为 118 家成员单位免费办理结算业务 165308 笔，结算金额 2448.34 亿元。为成员单位提供高于外部银行的优惠存款利率，全年吸收存款利息支出 0.61 亿元；创新资金归集模式，注重股权多元化子公司的资金归集，实现“一对多”资金归集模式。积极争取开立职工分流安置专项奖补资金共管账户，成功归集奖补资金 8.14 亿元；加强整个集团资金集中情况分析，了解未归集原因，采取及时沟通、日末及重要时点资金上收，减少外部银行留存资金等积极措施，2016 年全口径资金归集逐月提升，年末资金集中度 61.15%；可归集资金集中度保持在 90% 以上，最大限度提升了全集团资金使用效率。

【业务创新】 公司通过金融服务的不断创新推动集团产业的协同发展。一是丰富信贷业务种类。首次开展下游供应商买方信贷 0.06 亿元，为股份公司首次办理外部财务公司电票贴现 0.38 亿元。争取到首批试点延伸产业链金融服务业务申报资格，并在短时间内完成了试点业务资格申报材料的准备和初审工作；二是投资业务突飞猛进。首次办理债券质押融资、人民银行电票再贴现和电票转贴现。成功开展利率债和信用债的现券买卖、银行间质押回购、基金公司货币基金和同业存单等业务，实现银行间债券市场业务全覆盖。

【风险管理和内部控制】 按照“内控优先、制度先行”的原则，制定 5 类投资产品操作规程，编制公司投资业务管理制度，建立起完整的投资管理制度框架体系。完善13个管理类、10个业务类制度，进一步规范各项业务行为、完善内控制度。

开展日常合规检查、信贷业务审查、各类风险隐患排查等工作，使风险管理融入公司管理和业务流程中，保障公司各项业务稳健、高效运行。

【人力资源管理】认真对照《财务公司全员岗位绩效管理办法》全年扎实开展绩效考核工作；根据集团公司人力资源优化方案总体要求，顺利完成了经营（管理）团队组阁竞聘工作；制定实施科级管理人员和技术人员竞聘上岗工作方案，积极推进全员竞聘上岗和科干轮岗交流工作（交流面达75%），充分激发人的活力。

公司注重加强员工综合素质的培养。组织23次内外部专业培训及1次案防合规知识测试；参加银行业合规知识竞赛，荣获团体三等奖；参与马鞍山市金融统计知识竞赛；《财务公司资金集中管理对马钢集团影响研究》等4篇论文参加市金融学会征选活动，荣获一等奖1个、鼓励奖3个；精选10余项涵盖公司业务与管理创新的课题，技术人员参与度达50%以上；总结公司经营经验与亮点投稿《中国冶金报》《马钢》《经济研究》等刊物。通过一系列的活动，激发出广大员工积极向上的工作、学习热情，提升了员工整体素质，推动公司各项经营目标的顺利实现。

【信息化建设】公司不断加大信息化工作投入，构建成由两位科技人组成的信息化工作团队，分工协作、互为备角。全年共及时解决各类系统故障400余次，保障了公司日常经营；同时信息化工作团队，针对系统硬件即将服役到期的现象，展开研究、筹划，出具了硬件更新初步方案，提升了公司信息化工作主动性；委托自动化公司信息安全测评中心，对公司资金系统、网络安全等信息安全各个层面的10个大类进行模拟测试，测试结果为安全保护状况较好，为保障各项业务开展提供有力支撑。

公司信息技术人员紧盯难点自主创新，尝试开发完成“票据承兑信息转换指令系统”，不仅自主研发进度快、业务适配度高、功能改善灵活迅速，而且达到了外部软件公司无法比拟的开发效率，大大减轻业务部门票据承兑工作负荷，节约软件费用开支。

【企业文化建设】深入学贯党的十八大和十八届历次中央全会精神，以全面推进矩阵式党建工作为抓手，扎实开展“两学一做”学习教育，严格执行“三会一课”制度；党员领导干部“讲看齐、见行动”，深入基层跟班蹲点、宣讲督导，“面对面、点对点”宣讲形势任务、改革举措，坚持正面引导，积聚正能量，坚定全体员工打好家园保卫战的信心和决心。

组织开展徒步健身、羽毛球赛等文体活动，进一步增强团队意识，凝聚全员合力。各群团组织都围绕中心任务积极开展工作，取得良好效果。

湖北宜化集团财务有限责任公司

【经营概况】 截至2016年末，湖北宜化集团财务有限责任公司（以下简称“公司”）总资产28.85亿元，比年初增加6.64亿元，负债23.27亿元，比年初增长6.41亿元，所有者权益5.58亿元，比年初增长0.22亿元 。2016年，公司发展呈现以下特点：一是成员单位存款稳步上升。截至2016年末，公司各项存款余额为23.16亿元，比年初增长9.97亿元，增幅达75%。二是信贷资产规模适度扩张，各项贷款余额为26.07亿元，全年累放各项贷款32.2亿元，贷款净投5.87亿元，增幅为24%，存贷比为113%。三是盈利能力逐步增强。2016年，公司实现营业收入5319万元，同比增加248万元，各项支出2192万元，同比减少34万元，实现利润3127万元，比同期增加284万元。四是资本充足率保持较高水平。核心一级资本充足率为21.29%，资本充足率为21.29%，贷款损失准备余额2608万元，贷款损失准备充足率达100%，拨备覆盖率达100%，抗风险能力稳步提高。五是风险防控工作进一步加强。公司加大了内审的频率和深度，确保无经济案件和安全事故发生，构筑查防并举，标本兼治的案防长效机制。

【信贷业务】 优化信贷结构，完善信贷产品，加大对成员单位信贷支持力度。2016年，公司进一步加大对节能环保、科技创新、现代服务业的金融支持力度，推动传统产业改造升级，严控“两高一剩”行业贷款，充分发挥信贷政策的要素配置、转型引领作用，信贷投放行业向多元化发展，信贷产品不断丰富。全年公司累计向成员单位发放短期流动资金贷款36笔、金额32.2亿元，贷款余额较上年新增5.87亿元，发放委托贷款16笔，金额3.7亿元，办理贴现业务1.52亿元，履约保函业务1笔、金额12万元，预付款保函业务1笔、金额12万元，同时公司充分发挥集团内金融平台以及人民银行定向再贴现政策，大力开展再贴现业务，全年办理再贴现业务金额1.5亿元，为集团发展提供低成本资金来源。

【资金业务】 支持供给侧结构性改革，促进集团转型升级，为产业供给侧改革贡献力量。一是突出一个“去”字。公司紧贴企业集团，保持信贷合理投放，优化信贷结构，加大对产业结构调整、绿色信贷、安全环保等领域的信贷投放，用信贷杠杆配合集团落实化解产能过剩各项举措，推动经济结构调整和产业升级。二是强化一个“补”字。公司不断拓展业务范围，做好业务短板的开发，形成新的业务增长点，为公司创造价值。三是落实一个“降”字。公司进一步发挥集团内金融平台作用，充分发挥人民银行定向再贴现政策，大力开展再贴现业务，为集团发展提供低成本资金来源，降低集团融资成本。

【资金集中】 强化服务功能，不断提高服务效率和水平。紧紧围绕集团现金池开展业务，提升资金集中度。资金集中管理更好地支持企业集团战略性发展。通过积极吸纳成员单位，加大对各成员单位资金监测，建立资金监测台账，实施专人管理，并对成员单位进行比较管理，同时公司保持对所有成员单位的存款利率上浮、贷款利率下浮的方案，让利于成员单位。公司2016年日均归集资金较上年新增6.94亿元。同时公司不断提高对成员单位的服务效率和水平，实现成员单位资金高效流转。截至12月末，公司累计代理成员单位对外支付39141笔、金额864亿元，内部转账2776笔、金额568亿元，累计为成员单位节约财务费用240万元，月末成员单位存款余额23.16亿元。

【业务创新】加强业务创新，保持发展前瞻性。公司密切关注国际国内经济金融形势和集团行业发展变动情况，了解集团的行业变化、市场变化、集团及核心主业变化情况，了解自身优势，明确发展方向。公司已向人民银行武汉分行申请开通电票业务资料，待人民银行总行批复，向人民银行武汉分行申报金融重点支持签发商业承兑汇票的企业名单，并在《湖北日报》公示，有4家企业进入金融重点支持签发商业承兑汇票的企业名单。

【风险管理和内部控制】一是坚守风险底线，确保公司稳健发展。加大贷款“三查”执行力度，公司所发放的贷款资产质量良好，没有不良资产；加强流动性风险管理。2016年2月公司取得了人民银行上海总部关于公司同业拆借限额由3亿元增加到5亿元批复。同时公司通过合理配置资产负债的期限结构，保证流动性风险可控；加强操作风险防控。层层落实案件防控责任，把责任分解到每一个部门、岗位和员工，不断加大内审力度，开展营业部资金结算、信贷业务、计财业务、计算机信息系统管理与运行等审计工作；积极开展“两个加强、两个遏制”活动专项检查自查工作，发现问题7类、16个问题，提出整改措施16条，实施处罚5人，金额0.5万元。二是完善内控制度，强化制度约束力。梳理和完善内部控制制度，完善信贷审批程序和风险管理机制，通过合理分工和不相容职责分离，提高公司的有效制衡和风险防控能力。2016年，公司进一步修订和补充内控制度14个，分别涵盖信贷、结算、综合、信息科技等方面，内控制度不断完善，同时公司强化制度执行力度，强化依法合规经营意识，坚决杜绝以信任、习惯代替制度规定和有章不循、违章操作行为。

【人力资源管理】完善绩效考核机制，发挥考核导向作用。2016年公司根据《商业银行稳健薪酬监管指引》要求，建立包括发展指标、效益指标和资产质量指标在内的绩效考核指标体系，增加了高管人员及对风险有重要岗位影响岗位员工绩效薪酬延期支付的内容，确保管理能力与业务经营、风险控制与经营规模、业务发展与经营效益相互制约和平衡，形成有效的激励约束机制。

【信息化建设】加强信息科技风险防控。2016年在集团的大力支持下，公司信息系统整体规划方案二期、三期工程全面启动，计划投入资金215万元。升级后的九恒星智能资金平台N6系统将能够更好地支持财务公司及成员单位各项业务开展，新增了票据业务模块，完善了结算、信贷、风控模块职能，加强了工作流程管理和控制，系统兼容性、安全性和稳定性更强，运行处理效率将得到有效提升。建立同城灾备中心，使公司核心业务系统达到数据级灾备。机房的消防管理实现了智能化，并与办公大楼消防系统进行对接，做到全天候有人值守。

【企业文化建设】2016年，公司一如既往地坚持学习企业文化，深入开展“两学一做”

学习教育活动，增强党员干部的先锋模范作用。根据市国资委及集团统一安排，以“两学一做”为契机，着重加强党章党规、系列讲话、宜化文化、财经纪律、管理案例五个方面的学习，讲奉献、看业绩、比精神、葆党性，强化了宗旨认识，坚定了“双百”信念；积极开展丰富多彩的文化活动，以实际行动亮身份，6 月，走进猇亭区宜化超市，主动参与 6 个门店全部商品的盘存；8 月，积极组织精准扶贫活动，为遭受了近 20 年来最严重暴风雨灾难的秭归县罗家村捐款，用诚挚爱心铸成抵御灾害的铜墙铁壁，帮助受灾群众共渡难关。

北京汽车集团财务有限公司

【经营概况】2016 年，北京汽车集团财务有限公司（以下简称“公司”）坚持以“依托集团、服务集团”为战略宗旨，以“十三五战略规划”为指引，通过优化资源配置和创新金融服务等措施促进产融深度融合，助推集团战略转型，有力地提升了集团资金使用效率，实现了“十三五”发展的良好开局。年末，公司资产总额达 265 亿元，全年实现营业收入 6. 92 亿元，同比增长 40. 08%；实现利润总额 2. 61 亿元，同比增长 33. 85%。各项监管指标均符合监管规定。

【信贷业务】公司紧紧围绕集团战略发展金融服务需求，多措并举开展信贷服务，支持集团加速发展。公司已为成员单位开展流动资金贷款、固定资产贷款、银团贷款、票据贴现、票据承兑、委托贷款、担保等信贷服务。通过利率优惠、产业链金融服务等措施，促进产融结合，充分发挥集团内部资金集中管理平台作用。2016 年，累计发放贷款总额 117. 90 亿元，同比增长 43. 02%。累计节约财务成本约 3 亿元。

【产品销售信贷业务】2016 年，通过与集团各大厂商销售公司深入合作，发挥公司整体优势，联合推出多项金融产品，制定符合市场需求的营销策略，有力地促进了集团整车销售。截至年底，公司汽车金融业务已覆盖全国 289 个城市 1176 家经销商。消费信贷合同同比增长 96%，占北汽集团自主品牌市场份额第一。公司根据厂商特点，定制个性化金融服务，先后与北京现代、北汽绅宝、北汽昌河、北汽威旺等厂商开通经销商三方财票业务和单车融资贷款业务，既满足经销商融资需求，又提高审批效率，降低了业务风险和企业财务成本。

【资金和投资业务】公司根据资金市场的变化及流动性管理需要，灵活开展资金运作，合理安排期限结构，全年累计开展同存业务 178 笔，规模共计 409. 5 亿元，实现同存业务收入 1. 58 亿元；开展同业拆借 18 笔，累计拆入资金 45 亿元，在补充流动资金的同时，通过合理调度，有效提高资金收益。

【票据业务】2016 年，公司大力推广承兑汇票、票据贴现等业务，累计开立承兑汇票13.95亿元，办理贴现业务29.69亿元，为集团重点支柱企业降低财务管理费用、赢得市场机会提供有力支持。同时，有力地资金融通，促进了集团整车销售，提升了集团产业链竞争力。

【外汇业务】公司深入研究外汇政策，通过政策沟通、业务交流等多种方式推进外汇业务发展，为集团统筹配置境内外资金提供了新的金融通道。2016年，公司在外汇业务方面已与多家银行建立了交易对手关系，并于5月开展了首笔外币结售汇业务，实现了公司即期结售汇业务零的突破。全年吸收成员单位外币存款222.43万美元，外币存款业务实现新发展，助力集团“国际化”步伐向前迈进。

【资金集中】2016年，公司深度推进资金集中度管理工作。通过梳理成员单位上下游产业链名录，增加销售回款资金沉淀，开展资金池业务，加强资金集中管理、存款产品创新等措施，积极拉动存款规模持续提升，强化集团资金集中管理力度。年底，存款规模达到244亿元，同比增长102%，日均存款规模143亿元，年末资金归集率达36.21%，有效提升集团内部资金集中管理效率。

【业务创新】2016年，公司在加强原有业务管理基础上积极创新，为集团提供综合金融服务。一是开展担保业务。根据成员单位需求，利用金融同业的优势及信用，为成员单位开立质量保函和履约保函提供担保服务。二是电票系统正式上线。公司着力提升机房环境和网络安全，6月以高分顺利通过中国人民银行清算总中心、中国人民银行营业管理部联合验收工作组的现场验收，并于9月正式连通接入人民银行电票系统。

【风险管理和内部控制】2016年，公司重点围绕监管“两个加强、两个遏制”回头看工作要求，在强化风险防控意识、梳理组织架构、完善规章制度、加强内部管控等方面取得实效；通过开展内控自评和整改工作，进一步完善公司内部规章制度、修订内部控制手册，加强重点业务领域风险识别、评估和预警，及时开展风险提示，避免和减少重大风险事件的发生；修订了《问责管理办法》《问责处罚条例》，进一步完善内部管理的约束机制，规范管理行为和业务经营活动，完善了对内部违规违章行为的稽核审计机制。

【人力资源管理】2016年，公司努力建设规模合理、结构优化、素质优良的人才队伍，积极探索适合金融版块业务发展的人力资源管理体系，拓宽人员招聘渠道，降低公司用工风险；建立健全培训体系，将培训学习效果和结果转化纳入到评估体系；优化公司职位职级体系，完善员工职位发展通道，保证薪酬体系兼顾公平性和竞争性；实施差异化绩效周期、绩效评价和结果应用机制，形成有效激励机制。

【信息化建设】公司信息系统建设从适应市场需求、提升客户体验、服从监管要求、系统功能优化、管理信息建设五个方面着手，新增、改造项目20个，完成建设项目13个。通过企业征信接口、零售系统评分卡、影像平台等项目的优化改造，数据平台及统计报表项目的实施，提升了客户体验，满足了业务发展需要及监管部门的要求。同时，建立健全信息化制度建设，采取横向交流论证、研讨论证等方式及时修订制度，提升公司信息系统安全运行保障能力。

【企业文化建设】2016年，公司党总支坚持“把方向”，强化党的领导，坚持问题导向；坚持“管大局”，聚焦集团战略，引领企业发展；坚持“保落实”，推进从严治党，提升党建科学化水平。着力通过强化党工团组织的顶层设计，畅通党群基层组织的微循环，在发挥党组织领导核心作用的同时，使两级组织焕发出新活力。着力开展“两学一做”学习教育活动，抓好“学、做、促”，将改善金融服务作为“两学一做”的重点。着力以“三服务”为目标，以“道达服务”为路径，以“服务提升月”为品牌，推进企业建设“服务化”长效机制。着力实施“文化聚力”工程，编写“十二五”企业文化回顾，组织全员文化大讨论，开展企业成立五周年活动，印发企业文化手册，并发布“十三五企业发展战略”和“企业文化核心理念2.0”。着力落实党风廉政建设“两个责任”，廉洁文化正引领，构建文化反腐软实力不断浓厚“风清气正”的企业氛围。着力弘扬“家”能量，凝聚“家”温暖。在签订《工资集体协议》，维护职工合法权益同时，开展“暖春”行动，为困难职工捐款3.1万余元，获北汽集团“模范职工之家”称号。着力加强共青团“六力”建设，激发青年干事创业、岗位建功热情，促进青年正能量提升，获北汽集团“五四红旗团总支”称号。

大连港集团财务有限公司

【经营概况】2016年是大连港集团财务有限公司（以下简称“公司”）“十三五”发展规划的开局之年，同时也是公司改革发展、砥砺前行的一年。在经济发展新常态的形势下，为贯彻落实集团提出的转型发展要求和具体工作部署，公司积极响应，不断适应外部宏观经济形势变化和集团发展需要，不断创新和丰富金融服务内涵，为集团核心主业提供支持。公司于年初确定了2016年的工作重心为全面围绕“三大任务、两条主线、一个目标”。

三大任务：基础工作规范管理年、员工队伍素质提高年、创新发展提质增效年。

两条主线：以核心业务系统重建为主的信息化建设、以优化绩效考核管理为主的管理水平提升。

一个目标：全面完成各项经营管理指标，即净利润完成1.70亿元，目标值1.80亿元；收入完成2.30亿元，目标值2.50亿元。

截至2016年末，实现营业收入2.77亿元，同比增加0.52亿元；实现净利润1.72亿元，同比增加0.29亿元。投资业务实现投资收益0.14亿元。同时，通过以低于市场价格的优惠利率及手续费费用标准，为各成员单位节约财务成本约0.40亿元。

【信贷业务】公司充分发挥背靠实业、熟悉主业、信息对称、风险可控的优势，承接集团战略，跟踪集团发展重点，密切跟踪集团成员单位业务经营情况，按照集团板块细分成员单位，对现有信贷品种需求深入挖掘；灵活应用信贷业务方式，提供个性化、差异化的金融产品。2016年，公司新投放信贷资产43笔，投放金额39.2亿元，全年日均贷款余额为39.69亿元，累计自营贷款余额45.92亿元，较年初增长15.15亿元，增幅为49%。发放委托贷款34.99亿元，累计余额142.6亿元。办理非融资类保函业务13笔，累计担保金额1.03亿元。

【资金和投资业务】2016年，人民银行继续进行市场调节，增加货币投放，导致同业利率持续低位徘徊，公司存放同业平均收益率大幅下滑。公司根据资金流动性情况，合理调度头寸资金，保证各成员单位用款需求，主要采取以下措施进行资金运作：一是扩大合作银行范围，提高同业竞价能力；二是以“参照同业拆借市场的基准价格，比价格、比效率、比服务”为原则，利用闲置资金进行不间断同业定期运作；三是及时调整同业运作期限，降低7天、14天同业运作规模，逐步加大1个月、3个月同业运作规模；四是增加保本、保收益理财产品运作，提高资金整体收益率。2016年累计办理同业定期业务109笔，累计金额304亿元，办理保本保收益理财产品10笔，累计金额26.37亿元，实现同业利息收入0.89亿元。

【票据业务】2016年，公司继续与农业银行开发区分行合作，为成员单位大连胜狮国际集装箱有限公司、大连万峰置业有限公司在农业银行开发区分行开具银行承兑汇票250.85万元。

【资金集中】2016年，公司资金集中管理水平有所提高，主要采取以下措施进行资金集中管理：一是通过与集团多次沟通，获得集团对公司资金集中管理的支持，下发《大连港集团有限公司成员单位资金集中管理办法》；二是定期监控成员单位在外银行的存款，了解存款种类、用途等，对无特殊用途资金要求成员单位转回公司账户；三是充分了解和掌握大连港集团下属投资单位情况，主动与符合公司开户条件的单位进行沟通，争取其在公司开立账户。

【风险管理和内部控制】2016年，公司结合年度经营目标，主动实施信用风险、市场风险、操作风险和流动性风险的全面风险管理。首先，公司组织开展内控制度和流程梳理工作；其次，公司制定专项检查方案，针对信贷业务、同业业务等每月进行专项检查，同时公司每季度完成全面风险管理报告，按时上报银监局和人民银行要求的文件等。通过内控、合规、风险和审计四个方面的工作，为公司依法合规稳健经营提供合理保证。2016年，公司未发生一起影响业务发展和公司信誉的不良风险事件，不良资产率为零，资产损失准备充足率达到100%。

【人力资源管理】2016年，公司不断完善公司绩效考核方案，将学历、工龄、职称等相对静态条件与工作能力、工作成果等动态考核，用定性和定量相结合的方法，以定量考核为主，定性考核为辅，将考核结果与薪酬管理、选拔任用相结合，建立合理的职业发展规划，激发员工积极向上的工作热情和动力：一是增强考试培训管理，建立全员参与、各尽其职、以岗定责的管理模式；二是以公司对部门督办、部门对员工督办相结合，全部纳入绩效考核，将工作任务层层分解至每个员工；三是增加专项检查内容，公司每周变化办公秩序检查内容并及时通报，绩效小组每月变化专项检查内容，不断提高公司员工综合业务素质；四是充分利用内外部培训资源，自主学习与外部培训相结合。一方面，将部门内部培训纳入月度绩效考核，每月各部门组织两次部门培训，优秀的培训推选到公司层面进行全体培训；另一方面，综合“请进来、走出去”等多种培训方式，全面提高从业人员的基本素质、专业技能和服务水平。2016年公司共组织内外部培训共47场，参与人员323人次。其中，内部培训共13场，培训员工247人次；外部培训34场，培训员工76人次。

【信息化建设】2016年7月，公司成立信息化部。开展了核心系统改造项目，并在同年10月顺利上线，新的核心业务系统具备功能齐全、业务流程化、业务风险防控等多项创新，在使用中取得了很好的效果。

综合管理系统于2016年6月开发，10月31日正式上线使用。系统根据各部门需求，共开发门户3个，流程60个，覆盖了人力资源、行政管理、财务管理、风险管理、业务管理、信息管理、知识共享、党群管理等相关流程，旨在实现快捷、智能、高效办公自动化、信息共享和交流，规范管理流程，提高办公效率和降低管理成本。

此外，2016年信息化部和风险稽核部共同开展了银监会2016年度银行业信息科技风险管理课题工作，报送的《公司核心业务系统发展趋势与开发风险控制实践研究》进入银监会最终评审，获得非银金融机构四类成果奖项（全国29家公司进入最后评审，其中18家获得奖项）。

【企业文化建设】2016年是公司实现创新、跨越式发展的重要一年，结合信息上报工作、公司网站建设，开展党建载体活动等，全面展示公司的良好形象，提升公司影响力。3月5日学雷锋日，组织公司青年团员在大连湾客运站候船厅开展反洗钱义务宣传活动，面向港内树立公司的金融服务形象，面向社会展现大连港集团“老码头”精神风貌，活动期间共发放各类反洗钱宣传册500余册；“五四”青年节组织公司全体员工滨海路徒步走活动、参观旅顺潜艇博物馆，进行爱国主义教育，为铭记历史，弘扬革命精神；“七一”党的生日，组织公司青工参观港史馆以及组织全体员工参观大连现代博物馆——大连城市发展史，感受大连港、大连市的发展变化。

大唐电信集团财务有限公司

【经营概况】2016年，大唐电信集团财务有限公司（以下简称“公司”）以“基础业务与创新业务并举，管理深化与客户挖潜并行，创造收入与服务提升并重，关注业务与关心员工并列”为核心指导思想，坚持“服务集团资金集中管理”这一基本定位不动摇，努力完善服务体系，提升运行效率，健全内控制度，全年累计实现营业总收入（含投资收益及公允价值损益）0.92亿元，营业总成本0.43亿元，实现税前利润0.49亿元，净利润0.37亿元。

【公司金融】2016年，公司持续优化贷款结构，集中力量支持集团核心产业发展。全年贷款规模与上年基本持平，日均规模近10亿元；票据贴现日均1.70亿元，较上年增长22%，再贴现0.38亿元。与重要成员单位合作取得新进展，完成成员单位间2亿美元委托贷款业务。本次委托贷款实现了公司的三个“首次”。首次实现成员单位之间的美元委托贷款，首次实现非跨国外汇资金池下的美元划拨，首次以预批委托贷款额度的方式服务成员单位。此外，公司还积极为成员单位提供财务顾问服务，在详细调研成员单位业务需求基础上，为两家成员单位量身定制了综合金融服务方案。

【资金和投资业务】通过探索成员单位用款规律、追踪资金计划偏离度等方式，公司充分利用同业拆借和再贴现业务，努力减少由于资金计划不确定造成的闲置资金占用。2016年开展同业拆借业务共8笔，累计拆入金额7.30亿元，有力地提高了流动性管理水平，对降低备付资金起到了推动作用。为配合创新业务拓展，争取到了代开信用证的同业授信新品种。2016年，在既往主要投资货币基金、国债逆回购等流动性产品的基础上，公司尝试进行了银行理财产品、债券基金专户和定增产品投资，作为同业存款的有益补充，提升了资金回报率水平。

【外汇业务】自2013年9月开展外汇业务以来，公司办理跨境资金交易240余笔，累计交易金额折合人民币约8亿元，已为成员企业提供外汇存款、外汇贷款、境内成员单位代理付汇、境内外资本流动以及外汇管理政策信息咨询等服务。2016年，公司利用跨国公司外汇资金池主办企业资质为成员单位办理集中购付汇54笔（折合人民币0.17亿元），办理4笔境外成员单位的外债资金归还和1笔境内企业对外美元放款。向主管部门申请上调跨境双向人民币资金池净流入额度。利用吸收的美元存款向成员单位发放945万美元的自营贷款，实现了境内成员单位间的美元资金调配，节约了集团整体财务费用，盘活了集团内部的美元资金。

【资金集中】2016年，通过不断优化业务运营系统，扩大银企直联覆盖范围等途径，公司自动归集规模由2013年的日均1200余万元逐年递增至2016年的2300余万元，年均增幅达25.11%。成员单位资金归集的主动性有所提升，公司吸收成员单位（除总部外）存款规模连续四年增长，日均存款规模达13.20亿元（不含外币），年末资金集中度（全口径）为34.32%。

【业务创新】2016年3月，为成员单位开具了一份金额为9.70万元的履约保函，这是公司自成立以来开展的第一笔保函业务。2016年4月，参与投资成员单位定增项目0.03亿元，该项目系公司首笔定增投资业务，为进一步探索公司金融投资多元化奠定了基础。

【风险管理和内部控制】2016年，公司深化落实风险防控责任制，强化重要经营管理事项的法律介入与审查，为代开信用证业务、浮动利率管理等配套多项操作规范和法律文本，全年未发现重大违法违规案件。针对票据业务和投资业务等经营管理事项开展了内部专项现场稽核并提出多项工作建议。积极配合监管机构非现场检查和经营周期现场检查工作，完成了“两个加强、两个遏制”回头看专项自查和迎检工作，有效地控制了业务开展中的合规性风险。

【人力资源管理】人员培养方面，公司在依靠行业协会、企业大学和外部培训机构力量开展部门基础业务和通用技能培训基础上，继续着力开展定制化培训，正式推出包括业务讲解、办公软件应用、公文写作在内的系列新员工培训课程，邀请成员单位财务总监就企业运营与公司员工进行交流，由公司员工担任内部讲师进行工作经验分享，聘请外部讲师对中高层管理人员展开绩效管理培训，上述举措有效提升了人员的岗位匹配度。制度流程建设方面，编制完成了《大唐电信集团财务有限公司领导干部因私出国（境）管理暂行办法》和《骨干人员培养方案》。

【信息化建设】 公司在业务系统开发方面持续投入，不断优化包括财企直联（增加返回银行流水号、支持直联单位与其下属单位共用)、网银指令自动处理（对特定成员单位个性化支持）等在内的业务系统功能，新增两家银行直联接口，完成了外汇存款模块的上线投产，进一步完善了业务系统功能。此外，继续加强信息基础设施建设，进行了机房 UPS 主机更新替换、互联网接入设备 VPN 集群改造等工作，提高了机房供电和网络接入连续性的保障能力。

【企业文化建设】2016 年，公司以“提升团队凝聚力，营造干事创业的文化氛围”为企业文化工作重点，确定了以党工联动为抓手的工作推进路径。通过组织第一次团队户外拓展活动有效增强了团队协作意识，参加集团运动会并取得优异成绩，参加建党 95 周年暨长征胜利 80 周年文艺演出，展现出了良好的精神面貌。此外，公司党支部按季度定期向全体党员发送《党风廉政动态》简报，以之为载体开展反腐败警示教育活动，促进领导干部廉洁自律。

开滦集团财务有限责任公司

【经营概况】2016 年是开滦集团财务有限责任公司（以下简称“公司”）成立运营五年来不平凡的一年。公司认真贯彻落实集团公司两会和财会工作会议精神，紧密围绕企业扭亏脱困、转型升级、稳定发展工作主基调，充分发挥金融服务平台功能，不断夯实业务基础，积极推进业务创新，千方百计、最大限度地为集团公司提供坚强资金支持，在确保集团资金链安全中发挥了重要作用，各项工作取得显著成效。

截至 2016 年末，公司资产总额为 58.02 亿元，负债总额为 45.36 亿元，所有者权益 12.66 亿元。2016 年公司实现营业收入 2.03 亿元，完成利润 1.58 亿元，同比增利 34 万元；剔除国家政策性因素后资金集中度达到 83% 以上；各项监管指标均优于监管部门的要求。

【信贷业务】2016 年，公司充分发挥金融杠杆作用，积极与人民银行争取规模，优化信贷结构，加大信贷投放。2016 年末公司发放贷款余额 41.11 亿元，同比增加 0.83 亿元；调整优化信贷结构，年末票据贴现额度 8.11 亿元，占信贷总规模的 20%，同比提高 6 个百分点；丰富信贷品种，在传统贷款业务基础上，增加应收账款保理、票据质押贷款等多种形式的信贷业务。

【资金和投资业务】公司强化资金精细管理，充分发挥 ABC 分类预算优势，资金支付由月预算细化到周计划和日头寸，资金备付水平明显降低；认真落实集团资金应急管控措施，严格控制付款进度，实现资金头寸与支付节奏的精准匹配，保证了集团及各成员单位偿还债务、发放工资等重要支付款项资金的及时到位。稳步实施投资理财，以保证资金流动性为前提，采取稳健投资策略，主要投资银行高流动性理财产品，适当投资于固定期限的理财产品、资管产品、基金等，同时购买集团债券确保集团发债成功。全年实现投资收益0.34亿元，实现了资金保值增值。

【资金集中】2016年，公司进一步加大资金归集力度，最大限度提高资金使用效率，在集团严峻的资金形势下，剔除国家政策性因素后资金集中度达到83%以上，突破历史最好水平；不断推进票据集中管理，截至12月末，全集团纳入集中管理应收票据余额19.4亿元，票据集中度达80%以上。

【票据业务】公司加大票据再贴现力度，全年再贴现规模累计达到12.91亿元，同比增幅为116%，年末再贴现余额7.66亿元，同比增幅76%，极大缓解了资金流动性压力；完成0.58亿元转贴现业务，丰富了融资手段。公司电票广泛应用，融资功能充分发挥，全年累计开出19.61亿元，年末余额11.03亿元，范围覆盖22家成员单位。

【外汇业务】打开外汇资金集中运营通道。集团公司外汇资金集中运营业务资质获国家外汇管理局河北省分局备案通过后，公司作为主办单位，积极办理完成国际国内主账户开立、可集中外债额度申请等一系列工作，2016年7月8日，国家外汇管理局河北省分局正式批准5亿美元可集中外债额度；对外汇资金集中运营业务所涉及的账户管理、会计核算、系统设置等进行设计准备及调试，境外资金进出通道全面打开。

【业务创新】经过积极申请，2016年9月13日，经中国人民银行上海总部备案同意，公司获准进入全国银行间债券市场，批准参与银行间市场各类业务。已完成同业拆借中心及上清所联网、开立银行专户等进入银行间债券市场进行交易的各项准备工作。产业链金融业务资质申报待批，完成向省市银监部门申请资料的上报，实时关注跟进监管政策出台，加大跑办争取力度，为资质早日获批奠定了基础。

【风险管理和内部控制】持续完善公司风险防控体系，进一步优化公司治理“一个基础”、业务、风险、审计“三道防线”体系建设，强化资本充足率、整体流动性、资产质量等重点指标监控；深入开展“两个加强、两个遏制”回头看活动；针对资金紧张实际，强化信用、流动性等重点风险预警，制定实施风险预警管理办法及全面风险管理手册；充分发挥审计监督作用，重点开展信息系统、电票业务、投资业务等11项内部专项审计，聘请外部审计机构对公司成立以来的公司治理、经营状况、内控制度进行审计评价，促进公司合规运营。注重夯实制度基础。不断完善制度体系建设，完成公司第三版制度汇编，其中新增《开滦集团财务有限责任公司有价证券投资管理办法》等28项制度，修订《开滦集团财务有限责任公司流动性风险管理办法》等5项制度，汇编收集覆盖了公司业务管理、内部控制等七大方面106项内部管理制度和19项外部监管制度，建立了公司较为完善的制度体系。

【人力资源管理】持续抓好团队素质提升，在做好岗位锻炼、业务资质考试、职称考试、外出培训、课题研究等工作的同时，创新开办“金融大讲堂”，初步形成了公司培训学习品牌，助力员工成长成才。到2016年末，公司中级以上职称人数占员工总数的67%，具备银行、证券等从业资格人数占员工总数的90%。公司组织召开了部门经理、青年员工交流座谈会，推动建立学习交流常态化机制。

【信息化建设】不断优化电票系统、票据集中管理系统，开发实施外币业务系统功能，制定了营改增系统解决方案，实现结算系统资金支出按月预算和周计划双重控制功能，完成指纹认证系统建设，进一步提升了系统保障能力；制定实施《开滦集团财务有限责任公司信息系统管理办法》，进一步提高了信息系统内控合规的有效性和安全性。

【企业文化建设】与上海视野合作，制定《开滦集团财务有限责任公司“十三五”发展规划》，为公司发展提供战略文化引领；加大公司内外宣传力度，与中化、陕煤、河南能化等集团财务公司进行走访交流；荣获人民银行石家庄中心支行“两学一做金融先行”书法展组织奖并圆满承办唐山巡展，得到人民银行高度肯定。开展服务建设年活动，制定实施服务建设年活动方案，深入宣传发动，灌输服务理念，逐部门、逐岗位制定服务承诺书并上网公示，营造优质服务良好氛围，激励员工不断增强服务意识、提升服务能力、创新服务方式。

中国航油集团财务有限公司

【经营概况】2016 年，中国航油集团财务有限公司（以下简称“公司”）紧紧围绕“服务提升年”的工作定位，稳步推进各项业务，累计实现营业收入 1.42 亿元、利润总额 8972 万元。吸收存款余额 70.69 亿元、存放同业余额 70.43 亿元，资产总额 86.84 亿元。营业收入、利润总额等指标均创历史新高。

【信贷业务】2016 年，公司稳步投放信贷资金，积极拓展信贷业务渠道。一是积极加强与人民银行货币信贷处的沟通，2016 年新增合意贷款规模 9 亿元，信贷规模达 28 亿元，相比年初 19 亿元增长了 47.37%，全年发放贷款金额累计 24.37 亿元，日均贷款余额 16.96 亿元，相比 2015 年同比增长 44.59%。二是为了突破信贷业务发展瓶颈，借助国家“营改增”政策的契机，加快对有形动产租赁（直接租赁）业务方案的研究，探索业务开展的可行性。三是强化抵押资产评估流程管控力度，将由借款人委托评估公司评估抵押资产的方式转变为由财务公司直接委托评估公司开展评估工作，并强化对资产的评估价值、资产状况等方面的监督管理。结合每笔贷款的风险评估结果，采取不同的担保措施，首次将股东保证担保与资产抵押担保的联保方式运用到防范信贷业务风险中，提升风险缓释的有效性。

【资金和投资业务】2016 年，公司对结算业务管理质量进行了全方位、基础性的提升，对凭证、支票、银行 UKEY 等重要凭证的管理以及相关业务流程进行查漏补缺，力求做细做精。通过优化资金头寸和付款路径的调度管理，存量资金收益大幅提高，实现资金增效 4730.30 万元。公司全年累计共实现同业利息收入 5990 万元，较上年增加了 726.89 万元，由此形成的集团外部收入占公司总收入的比重达到 42.27%。

【外汇业务】公司通过与农业银行、平安银行和汇丰银行深化合作，全年共开展跨境本外币资金运营业务 48 笔，其中跨境外币资金集中业务 16 笔，金额共计 3.6 亿美元；境内外币资金集中业务 30 笔，金额共计 4.95 亿美元；跨境人民币业务流入流出各1笔，金额各1200万元人民币。与上年相比，跨境资金运营业务不论在规模、笔数还是运作渠道及方式等方面，皆有大幅的增加和提升。

【资金集中】2016年，公司通过不断加强与集团财务部和各成员企业的沟通协调，做好各成员企业收支户资金的监管工作，确保资金及时足额归集上划；及时了解境内外资金情况，协调跨境通道畅通，确保境外资金的归集流入；积极探索公司自身产品供给侧优化，通过采取差别化市场定价等多种手段和方式吸引成员企业存款，增加资金存量。2016年末，公司吸收成员企业本外币定期及通知存款总计达到创纪录的25.20亿元（其中美元4.09亿元），长期稳定资金来源大幅增加，有效优化了公司负债结构和水平，为公司资金集中度的提高作出了突出贡献。公司2016年资金集中度月均值达到67.83%，年末资金集中度高达84%，与上年相比分别提高了16.99个和4.28个百分点，增幅分别为33.42%和5.37%。

【业务创新】2016年，公司于2016年11月28日成功开展首笔货币基金投资业务。截至12月末，公司累计投资金额约为5亿元（含分红转增金额），投资余额3亿元，平均持有期限29天，已确认分红约84.41万元，在提高资金利用效率的同时，提升集团外部创收能力，进一步增强服务集团和成员单位的水平。

【风险管理和内部控制】一是及时开展年度综合授信工作，不断推进授信管理工作的精细化水平，将综合授信对象细化至三级成员企业，为进一步强化全面风险管理奠定基础；二是组织开展交易对家联合准入评估工作，从法律风险源头着手，防范和管理交易对家信用风险，初步建立涵盖136家交易对家的交易对家库；三是结合监管机构“两个加强、两个遏制”的工作要求，开展自查并对发现的问题进行整改，公司全面风险管理体系得到进一步健全；四是认真履行授权程序管理职责，严格法人授权管理，确保了在公司新老总经理选聘过渡期间，公司治理结构和日常经营管理始终平稳有序进行；五是围绕新业务开展和审计巡视问题整改，持续加强和推进制度体系建设，全年共计组织召开规章制度评审会7次，修订制度10项、制定制度8项、废止制度1项，并对现行的九大类、共计116项制度进行梳理，为公司持续提升管理水平提供制度依据。

【人力资源管理】2016年，公司提出了要在集团公司发展金融板块中担当“排头兵”“孵化器”的工作目标。根据公司发展需求和个人工作需要，共计15名员工通过自学报考，参加外部培训等方式，取得与公司业务相关的上清所登记托管结算及净额清算资质、中央国债登记结算有限公司债券托管结算资质、银行间本币市场交易员资格、注册会计师资格等证书、从业资质和职称等共计28项。

【信息化建设】2016年，根据公司业务开展情况，有序推进系统模块建设，优化保障维护机制。一是重点项目建设推进顺利，集团跨境资金集中管理项目一期、财银直联两家银行（邮储银行、北京农商行）、金融城域网升级、征信系统升级四个项目已正式上线，完成营改增、结售汇模块建设、人民币分账户计息三个项目审批；二是强化运维现场管理，联合集团信息中心共同编写完成了《财务公司核心业务系统运维工作清单》，进一步规范了运维流程和运维技术要求标准，使核心业务系统的稳定性、可靠性和高效性得到根本保障。

【企业文化建设】2016年，公司参加集团级各类文体比赛和技能竞赛共计4次，各项活动均取得丰硕成果，分别获得了“航油铁军杯”职工羽毛球大赛女子单打第三名、国际业务知识竞赛三等奖、集团公司“全员大讨论”

演讲荣获三等奖、集团第二届青年创新创效成果展示竞赛铜奖；此外，公司持续加强新闻报道宣传工作。2016 年 9 月，经过认真撰写拍摄底稿、组织现场拍摄，制作展现公司发展业绩、企业风采的电视专题节目一期，并在顺义区电视台《企业风采》栏目播出，有效宣传了公司经营管理中的良好做法和取得的新业绩，树立了良好的行业形象。

海南农垦集团财务有限公司

【经营概况】2016 年，海南农垦集团财务有限公司（以下简称“公司”）面对上半年集团整体资金规模持续下降、全年资金市场收益率走低等多重压力，及时调整经营思路，不断拓展金融服务，在集团“扭亏保盈”攻坚战中继续保持盈利局面。全年实现营业收入 9649.06 万元，净利润 3803.16 万元。

【信贷业务】坚持以服务集团主业资金需求和降低融资成本为导向，持续优化信贷投放结构：一是积极落实集团“扭亏保盈”活动政策，不断加大信贷投放力度，及时为集团及成员单位提供资金支持。对符合集团战略发展、转型发展方向的重点产业、重点项目进行重点支持，对于资金困难成员单位针对性地加大扶持力度。有效缓解了成员单位的资金压力。二是在满足监管的前提下，通过给予贷款利率优惠、灵活安排资金使用计划等方式，为成员单位降低了融资成本，为助力成员单位“扭亏保盈”奠定了基础。

此外，充分利用同业优势和对外担保能力，为集团的“内保外贷”业务提供连带责任保证担保，释放保证金 1895.77 万元，并减免了集团担保手续费。

【资金和投资业务】根据贷款资金收付等情况制定资金收支计划，在确保结算备付金及人民银行准备金的足额储备的前提下，合理安排开展同业投资和同业业务。

随着 2015 年央行五次降息降准，2016 年实体企业经营压力不断增大，债务违约事件时有发生，导致投资风险不断加大，投资收益率持续下行，与上年同期相比，固定收益类市场投资收益率下降了 100 ~ 200 个基点。在此市场背景下，公司及时调整了投资策略：一是严格限制投资高风险的净值类基金、权益类、量化类产品，选择风险相对较低的股票质押及优质非标等固定收益类产品进行投资；二是增加交易品种，分散投资，根据产品类型限制单笔投资额，规避投资风险；三是合理设计产品数量、期限、风险结构，提高边际收益率；四是在保证流动性、风险可控的前提下，适当配置中长期限产品，锁定收益；五是强化产品的事前调查、事中跟踪。邀请外部专家参与投资项目评审，并多次到券商总部实地调研，同时利用其专业优势辅以定期沟通，及时了解市场变化，进而采取相应措施，提高了投资风险控制水平。全年所有投资方案均实现预期最高盈利。

面对资金市场流动性充裕、同业市场利率低迷的情况，主动与多家银行洽谈，以建立同业资金池的方式开展同业存放业务。通过提高资金规模及保证稳定性，增强同业资金议价能力，提高同业存款利率。同时，及时掌握成员单位资金使用计划，在确保资金流动性的前提下，通过同业竞价方式选择每日交易对手，合理安排同业存放期限组合，最大限度地提高同业存放收益率。

【资金集中】公司积极采取措施加强归集：一是积极协调监管部门，在巩固原有成员单位的基础上，将集团的62家农场、投资公司纳入资集中管理金范围。二是采取组织培训、走访调研、媒体宣传的形式，集团归集政策及归集重要性。同时，在满足监管要求的前提下，通过提高存款利率、减免结算性费用等方式，提高成员单位归集资金的积极性。三是克服政策限制多、工作阻力大、组织协调繁杂等困难，集中全力推动资金归集，归集工作取得阶段性进展，实现归集备案成员单位的91.75%。

严格按照操作程序，为成员单位提供及时安全的结算业务。无延迟支付及资金损失事件发生，连续五年实现“零延迟、零差错、零损失”的服务质量目标，有效保障集团经营顺畅发展，提高了集团整体资金使用效率。

【风险管理和内部控制】遵循全面风险管理和重点风险管理相结合原则，稳步推进风险防控和合规管理建设。一是加强流动性管理，继续强化同业投资、信贷、同业存款等重点业务的风险分析和监控，使单一的风险防控向涵盖各项主要业务的综合风险防控组合转变。二是按季开展业务评级指标测评，形成较为完善的业务监督测评管理体系。三是聘请法律顾问，强化法律事务管理，进一步完善法律风险防范机制。四是配合银监局“两个加强、两个遏制”检查组完成对公司的现场检查工作，积极运用检查结果促进提升经营管理水平。五是按照年度审计业务计划，有序推进内部审计项目，确保各项业务合法合规开展。

同时，狠抓安全生产，强化安全责任，加大对各类安全事件的检查和防控力度，实现了安全经营。重视关键办公区域巡查和机房巡检维护保养及专项检查，及时处置办公设备故障，进行灾备及应急演练，排除公司办公场所、机房和信息系统的安全隐患。全年未发生风险损失事件。

【人力资源管理】进一步探索、强化人力资源管理的能力，夯实基础。一是根据集团《二级企业考核管理办法》，研究修订《薪酬管理办法》。二是实行KPI考核制度，将年度经营目标层层分解落实至部门、个人，明确各岗位职责和目标任务，并将绩效考核和薪酬分配相结合，进一步提升了员工的工作积极性。三是加强人才引进，充实和优化人才队伍结构。通过集团推荐及社会招聘，共引进管理人员和专业人才6人，进一步充实了公司的人才资源。

【信息化建设】不断加强对信息系统软硬件检查和维护，有序推进多个系统项目的实施完善。首先，完成电子签章、电子对账等系统模块的二期开发，为成员单位提供了查询、打印、多用户选择等多种对账工具，降低了成员单位人力成本，同时公司内部结算效率、外部对账服务水平显著提升。其次，经过半年的系统测试，人民银行核算综合前置系统（ACS）平台正式上线，有效提高了存款准备金的缴存效率。最后，根据各部门的业务需求，不断优化系统日常运维工作流程。全年信息系统运行平稳，为公司经营管理提高了坚实的保障。

【企业文化建设】深入学习贯彻习近平总书记系列重要讲话精神和党的十八大以来历次全会精神，按照集团党委的具体安排，紧紧围绕公司年度工作任务，扎实开展“两学一做”教育活动，进一步强化了公司党的引领作用，作风建设不断改进，为全年完成任务目标提供了有力保障。2016 年，党支部获评为集团“先进基层党组织”。工会组织参观农垦好家风展览、文昌航天卫星发射基地，举办羽毛球赛、集体观影等各类活动，极大地丰富了员工的业余生活，增强了团队凝聚力。

西部矿业集团财务有限公司

【经营概况】2016 年，西部矿业集团财务有限公司（以下简称“公司”）围绕“提升服务、严控风险、创新增效、统筹发展”的经营方针，积极适应经济发展新常态，加强资金运营管理，提升金融服务能力，强化风险合规管控，较好地完成了全年经营目标和重点工作任务。截至年末，公司资产总额 95.45 亿元，负债总额 69.89 亿元，所有者权益 25.56 亿元，实现营业收入 3.44 亿元，利润总额 2.22 万元，连续 5 年超额完成集团公司下达的经营目标任务。

【信贷业务】2016 年，公司根据贷款单位的信用等级、资产状况、现金流、偿债能力等财务指标做好贷前调查。各项贷款平均利率低于贷款基准利率，存贷款利差低于商业银行平均水平。为成员单位提供及时、高效、优质的信贷服务，有效降低了成员单位融资成本；同时，公司积极配合青海银监局推进绿色信贷工作，得到青海银监局的充分认可。全年累计发放贷款 44.57 亿元，贷款余额 13.10 亿元，贷款平均收益率 4.68%，全年实现贷款利息收入 1.03 亿元。

【资金和投资业务】2016 年，公司根据成员单位资金计划，合理安排同业存款额度和期限，并不断拓宽合作金融机构范围，通过询价、比价和议价，确定最高报价银行存放，存放同业收益保持较高水平，实现超额收益 0.35 亿元。公司根据资金头寸，灵活调整投资策略，全年累计投资 21.91 亿元，投资余额 17.17 亿元，日均投资收益率 6%，实现投资收益 0.70 亿元。

【票据业务】2016 年累计办理贴现业务总量 29.84 亿元，再贴现业务总量 29.66 亿元，较上年同期分别增长 8.94 亿元和 10.84 亿元，票据业务运作收益明显，时点贴现余额 19.70 亿元，再贴现余额 18.77 亿元，全年实现贴现利息收入 0.29 亿元。

【资金集中】全年可归集口径资金归集率达到 99.49%，全口径资金归集率为 65.92%，归集成员单位资金总量日均达 48.33 亿元，较上年增加 3.78 亿元。

【业务创新】跨境资金归集取得重大进展，2016 年 3 月 14 日，公司取得人民银行跨境双向人民币资金池业务备案通知书，成功实现青海省首例跨境资金归集，全年累计归集境外资金 8.46 亿元；增资工作顺利完成，2016

年3月15日，公司顺利完成增资的验资及工商变更等工作，注册资本由5亿元增加至20亿元人民币；资产业务定价体系建立健全，公司充分借鉴国内外商业银行实践经验，依据公司自身经营特点，以成本加成定价法为基础，综合考虑资本成本、经营成本、风险成本以及股东融资成本等因素，制定了较为科学、健全的资产业务定价体系，使公司资产结构更趋合理，成本更加透明；票据池业务正式启动，积极制定方案并与合作银行签署协议开展票据入池工作，全年共计5100万票据办理了入池手续；电票系统获得人民银行验收通过，得到人民银行总行正式批复。

【风险管理和内部控制】公司根据股东单位和监管机构的制度规定和要求，对现行制度进行全面梳理，进一步完善了法人治理结构，明确了组织架构体系与部门职能。制定年度董事会授权书并督促落实，重点对有价证券投资的授权内容进行了修订完善，加强投资业务、信贷业务等重点业务的风险审查，有效防范信用风险、市场风险；对重点异地业务采取风险跟踪制度，对同业业务进行了风险走访。认真落实监管机构案防工作要求，对公司案防工作体系情况进行了全面自查与评估，完善案防管理制度；定期进行公司风险监管等级自评，及时了解并监控各项监管指标，总结经营及风险管理情况，报备相关材料。成立了公司审计委员会，并开展了公司全面审计检查工作，对检查出的问题督促落实整改，从而有效保障公司内审工作的开展，不断促进业务合规经营。

【人力资源管理】2016年，公司重视员工业务素质培训，支持员工参加监管机构、行业协会和集团公司组织的各类学习培训，并结合公司实际有针对性地开展学习培训及业务知识竞赛等活动，同时鼓励员工参加学历、职称及业务资格考试，全年累计培训达270多人次。进一步优化绩效考核体系，重视员工职业发展，积极推进与公司业务发展、市场化运作机制及员工业绩相匹配的薪酬机制和绩效考核体系。

【信息化建设】2016年，公司信息系统整体运行平稳，未发生信息安全事故，有效保障了各项业务的高效、安全、可靠运行。完成了电票系统的前期调研、论证、合同签订、开发工作、模拟运行测试及金融城域网接入工作，积极与人民银行相关部门沟通完成电票系统接入环境验收工作。完成了综合办公系统升级项目的实施，办公系统的顺利上线实现了整个公司的高度信息化，实现了办公自动化、信息资源化、传输网络化和决策科学化。完善运维项目的流程梳理工作，针对运维中的不足，提出了相关改进意见，针对存在的不足及运维服务的范围、方式和服务内容方面进行了梳理和改进。

【企业文化建设】制定了公司内部管理提升方案，多维度全方位对员工进行激励。通过举办金融知识竞赛等活动，提高员工综合素质。充分发挥工会作用，通过成立文化体育协会并组织一系列文体活动，加强公司员工凝聚力，为公司经营管理工作发挥了有力的助推作用。

江苏交通控股集团财务有限公司

【经营概况】 2016 年是江苏交通控股集团财务有限公司（以下简称“公司”）实施三年行动计划的开局之年，运营管理能力进一步增强，金融服务能力上了一个新的台阶。

截至 2016 年末，公司存款余额 61.76 亿元，自营贷款余额 36.90 亿元；委托贷款余额 62.97 亿元。公司总资产 75.23 亿元，负债 62.26 亿元，净资产 12.97 亿元，资产收益率为 1.02%，净资产收益率为 6.44%。2016 年实现营业收入 2.72 亿元，利润总额 1.10 亿元，为集团节省财务费用 2.30 亿元。公司资本充足率为 27.78%，流动性比例为 54.21%，自有固定资产比例为 10.96%，短期证券投资比例为 7.40%，不良资产率、不良贷款率、长期投资比例、拆入资金比例均为零，各项监控、监测指标均符合监管要求，各项行业评级指标均在全行业、区域内排名领先。

【信贷业务】 2016 年，公司完成集团融资总额 1314 亿元，其中内部融资 167 亿元，外部融资 1147 亿元。全年为 23 家成员单位开展评级授信，年末授信余额 67 亿元，全年累计发放自营贷款 49.80 亿元，累计发放委托贷款 87.75 亿元，积极促进集团重点项目顺利建设和新能源产业发展，适时适度向阜建、泰高、大丰港疏港高速和沪通大桥过江通道项目投放项目贷款 1.34 亿元，向清能徐州光伏发电投放项目贷款 0.50 亿元。

【同业业务】 2016 年，公司整合资金业务，组建了资金管理专业团队，专司流动性和同业资产负债业务管理工作，全年共获得 15 家同业机构 81 亿元同业授信，完成对 22 家同业机构授信工作。开展存放同业、同业拆借、债券逆回购、现券业务、同业存单、银行理财、货币基金和信托计划等业务 200 笔金额 775 亿元，取得收益 1.20 亿元，约占公司营业收入的 45%，提高了存量资金收益。

【资金集中】 2016 年，公司较好地完成了资金集中度提升工作任务。与集团所属上市公司——宁沪公司签署了《金融服务协议》，实现了资金有效归集。资金归集层级进一步延伸至三级子公司，新成立公司也都相继加入了资金池。2016 年，公司全口径资金集中度月均 72%，较上年增加 14 个百分点，可归集资金集中度月均保持在 90% 以上。

【业务创新】 2016 年，公司在全省开创了与无股权关系的上市公司开展资金归集的先例。首次开展了保函业务，金额 129 万元，保证金比例为 5%，手续费率为每月 0.1‰，显著降低了成员单位融资成本。

【风险管理和内部控制】 2016 年，公司严格按照江苏银监局“两个加强、两个遏制”有关要求，开展了全面的自查、自纠工作，不断提升合规高线。精心组织开展“合规年”活动，让人人合规、事事合规、时时合规入心、人行。

公司继续开展制度梳理完善工作，全年新增《监事会对董事、高级管理人员和监事履职评价办法》等制度13个，修订《招标投标与采购管理暂行办法》等制度31个，废止制度2个，制度总数达到125个。公司制度体系建设基本完成。

公司通过持续完善业务合规操作手册，建立交易对手“白名单”等措施，有效防范操作风险和信用风险。以细化资金预算为抓手，保持流动性松紧适度。持续做好案防工作，加大防控力度和排查频度，防微杜渐，筑牢案件风险防线。

【人力资源管理】2016年，公司在总结以往绩效考核经验和借鉴同业单位先进理念基础上，通过对标对考核指标和方式进行了优化，制定了董事会对经营层《经营绩效考核办法》，取得了很好的行业示范作用。根据经营需要修订了《岗位说明书》，以此规范岗位要求和工作秩序，引导员工职业发展和素质提升。落实员工培训计划，全年共组织42人次参加40期各类业务学习、培训。对接和落实“789”人才培养计划，大力引进中高层次员工，全年引进金融、财务专业研究生2名，进一步完善员工梯队建设。

【信息化建设】2016年，公司完成了融资管理系统、代理支付系统、账户管理系统（一期）的开发、上线，以及营业用房新址的智能化建设，实现了人行公文交换系统对接，积极推进预算管理、综合报表管理等系统的建设工作。及时跟进账户管理系统（二期）、信贷系统、风险监测系统等研究、设计工作。

【企业文化建设】2016年，公司认真学习贯彻党的十八大、十八届三中、四中、五中、六中全会和习近平总书记系列重要讲话精神，深入学习《中国共产党廉洁自律准则》《中国共产党纪律处分条例》等文件，扎实推进“两学一做”专题教育活动，强化基层组织建设。

公司持续有力推进企业文化建设，使企业文化的“软实力”成为公司改革发展的“硬支撑”。全年组织开展了职工健步走、迷你马拉松、员工才艺表演、阅读与写作、趣味运动、周年生日庆、夏季无偿献血活动等健康向上的文体活动，新建公司实体阅览室、电子阅览室、咖啡休闲室、健身房、建设公司微信公众号、视觉识别系统（VI），不断提升公司认可度，激荡员工思想，调动工作潜能。

中国移动通信集团财务有限公司

【经营概况】2016年，中国移动通信集团财务有限公司（以下简称“公司”）坚持“依托服务集团，审慎稳健运营”的经营方针，以促进全集团整体资金效益最大化为中心，发挥专业运营优势，稳步创新公司金融产品和服务模式，不断提升专业能力与专业水平，以专业化服务支持集团发展，实现自身价值再提升。2016年末，公司资产总额875.55亿元，较上年末增加82.32亿元，增长10.38%；所有者权益197.22亿元，较上年末增加7.59亿元，增长4.00%。公司全年实现营业收入13.05亿元，同比下降13.36%；实现利润总额10.63亿元，同比下降19.82%。同时，公司严格把控风险，资本充足率、流动性比率等各项监控指标均符合监管要求，不良资产率及案件发生率均为零。

【信贷业务】2016年，公司持续提升信贷业务管理水平，不断拓展信贷业务客户范围和信贷业务规模，同时，进一步优化操作流程，梳理制定成员单位信贷业务用户指南，更好地满足成员单位融资需求。公司全年审批成员单位综合授信共计215.50亿元，累计发放自营贷款143亿元、委托贷款43亿元，有效缓解成员单位资金压力，助力成员单位业务发展。

【资金和投资业务】2016年，公司依托集团统一的多主体“资金池”，发挥专业化运营优势，统筹开展同业存款、银行理财投资、优先股申购等多主体多途径资金运用，全年累计开展银行理财投资721.80亿元，以集团公司主体成功申购优先股143.86亿元，在整体金融市场收益率持续低位运行和“资产荒”的大环境下成功获取较高的资金收益率，进一步优化集团整体资产结构。持续完善委托投资业务流程及模式，协调成员单位投资计划，充分发挥资金规模效益，全年面向29家成员单位操作委托投资88笔，涉及44个期限品种，投资规模累计达431.40亿元，显著提升成员单位资金效益。研究完善供应链金融服务方案，加强金融同业合作，提升供应链金融服务支持力度。进一步加强银行理财投后管理与研究，密切跟踪银行理财产品的资金投向，深入分析银行理财投资历史数据，研究探索适应公司业务发展的银行理财产品风险评价机制，提升资金风险管控水平。

【资金集中】2016年，公司继续稳健高效运营资金集中体系，优化账户和凭证管理模式，针对成员单位多元化、多层级的资金管理需求拓展资金集中管理功能，增强产品化运营能力，推出超级网银、下属单位资金监控、账户额度管控等产品，年末资金集中体系成员单位数量达73家。公司发挥结算平台优势，夯实资金安全管理基础，有效衔接集团主业结算，开展委托收付款业务，结算业务范围及数量大幅增长，全年结算金额首次突破万亿元，达11506.09亿元，助力全集团降本增效。

【业务创新】2016年，公司聚焦流动资金管理，结合全集团整体资金状况和使用特点，进一步深化银企合作，充分发挥集团整体资金规模优势，与银行合作推出“聚和益+”现金管理产品，有力推动全集团资金集约化、精细化管理提升。同时紧密跟踪金融市场，积极推进货币基金、信托产品投资的业务流程研究与前期准备工作，探索资金运用新渠道。

【风险管理和内部控制】2016年，公司不断夯实全面风险管理框架基础，制定并严格执行2016年度风险偏好策略及容忍度指标体系，按季度编写风险管理报告，评估并预判公司风险情况，同时持续推进风险管理和内部控制制度建设，支撑业务持续健康发展。公司结合工作热点，对业务经营、风险管理及内部控制过程进行监督和评价，全年共开展近十次风险检查和内部审计工作，持续提升内控执行力。2016年度，公司未发生重大风险和合规风险事件，未发现公司经营存在重大违法违规情形和重大内部控制缺陷。

【人力资源管理】2016年，公司紧密围绕发展战略，不断健全人力资源管理体系，逐步完善选人用人管理机制，从严开展干部选任，优化薪酬激励机制，进一步激发组织活力。持续探索完善多元化培训模式，坚持分层次、多角度组织开展内部培训8次，组织公司内部论坛4期，组织参加监管机构和集团公司各类培训96人次，同时促进发挥业务研究小组作用，加强研究成果分享与运用，打造公司内部创新平台，进一步提升员工创新和研究能力，促进发挥人才价值。

【信息化建设】2016年，公司全面推进信息系统整体规划落地，逐步建立信息安全管理体系、科技外包风险管理体系和业务连续性管理体系，不断完善信息系统运行保障。根据业务发展情况，持续优化公司资金管理系统核心功能，不断强化超级网银、委托投资和自营投资等业务支撑能力，同时在集中化和标准化建设要求下，稳步推动公司资金管理系统与集团资金管理平台对接，强化与合作银行、成员单位系统的互联互通，高效支撑业务开展。

【企业文化建设】2016年，公司积极开展健康向上的文化活动，以“学雷锋志愿服务推动月”为契机，组织部分员工走进北京市打工子弟小学开展志愿服务活动，培养公司员工良好的精神风貌。进一步完善公司评优评先机制，组织开展优秀员工、优秀业务研究小组等各类评优评先活动，树立爱岗敬业、积极务实、团结信任、诚信正直的模范典型，促进形成争当先进的浓厚氛围。

山东钢铁集团财务有限公司

【经营概况】2016年，山东钢铁集团财务有限公司（以下简称“公司”）面对错综复杂的经济形势和集团艰巨繁重的改革发展任务，认真落实金融支持实体经济发展的系列要求，始终秉承“依托山钢，服务企业”的宗旨，紧紧围绕年初确定的经营目标和11项重点工作；以发展规划为统领，以企业文化为导向，以业务拓展为重点，不断提升金融服务实体经济的能力和水平，各项工作全面发力，取得了良好的经营绩效，实现了公司与集团的共创共进共赢；公司多次得到上级部门和集团公司的高度评价和充分认可，被授予集团公司文明单位称号。截至2016年末，公司资产总额166.36亿元，负债总额132.39亿元，所有者权益33.97亿元。各项存款余额131.73亿元，较年初增长38.03%，2016年末全口径资金集中度39%，可归集口径60%（不含中泰证券）；各项信贷资产余额104.97亿元，较年初增长99.75%。全年累计实现营业收入5.99亿元，实现考核利润2.35亿元，同比增长14.1%；无不良贷款，贷款损失准备金率达到1.69%，资本充足率为26.36%，流动性比例为74.08%，各项风险指标符合监管规定，银监局、财务公司协会2015年度评级为B1级。

【公司金融】针对钢铁行业经营困难、资金紧张的实际，多方筹措资金，助力集团和成员单位资金链安全，在关键时期、关键时点发挥了重要作用。2016年，累计为集团公司和成员单位融资表内表外达到442亿元，较上年增加201亿元，增幅为83.4%，表内表外融资年末余额达到171亿元，较年初增加68.86亿元，增幅为67.4%，列各家银行之首。通过贷款、委托贷款等产品支持企业。至2016年末，贷款余额97.49亿元；委托贷款余额10.7亿元。全年累计拆入资金119亿元；为成员单位介绍融资7亿元；新增授信额度44亿元。加速推进并顺利完成增资工作，10月底公司注册资本金增至30亿元，资本实力更加雄厚，风险抵御能力进一步提高。

【资金和投资业务】不断拓展保险代理业务，2016年新增服务单位18个；累计为成员单位代理投保资产687.64亿元，较上年增长31.8%，保额（保险责任）999.87亿元，增长50.7%，总保费2218.79万元，费率下降50%以上。在索赔上加大力度，累计索赔到位1406.17万元，充分体现了保险的保障能力。先后三次参与集团公司超短期融资债券的集合竞价。继续实施让利政策，通过降低贷款和贴现利率、提高存款利率、减免手续费、降低保证金等方式，多方面让利成员单位，累计让利2亿多元。2016年外部创效6025万元。

【票据业务】积极开展票据贴现业务，形成了票据—贴现—转（再）贴—资金的快速流转渠道，截至2016年末，票据贴现余额7.48亿元，转贴现余额32.65亿元，电票余额21.57亿元，扩大了集团公司融资渠道。

【资金集中】变更了系统归集模式。原来归集的资金分散在几十个账户上，企业支取时随时支出，没实现资金的集中管理和使用。公司用半年时间，将资金集中到几个账户，实现了真正意义上的资金归集。针对莱芜区域成员单位下午六点下班的特点，将归集时间延长至下午六点，使不能归集的资金归集上来。制定《资金归集配套办法》，将成员单位资金归集情况与对其资金支持力度和存贷款利率挂钩，采用“一企一策”的差异化政策，有效提升了成员单位归集资金的积极性。运用电子银行承兑汇票等产品增加“保证金”存款，年末余额达到6.75亿元。

【业务创新】不断拓宽服务领域，扩展支持范围。逐步将山钢地产、日照公司、莱钢建设等纳入服务单位。截至2016年末，已为85个成员单位提供资金结算和账户挂接服务，同比增加6个。学习借鉴先进经验，快速推进票据池建设。赴创维、中兴等财务公司学习交流，顺利完成票据池系统的开发。强化绩效薪酬创新，充分发挥激励导向作用。按照“市场化的业绩、市场化的薪酬”的思路，不断完善激励考评机制，适度拉大收入差距，对超额完成奋斗目标的部门实施重点激励，全年累计发放专项奖励9万元。

【风险管理和内部控制】高度重视银监会“两个加强、两个遏制”回头看工作，分别召开动员部署会议、专题学习会议和6次推进会，全面部署相关工作。积极开展自查，对自查的问题和不足，认真整改，现已全部完成。经过现场检查，银监局专项督导组对公司内控管理、合规经营等方面给予高度评价，对公司的各项业务工作予以充分认可。强化风险管理，确保合规运营。坚持标本兼治、综合治理、源头预防，从“胆、机、心”三个方面开展案件防范工作，使员工无作案之胆量、无作案之机会，达到无作案之心的目的。持续完善内部控制和风险管理体系，着力加强风险管控，制定印发《关于加强风险管控的实施意见》《案件防控制度》《从业人员职业操守指引》《从业人员日常行为排查管理办法》等规章制度。认真落实风险预警会议制度，累计召开4次公司风险预警会议，将风险防范关口前移，提高风险防控能力。在多方面努力下，公司无案件发生。

【人力资源管理】加强员工队伍建设，做好新员工招聘工作，有序开展入职教育和业务培训，为公司发展注入活力动力。强化员工培训，建立并持续优化培训计划，坚持“每周一学”，采取同业交流、专家授课等形式，不断提升员工综合素质。鼓励员工加强学习，要求每人每年至少考取2项金融类从业资格证书，已有18人次，累计68人次获得各类金融专业资格证书。深化积分管理，印制《员工轻微违规行为积分管理办法》和《工作人员违规失职行为处理办法》两个手册，将日常容易发生的335项轻微违规事项，规定不同的计分分值，与工资挂钩，员工全年计分满24分下岗培训，全年累计为10人次积16分，处罚1600元。优化员工述职测评，制定实施《员工述职测评办法》《员工述职测评结果运用管理办法》，将每年两次的述职测评结果，作为确定员工岗位、公司约谈、年度奖罚、员工培训、先进推选等重要依据，从而激发了职工干事创业积极性。强化劳动纪律管理，推行上下班指纹打卡，严格考勤。要求穿着工装上班，使用文明用语，树立了公司良好形象。

【企业文化建设】大力推进文化建设，凝聚企业发展的正能量。在认真践行山钢企业文化的基础上，深度挖掘公司文化底蕴，梳理形成富有金融企业特色的财务公司文化体系，印发《企业文化手册》并举行发布会，悬挂文化展板，组织主题演讲比赛，印制演讲比赛材料汇编，在全公司形成弘扬企业文化的浓厚氛围。不断强化企业文化宣贯，进一步增强公司的凝聚力、向心力和执行力，努力做到以文化统领思想，以文化引领方向，以文化促进发展。

【党群工作】紧紧围绕中心，深入推进“两学一做”学习教育活动，制定并严格落实“两学一做”工作方案和配档表，不断强化学习教育，扎实做好七项重点任务，取得明显成效。深入推进“改革转型我担当”大讨论活动，制作并报送宣讲教育片《担当》。充分运用党政工作例会、“三会一课”“每周一学”及中心组学习等，传达上级精神；广泛开展形势任务教育，做到学习教育有安排、有计划、有要求、有效果。坚持将党建工作与经营管理有机结合，通过党员承诺、践诺、党性实践活动、评先树优等形式，带领全体职工为集团和成员单位提供优质的金融产品和服务，助力集团改革转型创新发展。落实“一岗双责”，深化廉洁教育，倡导廉洁清风，形成了崇廉尚廉的良好氛围。大力支持群团组织充分发挥自身优势，全年多次举办学习、竞赛和文体等各类活动，有效发挥了凝心聚力作用。

国药集团财务有限公司

【经营概况】2016年，国药集团财务有限公司（以下简称“公司”）密切关注宏观经济形势和货币政策变化，紧紧围绕集团资金管理重点工作任务，以“扩大信贷规模、提高运营质量、优化产品结构、稳定经济效益”为经营策略，在货币政策较为宽松、金融行业利润增速下行的背景下，确保年度各项经营平稳有序进行，为集团成员企业提供金融配套服务，实现“十三五”规划良好开局。

截至2016年末，公司资产规模为982893.99万元（不含代理业务资产），负债912923.69万元（不含代理业务负债），所有者权益69970.30万元，累计完成营业收入17347.74万元，实现利润总额8629.88万元，资本充足率为18.56%。资产规模、利润总额等指标均较上年稳步提高。无不良资产及不良贷款，减值准备余额4896.14万元，拨备充足，资金流动性充裕，流动性比例为82.37%，各项监管指标均符合监管要求。

【信贷业务】公司适应成员单位多元化信贷需求创新产品，保持服务和产品价格优势，信贷投放总量增幅较为明显。截至2016年末，公司对成员单位授信金额合计为79.50亿元，较上年新增15亿元，增幅为23.26%；累计信贷投放74.70亿元，较上年增长46.38%；日均信贷规模达到26.15亿元，较上年增长5.46亿元，增幅为26.39%。

在信贷投向方面，公司重点保障集团资金管理重点、难点问题。在产品运用方面，坚持动态适应客户需求变动，细分贷款、融资租赁、贸易融资、贴现、承兑等业务品种，进一步增强服务的针对性、精细度，满足客户不同期限、不同用途、不同载体、不同目的的融资需求。在服务范围方面，稳步拓展客户基数，年内新增信贷类客户14家，并全部开展实质性合作，三、四级企业客户数量明显增加，地域分布更为广泛。

【资金集中】通过开展资金集中管理政策宣导、完善“资产负债联动”服务模式以及实施市场化的利率定价机制，公司实现了在激烈竞争环境下的存款规模稳定目标。2016年末各项存款余额90.89亿元，全年日均存款规模38.29亿元，且活期存款占比有所提高，平台支付结算功能提高；规模过百万元、千万元的中型客户数量有所增加，客户分布、期限结构进一步优化，为公司融资服务提供了稳定的资金来源。

【业务创新】公司扩展票据业务品种。结合票据债权债务关系明确、市场流动性较强和融资价格优惠等特点，试点开办商业承兑汇票贴现融资业务，并与外资行确定转贴现额度，拓展资金融通渠道。全年累计办理商票贴现5.46亿元，转贴现2.26亿元。

公司在贷款业务品种创新与同业合作角色转换方面有所突破。开展了新形式的流动资金周转贷款品种，解决部分企业在资产重组过程中的短期融资便利需求，同时促进了存款、结算和信贷业务同步互动。通过担当融资租赁项目选项、评估和进度控制等总顾问职责实现角色转换，带动社会资金支持成员企业发展，并取得相应中间业务收入。

【风险管理和内部控制】公司编写年度全面风险管理报告、合规管理报告及合规经营考核报告，全面总结了公司在风险管理方面的成绩与不足。组织开展了案件防控自评价、年度风险自评价（包括财务公司协会评价体系和监管评价体系），通过对公司风险管理定量指标和定性指标的分析，查找差距和不足，明确了全面风险管理工作努力方向。公司重点加强业务审查、流程监控和合规控制，基本实现风险管控与业务延伸同步。所有业务无逾期、不良资产发生。日常工作中加强对重点风险的监测力度，公司资产质量及各项监管指标符合监管及公司要求，年内无风险、法律、案件事故发生。

公司加强对业务方案、合同协议的合规性审查，聘请律师、会计事务所全程审查合同文本，就业务对各当事人会计核算的影响及法律风险进行专业论证，根据论证意见调整业务流程与交易架构，保证业务操作的合规性。全年新定、修订包括《反洗钱管理办法》《客户信用评级管理办法》等制度10项，形成覆盖全部业务的116项管理制度。公司内部控制较为合理、有效并持续完善。

【信息化建设】2016公司在信息化管理方面开展了信息安全风险自查、信息系统应急预案演练、信息化制度完善修订工作，有效提升了公司信息化管理水平。公司编制了《机房日巡检表》《机房故障登记表》《设备维修记录表》等共计10个管理表单，对每个系统、服务器、网络设备、软件进行全面的监控记录，并每月出具信息系统运行月报。2016年综合业务系统运行稳定，运行正常率达到100%。

郑州宇通集团财务有限公司

【经营概况】2016年，郑州宇通集团财务有限公司（以下简称“公司”）立足于“依托集团、服务集团”的功能定位，通过加强资金集中管理，规范经营、防范风险，较好地完成了年度经营目标。

截至2016年末，公司资产规模55.95亿元，贷款余额30.53亿元，实现营业收入2.59亿元，净利润1.95亿元，净资产收益率为23%，公司的经营质效在财务公司行业内处于较好水平。

【资金集中】2016年，公司持续提高资金精细化管理水平、提升资金流动性管理能力，使集团资金集中度、资金使用效率得到了进一步提升，全口径资金集中度达到58.22%，较上年提高8.53个百分点。

【信贷业务】2016年，公司信贷业务优先服务于成员企业，较好地满足了成员企业的融资需求，并有效降低了成员企业的融资成本；同时公司积极优化信贷资产结构，增加小微企业贷款，年末小微企业贷款余额3.72亿元，较上年增加0.31亿元。2016年，公司消费信贷业务持续稳健发展，新增贷款5.01亿元，有力地了支持客车主业产品销售。

【投资业务】2016年，公司注重于投资业务风险管理能力的培养，稳步拓展合作机构，审慎稳健开展投资业务，全年实现收益0.33亿元。

【票据业务】2016年，公司积极拓展电子银行承兑汇票业务，累计开票5.23亿元，为成员企业支付结算提供了安全快捷的支付方式；公司积极推广成员企业商业承兑汇票保贴业务，鼓励成员企业使用商业承兑汇票结算，成员企业累计开票1.68亿元，较上年增加了0.9亿元，为成员企业通过自身信用提高营运资金管理水平发挥了积极作用。

【风险管理】2016年，公司健全了同业授信管理机制，巩固了汽车金融业务风险监测预警机制，加强了业务质量考核管理，识别和防范业务风险的能力进一步提升，公司全面风险管理体系得到进一步完善；公司建立了利率风险敏感性监测机制，优化了流动性风险动态管理机制，充分利用信息化手段加强了对市场风险、流动性风险的预警管理；公司利用风险案例分析会、专项风险培训等多种形式，不断强化员工的风险防范意识、提升员工风险管理能力，并取得了良好效果。

【内部控制】2016 年，公司内部控制工作重点围绕各项制度的合规性、适用性以及制度执行的有效性开展。全年共评估、修订各类制度 40 余项，对信贷、票据等各项业务开展了审计稽核，并对公司制度流程管理、汽车金融信息系统等开展了专项审计，通过整改问责机制保证了审计发现问题的有效解决；同时通过对审计成果的经验共享、培训学习提升了全员合规风险意识，促进了业务合规开展。

【人力资源管理】2016 年，公司以年度重点工作计划的制定、执行和考核管理为主线，保证了各项工作落地和工作绩效的达成；以“获取专业资格、提升岗位技能”为重点实施员工培训计划，提高员工技能；公司进一步优化了薪酬激励政策，形成了员工成长和公司发展良性互动的机制，公司的组织支持度、员工敬业度和员工满意度稳步提升。

【信息化建设】2016 年，公司核心业务系统、汽车金融业务系统运行平稳，资金结算、资金归集的系统能力进一步增强；公司反洗钱监测报送系统上线，有效提升了反洗钱工作的效率和质量；通过全员信息安全培训，调整安全设备策略及特征库，优化容灾机制等措施，保证了信息系统稳定运行，全年无信息安全事故发生。

【企业文化建设】2016 年，公司积极推进企业文化建设工作，员工队伍稳定，凝聚力进一步增强，有力地支持了业务的良性发展。公司以“快乐工作、健康生活”为主题，组织开展了丰富多样的团队活动，增强了员工的认同感和归属感。

中国铁建财务有限公司

【经营概况】2016 年，中国铁建财务有限公司（以下简称“公司”）资产总额 842 亿元，同比增长 15.9%；实现营业收入 19.35 亿元，同比增长 7.1%；实现净利润 6.43 亿元，同比增长 10.5%。公司坚持“以结算促集中、以流量带存量”的基本思路不动摇，全年完成结算量 316 万笔，结算金额 6.5 万亿元，同比分别增长 114% 和 22.3%；结算业务呈现结算账户增多、结算笔数增多、结算总额增多等显著特点。一年来，通过存款利率上浮、贷款利率下浮、结算手续费免除、中间业务免收保证金、减免手续费等方式，累计向成员单位让利 4.03 亿元，为集团创造综合价值 10.44 亿元，公司支持实体经济的力度持续增大。

【信贷业务】2016年，公司累计为42家成员单位提供授信总额1197亿元，比上年增加413亿元；累计信贷投放437.67亿元，同比增加150.8亿元；年末信贷余额402.79亿元，比上年增加131.39亿元。累计开立非融资性保函139份，金额48.48亿元，同比增加29.48亿元；保函余额60.41亿元，比上年增加40.45亿元。累计办理票据承兑4306笔，累计流量83.55亿元，比上年增加77.01亿元。累计发放委托贷款74笔，金额108.46亿元，委托贷款余额121.39亿元。公司为积极配合成员单位降债增效，调增授信额度124亿元，累计置换银行贷款62.9亿元，基本实现了集团降债目标。

【资金和投资业务】2016年，公司密切关注金融市场动态，坚持审慎平衡的流动性管理策略，通过加强头寸预算管理、合理错配存放期限、发挥同业拆借功能等手段，最大限度提高资金创效能力。为实现对成员单位重大项目资金的集中，公司在15家商业银行52个分支行开立91个同业合作账户。全年共续做同业拆入业务392笔，合计金额3300亿元，保证资金流动性的同时获取利差收入502万元。合理配置定期存款，同业存放利息收入6.87亿元，占年度总收入的35.5%。2016年6月，公司顺利通过人民银行备案，成功加入银行间市场交易商协会，成为全国银行间市场交易商协会会员。

【票据业务】2016年，公司票据业务实现快速发展。一是规模直线增长，累计办理票据承兑4306笔，流量83.55亿元，余额66.86亿元，比年初增加62.42亿元；办理票据贴现148笔，贴现净额17.83亿元，贴现余额11.03亿元，比年初增加9.75亿元。二是电票业务被广大成员单位认可，逐步取代传统纸票。全年累计开具电票4223笔，是纸票的51倍，金额78.86亿元，占票据承兑总额的94.39%；办理电票贴现103笔，贴现净额13.49亿元。三是票据流通顺畅。公司继续扩大保贴银行合作范围，制定保贴服务方案，简化业务流程，统一基础资料，确保供应链企业办理保贴业务享受及时、便捷、价低、高效的金融服务。协助近80家产业链上游企业办理银行保贴超过170笔，金额近27亿元。

【外汇业务】2016年，公司将外汇业务筹备列为年度重点工作。3月24日取得国家外汇管理局北京外汇管理部批准的即期结售汇业务经营资格，公司梳理、制定管理办法和操作流程，组织员工培训及资格考试，完成相关机构设置。12月14日申请成为中国铁建外汇资金集中管理主办企业，合作银行为中国工商银行北京市分行及招商银行北京市分行，备案成员单位囊括32家成员单位。截至年末，公司已进行系统软硬件设施及系统接口研发，外汇市场间交易会员资格申请取得阶段性进展，计划申请开展跨国公司总部外汇资金集中运营管理试点业务，建立境内外币资金池和跨境外币资金池，归集境内合作银行外汇资金及境外外汇资金，实现成员单位代理收款及国际代理首付业务。

【资金集中】2016年，公司开立账户1857个，同比增长93.04%；结算量316万笔，共计6.5万亿元，同比分别增长114%和22.29%。吸收存款的结构发生积极变化。截至年末，集中资金余额763亿元，较上年末增加31%；全年日均集中资金余额512亿元，较上年末增加29%。具体措施主要有几方面：一是扩大宣传推介力度，灵活使用新媒体，举办业务推介会，多部门联动配合协作，拓展合作领域，强化财企合作。二是针对集团产业结构调整，与新成立的投资建设公司、金租公司建立全面战略合作关系，大力开展深度业务合作。三是持续加强重点单位资金集中的工作力度，重点跟踪资金存量较大的单位，主动贴近成员单位现场开展服务。四是稳步扩大资本项目资金集中规模，在项目集中地新建资金池，区域资金池数量增到17个。五是将部分单位的传统柜台业务平移至财务公司。六是继续深化专项资金集中工作，工会、社保等专项资金集中规模增大，日均存款规模超40亿元。

【风险管理和内部控制】公司牢固树立风险意识，不断构筑稳健审慎的风险管控体系，各项监管指标及监控指标均符合监管部门规定。2016年，出台《风险评估管理办法》，对风险评估的工作机制、评估程序、评估准备、评估报告等进行了规范，明确各部门职责，建立风险预警、监测、收集、上报机制。公司内控分析和报告机制完备，2016年组织开展制度梳理工作，建立完善清晰的制度台账，累计下发规章制度43个。每季度就公司治理、法律合规、监管指标情况向经理层和监管部门报告；每年就审计稽核结果、全面风险管理情况向董事会报告。公司根据银监局提出的监管意见及集团内控评价中指出的缺陷，进行全面整改落实，强化公司内控管理。公司法务工作有序开展，法律审查率达到100%；内部审计人员履行内部监督、风险评价管理职能，独立执行内部审计监督职能，为公司规范运作发挥了积极作用；业务经营严格限制在审批范围内，内部控制制度设置较为完善，制度执行情况较好，内部控制有效。

【人力资源管理】2016年，公司一是严谨细致，夯实基础工作，人力资源的各项基础工作有序开展。二是多种渠道，开展人才招聘，组织开展应届高校毕业生和系统内外部公开招聘，充实了公司的人才队伍，提供人才保障。三是注重实效，考核激励凸显，进一步修改绩效考核方案，优化考核方式，真实评价员工工作绩效，充分调动员工工作积极性。四是立足实际，明确培训规划，积极推动员工培训和人力资源开发工作，公司全年共计124人次参加37项培训。五是专项整改，规范人事档案，对员工人事档案进行核查、清理、补充和改版。六是依法合规，建立企业年金，成立公司企业年金管理委员会并制定《工作规则》和《年金方案实施细则》，经民主程序和审批备案后逐步完成了开户和建账工作。

【信息化建设】2016年，公司积极开展硬件升级工作，提升核心系统处理能力，满足了迅猛增长的结算、电票等业务需求。通过优化业务渠道和资源配置，将网银业务和柜面业务进行独立部署，优化主结算行支付渠道，提高资金结算效率，创造了单日结算峰值2.8万笔、金额881亿元的历史新高。防范信息科技风险，健全突发事件应急处置机制，编制核心业务系统应急操作手册，更新核心系统业务应急预案；完善银企容灾备份，通过对主结算行前置系统的设备更换和“多机热备”进行安全加固，保证核心系统安全、稳定、高效运行。聘请IT专业审计咨询机构和信息安全评估机构对信息化管理和运行现状进行全面梳理，根据信息化建设与安全管理建议进行整改，核心业务系统通过了公安部三级等保认证。

【企业文化建设】2016年，公司致力打造中国铁建金融特色文化，不断丰富和发展文化内涵，探索企业文化建设新途径。通过开展企业文化命名活动、邀请外部咨询公司专业化指导、组织全体员工交流研讨“四提倡、四反对”等多种形式，凝聚思想共识，优化企业文化架构，完善企业文化内容，制定《企业文化发展纲要（修订版）》，正式命名“金钥匙”文化。制作企业文化墙，将“金钥匙”企业文化重点内容在公共区域展示，强化文化理念宣贯，促进员工尽快了解并认同企业文化理念；积极开展“企业文化建设讲堂”，邀请行业专家、先进模范、文化精英等到企业授课，帮助员工树立正确的人生观、价值观；开展“经典诵读”活动，以“传承文化精髓，共铸高尚灵魂”为主题，创新形式内容，讴歌企业建设发展，展示团队积极向上的精神风貌。

山东省商业集团财务有限公司

【经营概况】2016年，山东省商业集团财务有限公司（以下简称“公司”）坚定落实各项监管要求，紧紧围绕“十三五”规划，贯彻集团创新发展理念，积极作为，稳中求进，强化资金集中，全面提升业务，严守风险底线，发挥综合金融服务平台职能，取得了较好的综合效益。2016年，公司实现营业收入1.91亿元，同比增长20.60%；实现报表利润总额1.26亿元，同比增长14.14%。截至2016年末，公司资产总额为64.59亿元，较上年末增长66.82%；负债总额为54.98亿元，较上年末增长82.79%；所有者权益总额为9.61亿元，较上年末增长11.24%。在山东省财政厅组织的2016年地方金融企业绩效评价中，公司跻身BB评级，评价结果良好。

【信贷业务】根据集团“转型、瘦身、创新、活力”四个工程要求，信贷资金主要投向集团支柱产业和重点扶持行业。截至2016年底，公司流动资金贷款余额23.32亿元，项目贷款余额为3.5亿元，进一步优化金融资源配置质效，助推集团产业结构优化调整。公司2016年累计实现贷款利息收入1.09亿元。

【资金业务】2016年，公司加强与商业银行合作，充分利用商业银行等金融机构的网络优势和资本优势，努力打造以“同业存款、同业拆借、同业投资”等业务为核心的同业业务体系，更好地统筹资金计划。全年累计办理定期存款20笔，累计办理同业拆借业务68笔，确保公司流动性的同时获取了利差收益。通过对资金双向流动“阀门”的操控，适时为集团发展注入稳定且低成本的“活水”。

【资金集中】截至2016年底，公司全口径资金集中度为63.38%，较上年提升20.45个百分点，剔除政策影响后资金集中度为95.56%，较上年提升42.13个百分点，资金归集工作实现历史性突破。一是配合集团推行“收支两条线”，加强资金集中调度。在集团财务部的支持下，继续在成员单位中推行资金“收支两条线”，将全部资金纳入公司管理，实现内部资金封闭结算，提高了资金集中度和周转速度；把资金集中度指标纳入集团与直属单位签订的财务工作目标责任书中，强化资金集中考核；利用集团资金安全检查的时机，彻查“收支两条线”的部署落实及资金归集情况；配合集团财务部，对成员单位资金归集情况“每月一分析，每月一调度”，进一步夯实资金集中的基础管理工作。二是房地产项目预售资金归集模式地区复制取得突破。2016年，公司陆续实现了部分地块商品房预售资金的监管，全年累计归集监管资金4.51亿元；积极推广青岛区域的成功经验，临沂区域商品房预售监管资金已签署监管协议，济宁区域初步达成合作意向，待系统专线连接完成后可实现预售资金的监管。通过以上措施，公司资金归集工作得到显著改善，截至2016年底，吸收成员单位存款余额为54.34亿元，较上年末增长36.88%。

【业务创新】2016年，公司一是扎实推进电子票据业务，获准加入电子商业汇票系统。3月，经人民银行批复，公司获准加入电子商业汇票系统。按照“加大宣传、重视培训、努力创新、防范风险、服务成员单位”的要求，积极推广电子票据结算方式，全年办理票据业务4.36亿元。二是“私人定制”服务方案，解决成员单位实际金融需求。根据省银监局“进走访”活动安排，公司由总经理带队成立工作小组，对成员单位集中区域重点走访，先后到青岛、临沂、济宁、菏泽、北京等区域，深入挖掘企业金融产品需求，“一户一策”为每家成员单位制定特色化、综合性金融服务方案，提高金融服务的针对性和附加值。同时，实地了解成员单位经营情况，积极落实“有扶有控”的差异化信贷管理策略，支持供给侧结构性改革。三是减费让利，降低企业经营成本。面对持续低迷的经济大环境，公司坚持最大限度让利成员单位，通过调整存贷款利率、免除汇划手续费等方式，全年共让利成员单位1961万元。四是“线下”变“线上”，足不出户办理存款业务。公司对定期存款、通知存款等业务全面开通了线上办理功能，成员单位可不受地域限制，只需提交一次线上存款申请，即可随时办理存取、转存等手续。此外，对于紧急业务，公司开启“上门服务”，现场办理。五是统筹保险管理，做好保险服务。通过公司对集团保险业务统一管理，充分发挥了规模优势，提高了市场议价能力，2016年据可比口径测算公司累计为成员单位节省保费约817万元。

【风险管理和内部控制】2016年，公司继续狠抓风险管理工作，全面推进内部控制体系建设。一是完成了“两个加强、两个遏制”回头看自查工作。公司成立了专门领导小组，制定了自查工作方案，全面部署落实相关工作，及时整改检查发现的问题，有效防范操作风险，进一步提升了依法合规经营意识。二是对公司规章制度进行全面梳理，全年新修订制度7项，新制定制度9项，确保业务规范运行。三是风险防控由“重贷前，轻贷后”转为“贷前贷后两手抓”。下半年，公司针对全年各类信贷业务开展了全面的贷后专项检查，重点核查信贷员对贷款对象的贷后检查是否全面。通过此次贷后检查，及时发现和控制信贷风险，确保信贷资产安全。

【人力资源管理】2016年，公司立足储备培养金融专业人才，进一步规范实施员工晋级、绩效考核、专业培训等工作。公司荣获了山东银监局统计工作先进单位三等奖、2016年度金融业统计工作先进个人等荣誉称号。

【信息化建设】作为集团资金集中管理平台，公司高度重视信息化建设，信息科技建设喜得新成果。公司申报的“公司财经KPI预警分析系统”课题经中国银监会评审，被确定为2016年度银行业信息科技风险管理课题非银机构四类成果。KPI风险预警平台将实现对各项风险指标的实时监控，有助于完善公司风险管理体系，提高抗风险能力。

【企业文化建设】2016年，公司按照文化建设的总体要求，不断创新活动方式，激发员工的工作热情和企业文化认同感。通过一系列文体活动增强了员工凝聚力和向心力，努力创建“快乐工作、健康生活”的文化氛围。

深圳华强集团财务有限公司

【经营概况】2016年，深圳华强集团财务有限公司（以下简称“公司”）在集团的大力支持下，秉承“依托集团、服务集团、稳健经营、规范运作”的经营方针，一方面围绕集团产业发展的需要，稳步开展多样化金融服务；另一方面严格按照监管要求，加强风险管理和内部控制，各项业务得到较好发展。2016年，公司资产总额79.01亿元，同比增长72.34%；营业收入2.28亿元，同比增长41.50%；利润总额0.88亿元，同比增长57.28%。各项监管指标全部符合银监会要求，整体风险水平低，资产质量优良。

【信贷业务】2016年，公司围绕经营目标和集团整体资金计划，合理配置信贷资源及调整信贷结构，结合成员企业实际经营情况，制定信贷方案，并给予利率下浮等优惠措施，协助集团及成员企业降低资金成本，积极支持成员企业经营发展。截至2016年12月末，累计为成员企业发放贷款34.72亿元，各项贷款全部属于正常类，贷款收息率100%，未产生逾期及不良贷款。

【资金和投资业务】公司充分利用金融牌照优势，积极把握利率走向，及时将闲置资金及同业拆入资金进行合理存放，实现利息收入最大化；同时，在深入分析各项金融投资产品的基础上，开展固定收益类产品投资，确保投资安全并实现了投资收益的扩大。

【票据业务】2016年，公司积极走访成员企业，根据企业经营特点为其设计贴现方案，并以低于市场的价格办理贴现。同时，加强与银行沟通，与多家重点银行落实转贴现业务的可操作性。2016年6月27日，公司与华商银行成功完成首笔电子银行承兑汇票转贴现操作。

【资金集中】2016年，公司高度重视资金归集工作，为适应利率市场化并进一步保障成员企业利益，适时上浮成员企业存款利率，有效增强成员企业资金归集意愿；同时，优化结算流程，提升结算人员专业水平，根据成员企业资金使用特点，引导成员企业合理安排活期、协定、通知、定期等存款结构，并且积极宣传推广电票承兑业务，新增保证金存款，多渠道提高资金集中度。截至2016年末，全口径资金集中度达到62.91%，较上年末有较大提升。

【业务创新】2016年下半年，公司积极学习有关政策，把握时机，在银行业信贷资产登记流转中心完成10亿元的信贷资产收益权转让业务，这是财务公司行业内首笔业务；此外，公司还完成5亿元卖断式信贷资产转让业务。上述两项业务的成功落地，有效拓宽了公司融资渠道，创新了银企合作模式，对成员企业的服务能力进一步提升，也是公司贯彻国务院关于金融机构加强供给侧改革，盘活存量用好增量的具体表现。

【风险管理和内部控制】公司一直将风险管理作为重要的内控环节，2016 年，通过各项措施，强化了信贷发放的事前事中合规审核以及事后风险控制职能，促使资产分类能更加客观真实地反映贷款可能存在的风险状况，并逐渐提升信贷业务全流程的规范性；通过开展“两个加强、两个遏制”回头看的自查工作，对已开展的业务进行合规风险排查，提示实际业务操作中存在的合规风险点，并督促相关部门进行落实整改；收集近年来的监管处罚案例，在全公司范围内开展合规宣讲，对可能涉及的业务情形进行警示，坚持合规文化建设和业务发展并重，增强全体员工合规意识；同时，通过健全各项内部稽核制度，加强对会计凭证和贷款资料的事后监督，有效保证公司资产安全。

【人力资源管理】公司注重员工培养，2016 年共开展全公司专题集中培训 7 次，培训内容涉及营改增政策解读、合规风险宣讲、存款准备金计提讲解、反洗钱培训等方面，为员工深入了解金融行业发展、提升业务能力创造了良好环境，拓宽员工知识面，同时也为业务开展提供新的思路。组织开展 2016 年提升岗位能力提升服务水平系列活动，结合公司业务特点及人员情况，设计了“找问题、促合规”及“强技能、争标兵”两个主题活动并取得良好成效。在“找问题、促合规”活动中，全体干部员工参与流程改善，集思广益，提出多条有利于公司业务发展及提升工作效率的建议，各项建议均表现出各自亮点，展现出公司全体员工对提升工作效率、强化服务水平的责任意识和创新精神。“强技能、争标兵”金融业务知识竞赛，内容涵盖贷款业务、票据业务、支付结算、合规风险等方面，为各部门搭建起相互交流、切磋业务的平台，形成“比、学、赶、超”的良好氛围。

【信息化建设】公司持续加大信息化建设力度。在核心系统建设与维护方面，积极组织推进征信系统 2.2 版本的上线；持续跟进核心业务系统优化升级；加强人民银行直连的电票系统的互备机制；协调和处理各种信息系统软硬件问题。有效确保公司信息化环境安全稳定及风险可控。

【企业文化建设】公司坚持以人为本，在“诚信、创新、和谐、共赢”的企业文化指引下，致力创造和谐、友爱、团结、互助的人文环境。积极推进公司与集团之间的文化衔接，依托集团工会及团委组织，积极开展丰富多彩、健康有益的各类活动，包括定期举办读书会、组织员工参加登山徒步、羽毛球、瑜伽等文体健身活动，有效缓解员工的工作压力，同时通过活动的开展与企业文化建设有机结合，加深了员工对企业文化的了解，激发了员工的归属感及凝聚力，营造出积极向上的企业氛围。

诚通财务有限责任公司

【经营概况】2016年诚通财务有限责任公司（以下简称“公司”）圆满完成集团保增长、促改革的战略部署，各项事业蓬勃发展，2016年末多项指标创历史新高，总资产253亿元，全年实现营业收入25300万元，利润总额10074万元。各项监控、监测指标合法合规。服务集团资本运营特色逐步显现，盘活资金支持实体经济转型升级、整合金融市场资源支撑资本运营项目、受托设计金融板块、操办商业银行并购等重点和难点工作取得重大进展，为建设资本运营特色财务公司奠定了良好基础。

【信贷业务】积极适应集团资本运营转型，公司及时调整资金运营结构，提高资金运转效率，支持集团供给侧改革及成员单位经营发展。一是依托资金平台优势，先后解决集团20亿元超短融兑付、中铁物资68亿元公募债券兑付、中国国有企业结构调整基金设立等多个供给侧改革项目；二是满足成员单位过桥性资金需求，培育物流不动产、智慧物流、生态园林等新兴产业。全年累计发放自营贷款101.76亿元，办理委托贷款9.08亿元。信贷资产质量良好。

【资金和投资业务】一是强化资金头寸精细化管理，统筹考虑流动性和效益性，合理配置同业结构与期限，发挥规模优势，争取较高收益；二是全年接续和新增14家交易对手的同业授信，累计拆入资金61.5亿元；三是推动增资40亿元专项工作，进入集团决策阶段；四是进入全国银行间债券市场，获取有价证券投资（除股票投资外）资质，完成了中央国债登记结算有限责任公司、银行间市场清算所股份有限公司、中国外汇交易中心暨全国银行间同业拆借中心相关开户联网的各项准备工作，并开通债券市场投融资渠道。五是加入中国银行间市场交易商协会，签署回购主协议，为开展质押回购业务奠定基础。全年完成投资计划11亿元，投资收益约1240万元。

【票据业务】一是全年办理贴现业务15907.52万元，办理票据承兑1993.3万元，未发生垫款情况；二是获得人民银行营业管理部政策指导和信贷支持，办理再贴现业务5000万元，增加了公司资金融通渠道。

【外汇业务】2016年，面对外汇市场波动收窄、人民币大幅贬值、外汇局施行紧缩的监管政策等困难，公司积极研究市场行情，密切关注监管机构的窗口指导，加强与实体成员企业需求对接，全年共完成即期结售汇1.58亿美元，节约汇兑成本约281万元；通过搭建人民币双向资金池，打通境外资金回流渠道；支持符合战略要求的企业走出去，获得外汇局核准40亿美元外债额度和10亿美元对外放款额度，开立国内和国际主账户，梳理成员企业业务流程，按照外汇局对跨境业务的指导意见，为参与备案成员提供了外债额度共享、资本项目下外币跨境流动便利；通过积极开展远期结售汇和外汇衍生品业务咨询服务，有效帮助成员企业规避汇率风险。

【资金集中】一是针对集团境外资金、保证金、募集资金等专项不可归集资金进行重点研讨，采用搭建跨境外币资金池和双向人民币资金池以及由财务公司开出电子银行票据保证金进行替换等手段解决重难点资金归集问题，提升资金归集广度；二是全面推行总分账结算系统。2016 年末系统上线率达到 85%，存款占比达到 92%，有利于资金运动全方位监控的实现和集团统一资金平台的构建。截至 2016 年末，公司服务成员单位 204 家，监控账户 682 个；完成结算量 11245 亿元，结算笔数 210 万笔；吸收存款 242 亿元，全口径资金集中度为 70%，可归集口径资金集中度为 96%。公司的账户集中比例、结算存款比例、结算收支比例、全口径资金集中度和可归集口径资金集中度 5 个指标均为满分。

【业务创新】2016 年，公司发挥平台优势，进行一系列创新服务：一是完成中国诚通资本运营公司金融板块规划及顶层方案设计；二是协助集团落实金融板块筹建工作，在集团并购商业银行、金融租赁公司及信托公司、争取金融资产管理公司（AMC）牌照等重大项目上，进行了大量研究，推进项目落地并取得阶段性成果；三是依托成员单位产业链优势，积极探索产业链金融业务，完成相关制度研究和业务设计，促进产业链协同发展。

【风险管理和内部控制】2016 年，公司继续严格内部控制、加强制度建设、完善信息系统监控，保障公司各项业务的安全稳健运营。一是随着新业务的开展不断完善规章制度；二是改进监控方式，持续提升三道防线体系的运行效率和风险防控能力；三是规范业务流程，优化检查手段和方式，提升内部控制的执行力；四是加强内外部风险因素的识别、评估和监控能力。2016 年末包括资本充足率、流动性比率、不良资产率和备付率等各项风险指标均控制在合理水平。

【人力资源管理】在人才资源管理方面，公司一方面大力引进人才，优化人员结构；另一方面积极组织员工参加专业考试和培训。截至 2016 年末，公司具有高级会计师、高级工程师、教授、二级法律顾问等高级职称人员 7 人；注册会计师 4 人；中级会计师、中级经济师等中级职称人员 13 人；具有银行、基金、证券、保险、会计从业资格或任职资格人员共 54 人/次。

【信息化建设】2016 年，公司通过研发诚通资金网综合运维监控平台，实现对信息系统基础环境、应用网络以及业务系统运行状态“点、线、面”三位一体的运行监控，确保信息系统安全、高效运行，有力支撑各项业务顺利开展；应用系统研发方面，公司发挥自主研发优势，不断优化诚通资金网功能，自主研发“财务公司非现场监管数据报送系统”与“财务公司增值税管理系统”，以及由原生 APP、微信企业号、短信平台构成的企业级移动应用平台，服务于集团及成员单位。截至 2016 年末，中国诚通资金网已建成核心、协同及外围信息系统 43 项，其中自主研发 9 项，拥有自主知识产权并取得国家版权局软件著作权登记 4 项，初步实现由基础设施平台、应用软件集群、综合运维监控平台构成的信息化体系；在信息化服务集团资本运营战略方面，公司积极运用主流云计算、大数据、区块链技术，优化升级现有诚通资金网技术架构，探索构建诚通金融云。

【企业文化建设】公司秉承集团“诚信、务实、开放、创新”的核心价值观，提升企业文化建设：一是创造积极向上的学习氛围，鼓励员工自我提升。二是多渠道宣传公司。加强对公司网站日常维护，开通企业微信。三是多形式组织公司集体活动。组织员工参加集团年度篮球联赛和乒乓球比赛，持续开展一封家书活动以及组织参加“五四”主题演讲比赛。

山东重工集团财务有限公司

【经营概况】2016 年是山东重工集团财务有限公司（以下简称“公司”）的转型发展年。围绕“转型”这一工作主题，公司从三个方面着手，做好各项业务及管理工作：一是推动各项业务向专业化方向转型，体现集团财务公司的经营特色；二是推动各项管理工作向标准化、量化、严格化的方向转型；三是推动绩效考核向导向、专项、岗责一体化方向转型。截至 2016 年末，公司各项存款余额为 147.96 亿元，与同期持平，资金归集率达到 60.51%；各项贷款余额为 74.69 亿元，同比增长 60.38%；实现营业收入 3.07 亿元，同比增长 4.78%；实现利润总额 2.02 亿元，同比增长 32.89%；资本充足率为 13.07%，不良资产率和不良贷款率均为零，资产损失准备充足率为 190.26%，贷款损失准备充足率为 210.00%，流动性比例为 64.46%，主要监管指标均符合监管要求。

【信贷业务】2016 年，公司紧抓产融结合这一关键，积极推进各项措施，实现了信贷业务的快速发展。一是充分发挥集团融资主渠道作用，全年对成员单位发放各类贷款共 81.13 亿元，较上年增长了 37.42%，对集团成员单位的贷款占比由 2015 年的 45% 提高至 2016 年的 60%。二是积极支持集团内改制企业和战略性暂时经营困难企业的资金需求，在防范风险的前提下适时发放贷款。三是围绕成员单位核心产品，开展产业链融资业务，全年办理保兑仓业务 13.60 亿元。

【资金和投资业务】公司始终以“三性”管理为核心，以流动性管控为重点。一是在加强计划管理，在管控核心成员企业资金收支的同时，将票据池票据收款与对外付款开票统一纳入到资金交易业务调度当中。二是坚持市场化运作，保证资金交易业务收入水平，根据不同阶段的市场信息，制定相适应的业务策略，筛选交易对手，建立了绿色通道。全年资金交易类业务实现收入 2.71 亿元，拆入资金 194 亿元，转贴现业务 3.54 亿元。

【票据业务】一是做好潍柴动力票据池的运行管理工作，全年票据池入池票据 5007 张，金额 119 亿元，付款开票 9772 张，金额 61.5 亿元。二是通过加大对电票系统的宣传力度，营销成员单位使用财务公司电票系统开票，同时给予成员单位低保证金、零手续费的优惠条件。三是通过新开展的保兑仓业务，带动票据业务进一步提升。四是简化票据业务办理手续，提高内部审批效率，提高了客户的满意度。2016 年公司累计开立电票 60.18 亿元，同比增长 115.70%；累计办理贴现业务 9.06

亿元，较上年增长31.69%。

【外汇业务】公司在前期外汇业务的基础上总结经验，主动寻找突破口，稳步推进各项工作，取得了优异的成绩。一是初步建立了即期结售汇业务机制，结售汇占比不断提高。通过驻地企业的客户服务部，掌握外汇收支预算及即期结售汇业务需求，通过与主要银行完成银企直联、差异化经营等手段，对成员单位结售汇的占比达到97%；全年共办理即期结售汇2.14亿美元，同比增长19.55%。二是经过积极准备，于2016年12月7日正式获得了跨国公司外汇资金集中运营管理资格批复。三是通过梳理成员单位出口生产流通环节，共设计6种覆盖全流程的贸易融资产品，为下一步开展贸易融资业务奠定了基础。

【资金集中】公司自成立以来一直将资金集中管理作为核心重点工作，已与14家银行建立了直联，与集团内81家公司建立了资金结算平台。一是坚持以限额管理为核心的资金归集机制，逐步形成了成员单位逐一确定限额和“集中上收、限额管理、审批使用、收益调整”两种资金管理模式，使资金归集额得到稳步提升。二是精心组织，进一步解决关联交易限制，潍柴动力、潍柴重机、山推股份、亚星客车四家上市公司各自在2016年5月、6月召开股东大会，通过了与财务公司的关联交易议案，在财务公司的每日最高存款余额提高至195.5亿元，较上年提高45.3亿元。三是通过潍坊票据池，全面掌握潍柴动力票据收支状况，达到资金全部上收的效果。

【业务创新】根据陕西重型汽车有限公司、潍柴（重庆）汽车有限公司等主机单位业务需求，公司开发了保兑仓、买方信贷及相应的变形产品，实现了公司销售端产业链融资业务落地，成长为陕西重型汽车有限公司、潍柴（重庆）汽车有限公司重要的三方金融合作伙伴。尤其是新开展的保兑仓业务，取得了业务上的突破，全年共为29家经销商办理保兑仓业务101笔，金额13.68亿元，年末余额达10.98亿元。这得益于产业链营销、业务手段上的创新：一是坚持走出去，现场接触客户、了解客户；二是集中营销，通过宣传手册、培训会、座谈等形式推介公司产品；三是依托核心企业财务部、销售部等部门进行调研、业务推广，推荐客户、营销客户，达到事半功倍的效果。

【风险管理和内部控制】公司坚持积极稳健的经营策略，持续完善全面风险管理体系，建立健全各项制度，强化重点领域管控，开展“风险合规管理年”活动，推动风险管理工作向标准化、量化、严格化的方向转型。一是严格履行“三会一层”职责，加强公司法人治理建设。二是对照监管要求，改进全面风险管理体系。三是制定制度建设规范，全年新立项制度19项，修订制度39项，保障公司制度的科学性、合规性和可操作性。四是加强内部控制，统一执行标准、检查标准、处罚标准，严控操作风险。

【人力资源管理】2016年，公司开展了履岗能力评价，每季度从履岗能力、工作态度、沟通协作三个方面对每位员工进行综合评定，根据评价结果，找出存在问题并制定改正措施。为使全体员工满足履岗能力要求，公司加强了培训的针对性，根据员工的工作内容将培训划分不同层次：岗位任职资格培训、新业务培训、专业知识培训以及外出学习培训。全年共组织48人参加银行从业资格考试，其中三分之二已考取银行从业资格。既提高了培训的针对性，又满足了员工持证上岗和监管要求，加强了员工对金融行业知识系统性的学习。

【信息化建设】按照“小核心、大应用、标准化”的系统规划，确立三大业务系统：业务与财务一体化系统、业务与风险管理一体化系统、人力资源与绩效考核系统。根据业务发展需要，公司开发了收款管家接口、靠档计息、保兑仓业务、投资理财、资金管理等15个项目，年内落地项目11个。为保障公司信息系统安全，公司通过网络热备项目实现网络的层次化、模块化、标准化建设，开展网络入侵检测、网络准入和安全区域划分等工作，并基本建设完成济南中心机房，潍坊、济南“双城双中心”模式初具规模。

【企业文化建设】公司充分发挥党、团、工会组织在企业文化建设中的作用，开展了丰富多彩的文化活动，召开了青年员工座谈会，定期开展羽毛球、乒乓球比赛和游泳培训等体育活动，增进公司员工之间的交流；建立了公司图书室，开展两次金融知识竞赛，推进学习型公司建设；开展了评先树优活动，撰写了4篇文化案例；开展了省管企业文明单位复审工作，向国资委考核组进行了专题汇报并通过复审；加强企业文化宣传，全年出版《金融信息参考》12期，制作宣传栏29期，及时宣传报道公司的经营发展及文化建设情况。

湖北能源财务有限公司

【经营概况】2016年，湖北能源财务有限公司（以下简称“公司”）坚守产业金融，严控金融风险，深化产融结合，发挥金融支持实体经济功能，服务集团公司战略发展，保持了又好又快的发展态势。全年实现利润总额6647万元，同比增长50.15%。风险防控得力，案发率、不良率双双为零，无不良贷款，贷款损失准备充足率为218.6%，流动性比例为50.29%，资本充足率为24.89%，存贷款比例为87.41%，资金集中度为93.14%，均优于监管标准。

【公司金融】调整资金投向，下调贷款利率，扩大让利幅度。全年累计发放自营贷款38.10亿，较上年实际增加9.35亿。日均贷款16.08亿，较上年增加3.53亿元。优化贷款利率定价机制，下调存量贷款利率，平均贷款利率由4.59%下降至3.98%。协助集团盘活募投资金，压降间接融资规模，扩大直接融资比重，助力集团发行三期短期债券40亿元、利率为2.66%～2.92%，综合成本较央行同期贷款基准利率低32.4%，降低了集团财务成本。

【资金和投资业务】重点投资短期现金管理类理财产品，加强创新类投资理财产品研究力度，积极开拓投资业务，实现投资收益1393.19万元，累计开展现金管理类投资总额91.6亿元。积极探索与三峡财务有限责任公司、中国电力财务有限公司华中分公司及外部银行的同业合作，保障流动性安全，提升资金外部收益水平。

【风险管理和内部控制】推进制度建设常态化，严格常规检查及专项稽核审计，严肃合规操作问责机制，增强全员风险合规意识。落实监管现场评级意见，清查风险盲区，堵塞风险漏洞，筑牢风险栅栏。加强信息科技建设，升级软硬件设施，重视系统消缺工作，强化信息科技支持，保障业务运行平稳。

【企业文化建设】落实全面从严治党，扎实开展“两学一做”学习教育活动，换届选举公司党支部。严格执行财经纪律，营造风清气正的经营环境。开展导师带徒活动，提升员工业务素质能力。开展“远离非法集资、防范金融诈骗”学雷锋志愿服务教育活动。10月11日，由公司团支部发起、与集团10家成员单位一道，对建始县官店镇永兴坪村小学开展捐资助学活动，展现公司勇担社会责任的使命感。响应集团团委各项活动安排，参与三峡集团第四届职工歌手大赛，开展“祖国母亲，我想对您说”微信专题活动，等等。

港中旅财务有限公司

【经营概况】2016年，港中旅财务有限公司（以下简称“公司”）坚持“严控风险，合规经营”经营宗旨，发挥集团资金集中管理者、集团及成员单位金融服务提供者、集团金融价值创造者、集团内部结算平台的作用，圆满完成集团和金融板块下达的经营目标和各项重点工作。截至2016年末，公司总资产66.64亿元，比年初增加15.31亿元，增幅为29.83%；负债总额44.95亿元，比年初增加4.36亿元，增幅为10.74%；所有者权益21.68亿元，比年初增加10.94亿元，增幅为101.86%（2016年股东增资10亿元）。表外业务主要为委托贷款，截至2016年末，委托贷款余额为13亿元，比年初增加了9亿元，增幅为225%。

2016年，公司实现营业收入1.45亿元，同比增长53.59%；实现投资收益0.63亿元，占营业收入的43.18%，同比增长171.52%；手续费及佣金净收入0.03亿元，占营业收入的2.07%，同比增长178.00%；全年实现净利润1.09亿元，较上年增加0.52亿元，增幅为93.26%。

【信贷业务】公司进一步加强信贷风险控制，规范授信行为。2016年，累计发放贷款金额44.13亿元，贷款余额24.43亿元，较上年底增长26.28%，本年度利息收入为1.05亿元；累计发放委托贷款13.83亿元，余额13.00亿元。紧密围绕集团“产业优化调整方案”，突出加大对重点产业、重点行业的支持力度，支持实体经济发展，信贷主要行业投向为住宿餐饮业、租赁和商务服务业、金融业以及仓储业。

【资金和投资业务】2016年，公司进一步开展银行间同业、债券市场业务及有价证券投资业务，并成功申请将银行间同业拆借额度提升至20亿元。截至年末投资规模达13.5亿元，年内银行间同业融出累计规模约160.53亿元，实现投资收入0.66亿元。同时，公司大力申请同业授信，截至12月末累计获得同业授信44.2亿元，较年初的21.20亿元增加

23亿元，增幅为108.49%，并与同业建立起稳定的资金业务合作关系和畅通的资金融通渠道，有效提升了公司的投融资业务能力。

【外汇业务】2016年，公司跨境外币资金池投入运营，选择了中信银行、中国银行、建设银行作为主办银行，开展了港币0.01亿、美元0.01亿的两笔外币跨境业务，跨境外币资金池业务取得突破。

【资金集中】2016年，公司积极贯彻“深入一线、发掘需求”的业务拓展理念，组成“产融协同”专责小组，通过专责项目管理的方式制定工作方案，积极联系和主动走访集团下属各板块，进一步了解各板块的业务状况与资金需求，明确业务的拓展方向和重点。2016年日均存款33.75亿元，较上年同期增长47.98%；年末存款余额44.69亿元，较上年增长10.65%；年内最高存款额达59.84亿元；年末全口径资金集中度为14.27%，可归集口径资金集中度为72.29%。

【业务创新】2016年，公司积极拓展业务范围，提升服务成员单位的能力，包括：为各板块成员单位提供综合金融服务和支持，如物流板块完成了对新收购的全资子公司综合授信额度审批，从流贷、保函等多方面对其进行综合金融服务支持；外币跨境资金池投入运营，提升集团跨境外币资金运作能力和资金配置效率，有效降低集团资金风险；增加了个性化存款品种、对私批量结算模块，为公司分层次营销提供可实现路径，结算相关服务能力进一步提升；在集团共享中心模式下，财务公司作为资金支付的唯一渠道，功能进一步强化，将成为集团资金集中管理中心、资金支付中心、金融服务中心、资金统筹中心、账户管理中心；尝试开展债券投资业务，在银行间债券市场投资利率债共计0.5亿元，并实现利息收入57万元。

【风险管理和内部控制】2016年，公司认真执行风险管理年度计划，稳步推进各项工作，确保不发生实质性风险，全面实现公司风险管控目标。

公司根据具体业务情况采取不同的风险管控措施。对于信贷业务的信用风险防范，一是严格执行信贷业务操作规程，在贷前阶段认真做好尽职调查工作，审查客户信用状况；二是充分发挥信贷审查委员会集体决策的机制，全面评估客户信贷风险；三是加大对信贷客户的贷后管理力度，对可能存在风险的重点客户及时跟进，组成联合小组综合评估风险，尽早采取风险防范措施，确保公司资金安全。对于金融投资业务的信用风险防范，认真筛选合作对象，以集团战略合作银行为基础，尽快建立起较为稳定的交易对手；加强对投资品种及风险的识别、计量，同时在日常工作中认真履行风控审核职责，对资管部、资金部所提交的投资理财产品提出风控意见；另外通过内审稽核的方式对投资业务进行事后检查，重点了解投资决策和业务操作的合规性。

公司建立了较为完善的董事会、监事会、高级管理层及各部门的内部控制职责，基本形成了分工合理、职责明确、相互制衡、报告关系清晰的组织结构，为内部控制的有效性提供了基础。董事会负责保证公司内部控制的建立健全和有效实施，监事会对公司建立与实施内部控制进行监督，管理层负责组织领导公司内部控制的日常运行。

公司董事会下设风险管理委员会，负责制定公司的风险战略和风险管理政策；公司总经理下设信贷审查委员会和金融业务投资决策委员会两个专业决策机构，并制定了信贷委员会议事规则和金融业务投资决策委员会工作制度。

公司建立及修订与金融业务相配套的管理制度，进一步规范了公司在进行金融投资、资金管理、同业拆借等方面的运作流程和风险控制，防范金融投资以及资金业务风险，保证资金安全。

【人力资源管理】2016 年，公司一是引进行业内专业人才，加强内部人才培养，调优人员配置，充实人才队伍，截至 2016 年底，公司员工本科以上学历占比为 100%，硕士研究生以上学历占比为 33.33%；二是加强培训和学习，2016 年公司员工参加培训达 1502.5 学时，有效促进业务能力提升，帮助员工提高职业素养，提升员工职业价值；三是进一步完善绩效考核体系，细化考核指标，发挥绩效导向作用，保证重点工作有进展，业务工作有突破，加强各部门、各岗位之间的协同，提高工作效率，有效激励员工快速成长进步，激发员工工作积极性、主动性和创造性；四是定期开展员工文体活动，鼓励和组织公司员工参加深圳金融系统的文体活动、青年“岗位练兵双提升”活动，丰富团队活动方式，增进员工交流，增强团队凝聚力和向心力。

【信息化建设】2016 年，公司通过强化运维管理，不断提升信息化服务水平；实施上线了九恒星增值税管理系统，2016 年 5 月公司所有业务数据平稳过渡到新的账务体系，实现增值税发票自动批量打印，提高了公司核心业务的账务处理效率。同时，优化核心业务系统的网络环境，加强信息系统高可用性和安全性，保障业务信息系统的稳定运行，并扩展系统功能，增加了业务产品，包括对私批量项目、平安银行银企直联、智能存款个性化设置等功能；配合集团结算中心的建设，实施了九恒星 ERP 接口项目，完成了财务 EAS 系统与财务公司资金管理系统的交易指令的无缝对接，并完成了租赁公司、深中投、深中置等企业费控系统实施上线。

【企业文化建设】2016 年，公司通过开展多种形式的团队活动，完善员工关怀体系，加强企业文化建设，加强党建工作，增强团队凝聚力和战斗力。通过举办企业文化知识竞赛公司日系列活动，增强员工参与企业文化建设的意识，加强员工使命感；通过组织员工文体活动、沟通会、表彰会等多种形式的主题活动，加强团队成员之间的沟通、协调与合作，提升员工组织归属感；通过提高员工年度体检费用标准，优化员工补充医疗投保方案，提高员工工作安全保障，优化员工福利制度；扎实推进党建工作，认真开展“两学一做”主题教育学习活动，并组织开展了“七一”、支部书记讲党课、纪律教育月、家风建设等专题活动，吸引广大党员和员工积极参与到活动中来，同时加强组织和制度建设，积极发展党员，发挥党组织的战斗堡垒作用。

陕西煤业化工集团财务有限公司

【经营概况】2016 年，对于陕西煤业化工集团财务有限公司（以下简称“公司”）而言，可以概括为“一个稳、两个新、三个认同”。“一个稳”就是面对宏观经济复杂运行和集团公司经历行业的剧烈震荡和冰火考验的情况下，公司始终坚守服务和管理的稳定运行，业务规模和业务范围仍保持大比例增长，取得了良好的经营业绩。“两个新”是指随着“司库模式”不断完善和多项新业务资格的获批，公司在服务理念和产品工具上有了新的内涵。“三个认同”，一是集团认同，集团不断提升公司的定位，强化公司的平台功能，公司也能够完成集团所赋予的新的任务；二是监管机构认同，公司获得B1级较高监管评级，获批三项新业务资格，经受了成立以来的最大一次全面监管检查；三是员工认同，中层人员全面成熟，主动担责，骨干员工士气高昂，敬业进取，全体员工对公司核心价值高度认同，对公司的发展氛围高度认同。

截至2016年12月31日，公司资产总额132.72亿元，存款余额114.57亿元，贷款余额101.44亿元，其中自营贷款余额78.46亿元，贴现余额22.98亿元。全年营业收入4.69亿元，同比增长33%，实现利润总额2.06亿元，同比增长34%，净利润1.55亿元，同比增长36%。

【结算业务】截至2016年底，公司新增账户147个，账户数共达到1904个，新增35家成员单位在财务公司开户，客户数共计517家。2016全年累计结算量32万笔，同比增长48%；结算金额7893.21亿元，同比增长93%。代发工资20165批次，共计202.11万笔，批次和笔数均同比增长60%以上；代发工资金额57.9亿元，同比增长45%，共涉及207家单位。

【信贷业务】截至2016年12月31日，公司与13家银行开展了同业授信，授信额度达到78亿元。自营贷款累计发生额181.7亿元，同比增长128.55%，其中三个月以内“超短贷”104亿元；国内信用证业务累计发生额11.52亿元；保函累计发生额1173.46万元。2016年创新开展了应收账款保理业务，金额820万元。

【票据业务】2016年，公司各项票据业务量累计16178笔，处理票据32907张，票据综合服务量达到376.66亿元，同比增长36%。各项票据具体业务分别如下：商票签发125.68亿元，代签银承17.47亿元，电子银票签发10.82亿元；托管托收票据67.49亿元。通过公司签发商票和代开银承、保函等，共节约保证金32.46亿元，节约财务费用0.71亿元，全年累计为成员单位节约手续费0.13亿元。

【资金集中】2016年，公司积极思维，主动服务，帮助部分成员单位开展清户工作。通过这次账户清理专项活动，强化了集团各所属单位对资金归集及集中管理的认识，落实了集团资金集中管理的制度要求，有效地提高了成员单位资金集中水平。

成员单位可归集的资金90%以上已归集至财务公司，对保证金、社保、纳税等外部银行账户，公司也实现了有效监控，在线实时监控账户率达到75%，其余账户通过NC系统进行监控。

【业务创新】公司电票系统于2016年1月18日正式上线运行，实现了公司票据服务种类的全覆盖，并已成为成员单位优先的选择，业务占比不断提升，已达41.19%。电票业务的推广不仅丰富了公司票据服务的内涵，而且有效降低了票据业务的风险。

公司于2016年12月26日获得陕西银监局关于三项新业务资格的批复，具体包括有价证券投资（固定收益类有价证券投资、股票投资以外的有价证券投资）、委托投资（固定收益类有价证券投资、股票投资以外的有价证券投资）和成员单位产品的买方信贷、融资租赁，进一步丰富了公司服务成员单位的手段。

【风险管理和内部控制】公司2016年共制

定新制度 1 项，修订制度 34 项，内容涉及信贷、票据、结算等多个方面，确保了制度更新与公司发展的实时匹配。同时，“合规建设推进年”工作贯穿始终：详细制定合规方案，严格落实合规要求，及时汇报合规动态，认真总结合规经验。公司以开展业务自查活动为切入点，及时完善相关制度与流程，强化风险防控责任追究意识，坚决遏制违规经营、遏制违法犯罪活动。

公司不断加强和完善制度体系建设，制定了公司治理、结算业务、信贷管理、票据业务等八大类共 158 项制度，实现了制度对业务的全覆盖，编制了《管理制度手册》。持续开展了业务流程和岗位操作标准化工作，通过业务梳理流程、岗位描述、编写手册、达标上岗等环节，最终形成了《业务标准化手册》，填补了制度与实际操作之间的缝隙，帮助每位员工方便系统地学习各类业务操作流程，同时提高业务运行的可靠性和稳定性，更好地为集团及成员单位服务。

【人力资源管理】2016 年，公司开展了员工薪酬调整工作，在制定方案过程中，充分考虑了员工工龄、学历、职称和资格获取情况及日常工作业绩等因素，经过综合评定及集体研究后，补充了中层梯队，激励了公司的中坚骨干力量，完善了公司队伍结构，更能适应业务发展的需要。

在培训学习方面，2016 年公司邀请西安交通大学、人民银行等单位的专家，开展了 10 余次金融知识及法律法规的培训活动。活动提高了员工业务知识水平，并使大家能够紧跟集团公司改革发展的步伐；公司也将培训讲座作为综合增值服务的延伸，邀请集团及成员单位共同参加，得到了股份公司等参加单位的好评。公司十分重视员工学习，鼓励员工参加相关职业资格及职称的学习和考试。2016 年，1 人考取了中级职称，28 人次取得会计、证券及基金等从业资格，在提升员工自身素质的同时加强了公司整体的专业能力。

【信息化建设】2016 年，公司各类信息系统运行安全平稳，备用电力等基础设施建设任务根据年初计划按时完成，机房 UPS 接入办公大楼发电设备，重要设备及软件及时完成维护保养，业务网络完成杀毒系统部署。同时开发工作有序进行，电票系统、纸票定额系统、资金池系统及智能存款系统均完成开发并上线运行，票据影像取得重大突破，股份 NC 与核心业务系统实现有效对接。以上信息系统的上线，将为公司各项业务的发展提供全面的科技支持，提升了公司的金融产品服务能力。特别是资金池项目高效、高质量的开发完成，达到了行业最先进的水平。

【企业文化建设】2016 年，公司开展了“服务标准化”活动，以持续提升全员整体服务质量为目标，特别针对一些成员单位反映的具体问题进行解决。例如，通过信息技术手段，查找和分析影响结算效率提升的短板，并以自我剖析、换位思考等方式，积极改变服务理念，使结算效率有了明显的提升，大部分基础业务效率提升一倍。另一方面，公司每一位员工的服务意识都得到了提升，成员单位满意度提高。

在文化宣传方面，公司积极鼓励全体员工在集团网站发布各类宣传稿件；公司“微信公众号”正式运行，对外服务形象焕然一新。2016 年，有 58 篇稿件在公司微信及网站上发布，7 篇稿件在集团和财务公司协会网站发布，微信关注人数已达到近 300 人。

【党建工作】2016 年，公司党支部积极开展“两学一做”学习教育活动，认真制定学习教育实施方案，全体党员以集中学习相关文件、互相交流学习经验、撰写心得体会等方式扎实推进各项工作。深刻领会“基础在学，关键在做”的内涵，积极做好本职工作，合力推进公司更好地发展。集团纪委综合派驻纪检组的工作机制，进一步加强了公司的党建工作。工会工作始终以维护职工的合法权益为核心，积极开展各项职工关怀活动，丰富职工文体生活。在集团团拜会节目的准备和演出中，全体员工积极参加排练，展现了良好的精神风貌，展示了专业、积极、上进的团队形象。公司也将这次活动作为公司作风建设、精神文明建设的重要手段，强化全体员工的集体荣誉意识，努力打造一支纪律严明、作风过硬，能够胜任集团交办的每一项工作任务的优良团队。

上海华谊集团财务有限责任公司

【经营概况】2016 年，上海华谊集团财务有限责任公司（以下简称“公司”）自觉贯彻执行监管政策，按照集团和董事会总体要求，围绕年初制定的“扩规模、增渠道、控费用、重管理、强服务”工作目标，立足核心定位，夯实和巩固业务基础，扩大和拓展服务内容，发展和创新金融产品，梳理和查补问题短板，助力成员企业降本增效，积极支持集团“供给侧”结构性改革，为集团“十三五”规划发展贡献金融力量。公司完成董事会换届和法人、高管变更，进一步强化分工合理、职责明确、相互制约的风险管理组织架构，为公司的健康、持续发展提供保障。截至年末，公司资产总额89.14亿元，上线企业逾178户，资金集中度为56.83%，资本充足率为25.56%，不良资产为零，营业收入2.07亿元，同比增长32.3%，实现净利润6886万元，同比减少3.48%，各项监管指标达标。

【公司金融】2016 年，公司金融服务平台初步建成，“依托集团、服务集团”的功能效应显现。公司因时制宜调整结构，扩大信贷，助力企业降本增效。年内信贷企业增加到26家，支持集团内骨干实体成员企业生产经营，资金内置投向更加符合集团整体发展战略。除了对成员企业进行信贷业务支持外，公司加入集团并购委员会，向成员企业提供兼并收购建议方案、融资建议方案；调研成员企业需求后，推出相关代理服务业务；参与集团发债相关工作。结合集团“供给侧”改革、“三去一降一补”工作，为成员企业的结构调整和创新变革做好融资服务。公司主动把握自贸区建设、产业链金融、集团海外发展三大机遇，通过深入研究自贸区相关政策、与核心银行沟通学习跨境本外币资金池业务、集中收付业务等，为集团海外融资寻求途径，为申请新业务资质做好准备。

【资金业务】公司积极研究市场波动走势，充分利用新增合作银行在价格上、期限上和支取灵活性等方面的良好补位作用，带动同业业务收益提升。2016 年，公司成立专项创新小组探讨并建立了资金管理模型，通过模型预测企业存款量，对资金进行更科学的安排和管理，进一步提升管理效益，更好地服务企业，满足企业的需求。

【资金集中】2016 年，公司继续通过量化资金归集目标，加强日常数据跟踪分析，及时跟进新增单位上线，持续开展对未上线企业跟踪等系列举措，对资金归集工作常抓不懈。截至 2016 年末，累计完成 178 家企业上线，基本覆盖了集团控股二、三级成员单位，同时完成了中国银行外币资金池搭建工作，增加了 3 家成员企业外币归集，年末资金集中度达 56.83%。公司坚持严格履行结算纪律，密切关注企业支付结算需求，审慎办理开销户、信息变更等流程。系统 24 小时营业时间模式已稳定运行，解决了企业在 17:00 之后的付款需求，减少了交易日期与记账日期不一致的情况，同时也解决了企业在 TMS 系统中查询账务错误显示的问题。

【票据业务】2016 年，公司获批电子商业汇票业务以及纸质商业汇票登记查询模块，具备独立办理电子票据业务的资格。同时已申请加入中国人民银行票据交易平台交易系统，为后期线上清算工作打下基础。

【外汇业务】为了进一步归集成员企业的外汇资金，提高公司的资金归集率，公司于 2016 年 12 月 22 日完成了资金池的搭建，归集了两家成员企业共计 2900 万美元（约 2 亿元人民币）外汇资金。

【业务创新】2016 年，公司出台《财务公司发展创新与奖励暂行规定》，从制度上保障公司持续创新和有效创新。采取创新工作项目负责制的管理方式——谁申请，谁负责，项目组独立于本职工作以外，让工作本身打破部门约束，矩阵式管理，促成更多更为通畅的沟通协作小平台。发挥项目团队成员各自优势，激发更多新点子，加快各项新业务的推进。全年共立项 9 个创新项目，其中业务类创新 4 项，管理类创新 5 项。2016 年，公司开发了代理成员企业开立银行承兑汇票业务、代理成员企业开立国内/国际信用证业务。帮助集团内成员企业节约财务成本、提高资金使用效率，实现“降本增效”，充分体现了财务公司“立足集团、服务产业”的宗旨。完成了首笔征信查询测试，通过企业征信系统，集团可以提高整体资信水平，维护良好的融资环境，征信系统的广泛运用将对集团经营风险管理具有重要意义。

【风险管理和内部控制】2016 年，公司以银监局现场检查为风控管理切入点，将风险管控能力提升工作贯穿全年，稳健扎实地推进各项工作。公司结合监管部门现场检查后提出的意见以及外部审计机构提出的内控完善建议，对制度体系进行查漏补缺，新增及修订制度共计 22 项。

【人力资源管理】公司高度重视对人才的培养，注重团队建设，强化选人育人，努力打造高素质的金融团队。完善绩效体系，组织专项奖励方案，鼓励担当，鼓励创新，偏重核心骨干，进一步聚焦战略发展和业务重点；强化培训学习，通过“外部培训，内部分享”方式提高员工专业能力，同时策划全员培训方案，培育“一岗多能、一人多岗”的实用型、技能型的复合型人才。截至 2016 年末，公司在册员工 26 人，其中研究生以上学历 9 人，占总人数的 34.62%；本科 15 人，专科 2 人；中高级以上职称 9 人。

【信息化建设】公司结合成员单位对信息系统的需求，成立专项小组对核心系统进行升级。2016 年，公司已完成核心业务系统二次优化、投资业务系统采购、外汇系统上线、堡垒机项目、等级保护项目、营改增项目等多个信息系统建设任务。

河钢集团财务有限公司

【经营概况】2016 年，河钢集团财务有限公司（以下简称“公司”）继续秉承“产融协同、共赢发展”的市场化金融服务理念，紧紧围绕集团“建设最具竞争力钢铁企业”目标，牢牢把握“创新金融发展再上新台阶，为集团主业发展贡献金融新动力”这一工作主线，健全完善安全便捷的结算网络和优质高效的业务平台，持续深化“票据金融综合服务体系”特色品牌，晋级行业评级和监管评级双 A 类，全面获批 29 项新业务资质，金融创新服务能力再上新台阶，为成员单位提供多元化、特色化的投融资、结算、财务管理咨询等全方位金融服务，充分发挥了集团资金集中管控和金融服务平台的作用，有效助力集团结构调整、转型升级，在集团内外塑造了创新金融发展的良好形象。截至 2016 年末，公司资产总额 138.98 亿元，负债总额 113.77 亿元，所有者权益 25.21 亿元，分别比年初增长 12.35%、13.78%、6.33%；全年累计实现营业收入 5.08 亿元、利润 2 亿元，分别比年初增长 15.72%、11.11%。无不良贷款和不良资产，各项监管指标均符合监管要求。

【信贷业务】2016 年，公司扎实开展基础信贷投放业务，高效调剂资金，有效服务钢铁主业发展，全年累计办理信贷业务 1216.17 亿元；受钢铁行业政策影响，在同业授信难度加大的形势下，公司锐意进取，破解行业授信限制，不断拓展同业授信资源，授信总量不断拓展，金融机构合作范围不断扩大，授信业务品种更为多元，外源融资渠道也更丰富。

【票据业务】公司持续深化“票据金融综合服务体系”特色品牌，形成三大系列 15 个具体业务品种，在严格控制风险的基础上，持续创新票据金融产品，重点发力延伸票据融资链多元组合产品，尤其是做大、做特电票业务，公司签发的电子银承的市场认知度大幅提高，融通变现能力日益增强且成本优势明显，已发展成为信誉良好、可融通变现、受市场广泛认可的支付结算工具。2016 年，公司通过票据池融资、保兑、保贴、转贴、再贴等票据多元组合产品，累计开展票据融资 199.08 亿元，共计节约财务费用 0.78 亿元，有效助力集团及成员单位拓宽融资渠道、降低资金成本。公司“特色票据金融”品牌入选《中国企业集团财务公司行业发展报告（2016）》，引来多家省内外同行学习交流，并初步达成互相授信、票据互认、同业拆借等合作意向。

【同业业务】公司致力于寻求并稳固良好的交易对手与合作伙伴，实施资金头寸精细化管理，不断提升资金流动性管理能力及运营创效能力，促使同业拆借业务发展为公司经常性、成熟的流动性管理工具，全年累计拆借资金 21.6 亿元。

【资金集中】2016 年，公司多措并举助推资金集中度实现稳中有升。公司着力下延服务领域，提高成员企业覆盖面，有序推进账户上线；为新设成员单位定制资金管理服务方案；升级网银服务功能，打造超级网银系统，将各直联银行的账户集成在同一界面操作，增加电子对账、电子签章、远程单据打印等功能，方便异地成员单位远程操作。截至12月末，全口径资金集中度为45.13%，可归集口径资金集中度为90.32%，分别比年初增长4.64%、14.65%。

【业务创新】公司成功获批29项全部业务资质，经营范围由原来的9项增至14项，特别是公司“经批准发行财务公司债券”和投资类资质的获批，对拓宽公司资金融通渠道和集团资金运营渠道，打造新的效益增长点大有裨益，可有效发挥公司信贷投放与存量资金运营的双轮驱动效应。公司获批加入中国银行间市场交易商协会，完成银行间债券市场门槛准入相关手续，着力研究相关业务开展思路，健全完善投资管理相关制度和流程，建立与各合作银行的日常洽谈询价机制，研究定制理财产品。

【风险管理和内部控制】公司携手农业银行创新开展金融顾问合作，形成《金融顾问服务报告》和《全面风险管理报告》两项合作成果；补充修订完成十大类161项管理制度，形成《制度汇编》，全面构建起与业务发展更适应且满足新的监管政策要求的制度体系；编制《内控手册》，对每项业务制定标准流程及风险控制点；编制《全面风险管理手册》，细化八大子风险体系建设等，进一步提升了风险管控能力，保障公司合规良性发展。

围绕“两个加强、两个遏制”回头看工作，进一步强化风险合规意识和合规文化建设，开展基础管理全面自查、票据业务专项风险排查，逐项梳理查找关键环节及风险点、补充完善制度、优化流程、制定风险控制缓释措施、加强考核监督，增强日常管理操作环节的风险控制能力；全面梳理稽核审计工作22项，拓展稽核审计范围，明确稽核审计频率、报告时限，强化稽核审计内控监督职能；高度重视反洗钱工作，建立健全非现场监测制度，强化反洗钱宣传教育培训，开展“预防洗钱活动，打击洗钱犯罪，维护金融秩序”反洗钱主题活动；严格员工行为排查机制和考核问责机制，强化合规意识，培育合规文化，营造良性经营氛围。

【人力资源管理】公司进一步健全部门岗位人员配备，重要岗位人员适当轮岗，着力培养一支综合素质过硬的复合型金融人才队伍。借助外部资深金融专家资源，开展宏观政策、金融业务、司库管理等专题培训；依托银监局、财务公司协会、上清所、交易商协会等权威培训机构，派出业务骨干参加专业培训与交流46人次；利用内部培训、读书交流及网上学习平台等载体，组织内部培训12次、读书交流会2次；积极引导、鼓励广大职工参加专业资格认证考试，员工专业素质和综合素养得到全面提升。

【信息化建设】公司秉承“科技先行”理念，持续加强信息化建设，为业务发展提供技术支撑。2016年，公司重点围绕业务发展需要改造优化票据管理系统，进一步集成升级核心业务系统、票据管理系统、电票系统三大系统，建设营改增相关系统，升级系统安全防护，等等。同时健全信息科技风险管理体系，全面完善信息科技风险管理架构、制度、流程，提升信息科技治理水平和风险防范能力。

【企业文化建设】公司从强化员工理想信念入手，倡导全员以“服务、创新、稳健、增值”的核心价值观为引领，全面树立市场化金融服务理念，深植“服务至上”意识和风险合规理念，结合“两学一做”学习教育要求，组织开展“传承红色文化、绽放青春风彩”

五四主题活动，组织员工深入厂区一线宣讲“预防洗钱活动，打击洗钱犯罪，维护金融秩序”反洗钱主题活动，参加河北省金融系统“两学一做”知识竞赛、“两学一做，金融先行”书法展等系列活动、金融法律知识竞赛、“学雷锋、公益行”微行动、慰问困难职工等活动。公司还新建团支部，进一步凝聚青年员工的智慧与力量。

安徽省能源集团财务有限公司

【经营概况】2016年，安徽省能源集团财务有限公司（以下简称“公司”）充分发挥金融功能，紧跟集团发展步伐，认真贯彻监管部门的各项政策要求，各项业务稳健运行，经营业绩显著提升。全年公司实现营业收入6994万元，同比增长37%；利润总额2502万元，同比增长18%。截至2016年末，公司的资产总额为26.50亿元，同比增长80.11%；所有者权益为5.45亿元，同比增长55.61%。

【信贷业务】2016年，公司紧紧围绕集团发展战略和公司经营目标开展信贷工作，不断提高服务意识、服务效率。积极开展新业务，努力拓宽融资渠道，降低集团公司及成员单位的融资成本。响应国家政策，支持环保产业，履行社会责任。一是快速完成成员单位授信评估各项基础工作，以优于商业银行的贷款条件率先发放项目贷款，协助其扭转不利的融资局面。二是积极助力火力发电企业淘汰落后产能、降低资源、降低能源消耗。三是坚持绿色信贷政策，不断加强环保产业和节能减排项目的支持力度。四是顺应经济发展形势，贯彻和落实国家的新能源发展产业政策和集团公司新能源发展战略，积极支持集团光伏发电等新能源产业的发展。五是立足集团，积极支持集团小微企业的发展。

【资金集中】2016年，公司努力提升服务质量，做好资金结算工作，不断提高资金归集率。全年结算业务笔数同比增长18%，总金额同比增长22%，公司全年平均全口径资金归集率相比上年提升约15个百分点。截至2016年末，集团系统共有58家成员单位在财务公司开立结算账户，较年初增加11家。

【业务创新】2016年，公司在稳健经营的基础上，创新金融服务产品和手段，进一步丰富业务品种，金融专业能力逐步提升。结合自身发展条件和监管评级情况，积极申办同业拆借、电子汇票和投资类等业务。公司于2016年12月获得全国银行间同业拆借中心的拆借市场开户通知书。电票及投资类业务都进行了前期调研和申报准备，系统和制度建设也逐步完善。

【风险管理和内部控制】公司一贯高度重视风控工作，抓好风险控制的日常管理，监督公司资产质量，培养人人重视的风险文化。2016年，公司重点开展了“两个加强、两个遏制”回头看专项检查工作。针对公司开业以来运行管理方面发现的问题进行整改和问责，内容包括公司治理、内部控制、风险管理、案件防控等各方面，范围涵盖公司各管理层级、各部门、各岗位、各业务操作环节，涉及公司全体人员。根据自查中发现问题的风险程度、发生频率和整改难度，按不同方式进行自我问责，问责覆盖面达90%以上。在案防、合规管理上按季开展滚动式全面排查，认真执行年度案防工作计划，对公司的合同管理、反洗钱、同业业务管理、信贷业务等进行全面自查，保障业务合法合规运营。

【人力资源管理】2016年，公司加快构建规划科学、标准先进、配置高效、管控有力的人力资源管理体系，以助推公司经营目标实现为根本目标，重点在三个方面优化提升，力求建成一支数量充足、结构合理、素质优良的人才队伍。一是根据公司《关键岗位轮换和强制休假实施细则》，结合经营管理需要和监管要求，开展了内部轮岗交流工作，基本覆盖所有部门，轮岗员工占比达70%。二是进一步加大培训工作开展力度，全年共接受内外部培训约30次。三是修订了公司《中层管理人员选拔任用管理办法》，进一步规范了干部选拔任用行为和程序。

【信息化建设】2016年，集团公司决定依托财务公司建立集团资金管理平台，公司将信息化建设列为年度重点工作，全力保障信息系统升级更新。成立领导小组及工作组，组织各部门梳理业务需求，召开专题会议进行相关讨论，联系软件服务商进行现场沟通，赴兄弟财务公司实地调研。在公开招标结束后立即成立项目实施小组，保障系统按计划顺利上线，为基础业务的稳定运行和新业务的发展夯实基础。

【企业文化建设】“社会动力之源、安徽发展之源、员工幸福之源”是安徽省能源集团企业文化的核心理念，是全体皖能人凝聚共识、推动发展、构建和谐的精神动力。2016年，公司积极推进“三源”文化建设，以“明德善能”的核心价值观引导全体员工的价值取向，组织开展了“走进春天，拥抱自然”“书香安徽阅读季”等系列活动。并于5月15日参加安徽省金融工会“百万金融职工走向健康、走向快乐——安徽站”活动，与来自全省银行、保险、证券等40余家金融机构近800名职工代表健康毅行10公里，职工在强身健体、走出办公室、亲近大自然、释放压力的同时，展示了皖能人阳光、健康、积极向上的精神面貌，增进了员工之间沟通交流。

中化工程集团财务有限公司

【经营概况】2016年，中化工程集团财务有限公司（以下简称“公司”）继续秉承“依托集团，服务集团”的宗旨，切实让利于成员单位，支持实体经济。2016年12月31日吸收成员单位存款余额90.99亿元，全年日均吸收存款余额75.2亿元，资金集中度为42%，不良资产率为零。2016 年，公司共实现营业收入 2.83 亿元，其中投资收益 0.2 亿元，存放同业利息收入 2.21 亿元。营业成本 1.53 亿元，其中成员单位的存款利息 1.44 亿元，占营业成本的 94.11%。利润总额 1.31 亿元，净利润达 0.98 亿元。营业收入和利润指标完成情况良好。

【信贷业务】 2016 年，公司贷款发生额有所增长，但整体贷款规模仍处于较低水平，贷款发生额 12.85 亿元，保函发生额 3.25 亿元，贴现发生额 8.20 亿元，承兑发生额 6.26 亿元。

【产品销售信贷业务】 为将原有业务向更多的成员单位进行推广，使更多的成员单位享受财务公司优质的信贷服务，公司经过一年跟踪、分析、营销，2016 年共完成了 12 家次的新业务办理成果，提高了成员单位对财务公司的依赖程度。

【资金和投资业务】 以“稳健合规”为原则，在 2016 年复杂多变的债券市场环境下，公司依靠自主学习与摸索尝试，构建出一套符合内控原则的投资业务体系，并顺利完成 2016 年初制定的投资收益目标。

公司 2015 年已建成投资业务基础设施，2016 年在此基础上稳健开展各类有价证券投资业务，投资品种包括货币市场基金、现券买卖、债券质押式回购等。2016 年实现投资收益 2000 万元，年化投资收益率为 3.36%。其中，货币市场基金产品累计实现收益 170.88 万元，现券买卖实现收益累计 1840.15 万元，逆回购操作实现收益 16.14 万元。

【票据业务】 2016 年，公司共开立商业汇票 1256 张，金额 7.06 亿元；办理商业汇票贴现业务 629 笔，金额 9.36 亿元；办理商业汇票到期托收、解付、销账共计 1781 笔，金额 15.99 亿元；共审验商业汇票 1474 笔，金额 13.03 亿元。

【外汇业务】 2016 年，公司积极推进集团跨境外汇、人民币资金通道申请，获批跨境人民币资金通道及 3000 万元人民币跨境流出额度，并为集团公司成功实现资本项下资金出境，实现了集团境内外资金互通，解决了企业的实际困难。

在集团公司境外业务持续发展壮大、国际金融市场日益复杂与我国外汇管理政策频繁变动、人民币国际化步伐加快的大背景下，集团公司面临的外汇风险敞口日益增大。通过深入研究国际国内外汇市场，跟踪主要币种汇率变化，公司协助集团有效管理集团外汇风险，有助于保障境外工程利润，降低经营风险。

【资金集中】 2016 年，公司资金集中度为 42%，在外币规模较大且无法归集的情况下，资金归集工作取得较大进展。严格控制离线账户的开立，从源头控制离线资金。定期将账户资金收、支、余录入拜特资金系统，便于定时监控企业资金流向；为成员单位办理银行账户授权，及时监控账户资金；监督成员单位离线账户的变化，有效降低离线账户资金存量；根据实际情况调整资金集中策略，积极推进资金集中管理工作。

【风险管理和内部控制】 2016 年，公司加强信用业务的全流程管理，切实履行日常各项业务环节中的风险把控职责，规范业务行为，加强各项信用风险指标监控。

在日常经营活动中，为防范流动性风险的发生，公司严密监控流动性比例、超额备付金比率、存贷比、流动性缺口率等流动性相关指标，并通过系统升级开发进一步提升了流动性指标的监测频率和核算口径的准确性，定期出具流动性风险管理报告和资产负债管理评估报告，当流动性指标趋近监管警戒值时及时向相关部门发出调整资产负债配置的警示，使公司流动性风险控制在可以承受的合理范围之内。

【人力资源管理】2016 年，公司有序高效完成招聘工作，共招聘新员工 3 人，及时填补人员空缺，保证各项业务平稳过渡。持续开展多种类型的培训工作，实现培训资源全覆盖，提高全员综合素质。2016 年共组织外派培训 60 人次，人均 2 次。组织完成年度绩效考核和中层管理人员试用任期考核，进一步完善公司绩效管理体系。

【信息化建设】2016 年，公司提高信息化建设水平，增加一条互联网接入专线，提高核心业务系统 BS 用户访问速度和连接的稳定性；完成链路负载均衡项目建设，实现对互联网专线的智能化管理和实时监控；建设堡垒机项目，防范运维人员操作风险。公司完成核心业务系统升级改造工作，将核心业务系统数据迁移，以减轻业务服务器负担；完成核心业务系统二期开发验收和三期开发调研、协调；启动电票直连人民银行系统调研、“营改增”功能调研和开发。

【企业文化建设】文化是凝聚企业人心、推动企业发展的精神支撑。公司人员流动率较高，以文化留人，显得尤为重要。2016 年，公司组织全员素质拓展活动及主题演讲竞赛活动，鼓励员工学习、研究，打造积极健康、勤学共进的企业文化氛围，进一步提高员工凝聚力，推动企业文化建设。

天津天保财务有限公司

【经营概况】2016 年，天津天保财务有限公司（以下简称“公司”）致力资金管控，以资金为纽带，围绕资金管理和融资服务业务主线，发挥“金融牌照”优势，全力拓展各项业务，努力搭建集团内部“资金归集平台、资金结算平台、金融服务平台”，提升集团资金管理水平，形成了为所属企业提供金融支持的精细化服务体系，承担起了天保控股集团“内部银行”职能，全年各项工作成果显著，企业效益达到新水平。

截至 2016 年底，公司注册资金 30 亿元，资产总额 86.28 亿元，负债总额 55.04 亿元，所有者权益合计 31.25 亿元。实现营业总收入 3.04 亿元，利润总额为 2.36 亿元。年末贷款余额为 45.2 亿元，存款余额为 52.25 亿元，取得商业银行同业授信额度 77 亿元。

【信贷业务】公司秉持“立足集团、服务实体”宗旨，坚持服务与效益并重理念，围绕服务滨海新区大项目、好项目，积极筹措资金，为承担项目建设的所属企业提供有力资金支持，持续为所属企业提供优质高效信贷服务。公司与承担“空客 A330 宽体机完成及交付中心项目”建设主体的所属企业密切配合，签订总额 8.8 亿元借款合同，采取受托支付的方式，严格资金监控，并根据主管部门项目审核批复进度执行提款计划，以低成本资金全力支持区域重点项目建设。

2016 年，公司共为 7 户符合信贷条件的借款企业累计发放贷款33.57亿元，年末贷款余额45.2亿元，较年初增加3.3亿元，增长幅度达8%，年末实现利息收入2.18亿元。

【融资管理】公司立足“统一运作、专业经营、集成管理”的融资思路，切实降低集团整体融资成本，保障所属企业资金需求，初步搭建起了集团内部“金融服务平台”。对内主动了解所属企业的融资需求，及时与合作银行沟通谈判，设计融资方案，争取优惠贷款条件；对外运用金融牌照信用优势，为所属企业提供融资担保，缓解集团担保压力。

2016年，公司全面负责集团所属企业融资管理工作，牵头所属企业外部融资，实现内部融资与外部融资相结合，满足所属企业资金需求，全年累计提供担保22.66亿元，落实授信额度40亿元，有效支持了集团实体产业发展。

【投资业务】公司严格遵照监管机构要求开展投资业务，注重平衡投资标的的安全性、流动性、收益性，通过判断市场形势、组合金融工具、每日比价等手段，合理配比投资产品，进行流动性管理。2016年，公司依据负债期限，配置了包括货币市场基金、银行间逆回购、现券、同业存款在内的多种投资产品，兼顾投资资金流动性与收益性；同时对所属企业大额临时用款需求，使用备付金、同业拆借、银行间正回购等方式，第一时间满足所属企业资金需求。

【电票业务】公司结合所属企业经营特点，以上下游关系密切的产业链龙头企业为重点，带动上下游企业使用电票，开票规模连续两年突破亿元。全年围绕集团“区域开发建设、商贸物流、基础设施运营”板块有序开展电票服务，充分发挥电票付款期限长、安全性强、融资成本低等优点，丰富支付手段，改善支付习惯，有效缓解了所属企业融资压力。2016年，公司重点推进所属投资公司电票业务落地，全年开具电票10张，开票规模达到1.16亿元，全部用于集团重点项目工程款项支付，有力推动了集团实体产业发展。

【资金集中】2016年，公司资金归集工作施行制度化管理，经与集团沟通协商，所属企业资金归集首次纳入集团经营考核范围，所属企业资金归集主动性显著提升，公司资金归集度稳步上行，年度内所属企业可归集口径资金集中度达到90%。同时，积极强化账户管理水平，继续提供优质资金结算服务，集团内部“资金归集平台、资金结算平台”基础功能不断夯实。

截至2016年12月31日，公司共为43家所属企业开立各类结算账户222个，年末吸收存款余额52.25亿元，办理结算业务笔数13267笔，资金结算量1365亿元，为其他业务开展提供稳定资金来源，实现了所属企业资金归集与结算服务相统一，充分发挥了集团“内部银行”职能。

【业务创新】公司紧抓加入银行间债券市场机遇，在保证资金安全性、流动性前提下，积极开展债券投资业务，进一步拓展同业交易对手，增强公司在银行间市场的影响力。2016年上半年，公司获准加入银行间债券市场，可投资国债、央行票据、金融债、短期融资券、中期票据、AAA级企业债券。业务资质获批后，公司迅速部署实施软硬件设施、人员培训等前期准备工作，并于10月31日完成首笔现券交易，公司全年中债交割量18.81亿元，年度中债交割量非银行金融机构排名56/81，财务公司行业排名33/45。

【风险管理和内部控制】2016年，公司强化法务风险管理，落实“三重一大”决策机制，夯实合规管理基础，有效提升内部管控水平。一是落实总法律顾问制度，通过发布正式文件形式规范公司总法律顾问任命，使风险管理体系更加系统、专业、规范；二是结合公司实际拟定《“三重一大”决策工作实施办法》，优化公司领导班子分工，对不符合要求的决策程序进行调整，提高科学决策水平；三是规范合同、制度、决策三项审核，一方面重新梳理规范合同、决策审批流程，精简冗余环节，为业务转型提供风控保障，全面提升业务效率和金融服务质量，同时从制度入手，形成业务制度动态调整机制，根据政策要求和业务变化随时调整，年度内先后调整修订原有业务制度10项，出台委托投资、征信管理、债券投资等新业务制度6项，有效规范经营管理各个环节。

【人力资源管理】2016年，公司致力于打造天保投控集团内部专业金融团队，人力资源管理各模块工作持续深化。一是打造员工行为规范体系，通过规范员工行为、严格劳动纪律、明确奖惩机制，规范企业经营管理秩序，年度内发布系列管理制度三项，有效激发员工干事创业热情；二是调整人力资源结构，挖掘内部潜能，施行中层干部全员轮岗制度，轮岗部门服务质量及业务能力提升显著，高素质复合型管理人才队伍逐渐成形；三是人才市场化激励机制取得突破，涵盖经营管理、工作业绩、安全生产的综合绩效考核体系搭建完毕，通过定期考核，客观反映全员工作实绩，为针对性提升全员业务能力提供可靠依据，为进一步施行市场化薪酬体系打下坚实基础。

【信息化建设】为确保核心业务系统安全、高效运行，在扎实做好核心业务系统日常运行维护基础上，公司持续优化信息化业务流程，并结合业务开展特点，针对业务系统进行系统完善和需求跟踪，为主营业务持续、稳定、快速发展构筑坚实后盾。一是完善核心业务系统功能，对公司内部及所属企业的实际使用情况进行持续跟踪，整理、提取有效业务需求，确保系统全生命周期随时满足业务需要；二是协调系统供应商沟通系统故障修复维保工作，通过事务提交及进度管理系统，实时分析跟踪系统故障解决进度，确保核心业务系统安全、平稳运行；三是协助集团进行统一的财务信息平台建设，调配专业金融信息系统资源，组织需求分析，整理提供相应系统建设方案，为搭建集团内部“资金监控平台”奠定信息化基础。

亿利集团财务有限公司

【经营概况】2016年，亿利集团财务有限公司（以下简称“公司”）在严防信用性、流动性、市场性和信息科技等风险的前提下，积极围绕“立足集团，依托集团，服务集团”的经营宗旨发展。截至2016年末，公司资产总额61.16亿元，同比增长19.83%；负债总额39.32亿元，同比增长29.80%；所有者权益总额21.84亿元，同比增长5.27%；实现营业收入2.25亿元，净利润1.09亿元。

【信贷业务】2016年，公司依据集团及成员企业实际需求，积极开展信贷业务。一是综合授信，为提升对集团的金融服务，更好地为成员单位提供信贷支持，公司全年共通过12家成员单位的综合授信申请，为成员单位开展的业务包括流动资金贷款、委托贷款、票据贴现、票据承兑等。二是发放流动资金贷款，2016年公司共计为成员单位发放109笔流动资金贷款，累计发放金额135.15亿元，截至2016年末，各项贷款余额为53.35亿元。三是委托贷款，2016年公司共计为成员单位发放35笔委托贷款，累计发放金额12.23亿元，截至2016年底，委托贷款余额为11.45亿元。

【资金和投资业务】2016年，公司广泛而深入参与同业拆借市场，并与多家银行业机构建立了紧密的授信业务关系，通过同业拆借等多种方式有效加强公司日常短期资金管理。新增8家银行授信、6家财务公司授信，保持同业拆借渠道畅通，同业拆借总量累计达57.33亿元。

【票据业务】2016年，公司累计为成员单位办理票据承兑业务21.19亿元，截至2016年底，票据承兑余额为20.58亿元。此外，公司还为成员单位办理7笔商业承兑汇票贴现业务，累计贴现金额19.10亿元；与此同时，公司与同业银行开展了8笔商业承兑汇票转贴现业务，转贴现金额为20.20亿元。

【资金集中】截至2016年末，公司共对集团内112家成员单位开展业务，吸收成员单位人民币存款余额为34.80亿元，资金归集渠道包括工商银行、建设银行、交通银行、农业银行、中国银行和兴业银行。2016年，公司共完成结算业务80541笔，累计金额1689亿元。可归集口径资金集中度稳步提高，年末全口径资金集中度达到48.07%，相比上年有了大幅提升。

【风险管理和内部控制】2016年，公司岗位划分明确、内控严密、运营规范，自觉接受监管机构和政府有关部门的指导和监督，按照银监会相关要求积极优化资产负债结构，加强风险防控意识，各项监控监测指标符合监管机构规定，成立四年来不良率始终为零。

扎实做好各项内部审计工作，按计划实施专项审计项目，内审服务经营管理的能力进一步提升。全年共完成专项审计项目7个，对于审计部提出的意见，被审计对象认真落实并制定审计整改方案，审计部持续监督问题落实整改，形成整改跟踪常态化，推动监督闭环管理。

【人力资源管理】公司始终本着进人从严、高规格高标准的招聘原则，积极吸收符合公司岗位要求、具有丰富金融从业经验和良好职业操守的各类专业人员。为配合做好公司经营业绩和员工绩效考核工作，加强人工成本控制，根据精干、高效的原则，公司结合外部监管要求及主要业务情况定岗定员。2016年，公司从各大金融机构引进十余名专业人员，为助推公司发展增添动力。同时为提高员工专业素质，不断提升员工工作技能，公司积极组织员工参加了北京银监局、人民银行、西城区税务局、西城区社保局、中国财务公司协会、公积金管理中心、西城区人才交流服务中心等外部机构培训。

【信息化建设】2016年，在切实保障公司业务连续性的基础上，经过紧张筹备和多方协调，顺利完成办公场所迁址、机房建设及搬迁。办公场所布局合理，安防消防设计完善，符合金融机构办公场所的监管要求。数据中心机房结构坚固，综合布线合理，符合金融机构机房安全性条件，达到了同类金融机构B类数据中心的建设标准。

【企业文化建设】公司围绕生态环保、医疗健康，通过“基金+技术”模式，打造“基金、信托、融资租赁、征信、第三方支付、财务公司、保险、碳金融”为一体的绿色金融平台。公司始终秉承亿利资源集团“厚道、共赢、领导力”的核心价值观，致力于“生态环保、绿色金融”。同时，公司延续了亿利“生态立企，现金生成”的基本使命，以传统制造业向制造服务业（资源＋技术＋服务＋金融）大转型为目标，全面实施“互联网＋三绿（绿土地、绿能源、绿金融）”的产业战略，最终实现品牌、营销、技术与管理的互联网化与智能化，融资模式证券化等模式创新。

厦门海翼集团财务有限公司

【经营概况】 2016年，厦门海翼集团财务有限公司（以下简称“公司”）紧紧围绕“主动作为、开拓创新”的年度主题，认真完成各项工作任务。截至2016年末，公司资产总额达到22.18亿元，净资产5.99亿元，全年实现营业收入3967.94万元、净利润2052.06万元，全年累计为成员单位节约了财务费用560.25万元。

【信贷业务】 2016年，公司积极拓展新客户，新增了5家成员企业授信额度，截至2016年末，公司有效授信额度为31.915亿元。2016年，公司累计发放571笔授信，累计金额为237629.07万元，其中，流动资金贷款23笔，金额74653.71万元；开发贷款13笔，金额21750万元；贴现185笔，金额63097.57万元；开出汇票350笔，金额78127.78万元。截至2016年末，公司授信余额为184758.22万元，其中，流动资金贷款余额为58793.71万元，开发贷款余额为32650万元，贴现余额为31753.98万元，汇票余额为61560.53万元。

【业务创新】 2016年9月19日，公司获批开办固定收益类有价证券投资业务，2016年12月29日公司固定收益类有价证券投资业务破冰，操作了首笔货币市场基金投资业务，金额5000万元。公司推出货币市场基金投资业务的思路、措施主要是学习标杆财务公司，并向多家知名基金公司请教基金行业投资经验。公司货币市场基金投资业务运行良好。

【资金业务】 2016年，公司积极与金融机构合作，成功申请同业授信额度6亿元，累计开展了7笔同业拆借（拆入）业务，合计拆入资金6.7亿元。公司通过同业拆借（拆入）等方式主动负债，增强了主动管理流动性的能力，有效地促进了公司对成员企业放贷的能力。

【票据业务】 2016年，公司继续推广电票业务，公司授信客户中，仅地产版块成员单位未开具电票，其余授信客户均已对外开具电票，涉及面和流通面极广。2016年，公司为成员企业累计对外开出电票7.81亿元，办理电票贴现5.63亿元，办理电票再贴现4.25亿元，电票转贴现7.81亿元。通过电票开具和再贴现业务，公司有效地为成员企业节约了资金成本，2016 年累计为成员企业减免贴息 349.52 万元，减免开票承诺费 76.22 万元，并减免了成员企业 4711.71 万元的保证金。同时，通过办理转贴现业务，有效盘活了资金，提高了公司的流动性。

【资金集中】2016 年，公司克服制造业对银行资金需求大的困难，依托集团统筹管理成员单位月末在各银行的资金余额，每月分析成员单位的资金归集率，确保公司流动性符合监管要求。公司营业部加强与各直联银行的联系，提高结算效率。根据成员单位资金使用特点，引导成员单位合理安排活期、协定、通知、定期等存款结构，提高成员单位对公司存款品种粘度。此外，公司积极宣传推广电子商业汇票业务，本年度保证金存款余额稳步提高，提升了资金集中度。资金归集率的提高带动了结算业务的发展，2016 年全年完成结算 38400 笔，金额 1309 亿元，比上年有显著提高。

【风险管理和内部控制】2016 年，公司总体风险管理情况良好，实现了零风险事件及零不良资产。在防范信用风险方面，在授信时审慎核定贷款条款，确保落实担保措施，在贷中因应情况及时调整授信方案，同时加强贷后走访和账户监管，较好地防范违约事件的产生。在流动性风险管理方面，公司制定了《流动性风险应急预案》，设定流动性预警指标，当达到预警指标时，启动二级预警或者一级预警方案，及时化解流动性风险。在市场风险控制方面，针对新增的投资业务公司制定两项措施：一是要求逐日关注货币基金的投资规模，防止出现异常变动；二是要求逐日关注货币基金的每日收益情况，当连续三个工作日每万份收益（元）退出参考值低于预警值时，需采取退出措施。在操作风险控制方面，一是加强制度建设，2016 年公司新增了 4 项制度、修订了 1 项制度；二是加强合同范本管理，2016 年公司共对合同范本进行了两次修订，共修订了 17 份合同范本，完善了合同范本建设。总体来说，2016 年公司进一步加强了规范管理及风险管控，风险管理情况良好，保障了公司的正常运营和平稳发展。

【信息化建设】2016 年，公司对核心系统进行了优化升级。升级了天威诚信数字证书认证系统，支持新 RSA2048 位算法、国密 SM2 算法。上线民生银行银企直联接口，公司银企直联银行共计 8 家。此外，2016 年公司上线了微网站、开通了微信公众号，上线了集团 IT 服务管理系统，实现 IT 服务事项无纸化审批，大大提升了 IT 管理水平。

【企业文化建设】公司秉承海翼集团“创见、敢为、协动、超越”的核心价值观，紧紧围绕公司“立足集团、规范经营、创新服务”的经营方针，积极推动企业文化建设。2016 年，公司通过组织员工参加海翼集团 7 周年更名系列活动，进一步提升公司全体员工对海翼企业文化的认识和融入。此外，公司以组织有利员工身心健康的各类文体活动为抓手，丰富了员工的业余生活，提升了公司团队的凝聚力和向心力，全体员工展现出了齐心协力、积极向上的精神风貌，在公司内部营造了有利于员工成长和公司发展的良好氛围。

中信财务有限公司

【经营概况】2016年，中信财务有限公司（以下简称“公司”）主动对接中信集团全面深化改革和“十三五”战略布局，努力适应监管部门和行业协会的评级与分类监管要求，积极应对集团整体出售国内房地产业务给公司经营带来的巨大冲击，化危为机、变被动为主动，坚决推进客户和业务结构调整，打开了崭新的局面，较好地完成了年度经营计划和预算目标。公司克服诸多困难完成增资扩股，有序推进组织结构改革和部分中层干部岗位的内部竞聘，富有特色地开展“两学一做”学习教育活动。

截至2016年末，公司资产总额为315.63亿元，较年初增长2%；净资产余额为39.97亿元，较年初增长218%，扣除增资扩股因素实际增长18%。年末，公司管理表外资产余额242.72亿元。公司资产质量良好，不良率持续为零。公司实现营业总收入5.17亿元；实现营业利润4.42亿元、利润总额4.43亿元和净利润3.35亿元。公司自2012年成立，累计实现净利润5.76亿元，资本保值增值率为158%。

【信贷业务】2016年，公司贷款客户由3家扩大至13家，不仅及时弥补了失去地产业务后形成的缺口，而且有效丰富了公司客户结构，大幅扩大了服务成员单位的覆盖面。至年末，公司人民币贷款余额69.59亿元，全年日均贷款77.86亿元。全年新签委托贷款业务26笔，年末本金余额212.75亿元。

【资金和投资业务】2016年，公司充分发掘有限投资额度的潜力，加大与集团内外金融机构的沟通与合作，稳步开展自营投资业务。公司全年累计完成自营投资26.64亿元，中长期投资日均规模8.44亿元。同时，公司积极培育客户潜在的融资和资产管理需求，为成员单位提供高效的委托贷款、委托投资及其他定制化金融服务。开拓委托投资业务35笔，累计金额53.20亿元。

【外汇业务】公司以代理国际结算业务为基础，在代理进口信用证、代理进口代收、贸易融资业务等方面实现零的突破，而且发展势头喜人。公司本年度申请外汇集中运营通道外债额度20亿美元，进一步夯实了外汇业务基础。公司全年代理开立进口信用证及进口代收26笔，累计金额5900万美元；开展贸易融资24笔，累计金额折合人民币9.23亿元；办理即期结售汇业务163笔，累计金额6.27亿美元。至年末，公司外币存款11283万美元，全年外汇业务收入90.38万美元，折合人民币627万元。

【资金集中】2016年，公司积极调整客户结构，采取多种措施加大吸收存款力度，稳步提升中信建设等战略客户的存款规模，成功地将泰富中投、中信城开、泰富特钢、瑞博置业培育成为重要新客户。至年末，公司各项存款余额273亿元。年底全口径资金集中度达25%，与上年末基本持平；调整口径资金集中度达88%，较上年末增加23个百分点。

【业务创新】2016年，公司主动发掘客户需求，优化金融服务方案，创造性为中信环境、中信戴卡、泰富中投、中信城开、锦州金属、中信资产、中信旅游、中信重机等多家成员单位提供融资服务。针对现代农业、中信环境、泰富特钢专门设立三个跨部门创新小组，并与隆平高科、中信环境等境内外上市公司开展了实质性业务合作，在新业务开拓中起到了积极推进作用。

【风险管理和内部控制】公司召开了专门的风险管理会议，就提升公司行业评级水平、适应宏观审慎管理要求和贯彻落实集团资产负债委员会要求，作了专门研究和针对性布置。认真迎接北京银监局的行业评级检查，认真应对人民银行MPA考核评级和行业评级。接受集团全面审计，公司经营管理工作得到充分认可，稽核审计工作考评优秀。继续推进全面风险管理体系建设，逐步完善风险指标监测、报告和预警工作。改进自营贷款及投资项目的评审工作，加强贷后检查。修订和完善业务相关制度80余项，编印《中信财务有限公司规章制度汇编（2016版）》。推动1104及风险监测信息系统建设，2016年年底已正式上线运行。

【人力资源管理】2016年，公司继续从国内一流高等学府、出国留学人员及外部人才市场选拔了优秀人才7名，进一步改善了人才队伍结构。开展多个主题、多种方式的教育培训。公司持续改进绩效考核方案。公司加大了反映党建及风险合规要求的监控指标的权重设置。在考核程序上，进一步强化绩效考核的过程控制。经过几年的持续改善，初步形成了一套突出公司全局工作与鼓励业务创新相结合的绩效管理机制。

【信息化建设】公司核心业务系统功能进一步优化和完善，持续运行稳健，成为业务安全运行的有力保障。2016年新开账户28家，销户33家，正常账户310个。全年结算量达7万笔，结算额达4600亿元。公司重点研究和建立监管1104报送系统、风险监控管理信息系统，积极探索核心业务系统数据分析工作，对市场主流商业智能软件进行了选型和使用。公司信息系统涉及的各类网络、软硬件稳定运行，全年无重大故障。

【企业文化建设】公司积极践行中信核心价值体系和优秀企业文化，按照“小而精”的理念在公司干部员工队伍中深植中信DNA，在企业文化建设方面闯出自身特色，有效推进了精神文明创建工作。公司认真学习贯彻中央群团工作会议精神，充分发挥群团组织的桥梁和纽带作用。组建球队参加集团五人制足球和篮球联赛，展现了良好的精神风貌。倡导公司干部员工坚持健身锻炼习惯，永葆激情和活力。顺利完成公司团支部换届，进一步充实了团支部领导团队。公司4名员工参加集团金融青年论坛论文征集活动，均荣获奖项，公司团支部也获得优秀组织奖。

浙江省交通投资集团财务有限责任公司

【经营概况】2016年，浙江省交通投资集团财务有限责任公司（以下简称“公司”）经营规模再上新台阶。公司加强与各股东单位和监管部门的沟通协调，成功实施两次增资扩股，公司注册资本由年初的8亿元增至20亿元，进一步提高公司的资本充足率，为公司广义信贷规模合理增长提供保障。截至2016年末，公司资产总额达到184.10亿元，较年初增加121.32亿元，同比增长193.25%，存、贷款规模均保持高位，发放的自营贷款和委托贷款余额合计108.55亿元，节约了本应支付给外部银行的贷款利息，较好实现了“集中资源、优化配置”的办企初衷，并有效促进了浙江交通集团和浙江铁路集团合并后新集团的融合。

2016年，公司协助集团与太平投资签署规模为1000亿元的浙江省交通基础设施投资基金合作协议；在浙江省综合交通投融资建设签约大会筹备期间做好与各大金融机构的接洽、沟通和协调工作，确保大会顺利召开；完成2016年度首批602亿元项目融资工作，实现集团成立以来项目融资成本下浮超10%的首次突破，树立项目融资新标杆；与中债评级机构积极协调沟通，实现集团2016年主体信用评级从AAA－上调至AAA，助推集团跻身大型国有企业“信用第一梯队”。

【公司金融】2016年，公司不断加强统一融资工作水平，切实服务好集团发展。

一是融资范围持续扩展，融资成本大幅降低。全年累计受理397笔，累计满足414亿元融资需求，品种涵盖了流贷、项目贷、委贷、票据承兑、保函、信贷证明等业务。利用统一融资优势，大幅降低成员单位融资成本。2016年，集团对外新增融资成本仅为3.72%。

二是积极推进重点项目融资工作。公司先后完成金丽温公司20亿元农业银行固定资产贷款及台金东延段二期项目贷款，实现金丽温公司到期保险资金的本金兑付及台金东延段项目建设资金的按期到位；协同集团对已开工并具备融资条件的5条高速和2条铁路启动银行融资及询价流程，突破集团长期项目贷款一贯基准下浮10%的利率瓶颈，达到基准下浮12%（根据测算，7个项目的融资成本每下降一个百分点，每年可为集团节约财务费用0.25亿元左右）；利用集团项目融资资源与银行开展谈判，完成了乐清湾大桥80亿元、台金高速3亿元项目贷款降息至基准下浮10%的操作，两个项目累计可节约财务费用1.86亿元。

【资金和投资业务】2016年，公司继续做精资产业务，促进效益提升。

一是稳健推进同业交易。全年共开展存放同业业务91笔，累计存放金额458亿元，平均存放利率为3.59%，共获得同业存放收益

0.87 亿元；全年共开展同业拆入业务 27 笔，成交金额 125 亿元，加权平均成本 2.35%。

二是不断加大有价证券投资业务推进力度。成立票据资管计划，该类计划标的资产风险可控，收益率稳定且流动性好，并可根据公司头寸需要随时转让，实现了避险和增利的双重目标；开展券商收益凭证产品认购，该产品拥有评级较高的证券公司的信用背书，收益稳定且风险可控；成立股票质押资管计划，通过资管公司提供有价证券质押担保，提高资金收益。

【票据业务】2016 年，公司继续推进票据业务，助力“降本增效”。

一是成功开展票据转贴现业务。于 2016 年 2 月成功办理了 1 笔电票转贴现业务，把为沿海板块承兑的 0.20 亿元电票以 3.9% 的利率从工商银行贴入，进一步盘活了集团票据资产。

二是票据业务不断创新。发挥创新能力和专业优势，积极协调银行和成员单位，在乐清湾大桥、台金东延段二期、杭金衢改扩建工程及杭新景项目上推广使用票据结算。截至 2016 年末累计开票 4.49 亿元，其中 3.81 亿元已成功贴现，平均贴现率 3.18%，按 3 个月期限票据计算，与一年期贷款利率相比可节约财务费用 110 万元。

【资金集中】公司在集团确定战略合作银行范围的基础上，通过统一账户管理、统一结算系统平台上线、基本户限额管理、未归集资金动态跟踪、上市公司金融服务协议签订及限额提升、定期对成员单位走访交流等方式，顺利完成了对原铁投集团的资金集中管理，并与相关上市公司签订了金融服务协议，进一步提高了集团整体资金集中管理水平。截至 2016 年末，公司可归集口径资金集中度为 87.16%，同比上升 8.64 个百分点。

【业务创新】2016 年，公司继续推进业务创新，挖掘存量资金收益。

一是审慎开展保本理财。在严控风险的前提下，全年购买银行同业保本型理财产品 16 亿元，资金加权收益率为 3.51%，共获得收益 909.59 万元。

二是顺利开展债券逆回购业务。全年开展交易所逆回购业务 82.61 亿元，平均期限 4.22 天，资金加权收益率为 3.84%，高出同业活期利率 134 个基点，共获得收益 357.23 万元。

三是协调银行和成员单位，在乐清湾大桥、台金东延段二期、杭金衢改扩建工程及杭新景项目上推广使用票据结算，大幅降低财务成本；引入资管计划，开展券商收益凭证产品认购，把握市场机遇推进业务创新和资源增值，实现投资业务“破题开篇”。

【风险管理和内部控制】公司从源头入手、在事前介入，切实提高风险防控能力。

一是夯基固本，进一步健全公司制度体系。结合金融行业特征和监管要求，系统性修订和新增各类业务制度和内控制度 22 项，进一步提升公司内部管理水平，提高对风险的辨识和防范能力。

二是事前防控，做好专项检查和内部审计。认真开展监管部门要求的“两个加强、两个遏制”回头看活动以及各类合规专项检查，先后完成 2015 年度内部控制评价、信贷业务专项稽核、招投标及不动产自查，配合集团完成领导人员离任审计等，不断完善企业管理体系，推动企业持续健康发展。

三是严查细究，切实加强内部风险管理。进一步健全安全生产工作责任制，建立安全生产风险抵押金机制，落实安全生产和风险控制的刚性管理要求，同时组织开展员工异常行为排查，在强化员工风险意识的同时，杜绝一切不稳定因素滋生。

【人力资源管理】2016 年，公司采用“内部造血、外部输血、内外换血”相结合的方式，进一步提升人力资源管理科学化水平。

一是对原绩效考核管理办法进行进一步修改完善并推进实施，新办法突出核心业务主体地位，加大核心业务考核权重，将个人绩效和公司经营指标完成情况紧密挂钩，切实发挥好绩效考核的指挥棒、风向标、助推器作用。

二是做实“内训师”制度，凡外出参加培训的员工回来后均就所获知识对相关员工进行再培训，有效提高培训效率，提升员工综合素质。

三是严把选人用人关，坚持“公正公开、唯才是举、任人唯贤”的原则做好年度社会公开招聘和内部中层竞聘，及时补充一批精通内控、信贷和投融资管理的紧缺人才，满足公司“十三五”发展需要。

【信息化建设】2016 年，公司系统建设日益完善。

一是按计划完成统一结算平台上线。截至 2016 年末，295 家单位（占集团结算单位总数的 59.7%）已上线，日均线上结算金额 4.9 亿元（占集团同期日均结算总额的 52.8%），通过将集团原先分散的结算业务全面纳入平台，实现集团统一结算，并为打造财务信息大数据、建立收支数据集市、分析支付行为、建设财务共享服务中心打下坚实基础。

二是主动担当，搭建集团财务风险预警及投融资平台并做好持续完善。平台内置的投资、融资和经营模型将各数据集市的数据结丝成网，营建多维度、跨业务、分板块、多业态的立体数据，测算集团各单位、各期间的资金状况和财务态势。平台上线后，顺利承担了对高速公路板块“十四五”资产负债的预测工作。

【企业文化建设】在贯彻浙江交通集团“同责、同心、同创”三同文化理念的基础上，公司结合实际，大力弘扬“包容、大气、质疑、进取”的企业精神，通过组织活动及竞赛、安排讨论等方法，号召员工在各自岗位上干好本职、奋勇争先，为实现全集团“共惠共赢”贡献力量。

中车财务有限公司

【经营概况】2016 年，中车财务有限公司（以下简称“公司”）在大力推进整合重组工作的同时，围绕服务集团和成员单位，稳步开展金融服务创新，持续优化资产结构，在国内经济步入新常态，增速不断下降，金融业效益大幅下滑的情况下，实现营业收入 82577 万元，净利润 39020 万元。到 2016 年末，公司资产总额达到 3858747 万元。较上年增加 27.92%。在 2016 年 6 月中国财务公司协会公布的 222 家财务公司行业评级中，被评为 A 级。

【信贷业务】2016 年，公司积极争取信贷规模，有效发挥金融服务平台公司职能，结合成员单位需求，全力推进信贷产品创新，取得显著成效。全年新增信贷投放45亿元，增幅达42.9%，年末公司自营贷款余额150亿元。全年累计办理票据28亿元，比上年增加7.4亿元，增幅达35.9%。实现自营贷款利息收入和中间业务收入合计5.86亿元，比上年增加6200万元，增幅为11.8%。

【资金和财务顾问业务】公司充分利用金融持牌优势，积极参与同业市场，开展存放同业业务，提升存量资金收益，充分发挥规模议价优势；通过资金调配实现资金期限结构充分利用；积极开展同业拆借业务，拓展融资渠道，补充资金头寸需求。积极为集团和成员企业提供财务顾问服务：2016年，代理总部启动FDI债务融资工具承销团招标和申报工作；协助总部超短融资券注册发行工作，参与总部A股定增项目、资产证券化项目。

【票据业务】公司围绕实物票据管理和电子票据推广，加大产品创新力度，收到明显成效。全年累计办理承兑纸票电票合计25亿元，其中电子银票23亿元；2016年，株机公司、浦镇公司、戚墅堰所、沈阳机车、石家庄公司等成员单位首次办理了电子银票，四方股份、唐山公司、戚机公司等13家企业首次办理了共计8.5亿元的电子商票，票据业务已拓展至28家成员单位，财务公司承兑的票据已逐渐成为集团内部及成员单位与供应商之间的主要结算工具之一，降低了成员单位的资金占用和融资成本。

【外汇业务】2016年，公司外汇业务取得突破。办理结售汇业务量达到1亿美元，为成员企业节省汇兑成本35万元。同时为成员单位提供外管咨询和顾问，开展主要币种的汇率走势和对策研究。

【资金集中】作为集团的结算主渠道，公司发挥金融牌照优势，运用多种流动性管理工具，在保障结算支付前提下，提高流动性资金的配置效益。2016年实现集团公司子企业全面开户，新增集团公司子企业开户32家，增长率达41%，到2016年底，资金平台覆盖成员单位达到301家。全年日均存款191亿元，年末存款余额352亿元，年末全口径资金归集度为64%，达历史最高水平，全年平均资金归集度为45%，较上年同期增加4个百分点。

【业务创新】一是开展票据创新业务。采取“财务公司直接票据贴现融资”“与银行合作开展财司票据保贴”等多种业务推广模式，打通了工商银行北京市分行、招商银行北京分行对财务公司承兑票据全国供应商保贴渠道。二是创新开展应收账款保理业务。通过开展无追索权保理业务解决成员单位应收账款积压问题，满足其优化财务结构及资金融通的需求。三是票据池业务取得初步进展。开展“财务公司票据池”研究，并与招商银行北京市分行签订了《票据池合作协议》，为后续建立集团统一票据池奠定了基础。四是全面推动外汇业务发展。2016年底，公司获得跨国公司外汇资金集中运营管理和跨境人民币双向资金池两项业务资质，为实现中车集团跨境外汇资金池和人民币资金池的双向自由流通奠定基础，同时也能实现公司代理收付汇和轧差结算，拓展公司的外汇业务经营范围。

【风险管理和内部控制】公司扎实做好风险监测、监控工作，对流动性比率、资本充足率等关键监管指标进行持续跟踪，并建立预警机制。公司不良资产继续实现了“双零”目标（零不良资产余额和零不良资产比例）；实行全面审计策略。通过开展年度内部控制自我评价，提高基础管理水平。

【人力资源管理】合并后的中车财务有限公司共有在岗员工57人，拥有本科及以上学历的员工100%，其中硕士及博士（其中1人博士在读）共24人，占比为42%。2016年，公司不断完善差异化薪酬分配办法：针对企业负责人，实施总部年薪制管理的高层管理人员薪酬与企业经营业绩、个人绩效相挂钩的差异化分配办法，同时完善高层管理人员履职待遇、业务支出管理办法；针对普通员工，完善岗位绩效工资制实施办法。2016 年，公司基础管理工作得到进一步夯实。建立月度行政例会制度，以全面预算管理为核心，建立目标管理体系。推动办公自动化，提升工作效率。启动新公司建章立制工作，整合优化规章制度。实施新办公楼装修工程，完成公司新址搬迁工作。

【信息化建设】金融业务的高效开展，离不开信息化系统的有效支撑。公司结合发展规划，制定信息化长、中、短期建设目标，全面完善核心业务系统建设，稳步推进业务整合；构建高性能、高并发、高可靠平台，应对互联网金融发展，确保业务运行的稳定性、连续性、安全性。

【企业文化建设】公司十分注重企业文化建设和社会责任。2016 年，为促进合并后公司在管理、制度、作风、行为规范、薪酬标准、文化理念等方面的融合，公司开展了深入细致的工作。充分利用整合领导小组会议机制开展工作，充分发扬民主，倾听各种声音，集体决策。整合领导小组会议全年共召开 35 次，不断分析问题，布置工作；领导班子以身作则，带头学习、带头奉献、带头融合、带头讲大局、带头团结协作，提高工作效率，推动工作快速执行。上有所好，下必效焉，整个公司形成了团结协作、奋力拼搏的良好氛围。2016 年，公司上缴扶贫资金 44.2 万元。工会团结动员广大员工开展了一系列主题活动。

中国电子科技财务有限公司

【经营概况】中国电子科技财务有限公司（以下简称“公司”）围绕集团智慧和安全两大事业，全力打造核心金融平台，开拓创新，攻坚克难，圆满完成经营任务。2016 年公司实现营业收入 12.01 亿元，利润 6.84 亿元，资本净收益率为 9.07%，不良资产率为零，资本金增加至 40 亿元，获评行业 A 级创新型财务公司，取得产业链金融服务试点资格；充分发挥资金集中、资金结算、资金监控、金融服务、金融投资等集团核心金融平台功能，建立起服务集团主业、覆盖集团产业链上下游的综合金融服务体系，为集团增强电子信息关键领域和产业链关键环节的影响力、控制力，提升资产经营资本运作核心能力奠定基础，为集团改革发展注入了坚实的金融动力，实现了“十三五”良好开局。

【信贷业务】2016 年，集团内部信贷需求旺盛，公司加强内部资金运作，加大信贷支持。全年发放贷款日均 164.84 亿元，比上年增加了 42 亿元。截至 2016 年底，贷款余额为 213.80 亿元，比上年增加了 41.48 亿元，对成员单位筹资预算内的信贷需求全部满足。其中，用于特种装备 78.41 亿元，民品产业 127.28 亿元，国际化经营 4.70 亿元，全年累计为集团公司节约财务成本 9.20 亿元，及时、有力地保障了集团和成员单位生产经营所需资金，助力集团实现稳增长、保指标任务。

【票据业务】公司大力开展票据业务，有力压降集团“三金”规模，助力集团和成员单位提质增效。一是大力推广票据结算替代现金结算，降低应收账款和预付款规模，减少现金占用，加速资金周转，降本增效。成员单位 2016 年全年票据结算总额达 121.21 亿元，同比增长 229.02%。二是票据贴现满足短期融资需求，盘活成员单位资产。公司 2016 年全年累计为成员单位办理票据贴现 12.89 亿元，同比增长 132.25%。日均贴现规模达 4.19 亿元，同比增长 190.97%。三是票据承兑业务释放了成员单位在银行的保证金，资金使用效率明显提升。2016 年为成员单位办理承兑 7.92 亿元，票据承兑余额 3.87 亿元，同比增长 313.54%。

【资金集中】公司做大集团资金池，提高集团资金管理使用效率。2016 年全年日均归集资金 295.64 亿元，较上年增加了 51.35 亿元，同比增长 21.02%。其中，二级单位日均资金归集 229.53 亿元，增加了 30.42 亿元，保持平稳；三级及三级以下单位日均资金归集增长明显，同比增长 56.62%；上市公司资金归集取得重大突破，完成了集团所有上市公司在财务公司开户和金融服务协议的签署。2016 年上市公司日均资金归集同比增长 98.48%。

【资金监控】公司建立起全账户管理系统，对全级次 2830 个账户进行线上年检，全面掌握了集团公司所有账户和资金分布；保障全级次单位“按月分周”执行资金计划管理，有效防范日常资金支出风险；发挥大额资金监控功能，累计对 298 家单位 1112.78 亿元执行大额资金监控，累计为集团和二级成员单位预警超大额标准支出 4157 笔，总金额 216.47 亿元，全面保障集团资金安全。

【业务创新】公司积极推动金融创新。一是进一步满足集团和成员单位多样化融资需求，开展集团内首笔 1.55 亿元应收账款保理业务，为 12 家成员单位办理银团保理业务 10.94 亿元，满足成员单位压降应收账款规模、改善财务报表需求；办理集团内首笔 1984.19 万元融资租赁业务，满足成员单位自身技术改造、扩大产能需要，有效减少成员单位付款压力，降低财务成本。二是开拓投资业务，培育经济新增长点。2016 年实现多项投资业务零突破，投资业务收入突破 1000 万元；投资基础管理成效显著，建立了以投资管理办法为核心的 5 项管理基础制度，明确了投资决策权限和流程，划分了投资标的类型，分类明确了投资风险，建立了同业合作白名单，获得集团公司授权定向增发 5 亿元及股票二级市场投资 5000 万元的投资额度。

【风险管理和内部控制】公司紧跟集团深化体制机制改革的步伐，狠抓体制机制改革，为公司长久发展注入活力。一是科学规范现代企业法人治理，建立了“1+3+N”的现代企业法人治理体系；完善了包括权责表、权限管理办法等在内的 14 项基础公司治理制度；建立了独具特色的董事、监管、经营管理层履职评价体系；建立了决策授权与转授权体系。二是重点落实了业务运行、内部管理、风险内控管理、人力资源四大类机制 14 项改革措施，使内部管理能及时适应业务快速发展，得到全面提升。

公司重点推动落实了四项风险内控管理机制改革措施。一是打造了全面风险管理体系，涵盖信用、市场、合规和流动性四大类风险，通过识别、计量、监测和控制等管理手段进行全面风险控制。二是强化内控体系建设，建立了 155 项制度的内控制度体系，覆盖公司所有业务和管理；强化审计跟踪，保证制度执行到位。三是健全了合同、法律顾问、重大法律问题研究、授权及转授权四维度的法律事务管理体系。四是建立了量化的重点风险监控和预警指标体系，并通过管理驾驶舱实现指标控制自动化。

【人力资源管理】公司持续完善了绩效考核、薪酬分配、职业发展三大体系。完成部制调整，优化组织机构，更新修订了覆盖11个部门、45个岗位的管理手册；设计了市场化的投资部薪酬激励方案；设置了“三维度、六指标”的职业发展晋升机制；公司“五元”薪酬体系获评集团“薪酬管理基础达标单位”。

【信息化建设】信息系统优化升级，全力保障业务发展。一是规划引领信息化建设。确立“服务主业发展，争创行业卓越”的信息化发展目标，树立“设计系统化、开发一体化”的信息化建设理念，明确“全面提升三大系统建设水平，创新驱动信息化价值创造”的核心任务。二是优化升级核心业务系统，提高服务能力。增加了两家银企直联，完成了保函、纸票承兑等核心业务系统模块的上线。三是上线了会议管理系统、档案系统、内网门户等子系统，初步实现了使用信息系统打造“文事会”一体化，内部管理的规范性和效率得到全面提升。四是积极探索研究“产业链金融”系统和“大数据”分析系统，前瞻性引领和支持业务发展。

【党建工作】公司坚持围绕中心抓党建，深入推进“量化有效型”党建工作体系建设，为建设国内一流财务公司提供强有力的思想保障、组织保障、文化保障。一是组织建设逐步完善，党建制度逐步健全，成立党小组，设立党群工作部，配备专职党建工作人员，保障党建工作全面落实；二是深入开展“两学一做”学习教育活动，党员理想信念进一步坚定，对共产主义理想和中国特色社会主义制度，对党的领导和现代企业制度相结合的理解认识更加深入和具体，坚持两个“一以贯之”，自觉增强“四个意识”；三是党组织的战斗堡垒作用和党员模范先锋作用逐步显现，设立党员示范岗，带头攻关，激励全员向先进榜样看齐，结合公司和谐友爱的大家庭文化、团结协作的奉献文化、客户至上的服务文化、规范严谨的合规文化、务实担当的执行力文化、追求卓越、崇尚优秀的竞争文化，树立良好工作作风，有力保障了公司圆满完成全年工作任务。公司评选出11名优秀党员，1名党员获评集团公司“七好党员”。

重庆机电控股集团财务有限公司

【经营概况】2016年，重庆机电控股集团财务有限公司（以下简称“公司”）持续加大了对机电集团成员单位的信贷支持，实现了统一支付结算平台的正式运行，在资金归集规模保持较快增长的同时，逐步发挥集团资金蓄水池功能，并通过对资金市场的研判，及时调整经营策略，提高资金收益。全年累计实现营业收入9893万元，实现利润总额4533万元，实现净利润3708万元。不仅连续四年超额完成了董事会下达的经营目标，还被评为2015年度市级金融企业财务管理先进单位，重庆市仅10家金融机构获得该荣誉。

【信贷业务】2016年12月末，公司存续贷款余额22.66亿元，相较上年的14.40亿元增加8.27亿元，增幅为57.43%；2016年日均贷款投放额为18.68亿元，较上年同期的14.24亿元增加4.44亿元，增幅为31.18%。自4月起，公司对上市企业、非上市企业分别执行贷款利率基准下浮10%及基准的优惠，并通过推广“贷贷通”产品、增加授信额度（全年同比增加20.53亿元）、免结算费用等措施，最大限度给予成员单位金融支持，帮助其降低财务成本。总体来看，公司不仅从信贷规模、贷款利率上持续加大了服务力度，也通过综合运用现有业务品种、针对性的服务方案，切实提升了对成员单位的服务质效，全年累计降低集团整体财务成本8031万元。

【资金和投资业务】作为机电集团的“内部银行”，公司一方面通过紧盯市场提高资金收益。2016年四季度货币市场紧缩，资金价格上涨，公司及时调整经营策略，加大了同业定期的存放，同业利息收入超额完成578万元。另一方面，建立了大额资金提前报备机制，充分利用同业拆借业务资格作为流动性补充手段，通过有力的财务管控手段为集团资金安全保驾护航。

【票据业务】2016年，公司票据代理业务整体减少，票据贴现业务继续保持小幅增长，电票承兑业务成为新的增长点。全年累计发生票据贴现业务5.30亿元，同比增长18.29%；日均额1.86亿元，同比增长48.04%。全年累计开立电票2.21亿元，较上年增长112.38%。办理电票业务的企业由上年的3家增至12家，开票笔数由上年的7笔增至31笔。

电票业务得以快速发展，主要得益于公司充分利用人民银行推广电票的契机，组织开展了“票据业务座谈会”，帮助成员单位掌握新型票据结算工具。同时，公司进一步完善了电票业务品种，新增电票换纸票、纸票换电票等产品，开出电票的期限从2015年的以12个月为主到2016年的多期限，电票业务期限灵活性的优势逐步体现出来，财务公司电票接受度大大提高。

【资金集中】2016年，机电集团开始在全集团范围内推行“集中银行、集中信贷、集中结算”工作，在该专项工作推动下，机电集团、机电股份不断加大了对公司的资金支持。截至2016年12月末，公司归集成员单位资金总额为26.34亿元，相较上年同期的17.27亿元增长9.07亿元，增幅为52.52%；2016年日均存款规模为18.49亿，相较上年同期的12.88亿元增加5.60亿元，增长率为43.48%。

【风险管理和内部控制】2016年，公司以规范履职为重点，重新梳理了董事会、经营层审批权限，新修订了《三重一大事项集体决策实施办法》，形成了治理主体分工明确、有效制衡、科学运作的良性机制；通过股东会选举产生了新任董事和监事，完成了监管任职资格申报并取得批复，“三会一层”履职得到进一步规范。

同时，公司建立了包含公司层面内控、主营业务流程、财务控制与管理流程、行政综合管理流程、信息系统管理流程在内的5个大流程、30个子流程、198个风险点、266个控制活动的《内部控制手册》，形成了内控手册定期更新机制，明确了修订审批路径，将根据监管要求和公司内外部情况的变化及时对手册进行修订。

【人力资源管理】2016年，公司对财务结算部进行了职能拆分，新成立结算管理部、计划财务部，为统一支付结算工作的开展提供了人员和组织保障。新制定了《中层管理人员管理办法》，成功开展了结算部负责人竞聘上岗工作，通过跨部门轮岗、内部提拔、内外部培训等多举措开展员工成长通道建设；修订及新增了10个人力资源管理相关制度，对员工入职、合同管理、薪酬等进一步进行规范，并以劳动分配率为对照指标，着手建立人工成本管控机制。

【信息化建设】2016年，公司实现了新OA网页版和手机端的正式上线，有效提高了办公效率和便捷性；围绕机电集团"三集中"工作的开展，完成了代理支付接口测试、中国银行银财直联，建立了较为完善的公司内部系统问题及需求的解决和反馈机制，每周通报系统问题解决情况；修订完成了《核心业务系统管理办法》《系统应急管理办法》，规范了系统应急处理流程和授权体系，多举措为业务的开展提供技术保障。

【企业文化建设】党群团工有效结合，多载体推进企业文化建设。通过支部专题学习、支部书记上党课、"两学一做"榜样故事评选、党员学习笔记抽查等积极推动"两学一做"教育活动，通过继续贯彻中央"八项规定"精神和出台并落实《财务公司企业负责人履职待遇、业务支出管理办法》等深化廉洁纪律执行力度，以全面从严治党为主线，以深入开展"两学一做"学习教育活动为契机，深入推进员工行为管理深化年活动，组织开展员工风险合规、反洗钱培训，开展内控手册宣讲及检查专项行动，逐步建立公司合规文化、提升员工风险意识。公司党支部被评为机电集团2015年度先进支部；公司工会小组在机电集团机关党委2016年读书活动中获得优秀组织奖；在机电集团身边正能量征文活动中获得十佳故事的荣誉。

河北建投集团财务有限公司

【经营概况】2016年，河北建投集团财务有限公司（以下简称"公司"）以集团利益最大化为导向，以提质增效为目标，紧紧围绕集团主业发展，为成员单位提供专业化、多方位、深层次的金融服务，各项工作有序开展。截至2016年末，公司资产总额85.71亿元，全年实现营业收入2.23亿元，净资产收益率为8.85%。

【信贷业务】2016年，公司充分发挥集团资金池功能。灵活调剂信贷规模，及时满足各成员单位项目融资和流动资金需求，集团全年新增贷款规模中，公司信贷投放超过90亿元，占比达到49.3%，保证了集团现金流稳定。向火电企业大力推广"快循贷"，减少了火电企业存贷双高现象，有效降低了财务成本。全年为火电企业发放快循贷24.04亿元，节省财务费用1296万元。针对新能源系统企业拟订综合融资方案，授予其10亿元循环贷款额度，在基准利率基础上下浮10%，循环额度内随借随还。通过最高额担保增信，整体上提高了系统企业信用评级及授信额度，增强融资能力，同时降低贷款单位的融资成本。为15家融资困难单位发放贷款6.39亿元，缓解企业融资难题。持续为多个项目提供急需的搭桥资金，促进项目建设顺利推进。2016年末信贷余额40.57亿元，较年初增长3.2%。

【资金和投资业务】2016年，面对市场利率持续下行、利差不断收窄的不利形势，通过加强资金头寸管理，兼顾资金支付计划匹配性和资金收益最大化，合理配置资产品种和期限结构。一是加强资金分析，同业定期存款期限错配，拓展理财业务品种，发挥内部资金支持作用，有效满足集团资金需求。二是优化资产结构，提高收益相对较高的信贷和理财资产占比，抵减行业环境不利影响。三是细分各合作银行，强化沟通策略，保证活期利率“稳中有升”。四是充分利用资金计划模块，加强与成员单位、集团各部门沟通，有效提高资金计划准确度，切实延伸集团资金管控职能。

【资金集中】一是适应利率市场化，实施协定存款差别化定价。制定《协定存款利率差异化定价管理办法》，按季调整成员单位协定存款利率，提高了成员单位资金归集的积极性。二是与银行积极沟通，创新归集方式。与国家开发银行研究制定专项资金归集方案，在保证专款专用的同时，提高集团资金有效归集率。与成员单位及其贷款银行研究建立月底资金归集、定时资金归集等新的资金归集模式，确保资金有序归集。向相关银行申请手续费豁免，进一步降低经营成本。三是与各成员单位保持沟通和配合，及时完成集团新设企业归集账户开立，建立归集关系，新开户单位增加25家。截至2016年12月末，公司吸收存款74.07亿元，全口径归集度为75.58%，较上年同期增长16.11%；可归集口径归集度为99.43%，基本做到了应归尽归。

【业务创新】2016年8月，公司同业拆借业务获全国银行间同业拆借中心批准。加入银行间同业拆借市场将进一步提升公司资金使用效率，丰富资金来源渠道，为集团资金运作提供更加便捷、实用、高效的手段。2016年11月，公司成功加入银行间债券市场，公司资金管理工具更加丰富、金融服务能力进一步提升。

【风险管理和内部控制】公司以风险控制和内部审计为抓手，努力提高内控管理水平。一是认真做好信贷审核工作，严控信贷风险。二是坚持开展风险识别及评估工作，编写全面风险管理报告及季度风险预警报告。三是进一步完善法律事务管理流程，制定法律制度2项，加强法律合规风险管理。四是根据人民银行《MPA操作指引》构建MPA指标管理体系，为公司科学合理规划业务量奠定基础。五是牵头组织“两个加强、两个遏制”回头看全面自查工作，检查内容覆盖公司所有业务产品、内控治理及重点业务环节。六是组织开展金融法律法规学习，为公司合规经营、避免法律风险奠定基础。七是积极发挥审计监督作用。按计划实施专项审计稽核项目，内审服务经营管理的能力进一步提升。2016年，公司各项风险监管指标均符合监管要求，无不良资产。

【人力资源管理】2016年，公司全面组织开展多层次、形式多样的员工培训，提升员工价值。开展中层年轻干部的选拔任用并组织参加集团中层管理人员清华培训班，构建公司人才发展梯队，提升中层人员管理水平和综合业务能力。积极构建与公司发展相适应的人才保障机制，修订、完善了《员工管理办法》《薪酬管理办法》，制定了《绩效考核管理办法》，为公司人力资源管理提供有效的制度保障。

【信息化建设】信息系统是公司业务安全运营、拓展创新的基础，公司适应新业务发展需要，提前开发系统功能，完善生产系统。一是完成外汇结算功能第二轮测试工作。二是持续做好机房核心设备维护、巡检、定期备份数据库等日常维护工作。三是提高应急处理能力。成功解决了银行前置机故障、机房精密空调压缩机故障等技术难题。

【企业文化建设】2016 年，公司全面加强党建工作，扎实开展“两学一做”学习教育活动，组织全体党员到邢台前南峪接受红色革命教育，重温革命先辈战斗的峥嵘岁月，传承先烈革命精神。组织开展“职场丽人”花艺培训、“健步走”“趣味运动会”“一封家书”等丰富多彩的活动，增强了员工归属感和自豪感，营造出了积极向上、团结进取、健康和谐的工作环境。

太钢集团财务有限公司

【经营概况】太钢集团财务有限公司（以下简称“公司”）于 2013 年 1 月成立。2016 年，公司注册资本金由人民币 10 亿元增至 20 亿元，其中太原钢铁（集团）有限公司以现金出资 10.2 亿元，占注册资本的 51%；山西太钢不锈股份有限公司以现金出资 9.8 亿元，占注册资本的 49%。

2016 年，公司围绕集团公司下达的年度预算目标和重点工作要求，强化全面预算指标管理，按季度分解落实全面预算目标和重点工作计划，明确责任主体，层层传递压力；完善公司绩效考评方案，激励和督促提高经营绩效；研究创新业务，推进开展集团产业链金融业务，持续提高金融服务能力，支持集团转型升级发展，各项重点工作全面有序开展。

2016 年，公司实现营业收入 3.58 亿元，利润 1.86 亿元，资产收益率为 2.08%，资本充足率为 27.11%，各项监管指标均符合监管部门要求。

【资金计划】按照“引领、统筹、协调、推进”工作理念，加强资金计划及头寸管理，统筹安排资金；加强资产负债配置管理，面对市场价格大幅下降的不利局面，加大货币基金等短期投资产品、债券逆回购配置力度，提升资金收益；完善存贷款（含贴现）价格形成机制，根据市场变化按周发布财务公司票据贴现利率指导价；双向拓展同业授信合作机构，合理平衡各金融机构对公司的授信资源，增强流动性管理及资产配置能力。

【资金集中】继续加大资金归集力度，截至 2016 年末，共有 88 个集团成员单位 254 户银行账户纳入资金归集，日均归集率为 98.99%。

【信贷业务】2016 年，公司基础信贷业务不断扩大。满足集团成员单位间资金融通需求，发放贷款 27.11 亿元人民币、1.497 亿美元，办理委托贷款 24.49 亿元人民币、0.92 亿美元、0.49 亿欧元。

【票据业务】加强集团票据资金集中管理，2016 年票据池票据收支 302.52 亿元。集团公司利用财务公司电子票据系统签发电子商业汇票 65.76 亿元，其中电子银行承兑汇票 31.70 亿元，电子商业承兑汇票 34.06 亿元。大力开展票据业务，办理票据贴现 31.63 亿元；盘活票据资金，办理票据转贴现 22.7 亿元；争取低成本资金，向人民银行办理票据再贴现 7.91 亿元。

【外币业务】2016 年，办理代客结售汇 9.39 亿美元，占集团结售汇总量的 79.04%。市场平盘交易 9.50 亿美元。按月开展外汇风险管理咨询，监测集团各成员企业进出口业务和资产负债外汇敞口情况，分析市场汇率波动，出具外汇风险管理咨询报告，提出外汇风险管理建议。

【投资业务】2016 年，在同业存款价格大幅下降的情况下，调整资产配置结构，与券商、基金、银行、资产管理公司等金融机构合作，全面开展有价证券投资业务，资金运作能力得到显著提升。截至 2016 年末，有价证券投资余额 17.42 亿元。

【结算业务】2016 年，公司累计结算量 66776 笔，其中人民币结算额 5420.59 亿元，美元结算额 104.60 亿美元，欧元结算额 6.78 亿欧元。不断提高结算服务质量，制订客户服务计划，为 76 家成员单位建立客户服务信息档案，同时建立微信服务群及定期回访制度。为 21 家成员单位开通电票权限，促进集团公司电子商业票据的发展。

【业务创新】2016 年，公司获得中国外汇交易中心批准，成为银行间市场外币拆借会员，开展境内金融机构间外币拆借业务；获中国银行间市场交易商协会备案，成为银行间市场交易商协会会员，开展债券回购业务；获得山西银监局外汇买卖业务资格批复，开展外币与外币之间的直接兑换业务。

2016 年，公司积极开展外债业务并在境内和境外成员企业之间灵活调剂资金余缺，助力集团优化财务管理，提高资金使用效率。公司借入外债 2.68 亿美元；对外放款 0.25 亿美元；跨境人民币流出 1.35 亿元，流入 0.04 亿元。

2016 年，公司开展质押式债券回购，拓展了流动性管理工具及资金配置渠道。累计开展债券正回购业务 11.21 亿元，逆回购业务 82.04 亿元。

【风险管理和内部控制】结合银监局“制度执行年”活动安排，开展“合规文化提升年”活动。依据银监局要求，开展“两个加强、两个遏制”回头看专项检查、案防工作自查、票据业务风险、信用风险管理排查等活动。根据人民银行的要求，组织开展了“两管理、两综合”自评工作。根据 2016 年常规稽核工作计划，完成 7 次常规稽核、2 次专项稽核及 2 次飞行检查。

2016 年共新增下发制度 8 项，修订下发制度 11 项，流程优化 9 项。对风险库进行修订完善，分析了 318 个风险点，基本涵盖了现有业务流程。

【人力资源管理】根据员工绩效考核管理办法，完成岗位分解手册的编制和岗位绩效责任书的签订。2016 年分层次开展各项培训，提升全员金融职业素养：根据集团公司管理者上讲台的相关要求，开展管理者上讲台培训；开展 6 期青年人讲课题培训；开展司库管理等 4 期全员培训；政策法规学习常态化，组织了 6 次政策法规“周周学”考试。

【信息化建设】组织三期项目建设，完成报表管理及征信管理上线运行。持续完善信息系统，优化同业往来、信贷管理、票据池等功能模块 26 项。完成人民银行电票系统双机切换测试；对信息系统数据库和操作系统进行测试，并出具巡检报告；根据监管要求，按时完成信息科技非现场监管报表报送。研究推进电票线上清算、供应链金融等业务系统需求。

【企业文化建设】 以太钢集团企业文化体系为指导，继续推进公司企业文化建设。持续优化业务流程及管理能力，组织全员开展“建言献策”活动，共收集82条涉及企业文化、制度流程、公司发展等建议，并逐条落实。组织开展“金融知识进万家”活动，在《太钢日报》、太钢电视台、微信公众号等媒介发布金融知识。对债券市场、外汇市场等金融信息进行收集、整理，及时向领导及相关单位提供金融市场日报、金融市场周报、信贷政策月报等资讯服务。

大同煤矿集团财务有限责任公司

【经营概况】 大同煤矿集团以大同煤矿集团财务有限责任公司（以下简称“公司”）为中心形成六大金融一体化运作平台，构建了金融产业相对完整闭合的产业链。在公司融资支持下，集团相继建成7座千万吨级煤矿、14个电厂和60万吨甲醇等转型升级项目，打造出了新兴产业效益增长点。公司2016年利润完成6亿元，完成计划的150%，人均创利超千万元，为集团节约财务费用9.45亿元，公司资产总额206亿元，全年通过票据和同业拆借业务融资109亿元，发放流动资金贷款295亿元，办理委托贷款30亿元，全年不良贷款率为零，各项经济指标在全省企业集团财务公司同业排名第一，实现了经济效益和监管指标的双丰收。

【信贷业务】 通过信贷业务的开展，公司实现了对同煤集团产业转型和经营需求的强有力支持，公司探索金融创新，采取债权重组及资产证券化等方式，盘活存量资产，有效降低存贷比，有力地保障了集团公司各项产业资金流的稳定及经营周转。

【资金和投资业务】 公司于2016年9月申请了银行间债券市场准入资格。9月和11月分别在上海清算所和中央国债登记结算有限责任公司开立了资金账户，打通了全国银行间债券市场平台。2016年10月公司正式交易了第一笔现券买卖业务。全年成功交易各类债券12亿元，全年实现投资收益0.32亿元。

【票据业务】 公司票据池为成员单位提供代保管、查询、托收、贴现、拆分、质押等一系列专业的票据池服务；同时，公司开展了票据的转贴现、再贴现、集团票据质押融资等一系列票据池相关业务，实现利润的同时，防范了票据风险、盘活了票据资金、提高了票据使用效率。2016年公司票据业务为集团公司融资目标的完成提供了强有力的支持，全年协助集团公司通过票据融资109.98亿元。

【外汇业务】 2015年11月，国家外汇管理局山西省分局《关于大同煤矿集团有限责任公司开展跨国公司外汇资金集中运营管理业务的备案通知书》（晋汇便函〔2015〕21号）批复，同意大同煤矿集团财务有限责任公司作为集团公司开展跨国公司外汇资金集中运营管理的主办企业。凭备案通知书，在中国银行山西省分行、交通银行山西省分行、浦发银行太原分行分别开立“国际外汇资金主账户”和“国内外汇资金主账户”。2016年，公司积极与省、市外汇管理部门联系申请对外借债和境外放款额度的审批，并于2016年10月20日完成结售汇业务申报程序。

【资金集中】公司资金池的建立，为集团公司资金管理工作起到了巨大的推动作用。截至2016年底，集团公司共有254家成员单位在财务公司开立461个结算账户。2016年全年共办理结算业务115394笔，较2015年115131笔同比增长0.2%，结算金额4604亿元，较上年4477亿元同比增加2.84%。

【业务创新】同业拆借业务方面，2016年2月3日，公司同业拆借业务获中国人民银行上海总部核定限额30亿元（银总部函〔2016〕17号）批复；2016年6月21日与焦煤财务公司办理7天拆入资金5亿元，有效地缓减集团资金周转问题。

资产证券化及资产转让业务方面，在与信达资产管理公司合作的基础和模式上，又与山西证券、兴业银行及信达资产管理公司初步达成合作意向，将公司及成员单位的到期债权债务合理配置偿债时间，及时回笼公司资金，既解决成员单位还款压力，合理错开成员单位的经营周期，同时缓释公司的流动性风险，2016年9月29日对所持有的信贷债权共计20.6亿元，出售给信达资产管理公司，有效提高公司资产的流动性。

【风险管理和内部控制】在制度体系方面完善了《同煤财务公司风险点操作手册》，明确了各部门的岗位职责，指出各业务的主要风险点，针对风险点提出有效的风险控制建议，致力于内控体系建设。修订了《同煤财务公司信贷审查委员会议事规则》，规范了公司信贷审查委员会的审议程序，明确信贷审查委员会的工作职责，致力于加强信贷风险管理，提高信贷资产质量，实现信贷业务决策的标准化、规范化、科学化。

日常风险管理工作中对贷款业务和票据业务进行全面风险排查，对公司存在的流动性风险、市场风险、信用风险及操作风险进行准确检测，提出全面风险管理建议，进一步规范了公司贷审会流程。

【人力资源管理】公司坚持高标准、严要求的人才招聘模式，立足形势任务发展和单位工作的实际需要，制定人才引进计划，严格引进渠道，提高人才引进质量。优化部门设置，加强岗位管理，促进人岗匹配，人尽其才。加强人才交流，积极开展与银行的战略合作学习，开展与成员单位的人才交流，促进员工多视角、全方位的成长，推进公司金融人才培养，搭建产融一体化平台。重视人才培养，制定多元化的培训计划，有效地利用和整合培训资源，培训内容涵盖票据业务、支付清算、债券风险管理、营改增等多方面，有效地促进员工专业能力和业务能力的提升。

【信息化建设】2016年是公司高速发展之年，作为所有业务开展和运行的基石，公司信息建设也得到了长足的发展，更为集团现金流安全、稳定、活跃、高效提供了坚强的信息支撑。2016年，公司信息化建设主要完成了资金管理系统和电子商业汇票系统的功能完善及性能优化、债券回购系统的接入工作、电子票据系统和1104报送系统的开发和测试；完成了新机房标准化建设、完善系统及网络安全防护工作；进一步完善同煤资金专网建设，提高了公司资金专网覆盖率和安全性等重点工作。

【企业文化建设】2016年，公司围绕打造“忠诚、纯洁、担当”的队伍，营造健康和谐、团结进取的工作氛围，建设高效运转、规范有序的工作格局，树立优质、文明、廉洁、服务高效的形象目标，加强文化建设，在公司内开展讨论，组织“书香同煤”悦读讲思活动等，推动文化及精神文明建设。不仅如此，公司还按照集团部署要求，深入开展“两学一做”学习教育活动，引导党员干部深刻领会习近平总书记一系列重要讲话精神，自觉增强政治意识、大局意识、核心意识和看齐意识，做到对党绝对忠诚。深入开展理想信念、党性党风党纪教育和道德教育，加强典型示范、案件警示和岗位廉政教育，落实党政领导带头上廉政党课制度，进一步强化正风肃纪，不断推进反腐倡廉建设。

贵州茅台集团财务有限公司

【经营概况】截至2016年末，贵州茅台集团财务有限公司（以下简称“公司”）资产总额589.31亿元，资金集中度达80%以上，实现营业总收入12.96亿元，利润总额5.87亿元。共计为94家成员单位开立了内部账户，夯实了茅台集团的金融板块建设，获得集团公司2016年度优秀集体称号。

【信贷业务】2016年，公司大力支持集团公司的主业发展，在政策范围内、风险可控的前提下，加强对集团成员单位的信贷支持，严格按照公司信贷管理制度有序推进，截至2016年末，委托贷款余额4.05亿元，自营贷款余额1.74亿元。

【资金和投资业务】由于集团内有效融资需求不足，公司经营范围受限，资产只能以存放同业为主，2016年以来，公司积极增加对省外各金融机构的考察授信，寻求更广泛的合作对象，进一步扩大与银行的同业合作范围，分散风险，提高资金使用效益，并申请加入了银行间同业债券市场，获得中国人民银行全国银行间债券市场准入通知书，年内完成公司在中央国债登记结算有限责任公司和上海清算所的债券账户开立。同时，在线下同业存放和线上同业拆借坚持利用利率报价平台和利率定价机制，实现各商业银行和交易对手每日定时定人向公司进行资金价格的报价；做好头寸管理，在确保流动性的前提下，适当错配期限，努力提高资金收益水平。

【票据业务】2016年，公司搭建了较为完善的票据类业务服务框架，以提供票据池业务、电票开票业务及票据贴现业务为支撑，积极在集团内部推广电子银行承兑汇票使用，从而帮助集团成员单位提升其财务管理效率及降低其财务管理风险。公司于2016年3月31日为成员单位贵州赖茅酒业有限公司办理电子银行承兑汇票开票业务，票据金额1000万元，实现了公司开立银行承兑汇票零的突破。

【资金集中】以2015年公司资金集中管理办法顶层设计为制度保障，2016年公司从优化资金管理流程、利用信息化平台、加强与银行的合作等方面加强资金集中管理工作。公司以制度化、标准化、系统化为核心，根据各公司的情况对直联银行账户进行归集，截至2016年末，归集各成员单位资金63.5亿元，其中，定期362.19亿元、通知90亿元、活期111.31亿元，年日均存款余额418.31亿元。从二季度以后，公司资金归集率维持在80%以上。

【业务创新】为充分发挥集团金融资源统筹运作中心，集团产融结合的核心平台作用，2016年公司加强与知名投行、金融同业等金融机构的沟通与信息交流，积极收集项目信息，为集团提供投资建议。一是在集团公司年初对贵州银行进行增资，由原来第三大股东提升成为贵州银行第二大股东后，继续对集团建言献策，利用贵州银行再次增资扩股机会，力争成为贵州银行第一大股东。二是在知悉中国国际金融股份有限公司准备设立国家新型产业创业投资引导基金的信息，立即向集团递交投资建议报告，为集团多元化投资提供了参考。三是在知悉四川信托第二大股东中海信托拟出售其持有的全部30%的股权，立即向集团公司递交了《关于四川信托股权转让的分析报告》，建议集团对该项目审慎考虑。四是针对集团公司与中粮集团设立原酒信托计划、设立供应链信托及共同成立调味品基金提出了建议。五是得到国家有关部门放开消费金融公司准入的消息后，及时上报成立消费金融公司的分析报告。

【风险管理和内部控制】2016年为确保集团资金安全，公司在强化对操作风险、信用风险、流动性风险、IT风险的前提下，一是根据《贵州茅台集团财务有限公司管理办法》风险管理内容，对公司风险进行监测、评价和控制。二是在原有《账户管理办法》等制度的基础上进一步完善了同业开户流程，提高对账频率。三是扎实推进“两个加强、两个遏制”回头看专项工作，全面覆盖公司各个部门、各业务条线。四是加强组织员工进行风险内控培训工作，提升防范风险的能力。对风险管控点进行前移，实现全年无重大风险事件。

【人力资源管理】2016年，公司不断完善用人机制，加强人才引进和培养力度，鼓励员工自学成才。一是面对人员短缺的问题，公司积极与集团沟通协调，集团公司为公司引进人员3名，外派其他金融行业挂职学习1人。召开公司董事会商讨人力资源问题，提拔任命公司中高级管理人员7人，提高了从业人员的积极性。二是分类分级培训，强化职业资格认证，鼓励员工自学提高。2016年公司安排员工参加人民银行、银监会、财务公司协会和集团公司等机构组织的各方面培训，全面提高不同岗位、层次员工的职业素养。2016年通过中级会计师资格考试3人，聘任3人。2人取得高级会计师资格，1人取得注册税务师资格。

【信息化建设】2016年，公司为提升服务集团、成员单位的能力，持续加大信息化建设的力度。一是全面梳理信息系统开发需求，对核心业务系统二次开发进行立项。二是进行公司安全认证系统升级，提高信息科技风险的防控能力。三是提前布局信息科技规划，计划完成新的异地灾备机房建设，完善信息科技管理机构配置。2016年公司信息系统运行安全、稳定，为业务运营提供了有效支撑。

【企业文化建设】一是积极履行社会责任，参与集团公司“国酒茅台·国之栋梁”活动，集团公司为贫困大学生助学捐款1亿元。二是在集团内网、LED大屏等平台阵地，举办“反洗钱法颁布十周年宣传活动”和金融网络安全宣传活动，对金融知识进行宣贯。三是充分发挥基层支部的作用，听取员工心声，解决员工的实际问题，提升员工的归属感和企业凝聚力。四是充分发挥公司作为金融行业茅台文化的传播者使命，在与行业交流过程中弘扬茅台酒代表的茅台企业文化。

海亮集团财务有限责任公司

【经营概况】2016年，海亮集团财务有限责任公司（以下简称“公司”）始终坚持以“立足企业集团、服务企业集团、服务实体经济”为核心，以“提高资金集中度、提高资金使用效率、实现更有内涵的发展”为目标，抓基础强管理，为海亮集团及旗下成员单位提供高效便捷的金融服务。截至2016年末，公司资产规模63.98亿元，较上年增加4.38亿元，增幅为7.35%；所有者权益17.88亿元，较上年增加4.39亿元；全年实现营业收入2.95亿元，利润总额2.41亿元，资产质量良好，各项指标均符合监管要求。

【公司治理】2016年，公司进行增资和股东变更，注册资本由10亿元增加到15亿元，股东及股权变更为：海亮集团有限公司出资9亿元，占60%；浙江海亮股份有限公司出资4亿元，占26.67%；浙江海亮环境材料有限公司出资2亿元，占13.33%。2016年公司治理和组织架构不断完善，“三会一层”及专业委员会作用发挥良好，建立和完善董监高评价机制，部门设置更符合内控要求。公司按照章程定期召开董事会、监事会等会议，商讨重大议案、听取工作汇报、发表独立意见、形成重大决策。积极发挥专业委员会作用，完善治理架构，公司治理各项工作稳步开展。

【信贷业务】2016年，公司累计发放贷款和贴现57.30亿元，贷款余额49.06亿元，基本与上年末持平，其中支持集团及有色金属17.90亿元、教育14.00亿元、房地产7.30亿元、农业食品板块5.45亿元、环保及其他4.41亿元。2016年信贷资金积极支持教育、农业食品和环保行业发展，逐步减少地产行业投入，有保有压，聚焦供给侧改革，既支持了传统产业升级，又较好地支持绿色金融发展，提高了金融服务实体经济效率。

【资金和投资业务】2016年共为集团累计发行债券118亿元，直接融资占比进一步提升，融资方式更加多元，平均融资成本比上年下降。8月，集团DFI发行资质获批，成为浙江省内第一家具有DFI发行资质的单位，并在其项下成功发行2笔共计20亿元债券。

【资金集中】截至2016年末，开户的成员单位212家，比上年新增28家，与196家成员单位建立直联，其中定时归集账户284户，实时归集账户9户。全年累计办理对外支付业务12.2万笔共1341亿元，累计归集资金3355亿元。公司以“提高资金集中度和资金使用效率”为主要资金管理目标，通过合理调度资金，积极采取各项措施提高资金集中度和资金使用效率，2016年末全口径资金集中度为54.78%，可归集资金集中度为82.48%。《成员企业考核激励方案》推进顺利，有效地引导、督促了各成员单位业务操作的规范性，加强了公司与成员单位的业务紧密度。

【风险管理和内部控制】2016年，公司不断强化、深化风险管理工作，坚持依法治企、合规经营。一是健全组织架构体系，单独设立稽核审计部，完善了前、中、后台三道防线的监督制约，稽核审计部作为第三道风险防线，从监督和事后检查的角度对风险控制措施的执行情况进行全部检查和评价。二是明确公司内部控制责任，完善内部控制措施，强化内部控制保障，将风险管控融入公司各项业务流程。三是持续完善公司制度、系统和流程建设，全年修订增补各项管理制度10个、业务及管理系统投产3个、优化36项，完善业务操作及管理流程9项，为规范运营提供了基础保障。四是积极发挥集团内部审计作用，对公司经营管理、信息系统风险、内部控制等进行全面稽核，对发现问题和管理建议及时优化，积极整改，及时问责。

【人力资源管理】公司不断加强人力资源管理，加强人才储备和梯队建设，鼓励员工一专多能。优化人才结构，2016年吸纳银行从业经验丰富的中层管理人员2名，有效补充了人才队伍。对各部门岗位职责的设置情况进行了全面调查，调整了部分员工岗位和职责分工，员工管理更合理、合规。完善员工绩效考核机制，将岗位履职、绩效表现与薪酬激励紧密结合。重视员工专业素养提升，鼓励员工参加职业资格认证、学历及职称考试、专业课程进修学习和业务培训等，激发员工学习动力和潜能。提倡一人多能，适时进行合理的岗位轮换，拓宽员工知识视野，丰富员工业务技能，为公司业务开展提供了有力支撑。

【信息化建设】2016年，公司不断加强信息科技建设，逐步完善和优化各业务系统，同时积极拓展与支持公司各项新业务发展，在保障业务连续性、稳定性的基础上，进一步提升了信息安全风险管控能力，保证核心业务系统零故障。优化公司信贷业务系统，实现系统自动评级授信；完善1104报表系统自动取数模块调整，提高自动取数准确性；开发应用资产管理系统，将资产采购、领用审批及日常资产管理信息完整反映，为资产信息共享提供有效的辅助。2016年全年各项信息化系统建设有序进行，信息系统运行安全、稳定。

【企业文化建设】公司秉承海亮集团“以人为本、诚信共赢、高薪高效、阳光坦诚”的核心价值观及“责任、踏实、无私、服务”的用人理念，通过组织各类文体活动，加强企业文化宣传，营造积极向上、团结协作的工作氛围，增强公司凝聚力。公司管理人员关心员工成长，不定期与员工沟通，了解员工思想动态，正确引导员工保持良好、健康的工作生活状态，坚持以人为本原则。

中材集团财务有限公司

【经营概况】2016年，中材集团财务有限公司（以下简称“公司”）按照“依托集团、服务集团、规范经营、稳健发展”的经营方针，不断加强服务成员单位的力度，进一步扩展金融平台功能。全年实现利润增长21.63%，营业收入增长10.28%，集团全口径资金集中度增长37%，日均存款增长47%；日均贷款增长58%；网上金融服务系统升级改造项目完成并成功上线，承载能力扩大五倍；获准增加承销成员单位企业债券和固定收益类有价证券投资两项新业务资质；为成员单位成功开办了电子银行承兑汇票；成功申请办理了票据再贴现业务；开展了首笔同业拆借业务；人力资源培训等按既定计划进行；公司内控制度流程进一步完善，风险合规意识进一步提升。各项基础业务有序开展，新业务逐步推进，全面完成了既定目标，各经营指标均达到监管机构的监管要求。

【信贷业务】2016年，公司积极向成员单位提供授信服务、贷款服务。2016年，日均自营贷款同比增长58%；积极为成员单位提供过桥贷款服务，最大限度为成员单位节约了财务费用；严格按照有关规定，对每笔贷款进行贷款首次检查和按季度的贷后审查，确保成员单位按照合同约定用途使用贷款。

【产品销售信贷业务】公司结合业务开展的需要，对照《中国银监会非银行金融机构行政许可事项实施办法》中业务的申请条件，经过咨询监管机构，与同业开展交流学习，走访成员单位实地调研等，于2016年12月申请取得承销成员单位企业债券和固定收益类有价证券投资两项新业务资质，进一步扩大了业务品种，能够更好地为成员单位服务。

【资金和投资业务】2016年，公司在资金运作方面主要是向成员单位提供自营贷款、票据贴现；根据国家货币政策变化、央行货币政策工具使用情况、市场资金变化规律等，在保证资金头寸的前提下，有效与各银行开展同业定期存款业务；与一些金融机构开展同业拆借业务。公司给成员单位提供的人民币和外币活期、定期存款利率均高于国内主要商业银行。

【票据业务】公司于2016年12月为成员单位成功开出第一张电子银行承兑汇票，标志着公司电票业务取得阶段性成果。积极与同业机构开展业务交流与学习，不断总结经验，优化流程，多次与人民银行和商业银行联系，通过再贴现、转贴现等方式，进一步扩大了票据贴现业务范围。

【外汇业务】公司与建设银行、工商银行和中国银行合作，实现了对部分成员单位在境内商业银行外币账户资金的归集，丰富了公司业务品种、推动了资金池建设、有效地提高了资金归集度。通过与成员单位和外部银行进行沟通，使得公司从外部银行取得的活期和定期存款收益可以更多惠及成员单位。从2016年8月起，公司执行的外币存款利率直接与伦敦同业拆借利率（LIBOR）挂钩。

【资金集中】公司继续为各成员单位办理开户、联网授权，提供资金上收下拨、对外付款、内部转账等资金结算服务，免收各类代理结算费用；办理存款存入、支取、结息等资金服务，提供电子回单自助打印功能。2016年日均存款同比增长47%，资金池规模进一步扩大。

【业务创新】一是开展同业拆借业务。2016年公司与一些银行开展了同业拆借业务，解决了临时性出现资金头寸紧张的问题。二是开展电子银行承兑汇票承兑业务。2016年12月，公司通过商业银行代理模式开出第一张电子银行承兑汇票，电票业务取得阶段性成果。三是开展商业汇票再贴现业务。2016年12月，公司向人民银行办理首笔银行承兑汇票再贴现业务，票据贴现业务取得重大成果。

【风险管理和内部控制】2016年以来，公司已建立了较为完善的法人治理结构和制度体系，基本覆盖了公司已有的业务活动和内部管理的各个方面和环节。随着公司业务规模及业务种类的不断发展，公司开展了规章制度年度修订，审核通过并发布制度119项、业务流程

108 项。2016 年，公司通过季度定期案件风险、信用风险、银行账户等专项排查，开展“两个加强、两个遏制”回头看专项自查工作；开展多期风险、合规、法律培训；开展两次阶段性稽核审计及多个专项、离岗、离任、届满等审计以及年度内部控制评价工作，为公司“规范经营，稳健发展”保驾护航。

【人力资源管理】公司人力资源管理工作继续坚持以人为本的理念，从人力资源的开发、培育、配置、利用等方面不断优化管理，努力实现人力资源管理工作的高效率和最大化。一是构筑人才成长的绿色通道，大力推进公司培训工作。把人才职业发展前景和专业培训作为吸引和留住人才的一项重要措施，采取“职业技能”培训、岗位轮训等形式多样内容丰富的素质提升方式，加大多层次、多结构、多方面的人才培训力度。2016 年共组织 227 人次参加包括信息安全、风险合规、专业技能等各类培训、考试、取证工作。二是加强同业交流学习，提高从业人员素质。根据实际业务情况，开展了与同行的交流学习工作，先后到中国电子财务公司、海尔财务公司、中粮财务公司等同业进行交流学习。借鉴同行先进经验，为业务的创新拓展做好准备工作。

【信息化建设】一是完成网上金融服务系统升级改造工作。为优化系统架构，提高业务处理效率，公司对网上金融服务系统进行了全面升级改造，2016 年 8 月 1 日正式上线。新系统在成熟易用方面有较大改善，承载能力增大 5 倍，可承载 2000 余家成员单位同时在线。二是开展信息安全专项工作。2016 年，公司开展了网上金融服务系统风险评估和信息安全管理与系统应急管理工作，通过专业的第三方机构风险评估，排除存在的安全隐患，掌握网上金融服务系统面临的风险状况，开展安全体系加固，降低了系统风险；开展两次网上金融服务系统应急演练，保障公司信息系统安全稳定，提升突发事件的应对能力。全年核心业务系统可用率达到 99.98%，信息系统实现全年安全零事故。三是开展重要信息系统自查工作。公司严格按照国家信息安全等级保护三级评定标准执行系统建设及运维，严格执行运营操作规程，做到全公司防范信息风险，安全责任具体落实到各岗位。2016 年，公司开展了 7 次重要信息系统自查工作，内容包括网络与信息安全工作管理职责落实、信息系统安全保障等。四是制定信息安全工作短期及中长期目标。新增信息化安全管理办法等 5 项制度，修订信息系统应急事件处理制度等 5 项制度，提升了公司信息系统持续安全稳定运行水平。

【企业文化建设】一是认真贯彻落实学习近平总书记系列重要讲话精神、十八届六中全会精神和全国国有企业党建工作会议精神，弘扬社会主义核心价值体系，坚定社会主义信念，引导员工树立高度的爱国、爱企、爱岗的情操。坚持以理想信念教育为核心，以道德教育为基础，将企业文化更深层次地融入公司管理体系与发展战略中，用价值理念约束、完善、调整公司各项管理制度，扎实推进企业文化建设工作，真正把文化“软实力”打造成推动公司发展的“硬实力”。二是坚持以人为本，注重人文关怀。职工在工作、生活中遇到问题和困难时，积极主动给予关心和帮助，抓好团队意识培养，积极开展党群共建工作。2016 年，组织开展了摄影比赛、羽毛球赛、猜谜、春秋游等多项文体活动，组队参加了集团举办的羽毛球赛。除组织员工参加监管机构的业务培训外，公司还多次组织包括风险合规、法律、专业技能、员工管理制度、业务流程等各类内部培训 10 余次。三是弘扬企业文化，深入推进文化融合。践行集团“创新、绩效、和谐、责任”的核心价值观和“敬畏、感恩、谦恭、得体”的行为准则，全体干部员工自觉信奉、共同遵守。

贵州盘江集团财务有限公司

【经营概况】2016年，贵州盘江集团财务有限公司（以下简称“公司”）牢固树立集团意识，落实监管要求，以求生存促发展为第一要务，始终把稳运行、防风险、促发展作为公司工作的突出任务，努力发挥金融机构服务实体经济的功能，加强产融互动，积极筹措调剂资金，创新金融服务手段，积极帮助成员单位解决融资困难，助推集团发展。截至2016年末，公司资产总额17.71亿元；实现营业收入0.62亿元，利润总额0.34亿元，超额完成年度经营目标。公司继续保持无不良资产，无各类案件和重大差错事故的良好形势。

【信贷业务】受行业政策影响，银行对传统煤炭生产企业普遍采取收贷限贷措施，2016年煤炭价格虽有所回升，但集团和成员单位资金仍然十分紧张。为克服资金规模下降，提升资金归集水平，公司采取存款和贷款联动的方式，将成员单位在财务公司的存款情况与贷款挂钩考核，深挖子公司、分公司的资金潜力，有效防止公司存款大幅度下滑，截至2016年末公司吸收存款余额11.86亿元。通过贷款、票据贴现、特定贷款、委托贷款等方式解决成员单位实际困难，全年共办理贷款101笔，累计金额13.98亿元。其中，流动资金贷款36笔，累计金额10.88亿元；票据贴现65笔，累计金额3.10亿元。为8户成员单位委托办理委托贷款15笔，累计金额1.90亿元。为补充公司的资金流动性，积极在人民银行办理再贴现业务3笔，金额0.48亿元，扩大了公司的资金来源。

【业务创新】为提高金融综合服务能力，2016年公司加快业务创新，拓宽业务范围，获准加入全国银行间同业拆借中心，打通同业拆借通道，增强了流动性保障能力；启动公司电子商业汇票系统建设，办理了公司成立以来的第一笔电子汇票贴现业务，为推广电票业务进行了有益尝试。

【风险管理和内部控制】2016年，集团成员单位资金紧缺、贷款需求持续增多，为避免形成较大的信用风险，防止公司信贷资产质量出现不良，公司一是加大对新增贷款的抵押担保审查力度，确保贷款保证合法有效，不断改善信贷资产结构，重点开展受托代理业务和票据贴现业务方式，缓解信用风险压力。二是以产业政策为导向，对成员单位实行有进、有退的差别化信贷政策，确保信贷资产质量。三是充分发挥专门委员会的职能作用，加大业务审查力度，提高信贷业务决策水平。四是密切关注成员单位经营情况和现金流情况，实施贷款预警催收制度，防范成员单位贷款逾期风险。加强与商业银行的沟通和联系，及时掌握成员单位在商业银行的融资动态，确保成员单位如期归还特定贷款。五是对资产进行准确分类，持续加大资产贷款损失准备金提取力度，风险资产抵补能力得到进一步增强。六是协助集团财务部和主要成员单位加强资金管理，成功帮助成员单位防范一起电信网络诈骗，减少了资金损失，保障了集团资金安全。

在全体员工的共同努力下，2016 年公司荣获人民银行贵阳中心支行反洗钱知识竞赛活动“优秀组织奖”。

【人力资源管理】公司始终致力于建设一支责任意识强，符合公司发展的金融人才队伍。2016 年公司继续加大员工培训力度，拓宽员工视野和工作思路，进一步提升了员工的工作能力。本年度组织参加监管部门和行业协会组织的各类培训 32 次，计 113 人次。并结合公司工作实际，通过宣传和解读监管规定，主动开展案件防控、防范打击非法集资、“两个加强、两个遏制”、反洗钱、金融统计、声誉风险排查等专项工作，全体员工的合规意识进一步增强。

【信息化建设】为提升信息化在经营管理和业务创新中的支撑作用，2016 年公司大力推进信息化建设，一是优化业务系统的信贷功能，解决了集团对部分成员单位的委托贷款实行零利率、逾期免收罚息的特殊需求，降低了业务操作风险，有效减轻了成员单位的资金压力；二是提升业务系统性能，实现了业务数据的自动压缩、分割和清理，降低了宕机风险。

【党建工作】2016 年，公司在发展业务的同时，充分发挥党组织的领导核心和政治核心作用，深入开展“两学一做”学习教育活动，加大党员教育和管理，加强党风廉政建设，严格执行公司高管履职待遇及业务支出预算管理，积极开展争先创优评比，对员工开展多种形式的慰问，激发了干部职工干事创业热情，公司凝聚力得到进一步增强，为全年工作目标的实现提供了坚强保证。2016 年公司 1 名员工荣获盘江集团机关“先进工作者”“党风廉政先进个人”称号，公司业务部门荣获盘江集团机关“先进集体”。

北京首都旅游集团财务有限公司

【经营概况】2016 年，北京首都旅游集团财务有限公司（以下简称“公司”）认真贯彻集团“改革创新、转型发展、提质增效”的要求，抓好各项工作，采取不断丰富金融产品、加强资金管理、让利于客户等措施，发挥金融平台作用，降低集团融资成本和财务费用，同时化解存贷利差大幅收窄等不利因素，确保完成首旅集团（股东）和公司董事会下达的各项经营管理目标任务。截至 2016 年末，公司资产总额 59.88 亿元，负债总额 48.66 亿元，所有者权益总额 11.22 亿元。

【信贷业务】公司以发展为主线，围绕集团主业积极提供信贷支持，以高品质、专业化服务为手段，努力扩展、创新产品、培育客户，实现了信贷各项业务的全面、稳步增长，满足成员企业资金需要。2016 年，公司为集团总部、酒店、交通服务、景区、商业、餐饮各板块共19家成员单位提供信贷服务，累计信贷投放（含贴现）74笔45.05亿元，同比上年41.59亿元增加3.46亿元，增长8.32%。年度日均贷款（含贴现）规模33.40亿元。

【票据业务】 大力拓展票据业务，一是拓展服务对象，从汽车板块拓展到商业板块；二是拓展票据业务品种，首次办理了银行承兑汇票贴现业务，产品已涵盖了纸票承兑、电票承兑、自承自贴、银承贴现、电票保贴及再贴现业务等全部票据产品；三是拓展票据业务规模，2016年票据类业务累计发生金额达8.65亿元，比上年增加4.75亿元，尤其是电票保贴业务增长了4.43倍，帮助成员企业解决产业链融资需求的同时，让其享受到较低的贴现利率。

【资金集中】 2016年，公司配合集团梳理筛查集团及各成员企业银行账户，加强资金归集的办理；同时，着力推进重点企业归集工作，研究定制服务，努力发挥资金集中管理平台作用。截至2016年底，公司为213家成员单位开立账户241个，已归集银行账户236户；公司归集资金规模达到47.87亿元，同比增长9.77亿元，增长25.64%。公司资金集中度达到45.71%，可归集口径资金归集率为65.11%。

【业务创新】 2016年，公司积极推进金融市场业务的发展，通过运用多种金融工具，以流动性管理为目标，不断优化公司的资产负债结构，提高了支付保障能力和资金收益。公司先后实现全国银行间同业拆借中心联网、获得同业授信，并于2016年9月获准加入全国银行间债券市场。公司积极总结业务模式和创新经验，以“运用金融市场工具创新财务公司业务发展新模式”为题，首次参加集团2016年创新奖评选比赛，获得了运营管理类创新项目三等奖。

【风险管理和内部控制】 2016年，公司切实落实各项监管排查要求，完成了公司各项常规和专项风险排查和整改工作。公司拟定自查方案，有序组织公司各部门开展了“两个加强、两个遏制”专项检查、“回头看”自查、加强信用风险管理自查、声誉风险自查等，并根据自查情况和监管要求采取有效整改措施，落实整改工作，完善制度流程，报送了相关监管报告、报表，切实落实各项监管要求，保证公司业务规范运作。

2016年，结合公司实际及业务管理开展内部审计，共立项8项常规审计项目、4项专项审计项目，涵盖公司核心业务、新增业务、风险管理、信息化系统功能完善及档案管理，针对审计发现的问题及相应的整改建议，及时跟踪落实整改措施，督促改进完善。

【人力资源管理】 2016年，公司以夯实人力资源基础工作，努力加强人才队伍建设，着力提升人力资源管理工作为目标。公司积极做好人力资源的基础管理工作，为人力管理提供有效保证。为了更好地推进公司各项业务，满足岗位的需求，以市场化管理为导向，多渠道的开展招聘工作，除在中国财务公司协会网站发布有关招聘信息外，还参加首旅集团的集中招聘，组织多轮笔试、面试，办理了9人次的调动手续，努力充实员工队伍，满足公司发展的需要。公司通过开展各种形式的教育培训来提升员工素质，同时，结合内控逐步完善人力资源制度，规范人力管理，并按照首旅集团部署，进行高管人员履职待遇清查等工作，以全方位的人力资源管理模式，为公司的运转保驾护航。

【信息化建设】 根据公司业务发展需要，不断完善信息系统建设。一是完成了银企平台升级上线，实现了银企指令自动发送、可疑指令校验、页面优化等功能，提高了自动化程度、系统效率和安全性；二是完成北京农商银行和兴业银行接口上线；三是继续优化核心业务系统功能，包括网银余额对账流程变更、通知存款支取通知查询等功能；四是根据客户网银签认流程管理需求，开发测试应用了网银系统签认逐级授权审批流程，解决了首酒收购如家后的异地网银签认资金管理需求。此外，公司还完成了征信数据报送质量前置管理系统上线工作。

【企业文化建设】2016年，公司将企业文化建设与党群工作相结合，通过丰富多彩的党团、工会活动，活跃了文化生活，切实起到凝心聚力的作用。开展了形式多样的教育活动，分别到中国人民抗日战争纪念馆、东城区反腐倡廉警示教育基地、爱心雨润教育学堂开展主题党日、廉政教育、志愿活动等，团员积极参加了集团“炫彩杯”创新大赛，取得了好成绩。2016年，党支部获得了首旅集团先进基层党组织称号。公司为职工办理了保险保障、会员调整等事项，开展送温暖、关心职工生活、落实有关福利、参与经费预决算等工作；以“体验特色旅游、倡导绿色健康”为主题组织了参观活动；积极参加集团工会组织的首旅风范评选、乒乓球赛等活动。

广西交通投资集团财务有限责任公司

【经营概况】2016年，广西交通投资集团财务有限责任公司（以下简称“公司”）面对错综复杂的经济金融形势和经济下行压力不断加大的严峻挑战，公司进一步强化资金管理能力，加大金融创新力度，提高金融服务质效，提升风险管控水平。公司资金集中度创历史新高，业务品种得到不断丰富，筹融资顾问业务取得显著成效，全面完成了年度各项经营目标。

2016年，公司实现营收2.29亿元，实现利润1.56亿元，共计为集团节约财务成本2.95亿元，资本充足率为32.92%，国有资产保值增值率为108.28%，不良贷款率为零，拨备覆盖率大于100%。其余各项指标均符合监管要求。

【信贷业务】公司进一步扩大信贷投向覆盖面，加大对集团高速公路主业的支持力度，积极支持集团边贸物流产业的发展。2016年，公司新增授信额度77.37亿元，全年累计发放贷款26.71亿元，实现日均贷款33.36亿元，较上年增长44.52%。公司通过强化信贷风险管控，严格执行贷前、贷中、贷后“三查”制度开展贷款业务，确保了公司信贷资金安全。

公司稳健发展保函、信贷证明等中间业务，全年办保函1.78亿元和信贷证明0.60亿元。全年累计实现手续费及佣金收入117.07万元。

【资金和投资业务】公司以集团资金调度会为抓手，持续进行流动性管理。截至2016

年底，全年实现准备金及同业利息收入0.73亿元。公司努力拓展同行合作，成功获得银行间同业拆借市场准入，2016年获批40亿元同业综合授信额度，完成对其他金融机构授信49亿元。

在确保风险可控的前提下，公司先后投资了流动性较好的货币基金产品以及银行间市场发行的短期融资券、超短期融资券、中期票据等评级佳、风险小、流动性灵活的固定收益类有价证券产品，为公司开拓了新的利润增长点。截至2016年底，累计开展投资业务11笔，累计交易金额共计5.73亿元，获取投资收益769.99万元，投资业务品种及投资业务规模均符合监管要求。

【票据业务】2016年，公司持续推进票据业务的创新和发展，全年票据业务规模合计2.84亿元。在办理传统纸质票据业务的基础上，公司积极尝试电票业务模式，成功实现电票承兑业务的零突破，全年累计办理电票承兑3笔，金额合计0.57亿元，节约财务成本159万元。同时，公司通过与人民银行的积极沟通，成功开展首笔0.15亿元纸票再贴现业务，不断提高公司流动性管理能力。

【外汇业务】2016年，公司为集团公司搭建首个跨境人民币资金池，实现境内外人民币双向自主调拨。克服种种困难，争取到广西本年度唯一外汇资金池备案名额，为集团公司实现境内外、本外币资金联通，助力集团公司在全球范围内推进资金集中管理，实现资金和财务资源的跨境流转迈出重要一步。

【资金集中】公司充分利用集团资金调度会机制，加强资金计划执行监控，成员单位所有对外付款均通过财务公司，强化了资金集中管控力度。同时采取多种手段优化资金归集：一是实行客户经理制，分板块分行业对成员单位进行归口管理，保证每个成员单位均有专人维护，保证及时获取成员单位资金流向一手信息；二是推出账户清扫机制，日间机动清扫及日终全面清扫双管齐下，确保闲置资金及时归集；三是落实专人跟踪成员单位发债资金、专项补助资金等大额资金流入情况，确保资金到位和资金归集无缝链接；四是与银行积极沟通，突破了银行信贷资金归集的限制。2016年，公司资金归集日均余额达58.08亿元，资金集中度为57.63%，资金归集量及归集度创历史新高。

【业务创新】公司积极鼓励业务部门创新业务品种，以满足集团金融产品的需求。2016年创新以下融资顾问服务：帮助集团成为广西第一家获批A股网下申购业务资质的集团公司，为集团提供申购方案设计、申购过程操盘、申购风险防范、申购资金结算及申购效益测算等全方位的咨询服务；协助集团成功获得交易所市场债券发行资格，将直接融资渠道顺利拓展至场内市场，有力支持了集团开拓外部融资渠道；根据自治区政府的反馈和指导意见，多次修改完善交通发展投资基金的设立方案，协助组织相关材料上报区政府常务会讨论，并顺利完成基金管理公司工商登记注册等前期筹备工作，为基金的顺利设立提供了有力支持。

【风险管理和内部控制】公司以健全规章制度、加强业务审查、稽核为抓手，进一步巩固“三道防线”建设。一是夯实制度基础，成立制度审查委员会，评审修订21项制度，评审新制定制度9项，填补了公司在一些业务领域的制度空白。二是加强业务审查和风险排查，完成审查195份合同或协议，涉及金额117亿元；先后开展员工行为专项治理“回头看”活动等四项排查工作；对客户信用等级评定、授信审批、贷款发放的过程风险审查及事后稽核达到了全面覆盖，有效促进各项业务的依法合规。三是加强对公司经营情况和风险状况分析、区域性风险分析评估，根据贷款五级分类数据变化情况，及时发出风险预警。四是完善各级授权书，明确了公司董事长、总经理、副总经理的授权范围，做到明确职责，实行严格问责和建立有效的约束机制。

【人力资源管理】制定公司“十三五”人力资源战略规划，为公司的人才梯队建设、人才引进与培养奠定了基础。利用“金融讲堂”全年开展各类培训共计320人次，9名员工作为内训讲师走上讲台；员工通过干部网络学院、集团在线学习平台自学达975个学时。公司高度重视金融复合型人才培养，鼓励员工参加各种从业、执业资格和职称考试，2016年，1人通过会计从业资格考试，1人通过银行间市场本币交易员考试，3人获得证券从业资格，2人获得基金从业资格，2人通过高级会计师职称考试，2人通过中级经济师职称考试。在绩效考核方面，深入推进绩效考核与薪酬分配改革，探索激励与问责结合的奖惩机制。

【信息化建设】2016年，公司根据业务发展的需要，进一步加大了信息科技投入，积极推动信息系统硬件平台升级以及核心业务系统的功能优化和扩展工作：通过对存储设备进行更新换代，有效消除单点故障风险隐患，不仅提升了信息系统硬件平台的安全等级，而且进一步提升了技术各项性能指标，有效满足了业务数据的增长需求；此外，通过对核心业务系统日常结算、账户管理、信贷管理、票据承兑、贴现等功能的优化和扩展，有效提升业务系统的可用性，进一步规范公司业务流程，提高运转效率。

【企业文化建设】公司始终以“创造效益，回报股东、成就员工”的企业核心价值体系，积极打造特色金融企业文化体系建设。2016年，公司充分发挥党、团、工组织在企业文化建设中的引领作用。一方面，广泛开展了户外拓展、汽排球联赛、健步走、员工才艺展示、演讲比赛等各项丰富多彩的活动，增强员工集体意识和友爱互助精神。另一方面，通过“走出去，请进来”，举办或参加各类专题研讨会、走访考察等形式，进一步加强和扩大与其他财务公司、商业银行、证券机构等金融同行之间的交流、互动，拓宽了员工的视野，提升了员工的知识层次。公司关爱员工身心健康，定期组织员工全面体检，为员工生日送上祝福，探望生病员工，坚持以人为本，引导员工保持良好的工作、生活状态。

【党建工作】2016年，公司认真落实从严治党的主体责任，以“两学一做”学习教育为中心，坚持党建工作与业务发展紧密结合，大胆打出创新牌，打造“三联模式”“四强四抓”金融机构党建特色责任体系。党建工作实现了齐抓共管的良好局面，为公司持续发展提供了坚强组织保证。2016年，公司第二党支部荣获自治区国资委“先进基层党组织”荣誉称号；在人民银行南宁中心支行组织的反洗钱知识竞赛中荣获集体三等奖、个人二等奖；被自治区财政厅评为财务报表编制工作“先进单位”；获评集团2016年度“先进单位”，结算业务部获评集团“先进集体”。

徐工集团财务有限公司

【经营概况】截至2016年末，徐工集团财务有限公司（以下简称“公司”）资产总额752069.95万元，比年初增加31233.10万元，增幅为4.33%；负债总额620606.35万元，比年初增加22597.72万元，增幅为3.78%；所有者权益131463.60万元，比年初增加8635.38万元，增幅为7.03%；实现营业收入20645.57万元；实现净利润13635.38万元，同比增加1172.11万元，增幅为9.4%。2016年，公司注册资本金由100000万元增加到200000万元，极大地提高了公司服务集团发展的能力。

【公司金融】2016年，集团进行了全面深入的降负债、去杠杆工作，公司作为负责集团融资管控的专业金融平台，通过规范化的月度融资计划审批机制、系统化的融资业务OA审批流程及专业化的贷前融资杠杆风险管控模型等方式，进一步实现了对集团全口径金融负债的科学化管理，2016年度集团全口径金融负债压降22.43亿元。公司充分发挥了融资管理和协调职能，推动集团和成员单位与内外部金融机构保持良好的合作关系，确保业务品种覆盖面广、授信资源充足，截至2016年底，公司共为集团储备授信额度900多亿元。

【产品销售信贷业务】2016年，公司产业链金融业务规模迎来了大发展，服务成员单位的广度和深度不断延伸。截至2016年末，产业链金融业务累计规模突破30亿元。一是积极拓展消费信贷业务，公司从成员单位销售产品和保证资产安全的实际需求出发，继续推进大吨位新产品销售按揭业务和分期转按揭业务，为集团主业提供配套金融支持。截至2016年12月末，按揭业务累计投放53474.96万元。二是大力推动买方信贷业务，公司根据成员单位产品销售性质及回款周期，积极向成员单位推广买方信贷业务，通过为经销商提供买方信贷金融产品，缓解经销商资金短缺压力，同时使成员单位提前收回货款，降低应收账款和资金成本，还降低了集团内部对外部银行承兑汇票的依赖度。截至2016年12月末，共办理买方信贷263笔，金额合计135263万元，平均保证金存款余额为13614万元。

【资金和投资业务】2016年，公司通过流程、制度和技术手段不断加强资金的精益化、科学化管理，有效保证了公司盈利性、安全性与流动性的统一。2016年，累计再贴现14.28亿元，节约财务费用约650万元，并先后打开了徐工商票人民银行再贴现和银行间转贴现渠道，徐工商票金融属性和流通价值得到极大增强；全年累计拆入资金4笔7700万元，拆出资金2笔2.5亿元，有效平滑流动性波动；2016年实现存放同业利息收入7101万元。

2016年，公司代理集团积极推进融资结构的优化调整，完成注册70亿元短期融资券，并顺利完成7期共131亿元到期债券兑付，确保了集团资金链的安全。

【票据业务】一是商业承兑汇票方面，公司稳步推动了徐工商票业务开展，徐工商票作为公司承兑的信用支付工具，已得到110余家上下游客户的认可及2家金融机构的贴现准入。2016年度公司累计签发徐工商票21.7亿元，有效降低了集团的金融负债及融资成本。二是代开银行承兑汇票方面，公司不断拓展同业代开授信渠道，全力推动代开银承及徐工商票业务的开展，2016年度累计办理代开银承14.39亿元，共吸收保证金存款4.32亿元，有效促进了资金集中度及收益率的提升。三是商业汇票贴现方面，公司以低成本、高效率的票据贴现为各成员单位提供了优质的票据融资服务，2016年公司累计办理商业汇票贴现36.03亿元。四是电子商业汇票系统方面，公司为确保电票系统接入时效性，积极与各商业银行沟通协调，确定招商银行为电票代理接入银行，于2016年11月正式完成了电票系统同业代理接入，为公司票据业务的开展提供了系统保障。

【外汇业务】2016年，公司国际条线紧跟集团走出去的步伐，在国际金融市场动荡的形势下，积极应对外汇政策变化，有效化解外币负债风险，为境内外成员单位提供国际金融服务支持。在银行压缩行业信贷投放的情况下，全年外币融资到期续办5亿美元，储备授信资源4亿美元，开展外汇资金全球调拨4亿美元，为集团节省财务费用2600万元，增收增利500万元，规避汇损3500万元，优化集团外币融资结构，确保集团资金链安全运转。同时，即期结售汇、跨境外汇拆借、境外外汇贷款的可视可控等多项创新业务成功落地，实现了“业务创新及结构优化并重，增收降本控风险有实绩”的效果。

【资金集中】2016年，公司全口径资金集中度达到74.44%，可归集口径达到90.04%，主要采取了以下措施：一是积极争取集团的支持，根据实际发展情况，完善修订了资金集中管理办法和考核细则，将资金集中工作纳入成员单位领导的绩效考核；二是安排专人每日关注成员单位监管账户，及时提醒成员单位归集资金；三是把好成员单位在外部银行开立账户关，从源头做好集团资金监控；四是拓展同业授信，通过代开银行承兑汇票、保函、按揭、电票、票据池、即期结售汇、徐工商票等业务的开展，提高了保证金等各类资金在公司的留存比例；五是多方协调，努力提高徐工商票到人民银行再贴现的规模，提升成员单位对徐工商票的认可度，减少成员单位开立商票保证金比例，激发成员单位在公司开立商票的积极性，以实现对资金的有效归集；六是积极归集外币资金，实现了美元和欧元币种的资金集中。

【业务创新】外汇业务方面，一是首次跨境拆入低息资金，发放首笔境外外汇贷款。2016年11月，公司首次通过境外金融机构拆借低息外汇，并完成对境外成员单位放款的首次尝试，为境外成员单位开辟了低成本、高效率的融资新渠道。二是探索展期新方式，开创续办新模式。2016年5月，公司代理集团突破固有模式，争取了欧元保函展期，创新性地解决了保函到期续接问题，为集团节省保证金占用以及操作费用。三是开办即期结售汇业务，打通了境内本外币资金池。在省内财务公司中首家争取到银行间外汇市场人民币即期会员资格，为成员单位办理结售汇2200万美元。由外汇交易员盯盘，提供汇率走势分析咨询，提供优于银行的服务，使规模小、议价能力弱的成员单位也能享受优惠价格。产业链金融方面，创新性地办理了集团内部应收账款保理业务，有效缓解了成员单位资金紧张的局面，进一步促进了整个徐工集团诚信付款体系的建立与运营。

【风险管理和内部控制】2016 年，公司紧紧围绕年度任务目标，通过加强内部控制制度建设和全面风险管理尽可能降低风险系数，进一步规范业务操作流程。主要体现在：一是 2016 年先后修订了 11 项、新增了 8 项制度和办法。重点实施全面合规风险管控体系，努力实现合规风险管理的全覆盖。二是将集团非上市公司的融资还款计划一并纳入管理范围，实现集团资金的统一管控。三是进一步加强对成员单位预算管理，实行严格的预算管理，坚持支出有预算、无预算不支出、特殊情况调整预算的原则。四是积极应对利率、汇率市场化步伐不断加快的新形势，加强分析研究，将利差水平变化、汇率波动影响保持在合理水平。同时对成员企业的经营资金需求计划进行咨询指导，防止其经营扩张风险。

【人力资源管理】2016 年，公司一是继续优化绩效考评体系建设，强化绩效指标库对公司战略目标的分解推动作用，同时优化薪酬激励机制，调动员工积极性。二是完善专业人才发展路径，下发《信贷专管员评定管理办法》。三是继续完善培训管理体系，下发《员工英语口语交流能力考评办法》，提升员工自身职业素养。

【信息化建设】2016 年，公司完成异地灾备系统建设，极大提升了数据的安全性，并将机房核心系统设备整体搬迁至集团统一机房，缩短服务的响应时间，有效提高系统运行的效率和稳健性。灾备系统可以实现每日增量备份，七天全部备份，大大降低突发事件导致的业务数据丢失风险，提高系统安全性。

【企业文化建设】2016 年，公司紧紧围绕打造财务公司业务品牌和企业文化建设两大方向，扎实开展各项工作。在业务品牌战略推进方面，构筑“三大两重”品牌文化模式，积极建设金融服务品牌、财务管理品牌、风控管理品牌三大业务品牌，并形成独特的合规文化和匠人匠心的诚信文化。在企业文化建设方面，强化“四个文化注重”，一是注重宣传平台建设和维护，利用信息化手段加强文化的传播力和渗透力；二是注重企业文化活动的组织，提升公司的凝聚力和向心力；三是注重打造国际化品牌性的外语培训体系，助力集团国际化战略实施；四是注重绩效文化为先的正向激励模式，不断提升创新的力度和深度。

百联集团财务有限责任公司

【经营概况】2016 年，百联集团财务有限责任公司（以下简称“公司”）根据集团“积极举措、确保增长、聚力变革、创新突破”的指导思想，围绕公司制定的 2015—2017 年度三年行动规划，以抓结算、稳存款、推产品、强管理、防风险为工作重点，持续深化资金结算中心、集团票据中心建设，积极培育供应链金融服务中心、投资理财中心，做实金融基础，做全金融功能，经营业务资质继续扩展，经营业绩持续增长，管理成果凸显成效，并获评2015年度A类创新型财务公司。2016年末，公司资产总额为人民币90.17亿元，实现营业收入人民币2.88亿元，利润总额人民币0.62亿元。

【信贷业务】2016年，公司发放贷款共计人民币53.91亿元（含票据贴现）。在日常信贷业务中，严格执行贷款三查政策，以最新的监管政策为指引，不断提升授信业务风险管理能力：贷前调查按照管理要求，每笔信贷类业务均实现风险关口前移和全流程管理；贷时审查严控风险敞口，就放款时点授信条件的落实情况、授信额度、业务品种以及贸易背景进行重点核查；贷后检查强化落实，严格执行信贷类资产五级分类制度，并计提贷款损失准备。同时，公司建立与人民银行对接的征信体系，为防范信用风险提供有力支撑。

【票据业务】2016年，公司以电票业务为抓手，深入推进集团票据中心建设，积极应对市场纸票风险事件频发的不良影响。公司运用电票直连人民银行的优势，成功签发了首笔电子银行承兑汇票，首次办理了电子商业承兑汇票贴现，并积极拓展成员企业合作伙伴接受公司承兑的电票，实现公司走向金融市场的新突破。2016年，公司办理票据贴现人民币7050.60万元，其中电子银行承兑汇票贴现人民币2738.73万元，占比为38.84%；开办银行承兑汇票承兑业务（含代理承兑和承兑）人民币110139.14万元，其中电子银行承兑汇票为人民币102660.28万元，占比为93.21%。

【资金和投资业务】2016年，公司获批开办除股票投资以外的有价证券投资、委托投资两大金融资质，为满足成员企业创新转型中的多元金融需求创造了条件。公司坚持审慎原则推进投资业务，在合规、风险可控的前提下，从强化主动负债、流动性管理做起，从低风险投资业务起步，实现成员企业资金的保值增值。

【资金集中】公司将跨地区、跨银行的现金管理架构及批量支付模式在上海市外的奥特莱斯等企业应用，形成一套可复制、可推广的市外结算操作模式，延伸金融服务的范围，提升资金归集的效率和效益。同时，通过技术创新，设计符合商贸批量支付笔数多且单笔金额小的积分通存通兑代理结算自动化服务方案，提升清算结算效率与质量，助力集团主业创新转型。截至2016年末，公司全口径资金集中度达到45.90%，可归集口径资金集中度达到98.98%。

【业务创新】2016年，公司在充分调研百联集团产业链的发展与现状、集团产业链的信息化建设情况的基础上，充分运用“互联网+金融”，着手开展产业链金融业务的制度建设、组织管理体系、内部控制措施等方面的准备工作，并搭建完成符合核心主业行业特点的“百联财务公司供应链金融服务平台”，基本形成以核心主业供应商业务系统为前台、公司供应链服务系统为中台、公司风险防控平台为后台的综合服务平台，为供应链金融业务的开展夯实基础。同时，公司发挥自身优势，遵循“依法合规、交易真实、防范风险、确保收益”的原则，开具首张保函，为被担保人在非融资性交易项下责任或义务提供担保。

【风险管理和内部控制】公司严格执行监管部门下发的《企业集团财务公司监管评级评分表》等规定要求，对公司治理、内控监督与内部控制、风险管理、公司功能发挥四个方面40余项内容逐一审查，对照银行标准对各业务领域、各管理环节进行自查，及时优化业务操作流程、完善不兼容岗位管理等，全面排查公司风险。

公司动态跟进、准确把握监管机构出台的

各项规定，及时检查修订现有业务制度面临的新问题、出现的新漏洞。并对重点业务逐一固化了操作流程，确保操作风险防范措施得到严格执行。

公司强调问责机制，将监管部门的具体要求进一步明确嵌入岗位职责，将具体要求分解到各个岗位，提高工作效能。

【人力资源管理】公司按照“引进为辅、培养为主、使用为要”的思想，夯实人才基础，提振发展动力，为公司发展提供坚强的组织保证和人才支撑。公司为申请开办除股票投资以外的有价证券投资业务牌照，深度挖掘内部人才，大力培养专业技能，组织安排员工参加相关的学习及考试，并获得投资类的专业资格证书。公司选派人员参加集团后备高级管理人员培训班，通过为期两个月的集中培训，在政治理论、领导能力、党性教育与视野拓展等方面提高综合素养。

【企业文化建设】公司深化企业文化建设，丰富员工生活，加强员工之间的交流，促进企业和谐健康发展。公司全员参与拍摄的微电影作品《变革转型——我们在行动》在集团微电影大赛中荣获二等奖，进一步激发员工的正能量，增强党员干部创新创业的使命感和责任感，调动职工攻坚克难、拼搏进取的积极性和创造性。

中交财务有限公司

【经营概况】2016 年是中交财务有限公司（以下简称“公司”）“十三五”规划的开局之年，一年来，公司按照全年工作部署，紧扣“五商中交”战略，巩固结算业务，推进信贷业务，着力创新驱动，全面提质增效，强化党建保障，实现了公司“十三五”良好开局。截至 2016 年 12 月 31 日，公司资产总额 690.54 亿元，利润总额 6.31 亿元。

【资金集中】公司采取多种手段强化服务意识，提升服务质量，对北京、上海、广州、武汉、天津、西安、香港等地区客户进行多轮走访调研，宣传贯彻资金集中政策，了解客户需求及困难。加强客户服务与培训，全年共举办两期客户培训会，共计有 89 家集团各级单位、170 名财务人员参加，现场答疑解决客户在具体实务中遇到的问题。着力扩大结算客户范围，积极与集团各级成员单位进行对接，扫除资金集中管理的盲区和死角，将结算触角深入三四级分子公司及项目部，客户数量创历史新高。灵活运用银行现金管理产品，化解业主监管等外部阻力，将大量项目部银行账户纳入资金归集范畴。扩大直联银行数量，本年新增中国邮政储蓄银行、兴业银行、北京银行、浦发银行 4 家直联银行，使公司直联银行数量增加到 10 家。下大力气优化结算方式，上线网银指令自动处理、代理支付、电子对账与回单系统等，便利结算环境，提高结算效率，增强成员单位在财务公司开展结算业务的意愿。对接集团各级财务共享中心，推进财企直联工作，促进资金结算量大幅增加。全年完成结算40162笔，金额16244.77亿元，比2015年分别增加170.12%和186.37%。

【信贷业务】公司注重合理配置信贷资源，创新金融服务品种。2016年先后推出固定资产贷款、项目贷款、银团贷款、1—3年期中期流动资金贷款、房地产开发贷款、电子商业汇票贴现、应收账款保理、再保理8个新的业务品种，满足成员单位日益增加的多品种金融服务需求。截至2016年底，公司发放贷款153.6亿元，贴现6.52亿元，保理5.99亿元，再保理7亿元。大力拓展电子商业汇票业务，充分发挥票据延期付款及低成本融资功能，全年累计承兑电子商业汇票30.72亿元；应收账款保理、再保理联动业务模式，实现成员单位报表应收账款出表、集团合并报表现金流改善，同时不增加带息负债的良好效益。

【资金和投资业务】2016年，公司顺利获批多项业务资质，3月获批同业业务拆借资格，8月获得全国银行间同业拆借中心准入资格，11月顺利获批承销成员单位企业债券，对金融机构股权投资，有价证券投资，对成员单位消费信贷、买方信贷和融资租赁四项投资业务资格。各类新业务资格的取得，使得公司金融业务范围得到拓宽，为公司下一步优化业务结构和资产配置，丰富金融产品品种，充分发挥财务公司作为金融机构的各种功能提供重要的支持。

【保险代理】2016年，公司境内统保工作管理效益得到显著提升。截至2016年底，公司统保范围已实现对集团各版块主要单位的全面覆盖。开展统保回访、调研、培训工作，会同保险经纪公司深入对接各级成员单位，做好统保及理赔培训，全年共举办现场培训46次，培训人员超过1600人次。积极协助成员单位做好重要项目的保险理赔工作，统保工作开展以来，已累计协助各单位完成赔案1081起，获赔金额超过4.8亿元。完成了中交统保平台信息系统的开发，实现统保以来的所有项目的数据信息录入并进行重点单位的上线。截至2016年底，通过中交统保平台接收并完成项目共计728个，同比上年增幅达217%。取得保险兼业代理收入1957万元。

【人力资源管理】公司全年共引进各类专业技术人才6名。有1名员工被评为高级经济师，4名员工获评中级职称，7名员工获评初级职称。全年累计选派300余人次参加集团、行业协会等组织的各类培训班。同时，组织人员到优秀财务公司交流学习，不断提高员工的专业素质和工作能力。

【风险管理和内部控制】参照中国交建“十三五”发展规划的内容及精神，结合公司实际情况，制定公司“十三五”发展战略规划。完成公司年度制度体系建设工作，全年共计完成制度建设69项，其中新增制度35项，修订制度34项，梳理完善了公司各项管理条线规章制度，为公司规范各项管理行为，提升管理质量奠定了坚实基础。完成对保险兼业代理业务、信贷、财务收支、结算、采购招标、信息系统、合同项目的专项审计，并在常规审计的基础上，关注业务流程的合理性，加大力度监督整改落实情况，提高审计的有效性。按照税务部门要求全面顺利完成公司营改增工作。制定印发公司实物财产和人身安全事件应急预案，提高了公司快速反应和应急处置能力，做到了公司日常经营、综合治理工作的安全稳定。

【信息化建设】2016年，公司继续按计划推进资金管控系统平台的建设工作。累计组织40家单位进行系统的初始化、流程建立以及数据录入工作。开发上线“内部资金池”模块。为二级单位在财务公司系统内搭建其内部结算中心平台，使二级单位能够便捷地对其下属单位资金进行调配管理。优化完善既有业务系统，梳理解决既有系统中相关业务的处理逻辑混乱问题，上线新增网银指令自动处理系统、代理支付、电子对账与回单系统等，有效地促进结算效率的提升。着重加强信息安全建设，通过搭建运维管理平台，实现对公司所有信息节点的实时监控，对发现的故障及时报警并定位故障点，有效解决了人工进行系统维护出现的不及时、系统故障无法及时解决的问题。

【企业文化建设】2016 年，公司制定企业文化建设“十三五规划”，召开公司新闻宣传工作会议，对宣传工作进行统筹部署，构建了宣传工作的初步格局。编制了《突发事件新闻处置应急预案》，成立了突发事件新闻处置及应急领导小组，完善了应急管理机制，提高舆情监测及风险应对能力。编制印发公司《2013—2015 年年鉴》，整理记录公司发展历程。印发《员工手册》，规范员工行为，指导员工行动。优化公司内网、外网、微信公众号等宣传媒介，加强宣传力度，全年刊载稿件 95 篇。组织开展迎新春文体活动、“走进春天，拥抱自然”主题春游、玉渡山秋游。加深了员工的交流，增强了员工们对企业的认同感和荣誉感，展现了公司员工良好的精神面貌与风采。

山东黄金集团财务有限公司

【经营概况】2016 年，山东黄金集团财务有限公司（以下简称“公司”）以扎实推进“两学一做”学习教育为契机，全面落实集团战略规划和行业监管规范，按照“做优做稳”的战略要求和“对内服务集团、对外赢得市场”的经营理念，充分发挥持牌金融机构优势，在“产融协同、利润输出”上实现了再创新、再突破、再提升。截至 2016 年末，公司资产总额 52.72 亿元，较年初增加 6.34 亿元，增幅为 13.67%；负债总额 40.34 亿元，较年初增加 5.42 亿元，增幅为 15.51%；存款余额 39.11 亿元，较年初增加 4.64 亿元，增幅为 13.46%；贷款余额（含贴现）29 亿元，较年初增加 6.50 亿元，增幅为 28.89%。不良资产率为零。实现利润总额 1.23 亿元，同比增加 0.20 亿元，增幅为 19.42%；实现净利润 0.92 亿元，同比增加 0.16 亿元，增幅为 21.05%。此外，公司通过减免各类手续费、提供优惠存贷利率等方式，在信贷、票据、结算、同业存放业务等方面，共为集团成员单位节约财务成本 930 余万元。按照山东银监局的全口径资金集中度指标计算，12 月末归集率为 60.04%，各月平均归集率为 60.89% 以上，较上年同期提高 6.77 个百分点；剔除客观不可归集资金后的归集率平均为 86.95%，较上年同期提高 6.67 个百分点。

【信贷业务】公司信贷联动服务能力增强。截至 2016 年末，通过贷款、委托贷款为集团内部企业提供资金超过104亿元。累计投放自营性贷款41.54亿元，其中流动资金贷款32笔，投放金额16.86亿元，国内保理业务11笔，金额为0.49亿元，法人账户透支业务49笔，金额为24.19亿元；累计办理委托贷款业务49笔，放款金额为62.60亿元。所有贷款五级分类均为正常，逾期及不良贷款率为零。

【资金业务】一是融资授信规模稳中有升。2016年1—8月累计为集团及子集团申请存量授信续作和新增授信20家，集团整体授信总额超过1600亿元。2016年9月初，顺利将统一授信工作移交给集团财务部。公司全年自身同业授信总额已超过100亿元。二是积极落实集团公司规范企业存款的有关要求，完善存放同业询价竞价机制，提高在竞价谈判中的主动性。公司于2016年3月组织完成活期存款竞价工作，取得明显效果。全年活期存款收益率维持在2.39%，高于同期隔夜Shibor32个基点。三是针对存款波动幅度加剧现状，积极寻找灵活存款方式，全年共计续做各期限定期存款24笔59.80亿元，开展一个月以内（含）约期存款11笔51.50亿元，在保证流动性的前提下，有效提高资金收益，获取同业利息收入4519万元。四是实时关注准备金缴存政策变化，及时调整准备金缴存率，快速释放可用资金，确保准备金的及时足额缴存；同时，积极应对、分析人民银行的宏观审慎评估，将存款准备金利率维持在基准水平。五是吸收存款及归集水平显著提升。全年平均吸收存款达36.70亿元，较上年同期增长33%。加强与重点成员单位信息沟通，及时掌握业务需求。调研集团外汇资金业务需求，与外汇局积极接洽，为公司拓展外汇业务奠定基础。六是资金结算继续保持“零”差错。全年累计办理各类资金结算业务50905笔，资金结算量为3511亿元，较上年同期增长54%。其中办理成员单位资金结算业务1952亿元，较上年同期增长27%。

【票据业务】公司进一步加大电票推广力度，引导成员单位树立用票意识，全年办理电票承兑5.13亿元。除继续做大贴现、再贴现等传统业务外，还打通了电票转贴现业务渠道，全年办理贴现、转贴现、再贴现10.08亿余元。同时，电票客户数量及业务品种不断增加，全年新增电票客户11户，并推出了代理贴现、买方付息业务。

【业务创新】投资创新方面，全年共完成理财投资业务36笔，实现投资收益6300余万元。成功创新行业内首单电票收益权理财产品，通过保险兜底型保理产品、电票收益权产品的结构化设计，实现了“低风险—中高收益”的投资目标。信贷创新方面，为支持集团成员单位中卖方企业的生产销售和货款回笼，提高其竞争力和市场占有率，以及减轻买方企业的应付款压力，推出了成员单位之间的买方信贷业务。2016年12月办理买方信贷业务一笔，金额为210万元。保险创新方面，借助理财投资业务大力拓展附带保险代理业务，在全额保险承保的保理理财产品的运作过程中，积极营销客户的国内贸易信用险项目，通过该类保险业务实现保险代理费收入13.80万元。同业拆借方面，全年累计拆入资金22.50亿元，有效熨平了集团及公司的流动性波动幅度；累计拆出资金4.50亿元，拓展了公司资产配置渠道，提升了公司资金效益。

【内部控制】一是结合公司“管理提升年”活动，进一步加强对员工规范着装、办公纪律、考勤纪律等管理，制定完善了《请销假制度》《员工行为守则》，为维护公司良好的内外形象提供了制度保障。二是完成银监部门行业评级工作，配合咨询机构开展公司内控体系评价，制定并印发《内控手册》《内控评价手册》。对现有规章制度进行修订完善并编发

《2015年制度汇编》，实现了各项规章制度的合规、延续和完整。三是“去杠杆、降五费”初见成效。2016年下半年以来，多次与银行磋商结算手续费减免事宜，将结算手续费全免银行成功增加至2家。2016年9月以来，月均手续费支出较前8个月平均水平下降20.26%。四是纳税筹划能力逐步增强。以金融行业“营改增”为契机，建立涉税业务沟通交流平台，精准把握相关政策规定，在合法合规的前提下，降低纳税成本，规避纳税风险。同时，密切与税务部门联系协调，认真应对税务检查，争取公司利益最大化，顺利完成2013—2014年税务稽查工作。五是履行内部监督、评价、控制和服务职能，完成公司《风险指引》《风险管理报告》《审计稽核工作报告》等专业报告，对各项业务进行了全面“体检”，对延伸集团外的投资银行业务、保理业务进行了重点专项稽核，扩大了审计覆盖面，确保审计无死角。六是加强授信和投资业务审查，将风险关口前移，实现风控与投资“并行作业”，确保业务安全合规。

【党建工作】公司党的建设工作“全面提升、力求过硬”。一是加强支部建设。建立健全了组织生活制度，规范了党小组会、支部党员大会、组织生活会、民主生活会等会议制度，并根据集团党委部署和公司实际，制定党支部组织生活计划，抓好“三会一课”工作。对党支部组成人员进行了优化，增选了专职副书记和纪检委员。二是抓好“两学一做”。公司坚持问题导向，结合行业特点，扎实开展了“两学一做”学习教育活动，并作为集团推选的省管企业基层党组织接受了省国资委的现场督导检查，受到了领导的肯定和好评。公司两次组织传达学习党的十八届六中全会精神，认真开展全体党员通读党章、手抄党章活动，集体学习老一辈革命家及习近平总书记经典论著，全体人员赴孟良崮战役纪念馆进行红色教育，重温入党誓言。三是探索“党建+金融”服务模式。在日常工作中，围绕“做合格党员和建过硬支部”党建主题，结合山东银监局积极开展“进走访”活动有关通知要求，组织党员干部、业务骨干深入矿山一线，主动协调外部金融机构，加强业务营销和创新，面对面为基层一线解决金融需求和融资难题。

【企业文化建设】一是制定公司《“十三五”规划和企业文化体系宣贯活动方案》，认真学习文化建设示范单位先进经验，通过专题宣贯会、组织生活会、民主生活会、经营调度会等多种形式强化宣贯力度。二是在公司网站、办公区、营业区进行了形象展示和文化宣传，通过组织全员考试、集团20周年重大事件评选、庆祝集团成立20周年演讲选拔等形式深化了战略规划和企业文化的宣贯，确保“人人清楚、事事明白”。三是制定员工素质提升工程方案，组织开展人才状况诊断、员工成长讲坛和骨干人员业务讲座等系列活动，强化纳税筹划、票据、投资等职业专业培训。

中开财务有限公司

【经营概况】 2016年，中开财务有限公司（以下简称“公司”）紧密围绕集团发展战略和公司经营目标，牢固贯彻“立足集团、服务集团、规范运营、稳健发展”的经营方针，大力支持集团公司转型升级，在合规经营、防范风险的前提下，加强资金集中管理，优化资产负债结构，增强创新能力，拓展金融服务职能。截至2016年底，公司资产总额56.92亿元，吸收存款余额50.67亿元，贷款余额20.05亿元；实现营业收入1.60亿元，净利润0.45亿元；全口径平均资金归集率为68.62%，同比提升了6.32个百分点；不良贷款率和不良资产率均为零，各项监管指标均符合监管要求。

【信贷业务】 2016年，公司根据集团发展战略和相关业务发展的需要，不断丰富业务品种，为集团成员单位和集团重要项目提供了及时有力的资金支持。公司全年新增贷款30.25亿元，年末自营贷款余额20.05亿元，实现利息收入0.84亿元，委托贷款余额5.90亿元。

【买方信贷业务】 为满足成员单位下游客户的融资需求，进一步促进成员单位的产品销售，公司在获批“成员单位产品的消费信贷、买方信贷及融资租赁”业务资格的基础上，组建了跨部门的项目研发小组，顺利研发了多项供应链金融产品，并于2016年9月成功落地了第一笔针对成员单位产品的买方信贷业务，为成员单位下游客户提供了357万元的资金支持，有效促进了成员单位的产品销售。

【资金和投资业务】 2016年，公司全年共开展存放同业业务71笔，总交易金额达207.35亿元，取得金融机构往来利息收入0.39亿元。为保证公司流动性，公司取得5家银行10亿元同业拆借额度，并于2016年7月拆入隔夜资金一笔，金额为1亿元。同时，为提高沉淀资金收益率、提升集团资金整体使用效率，在取得相关业务资格及确保风险可控的前提下，公司合法合规地开展了投资业务。公司专门设立了投资决策委员会，并制定了《投资决策委员会工作规则》《投资业务管理办法》等规章制度，对投资业务进行了规范。全年累计开展投资业务20笔，平均投资期限149.08天，累计交易金额共计8.28亿元，取得投资收益0.18亿元，投资业务品种及投资业务规模均符合监管要求。

【票据业务】 2016年，公司进一步推广电子商业汇票业务，全年累计为成员单位开立电子商业汇票225笔，金额1.96亿元，同比增长22%。

【资金集中】 2016年，公司继续强化资金集中管理，优化资金管理系统功能，提升金融服务水平，夯实业务发展基础。一是大力推进“账户扁平化”工作，公司新开立成员单位结算账户49户，办理银企直联45户，结算账户数同比增加 73.13%，为资金归集率的提升奠定了基础；二是针对部分成员单位提出的个性化需求进行公司业务系统的深度开发，先后完成九恒星现金池系统及微信企业服务号上线，满足了集团内核心企业资金管理的需求。公司全年累计办理各类结算业务 6.83 万笔，同比增长 87%；全年累计结算金额 2159 亿元，同比增加 70%；全年日均存款 37.57 亿元，同比增长 88%。2016 年全口径平均资金归集率为 68.62%，同比增长了 6.32 个百分点；扣除口径平均资金归集率为 86.66%，同比增长了 14.26 个百分点。

【业务创新】2016 年，公司继续加快业务创新发展研究步伐。一是在获批加入全国银行间同业拆借市场的基础上，积极申请同业授信额度，开展同业拆借业务，打通主动性负债渠道，同时，积极研究信贷资产转让业务，打通长期资金渠道，先后与建设银行、浦发银行、华兴银行等多家商业银行就信贷资产转让业务进行接洽；二是积极主动与成员单位、工程发包方沟通宣传和营销，推动保函业务落地实施，2016 年为四家成员单位开出工程履约保函 9 笔，金额共计 0.25 亿元；三是积极探索研究供应链金融业务，成立了专门的项目研发小组，顺利研发了多项供应链金融产品，同时组织召开了第三届“中开财务业务交流会”，为后续的金融服务产品研发、落地和推广打下了坚实的基础。

【风险管理和内部控制】2016 年，公司继续强化风险管理和内部控制工作，制度体系更加完善，内控管理制度基础更加牢固。一是进一步梳理完善规章制度体系。本年度公司有针对性地从内外部稽核审计、有效性自查、监管机构督查等角度补充、修改和完善 12 项制度，其中新制定 5 项制度、修订了 7 项制度。全年公司共梳理、补充、完善各类制度共计 93 项，在兼顾前瞻性的同时进一步明确了风险管理政策，规范相关经营管理活动。二是加强事后审计监督。审计部按计划完成 2015 年资产质量五级分类审计检查；完成投资业务、结算业务、信息系统三个专项审计项目；落实对日常业务各个环节的监督工作，对计财部、结算部、综合部、信贷部进行常规检查，其中结算业务检查覆盖率达 33%，其余各部检查覆盖率均超过 50%，有效地防范了风险事故的发生，保障公司日常业务的合规运行。

【人力资源管理】2016 年，公司以打造精简高效团队为目标，不断加强人才队伍建设，并取得积极成效。截至 2016 年底，公司在岗员工 30 人，全员平均年龄 33 岁，其中本科及以上学历人员占比为 90%，形成了一支年轻化、高学历、高素质的人才队伍。2016 年，公司根据业务发展需求积极组织员工进行业务学习、交流和外出培训。公司先后组织相关部门员工前往兄弟单位学习供应链金融消费贷款以及票据业务；组织业务部门人员参加上海清算所、中央国债登记结算公司以及人民银行电票系统培训等；此外，公司还邀请相关单位进行业务宣讲和培训，内容包括九恒星核心业务系统升级、云信系统等。通过这一系列的业务交流和学习，激发了公司员工的工作积极性和创造力，专业技能和职业素养也得到了显著提升。

【信息化建设】2016 年，公司在确保核心业务系统运行安全、平稳、高效的基础上，持续推进信息系统建设，努力为金融业务创新夯实科技基础。公司完成了电子商业汇票系统的立项、调研、选型、申报、开发、测试、培训以及远程链接北京清算中心软件测试验收和现场硬件接入环境的验收工作，并最终整体通过验收；根据税务总局的要求完成营业税改增值税软件系统的开发上线；根据业务需要完成九恒星现金池系统及微信企业服务号的顺利上线；完成企业征信系统接口 2.2 版本开发并通过人民银行的验收；根据成员单位财务核算需求完成财务公司与集团内核心企业的 ERP 接口开发。

【企业文化建设】为加强公司企业文化建设，宣传公司的服务品牌，2016 年公司共编辑内部刊物《中开金融》6 期，内容包含金融资讯、宏观经济数据、中开大事记等数个版块，较好地宣传了公司的经营管理理念。此外，为丰富员工业余文化生活，建设积极向上的企业文化，打造学习型、创新型的团队，2016 年公司积极组织开展深圳湾健步走、党员“两学一做”思想建设红色之旅等活动，筹建各类兴趣小组，并鼓励公司各部门组织丰富多彩的部门活动。企业文化建设的持续推进，极大地丰富了员工的精神文化生活，增强了企业向心力，凝聚了企业正能量。

中国平煤神马集团财务有限责任公司

【经营概况】2016 年，中国平煤神马集团财务有限责任公司（以下简称“公司”）积极贯彻落实集团公司工作会议部署，以加强资金集中监管、配合集团公司转型跨越为核心，拓展金融产业，提升金融服务，加强风险管控，努力开创发展新局面。2016 年末，资产总额 74.37 亿元，负债总额 63.23 亿元，所有者权益 11.14 亿元，实现收入 1.36 亿元，净利润 0.66 亿元，较好地完成了集团公司下达的指标，各项监管指标持续优于监管要求。

【信贷业务】2016 年，公司不断加大对集团成员单位的支持力度，为集团公司、平煤股份、神马实业、氯碱发展、京宝焦化等 18 家成员单位办理流动资金贷款 35.05 亿元；为铁运处、平煤股份、平宝公司、建井一处、焦化公司等 33 家成员单位办理票据贴现 17.79 亿元；受天源新能源、焦化公司、尼龙化工、尼龙科技、国际贸易和开炭新材 6 家公司委托，为集团公司办理了委托贷款 27.98 亿元。同时，为平煤股份、集团公司、中鸿煤化、氯碱发展等 6 家成员单位签发电子银行承兑汇票 2.82 亿元，不仅为成员单位节约了财务费用，而且改善了财务公司的存款结构。

【资金集中】一是通过进一步规范资金归集管理，加强与合作银行的技术合作，加大对成员单位的优惠力度，成员单位在财务公司开立账户呈递增趋势。2016 年末，财务公司开户单位达到 244 家，开立账户 300 户。二是通过转变服务方式、改善服务态度和完善资金结算平台，提升成员单位的满意度，进一步夯实了资金归集基础。三是借助集团行政化手段和资金监控系统，鼓励和催促不归集、归集不及时的成员单位进行资金归集。同时，配合集团资金结算中心对物资公司、天力公司等成员单位开展货币资金专项检查，落实集团资金管理措施，巩固提升资金集中度。

【风险管理和内部控制】一是根据河南银监局现场检查工作要求，制定自查工作方案，从自查中发现问题，对发现的问题及时进行整改。同时，配合河南银监局检查组，对公司截至2015年12月末有余额的各项业务进行现场检查。二是制定《关于开展“两个加强、两个遏制”回头看工作自查方案》，认真对信贷业务、财务管理、存款及同业业务等重点业务领域进行排查，确保各项业务合规办理，进一步提升内部管控水平。三是贯彻落实河南银监局和平顶山银监分局关于案防、安保和处非工作安排部署，下发《关于做好防范和打击非法集资工作的通知》和《关于做好案防安保工作的通知》，强化认识、强化责任、强化机制、强化管理、强化问责。2016年4月组织全体员工签订合规承诺书、不参与非法集资承诺书，12月开展了防范非法集资集中宣传教育，增强广大群众的风险防范意识和自我保护能力，加强非法集资风险防范。四是修订《中国平煤神马集团财务有限责任公司规章制度汇编》，其中新修订制度22项、新增制度18项、废止制度1项，修订后的145项内控制度、操作流程覆盖了各管理层面和各业务经营环节，更加全面、有效、安全。

【人力资源管理】一是与晋煤集团财务公司进行业务交流，就票据集中管理、票据池业务运作模式、风险管理、制度建设等进行了深入、细致的沟通，增进同业间交流与合作。二是充分利用中国财务公司协会提供的交流平台和培训师资力量，参加2016年第一期财务公司高级管理人员研修班、“营改增”专题培训、电票业务研讨会、信贷基础业务培训班和风险管理基础业务培训班等培训会议，与财务公司同业开展广泛交流，拓宽发展视野，不断提高服务水平。三是持续开展集中学习，2016年分别组织“两学一做”培训、“营改增”培训、支付结算基础知识培训和票据业务专题培训，提高员工政治素养，加强税收规划和税务管理，提升票据业务风险防范能力，促进公司健康发展。四是组织资金结算部和计划财务部有关人员参加中央国债登记结算公司组织的债券托管结算业务考试，全部通过并取得“债券托管结算业务培训证书”，为申请承销成员单位企业债券等业务提供了人员保障。五是组织计划财务部有关人员参加平顶山银监分局组织的监管统计劳动竞赛集训，参加河南银监局组织的2016年河南银行业监管统计劳动竞赛决赛并取得优异成绩。

【信息化建设】一是优化财务公司机房网络设备和安全设备，进一步降低单点故障的可能性。加强对机房基础设施的运行维护力度，从供电保障、消防安全、机房巡检等方面加强管理，提升信息科技系统的抗风险能力。二是对科技系统网络安全进行认真自查，提高对网络安全工作的认识，确保网络安全防护措施落实到位。三是对软件正版化情况进行全面自查，巩固软件正版化工作成果，进一步推进软件正版化工作。四是开展科技系统数据库异机恢复演练，成功采用磁带备份和磁盘备份方式进行了数据库异机恢复。

四川长虹集团财务有限公司

【经营概况】2016年，四川长虹集团财务有限公司（以下简称“公司”）紧紧围绕“依托集团、服务产业、规范经营、稳健发展”的经营方针，不断开拓，大胆创新，攻坚克难，再展辉煌。在监管评级、资金归集、系统改造提升、与政府和人民银行合作、解决集团资金流动性、履行社会责任等方面，都取得了可喜的成绩。截至2016年末，资产总额111.46亿元，比年初增长18.71%，其中各项贷款余额（含贴现）87.46亿元，比年初增加23.4亿元，增长36.5%；各项存款余额74.31亿元，比年初增加2.47亿元；所有者权益21.93亿元，比年初增加10.67亿元；实现净利润7027万元；资金归集度为56.7%，全年保持在50%以上。

【信贷业务】2016年，公司向各成员单位投放各类信贷余额超87亿元，签发承兑汇票达到67亿元，有效推广了集团信用资源。积极推广公司电票，发行“长虹信用”。2016年在银行收缩、冻结长虹授信的情况下，公司为了解决成员单位开票需求，防范原材料采购风险，积极与外部金融机构合作，推广、宣传公司电票业务，提升金融同业对公司票据的接受度。据统计，已有13家外部金融机构接受公司票据，同比增加了6家，增长85.71%。全年共签发承兑汇票8107笔，金额为67.75亿元，余额为33.62亿元，分别比上年增长116.71%、71.95%、57.8%。

【资金和投资业务】公司2016年从同业拆借市场、从外部金融机构组织低成本资金1344亿元，向成员单位发放贷款133.55亿元，签发财务公司电子承兑票据67.75亿元，有效满足了集团流动性资金需求，成功化解了局部流动性风险。

【票据业务】2016年，公司始终把发展票据业务作为工作的重点。一是积极推广公司电票，发行长虹信用。全年共签发承兑汇票8107笔，金额为67.75亿元，余额为33.62亿元，分别比上年增长116.71%、71.95%、57.8%。二是大力开展票据贴现业务，票据贴现既缓解了成员单位资金紧张的矛盾，又为推广公司电票创造了条件。全年共办理票据贴现65.08亿元，同比增长11.38%，余额18.15亿元。三是提升金融机构对公司电票的接受度。公司积极与外部金融机构合作，通过开展同业授信、同业存放、票据转贴现等业务，推广、宣传电票业务，提升金融同业对公司票据的接受度，已有13家外部金融机构接受公司票据，比年初增加了6家，增长85.71%。

【外汇业务】一方面，公司与合作银行探讨境外本外币资金归集模式的多种方式方法，争取早日实现资金实时归集；另一方面，积极探索和利用外债和对外放款额度集中调配为集团的海外业务开展提供配套融资方式，不断创新金融服务模式，提升内部金融价值贡献，有效整合集团整体资源，推进集团的转型发展。

【资金集中】公司把资金归集工作作为全年工作的重中之重来抓。一是制定详细的资金归集方案。二是将资金归集度指标与总经理、分管总助、信贷管理部以及其他部门的季度、年度 KPI 指标挂钩考核，实行奖惩逗硬。三是落实专人测算“长虹电器”“合肥美菱”“华意压缩”三大上市公司的资金归集度情况，保证不超过证券监管部门的规定。四是利用长虹成员单位的关联交易，采取贴现后转定期存款方式增加财务公司存款，此项提高了 5% 的资金集中度指标。五是积极与外部银行协商，以财务公司同业存款作为第三方担保方式，稳定存款余额。通过上述措施使资金归集度一直保持在 50% 以上，避免了以前在资金归集上的大起大落现象。

【业务创新】公司牵头开展长虹—中征应收账款供应链融资项目，以解决长虹核心企业上游供应商融资难、融资贵、融资慢问题。该模式受到国务院、人民银行总行及省市两级政府的高度认可和表彰，并要求在全国范围内积极推广。截至 2016 年末，成员单位、供应商已经实现 100 家用户注册，全年累计办理应收账款融资总额 3.26 亿元，其中公司通过关联交易完成融资 1.51 亿元。

【风险管理和内部控制】一是加强制度建设，坚持制度先行，形成了较为全面、系统、规范的业务制度及管理制度，建立了较为健全的内部控制体系，基本涵盖了整个业务经营和管理活动全过程，继续保持了不良资产为零的纪录。全年共梳理各项制度 103 项、修订 47 项、新增 25 项，建立汇编各项基本制度 8 项。二是加强风险防范和审计稽核工作。全年共开展了信贷业务专项审计、票据管理风险排查、信息系统专项审计、银监“两个加强、两个遏制”专项检查、财务公司例行及总经理离任审计 6 个项目，共反映出 71 个管理问题。针对存在的问题，内审全力推动整改，出具了 6 期审计整改通报，督促相关问题整改到位。除信息系统升级和计提税前拨备整改持续进行中外，其余全部整改到位，问题整改率达 97.18%。三是层层签订 2016 年度公司全员风险防控工作目标责任书，按季度向监管部门报送风险防控工作开展情况，保证了全年无任何案件事故发生。

【人力资源管理】公司强化对职工的业务技能培训，同时，推荐部分员工参加中国财务公司协会、人民银行、银监部门的业务培训，组织业务骨干到先进的财务公司学习，以此提高全体员工的业务水平。公司严格管理，提高服务质量，继续实行资金头寸会，周晨会、月度例会制度；重新制定了绩效考核办法、薪酬延期支付办法、员工违规违纪处理办法、员工八小时内外行为规范等，对违规违纪严格考核、逗硬执行，起到了警示和惩处作用。

【信息化建设】以精细化管理为基础，以科技创新、管理创新为推动力的发展战略，公司借助信息化平台支撑，促进业务开展、增强内控手段、保障集团资金安全。与有丰富财务公司行业服务经验和实施能力的深圳市拜特科技股份有限公司建立战略合作关系，与集团内专业软件公司四川虹信软件股份有限公司进行日常维护和系统对接开发，开发设计了管理和核心业务系统，涵盖了资金结算、票据管理、信贷管理、网银平台、报表管理、其他业务等品种。公司按 B 级机房建设标准建立专用机房，购置了全新、高效、可靠的专用硬件设备，并搭建了完备的网络防火墙体系和同城备份系统，保障了信息系统的安全稳健运行。

【企业文化建设】公司加强党支部、工会、团支部等组织的联动作用，组织开展了党员示范岗和示范班组、野外拓展、长跑、乒乓球、羽毛球等一系列活动，充分发挥党组织的先锋、表率作用，发挥群团组织的凝心、聚力作用，努力调动每一位员工的积极性和主观能动性，为公司的发展建言献策、添砖添瓦、贡献力量。同时，公司做好党风廉政建设工作，组织党员观看党风廉政教育片；组织党员干部到南山烈士陵园扫墓；组织参加对“准则、条例”的学习和知识答题活动，不断提高全体员工遵纪守法、廉洁自律的自觉性。

创维集团财务有限公司

【经营概况】2016 年，创维集团财务有限公司（以下简称“公司”）始终坚持“立足集团、服务成员、产融结合、共赢发展”的宗旨，为成员单位提供金融专业服务，有效促进了集团产业与公司金融服务业的优势互补，实现共同发展。截至 2016 年末，公司从业人员 54 人，比年初增加 10 人，在公司开户并办理业务的成员单位 66 家。2016 年 6 月，公司组建消费信贷业务团队，积极推进普惠金融发展。截至 2016 年末，公司资产总额 93.76 亿元，负债总额 81.95 亿元，表外业务 111.85 亿元，净利润 0.80 亿元，各项监管指标均符合监管要求。

【信贷业务】2016 年，公司为集团成员单位量身打造、提供综合授信服务，即根据成员单位经营特点、资金需求及未来发展方向，依据成员单位财务报表、经营状况等进行综合评估，对成员单位核定年度综合授信额度，在授信额度内成员单位可申请流动资金贷款、项目贷款、开立承兑票据、保函等业务。截至 2016 年末，公司向成员单位合计综合授信 170 亿元，2016 年累计放款 61.41 亿元。

【买方信贷业务】买方信贷业务是针对产业链下游企业开展的信贷业务，该业务不仅为创维产品经销商提供资金支持，解决了中小企业贷款难的问题，而且为拓宽创维产品销售渠道提供有力支持，体现了服务集团、产融结合的理念。创维产业链下游经销商超过 10000 家，且大部分客户为中小企业，在经济整体下滑的情况下，银行信贷趋于紧缩，这些企业陷入“融资难”困境，极大阻碍了下游企业进一步发展壮大。而买方信贷能有效突破传统银行对此类中小企业的贷款局限性，拓宽融资渠道，提供强有力的资金支持。截至 2016 年末，买方信贷贷款余额 3.15 亿元，授信经销商达 400 余家。

【资金业务】为实现集团资金的集中管理，公司陆续建立了本币池、票据池及外币池三大资金管理平台，实现了本外币跨境融资、双向调拨、流通，提高资金使用效率，拓展融资渠道，降低财务成本，资金集中管理水平进入全国公司同行业前列。2016 年，公司结算业务约 114 万笔，全年结算量折合人民币约 4.31 万亿元，成员单位资金集中度达 94% 以上。

【票据业务】公司实行票据集中管理以

来，票据池管理成效突出，效率和质量持续改进，财务公司电票推广率达到98%，2016年累计开出财务公司电票约2.4万张，余额为41.14亿元，累计节约手续费0.28亿元。公司开立的电子承兑汇票已在全国流通，进一步提升了创维品牌的整体形象，强化了创维品牌的信用。

【外汇业务】公司实行外汇集中管理后，打破了成员单位之间的外汇管制，全面提升了集团外汇资金的使用效率，同时在避免汇率波动对融资的影响、降低成员企业的资金成本方面发挥了巨大作用。2016年公司为集团实现汇兑收益约1.61亿元。

【业务创新】2016年，在基础业务稳定发展之后，公司开始思考业务的创新及经营理念的创新，以寻求新的突破。以消费为导向正是市场经济发展的真谛，借助消费信贷，可以增加客户即期支付能力，带来消费需求的增加，从而为集团创造经济效益。2016年6月，公司组建消费信贷业务团队并确定系统供应商。2016年7月，消费信贷在创维石岩工业园线下开展集团内部员工试点。

【风险管理和内部控制】2016年，公司先后梳理、修订或新增了19项管理制度和29项业务流程制度。全面涵盖公司治理、结算、信贷、风控、信息科技等方面，通过制度流程的修订与完善，规范了业务流程，为合规经营、稳健发展、防范风险提供了有力的保障。

【人力资源管理】公司构建了以结算、信贷、风控为核心组织模块，以计财、IT、行政人事为辅助组织模块的公司组织管理架构。截至2016年末，公司在编共54名员工，硕士10人，本科及以上学历占89%以上，公司专业金融团队的构建已初具成效。薪酬激励方面，参照金融行业经验，制定薪酬制度及激励机制，以人为本，积极改善员工福利，建立业绩导向的激励机制，形成公平公正文化。

【信息化建设】公司采用虚拟化体系的平台应用，逐步迁移核心系统到虚拟化环境，提升系统稳定性和安全性；自建CA证书中心，降低了企业内部数字证书使用成本，提升数字证书的综合性使用能力；外汇资金系统实现了外币统一支付；产业链金融平台系统将创维集团ERP系统与财务公司资金系统、信贷业务系统相结合，从而实现买方信贷业务从贷款申请、审批到放款的在线办理，有效地节省了时间成本、提高了业务效率；2016年公司上线消费信贷系统，通过IT实现了流程自动化，大大提高了运营效率，有效地控制了成本，实现了信贷业务互联网化。

【企业文化建设】公司将文化建设作为公司的软实力打造，采取了一系列创新。一是公司通过设置业绩为导向的增长奖励与晋升机制、建立员工在职学习奖励措施与学习乐园、统一着装与对外形象、设立总经理接待日等一系列措施，初步建立了竞争文化、学习文化、创新文化，形成了互助互爱、积极乐观的团队文化氛围。二是福利体系的构建：公司员工福利除节假日福利、交通、餐饮、住宿补贴外，还设立了文化墙、每周下午茶、每月生日会、一年两次旅游、一次拓展等。三是建立系统的培训计划，通过多种培训方式开展专业技能、风险防控、职业操守等方面的专项培训，提升团队素质。

江苏国泰财务有限公司

【经营概况】 江苏国泰财务有限公司（以下简称“公司”）牢固树立“依托集团，服务集团”的宗旨，在“稳外贸、促增长”的政策主基调下，公司围绕集团发展战略，在防范集团及公司风险的前提下，各项业务有序推进：贷款、保函、电票、代开信用证等业务为成员单位扩宽了融资渠道；公司内控建设和基础管理有了新的提高，各项工作取得了较好成绩。

截至2016年12月31日，资产规模28.65亿元，存款余额22.98亿元，贷款总金额14.726亿元，实现利润2673.04万元。

【信贷业务】 2016年，公司共发放自营贷款12.07亿元；发放委托贷款2.656亿元；此外，开展了税款保付保函、保险代理业务及代理进口信用证。贷款业务、海关税款保付保函和代开信用证、保险业务的开展，既有利于成员单位保证金的归集，又丰富了资金服务手段，降低了集团整体资金成本，增强了集团成员单位资金流动性，有效提高了资金利用率。

【资金和投资业务】 2016年，公司通过合理调度资金，开展存放业务资金量达到94.6亿元，实现定期利息收入909万元。公司及时与同业互动，实时捕捉市场敏感价格信息，落实存放同业询价机制，通过有效控制和统一调度，利用沉淀资金积极办理同业存放业务，提高了冗余资金的效益，发挥了财务公司资金池作用。

【票据业务】 2016年，公司各项票据业务的有力有序推进，不仅丰富了成员单位的结算方式，提高了票据保证金存款的归集率，而且扩大了公司融资渠道，帮助集团实现资金低成本，同时也缓解了成员单位的资金压力。

【外汇业务】 跨国公司外汇资金集中运营，2016年累计实现外币资金结算额548309.88万美元，2016年末境内外币资金归集量12961.74万美元，有效提高了公司资金归集率。外币资金池的建立，在提高公司的资金归集率的同时，取得了一定的外汇业务操作经验。在此良好基础上，7月初，公司获得了中国银监会江苏监管局批准的《关于江苏国泰财务有限公司开展结售汇业务的无异议函》，下阶段，将结售汇业务的资质申请工作进一步顺利推进。

【资金集中】 2016年，公司积极推进系统直联、软通内部网银支付，扩大资金归集范围，截至2016年末，归集成员单位银行账户162个（其中人民币户136个，外币户26个）；公司推行海关保函、代开信用证业务，积极推进电票保贴业务，与中信银行系统签订《票据保贴战略合作协议》，拓宽成员单位票据融资渠道；公司通过外币资金池的建立，吸收了外币资金。截至2016年12月，公司存款余额22.98亿元，比上年末提高了9.04%。

【业务创新】2016年，公司进一步推进即期结售汇业务资质的申请工作，申请材料已经通过张家港及苏州外汇管理部门的初步审核确认。同时，积极开展结售汇业务的系统搭建工作，并邀请国家外汇管理局江苏省分局科技部门的领导进行现场指导。2016年，公司正式获人民银行上海总部批复，进入全国银行间同业拆借市场，从事同业拆借业务，最高拆入、拆出资金限额为5亿元人民币，最长期限为7天。公司同业拆借交易员已完成培训并取得本币交易员证书，同时也完成了与上海外汇交易中心的专线联网工作。同业拆借业务的取得丰富和完善了公司的金融职能及业务服务体系，有利于灵活调节资金头寸、优化资金配置、提高资金使用效率。

【风险管理和内部控制】公司持续跟进制度修订和完善，2016年修订完善了29项制度，主要包括业务制度与流程修订、部门与岗位职责完善、洗钱风险评估、征信数据库管理、信息安全规范、准备金缴存、利率定价制度等。坚持更新公司法律法规汇编，公司法律汇编文件已有49项，新增6项法律法规。公司落实业务部门日常监管、内控部门稽核的检查机制。2016年共开展了13次稽核检查。

【人力资源管理】2016年，公司积极推进人员持证上岗制度，鼓励员工参加会计、银行业从业资格与职称考试，全面提升公司人员专业素质。公司建立定期学习培训制度，坚持周末全员集中学习例会制，考学结合、以考促学，通过集中学习，加强员工合规意识及综合业务能力。公司加强与同行、同业的学习交流，积极参加银监部门、人民银行和中国财务公司协会等部门组织的各类培训活动，参与行业间交流及课题研究，充分利用各种学习机会，提高从业人员的专业性。公司鼓励员工参加业务技能竞赛。2016年，公司参加全省金融机构监管统计竞赛，获得团体三等奖，有效检验和提升了公司员工的业务水平。

【信息化建设】积极做好信息系统的维保工作，不断完善信息系统功能，改善系统的可操作性、安全性与稳定性，提高成员单位的资金流转效率。全面推广公司网银系统，严格按照步骤有序推进，2016年9月底公司新软通系统与原用友系统并行运作。新系统进一步满足业务发展需求，同时完善公司原业务系统存在的不足，更好地保障公司业务开展的安全性。根据信息安全等级评测专业公司的建议，制定了切实可行的信息安全整改方案，并按照整改方案进行了机房线路、设备与网络环境整顿，加强了后台监控和记录操作，开展机房日常巡检，组织安全演练和报警测试，确保公司信息系统的稳定、便捷、安全。

【企业文化建设】公司致力于营造和谐美好的工作氛围，积极组织员工参加集团运动会、书法绘画大赛等各类文体活动，丰富员工业余生活，增强组织力和凝聚力。同时，组织员工投身于义务献血、爱心捐赠等社会公益活动，为建设美好国泰营造良好的企业文化氛围。

亨通财务有限公司

【经营概况】2016年，亨通财务有限公司（以下简称“公司”）以集团年初工作会议精神为指导，紧扣“融合协同发展年”主题，着力发挥作为集团内部银行的金融服务和资金管理功能。对内，不断加强归集资金管理，加强对成员单位资金支付、配置与流动性的管理与服务，提高资金使用效率。对外，不断拓展融资渠道，降低资金成本。同时，公司着力完善法人治理结构、坚持内控合规管理思想，将合规意识与业务经营相结合，努力为集团四大转型和国际化战略提供融资服务和资金保障，不断夯实经营管理基础。

截至2016年末，公司总资产18.09亿元，负债总额12亿元，所有者权益6.1亿元；全年实现营业收入0.45亿元；利润总额0.44亿元（计提资产减值损失前），净利润0.31亿元；资本充足率为43.23%；流动性比例为47.96%；资产损失准备充足率和贷款损失准备充足率均为100%；不良率为零。各项指标均符合监管要求。

【信贷业务】在履行好集团资金集中管理职能、确保集团资金链畅通的同时，全力以赴抓好自营业务，2016年累计为18家成员企业授信，授信额度21.85亿元；发放自营贷款28.55亿元，年底余额11.30亿元；发放委托贷款0.30亿元，年底无余额；累计办理银票贴现8.49亿元，办理商票贴现1.18亿元，办理转贴8.36亿元，办理代开银票1.52亿元。

【资金管理】2016年，集团进一步明确对资金管理的要求，于7月下发了《亨通集团资金管理办法》《亨通集团账户管理办法》，公司根据集团发文要求，进一步加强了成员单位资金计划报送要求，截至2016年末，资金计划报送单位由44家增至50家，各成员单位资金计划上报率明显提升，从最初的43%陆续提升至100%。资金计划报送管理工作提高了公司对全集团资金及账户管控的能力。

同时，公司充分发挥金融牌照优势，积极开展同业往来业务。在市场资金面整体相对宽裕、同业资金价格明显走低的情况下，一方面加强议价，将五家直联银行的同业活期利率全面提升到2%以上；另一方面做大业务规模，全年完成同业定期存款90笔、共计63.20亿元，较上年增加69笔、共计45.30亿元。2016年实现金融企业往来利息收入0.15亿元。

【资金集中】公司积极做大资金归集，推进新开户管理和长期不动账户清理。截至2016年末，集团成员单位在公司开户数55家，较年初增加9家，归集银行账户122户，较年初增加10户；年末归集余额12亿元，较上年末减少4.21亿元，全年日均归集10.95亿元，同比增加1.20亿元；年末可归集口径资金集中度为48.55%，全口径资金集中为

28.91%（未审计）。

公司注重优化支付结算服务，2016年全年成员单位代理支付结算量630.13亿元，是上年交易量的106%；代理支付6.5万笔，是上年代理支付笔数的147%。全年节省结算费用约112万元。

【业务创新】2016年，公司积极开拓新业务、新模式，于11月2日收到全国银行间同业拆借中心入市通知，正式加入全国银行间同业拆借市场，获得同业拆借资格。本次准入入市获得的最高拆入、拆出资金限额为5亿元人民币，拆入资金最长期限为7天。该项资格的获得，完善了公司的业务功能，丰富了流通性管理手段，有利于满足公司经营中临时性资金周转需要，增强公司为成员单位提供资金支持的能力。

【风险管理和内部控制】公司建立了股东会、董事会、监事会，法人治理结构健全、分工合理、责任明确。完善的授权体系可以有效地防范公司业务开展过程中的各类风险。为更好地规范和指导公司经营管理，经股东会推荐，公司董事会于2016年5月重新选举了董事长。

2016年累计召开2次股东会、4次董事会和5次专门委员会会议，对公司的增资计划、董事会议事规则修订、发展规划、董事会成员职务变更、审计负责人聘任、资产质量风险分类、年度制度汇编等进行充分研究并形成决议。

为加强制度建设，完善合规经营，公司建立健全了运营管理制度共计5类130项，其中2016年新增25项，修订59项，并按照集团要求搭建了三级管理制度架构体系，确保制度体系层级清晰，其中公司层面一级管理制度12项，条线或职能部门二级管理制度105项，各种审批流程、操作细则等三级管理制度13项。

【人力资源管理】公司贯彻执行集团“引得进、育得出、用得好、留得住”的人才理念，利用员工生日会和外出拓展活动增进员工感情交流，进一步增强员工凝聚力和归属感。

公司注重学习培训工作，建立了培训制度和内训师队伍，利用网络在线学习平台和内部培训加强企业文化及业务知识学习，2016年，员工线上线下培训总课时2456.86小时，人均课时122小时，讲师人均内部授课13小时。充分发挥了公司管理层的知识资源，提高了员工各项业务能力。

【信息化建设】依据核心系统建设的总体规划，顺利完成软通动力项目二期收尾工作。实现电子签章、存放同业、银行承兑、代开银票功能上线。同时随着业务的推进开展，电子商业汇票、票据交易所系统等进入初期准筹备阶段。配合集团财务报账中心工作推进，优化核心系统与报账中心的接口逻辑，进一步完善网银功能，代理支付模式推广率达90%以上。对原有的系统架构进行加固，在核心层、接入层分别增加了冗余结构，尽可能规避单一节点造成的风险。

【企业文化建设】公司强化企业文化建设工作，在贯彻集团“眼及之处有文化”的企宣要求的同时，积极开展有公司内部特色的企业文化活动，丰富了文化墙版面的内容，并于5月展开了以“服务理念”为一体，以“工匠精神”“创新精神”为两翼，以“有理有据、有礼有节”为四轮的“1+2+4”主题企业文化年活动，并部署了“六个一”系列方案，即举办一次宣讲座谈会、开展一次户外拓展活动、组织一次征文活动、制作一期文化墙、进行一次企业满意度调查、组织一次对标学习。通过丰富企业文化建设载体和形式，增强团队凝聚力和员工主人翁责任感，提升团队建设整体水平。

珠海华发集团财务有限公司

【经营概况】珠海华发集团财务有限公司（以下简称“公司”）成立以来，始终以“依托集团、服务集团”为宗旨，以创建“具有横琴特色，国内一流财务公司”为目标，着力打造金融平台功能，在强化资金集中管理功能的同时，突出资金的使用效益，全力为集团和各成员企业提供优质、高效、全面的金融服务。2016 年，公司稳步、有序开展各项业务，持续提升公司金融服务水平与能力，为打造全面金融平台功能打下坚实基础，较好地完成各项服务目标与经营目标。截至 2016 年 12 月 31 日，公司资产总额 212.40 亿元，所有者权益 23.40 亿元，全年实现营业收入 6.81 亿元，净利润 2.22 亿元。

【信贷业务】2016 年，公司紧跟集团发展战略，在认真执行人民银行信贷规模调控政策的基础上，稳健有序地开展各项信贷业务，积极向成员单位授信，为成员单位信贷服务需求。截至 2016 年 12 月 31 日，公司自营贷款余额 69.5 亿元，委托贷款余额 101.65 亿元，担保余额 0.03 亿元，无不良贷款产生。全年为成员单位上报授信额度 131.5 亿元，累计发放自营贷款 69.55 亿元，累计收回自营贷款 31.09 亿元，累计发放委托贷款 84.83 亿元，累计收回委托贷款 78.19 亿元，实现贷款利息收入 1.69 亿元，委托贷款手续费收入 0.012 亿元。较好地满足了成员单位的融资需求。同时，顺利完成电子票据系统的上线工作，并成功为成员单位开出一笔电子银行承兑汇票。

【资金和投资业务】2016 年，公司立足实际情况，结合市场和交易对手情况以及各业务品种的特性，全面开展存放同业、同业存单、债券回购、信用拆借、债券借贷等各项资金业务。截至 2016 年末，公司已与 30 余家金融机构开展了同业业务合作，涵盖国有银行、全国性股份制银行、外资银行、地方性商业银行、农村商业银行和财务公司，授信品种包括同业拆借、票据转贴、票据保贴、信贷资产转让、法人账户透支、代理承兑和代理开具信用证及为成员单位提供担保等。2016 年，公司存放同业利息收入高达 5.10 亿元，在风险可控的前提下，提高了公司资金收益率。全方位、多渠道拓展融资服务，提高公司资产使用效率，为成员单位提供低成本融资 67.52 亿元，帮助成员单位缓解了融资难、融资贵的困境。同时，公司继续扩大跨境人民币资金池业务及其他外汇业务，资金池进出资金限额已由原来的 100 亿元提高到 200 亿元，进一步拓宽了集团境内外资金流动的通道。

【资金集中】2016 年，公司进一步拓展结算业务手段，拓宽结算业务平台，已与八家银行实现了银企直联。为了提高公司账户使用效率，公司于 2016 年 4 月通过农业银行实现了代理收款业务功能。该业务简化了成员单位向公司进行资金归集的路径，有效提高了集团资金集中度，使集团资金使用效率得以切实提升。此外，持续把成员单位的商业银行账户纳入银企直联系统，扩大了结算平台的深度和广度，加入银企直联的成员单位商业银行账户共555户，极大提高了资金归集效率。结算业务部全年共办理各类业务25735笔，较上年增加6569笔，增长率为34.27%；全年结算金额38758.86亿元，较上年增加2.92亿元，增长率达306%，结算差错率保持为零。公司2016年各项存款大幅提升，全年日均吸收存款162.53亿元，较上年同期增加82.7亿元，增幅为103.6%；12月末公司资金全口径归集率为42.75%，剔除不可归集因素后的归集率约为80%，公司资金结算与管理平台不论在深度还是广度上均得以进一步扩大，资金归集功能日益增强，有力地支持了集团公司转型升级与跨越式发展。

【业务创新】2016年是公司开展债券投资业务的开局之年，在债券市场波动较大的市场行情下，公司较好地控制了投资风险，坚持稳健的固收投资策略，始终铭记“保持集团流动性为先，服务成员单位为首”的职责，在履行好集团司库角色定位的前提下谨慎开展债券投资业务。从持仓结构上看，公司全年投资债券品种为三类：国债、国开债，以及集团公司成员单位珠海综合发展有限公司发行的中期票据，整体持仓基本无信用风险；从交易策略上看，基于公司配置型机构的角色定位，债券投资通常持有至到期，以获取票息目的，基本无需考虑利率风险。公司高度重视债券投资业务的风险控制和合规控制，建立了“投资决策委员会+投资审查委员会”的投资业务审查决策机制以及“事前—事中—事后”三位一体的风控体系，通过制定制度、逐级审批、定期自查及内审等方式有效防范业务风险，确保债券投资业务的合规性。2016年，公司债券投资业务实现投资收益约4200万元。

【风险管理和内部控制】公司通过制定各种业务管理办法、操作规程和行为准则实行明确的前台、中台、后台分离制度，明确了内部部门、岗位及职责权限，形成互相制约、互相监督的机制，规范了各项业务操作流程和约束业务人员的行为，使合规管理融入业务和管理流程中。一是加强各业务部门对操作风险的管理，明确了部门负责人是风险管理第一责任人，必须实时关注操作风险状况，提出防范风险措施，将操作风险从“事后管理”向“事前风险防范”方向转变；二是做好事后稽核监督工作，实现了会计凭证事后监督工作的集中管理；三是实施内部控制风险监控，采取有效措施规范各项业务操作，严格执行重要和关键岗位人员轮换和强制休假制度，监督高级管理人员及关键岗位人员，管控重点业务风险点，通过自查与检查相结合确保各项制度的贯彻执行。另外，公司在员工绩效考核项目中提高风险合规的考核占比，建立起全员合规绩效的考核机制，对违规行为制定了严格的责任追究制度，鼓励诚信举报，体现倡导合规和惩处违规的价值观念。

【人力资源管理】2016年，公司为了人力资源工作更加科学合理，一是加强培训管理，评选最佳讲师和学员。通过全年一系列各种形式的培训，提高了员工的整体素质，帮助员工达成职业生涯规划目标，实现自我价值，增强了企业的竞争力和凝聚力。二是在考核方案设计方面进行了改良，将原有的以定性考评为主的考核方式更改为KPI绩效考核与德、能、勤、绩、廉、风险合规等方面相结合的全新考评方式。考评结束后采取了总经理面谈反馈考核结果的形式，总经理与员工对绩效考核结果进行面对面的沟通，给员工提出发表自己看法的时间和机会，肯定员工的优点，指出员工的不足，并制定改进计划，使绩效管理形成一个完整的循环过程。

【信息化建设】2016 年，公司信息化建设围绕“支持业务发展，系统安全稳定运行”开展。在信息安全方面，公司发布了包括 Linux 系统、数据库、网络设备等在内的安全加固标准，将公司信息工作带入标准化、统一化的阶段。在业务支撑方面，公司在2016 年7 月，接入人民银行电子商业汇票系统，支持了信贷业务的开展；深入开展数据分析平台的应用，新建 10 余个数据分析模型，涉及结算、信贷、审计、风险等领域，提升公司数据分析应用水平；2016 年，由信息科技部和财务管理部合作制定了核心业务系统“营改增”升级改造方案，并利用供应商外包人员完成系统开发及上线运行。技术应用方面，在 2015 年虚拟化应用的探索实践的基础上，在生产环境中开展虚拟化技术的应用，将公司生产环境和银行直联前置机应用迁移至虚拟化主机上，降低运维成本的同时提升业务连续性。

【企业文化建设】2016 年，公司举行了一系列慰问和团体活动，如开展户外团队建设活动，增强成员对团队和他人的信任感，培养团队协作精神，学会压力的释放方法，以此让团队成员有更积极乐观的心态来面对生活和工作。

北京金隅财务有限公司

【经营概况】2016 年，北京金隅财务有限公司（以下简称“公司”）本着“立足集团、服务集团”，努力为成员单位创造价值的宗旨，扎实推进各项工作。2016 年12 月31 日，公司资产总额 221.47 亿元，吸收存款余额 188.38 亿元，贷款余额 71.97 亿元，实现利润（拨备前）2.55 亿元，综合资金归集率达 59.41%，同比提高了 1.96%，可动用资金归集率为 87.38%。

2016 年12 月14 日，北京银监局批准公司将注册资本从 10 亿元人民币增加至 30 亿元人民币。

2016 年12 月23 日，北京银监局批准公司新增委托投资（除股票投资以外）、经批准发行财务公司债券、有价证券投资（除股票投资以外）和成员单位产品的消费信贷、买方信贷及融资租赁业务资格。

【信贷业务】2016 年公司在定价方面，制定了《2016 年经营业务定价管理办法》，使贷款定价实现了与市场融资利率、集团融资成本、企业资金管理水平和经营质量的联动，完成了每笔贷款单独定价的目标，既提高了成员单位对利率的市场化反应，也有效降低了成员单位的融资成本。产品设计方面，及时把握国家产业、货币信贷政策导向，制定了《创新贷款产品管理办法》，针对中小企业、绿色环保企业提供循环贷款等产品，解决其到期贷款资金周转难题。2016 年累计为 31 家成员单位放款97.68亿元，共计176笔，期末各项贷款余额合计71.97亿元。贷款收息正常，到期票据款项均已顺利回收，各项信贷资产的五级分类均属正常类，信贷资产质量优良。

【资金和投资业务】2016年，公司在资金方面，以资金预算为抓手，采用资金动态监控的模式，持续进行流动性管理，达到了防范流动性风险的目标。每日对公司资产负债情况进行统计分析，跟踪资产端投向，预估负债端变动，保证公司资产负债搭配合理；密切跟踪货币市场动态，抓住市场机会，加强同业存放的管理，在保证流动性的前提下，实现了资金年化收益率最大化。在资金价格不断波动的情况下，公司存放同业加权利率为2.60%/年；投资方面，进一步梳理、修订、完善了固收业务和同业拆借业务相关制度，组织相关业务人员参加各类专业培训使其具备必要的执业资格。正式接入全国银行间本币交易系统及同业拆借中心，具备开展银行间市场投资业务及同业拆借业务操作的所有条件。固收业务遵循风险控制第一的原则，年内实现了投资业务零的突破，累计投资3.45亿元货币市场基金，实现投资收益320万元，投资收益率为2.90%。

【票据业务】2016年，公司充分挖掘商业汇票的支付、信用、融资、投资、流动性、资产配置等功能，通过财务公司承兑、商业银行保贴、金融同业授信、贴现价格集团定价等多项措施，充分发挥多级金融平台联动作用，提高金隅集团商业信用的市场认知度，2016年共推广财务公司承兑商业汇票1.68亿元、保函0.09亿元，既为成员单位节约了资金，也使得合作的供应商能享受到低于市场价格的优惠融资成本，促进产业链金融的发展；利用公司与中铁、中交、中建、中铁建等集团财务公司信用互认，推广各方产业集团企业在商业合作中保函、商票结算、保理等金融工具的使用，提高了实体企业支付结算效率，避免资金占压。

【资金集中】2016年，公司将存贷款和贴现利率与资金归集率挂钩，带动了大部分成员单位对资金归集工作的重视。公司将新收购的冀东集团纳入归集范围。截至2016年底，公司在资金管理信息系统内为266家成员单位办理开户，内部结算账户共计1176个，在资金管理信息系统内维护成员单位外部结算账户共计为802个，通过日均资金归集率统计模块实现了对成员单位所有外部结算账户可控在控管理目标。公司全年为成员单位办理结算业务交易笔数共计12万笔，交易金额共计3226.3亿元，节约结算成本109.4万元。

【业务创新】2016年上半年实现了代理支付业务的自动化，对公50万元以下、对私2万元以下的代理支付业务系统自动接收并且自动发送至银行，下半年共处理自动支付业务3.5万笔，差错率为零，为成员单位提供高效、快捷、安全的金融服务。

公司在2016年5月获加入人民银行电子商业汇票系统的批复，10月中旬执行全部软件部分接口案例，并获清算总中心验证通过，10月24日人民银行营业管理部和清算总中心对公司进行了电票系统的现场检查验收。12月27日取得人民银行支付结算司同意公司接入电票系统的正式批复，为进一步加强商业汇票风险管理，提前应对央行两到三年内取消纸票的政策提供了通道和平台。

【风险管理和内部控制】2016年，公司严格主体资格、授信额度、偿债能力、资金用途和流向等审查，坚持审查中的独立性。风险管理部全年共计为101.04亿元的信贷业务出具风险审查意见，提出合规性审查建议和规范性方面的修改意见，以加强规范性管理，确保业务合规性。截至2016年底，公司各项监管指标均处于正常范围内，并荣获北京银监局2016年辖内银行业金融机构非现场监管统计工作考核评比三等奖。

2016年，公司启动公司制度的全面升级工作。在满足“规范性、可操作性、前瞻性”的基础上，全面覆盖公司主要业务和管理事项，确保符合法律法规、规则与准则的要求，提高公司规章制度的体系完整性、内控有效性、实际操作性，为公司建立完善的内控体系奠定基础。新增《内部审计工作管理办法》《声誉风险管理办法》《洗钱风险自评估办法》《电子商业汇票业务管理办法》《电子商业汇票系统管理办法》《投资决策委员会议事规程》《增值税发票管理办法》《董事履职评价管理办法（试行）》《监事履职评价管理办法（试行）》《高级管理人员薪酬考核制度（试行）》等多项制度；修订了《风险管理委员会工作规则》《审计委员会工作规则》《资金头寸管理办法》《同业拆借业务管理办法》《有价证券投资管理办法》等制度，增强了制度的规范性、可操作性和前瞻性。

【人力资源管理】2016年，公司及时调整组织架构，使职能部门设置更科学合理，并配合调整修订部门职责。在企业培训工作的策划开发、组织实施方面，建立了企业内训师队伍，根据企业的培训需求，为企业量身定做培训项目；公司员工担任内部兼职内训讲师，向其他员工传授理念、知识和技能，是公司内部知识的积累、共享和传播的有效途径之一。公司作为第一批试点单位，积极配合集团人力资源信息系统平台（EHR）的推广，利用该信息系统控制用工指标、发放薪资、完善和维护个人信息，进一步提升人力资源工作水平。

【信息化建设】2016年，公司进行了现有机房的扩建装修，将机房接入气体灭火系统，完全满足消防要求，使机房达到B类标准。更新将近20个问题修改以及系统优化的补丁，优化多个查询的执行速度。为满足冀东的管理要求，把冀东的整体资金模式纳入财务公司体系内，新开发资金池和资金预算功能，年内已完成合同的签订并组织开发。新增同业拆借、中央国债登记结算和上海清算所三个客户端系统，做好网络配置及正常系统登录。直联银行维护及更新，建设银行受限资金接口，中国银行代理支付接口。在原有银行基础上，增加3家到5家直联银行。

【企业文化建设】2016年，公司党支部组织开展了“两学一做”座谈会、“缅怀抗日烈士、激发爱国热情、弘扬民族精神”为主题的党日活动、党员手抄党章硬笔书法比赛活动，组织参加了献爱心捐款活动、迎“七一”政治理论知识竞赛、“我是党员我承诺”活动、“纪律教育在身边”征文及“我的家规家训家风”征集活动、党章党规党纪知识答卷、“温暖衣冬”捐献活动和“两学一做”时政时事知识竞赛等一系列活动，并被集团机关党委评为2016年度最满意党小组；通过为员工举办生日会、组织职工参与摄影比赛、爬山、植树、书法培训以及开展丰富多彩的文体活动，增加企业凝聚力和集体归属感。公司关心员工身心健康，定期组织健康体检，并为员工送去人文关怀。

云南云天化集团财务有限公司

【经营概况】2016年，云南云天化集团财务有限公司（以下简称“公司”）面对复杂多变的经营环境，以“渠道开拓、品种创新、集团价值最大化”为导向，以确保资金安全为目标，进一步加强资金集中度管理，积极创新，强化分析，实施利率差别定价，提升服务成员企业质效，较好地完成了公司各项经营和财务指标。2016年，公司实现利润总额0.61亿元，较上年同期增长91.46%；实现资金集中度36.96%，较上年同期增长2.58%；实现日均融入资金46.20亿元，较上年同期增长13.51%；为成员单位提供资金90.13亿元，日均提供资金69亿元，提供资金存量53.13亿元。

【信贷业务】2016年，公司制定并实施了信贷业务差别化定价管理办法，综合考虑云天化集团融资成本、成员单位信用评级和资金集中度等因素，对成员单位申请办理的贷款、贴现等业务进行差别化利率定价，提高公司信贷业务定价的科学性和专业性。2016年，公司为成员单位提供流动资金贷款40.31亿元；办理票据贴现36.32亿元，其中电子商业汇票10.42亿元；向商业银行卖断式转贴现13.71亿元，向人民银行回购式转贴现15亿元；非融资性保函业务1笔，金额300万元。

【资金和投资】2016年，公司在确保资金流动性安全的前提下，不断提高金融服务能力，加强资金集中管理，融入低成本外部资金，为成员单位提供资金，解决应急资金需求，提高资金使用效率。公司开展同业拆借业务，补充短期临时性资金需求；开展现券质押式回购和买断式回购业务，融入期限较长的资金。按日分析监测资金流动性，防范资金流动性缺口。落实资金应急措施，紧急情况下启动超限额归集成员单位资金。结合公司头寸稳定性，调整资产业务期限结构。2016年1月，公司获批固定收益类有价证券投资业务资格。

【外汇业务】2016年，公司实现办理首笔境内外汇集中代理付汇业务并成为云南省首个通过第三方系统平台发送指令的境内外币资金集中、回拨和集中代理付汇的财务公司。2016年9月，公司获批外汇结售汇业务。

【资金集中】2016年，公司按月对成员单位资金集中度情况进行通报，及时提示成员单位资金集中度完成情况，督促其完成。根据成员单位经营环境、银行融资成本和资金集中度，并结合市场利率水平，公司对成员单位执行不同的资产业务价格。对于涉农企业，执行更优惠的利率，促使成员单位完成资金集中度指标，积极提高资金集中度。

【业务创新】2016年，公司与6家银行开展拆借业务，累计拆入金额28亿元，累计拆出资金2亿元。公司买入云天化集团中期票、超短融，为促成集团公司债券成功发行发挥了重要作用，并在现券业务的基础上开拓了债券质押式回购和买断式回购业务，融入资金1.15亿元。

【风险管理和内部控制】2016年，公司持续推进内控管理，规范操作流程，加强制度体系建设、合规文化建设。坚持有规必严，明确责任，强化执行力。公司以中国银监会全面开展银行业“两个加强、两个遏制”回头看专项检查为契机，在全面开展自查工作的同时，与检查组一起“边学、边查、边整改”，对发现的问题举一反三，不断巩固和深化检查结果，努力提升风险控制及合规管理能力。公司聘请中国银行稽核审计专业人员对公司主要业务进行稽核审计交流，学习商业银行稽核审计模式，调整优化内部审计流程，不断提升公司稽核审计的专业化水平。持续开展多项业务专项检查，针对性开展业务检查，发挥内部审计监督、廉洁风险建设的监督职能。

【人力资源管理】2016年，公司坚持“绩效分配的公平性、竞争性、激励性、合法性”原则，结合经营目标，持续完善和优化绩效考核体系，实现薪酬与绩效“责任到人、量化到人”的目标，切实做到“业绩引导薪酬、收入与贡献成正比、拉开薪酬差距”，细化各项指标分配率，努力实现绩效“向业务倾斜，向一线倾斜，向有贡献的员工倾斜”的目标，促使每位员工都能努力增加附加价值，激发员工工作热情，建立长效激励机制。公司积极探索培训方式的多样性，不断丰富培训的内容和形式。搭建内训模式，每个部门轮流对部门重点业务进行培训，营造良好的学习交流氛围。与云南省其他财务公司联合聘请行业专家就财务公司关键业务进行培训，提升业务人员的专业技能和素质。通过“请进来、送出去”的交流，加强与金融机构的专业学习，不断提高员工业务技能，适应公司对专业技术人才的需求。

【信息化建设】2016年，公司持续加强信息安全工作，在确保系统安全、稳定运行的基础上，继续深化与集团财务系统的有效对接，实现了资金归集自动在云天化集团ERP系统做账功能，并在全集团成员单位中推广。公司完成OA办公系统上线，实现移动办公，与云天化集团成员企业进行交互。完成了与人民银行本币交易系统、上海清算所系统、中央国债登记结算系统的接入，有效支撑新业务的线上办理。启动业务系统硬件环境单点设备双机改造工作，确定了技术改造方案，为业务的持续、不间断运行提供了有力的保障。

【企业文化建设】2016年，公司组织迎春晚会、歌咏比赛、趣味运动会、拓展训练等活动，丰富员工业余生活，促进身心健康，增进团队凝聚力、向心力。

北京控股集团财务有限公司

【经营概况】截至2016年末，北京控股集团财务有限公司（以下简称“公司”）资产总额合计人民币为163.75亿元，较年初余额（124.96亿元）增加38.80亿元，增幅为

31.05%；负债总额为154.99亿元，较年初余额（116.51亿元）增加38.48亿元，增幅为33.03%；净资产总额为8.77亿元，较年初（8.45亿元）增加0.31亿元，增幅为3.71%。公司实现营业收入26498万元，完成集团签约指标营业收入总额17275万元的153.39%；实现利润总额6277万元，完成集团签约预算利润指标5422万元的115.77%；年末资金集中度达35.29%，顺利完成集团各项任务指标。

【信贷业务】2016年，公司的信贷业务无论在新产品推出，还是资产规模增长，以及资产风险防控方面，都取得了突破性的进展。2016年1—12月，累计发放本外币贷款39笔、折合人民币86.66亿元（其中人民币贷款52.24亿元，港元贷款折合人民币34.42亿元）；累计为成员单位办理委托贷款50笔、合计人民币6.96亿元。在新业务开展方面，实现融资租赁业务、保函业务、贴现业务零的突破。

【资金和投资业务】公司积极与合作银行进行同业合作，开展存放同业业务，以提高资金使用效率，力求实现资金收益最大化。2016年，累计完成人民币存放同业243笔，存放金额252.1亿元，实现人民币存放同业利息收入9215万元，取得良好的资金配置效果。

公司完成了本币交易系统的搭建工作，并及时对交易系统的前、中后台进行交易员限额、对手方限额及机构和交易账户等信息进行设置；对相关合作银行开展同业授信的资料申请、更新及后续跟进，截至2016年底，公司已经获得10家商业银行的同业授信额度审批。

【外汇业务】截至2016年末，公司完成跨国公司外汇试点业务的39家成员单位日常资金进出、代理结售汇等手续工作；完成到期成员单位的外债登记续签工作；完成三批跨境人民币试点业务名单申请工作，共计有25家成员单位纳入跨境人民币双向资金池；协助清洁能源集团及水务集团完成45亿元人民币资金入境，实现通道手续费含税收入共计344万元。

【资金集中】资金集中工作始终是公司工作的重点。2016年，公司按照集团关于资金集中管理全覆盖工作的部署，摸排集团成员单位资金及股权结构情况，梳理集团全面开展资金管理的单位名单，制定集团资金集中管理全覆盖工作的实施方案，组织成员单位参加资金集中管理全覆盖工作培训，关注成员单位的开户进度以及授权书的签署情况，协调沟通资金、账户以及授信等统计报表的报送，推动已开户成员单位尽快在公司办理资金归集。截至2016年末，吸收存款约154.01亿元，较上年末提高了32.92%，资金集中度达到35.29%，较上年末提高了11.01%。

【业务创新】2016年12月23日，公司正式获批固定收益类有价证券投资、委托投资、成员单位产品买方信贷及融资租赁业务资格。

【风险管理和内部控制】2016年，公司新增制度14项，修订原有制度6项，各项规章制度更加健全，为公司经营管理奠定良好基础。公司搭建了非现场监管报表系统、风险预警系统。非现场报表系统整合业务运营系统、财务管理系统中数据，可实现对1104非现场监管报表的系统取数，大幅减轻报表填报部门工作压力，提高报表填报准确性。风险预警模块可以实现对监管要求的16项重点风险指标的日常监控、监测，对重点关注指标实施日频度监测，打破了监管报表中要按月、按季度监测的局限性，使公司风险管理日趋精细化。同时，按照银监局风险指标阈值监测的相关要求，系统可以实现风险指标超出阈值的提示，较好满足了公司经营中风险管理的需求。

2016年，公司对各部门业务条线进行了7次稽核检查，开展了“两个加强、两个遏制”回头看专项自查并配合监管进行检查，推进监管意见整改落实，根据重要性原则和风险程度进行了2015年度内部控制评价，通过持续连贯的稽核检查与整改跟踪进一步深化了内部控制理念，为提升公司经营管理水平提供支持。

【人力资源管理】 2016年，公司重点加强制度建设、组织架构调整、人员引进等方面的工作并取得一定成效：一是完成员工聘用管理办法、培训管理办法等人力资源管理制度的拟定工作，并根据北京市有关政策的调整，修订了员工补充医疗管理办法、独生子女奖励及医疗费报销管理办法，优化培训审批及劳动合同签订等工作流程，使工作更加规范化和更具操作性；二是围绕经营业务特点，结合监管部门要求，调整了部门及岗位设置，增设了党群工作部、信贷业务部、创新业务部、信息科技部四个部门，明确了部门及岗位职责，既满足了业务发展的需要，又进一步明确职能分工，便于部门间更好地沟通协作；三是围绕经营发展需求，多渠道引进专业人才，先后组织了两次公开招聘，共引进管理及业务人才8名，并通过集团内部人才交流挂职的方式，引进系统内人才1名，保障了公司各项业务的顺利开展。

【信息化建设】 2016年，公司继续围绕防范信息安全风险、夯实信息建设基础、深入推进信息系统建设、保障信息系统安全运行、规范信息安全管理等方面开展信息化建设工作，除了完成信息系统的日常维护工作之外，还根据业务需要，多次对信息系统进行功能更新、系统升级，不断完善公司信息系统建设。2016年，公司上线了“统一监管报表系统”，此系统运用大数据手段，从各业务系统抓取数据，自动生成人民银行、银监部门、财务公司协会、国资委、集团等所需报表，极大地提高了工作效率和报表的准确性，并利用获取的数据进行风险分析，实现了风险指标的日监测。按照《北京控股集团财务有限公司信息系统突发事件及应急响应预案管理办法》的要求，进行了灾备恢复应急演练，确保成员单位资金安全使用和信息系统安全运行。

陕西延长石油财务有限公司

【经营概况】 2016年，陕西延长石油财务有限公司（以下简称“公司”）以确保集团资金链安全为核心，以“一体两翼”发展战略为引领，践行服务求发展的理念，始终把握“稳资金、促提升”的工作总基调，圆满完成了全年经营任务目标。截至2016年末，公司资产总额156.52亿元，负债总额141.75亿元；实现营业收入4.78亿元，利润总额3.59亿元，同比增长16.56%；利税3.79亿元（其中，净利润2.69亿元、税费1.1亿元）。荣获中国财务公司协会2015年度行业评级A类企业，获得银监会A2级监管评级；获得承销成员单位企业债、除股票外有价证券投资、股票投资、委托投资等新业务资格。

【信贷业务】2016年，公司充分发挥功能定位，统筹集团资金需求，积极优化融资结构，确保全年集团资金安全平稳运行。充分利用内源性资金，发挥资金调剂作用。开展自营贷款、法人账户透支、票据贴现等表内业务，全年为集团及成员单位累计发放自营贷款87.35亿元，有效避免了资金沉淀，缓解资金压力。

【资金和投资业务】2016年，在确保集团公司和成员单位正常生产运行资金需求的前提下，公司利用短期闲置资金，合理错配期限，把握资金流动性和效益性最佳平衡点，全年累计实现集团外收入2.45亿元，有效提高沉淀资金收益水平。

【票据业务】2016年，公司发挥集团金融平台作用，以票据融资为创新服务的切入点，开展票据业务需求专项调研，继续加大承兑汇票办理力度，持续释放资金流动性，有效缓解集团支付压力。

【资金集中】公司加强资金预算拨付管理，按照“量入为出、自求平衡、有保有压”原则，在确保各单位生产经营与项目建设最低现金流的基础上，进一步压缩和控制预算支出，合理延缓拨款进度。坚持应归尽归原则，加强资金长效化管理。以资金规范监督检查作为重点，对集团范围内的25家成员单位分批开展资金专项检查工作，规范资金使用，确保《资金管理办法》的贯彻落实。2016年累计归集资金19976笔、归集资金4115亿元，累计代理成员单位对外支付107438笔、4170亿元；累计代理成员单位内部转账支付15647笔、3628亿元。全年可归集资金归集率达98%以上，11月末全口径资金归集率为52.79%，客户满意度达99%，系统运行安全平稳，无差错。

【风险管理和内部控制】一是完善内控体系。制定并印发了《财务公司2016年度制度建设工作计划》，明确了本年度制度建设的重点工作内容，并落实责任部门及工作时限。二是落实合规承诺。以“合规建设推进年”活动为契机，组织开展“推进财务公司合规文化建设”活动；同时逐级逐层签订《合规责任承诺书》，开展合规风险培训，引导和规范员工合规履职，形成良好的“人人合规、主动合规”的文化氛围。三是做好日常授信审核。全年组织召开授信集体评审委员会15次，累计审议通过授信业务333.9亿元。公司资产质量良好，不良贷款率为零，各项指标均符合监管要求。

【人力资源管理】制定《财务公司深化改革实施方案》，全面梳理部门职能、岗位职责，开展岗位价值评估，试行动态管理，编制完成《财务公司“三定”方案》。跨部门推行项目合作制，形成工作合力。实行全过程多元化立体式考核，首推“工作日志法”，建立员工个人考核档案，加大绩效工资比例，建成了收入随效益增减、与个人绩效挂钩的工资机制。坚持优势互补、资源整合原则，对于业务相似度高的业务打破公司界限，采用“一个业务团队、多个业务条线”的矩阵式管理模式，实现人员复用。实行全过程多元化立体式考核。进一步完善奖勤罚懒、优胜劣汰机制，首推“工作日志法”，建立员工个人考核档案，加大绩效工资比例，完善了收入随效益增减机制。2016年，公司下设9个职能部门，从业人员总数为40人。从年龄结构看，30岁以下的员工13人，占比为32.5%；31～45岁员工22人，占比为55%；46～50岁的员工4人，占比为10%；50岁以上员工1人，占比为2.5% 从文化结构看，本科及以上学历从业人[illegible]人，占比100%；研究生学历从业人员共26人，占比为65%。

【信息化建设】2016年，公司参与完成了集团公司全面预算管理系统建设工作，和核心业务系统更新工作。随时收集业务部门及成员单位的反馈意见，持续加强系统运维管理，不断提高系统的便捷性和高效性；根据业务发展进行信息科技制度修订，加大风险管控，明确应急处理流程与责任。

【企业文化建设】2016年，公司党委发挥引领作用，党建工作进一步加强。高效开展“两学一做”学习教育，突出问题导向，着眼长效机制，扎实开展“践行‘四正’从业理念，我与财司共成长”主题特色活动，做到规定动作做到位、特色工作重实效。开展“手抄党章100天”“金融知识走基层”“我最有成就感的一件事”主题分享、弘扬延安精神主题党日活动、支部接龙学习等一系列学习教育实践。搭建网上学习微平台，建设党建文化网络家园，打造“支部建在网上、党员连在线上、资讯送到掌上、成效落在做上”的公司党建特色模式。

山东能源集团财务有限公司

【经营概况】山东能源集团财务有限公司（以下简称“公司”）作为能源集团金融板块的领航者，以“服务提升年”活动为抓手，以“做大规模、做精产品”为主线，围绕“五个平台”，即资金归集平台、资金结算平台、资金监控平台、融资营运平台和金融服务平台的定位，坚定不移地坚持立足集团发展、服务集团发展，不断拓宽业务范围，扩大业务规模，丰富服务品种。2016年全年实现营业收入2.46亿元，利润总额1.71亿元。截至2016年12月末，公司资本充足率达到48.34%，流动性比例为62.89%；不良资产率、不良贷款率均为零，资产损失准备充足率、贷款损失准备充足率达100%。坚持物质文明和精神文明建设同步发展，互相促进，荣获“2016年山东省省管企业文明单位”称号。

【信贷业务】为应对煤炭行业及集团面临的阶段性融资难题，公司主动转变思路，积极发挥自身优势，在传统业务与创新业务方面求突破，着力为成员单位提供更为多元的融资渠道。加大过桥贷款支持力度，缓解成员单位阶段性资金困境。全年为成员单位提供7次累计13.75亿元过桥资金贷款，有效缓解临时性大额资金需求，力保成员单位资金链安全；积极向各成员单位建议将阶段性闲置资金通过财务公司委贷给有资金需求的单位，不仅盘活了闲置资金，而且解决了资金短缺单位融资需求。2016年，公司累计向成员单位提供流动资金贷款47.4亿元，年末贷款余额33.7亿元。其中，为煤炭板块企业投放贷款30亿元，占比为89%，有力支持集团煤炭主业发展；为制造业板块和批发零售板块企业分别投放贷款2.7亿元、1亿元，满足集团专业化公司转型发展的需要。

【资金业务】在力保资金流动性基础上，密切关注金融市场特别是资金价格变化，最大程度提高资金收益。在资金市场进入降息通道的情况下，年初未雨绸缪，提前与各主要合作银行沟通联系，争取同业优惠政策，力保同业活期存款利率水平。专人紧盯货币市场，研究货币市场走势，关注资金波动窗口期，抓住有利时机，以优势价格与同业合作，掘取高额资金回报。2016 年共办理同业定期业务 32 笔，累计金额 116 亿元，全年累计外部市场创收 0. 93 亿元。

【票据业务】公司通过拓展票据贴现业务，满足成员单位的阶段性资金需求。一是集团票据池建设。经过与银行、中介机构以及成员单位等多方协作，初步完成集团票据池搭建工作，实现了银行票据接口接入和成员单位入池操作。全年累计完成 1. 41 亿元银行承兑汇票托管入池，并利用池内票据质押开票 0. 50 亿元。二是电子商业汇票业务。经过一年的努力，电票信息化系统建设已顺利通过人民银行现场验收，相关规章制度及业务流程已经通过人民银行备案。同时，公司已向人民银行申请电票试点，一经批复即可上线试运行。三是提供便捷优惠贴现服务。在“服务提升年”活动开展过程中，公司了解到成员单位一段时间内在各银行办理票据贴现业务受阻。对此，公司内外协调，主动为成员单位提供更为便捷高效的票据贴现服务。2016 年以来，累计办理票据贴现 1. 55 亿元，同时执行优惠贴现利率，充分让利成员单位。

【外汇业务】公司跨境外汇资金集中运营管理业务获国家外汇管理局山东省分局批复，公司作为主办企业，将能源集团境内 5 家、境外 2 家有外币业务的公司纳入试点范围，建立集团外汇资金池。通过建立境内、境外两个外币资金池，集中运营管理外汇资金，可实现集团境内外外汇资金集中管理，外债和对外放款额度集中调配，经常项下集中收付汇，货物贸易轧差净额结算。

【资金集中】2016 年，公司以“保支付，保资金链安全，防范系统性金融风险”为要务，抓现金池管理，通过信息化手段提升资金集中度；实现“票据池”业务突破，缓解成员单位票据承兑难题，降票据保证金，降成员单位票据贴现成本，充分发挥集团票据协同效应；作为主办企业建立“外汇资金池”，为外部资金管理提供了有力工具。现金池管理方面，一是进一步规范账户管理。下发《关于加强成员单位新增银行账户授权的通知》，要求成员单位将非结算银行账户增加查询扣划权限；加强账户对账工作，及时督促成员单位及时对账，保证账实相符。全年对账率均达 100% 。二是积极拓展银企直联银行。截至年末，公司已与 11 家银行建立了银企直联，覆盖成员单位 90% 以上开户行。三是严格资金计划管理。一方面，着力加强资金预算管理。规范成员单位临时性、无计划大额资金支付，以更准确把握各成员单位实际用款计划。另一方面，建立资金头寸实时调度机制。密切关注资金流向，加强部门间以及成员单位间沟通，合理调度资金，及时归集账户沉淀资金，确保资金支付及时，资金链安全。

【业务创新】一是多方拓展外源资金通道，公司同业拆借业务资格申请于 2016 年 6 月 17 日获山东银监局批复。二是提供更为丰富多元的融资服务，拓宽成员单位融资渠道。先后有两家成员单位利用财务公司在商业银行同业授信额度，分别获得 0. 75 亿元银行承兑汇票和 1 亿元流动资金贷款，有效解决了成员单位融资难题，同时大大降低了融资成本。

【风险管理和内部控制】一是抓风险防控。公司在不断提高资金使用效率的同时，牢牢把控风险关，不断加强全面风险管理，健全法人治理结构，修订完善公司规章制度，印发公司全面风险清单，对每一个业务条线、业务风险点、关键控制点剖析到位，人手一册。各部门设置兼职风控A、B角，负责本部门风险的预警、计量、控制、评价等工作。对各类风险指标设置预警阈值和检测频度，按照正常、轻度、中度、重度级别进行预警。建立了法律顾问制度，对公司业务出具法律意见，对员工进行法规案例教学。加强对员工异常行为的排查，印发了“给员工家属的一封信”，加强对员工“八小时”之外的行为监督。二是严自查自纠。结合监管部门关于“两个加强、两个遏制”回头看工作活动，对公司各项业务全面开展自查工作。坚持业务全覆盖，确保实效，问题全落实，责任到人，并依情况对责任人给予了处罚。通过自查工作，使员工对公司规章制度更了解，制度落实得更彻底，基础工作更扎实。

【人力资源管理】2016年，公司一是以考核促提升。修订完善员工绩效考核办法，制定下发2016年度指标分解和重点工作安排方案，将任务指标层层分解，层层落实，以考核确保工作质效；狠抓重点工作督查督办，据工作完成情况、员工业务水平、提供服务质量等要素每季度进行考核评价，考核将结果公开通报，切实提高工作执行力。二是以学习提素质。通过学习筑牢理论根基、提高专业素质，实现理论学习常态化、学习形式多样化、学习心得行动化。三是以活动验成果。开展“两学一做”学习教育等系列活动，把党的建设贯穿于企业经营管理、改革发展等各项工作中，有力地推动了公司持续、稳定、健康发展。

【信息化建设】公司2016年一是稳步推进系统建设。在硬件建设方面，进行了网络安全优化项目建设工作，购置了WEB应用防火墙、漏洞扫描、配置核查等专业设备，进一步增强了系统安全管理工作，降低了资金等敏感数据泄露的风险。在业务系统建设方面，实现了票据池管理系统的试点运行，拓宽内部融资渠道，提高了票据使用效率；积极推进电子商业汇票系统建设；完成了票据池系统与资金系统的接口开发工作，实现了互联互通、数据共享及自动化传递。二是不断加强业务连续性建设。加强系统运维，聘请专业机构进行系统评估，开展专项自查工作，排查系统存在的风险及安全隐患，并根据检查出的问题积极整改落实，不断提升业务能力及知识水平。积极开展灾备体系建设，修改信息系统应急预案，积极开展应急演练，强化突发事件应急管理，有效提高了应急处置能力。

鄂尔多斯财务有限公司

【经营概况】截至2016年末，鄂尔多斯财务有限公司（以下简称“公司”）资产总额为60.61亿元，负债总额38.91亿元，所有者权益21.7亿元；2016年公司实现净利润8774.18万元，累计实现营业收入19133万元，较上年增幅为85.73%。

【信贷业务】公司始终遵循为成员单位提供优质、高效金融服务的经营方针，通过加强员工业务技能培训、持续优化业务流程、不断完善业务系统来提升服务效率，通过综合运用多种业务品种，确保公司资金用于解决成员单位生产经营实际问题。2016年，公司累计向成员单位发放贷款49.2亿元，收回贷款23.895亿元，新增贷款25.305亿元，截至2016年末，公司发放贷款余额为47.2亿元。

【票据业务】在票据业务方面，公司致力于构筑由开票、承兑、贴现、转贴现和再贴现形成的循环运营体系，开票和承兑业务形成票据来源，贴现业务转移票据持有人进而转变票据属性，利用支付、转贴现和再贴现构成票据运用，完成资金回笼，在降成本的同时实现票据运营产生的时间价值。

【资金集中】2016年，公司进一步完善了资金集中管理，顺利适应了集团四大共享中心的成立和上线运行，结算方式由资金下拨支付模式快速平稳转变为代理行支付模式。2016年第四季度公司全口径资金归集率为66.13%，扣减不可归集项，资金归集率达到90.7%。截至2016年末，成员单位在财务公司开立一般存款账户133户，财务公司综合业务系统维护银行账户472户。2016年，财务公司累计办理结算业务99329笔，累计结算金额达2691亿元，日均结算笔数396笔，日均结算金额达10.72亿元。

【业务创新】拓宽了公司的业务范围，开展了同业拆借业务。2016年，公司积极申请新业务，完成了同业拆借业务通道的搭建工作。2016年8月，中国人民银行重新明确了加入同业拆借市场审批要求和流程后，公司第一时间完成了人员资格培训考试和申报审批，于2016年9月7日正式加入全国银行间同业拆借市场，正式取得同业拆借的资格，并随后与鄂尔多斯银行开展了首笔同业拆借业务。

【风险管理和内部控制】2016年，风险管理部门根据年度工作计划和监管部门的要求，梳理各项业务合同文本，增强合规性管理，完成了对贷款、贴现、委托等业务合同的梳理，对涉及利率定价变动内容的合同进行了补充完善；组织实施了年度信用登记、授信业务的认定和评审工作，完成了对同业金融机构和集团三大平台25个成员单位的年度授信（范围）、评级工作，严格按照监管要求将贴现、承兑、担保等所有风险资产业务纳入授信管理。2016年，内审部门加强审计监督，通过对公司各条线业务日常审计，从相互制约的角度对各项业务和财务活动进行监督检查，促进公司各项业务规范开展和健康发展，有效防范金融风险。通过系统化和规范化的方法，审查评价并改善公司经营活动、风险状况、内部控制和公司治理效果，促进公司稳健发展。通过持续的制度梳理，极大地提高各项业务制度有效性和完整性，确保各项业开展有法可依，有章可循，各项业务的操作风险得到有效管理。

【人力资源管理】2016年，针对公司新业务的开展及固有业务技能的强化组织了有针对性的培训，以更好地服务于成员单位。同时进一步完善了员工绩效考评办法，从KPI、工作态度、日常工完成情况、学习成绩、出勤等方面对员工作进行综合评价，为员工薪酬调整、培训发展、岗位优化、职务晋升等工作提供依据，同时也有效地激发员工的工作积极性和创造性，不断改善员工工作绩效，确保员工个人努力方向和公司愿景一致，促进公司整体绩效目标的达成。

【信息化建设】2016年，出于监管要求和保障公司信息系统安全和平稳运行的需要，公司新设立了信息科技部，强化了信息系统对公司业务开展的保障作用。2016年，信息部完成了公司九恒星系统验收工作和优化改进，在保证系统安全高效的前提下，满足公司业务个性化需求，实现了全集团资金一个漏斗进出，保证了集团付款顺畅，实现集团账务自动化，解决了票据对账问题，建立模拟票据池，实现票据数据信息化。

【企业文化建设】公司奉行“立足集团、依托集团、服务集团”的经营理念，以为成员单位提供全面、优质、高效的金融服务为宗旨，倡导全员树立“敬业、服务、高效、创新、合规”的意识。建立健全党群组织，充分发挥其作用，通过开展形式多样、丰富多彩、健康向上的活动，统一思想，振奋精神，形成合力，促进公司健康、和谐发展。

伊利财务有限公司

【经营概况】2016 年，伊利财务有限公司（以下简称“公司”）围绕“立足集团、服务产业链、依托信息技术、打造一流财务公司”的发展目标。将本年度确定为业务创新年，先后申请和开办电票、同业拆借、结售汇、买方信贷等业务，并荣获“内蒙古自治区 2016 年度金融支持创业创新奖”。充分发挥财务公司金融功能，助推集团主业发展。截至 2016 年末，公司资产总额 69.17 亿元，负债总额 50.57 亿元，所有者权益 18.60 亿元，营业收入 3.18 亿元，实现利润总额 2.79 亿元。

【信贷业务】2016 年，公司为集团和成员单位办理委托贷款、融资担保、流动资金贷款等业务，累计授信额度 58.19 亿元。

【产品销售信贷业务】为了更好地服务产业链，针对下游经销商提供买方信贷融资业务，经过充分准备、积极申请，于 2016 年 12 月末获得买方信贷业务经营资格。

【资金和投资业务】公司通过获得银行授信，取得同业拆借资质，增强资金流动性管理能力。在保证流动性的前提下，积极研究同业资金市场价格走势，合理利用沉淀资金，把握有利时机，提升资金收益。

【票据业务】2016 年初获得电子银行承兑汇票业务开办资格，全年累计为成员单位办理承兑汇票业务 123 笔，金额约 0.42 亿元。

【外汇业务】为方便境内外资金流通，实现跨境外币资金管理，2016 年公司作为主办企业，为集团公司成功搭建外汇资金池。2016 年 12 月获得开办即期结售汇业务资质，并实现首批业务落地。

【资金集中】结算服务能力是公司资金集中管理的重要基础。2016 年，通过走访成员单位或在日常业务处理过程中收集意见、建议，提升成员单位结算业务满意度；不断优化结算系统功能；通过与第三方合作，完善对公、对私付款渠道建设，提高资金结算效率。2016 年，公司共办理结算业务 122.42 万笔，金额 2616.66 亿元，较上年末公司结算业务笔数增加 25.52%。2016 年，全口径资金归集率最高达到 92.86%，可归集口径最高达到 97.96%。

【业务创新】2016 年作为公司业务创新年，在做好现有业务基础上，新开办了即期结售汇、电子银行承兑汇票业务、同业拆借，获批买方信贷业务资质，持续提升公司金融服务能力。

【风险管理和内部控制】完善风险管理制度方面：通过对各部门业务操作流程的风险识别，优化业务制度流程，保障公司业务制度的有效落地实施；通过建立公司制度评审机制，保障公司制度的合规性；通过完善合规检查工作流程，保障制度的执行力。

丰富风险管理手段方面：结合公司实际，2016 年将风险管理重点放在内控管理，尤其是操作风险上，通过建立客户风险评价标准、开展压力测试、梳理业务操作风险点统计表、制定《重点操作风险轻微违规处罚管理办法》等丰富了风险控制手段，有效遏制和减少操作风险的发生。

提升风险管理能力方面：在公司层面，通过加大信息科技系统建设，研究开发集团资金预测管理系统、成员单位头寸管理控制系统等，加强对公司资金、头寸的计划和管理，并提出合理的投融资计划和解决方案，提升公司风险管理能力。在员工层面，通过引进风险管理人才和积极参加内外部业务培训，提高公司相关岗位人员风险管理水平，提升公司风险管理能力。

【人力资源管理】为适应公司发展，通过拓宽招聘渠道，引进具备丰富金融从业经验的人才，2016 年公司共引进金融类人才 5 名，分别充实到公司的业务部门及风险管理部门。充分发挥金融人才优势，公司坚持以内部培养为主，外部引进和内部培养相结合的人才培养模式，有针对性地加强人才队伍建设，逐步充实和完善人才队伍。

制度建设方面，2016 年对《员工休息休假及考勤》《员工绩效管理办法》《薪酬管理办法》《重要岗强制休假和岗位轮换管理办法》进行了修订，初步建立了符合金融机构要求的人力资源制度。

部门优化方面，为适应业务发展的需要，2016 年新成立了金融同业部，进一步细化公司业务职能部门，为新业务开展做好准备。

【信息化建设】公司与集团财务共享中心完成了系统对接，在保证了数据安全的基础上大幅提升了工作效率。2016 年，新上线了电子商业汇票、即期结售汇系统，为公司票据业务推广以及结售汇业务的顺利开展提供了系统支持。

基础设施及信息安全建设方面，完成了双活中心网络改造，提升了核心业务系统可用率；电子商业汇票系统通过计算机等级保护三级测评，提升了公司信息安全建设水平。

新技术研究方面，完成了企业数据总线与运营系统监控平台可行性分析研究，为后期项目实施指明了行动方向。

【企业文化建设】公司作为伊利集团的全资子公司，积极践行“卓越、担当、创新、共赢”核心价值观，以提供高品质的金融服务为宗旨，以“立足集团、服务产业链、依托信息技术、打造一流财务公司”为愿景。2016 年，公司开展了“践行卓越企业文化，打造风清气正团队”活动，增强公司对企业文化的理解。以“工作 100% 用心、资金 100% 安全、服务 100% 满意”严格要求自己、提升自己，超越自己，为客户提供高品质的金融服务。

大冶有色金属集团财务有限责任公司

【经营概况】2016 年，大冶有色金属集团财务有限责任公司（以下简称“公司”）围绕“改革创新、提质增效”的总要求，坚持“立足集团、服务集团”的宗旨，按照打基础、强服务、防风险、促发展的经营思路，着力推进资金集中管理，在宏观经济整体下行、有色金属行业持续低迷的巨大压力下，实现了平稳运行和快速发展。全年实现资产总额 38.37 亿元（含表外资产 14.45 亿元），同比增长 18.96%；负债总额 32.56 亿元（含委托存款 14.45 亿元），同比增长 21.97%；所有者权益 5.81 亿元，同比增加 4.48%。利润总额 0.33 亿元，同比下降 16.97%；税收总额 0.11 亿元。

【信贷业务】一是通过合理运用流动资金贷款、法人账户透支、票据贴现等短期信贷产品，有效地支持了成员单位业务发展需求。全年累计为 16 家成员单位投放自营贷款 17.57 亿元，同比减少 2.66%；办理成员单位之间的委托贷款 17.25 亿元，同比增长 89.14%。截至 2016 年末，公司自营贷款余额 11.89 亿元，委托贷款余额 14.45 亿元。二是加大重点项目信贷支持，2016 年，加大对核心主业支持力度，向铜冶炼、加工等核心主业投放 15.26 亿元，占比为 86.83%；为配合集团公司推进产业转型升级，逐步加大对环保企业的资金支持力度，向环保企业提供贷款 1.12 亿元。三是积极响应中央号召，加大小微、“三农”企业支持力度，为多家小微企业提供综合授信 2.3 亿元，小微贷款累计发放 0.57 亿元，年末余额 1.45 亿元。

【资金业务】积极主动了解成员单位资金需求情况，合理调配资金，在满足成员单位支付结算的同时，加强资金市场分析研究，合理利用市场规则，积极与金融机构合作，大力开展存放同业等资金业务，全年实现同业利息收入 0.21 亿元。

【资金集中】在不断提升优质服务满足成员单位需要的同时，积极争取集团公司支持，切实采取严格有效的措施，加强成员单位银行账户与资金信息管理，规范资金理财业务，完善资金备付制度，严格资金归集率考核，存款规模大幅增长，资金集中度稳步提升。全年日均吸收存款 11.39 亿元，同比增长 36.24%；年末存款余额 18.05 亿元，同比增长 6.43%。

【业务创新】加强同业合作，积极拓展公司金融平台功能。一是积极争取商业银行同业授信规模，拓展主动负债能力，有效弥补了短期头寸的不足，2016 年 4 月开展了首笔日间银行账户法人透支业务。二是开展同业拆借业务，9 月取得全国银行间同业拆借中心批准，进入同业拆借市场，11 月与兴业银行合作办理首笔同业拆借业务，融入资金 3000 万元，进一步拓展了资金融通渠道。三是开展转贴现业务，11 月在招商银行办理了首笔 200 万元转贴现业务，为公司的资金融通增加了新的途径。

【内部管理】根据业务发展和监管需要，积极开展制度流程梳理和修订工作，全年修订规章制度97项，新增外汇、投资等业务规章制度20多项，涵盖公司治理、信贷业务、资金财务、结算业务、投资业务、外汇业务、计算机信息、风险稽核以及综合管理等各个方面，不断完善内部控制建设，提升管理水平，增强管理效能。

【企业文化建设】公司全体员工践行“主动、热情、周到”服务理念，自觉履行岗位职责，端正服务态度，积极为成员单位解决实际困难，树立公司良好的服务窗口形象。认真贯彻落实中央“八项规定”精神、纠正“四风”，进一步强化责任意识，提高工作执行力。

巨化集团财务有限责任公司

【经营概况】2016年，巨化集团财务有限责任公司（以下简称“公司”）紧紧围绕“强基础”的战略实施目标，不断加强基础业务和管理体系建设，以资金集约管理为核心，持续完善管理制度和业务流程，提高资金集中管理能力和水平。在合规稳健经营的基础上，进一步完善公司“票据池”集中管理，启动“外汇池”建设，尝试开展同业拆借和电票业务，申报固定收益类有价证券投资等新业务，各项工作取得了较好的成效。2016年，公司实现营业收入0.84亿元，利润总额0.58亿元，吸收存款余额20.32亿元，资金归集率为46.8%，发放各类贷款余额22.34亿元，完成结算业务量16.08万笔，结算总额1957.77亿元。

【信贷业务】2016年，公司认真做好成员单位综合授信工作，全年共完成21家成员单位45.61亿元综合授信，已使用授信19.91亿元，未使用授信25.7亿元，所有授信项下的贷款均不超过基准利率，有力地支持了集团及成员单位的产业发展和效益增长。按照集团资金预算做好贷款发放工作，2016年，公司发放贷款（含贴现）28.52亿元，收回贷款25.79亿元，实现净投放2.73亿元，较好地完成了各项信贷预算指标，发放贷款执行基准利率，委托贷款办理手续费执行最低标准，极大地满足了集团及成员单位生产经营资金的需求。

【资金和投资业务】公司积极争取票据再贴现业务，2016年度，累计完成票据再贴现总额1.89亿元，再贴现与贴现利息差125.99万元，有效地支撑了中小微实体企业运营需求，间接地降低了集团财务费用，增加了公司的资金头寸。把握机遇做好公司同业存放竞价业务，通过多方询价和比价，筛选合作银行，2016年度，公司办理同业定期存款28笔，金额18亿元，取得同业存放利息收入125.11万元，提升了资金头寸管理效益。

【票据业务】2016年，公司完成集团票据池合并，集团票据池保证金转入公司票据池保证金户，集团保证金按靠档计息，公司保证金现行利率按年化2.45%计息，全年利息收入可增加419.61万元，从而提高了公司资金归集率和资金收益率，与此同时，为满足成员单位对四大国有银行出票需求，在农业银行建立了票据池。

【外汇业务】2016年，公司围绕外汇池主办单位、主办银行、外债额度和对外放款额度变更，起草了巨化集团公司《关于变更跨国公司外汇资金集中运营管理事项备案的请示》等6个报告请示及管理制度，9月23日，取得《国家外汇管理局浙江省分局关于巨化集团公司开展外汇资金集中运营管理业务的变更备案通知书》，同意对巨化集团公司开展外汇资金集中运营管理予以变更备案。公司与中国银行、工商银行和农业银行三家主办行签订了外汇业务相关协议，并开立国内、国际主账户，共有28家成员单位参与外汇资金集中管理，可集中调配的外债额度3.08亿美元，可集中调配的对外放款额度0.93亿美元。

【资金集中】2016年，公司吸收巨化股份及所属单位存款3.35亿元、菲达股份及所属单位资金2.33亿元、融资租赁公司资金0.86亿元。起草集团公司保险和公积金服务中心资金存放相关文件，完成集团公司保险和公积金服务中心存放于外部银行的资金按存款到期日依次转存至公司。继续推进华江科技天津分公司、徐州宝开、宁波新材料和凯恒公司四家成员单位资金归集工作。以提高资金使用效率和资金归集率，降低集团融资成本。

【业务创新】一是同业拆借业务取得实质性进展，2016年9月11日，公司获得进入全国银行间同业拆借中心批复，具备了同业拆借业务资质，9月20日，公司完成首单同业拆借业务，成功向浙江衢州柯城农村商业银行股份有限公司拆入人民币4000万元，拆借期限7天，年化利率2.62%，较同期人民银行贷款基准利率下降39.77%。二是电票业务首单成功，7月21日，通过中信银行杭州分行网银成功开出第一张由公司承兑的电票，票面金额3000万元。三是获得人民银行征信查询资质，9月30日，获得了人民银行征信查询批复，自此公司可以对成员单位的征信情况自主查询，有助于进一步深化金融服务。

【风险管理和内部控制】公司在新业务拓展的同时，更加注重文化引领管理的理念，坚持制度约束，健全内控和合规体系，强化制度执行力，严格执行各项规章制度和操作规范，坚持制度执行从细节做起，从每个人做起，从现在做起，不断加强稳健经营合规文化的建设，进一步夯实公司可持续发展的基石。持续推进制度执行年活动，依照国家法律法规，并结合公司业务工作实际情况，2016年度，新增、修订和完善各项业务管理制度十多项，有效地促进了业务工作规范有序，合规发展。健全公司治理组织架构，设立了董事会审计委员会和审计稽核部，并制定了工作规程、部门职责和岗位职责。依据集团公司《关于开展下属企业经营风险排查的通知》要求，公司组织开展了经营风险大排查工作，从战略风险、财务风险、运营风险、市场风险和法律风险五个方面全覆盖、全方位查找经营风险，并形成《关于经营风险排查情况的报告》。公司开展了整体风险及流动性风险压力测试工作，各业务部门协同按照测试方案进行了分情景测试，并整理形成了测试报告。

【人力资源管理】2016年，公司加强了人才队伍建设，从集团内部选聘和外部招聘了五名新员工，充实、改善和提升了公司人才队伍。进一步完善培训教育体系，以财务公司协会专业化培训为重点，组织参加人民银行、银监部门日常培训和会议，与同业和金融机构加强学习交流，不断增强员工知识水平和业务工作能力，有力地支撑了公司各项业务的发展。

【**信息化建设**】2016 年，根据同业拆借业务实施要求，及时与同业拆借中心沟通，按时完成网络联通、设备采购、软件安装和系统初始化工作，保障了同业拆借业务顺利开展。为配合开展外币池业务，启动了外币池系统建设工作并实现系统正式上线运行。根据银监会《企业集团财务公司风险监管指标考核暂行办法》，开发了风控合规指标监测系统，并在系统上线试运行后，对系统管理分工、查询权限和数据运用等方面进行了明确，以辅助风控做好日常数据监测，做到合规管理。

【**企业文化建设**】公司持续推进制度执行年活动，依照国家法律法规，并结合业务工作实际情况，2016 年，公司新增、修订和完善各项业务管理制度十多项，有效地促进了业务工作规范有序，合规发展。围绕新业务的拓展，公司不断增加新的金融工具，以满足成员单位不断变化的金融需求。培育员工的“主人翁意识”，增强“客户观念”，提高服务质量。以全国巾帼文明岗为载体，大力弘扬爱岗敬业、无私奉献的企业精神，进一步增强员工的凝聚力和创新力。

供销集团财务有限公司

【**经营概况**】2016 年，供销集团财务有限公司（以下简称“公司”）以“稳健规范、定制服务、开拓创新”为经营宗旨，一方面通过加强与集团出资企业交流，推广二级资金池产品，探索上市公司资金管理等方式加强资金归集工作；另一方面，积极申请电子商业汇票、同业拆借等新金融业务资质；同时，加强风险防控工作，不断完善内部管理。公司全年实现营业收入 1.07 亿元，利润总额 3033.56 万元，净利润 0.21 亿元；全年累计为集团出资企业发放贷款 1100 亿元，累计办理结算业务近 1.30 万笔、金额 1266.78 亿元，无不良贷款。公司获评中华全国供销合作总社 2016 年度综合考核先进集体。

【**信贷业务**】公司坚持信贷业务以集团主要一级企业为主，以短期流动资金贷款和过桥贷款为主的工作方向，控制信贷业务风险。公司合计为 17 家成员企业发放自营贷款 48 笔，累计金额 44.08 亿元，同比增长 74.92%；贷款余额 12.99 亿元，未出现不良贷款。其中，共发放短期流动资金贷款 20.68 亿元，同比增长 75.25%；发放过桥贷款 23.40 亿元，同比增长 82.81%。另外，全年合计发放委托贷款 200 笔，累计金额 97.23 亿元，同比增长 74.15%，余额 75.44 亿元。

【**票据业务**】公司票据业务包括票据承兑、贴现和转贴现及再贴现业务。全年票据承兑金额 2 亿元，票据贴现业务金额 2.02 亿元，申请再贴现金额 3.20 亿元。

【**资金集中**】加强与集团出资企业的交

流，尽量满足企业日常的贷款、票据、结算等金融需求，以市场化手段归集资金。继续开展积分计划业务，吸引出资企业到财务公司办理日常收付款等业务，提高结算沉淀资金规模。开发并大力推广二级资金池产品，为出资企业提供其对下属公司的资金集中管理手段。积极探索对上市公司的资金服务手段，签署金融服务协议。2016 年，全口径资金归集率月均为 26.05%，年末为 27.16%；可归集口径资金集中度年末为 52.3%，较上年平稳增长。

【业务创新】2016 年 7 月 15 日，公司获人民银行批准开展电子商业汇票业务，及时完成电票系统上线并投入使用，在后续的系统运行中实现 7×24 小时不间断准时完整接收人民银行 ECDS 转发的电票相关数据。2016 年 10 月 12 日，公司获人民银行批准正式进入全国银行间同业拆借市场，获取同业拆借业务资质。

【风险管理和内部控制】2016 年，公司主要从以下五个方面进行风险管理：一是坚持对集团一级企业授信，控制信用风险。二是严格执行资金月计划、周碰头会、大额付款事先通知机制，防范流动性风险。三是组织修订制度，对 105 项制度进行了梳理完善，控制操作风险。四是升级异地灾备中心为应用级，实现两地数据实时应急切换，降低信息安全风险。五是按照监管要求开展信用风险自查、“两个遏制、两个加强”等专项自查，监控各项监控指标，做好公司合规建设。

【信息化建设】2016 年，公司主要从以下四个方面开展信息化建设：

一是公司信息安全水平再提升，实现了大连异地容灾系统的升级，从原有的数据级容灾升级为应用级容灾。二是对核心业务系统进行了三次系统升级，主要涉及电子单据打印、贷款查询优化、网银开机校验、网银系统管理优化、电票系统集成等，进一步提高核心业务系统的适用性和稳定性。三是为公司申请新业务资质，建设了电票系统和同业拆借系统，确保新业务及时上线开展。四是配合银监局进行课题研究工作，公司申请了银监局信息科技管理课题并成功入选。

【企业文化建设】完善公司党支部制度建设，加强党建工作。公司党支部出台了《供销集团财务有限公司党支部“三会一课”管理办法》《党支部委员会议事规则》等 12 项党支部管理制度，从制度上提出要求、规范管理。开展丰富的组织活动。深入开展了“两学一做”学习教育活动，组织了“手抄党章一百天”和“两学一做”知识竞赛，与总社财会部建立了联学党支部，共同赴工商银行数据中心、浪潮集团进行参观和业务座谈。

中铁财务有限责任公司

【经营概况】中铁财务有限责任公司（以下简称“公司”）2016 年 2 月将注册资本由 15 亿元增加至 40 亿元，其中，中国铁路工程总公司出资 2 亿元，占比为 5%；中国中铁股份有限公司出资38亿元，占比为95%。2016年，公司以结算促集中不断提高结算水平，以信贷为主业持续提升服务能力，以需求为宗旨积极开展同业业务，以服务为根本全面推进财务顾问业务，以资格为依托启动外汇资金集中管理，以宣贯为主题坚持进行客户拜访，以业务拓展为目的积极进行新资格申请，以风险为导向努力构建风险防控体系，以保障为理念加强信息系统建设。年末吸收成员单位存款586.24亿元，同比增长23.03%，实现营业收入9.23亿元，同比增长42.83%，实现利润总额4.93亿元，同比增长33.55%，实现净利润3.69亿元，同比增长32.59%。

【客户关系】公司努力构建客户关系，定期沟通客户，了解客户资金需求，推介新业务、新产品；对于财务公司新业务从客观的角度向成员单位详细介绍；对于成员单位的问题及时解答并对问题进行整理汇总进行分析，提升服务成员单位能力。年内公司在京津、华中、华东及西南地区举办了业务座谈会，加深了财务公司与各成员单位之间的互动交流。

【资金集中】公司秉承“以结算促集中”的理念，以“营改增”和“物资集采”集中结算为契机，大力宣贯公司的结算优势及特点，对九家成员单位进行了现场推介和业务培训，三家成员单位相继启用“池中池”系统；不断优化完善创新资金结算系统，头寸自动分配功能上线使各单位的结算指令更加高效、稳定。年内新拓展客户380户，新开立各类结算账户881个，累计开立各类结算账户1983个，完成银行账户授权1034户，年度累计结算流量17.4万笔，结算资金25021亿元，全口径资金集中度为47.55%。

【信贷业务】2016年，公司为40家成员单位办理综合授信483亿元，为25家成员单位发放流动资金贷款122笔，年底贷款余额为190.38亿元，较年初增长93.37亿元，涨幅高达96.27%，无不良贷款。全年共开展56笔委托贷款，年底余额为116.4亿元。全年办理票据承兑业务900万元，办理票据贴现1.47亿元。努力扩大公司金融信用的使用范围，公司保函社会认可度大幅提升，截至2016年末，为成员单位办理各类保函56笔，合计金额22.25亿元，其中外部保函29笔共计19.53亿元，占比为87.78%。

【资金业务】公司资产负债和流动性管理执行年度资金预算、每周例会、每日头寸管理和流动性风险预警制度，准确预判2016年初和2016年下半年利率上行趋势，积极安排大量高息存款，全年每日市场询价，通过期限错配和利用同业拆借工具合理安排同业定期存款，提高了同业存款收益。全年共安排247笔定期存款，金额合计770亿元，日均安排定期67.90亿元；安排13笔同业拆借，合计金额97.1亿元。获得同业和准备金收入3.49亿元，为年度预算的126.67%，占总收入的37.84%。2016年12月底获得投资业务资格，当年未开展投资业务。

【外汇业务】2016年是公司外汇资金集中管理开展的第一年，当年开展了包括经常项目集中付汇业务、境内外汇资金集中管理、境外外汇资金归集和代理结售汇等外汇业务。2016年末，外汇日均吸收存款规模2966万美元，全年结算交易总量为55385万美元，累计为成员单位办理结汇业务6350万美元，购汇业务500万美元；取得国家外汇管理局北京外汇管理部核准的外债比例自律管理10亿美元额度和首个试点单位将国际主账户作为经常项目集中收付汇离岸账户使用，并首次实现了欧元资金的归集；保持与合作银行的良好关系，组织与工商银行、中国银行进行报文测试，尝试开展SWIFT境外账户授权。

【业务创新】2016年，公司顺利获得同业拆借、有价证券投资等六项新业务资格。8月

18日获得拆借中心通知正式加入全国银行间同业拆借市场，并取得40亿元拆借额度，成为准入新规施行后首批加入的金融机构。12月26日北京银监局批复公司新增加承销成员单位的企业债券、有价证券投资（固定收益类）、委托投资（固定收益类）、成员单位产品的买方信贷及融资租赁业务。创新开展了代理结售汇业务、降低成员单位外汇交易成本。继续扩大财务顾问业务范围和成果，帮助集团开展国际信用评级并获得满意结果、拓展与集团投资公司金融服务模式。

【风险管理和内部控制】以全面风险管理为导向，以业务开展为指针，将公司全面风险管理工作落到实处。一是对公司现有业务进行全面风险评估，确定2016年公司业务面临的主要风险是操作风险和信用风险；二是在核心业务系统建设基础上，建立BI数据分析系统，对各类风险基表进行实时监测；三是配合北京银监局做好年度“两个加强、两个遏制”现场检查工作，针对现场检查过程中发现的问题，进行认真整改落实；四是开展合规体系建设，制定公司法治工作五年规划和实施方案；五是开展模拟评级工作，主动查找公司业务经营和风险管理中存在的问题；六是开展风险管理培训，提升全员风险意识；七是制定公司《内部控制评价办法》和《内部控制评价手册》，组织开展内控评价工作，完成年度内控评价报告。

【人力资源管理】持续完善人力资源管理体系。一是制定人才招聘方案，严格执行招聘流程，全年引进人才11人。二是出台《领导人员选拔任用管理办法》和《领导人员问责制办法》，规范了领导干部选拔任用程序，加大了领导人员违纪违规问责力度。制定《员工职级晋升管理办法》，明确了员工晋级晋升的流程和条件。三是出台《专业技术职务任职资格评审实施办法》，完成高级专业技术职务评审推荐和初中级专业技术职务聘任工作。四是加大培训力度，组织内部业务培训200余人次；参加监管机构、财务公司协会、人民银行等组织的外部培训30余批次。同时注重创新培训方式，与时代光华公司合作，开通公司网络学院。

【信息化建设】积极推动并完成了核心业务系统升级、财务共享中心资金管理系统、第三代银企直联接口等项目，完成工商银行、中国银行外汇业务建押和报文联调，初步搭建了本外币、境内外、全级次的资金结算服务体系。组织第三方机构开展了核心业务系统等级保护测评，获公安部颁发的第三级备案证明。大力推进重要设备国产化工作，基本实现了服务器、交换机、防火墙等重要设备的国产化。制定基础设施建设的长远计划和基础设施顶层设计方案，夯实业务运行的信息平台环境。跟踪信息技术应用，研究新技术、新架构、新设备的解决方案，第一批实现应用SWIFT境内外金融机构报文对接，自主开发的资金系统小助手，有效提高了系统初始化工作效率，降低了用户使用难度。

【企业文化建设】2016年，公司企业文化建设紧紧围绕中心工作，党纪政工团有效配合，进一步增强企业发展的凝聚力和向心力。一是加强形势任务教育，深入开展思想政治工作，规范开展“两学一做”学习教育活动，大力宣贯企业“十三五”战略规划。二是构建核心价值体系，大力宣传中国中铁“勇于跨越、追求卓越”的企业精神等五大价值理念，明确“打造中国中铁金融服务核心企业，创建有影响力的一流财务公司”的企业目标。三是丰富企业文化载体，增强宣传工作力度，开展了“献计献策、共谋发展”主题征文、“创新创意、提质增效”大赛，推进“幸福之家”建设等特色活动，完善了公司网站和微信公众号建设，定期汇总金融市场信息，创新推送《金融信息周报》。

重庆力帆财务有限公司

【经营概况】 截至2016年末，重庆力帆财务有限公司（以下简称“公司”）资产总计77.55亿元，较年初增长19.25%，其中贷款38.68亿元，较年初增长24.09%；公司负债合计61.03亿元，较年初增长8.42%；因年底增资7亿元，年末所有者权益合计16.52亿元，较年初增长89.02%，实现营业收入1.36亿元，净利润0.78亿元。全口径资金归集率为65%，资本充足率为29.63%，各项指标均符合监管要求。

【信贷业务】 2016年，公司继续发挥集团司库作用，较好地满足成员单位的资金需求。公司采取了以下措施：一是密切加强集团配合，实时了解成员单位资金需求，动态调整信贷投放计划。二是积极争取人民银行信贷规模支持。三是加大走访力度，收集成员单位资金使用信息，挖掘潜在需求。四是加强同业合作，拓宽业务发展模式。全年公司信贷业务稳健增长，截至2016年末，公司贷款余额38.68亿元，全年累计发放贷款61.71亿元，较年初增加7.51亿元。

【资金和投资业务】 根据集团资金运行特点，公司统筹调配集团资金。一是精细化资金头寸管理，动态调整资金计划。二是加强同业存放，提高资金整体收益。三是积极争取银行授信，为集团提供有力的融资支持。四是成功获批除股票投资以外的有价证券投资业务资质，并立即实现了业务的开展。通过公司对集团资金的集中管理和合理调配，进一步优化了集团金融资源配置，增强了适应市场的能力。

【外汇业务】 2016年，公司通过集团跨境人民币资金池办理资金业务合计人民币0.21亿元。

【资金集中】 公司采取多项措施，狠抓全年资金归集工作。一是组织召开成员单位资金集中工作会，明确资金归集管理方式和操作模式。二是落实成员单位资金归集责任部门，督促按时按要求归集。三是强化归集考核激励。四是大力开展代理支付。通过以上措施的有效实施，年末共归集集团资金60.70亿元，较年初增长8.53%，资金归集率约为65%，充分发挥了作为集团资金集中管理平台的作用。

【业务创新】 2016年10月，公司取得开办成员单位产品买方信贷、消费信贷业务资格。为促进业务的开展，公司成立了产业金融部，并根据集团成员单位特点，设计了比较科学的买方信贷和消费信贷产品。业务开展以来，取得了一定的成效。截至2016年末，实现经销商授信92户，授信发放1.98亿元，促进集团汽车销售3252台。

【风险管理和内部控制】 2016年，公司始终遵循全面风险管理的原则，在风险管理与内部控制方面开展了大量具体工作，一是进行制度完善。本次修订新增完善制度67项，共收录各类制度共189项，并将《制度汇编》制作为一、二两个分册。二是结合监管要求，持续做好专项排查。积极实施“两个加强、两个遏制”专项排查和“回头看”自查，按照自查方案认真组织落实。三是强化合规文化建设。结合“员工行为管理深化年”活动方案和要求，通过走访、座谈等多种形式开展员工行为调查，强化员工合规理念。通过以上措施的执行，2016年公司各项业务稳定增长，风险控制良好，各项指标均符合监管要求。

【人力资源管理】2016年，公司进一步优化岗位设置，明晰岗位职责，持续强化人才队伍建设。一是充分挖掘现有人力资源潜力，坚持按需引进，确保引进质量。二是促进新老员工相互学习，以老带新，培育复合型人才。三是加强员工培训，组织员工岗位学习和外部专项培训，鼓励员工业余时间进行学历、证书教育，提升职业素质。四是完善员工绩效考核，将考核结果与薪酬挂钩，进一步激发员工积极性。通过以上措施，公司人力资源配置进一步优化，人力资源管理水平进一步提升。

【信息化建设】2016年，公司持续加强信息化建设，完成了如下工作：一是成立信息工作领导小组，完善信息科技组织结构治理。二是加强机房硬件设施建设，完成机房网络安全设施更新、双市电切换设备安装。三是组织实施力帆车贷系统开发、测试及正式上线，全力完成公司电票系统上线前期准备工作。四是印发《计算机机房应急预案》《信息系统安全管理制度》等各类信息科技管理规章制度，进一步充实信息科技板块制度依据。通过以上工作，公司核心业务系统高效稳定运行，网强安全控制良好，有力保障了各项业务正常开展。

【企业文化建设】2016年，公司继续践行“合规、责任、创新”核心价值观，推进企业文化建设。一是公司团支部积极加入市金融团工委，与公司党支部和工会小组统一协调开展党群工作。二是把合规文化融入公司党课、党组织活动中，让合规文化真正融进员工的工作学习。三是定期召开季度职工大会，回顾总结上季度工作情况和遇到的困难，安排部署接下来的工作。四是踊跃参加金融知识普及和反洗钱宣传活动，进一步丰富员工金融知识，提升金融素养。通过以上活动，培育了公司合规、严肃、活泼的企业文化内涵，共同营造出公司良好的工作学习氛围。

中煤财务有限责任公司

【经营概况】2016年，中煤财务有限责任公司（以下简称“公司”），坚持“依托集团、服务集团、发展集团”的经营宗旨，继续完善公司治理结构，稳步推进资金集中，加强安全合规运作，助力中煤集团扭亏脱困和改革发展，较好地发挥了金融服务功能，并取得良好经营业绩，全年营业收入5.79亿元，利润总额3.80亿元，贷款余额71.25亿元，可归集口径资金集中度达到58.07%，2015年度监管评级结果为B1级，向北京银监局提交了新业务申请，较好地完成全年工作任务。

【信贷业务】2016年，公司以集团和成员单位金融需求为导向，不断提升金融服务水平，发放自营贷款94.1亿元，同比增长50.56%；新增客户3家，实现了中煤集团各产业的全面覆盖，有力支撑了成员单位生产经营和项目建设。一是努力夯实信贷基础。根据企业集团的实际情况，优化完善客户信用评级和综合授信管理制度及流程，通过引入授信规模计算模型，构建了科学统一的客户评级和授信管理体系。二是积极服务集团大局。落实中煤集团化解煤炭过剩产能、实现脱困发展的战略，在集团存续收购股份所属8家企业过程中，设计包括自营贷款、委托贷款、票据承兑等业务在内的整体方案。三是严格控制信贷风险。将成员单位企业征信报告查询结果、全国法院失信被执行人名单查询结果等纳入贷前调查范围，全面掌握客户资信水平；加强对贷款用途的监控，加大贷后检查频率，2016年组织了大范围的现场检查工作，确保公司信贷资产风险可控，不良贷款率和不良资产率均为零。

【资金业务】2016年，充分研判市场走势及公司的资金使用习性，加强资金的管理与运用，保证日常头寸的前提下，使资金的使用效率尽量提高，在充分保证资金安全性、流动性、日常头寸的前提下，有效把握货币市场的走势，充分挖掘资金的价值，合理安排存放结构和期限，最大化发挥同业存放的价格优势，全年累计办理同业存放75笔，总计384亿元，同业存款利息收入达2.24亿元。

【票据业务】2016年，重点发展票据承兑业务，积极推广财务公司承兑汇票，为成员单位开具财务公司承兑汇票金额共计1.56亿元，有力促进了内部清欠和产业链良性循环。优化票据承兑业务流程，通过将票据承兑额度纳入综合授信管理，简化了贷审会审议和合同审批等环节，提高了业务办理效率。准确把握票据市场发展形势，及时启动了电票系统建设，拟采用直连方式接入中国人民银行电票系统并实现线上清算功能，取得了机构代码批复、系统建设合同签署等初步成果。

【资金集中】2016年，公司密切了解大额资金收付动向，准确合理安排资金头寸，积极协调成员企业做好资金集中工作，在确保日常资金支付同时，提高财务公司资金归集度。全年累计办理各类结算业务10967笔，金额5926亿元，日均吸收存款余额131.1亿元，全口径资金集中度为46.21%，全口径资金集中度于7月达到公司开业以来最高水平55.34%，资金集中总额在8月12日达到公司开业以来最高水平210.5亿元。通过积极向主要成员单位推行内部结算业务，缩短资金调拨和拨付的环节，降低财务公司资金备付水平，有效地减少了成员单位间大额现金结算，提高了资金效益。全年累计办理内部结算137笔共计379亿元。

【业务创新】努力拓展新业务，主动搜集中煤准东五彩湾北二电厂3号、4号（2×660兆瓦）机组发电工程的相关信息，及时跟踪项目进展，制定了较为合理的信贷准入政策，并提前介入其整体融资安排，积极参与银团贷款的方案设计，不仅创新金融产品，以电费收费权（收益权）及该项目在营运期内所产生的全部应收账款为质物，而且采取优惠的定价政策，进一步降低了该项目融资成本，完成了首笔银团贷款业务的合同签署工作，已正式进入提款期。

【风险管理和内部控制】2016年，公司全年无风险事件和监管通报事项发生。一是强化信贷和同业业务风险管控，切实做好信贷业务审查、审议工作，充分发挥信贷审查委员会作用，全年召开贷审会会议19次；整理分析12家合作银行2015年经营情况，重新核定了各合作银行的存放限额。二是准确报送1104报表294张，其中月报144张、季报144张、半年报4张，年报2张，2016年无漏报、错报、迟报现象发生，获得北京银监局2016年非现场监管统计工作考核评比二等奖，是非银行业金融机构中最佳成绩，也是公司连续第二年获奖。三是重视合同审核和管理工作，明确合同审核责任，保证公司经营合规，防范法律风险。全年公司共签订合同70多份，对所有合同条文严格把控，明确双方权利义务，辨识法律风险，提高公司风险防控能力。四是组织开展了信用风险和新业务专项审计，对相关风险进行评估，对业务合规性进行检查并提出相应的审计建议。组织开展同业存款专项稽核，除核对单据账户外，还对定期存款账户余额进行抽样并到存款行现场核查。五是开展内部控制自我评估和风险评价自评工作，对公司的主要流程和关键风险点进行梳理，提出完善内部控制的建议，编制内部控制自我评估报告，加强制度建设、优化操作流程。六是积极参与协调各项内外部检查工作，北京银监局对公司开展2015年度风险评级现场检查，参加北京银监局“两个加强、两个遏制”回头看现场检查工作等。

【人力资源管理】公司十分重视人才培养，通过优化人员结构、岗位轮换等方式，打造可发展、可持续、有储备的金融专业人才梯队，努力融入中煤集团发展大局，成为集团金融人才的“孵化器”。一是制定培训计划，加强新业务学习，通过积极参加监管机构组织的专题培训、邀请合作商业银行上门讲解、加强财务公司同业交流、组织公司内部人员互帮互学等方式补充专业知识；二是采取激励措施，鼓励员工参加专业资格考试和后续学历深造；三是主动了解集团公司产业发展现状和企业生产经营情况，进一步提升整体素质。

【信息化建设】2016年，公司以“全业务信息化”为目标，继续完善信息科技治理体系，启动资金管理系统营改增改造和电票模块项目建设，优化资金决策分析平台的系统功能，健全公司数据备份体系，做好信息系统运行维护，有效防范了信息科技风险，为公司稳健经营和持续发展奠定基础。一是为适应票据市场电子化的趋势，基于现有资金管理系统开展了电子商业汇票模块建设。二是完成同城连续数据保护系统建设，实现同城数据实时备份，保障系统数据安全、稳定和可靠，满足应用系统数据的快速备份及恢复的需要。三是为应对营业税改征增值税对公司经营管理带来的变化，对现有账务系统进行营改增功能改造，打造出能够满足税改的增值税管理平台。

安徽省皖北煤电集团财务有限公司

【经营概况】安徽省皖北煤电集团财务有限公司（以下简称“公司”）践行“依托集团、服务集团”的经营理念，完成了2016年的各项经营计划与考核指标，为公司的发展壮大奠定了坚实的基础。公司全年实现营业收入0.88亿元，利润总额0.54亿元，实现资金归集度91%（可归集口径）。自营贷款年末贷款存量23.55亿元，委托贷款0.8亿元，在一定程度上缓解了成员单位“融资难、融资贵”的困境，为成员单位的发展提供了融资支持；累计为成员单位支付利息1467.92万元，其中按协定存款方式计息的活期存款利率达1%，远高于同期银行存款活期利率，营造了财务公司和成员单位“双赢”的良好局面。截至12月31日，公司拥有总资产31.95亿元。其中负债26.11亿元，所有者权益5.84亿元。

【信贷业务】2016年，公司积极解决成员单位融资要求，主动与监管机构沟通协调，信贷投放涉及煤炭、物流、煤化工领域，2016年对集团成员单位累计发放一年期自营贷款23.55亿元，较上年存量贷款13.3亿元新增贷款10.25亿元，其中向集团母公司贷款13亿元，省外煤矿贷款4.3亿元，省内化工0.9亿元，省外化工0.8亿元，物流贸易4.55亿元；办理委托贷款0.8亿元。信贷部按照公司制度规定分别对贷款客户进行了认真、细致的贷后检查工作，主要调查了贷款客户的主体资质情况，生产、经营情况及贷款资金使用情况等。通过贷后调查，各单位贷款资金用途符合规定，生产经营稳定正常，未发现违规行为，贷款分类均为正常。

【资金和投资业务】在资金运作方面，积极利用财务公司这个资金集中管理平台，全年累计为集团及子分公司结算资金183.57亿元，实现了成员单位资金结算工作的高效化、快捷化。

【资金集中】公司以集团内上市公司为重点，积极推动北方各单位加入资金池，同时开展各成员单位在外行开立账户的清查工作，加强对集团控制能力相对较弱的参股单位以及其他成员单位的存款营销工作，同时做好资金集中管理和调度工作。截至2016年底，有75家成员单位在公司开立账户128户，办理结算6.86万笔，资金结算量约1944.17亿元。

【风险管理和内部控制】2016年，公司以监管评级为抓手，以“两个加强、两个遏制”现场检查为契机，全面提升风险管理和内部控制工作。第一，规范公司治理，充分发挥公司治理在风险管理中的重要作用；第二，修订和补充制度缺失，先后补充完善了《合规问责制度》等20余项制度；第三，规范信贷业务贷前调查、贷中审批、贷后管理机制，加强信贷业务风险管理；第四，严格问责，对现场检查和日常监督检查中存在的问题，明确责任，采取经济处罚和行政处罚相结合的形式进行问责；第五，发挥风险管理专业优势，配合集团公司管控所在煤炭行业去产能过程中企业经营困难面临的资金风险，并管控好公司在供给侧结构性改革中面临的信用风险、操作风险、流动性风险。2016年度，公司未发生一起操作、信用、合规等风险事件。

2016年，公司对全部192个规章制度、办法和业务流程重新进行了梳理。对结算业务部、信贷业务部、计划财务部、风险管理部和综合管理部等部门进行了专项稽核审计，针对制度及操作中存在的疏漏，提出了建议和意见，并跟踪整改。落实岗位责任，确保各项业务的规范运作与公司的健康发展。

【人力资源管理】为强化公司人力资源的开发、管理和使用，激发员工工作热情，建设一支具有团结向上的员工队伍，遵循按劳分配、兼顾公平的原则，充分考虑岗位因素，通过岗位评价制定相应的岗位考核和岗位绩效标准，实现公司内岗位价值的相对公平，调整员工薪酬，重新修订《安徽省皖北煤电集团财务有限公司薪酬管理办法》。

【信息化建设】在信息安全方面，做到数据同城备份，核心数据实时备份，保证业务数据的安全性和连续性，实现了全年安全无事故。

【企业文化建设】公司持续将企业文化建塑工作渗透到经营管理中，把提升管理、规范行为作为建塑的出发点和落脚点，以文化促管理，激发发展活力，整合集团金融资源，打造“集团资金管理、资金结算、金融服务”三大平台，助力集团公司“调结构、跨区域”双轮驱动战略持续推进。公司以“依托集团，服务集团，追求集团整体利益最大化”为经营目标。加强资金集约管理，优化资源配置，提高资金使用效率，控制资金风险，规范经营，创新服务。公司力争在“十三五”末，提供专业金融服务，使各项经济指标、业务品种及管理水平达到一流财务公司水平。

淮北矿业集团财务有限公司

【经营概况】淮北矿业集团财务有限公司（以下简称“公司”）2016 年度实现营业收入 0.96 亿元，实现营业利润 0.71 亿元，为成员单位节约财务费用 0.18 亿元，实现综合收益 0.91 亿元。截至 2016 年末，公司资产总额 32.09 亿元，其中贷款（含贴现净值）余额 16.94 亿元；负债总额 22.98 亿元，其中吸收存款 21.81 亿元，所有者权益 9.11 亿元。

2016 年，在履行资金管理和代理融资工作方面，强化预算管理，扎紧支出的口子；多措并举筹够钱，保障了集团公司资金链安全，使集团公司渡过了难关。公司基础管理继续得以提升，电票业务成功办理，投资业务资格申请得以批复，其他各项工作都有序推进。在首次监管评级中被评定为 B1。

【信贷业务】在资金极为紧张的形势下，持续加大信贷投放力度，全年累计发放自营贷款 18 笔，金额合计 13.15 亿元；银承贴现 15 笔，金额合计 1.36 亿元；委托贷款 24 笔，金额合计 16 亿元；工程履约保函 1 笔，金额 88 万元。积极贯彻小微信贷支持政策，2016 年小微企业贷款累计发放 1.33 亿元，累计收回 1.23 亿元，2016 年末小微企业贷款余额 4.11 亿元，较上年末增加 0.1 亿元。

【资金和投资业务】针对投资业务尚未获准，资产配置单一的现况，公司深耕同业业务，充分利用公司对成员单位管控能力强的优势，强化集团预算管理，加强资金支付计划管理，最大程度降低资金备付率。在各商业银行间开展询价，精准调拨资金，实现结构存款的期限错配，既保证流动性又争取最大收益。2016 年，在资金规模萎缩，同业存放利率持续走低的情况下，实现收益 0.26 亿元，占营业收入的 26.7%。

【票据业务】2016 年，公司加快推进电子商业银行汇票业务建设力度，在年初，电子商业汇票系统顺利通过人民银行总行验收，4 月正式上线。2016 年 5 月 16 日，公司成功开出第一张电票，成为全省第四家开办电票业务的财务公司。2016 年累计为 6 家客户办理电子银行承兑汇票业务 18 笔，开出电票 80 张，金额合计 7.41 亿元。电票业务的成功开办，有效支持了成员单位需求，扩大了公司影响和信用。

【资金集中】 2016 年，由于煤炭行业低迷，集团融资难度加大，给公司资金集中带来难度。在这种情况下，公司积极作为，加大资金归集，采取外部银行账户监控、收入户自动归集、财政专户资金纳入归集等办法。同时不断优化信息化系统监管功能，加强资金集中管理，严格资金流向控制。

2016 年末，全口径资金集中度完成 47.07%，相较上年降低 3.77 个百分点。但可归集口径完成 85.53%，比上年度提高 11 个百分点。

【业务创新】 公司在 2016 年度加快拓展业务范围，积极申办新业务。一是成功开办电子银行汇票系统业务；二是成功取得投资业务和承销成员单位企业债券业务资格，为进一步完善财务公司金融功能，拓宽资金运用渠道，有效改善公司盈利模式打下了坚实基础。

【风险管理和内部控制】 一是持续健全制度和流程优化。2016 年，新增和修订优化制度 80 项，并对制度进行了再版。二是坚持开展各类风险排查，定期进行员工行为排查和案件风险排查，提高员工合规意识，约束员工行为。开展授权执行情况、银行账户对账情况等稽核审计项目。三是定期编制风险简报，归集整理监管动态和风险案例等，提高员工的监管意识和风险意识。

【人力资源管理】 按照“公开、公平、公正”的原则，招聘 2 名金融专业本科毕业生，优化了员工队伍的专业结构和年龄结构，增添了队伍的活力。注重员工学习培训工作。主动参加各级监管部门、行业协会举办的各类培训，及时掌握监管政策和前沿知识。创新内训方式，开设了制度大讲堂，每周聚焦一个主题，由各部门业务骨干轮流授课，取得明显成效。

【信息化建设】 不断改进信息系统，强化信息系统在业务运行中的“机控”能力，在 2016 年度，电票系统顺利上线并正式运行，征信系统完成测试工作并初步通过人民银行现场检查，结算流程改造、同业存放、内部资金归集、投资理财等多项系统功能已完成，并对多项系统功能进行了优化和改进，融通三期项目建设通过验收。年度内业务系统整体运行平稳，各项业务开展顺畅。

【企业文化建设】 积极引导全体员工坚定“依托集团、服务集团”的战略定位和“稳健、精细、集约、高效”的经营方针，建设司库型财务公司，培育审慎经营文化。教育员工牢记“汇聚资源、创造价值”的使命和追求“卓越、精彩”的公司愿景。激励员工参加金融类各种资格考试，营造浓厚学习氛围。坚持稳中精进，鼓励在夯实基础，健全制度的基础上积极创新，做大金融服务平台，提升综合金融服务能力。开展户外体能拓展活动，丰富员工文化生活，增强团队凝聚力。

湖南出版投资控股集团财务有限公司

【经营概况】2016年，湖南出版投资控股集团财务有限公司（以下简称“公司”）紧跟集团“文化与金融结合”的融合发展战略，围绕全年中心工作，积极稳基础、拓渠道、强布局、精运营，推动各项业务又好又快发展。截至2016年12月底，公司资金归集余额83.19亿元，可归集口径资金归集率达89.72%，实现收入2.97亿元，实现利润1.44亿元，继续保持稳定增长。不良资产率和不良贷款率为零，实现可持续发展与安全经营双效统一。凭借出色运营管理能力，在行业评级和监管评级中收获“双A”殊荣，并获金融时报社和中国社科院金融研究所颁发的“2016中国金融机构金牌榜·金龙奖——年度最具成长性财务公司”奖项，综合竞争力与品牌影响力稳步提升。

【信贷业务】在有效控制风险的前提下，公司2016年信贷业务品种、风险控制手段呈多样化发展，年内顺利发放首笔抵押贷款及委托贷款。全年完成成员单位综合授信业务6户，其中续授信4户，新增授信2户，累计发放贷款14笔，金额为4.95亿元，贷款投放分布合理有序，充分满足了出版、印刷及新兴业务等多个板块成员单位资金需求；截至年底，贷款余额为6.05亿元，较上年同期增加1.74亿元，增长幅度达到40.35%，取得贷款利息收入0.24亿元，较上年同期增加0.07亿元，增长幅度达41.90%。

【资金和投资业务】资金业务方面，一是积极扩充交易对手，扩大同业合作范围，为资金的高效运营打好基础；二是密切关注资金市场走势，通过日常询价、议价机制，对各银行同业存款价格与Shibor利率进行比对分析，科学预判资金价格，寻求最优价格与期限，灵活调度资金，及时抓住2016年11月末至12月中下旬资金市场震荡回暖的时机，拉高年度平均收益率；三是精密布局存放期限，根据公司吸收存款的期限与经营流动性需要进行错期搭配。2016年共办理存放同业定期业务37笔，涉及资金131.5亿元，实现存放同业定期利息收入2.31亿元。

投资业务方面，公司一方面积极开辟新的利润增长模式，开展的投资业务包括债券投资、理财产品投资（含信托计划、资管计划等）、买入返售；另一方面，严防风险，设立交易对手白名单，加强交易对手准入管理，按照先授信后办理的原则开展业务，并进一步强化投后管理。投资决策委员会全年先后召开会议11次，对上会讨论的21个投资产品严格做好独立的前期调研、风险审查和项目筛选工作，全年累计开展13笔业务，金额13.5亿元，无信用违约事件发生。

2016年8月，公司获得全国银行间同业拆借中心批准，加入同业拆借市场。截至

2016年12月末，在确保风险可控和保障成员单位资金使用的前提下，公司办理同业拆借业务3笔，交易对手包括国有银行、股份制银行，为公司灵活调配资金、科学管理流动性提供了更多便利。

【资金集中】公司稳扎稳打继续推进成员单位资金归集工作，充分发挥资金集约管理功能。2016年，通过个性化服务方式提升结算效率、降低成员单位结算成本，资金归集度再创佳绩，可归集口径的资金集中度达89.72%。全年新增开户单位6家，其中，天闻数媒（北京）有限公司于9月实现资金归集，标志着公司首次实现跨省资金归集。截至12月底，已上线成员单位数达74家，整体上线率达81.39%，其中，省内成员单位上线率达100%，实现了盈余资金的高度集中。

【风险管理和内部控制】2016年，公司继续完善全面风险管理体系，推进风险管理和内部控制的升级。一是根据实际情况和新制定的规章制度对内部控制和评价手册进行修正完善，实现风险管理体系的动态更新扩展，为各项业务开展奠定风险管理基础。二是从职责与权限、额度控制、业务流程、授信管理、定量定性风险指标、跟踪反馈等方面审慎推进投资业务的落地开展，保障投资业务元年的平稳顺畅。三是扎实开展案件风险排查、“两个加强、两个遏制”回头看检查、全面风险报告等风险管理工作，坚守合规底线，为公司年度经营目标的实现保驾护航。四是成立董事会审计委员会，完善公司内外部审计监督审查体系，坚持推行日常月度审计、年度审计及年度内控评价工作，开展经济责任和履职评价审计，认真贯彻问题整改及后续跟踪审计机制，确保内部控制不留“真空地带”，为资金安全构建坚固的防护墙。

【人力资源管理】以建立“平等、创造、奋进”的团队文化为出发点，注重广纳专才，重视人才培养与成长。一是从政治修养、业务素养、从业道德等方面严格选拔面试，寻聘资金结算专业人员1名，引进风险管理专员1名，为业务开展提供专业人才保障；二是克服机构小、人员少等局限，结合多渠道、多形式培养方式，组织集中全员内训4次，有针对性地参加各类外训30余人次，逐步建立合理有效的培养机制；三是根据业务发展需要引导鼓励员工自主学习，1名员工获国际注册内部审计师资格，通过考试，1名员工获证券从业资格，3名员工获债券交易从业相关资质，1名员工获注册信息安全员资格，形成学习型团队氛围，推动员工个人职业发展与公司可持续发展的价值统一。

【信息化建设】公司继续推动信息技术的规范化和标准化建设，一是根据公司业务发展阶段与系统情况，制定系统周期性重启措施，保障系统稳健运行；二是深入剖析业务问题的发生原因，通过程序改进和工作流程优化两个途径，防止再次发生；三是以网络信息安全运行不中断为目标，落实移动介质使用登记领用制度，加固网络设备与主机设备的安全设置，增加日常监控信息系统状态手段，保障全年业务数据安全和平台稳定运行。

【企业文化建设】公司积极构建具有财务公司特色的金融企业文化。以“两学一做”教育活动为契机，先后开展“两学一做”专题知识竞赛、“七一”韶山红色教育行等活动，推动全员形成风清气正、廉洁自律的良好氛围；充分发挥工会、团建功能，组织员工开展“阳光夜跑”和秋游等活动，以丰富多彩的活动形式，进一步提升全员归属感与凝聚力；组织员工赴长沙市第一社会福利院开展“阳光公益行”活动，积极履行公司社会责任，全面提升企业形象。

四川省宜宾五粮液集团财务有限公司

【经营概况】2016 年，四川省宜宾五粮液集团财务有限公司（以下简称“公司”）总资产达到 180.71 亿元，存款余额 152.60 亿元，贷款余额 26.32 亿元（含贴现），实现营业总收入 5.04 亿元，实现拨备后利润 1.31 亿元，实现税收 3820.67 万元。

【信贷业务】2016 年，公司坚持“以市场为导向、以国家产业政策为导向、以集团产业和发展战略为导向”，优化信贷结构，着力支持集团重点项目和优质实体，为集团发展和转型升级提供金融服务。截至 12 月末，公司贷款余额 26.32 亿元（含贴现），较年初增加 5.16 亿元，增幅为 24.38%，重点支持玻璃制造、机械制造及现代物流等行业实体，支持了成员单位发展；积极拓展产业链金融服务，新增为成员单位办理产品的买方信贷、消费信贷等业务，全年共为 6 户五粮液及其系列酒经销商办理买方信贷，金额 2 亿元，其中贷款 6000 万元，签发电子银行承兑汇票 1.4 亿元；助力集团绿色产业发展，推进绿色金融服务，发放绿色信贷 400 万元，金融服务的范围不断延伸。

【资金和投资业务】2016 年，公司加强财务预算及成本管理，强化资金配置和管理，紧盯同业市场利率的变化情况，分析市场价格变动趋势，适时调整和匹配资金存放结构，保持较高存放同业资金获利水平。全年实现存放的 3 个月、6 个月、1 年期价格均高于同期限 Shibor 资金平均价格水平。2016 年实现存放同业利息收入 4.29 亿元。2016 年，公司获批固定收益类有价证券投资等新业务，通过有序开展投资类业务，进一步提升资金收益水平。公司按照监管法规及政策要求，坚持将新业务申请与制度建设、流程设置、人员配备、风控机制建设、市场调研等同步落实、同步建立，使新业务获批后就得以及时办理业务，2016 年共完成固定收益类有价证券投资 5 笔，金额 5 亿元。

【票据业务】2016 年，公司做实、做好票据业务，为客户票据融资提供便利，丰富了公司金融服务手段，同时提高了票据业务收益率。全年积极争取人民银行货币政策扶持，主动申请开展再贴现业务，最大限度地用好人民银行“再贴现”工具，切实增强支持实体经济的能力。全年，公司共办理成员单位票据贴现金额 16.91 亿元，同比增加 5.46 亿元，增幅为 69.82%，为圣山集团、环球天沃公司等成员单位提供了融资便利；完成电子银行承兑汇票业务上线，为 6 户客户签发电子银行承兑汇票 11 笔，金额 4.34 亿元。

【资金集中】2016 年，公司加强与股份公司机构投资者的沟通协调，争取各方对股份公司资金归集的理解和支持。内部通过优化金融服务方案，增添金融服务措施，以电子银行承兑汇票业务系统上线、现金管理平台系统上线等为抓手，进一步提升了资金归集水平，增强了自身发展能力。公司存款余额达152.60亿元，较年初增加38.62亿元，资金归集率为33.26%。

【业务创新】2016年9月12日，中国银监会四川监管局同意公司新增开办成员单位之间的委托投资、承销成员单位企业债券、除股票投资以外的有价证券投资及成员单位产品消费信贷、买方信贷和融资租赁业务范围。新业务获批后，公司积极开展市场调研，储备客户，在获批后的3个月内，公司为“五粮春”“五粮特曲”和“五粮头曲”三个品牌的6户经销商办理买方信贷2亿元，支持了主业销售，解决了中小经销商融资难、融资贵等问题，更好地充分发挥财务公司的金融服务功能，赢得了成员单位的高度认可。

【风险管理和内部控制】2016年，公司按照“谋发展、求突破”的指导思想，夯实内部管理基础工作。一是完善公司治理机制和授权管理体系。按照《公司法》和《公司章程》的规定，公司董事会不断优化决策职能，依法规范开展工作，审慎决策重大事项，持续提升公司治理水平，确保公司高效规范运转。二是坚持重大事项事前审批和集体决策。公司各议事机构严格按照制度履行职责，不断提高制度执行力。三是强化风险管理，启动并推进全面风险管理体系建设，出台了公司《全面风险管理办法》，制定了《全面风险管理建设实施方案》，公司风险管理逐步走上更加全面、规范的轨道。四是严格稽核检查，强化内部监督，内控监督实现全覆盖，促进公司依法合规经营。

【人力资源管理】2016年，公司按照集团“大金融”人才体系建设的要求，扎实开展人才培养等工作。一是完善选人用人机制，搭建员工成长发展的平台。2016年，通过中层管理人员竞聘上岗，2名优秀年轻员工走上中层管理人员岗位。二是重视员工队伍建设。全年，公司两次开展专业技术人员和管理人员招聘引进工作，共引进和招聘6名新员工。三是持续开展员工教育培训。全年共组织开展现场培训40余次，多次邀请同业机构讲解专业知识，高管传授业务管理经验，中层管理人员和员工与大家分享业务技能，稳步提高员工的综合素质。

【信息化建设】2016年，公司完成了“电子商业汇票系统”建设并成功上线，完成与中央银行会计核算数据集中系统连接的“ACS综合前置子系统”建设，完成“核心业务系统二期二阶段优化功能”开发并成功上线，完成与集团公司财务管理系统连接的“用友NC系统接口”开发建设并成功上线，完成“现金管理平台系统”中实体资金池的功能开发建设并成功上线，完成“核心业务系统源代码管理平台”建设等系统建设项目，系列业务系统上线运行进一步提升了公司信息化服务水平和服务效率。

【企业文化建设】2016年，公司加大企业文化体系建设，并深入宣传和推广。通过近3年的持续推进，已经提炼出经营方针、企业宗旨、经营理念、行为准则等企业文化核心元素；形成组织建设、班子建设、员工队伍建设及金融文化建设体系；以院坝楼道文化、企业网站、宣传画册、公司内刊等予以展示；以职工之家、职工图书室、党支部文化墙、企业荣誉室等形式营造文化氛围；通过邀请老五粮液人讲述五粮液传统文化，组织开展专题文化论坛等活动，使公司员工树立起守法意识、合规意识、团队意识和服务意识，员工的良好风貌逐步展现。

山东晨鸣集团财务有限公司

【经营概况】截至2016年12月末，山东晨鸣集团财务有限公司（以下简称“公司”）总资产69.05亿元，较年初增长31.46%，实现营业收入2.91亿元，较上年同期增长113.97%，实现净利润1.04亿元，较上年同期增长90.44%，公司资本充足率为31.44%，流动比率为56.24%，不良资产率、不良贷款率为零，各项监管指标均达到监管要求。

【信贷业务】2016年，公司累计向集团及成员单位发放贷款29笔，发放贷款34.62亿元，有力地支持了集团及成员单位的经营发展。

【业务创新】2016年6月，公司电子商业汇票系统正式上线，至12月末，通过电票系统共开立电子银行承兑汇票11.9亿元，开立电子商业承兑汇票7.55亿元，累计办理电子商业汇票贴现业务9.64亿元。为成员单位完成了对外支付与贴现，丰富了企业支付手段，提升了企业信誉。2016年8月，公司加入了银行间同业拆借市场，通过业务合作，银行对财司的认可度不断提高，授信银行及授信额度不断增加，截至12月31日，共获得12家银行53亿元授信额度，为解决公司短期流动性需求发挥了重大作用。

【资金集中】2016年，公司通过与6家银企直联银行做好资金结算工作，共办理结算业务23265笔，结算总金额5192.65亿元，同比增加110.64%；日均吸收存款40.95亿元，同比增加145.90%。配合集团对成员单位现有账户进行全面梳理，清销大量非银企直联银行账户，实行定时归集与手动归集相结合，实现对成员单位全部银企直联账户资金的上划归集。大力推行票据池业务，实现对保证金资金的归集，大幅提高资金使用效益，带动结算业务收入提升9个百分点。

【风险管理和内部控制】2016年，公司持续完善全面风险管理体系，有效识别、计量、监测、控制各类风险，增强风险内控合规意识，确保公司安全运营。一是完成了对内部制度的第二次全面修订工作，共修订制度、规程143个，其中增加22个、废止16个，对部门职责和岗位职责重新进行了梳理、界定，为公司合规稳健运行提供了制度保障。二是公司利用培训、集中学习等形式，组织全体员工开展多层次、多元化培训，强化员工制度执行力建设，员工合规意识、风险意识有了明显增强。三是公司组织各类内部审计检查8次，包括操作风险及内控合规检查、电票业务专项检查、声誉风险排查、员工行为排查、信息系统建设等方面，对发现的问题及时进行通报并责令整改。对日常工作中发现的苗头性问题及时下发各类业务风险提示，对预防票据案件、控制操作风险起到了较好的预警作用。四是针对新开展的电子商业汇票业务、同业拆借业务，组织开展两次风险评估，准确分析新业务的潜在风险，强化相关操作流程的风险控制。五是公司使用预警指标体系作为日常监测重要手段，每月对资本充足性、流动性、资产质量、担保比例等七个方面共19个指标进行监测预警，有效保证了各项核心指标不低于监管要求。

【人力资源管理】为提升公司人力资源工作执行效率，发挥人力资源的规范与支撑作用，公司2016年健全完善了绩效管理和考核方案，促进了人力资源管理的流程化、规范化。公司高度重视人员培训，通过“东方名家”讲坛视频培训，提高了中层管理人员的业务管理能力及企业管理水平。通过邀请业内资深专家授课，组织内部业务骨干讲授业务知识，全体成员对公司职责职能、监管制度法规和各业务条线的专业知识进行了专项学习，此举促进了员工多视角、全方位的成长，提升了员工的综合素质。

【信息化建设】2016年，公司持续加强信息化建设工作。一是修订和完善了信息科技相关的规章制度，对相关操作流程进行进一步细化，建立了与系统提供商顺畅的沟通机制，信息安全和业务连续性得到了有效保障。二是根据公司业务发展需求，结合电票系统验收和同业拆借业务规定，投入80多万元采购相关系统和设备，对公司核心网络部分进行了改造和区域划分，进一步提升了信息科技系统对业务的保障能力。三是为保障业务系统安全稳定运行，强化机房设备管理，对主机房和异地灾备机房实行远程监控和定期实地巡检相结合，并按要求开展应急演练，及时处置突发事件。落实信息科技外包管理制度，严把服务提供商和设备准入关，信息科技管理水平稳步提高。

河北港口集团财务有限公司

【经营概况】2016年，河北港口集团财务有限公司（以下简称“公司”）紧密围绕安全质量和业务拓展的中心工作，进一步夯实了管理基础，扩展了业务功能，努力克服生产经营形势下滑的不利影响，吸收存款、资金归集度和资金使用效率均实现了较大幅度增长。2016年末，开户单位达到50家，比上年末增加10家；吸收存款38.60亿元，比上年末增加12.84亿元；资金归集度77.02%，比上年末提高了15.18个百分点；全年综合效益贡献0.49亿元，其中利润总额0.23亿元，全面完成了公司董事会确定的任务目标和集团公司下达的财务考核指标。

【信贷业务】2016年，公司进一步夯实基础，稳步拓展信贷规模与品种。在上年已开展的同业存款、自营贷款、委托贷款、票据承兑、财务顾问等业务的基础上，2016年度新增票据贴现业务790万元，开具履约保函130.7万元；新增自营贷款4.97亿元、委托贷款4.31亿元，进一步发挥了内部资金融通，实现资金增值的职能作用。

【资金集中】按照省国资委巡查组提出的“资金归集度还不够高，功能发挥上还有很大空间”的意见，公司制定了专项整改方案，并积极推进落实。多措并举，努力提高资金归集度。一是增加直联银行，资金归集平台扩展至工商银行、建设银行和中国银行；二是实行定期存款按基准利率上浮50%、零起点协定利率1.265%的存款优惠政策，承担各单位银企直联结算业务手续费，为有融资需求的单位提供优惠利率融资支持等方式，积极吸引资金；三是采取30万元以上大额付款电话查询、上门对账以及网上定期存款办理、电子回单打印等措施，增加资金安全保障和业务便捷性。截至年末，开户单位达到50家，比上年末增加了10家；吸收存款38.60亿元，比上年末增加12.84亿元；资金归集度77.02%，比上年末提高了15.18个百分点，资金平台作用得到了较大程度的发挥。

【业务创新】公司积极申请新的经营资质，提升业务功能。于2016年8月获河北银监局批复，增加“办理成员单位之间的委托投资、股票投资以外的有价证券投资、承销成员单位的企业债券”三项业务，2016年9月获得同业拆借资格，12月完成在全国银行间债券市场的准入备案，可在一级市场购买债券及二级市场进行债券交易。新的业务资质为公司扩展业务功能、提高盈利能力创造了有利条件。2016年，在进行充分市场调研和风险分析的基础上，开展有价证券投资业务3.5亿元，分别为中融汇聚金1号1.5亿元，平均预期收益率为4.6%；招商资管智恒宝尊享11号0.5亿元，预期收益率为5.22%；北方国际信托海溢二号1.5亿元，预期收益率为4.3%。资金效益显著提高。

【风险管理和内部控制】2016年，经营层严格执行总经理办公会、信贷审批委员会、资金调度会“三重一大”决策制度，充分发挥事前防控、事中把关、事后监督三道风险防线作用。一是按照岗位职责分工，认真梳理细化了9大类82项风险点，先后举办四次风险管理培训，促进从业人员进一步树立风险观念，增强责任意识，严格遵守制度流程，提高履职能力。二是组织开展了内部控制测试与评价，新增管理制度9项，修订管理制度8项、操作规程2项，进一步完善了内部控制体系。三是与全体员工逐级签订《案件防控责任书》，将案件防控责任落实到人，达到全覆盖。四是按照银监会的要求，建成同城灾备数据中心，为系统安全运行提供有力保障。

【人力资源管理】随着公司从业人数的增加和业务的发展，公司进一步加强了人才队伍培养，经常性开展岗位技能、职业道德、操作风险及金融业务等方面的专项培训，强化员工风险意识、责任意识、大局意识，引领员工爱岗敬业、团结协作、钻研业务、开拓创新，提高团队整体素质。公司已有5人具备证券从业资格，6人具备本币交易员从业资格，1人具备中债债券托管结算业务从业资格，2人具备反洗钱岗位资格，建立了金融专业人才储备库。

中节能财务有限公司

【经营概况】2016年，中节能财务有限公司（以下简称“公司”）秉承“依托集团、服务集团”经营宗旨，按照“定位清晰、服务综合、管理规范、团队专业”的经营思路，深化集团司库体系建设，持续推进金融产品服务创新，内部管理大幅提升，对集团公司综合贡献成效显著。

公司为集团提质增效作出新贡献。2016年，通过内部金融服务降低集团整体融资成本0.3个百分点，通过资金调剂降低集团资产负债率2.27个百分点。在助推集团提质增效过程中，公司始终坚持稳健合规经营，以“央企公司典范”为目标不断提升经营管理水平。在中国财务公司协会行业评级评级中被评为A类。2016年12月，中节能财务有限公司荣膺“2016年度中国金融机构金牌榜·金龙奖——年度最具成长性公司”。

公司始终坚持“绿色金融发展方向”，打造绿色金融品牌。作为公司行业三家代表机构之一参加了银监会新闻发布会，以绿色金融助推绿色产业为主题进行阐述。作为财务顾问，协助中国节能环保集团公司成功注册并发行50亿元绿色公司债，成为债券市场具有标杆意义的央企首单绿色公司债。

【信贷业务】一是加大综合授信与信贷投放力度。公司在满足风险管理要求的前提下，加快信贷投放进度。2016年共完成对91家成员单位的综合授信，授信业务涵盖了主要二级公司及重点三级公司的流贷、汇票、保函、担保、项目贷款等融资需求，为信贷业务开展奠定了良好基础。

二是作为财务顾问组织实施集团债券融资发行。公司统筹债券承销商、评级机构、律师事务所等机构，并根据市场情况合理确定发行窗口。截至2016年底，协助集团公司发行超短期融资券3期共计50亿元，私募票据50亿元，绿色公司债50亿元。其中绿色公司债创下非金融企业发行同期限绿色债券的历史最低成本。同时，公司以发行本次绿色公司债为契机，全力推动集团公司与上海证券交易所的全面战略合作，促成集团公司与上交所战略合作协议的落地。

三是为成员单位提供融资顾问服务。公司根据各成员单位的实际资金需求，为多家成员单位提供融资顾问服务，为其量身设计高效、合理的融资方案，金额合计约70亿元。

【资金集中】以专业化工作推动资金集中，资金集中度稳步提升。

一是以深化金融合作推动上市公司资金集中。公司以综合金融服务方案为抓手，在上市公司资金归集中实现了较大突破。深化与风电公司的金融合作，通过开展银团贷款、搭桥贷款等全面对接贷款业务，截至2016年底，风电公司资金集中度近70%；与太阳公司密切沟通，根据该公司上市进度及增发募集资金进度设计全面的金融服务方案，截至2016年底，太阳能公司资金集中度近60%；与启源装备公司金融合作事项实现重大突破，启源装备公司正式与公司开展存款业务合作，该公司是创业板市场首家进行资金集中的上市公司，开创了创业板市场上市公司与企业集团公司业务合作的先河。

二是以授信额度共享项下的代开业务推动资金集中。2016年，公司根据客户开具银行承兑汇票的业务需求，继续积极与主要合作银行协商，开展票据换开业务或公司担保的代开票业务。通过这项业务，基本解决了保证金的归集难题。

【风险管理和内部控制】一是健全流动性风险管理机制。2016年，公司建立了资金管理部门与结算、信贷部门之间的资金管理协同机制，建立了每日日终流动性指标统计监测制度，进一步强化流动性风险管理。

二是持续加强信用风险管理。制度层面，公司严格执行信贷审查制度，坚持贷审会集体决策机制，将逐级审批流程嵌入核心业务系统之中，完善资产五级分类工作，强化贷后管理；操作层面，凭借与集团资金管理中心一体化运作优势，及时充分获取成员单位经营管理情况，有效识别潜在信用风险，及时采取措施保障信贷资产安全；技术层面，公司充分利用新开发的核心业务系统，对公司信贷资产状况进行监控与分析，初步实现了信贷风险管理的信息化。

三是加强市场风险监测管理。公司风险管理部门通过Wind资讯终端，指派专人每日关注金融货币市场变化，并与各业务部门建立日常风险提示机制。确保当市场波动较大时，及时作出调整。

年内公司未发生一起影响业务发展和公司信誉的不良风险事件，不良资产率为零，资产损失准备充足率达到100%，各类信用风险指标、流动性指标、资本充足率等指标全部满足相关监管要求。

【人力资源管理】为建设一支德才兼备、兼具宏观视野的领导人才队伍，打造一支结构合理、素质优良、业务过硬的专业人才队伍与管理人才队伍，培养“懂金融、懂产业、懂管理的复合型优秀绿色金融人才”，公司于2016年9月1日创建成立绿色金融学院，系统性推进人才培训开发。

自学院成立以来，健全组织架构与规章制度，建立内部培训师制度，积极引进优秀培训资源与师资，并开展员工专业教育培训。同时初步设计了分维度、分层级、分专业的课程地图，并持续评估优化。

通过健全绩效考核与薪酬管理机制，激发团队活力。2016年，按照集团人力资源部相关工作部署，公司制定了《职务职级管理办法》，建立了职级通道顺畅、晋升标准明晰、管理流程规范的职务职级管理体系；修订了《全员业绩考核管理办法》，优化各层级绩效考核管理，充分发挥绩效考核指引绩效表现、监督评价改进的管理职能；修订了《员工薪酬管理办法》，构建“以岗位为基础、绩效为中心”的分配机制。

【信息化建设】公司以“支撑企业长远发展、打造公司行业标杆”为目标，大幅提升信息科技水平，加强信息安全建设。

信息科技支撑能力大幅提升。一是建设高度产品化、自动化、智能化的核心业务系统二期，支持了公司现有全部业务品种及全流程管控，获得了各方面的普遍好评。二是有力支持金融业务服务创新。建设电票系统、结售汇系统，实现与核心业务系统及财务系统的无缝集成，同时积极筹备电票线上清算系统。

各核心设备及系统平稳运行，信息安全管

控力度有效增强。一是全面升级核心服务器，为核心系统提供了有力的硬件保障，保障业务系统运行平稳。二是建设数据自动备份系统及VPN网络系统，有效提升了数据安全，保障了业务网络畅通。三是大力推进运维体系建设，核心设备系统平稳运行。建立硬件集中维护管理模式，推进硬件运维体系建设，形成了以网管监控、技术支撑和备品备件三个中心为基础的集中维护管理模式；加大日常运维密度，实现标准化运维管理，根据设备情况制定巡检级别，全力保障核心服务器、网络设备、防火墙等平稳运行。

青岛港财务有限责任公司

【经营概况】 青岛港财务有限责任公司（以下简称“公司”）紧紧围绕集团加快金融战略发展的要求，不断扩大业务范围，丰富金融产品，提升公司金融服务能力，相继获批跨国公司外汇集中运营、自主结售汇、买方信贷、有价证券投资和金融股权投资等业务资质，并实现了电票业务的直连模式上线，基本实现全牌照经营。

2016年，公司实现营业收入3.4亿元，较上年增长34.13%；利润总额2.4亿元，较上年增长64.4%。截至2016年末，公司资产总额120.4亿元，各项存款余额106.4亿元，自营贷款余额32.9亿元，委托贷款余额47.3亿元，较好地完成了公司各项经营目标，有力地支持了集团主业发展，公司连续两年荣获青岛港集团突出贡献单位奖。

【信贷业务】 公司大力支持集团产融结合，以融促产发展战略，结合成员单位融资需求，积极为成员单位提供优质、高效的信贷服务，全年累计向成员单位投放贷款50笔，金额合计16.67亿元，新增贷款余额较2015年增加11.87亿元。

【产品销售信贷业务】 2016年10月25日，公司获青岛银监局批准新增买方信贷业务范围。公司买方信贷业务将紧密围绕集团主业，为下游客户提供优质信贷服务，提高集团成员单位市场竞争能力，更好地实现产融结合、促进主业发展。

【资金和投资业务】 一是合理安排头寸资金，确保成员单位日常对外支付及临时大额支付。每日汇总各业务条线上报的日资金计划，匡算当日所需资金，同时在主支付账户备足当日头寸，确保各类款项支付。二是科学配置资金，提高资金收益水平。在保证流动性比例、投资比例前提下，在投资、同业业务之间合理摆布资金，同时进行期限搭配，确保最大收益。2016年叙做同业存放业务104笔，金额245.50亿元，平均存放年利率为3%，当年实现利息收入2.13亿元；2016年10月获批开展有价证券投资业务，共开展金融产品投资8笔，金额10亿元，当年实现投资收益41万元。三是抓住人民银行存款准备金考核办法改革的有利时机，累计划回超额准备金 4.17 亿元，极大地提高了资金利用效率。

【票据业务】电票业务承兑规模不断扩大，全年签发电票 2000 余笔，金额逾 16 亿元，有效支持成员单位发展，公司与多家商业银行建立了授信关系，可以满足持票人的资金融通需求，为票据业务的推广做好保障，市场认可度持续提升；10 月末电票系统实现与人民银行 ECDS 系统直连上线，借助人民银行大力推广电票线上清算及票交所的有力时机，于 2016 年 11 月正式提交票交所会员申请，为电票业务的进一步推广打好基础。

【外汇业务】公司于 2016 年 9 月 1 日获得国家外汇管理局青岛市分局即期结售汇业务批复，11 月 1 日正式加入银行间外汇市场，具备了开办结售汇业务的条件，通过制定结售汇业务管理办法等五项内控管理制度，不断规范和完善业务操作流程，搭建起较为完备的结售汇业务管理体系，为业务开展奠定扎实基础。

【资金集中】截至 2016 年末，公司服务成员单位过百家，开户率始终保持在 90% 以上，实现了资金的高度集中。公司在资金集中业务方面从源头抓起，将公司核心系统与集团全面预算系统、资金管理平台进行挂接，在协助集团做好成员单位资金收支管理的同时，也加强了对体系外资金的监控，与集团财务部、业务部等部室加强沟通，缩短新成立单位资金体系外留存时间，同时通过账户监控敦促成员单位及时将体系外资金进行归集，从而提升资金集中效率；将资金归集度、票据业务付款占比等指标纳入集团内协同考核指标体系，每月对成员单位进行考核，推动资金归集度稳步提升。

【业务创新】2016 年，公司加快业务创新发展研究步伐。一是成功获批跨国公司外汇集中运营、自主结售汇、买方信贷、有价证券投资和金融股权投资等新业务资质，进一步拓宽了公司业务范围；二是电票系统业务模式由间连变直连，成功加入人民银行 ECDS 系统，提升电票业务处理效率，为成员单位提供更加优质的服务；三是实现票据转贴现、再贴现业务突破，分别叙做 0.75 亿元和 0.21 亿元，满足了成员单位的资金需求。

【风险管理和内部控制】2016 年，公司继续深化和加强风险管理及内部控制体系建设工作，完善内部控制体系，进一步探索内控管理手段，确保各项业务合规、稳健运行，并促进经营目标实现。一是全面开展制度流程梳理。进一步加强制度建设，组织 2 次全面制度修订，根据公司业务发展情况，增删修订各项制度，印发《制度汇编》；梳理内控流程，找准各项流程风险点，制定内控管理及风险防范措施，形成内控手册，完善内部控制体系建设。二是加强业务合规检查。随着新业务申办落地，进一步加强对新业务与成熟业务专项合规检查，彻底排查业务管理和操作中存在的主客观问题及潜在风险点，纠正习惯性违规行为，加强风险管控。三是加强合规培训。组织开展外部专家培训 4 次，内部培训学习 35 次，法律法规及制度学习 5 次；全面梳理金融机构监管法规，建立监管法规考试题库，并组织开展为期 3 个月的新员工监管法规学习考试，提升员工合规意识与能力，确保公司合规运营。

【人力资源管理】2016 年，公司通过外部引进、内部选拔、轮岗交流等多种方式，不断优化人才队伍，持续打造精简高效的专业化金融人才团队。一是加强监管制度学习。梳理监管制度库，列出学习情况，并组织所有员工学习、考试，考试成绩直接纳入员工年终绩效考核，强化员工的合规意识。二是加强持续学习。结合金融业务发展，每周二组织商务英语学习，每周六组织专业培训，不断提高员工的综合素质和专业水平。三是参与集团培训。全员参加集团组织的港口业务、企业管理、财务管理、安全管理等培训，并分批次参加集团财务条线的脱产培训。四是加强外部培训，派员参加合作银行的各类业务培训或请专家到公司授课，并根据新业务开展派员到银行机构实地学习。五是积极参与中国财务公司协会组织的各类业务培训，鼓励员工积极参加职称资格、各项金融从业资格考试，打造一支高素质的人才队伍，不断提升公司整体的专业化水平。

【信息化建设】按照“业务开展、系统先行”的原则，随着公司业务的不断发展，营改增系统、反洗钱系统、电票系统、结售汇系统相继上线，通过对信息化系统的不断升级优化，较好地支撑了港口金融产业的快速发展，融合成员单位个性化的使用需求，提供了更为高效、便捷的金融服务。2016 年完成对机房的升级改造，机房建设达到国家 B 类标准，为信息化基础设施的安全稳定运行提供了保障。

【企业文化建设】2016 年，公司秉承“金智惠港、互利共赢”理念，积极塑造团结协作、严谨务实的工作环境，关爱员工、乐享生活的人文环境，充分发挥了企业文化建设在公司经营管理中的软实力作用。利用公司微信公众号平台，全方位反映金融市场动态、监管政策及行业发展，为构建健康企业文化打下了良好基础；通过集中学习、观看警示教育视频、参观反腐倡廉基地等多种方式，深入开展反腐倡廉教育，以廉政文化建设为公司干部员工筑牢思想防线；开展丰富多样的员工活动、技术比武、体育比赛，组织“慈善一日捐”爱心捐款等，进一步提升员工的身体素质，增强团队的社会责任感与团结协作精神。

上海上实集团财务有限公司

【经营概况】2016 年，上海上实集团财务有限公司（以下简称“公司”）围绕集团“继续提高资金统筹规模，提升服务水平，申请新业务牌照”的工作要求，积极应对经济下行，全力迎战利率市场化的影响，当年资金集中规模和贷款投放稳步增长，取得固定收益类有价证券投资和承销成员单位企业债券业务资格。全年实现营业收入 10562 万元，利润总额 6121 万元。年末资产总额 86. 48 亿元，资本充足率为 27. 40%，不良贷款率为零，各项监管指标均符合监管要求。

【信贷业务】2016 年，公司信贷规模快速增长，新业务品种不断推出，已涵盖各类贷款、票据承兑贴现、应收账款保理等金融市场主要信贷品种。全年累计开展各类贷款、票据承兑贴现、融资类保函等业务 43 亿元。公司围绕集团主业发展，大力推进银团贷款，为成员单位当好融资顾问，争取最优融资条件降低融资成本。

【资金和投资业务】2016 年，同业存款利率一直处于低位运行，公司密切关注货币市场变化，与合作银行密切合作，适时开展同业定期操作，尽可能提高备付资金的收益水平。获得同业拆借市场准入后，开展了资金拆入业务，打通了短期资金头寸融通渠道，成功开展了票据转贴现和回购操作，增加了流动性管理工具。获得固收资格后，规范业务流程，稳步推进业务，当年开展了货币基金投资。同时，公司已向人民银行申请加入债券市场交易，为后续开展债券交易做好准备。

【票据业务】2016 年，公司办理票据贴现 1.69 亿元，票据承兑 0.12 亿元。11 月顺利通过了人民银行电子商业汇票系统接入技术验收，为后续电票系统上线奠定了基础。

【资金集中】在集团和成员单位支持下，进一步发挥资金集中平台作用，2016 年资金集中规模快速增长，日均存款同比增长 59%，开户单位和账户同比增长 26% 和 12%。发挥资金结算功能，为成员单位提供快捷高效的结算服务，全年累计结算笔数和金额同比增长 13% 和 24%。

【业务创新】2016 年，公司继续加快各类新业务的开展。一是拓展票据业务品种，在开办纸票和电票贴现的基础上，通过工商银行代理接入开展了电票承兑业务；二是开展了同业拆入和票据转贴现业务，拓宽了融资渠道，增加了流动性管理手段；三是满足成员单位业务需求，开办了应收账款保理业务；四是开展了货币基金投资，低风险、收益稳定、期限灵活，提高了资金使用效率。

【风险管理和内部控制】2016 年，公司在内控管理方面，认真开展了“两个加强、两个遏制”回头看自查，同时组织了内控全面自查，重点梳理检查了 153 个关键控制点，通过全员参与内控自查，夯实了公司内控建设基础，提升了员工对内控管理的认识。信用风险管理方面，严格按照合规要求开展贷款审查审批，做实贷后检查，跟踪资金流向，保证信贷资金用途合规。投资风险管理方面，为了加强决策科学性，保障投资安全，提高投资收益，公司设立了投资评审委员会，对固定收益投资业务进行充分研究和分级授权管理，对交易对手资质和可交易产品进行审批。

【人力资源管理】2016 年，公司加大人才队伍建设，新增 4 位员工，充实到业务前中后台。多种形式开展教育培训，通过开展周例会培训，以及参加监管部门、财务公司协会等组织的专业培训，为员工提供了良好的学习平台，提升员工专业能力。加强行业交流，多次到先进财务公司学习经验。鼓励员工参加专业资格考试，多人取得了债券业务、信息安全等方面的业务资格。

【信息化建设】2016 年，公司启动“强 IT”战略，建立 IT 工作小组，全面提升信息系统管理工作。一是全面系统地梳理了信息系统管理制度，进一步明确职责分工、细化日常运维管理、强化系统管理授权、完善应急预案，严控操作风险的发生；二是继续推进核心业务系统完善和上线工作，与系统供应商建立双向评估的合作机制，提升系统更新升级工作的稳定性和和效率性；三是完成“营改增”模块上线、用友 NC 财企直连上线、资金池模块的开发测试以及电票系统人民银行验收。

【企业文化建设】公司切实关心员工生活，传承集团“崇德尚实、恒业至善”的理念，培育公司团结进取的氛围，以工会和团支部为抓手，坚持组织开展“午餐论坛”，为员工提供交流和分享的平台；组织集团内员工子女参加公司的“小小金融家”冬令营和夏令营；积极组织员工参加集团文艺汇演，展示员工积极进取的精神面貌。

重庆市能源投资集团财务有限公司

【经营概况】2016 年，重庆市能源投资集团财务有限公司（以下简称“公司”）围绕集团改革发展任务，紧跟集团转型升级步伐，牢牢把握自身功能定位，在支持集团供给侧结构性改革、助力集团产业转型和提质增效上积极作为，公司年度各项目标任务全面完成，经营发展取得显著成效，职能作用进一步显现。截至 2016 年末，公司资产总额 79.58 亿元，实现营业收入 2.38 亿元，同比增长 103%；利润总额 1.03 亿元，同比增长 119%；吸收存款 67 亿元，资金归集率为 60.11%，资金结算 2328 亿元，票据结算 99 亿元。公司各项监管指标均符合监管要求。

【信贷业务】2016 年，公司优化新增资金投放，围绕集团转型升级重点产业加大信贷投放力度，对集团内暂时困难企业给予稳定支持。2016 年全年贷款规模 44.03 亿元，同比增长 20.47 亿元，新增贷款主要投向了煤炭、清洁能源、电铝等产业，公司尽最大可能降低了集团融资成本，推动了集团转型升级和绿色发展。

【资金管理】2016 年，公司聚焦资金运用，全力提升资金管理水平。一是抓好资金头寸精细化管理。公司以预算管理为抓手，积极协调成员单位，推出资金周计划，在细化资金头寸管理方面迈出了重要一步，提升了公司资金配置水平和流动性管理水平。二是统筹业务安排，资金收益不断提升。公司根据现有业务规模，结合资金情况，在保证流动性的前提下合理配置贷款、票据、存放同业等各项业务，稳步提升资金收益，全年实现利息收入 0.81 亿元，同比增加 0.25 亿元。三是调剂资金盈缺，积极协助集团开展资金接替工作。公司充分发挥资金集中平台作用，调剂集团资金盈缺，协助集团开展资金接替，保障了集团资金链安全。四是有效降低集团资金存量。协助集团统一开展资金调控，用活资金，盘活存量，减少资金占用，降低资金成本。

【票据业务】2016 年，公司不断加大对成员单位的服务力度，拓展融资服务产品，公司代理开票、票据贴现业务快速增长。全年完成代理开票 7.8 亿元，同比增长 152%，完成票据贴现 17.4 亿元，同比增长 167%，为成员单位提供了更多的融资渠道；票据再贴现实现突破，全年完成 1.95 亿元；新推出敞口开票业务，完成 2.9 亿元，为集团新增了低成本资金渠道。

【资金集中】2016 年，公司多措并举，稳步提升资金集中度。一是抓银企直联，提升资金自动归集水平。公司与 11 家银行实现了银企直联，基本涵盖集团主要合作银行。2016 年成员单位在公司开户 17 户，累计开户 104 户，成员单位账户与公司直联 95 户，累计直联 289 户，可直联账户达 97%。二是抓结算集中，吸引资金主动归集。公司借助核心业务系统结算平台，为成员单位提供快速便捷的结算通道，全力为成员单位提供安全高效的资金结算和票据结算服务，在满足成员单位结算需求的同时，也推动了公司资金集中。三是抓资金集中考核，提升归集效果。公司协助集团修订资金集中考核办法，优化完善考核细则，通过考核正激励，积极推动成员单位资金在公司集中，取得了较好的归集效果。

【业务创新】2016 年，公司成功推出敞口开票业务，有效扩大对成员单位的融资支持；获批进入全国银行间同业拆借市场，为公司的资金头寸管理提供了融资渠道；获批承销成员单位的企业债券、有价证券投资（不含股票投资）两项新业务，极大地促进了公司整体盈利水平和经营能力的提升。

【风险管理和内部控制】2016 年，公司着力于风险管理和内部控制，各项风险指标满足监管规定，公司整体风险可控。一是切实防范各类风险。2016 年，公司信贷资产质量良好，无不良贷款，公司信用风险可控；公司密切关注市场利率情况，积极防范因市场利率变动带来的风险，公司市场风险可控；进一步完善业务与管理流程，开展核心业务系统优化升级，制定岗位轮换及强制休假办法，完善员工岗位责任制，开展员工行为排查和案防知识考试，公司操作风险可控；公司借助核心业务系统对集团成员单位资金运行情况进行监控，建立流动性预警机制，公司流动性风险可控。二是建立健全内控制度体系。公司结合业务发展情况及时修订完善制度办法。2016 年新出台管理制度 22 项，修订管理制度 36 项，针对新业务制定相应管理制度和业务流程，实现对各项业务和管理活动的制度全覆盖。2016 年，公司以银监监管周年检查及“两个加强、两个遏制”回头看检查为契机，切实梳理公司业务和管理情况，针对发现的问题制定整改方案，认真开展整改工作，切实推动了公司经营活动守法合规。

【人力资源管理】一是高度重视员工培训和职业素质提升工作。2016 年采取内训和外训相结合的方式，组织员工培训 395 人次，切实提升了公司员工的理论水平和职业素质。截至 2016 年底，公司有 17 人取得银行业或证券业从业资格，1 人取得国际资管师资格，2 人取得银行间市场本币交易员资格，同时，公司有 11 人具有高级职称或注册类职业资格，员工整体职业素质不断提高，不仅满足了公司业务开展需要，而且推动了公司金融服务水平的提升。二是着力加强绩效考核工作。公司结合集团对标管理指标，分解制定了公司各部门关键业绩指标（KPI），并对《绩效管理办法》进行修订完善，充分发挥薪酬的激励和引导作用。

【信息化建设】2016 年，公司信息系统实现安全稳健高效运行，确保了各项业务的顺利开展。一是加强信息科技基础建设。完成了内网基础设施改造，实体服务器虚拟化改造，以及公司网络环境的安全加固，提高了硬件资源的利用率、设备的可扩展性和数据的安全性，为公司信息系统后期硬件建设提供了空间。二是加强核心业务系统建设。完成了核心业务系统一期升级改造，进一步完善了系统功能，提高了工作效率。公司电子对账系统上线，1104 报表自动取数成功率大幅提升。三是 ERP 建设稳步推进。公司协同办公系统、人力资源管理系统、产权管理和投资项目管理系统上线，实现了信息系统对公司经营管理的覆盖。

【企业文化建设】2016 年，公司一是着力打造特色企业文化。将集团企业文化系统与财务公司工作实际相结合，提炼了公司的企业使命、企业愿景等内容，并在办公楼内打造了干净整洁、富有特色的“文化走廊”。二是不断加强合规文化建设。公司高管人员自觉成为合规文化建设的倡导者和践行者，并引导每一位员工树立“合规从我做起”“合规人人有责”的理念，确保员工行为“时时合规”、业务发展“环环合规”。坚持与全体员工签订合规责任承诺书，使每一位员工明确岗位合规责任，成为合规文化建设的参与者和执行者。进一步明确“三会一层”合规治理职责分工，形成合规管理决策、执行、监督相互制约、有效衔接的机制。

广东省交通集团财务有限公司

【经营概况】2016 年，广东省交通集团财务有限公司（以下简称“公司”）深入践行“立足集团、依托集团、服务集团”的经营宗旨，坚持以实现集团整体利益最大化为中心，不断完善公司法人治理结构，牢固树立依法合规经营意识，积极推进资金归集工作，扎实开展各项信贷业务，全面加强风险管控，有序开展稽核审计，深入落实“两个责任”，持续强化内部管理，顺利完成了各项目标任务，取得了良好成绩。截至 2016 年末，公司资产总额 225.75 亿元，负债总额 204.34 亿元，全年实现营业总收入 4.66 亿元，利润总额 1.55 亿元；资本充足率为 17.10%，不良资产率、不良贷款率均为零，未发生任何资金结算损失，流动性比率为 49.61%。

【信贷业务】主动走访成员单位，推荐适合需求的信贷产品，充分发挥集团现金池资金铺路搭桥和调节余缺功能。2016 年，发放自营贷款 59.23 亿元，委托贷款 16.62 亿元；全年为集团整体节约利息支出 2.38 亿元。以质保金保函为重点，全年办理保函 5.62 亿元（其中质保金保函 3.34 亿元）。开展集团债务结构优化研究，研究设计多种方案。如能够全面落实，可使集团实现显著的效益，基本化解资金链及债务风险。组织成员单位与银行协调存量贷款利率下浮，绝大部分存量贷款已经争取调整为按基准利率下浮 10% 执行。

【资金业务】一是流动性管理精准化。深入分析和挖掘历史数据，精准测算资金备付率安全边界。公司员工撰写的论文《数据挖掘与资金池流动性管理研究》获得中国交通会计学会举办的主题征文二等奖。二是头寸分配模型化。运用头寸分配量化模型，将各银行资金结算规模、信贷支持力度、存款利率水平、服务质量等作为重要指标，有效引导各合作银行良性竞争。三是利率定价市场化。2016 年，通过存款利率上浮向成员单位让利约 0.24 亿元，通过贷款利率下浮向成员单位让利约 0.21 亿元。四是客户服务专业化。持续探索建立和实施客户经理制，为成员单位提供及时、便捷、专业的金融服务。

【资金集中】2016 年，资金归集工作取得突破性进展，呈现出多点开花、全面深入的崭新形势：集团所属上市公司粤运交通成功加入财务公司综合金融服务平台，实现项目公司银团贷款监管账户资金入池难题的突破，施工企业入池不断推进。2016 年末，公司全年日均资金归集达 142.25 亿元，全口径资金归集率达 61%。

【风险管理和内部控制】一是严把合规与风险的审查关，信贷和资金业务的合规管理不断加强。二是组织开展“重塑合规年”主题活动和“两个加强、两个遏制”回头看专项自查，有效防范案件风险、操作风险。三是开展合同专项检查，规范合同管理。四是聘请公司常年法律顾问，防范法律风险。五是做好客户身份识别等基础工作，举办反洗钱等专题讲座，加强合规文化建设。六是以日常稽核工作为基础，以专项审计为重点，积极探索和改进稽核审计方式和方法，突出规范意识、狠抓制度执行。2016 年，重点开展了支付结算专项审计、公司各类公章使用和财务收支稽核检查；并加强对稽核审计问题后续跟踪，确保审计效果。七是完成公司内部控制评价工作，进一步优化内部控制体系。

【人力资源管理】一是增设财务管理部，优化部门分工。面向社会公开招聘硕士研究生及本科双学历 3 人，本科学历 1 人，使公司人员的整体从业经验和知识结构搭配更趋合理。二是规范中层选拔任用机制，完成 5 名中层干部提拔。开展 2 个中层管理岗位竞聘，完成 4 名员工专业技术级别核定，拓宽员工职业发展通道，促使优秀人才脱颖而出。三是层层分解经营业绩考核指标，量化到每个岗位，持续开展员工绩效考核和内部业务培训，增强团队战斗力。四是探索构建市场化用工机制，起草市场化人员薪酬及业绩考核办法，为引进专业投资人才做准备。五是成功加入集团企业年金计划，保障职工切身利益。六是逐年合理提高普通员工工资水平，增强企业薪酬竞争力，为吸引和留住优秀金融人才创造条件。

【信息化建设】完成等级保护差距测评，成为集团内第一家通过该项测评的二级单位。稳步提升资金系统安全等级，将各成员单位数字证书替换成最新国密算法的证书，移动安全接入方案已通过“绿盟”评测，成为省内率先使用国密标准的财务公司。优化更新运维服务，强化机房防火墙和上网行为管理系统建设，有效保证了公司核心业务系统稳健运行。

【企业文化建设】深入学习贯彻落实党的十八届五中、六中全会和习近平总书记系列重要讲话精神，扎实开展“两学一做”学习教育活动。开展支部互帮结对活动，与广西交投财务公司联合举办重温入党誓词、缅怀革命先烈主题党日活动，组织开展领导班子讲党课、网上考学、集中收看先进事迹专题片等活动。研究制定公司党风廉政建设党支部主体责任清单，深入开展自查自纠。开展公司纪检监察能力建设年活动，增强履职能力。开展“职工之家”建设，努力建设职工温暖家园和知识田园。在集团系统内兄弟单位支持下获得广东银行同业公会第二届“公会杯”羽毛球比赛冠军，参加集团“女职工花艺比赛”等，获得二等奖和最佳寓意奖。

光明食品集团财务有限公司

【经营概况】2016 年，光明食品集团财务有限公司（以下简称“公司”）本着“立足集团，服务集团，稳健经营，规范运作”的工作方针，以提高资金归集率为首要任务，资金集中管理及风险管控能力进一步增强，全年实现营业净收入 1.61 亿元，计提减值准备 0.61 亿元，利息收入 2.96 亿元，利润总额 0.70 亿元，资产总额 152.28 亿元，全口径归集率达到 40%，可归集资金归集率达到 73%，收入与利润指标大幅度超额完成年度预算目标，公司各项业务进入稳步发展的轨道。

【信贷业务】本着规范运作、控制风险的原则，将产融结合做到实处。公司与 17 家子集团和企业建立了授信关系，授信总额度 48.09 亿元，全年实际发放贷款 37.59 亿元，其中新增贷款 22.48 亿元，收回贷款 15.11 亿元，年末贷款余额 32.08 亿元，到期贷款回收率达 100%，全年累计实现贷款利息收入 7597.56 万元。

【资金业务】公司积极做好同业存款业务，力求达到资金效益最大化。公司与 19 家银行建立了授信关系，总授信额度达 796.6 亿元。年度完成同业定期存放 137 笔，累计存款资金 406.5 亿元，日均定期存款 31.24 亿元，同业定期存款利率最高 4.2%，最低 2.65%，年平均利率 3.04%，取得定期存款利息收入 0.97 亿元。同时，通过加强头寸管理，积极开展隔夜存放业务，力求达到活期同业存款收益最大化，累计实现活期同业存款收入 0.35 亿元。年内获批开展同业拆借业务许可。

【票据业务】为成员企业提供银行承兑汇票的贴现服务，累计贴现 2.43 亿元，实现贴息收入 128 万元，到期票据承兑 0.34 亿元。年内获批开展线上电票业务，办理电票承兑业务 3 笔，共 1.62 亿元。

【外汇业务】2016 年 9 月 30 日，国家外汇管理局批准公司作为光明食品集团开展外汇资金集中运营管理的主办企业。核定公司集中部分外债额度为 10 亿美元，对外放款额度为 10 亿美元。年内完成与中国银行外币现金管理协议的签订工作，并确定外币资金池的搭建框架。

【资金集中】在集团的支持下，公司制定了《资金集中管理考核办法（试行）》《年度资金集中管理考核实施细则及年度资金集中管理考核打分标准》等考核制度，积极推动集团下属企业开展资金归集考核的统计工作。截至 2016 年末，企业开户数 566 户，挂接账户数 1729 户，结算笔数 54.5 万笔，结算金额 4016.44 亿元，2016 年末资金归集额达到 141 亿元，全口径资金归集率达 40%。同时，公司通过考核数据的收集，建立了集团下属企业的账户、资金、负债、结算等信息资料库，为配合集团“盘资金”做好基础工作。

【业务创新】一是新业务开展。为调剂公司资金余缺，加强公司资金头寸管理，提高公司盈利能力，公司于2016年9月向全国银行间同业拆借中心提交开展同业拆借业务申请，并获得批准，已与20家金融机构建立拆入、拆出授信关系，总授信额度170亿元。公司获国家外汇管理局批准开展外汇资金集中运营管理业务。为降低票据业务操作风险，提高票据业务交易效率，公司于2016年6月完成了电票系统申请及验收工作，并获得了人民银行总行验收通过批复，9月初正式上线加入人民银行电票系统。截至2016年末，线上业务承兑3笔，共1.62亿元；贴现11笔，共2.33亿元。二是积极探索产业链金融服务新途径。走访了下属烟糖公司、上海农场、梅林股份，了解企业上游蔗农、养猪农户、养牛农户的收购季生产资金需求，与蚂蚁金服农村金融事业部共同探讨为企业提供以支付宝为结算平台的产业链金融服务方案，积极探索产业链金融服务新途径。

【风险管理和内部控制】2016年共完成22家成员企业的内部评级（含担保企业3家）和风险尽责审查（其中现场尽调5家），出具审查报告和授信批复，合计授信金额达48.09亿元。同时加强对贷款资金安全的动态管理，完成16家成员企业的资产五级分类审查工作，完成16家成员企业贷后管理的现场、非现场核查工作，全面做好授信业务的风险监测和控制工作。

内部控制方面，一是加强内部审计工作，完成项目审计3项、专项审计6项，审计发现的问题或薄弱环节共11个，年内督促各部门已完成了7项整改；二是完善内控制度建设，2016年公司制度共95个，其中新增业务制度22个，修改制度32个；三是加强案件防控工作，2016年审计专项检查的案件防控项目3项，由业务部门完成自查2项。

【人力资源管理】为适应公司发展的要求，充分发挥员工的积极性，结合公司人才战略和管理模式，拟订了《光明食品集团财务有限公司员工激励方案》和《光明食品集团财务有限公司2016年调薪方案》，并提交全体员工大会通过执行。年内根据公司实际情况，对职工薪酬管理制度、培训制度、考勤制度以及岗位职责进行了修订，使制度规定更加合理、规范，更具有操作性。同时建立科学规范的选人用人机制，年内采取公开招聘方式，新增信息软件应用管理、合规管理、审计专业人才，充实公司信息及风控部门人员配备，提高公司信息及风险管理能力。组织参加专业条线培训。组织员工参加由人民银行上海总部、银监局、财务公司协会等组织的各项业务培训，全年公司员工参加各类培训69人次，获得各类证书23个。

【信息化建设】2016年，公司加强信息系统安全建设，进一步完善网络标示、日志信息、数据身份鉴别、异地备份、磁盘空间分配策略、制度流程、岗位设置、机房管理、操作记录和文档管理信息系统。同时聘请了盈格网络公司查找信息系统可能存在的风险，每季度对预算采购、安全设置、应用系统进行系统漏扫，提高了信息系统的安全性。截至2016年末，开展了机房服务器、机房基础环境、系统物理备份等信息系统应急演练，保证信息系统安全运行。同时为配合业务开展，完成了征信系统的正式上线及电票系统的申请及验收上线工作。

【企业文化建设】公司牢固树立光明食品集团“自强不息、开拓创新、凝聚众力、追求卓越”的企业精神，紧紧围绕光明食品集团“夯实基础、稳中求进、聚焦重点、提质增效、放大优势、狠抓落实”的工作主基调，积极拓展新的业务品种，努力推动公司各项业务稳健发展。公司党支部积极开展“两学一做”学习教育活动，集体学习了党章、党规、习近平总书记系列讲话、《关于新形势下党内政治生活若干准则》和《中国共产党党内监督条例》等内容，使每位党员坚定理想信念，履职尽责、苦干实干地做好本职工作。同时，公司坚持“以人为本”，通过开展拓展活动、学习交流及内部、外部培训提升员工各项素质，增强团队凝聚力，为构建健康向上的企业文化打下了良好基础。

忠旺集团财务有限公司

【经营概况】2016 年，忠旺集团财务有限公司（以下简称“公司”）秉持“服务集团、规范经营、稳健发展、提高集团资金运营效率和效益”的经营方针，严格按照监管要求开展各项业务，不断完善公司治理结构，超额完成全年目标任务，快速从初创期跨入成长期。截至 2016 年 12 月末，公司资产总额 230.29 亿元，同比增长 185%；负债总额 198.77 亿元，同比增长 292%；所有者权益 31.52 亿元，同比增长 5%；全年实现营业收入 3.22 亿元；利润总额 2.02 亿元；净利润 1.52 亿元。公司资产质量良好，各项指标均符合监管要求。

【信贷业务】公司努力搭建信贷与融资服务平台，为成员单位提供高效便捷的金融支持与服务。2016 年，公司为 13 家成员单位核定综合授信额度累计 255 亿元，为成员单位发放自营贷款 31 笔，金额共计 118.24 亿元。针对信贷业务，公司进一步完善管理制度，规范操作流程，严格按照监管要求和公司制度不断强化风险合规意识，风险识别能力和定价能力不断提升。公司信贷业务管理部门建立并不断完善成员单位基础档案，严格执行贷款五级分类和贷后管理制度，截至 2016 年底，不良贷款率为零。

【资金和投资业务】2016 年，公司根据市场利率水平，合理调配资金头寸，提高资金使用效率，不断提高与商业银行的议价能力。公司全年获得 18 家商业银行同业授信额度 187.50 亿元，同比增长 107.43%；同业授信额度的大幅增长为公司与商业银行开展各项同业合作创造了基础性条件。2016 年办理存放同业总计 19 笔，存放同业金额合计 105.43 亿元，日均余额 25.49 亿元，全年实现存放同业利息收入 0.81 亿元。2016 年，公司正式向监管机构申请开展同业拆借和有价证券投资业务资格，随着公司业务范围的逐步扩展，资金运用方式和投资范围将更为灵活和丰富，公司资金运用和管理的能力将得到显著提升。

【票据业务】2016 年，公司根据集团资金预算和票据市场行情，借助集团产业背景和行业影响力，充分利用金融机构的平台优势和专业能力，积极开展票据业务，全年票据业务发生额 271.43 亿元，其中票据承兑业务发生额 103.60 亿元，票据贴现业务发生额 147 亿元。

2016年，公司为成员单位开办了代理开立银行承兑汇票业务，全年开展代开银承业务31笔，发生金额20.83亿元。代开银承业务的开展提高了成员单位开立银承的业务效率，降低了财务费用，受到集团和成员单位的广泛好评。2016年，公司充分发挥与商业银行等金融机构的良好合作关系，通过大力开展票据业务切实为成员单位拓宽融资渠道，降低成员单位财务费用，为集团和成员单位提供了便捷高效的金融服务，金融机构的职能作用进一步显现。

【资金集中】公司着力于构建资金集中管理服务平台，不断丰富结算业务品种、优化服务手段，促进公司资金集中管理工作稳步发展。2016年，公司完善资金集中管理服务平台的建设工作，与主要商业银行搭建银企直联信息系统，开展了“以财务公司结算账户为主、以商业银行存款账户为辅”的账户体系建设，巩固公司结算账户在资金集中管理和结算业务中的主导地位。全年成员单位在公司开立账户105户，2016年末实现全口径资金集中度71.43%、可归集口径资金集中度为77.56%，达到或超过行业平均水平。

【风险管理和内部控制】2016年，公司不断健全和优化全面风险管理体系，逐步形成多层次、相互衔接、有效制衡的运行机制，全年共修订、新增各类风险管理相关制度30余项。年初在董事会下设立董事会审计委员会，在公司组织架构中增设合规管理部，不断强化风险防控“三道防线”的监督检查机制。公司严格按照风险管理及各项内控规章制度与流程开展业务，加强对业务资料审核与贷后管理，跟踪落实信贷资金使用，平衡业务操作效率与风险防范，形成了满足监管要求并符合成员单位实际需要的风险管控机制。2016年末的各项风险指标均满足监管要求。同时，公司加强合规管理体系建设，完善授权管理和内控、问责制度，从业务、管理及监督三个层面入手，强化三线防控效果。通过常规业务审计、专项管理审计和稽核检查等措施，及时发现问题，改正不足，不断提高公司内部管理水平和风险防控能力。

【人力资源管理】公司始终坚持“以专业人才队伍支撑专业化发展”的人力资源管理理念，充分发挥集团的品牌号召力，通过建立完善的薪酬体系、合理的绩效考评、适当的轮岗机制和明确的奖惩制度，激发员工的能动性，提高工作效率。截至2016年底，公司正式员工38人，其中有金融行业从业背景的人员超过三分之二，行业工作经验超过五年的人员接近半数；年龄在30岁以下、30～40岁、40岁以上的人员占比分别为34%、34%和32%；本科学历以上的占比超过60%，研究生学历以上的占比超过30%。

【信息化建设】在信息技术建设方面，公司始终秉承前瞻性原则，以“满足业务需要、满足发展需求、满足监管要求”为前提，应需而变，确保信息保障机制与公司业务规模、发展速度、复杂性相适应。2016年，随着公司业务开展，公司投入更大力量对核心业务系统功能及应用进行完善，确保核心系统安全高效稳定运行，满足金融业务发展的实际需要。2016年9月，公司向人民银行申请以直连方式加入电子商业汇票系统，正式启动电票系统建设，相继完成了机构代码申请、汇票专用章刻制、系统建设、模拟环境业务测试等工作，电票系统建设取得阶段性重大进展。信息化领域的投入建设与应用为公司各项业务开展提供了技术保障，为控制和防范各类风险提供了强大技术支持，并且为基于“大数据分析，精细化服务”业务创新打下了坚实基础。

【企业文化建设】2016年3月，中共忠旺集团财务有限公司支部正式成立，党支部在公司思想政治工作和精神文明建设、保证党的方针政策在公司的贯彻执行方面发挥了领导核心作用。2016 年 5 月，忠旺集团财务有限公司工会委员会成立。公司工会在集团“人忠业旺、忠诚兴旺”核心理念的引领下，组织开展了多种多样的文化活动，如新年晚会、野外露营、金融知识竞赛、每周户外徒步等。通过开展多种多样的文化体育活动，锤炼了员工的意志品质、增强了员工身体素质，同时也极大地提高了团队的凝聚力和战斗力。

本钢集团财务有限公司

【经营概况】2016 年，本钢集团财务有限公司（以下简称“公司”）强化管理，规范经营，创新发展，取得良好的经营业绩。全年实现营业收入 1.1 亿元，实现利润 0.88 亿元；缴纳税金 0.32 亿元；年末资产总额达到 58 亿元。各项监管指标符合行业监管要求。公司电票业务经人民银行批准，取得了以直联方式接入人民银行电票系统资格。全年保持无治安案件、无消防事故、无安全事故、无金融案件的稳定局面，实现了公司“十三五”规划的良好开局。

【信贷业务】2016 年，公司全年累计发放自营贷款总额 42.8 亿元，比上年增长 116%，发放委托贷款总额 14.5 亿元，比上年增长 166%，办理票据贴现总额 13 亿元，比上年增长 86%，全年实现贷款利息收入 0.86 亿元，存放同业利息收入 0.60 亿元，票据贴现利息收入 0.02 亿元。

【资金业务】2016 年，公司继续巩固和发展与同业单位的良好合作关系，确保资金吸存、内部结算、电票贴现、授信业务的顺畅运行，强化资金头寸管理工作，灵活调剂资金余缺，通过引入竞争机制，实现同业存放业务最佳效益，在保证流动性和安全性的前提下，提高资金效率。

【资金集中】2016 年，公司进一步扩充成员单位及开户规模，在原有 62 家成员单位的基础上，新增开户成员单位 29 家，总数达到 91 家，同比增加 47%；全年吸收存款总额 1125 亿元，同比增加 114%，全年日均吸存 32.26 亿元，同比增加 81.8%。2016 年下半年，公司通过理顺成员单位业务关系，加大对本钢板材公司等成员单位资金吸存力度，日均吸存资金近 40 亿元，为公司做大业务总量、发挥职能作用奠定坚实的资金基础。

【业务创新】2016 年上半年，公司积极探索，稳妥运作，依托中信银行现金管理系统，成功推出了财务公司电子银行汇票承兑业务，实现了公司在信贷业务品种方面的创新突破。全年累计签发财务公司电子银行承兑汇票 26 亿元，通过免除承兑汇票手续费和保证金，节省贴现利息，全年为集团公司和成员单位节省财务费用近 0.03 亿元，为多家成员单位缓解资金紧张困难提供了有力的帮助和优质、优效的融资服务。

【风险管理和内部控制】公司坚持把防范金融风险作为经营管理的第一要务，将风险管控机制贯穿经营管理的全方位、全过程，为公司开业运营和顺利发展发挥了保驾护航作用。2016年初以来，公司不断结合实际，对现行制度、流程进行讨论、改进和完善，不断强化内部管理，确保规范经营。制定了《本钢集团财务有限公司案防工作管理办法》和《本钢集团财务有限公司案件风险排查管理办法》，印发了《本钢集团财务有限公司案防工作方案》《本钢集团财务有限公司案件防控培训方案》，定期开展案件风险排查工作，切实把案件防控工作落在实处。同时，有针对性地对授信业务、电票业务、新增自营贷款业务、合同管理进行合规审查和风险审查，形成了“事先防控、事中监管、事后审查”全过程防控和“业务部门自觉管控、风险部门专责管控、稽核部门监察监督”三道防线管控的风险防控机制。

【人力资源管理】为了不断提高经营管理水平，促进公司健康、持续、稳定发展，公司坚持以人为本的指导思想，把加强职工队伍建设、提高职工队伍素质当作一项战略性工作来抓。积极开展员工培训和人才培养工作，公司规定每周四下午进行业务培训，全年派出13人次参加中国财务公司协会组织的高管培训和专题业务培训。围绕公司运营管理和创新发展，员工纷纷提交开辟电票业务、建立资金池、保证金池、完善信息科技系统，助力保障业务创新拓展、营改增预案及对应措施方面的合理化建议，展示了公司员工积极进取的精神状态。

天津物产集团财务有限公司

【经营概况】天津物产集团财务有限公司（以下简称“公司”）始终坚持“依托集团、服务产业”的宗旨，以“支撑、管控、降费”为经营定位，积极调整和优化业务结构，探索稳健增效新路径，在强化风险与内控管理的基础上，努力提升资金运营水平，确保各项业务稳健中有所突破。公司自营贷款业务稳步增长，票据池、实付电票业务规模同比成倍增加，国内外汇贷款、结售汇业务进一步推进，同业拆借业务积极拓展，多品种业务运作格局已经显现。

截至2016年末，公司资产137.03亿元，同比增长1.44倍；所有者权益33.22亿元，同比增长5.46%；营业收入3.68亿元，同比增长38.34%；利润总额2.3亿元，同比增长15%；表外业务规模168.6亿元，同比增长3.2倍；缴纳税款1.05亿元，同比增长1.5倍。

【信贷业务】公司坚持以服务为主，在经济持续下行的环境下，将贷款利率下调至基准利率，为集团及所属企业提供强有力的资金支持。2016年，公司累计发放贷款144笔，金额232.25亿元，贷款余额115.1亿元，同比增长2.14倍。办理委托贷款59笔，金额113.79亿元，实现手续费收入591.17万元。有效缓解了集团及成员单位的资金压力，实现了集团资源的有效配置，促进集团产业的持续发展。

【融资管理】统一运作、专业经营，切实减低融资成本，保障集团及成员单位资金需求，同时在与银行合作的基础上，将公司列入同业授信业务拓展范围。通过与银行高效沟通，取得9家银行同业授信额度共计人民币94.25亿元。其中2016年新增6家银行52.25亿元授信。积极推进外币同业拆借，成功添加交易对手，部分银行的拆借额度已审批完成，待释放额度后，即可进行外币拆借业务，满足集团及成员企业外币资金需求。

【票据业务】加大电票实付量，2016年实付电票21.53亿元，解决部分成员单位融资困难，降低财务费用，提高资金使用效率，为全面开展供应链金融业务奠定基础。2016年累计开立电子承兑汇票749笔，金额106.31亿元，实现手续费收入526.11万元，吸收保证金存款76.98亿元；办理成员企业票据贴现业务，减少成员企业应收票据，提高资产流动性，累计贴现20.8亿元。

【资金结算】公司充分发挥资金结算平台作用，统筹资金配置。2016年累计办理结算业务3796笔，金额1808.17亿元；加大付款审核力度，规范集团成员企业资金使用行为，防范资金使用风险，有效控制违规使用资金的可能性，2016年共审核付款单18.36万笔，金额11049.98亿元。优先选择年结算手续费较低的银行作为主要付款通道，通过集中代理支付，降低资金成本，2016年结算手续费158.43万元，同比减少796万元；依托金融同业优势，与银行统谈存款利息，已有5家银行活期存款利率达到1.2%以上，最高达到2.2%，实现利息收入509.14万元。

【业务创新】公司在原有业务发展的基础上，开拓进取，积极创新。一是扩大集团票据池入池量，逐步实现集团票据的统一化、集约化管理。2016年入池企业46家，总入池量382.81亿元，票据调剂11.28亿元。通过统一商谈，降低票据池超短贷利息，为集团成员企业节省贷款利息84.04万元，增强票据资产使用效率，降低集团整体融资成本。二是开展代开国内信用证业务。累计代理7家成员单位开立国内信用证8.5亿元，为集团总体节省资金4.25亿元。

【外汇业务】公司积极开展外汇业务，推进集团国际化进程。一是开展即期结售汇业务，逐步实现本外币资金优化配置。通过内部调剂减少集团整体对外结汇、购汇额度，提高整体议价能力，取得更有利的结售汇价格，降低集团交易成本。2016年已办理1笔售汇业务，金额8万美元。二是加快推进外币资金池搭建。已完成11家境内成员单位账户转移工作，协助B类升为A类的集团成员企业入池，进一步扩大外币资金池规模。其中部分银行外币资金池已搭建完成，可开展外币资金归集、统一调度资金。

【风险管理和内部控制】公司坚持深化和加强风险管理及内部控制体系建设工作，各项业务合规、稳健运行，内外部检查均未发现重大违规行为和显著风险隐患。一是加强合规管理。全面梳理公司业务流程；2016年新制定、修订29项管理制度；开展9项内部专项审计；完善公司法人治理结构，规范“三会一层”运作程序，邀请律师参加股东会并出具法律意见书；完善法律合规岗位职责；实施关键岗位轮岗及强制休假制度。二是强化业务风险防控。完善授信审批，实行综合授信额度管理，提高贷前授信评估水平，加强贷后跟踪检查力度。

【人力资源管理】坚持“能上能下”“能进能出”的原则，以德行为准绳、以业绩为阶梯、以创新为目的，加快人才引进，截至2016年末，公司员工55人。针对金融行业特点，建立健全公司绩效考核制度，制定有一定市场竞争力的薪酬绩效体系，调动全体员工的工作积极性，激发工作潜能，为业务的稳健发展提供人才保障；做好内部人才培训，选派各部门优秀员工进行专业培训，共组织企业内外部培训70余次，为公司发展储备人才。

【信息化建设】一是根据公司开展创新业务的要求，积极探索信息系统建设的自主开发模式。2016年采用自主开发的模式完成票据池系统开发，确保了票据池业务的顺利开展，并于2016年9月2日完成票据池管理系统软件著作权登记，保护了公司自有知识产权；自主开发模式有效降低了对软件供应商的依赖，提升了公司信息科技自主创新能力。二是协助集团搭建资金管理系统，进一步完善了集团的资金管控手段，规范了相关业务流程，加强资金收支过程控制，降低资金管理风险。

【党建工作】加强党对国有企业的领导，明确党组织在公司中的领导核心和政治核心作用，修改完善公司章程，新增党组织在公司治理中的权限、职责，成立党支部，设支部书记1名，支部副书记2名（其中，专职支部副书记1名），履行支部书记“第一责任”，领导班子“一岗双责”，层层压实责任的落实。

【企业文化建设】公司工会慰问公司职工及职工家属共计10余人，重要节日为全体职工发放实物福利。开展生日送祝福活动，为职工配备小药箱，提供健康早午餐，多角度深化职工关怀。大力开展文体活动，调动员工积极性，积极参与“天物集团第六届职工运动会”，参赛队员比率达到80%，在活动中切实增强企业凝聚力和战斗力。

福建七匹狼集团财务有限公司

【经营概况】2016年是福建七匹狼集团财务有限公司（以下简称“公司”）的首个完整经营年度。截至2016年末，公司实现全年营业净收入1487.86万元，拨备后净利润281.01万元，资金全口径归集率为46.17%，账户集中度为61.37%。

【人力资源管理】2016年，公司持续完善培训机制，加强团队学习力及学习意识的培养，鼓励全员参加债券托管和结算业务培训，全年7位管理岗位、主要业务岗位员工共获得银行间市场本币交易员、银行业、证券业和基金业共计12项专业资格证书，大大提升了公司员工的专业水平和业务开展能力。

【企业文化建设】2016年，公司进一步提升宣传渠道的规范和管理力度，增强公司影响力和活跃度。2016 年微信公众号累计推送 31 篇宣传文章向中国财务公司协会网站推送 5 次。加强了各类宣传的规范性、及时性和有效性。

清华控股集团财务有限公司

【经营概况】2016 年，清华控股集团财务有限公司（以下简称“公司”）秉承“依法合规、稳健经营、依托集团、科学发展”的指导思想。一方面，以资金结算业务为重点、信贷业务为核心，依据现有资质积极推动产品创新，不断深化与成员单位的合作，大力拓展业务；另一方面，坚持审慎经营、完善内部管理，良好地完成了各项经营目标。截至 2016 年 12 月 31 日，公司总资产为 140 亿元，净资产为 11 亿元，全年营业收入为 1.23 亿元，利润总额为 0.95 亿元，资本充足率为 22.84%，不良贷款率和不良资产率均为零，各项监管指标均符合监管要求。

【公司金融】公司作为清华产业创新创业八大生态要素——政产学研金介贸媒中的金融媒介，2016 年坚持以服务为主线，打造多种金融产品体系，支持集团战略计划的实施。

一是以服务为主线，做好企业的融资咨询服务。主要包括投融资、改制上市、并购、资产管理和企业常年财务顾问等。2016 年为 2 家成员单位提供了财务顾问咨询服务。二是打造运营周转支撑产品体系，提高企业的运营能力。清华控股集团的成员企业，大多是集融研发造为一体的高科技企业，在运营过程中有着大量的流动资金需求。财务公司拥有一系列营运资金周转融资产品。2016 年发放流动资金贷款 46 笔，金额 52.91 亿元；应收账款保理 1 笔，金额 1 亿元；票据贴现 8 笔，金额 4.75 亿元。三是打造固定资产融资产品，夯实企业发展基础。无论是重科技研发生产企业还是创新服务载体企业都属于资产密集型企业。2016 年公司发放首笔固定资产贷款，期限 2 年，金额为 5 亿元。四是打造并购贷款等创新产品，助力企业跨越式发展。针对有并购需求或重大投资运营发展的企业，公司可以提供并购贷款、增信支持等创新产品。2016 年公司发放首笔金额为 5000 万元，期限为 3 年的并购贷款，并开始为成员企业提供担保业务服务。

【票据业务】随着金融市场改革步伐持续深入，票据资产良好的资产属性得到市场认可，票据业务资金化运作趋势日益凸显。另外，公司在人民银行获得再贴现的资金支持，可以提供较低成本的票据融资业务。因此，2016 年公司大力开展票据业务，包括银行承兑汇票和商业承兑汇票在内的票据贴现业务有 8 笔，金额合计 4.75 亿元，同时，这 8 笔贴现全部获得人民银行再贴现的支持。

【业务创新】2016 年是公司开业经营第二年，各项业务进入全面开展阶段。其中信贷和资金业务紧紧围绕公司是“集团产融结合的平台，依托集团、服务集团，做好实体产业的金融融资平台，充分发挥金融企业职能，做好金融服务”这一定位进行不断深化和创新，切实贯彻金融机构提升服务实体经济质效的指导思想。

全年公司共推出新业务6类，其中财务顾问业务2笔、担保业务2笔、应收账款保理1笔、固定资产贷款1笔、并购贷款1笔和委托贷款1笔。

【资金和投资业务】公司继续加强资金业务工作，按照“确保头寸、偏重信贷、兼顾投资”的管理策略，对公司资金进行合理安排。一是资金头寸科学化、精细化管理，根据当期用款情况合理分配，在确保资金头寸安全的前提下，进一步降低备付金水平。二是根据公司信贷用款需求，合理安排用款资金，确保成员企业融资需求。三是高效进行资金运作，根据公司沉淀资金情况，以及对同业市场利率走势预期，高效配置资金投放，搭配各种期限，获取最大化收益。四是积极寻求同业合作，扩大外部融资渠道，引入同业资金满足客户资金需求，确保资金链条安全。

【资金集中】2016年度，继续扩大银企直联银行，拓展成员企业直联账户；开通代理收款功能，提供多样化资金集中通道。扩大与上市公司签署金融服务协议，提供竞争性利率和优惠结算服务，吸引上市公司资金进入，促进资金集中度不断提升。开展存款和结算服务宣传月活动，提高结算资金量，加大业务宣传。按照融资促进存款的归集策略，做到存款、贷款相互配合和制约。

通过以上多种方法提高资金集中度，2016年末，公司归集总量较上年提高37%，资金集中工作效果显著。

【风险管理和内部控制】2016年是公司成立之后经历的第一个完整会计年度，风险管理能力和内部控制水平都有较大提升。截至2016年12月31日，公司所有资产正常、安全、稳定。搭建了更为完善的公司治理结构。在公司董事会下设提名、薪酬与考核委员会，审计稽核委员会，风险管理委员会三个专业委员会；经营层下设信贷审查委员会、资产负债与预算管理委员会。形成了授权清晰、职责明确、管理有序的财务公司组织架构。各委员会在董事会决策过程中发挥了防控经营风险、合规风险的重要支撑作用。公司细化了各类信贷项目类型及风险点提示，较好地控制整体信用风险水平。强化了以政策跟踪解读为核心的合规风险管理，实现了风险指标监测，达到了监管机构的各项要求。实施了以关注公司资产负债期限匹配为核心的流动性风险管理。开展了以操作风险管理为核心的公司内部控制建设，出具制度流程修订方案，发布两版制度流程体系，共修订制度50个，新增制度15个。

【人力资源管理】2016年，公司高度重视人才队伍建设，截至2016年底，公司员工平均年龄33岁，本科及以上学历员工占比达96%，硕士及以上学历员工占比为48%。在结合业务发展的基础上，优化组织架构，完善部门、岗位职责，完成定岗定编及全员岗位竞聘；2016年启动了薪酬体系及绩效考核体系改革，确立了与岗位价值及贡献度相匹配的薪酬激励机制，充分激发组织活力；同时支持并鼓励员工参加人民银行、银监会、财务公司协会等组织的各类业务培训，定期开展内部业务知识交流和学习，不断提升员工的专业素养；建立健全人力资源制度体系，为公司业务发展提供全面的人力资源支持和保障。

【信息化建设】2016年，公司正式搭建完成了信息化工作领导小组、信息技术部、项目组的基本管理体系，同时对信息工作逐步进行了精细化管理，将工作进行细化、标准化，并进行了责任明确。公司先后进行了资金系统2016年优化升级项目、现金管理系统建设项目、授信管理系统建设项目、网站系统和邮箱系统的建设工作。通过以上系统的建设推进，完善了公司整体系统功能，提高了业务处理效率，提升了公司管控能力。除此以外，公司对基础架构进行了进一步加固，实现了重要设备的冗余处理，实现了上网行为管理，建立了安全审计系统，实现了对员工上网行为的监控与管理，加强了对数据库访问的安全审计工作。

【企业文化建设】公司以深入开展“两学一做”教育实践活动为契机，积极构建“和谐、严谨、专业、创新”的文化氛围。通过组织员工学习、讨论，聘请专家讲座，开展专题演讲比赛、业务交流以及专业技能培训等活动，鼓励员工勤学善思、快速成长。公司逐步建立起一支以依法合规为导向，政治素质过硬、理论素质过硬，积极进取、朝气蓬勃的专业团队。坚持开展丰富多彩的文化活动，不仅增强了团队的凝聚力和战斗力，更进一步凝练了企业文化。

中国核工业建设集团财务有限公司

【经营概况】2016 年，中国核工业建设集团财务有限公司（以下简称“公司”）紧密围绕集团公司“提质增效”生产经营主线和核心，着力夯实资金管理，推进金融服务创新，加强风险管理和内部控制，充分发挥集团资金归集和结算平台、财务监控平台、融资营运平台以及金融服务平台的“四个平台”作用，各方面工作取得新的成绩和突破，整体经营发展状况良好。

截至 2016 年底，公司资产总额 78.06 亿元，所有者权益 11.04 亿元，实现营业收入 1.88 亿元，同比增长 254.23%，利润总额 1.02 亿元，同比增长 109.67%。

【结算业务】持续跟踪清理账户，提高资金归集率，启动财企直联工作，结算业务量大幅增长。截至 2016 年底，五大银行已联动账户 878 户，实现五大银行 100% 联动归集，年日均全口径资金归集率为 65%，同比增长 75%，公司年日均吸收存款 46.85 亿元，较上年日均存款实现了翻番。全年结算业务笔数达 87513 笔，累计结算金额 4066.55 亿元。

【信贷业务】在做好传统信贷业务的同时，积极开展银团贷款、循环贷款、保理等新业务，帮助成员单位节约财务费用、优化债务结构、满足临时超短期大额资金需求、盘活存量资产。2016 年，全年发放自营贷款 25 笔，累计发放金额 38.1 亿元。配合集团成员企业完成委托贷款业务 23 笔，累计金额 28.99 亿元。完成保理业务 3 笔，金额 8431 万元。完成票据承兑 4 笔，合计金额 2193 万元。开出履约保函及预付款保函 1 笔，累计金额 10 万元。

【资金和投资业务】初步建立资金管理体系，以头寸管理为基础，规范资金计划、调拨、协调工作流程，提高资金管理效率，确保资金的安全性、效益性和流动性的有机统一。在年末资金流出迅速、备付紧张的情况下，确保了资金头寸安全。全年共开展定期同业存放45笔，金额164.5亿元，实现同业收入8251万元。

2016年，公司正式启动同业拆借许可申请工作，年内先后完成业务可行性研究、制度修订、信息系统支持、专业人员配备等工作，并于12月21日获得北京银监局的批复。在跨境资金池、融资租赁、财企直联及整体新业务发展规划方面，也做了大量准备工作，为下一步业务开展奠定了良好基础。

【风险管理和内控控制】公司始终坚持将风险管控和依法治企摆在突出的位置，严格依法合规经营，有效控制各类经营风险，持续提升风险管控能力，为实现年度经营目标保驾护航。2016年，持续改进和优化制度体系，制定公司制度管理办法，加强对现有制度的适应性修订和完善，全年累计修订制度32项，新增制度33项，废止制度12项，公司7类110项制度保障公司各项业务稳健、合规、高效运行。根据监管要求开展全面风险自查，对业务风险指标实行实时监控，实现1104报表自动生成上报。开展多项内部专项审计，全面发挥审计稽核监督检查的职能，发现并提出整改建议近60条，有效实施整改跟踪与检查。

【信息化建设】2016年，公司持续加强信息化建设，不断完善资金结算、信贷管理、票据管理、保险代理等模块功能，开展股份制银行直联及资金定时归集、集团二级单位财企直联以及电票业务系统等软硬件需求调研及应用功能开发，提升信息系统对公司业务的支持水平。开展核心业务系统服务器、杀毒软件、办公及操作系统正版化工作，保障公司信息系统安全稳定。

【人力资源管理】2016年，公司组织开展了7批40余人次招聘工作，引进各类人力资源12人，公司现有从业人员33人，较好地满足了公司发展需要。围绕公司人才战略，公司持续优化人力资源管理机制：一是完善组织机构设置，增设投资管理部和科技信息部，重新梳理和细化岗位职责，规范公司员工“三定”管理；二是出台《员工聘用管理办法》和《关键岗位员工轮岗及强制休假管理办法》，规范选人用人工作程序，建立并实施岗位轮换制度，促进人才多层次、多渠道发展；三是加强员工素质培育，结合公司业务需求，制定并实施培训计划，采取“走出去”“请进来”等多种形式充实培训内容，利用公司内部资源搭建“财务公司内部课堂”，组织高管、中层管理者以及业务骨干传授行业知识、业务技能、公司政策、企业文化、职业素养，营造以经验分享、业务探讨为核心的培训氛围，调动全员主动学习的热情，提升公司员工业务能力和综合素质，有效激发员工的积极性、主动性、创造性和团队精神。

【企业文化建设】扎实开展“两学一做”学习教育活动。组织学习习近平总书记系列重要讲话精神，组织聆听核建大讲堂、学习《大国工匠》和《榜样》先进事迹、开展党章党规答题和专题讨论，参观党性教育基地和长征胜利80周年主题展览。组织完成党员党费补缴专项工作。完成增补支委工作。注重以党建带群团组织建设，开展广播操比赛、投篮比赛、主题摄影比赛，丰富员工业余文化生活；组织户外拓展训练，凝聚团队力量；组织参观北京金融博览会，开阔员工视野；组织青年积极参与集团公司“精准扶贫——青年志愿服务在行动”活动、“创新发展·青年担当”主题青年论坛；举办读书心得交流分享会，关心和关注青年员工成长，激发青年员工融入企业、参与企业管理的热情。

中国黄金集团财务有限公司

【经营概况】 中国黄金集团财务有限公司（以下简称“公司”）是中国黄金集团公司成立的第一家金融机构，2015 年 5 月 12 日北京银监局下发开业批复（京银监复〔2015〕270 号），6 月 26 日举行揭牌仪式，正式开业运营。

2016 年是公司的开局之年。公司坚持“依托集团、服务主业”的经营宗旨，致力于建章立制、规范流程、磨炼队伍、用心经营，积极发挥“资金归集平台、资金结算平台、资金监控平台和金融服务平台”的功能作用，不断优化资源配置，提高资金使用效率，降低综合成本。最终实现系统安全运行、资金集中继续提升、金融业务稳健开展、内控体系规范建设和员工队伍融合，资金集中效果已经显现，取得了较好的经营成果。

2016 年，公司实现收入 12764. 46 万元，利润 9220. 45 万元，为企业贡献增收节支隐形效益 6221 万元，计提减值准备 2809. 50 万元，各项指标均达到监管要求，被集团评为权属公司 B 序列特级企业，获得集团“先进集体”荣誉称号，公司总经理被授予集团 2016 年度“突出贡献奖”。

【信贷业务】 公司大力支持成员企业的融资需求，为成员单位提供精准、高效、客观公正以及能体现黄金集团公司行业特色的评级授信服务，授信一年有效、随时用款，手续简化、流程优化、高效便捷，有力支持了企业的经营发展。截至 2016 年 12 月底，授信成员单位 33 户，授信总额 110 亿元。

2016 年，公司充分发挥信贷服务功能，运用归集资金办理贷款和同业存放等金融业务，有效解决存贷双高的问题。2016 年，累计发放贷款 40 亿元，余额 27. 75 亿元。因替换银行贷款直接为集团节省融资成本近千万元；发放委托贷款 88 笔，余额 19. 97 亿元，手续费优惠 1551 万元。2016 年为成员单位免费开具 33 份资金证明，43 份银行询证函。通过贷款利率下浮和费率优惠，成员单位降本增效效果明显，充分体现了“内部银行”的服务优势。

【票据业务】 公司电子商业汇票系统于 2016 年 7 月 11 日正式上线运营，9 月 18 日公司顺利办理首笔电子银行承兑汇票业务。电子银行汇票承兑业务的开展进一步丰富了企业的融资渠道、降低了付现成本，有效解决了集团纸质票据存放风险大、资源分散、难以进行跨地域管理的问题，为集团票据的集中统一管理和建立“票据池”打下良好的基础。截至 12 月底，办理电子汇票承兑业务 6 笔，金额 2088 万元。

【资金集中】 公司不断推进资金集中，构建集团“资金池”，努力发挥资金归集平台作用。2016 年，中国黄金集团资金集中水平显著提升。截至年底，共有80%的成员企业办理银企直联，50%的银行账户完成直联授权、自动归集；集中率超过50%的成员企业占比超过75%，较年初增加19个百分点，集中率低于20%的单位占比已不足15%，较年初降低10个百分点；吸收存款50.05亿元，较年初上涨23.82%，全口径资金集中度达到54.65%。

公司作为集团公司的“结算中心”，依托资金管理信息系统，实现成员单位足不出户即可高效、便捷、免费地办理各项结算业务。坚持优质服务理念，通过QQ群“中国黄金结算平台”与成员单位沟通，答疑解惑。2016年1月，公司结算系统上线了短信通知功能，为成员单位掌握资金动态提供了更高效的途径。新增两家直联银行，完成结算13.69万笔，金额3429亿元，无一差错，为成员单位节约结算支出1772万元，结算质量和服务水平得到企业财务人员的广泛认可。

【业务创新】公司与银行探讨合作开通了“代理收款业务”，改定时归集为实时归集、变直联户定点归集为全部收入均可归集。

经过研究相关政策法规、走访同业调研学习、与银行进行多轮沟通，公司对私批量代发业务已经完成流程设置、系统开发测试，12月正式上线试点。将基本满足各成员单位大部分结算需求，提高成员单位财务人员的工作效率。

2016年4月20日，公司电子商业汇票系统以北京辖内财务公司最高分通过验收，7月11日正式上线运营。电子商业汇票系统的开通，可以为成员单位提供电子银行汇票承兑业务和贴现业务服务，既丰富了成员单位支付手段，减少现金支付压力，也可以释放在商业银行开票所冻结的巨额保证金，从而更好地发挥公司金融服务功能，有效降低集团公司的财务费用。截至2016年底，共办理电子汇票承兑业务6笔，金额2088万元，标志着中国黄金集团公司票据业务正式进入电子化时代。

【风险管理和内部控制】公司初步建立全面风险管理体系，做好精细化风险管理分类，树立风险责任意识，并建立起由业务部门、风险管理部门、稽核审计部门组成的风险管理“三道防线”，各道防线之间分工明确，职责清晰，有机配合，形成业务部门主动管理、风险管理部门检查监督、稽核审计部门审查评价的涵盖全部业务全部部门全员参与的架构体系。

公司不断完善各项管理制度，建立起由基本制度、操作办法和规程、岗位责任制三个层次组成的较为完善的制度体系。修订127项公司管理制度以及完成80项业务流程图，并印制成册、人手一本，明确各部门间业务分工，优化岗位协作，确保各项业务工作统一、规范、有序运行。

按月发布《风险管理动态》，按季度开展操作风险及内控合规检查，开展收支审计；2016年，委托中国金融认证中心进行科技风险专项审计，并认定公司资金管理信息系统的安全防护水平为较高级别，有效防控各类风险，确保公司安全合规稳健运行。

【人力资源管理】公司根据效率优先、兼顾公平的原则，建立科学的绩效考核评价体系，2016年初制定《绩效考核办法》和《员工年度考核办法》，绩效考核与薪酬激励挂钩，根据考核结果兑现绩效工资和薪酬晋级。充分发挥绩效考核导向作用，落实经营和岗位责任，强化激励约束机制，促进任务目标的实现，推动公司健康规范发展。

公司不断完善员工培训体系，坚持“走出去”“请进来”，加强与先进同业的交流和学习。2016年，进行同业交流走访调研12次。不断强化专业技能的培训，打造学习型企业，创新人才培养模式，提升员工队伍素质。公司现有职工30人，60%已取得银行从业资格证，30%取得证券从业资格证，有4人考取本币交易员资格，3人考取国际财资管理师资格。

【信息化建设】公司遵循系统“安全、稳定、高效”、数据“全面、及时、准确”的总体建设目标，按照管理信息化、服务网络化、风险规范化、操作自动化的建设要求，积极保障系统稳定运行。

2016年1月1日至12月31日，系统安全稳定运行，未出现中断事故。根据客户提出的需求和建议，结合公司员工在工作中发现的问题和总结的经验，2016年累计优化和修改BUG 45项；累计完成系统用户授权40余次，累计开展电票系统及其他系统培训10余次，完成付款指令自动处理等资金管理信息系统优化升级20余次；对成员单位进行5×8小时的在线咨询和远程协助，提供贴身保姆式服务，确保客户业务操作的正常进行。2016年，公开招标建设同城双活数据级灾备中心，大大提高了业务连续性及灾难应急能力。

物美商业财务有限责任公司

【经营概况】物美商业财务有限责任公司（以下简称“公司”）截至2016年末，成员单位上线26家，公司表内外资产总额14.71亿元，其中，表内资产总额14.21亿元，同比增长131%，表外资产5000万元。公司负债总额8.93亿元，其中吸收存款6.14亿元，卖出回购资产2.7亿元，所有者权益5.29亿元，公司资产负债率为63%。

公司2016年度营业总收入4703.26万元，其中，利息收入4235.5万元，中间业务收入24.34万元，营业外收入443.42万元。公司2016年度实现利润总额2307.58万元，缴纳各项税费780.9万元，实现净利润1730.69万元。

【信贷业务】截至2016年12月31日，公司共为7家成员单位批准了共计34亿元的综合授信业务，发放贷款及垫款9.16亿元：其中贷款余额5.6亿元，贴现余额3.7亿元，预计实现贷款利息收入4589.01万元（含税）。

【票据业务】截至2016年12月31日，公司商业承兑汇票余额5000万元，全部为北京物美综合超市有限公司；贴现资产余额3.7亿元，其中，北京物美商业集团股份有限公司2.7亿元，北京鼎立三通物流有限公司1亿元。

截至2016年12月31日，公司共计取得北京银行2.5亿元及兴业银行的同业授信，此举不仅为集团拓宽融资渠道，而且为成员单位办理票据直贴打下了坚实基础。

【资金集中】截至2016年12月31日，集团公司合并口径货币资金118311.76万元，公司吸收存款61409.11万元，存放同业及央行50453.69万元，公司全口径资金集中度为47.51%，同比增长630%。

【业务创新】公司秉承资金运作首要支持集团实体经济发展的理念，积极开拓新融资渠道，在票据业务方面不断创新。2016 年全年，公司累计再贴现 3.61 亿元，为集团融入资金 3.58 亿元，及时为成员企业提供流动资金支持。再贴现业务的开展进一步拓宽了财务公司外部融资渠道，为成员企业提供了新的低成本资金来源、促进资金加速周转。

【风险管理和内部控制】针对“三会一层”及下设的专业委员会 2015 年度未实际履职，不符合监管要求问题，由风险管理部和稽核审计部（以下简称风险审计部门）、综合管理部共同补充完善。由风险审计部门进一步完善对董事、监事的履职考核制度，并有效执行。由综合管理部补充完善绩效考评体系，增加风险指标权重，避免因过于强调利润指标而忽略了风险问责。加强与集团的有效沟通，保证公司的独立性。内控框架与措施方面，由各部门进一步补充完善本条线业务相关各类制度，由风险审计部门牵头、各部门配合完成明确的授权审批及风险问责制度，全公司员工均增加岗位学习和培训，提升自身金融素质，以匹配业务发展和复杂程度。内控监督与评价方面，由风险审计部门年度前完成 2015 年年度风险评价报告，对公司治理、内部控制、风险管理等方面进行有效监督和评估。

【人力资源管理】2016 年，公司绩效考核工作遵循“公开、公平、公正”的原则，以业绩、能力、态度为导向，坚持定性指标、定量指标、调整指标相结合，并且将风险事件防控工作纳入绩效考评，切实发挥绩效考评针对风险防控的导向、约束和奖惩作用。

2016 年，公司创新选人用人机制。随着公司业务的不断扩大，各部门定期引进专业特长人才，公司于 6 月启动新员工招聘工作，7 月至 12 月陆续有 5 名新员工正式入职，充实到各个关键岗位。

公司不断完善员工纵向与横向流动机制，让员工充分了解企业与了解自己，为其提供更多的晋升空间和通道。公司定期对全员展开监管政策宣导与专业技能培训，不断提升其人力资本价值。

【信息化建设】2016 年，公司充分开发和利用系统，以满足信贷业务功能、风险控制功能、报表数据自动生成并有效监控，建立系统应急处理机制，对系统定期进行测试、演练，协商建设信息备份和灾备系统，确保报送专网、业务专网和互联网的物理隔离，最终建立与公司业务规模、发展速度、复杂性等因素相适应的信息系统。

公司严格按照相关制度并通过各种措施保障数据安全，具备一定的安全防护能力，较好地保障了信息系统稳定、安全运行，保证业务连续性。为确保针对公司信息科技安全操作规范及管理流程分别制定了《信息系统安全管理办法》《信息系统运行维护管理办法》《计算机网络管理办法》《计算机硬件设备管理办法》《机房管理办法》《电子数据保密管理办法》等，各项制度涵盖介质管理、网络管理、维护及故障处理制度、软硬件变更流程、机房管理、监控管理、密钥管理、巡检制度等各项流程。

【企业文化建设】公司经中国银行业监督管理委员会批准，于 2015 年 5 月 26 日成立，为物美集团旗下首家持牌金融机构，为物美金融事业发展奠定了稳健的根基。公司秉承“规范经营、开拓创新、依托集团、特色金融”的经营理念，快速融入物美文化，以助推集团战略发展、实现整体利益最大化为根本目标，为股份公司的资本运作提供多元化的金融服务。同时，充分发挥集团金融平台首块金融牌照的样板示范效应，发扬物美改革创新的优良传统，在互联网金融大潮中不断突破与超越自我。

三房巷财务有限公司

【经营概况】 三房巷财务有限公司（以下简称“公司”）于2014年12月11日经中国银监会批准筹建（银监复〔2014〕904号），2015年5月21日，经中国银监会江苏监管局批准开业（苏银监复〔2015〕141号），注册资本3亿元。公司战略定位是：成为三房巷集团资金归集、资金结算、资金监控及金融服务四大平台，为集团及各成员企业提供金融支持和服务。公司发展愿景是成为功能完善、服务优质、效益良好、运行安全的非银行金融机构，助力三房巷集团升级发展。截至2016年末，公司总资产12.66亿元，营业收入2776万元，实现净利润242万元；计提贷款损失准备金1883万元；资本充足率为26.44%；流动性比例为28.32%；贷款损失准备充足率为100%，不良率为零，各项指标均符合监管要求。

【信贷业务】 公司立足集团主业发展需要，在对成员单位筛选、信用评级及尽职调查的基础上，向其中的10家单位发放贷款6.45亿元。

【票据业务】 公司制定了票据贴现、转贴现管理暂行办法，全年办理票据贴现6笔、金额2.35亿元。同时，向人民银行申请办理了6笔、金额2.35亿元票据再贴现业务，年末余额1.5亿元，降低了成员单位融资成本。

【资金集中】 公司利用信息管理系统的资金结算与银企平台功能，不断加强对成员单位银行账户的实时归集管理，截至2016年末，30家成员单位在公司开户，结算账户28户。公司陆续启动了与农业银行、中国银行、浦发银行的直联搭建，为进一步提高资金归集水平打下基础。

【风险管理和内部控制】 公司构建了股东会、董事会、监事会和高级管理层为主体的公司治理结构，并设有战略发展委员会、风险管理委员会、信贷审查委员会三个专门委员会，建立严格的授权及审批制度，确保重大事项的民主和科学，形成了分工合理、职责和授权明确、报告关系清晰的组织架构。在具体业务运营上，构建了风险管控的“三道防线”体系，通过一线岗位双人双责、相关部门相互制约和稽核部事后审计监督最大限度降低业务开展中的风险隐患。

【人力资源管理】 公司重视团队建设，通过外部招聘和内部选拔方式配备各类人才18人，建立了部门和岗位职责。在员工培训方面，一是以老带新、结对帮扶；二是组织相关业务知识培训，多方提高员工金融素养；三是组织员工对口交流学习，拓宽视野，减少弯路。

【信息化建设】 一是完善机房环境、优化网络构建。如对公司网络进行细分，根据不同业务需求，划分了不同网段；对银监线路铺设双线等。二是完成核心业务系统二期建设和测试和电票业务系统设备采购招投标。三是完成征信业务系统上线和人员培训。四是做好银企直联相关准备。

【企业文化建设】2016 年，公司倡导团结、协作、务实、进取的企业文化，努力培养员工合规理念和社会责任意识，积极参加集团各项活动，增强公司凝聚力。

中联重科集团财务有限公司

【经营概况】2016 年是中联重科集团财务有限公司（以下简称“公司”）开业后的第一个完整会计年度，截至 2016 年末，公司资产总额 77.97 亿元，负债总额 62 亿元，所有者权益 15.97 亿元，全年实现经营收入 1.47 亿元，净利润 0.71 亿元。

【信贷业务】2016 年，公司先后为 6 家成员单位申报完成授信，累计办理授信业务 52.44 亿元，其中表内授信业务 43.83 亿元（含贷款 43.47 亿元，票据贴现 0.36 亿元），表外授信业务 8.61 亿元；累计办理委托贷款 2 亿元。年末授信余额 38.62 亿元，其中表内授信 33 亿元，表外授信 5.62 亿元。2016 年累计实现信贷业务收入 1.08 亿元。

【资金和投资业务】公司资金收支计划精准到日，通过强化预算管理、合理进行资产负债配置，公司既保证了流动性安全、有效支持集团各成员单位的生产经营，又充分发挥同业资金利率优势，提高集团的资金收益率。2016 年累计实现存放同业利息收入 4898.55 万元。

【票据业务】为扩大服务范围，充分运用公司信用背书，减少集团外部银票开具，降低保证金占用，2016 年公司加大宣传推广力度，积极推广公司银票业务。2016 年公司累计开具电子承兑汇票 8.61 亿元，年末未解付票据款 5.62 亿元。2016 年累计实现开票手续费收入 40.70 万元，并为集团节省开票保证金占用约 280 万元。

【外汇业务】公司代理集团外汇风险管理工作，2016 年 1 月，共操作 4 亿美元的远期购汇，锁定汇率，用于归还到期的 4 亿美元债务，2016 年为母公司获取汇兑收益约 1.10 亿元。同时主动为母公司管理外汇衍生品，严控风险，谨慎决策，严格操作程序，2016 年度操作外汇衍生交易 15 笔，全部获利了结，无一亏损，为母公司实现盈利约 5500 万元。

【资金集中】2016 年，公司新增 6 家合作银行的银企直联接口，年末已经与 14 家银行建立直联。归集账户、直联账户均稳步提升，其中归集账户提升至 115 户，直联账户增加至 358 户。此外探索建立人民币活期存款差异化定价机制，以存款归集率、账户归集率、财务公司开票率为调整因子，提供基准利率上浮 10% ~40% 的差别存款价格，引导成员单位最大限度地支持公司资金的归集，从而有效吸收成员单位存款。此外，本年新增美元存款业务，丰富存款币种、提高资金归集范围。年末公司开户成员单位总计68家，开立账户136个（含美元账户8个），吸收成员单位存款61.79亿元（含美元存款5223万元），全口径资金归集率超过60%，吸收存款日均余额30.71亿元。

【风险管理和内部控制】公司通过建立内部风险提示机制，确保各项风险控制到可接受范围。通过建立风险管理制度，对违规、险情、事故的发现、报告、处置、纠正与预防措施及实施、责任追究等均作出了书面规定。年度内向全体员工进行风险提示达18次，下发各项风险指导性文件达30项。在各类风险业务方面，始终坚守风险底线，2016年度公司所有贷款与其他授信产品均能够按时结息，信贷资产五级分类均为正常类；保持较充足的流动性，未发生支付风险；在操作风险的控制上未发生严重违法违规行为而受到监管部门的处罚，自开业以来始终保持零发案率。

内部控制方面，公司继续完善三大体系，并始终贯彻“确保业务记录、财务信息和其他相关信息的及时、真实和完整”的内控前提，要求相关职能和层次上建立并保持内控目标，且要求内控目标符合内部控制政策，并体现持续改进的要求。在建立和评审内部控制目标时，充分考虑法律法规、监管要求等，以及技术、财务、经营和风险相关方等因素，如公司确立了资金归集账户管理要保证成员单位及时支付，防范流动性风险；信用风险管理上在贷款、票据贴现业务上要实现零不良率；操作风险防范上提出了要实现100%合规和零发案率等内部控制目标。在内部控制执行上，存款、贷款和结算业务均能够按照内控制度规定的流程办理；各项业务开展均建立在各部门有效制衡、各岗位相互约束的基础上。

【人力资源管理】2016年，公司加强员工培训，帮助员工了解金融风险政策，认识金融风险属性，提高防范风险的理念与处置能力，为提升员工的业务水平及专业技能，鼓励核心骨干参加专业机构培训。拓展招聘渠道引进优秀人才，优化人才结构，提升优秀员工、骨干员工薪酬待遇，保持员工队伍的相对稳定性。

【信息化建设】为更好地适应集团资金集中管理和公司资金归集管理需求，2016年公司对信息系统已经上线的功能模块实现约300处操作优化与升级，涵盖收款管理系统、付款管理系统、票据管理系统、重控管理系统、集团账户管理系统、网上结算系统等八大管理模块。新开发内部结算平台，实现集团内成员单位通过财务公司信息系统直接办理银行存款、财务公司存款、财务中心存款、票据及母公司各事业部之间的资金调拨等业务电子化，提高集团各成员单位之间结算效率和便捷度。

【企业文化建设】公司重视以“依法合规、稳健经营”为理念的企业文化建设，将企业核心价值观、内部控制原则、风险控制、风险防范理念及措施等作为对员工的重点教育内容。建立了微信公众号，并加强了其运营推广，内容覆盖公司动态、产品宣传、金融知识、团队活动等方面，分享知识信息，交流心得，提高公司内外知名度。丰富员工业余生活，定期组织丰富多彩、形式多样的团队活动，培养团结协作、积极向上的团队精神。

广东省广晟财务有限公司

【经营概况】广东省广晟财务有限公司（以下简称“公司”）注册资本10亿元人民币，是由广东省广晟资产经营有限公司（以下简称“广晟公司”）全资设立的下属子公司。2016年是公司开业以来完整会计年度的第一年，截至2016年12月31日，资产总额为59.57亿元，同比增长95.38%，实现营业收入1.29亿元，净利润0.86亿元；在广晟公司年终评比中，荣膺优秀“五好”班子、生产经营先进单位荣誉称号；全年协助广晟公司节约财务成本2亿元。

【公司金融】公司注重拓展多样化的金融服务。一是大力推进上市公司和境外企业金融服务，截至2016年12月末，已与4家境内上市公司（广晟有色、国星光电、佛山照明、东江环保）签订金融服务协议；同时通过跨境双向人民币资金池提供人民币跨境结算服务，与境外企业香港华晟签订了相关金融服务协议。二是积极开展票据业务。三是争取开办中间业务，11月完成首笔成员企业账户验资及开立资金证明业务，减少资金体外停留。四是发挥财务顾问作用，充分利用发行债券的丰富经验及沉淀多年的金融资源，帮助成员企业拓宽融资渠道、降低融资成本。五是充分利用金融平台优势，对成员企业存款开展存款差异化定价服务，帮助成员企业提高存款收益，为成员企业争取效益最大化。

截至2016年12月末，公司贷款余额28.07亿元，较上年末增长208.43%；累计为10家成员企业核定授信额度58.43亿元。建立资产责任追究机制，完善贷前、贷中、贷后三位一体的授信管理模式，坚持对全部授信客户进行实地检查，开展授信风险排查和贷后检查，2016年对南和通讯、红岭集团和大宝山矿三家授信企业开展了贷后现场检查。

【资金业务】公司发挥金融平台资金管理优势：一是在活期存款方面，通过引入新的合作银行，从价配置各行资金存放，加大与银行的谈判力度，促使合作银行的同业活期存款利率不断稳步上扬。截至2016年12月末，公司在15家银行开立了活期存款账户，平均活期存放利率相当于普通企业一年期定期存款基准利率上浮20%。二是在定期存款方面，与合作银行形成每日报价机制，随时掌握资金价格动向，抓住月末、季末等利率走高的机会，叙做同业定期存款。2016年，公司累计办理同业定存107.20亿元，平均年化收益率比活期存放同业的平均利率高60%。

【票据业务】公司积极开展票据业务，2016年6月正式推出票据贴现业务，在业务办理过程中对收票、验票、审批、放款、托管、托收进行了全流程检验，为争取试点产业链金融业务奠定了基础。

【财务顾问】公司在广晟公司债券融资业

务中，积极做好财务顾问角色，全年为广晟公司新增发行 11 期共 156 亿元债券，兑付 9 期共 120 亿元到期债券，共办理新增银行借款 30.29 亿元，归还银行借款 37.46 亿元。维护了广晟公司的优良信用，保障了收购东江环保等重大项目及日常运营的资金需求。2016 年，创新发行企业创投债 46 亿元，为广晟创投基金、产业基金等资金流动提供了支持；发行超短融 85 亿元，有效解决公司短期资金需求；注册 60 亿元公司债发行额度，获中国证监会核准；启动注册新一期中票发行额度，同时积极研究可交换债券、绿色债券等新型债务融资工具，进一步优化公司债券期限结构，降低债券发行成本，维护资金链安全。

【资金集中】 截至 2016 年 12 月末，公司已为广晟公司下属 212 家成员企业开立结算账户，与 10 家银行实现了银企直联，与 379 个企业银行账户建立了资金归集关系。12 月末归集成员企业存款余额 49.01 亿元（其中定期存款 7.57 亿元，通知存款 5.58 亿元），较上年末增长 139.54%。截至 12 月末，全口径资金归集率为 25.48%，可归集口径资金归集率为 74.70%；1—12 月，成员企业在公司的结算量达 857.96 亿元。

【业务创新】 2016 年，公司一是以人民币跨境资金池、票据业务、上市公司和境外企业金融服务创新为抓手，推动其他境内上市公司、境外企业的资金统筹，推动境内外资金互相调剂、互相融通；截至 12 月末，通过跨境人民币资金池向境内流入资金 5.59 亿元，向境外流出资金 2.07 亿元。跨境资金余额为净流入 3.52 亿元，可用净流入额度剩余 92.73 亿元。二是在成员企业东江环保 10 亿元绿色公司债项目中担任财务顾问，帮助成员企业拓宽融资渠道、降低融资成本。三是优化资金归集与管理模式，加强风险管控、危机预警与资金分析，着力推动技术创新。

【风险管理和内部控制】 公司秉承“内控优先、制度先行”的风险管控理念，确保各项业务安全稳健有序开展：一是严格落实公司议事决策和监督机制。2016 年共召开 7 次董事会，监事均有列席。二是健全基础制度体系，加强事前监督。截至 2016 年 12 月末，在开业筹备时原有 65 个制度基础上，新增制度 33 个，修订 4 个，废止 13 个，涵盖了存款管理、账户管理、支付结算管理、重要空白凭证管理、资金划付、会计核算管理、固定资产管理、绩效管理、工作授权及交接管理、法律文书审查审批、反洗钱内控管理、人事档案、固定资产管理等多项业务及内控环节。三是防范操作风险，加强事中监督。业务方面做到三个“严”，即从严把好结算关口、从严控制授信风险、严控资金存放风险；流程管理方面，大力提升科技防控风险手段，即推进资金管理系统建设。四是严格落实监管要求，加强事后监督。开展反洗钱专项稽核、基础业务大检查、重塑合规年以及平安金融创建工作，提升了风险防范能力和内控管理水平。

【人力资源管理】 公司 2016 年一是完善制度基础。新增修订绩效管理办法、干部人事档案管理办法、部门职责和岗位说明书、员工问责制度；制定了公司实习协议、劳务协议，协议均经法审。二是建立绩效考核体系。研究制定印发绩效管理办法和方案，开展全员绩效管理。三是开展人才引进、提拔工作。2016 年共引进两名正式职工，均经过笔试、面试、背景调查、档案核查、定岗定职、合同签订等招聘流程；完成资金部部长选配工作，通过制定选配方案，对候选人进行民主推荐、考察、测评、档案审核、公示等程序，完成公司首次干部提拔。四是开展人事档案管理。经过分批调转，公司现已归档人事档案 18 份，归档率达到 90%。五是开展培训管理。2016 年公司全员共参加培训 90 人次（含 4 次全体培训共计

58 人次），全员培训率达 100%。

【信息化建设】公司加快信息平台建设，利用科技手段保障流程管理，控制内部风险。2016 年完成信息科技一期核心模块建设，并稳步推进二期项目建设；8 月获准加入中国人民银行会计核算数据集中系统综合前置子系统（ACS 系统），是广东省仅有的两家财务公司之一。维护信息化监控系统，实现了对成员企业客户信息、日常资金归集、账户明细、账户余额以及交易行为的日常监测。

【企业文化建设】公司 2016 年认真组织“两学一做”学习教育活动，组织全体党员参加手抄党章、“做合格党员”主题研讨、“纪律教育月”等活动，先后组织党员收看“两优一先”典型事迹片，在党章网上答题活动中，公司 11 名党员均取得 96 分以上高分，6 名同志取得满分，满分率为 55%，获得上级党组织的肯定；公司宏观经济研究小组坚持理论政策研究和实际工作相结合，2016 年发布《一周点评》47 期，《财经点评》22 期，月刊 7 期，为广晟公司本部及成员企业提供金融讯息服务。

湖北交投集团财务有限公司

【经营概况】2016 年是湖北交投集团财务有限公司（以下简称“公司”）实施公司“十三五”规划的开局之年，也是强基固本，开拓创新，经营管理快速成长的一年。一年来，公司积极进取、奋力拼搏，全年实现营业收入 1.72 亿元，拨备前利润 1.07 亿元；贷款余额 45.16 亿元，无不良贷款。公司现有职工 28 人，其中高管 5 人，员工 23 人。内设信贷部、结算部、资金财务部、风险管理部、综合办公室和审计部 6 个职能部门。

【信贷业务】公司通过制定优惠的业务定价，加大营销力度、深挖成员企业融资需求等措施，推动信贷业务快速发展。一是按照不高于同行业标准的总体要求，制定了各项业务定价，并将企业信用评级、授信调查报告综合纳入利率定价标准，形成利率定价机制，实现规范化、标准化运作，推动成员单位企业健康发展；二是积极主动营销成员企业，及时了解资金需求，在国家信贷政策允许的范围内给予信贷支持，保障企业正常生产经营；三是积极与集团“十三五”发展规划对接，为三江港、荆州、宜昌等投资公司实现“港产城一体化”开发提供资金支持，支持和推进集团八大业务板块的重点项目发展；四是通过委托贷款等方式盘活公司资金存量，同时在项目前期资金周转、银团贷款等方面给予支持，加大对集团项目建设资金的供给，节约融资成本。截至 2016 年 12 月 31 日，公司各项融资余额为 78.70 亿元，其中表内业务 45.16 亿元，表外业务 33.54 亿元；完成了对 24 家成员企业的授信工作，授信额度共计 106.91 亿元。

【资金集中】2016 年，公司重点在资金归集、加强资金监管方面做了以下工作：一是开展全面账户清理和成员企业开户审核工作，实现成员企业账户的规范化管理。截至年底，成员企业共开立一般结算账户113户，其中协定存款账户34户。成员企业的开户覆盖率达80%以上。二是积极打通资金归集渠道，保证资金集中度。经与银行协商，已开通与国家开发银行、工商银行、农业银行、中国银行、建设银行、中信银行、浦发银行、招商银行等银行资金归集渠道，并与10家银行实现了银企直联，完成了对成员企业的资金归集。12月31日，公司时点吸收存款余额95.84亿元，资金集中度在50%以上，达到了同业较好水平。三是设计开立项目资金专户的解决方案，争取项目资金的集中管理。四是提升资金结算服务质量，合理安排资金计划。截至12月31日，公司累计为成员企业办理支付结算业务12343笔，金额2236亿元，加快了企业资金周转，提高了资金使用效率。

【业务创新】根据业务发展需要，公司在流动资金贷款的基础上，通过不断创新，陆续开办了固定资产贷款、保函、票据贴现、银票代开等业务。通过办理票据贴现业务及时满足了成员企业的资金需求，节约了财务成本，有利于成员企业的正常经营；通过办理银票代开业务，拓宽了成员企业的融资渠道和规模，降低了企业资金占用及资金成本。在票据业务方面，2016年公司累计办理票据贴现2.55亿元，有效满足了成员企业资金需求。同时发挥金融同业的优势，从集团整体利益出发，经与银行协商，以代开银票的方式将各成员企业的银票保证金比例降为20%。2016年，公司累计代开银票金额2.56亿元，成员企业享受20%保证金比例而开立的银票累计金额22亿元，节约资金占用成本近0.1亿元。

【风险管理和内部控制】公司重点抓合规建设，全面强化风险管理。一是强力推进制度建设。按照制衡性、审慎性、匹配性原则，建立了覆盖全部门、全人员、全业务、全流程的内控制度体系和业务流程体系；以监管要求为基础，以同业制度为参照，结合成员企业经营特点，及时修订完善业务制度和流程。二是强力推行风险防控。风险管理部门采取座谈、现场检查、抽查等方式，对公司开展了全方位的内控检查，及时查漏补缺。有效保障了公司的合规经营。三是强力推进监管试评级。对照监管部门《财务公司监管评级与分类指引》有关规定，实行年度试评级、季度监测的模式，动态优化评级指标，为公司后续申办新业务打好基础。

【人力资源管理】2016年，公司通过制定《薪酬与绩效管理办法》，建立了有效的考核与激励机制。同时规范员工劳动关系管理流程，完成了员工职级晋档，有效激发了员工主观能动性和创造性，积极为公司的健康发展献言献策。一是加大了人才引进力度。根据业务发展需要，通过笔试、面试等环节，公司新招进员工8名，引入中层管理干部2名，并结合新进员工的能力及特长，合理定岗定级。二是不断完善绩效薪酬管理体系。通过充分调研学习、了解同行业薪酬管理体系，公司制定了公平合理的薪酬制度及绩效考核体系。三是规范员工入职、考核转正、晋级等工作流程，为公司吸引人才、留住人才打好了基础。

【信息化建设】本着稳定、安全、高效运营原则，公司着重加强了涉及核心业务系统、网络基础环境、应用弹性架构等方面工作，构建了公司全方位信息化运营平台。同时不断升级优化核心业务功能，公司已在信贷、结算、风险控制、财务核算报表的基础上增强智能化模块，利用数据统计分析提高闲余资金使用效益。通过核心业务系统的功能更新、系统补丁等，更好满足了各业务板块的功能需求。公司已完成了1104报表模块和人民银行企业征信系统接口上线工作，并做好系统软硬件、银企直联专线、银监局及人民银行业务专线系统等日常管理维护工作，确保系统运行零风险、零事故；完成了公司协同办公系统、门户网站的深入调研、业务需求沟通协调、系统演示、制定实施方案等，全面推进公司信息化建设，提高工作效率。

【企业文化建设】公司一贯坚持集团公司“大战略定位、大投资布局、大融资格局、大产业发展”经营理念，高度重视企业文化建设，外树形象、内聚力量。一是公司在集团范围内建立了首家“金融知识普及讲坛”，为集团员工专业学习、研究提供了交流平台。二是通过开展“5·10我要廉活动”“主题党日活动”以及反腐倡廉警示教育等活动，全面落实“从严治党、从严治企”要求，树立了正确的价值导向，引领公司可持续健康发展。三是深入推进“制度化、程序化、精细化、标准化”管理，增强了员工依法合规、审慎经营意识，不断提升公司金融服务水平。四是通过举办形式多样、丰富多彩的公司集体活动，如举办“迎双节运动会”、英语沙龙、徒步健身运动等，活跃了气氛，陶冶了情操，增强了公司的凝聚力和创新力，日益丰富了具有交投特色的金融企业文化。

新凤祥财务有限公司

【经营概况】2016年，新凤祥财务有限公司（以下简称“公司”）坚持“依托集团，服务集团，依法合规，审慎经营”的理念，严守风险底线，改革创新，稳步推进各项经营业务，保持了良好的发展态势。截至2016年末，公司资产总额39.10亿元，负债总额30.83亿元，所有者权益8.27亿元；各项存款余额27.40亿元，比年初增加20.22亿元，同比增长281.62%，全口径资金归集率达到33.41%；各项贷款（含贴现）余额29.66亿元，比年初增加22.31亿元，同比增长303.54%；实现营业收入1.14亿元，利润总额0.27亿元。

【信贷业务】公司一是不断提高同业授信总量。公司已与20余家银行建立了合作关系，全年共获取同业授信11亿元，并全部实现产品落地，综合融资成本4.42%。同业授信项下的业务涵盖了票据转贴现、代开银承、代开国内信用证等多个产品种类，为集团公司发展扩大了融资渠道，降低了融资成本。二是拓展信贷业务规模。2016年，公司累计为成员单位办理授信额度95.7亿元人民币、1000万美元，年底表内贷款（含贴现）余额共计30.48亿元，比上年底增加了23.68亿元。其中，投向有色金属板块20.28亿元，投向食品产业板块10.2亿元。三是大力开展再贴现业务。自2016年1月开展再贴现业务以来，累计共办理再贴现业务12笔，累计金额为8.2亿元。

截至2016年底，再贴现余额3.1亿元。

【票据业务】申办电子商业汇票系统是公司2016年重点项目之一。2016年5月18日，中国人民银行下发《中国人民银行支付结算司关于新风祥财务有限公司加入电子商业汇票系统的批复》，同意公司以直连方式加入人民银行电子商业汇票系统。公司电票系统于12月8日正式上线，累计办理电票出票及承兑金额10016万元。公司加入电子商业汇票系统后，能够充分发挥综合性金融平台作用，有效降低和防范票据风险，扩大公司对成员单位的服务范围，提升公司商业汇票业务服务能力和处理效率，进一步提升经营业绩。

【资金集中】2016年，公司一是通过采用多种灵活归集模式、保证金置换等方法提高资金归集率。2016年日均归集资金23亿元，比年初增长近3倍。自2016年5月以来全口径资金归集率基本稳定在30%以上，最高时点达到43%。二是有序开展代理支付结算业务。公司全年共办理集团各类结算付款26737笔，累计金额2017亿元，其中成员单位通过公司内部结算付款1022笔，合计426亿元，通过手续费打包谈判降低集团整体结算费用130万元。三是加强资金管理，完善“银企平台”建设。公司牵头组织集团资金管理制度体系建设，先后颁布《资金管理制度》及七项实施细则，并将相应流程权限嵌入集团资金管理平台和OA办公系统。通过实行精确到日的资金计划管理，保障资金安全，提高资金归集率，降低公司备付金水平，提高资金利用效率，为业务的开展提供资金支持。通过系统接口开发实现公司核心业务系统和集团资金管理系统数据对接，搭建“财企平台”，对收付款数据和银企直联数据进行双向传输，提高了成员单位代理支付意愿和满意度。2016年财企接口日均交互直联银行账户和财务公司账户数据37个，累计实现接口付款数据2314条，金额849亿元。

【资金管理】2016年初，公司架构进行了调整，将集团融资和资金管理团队整建制划归公司，增设融资管理部和贸易融资部，成立集团授信委员会，由公司负责对集团进行统一的资金管理，并代理集团及成员单位的融资业务；公司计划财务部下设资金管理组和经营核算组，负责对集团公司资金的计划、调度及考核。

经过近一年的运作，成效显著。一是公司成为集团唯一的融资平台、资金管理平台、结算平台、投资平台，有利于掌握集团整体资金情况，合理进行资金运作，提高资金使用效率。二是将同业合作与银企合作合二为一，能够有效整合资源，提升集团的整体议价能力，从而提高资金收益率。三是同业授信与企业授信有机结合，可以丰富金融产品的运用，利用产品价差，灵活选择产品，从而有效降低财务成本。四是充分利用成熟的金融技术和产品、专业的金融人才队伍，统一负责集团的资金管理并代理集团各成员单位开展融资业务，能够更加有效地配置内外部资源，满足集团不同产业、不同单位的多元化金融需求。全年共代理集团完成融资343亿元，充分使用银行各类产品，更加有效降低融资成本，密切银企关系。

【风险管理和内部控制】一是完善制度体系建设，公司成立之初就把制度建设和风险管理作为重点工作来抓，提出着力培养员工“审慎合规意识”。随着公司业务发展，2016年重新梳理了内控制度、业务流程和操作手册，共补充新制度21个，修订制度48项次。二是加强内部审计检查，分别对综合管理和信贷管理业务进行了全面审计检查，并形成审计报告，对审计中出现的问题及时进行整改，增强员工风险合规意识，保证公司稳健经营。三是规范风险管理，实行审贷分离，形成风险合规审查、贷审会评审和决策审批的信贷审批管理机制。全年共组织召开贷审会8次，为7家成员企业核定综合授信额度，审查通过综合授信95.7亿元人民币、1亿美元。

【信息化建设】2016年，在确保现有核心业务系统稳定运行的前提下，在基础环境、网络安全、系统加固、业务连性等多方面做了优化调整。一是强化运维保障，为保证核心业务连续性服务及业务运行访问的安全性，对公司基础环境、网络柘扑进行了全新改造，实现网络安全五元组。二是增加信息安全配备，公司新增安全软件和安全设备，同时部署提升网络内部安全等级。三是拓展核心系统功能。完成电子商业汇票系统软硬件购置、系统开发、测试、验收及上线工作。即期结售汇系统的开发、测试、验收及硬件购置均已完成。自开业以来，公司累计完成软硬件基础设施和核心系统建设投资970.8万元。

【企业文化建设】公司牢固树立“诚信、敬业、尊重、创新、共赢”的企业核心价值观，始终秉承“依托集团、服务集团”的经营宗旨，不断加强自身企业文化建设和团队建设。多次组织提高公司凝聚力和员工归属感的活动，包括职工趣味运动会、团队登山等多种形式。通过丰富多彩的活动，使“快乐工作、幸福生活”的理念深入人心。

山东招金集团财务有限公司

【经营概况】2016年，山东招金集团财务有限公司（以下简称“公司”）始终坚持“立足集团、服务集团”的宗旨，紧紧围绕资金集中管理的职能，不断完善金融服务；在稳健合规经营的基础上不断改革创新，开业近一年就完成了人民币资金池、外币池和票据池的搭建工作，推出多种融资品种服务，建立立体交叉式监督检查体系、不断强化信息科技服务及网络安全建设，取得电子汇票及结售汇业务资格；全年充分发挥五个平台作用，为服务实体经济供给侧改革作出较大贡献。截至2016年末，公司总资产25.63亿元、总负债20.42亿元、所有者权益5.21亿元、存款余额19.87亿元、贷款余额13.83亿元，全年累计实现利润0.22亿元、利税0.24亿元，计提拨备0.10亿元，实现拨备前利润0.33亿元。

【信贷业务】公司一直以提高服务质量和效率为服务理念，2016年充分发挥资金调剂平台作用，大力支持企业发展。对成员单位推出多种融资品种，开展了人民币贷款、外币贷款、商票贴现、银票贴现、委托贷款、票据质押贷款、法人账户透支等业务，充分满足企业需要。

截至12月末，公司共为60家企业和金融机构核定了授信额度；向企业发放人民币贷款32.42亿元；发放美元贷款1000万美元；办理票据贴现1.42亿元；承接委托贷款8.25亿元；办理质押贷款0.95亿元；通过免收手续费和利率浮动为企业创造效益514万元。较好地满足了企业的各种金融服务需求。

【产品销售信贷业务】虽然尚未取得相关资格，但公司已成立新业务研究小组，全面推进有价证券投资、企业债券承销、成员单位产品买方信贷、消费信贷及融资租赁五项新业务的研究工作。

【资金和投资业务】公司加强资产负债管理，力争把有限的资金用好用活；在保证信贷资金支持集团各产业发展的基础上，合理安排“短、中、长”生息资产规模，降低低收益活期账户资金存量；研究商业银行的同业合作产品，为资金运用设计不同的渠道，努力提高资金的收益率。2016年实现金融企业往来收入1435万元，占总收入的26.50%，资金平均收益率为2.62%；全年调拨资金1178笔，金额1100多亿元，不断推动资金向高收益流动；拨备前利润的资本收益率达到6.25%。

【票据业务】公司已获得人民银行批准，加入电票系统，进入调试上线阶段。在准备上线期间，通过向成员单位分发电票业务推广手册、走访讲解等手段大力宣传票据知识，做到上线宣传两不误。下一步公司将积极响应票交所推广上线工作，完成各项技术、业务准备要求，并做好过渡工作，争取成为票交所成员。

2016年，公司为成员单位办理纸质商票贴现24笔，金额1.36亿元，其中办理代理贴现1笔，金额100万元；办理银票贴现16笔，金额598万元；办理票据质押贷款3笔，金额0.95亿元；办理再贴现14笔，金额1.05亿元。

【外汇业务】公司已获得国家外汇管理局的批准，取得即期结售汇资格，并获准加入上海银行间外汇市场；下一步将加强对成员单位的宣传和交易对手的寻找，争取早日开办结售汇业务。

【资金集中】公司不断完善人民币资金池的准账户体系和收支两条线的管理，在此基础上，新建成了外币资金池和纸质票据池，通过“三池联动”，努力争取对企业的人民币资金、外币资金、纸质票据进行集中管理。截至2016年12月末，公司共完成85家企业的开户和资金归集关系建立工作，为成员单位办理人民币结算46924笔，金额3067.78亿元；外币结算25笔，金额395万美元。吸收成员单位人民币存款余额19.87亿元，外币存款375万元；全口径资金归集度为54.62%，扣除口径资金归集度达到92.69%。

【业务创新】公司一是利用再贴现渠道进一步丰富公司的流动性管理工具，也为更好地服务成员单位，用好用活信贷资金建立了多种资金来源；二是建立纸质票据池，针对企业客户的需要随时进行商业汇票的提取、贴现、质押开票等融资服务，提供商业汇票的鉴别、查询、保管、托收等提供一揽子服务，在为企业提质增效的同时，保证了集团内部票据资源的统筹管理和使用；三是不断研究完善资金归集模式，在前期标准账户体系建设的基础上，研究利用商业银行的虚拟账户功能，进一步实现公司账户的对外开放程度，缩短资金归集链条；四是已获得人民银行批准，加入电票系统；五是已获批取得即期结售汇资格和加入银行间外汇交易市场资格；六是创新性地对成员单位开展法人账户透支业务，满足企业临时性、低成本的资金周转要求，减少企业资金无效冗余，提高资金使用效率，降低企业成本；七是实施大额外币优惠利率存款细则，扩大公司的外币资金池规模，成员单位入池后，至少可以享有手续费减免、存贷利率优惠、结售汇价格优惠，节约其调拨、汇兑成本；八是成立新业务研究小组，全面推进有价证券投资、企业债券承销、成员单位产品买方信贷、消费信贷及融资租赁五项新业务的研究工作。

【风险管理和内部控制】一是坚持制度先

行原则，新的业务开展前，首先制定管理办法和操作流程，2016年新制定和补充完善各种制度45个；在坚持制度执行的严格性的同时，任何人在制度的执行过程中发现问题，均可以制度提报单的形式进行提报，公司视合理与否进行修订或对提报人进行解释辅导；定期对照外部监管政策，对内部制度进行对比，确保内外部制度的统一。

二是在实践中逐渐理顺审计稽核部和风险合规部的监督检查职能，审计稽核部主要围绕着每项业务形成的档案资料来分析存在问题及问题的严重性；风险合规部从每项业务可能存在的风险点来制定风险控制措施；风险控制点是监督检查的主要关注点，监督检查的问题又是风险解剖的主要依据，形成一套纵横交错的管理体系。全年公司先后出台31个业务风险点及控制要点手册、23个业务监督手册。

三是一方面建立起“后手监督前手、上级监督下级”的检查监督体系，随时随地、随人随事地进行检查和辅导，同时根据问题情况进行分析，并通过会议纪要等方式对业务流程进行固化；另一方面，举办各种业务的现场推演，通过现场操作对员工进行辅导，明确岗位职责、各操作环节的衔接，业务控制点、审核要点、应形成的传票或档案资料等。通过以上两种方式，2016年先后形成110余份会议纪要，对公司的各项业务操作进行了规范。

【人力资源管理】2016年初即制定下发年度工作规划、年度绩效考评办法和员工学习培训规划，分别从多方面对全年各项工作的任务、目标、标准进行了明确和部署，对各部门工作目标实现、内控管理和风险控制进行综合评价，强化“指挥棒”作用，对培养综合性人才等方面起到积极的推进和指导作用。年末公司已有85%的员工取得银行从业资格，有10人拥有证券投资资格，有5人通过了黄金交易从业资格考试，有2人通过外汇交易员考试，有2人通过同业拆借交易员考试，为下一步发展不断储备人才队伍。

【信息化建设】不断完善信息科技的服务功能和安全服务网络，确保连续性生产，第一，完成了外币资金归集、纸质票据池建设、保函、征信、反洗钱等二期模块、结售汇、电票等业务的上线工作；第二，不断优化对成员单位的服务，增加了余额变动提醒功能，实现了小额付款不落地，极大地提高了付款速度，强化了网上对账等功能；第三，完成了与矿业公司的财企接口的对接工作；第四，在内部系统安全、稳定性建设和风险防控方面做了大量的工作，重新搭建了网络架构，增加了多种自动检测手段，完善了备份体系，完成了内网的安全隔离，使网络的安全性和稳定性得到极大的提高，顺利通过了人民银行总分支三级行的电票验收和检查。

【企业文化建设】采用“三个持续加强”的方式，在打造学习型组织、搭建效能型团队方面做了大量工作：一是持续业务实战演练工作，确保员工熟悉业务操作流程，掌握每个环节的控制点；二是持续加强从业资格考试工作，不断扩充员工知识面，提高员工专业素养；三是持续开展集体读书活动，围绕提高工作效能、加强沟通、改进思维模式等团队建设方面狠下功夫。

北京金融街集团财务有限公司

【经营概况】北京金融街集团财务有限公司（以下简称“公司”）于2015年6月29日经北京银监局批准设立，注册资本8亿元人民币。开业以来，公司秉承“依托集团、服务集团”的经营宗旨和“规范管理、审慎经营、专业诚信、创新发展”的经营理念，积极探索集团所处行业产融结合的创新路径，严格按照监管要求开展各项业务，有效地提升了集团资金价值和资金使用效率，在第一个完整会计年度全面完成各项业务管理指标，较为充分地发挥了财务公司的功能作用。截至2016年末，公司吸收存款余额34.49亿元，累计发放贷款余额9亿元，资产总额达到42.89亿元，当年实现营业收入0.39亿元，净利润0.17亿元。

【信贷业务】2016年，公司继续贯彻金融服务实体经济的精神，集中集团内相对分散的资金围绕集团上市公司等重要成员单位，以市场化方式依法合规开展信贷业务，妥善协调了集团、财务公司、上市公司等成员单位的利益诉求，满足了国资委、银监会、证监会的监管要求；针对2015年开业较晚，存量信贷投放、到期相对集中的情况，制定了在发展中以增量信贷调整整体信贷投放、到期结构的信贷策略，既及时满足了成员单位的资金需求，也平滑了公司信贷资产集中到期的波动。全年新增贷款2亿元人民币，贷款余额9亿元人民币，全部贷款利率均不高于同等条件的外部贷款利率，按贷款五级分类划分全部为正常。

【资金和投资业务】2016年，公司努力克服暂不具备同业拆借和投资业务资质、同业利率在较长时间内持续处于低位等不利因素影响，精细化管理和运营资金，积极与各成员单位和集团相关部门联动，及时了解集团各成员单位资金使用情况，不断完善资金计划管理工作，合理安排资金运用的期限、结构，同时进一步增加合作银行同业机构，积极与银行同业询价议价，获得较高的同业存放收益，全年实现同业存放利息收入4000余万元。

【资金集中】2016年，公司走访调研深入了解成员单位的业务需求，提供更高水平的专业服务。此外，公司积极与成员单位推介各项业务，使成员单位对公司有了更多的了解和认可。以市场化的存款利率为基础，公司充分让利成员单位，与成员单位共享公司的市场化收益。多措并举，2016年，公司实现了存款规模的快速增长。截至2016年底，吸收成员单位存款规模为34.5亿元，与上年底款额12.5亿元相比，同比增长22亿元，其中各家成员单位的存款额均有增长。

【业务创新】2016年，公司发挥金融专业优势，积极开展“财企对接”，为成员单位提供个性化、专业化咨询服务业务。公司就集团本部发行私募公司债与集团签订《财务顾问协议》，公司与集团财务部、主承销商、律师事务所、第三方信用评级机构密切合作，全程参与债券发行的具体流程、材料准备、债券要素设定等具体工作并提供顾问建议；为集团新设立的成员单位在财务账簿设立管理、税务申报、业务运营模式分析选择、投融资方案设计安排等方面提供全方位的顾问咨询服务，既及时充分满足了成员单位的需求，也进一步锻炼提高了财务公司的队伍素质和专业知识技能。

【风险管理和内部控制】2016年，公司继续深化内控体系建设，加强风险动态监控，持续提升风险管控能力，有效预防和化解公司业务发展潜在风险，为公司实现经营目标保驾护航。公司对管理制度和授权手册进行了修订和完善，共形成各类管理制度118项，其中法人治理类10项，结算业务类9项，信贷管理类11项，金融市场类5项，财务管理类25项，风险稽核类17项，信息管理类15项，综合管理类26项；同时，为进一步明确各类关键事项审批流程及权限，在对内控制度进行梳理的基础上，形成了公司授权手册，完成公司授权授信体系的搭建。制定完成公司监管指标风险监测预警体系，通过季度风险监测与预警，在确保各项监管指标符合监管要求的前提下，针对潜在风险提出有效防范建议与措施。开展了风险管理和内控体系建设与实施工作，编制了《内控诊断报告》《内控管理手册》及《内控评价手册》；建立一整套科学、系统的内部控制体系建设的方法和规范，为公司内部控制体系建设、运行和维护提供指引，并为建立、运行及评价内部控制体系提供了依据。同时，公司有序开展审计稽核工作，以“完善内部控制、防范公司风险、增加公司价值”为内审工作目标，全年共完成审计项目8个，共发现审计问题17项，提出审计建议17项，充分发挥了内部审计监督及服务职能。

【人力资源管理】2016年，公司围绕人力资源管理各模块工作有序开展了人员招聘、培训、考核等人力资源工作：一是健全制度体系，实行了人力资源流程的全覆盖，制定了包括薪酬管理、人员招聘、岗位职责、绩效考核等在内的10余项制度；二是根据公司经营业务发展情况，对各部门岗位设置情况进行了全面调查，据此，组织编制了部门岗位职责；三是配合集团搭建人力资源管控系统并实施落地；四是结合自身行业特点，组织安排相关部门员工进行形式多样且有针对性的岗位培训；五是通过严格考核、岗位实习考察，全面完成年度招聘计划，公司人才结构得到进一步改善。

【信息化建设】2016年，公司成立了信息技术部，落实职责及AB互备制度，建章立制，新增、修订多项制度和预案，进一步规范信息化工作；以安全运行为目标，查漏补缺，提高关键信息系统冗余性并建立了同城数据级容灾系统，逐步降低信息系统安全风险，同时进一步提升了信息系统的运维保障能力；信息技术部在IT监控系统和互联网接入动态令牌验证实施工作上，紧密结合财务公司特点，探索有效的创新方法，为公司既节省了开支，又提高了服务质量。

【企业文化建设】2016年，公司进一步加强企业文化建设，努力营造富有审慎经营、创新发展、规范行为、人文关怀、风险管理意识的企业文化氛围。为巩固和深化党的群众路线教育实践活动和“三严三实”专题教育成果，保持发展党的先进性和纯洁性，2016年，筹备成立党支部和工会组织，公司党支部（筹）开展了“学党章党规、学系列讲话，做合格党员”学习教育系列活动。为提高公司凝聚力，丰富、活跃员工的精神文化生活，促进员工之间的交流，公司通过开辟“下午茶”时间，每月组织为员工集体过生日等活动，让每位员工在工作中体会事业的成功与满足，工作之余享受生活的快乐与美好。

首钢集团财务有限公司

【经营概况】 首钢集团财务有限公司（以下简称“公司”）于2014年12月19日经中国银行业监督管理委员会批准筹备（银监复〔2014〕949号），2015年6月29日获得北京银监局开业批复（京银监复〔2015〕407号），7月21日取得北京市工商行政管理局颁发的企业法人营业执照，9月24日正式挂牌营业。2016年10月15日，公司取得北京银监局增资行政许可事项批复（京银监复〔2016〕550号），注册资本由20亿元上升至50亿元，其中，首钢总公司增资24亿元，持股比例为80%；北京首钢建设投资有限公司增资6亿元，持股比例为20%。公司实行独立核算、自主经营、自负盈亏，是具有独立法人地位的非银行金融机构。

2016年是公司开业以来第一个完整经营年度。截至2016年12月31日，公司资产总额264.84亿元，负债总额213.65亿元，实现利润总额1.56亿元，资本充足率为26.62%，不良贷款率为零，流动性比例为44.59%。

【信贷业务】 2016年，公司全年累计为60多家符合条件的各级成员单位提供贷款、票据、保函等金融服务，累计为首钢总公司等近40家单位核定综合授信额度。

业务品种不断丰富，满足客户各类需求。公司开展贷款、票据、保函等信贷业务，根据成员单位的业务需求，匹配适当的金融产品。

服务范围逐步扩大，促进资金集中管理。公司授信客户既包括总公司及四地钢铁企业，也包括外埠钢铁企业；既有各地钢贸公司，也有物资供应公司；既有房地产等集团传统板块，也有符合集团战略转型发展方向的新兴板块。业务规模稳步增长，充分发挥资金效益。信贷余额从年初的5.5亿元增加至年末的187.54亿元，业务量增幅巨大；实现营业收入5.69亿元、净利润1.17亿元。

【资金业务】 2016年，公司积极拓宽各项融资渠道，流动性管理成效显著。5月，公司积极与人民银行沟通申请票据再贴现支持，获得人民银行再贴现额度，为获得较低成本的短期资金融通增加了手段。7月获得北京银监局关于同业拆借业务资格的批复（京银监复〔2016〕406号），资金平衡能力进一步增强。同时，充分发挥流动性管理职能，在确保安全性的前提下增大资金收益。公司与各合作银行开展多轮谈判，提前锁定活期收益，增加利息收入1000余万元，实现资金的保值增值。

【票据业务】 2016年，公司积极推广公司票据承兑业务，降低集团不可归集资金。全年累计开立承兑汇票35亿元，为积极推广公司承兑，公司免收承兑保证金，并提供手续费优惠。按照银行承兑保证金20%比率计算，可相应降低成员单位在银行保证金占压7亿元，降低集团整体不可归集资金。

积极开展电票业务，提高票据流动性和安全性。为丰富金融服务功能，提高公司票据业务服务能力，控制票据业务风险，公司7月向人民银行申请电票系统直连，并完成电票相关系统的开发工作。

【资金集中】2016年，公司累计办理各项结算业务103821笔、累计结算金额7708.36亿元。集团成员单位所有银行账户已全部纳入系统进行资金监控管理。确保集团上下银行账户清理工作一个目标，即银行账户清理工作系统、全面、不留死角。通过详细制定银行账户清理工作计划，并将具体的工作目标和完成时限落实到岗、责任到人。

树立集团上下资金管理一本账意识，强化资金分析，完善资金归集率考核机制。通过发布《关于资金归集管理相关事项的通知》，明确资金归集考核标准，完善日均归集率考核机制，充分发挥资金归集率考核指标作为公司业务定价的推手作用，切实达到稳定存款、增加来源的资金管理目标。

打造集团资金管理一盘棋，建立留存资金及资金定期归集管理机制。完善银行账户留存资金管理，明确留存资金用途，实现直联银行账户资金通过系统自动归集。留存在银行账户资金减少，吸收存款资金总量稳步增长，为提高集团资金使用效率、实现资金运作整体效益最大化打下坚实基础。

【风险管理和内部控制】完善制度流程建设，构建风控体系基础，加强各类风险监测，确保公司各项业务平稳有序发展。新增37项制度、修订66项制度、废止6项制度，内容涵盖公司治理、风险管理、业务办理等13大类124个制度。

开展有针对性的业务专项审计，梳理现有业务流程的薄弱环节。针对信息系统权限配置、内控及制度体系建设逐步完善以及财务核算等方面存在的不足，以夯实基础工作、关注业务合规性和完善公司内控体系为工作重点开展专项业务审计，完成对核心业务系统的审计；完成对结算部内部账户开立、对账、大额资金拨付等工作的检查。

引入国际知名风控咨询项目组，全面梳理和改进公司风控体系。2016年11月，公司积极贯彻落实首钢总公司“三创会”精神，学习试点企业的风控体系建设的先进经验，引入国际知名风控咨询项目组，对公司的风控体系进行全面彻底的梳理和改进。风控项目的业务流程控制和信息系统控制体系建设初步完成。

【人力资源管理】公司设立了股东会、董事会、监事会，实行董事会领导下的总经理负责制，并建立了“三会一层”法人治理结构和内控体系，下设风险管理、审计稽核、信贷审查等6个专业委员会。公司2016年新设立票据中心，共形成9个职能部门。公司定员38人，其中，总经理1名，副总经理3名，总经理助理1名，部门负责人9名，其他人员24名，本科及以上学历37人，高级技术职称6人，中级技术职称15人。2016年7月底，在中国财务公司协会网站、首钢集团网站以及《首钢日报》等新闻媒体发布了重点岗位的人员需求，经过严格的简历筛选、面试、组织考察等环节，最终确定了13人的录取名单，进一步优化了现有职工知识结构，提高了员工素质，形成了有效的人才建设梯队。

【信息化建设】精细组织实施，全面完善资金管理系统功能。在做好资金管理系统日常运维的基础上，公司对14个子系统进行了功能优化完善，并在此基础上又相继开发实现了45项系统业务功能，在控制风险的前提下，增强了系统操作便利性，持续提高结算业务效率。

提升增值服务，搭建金融移动业务信息查询平台。为全面提升财务公司多样化金融服务水平，2016年5月中旬公司依托现有资金管理系统，运用移动互联技术，正式启动移动业务信息查询平台项目实施，于7月初正式投入运行，实现了资金管理数据信息的实时掌控。平台用户数达到154人，覆盖38家成员单位。

强化业务运行连续性，持续深化运维管理。经过前期磨合，公司运维基础得到夯实，外包管理体系得以构建。一是初步建立系统运维保障机制，二是规范IT基础架构库的流程，三是落实运维外包主体实施方，四是通过堡垒机系统强化运维操作管控与审计。

【企业文化建设】2016年，公司组织各部门重新编制了部门职能和岗位手册，共梳理包括董事会、监事会以及职能部分的职责11项，岗位手册34个，解决了“协作关系不清、职责分配不合理、工作任务落实责任人不清”等问题；建立了“分层级、分内容、分渠道”的内外结合、线上与线下融合、管理与专业类培训整合的培训体系。全年共举办公司级培训22次，其中系统操作培训6次，财务公司协会新员工教育培训4次，财务公司协会专项管理类培训2次，北京银监局专项培训4次，中国人民银行专项培训6次。

内蒙古伊泰财务有限公司

【经营概况】内蒙古伊泰财务有限公司（以下简称“公司”）成立于2015年7月。截至2016年底，公司资产总额37.63亿元，同比增加28.34%；负债总额27.51亿元，同比增长42.54%。2016年，公司利息收入0.86亿元，利息支出0.40亿元，实现净利润0.10亿元。同时公司各项数据指标均优于预期值。全口径资金集中度为40.68%，可归集资金集中度为74.46%，流动性比例为92.14%，资本充足率为58.23%，不良资产率为零。

【信贷业务】按照“区别对待、有扶有控”的原则，助力集团公司转型发展。截至2016年底，向成员单位发放流动资金贷款12亿元，其中，伊泰股份公司3亿元，深圳供应链公司3亿元，上海能源公司2亿元，上海能源投资公司2亿元，呼准铁路公司2亿元，为集团公司“产运贸”体系转型发展提供强有力的资金支持。

【资金集中】按照资金集中管理的要求，有序推进资金结算效率和服务满意度。截至2016年底，办理成员单位结算业务2.97万笔，结算金额累计2153.19亿元，其中，吸收存款金额669.89亿元，办理付款金额924.62亿元，发放贷款金额12亿元，办理通知存款11.58亿元。通过对成员单位“一对一”在线咨询等服务的后期回访，提升公司金融服务的“专业化、集约化、全面化、高效化”程度。调查显示，成员单位的服务满意度达93%。

【风险管理和内部控制】依托制度建设和现场检查等措施进一步加强风险管理。第一，为适应公司业务发展需要，完善了《内蒙古伊泰财务有限公司全面风险管理办法》和《内蒙古伊泰财务有限公司反洗钱内控管理制度》等多部管理制度和操作规程；第二，按照年度风险检查工作计划的安排，累计实施20多次现场检查；第三，2016年4月风险日常处理系统上线运行，通过对异常数据进行监测和反馈，防范风险事件的发生和扩大；第四，借助《中华人民共和国反洗钱法》颁布十周年的契机，通过张贴海报、发放宣传册等方式，增强员工风险合规意识。

【人力资源管理】 健全人才培养机制，提升员工业务素质。第一，积极参加财务公司协会组织的各项培训，包括基础业务培训班、高管研修班以及相关交流学习会议；第二，选派部门负责人和业务骨干到中广核财务有限责任公司、上海汽车集团财务有限责任公司和潞安集团财务有限公司调研学习；第三，实施人才招聘方案，从高校、银行选拔优秀人员充实公司各业务条线。

【信息化建设】 公司秉承“以信息化带动业务发展”的理念，持续推进公司信息化建设。第一，在资金系统中增加了上市公司限额归集的功能，可以有效消除关联交易监管风险。第二，为进一步提高资金结算效率，提升客户满意度，开发了一体化支付功能。该功能的实施，预期可以减少2名工作人员，同时可以将每笔款项的支付时间由原来的10分钟提升到1分钟内完成。第三，为保障公司业务连续性，对安全网关进行双机热备改造，强化公司应急反应机制。第四，成立信息科技部，建设专业化人才队伍，全方位保障公司的正常运营。

【企业文化建设】 在秉承集团公司“家”文化的基础上，建立了“审慎务实，博大致远”的公司文化。注重建设团队协作文化，定期组织公司员工聚餐、团队旅游和户外拓展训练等活动，在愉悦身心的同时，促进同事相互交流，增进彼此友谊，增强团队凝聚力。

内蒙古电力集团财务有限责任公司

【经营概况】 2016年，内蒙古电力集团财务有限责任公司（以下简称“公司”）全面合规开展各项业务。在宏观经济金融形势风云变幻的情况下，公司严把“规范”关，以合规谋发展，保障了各项经营业务均在规范中开展。全面落实年初集团公司关于“加快财务公司发展步伐，充分发挥财务公司作用，严控经营风险，积极拓展融资渠道，降低融资成本，提高资金运作效率和运作效益”的工作部署，齐心协力，团结协作，真抓实干，扎实推进各项工作，实现了创业初期的稳健经营和良好开局。2016年末，公司资产总额达到195.99亿元，实现营业收入4.32亿元，利润总额2.29亿元。各项收入、利润指标均超额完成任务，全年各项监管指标均符合监管要求。

【资金集中】 2016年，公司全力推进资金归集各项工作。截至3月末，完成了集团公司成员单位的账户开立工作，接管了集团所属单位全部账户资金。截至12月末，公司共开立成员单位结算账户136个，授权监控账户236个，吸收存款余额183.29亿元，日均存款142.44亿元。全年累计办理结算业务248634笔，日最大结算量7913笔，结算金额累计达到4498.05亿元。

积极打通归集渠道，经与各大银行多方协商，实现了与工商银行、农业银行、中国银行、建设银行、交通银行、兴业银行、中信银行、浦发银行、华夏银行、邮政储蓄银行、光大银行、招商银行共12家银行的银企直联，做到了高效快捷的资金归集、汇划和服务。

【同业业务】2016年，根据现有业务经营许可范围，公司全力推进资产端各项业务发展。坚持以集团整体利益最大化为原则，初步建立起与合作银行每日进行一年以内各期限同业存款询报价机制，可及时掌握资金市场变化情况，便于择机开展同业定期存款业务。

截至12月末，公司已累计办理同业定期存款业务38笔，累计存放金额395.64亿元，加权平均收益率达到3.28%，在活期资金运用方面，公司每月通过对各银行活期利率询价，引入同业竞争的市场机制，不断提升银行对公司活期资金利率水平。各银行对公司活期最高利率最高从2.40%提升至2.71%水平。全年累计实现业务收入4.32亿元，完成集团下达预算指标3.74亿元的115.51%。公司实现税前利润2.29亿元，完成年度计划1.87亿元的122.46%，大大提升了集团资金整体使用效率和效益。

【信息化建设】2016年，公司采用流程平台和关键技术，搭建一体化、流程化、自动化的运营系统，构筑起公司业务平台，通过存贷款业务、资金池管理、资金归集、收付款结算、信贷融资、票据管理等金融业务功能模块，支撑起公司管理集团资金池，实现了资金集中结算、对资金归集和支付的及时监控、对信贷资金统一筹措与配置、对金融风险进行管控的管理功能。同时，公司按照业务拓展、服务延伸和管理提升三个维度，对信息系统进行业务功能拓展和功能深化开发，完善系统功能及其应用，不断提升公司的金融结算服务能力。

【风险管理和内部控制】公司在经营过程中始终贯彻“风控先行，风控独立，风控全程跟进”的理念，积极倡导和建立全员风险意识和合规意识。2016年，在总结公司开业以来运营经验的基础上，积极开展内控制度建设工作，全面修订和完善各项规程，以加强内控制度的健全性、有效性，使公司各项业务都置于制度控制之下。组织相关部门对开业以来办理的结算账户管理、系统服务、银财直联、同业存放四大类合同（协议）进行合规审查，提高了合同管理的规范性和严谨性，防范了相关操作风险和法律风险。

【企业文化建设】公司在“融而通，通则久，融通方能致远”的蒙电核心理念指导下，秉承“依托集团，服务集团”的经营宗旨，坚持“服务、规范、诚信、创新、高效”的经营理念，不断加强自身企业文化建设。2016年，为了丰富干部职工的业余生活，宣传公司形象，按照集团公司的部署，积极组织公司干部职工参加2016年职工文化艺术展演活动，其中群口快板节目参加了文艺汇演并获得优秀节目奖。

上海外高桥集团财务有限公司

【经营概况】2016 年是上海外高桥集团财务有限公司（以下简称“公司”）第一个完整经营年度，公司始终牢记“依托集团，服务集团，开拓创新，精益求精”的经营宗旨，以“真正成为集团的金融管家，成员企业的金融服务集成供应商”为目标，不断夯实基础业务，拓展创新业务，提升服务水平，为集团和成员企业提供更全面的金融服务。截至 2016 年末，公司资产总额为 34.32 亿元，实现营业收入 5872.92 万元，净利润 1043.88 万元，剔除计提的坏账拨备因素后的净利润为 1727.02 万元。资本充足率、流动性比例、不良贷款率等各项监管指标均符合监管规定。

【公司金融】2016 年，公司着力拓展业务范围，提升金融研发创新能力，信贷品种逐步增加，推出了流动资金循环贷款、房地产开发贷款、经营性物业贷款、并购贷款、电子商业承兑汇票和财务公司承兑汇票业务等产品。公司全年共与 9 户集团成员单位建立信贷业务关系，累计发放贷款 17.19 亿元，发放委托贷款 4490 万元，签发保函 20 万元，签发承兑汇票 278.67 万元。

【资金和投资业务】2016 年，在公司网银系统上开发了资金计划模块，利用资金计划管理平台实现了周计划、日追加的工作原则，根据成员企业上报的资金计划，预计资金总体流量，并有效加强与成员企业的沟通，稳妥地做好资金备付及流动性安排。在保持资金头寸正常和风险可控的情况下，公司全年资金备付率保持在 62% 以下。

公司合理高效地安排资金头寸，在掌握资金使用计划、保证流动性安全的前提下，合理安排定期、约期、大额活期存款等同业存放，以提高公司整体资金收益率。

【票据业务】2016 年 8 月 22 日，在前期积极的建设和充分的准备下，公司以直接参与者身份加入了人民银行电子商业汇票系统。9 月 29 日，公司为成员单位签发首张金额为 278.6 万元，期限为三个月的电子银行承兑汇票，并于 12 月 29 日成功兑付该票据。电票系统的正式上线，不仅拓宽了公司为成员单位服务的方式，增加了成员单位对供应商的支付模式，而且降低了成员单位的融资成本，减少了成员单位在银行的授信额度占用。下阶段公司将进一步推广电票业务，满足成员单位多层次多形式的融资要求。

【资金集中】截至 2016 年末，公司全口径资金集中度达 56.43%，可归集口径资金集中度达 80.27%，较上年同比分别增长了 21.99%、25%。

2016 年，公司基于自身网银系统搭建了多银行直联平台，为集团加强资金的集中管理提供了系统支持。该平台已实现 7 家资金池银行的成员单位归集账户的查询、转账、对账、资金计划等功能，16 家银行的成员单位非归集账户的实时余额及交易明细查询功能，以及上级公司查询下级公司账户信息及资金计划功能。同时，公司还积极推进开通上海支付结算综合业务系统的集团公司委托付款业务，16 家银行的非归集账户在财务公司网银就可实现跨行转账功能，进一步为成员单位提供便利。

【业务创新】2016 年 6 月，国家外汇管理局上海市分局正式批复同意了公司上报的开展外汇资金集中运营管理业务的备案申请，同意公司为开展外汇资金集中运营管理的主办企业，对公司办理经常项下集中收付汇、经常项下轧差净额结算、境内外汇资金集中管理、境外外汇资金境内归集、外债和对外放款额度集中调配、境内外资金互通、集中结售汇业务予以备案。核定了公司外债比例自律下集中的外债额度 11.7 亿美元，以及集中对外放款额度 3.43 亿美元。这是自贸试验区成立后，首个利用财务公司平台搭建的跨境双向外汇资金通道。通过该平台，公司将服务范围延伸至境外成员企业，真正做到了服务范围的全覆盖，并将拓宽公司的金融服务种类及功能。

【风险管理和内部控制】2016 年，公司以建立健全风险防控体系为核心，完善内控管理机制，加强操作风险防控。一是进一步完善业务授权，按照表内业务、表外业务、同业类业务三个方面，按单笔金额、有效合同余额等方式进行控制，兼顾风险控制和审批效率。二是完善制度建设，加强流程控制。2016 年，公司新增和修订制度 27 项，公司现有 12 项信贷制式合同文本、17 项操作流程。三是加强内控合规检查，防范操作风险。公司梳理了结算业务、票据业务、授信业务、同业业务等七个方面的操作风险重要风险点，制定了防范措施；开展合规、案防等各类风险排查共 4 次，包括信贷类业务、票据类业务、结算类业务及员工异常行为排查，有效防范了合规风险。

【人力资源管理】2016 年，公司在教育培训方面，重视提高员工业务素质和学习能力，建立了完善的培训制度，建议员工在公司经营目标下规划好个人发展目标，鼓励员工学习金融专业知识、提高岗位专业技能，积极参加职业资质认证，激发员工自发、持久的学习动力，提高公司全员职业素质。在管理激励方面，公司正式推行 KPI 考核方案，发挥绩效考核的激励作用与积极导向作用。将公司的各项经营目标分解到各部门，各项工作落实到具体岗位，确保达到“以考核抓落实，以绩效促实效”的目的。提高全员工作绩效，激励士气，更科学地评估和反馈员工的全年业绩，更好地吸引和激励人才，打造公司专业化高素质的经营运作团队。

【信息化建设】2016 年，公司重点启动了稳健基础架构的项目建设，通过对数据损失防范的加强、基础设施的改进等方面，切实提高信息化系统的扩展性、便捷性、稳定性和可保障性。一是基于 NBU 软件的先进技术，构建了数据备份系统，不仅可以实现系统级别的快速备份与恢复功能，同时也可实现数据库级别的备份机制；二是根据公司业务实际，制定并实施了应急演练计划，主要包括对银行财银直联证书的灾备切换演练、机房内网络设备故障的应急演练等，提高了公司防范信息系统风险的能力。

【企业文化建设】公司积极开展党员活动和工会活动，通过组织党员参观活动、员工职业培训、员工文体活动、举办员工生日会等活动，不断增强员工的凝聚力和责任感，推动公司企业文化建设的可持续发展。

中国铁路财务有限责任公司

【经营概况】中国铁路财务有限责任公司（以下简称“公司”）于2014年12月8日经中国银监会批准筹备（银监复〔2014〕885号），2015年7月10日获批开业（银监复〔2015〕446号）。公司注册资本100亿元人民币，由中国铁路总公司及其全资子公司中国铁道科学研究院共同出资设立，出资比例分别为95%和5%。

公司的经营宗旨是：在中国铁路总公司总体发展规划下，以加强企业集团资金集中管理和提高企业集团资金使用效率为目的，为成员单位提供完善的规范化、市场化金融服务。

截至2016年底，公司总资产356.03亿元，净资产104.12亿元，计提贷款损失准备1.00亿元，资本充足率为114.10%；2016年度，实现营业收入10.04亿元，利润总额5.01亿元。

【信贷业务】公司根据铁路总体发展战略和中国铁路总公司业务发展需要，在调查成员单位经营状况的基础上，为中国铁路总公司及所属单位重要项目提供了及时有力的资金支持。截至2016年末，公司累计发放自营贷款100亿元，其中固定资产贷款50亿元、流动资产贷款50亿元，另发放委托贷款3.1亿元。

【资金业务】公司通过加强集团资金集中管理，加强资金活动规律分析，根据资金计划合理安排资金头寸，在满足成员单位日常资金需求的基础上，与多家银行加强合作，准确把握市场信息，大力加强资金运作，形成询价、沟通协商、方案制定、业务存放的模式，2016年，累计开展存放同业业务金额1110亿元，为公司增收和降低集团公司成本发挥了积极作用。

【票据业务】公司高度重视票据业务的拓展，从服务成员单位的角度出发，以最低成本为成员单位提供相关票据业务服务。2016年，公司成功办理了第一笔票据承兑、第一笔票据贴现业务，理顺了票据业务的流程，票据业务迈出坚实的第一步，年内办理票据承兑及票据贴现业务各500万元。

【资金集中】公司严格按照集团公司及各监管部门相关要求，做好成员单位账户开立、银企直联、日常结算等工作，不断提高服务质量。截至2016年末，公司为成员单位累计开立账户114个，归集成员单位银行账户72个，吸收客户存款余额250.84亿元，资金集中率全口径与可归集口径分别为12.66%和28.37%。

【业务创新】2016年是公司成立后的第一个年度，根据从基础做起，严控风险，逐步推进的思路，公司在贷款业务的基础上，逐步推出票据承兑、票据贴现、委托贷款等业务，并开始着手准备连接人民银行电子商业汇票系统，申请新业务资格等工作。2016年，公司办理委托贷款业务3.1亿元，办理票据承兑业务0.05亿元，票据贴现业务0.05亿元。

【风险管理和内部控制】公司风险管理工作紧紧围绕“依托总公司、服务各企业、产融相结合、稳健促发展”的经营方针，持续提高服务成员单位的能力，全面加强风险管理体系建设，积极应对及防范各类风险。2016年，公司风险管理工作整体运行良好，未发生相关风险事件，全面风险管理体系初步建成，风险管理各项指标全部满足监管要求。

为强化依法经营、优化管理流程、提高管理效率、保障公司经营方针与经营目标的实现，2016年，公司依据有关法律法规的规定，结合自身实际，新制定公司综合管理、计划财务、资金运用、结算管理、风险控制、审计稽核、信息管理等方面的制度及办法29项，基本满足了公司日常业务开展的需要。

【人力资源管理】截至2016年末，公司共有员工24名，新增员工3名。全部员工平均年龄36.5岁，96%具有大学及以上学历，60%具有硕士及以上学位，50%具有高级职称；除近年招聘的应届生外，其余员工均具有5年以上金融或财务工作经验。

【信息化建设】2016年，公司积极推进信息系统建设，着眼于业务需求，对需求进行分析并提出运维方案，不断完善系统功能；认真落实信息系统上线的功能实现情况，加大对系统功能完善、缺陷修复等问题的协调解决力度，努力做好信息系统的运维、测试和更新等工作；组织召开信息系统用户培训和新模块的宣讲会，对业务部门和成员单位进行系统操作培训，完成了成员单位网银业务的正式上线并大力推广；研究制定电票系统建设推进方案，拟定相关制度办法，落实电票系统软硬件设备系统的采购和部署工作。

天瑞集团财务有限责任公司

【经营概况】天瑞集团财务有限责任公司（以下简称“公司”）自2015年开业以来，坚持“依托集团、服务集团”的经营宗旨，夯实基础，打牢根基，扎实有效开展资金归集、增资扩股、系统建设、金融服务、风险管理、团队建设等工作，逐渐步入良性的发展轨道。截至2016年末，公司发放各类贷款3.7亿元，表外担保3亿元；资产总额4.50亿元，负债总额1.37亿元，所有者权益3.13亿元；全年实现营业收入1806.74万元，净利润1214.75万元；全年累计办理结算业务3441笔，结算量220.71亿元。

【信贷业务】根据集团总体资金安排，完成了存量信贷客户的续授信、到期还贷和新发放贷款等工作，并按时开展贷后检查、资产分类等贷后管理工作。各借款人生产经营正常，财务状况良好，还本付息正常。公司存量贷款均为正常类。

【票据业务】公司发挥地处省会城市，同业市场发达，沟通渠道畅通的优势，代理成员单位开展票据贴现业务。公司制定了完备的操作流程，安排专人负责接票登记、票据保管、手续办理、资料传递，积极拓展贴现渠道，建立报价对比机制，每次贴票至少对比三家报价，做到当天接票、当天贴现、资金当天到账，确保票据贴现安全、低价、高效。2016年，共接票79次，累计贴现47.88亿元，未出现遗失、延误等情况。

【资金集中】立足功能定位，强化司库职能，搭建集团资金集中管理平台。一是强化资金归集，建立了成员单位货币资金余额逐日监控机制，强化了财务公司的资金集中管控职能；进一步理顺了财务公司与集团结算中心的关系，在确保资金安全的前提下，构建优质、便捷的资金结算平台。二是推进关联交易，完成了上市公司与财务公司关联交易需求调研及监管政策分析，对关联交易业务品种和额度规模进行了初步测算，形成了关联交易方案和金融服务框架协议。三是系统功能优化，协调集团信息化部、用友公司确定系统优化方案，确定结算中心与财务公司直联以及账户资金“联动支付”模式，已付诸开发。

【业务创新】找准突破口，挖掘对接点，搭建集团金融服务平台。一是推介集团债券，积极参与集团债券发行工作，向潜在投资人推介集团债券。经多方走访询价，成功向某资产管理公司推介4亿元集团债券，并协助设计专项资产管理计划完成债券交易。二是搭建合作渠道，走访成员单位、金融机构，了解企业融资需求和金融机构业务模式，从中寻求业务合作空间，并积极发挥财务顾问作用，为集团构建良好的外部筹融资环境。

【风险管理和内部控制】规范法人治理，健全风险管理和内控机制。一是强化“三会”履职，组织召开了年度股东会、董事会、监事会，切实发挥了股东会、董事会审议重大事项及监事会的监督职能。审议并通过了年度工作报告、关联交易、增资扩股等重大事项。二是梳理制度流程，本着“业务开展、制度先行”的原则，分阶段、分主次开展制度和流程的梳理工作，制定了梳理计划，明确了责任部门和人员。结合国家法律法规、监管规定和业务开展情况，对信贷、结算、财务、风险等相关制度进行了梳理。三是强化风险监控，建立风险指标监控台账，定期评价业务和风险状况，及时发现并化解风险隐患，确保业务合规、稳健开展；按时填报1104等各类报表报告，无迟报、漏报、错报。四是开展合规建设，制定了“合规基础管理提升”培训计划，定期开展全员合规培训，深入宣讲监管政策，并与实际业务相结合，贯穿到各项业务的各个环节，教育全体员工牢固树立合规经营意识，做到每笔业务都依法合规办理。

【人力资源管理】抓管理、重学习，下大气力开展团队建设。一是开展考察学习，组织集团及财务公司相关部门赴同煤、太钢等省内外财务公司考察学习，汲取同业先进经验和成熟做法。二是开展员工培训，通过内部讲师授课、案例分析、外派培训等开展学习培训，提高全员的金融理论知识水平和业务实战能力。三是关注员工成长，针对公司员工队伍年轻化的特点，定期开展“一对一”谈心，了解员工心理动向，辅导其树立正确的价值观、职业观和人生观。

【信息化建设】针对集团票据吞吐量大、流转率高的特点，公司积极筹备电票业务。已获人民银行筹备批复，并通过招投标确定了软件提供商，签订了商务合同。积极推动电票系统部署、测试、验收等工作，争取尽快上线。

【同业交流】2016年8月，公司成功承办了2016年上半年河南省企业集团财务公司座谈会，会议首次由财务公司承办。河南银监局领导出席了会议，与省内 8 家财务公司的总经理共谈监管与发展，宣贯监管理念，凝聚发展共识。

云南昆钢集团财务有限公司

【经营概况】 2016 年，云南昆钢集团财务有限公司（以下简称“公司”）围绕集团战略规划，着力助推集团转型与发展，严防严控风险，确保合规经营。截至 2016 年末，公司资产总额 15. 90 亿元，负债总额 10. 64 亿元，公司实现利润总额 0. 35 亿元，总体资产质量良好。

【信贷业务】 2016 年，公司根据成员单位需求和财务公司信贷政策，择优扶持，把有限的资金用于最有利于整个集团转型发展的成员单位上。

公司全年发放贷款 47. 66 亿元，收回贷款 40. 77 亿元。办理委托贷款 22 笔，金额 9. 51 亿元，为集团公司规范了借贷程序，理顺了债权债务关系。积极协助集团公司的外部融资活动，开展了第一笔担保业务，金额 4 亿元。

【票据业务】 2016 年，公司为成员单位办理票据贴现 16. 38 亿元，其中商票 7. 63 亿元，银票 8. 75 亿元，办理银票转贴现 8. 68 亿元，帮助成员单位改善经营活动现金流。

为防范票据业务风险、服务好集团，公司一是为成员单位提供代保管票据结算服务，全年票据结算 10085 张，金额 223. 36 亿元；二是为成员单位提供代开票据服务，全年代开票据 12297 张，金额 147. 72 亿元；三是为成员单位办理质押开票 1. 01 亿元；四是代开由财务公司负责代理兑付的商票 501 张，金额 5. 17 亿元；五是积极申请接入电子商业汇票系统。

【资金集中】 2016 年，公司通过强化集团内部管理，不断加大对成员单位的沟通与服务力度。在提高资金集中管理上，公司一是从服务广度入手，将未纳入管理的单位积极纳入成员单位进行管理，独立法人成员单位年末已增加至 151 家；二是从服务深度入手，清理成员单位未纳入银企直联管理的账户，挖掘可直联的账户，撤销部分不使用账户，截至 2016 年末，联网外部商业银行账户 418 户，比年初新增联网账户 59 户，协助成员单位撤销外部商业银行账户 5 户。2016 年末，公司全口径资金集中度为 36. 98%，可归集口径集中度为 90. 35%。

【风险管理和内部控制】 强化风险管理，做好风险控制与合规管理是公司各项业务是否能正常开展的有力保障，是确保国有资产增值、保值的有力基础。2016 年，公司在风险管理和内部控制上，一是加强与监管部门汇报沟通，争取监管部门的大力支持，做好风险与合规预防工作。二是认真做好信贷风险调查与审查工作，控制好风险与合规第一道、第二道防线。三是按照拟定的年度审计稽核计划及监管部门安排的自查工作要求，开展日常稽核和专项稽核工作，控制好风险与合规第三道防线控制。此外，公司还结合“两个加强、两个遏制”工作要求，找出与商业银行存在的差距，分析与商业银行的差异，形成了公司的风险控制体系。

【人力资源管理】2016 年，公司一是修订薪酬考核管理办法，将责任与薪酬挂钩，责任落实到人；二是制定合理的考核指标，前台、中台、后台分别以不同的利润和管理指标做权重考核；三是加大对员工的考核工作，分别从合规性、资金集中度及规章制度的执行情况等监管要求来进行综合评定；四是鼓励员工积极考取银行、证券、基金等从业资格，部分员工已取得银行、基金、证券等从业资格；五是大力开展员工素质提升计划，全年组织职工内、外部培训 18 次。

【信息化建设】2016 年，公司信息化工作主要是围绕“信息科技助推集团转型与发展”来开展。一是确保“从成员单位 SAP 会计凭证手工录入—自动传递财务公司提单系统—财务公司系统预算选取—成员单位移动 OA 审批—财务公司记账—生成成员单位 SAP 会计凭证等系统条线”的稳定性，减少财务人员工作量；二是提升对成员单位的信息化服务水平与深度，对成员单位进行了审批流程设置与变更、业务培训服务；三是注重对信息化跨界人才的培养，让信息化人员全面熟悉业务操作流程，编制业务需求，进行系统测试；四是对成员单位需求进行评估并研发成员单位资金池管理系统；五是大力推进电子商业汇票系统接入工作，助推集团部分结算方式由纸票转向电票。

【企业文化建设】2016 年，公司一是重视培育审慎经营文化，安排职工集中学习监管来文及内部管理制度；二是丰富职工业余生活，组织职工参加了市金融机构气排球比赛、影视观赏等活动；三是倡导职工积极学习、学以致用，高标准要求自己，培养自我特长；四是深入开展“两学一做”教育工作，让公司党员同志起到模范和带头作用，积极营造和谐的工作环境，健康、向上的工作团队。

渤海钢铁集团财务有限公司

【经营概况】2016 年，渤海钢铁集团财务有限公司（以下简称“公司”）在宏观经济运行下行压力日渐加大、钢铁行业改革发展形势日益严峻的情况下，坚持“依托集团、服务集团、共同发展”的功能定位，秉承“稳健、务实、高效、创新”的经营宗旨，认真贯彻落实集团脱困发展工作部署，坚持以金融服务助推集团产业发展，通过加强财务管理和资金运营，以金融服务推动集团主业发展，加速集团金融板块构建，提升集团转型升级能力，努力在降低集团融资成本、提高资金使用效率效益和助推集团产业转型发展等方面发挥积极作用。面对钢铁行业发展困境，公司及时调整工作重心，将巩固维护存量业务、促进平稳规范运营作为工作重点，严格按照监管部门要求，树立审慎经营理念，确保公司平稳运行。

截至2016年末，公司资产总计20.49亿元，营业收入0.72万元，营业外收入0.20亿元，利润总额0.81亿元；资本充足率为123.08%，流动性比例为14147.63%，资产收益率为2.39%；资产不良率、案件发生率均为零，各项经营指标均符合监管要求，为公司稳健运营打下了良好基础。

【信贷业务】2016年，公司结合外部融资环境和成员单位实际资金需求，适时调整信贷策略和贷款利率，优化信贷资产结构，切实履行内部信贷服务职能，大幅降低成员单位融资成本。公司注重加强对信贷风险的控制，结合集团下属各企业的实际经营及集团政策导向，建立贴近公司内部实际的授信评级管理体系，采用集团总额度授信管理模式，扎实做好授信评级，加强额度管理。同时，持续加强贷后管理工作，通过走访成员单位、分析财务报表、监管贷款用途等方式，了解借款单位的经营和资金使用情况。年内，公司无不良贷款，信贷资产持续保持良好，贷款风险总体可控。截至年末，公司开展信贷业务累计放款33.47亿元，其中，自营贷款16.22亿元，贴现业务1.95亿元（均已托收回款），发放委托贷款15.3亿元。

【资金和投资业务】2016年，公司在严格执行资金计划管理、充分保证合理流动性的前提下，优化存放同业期限结构，提高资金收益率，有效应对钢铁行业经济下行的压力。通过每天向银行询价，利用市场资金面紧张、存放同业利率不断飙升的契机，加强同业合作，积极开展存放同业业务，进一步提高活期账户存放利率水平。年内累计办理存放同业29.6亿元，实现创收861.74万元。

【风险管理和内部控制】2016年，公司在管理与经营各个环节执行风险管理流程，培育良好的风险管理文化，建立健全全面风险管理体系，包括策略和政策、措施、组织体系、信息系统、内部控制系统。公司按照合法、合规、审慎的要求，遵循全面性、审慎性、有效性和独立性原则，建立公司内部控制制度，包括内部控制环境、风险识别和评估、内部控制措施、信息交流和反馈、监督评价予纠正等方面，涵盖授信业务、资金业务、结算业务、中间业务、会计、计算机信息系统等各个方面。通过修订包括法人治理、业务规章、风险管理、财务管理、信息系统等管理制度在内的多项规章制度和操作流程，建立了重大合规风险、重大流动性风险、重大营业业务风险、重大信息系统风险等多项应急体系，有效预防突发性重大风险，不断规范完善业务操作流程。为后期工作开展提供了强有力的制度保障。年内公司严格按照各项规章制度和监管部门要求，树立审慎经营的风险管理理念，在制度基础上严控信用风险和操作风险，各项业务操作流程完整合规。

【人力资源管理】2016年，公司优化部门及岗位职能，加强员工培训教育。为保障公司经营发展的人才力量，公司坚持以人为本，做好人才战略规划，拓宽人才引进渠道，合理引进不同层级优秀人才，不断加强公司员工队伍建设。努力搭建科学完善的薪酬福利管理体系，强化员工薪酬及专业人才管理，形成正向激励机制。在保障员工合法权益的同时，有效地激发员工的工作热情和主观能动性。

公司着眼于企业可持续发展，注重加强人才队伍建设，积极打造学习型员工团队，结合金融行业及公司业务开展实际情况，不定期组织业务培训，鼓励员工结合岗位职责开展自学，进一步规范业务操作流程，促进员工业务技能、合规意识及综合素质的提升。加强员工的教育管理，根据公司实际修订了员工休假与考勤管理办法，进一步强化员工休假及考勤纪律。

【信息化建设】2016年，公司一是搭建日常运营管理系统，开发、完善先进专业的核心业务操作与财务管理系统，打造安全稳定适用的软件技术平台。顺利投产了信贷业务、结算业务、风险管理等业务模块，对成员单位成功开启了网银查账、对账等业务功能，该功能基于结算业务财企对账系统，使成员单位通过集团局域网有限访问公司业务管理系统成为可能。二是调试上线公司办公自动化系统，建立公司内部即时交流沟通软件，为公司开业运营提供科技支持。加强与银监局、人民银行等监管机构接洽，做好1104非现场监管报表系统等系统的对接调试工作。三是针对公司业务系统、主干网络、基础设施等方面建立应急预案，实行业务网、办公网、安全网、互联网四网隔离策略，设置网段间访问控制，做好病毒防范、网络安全、电子设备盘点工作，搭建科技风险管理与防控体系，有效防范科技风险，确保业务系统与网络环境安全、稳定运行。四是根据监管部门关于加强信息科技审计和软件正版化要求，新建了数据库审计系统，采购了一批正版化软件，使公司正版化率达到了100%。

【企业文化建设】公司秉承“稳健、务实、高效、创新”的核心价值观，坚持将企业文化建设同经营管理工作有机结合起来，着力打造良好的公司品牌形象和企业文化，突出以“服务”为导向的经营方针，通过务实高效，苦练内功，不断培养提高金融服务意识和专业技能，坚持高效率工作、规范化流程、创新性思维，为集团及其下属企业提供高质量的金融服务。同时，公司坚持立足发展，以人为本，建立员工生活管理委员会，加强对食堂饮食、物业管理、工作健康、安全保障等涉及员工切身利益等各项事务的管理；注重人文关怀，为员工排忧解难，深化企业文化建设，增强员工归属感和企业凝聚力。

粤海集团财务有限公司

【经营概况】粤海集团财务有限公司（以下简称“公司”）成立于2015年12月，2016年是正式开业运营的首年，面对复杂多变的国内外形势，公司秉承“依托集团、服务集团”的宗旨，坚持合规运营，稳中求进，不断完善内部管理体系，努力提高业务水平，提升服务成员单位的能力。截至2016年12月31日，资产总额63.26亿元，负债总额52.97亿元，所有者权益为10.30亿元，实现营业收入6866万元，利润总额3470万元。

【信贷业务】截至2016年12月31日，公司向成员单位发放16笔贷款，累计发放33.74亿元，贷款余额17.59亿元，年度贷款利息收入2808万元，无不良贷款。公司充分发挥价格引领作用，主动降低贷款利率，带动成员单位融资成本下降。集团累计减少对外负债23.85亿元，节省约1053万元财务费用。

【资金业务】以资金的安全性与效益性平衡为核心，以流动性管理为重点，设立了资产负债及利率管理委员会，并制定了年、月、旬为周期的资金计划体系，充分防范流动性风险及提高资金收益。公司积极拓展资金合作渠道，开业首年即与12家商业银行建立合作关系，并递交了同业授信申请。2016年实现同业利息收入4038万元。

【资金集中】公司自成立以来，不断加强资金管理，定期进行资金集中管理工作的梳理和分析，调查了解成员单位资金计划和归集现状，制定个性化服务方案，解决成员单位实际困难，提高资金归集度。截至2016年12月31日，全口径资金集中度为29.24%，可归集口径资金集中度为88.89%。

【业务创新】公司积极推进创新工作开展，认真学习同业先进经验，拓展信贷资产转让、票据池、跨境双向人民币资金池等新业务或工具，促进公司业务多元化发展，增强公司服务成员单位的能力，提高资金使用效益。

【风险管理和内部控制】公司围绕“业务风险可控、内控管理合规、培育合规文化”等关键主题，推进公司治理架构合规性建设，不断完善内控制度。2016年在公司原有制度基础上，补充完善了合同管理指引、招标管理指引、声誉风险管理办法、财务报销制度、人力资源制度等19项管理制度、操作细则；同时启动公司内控合规手册编写工作，为公司平稳运营提供了制度保障。按照集团、外部监管机构的统一部署，开展声誉风险排查、“重塑合规年”合规检查、“两个加强、两个遏制”回头看合规自查以及反洗钱培训等活动，不断丰富和完善合规文化，提升全员合规意识。

【人力资源管理】公司设立了综合管理部、财务管理部、资金管理部、结算业务部、信贷业务部、风险管理部、稽核审计部共7个部门。截至2016年底，公司从业人员总数24人，平均年龄33.50岁；其中从事金融或财务工作5年以上的人员有17人，占总人数的70.83%。合理的组织架构和专业人才队伍为公司顺利开业和首年的平稳运营奠定了坚实的基础。

【信息化建设】公司管理层对信息科技治理情况高度重视，从制度建设、组织建设、系统建设等方面给予全方位支持，2016年通过认真学习和领会金融行业对信息科技风险管理的要求，吸收借鉴同业经验，将监管要求和同业经验转化为工作规范，建立完善信息科技风险管理组织架构、机制和相关制度，推动和提高了信息科技治理水平。

【企业文化建设】公司注重弘扬集团文化，积极宣传、贯彻集团文化价值体系，积极组织员工参加集团举办的“我为党徽添光彩”演讲活动，获得集团第二名的好成绩。开展了内容丰富的户外拓展活动，进一步培养员工的团结协作能力，有利于凝聚全体员工干事创业的良好精神风貌。

江苏悦达集团财务有限公司

【经营概况】江苏悦达集团财务有限公司（以下简称“公司”）于2015年12月15日经中国银监会江苏监管局批准开业（银监复〔2015〕358号），2016年3月正式挂牌营业。截至2016年末，公司资产总额54.53亿元，负债总额46.35亿元，所有者权益总额8.18亿元；各项贷款余额20.42亿元，吸收存款余额约45.8亿元；全年实现营业收入8908万元，净利润1753万元，计提拨备2950万元；年末资本充足率为30.07%，流动性比例为63%，贷款损失准备充足率为100%，不良率为零，各项指标均符合监管要求，为集团节约资金成本1.04亿元。

【信贷业务】公司围绕集团总体发展战略，按照“规范经营、稳健发展”的总体要求开展信贷业务，为成员单位流动资金需求以及重点项目运转提供了有力的资金支持。2016年累计为22家成员单位办理授信业务合计45.79亿元，发放流动资金贷款31.55亿元，办理委托贷款20.28亿元。

【资金业务】公司在中国银监会批准的经营范围内，积极开展存放同业、转贴现、再贴现等资金业务，有效提高资金使用效率和流动性管理能力，进一步提高了公司金融服务能力。2016年存放同业资金年日均余额14.05亿元，加权平均利率2.76%，取得同业利息收入0.39亿元，央行准备金利息收入187万元；全年办理票据转贴现2亿元、再贴现0.94亿元。

【票据业务】为适应市场和行业发展新形势，满足成员单位融资需求，公司多措并举、扎实推进，围绕集团主业积极开展票据业务。公司全年办理票据贴现12笔共计14.91亿元，其中为DYK（东风悦达起亚）办理票据贴现9.5亿元，节约财务费用约300万元。此外，电子商业汇票系统接入申请于2016年底顺利获得批复，为电票系统测试及上线奠定良好基础。

【资金集中】为提高资金集中度，公司自成立以来，紧盯目标任务，统筹研判形势，不断加强拓户营销，实行利率优惠政策，推动集团强化对成员单位资金集中度的动态考核管理，有效促进成员单位主动归集资金，取得了明显成效。在资金归集度方面，全口径资金集中度由开业初的18.04%提高至年末的61.58%。在成员单位开户方面，2016年完成开户83家，开户率达74.1%，全年累计发生结算业务12522笔，结算金额1074.36亿元。

【风险管理和内部控制】公司坚持“制度先行、风控第一”的原则，建立有效的“事前规范、事后纠偏”的双内控管理机制，明确岗位及内控职责，积极开展合规建设，从头从严落实合规管理，不断提高公司业务风险防范能力，为面向市场、拓展新业务打好基础。一方面，坚持及时更新公司规章制度汇编和合规手册，并通过不定期组织学习，开展合规教育，培养合规文化，传导合规理念。另一方面，充分发挥审计稽核部门“第三道防线”职能，加强对各部门及业务环节的事后合规检查稽核，确保风险可控，保障了公司平稳运行。

【人力资源管理】公司自成立以来，坚持“以人为本”的价值导向，引入市场化和专业化的现代企业人力资源管理体系，切实加强队伍建设，提升团队综合战斗力。一是建立有效的培训体系。采取内训和外训相结合的方式，强化内外部交流学习，提升员工业务素质。全年共组织人员参加外部业务培训交流23批88人次；开展财务分析、票据业务、新制度宣讲等内部培训6批120人次；组织全员参加银行从业资格考试，通过率为100%；选派人员参加省内监管统计技能竞赛，荣获省“法人机构集体二等奖”“法人机构个人三等奖”。二是构建具有内部公平性和外部竞争力的职级薪酬体系。彻底打破薪酬水平与行政等级对应的关系，增强薪酬体系的灵活性。三是实行科学的绩效薪酬激励约束机制。2016年先后出台了《员工绩效考核方案》《高管问责及薪酬延期支付制度（试行）》等办法，并逐月开展员工绩效考核，通过考评将员工的绩效、责任、风险与薪酬挂钩、与奖惩结合，从而激发员工活力，提高办事效率和工作效能。

【信息化建设】公司建立以来，始终把信息化建设作为提高工作效率、提升管理水平的一项重要工作来抓。在系统建设方面：核心业务系统采用了九恒星公司开发的N9版业务管理系统。模块包括：新门户及权限管理系统、资金结算系统、信贷业务管理系统、客户关系管理系统、价格管理系统、银企对账管理系统、多维账务核算系统、电子交易处理系统、网上结算管理系统、网上业务处理系统、集团纸票管理系统、1104报表、电子回单系统、银行清算系统、网上银行系统、工作流管理系统、指标计量系统等，满足公司开业及初期发展需要。在业务对接方面：建立了与中国银行、工商银行、兴业银行三家商业银行业务系统直联接口，有效实现公司业务处理自动化和管理规范化。

【企业文化建设】公司始终大力弘扬“忠诚、激情、专业、创新、执行”的新时期悦达精神，确定2016年为公司“企业文化推进年”，努力在传承和弘扬悦达文化的基础上，建立起积极健康、活泼向上的企业文化。一方面，不定期组织员工学习集团发展历史、集团企业文化、“悦达好人”先进事迹，不间断开展素质拓展训练等集体活动，密切关注员工队伍思想动态和精神面貌，强化全体员工对悦达文化的认知认同和行为融入，提升员工爱岗敬业精神，增强企业凝聚力；另一方面，认真做好《员工手册》的编制工作，在编制过程中逐步修订完善有关规章制度，加强员工行为规范管理，促进公司持续健康发展。

中国电建集团财务有限责任公司

【经营概况】2016年是中国电建集团财务有限责任公司（以下简称“公司”）开业的第一年。公司坚持立足集团主业发展、服务集团成员企业的宗旨，融合集团总部资金管理职能和财务公司金融服务职能，充分发挥合署管理的制度优势，多措并举强化资金归集，积极盘活集中资金，着力开展金融服务创新，努力提高金融服务效率，实现开业起步“开门红”。

2016年，公司实现营业收入5.40亿元，实现利润总额2.02亿元。截至年底，公司资产总额538.48亿元，吸收存款486.6亿元，资金集中度为48.19%，全年累计发放自营贷款233.01亿元，累计发放委托贷款28.24亿元。各项监管指标运行良好，未发生风险事件，为集团公司提质增效、转型升级、实施产融结合战略发挥了应有的作用。

【信贷业务】本着“立足集团、服务集团”的原则，注重以信贷业务促企业提质增效，通过实施一系列激励优惠措施，信贷业务扎实稳步开展，为公司不断做强做优做大发挥了重要作用。

拓展信贷业务种类，提高金融服务质量。结合成员企业票据融资、保函置换保证金等业务需求，开展了票据承兑和资信证明、内部保函、存款证明等内部鉴证业务，节约了成员企业的保证金资源。

【产融结合】充分发挥企业集团财务公司发育于产业、紧密依靠企业集团的特殊优势，产融结合成效明显。牵头重大项目融资取得积极成果。注重深化“总对总”银企合作，充分利用集团良好信誉，以财务公司为纽带，建立机制化的融资方案招标模式，与相关银行组建项目融资银团，以融资无担保、无银团费、利率下浮10%的方案一揽子解决集团新能源项目的投融资需求，提高整体议价能力，节约大量金融资源。

推出装备制造板块整体金融服务方案，2016年1月公司与装备制造板块16家企业签订了一体化金融服务方案和框架协议，一揽子解决了装备类企业融资难、融资贵、资金短缺、资信不足等问题，推进板块年底时点资金集中度较年初提升56个百分点。截至年底，共计为装备板块调剂资金21.46亿元，办理保函、承兑等业务652笔，释放各类保证金7300万元，节约财务费用933.51万元。

【资金业务】资金运作成效明显，着力加强同业资金运作。公司与集团长期合作的商业银行充分协商，最大限度争取同业存款优惠价格，建立定期报价机制，结合公司资金头寸适时办理定期存款产品，提高资金运作效益。2016年开展资金运作业务51笔，实现同业资金运作收入2.17亿元。

【票据业务】针对成员企业办理银行承兑汇票时遇到的“授信难、费用高、抵押多”

等诸多问题，公司开展了电子商业汇票承兑业务。该业务具有“收费低、效率高”等明显优势，免收保证金和管理费，办理时限仅2个工作日。2016年共计为成员企业办理票据承兑业务645笔，金额2.91亿元，节约成员企业保证金约8700万元。

【外汇业务】2016年6月，公司跨国外汇资金集中运营主办企业资格获国家外汇管理局批复，集团备案成员企业86家，获批集中调配外债额度50亿美元，开立了境内外外汇主账户。按照集团公司关于外汇资金集中管理的要求，研究并制定集团外汇资金集中管理方案，正在积极稳步推进。

【资金集中】公司自成立以来，始终将加强集团资金集中管理作为工作主线，2016年底公司全口径资金集中度为48.19%，达到建筑行业财务公司资金集中度较好水平。

积极构建银企分级双线签约的合作新模式。在同行业中率先实施财务公司与银行总行签约、成员企业与省分行签约，以银行“总分支”三级联动机制和“财企总分”四方协议为保障，从源头上解决了因资金归集导致各地银行分支机构利益不均、金融服务差异化的矛盾。

努力打造资金集中管理政策体系。制定集团公司《资金管理综合评价办法》，对成员企业融资能力和资金管理水平进行模型测算及综合评价分类，并依据评价结果，对成员企业金融服务实施区别对待、分类管理，增强成员企业资金集中管理的主动性和积极性。

加强资金集中平台建设。上线运行银企直联，按照“横到边、纵到底”原则，核定成员单位银行账户留存限额，搭建二级本部归集体系，促使排除专户和临时户等不可归集因素后银企直联覆盖率达到95%以上，形成“中农工建交+浦发招商”七大银行直联网络全面覆盖，建立起财务公司资金集中的主渠道和主平台。

【业务创新】2016年9月，集团公司以财务公司为平台建立内部信用鉴证机制，开展同一集团母公司旗下不同独立法人单位之间基于合同关系的保函、资信证明等信用业务，强化契约精神，控制成员单位之间的经济活动风险。内部信用鉴证业务的开展，使集团内部独立法人单位之间基于工程承包、咨询服务和设备物资采购等经济往来不再需要缴纳保证金或外部金融机构提供的保函，而且开具的资信证明在集团外部也合法有效，业务的开展有利于成员企业释放金融资源。

【风险管理和内部控制】风险管理贯彻“以风险为导向、以流程为纽带、以控制为手段、以制度为保障”的总体思路，坚持监测、报告和分离原则，紧盯风险监测指标，及时调整经营策略和业务结构，初步实现了风险管理全覆盖。全年各项监管指标运行良好，满足监管要求。审计稽核工作坚持“强管理、防风险、增效益”的理念，聚焦企业发展战略，坚持以问题和风险为导向，以合规管理为目标，完善工作方法，突出审计重点，拓展审计范围，确保了公司持续健康发展。

【人力资源管理】公司采取公开招聘的方式，面向社会及时补充紧缺的金融业务人才。截至2016年底，公司共有职工39人，全部具有本科以上学历，拥有中级及以上专业技术职称的占74%，均具有扎实的金融和资金管理基础、良好的专业知识技能和从业经验。

公司将打造学习型团队作为一项重点工作来抓，制定培训计划，实行岗位锻炼，采取集中培训与自我学习、走出去与引进来相结合的方式，先后组织各类培训20余期，参训人员达到300多人次。同时，开展“全员大讲堂”活动，以推动学习型企业建设和职工专业能力提高，促使职工尽快熟练业务制度、流程和岗位操作要点，进一步推动公司制度完善、业务流程优化和运营效率的提高。

【信息化建设】公司致力于打造“互联网+金融”的IT治理结构，推动大数据、云计算等信息技术与企业经营管理融合。2016年完成中国银行、农业银行、工商银行、建设银行、交通银行及浦发银行专线建设，为银企直联提供保障。基本建成核心业务系统，完成贷款流程改造、营改增价税分离及部分标准功能的优化完善。推动核心业务系统与财务核算系统、资金管理系统、1104报表系统自动对接。

【企业文化建设】公司秉承“责任、创新、诚信、共赢”的价值观，发扬“自强不息、勇于超越”的集团精神，结合实际加强企业文化建设。以为成员企业提供多元化金融服务、助推集团主业发展为己任，以文化建设增强职工素质能力、塑造企业良好形象，充分发挥企业文化的凝聚、导向、规范、激励功能，促进公司战略远景的落地实现。

西王集团财务有限公司

【经营概况】2016年，西王集团财务有限公司（以下简称“公司”）始终秉持“依托集团、服务集团”的宗旨，在不断提高资金管控能力的基础上，优化集团资金配置与结构调整，努力提高集团资金使用效益，降低财务费用，稳步开展各项专项业务，对集团公司的实体经济发展起到了重要保障作用。截至2016年末，公司注册资本为人民币20亿元，12月15日，经《山东银监局关于西王集团财务有限公司增加注册资本及变更股权结构的批复》（鲁银监准〔2016〕415号）批准增加注册资本10亿元，增资部分由股东西王集团有限公司全部以货币方式出资。增资后，西王集团有限公司前后共计出资16.50亿元，占注册资本的82.5%；山东西王食品有限公司出资1亿元，占注册资本的5%；山东西王糖业有限公司出资1亿元，占注册资本的5%；西王金属科技有限公司出资1亿元，占注册资本的5%；中国信达资产管理股份有限公司出资0.50亿元，占注册资本的2.5%。

截至2016年末，公司资产总额38.44亿元，负债总额18.14亿元，净资产20.30亿元，全年实现营业收入8953.49万元，实现拨备前利润总额7889.98万元，拨备后利润总额4573.03万元（按2.5%计提拨备）。

【公司治理】公司不断完善公司治理结构，积极健全公司治理机制，持续提升公司治理水平，公司治理整体运行情况良好有序。构建了股东大会、董事会、监事会和高级管理层“三会一层”的公司治理结构，引入了“科学决策、利益制衡、稳健经营”的现代公司治理理念，并良好有序运行。公司制定并实施了公司章程、“三会”议事规则、总经理工作规则等相关制度一系列公司治理文件，清晰界定了公司治理各主体的权限划分和职责定位，确保了各主体诚信尽责、勤勉履职，逐步建成了独立运作、密切配合、相互制衡、有效监督的现代公司治理机制。

【信贷业务】2016年，公司不断强化信贷服务，建立、完善和落实各项信贷管理制度。深入细致了解成员单位的信贷需求状况和生产实际，收集相关信贷资料进行调查核实，对多家成员单位进行了评级、授信总量的审批。通过贷款、贴现、委托贷款、票据等形式，为成员单位提供多种信贷产品，满足集团各成员单位多层次融资需求，为集团和成员单位拓宽了融资渠道。信贷业务不断开展和拓宽，满足了成员单位的资金需求，有效缓解了其资金压力，保证了成员单位生产经营活动的正常进行。2016年，公司吸收成员单位存款余额17.99亿元，较年初增加17.24亿元。各项贷款余额13.45亿元，较年初增加13亿元。

【票据业务】2016年初，公司成为中国票据网正式会员，使公司可以第一时间获取票据市场成交信息及国家相关票据政策的最新动向。5月顺利实现了代理电票系统的上线，保证了基本电票业务的处理。截至2016年末，累计为成员单位办理商业承兑汇票贴现11亿元，银行承兑汇票贴现0.57亿元，为成员单位承兑电子银行承兑汇票2亿元，代办银行承兑汇票7亿元。

【资金集中】公司多措并举，加强平台建设，积极吸收存款，努力归集资金。一是根据“减费让利”原则，通过办理协定存款、定期存款利率上浮等措施，积极让利于成员单位，提高成员单位归集的积极性；二是积极推进银企直联，扩展归集平台，全年开通了五家银行的银企直联平台，有力地提升了资金归集的自动化处理。截至2016年末，吸收成员单位存款余额17.99亿元，全口径资金归集率达68.36%，归集资金口径资金归集率达91.23%。2016年公司通过资金归集为集团公司增效1239万元。

【风险管理和内部控制】公司执行全面风险管理制度，并逐渐形成了三维立体的风险管理体系。一是公司风险管理体系：公司设立了信贷审查委员会，制定了《信贷审查委员会工作规则》；董事会下设风险管理委员会，制定了《风险管理委员会工作规则》。公司在经营过程中对重大事项的研究决策，新业务和新金融品种的开展及风险分析研究，基本管理制度的审定，对各类风险的识别、计量、跟踪控制、处置均由该层次决定。公司风险管理体系职责边界清晰，促进了公司向良好的公司治理机制发展。二是业务风险管理体系：公司依据《企业集团财务公司管理办法》中规定的业务范围，依据不同的业务品种，针对不同业务品种的内涵、流程、功能、风险程度，编制了《规章制度汇编（一）》及《业务操作手册（一）》，汇编集中了各业务品种的管理办法和管理规定，对每项业务的开展都有严格的内部管理制度、可行的操作规程和明确的岗位职责，使各项业务操作有章可循，有效地规避操作风险。各项业务制度、内控制度都会随着业务的发展和需要得到及时的修订。三是监督审计风险管理体系：公司设立了独立的风险稽核部，直接对董事会负责，行使监控职能。

【人力资源管理】一是建立有效激励与约束机制。公司依据《西王集团财务有限公司薪酬管理体系暂行办法》对各部门员工进行绩效考核。根据岗位和工作年限等因素制定员工级别工资，由基本工资和绩效工资构成，基本工资按月发放，绩效工资根据每季度绩效考核情况按季度或按年进行考核发放。二是构建员工培训制度。为满足公司发展、适应金融市场变化要求，公司根据整体发展规划和业务发展需求，通过由各部门骨干员工制作课件主讲或邀请外部专业人员来公司开展全员培训的方式共开展了40多次全员培训。

【信息化建设】公司不断修订信息科技制度，不断完善业务操作系统。截至2016年末陆续完成了人民银行金融城域网入网工作，中国银行、建设银行、农业银行、工商银行、兴业银行五家银行的银企直联，以及各业务模块的修改完善工作。同时，积极与软件工程师协调，进行了外币贷款业务测试、资产转让业务测试、1104系统的完善修改、担保模块业务测试、纸票管理模块业务测试等各项测试工作，保障了公司业务的正常开展。积极开展信息安全培训工作，制定了2016年度信息科技演练计划，并根据计划安排进行了机房消防、机房水浸、核心防火墙宕机、灾备数据恢复、机房意外断电、核心交换机宕机共计六项应急演练，根据应急演练情况，不断完善应急预案，提高了公司应对应急事件的能力。

【企业文化建设】公司大力开展企业文化建设，致力营造和谐美好的工作氛围，积极组织员工参加集团举办的晨训、运动会、书法绘画大赛等各类文体活动，同时，在公司成立一周年之际组织了“我与企业共成长”演讲比赛等系列活动，丰富员工业余生活，增强组织力、向心力、凝聚力。公司积极倡导求真务实、爱岗敬业、善于学习、乐于奉献、勇于创新的公司精神，营造有利于员工成长和企业共同进步、和谐发展的环境与氛围，提高员工幸福感、责任感。

物产中大集团财务有限公司

【经营概况】物产中大集团财务有限公司（以下简称“公司”）于2015年12月18日挂牌开业，2016年是公司经营开展的元年。一年来，公司上下积极践行集团公司“一体两翼”战略和“流通4.0”，不断建立健全法人治理结构，完善制度、规范流程，依法合规经营、坚持稳健发展，切实提升资金集中管理，搭建资金信息系统，构筑全面风险管理体系，努力为公司平稳健康发展打下坚实基础。截至2016年12月31日，公司资产总额71.95亿元，实现营业收入2.42亿元，利润总额0.78亿元，2016年末全口径资金集中度为47.18%，可归集口径资金集中度为82.96%；资本充足率为25.65%，流动性比例为61.16%，不良贷款率为零，各项监管指标均符合监管要求，风险控制情况良好。

【信贷业务】2016年，公司不断加强对成员公司资金调度的统筹性、针对性、灵活性，以一级成员企业为主要目标，推进“一户一策”，通过上门走访、主动服务、挖掘需求寻找有效的信贷市场，以自营贷款、委托贷款等方式满足企业融资需求。2016年完成对14家成员公司评级授信，为24家成员企业提供了信贷服务，累计为成员企业办理各类贷款237.62亿元。

【资金业务】2016年，公司充分发挥同业议价优势，时刻关注并深入研究资金市场利率走势，不断完善同业利率询价机制，拓展同业合作银行范围，结合集团资金收支情况，灵活进行资金配置，有效提高资金收益。2016 年，公司利用临时盈余资金累计开展定期存放同业 57.65 亿元。

【资金集中】利用各种渠道充分宣传公司的存款政策，挖掘大客户存款潜力，扩大资金归集面，稳固提升负债规模。通过强化银行账户管理，建立财银直联、财企直联、资金池等多措并举，资金归集不断扩大。2016 年末，公司全口径资金集中度为 47.18%，可归集口径资金集中度为 82.96%，月均吸收存款余额为 32.8 亿元，归集直联户数为 252 户。

【风险管理和内部控制】2016 年，公司不断做实风险管理，构筑合规经营防线。一是管控信用风险。积极推进征信系统接入工作，通过走访调研、财务分析等手段，了解判断信贷客户的风险变化情况，提升信贷风险识别能力。加强对信贷资金使用的跟踪管理，按期调查信贷客户的经营变化、财务状况变化和融资情况变化，强化贷后管理。截至 2016 年末，公司自营信贷资产质量全部为正常，无逾期、欠息等风险情况。二是管控流动性风险。每月动态跟踪测算监管指标的完成情况，避免出现流动性比例、资本充足率等指标风险。三是管理操作风险。组织开展金融法律知识培训，进一步提升公司全体员工的法律意识和执业水平。四是常态化稽核审计。把常规稽核作为摸清底数、掌握实情、规范操作、防控风险的重要手段，充分发挥稽核审计的把关监督作用，有效防范各种风险，确保公司合规审慎经营。

【人力资源管理】公司成立后，根据业务开展的需要，努力打造“品德好、能力强、业务精、素质高”的经营管理团队，一是按照现代企业管理和人力资源配备的要求，做好公司人才规划，提升人才配置的综合统筹能力。二是加强培训，不断强化学习意识。通过开展“创建学习型组织，争做专业型员工”活动，组织学习银监各类制度和金融法律法规。三是拓宽招聘渠道，多方引进专业化人才，不断完善人力资源结构，构建人才梯队，充分发挥高层次人才、关键人才的引领作用，形成专业化、市场化、职业化的人才队伍，为公司持续发展提供充足有力的人才保障。

【信息化建设】2016 年，公司核心业务系统建设已完成第一阶段项目上线及验收。初步实现人民币结算、流动资金贷款、委托贷款、资金头寸管理、财务管理等基础功能，为内部管理体系提供了基础数据信息管理的技术支撑；在财银直联接口方面，工商银行、农业银行、中国银行、建设银行和光大银行等 8 家财银接口已部署实施完成，可以满足资金归集下拨和结算的需求。另外，开发实现了核心系统与集团 SAP 等系统的财企付款接口的对接工作，提高了成员公司使用信息系统的效率和积极性。

【企业文化建设】公司积极塑造“诚信、稳健、服务、创新”的核心价值观，树立公司与员工同呼吸、共命运的意识，切实发挥党工团组织的作用，举办形式多样、内容丰富的员工文化活动，办好《财海闻潮》内部期刊，将员工凝聚在一起，团结奋进、开拓创新，从而发挥出最大的凝聚力、最强的战斗力。

营口港务集团财务有限公司

【经营概况】2016 年，营口港务集团财务有限公司（以下简称“公司”）坚持“立足于集团、服务于集团、发展于集团”的基本原则，努力搭建集团资金管理、调配和金融服务平台，加强集团资金集中管理、提高资金使用效率。以“依法合规、风险可控”为准则，为成员单位提供综合金融服务，满足集团多元化融资和发展需求。2016 年营业收入为 0.82 亿元，利润总额为 0.55 亿元，资产总额为 51.08 亿元，净资产为 5.41 亿元，资本充足率为 27.1%，全面完成了董事会既定的目标，相关指标全部符合监管要求。

【信贷业务】2016 年，累计投放 9 笔共 13.18 亿元自营贷款，其中 1 笔 1 亿元到期收回，年末余额 12.18 亿元，有力支持了集团的发展战略。

【资金业务】公司在原结算中心基础上，充分利用公司金融牌照的优势，积极营销、广泛询价，经过多层次、多方面的沟通协调，提升同业存放收益水平。2016 年累计办理同业定期存款 61.2 亿元，实现利息收入 0.44 亿元。

【票据业务】2016 年，公司分别对集团及各公司近三年大额付款中的票据使用情况、预计沉淀资金、全集团票据业务及需求等情况进行了梳理分析，形成了票据业务报告（草案），提出了票据业务的发展规划。于 2016 年 12 月开展了两笔合计 200 万元的票据贴现业务。

【资金集中】在公司筹备期间，积极研究成员单位的资金归集工作，经过多次调研、研究相关法规，与上海证券交易所、辽宁省证监局密切沟通协调，以公司与股份公司签订《金融服务协议》的方式，将股份公司的资金全额归集，有效增加了资金归集总量。2016 年末，资金归集余额 45.61 亿元，全口径资金集中度为 60.87%，可归集口径集中度为 70.70%。

【风险管理和内部控制】公司筹建过程中，按要求向监管部门申报了 64 项制度目录，公司成立后按照目录对相应管理制度进行修订完善。2016 年，共召开制度小组讨论会 46 次，制度大会讨论 12 次，修订完善 81 项制度，较年初计划 64 项超额完成 27%，做到风险全覆盖。召开了 3 次制度讲解会，就重要规章制度进行了详细讲解。为全面把控风险，董事会下设风险管理委员会，经营层成立了信贷审查委员会。2016 年召开 2 次风险管理委员会会议，确立了公司贷款的基本原则。召开 12 次信贷审查委员会会议，评审授信项目 7 个，委贷项目 2 个，客户信用评级 11 家。对授信项目及信用评级提出了合理化建议，从授信的合规方面发挥了控制风险的作用。开展了 7 次专项稽核，对存在的问题提出了整改及建议，起到及时对风险识别、监测和控制的作用。

【人力资源管理】2016年末，公司共有员工21人，平均年龄35岁，本科以上16人，其中硕士研究生5人。公司成立初期仅有7人具有银行从业经历，经过全年的调研、培训、辅导和自学等活动，公司累计14人通过高管任职资格和银行业资格考试，实现持证上岗比例近70%，在同行业位居前列。两人通过考试取得银行间本币交易员资格证，为参与银行间拆借市场做好了人员储备。2016年，分别邀请了中国银行、交通银行和兴业银行等金融机构的市分行、省分行和总行专家来公司进行业务培训和专题讲座，特别邀请了辽宁省银行业协会专家、营口市银监分局统计信息专家来公司进行银行法规、监管评级和信息科技风险培训，赴省内和其他港口财务公司进行调研学习，并参加兄弟单位和部门组织的专业培训，全公司员工受训达330人次。

【信息化建设】公司于筹备期间曾调研多家财务公司，收集了财务公司核心业务系统供应商名册和系统选型方案，经过招标选定了软通动力为公司核心系统供应商，核心系统于2015年12月正式上线，已实现基本户定时归集与虚拟户实时归集、主动调拨、代理支付等九项功能。为满足业务发展以及人民银行和银监会的监管需求，已与软通动力签署二期合同，增加票据承兑、网银对账、价税分离和财企平台四项功能；与中国金融电子化公司签署征信报送系统和统计数据报送系统合同；与万得资讯签署金融客户端合同。按照人民银行和银监会要求建设了公司机房，搭建与人民银行、银监会、中国银行和建设银行的信息专线，已完成与人民银行沈阳分行和营口市中心支行专线连接，加入金融城域网，实现公文传输、FTP、金融统计数据报送等功能，已向人民银行提交开办电子商业票据业务的申请；完成与银监会的专线连接，实现公文传输、电子邮件传输、1104报表报送等功能。

【企业文化建设】2016年，安排全体员工学习26项监管法规，编制习题9套，还开展了授信自营贷款、委托贷款、授后管理、结算业务的培训。外请监管部门培训2次，业务交流13人次，警示教育1次，推进了风险文化建设。组织员工报名参加集团“文化月”系列活动，向建港155周年献礼，公司员工分别参加了文艺汇演、书画摄影展、职工英语大赛，参与人次占员工的比例达60%，其中两名员工分别取得了英语大赛第一名和第二名的好成绩。组织员工赴盖州市梁屯小学走访慰问贫困学生，向学校捐赠书籍、衣物、助学款等，圆贫困孩子求学梦。通过开展各项活动，充实了员工的文化生活，进一步增强了团队的凝聚力、执行力和战斗力，营造了公司积极向上、团结一致的工作氛围，为公司的持续发展奠定了坚实的基础。

云南建工集团财务有限公司

【经营概况】 2016年是云南建工集团财务有限公司（以下简称“公司”）开业运营的第一年，按照“开好头、谋发展”的思路，公司各项基础管理扎实推进，金融业务有序开展，经营业绩实现了“开门红”，全年资金结算量1700亿元，贷款累计投放48亿元，实现营业收入1.39亿元，利润总额5161万元，年末资产总额72.17亿元，全口径资金归集率为31.23%。

【资金集中】 以资金支付结算为抓手，推进资金集中管理，进一步增强集团集约化管控力。公司开业后，快速实现了成员单位的支付结算和资金归集，顺利将原建工集团各成员单位资金支付从财务部“资金池”模式平稳过渡到财务公司支付结算模式进行资金归集。在三家集团重组过程中，较短时间内完成了原十四冶、西交集团各成员单位资金支付结算上线工作，统一了资金归集模式，实现了资金集中管理。

着力抓好资金管理智能系统建设，拉通成员单位、财务公司、银行之间的数字专网75条，综合布线23条，覆盖集团二级单位和部分三级单位。资金支付结算通过数字专网封闭运行，确保安全、可靠、方便、快捷；先后组织180人次上线操作培训，编印《系统操作手册》，派专人到各成员单位讲解、指导。积极研究受限资金归集途径。通过分析资金报表，对不能归集的资金进行及时了解、认真分析，多次召开专题会议，专人专事，跟踪督办，对保证金户、国开行专户等采取一系列措施，管控增量，用足存量，开展账户清理等。经过扎实的工作，资金归集量从2016年2月末的12亿元增长到2016年12月末的63亿元，归集率从7.98%提高到31.23%。归集量和集中度显著提高。

【信贷业务】 积极与各成员单位对接，及时掌握金融需求，了解分析客户财务状况，生产经营情况，结合集团发展战略，沿着集团“产业链”认真谋划，针对不同需求提供个性化的信贷产品。在合规和风险可控的前提下，为集团和成员单位提供流动资金贷款、项目贷款、固定资产贷款、循环贷款、票据贴现、商票承兑、保函担保、信贷证明等产品及服务。

全年和36户法人客户建立了授信业务关系，办理各类信贷业务134笔。贷款累计投放48.06亿元，票据贴现1.63亿元，商业汇票承兑4.75亿元，保函担保2.04亿元，年末各项贷款余额32.99亿元，表外信贷资产余额5.52亿元。信贷资金积极支持了一批集团重点项目，资金向优质实体经济倾斜，积极扶持技术创新和转型升级的重要领域。充分体现内源融资功能，在“三去一降一补”中发挥积极作用。通过信贷调剂全年为集团节约财务费用近1亿元，平均融资成本下降1.75个百分点，减少保证金支出1.5亿元，减少集团内部欠款2.2亿元，降低集团担保余额约20亿元，积极支持成员单位高成本融资资金置换工作，在一定程度上缓解了存贷双高问题，促进降本增效。

【票据业务】为减少银票保证金占用，扩大集团商业信用的影响，节约成员单位财务成本，公司积极推广商业承兑汇票业务。全年承兑商业汇票4.75亿元，并与商业银行开展商票保贴合作，为各类供应商、劳务公司融通票据保贴资金2.8亿元，延伸产业链服务，对票据全生命周期进行跟踪，确保公司票据流转顺畅，融资成本及风险可控。

【资金和投资业务】开展金融同业业务，拓宽银企合作渠道。与2家银行建立了银财直联，取得2家银行商业汇票保贴授信，加强流动性管理和资金计划管理，与10家银行开展金融业务，办理同业存放520亿元，实现收益4500万元，资金的使用效率进一步提高。

【风险管理和内部控制】公司将风险管理视为公司核心竞争力，制定了适应公司发展的风险管理政策，明确公司风险管理的基本原则、管理策略、主要组织和部门及其职责，建立重点风险防范机制，运用“全面”“全程”“全员”的全面风险管理理念，以制度化、系统化、规范化的方式推进公司风险管理工作，形成事前预警、事中控制、事后监督的全面风险管控格局，各项业务实现了平稳健康发展，实现了全年“零伤害、零损失”的风险管理目标。

在重点工作开展方面，一是抓制度建设，全年制定了95个业务管理规章制度及122项业务操作流程，并在经营管理过程中进行了修订和完善。二是抓网络运营体系建设。在好抓系统建设、成员单位网络专线建设和信息工作管理的同时，不断优化系统设置，强化系统的风险管理职能。三是重点抓好合规、信用、流动性及操作风险等重点领域风险管控并取得实效。四是开展稽核审计，对业务合规性、制度执行情况、岗位职责履行情况等进行稽核检查及“两个加强、两个遏制”的回头看自查工作，对公司内部控制的整体情况进行了客观评价，强化审计监督职能。

【人力资源管理】2016年，公司定岗定员、制度建设、招聘、培训、绩效管理等工作有序开展。一是结合公司发展战略，进一步完善部门职责和岗位职责。二是健全完善制度体系，进一步夯实管理基础。三是过认真分析公司年度责任指标，对目标责任进行了合理分解，并于年初与各部门签订了《2016年经营管理目标责任书》。四是根据公司实际情况完善薪酬制度，使员工的薪酬与岗位、目标任务和业绩紧密结合；全面实施绩效考评；通过建立完善运行绩效考评体系，达到激励员工不断改进工作方法、提高工作质量。五是在管理上坚持开拓进取，引入6S等先进的管理方法，有力推动了公司综合管理水平的提升。六是通过多渠道开展多层次的培训，培养和引进金融人才，优化员工队伍素质和知识结构，使员工素质与公司的金融属性相吻合。七是形成了一支业务熟悉、对企业忠诚、勇于担当、创新能力强的金融团队。八是成立了七个产品开发与推广课题小组，对电票业务、产业链金融等15项课题进行研究，3项业务已落地并有序开展。

【信息化建设】一是梳理完善制度体系，对开业前制定的信息科技制度重新梳理、完善，并新增《信息科技外包管理办法》《信息科技岗岗位职责及AB角制度》等规章制度及办法。二是开展网络专线建设。快速完成原建工集团、西交集团、十四冶集团重组后新成员单位的专网建设，同时覆盖至省内地州SPV公司，使集团所有成员单位资金归集不留死角，业务支付全覆盖。三是搭建金融城域网，开展电子商业汇票业务筹备工作。2016年7月15日，获人民银行关于公司加入电子商业汇票业务系统批复。同时组织开展电子商业汇票系统搭建，完成系统软硬件采购、集成，并于12月2日通过人民银行对公司城域网验收。四是做好中心机房、网络设备及资金系统运维，为公司业务开展提供了坚实的技术支持，全年系统运行稳定，未发生一起金融事故。

【企业文化建设】一是大力推进合规文化建设，推进各项业务制度化、规范化、程序化，建立标准化的管控体系；二是组织开展了“同唱建投之歌”活动、主题演讲比赛、主题征文、登山比赛等系列活动，与中国银行、建设银行开展体育运动联谊活动；三是参与集团组织的职工计算机技能大赛，荣获一等奖（第一名）；四是公司党支部扎实开展“两学一做”“三会一课”学习教育、中心组学习、“五讲五比”等系列活动。

甘肃电投集团财务有限公司

【经营概况】甘肃电投集团财务有限公司（以下简称“公司”）成立于2016年3月25日，由甘肃省电力投资集团有限责任公司和甘肃能源集团有限责任公司共同出资筹建。公司注册资本金为5亿元人民币。公司成立后，始终坚持“服务集团，专业诚信，规范运作，稳健经营”的指导原则，强力推进筹建报批，迅速实现成员单位资金归集，有序开展财务公司基础业务，初步建成风控管理体系，成功实现资金管理系统、电子商业汇票系统上线运营，有效提升集团资金使用效率，圆满完成了公司年度经营目标。截至2016年12月末，公司资产总额达到56.9亿元，实现综合利润4679.66万元。公司金融平台职能初步显现，公司整体工作呈现出稳步推进、有序开展的良好发展态势。

【信贷业务】公司依据初创阶段的经营战略，细分目标客户，锁定营销对象，以深入调研为抓手，开展地毯式、源头式的业务营销，由公司总经理或分管副总带领业务人员，对所有成员单位的业务需求进行逐一排查，在全面分析成员单位行业发展、生产经营、财务状况的基础上，最大限度地满足成员单位金融需求。截至2016年12月末，公司对19家成员单位进行了评级授信，与14家成员单位开展了信贷业务，累计投放自营贷款21笔，贷款总额30.85亿元；发放委托贷款7笔，贷款总额4.64亿元，累计开出电子银行承兑汇票57张，开票金额7194.67万元。

【票据业务】公司通过对各家银行票据池产品的研究、调研、讨论和反复测试，建成了省内第一家真正意义上的集团式票据池，开通了“异地入池和换开”功能，并提出了票据额度共享的内部计价模式，既实现了对成员单位票据业务的服务与管理，又充分运用票据延期支付，成功盘活了票据资产，节约了集团财务费用。截至2016年12月末，成员单位累计入池票据共114笔，入池票据3.86亿元，共给14家成员单位新换开银行承兑汇票1.29亿元。

【资金集中】实现成员单位资金集中管理是公司的首要任务，2016年公司逐步清理成员单位银行账户，扎实推进账户管理工作，重新构建账户体系，每月开展成员单位账户集中度分析，做到存量资金应归尽归，成功建成集团公司“资金池”。截至2016年12月末，公司全口径资金集中度为69.71%，较开业初增长了31.38%，有效实现了集团资金集中管理。同时，不断优化系统功能，满足集团及成员单位资金管理需求。逐步深化同业合作，积极拓展合作银行，迅速启动银企直联“9+N”计划，与10家商业银行实现了银企直联。

【业务创新】公司开业之初，就把接入电子商业汇票系统列入年度重点工作计划，多次派专人前往人民银行总行、人民银行兰州中心支行进行现场沟通接洽。经过近五个多月的全力筹备，公司于2016年12月8日成功加入人民银行电子商业汇票系统，顺利开出第一张电子商业汇票。公司针对成员单位火电企业供暖期季节性周期变化、水电企业所在流域丰水期周期性变化的行业特点，以及新建企业资本金与建设资金期限错配、固定资产投入大的特点，结合借款成员单位实际情况，在传统流动资金贷款、票据直贴等业务基础上设计了循环额度贷款、搭桥贷款、融资租赁等业务产品，便捷、灵活地解决了成员单位的融资需求。

【风险管理和内部控制】公司将风险管理与流程管理有效融合，强化制度管理，从管理制度入手，按照制度化、规范化、精细化的要求，系统梳理业务流程和关键节点，逐步建立了一整套体系化、层次化的管理制度，制定了公司治理、综合管理、信息安全、结算业务、计划财务、信贷业务、风险防范七大类共125项管理制度，全面覆盖了所有管理行为和所有业务流程，从体制机制和制度流程上夯实基础管理，初步建立健全了管理制度体系。公司制定了《全面风险管理制度》《内部控制制度》等26项风险防范控制类制度，规范了管理层及员工的管理及业务控制活动，包括授权机制、审批机制、内审机制、排查与监督机制、风险预警机制、安全保密机制、重大突发事件报告与处置机制等，把管理工作和内部控制有机地融入到每个岗位、每个环节，实现了全流程的风险内部控制机制，初步构建了风险内控管理体系。将风险管理的风险治理、风险管理构架和具体业务风险管理三个层级有机结合、筑牢“各部门风险自控、风险部门再监控、监审部门事后再监督”风险防范的三道防线，确保公司战略目标顺利实现，保证各项业务的有序开展。

【人力资源管理】公司设立了综合管理部、计划财务部、结算业务部、信贷管理部、风险管理部、审计稽核部六个职能部门，并制定了《定编、定员、定岗和岗位职责描述》制度，初步形成分工明确、职责清晰、相互制约的组织架构。积极调研学习同业机构薪酬及绩效管理模式，建立并逐步完善了员工薪酬与绩效考核管理体系，实现对员工的有效激励。公司始终关注员工素质和业务能力的提升，组织员工积极参加监管部门、金融同业及中国财务公司协会组织的各种业务交流、学习培训，充分利用各种学习机会，提高公司从业人员的专业性和业务素养。为加强公司内部控制，防范风险，提高工作效率，公司还制定了《AB角岗位工作管理办法》，明确了工作岗位AB角配备及临时代理岗位职责，确保工作岗位零缺位，公司所有工作连续不断地按内设岗位职责分工协作高效运营。

【信息化建设】公司在规划筹建的同时，启动了资金管理系统平台建设，在机房基础设施保障、硬件设备和网络安全、数据安全、系统稳定等方面做了大量工作。一是完成机房基础设施改造建设，包括配置门禁系统、安装双回路市电、配置两台独立 UPS、配备消防设备、安装监控和空调等。二是完成硬件平台和网络安全建设。按照双核心互备份的模式建设硬件平台，采用三层架构、双机热备的方式配置服务器，安装了 12 条网络专线，分别与人民银行、银监局和商业银行连接。三是组织开展五轮系统测试，每轮测试均从技术和业务角度安排测试方案和案例，完善了系统功能。四是采用本地备份和异地备份、自动备份和手动备份、全量备份和增量备份相结合的方式建设完善数据备份措施，采用先进的数据加密技术，开辟了安全的传输通道。五是建设了用于身份认证的 CA 系统，编制了《资金管理系统极端情况分析报告》，有效防范了金融风险。

宝塔石化集团财务有限公司

【经营概况】2016 年 4 月 5 日，宝塔石化集团财务有限公司（以下简称“公司”）完成工商登记手续并领取营业执照，成为宁夏回族自治区首家财务公司。截至 2016 年末，公司资产总额 39.67 亿元，所有者权益 20.03 亿元；吸收存款及保证金余额 19.47 亿元，自营贷款余额 37.6 亿元；全年实现营业收入 4920 万元，净利润 366 万元；流动性比率为 503.35%；资本充足率为 37.62%。圆满完成了年度各项主要任务。

【信贷业务】公司认真执行年度信贷政策，做好各项信贷服务。年内授信成员单位 10 家，年末授信余额 100.66 亿元，为 9 家核心成员单位累计发放贷款 52.38 亿元，年末贷款余额 37.61 亿元，自营贷款日均 26.86 亿元；累计承兑票据 23.08 亿元，吸收存款 19.47 亿元；年末保函余额 11.15 亿元。

【资金业务】为切实提高资金效益，公司以盘活存量资金为目标，定期调整资金计划，实时跟踪头寸变化，最大限度减少活期资金沉淀。同时，积极与合作银行就活期存放利率开展谈判。通过将活期沉淀资金存放在高利率银行，进一步提高了公司资金收益。

【票据业务】公司通过招商银行代理接入人民银行 ECDS，累计为集团及成员单位开展票据承兑业务 23.08 亿元。

【资金集中】2016 年，共有 47 家成员单位在公司进行资金归集。年末资金归集率达 34.37%。

【业务创新】公司与南方前海资产管理公司合作，分别于 2016 年 11 月 25 日和 12 月 9 日成功在银行业信贷资产登记流转中心登记转让 5 亿元和 3 亿元信贷资产，获得 8 亿元融资，成为第一家通过银登中心进行信贷资产转让的财务公司。

【风险管理和内部控制】公司根据监管要

求建立了全面风险管理体系和制度体系。对风险实施静态计量和动态监测，业务风险识别覆盖率达到了100%。实现了对风险进行事前防范、事中控制、事后监督纠正的动态管理机制。公司运营状况获得了有关监管部门的认可。

【人力资源管理】公司贯彻人才兴企战略，全力加强人才队伍建设、创建“学习型”团队。公司现有的27名员工中，从事金融或财务工作3年以上的人员占60%以上，从事金融或者财务工作5年以上人员占40%以上，符合监管要求。公司建立了完善的培训制度与体系，为公司人才的发展与储备创造了良好的条件。2016年全年组织外训超过20次、内训超过30次，累计培训400多人次。

【信息化建设】2016年，公司加强和完善信息化基础建设，为公司业务开展建立了安全、稳定、高效的信息通道。

【企业文化建设】公司秉持快乐工作的理念，创造整洁、温馨的办公环境，创立融洽、友爱的团队氛围。办公流程简洁高效、福利制度完善。通过举办员工生日会、户外拓展活动、交流分享会等方式不断促进团队交流，加强团队凝聚力。

北京粮食集团财务有限公司

【经营概况】北京粮食集团财务有限公司（以下简称“公司”）系中国银行业监督管理委员会于2015年9月9日批准筹建、2016年5月10日批准开业的非银行金融机构，由北京粮食集团有限责任公司全额出资设立。公司依托集团，服务产业，为成员企业财务管理提供专业化金融服务，积极构建“一链、两轴、五平台”的金融产业格局，努力成为支持集团转型发展、保障首都粮食安全的粮食金融专家。

截至2016年末，公司资产总额23.19亿元，净资产5.09亿元，吸收存款18.06亿元，贷款余额5.93亿元，实现总收入0.30亿元，完成总利润0.12亿元。资本充足率为51.79%，全口径资金归集率为50.32%，不良资产率为零，各项指标均符合监管要求。

【信贷业务】公司建立了科学、合理、持续的评级及授信管理体系，制定了充分考虑市场风险、信用风险、客户贡献度等指标的信贷业务定价体系。信贷业务以服务集团主业为导向，配合集团“一链两翼三平台”战略，向成员企业提供定向资金支持。针对粮食行业资金流特点，在收购季重点支持成员企业原粮采购资金需求。截至2016年末，共完成对9家成员单位的授信工作，合计授信32.56亿元人民币，全年累计发放自营贷款14笔，共计11.51亿元，发放委托贷款68笔，计15.16亿元。

【资金业务】公司积极探索资金管理模式，加强存放同业管理，建立了资金周例会制度及定价和头寸管理机制，根据资金成本及收益测算结果，结合成员单位资金周计划，动态调整资金使用，提高资金使用效率。截至2016年末，同业合作银行达到8家，存放同业利息收入占利息总收入的38.76%。

【资金集中】公司发挥金融机构优势，有效拓展资金归集范围，并通过差异化服务，以市场化手段加强对参股企业的资金归集，进一步提升资金归集率。先后5次开展对成员单位财务人员的业务系统培训，共计为136家成员单位开立账户176个，成员单位开户覆盖率达70.47%。公司与工商银行、建设银行、农业银行、北京银行、北京农商银行实现了银企直联，并与邮储银行建立了资金归集通道，搭建了覆盖200多个企业银行账户的直联平台。公司通过代理支付的签认功能，把集团派驻企业财务总监在资金运营系统中的签认作为把控支付结算的关键节点，财务总监更加及时准确地了解企业的支付时点，对企业支付行为可以实时把控和刚性把控，加强了资金安全保障。

截至2016年末，公司完成结算业务1.04万笔，结算金额414.72亿元，10万元以上的支付签认率达到100%。

【风险管理和内部控制】公司坚持以风险管理为导向，以内部控制为主线，始终把防范风险放到经营管理工作的突出位置，牢固树立风险防范为本的经营发展理念。通过进一步梳理业务流程，明确关键风险点，落实风险管理责任；实时掌握内部、外部风险的分布及动态变化趋势，定期出具风险分析报告；搭建了以风险制度为基础，以风险文化为核心的风险指标监测体系模型，对包括资金集中度、资本充足率、不良贷款率、流动性比例等31个指标进行不定期监测与分析。为确保各项内部控制、风险管理的制度和措施得以有效执行，进一步完善风险管理三道防线建设，公司以筹建期制定的83项规章制度为基础，重新修订、增补69项，并进行了制度汇编工作，形成了十三大类共104项规章制度。

公司内审工作从内控制度延伸至公司各个关键环节，及时发现管理中的薄弱环节，坚持“一对一”落实审计结果，加快将审计结果转化为管理成果，形成完整的审计循环，为公司防范经营风险和规范运营提供保障。

【人力资源管理】公司借助专业咨询机构，按照价值贡献、业绩导向、内部公平、兼顾市场、薪酬与效益同步增长的原则，建立了与公司发展相匹配的薪酬与绩效考核体系；确定了年薪制、岗位绩效工资制、协议工资制三种薪酬模式；制定了7级9档的岗位职级薪酬标准。实现绩效考核结果与绩效工资挂钩，为吸引和保留金融专业人才，激活人力资源创造了条件。公司与多家财务公司建立了友好的同行交流关系，全年进行不同层级、不同形式的行业互动三十余次。特别是与京能财务公司共建的“岗位代培机制”、与黄金财务公司开展的“一对一全方位业务交流分享”，为汲取同业经验，提升员工能力，加速公司成长发挥了重要作用。

【信息化建设】公司成立了信息化工作领导小组和工作小组，建立了跨部门协调机制，按照安全、稳定、高效的原则，加强信息化建设，支撑业务发展。截至2016年末，公司新增和修订信息科技管理制度13项，接入各类专线11条，加入了金融城域网，开通了书生系统、OA系统、视频会议系统，完成了公司信息化基础建设和核心业务系统一期建设任务。

【企业文化建设】公司开业元年，大力开展精良文化宣贯，通过成员企业走访、聘请劳模讲党课、企业文化专题报告会等形式，教育员工认知“粮比天大、信比物重”的核心价值观，理解“宁流千滴汗，不坏一粒粮”的庄严承诺，加速文化融合和价值认同。

日照港集团财务有限公司

【经营概况】日照港集团财务有限公司（以下简称“公司”）于2016年5月18日获得山东银监局开业批复，5月20日正式揭牌开业。公司开业后秉承“依法合规、专业服务、风险可控、持续发展”的经营方针，加强制度建设，狠抓合规经营，完善内控体系，强化运营管理，各项业务顺利开展，整体平稳运行，主要经济指标良好。截至2016年末，公司资产总额43.33亿元，负债总额33.27亿元，所有者权益10.06亿元，实现营业净收入0.36亿元，利润总额0.08亿元。

【信贷业务】2016年，公司走访主要成员单位，提前对主要用信单位进行评级授信，全力保障成员企业资金需求，降低集团整体融资成本。联合成员单位开展“四方合作”融资模式，在确保资金安全的前提下有效带动港口装卸主业发展；创新开展信贷业务，在开业3个月内即作为牵头行，联合合作银行发起1.30亿元银团贷款，向成员单位提供0.50亿元并购贷款。2016年累计向成员单位发放贷款32.34亿元、贷款余额17.85亿元，办理委托贷款2.26亿元，开具0.18亿元履约保函，有效支持了集团公司深化改革、转型发展。

【资金业务】2016年，公司严格按照监管要求，通过精准计算、利率议价、期限错配等手段深入挖掘资金潜力。一是充分发挥公司金融机构优势，积极争取较高的同业存款利率；二是精打细算地使用资金，合理调配资金头寸，打好存贷款“时间差”，利用闲置资金，叙作定期存款业务10笔，在同业存款的基础上增加利息收入237余万元。

【票据业务】2016年，公司即着手研究制定集团《“票据池”管理办法》，并印发成员单位执行，以盘活集团票据资产、严防票据风险。公司成立后，积极与商业银行开展“票据池”业务洽谈，完成流程梳理、系统建设及相关业务测试，委托银行代开票据0.83亿元。同时，为进一步响应监管机构加快票据市场电子化进程，及时向人民银行提出电票直连申请，报送电票业务推广方案，建立健全相关规章制度和业务流程，加快开发电票业务系统，机构代码和汇票专用章已获人民银行批复备案，电票业务取得实质性进展。

【资金集中】公司成立后就将加强资金统筹管理作为各项工作的重中之重，每月定期分析资金归集情况，研究归集重点、难点，调度归集进度，研究制定集团《资金集中管理办法》。经过半年多的努力成效显著，成功归集大部分成员单位日常营运资金，实现专项监管资金的归集，截至2016年末吸收成员单位存款余额33.18亿元，全口径资金归集度达55.26%。

【风险管理】公司严格执行资产五级分类原则，截至2016年末各项资产按风险程度划分均属正常。结合监管部门“两个加强、两个遏制”回头看活动，对公司各项业务进行全面自查，由稽核审计部和风险管理部组成检查小组，对公司治理、内部控制、风险管理、资金结算、信贷业务等工作进行全面审计，及时发现存在的问题，提出整改建议，抓好监督落实，规范各项业务活动。

【内部控制】 按照“全面性、审慎性、有效性、独立性”的原则，成立了股东会、董事会及相应的专门委员会、监事会和经营管理层，设置了6个前中后台分离的职能部门，建立了各司其职、规范运作、相互制衡的公司治理结构。公司结合运营实践，利用3个月时间对筹建期间制定的规章制度进行全面梳理、修订，编制了《制度汇编》；整理完成《财务公司法律法规汇编》，印发全体员工学习，为公司稳健经营、合规发展提供制度保障。

【人力资源管理】 公司本着“公平、公正、公开”的原则，通过集团内部竞聘和社会公开招聘相结合的方式，引进28名具备丰富从业经验和较高职业素养的员工，全部具有本科及以上学历，3人具有研究生学历，2人具有海外留学经历，6人具有高级职称，11人通过中级职称考试，9人通过初级职称考试。采取“内培+外培”相结合方式加强员工培训，有针对性地组织员工到省内财务公司交流学习，积极参加中国财务公司协会组织的各类培训，及时掌握最新行业动向，增进与同行业沟通交流，助力公司长远发展。

【信息化建设】 信息管理系统围绕结算、资产、负债、中间业务四大板块，贯穿财务公司、成员单位、商业银行等业务主体，利用银企直联系统，提高工作效率和服务质量。依托集团公司信息中心建设风险隔离系统，实现与集团公司现有设备物理隔离，建立与集团公司OA系统相分离的内部办公网，实现与银监局、人民银行、合作银行专线连接，采用VPN技术与成员单位连接，配置双层防火墙，提高网络安全性。

【企业文化建设】 公司积极推进企业文化建设，着力打造“产融结合”的特色企业文化。一是扎实开展“两学一做”学习教育活动，弘扬新时期“工匠精神”，培养员工爱岗敬业、勇于担当的精神情操，重拾港口“荒滩上起步建设，夹缝中竞争壮大”的创业精神，让员工真正融入日照港，努力做一名合格的“日照港人”；二是加强合规文化建设，培养员工法规意识、制度意识、风险意识和责任意识，营造浓厚的合规经营氛围。

联通集团财务有限公司

【经营概况】 2016年6月，联通集团财务有限公司（以下简称“公司”）成立。围绕集团聚焦战略，公司一方面推进资金一体化运营，努力提高集团资金效率与效益；另一方面持续优化基础管理，确保公司顺利开业并有序运营。截至2016年底，公司总资产170亿元，实现收入2.05亿元，拨备后利润总额达到0.54亿元。

【资金集中】积极推进资金集中与结算工作。立足公司作为“集团资金归集平台，集团资金结算平台”的定位，梳理分析集团资金管理现状，在集团现有收支两条线管理的基础上确定以财务公司为核心的资金集中管理模式，依托银行归集体系，在原有资金管理体系基础上打通了财务公司与集团两总部的资金归集通道。开业后主要围绕吸收集团总部及部分子公司暂时闲置资金开展工作，不断提高集团资金集中管理力度。截至2016年底，在财务公司开立账户的成员单位共22家，开立结算账户25个，定期存款账户14个；吸收存款余额139亿元；累计开展结算业务1129笔，结算金额1.21万亿元。截至2016年底，集团全口径资金集中度达48%。

【资金业务】在保证资金流动性和风险可控的前提下，科学安排资金头寸，加强资金计划精细化管理，保持合理资金备付水平，提高资金使用效率。编制周头寸计划方案，合理调整资产结构配置，提高资产负债管理水平。发挥金融平台功能，充分利用同业竞价机制，努力提高存放同业款项议价能力，择优选择合作银行，提高资金收益。2016年实现同业收入1.69亿元。结合集团总部及分子公司实际，建立多元化利率定价机制，严格控制资金成本；建立资金流动性风险管理机制，对相关风险指标进行过程监控，未发生资金流动性风险。

【信贷业务】2016年着力加强金融创新，提升资金运营效益。公司向成员单位发放贷款人民币30亿元，用于成员单位日常生产经营资金周转。协助集团优化债务融资结构，降低资金成本。2016年，公司协助集团公司完成注册非金融企业债务融资工具及400亿元额度的公司债，并作为财务顾问成功发行了780亿元债券；设计移动通信应收账款资产证券化方案、永续债券发行方案，并协助集团公司取得交易所的应收账款资产证券化发行备案。

【风险管理和内部控制】2016年6月公司成立后，积极探索构建公司全面风险管理体系。初步设计了全面风险管理框架，形成了涵盖6大板块、30大类、170小类的业务和管理活动地图。建立业务风险指标监测体系，分设特色化监测指标，为公司经营分析和风险管理提供有力支撑。通过组织全员风险培训，推行稳健的风险文化，树立依法合规、审慎经营的观念。

明确了审计稽核工作方向，制定了审计稽核项目工作计划。完成结算业务部、计财部稽核项目、2016年度工会经费审计，并督促整改落实完毕。按照集团审计部统一部署完成内控自评。在内控体系尚未搭建完成的情况下，依据实际工作状况开展内控自评，完成了19个控制流程、47个风险控制点的穿行测试，并提出整改意见。

【信息化建设】做好信息化平台的规划建设、运营维护和安全管理，提高系统能力和运营水平。完成包括机房、硬件、网络、终端的信息化平台的验收搭建和信息科技管理制度制定；开展业务需求分析、系统测试并于年底前实现了核心系统基础功能上线；初步搭建运营支撑体系，制定维护规程和应急预案，定期对机房、业务系统和终端进行安全监控及检查，确保机房和系统安全稳定运行；完成公司公文管理、大ERP等集团集中系统实施，支撑日常业务开展；在遵守集团大楼相关安全管理规章制度的基础上，制定《联通集团财务有限公司安全保卫工作管理办法》，对办公及机房进行安全监控。

【人力资源管理】搭建公司人力资源管理

体系，为公司长期健康稳定发展奠定基础。立足行业监管和公司发展需要，制定管理人员和专业线员工选聘管理办法，完成公司成立初期人员招聘配备工作。制定常态化晋升激励办法，做好员工晋升政策激励落地，并逐步强化员工职业生命周期管理。制定绩效考核办法及实施细则，明确公司管理和业绩导向，不断激发员工队伍活力。探索战略人才队伍建设及员工培训开发工作，不断提升员工技能，促进员工与企业共成长。

【企业文化建设】加强党建工团建设，提升公司发展软实力。组建公司党团工会组织，以“两学一做”活动为抓手，组织全体党员学习贯彻习近平总书记在党的十八届六中全会上的重要讲话精神和《关于新形势下党内政治生活的若干准则》《中国共产党党内监督条例》，规范党内组织生活，加强党员队伍建设；组织建党 96 周年歌咏比赛，组织“勇攀高峰”户外登山等团队建设活动，增强团队凝聚力，打造公司风清气正、蓬勃向上的工作氛围。

河南双汇集团财务有限公司

【经营概况】河南双汇集团财务有限公司（以下简称“公司”）于 2016 年 6 月 13 日经中国银行业监督管理委员会河南监管局核准开业。公司坚持“立足集团、服务集团，立足主业、壮大产业，立足国内、兼顾海外，立足实业、做大金融”的经营宗旨，严格贯彻落实监管政策法规，依法合规经营，规范运作，稳健发展。开业以来，一是搭建汇融通资金管理系统。顺利切换 96 家成员单位，资金集中度将近 70%，公司成为服务集团的“资金集中平台、资金结算平台、资金管控平台、资金营运平台、资金融通平台”。二是业务发展稳中有进。截至 2016 年末，资产总额 49.80 亿元，负债总额 44.80 亿元，营业收入 0.39 亿元，实现了当年开业，当年盈利。三是作为漯河市首家非银行类法人金融机构，获得了地方政府的大力支持和帮助。

【公司治理】公司从筹建伊始，就把完善公司治理、健全公司内控作为一项重要工作来做，抓实抓好。一是建立了符合《公司法》要求的“三会一层”治理架构，股东会、董事会、监事会和高管层之间各司其职、各尽其能、通力合作、共促发展。二是设立了风险管理委员会、信贷审核委员会、审计稽核委员会等专业机构，为各项业务的快速开展提供了良好的决策机制。

【信贷业务】公司本着支持实体经济，积极为成员单位服务的理念，对集团内成员单位借款需求深入调研分析，对外积极争取信贷规模，在保证信贷资金安全的前提下，通过多种举措开展信贷投放。一是完善信贷新模式。以监管规定为导向，以风险管理为基础，以成员单位需求为依据，开发循环贷款新模式，真正实现借贷便利，先后为成员单位办理授信

62.40亿元，发放贷款37.50亿元，委托贷款22.80亿元。二是服务式利率定价机制。对成员单位的各种贷款利率，均执行基准利率下浮模式。三是全部实行信用担保模式，基于对成员单位的了解与信任，所有贷款均实行信用担保模式。四是推出“法人账户透支”业务，简化手续，提高信贷效率，节约费用支出，为成员单位提供全面的金融服务。

【资金和投资业务】公司在资金运用上实行严格的预算管理模式，严格落实资金使用计划，提高资金利用效率。一是在资金运营管理上坚持“年预算、月计划、周安排、日调度”的工作原则，加强资金计划管理，细化资金预算和头寸管理，优化运营资金期限结构，在确保支付安全性、保障流动性的前提下，实现资金收益最大化。二是不断完善内部同业业务制度及流程建设，积极与各银行建立同业业务合作关系，加强与同业机构协作，密切关注金融市场变化，实时关注资金价格走势，做好资金调配，积极向同业询价，及时把握资金市场动向，合理安排同业存放资金，使公司资金运用收益率大幅提升。2016年办理同业存款累计金额31.70亿元，实现收益0.33亿元。三是积极推进同业授信业务，已有多家银行为公司审批同业授信业务，为流动性管理和信贷业务拓展创造了有利条件。

【结算服务】公司成立后，建立了汇融通资金管理平台，通过外部与工商银行、农业银行、中国银行、建设银行、招商银行和邮政储蓄银行银企直联，内部与ERP对接，实现了资金集中结算，集中管理。一是精准管理结算资金。科学设定资金结算模式，资金上收、资金下拨、代理支付和内部清算全部通过汇融通资金系统。每日回款由公司统一集中上收，付款主要通过财务公司代理支付、资金下拨模式统一支付，成员单位之间的结算直接通过公司汇融通系统进行内部清算，有效减少了资金占用，增加了资金收益，大幅减少了手续费支出。二是加强账户集中管控，提高资金集中度。将成员单位所有银行账户纳入汇融通管理平台，定期排查、及时更新，对闲置账户进行减并清理，减轻账户对账难度，提高账户的集中度；通过账户集中管控，实时查询每个账户的余额变动，超额资金每日及时上收，提高资金集中度。三是实行资金计划管理，提高资金使用效率。根据集团业务情况统筹安排资金，严格按计划安排资金运用，在保障正常经营前提下，及时安排同业存款和投资理财，提高资金使用效率，增加资金收益。

【风险管理】2016年，公司一是制定了符合双汇实际的风险管理政策和资本充足率风险管控方案、流动性风险预案和市场风险管控预案，规范风险防范流程。二是加强风险培训，全年累计组织员工培训12次，有效地提高了全员的风险意识、合规意识。三是制定与完善了9大类共124项制度，并根据业务的实际需要新增了部分制度。四是审核修订76项业务类法律文本，提出有效法律意见，防控业务法律风险。五是加强风险指标监控，指定专人定期进行指标分析，发现问题，及时整改，确保各项指标优良。六是做好反洗钱工作，通过日常账户管理、资金往来监控等手段，有效防止洗钱风险发生。七是开展全面风险检查，及早发现问题，整改问题。

【人力资源管理】2016年，公司一是从管理层面和经营层面，科学配置有丰富金融从业经验的人员充实公司业务经营和管理。二是采取走出去、请进来的方式，请监管部门、同业机构和银行专家讲课、辅导，开阔员工眼界，提高业务技能。三是建立了符合公司业务发展要求的绩效考核机制，从而调动了全员工作的积极性。

【信息化建设】公司以业务流程为导向，以资金管理为中心，建立了符合公司特点的

"汇融通"结算系统。该系统通过构建资金支付信息化平台，建立了业务流程、管理流程以及支持流程相辅相成的系统架构，可以保证各项业务稳定运行，实现了双汇集团资金的集约管理，有效提升了公司的金融服务水平，实现了公司业务处理自动化、信息网络化、管理规范化。

厦门翔业集团财务有限公司

【经营概况】厦门翔业集团财务有限公司（以下简称"公司"）成立于2016年6月28日，注册资本10亿元，由厦门翔业集团有限公司（以下简称"集团"）全额出资，是全国机场行业第二家财务公司。公司于2016年4月1日收到《中国银监会关于批准筹建厦门翔业集团财务有限公司的批复》正式获准筹建，仅用了不到三个月的时间，完成了团队的搭建、系统的建设、制度的拟写，获得了厦门银监局的开业核准，通过了中国人民银行厦门市中心支行的检查，于2016年8月11日正式开业。公司秉持"依托集团、服务集团、产融协同、共同发展"的理念开展各项业务，各项业务开展顺利，截至2016年12月31日，公司资产总额为34.10亿元，所有者权益为10.16亿元，营业收入为0.29亿元，利润总额为0.23亿元。公司资本充足率为68.59%，年末存款余额为23.85亿元，贷款余额为10.14亿元，集团资金集中度为74%。

【信贷业务】公司于2016年8月23日实现首笔授信业务的投放。2016年共为9家成员企业核定授信总额34.41亿元，覆盖的金融产品包括流动资金贷款、中长期借款、非融资性保函、开立银行承兑汇票、贴现等授信品种。累计发放贷款金额10.66亿元，其中发放小微企业贷款1.77亿元，占全部贷款总量的16.56%，累计开立非融资性保函金额374.86万元，有力地支持了成员企业的发展，践行了"产融协同、共同发展"的理念。

【资金和投资业务】2016年是公司成立初年，资金和投资业务主要围绕获取同业授信额度、开展同业定存业务和代理咨询业务，公司累计获得工商银行、交通银行、兴业银行、招商银行、光大银行等共计25亿元同业授信额度，批复业务品种涉及同业拆借、同业借款、非结算性存放同业、同业代付、票据贴现、转贴现及其他票据融资类业务等。2016年累计办理同业定存业务46笔合计79.90亿元，实现同业存放利息收入0.21亿元。公司发挥专业金融人才服务于集团的作用，为集团办理投融资咨询，投资咨询总量140亿元，融资咨询总量120.97亿元。公司加强资金计划的精细化管理，通过要求成员企业上报资金周计划，建立资金周计划例会制度等方式强化资金计划性，在尚未取得同业拆借资质的情况下，利用集团账户的法人账户透支信贷服务和天天类理财工具进行头寸管理。

【资金集中】公司开业后迅速开展账户集

中工作，分步骤将集团及成员企业账户归集到财务公司，通过与集团内上市公司签订金融服务协议的方式，完成了对上市板块账户的归集，要求集团内部单位对银行账户进行清理，截至2016年末，公司账户集中度达61%，资金归集度达74%。公司通过账户集中，促进了结算集中和资金集中，从而全面掌握和管理集团的整体资金，有效地进行集团资金的运营和管理，为公司业务开展奠定了良好的基础。

【风险管理和内部控制】2016年，公司初步建立风险管理体系及“一个基础、三道防线”的风险管理架构；建立了业务审查委员会的工作机制，共同审议集团投资理财咨询业务和财务公司授信业务，为公司的业务发展提供决策建议；公司进一步强化合规意识，重新逐一梳理规章制度，使之更具落地性，重新修订包括《风险防范与合规风险管理办法》在内的一系列制度。严格按照监管要求开展风险管理工作，逐步建立依靠制度管理员工、依靠制度规范合规行为、依靠制度控制风险的工作氛围；在公司内部开展一系列内控合规管理培训，提高全体员工的合规意识。

【信息化建设】公司确定了符合集团与公司发展需要的资金管理模式，建立了公司管理信息系统，助推公司各项业务顺利开展。高效、保质、保量地完成了信息系统建设，短短3个多月即完成系统上线，保障了公司如期开业。建立了“以业务流程为导向，以客户服务为中心，集全面业务管理、网上金融服务、监督决策于一体”的核心业务系统；完成了核心业务系统与财务系统的无缝对接，保证了财务数据的真实可靠；接入了银监会、人民银行公文系统，保证了与监管机关的信息畅通。

【企业文化建设】2016年是公司的成立之年，面对新组建的队伍和外部引进人员较多的特点，公司高度重视企业文化的建设。建立了考勤管理、仪容仪表规范等制度，通过对集团规章制度的学习和贯彻，通过日常行为的规范，建设与集团企业文化相匹配又具有行业特色的公司文化。公司适时开展了团队建设活动，将了解集团成员单位业务与公司团队建设结合起来，既加深了团队的融合又熟悉了集团产业，取得了较好效果。

新华联控股集团财务有限责任公司

【经营概况】2016年是新华联控股集团财务有限责任公司（以下简称“公司”）的创立之年，公司精准发力、高效筹建，资金归集、信贷业务等各项业务以及其他基础管理工作快速起步，在新华联集团加强资金集约化管理、资源整合过程中较好地发挥了平台和渠道作用。截至2016年底，公司资产总额43.44亿元人民币，负债总额33.41亿元人民币，净资产10.03亿元人民币；全年实现营业收入2372.85万元，净利润351.81万元。

【信贷业务】公司在成立之初，根据监管政策及同业经验，制定了 19 项信贷业务相关制度，为合规开展业务、提供优质高效的服务打下了良好的基础。信贷团队严格贷款管理，积极做好成员单位评级授信、贷款发放及贷后管理等相关工作，2016 年累计发放贷款 17 亿元。同时，为了做好信贷工作准备，公司还深入了解成员单位的潜在需求，积极储备优良项目。

【资金业务】随着资金归集工作的逐步开展，公司逐步优化了资金调拨业务的相关操作流程，认真梳理各家合作银行的同业业务情况，形成了活期、定期存款的竞价报价机制和公司内部决策机制，在满足成员单位日常支付需求的基础上，进一步提高了集团资金的使用效率和效益。公司还抓住年末资金价格高企的时机，结合成员单位的资金计划和自身投放需求，获得了较高的同业业务收益。

【资金集中】开业以后，公司全体动员，齐抓共管，责任到人，千方百计狠抓成员单位开户、系统上线、三方授权、资金归集等工作。经过近两个月的功能开发、联调测试和上岗培训等筹备工作，在确保资金安全的前提下，10 月底，公司实现了与工商银行、交通银行和中信银行的银企直联，完成了资金归集的前期准备工作。11 月初，公司全面打响资金归集会战，加快推进成员单位资金归集工作，通过锁定目标客户、逐户指定客户经理、优化业务流程、打造专业服务团队等措施，加大开户力度，为成员单位提供优质、高效的金融服务。

截至 2016 年 12 月 31 日，成员单位在公司开立存款结算账户 69 个，已签署授权书并实现资金归集 47 户，已实现直联上线单位 54 户；吸收存款 33.31 亿元，完成年度计划 15 亿元的 222.07%；全口径资金集中度为 18.94%，可归集口径资金集中度为 47.20%。

【风险管理和内部控制】在首创之年，公司秉承“高效务实、精准发力”的经营理念，狠抓制度建设和系统建设，通过搭建完整的制度体系，制定严格的工作流程，强化基础流程管理，打造稳健的风险合规文化。首先，以稳健经营为原则，明确信用风险偏好基调，从集团核心管理主体及核心业务经营主体入手，稳步开展各项业务。其次，以制度建设为基础，明确部门岗位职责，以内控评价为抓手，建立内部控制体系，强化风险控制执行力。再次，以系统建设为手段，实现风险的识别、计量、监测和控制，防范业务操作风险。最后，建立合规文化，通过抓落实、求实效，强化合规管理执行力，不断提高员工的合规意识。

【人力资源管理】公司在开业之初即制定人才发展战略，高效组建公司领导班子，推动人才队伍管理机制建设，并及时对入职员工进行企业文化、专业知识、信息系统操作等培训；建立公平、公开的绩效考核体系，制定了切实可行的绩效考核办法，激励员工高效工作；加大人才培养力度。通过参加北京银监局、中国财务公司协会培训，以及以岗代训、同业交流等形式，主动提升公司员工的专业能力。

【信息化建设】为支撑业务发展，2016 年，公司将北京九恒星科技股份有限公司开发的资金管理系统作为核心业务系统，经过充分的调试准备，完成了资金结算、信贷管理、总账系统、银行接口等功能的上线工作，满足了公司的基本业务需求；并与人民银行金融城域网和银监局监管信息网、政务传输系统和数据报送系统完成对接，满足了公司业务需要与监管报送要求。

【企业文化建设】作为一家新组建的非银行金融机构，公司高度重视文化建设，将其作为团队建设的重要抓手。筹备期间，便已开通宣传栏、微信公众号、OA 等多种宣传渠道，及时加强与员工的沟通，让员工了解企业。公司还高度重视员工关怀，组织员工积极参与集团的各项文体活动，不但丰富了员工业余生活，而且显著增强了公司的凝聚力、向心力。

顺丰控股集团财务有限公司

【经营概况】 顺丰控股集团财务有限公司（以下简称“公司”）于2016年3月24日经中国银监会批准筹建（银监复〔2016〕86号），9月18日经深圳银监局批准开业（深银监复〔2016〕193号），10月27日正式营业。公司注册资本10亿元人民币，是由深圳顺丰泰森控股（集团）有限公司全资设立的子公司。公司秉承“扎根集团，服务集团，全面风控，合规经营”的经营方针，在获批业务范围内稳步开展各项业务，包括成员单位开户和结算、吸收存款、发放贷款、保函、存放同业等业务。截至2016年12月31日，公司资产总额61.08亿元，负债总额51.17亿元，可归集口径资金集中度达77.70%。

【信贷业务】 公司为成员单位进行了评级和综合授信，开展了法人账户透支信贷服务贷款、流动资金贷款、委托贷款、保函等业务。截至2016年末，公司贷款余额23.82亿元，其中法人账户透支信贷服务贷款20.82亿元，流动资金贷款3亿元，委托贷款余额6亿元。

【资金集中】 截至2016年12月31日，公司吸收存款余额51.10亿元，全口径资金集中度为62.07%，可归集口径资金集中度为77.70%。

【风险管理和内部控制】 公司设立董事会、监事和高级管理层，按照决策系统、监督反馈系统、执行系统互相制衡的原则，建立良好的公司治理以及分工合理、职责明确、报告关系清晰的组织结构，为内部控制的有效性提供必要的前提条件。

董事会下设风险与合规控制委员会和稽核委员会，风险与合规控制委员会负责公司重大风险决策、年度同业授信评级审批、公司客户评级及模型、不良资产处置等事项作出决策或决议；稽核委员会负责审核内部审计报告，审批中长期审计规划和年度审计计划，指导、考核和评价内部审计工作。

公司风险稽核处负责公司的风险管理、内控和稽核的组织工作，其下设风险合规组和稽核组。其中风险合规组主要负责公司风险管理架构的搭建、制度流程体系建设、授信和五级分类的风险审核、监管报表和监管指标的报送等；稽核组负责组织检查、评价内部控制的健全性和有效性，督促纠正公司内部控制存在的问题。稽核计划和稽核报告直接报稽核委员会审议。

【人力资源管理】 参照行业标准，严格按照监管机构要求和开业初期的运营需求，积极拓展招聘渠道，共引进专业人才24名，大学本科及以上学历人数占员工总数的96%，高职级人数占员工总数的63%。在日常工作中一方面通过培训提高员工业务能力，派遣员工参加中国财务公司协会等相关机构组织的专业学习；另一方面定期开展人才盘点工作，并严格把控选拔任用与考核评价，完善人才激励，推行轮岗机制，致力打造一支高学历高技能的年轻队伍，为公司快速发展奠定基础。

【信息化建设】公司信息系统由核心业务系统与SAP人财物系统构成。核心业务系统是系统架构的基础模块，涵盖资金结算、信贷管理、资金预算、票据管理、资金监控、客户管理等功能模块；SAP系统涵盖人员、物资、账务管理。通过核心系统、SAP、银企直联的对接，实现业务全流程的不落地处理，提升业务处理效率、保障资金安全。

公司于2016年2月完成机房整体搭建，并配置完整的门禁、消防、冗余供电、监控设施，达到国标最高等级A级。2016年，公司制定机房灾备建设方案，并开始正式实施建设。

【企业文化建设】始终围绕着“成就客户、创新包容、平等尊重、开放共赢”的核心价值观开展企业文化建设工作。时刻以客户为先，创造极致的服务体验；随需而变，成就卓越的客户价值。以创新之心，探求未知之路；以包容之道，佑护创新前行。平等相待，视对方为另一个自己；彼此尊重，用倾听和理解接纳他人。拥抱变化，在开放中寻发展；求同存异，在合作中赢未来。在此文化引领下，以为成员单位提供多元化金融服务为己任，为公司发展提供切实保障，促进集团战略的落地实现。

天津医药集团财务有限公司

【经营概况】截至2016年末，天津医药集团财务有限公司（以下简称“公司”）归集成员单位存款余额5.46亿元，贷款余额5.32亿元，实现营业收入743.90万元，税后净利润为-283.95万元。各项指标符合监管要求。

【信贷业务】2016年，公司搭建信贷业务体系，认真开展贷前、贷中和贷后工作，根据业务授权办法，开展信用评级、授信、贷款申请、合同签订、贷款发放、贷款收回等业务，做到贷审分离，严控业务风险。同时，提前准备月度计息和季度结息工作，保证贷款利息及时到账。贷后及时进行资产五级分类并进行贷后检查，及时跟踪贷款使用情况和企业经营情况。截至2016年末，公司发放自营贷款5.32亿元，委托贷款0.4亿元，办理纸票贴现64.18万元，开立财务公司商票100万元，向银行同业申请授信金额16.98亿元，极大丰富了公司开业初期的业务品种，同时也降低了集团企业的融资成本。

【资金集中】2016年，公司资金集中管理工作主要体现在制定资金集中管理制度、构建银企直联网络金融服务平台、制定资金归集方案、规范资金集中管理行为、打通非上市资金归集通道及推进上市公司资金集中等几个方面。在账户管理方面，完成了非上市企业66家单位的内部账户开立，占集团合并口径企业数量的64.86%，并基本实现合作银行范围内账户的关联，开始资金的归集。在资金集中方面，资金归集达到5.45亿元，其中，上市公司资金归集5420万元。结算业务方面，共发生结算业务632笔，累计结算额45亿元，包含资金归集、支付、计结息、资金调拨、贷款等涉及资金结算的业务。代理支付结算业务共发生252笔，支付结算累计金额为9.50亿元。

【风险管理和内部控制】一是搭建内部控制环境。建立内部控制制度体系，包括公司章程、各项管理制度和业务操作流程等。明确了公司的宗旨、经营范围、股东权利与义务，规范了股东会、董事会和监事会的职权和议事规则，规定了公司的经营规则。管理制度和操作流程规范了公司授权管理的基本体系和业务开展的依据，形成治理结构清晰、授权体系明确、管理制度健全的内部控制环境和风险控制体系。二是强化风险的识别与评估。制定业务管理制度、标准化操作流程和风险防范措施，实现了对风险的初步控制。并设置风险管理委员会、审计稽核委员会、风险管理部和审计稽核部，完善了各项风险控制和审计稽核制度。各部门责任分离、相互监督，实现了对业务的事前、事中、事后的监督和稽核，构筑和完善了金融企业风险防范的三道防线。

【人力资源管理】公司设立风险管理部、审计稽核部、结算业务部、信贷管理部、计划财务部、综合管理部六个职能部门，公司员工总数共21人，其中硕士学历9人，注册会计师4人，金融或财务从业人员16人，员工队伍专业程度高、业务能力强，初步形成了组织架构合理、员工素质较高的人力资源结构形态。同时，根据员工特点和岗位的特性，全面梳理了岗位职责，适当进行岗位调整，并加大员工队伍的专业培训，提升团队专业技能。对新入职的大学生多次轮岗，为公司的长远发展储备人才。公司制定了全面的绩效考核暂行管理办法、考勤与休假管理办法、员工守则等综合类管理制度。

【信息化建设】一是加强机房环境基础设施建设，采用具备安全权限的门禁系统并且有防盗报警措施、不间断双路供电保障、5小时UPS应急电源、全覆盖式气体灭火防护、机房内墙体和地板与天花板均使用防火材料、闭合式防雷带、恒温恒湿的主备精密空调、环境监控与报警系统等措施，保障机房及其设备的稳定、不间断运行。二是加强核心业务系统建设。建成资金结算、信贷管理、信用评级等十多个模块，实现了核心业务系统全面业务处理与其他系统信息的集中与共享。建立统一的资金管理平台，满足公司多方位管理需求，实现核心业务流程处理和资金管理的功能。建成包括总账管理、往来管理、辅助管理、报表管理、固定资产管理等财务相关模块以及与业务系统的数据接口，配合业务系统实现了业财一体化，实现了公司财务信息的及时性、集中性、共享性。

【企业文化建设】一是构建专业向上的文化体系。公司在贯彻集团企业文化理念的基础上，利用OA办公系统搭建公司信息门户，并以此为平台积极宣传学习监管部门相关监管要求文件、学习金融行业相关法律法规及专业业务知识，构建合规高效、专业向上的企业文化。二是加强培训奠定文化基础。通过积极开展相关业务培训、加强与集团成员单位的了解沟通等途径引导公司人员深化对公司发挥功能、创造价值、服务集团的企业定位的认识，为以后更好地开展各项业务奠定了文化基础。三是建立图书角营造学习氛围。公司根据自身专业需求，建立了图书阅览室，提供了100余册涉及结算、信贷、财会及风险管理等方面各类专业书籍，对丰富公司员工的业余文化生活及提高专业素质起到了促进作用。

上海文化广播影视集团财务有限公司

【经营概况】 上海文化广播影视集团财务有限公司（以下简称“公司”）由上海文化广播影视集团有限公司、上海东方明珠新媒体股份有限公司共同出资设立，公司注册资本10亿元人民币，其中上海文化广播影视集团有限公司出资6亿元，上海东方明珠新媒体股份有限公司出资4亿元。公司于2016年1月开始正式筹建，2016年12月经中国银行业监督管理委员会批准开业，2016年12月28日正式揭牌经营。

作为中国广电领域首家集团财务公司，公司的功能定位为集团“资金归集平台、资金结算平台、财务监控平台、融资营运平台、金融服务平台”，公平面对集团内部所有成员单位，开展资金融通和金融服务，以服务好集团及其成员单位为优先目标。

公司将紧紧围绕集团创造新价值战略发展要求，本着集中、降本、风控、增效的运作原则，支持集团业务上下游的拓展，从现实需求到潜在需求，探索为集团成员单位提供多元化金融服务；同时作为集团的资金管理中心、金融服务中心和新的利润增长中心，进一步强化资金集中管理，提高资金运作效率，统筹内部资金余缺，降低集团财务成本，增强集团抵御财务风险的能力，将党的建设与金融服务能力建设有机融合，推动“文化+金融”业务创新，不断提升服务实体经济质效，提高风险防控水平，成为提升上海文化广播影视集团公司综合竞争力的新动力。

文件与规章

财政部、国家税务总局

财政部、国家税务总局
关于全面推开营业税改征增值税试点的通知

（财税〔2016〕36 号）

各省、自治区、直辖市、计划单列市财政厅（局）、国家税务局、地方税务局，新疆生产建设兵团财务局：

经国务院批准，自 2016 年 5 月 1 日起，在全国范围内全面推开营业税改征增值税（以下称营改增）试点，建筑业、房地产业、金融业、生活服务业等全部营业税纳税人，纳入试点范围，由缴纳营业税改为缴纳增值税。现将《营业税改征增值税试点实施办法》、《营业税改征增值税试点有关事项的规定》、《营业税改征增值税试点过渡政策的规定》和《跨境应税行为适用增值税零税率和免税政策的规定》印发你们，请遵照执行。

本通知附件规定的内容，除另有规定执行时间外，自 2016 年 5 月 1 日起执行。《财政部 国家税务总局关于将铁路运输和邮政业纳入营业税改征增值税试点的通知》（财税〔2013〕106 号）、《财政部 国家税务总局关于铁路运输和邮政业营业税改征增值税试点有关政策的补充通知》（财税〔2013〕121 号）、《财政部 国家税务总局关于将电信业纳入营业税改征增值税试点的通知》（财税〔2014〕43 号）、《财政部 国家税务总局关于国际水路运输增值税零税率政策的补充通知》（财税〔2014〕50 号）和《财政部 国家税务总局关于影视等出口服务适用增值税零税率政策的通知》（财税〔2015〕118 号），除另有规定的条款外，相应废止。

各地要高度重视营改增试点工作，切实加强试点工作的组织领导，周密安排，明确责任，采取各种有效措施，做好试点前的各项准备以及试点过程中的监测分析和宣传解释等工作，确保改革的平稳、有序、顺利进行。遇到问题请及时向财政部和国家税务总局反映。

附件：1. 营业税改征增值税试点实施办法（略）

2. 营业税改征增值税试点有关事项的规定（略）

3. 营业税改征增值税试点过渡政策的规定（略）

4. 跨境应税行为适用增值税零税率和免税政策的规定（略）

财政部

国家税务总局

2016 年 3 月 23 日

关于进一步明确全面推开营改增试点金融业有关政策的通知

（财税〔2016〕46号）

各省、自治区、直辖市、计划单列市财政厅（局）、国家税务局、地方税务局，新疆生产建设兵团财务局：

经研究，现将营改增试点期间有关金融业政策补充通知如下：

一、金融机构开展下列业务取得的利息收入，属于《营业税改征增值税试点过渡政策的规定》（财税〔2016〕36号，以下简称《过渡政策的规定》）第一条第（二十三）项所称的金融同业往来利息收入：

（一）质押式买入返售金融商品。

质押式买入返售金融商品，是指交易双方进行的以债券等金融商品为权利质押的一种短期资金融通业务。

（二）持有政策性金融债券。

政策性金融债券，是指开发性、政策性金融机构发行的债券。

二、《过渡政策的规定》第一条第（二十一）项中，享受免征增值税的一年期及以上返还本利的人身保险包括其他年金保险，其他年金保险是指养老年金以外的年金保险。

三、农村信用社、村镇银行、农村资金互助社、由银行业机构全资发起设立的贷款公司、法人机构在县（县级市、区、旗）及县以下地区的农村合作银行和农村商业银行提供金融服务收入，可以选择适用简易计税方法按照3%的征收率计算缴纳增值税。

村镇银行，是指经中国银行业监督管理委员会依据有关法律、法规批准，由境内外金融机构、境内非金融机构企业法人、境内自然人出资，在农村地区设立的主要为当地农民、农业和农村经济发展提供金融服务的银行业金融机构。农村资金互助社，是指经银行业监督管理机构批准，由乡（镇）、行政村农民和农村小企业自愿入股组成，为社员提供存款、贷款、结算等业务的社区互助性银行业金融机构。由银行业机构全资发起设立的贷款公司，是指经中国银行业监督管理委员会依据有关法律、法规批准，由境内商业银行或农村合作银行在农村地区设立的专门为县域农民、农业和农村经济发展提供贷款服务的非银行业金融机构。县（县级市、区、旗），不包括直辖市和地级市所辖城区。

四、对中国农业银行纳入“三农金融事业部”改革试点的各省、自治区、直辖市、计划单列市分行下辖的县域支行和新疆生产建设兵团分行下辖的县域支行（也称县事业部），提供农户贷款、农村企业和农村各类组织贷款（具体贷款业务清单见附件）取得的利息收入，可以选择适用简易计税方法按照3%的征收率计算缴纳增值税。

农户贷款，是指金融机构发放给农户的贷款，但不包括按照《过渡政策的规定》第一条第（十九）项规定的免征增值税的农户小额贷款。农户，是指《过渡政策的规定》第一条第（十九）项所称的农户。农村企业和农村各类组织贷款，是指金融机构发放给注册在农村地区的企业及各类组织的贷款。

五、本通知自2016年5月1日起执行。

附件：享受增值税优惠的涉农贷款业务清单（略）

财政部　国家税务总局

2016年4月29日

关于金融机构同业往来等增值税政策的补充通知

（财税〔2016〕70号）

各省、自治区、直辖市、计划单列市财政厅（局）、国家税务局、地方税务局，新疆生产建设兵团财务局：

经研究，现将营改增试点期间有关金融业政策补充通知如下：

一、金融机构开展下列业务取得的利息收入，属于《营业税改征增值税试点过渡政策的规定》（财税〔2016〕36号，以下简称《过渡政策的规定》）第一条第（二十三）项所称的金融同业往来利息收入：

（一）同业存款。

同业存款，是指金融机构之间开展的同业资金存入与存出业务，其中资金存入方仅为具有吸收存款资格的金融机构。

（二）同业借款。

同业借款，是指法律法规赋予此项业务范围的金融机构开展的同业资金借出和借入业务。此条款所称“法律法规赋予此项业务范围的金融机构”主要是指农村信用社之间以及在金融机构营业执照列示的业务范围中有反映为“向金融机构借款”业务的金融机构。

（三）同业代付。

同业代付，是指商业银行（受托方）接受金融机构（委托方）的委托向企业客户付款，委托方在约定还款日偿还代付款项本息的资金融通行为。

（四）买断式买入返售金融商品。

买断式买入返售金融商品，是指金融商品持有人（正回购方）将债券等金融商品卖给债券购买方（逆回购方）的同时，交易双方约定在未来某一日期，正回购方再以约定价格从逆回购方买回相等数量同种债券等金融商品的交易行为。

（五）持有金融债券。

金融债券，是指依法在中华人民共和国境内设立的金融机构法人在全国银行间和交易所债券市场发行的、按约定还本付息的有价证券。

（六）同业存单。

同业存单，是指银行业存款类金融机构法人在全国银行间市场上发行的记账式定期存款凭证。

二、商业银行购买央行票据、与央行开展货币掉期和货币互存等业务属于《过渡政策的规定》第一条第（二十三）款第1项所称的金融机构与人民银行所发生的资金往来业务。

三、境内银行与其境外的总机构、母公司之间，以及境内银行与其境外的分支机构、全资子公司之间的资金往来业务属于《过渡政策的规定》第一条第（二十三）款第2项所称的银行联行往来业务。

四、人民币合格境外投资者（RQFII）委托境内公司在我国从事证券买卖业务，以及经人民银行认可的境外机构投资银行间本币市场取得的收入属于《过渡政策的规定》第一条第（二十二）款所称的金融商品转让收入。

银行间本币市场包括货币市场、债券市场以及衍生品市场。

五、本通知自2016年5月1日起执行。

财政部　国家税务总局

2016年6月30日

财政部、银监会

财政部、银监会关于进一步规范银行函证及回函工作的通知

（财会〔2016〕13 号）

各省、自治区、直辖市、计划单列市财政厅（局），各银监局，各政策性银行、大型银行、股份制银行，邮储银行，外资银行：

银行函证是注册会计师独立审计的核心程序之一，银行回函对于注册会计师在审计工作中识别财务报表错误与舞弊行为至关重要。为进一步规范银行函证及回函工作，保证审计工作质量，维护金融市场秩序，现将有关事项通知如下：

一、高度重视银行函证回函工作

银行函证回函工作是金融服务的内在组成部分，也关系到金融安全的维护与保障。高质高效的银行函证回函工作，有助于夯实市场主体会计信息质量、防范金融风险、维护金融秩序，有助于各政策性银行、商业银行、农村合作银行、农村信用社和村镇银行（以下统称银行）加强内部控制，降低运营风险、法律风险和声誉风险，推动社会信用体系的建设。

随着金融业务的创新发展，企业与银行之间资金往来的形式复杂多样，原询证函格式无法覆盖新的业务情形。另外，也存在着部分银行对回函工作不够重视、回函不完整、不及时等问题，损害了银行回函作为审计证据的可靠性，也易引发银行的经营风险。

各银行应从健全内部管理、防范金融风险、承担社会责任的高度，充分认识银行函证的重要性，提升服务意识，高度重视并切实做好银行函证的回函工作。

二、规范银行函证及回函工作

注册会计师应当根据具体业务的需要，从本通知所附银行询证函格式中选择适当的银行询证函，并确保函证的完整规范有效。注册会计师应当对银行询证函及回函中所列信息严格保密，仅用于审计（验资）目的，并按照执业准则的要求形成业务工作底稿。

各银行应严格规范银行函证回函工作。各银行原则上应当在被审计单位签署的银行询证函原件上确认、填写相关信息并签章；如不在询证函原件上回复而采用银行系统自动生成的相关报告并签章作为回复的，应对询证函列示的全部项目作出回应。银行应对回函信息的真实性和准确性负责。银行应于收到询证函之日起 10 个工作日内，按照询证函所载致送的会计师事务所地址，将回函直接寄往会计师事务所。会计师事务所对被审计单位开户行的回函真实性存有疑虑或开户行未对全部函证事项及时回函的情况下，可向开户行的上级行反映投诉，上级行应督促开户行积极配合办理，或由上级行直接办理。

三、严格银行函证回函的内部控制

为有效防范因银行函证回函不实导致的运

营风险、法律风险和声誉风险，银行应在以下方面建立和完善银行函证回函工作的内部控制，并确保其有效运行：

（一）明确回函的工作流程，建立相应的授权机制和制衡机制，实现不相容职责的分离；

（二）规范询证函回函用章的管理制度，明确回函用章；

（三）校验询证函印章，确定其与预留印鉴一致无误后，方可办理回函业务；

（四）询证函回函人员应注意核查询证函内容及格式、留存相关回函复印件或影像文件，当发现询证函所载信息与银行信息不相符时，应在回函上按照要求列明不符事项；

（五）加强回函的复核控制，即由函证处理人员根据原始业务记录进行填写，并由主管人员根据授权复核后在回函上签字并加盖有效印章；

（六）建立完备的回函操作记录，记录中应体现处理过程及主管人员复核签字等内控程序；

（七）将回函工作纳入银行内审或内控检查范畴，并对所发现问题及回函投诉事项建立缺陷整改、责任认定和问责机制；

（八）银行函证受理部门名称、地址、联系电话应当公开透明。

四、建立健全银行函证集中处理机制

鼓励各银行对信息系统功能进行升级和扩展，使针对同一客户的所有信息能够集中显示，同时应当加强对信息系统的安全管理和授权管理。鼓励各银行建立银行函证的集中处理机制，如全国性或区域性银行函证处理中心，负责集中处理注册会计师或其他第三方的银行询证函，以保障回函工作的质量和效率。

五、加强回函监管工作

金融监管部门将强化监管，对于银行在办理回函工作中出现的失信行为，依照相关法律法规予以处理，追究法律责任。

本通知对银行的监管要求适用于企业集团财务公司。本通知自2016年10月1日起施行，《关于做好企业的银行存款 借款及往来款项函证工作的通知》（财协字〔1999〕1号）中有关银行询证函的相关规定同时废止。

附件：1. 审计业务银行询证函（通用格式）（略）

2. 审计业务银行询证函（备选格式）（略）

3. 验资业务银行询证函（通用格式）（略）

财政部

银监会

2016年7月12日

财 政 部

财政部关于印发《金融企业绩效评价办法》的通知

（财金〔2016〕35 号）

各中央金融企业，各省、自治区、直辖市、计划单列市财政厅（局），新疆生产建设兵团财务局，财政部驻各省、自治区、直辖市、计划单列市财政监察专员办事处：

为进一步完善金融企业绩效评价工作，综合反映金融企业经营绩效，推动金融企业提升经营管理水平，促进金融企业健康发展，现将修订后的《金融企业绩效评价办法》印发你们，请遵照执行。

财政部

2016 年 6 月 2 日

附件 1：

金融企业绩效评价办法

第一章　总　则

第一条　为了加强对金融企业的财务监管，进一步规范金融企业绩效评价工作，综合反映金融企业资产营运质量，推动金融企业提升经营管理水平，促进金融企业健康发展，根据《金融企业财务规则》（财政部令第 42 号）等有关法律法规，制定本办法。

第二条　在中华人民共和国境内依法设立金融企业的绩效评价工作，适用本办法，金融企业具体包括：

（一）执业需取得银行业务许可证的除政策性银行以外的国有银行、股份制商业银行、邮政储蓄银行、城市商业银行、农村商业银行、农村合作银行、信用社、新型农村金融机构、信托公司、金融租赁公司、金融资产管理公司和财务公司等；

（二）执业需取得保险业务许可证的各类商业保险企业等；

（三）执业需取得证券业务许可证的证券公司、期货公司和基金管理公司等；

（四）各类金融控股（集团）公司、融资

担保公司、金融投资管理公司以及金融监管部门所属的从事相关金融业务的企业等。

第三条 本办法所称绩效评价，是指通过建立评价财务指标体系，对照相应行业评价标准，对金融企业一个会计年度的盈利能力、经营增长、资产质量以及偿付能力等进行的综合评判。

第四条 财政部依据本办法组织实施中央管理金融企业的绩效评价工作；省级人民政府财政部门（以下简称财政部门）依据本办法组织实施本地区金融企业的绩效评价工作。

第五条 金融企业绩效评价工作应当遵循以下原则：

（一）综合性原则。金融企业绩效评价应当通过建立综合的指标体系，对金融企业特定会计期间的财务状况和经营成果进行多角度的分析和综合评判；

（二）客观性原则。金融企业绩效评价应当充分考虑市场竞争环境，依据统一测算的、同一期间的国内行业标准值，客观公正地评判金融企业的经营成果；

（三）发展性原则。金融企业绩效评价应当在综合反映金融企业年度财务状况和经营成果的基础上，客观分析金融企业年度之间的增长状况及发展水平。

第六条 为确保绩效评价工作的客观、公正与公平，绩效评价工作原则上应当以社会中介机构按中国审计准则审计后的财务会计报告为基础，其中，财务报表应当是按中国会计准则编制的合并财务报表。

第七条 金融企业绩效评价标准值根据金融企业年度财务会计报告数据，运用数理统计方法，分年度、分行业统一测算并公布。根据金融企业的实际情况，本办法划分为银行业、保险业、证券业和其他金融业4大类金融企业进行绩效评价。

第八条 金融企业绩效评价结果作为评价金融企业绩效、确定金融企业负责人薪酬、加强金融企业经营管理的重要依据，应当反馈给金融企业及相关部门，并以适当形式予以公开。

第二章 评价指标与权重

第九条 金融企业的绩效评价指标具体包括：

（一）盈利能力指标：包括资本利润率（净资产收益率）、资产利润率（总资产报酬率）、成本收入比、收入利润率、支出利润率、加权平均净资产收益率6个指标，主要反映金融企业一定经营期间的投入产出水平和盈利质量；

（二）经营增长指标：包括（国有）资本保值增值率、利润增长率、经济利润率3个指标，主要反映金融企业的资本增值状况和经营增长水平；

（三）资产质量指标：包括不良贷款率、拨备覆盖率、流动性比例、杠杆率、资产减值准备与总资产比例、综合流动比率、综合投资收益率、应收账款比率、净资本与净资产比率、净资本与风险准备比率10个指标，主要反映金融企业所占用经济资源的利用效率、资产管理水平与资产的安全性；

（四）偿付能力指标：包括资本充足率、一级资本充足率、核心一级资本充足率、综合偿付能力充足率、核心偿付能力充足率、净资本负债率、资产负债率7个指标，主要反映金融企业的债务负担水平、偿债能力及其面临的债务风险。

第十条 金融企业绩效评价各单项指标的权重，依据指标的重要性和引导功能确定。

（一）银行类金融企业盈利能力状况指标包括资本利润率、资产利润率、成本收入比，权重共为25%；经营增长状况指标包括（国有）资本保值增值率、利润增长率、经济利润率，权重共为20%；资产质量状况指标包括不良贷款率、拨备覆盖率、流动性比例、杠杆率，权重共为25%；偿付能力状况指标包括资本充足率、一级资本充足率、核心一级资本充足率，权重共为30%。

（二）保险类金融企业盈利能力状况指标包括净资产收益率、总资产报酬率、收入利润率、支出利润率，权重共为30%；经营增长状况指标包括（国有）资本保值增值率、利润增长率、经济利润率，权重共为25%；资产质量状况指标包括资产减值准备与总资产比例、综合流动比率、综合投资收益率、应收账款比率，权重共为20%；偿付能力状况指标包括综合偿付能力充足率、核心偿付能力充足率，权重为25%。

（三）证券类金融企业盈利能力状况指标包括加权平均净资产收益率、资产利润率、收入利润率、支出利润率，权重共为30%；经营增长状况指标包括（国有）资本保值增值率、利润增长率、经济利润率，权重共为20%；资产质量状况指标包括净资本与净资产比率、净资本与风险准备比率，权重共为25%；偿付能力状况指标包括净资本负债率、资产负债率，权重共为25%。

（四）其他类金融企业盈利能力状况指标包括资本利润率、资产利润率、成本收入比，权重共为45%；经营增长状况指标包括（国有）资本保值增值率、利润增长率、经济利润率，权重共为40%；偿付能力状况指标为资产负债率，权重为15%。

各项指标具体权数见分行业金融企业绩效评价结果计分表。各单项指标计分加总形成金融企业绩效评价综合指标得分。

第十一条 金融企业“上年利润总额”为负数时，利润增长率指标按该指标在本行业中所占权数的一定比例取分。具体为：如果（本年利润总额－上年利润总额）为正数，且本年利润总额不为负数，得分取利润增长率指标权数的10%；如果（本年利润总额－上年利润总额）为正数，且本年利润总额为负数，得分取利润增长率指标权数的5%。否则，该指标得分为零。

第三章 评价基础数据与调整

第十二条 金融企业绩效评价基础数据资料具体包括：

（一）金融企业的年度财务会计报告，其中，金融资产管理公司政策性业务尚未清算前，使用商业化数据进行考核；

（二）会计师事务所出具的审计报告，其中，金融企业不能提供会计师事务所出具的审计报告的，以该金融企业提供的、经财政部门认可的年度会计报表为依据进行考核，若以后发现所提供的财务数据不实，财政部门将追溯调整金融企业的绩效评价结果；

（三）关于金融企业经营情况的说明或财务分析报告。

第十三条 为了确保绩效评价工作的真实、完整、合理，金融企业可以按照重要性和可比性原则对评价期间的基础数据申请进行适当调整，有关财务指标相应加上客观减少因素、减去客观增加因素。可以进行调整的事项主要包括：

（一）金融企业在评价期间损益中消化处理以前年度资产或业务损失的，可把损失金额作为当年利润的客观减少因素；

（二）金融企业承担政策性业务对经营成果或资产质量产生重大影响的，可把影响金额作为当年利润或资产的客观减少因素；

（三）金融企业会计政策与会计估计变更对经营成果产生重大影响的，可把影响金额作为当年资产或利润的客观影响因素；

（四）金融企业被出具非标准无保留意见审计报告的，应当根据审计报告披露影响经营成果的重大事项，调整评价基础数据；

金融企业申请调整事项对绩效评价指标的影响超过1%的，作为重大影响。

第十四条 金融企业发生客观调整因素，相应调整以下绩效评价指标：

（一）收入、成本发生变动时，相应调整资本利润率、净资产收益率、资产利润率、总资产报酬率、成本收入比、收入利润率、支出利润率、加权平均净资产收益率、（国有）资本保值增值率、利润增长率、经济利润率等；

（二）利润发生变动时，相应调整资本利润率、净资产收益率、资产利润率、总资产报酬率、收入利润率、支出利润率、加权平均净资产收益率、（国有）资本保值增值率、利润增长率、经济利润率等；

（三）资产发生变动时，相应调整资产利润率、总资产报酬率、（国有）资本保值增值率、不良贷款率、拨备覆盖率、流动性比例、杠杆率、资产减值准备与总资产比例、综合流动比率、综合投资收益率、应收账款比率、净资本与净资产比率、资本充足率、一级资本充足率、核心一级资本充足率、资产负债率等。

第十五条 金融企业对基础数据进行调整的说明材料包括：

（一）《金融企业绩效评价基础数据调整表》（附1）；

（二）调整事项有关证明材料。

调整事项主要适用于当年基础数据资料的调整，必要时也可调整以前年度事项，由金融企业申报。

组织实施单位根据被评价金融企业提供的绩效评价基础数据资料和调整说明材料分别进行审查、复核和确认。

第四章 评价标准与评价计分

第十六条 财政部根据中央管理金融企业和省级财政部门报送的快报资料，对金融企业数据进行筛选，剔除不适合参与测算的金融企业数据，保留符合测算要求的数据，建立样本库。

被剔除的金融企业数据主要包括：

（一）根据评价指标的经济特性，不符合计算模型需要的数据，如计算相对值时分母和分子同时为负数的数据；

（二）相关指标与正常金融企业相差很大，如正处于停业、托管或业务清算状态的金融企业数据；

（三）期初数或上年数不完整的金融企业数据。

第十七条 财政部根据金融企业绩效评价基础数据，分行业统一测算金融企业绩效评价标准值。

金融企业经营多种业务的，以其主营业务为基础，确定评价指标适用的行业。标准值适用情况如下：

（一）除政策性银行以外的国有银行、股份制商业银行、邮政储蓄银行、城市商业银行、农村商业银行、农村合作银行、信用社等适用银行业标准值；

（二）各类商业保险企业适用保险业标准值；

（三）证券公司、期货公司和基金管理公司等适用证券业标准值；

（四）各类融资担保公司、新型农村金融机构、信托公司、金融租赁公司、财务公司以及金融监管部门所属的从事相关金融业务的企业等适用其他金融业标准值；

（五）金融控股（集团）公司、金融资产管理公司、金融投资管理公司等金融企业先按控股子公司（企业）持有金融业务许可证的类型分别确定所适用的行业标准值（无金融业务许可证的控股子公司（企业）适用其他金融业标准值），再按控股子公司（企业）各自得分及其平均净资产权重综合计算绩效评价得分。对阶段性持股子公司（企业）不进行单独评价。

第十八条 依据所建样本库中金融企业的数据，财政部采用分段平均法测算每项财务指标的标准值。具体步骤包括：

（一）对测算样本的财务指标按照实际值从大到小（对于逆向指标，从小到大）进行排序；

（二）将排好序的样本，平均划分为4部分，前25%的样本数据为第一段，前50%的样本数据为第二段，全部样本数据作为第三段，后50%的样本数据为第四段，后25%的样本为第五段；

（三）计算每一段样本财务指标的平均值，并将五段财务指标的平均值分别作为该财务指标的"优秀值"、"良好值"、"平均值"、"较低值"、"较差值"，对应五档评价标准的标准系数分别为1.0、0.8、0.6、0.4、0.2。

第十九条 评价计分是将金融企业调整后的评价指标实际值对照金融企业所处行业标准值，按照以下计算公式，利用绩效评价软件计算各项基本指标得分：

绩效评价指标总得分 = ∑单项指标得分

单项指标得分 = 本档基础分 + 调整分

本档基础分 = 指标权数 × 本档标准系数

调整分 = 功效系数 × （上档基础分 − 本档基础分）

上档基础分 = 指标权数 × 上档标准系数

功效系数 = （实际值 − 本档标准值）/（上档标准值 − 本档标准值）

本档标准值是指上下两档标准值中居于较低的一档标准值。

第二十条 考虑到金融企业的实际情况，金融基础设施企业的"资本利润率"和"资产负债率"指标按平均值取分，金融投资管理公司的"资产负债率"指标按平均值取分，政府性融资担保公司的"资本利润率"和"利润增长率"指标按平均值取分。

第二十一条 金融企业发放较多涉农贷款、中小企业贷款，提供较多农业保险的，金融资产管理公司不良资产主业集中度较高的，给予适当加分，以充分反映不同金融企业社会贡献。具体的加分办法如下：

（一）涉农贷款加分：金融企业提供的涉农贷款占比超过10%（不含，下同）加1分，超过15%加1.5分，超过20%加2分，超过25%加2.5分，超过30%加3分。其中，涉农贷款占比 = 年末涉农贷款余额/年末贷款余额 ×100%；

（二）中小企业贷款加分：金融企业提供的中小企业贷款占比超过20%加1分，超过25%加1.5分，超过30%加2分，超过35%加2.5分，超过40%加3分，其中，中小企业贷款占比 = 年末中小企业贷款余额/年末贷款余额 ×100%；

（三）农业保险加分：金融企业提供的农业保险市场占比超过10%加1分，超过15%加1.5分，超过20%加2分，超过25%加2.5分，超过30%加3分；金融企业提供的农业保险如市场占比在10%以下，但自身占比超过50%加1分，超过60%加1.5分，超过70%加2分，超过80%加2.5分，超过90%加3分。其中，农业保险市场占比 = 年度农业保险保费收入总额/全部财产保险公司年度农业保险保费收入总额 ×100%，农业保险自身占比 = 年度农业保险保费收入总额/年度全部财产保险保费收入总额 ×100%；

（四）不良资产主业集中度加分：金融资产管理公司不良资产主业集中度包括收入集中度和资本集中度，两项指标均超过60%加1分，均超过65%加1.5分，均超过70%加2分，均超过75%加2.5分，均超过80%加3分。其中，收入集中度 = 母公司营业收入（扣除分红、处置等来源于子公司的收入）/集团营业收入×100%；资本集中度=母公司所有者权益（扣除对子公司的投资成本）/集团归属于母公司所有者权益×100%。

以上在计算涉农贷款和中小企业贷款占比时，分子分母均采用境内口径；农业保险按保险监管部门规定的口径执行。

第二十二条 对被评价金融企业所评价期间（年度）发生以下不良重大事项，予以扣分：

（一）重大事项扣分：金融企业发生属于当期责任的重大违规违纪案件、重大资产损失事项，发生造成重大不利社会影响的事件，或违反存款偏离等监管规定的，根据相关部门提供的处理处罚情况扣1～3分。正常的资产减值准备计提不在此列；

（二）信息质量扣分：金融企业不按照规定提供财务会计信息，或提供虚假财务会计信息，根据相关部门的处理处罚情况扣1～3分。金融企业财务快报与财务决算报表报送净利润数值增幅（减幅）超过10%扣1分，超过15%扣1.5分，超过20%扣2分，超过25%扣2.5分，超过30%扣3分。

第二十三条 对存在加分和扣分事项的，金融企业应当填写《金融企业绩效评价加减分事项表》（附2），财政部门与金融企业和有关部门核实，并根据核实情况据实调整。

第五章　评价结果与评价报告

第二十四条 为平滑不同金融行业的年度经营状况，财政部根据金融企业报送的资料分行业设定绩效评价行业调节系数。

金融企业绩效评价分数（行业调节后）=本期绩效评价分数×行业调节系数。

其中，金融控股（集团）公司、金融资产管理公司、金融投资管理公司等金融企业在综合计算绩效评价得分后，采用其他金融业行业调节系数进行调节。

第二十五条 为平滑不同年度绩效评价得分的明显波动，财政部根据金融企业报送的资料设定绩效评价年度调节系数。

金融企业绩效评价年度调节系数以绩效评价年度平均得分为基础，综合考虑年度主要宏观经济指标和会计准则的变化，以及行业盈利状况等因素确定。

金融企业绩效评价分数（年度调节后）=金融企业绩效评价分数（行业调节后）×年度调节系数。

第二十六条 绩效评价结果是指根据绩效评价分数及分析得出的评价结论，以评价得分、评价类型和评价级别表示。

评价得分用百分制表示。年度调节后的金融企业绩效评价分数最高100分。

评价类型是根据评价分数对企业综合绩效所划分的水平档次，用文字和字母表示，分为优（A）、良（B）、中（C）、低（D）、差（E）五种类型。

评价级别是对每种类型再划分级次，以体现同一评价类型的不同差异，采用在字母后重复标注该字母的方式表示。

第二十七条 绩效评价结果以80、65、50、40分作为类型判定的分数线。

（一）评价得分达到80分以上（含80分）的评价类型为优（A），在此基础上划分为3个级别，分别为：AAA≥90分；90分>AA≥85分；85分>A≥80分。

（二）评价得分达到65分以上（含65分）不足80分的评价类型为良（B），在此基础上划分为3个级别，分别为：80分>BBB≥75分；75分>BB≥70分；70分>B≥65分。

（三）评价得分达到50分以上（含50分）不足65分的评价类型为中（C），在此基础上划分为2个级别，分别为：65分>CC≥60分；60分>C≥50分。

（四）评价得分在40分以上（含40分）

不足50分的评价类型为低（D）。

（五）评价得分在40分以下的评价类型为差（E）。

第二十八条 金融企业绩效评价报告是根据评价结果编制、反映被评价金融企业绩效状况的文本文件。

财政部门在收到金融企业的绩效评价材料后，按规定填列计算《金融企业绩效评价基础数据调整表》、《金融企业绩效评价加减分事项表》和《金融企业绩效评价结果计分表》（附3、附4、附5、附6），并及时将金融企业绩效评价结果反馈给金融企业及相关部门。

第六章 工作要求与责任

第二十九条 中央管理金融企业应当于每年5月15日前，一式两份向财政部报送上一年度绩效评价的基础数据资料、对基础数据进行调整的说明等材料。

第三十条 地方金融企业向本级财政部门报送绩效评价材料的具体内容和时间要求，由省级财政部门确定。

第三十一条 金融企业应当提供真实、全面的绩效评价基础数据资料，金融企业主要负责人、总会计师或主管财务会计工作的负责人应当对提供的年度财务会计报告和相关评价基础资料的真实性、完整性负责。

金融企业在报送绩效评价材料中，存在故意漏报、瞒报以及提供虚假材料等情况的，由本级财政部门责令限期改正，并给予警告。

第三十二条 中央管理金融企业和省级财政部门应当根据《金融企业国有资本保值增值结果确认暂行办法》（财政部令第43号）和财政部年度财务决算工作的安排做好（国有）资本保值增值结果的确认工作。

第三十三条 财政部根据中央管理金融企业和省级财政部门报送的资料，于每年6月底前分别公布银行业、保险业、证券业和其他金融业4大类金融行业评价指标的标准值、行业调节系数和年度调节系数。

第三十四条 省级财政部门应当遵循以上原则要求做好本地区金融企业的绩效评价工作，并于每年11月30日前，将本地区金融企业的绩效评价结果汇总报送财政部。

第三十五条 财政部门的相关工作人员组织开展金融企业绩效评价工作应当恪尽职守、规范程序、加强指导。

对于在绩效评价过程中滥用职权、玩忽职守、徇私舞弊，或者泄露金融企业商业秘密的，依法给予行政处分。

第三十六条 受托开展金融企业审计业务的机构及其相关工作人员应严格执行金融企业绩效评价工作的规定，规范技术操作，确保评价过程独立、客观、公正，评价结论适当，并严守金融企业的商业秘密。

对参与造假、违反程序和工作规定，导致评价结论失实以及泄露金融企业商业秘密的，财政部门将责令不再委托其承担金融企业审计业务，并将有关情况通报其行业主管机关，建议给予相应处罚。

第七章 附 则

第三十七条 政策性金融机构绩效评价办法另行制定。

第三十八条 金融企业开展内部绩效评价工作，可依据本办法制定具体的工作规范。

第三十九条 各省、自治区、直辖市、计划单列市财政部门可以依据本办法和财政部的其他规定，结合本地区金融企业实际，制定具体的实施办法，报财政部备案。

第四十条 本办法自印发之日起施行，金融企业2016年度绩效评价工作执行本办法。《财政部关于印发〈金融企业绩效评价办法〉的通知》（财金〔2011〕50号）同时废止。

附：1. 金融企业绩效评价基础数据调整表（略）

2. 金融企业绩效评价加减分事项表（略）

3. 银行类金融企业绩效评价结果计分表（略）

4. 保险类金融企业绩效评价结果计分表（略）

5. 证券类金融企业绩效评价结果计分表（略）

6. 其他类金融企业绩效评价结果计分表（略）

附件1的附件：金融企业绩效评价办法附1－6（略）

附件2：金融企业绩效评价指标及结果计分表（略）

附件3：金融企业绩效评价指标计算公式说明（略）

中国人民银行

中国人民银行关于境外人民币业务参加行在境内代理行存放执行正常存款准备金率的通知

（银发〔2016〕11号）

中国人民银行上海总部，各分行、营业管理部，各省会（首府）城市中心支行，深圳市中心支行；中国农业发展银行，各国有商业银行、股份制商业银行，中国邮政储蓄银行：

2014年12月，中国人民银行发布《中国人民银行关于存款口径调整后存款准备金政策和利率管理政策有关事项的通知》（银发〔2014〕287号），规定将境外金融机构在境内金融机构存放纳入存款准备金交付范围，存款准备金率暂定为零。经过一年多的准备工作，相关技术条件已经具备，中国人民银行决定，自2016年1月25日起，境外人民币业务参加行存放境内代理行人民币存款执行正常存款准备金率，即境内代理行现行法定存款准备金率，以防范宏观金融风险，促进金融机构稳健经营。港澳人民币业务清算行（具体指中国银行（香港）和中国银行澳门分行）存放中国人民银行深圳市和珠海市中心支行清算账户人民币存款、其他人民币业务清算行存放境内母行清算账户人民币存款参照执行。境外银行不包括境外央行（货币当局）和其他官方储备管理机构、国际金融组织、主权财富基金等境外央行类机构。现就有关事项通知如下：

一、账户与交存

（一）境内代理行（指法人、以下同）应在所在地中国人民银行营业部门单独开立“境外银行人民币存款准备金”账户，用于存放相应的人民币存款准备金；中国银行（香港）和中国银行澳门分行分别在中国人民银行深圳市和珠海市中心支行单独开立“境外银行人民币存款准备金”账户，用于存放相应的人民币存款准备金；其他人民币业务清算行境内母行（指法人、以下同）应在所在地中国人民银行营业部门单独开立“境外银行人民币存款准备金”账户，用于存放相应的人民币存款准备金。“境外银行人民币存款准备金”账户和“境外清算行人民币存款准备金”账户内资金不得用于支付清算等其他用途。

（二）境内代理行应为开立账户的全部境外人民币业务参加行分别设立“参加行人民币存款准备金”账户，用于代理境外人民币业务参加行交存人民币存款准备金；除港澳人民币业务清算行以外的其他人民币业务清算行境内母行应为清算行设立“ 清算行人民币存款准备金”账户，用于代理清算行人民币业务参加行交存人民币存款准备金。“参加行人民币存款准备金”账户和“清算行人民币存款准备金”账户内资金不得用于支付清算等其他用途。

（三）境内代理行将境外人民币业务参加

行“参加行人民币存款准备金”账户中的存款准备金合并交存至所在地中国人民银行“境外银行人民币存款准备金”账户；中国银行（香港）和中国银行澳门分行分别将人民币存款准备金直接交存至中国人民银行深圳市和珠海市中心支行“境外银行人民币存款准备金”账户；其他人民币业务清算行境内母行将“清算行人民币存款准备金”账户中的存款准备金合并交存至所在地中国人民银行“境外银行人民币存款准备金”账户；

（四）境内代理行应交代存至中国人民银行“境外银行人民币存款准备金”账户中的存款准备金的存款基数为人民币业务参加航在境内代理行开立全部账户中的人民币存款；中国银行（香港）和中国银行澳门分行应交存至中国人民银行深圳市和珠海市中心支行“境外清算行人民币存款准备金”账户中的存款准备金的存款基数为其在至中国人民银行深圳市和珠海市中心支行清算账户中的人民币存款；其他人民币业务清算行境内木夯应代交存至中国人民银行“境外清算行人民币存款准备金账户”中存款准备金的存款基数为清算行在境内母行清算账户中的人民币存款。

（五）境内代理行首次代交存的存款基数为2015年末境外人民币业务参加行在境内代理行开立全部账户中的人民币存款余额；中国银行（香港）和中国银行澳门分行首次交存的存款基数为2015年末中国银行（香港）和中国银行澳门分行在中国人民银行深圳市中心支行或珠海市中心支行清算账户中的人民币存款余额；其他人民币业务清算行境内母行首次代交存的存款基数为2015年末清算行在境内母行清算账户中的人民币存款余额。中国人民银行将根据宏观审慎原则，按季评估和调整交存基数。

二、存款准备金率与利率

境外人民币业务参加行存放境内代理行人民币存款的存款准备金率执行境内代理行现行法定存款准备金率；港澳人民币业务清算行存放中国人民银行深圳市中心支行和珠海市中心支行清算账户人民币存款的存款准备金率执行外资银行现行法定存款准备金率；其他人民币业务清算行存放境内母行清算账户人民币存款的存款准备金率执行母行现行法定存款准备金率。上述存款准备金率执行现行法定存款准备金利率，按季付息。

三、考核与调整

（一）中国人民银行按季度考核境内代理行代交存至中国人民银行“境外银行人民币存款准备金”账户的存款准备金、中国银行（香港）和中国银行澳门分行交存至中国人民银行“境外清算行人民币存款准备金”账户的存款准备金、其他人民币业务清算行境内母行代交存至中国人民银行“境外清算行人民币存款准备金”账户的存款准备金。境内代理行、中国银行（香港）和中国银行澳门分行、其他人民币业务清算行境内母行应在每季初25日前（遇节假日顺延）将前述交存或代交存的存款准备金划至中国人民银行。

当季初25日至下季初24日每日营业终了时，境内代理行代存入中国人民银行“境外银行人民币存款准备金”账户的存款准备金余额，与所代理的全部境外人民币业务参加行在境内代理行的人民币存款余额（由中国人民银行按季确定）之比，不得低于人民币法定存款准备金率；中国银行（香港）和中国银行澳门分行存入中国人民银行“境外清算行人民币存款准备金”账户的存款准备金余额，与其在中国人民银行深圳市中心支行和珠海市中心支行清算账户的人民币存款余额（由中国人民银行按季确定）之比，不得低于人民币法定存款准备金率；其他人民币业务清算行境内母行代存入中国人民银行“境外清算行人民币存款准备金率”账户的存款准备金余额，与清算行在境内母行清算账户的人民币存款余额（由中国人民银行按季度确定）之比，不得低于人民币法定存款准备金率。

（二）境内代理行，中国银行（香港）和中国银行澳门分行、其他人民币业务清算行境内母行在每季初25日前（遇节假日顺延）将汇总的“境外存放人民币存款准备金交存申报表”报送至所在地中国人民银行营业部门。

（三）如遇存款准备金率调整，境内代理行代存入中国人民银行“境外银行人民币存款准备金率”账户的资金，中国银行（香港）和中国银行澳门分行存入中国人民银行“境外清算行人民币存款准备金率”账户的资金，其他人民币业务清算行境内母行代存入中国人民银行“境外清算行人民币存款准备金”账户的资金相应补交或退回。

四、其他

中国人民银行将对境内代理行、中国银行（香港）和中国银行澳门分行、其他人民币业务清算行境内母行存款准备金交存和管理境外银行相应存款准备金账户等情况进行检查和问责，对违规行为按照有关规定进行处理。

请中国人民银行上海总部、各分支行将本通知于印发之日转发至辖区内城市商业银行、农村商业银行、农村合作银行、农村信用社、村镇银行、财务公司、金融租赁公司、汽车金融公司和有关外资金融机构。

中国人民银行办公厅关于“三证合一”登记制度改革有关反洗钱工作管理事项的通知

（银办发〔2016〕110号）

中国人民银行上海总部，各分行、营业管理部，各省会（首府）城市中心支行，各副省级城市中心支行；国家开发银行，各政策性银行、国有商业银行、股份制商业银行，中国邮政储蓄银行：

为配合推进“三证合一”登记制度改革，规范反洗钱工作要求，按照《国务院关于批转发展改革委等部门法人和社会组织统一社会信用代码制度建设总体方案的通知》（国发〔2015〕33号）、《国务院办公厅关于加快推进“三证合一”登记制度改革的意见》（国办发〔2015〕50号）文件精神，以及中国人民银行公告（〔2015〕第35号），现就反洗钱工作有关事项通知如下：

一、客户有效身份证件和身份基本信息的核对、登记和留存是开展反洗钱工作的重要基础。金融机构为法人和其他组织办理业务或提供服务的，应当区分实行“三证合一”的企业和农民专业合作社（以下统称企业），未纳入“三证合一”的个体工商户和机关、事业单位、社会团体等其他组织单位，勤勉尽责，遵循“了解你的客户”原则，按照规定开展客户身份识别、身份资料保存等工作，确保客户身份资料真实、完整和有效。

二、企业持新版营业执照（含加载统一社会信用代码营业执照、改革过渡期内使用的“一照一号”、“一照三号”营业执照）办理业务的，金融机构应当按照规定核对其新版营业执照，留存新版营业执照的复印件或影印件；持电子营业执照的，已配备电子营业执照识别机具的金融机构应当予以办理，并留存电子营业执照影印件。核对新版营业执照时，可通过当地工商行政管理部门，或登陆全国或地区企业信用信息公示系统查询以及实地查访等方式核实证照的真实性。

三、企业持新版营业执照办理业务的，金融机构应当完整登记身份基本信息，包括“一照一码”、“一照一号”或“一照三号”等信息。新版营业执照包含有效期的，应当登记有效期信息；未包含有效期的，应当以适当形式进行标识。业务关系存续期间，企业有效身份证件变更为新版营业执照的，金融机构应当采取措施建立以组织机构代码为基础的新旧证码的映射关系，确保新旧证照信息的关联性和客户交易信息的完整性。

四、金融机构应当在相关业务系统中设置有效身份证件有效期到期提示功能。发现企业有效身份证件，包括营业执照、组织机构代码证、税务登记证中任一证照过期的，应当提示其到当地工商行政管理部门换发新版营业执照。企业先前提交的有效身份证件已过有效期的，企业未在合理期限内更新且没有提出合理理由的，金融机构应当中止办理业务。

五、金融机构报送大额交易报告和可疑交易报告，如需填写统一社会信用代码，报告要素“客户身份证件/证明文件类型”可选择“其他”，注明证照类型，填写相应的证照号码。

六、“三证合一”登记制度改革过渡期内，企业原发营业执照、组织机构代码证、税务登记证仍在有效期内的，金融机构仍应当按照《金融机构客户身份识别和客户身份资料及交易记录保存管理办法》（中国人民银行 中国银行业监督管理委员会 中国证券监督管理委员会中国保险监督管理委员会令〔2007〕第2号发布）等相关规定执行。改革过渡期结束后，企业原发营业执照、组织机构代码证、税务登记证停止使用，金融机构应当提示企业及时更换新版营业执照，未在合理期限内更换且没有提出合理理由的，金融机构应当中止办理业务。

七、金融机构应当采取切实措施，落实“三证合一”登记制度改革要求，修订相关业务操作规程，升级完善相关业务系统。积极宣传“三证合一”登记制度改革，引导企业按时更换新版营业执照。

八、非银行支付机构、银行卡清算机构、资金清算中心等从事支付清算业务，以及从事汇兑业务、基金销售业务的机构开展客户身份识别、身份资料保存等工作参照适用本通知的有关规定。

九、人民银行各分支机构应当根据“三证合一”登记制度改革要求，监督指导金融机构按照规定开展客户身份识别、身份资料保存等工作。执行中如遇重要情况，请及时告知人民银行反洗钱局。

请人民银行上海总部，各分行、营业管理部，各省会（首府）城市中心支行，各副省级城市中心支行将本通知转发至辖区内各城市商业银行、农村商业银行、农村合作银行、农村信用社、村镇银行、外资银行、证券公司、期货经纪公司、基金管理公司、保险公司、保险资产管理公司、信托公司、金融资产管理公司、财务公司、金融租赁公司、汽车金融公司、货币经纪公司等金融机构和非银行支付机构。

中国人民银行办公厅

2016年4月22日

关于进一步做好合格机构投资者进入银行间债券市场有关事项的公告

（中国人民银行公告〔2016〕第8号）

为规范发展债券市场、提高市场效率，根据《全国银行间债券市场债券交易管理办法》（中国人民银行令〔2000〕第2号发布）、《银行间债券市场债券登记托管结算管理办法》（中国人民银行令〔2009〕第1号发布）等规定，现就进一步做好合格机构投资者进入银行间债券市场有关事项公告如下：

一、本公告所称合格机构投资者，是指符合本公告要求的境内法人类合格机构投资者和非法人类合格机构投资者。

法人类合格机构投资者是指符合本公告要求的金融机构法人，包括但不限于：商业银行、信托公司、企业集团财务公司、证券公司、基金管理公司、期货公司、保险公司等经金融监管部门许可的金融机构。金融机构的授权分支机构参照法人类合格机构投资者管理。

非法人类合格机构投资者是指金融机构等作为资产管理人（以下简称管理人），在依法合规的前提下，接受客户的委托或授权，按照与客户约定的投资计划和方式开展资产管理或投资业务所设立的各类投资产品，包括但不限于：证券投资基金、银行理财产品、信托计划等。保险产品，经基金业协会备案的私募投资基金，住房公积金，社会保障基金，企业年金，养老基金，慈善基金等，参照非法人类合格机构投资者管理。

二、法人类合格机构投资者应符合以下条件：

（一）在中华人民共和国境内依法设立。

（二）具有健全的公司治理结构、完善的内部控制、风险管理机制。

（三）债券投资资金来源合法合规。

（四）具有熟悉银行间债券市场的专业人员。

（五）具备相应的风险识别和承担能力，知悉并自行承担债券投资风险。

（六）业务经营合法合规，最近3年未因债券业务发生重大违法违规行为。

（七）中国人民银行要求的其他条件。

三、非法人类合格机构投资者应符合以下条件：

（一）产品设立符合有关法律法规和行业监管规定，并已依法在有关管理部门或其授权的行业自律组织获得批准或完成备案。

（二）产品已委托具有托管资格的金融机构（以下简称托管人）进行独立托管，托管人对委托人资金实行分账管理、单独核算。

（三）产品的管理人获金融监管部门许可具有资产管理业务资格。对于经行业自律组织登记的私募基金管理人，其净资产不低于

1000万元，资产管理实缴规模处于行业前列。

（四）产品的管理人和托管人具有健全的公司治理结构、完善的内部控制、风险管理机制以及相关专业人员。

（五）产品的管理人和托管人业务经营合法合规，最近3年未因债券业务发生重大违法违规行为。

（六）中国人民银行要求的其他条件。

四、合格机构投资者进入银行间债券市场应按规定通过电子化方式向中国人民银行上海总部备案，在中国人民银行认可的登记托管结算机构和交易平台办理开户、联网手续。

五、合格机构投资者完成备案、开户、联网手续后，即成为银行间债券市场的参与者。

六、法人类合格机构投资者、非法人类合格机构投资者的管理人和托管人在银行间债券市场开展债券交易、清算、托管、结算等相关业务时，应遵守有关法律法规、行业监管规定，以及银行间债券市场相关管理规定。

七、非法人类合格机构投资者的管理人应遵守与委托人之间的约定，不得投资于超出投资范围或委托人风险承受能力的债券产品。

八、法人类合格机构投资者、非法人类合格机构投资者的管理人和托管人应不断加强内部控制等各类制度建设，完善部门和岗位设置，提高相关人员业务能力，防止有关机构和个人利用职务之便损害投资者和委托人的合法权益。

九、中国人民银行上海总部、中央国债登记结算有限责任公司、银行间市场清算所股份有限公司、全国银行间同业拆借中心应根据本公告制定相应实施细则，明确备案、开户、联网所需的各项材料要求，并应在收到完整材料之日起3个工作日内完成办理手续，及时以电子化的方式告知投资者。

十、中央国债登记结算有限责任公司、银行间市场清算所股份有限公司、全国银行间同业拆借中心应做好合格机构投资者债券交易、清算、托管、结算的一线监测工作，及时披露合格机构投资者投资银行间债券市场的有关信息，并在每月前10个工作日内向中国人民银行上海总部报告上月合格机构投资者账户开立、变更、注销、联网及终止联网等情况，并抄送中国银行间市场交易商协会。

十一、中国银行间市场交易商协会应加强对合格机构投资者的自律管理。

十二、中国人民银行依法对合格机构投资者债券业务开展情况进行现场或非现场检查，检查中发现合格机构投资者存在违法违规行为的，由中国人民银行根据有关规定进行处理并通报相关机构监管部门，或者移交有关部门调查处理。

十三、本公告自公布之日起施行。银行间债券市场现行规定与本公告不符的，以本公告为准。

中国人民银行

2016年4月27日

中国人民银行关于进一步完善存款准备金平均法考核的通知

（银发〔2016〕153号）

中国人民银行上海总部，各分行、营业管理部，各省会（首府）城市中心支行，深圳市中心支行；中国农业发展银行，各国有商业银行、股份制商业银行，中国邮政储蓄银行：

为进一步完善存款准备金制度，健全货币政策传导机制，提高金融机构流动性管理的灵活度，促进金融机构稳健经营，中国人民银行决定，自2016年7月15日起调整存款准备金平均法考核的有关规定。现将有关事项通知如下：

一、人民币存款准备金的考核基数由考核期末时点数调整为考核期内算术平均值。根据《中国人民银行关于实施平均法考核存款准备金的通知》（银发〔2015〕289号），计算金融机构法定存款准备金率时，将维持期金融机构按法人存入的人民币存款准备金日终余额期末时点数调整为期内算术平均值。自2016年7月15日起将其交存基数也由考核期末时点数调整为考核期内一般存款余额的算术平均值。存款准备金考核设每日下限，即考核期内每日营业终了时，金融机构按法人存入的人民币存款准备金日终余额，与上旬内该金融机构一般存款余额的算术平均值之比，可以低于法定存款准备金率，但幅度应在1个（含）百分点以内。

根据《中国人民银行关于境外人民币业务参加行在境内代理行存放执行正常存款准备金率的通知》（银发〔2016〕11号），纳入存款准备金交存范围的境外人民币业务参加行存放境内代理行人民币存款，其交存基数为上季度该金融机构境外人民币存放日终余额的算术平均值。

二、金融机构应做好存款准备金考核基数调整的系统完善工作，保证能够按日提取一般存款余额数据，并在旬后五日内将上一旬一般存款日终余额的每日数值、算术平均值报送中国人民银行。

三、中国人民银行各分支机构应严格按照有关规定做好此次存款准备金考核制度调整的有关工作，组织做好一般存款日终余额每日数值、算术平均值的采集，确保顺利实施。遇有重大紧急情况，及时报告总行。

请中国人民银行分支机构将本通知转发至辖区内城市商业银行、农村商业银行、农村合作银行、农村信用社、村镇银行、财务公司、金融租赁公司、汽车金融公司和外资金融机构。

中国人民银行

2016年5月25日

中国人民银行关于进一步明确境内企业人民币境外放款业务有关事项的通知

（银发〔2016〕306 号）

中国人民银行上海总部，各分行、营业部管理部，各省会（首府）城市中心支行，各副省级城市中心支行；国家开发银行，各政策性银行、国有商业银行、股份制商业银行，中国邮政储蓄银行：

为进一步规范境内企业人民币境外放款业务，引导境外放款跨境人民币结算有序开展，现就境内企业人民币境外放款业务流程和有关政策事项通知如下：

一、本通知所称人民币境外放款业务是指境内企业（以下简称放款人）通过结算银行（以下简称经办行）将人民币资金借贷给境外企业（以下简称借款人）或经企业集团财务公司以委托贷款的方式通过结算银行将人民币资金借贷给境外企业的行为。

本通知所称境内企业是指在中华人民共和国境内（不含香港、澳门和台湾地区）注册成立的非金融企业。

二、经办行应要求放款人在办理人民币境外放款业务前在所在地外汇管理部门进行登记，在企业境外放款余额上限内为其办理业务。

三、放款人应注册成立 1 年以上，与借款人之间应具有股权关联关系。

四、经办行需严格审核境外借款人的经营规模是否与借款规模相适应，以及境外借款资金的实际用途，确保境外放款用途的真实性和合理性。

五、对境内企业人民币境外放款业务实行本外币一体化的宏观审慎管理。

企业境外放款余额上限 = 最近一期经审计的所有者权益 × 观审慎调节系数

企业境外放款余额 = ∑境外放款余额 + ∑提前还款额 ×（1 + 提前还款天数/合同约定天数）+ ∑外币境外放款余额 × 币种转换因子

每 5 年对提前还款所占额度进行清零。

其中，宏观审慎调节系数为 0.3；币种转换因子为 0。人民银行根据宏观经济形势和跨境资金流动情况对宏观审慎调节系数和币种转换因子进行动态调整。经办行和放款人应做好额度控制，确保任一时点放款余额不超过其上限。

对于短期频繁发生的境外放款业务，经办行应要求放款人提供相关情况说明，一旦发现有违规行为，立即停止为其办理新的境外放款业务。对于当前境外放款余额已超过政策调整后余额上限的放款人，经办行应暂停为其办理境外放款业务。

六、放款人不得使用个人资金向借款人进行境外放款，不得利用自身债务融资为境外放款提供资金来源。

七、放款人向境外放款的利率应符合商业原则，在合理范围内协商确定，但必须大于零。放款期限原则上应在6个月至5年内，超过5年（含5年）的应报当地人民银行分支机构进行备案。

八、经办行应提醒放款人及时收回放款资金。出现借款人逾期未归还的，且放款人拒不作出说明或说明缺乏合理性的，经办行应暂停为其办理新的境外放款业务，并及时向当地人民银行分支机构报送相关情况。境外放款可以展期，但原则上同一笔境外人民币放款展期不超过一次。

九、放款人应按照《人民币银行结算账户管理办法》（中国人民银行令〔2003〕第5号发布）等银行结算账户管理规定申请开立人民币专用存款账户，专门用于办理人民币境外放款业务。同时，人民币境外放款必须经由放款的人民币专用存款账户以人民币收回，且回流金额不得超过放款金额及利息、境内所得税、相关费用等合理收入之和。

十、经办行应做好人民币境外放款业务真实性和合规性审核，切实履行反洗钱和反恐怖融资义务。

十一、经办行应认真履行信息报送职责，及时准确地向人民币跨境收付信息管理系统报送有关账户信息、跨境收支信息、跨境贷融资信息，并在收支信息的交易附言中添加“境外放款”字样说明。

十二、人民银行总行及分支机构根据本通知对境内企业人民币境外放款业务实施监督管理。

十三、本通知自印发之日起施行。以前规定与本通知不一致的，按本通知执行。

请人民银行副省级城市中心支行以上分支机构将本通知转发至辖区内人民银行分支机构，城市商业银行、外资银行及其他开办跨境人民币业务的金融机构。

中国人民银行

2016年11月26日

中国人民银行公告

（〔2016〕第29号）

为规范票据市场交易行为，维护交易各方合法权益，促进票据市场健康发展，中国人民银行制定了《票据交易管理办法》，现予公布施行。

2016年12月

附件：

票据交易管理办法

第一章 总 则

第一条 为规范票据市场交易行为，防范交易风险，维护交易各方合法权益，促进票据市场健康发展，依据《中华人民共和国中国人民银行法》、《中华人民共和国票据法》、《中华人民共和国电子签名法》等有关法律法规，制定本办法。

第二条 市场参与者从事票据交易应当遵守本办法，本办法所称票据包括但不限于纸质或者电子形式的银行承兑汇票、商业承兑汇票等可交易票据。

第三条 票据交易应当遵循公平自愿、诚信自律、风险自担的原则。

第四条 中国人民银行依法对票据市场进行监督管理，并根据宏观调控需要对票据市场进行宏观审慎管理。

第二章 票据市场参与者

第五条 票据市场参与者是指可以从事票据交易的市场主体，包括：

（一）法人类参与者。指金融机构法人，包括政策性银行、商业银行及其授权的分支机构，农村信用社、企业集团财务公司、信托公司、证券公司、基金管理公司、期货公司、保险公司等经金融监督管理部门许可的金融机构。

（二）非法人类参与者。指金融机构等作为资产管理人，在依法合规的前提下，接受客户的委托或者授权，按照与客户约定的投资计划和方式开展资产管理业务所设立的各类投资产品，包括证券投资基金、资产管理计划、银行理财产品、信托计划、保险产品、住房公积金、社会保障基金、企业年金、养老基金等。

（三）中国人民银行确定的其他市场参与者。

第六条 法人类参与者应当符合以下条件：

（一）依法合规设立。

（二）已制定票据业务内部管理制度和操作规程，具有健全的公司治理结构和完善的内部控制、风险管理机制。

（三）有熟悉票据市场和专门从事票据交易的人员。

（四）具备相应的风险识别和承担能力，知悉并承担票据投资风险。

（五）中国人民银行要求的其他条件。

第七条 非法人类参与者应当符合以下条件：

（一）产品设立符合相关法律法规和监管规定，并已依法在相关金融监督管理部门获得批准或者完成备案。

（二）产品已委托具有托管资格的金融机构（以下简称托管人）进行独立托管，托管人对委托人资金实行分账管理、单独核算。

（三）产品管理人具有相关金融监督管理部门批准的资产管理业务资格。

第八条 法人类参与者开展票据交易，应当遵守有关法律法规，强化内控制度建设，完善部门和岗位设置，并采取切实措施持续提高相关人员业务能力。

第九条 非法人类参与者开展票据交易，

由其资产管理人代表其行使票据权利并以受托管理的资产承担相应的民事责任。资产管理人从事资管业务的部门、岗位、人员及其管理的资产应当与其自营业务相互独立。

第三章　票据市场基础设施

第十条　票据市场基础设施是指提供票据交易、登记托管、清算结算、信息服务的机构。

第十一条　票据市场基础设施应当经中国人民银行认可。中国人民银行对票据市场基础设施开展票据相关业务进行监督管理。

第十二条　票据市场基础设施可以为市场参与者提供以下服务：

（一）组织票据交易，公布票据交易即时行情。

（二）票据登记托管。

（三）票据交易的清算结算。

（四）票据信息服务。

（五）中国人民银行认可的其他服务。

第十三条　票据市场基础设施按照金融市场基础设施建设有关标准进行系统建设与管理。

第十四条　票据市场基础设施应当从其业务收入中提取一定比例的金额设立风险基金并存入开户银行专门账户，用于弥补因违约交收、技术故障、操作失误、不可抗力等造成的相关损失。

第十五条　上海票据交易所是中国人民银行指定的提供票据交易、登记托管、清算结算和信息服务的机构。

第四章　票据信息登记与电子化

第十六条　纸质票据贴现前，金融机构办理承兑、质押、保证等业务，应当不晚于业务办理的次一工作日在票据市场基础设施完成相关信息登记工作。

纸质商业承兑汇票完成承兑后，承兑人开户行应当根据承兑人委托代其进行承兑信息登记。承兑信息未能及时登记的，持票人有权要求承兑人补充登记承兑信息。

纸质票据票面信息与登记信息不一致的，以纸质票据票面信息为准。

第十七条　贴现人办理纸质票据贴现时，应当通过票据市场基础设施查询票据承兑信息，并在确认纸质票据必须记载事项与已登记承兑信息一致后，为贴现申请人办理贴现，贴现申请人无需提供合同、发票等资料；信息不存在或者纸质票据必须记载事项与已登记承兑信息不一致的，不得办理贴现。

本款所称纸质票据必须记载事项指《中华人民共和国票据法》第二十二条规定的票据必须记载事项。

第十八条　贴现人完成纸质票据贴现后，应当不晚于贴现次一工作日在票据市场基础设施完成贴现信息登记。

第十九条　承兑人或者承兑人开户行收到挂失止付通知或者公示催告等司法文书并确认相关票据未付款的，应当于当日依法暂停支付并在票据市场基础设施登记或者委托开户行在票据市场基础设施登记相关信息。

第二十条　金融机构通过票据市场基础设施进行相关业务信息登记，因信息登记错误给他人造成损失的，应当承担赔偿责任。

第二十一条　贴现人办理纸质票据贴现后，应当在票据上记载“已电子登记权属”字样，该票据不再以纸质形式进行背书转让、设立质押或者其他交易行为。贴现人应当对纸质票据妥善保管。

第二十二条　已贴现票据背书通过电子形式办理。电子形式背书是指在票据市场基础设施以数据电文形式记载的背书，和纸质形式背书具有同等法律效力。

第二十三条　纸质票据电子形式背书后，

由票据权利人通过票据市场基础设施通知保管人变更寄存人的方式完成交付。

第二十四条 贴现人可以按市场化原则选择商业银行对纸质票据进行保证增信。

保证增信行对纸质票据进行保管并为贴现人的偿付责任进行先行偿付。

第二十五条 已贴现票据应当通过票据市场基础设施办理背书转让、质押、保证、提示付款等票据业务。

第二十六条 纸质票据贴现后，其保管人可以向承兑人发起付款确认。付款确认可以采用实物确认或者影像确认。

实物确认是指票据保管人将票据实物送达承兑人或者承兑人开户行，由承兑人在对票据真实性和背书连续性审查的基础上对到期付款责任进行确认。

影像确认是指票据保管人将票据影像信息发送至承兑人或者承兑人开户行，由承兑人在对承兑信息和背书连续性审查的基础上对到期付款责任进行确认。

承兑人要求实物确认的，银行承兑汇票保管人应当将票据送达承兑人，实物确认后，纸质票据由其承兑人代票据权利人妥善保管；商业承兑汇票保管人应当将票据通过承兑人开户行送达承兑人进行实物确认，实物确认后，纸质票据由商业承兑汇票开户行代票据权利人妥善保管。

第二十七条 实物确认与影像确认具有同等效力。承兑人或者承兑人开户行进行付款确认后，除挂失止付、公示催告等合法抗辩情形外，应当在持票人提示付款后付款。

第二十八条 承兑人收到票据影像确认请求或者票据实物后，应当在三个工作日内作出或者委托其开户行做出同意或者拒绝到期付款的应答。拒绝到期付款的，应当说明理由。

第二十九条 票据保管人应当采取切实措施保证纸质票据不被挪用、污损、涂改和灭失，并承担因保管不善引发的相关法律责任。

第三十条 电子商业汇票签发、承兑、质押、保证、贴现等信息应当通过电子商业汇票系统同步传送至票据市场基础设施。

第三十一条 电子商业汇票一经承兑即视同承兑人已进行付款确认。

第五章 票据登记与托管

第三十二条 票据登记是指金融机构将票据权属在票据市场基础设施电子簿记系统予以记载的行为。

第三十三条 票据托管是指票据市场基础设施根据票据权利人委托对其持有票据的相关权益进行管理和维护的行为。

第三十四条 市场参与者应当在票据市场基础设施开立票据托管账户。

市场参与者开立票据托管账户时，应当向票据市场基础设施提出申请，并保证所提交的开户资料真实、准确、完整。

第三十五条 票据托管账户采用实名制，不得出租、出借或者转让。

第三十六条 一个市场参与者只能开立一个票据托管账户，中国人民银行另有规定的除外。

具有法人资格的市场参与者应当以法人名义开立票据托管账户；经法人授权的分支机构应当以分支机构名义开立票据托管账户；非法人市场参与者应当以产品名义单独开立票据托管账户。

第三十七条 贴现人应当于票据交易前在票据市场基础设施完成纸质票据登记工作，确保其提交的票据登记信息真实、有效，并承担相应法律责任。

第三十八条 票据市场基础设施依据电子商业汇票系统相关信息为持票人完成电子票据登记。

第三十九条 因票据的交易过户、非交易过户等原因引起票据托管账户余额变化的，票据市场基础设施应当为权利人办理票据变更登记。

第六章 票据交易

第四十条 票据交易采取全国统一的运营管理模式，通过票据市场基础设施进行。

第四十一条 票据交易包括转贴现、质押式回购和买断式回购等。

转贴现是指卖出方将未到期的已贴现票据向买入方转让的交易行为。

质押式回购是指正回购方在将票据出质给逆回购方融入资金的同时，双方约定在未来某一日期由正回购方按约定金额向逆回购方返还资金、逆回购方向正回购方返还原出质票据的交易行为。

买断式回购是指正回购方将票据卖给逆回购方的同时，双方约定在未来某一日期，正回购方再以约定价格从逆回购方买回票据的交易行为。

第四十二条 市场参与者完成票据登记后即可以开展交易，或者在付款确认、保证增信后开展交易。贴现人申请保证增信的，应当在首次交易前完成。

第四十三条 票据到期后偿付顺序如下：

（一）票据未经承兑人付款确认和保证增信即交易的，若承兑人未付款，应当由贴现人先行偿付。该票据在交易后又经承兑人付款确认的，应当由承兑人付款；若承兑人未付款，应当由贴现人先行偿付。

（二）票据经承兑人付款确认且未保证增信即交易的，应当由承兑人付款；若承兑人未付款，应当由贴现人先行偿付。

（三）票据保证增信后即交易且未经承兑人付款确认的，若承兑人未付款，应当由保证增信行先行偿付；保证增信行未偿付的，应当由贴现人先行偿付。

（四）票据保证增信后且经承兑人付款确认的，应当由承兑人付款；若承兑人未付款，应当由保证增信行先行偿付；保证增信行未偿付的，应当由贴现人先行偿付。

第四十四条 票据交易应当通过票据市场基础设施进行并生成成交单。成交单应当对交易日期、交易品种、交易利率等要素做出明确约定。

票据成交单、票据交易主协议及补充协议（若有）构成交易双方完整的交易合同。

票据交易合同一经成立，交易双方应当认真履行，不得擅自变更或者解除合同。

第四十五条 票据交易无需提供转贴现凭证、贴现凭证复印件、查询查复书及票面复印件等纸质资料。

第四十六条 票据贴现、转贴现的计息期限，从贴现、转贴现之日起至票据到期日止，到期日遇法定节假日的顺延至下一工作日。

第四十七条 质押式回购和买断式回购最短期限为一天，并应当小于票据剩余期限。

第四十八条 质押式回购的回购金额不得超过质押票据的票面总额。

第七章 票据交易结算与到期处理

第四十九条 票据交易的结算通过票据市场基础设施电子簿记系统进行，包括票款对付和纯票过户。

票款对付是指结算双方同步办理票据过户和资金支付并互为条件的结算方式。

纯票过户是指结算双方的票据过户与资金支付相互独立的结算方式。

第五十条 市场参与者开展票据交易应当采用票款对付，同一法人分支机构间的票据交易可以采用纯票过户。

第五十一条 已在大额支付系统开立清算账户的市场参与者，应当通过其在大额支付系统的清算账户办理票款对付的资金结算。

未在大额支付系统开立清算账户的市场参与者，应当委托票据市场基础设施代理票款对付的资金结算。

第五十二条 票据市场基础设施代理票款对付的资金结算时，应当通过其在大额支付系统的清算账户进行。票据市场基础设施应当在该账户下，为委托其代理资金结算的市场参与者开立票据结算资金专户。

第五十三条 交易双方应当根据合同约定，确保在约定结算日有用于结算的足额票据和资金。

第五十四条 在票据交易达成后结算完成之前，不得动用该笔交易项下用于结算的票据、资金或者担保物。

第五十五条 办理法院强制执行、税收、债权债务承继、赠与等非交易票据过户的，票据市场基础设施应当要求当事人提交合法有效的法律文件。

第五十六条 持票人在提示付款期内通过票据市场基础设施提示付款的，承兑人应当在提示付款当日进行应答或者委托其开户行进行应答。

承兑人存在合法抗辩事由拒绝付款的，应当在提示付款当日出具或者委托其开户行出具拒绝付款证明，并通过票据市场基础设施通知持票人。

承兑人或者承兑人开户行在提示付款当日未作出应答的，视为拒绝付款，票据市场基础设施提供拒绝付款证明并通知持票人。

第五十七条 商业承兑汇票承兑人在提示付款当日同意付款的，承兑人开户行应当根据承兑人账户余额情况予以处理。

（一）承兑人账户余额足够支付票款的，承兑人开户行应当代承兑人作出同意付款应答，并于提示付款日向持票人付款。

（二）承兑人账户余额不足以支付票款的，则视同承兑人拒绝付款。承兑人开户行应当于提示付款日代承兑人做出拒付应答并说明理由，同时通过票据市场基础设施通知持票人。

第五十八条 银行承兑汇票的承兑人已于到期前进行付款确认的，票据市场基础设施应当根据承兑人的委托于提示付款日代承兑人发送指令划付资金至持票人资金账户。

商业承兑汇票的承兑人已于到期前进行付款确认的，承兑人开户行应当根据承兑人委托于提示付款日扣划承兑人账户资金，并将相应款项划付至持票人资金账户。

第五十九条 保证增信行或者贴现人承担偿付责任时，应当委托票据市场基础设施代其发送指令划付资金至持票人资金账户。

第六十条 承兑人或者出票人付款后，票据保管人应当参照会计档案保管要求对票据进行保管。承兑人进行影像确认并付款的，可以凭票据市场基础设施的提示付款通知、划款通知以及留存的票据底卡联作为会计记账凭证。

第六十一条 票据发生法律纠纷时，依据有权申请人的请求，票据市场基础设施应当出具票据登记、托管和交易流转记录；票据保管人应当提供相应票据实物。

第八章 附 则

第六十二条 票据市场基础设施依照本办法及中国人民银行有关规定制定相关业务规则，报中国人民银行同意后施行。

第六十三条 本办法施行前制定的相关规定，与本办法相抵触的，以本办法为准。

第六十四条 本办法由中国人民银行负责解释。

第六十五条 本办法自公布之日起施行，过渡期按照《中国人民银行办公厅关于做好票据交易平台接入准备工作的通知》（银办发〔2016〕224号）执行。

金融机构大额交易和可疑交易报告管理办法（2016修订）

（中国人民银行令〔2016〕第3号）

根据《中华人民共和国反洗钱法》、《中华人民共和国中国人民银行法》、《中华人民共和国反恐怖主义法》等法律规定，中国人民银行对《金融机构大额交易和可疑交易报告管理办法》（中国人民银行令〔2006〕第2号发布）进行了修订，经2016年12月9日第9次行长办公会议通过，现予发布，自2017年7月1日起施行。

行长　周小川

2016年12月28日

金融机构大额交易和可疑交易报告管理办法

第一章　总　则

第一条　为了规范金融机构大额交易和可疑交易报告行为，根据《中华人民共和国反洗钱法》、《中华人民共和国中国人民银行法》、《中华人民共和国反恐怖主义法》等有关法律法规，制定本办法。

第二条　本办法适用于在中华人民共和国境内依法设立的下列金融机构：

（一）政策性银行、商业银行、农村合作银行、农村信用社、村镇银行。

（二）证券公司、期货公司、基金管理公司。

（三）保险公司、保险资产管理公司、保险专业代理公司、保险经纪公司。

（四）信托公司、金融资产管理公司、企业集团财务公司、金融租赁公司、汽车金融公司、消费金融公司、货币经纪公司、贷款公司。

（五）中国人民银行确定并公布的应当履行反洗钱义务的从事金融业务的其他机构。

第三条　金融机构应当履行大额交易和可疑交易报告义务，向中国反洗钱监测分析中心报送大额交易和可疑交易报告，接受中国人民银行及其分支机构的监督、检查。

第四条　金融机构应当通过其总部或者总部指定的一个机构，按本办法规定的路径和方式提交大额交易和可疑交易报告。

第二章　大额交易报告

第五条　金融机构应当报告下列大额

交易：

（一）当日单笔或者累计交易人民币5万元以上（含5万元）、外币等值1万美元以上（含1万美元）的现金缴存、现金支取、现金结售汇、现钞兑换、现金汇款、现金票据解付及其他形式的现金收支。

（二）非自然人客户银行账户与其他的银行账户发生当日单笔或者累计交易人民币200万元以上（含200万元）、外币等值20万美元以上（含20万美元）的款项划转。

（三）自然人客户银行账户与其他的银行账户发生当日单笔或者累计交易人民币50万元以上（含50万元）、外币等值10万美元以上（含10万美元）的境内款项划转。

（四）自然人客户银行账户与其他的银行账户发生当日单笔或者累计交易人民币20万元以上（含20万元）、外币等值1万美元以上（含1万美元）的跨境款项划转。

累计交易金额以客户为单位，按资金收入或者支出单边累计计算并报告。中国人民银行另有规定的除外。

中国人民银行根据需要可以调整本条第一款规定的大额交易报告标准。

第六条 对同时符合两项以上大额交易标准的交易，金融机构应当分别提交大额交易报告。

第七条 对符合下列条件之一的大额交易，如未发现交易或行为可疑的，金融机构可以不报告：

（一）定期存款到期后，不直接提取或者划转，而是本金或者本金加全部或者部分利息续存入在同一金融机构开立的同一户名下的另一账户。

活期存款的本金或者本金加全部或者部分利息转为在同一金融机构开立的同一户名下的另一账户内的定期存款。

定期存款的本金或者本金加全部或者部分利息转为在同一金融机构开立的同一户名下的另一账户内的活期存款。

（二）自然人实盘外汇买卖交易过程中不同外币币种间的转换。

（三）交易一方为各级党的机关、国家权力机关、行政机关、司法机关、军事机关、人民政协机关和人民解放军、武警部队，但不包含其下属的各类企事业单位。

（四）金融机构同业拆借、在银行间债券市场进行的债券交易。

（五）金融机构在黄金交易所进行的黄金交易。

（六）金融机构内部调拨资金。

（七）国际金融组织和外国政府贷款转贷业务项下的交易。

（八）国际金融组织和外国政府贷款项下的债务掉期交易。

（九）政策性银行、商业银行、农村合作银行、农村信用社、村镇银行办理的税收、错账冲正、利息支付。

（十）中国人民银行确定的其他情形。

第八条 金融机构应当在大额交易发生之日起5个工作日内以电子方式提交大额交易报告。

第九条 下列金融机构与客户进行金融交易并通过银行账户划转款项的，由银行机构按照本办法规定提交大额交易报告：

（一）证券公司、期货公司、基金管理公司。

（二）保险公司、保险资产管理公司、保险专业代理公司、保险经纪公司。

（三）信托公司、金融资产管理公司、企业集团财务公司、金融租赁公司、汽车金融公司、消费金融公司、货币经纪公司、贷款公司。

第十条 客户通过在境内金融机构开立的账户或者境内银行卡所发生的大额交易，由开立账户的金融机构或者发卡银行报告；客户通过境外银行卡所发生的大额交易，由收单机构报告；客户不通过账户或者银行卡发生的大额交易，由办理业务的金融机构报告。

第三章　可疑交易报告

第十一条　金融机构发现或者有合理理由怀疑客户、客户的资金或者其他资产、客户的交易或者试图进行的交易与洗钱、恐怖融资等犯罪活动相关的，不论所涉资金金额或者资产价值大小，应当提交可疑交易报告。

第十二条　金融机构应当制定本机构的交易监测标准，并对其有效性负责。交易监测标准包括并不限于客户的身份、行为，交易的资金来源、金额、频率、流向、性质等存在异常的情形，并应当参考以下因素：

（一）中国人民银行及其分支机构发布的反洗钱、反恐怖融资规定及指引、风险提示、洗钱类型分析报告和风险评估报告。

（二）公安机关、司法机关发布的犯罪形势分析、风险提示、犯罪类型报告和工作报告。

（三）本机构的资产规模、地域分布、业务特点、客户群体、交易特征，洗钱和恐怖融资风险评估结论。

（四）中国人民银行及其分支机构出具的反洗钱监管意见。

（五）中国人民银行要求关注的其他因素。

第十三条　金融机构应当定期对交易监测标准进行评估，并根据评估结果完善交易监测标准。如发生突发情况或者应当关注的情况的，金融机构应当及时评估和完善交易监测标准。

第十四条　金融机构应当对通过交易监测标准筛选出的交易进行人工分析、识别，并记录分析过程；不作为可疑交易报告的，应当记录分析排除的合理理由；确认为可疑交易的，应当在可疑交易报告理由中完整记录对客户身份特征、交易特征或行为特征的分析过程。

第十五条　金融机构应当在按本机构可疑交易报告内部操作规程确认为可疑交易后，及时以电子方式提交可疑交易报告，最迟不超过5个工作日。

第十六条　既属于大额交易又属于可疑交易的交易，金融机构应当分别提交大额交易报告和可疑交易报告。

第十七条　可疑交易符合下列情形之一的，金融机构应当在向中国反洗钱监测分析中心提交可疑交易报告的同时，以电子形式或书面形式向所在地中国人民银行或者其分支机构报告，并配合反洗钱调查：

（一）明显涉嫌洗钱、恐怖融资等犯罪活动的。

（二）严重危害国家安全或者影响社会稳定的。

（三）其他情节严重或者情况紧急的情形。

第十八条　金融机构应当对下列恐怖活动组织及恐怖活动人员名单开展实时监测，有合理理由怀疑客户或者其交易对手、资金或者其他资产与名单相关的，应当在立即向中国反洗钱监测分析中心提交可疑交易报告的同时，以电子形式或书面形式向所在地中国人民银行或者其分支机构报告，并按照相关主管部门的要求依法采取措施。

（一）中国政府发布的或者要求执行的恐怖活动组织及恐怖活动人员名单。

（二）联合国安理会决议中所列的恐怖活动组织及恐怖活动人员名单。

（三）中国人民银行要求关注的其他涉嫌恐怖活动的组织及人员名单。

恐怖活动组织及恐怖活动人员名单调整的，金融机构应当立即开展回溯性调查，并按前款规定提交可疑交易报告。

法律、行政法规、规章对上述名单的监控另有规定的，从其规定。

第四章　内部管理措施

第十九条　金融机构应当根据本办法制定大额交易和可疑交易报告内部管理制度和操作规程，对本机构的大额交易和可疑交易报告工作做出统一要求，并对分支机构、附属机构大额交易和可疑交易报告制度的执行情况进行监督管理。

金融机构应当将大额交易和可疑交易报告制度向中国人民银行或其总部所在地的中国人民银行分支机构报备。

第二十条　金融机构应当设立专职的反洗钱岗位，配备专职人员负责大额交易和可疑交易报告工作，并提供必要的资源保障和信息支持。

第二十一条　金融机构应当建立健全大额交易和可疑交易监测系统，以客户为基本单位开展资金交易的监测分析，全面、完整、准确地采集各业务系统的客户身份信息和交易信息，保障大额交易和可疑交易监测分析的数据需求。

第二十二条　金融机构应当按照完整准确、安全保密的原则，将大额交易和可疑交易报告、反映交易分析和内部处理情况的工作记录等资料自生成之日起至少保存5年。

保存的信息资料涉及正在被反洗钱调查的可疑交易活动，且反洗钱调查工作在前款规定的最低保存期届满时仍未结束的，金融机构应将其保存至反洗钱调查工作结束。

第二十三条　金融机构及其工作人员应当对依法履行大额交易和可疑交易报告义务获得的客户身份资料和交易信息，对依法监测、分析、报告可疑交易的有关情况予以保密，不得违反规定向任何单位和个人提供。

第五章　法律责任

第二十四条　金融机构违反本办法的，由中国人民银行或者其地市中心支行以上分支机构按照《中华人民共和国反洗钱法》第三十一条、第三十二条的规定予以处罚。

第六章　附　则

第二十五条　非银行支付机构、从事汇兑业务和基金销售业务的机构报告大额交易和可疑交易适用本办法。银行卡清算机构、资金清算中心等从事清算业务的机构应当按照中国人民银行有关规定开展交易监测分析、报告工作。

本办法所称非银行支付机构，是指根据《非金融机构支付服务管理办法》（中国人民银行令〔2010〕第2号发布）规定取得《支付业务许可证》的支付机构。

本办法所称资金清算中心，包括城市商业银行资金清算中心、农信银资金清算中心有限责任公司及中国人民银行确定的其他资金清算中心。

第二十六条　本办法所称非自然人，包括法人、其他组织和个体工商户。

第二十七条　金融机构应当按照本办法所附的大额交易和可疑交易报告要素要求（要素内容见附件），制作大额交易报告和可疑交易报告的电子文件。具体的报告格式和填报要求由中国人民银行另行规定。

第二十八条　中国反洗钱监测分析中心发现金融机构报送的大额交易报告或者可疑交易报告内容要素不全或者存在错误的，可以向提交报告的金融机构发出补正通知，金融机构应当在接到补正通知之日起5个工作日内补正。

第二十九条　本办法由中国人民银行负责解释。

第三十条　本办法自2017年7月1日起

施行。中国人民银行 2006 年 11 月 14 日发布的《金融机构大额交易和可疑交易报告管理办法》（中国人民银行令〔2006〕第 2 号）和 2007 年 6 月 11 日发布的《金融机构报告涉嫌恐怖融资的可疑交易管理办法》（中国人民银行令〔2007〕第 1 号）同时废止。中国人民银行此前发布的大额交易和可疑交易报告的其他规定，与本办法不一致的，以本办法为准。

附：金融机构大额交易和可疑交易报告要素内容（略）

国家外汇管理局

国家外汇管理局关于印发《通过银行进行国际收支统计申报业务指引（2016年版）》的通知

（汇发〔2016〕第4号）

国家外汇管理局各省、自治区、直辖市分局、外汇管理部，深圳、大连、青岛、厦门、宁波市分局，全国性中资银行：

为进一步规范通过银行进行国际收支统计申报业务，完善国际收支统计申报制度，便于国家外汇管理局各分支局、境内银行以及申报主体更准确地理解申报的具体要求，国家外汇管理局制定了《通过银行进行国际收支统计申报业务指引（2016年版）》（见附件），现印发给你们。

国家外汇管理局各分局、外汇管理部应在收到本通知后，及时转发辖内中心支局、支局、城市商业银行、农村商业银行、外商独资银行、中外合资银行、外国银行分行以及农村合作金融机构，各全国性中资银行应及时转发所辖分支机构，并遵照执行。

附件：通知银行进行国际收支统计申报业务指引（2016年版）（略）

国家外汇管理局

2016年3月18日

中国银行业监督管理委员会

中国银监会办公厅关于2016年进一步提升银行业服务实体经济质效工作的意见

（银监办发〔2016〕35号）

各银监局，机关各部门，各政策性银行、大型银行、股份制银行，邮储银行，外资银行，金融资产管理公司，其他会管金融机构，各协会：

为深入贯彻落实党中央国务院决策部署，持续提升银行业服务实体经济能力，促进实体经济持续健康发展，现就做好2016年银行业服务实体经济工作提出以下意见。

一、总体要求

（一）牢牢把握经济发展新常态的主要特征，抓住促进实体经济提质增效的核心主线。根据国民经济和社会发展第十三个五年规划建议、中央经济工作会议精神，积极适应和服务经济发展新常态，牢固树立创新、协调、绿色、开放、共享的发展理念，在促进总需求适度扩大的同时，加大对供给侧结构性改革的支持力度，更好地服务于实体经济去产能、去库存、去杠杆、降成本、补短板，大力推动实体经济转型升级，提高发展质量和效益。

（二）深刻认识银行业与实体经济的共生共荣关系，更好地实现“三个结合”。一是银行业服务实体经济要与自身可持续发展有机结合，将金融服务与实体经济有效需求主动对接，加大金融支持力度。二是银行业要将推动实体经济供给侧结构性改革与自身发展转型有机结合，根据经济结构调整和产业升级进程，优化发展战略、管理机制和业务模式，增强金融服务能力。三是银行业要将金融创新与防范风险有机结合，紧跟大众创业、万众创新、“互联网+”和对外开放步伐，健全内部管理和强化风险管控。

（三）紧紧围绕提高金融服务质效目标，从“五个方面”综合推进。一是银行业金融机构要从自上而下推动和自下而上对接双向发力，切实疏通政策传导机制，确保政策落地生效。二是积极盘活信贷存量，优化新增资金投向，提高金融资源配置效率。三是发挥各类机构的优势和作用，综合开展信贷和非信贷金融服务，进一步拓展金融服务覆盖面。四是持续推进体制机制创新，不断改进金融服务方式方法。五是深刻认识风险结构和轮廓变化，坚决守住不发生系统性区域性风险的底线。

二、主要任务

（一）有效满足发展新动力的金融需求，促进经济平稳增长

1. 主动对接国家战略实施和重大工程建设。银行业金融机构要紧跟“一带一路”、京津冀协同发展、长江经济带建设、自贸试验区改革创新、东北老工业基地振兴等国家重大战略和《中国制造2025》等重大决策实施进展，

做好项目储备，改进信贷管理政策和流程，提供一揽子综合性金融服务。认真落实《中国银监会 国家发展和改革委员会关于银行业支持重点领域重大工程项目建设的指导意见》（银监发〔2015〕43号），着力支持重点领域重大工程项目建设，对铁路、公路、重大水利工程以及保障性安居工程等事关全局、带动性强的重点项目建设，积极开展银团贷款、联合授信、PPP融资服务等，探索创新多元化金融服务，有效满足资金需求。

2. 提高对科技创新创业企业的金融服务能力。银行业金融机构要针对科创企业的特点，创新组织架构和信贷管理机制，通过设立科技金融专营事业部和分支机构，加快发展“双创”金融产品和服务，适当拓宽抵质押品范围等方式提高金融服务专业化水平。要充分利用互联网、云计算、大数据等新技术，提高对科创企业的金融服务、风险管控和科学定价能力。符合条件的银行业金融机构，要按照统一部署，稳妥开展投贷联动试点，探索适合中国国情的科创企业金融服务新模式。

3. 加大对企业“走出去”支持力度。银行业金融机构要积极扶持实力强、有比较优势的企业“走出去”，与“一带一路”及产能合作重点国家有关企业开展基础设施建设、国际产能和装备制造等多方面合作。进一步提高“两优”贷款和进出口信贷支持力度，支持生产型海外项目建设。强化信贷流程管理和风险管控，支持“走出去”企业以境外资产和股权、矿权等权益为抵质押获得贷款。借助自贸试验区促进跨境投融资便利化，为“走出去”企业提供跨境的并购贷款、项目贷款、资产管理等多种金融服务。支持政策性银行、大型银行和全国性股份制商业银行在风险可控、商业可持续的前提下，稳步推进海外机构布局，重点在“一带一路”国家及金砖国家新设机构网点。

4. 持续改善消费金融服务。银行业金融机构要根据《国务院关于积极发挥新消费引领作用加快培育形成新供给新动力的指导意见》（国发〔2015〕66号），结合服务消费、信息消费、绿色消费、时尚消费、品质消费和农村消费等六大重点领域的需求，积极创新和改进符合相应消费群体特点的差异化金融产品和服务。在风险可控的前提下，适当降低新能源汽车、二手车贷款首付比例。积极研究开发商标专用权、专利权等质押贷款业务，支持消费领域自主品牌建设。

（二）优化信贷供给结构和效率，推动经济转型升级和绿色发展

1. 深入实施“有扶有控”的差异化信贷政策。银行业金融机构要大力加强对战略性新兴产业、现代服务业、重大技术装备、工业强基工程等领域的金融支持力度。根据重大技改、产业升级和结构调整项目目录，通过银团贷款、联合授信等多种方式积极支持。对于暂时资金紧张、但仍有市场前景的困难企业，在做好贷款风险分类的基础上，适当采用调整贷款期限、还款方式、担保方式，开展应收账款质押融资等方式，稳定预期和稳定支持。对于债务规模较大且涉及三家以上债权银行的困难企业，及时成立债权人委员会，确保成员银行协调一致，做好企业债务处置和风险化解。

2. 积极支持企业并购重组和实体经济去产能去杠杆。银行业金融机构要根据《中国银监会关于印发〈商业银行并购贷款风险管理指引〉的通知》（银监发〔2015〕5号），稳妥开展并购贷款，支持企业并购重组。要将提升精细化管理水平和落实国家产业政策有机结合，对过剩产能行业实施分类名单制管理，从行业、客户、环保、产品等多个维度完善授信标准。在自主决策、风险可控和商业可持续的前提下，对产能过剩行业中有效益、有市场、有竞争力的优质企业继续给予信贷支持。对长

期亏损、失去清偿力和竞争力的“僵尸企业”，或环保安全不达标且整改无望的企业以及落后产能，要通过债权人委员会等方式制定清晰可行的资产保全计划，稳妥有序推动企业重组整合或退出市场。对于未取得合法手续的新增产能建设项目，一律不得给予授信。金融资产管理公司和地方资产管理公司要按照市场化原则，积极参与问题企业并购重组、破产企业重整或清算过程中的债权债务处理。信托公司要积极参与企业并购重组，推动资产管理、投资银行、受托服务等业务有机结合，发展股权和债权投资信托业务。银行业金融机构要积极为企业提供财务顾问服务，推动企业采取公开上市、股份增发、股权转让、发行债券等方式，优化融资结构，降低杠杆水平。

3. 大力发展绿色金融。银行业金融机构要积极发展绿色信贷，优化内部组织架构、考核体系和制度流程，加强绿色信贷团队建设，建立有利于发展绿色信贷的长效机制。落实《中国银监会　国家发展和改革委员会关于印发能效信贷指引的通知》（银监发〔2015〕2号），大力发展能效贷款、合同能源管理未来收益权质押贷款、排污权抵押贷款、碳排放权抵押贷款等，支持节能环保产业发展。积极发行绿色金融债券和推进绿色信贷资产证券化，为企业发行绿色债券和绿色资产证券化产品积极提供承销等金融服务。

4. 进一步扩大信贷资产证券化试点和探索开展信贷资产流转业务。银行业金融机构要多措并举盘活信贷存量，推进标准化程度较高的汽车贷款和住房抵押贷款等资产证券化，实现信贷资产证券化业务常态化发展。在银行业信贷资产登记流转中心相关平台开展信贷资产登记流转业务。探索开展不良资产收益权转让试点和不良资产证券化试点。

（三）强化薄弱领域金融服务，补足普惠金融服务短板

1. 进一步改进小微企业金融服务。银行业金融机构要在有效管控风险的前提下，落实好无还本续贷、循环贷款等小微企业流动资金贷款还款方式创新，切实降低企业资金周转成本。进一步执行好小微企业不良贷款容忍度、尽职免责等政策，制定科学的差异化考核制度。商业银行要按照小微企业贷款增速不低于各项贷款平均增速的目标，年初单列全年小微信贷计划，执行过程中不得挤占、挪用。开发性政策性银行与其他银行业金融机构要加强合作，以批发资金转贷等形式，降低小微企业贷款成本。进一步总结推广“银税互动”、“银税保互动”、“双基联动”、“网格服务”等新服务模式。

2. 持续提升“三农”金融服务水平。银行业金融机构要根据各自战略定位，加大“三农”领域资源配置，探索优化业务模式，形成各类机构协调互补的多层次农村金融服务体系。围绕现代农业发展需求，加大对新型农业经营主体和重点领域支持力度。农业银行、邮政储蓄银行、农村中小金融机构要单列涉农信贷计划。农业发展银行要强化政策性功能定位，加大对农业开发和水利、贫困地区公路等农业农村基础设施建设的支持力度。完善差异化考核制度，对涉农不良贷款给予更大容忍度。大力发展农户小额信贷，拓展林权抵押贷款业务，稳妥有序探索开展农村承包土地经营权和农民住房财产权抵押贷款试点，探索开展大型农机具金融租赁试点。

3. 积极开展金融扶贫行动。银行业金融机构要切实推进《推进普惠金融发展规划（2016—2020年）》实施，加强和改进对贫困地区、贫困人群的金融服务，提升金融服务覆盖率、可得性和满意度。要下沉机构网点，在具备条件的贫困地区优先推动金融机构乡镇全覆盖和金融服务行政村全覆盖。加大精准扶贫力度，对接扶贫卡单，单列信贷资源、单设扶

贫机构、单独考核扶贫绩效。在风险可控基础上，研究运用“金融＋互联网”创新扶贫金融产品和服务。国家开发银行和农业发展银行要按照保本或微利原则发放中长期贷款，支持贫困地区基础设施建设、扶贫搬迁、教育扶贫等，其他涉农银行要着重加大建档立卡贫困人口的扶贫小额信贷投放。

4. 进一步清理规范银行业服务收费。银行业金融机构要进一步落实好服务价格相关政策规定，严格落实小微企业收费优惠政策，支持企业降低成本。对于能在利差中补偿的，不再另外收费。对于必须保留的补偿成本性收费，要严格控制收费水平。对于个性化、定制化服务收费，按照市场原则规范管理。对于巧立名目、变相收费增加企业负担的，一律取消。

（四）加快银行业体制机制改革，提升金融服务能力

1. 继续推动民间资本进入银行业。积极贯彻落实《关于促进民营银行发展的指导意见》（国办发〔2015〕49号），民营银行成熟一家、设立一家。鼓励民营银行明确市场定位，重点服务中小微企业、“三农”、社区以及大众创业、万众创新。支持民间资本参与城市商业银行和农村中小金融机构重组改制，推动农村信用社改革，积极稳妥组建农村商业银行。实施村镇银行批量化组建、集约化经营试点，重点布局中西部地区县市，稳步提升村镇银行县市覆盖面。支持符合条件的民间资本发起设立金融租赁公司、企业集团财务公司、汽车金融公司、消费金融公司。

2. 积极引导非银行金融机构更好发挥作用。稳妥推进企业集团财务公司延伸产业链金融服务试点。金融租赁公司要加快专业化特色化发展，积极开展大型设备、生产线以及面向“三农”和小微企业的金融租赁业务。符合条件的金融租赁公司可以设立专业子公司，开展特定领域的金融租赁业务。支持符合条件的金融资产管理公司、金融租赁公司、汽车金融公司、消费金融公司通过发行金融债、资产证券化等方式，拓宽资金来源。鼓励拥有消费金融资源的多种所有制主体发起设立消费金融公司。积极支持符合条件的大型汽车生产企业发起设立汽车金融公司，允许汽车金融公司开展购车附加产品融资业务。

3. 深入推动银行业金融机构治理机制改革。国家开发银行住宅金融事业部要积极探索资金筹集方式，有效解决棚改资金缺口。农业银行要深化三农金融事业部制改革。邮政储蓄银行要加快建立三农金融事业部，农村商业银行要进一步推进董事会下设“三农”专业委员会制度，不断提升支农服务专业化水平。条件成熟的银行可逐步开展信用卡、理财、私人银行、直销银行、小微企业信贷等业务板块子公司改革试点。继续支持银行业金融机构设立扶贫金融事业部、普惠金融事业部。

（五）做好风险防控和信息共享，夯实金融服务基础

1. 切实提高风险管理和化解能力。银行业金融机构要深刻认识和及时研判经济新常态和市场化改革进程中风险变化的规律和特征，加强内部控制，切实提高对信用风险、市场风险、操作风险、流动性风险、集中度风险、声誉风险的管控能力，不断完善全面风险管理体系。着力防范和化解产能过剩行业、地方政府融资平台、房地产、互联互保等重点领域风险，综合排查治理外部风险向银行体系传导。进一步完善授信管理，合理控制多头授信，有效防止过度授信，助推实体经济去杠杆。用足用好现有核销政策，加快不良贷款核销，丰富不良资产市场化处置方式。加大资本工具创新和发行力度，提升资本补充和损失吸收能力。

2. 不断增强风险监管的前瞻性和有敏性。各级监管机构要充分发挥非现场监管、客户风

险和EAST等信息系统作用，加强重点风险领域的非现场监管、现场检查和实地调查，增强风险预警的前瞻性和风险监管的有效性。加强与相关部门的沟通协调，有效防范和化解跨行业、跨市场、跨区域金融风险，提前做好应急处置预案，守住不发生系统性区域性风险的底线。

3. 推动建立风险分担机制和银政企信息对接平台。各级监管机构要继续推动建立和完善以小微企业、“三农”等为服务对象的政策性融资担保体系、风险分担机制，以及多部门共同参与的风险化解联动机制。联合相关部门加大逃废债打击力度，优化社会信用环境。各协会要积极加强与相关部门的沟通协调，构建银政企信息共享平台。各级监管机构要因地制宜，将银税合作机制落实到市县级，搭建多层次的银税信息交流平台，拓展银税信息共享范围。

三、工作机制

（一）加强组织领导机制。各级监管机构、各银行业金融机构要加强组织领导，强化统筹安排，确定牵头部门，分解工作任务，明确职责分工，出台具体措施，有效疏通政策传导机制。各银行业金融机构要积极履行提升服务实体经济质效的主体责任，董事会和高管层要结合机构发展战略，部署建立提升服务实体经济质效的良好工作机制，制定易操作、可评估的工作方案。

（二）建立评估汇报机制。各银行业金融机构要定期（至少半年一次）对照本意见和相关监管政策，对服务实体经济的进展、成效、主要困难和不足等进行自评估，向对口监管部门或银监局报送自评估报告。相关监管部门和银监局要根据需要及时总结银行业（包括辖内分支机构）服务实体经济的进展、成效、典型案例和经验、主要困难和不足、工作建议等，报送银监会政策研究局。

（三）强化激励约束机制。各级监管机构要因地制宜，将银行业金融机构服务实体经济情况纳入督促检查和监管评价范畴，并做好相关外部督查、评估、审计等配合工作。检查评估结果要反馈银行业金融机构作为其内部对相关工作的考核依据之一。对于服务实体经济成效显著的银行业金融机构，在网点设立和业务创新试点等方面可给予适当政策激励。

（四）构建沟通交流机制。各协会要牵头探索建立提升银行业服务实体经济质效的合作与沟通机制，组织召开经验交流会，促进银行业在产品创新、服务模式、授信管理、风险防控等方面加强合作与交流借鉴。要有效宣传总结银行业服务实体经济的举措和积极成效，为银行业服务实体经济营造良好环境和氛围。

中国银行业监督管理委员会办公厅

2016年2月25日

全国银行间同业拆借中心

全国银行间同业拆借中心关于修订《银行间市场同业存单发行交易规程》的公告

为进一步推动同业存单市场发展，满足境外金融机构配置人民币资产的需求，全国银行间同业拆借中心对《银行间市场同业存单发行交易规程》第二章第四条进行了修订，在投资人范围中增加了“境外金融机构及人民银行认可的其他机构”。经人民银行备案同意，现予以发布，特此公告。

附件：银行间市场同业存单发行交易规程（修订版）

全国银行间同业拆借中心
2016 年 6 月 21 日

附件：

银行间市场同业存单发行交易规程（修订版）

第一章　总　则

1.1　为规范银行间市场同业存单的发行与交易，确保同业存单业务有序开展，根据《同业存单管理暂行办法》（中国人民银行公告〔2013〕第 20 号）的有关规定，制订本规程。

1.2　本规程所称同业存单是指银行业存款类金融机构法人（以下简称存款类金融机构）在全国银行间市场上发行的记账式定期存款凭证。

1.3　同业存单的发行与交易应遵循公平、诚信、自律的原则，同业存单的发行应充分进行信息披露。

1.4　全国银行间同业拆借中心（以下简称同业拆借中心）为同业存单提供发行、交易和信息服务，并接受中国人民银行（以下简称人民银行）监管。

1.5　同业存单应通过同业拆借中心“同业存单发行系统”（以下简称发行系统）以电子化方式发行，发行系统提供公开发行和定向发行两种发行方式。

第二章　发行人与投资人

2.1　符合人民银行规定的发行条件的存款类金融机构（以下简称发行人）首次发行时应至少提前3个工作日向同业拆借中心提交以下材料：

（1）向人民银行备案后的同业存单年度发行计划（见附件1）；

（2）发行人基本情况表（见附件2）；

（3）同业拆借中心要求的其他材料。

2.2　发行人应于每年首期同业存单发行前，向同业拆借中心登记当年发行备案额度。当年发行备案额度应与发行人向人民银行备案的年度发行计划保持一致。

发行人每期同业存单的计划发行量不得超过发行人当年可用额度，当年可用额度 = 当年备案额度 - 已发行未到期的同业存单总额 - 已公告未发行的同业存单总额。

2.3　发行人应已与同业拆借中心联网，并配备熟悉同业存单发行流程和发行系统的专业人员。

2.4　投资同业存单的机构（以下简称投资人）应为全国银行间同业拆借市场成员、基金管理公司、基金类产品、境外金融机构及人民银行认可的其他机构，包括政策性银行、商业银行、农村信用合作社县级联合社、中资商业银行（不包括城商行、农商行和农村合作银行）授权的一级分支机构、外国银行分行，企业集团财务公司、信托公司、金融资产管理公司、金融租赁公司、汽车金融公司、证券公司、保险公司、保险资产管理公司、基金管理公司，基金公司的特定客户资产管理业务、商业银行的资产管理业务、证券公司的证券资产管理业务、保险产品、信托产品，境外央行、国际金融组织、主权财富基金，境外依法注册成立的商业银行、保险公司、证券公司、基金管理公司、其他资产管理机构等各类金融机构及上述金融机构依法合规面向客户发行的投资产品、养老基金、慈善基金、捐赠基金等。

发行人可通过发行系统为每期同业存单设定投资人范围。

第三章　发行方式

3.1　公开发行包括招标发行和报价发行。

3.2　招标发行指发行人统一发标、投资人参与投标，发行人按照发行系统计算的发行结果确认发行价格（或者票面利率、基本利差）及投资人中标数量的发行方式，包括价格招标和数量招标两种方式。目前，价格招标采用单一价格招标方式进行。

3.2.1 单一价格招标的标的包括价格（元）、利差（BP）和利率（%）。招标时按照发行人设置的招标约束，将有效投标按照投标价自高向低（或者利差、利率由低而高）的顺序排列、依次中标，直至满足计划发行量（当有效投标总量大于计划发行量时）或所有有效投标中标（当有效投标总量小于计划发行量时）为止。中标机构以中标价位按照中标量认购同业存单。招标标的为价格时，中标价位即当期同业存单的发行价格，为中标的最低投标价格；招标标的为利差时，中标价位即当期同业存单的基本利差，为中标的最高投标利差；招标标的为利率时，中标价位即当期同业存单的票面利率，为中标的最高投标利率。

3.2.2 数量招标是指发行人在发行前确定发行价格（或者票面利率、利差）和发行量，各投资人报出投标数量。若总投标数量小于计划发行量，则按各投资人实际投标数量分配中标量；若总投标数量高于计划发行量，则按各投资人投标数量占总投标数量的比例分配中标量。

3.3　招标发行方式下，发行人可至同业拆借中心发行室查看投标过程。

3.4　报价发行是指发行人在发行前确定

同业存单的全部发行要素，发行开始后投资人点击该报价即以发行人设定的发行要素认购成交。

3.5 定向发行是指发行人向特定投资人发行同业存单，由发行人与投资人双方商定有关发行要素。

第四章 发行流程

4.1 同业存单的发行流程包括发行条款设置、投标或认购、发行结果确认与缴款确认。

4.2 发行条款设置

发行人应在发行系统至少创建两个用户，分别负责发行条款的录入和复核。复核通过的发行条款需经同业拆借中心确认后生成发行要素公告。招标发行和报价发行方式下，每期同业存单发行要素公告应至少向所有投资者披露1个工作日；定向发行方式下，发行人应提前至少1个工作日将发行意向告知同业拆借中心。

发行人在设置发行条款时应向发行系统提交其在发行计划中披露的资金账户信息，若发行人提交发行系统的资金账户信息与发行计划中载明的不一致的，投资人可向该两个账户中的任何一个付款，发行人均应予以确认。

4.3 投标或认购

4.3.1 招标发行方式下

发行要素公告披露完成后，发行人根据发行要素公告中指定的招标开始时间进行招标。每个工作日设置4场招标，每场招标时长1小时，4场招标开始时间分别为10:00、11:00、14:00、15:00。

发行人设定范围内的投资人可参与投标。投标人应根据发行人要求填写投标书并进行复核。发行时间结束前投标人可撤销、修改投标书。

4.3.2 报价发行方式下

发行要素公告披露完成后，发行人根据发行要素公告中指定的报价发行开始与截止时间进行招标，并可提前终止报价发行。发行开始、截止与提前终止时间应逢0分或逢5分。

发行人设定范围内的投资人可以点击报价，在发行人设置的单笔最大点击量范围内发行系统自动成交，报价一经点击则不可撤销。投资人单次点击量不得少于1000万元。

4.4 发行结果确认

4.4.1 招标发行方式下

招标时间结束后，发行系统自动计算中标结果，并将中标结果发往发行人终端，同时在发行人终端中进行相关信息提示，发行人应在1小时内确认发行结果。

中标结果确认完成后，发行系统自动生成中标结果确认书、中标缴款通知书与发行结果。发行人未确认中标结果的，该次招标发行失败。

4.4.2 报价发行方式下

报价发行结束后，无需发行人进行确认，发行系统自动生成报价发行结果通知书、认购缴款通知书与发行结果。

4.4.3 定向发行方式下

同业拆借中心收到经发行人与投资人双方确认的发行结果后，将相关要素录入发行系统，生成定向发行结果通知书、认购缴款通知书与发行结果。发行人通过发行系统将发行情况公告、初始投资人名单等告知初始投资人。初始投资人是指实际认购同业存单的投资人。

4.5 缴款确认

同业存单实行发行日下一日（T+1日）缴款（遇节假日顺延）。投资人应在缴款日当日14:00之前根据缴款通知书的要求按时足额缴纳款项。

发行人应于缴款日在发行系统服务时间内通过发行系统提交同业存单缴款确认。

发行人应在缴款确认中确保投资人的托管账号信息准确无误。投资人应保证提交发行系统以及同业拆借中心本币交易系统的托管账号信息准确无误。若因发行人或投资人填写或提交信息错误造成登记托管发生错误的，发行人或投资人自行承担相应后果。

4.6　登记托管

同业拆借中心应将经发行人确认后的缴款结果告知银行间市场清算所股份有限公司（以下简称“上海清算所”），上海清算所据此办理同业存单的登记托管。

第五章　交易基本规则

5.1　同业存单完成登记后可在银行间市场交易流通，可进行的交易品种包括买卖、回购以及人民银行批准的其他交易品种。定向发行的同业存单可在初始投资人之间转让，不得作为回购交易的抵（质）押品。

5.2　同业存单的交易应通过同业拆借中心交易系统达成。交易系统提供询价、点击成交和请求报价（RFQ）交易方式。市场成员交易时应根据不同的交易方式采取报价、格式化询价（若有）、确认成交的流程。交易系统确认成交后生成成交单，成交单一经达成，对交易双方具有最终法律约束力。

5.3　市场成员开展同业存单交易时应遵守银行间市场相关法律法规、监管规定、自律规则及交易中心发布的相关规则，不得进行虚假或误导性报价成交，不得通过同业存单交易进行利益输送。

5.4　同业存单交易实行做市商制度。同业存单做市商应通过同业拆借中心交易系统连续报出相应同业存单的买、卖双边价格，并按其报价与其他市场参与者达成交易。

5.5　本规程未尽的交易事宜，按照《同业存单管理暂行办法》以及同业拆借中心发布的其他相关规则执行。

第六章　应急服务

6.1　由于发行系统、客户终端或通讯线路发生故障，从而导致发行人或投资人无法使用发行系统进行相关操作的，或者发行人在复核发行条款设置后仍需进行变更的，发行人或投资人可向同业拆借中心申请进行应急服务。

6.2　发行人或投资人可从中国货币网下载应急表单，填写完成加盖公章或预留印鉴后，传真至同业拆借中心场务，作为应急服务的依据。应急表单正本应交同业拆借中心存档。

6.3　应急表单应规范填写，确保字迹清晰，意思表达明确。存在以下情况的应急表单认定为无效：

（1）提交时间超过本规程规定时间；

（2）填写内容不满足准确性、有效性、完整性要求；

（3）印鉴与预留印鉴核对不符；

（4）同业拆借中心认定的其他情况。

6.4　发行人、投资人或市场成员可依据《全国银行间同业拆借中心本币交易应急服务规则》（中汇交发〔2010〕第283号）向同业拆借中心申请其他应急服务。

第七章　信息披露

7.1　发行人发行同业存单应严格履行信息披露义务，并保证披露信息真实、完整、准确，不得有虚假记载、误导性陈述和重大遗漏。发行人发生主体变更、财务状况出现重大变化等重大事件时，应及时通过中国货币网向持有人公告，并向中国人民银行报告。

7.2　发行人应于每年首期同业存单发行前3个工作日，通过中国货币网披露该年度的发行计划。在该年度内若发行计划发生重大或实质性变化的，发行人应及时重新披露更新后的发行计划。

发行人应指定信息披露联系人，并提交《中国货币网信息披露联系人登记及上传功能申请表》（见附件3）。

7.3　招标发行与报价发行方式下，发行人应于每期同业存单发行前和发行后，通过中国货币网分别披露该期同业存单的发行要素公告（见附件4）和发行情况公告（见附件5）。发行要素具体含义见附件6。

7.4　定向发行方式下，发行人应于每期同业存单发行后通过中国货币网披露该期同业存单的发行情况公告。

7.5　发行要素公告与发行情况公告由发行系统自动生成传输至中国货币网。发行系统及同业拆借中心的前述行为视为发行人的披露行为，已经发行人充分有效授权。

7.6　同业拆借中心将上述披露信息传输至上海清算所，同时在上海清算所网站披露。

第八章　违约违规处理

8.1　同业拆借中心根据中国人民银行赋予的职责进行同业存单发行与交易的日常监测及其他监督管理。

8.2　发行人与投资人应按照发行结果履行相关义务，若发生以下情形的，双方应首先友好协商，若协商不成，可按照本条规定处理。

8.2.1　投资人未按照缴款通知书载明的应缴款金额及时全额付款：

发行人对该投资人的中标或认购份额不予确认。若部分付款的，发行人应于缴款日之后3个工作日内退还该笔款项，不计利息。

投资人应以应缴未缴金额为基数，按照千分之一的比例支付违约金。未缴金额不足1000万元的按照1000万元计。

同业拆借中心可根据发行人的申请，通过中国货币网向市场公示投资人未足额缴纳应缴款的情况。

8.2.2　发行人在缴款日未向同业拆借中心进行缴款确认：

若发行人与投资人一致同意延迟确认的，最迟不晚于缴款日之后3个工作日进行确认。缴款确认发生延迟时按以下方式处理：

（一）未按时确认的

发行人在缴款日之后3个工作日内进行确认的，发行人应在缴款日及时告知同业拆借中心延迟情况，并应向已全额缴款的投资人告知延迟确认原因，起息日仍按照原起息日不变。

若该延迟是由部分投资人延迟缴款引起，延迟缴款的投资人应将多收取的同业存单的利息返还发行人，并对延迟缴纳金额按万分之五日利率向发行人支付罚息，罚息计算期间为同业存单起息日至缴款资金实际到达发行人账户之日。

（二）未确认的

发行人在缴款日之后3个工作日后仍不确认的，该次发行失败。发行人应向已全额缴款的投资人承担违约责任，退还投资人已缴金额，并按照万分之五日利率计算利息，利息计算期间为实际缴款日至退还资金实际到达投资人账户之日。

8.2.3　投资人缴纳的款项超过缴款通知书载明的应缴纳金额：

投资人可向发行人递交退款申请，发行人应在投资人退款申请后3个工作日内将多划资金退还，此期间不计利息。若超过3个工作日仍未退还的，则需按万分之五日利率计算延迟归还的利息。

8.2.4　发行人未按期足额还本付息：

发行人应按照应付但未付金额为基数，以万分之五日利率计算利息，利息计算期间为合同约定的付息日或兑付日至应付金额实际缴款之日。

8.3　发生以下情形的，同业拆借中心可采取约谈、书面警告、通报、暂停发行或申购权限等措施，并视情节轻重向中国人民银行报告。

（一）发行人无故不及时确认发行结果或缴款情况，或未按时足额还本付息；

（二）投资人多次不及时足额缴款；

（三）发生以任何形式透露投标情况，操纵、引导发行价格，扰乱发行秩序的；

（四）其他违反本规程规定的情形。

8.4　市场成员在交易过程中发生的违约违规行为的处理，按照同业拆借中心发布的其他相关规则执行。

第九章　附　则

9.1　本规程最终解释权和修改权归属同业拆借中心。

9.2　本规程自公布之日起实施。

附件：1. ______（发行人名称）______年度同业存单发行计划（略）

2. 全国银行间同业拆借中心同业存单发行人基本情况表（略）

3. 中国货币网信息披露联系人登记及上传功能申请表（略）

4. ________（存单全称）发行要素公告（略）

5. ________（存单全称）发行情况公告（略）

6. 同业存单发行要素定义与规则（略）

全国银行间同业拆借中心关于发布《全国银行间同业拆借市场业务操作细则》的通知

（中汇交发〔2016〕347 号）

各金融机构：

为落实国务院关于取消进入全国银行间同业拆借市场行政许可的决定，明确金融机构进入全国银行间同业拆借市场相关流程和事中事后监管要求，我中心起草了《全国银行间同业拆借市场业务操作细则》，经中国人民银行金融市场司同意（银市场〔2016〕16 号），现向市场发布，请遵照执行。

附件：全国银行间同业拆借市场业务操作细则

全国银行间同业拆借中心

2016 年 8 月 9 日

附件：

全国银行间同业拆借市场业务操作细则

第一章　总　则

1.1　为规范金融机构进入全国银行间同业拆借市场（以下简称“同业拆借市场”）的相关流程，根据《国务院关于取消13项国务院部门行政许可事项的决定》（国发〔2016〕10号）、《同业拆借管理办法》（中国人民银行令〔2007〕第3号，以下简称《管理办法》），制定本细则。

1.2　全国银行间同业拆借中心（以下简称“同业拆借中心”）负责办理交易联网开户手续、市场监测、信息披露服务、更名和终止联网等事项。

1.3 同业拆借中心仅对金融机构提交的联网信息、财务数据、财务报表、书面说明等材料做形式核对，金融机构应对其向同业拆借中心提交材料的真实性、准确性和完整性承担相关法律责任。

第二章　联网流程

2.1　符合《管理办法》要求的金融机构进入同业拆借市场，应提交以下材料，所有材料均应加盖本机构公章：

（一）全国银行间同业拆借中心拆借市场业务联网信息表；

（二）《金融许可证》（副本复印件）；

（三）《营业执照》（副本复印件）；

（四）最近两个年度的资产负债表和损益表；

（五）全国银行间同业拆借中心拆借市场成员财务数据基本情况表；

（六）本机构符合《管理办法》第七条、第八条规定的说明；

（七）同业拆借中心要求的其他材料。

2.2　境外人民币清算行进入同业拆借市场，应提交以下材料，所有材料均应加盖本机构公章：

（一）全国银行间同业拆借中心拆借市场业务联网信息表；

（二）登记注册文件，或者注册地监管部门批准其成立的证明；

（三）证明人民币清算行资格的文件；

（四）最近一个年度的资产负债表和损益表；

（五）全国银行间同业拆借中心拆借市场成员财务数据基本情况表；

（六）同业拆借中心要求的其他材料。

2.3　同业拆借中心对上述材料进行核对，材料齐全的，在五个工作日内完成联网手续。材料有部分缺失或有误的，同业拆借中心将在三个工作日内告知机构进行补充提交。

第三章　风险控制与信息披露

3.1　同业拆借中心依据金融机构提交的财务数据和财务报表，按《管理办法》的规定计算拆借限额并进行事前控制。金融机构用于计算拆借限额的财务指标发生变化的，可向同业拆借中心提交最新财务指标及相关财务报表，由同业拆借中心按《管理办法》规定计算新的拆借限额。

同业拆借中心依据金融机构类型和《管理办法》规定确定拆借期限并进行事前控制。

3.2　金融机构联网后，应当按要求做好信息披露工作。企业集团财务公司及证券公司应当按照人民银行相关规定进行信息披露。信托公司、金融资产管理公司、金融租赁公司、汽车金融公司、保险公司、保险资产管理公司等非银行金融机构应按以下要求通过同业拆借中心平台披露信息：

（一）进入同业拆借市场60日内应披露公司基本情况、历史沿革及最近一次经会计师事务所审计的年度财务报表和审计报告，包括审计意见全文、经审计的资产负债表、损益表和会计报表附注。

（二）每年1月15日以前，披露上一年末的资产负债表和上年度的损益表；

（三）每年4月30日以前，披露经会计师事务所审计的年度财务报表和审计报告，包括审计意见全文、经审计的资产负债表、损益表和会计报表附注；

（四）每年7月15日以前，披露本年度6月30日的资产负债表和上半年损益表；

（五）如发生股权变更，应在股权变更完成后30个工作日内向同业拆借市场公告股权变更情况。

3.3　除3.2披露要求外，保险公司、信托公司和金融租赁公司还应按以下要求披露信息：

（一）保险公司应在每年4月30日以前披露经会计师事务所审计的年度偿付能力和监管指标专项审计报告。

（二）信托公司应在每年4月30日以前披露《与其他金融机构相关关系专项报告》，内容包括：截至上年末本公司股东中的金融机构基本情况、关联关系状况；截至上年末本公司持有股份的金融机构基本情况、关联关系状况；上年度本公司管理的信托计划中，信托资金投资于金融机构的基本情况、关联关系状况；截至上年末持有本公司5%以上股权的股东，同时持有其他金融机构5%以上股权的基本情况；上年度本公司与前述金融机构发生拆借交易的明细表。

（三）金融租赁公司应在每年4月30日以前披露《与其他金融机构相关关系专项报告》，内容包括：截至上年末本公司股东中的金融机构基本情况、关联关系状况；截至上年末本公司持有股份的金融机构基本情况、关联关系状况；截至上年末持有本公司5%以上股权的股东，同时持有其他金融机构5%以上股权的基本情况；上年度本公司与前述金融机构发生拆借交易的明细表。

3.4 金融机构应当确保交易信息真实、有效，交易达成后应当按约定履行交易。若双方同意撤销、修改成交单的，应当于成交日当天向同业拆借中心提交书面申请；若出现未按约定履行交易的情形，交易双方应当在结算日次一工作日向同业拆借中心提交书面报备。同业拆借中心应当及时将履约信息报人民银行及相关分支机构。

第四章　更名与终止联网

4.1　金融机构名称发生变更的，应向同业拆借中心提交以下材料：

（一）全国银行间拆借市场成员更名情况表；

（二）监管部门更名批复；

（三）《金融许可证》（副本复印件）；

（四）《营业执照》（副本复印件）。

如涉及到改制，参照联网流程办理，并同时提供原机构的终止联网材料。

4.2　已进入同业拆借市场的金融机构决定退出同业拆借市场时，应当在债权债务清理处置完毕后，向同业拆借中心提交终止联网申请书，说明退出同业拆借市场的原因并提交债权债务清理处置情况，同业拆借中心据此办理终止联网手续，并定期向市场发布公告。

4.3　同业拆借中心对上述材料进行核对，材料齐全的，在五个工作日内完成更名或终止联网手续。材料有部分缺失或有误的，同业拆借中心将在三个工作日内告知机构进行补充提交。

第五章　附则

5.1　同业拆借中心负责对本操作细则进行解释和修订。

5.2　本操作细则自公布之日起实施。

统计资料

经营状况综合统计

财务公司资产、负债、权益统计表

（2016 年）　　　　单位：万元

项目 机构	资产			负债		所有者权益	
	总额	其中:贷款	其中:投资	总额	其中:存款	总额	其中:资本金
东风汽车财务有限公司	4392578	2666453	685	3853869	3386001	538709	350000
中国重汽财务有限公司	2067428	1019950	142006	1796004	211657	271425	200000
中国华能财务有限责任公司	3197473	2266707	390417	2540171	2522809	657301	500000
锦江国际集团财务有限责任公司	362518	197161	6049	294619	288267	67899	50000
一汽财务有限公司	7028590	449185	385855	6447060	6287072	581530	160000
西电集团财务有限责任公司	1327252	167719	114526	1146408	1124890	180845	150000
中国石化财务有限责任公司	9946735	3951062	1640875	7600649	6834439	2346086	1000000
东方电气集团财务有限公司	2154968	234786	193146	1893011	1845953	261957	209500
宝钢集团财务有限责任公司	1509189	463430	304264	1312413	1247110	196776	140000
中国一拖集团财务有限责任公司	524207	91958	50395	448563	299100	75644	50000
五矿集团财务有限责任公司	1702327	502100	67997	1224571	1220395	477756	350000
武汉钢铁集团财务有限责任公司	1623211	776631	91281	1082102	746173	541109	200000
中远财务有限责任公司	3453100	783436	123421	3194418	3179137	258681	160000
江铃汽车集团财务有限公司	1021420	574572	58195	940399	892958	81021	50001
中国航空集团财务有限责任公司	910805	392220	100916	753737	751298	157068	112796
天津渤海集团财务有限责任公司	424799	275922	0	298392	260249	126407	100000
深圳市有色金属财务有限公司	142033	98700	8203	83101	68580	58933	30000
中国南航集团财务有限公司	780146	178799	76079	672840	669711	107306	72433
上海汽车集团财务有限责任公司	13036182	6837145	2864716	11256587	9882934	1779595	1038000
振华集团财务有限责任公司	112477	56297	0	91383	91212	21094	15000
东方集团财务有限责任公司	564655	528563	0	255068	183430	309588	300000
东航集团财务有限责任公司	1284659	227607	145948	1047349	1022512	237309	200000
中油财务有限责任公司	41940959	22857424	4522035	36290727	24002930	5650232	833125
上海电气集团财务有限责任公司	6125664	1775294	382228	5590187	5546709	535477	220000
中国能源建设集团财务有限公司	1175858	352500	6762	936269	924306	239589	190000
兵工财务有限责任公司	4426257	1459091	386964	3761175	3628876	665082	317000
三峡财务有限责任公司	4764377	2046475	346854	4069067	3973099	695311	450000
中广核财务有限责任公司	2881621	1716621	285064	2456899	2410903	424722	260000
中船财务有限责任公司	5662972	1786546	684987	5136274	5058053	526698	300000
中核财务有限责任公司	5380998	3178395	275140	4941019	4813365	439979	200960
上海浦东发展集团财务有限责任公司	1860055	152238	176642	1600118	1572664	259938	100000
鞍钢集团财务有限责任公司	2073367	1343674	114166	1396430	1316006	676937	400000
中国电力财务有限公司	17937641	11307463	892159	15787901	13204845	2149740	1000000
神华财务有限公司	5499615	3067178	250002	4743444	4663604	756171	500000
中国电子财务有限责任公司	2424671	800671	157703	2147934	2108514	276737	175094

续表

项目 机构	资产			负债		所有者权益	
	总额	其中:贷款	其中:投资	总额	其中:存款	总额	其中:资本金
航天科技财务有限责任公司	8170255	2573389	517205	7528085	7115913	642170	350000
航天科工财务有限责任公司	7129767	956652	242117	6754983	6728250	374784	238489
中船重工财务有限责任公司	8653310	2600298	1369414	7631396	7542807	1021914	571900
中海石油财务有限责任公司	8280322	3131713	891785	7426726	7372282	853596	400000
海尔集团财务有限责任公司	7201686	4318079	705898	6223471	4497717	978216	600000
吉林森林工业集团财务有限责任公司	263402	182350	0	200451	167673	62951	50000
万向财务有限公司	1350345	1051841	33978	1129181	1104299	221163	120000
中粮财务有限责任公司	1733330	804085	41143	1412858	1314431	320471	100000
苏州创元集团财务有限公司	208359	118260	1000	172220	170094	36139	30000
珠海格力集团财务有限责任公司	4728138	580312	226669	4328999	4252413	399140	150000
国机财务有限责任公司	2562087	763104	158580	2334316	2306667	227771	110000
海航集团财务有限公司	3572837	2294031	274929	2436828	2117524	1136009	800000
中国华电集团财务有限公司	3825145	2230232	516561	3084460	2953093	740685	500000
中国大唐集团财务有限公司	3109384	1856587	516334	2432466	2199648	676918	486987
南方电网财务有限公司	5479842	3760273	212789	4751676	4431340	728167	500000
中电投财务有限公司	3211467	2263549	365245	2257533	2046825	953933	600000
国电财务有限公司	2840265	2127305	287352	2150438	2065690	689827	505000
华联财务有限责任公司	848600	779050	23000	667704	479489	180896	140000
兵器装备集团财务有限责任公司	5498148	3240217	258996	5046083	3736117	452066	208800
京能集团财务有限公司	1818839	1249794	69895	1453290	1447160	365549	300000
浙江省能源集团财务有限责任公司	2648107	1079978	41414	2454832	2446906	193276	97074
广东粤电财务有限公司	1703789	1087604	45456	1444112	1435864	259678	200000
TCL 集团财务有限公司	3122969	1346254	5004	2938224	2916058	184744	150000
湖南华菱钢铁集团财务有限公司	556173	139800	89970	367658	230101	188515	120000
江西铜业集团财务有限公司	1185564	684367	238566	926116	920219	259448	100000
天津港财务有限公司	1055549	534408	106303	831954	829631	223595	115000
松下电器（中国）财务有限公司	1064575	9052	0	979686	969834	84889	70000
中航工业集团财务有限责任公司	6063070	1389650	314426	5601325	5579215	461745	250000
中冶集团财务有限公司	1916939	1148724	0	1636267	1624903	280672	180000
申能集团财务有限公司	1907281	629053	250805	1673795	1595567	233486	150000
潞安集团财务有限公司	1029936	572505	40773	840286	832601	189650	135000
淮南矿业集团财务有限公司	1165542	589401	96317	911147	910726	254395	200000
日立（中国）财务有限公司	364531	205130	0	322251	317650	42280	30000
保利财务有限公司	1856540	445300	65000	1598152	1577677	258388	200000

续表

机构 \ 项目	资产			负债		所有者权益	
	总额	其中:贷款	其中:投资	总额	其中:存款	总额	其中:资本金
深圳能源财务有限公司	888768	687048	4093	742289	731005	146479	100000
中化集团财务有限责任公司	2372358	1186835	397821	1923792	1917766	448566	300000
海信集团财务有限公司	1528171	516307	126600	1340189	1296235	187982	90000
国联财务有限责任公司	558091	224850	0	495817	490036	62274	50000
首都机场集团财务有限公司	1410509	636048	3000	1304679	1294968	105830	50000
红豆集团财务有限公司	327265	174782	20217	229968	205444	97297	70000
海马财务有限公司	782991	513994	88105	641851	542642	141140	95000
南山集团财务有限公司	833039	356089	75200	700903	664960	132136	80000
国投财务有限公司	2481258	1325519	381445	1828493	1560411	652765	500000
河南能源化工集团财务有限公司	1815754	1605500	2382	1233551	1208804	582203	300000
中国化工财务有限公司	1191108	508688	0	1073277	1070794	117831	84123
紫金矿业集团财务有限公司	697792	368731	59810	608131	589547	89661	53156
江苏华西集团财务有限公司	263329	153500	0	192998	183422	70331	50000
冀中能源集团财务有限责任公司	609509	417600	3676	452886	445536	156623	100000
山西焦煤集团财务有限责任公司	1880692	631000	45000	1628640	1619425	252052	166000
阳泉煤业集团财务有限责任公司	1097979	559042	116003	911915	792674	186064	122736
晋煤集团财务有限公司	972742	420000	31700	823269	820668	149474	100000
云南冶金集团财务有限公司	407263	257408	0	283386	211628	123877	112500
中海集团财务有限责任公司	1430120	541644	54062	1340673	1335536	89447	60000
中集集团财务有限公司	782548	314169	3080	708843	679857	73705	50000
沙钢财务有限公司	739904	243160	86960	593963	564784	145942	100000
美的集团财务有限公司	2079625	397414	64945	1864014	1787981	215611	150000
宁波舟山港集团财务有限公司	1110142	651376	0	925861	921533	184282	150000
兖矿集团财务有限公司	887397	521885	0	729455	714491	157942	100000
哈尔滨电气集团财务有限责任公司	1538483	42450	45000	1353141	1343990	185342	150000
北大方正集团财务有限公司	1546581	659100	32042	929304	915780	617277	500000
通用技术集团财务有限责任公司	1398660	639771	0	1261762	1252405	136898	100000
铜陵有色金属集团财务有限公司	579161	297012	0	497117	444482	82043	50000
中建财务有限公司	8558062	1613846	23900	8172405	8156898	385657	300000
江苏省国信集团财务有限公司	1310396	674500	14983	1131568	1126152	178828	150000
重庆化医控股集团财务有限公司	552891	237181	17000	456841	405806	96050	50000
金川集团财务有限公司	468494	227400	0	336111	334729	132383	100000
新希望财务有限公司	753555	323977	0	685016	669728	68539	53200
酒钢集团财务有限公司	762846	547300	8989	614450	544253	148397	100000

续表

项目 机构	资产			负债		所有者权益	
	总额	其中:贷款	其中:投资	总额	其中:存款	总额	其中:资本金
包钢集团财务有限责任公司	691846	236200	0	544341	542230	147505	100000
新奥财务有限责任公司	1030375	446636	86000	897991	848202	132384	100000
中外运长航财务有限公司	2204818	311854	0	2151081	2145478	53737	50000
青岛啤酒财务有限责任公司	1017051	134380	72000	885008	878819	132043	50000
上海复星高科技集团财务有限公司	824061	292000	0	637029	634495	187032	150000
中铝财务有限责任公司	2410890	976538	181591	2111570	2101576	299320	250000
中兴通讯集团财务有限公司	2755538	166561	0	2606020	2597407	149518	100000
福建省能源集团财务有限公司	1130867	278350	92000	997987	958554	132881	100000
湖南高速集团财务有限公司	557787	75800	83000	424415	418433	133372	100000
马钢集团财务有限公司	902336	428954	75367	743748	678678	158588	100000
湖北宜化集团财务有限责任公司	288537	260000	0	232692	231640	55845	50000
北京汽车集团财务有限公司	2648411	1160856	0	2457924	2421334	190487	150000
大连港集团财务有限公司	784532	459172	0	531710	529450	252822	200000
大唐电信集团财务有限公司	377934	99500	49722	261118	257668	116816	100000
开滦集团财务有限责任公司	580160	329966	13912	453554	364413	126606	100000
中国航油集团财务有限公司	868424	108809	30051	730491	709297	137933	120000
海南农垦集团财务有限公司	366213	102660	30131	308410	307235	57803	50000
西部矿业集团财务有限公司	952104	131000	177579	696500	494443	255605	200000
江苏交通控股集团财务有限公司	752202	368971	10002	622604	617615	129599	100000
中国移动通信集团财务有限公司	8755489	1000000	1198000	6783228	6728297	1972262	1162778
山东钢铁集团财务有限公司	1663592	974937	0	1323892	1249753	339700	300000
国药集团财务有限公司	982894	155358	0	912924	908928	69970	50000
郑州宇通集团财务有限公司	559487	257514	55910	470792	421542	88695	50000
中国铁建财务有限公司	8421407	3910937	0	7662132	7547727	759275	600000
山东省商业集团财务有限公司	645934	268999	0	549825	543362	96109	60000
深圳华强集团财务有限公司	790050	413817	16023	668484	496750	121567	100000
诚通财务有限责任公司	2532525	211600	500	2421586	2415956	110939	100000
山东重工集团财务有限公司	1624779	710341	70000	1490920	1312819	133859	100000
湖北能源财务有限公司	283076	158470	45000	218668	168095	64407	50000
港中旅财务有限公司	666356	244282	135062	449518	446936	216838	200000
陕西煤业化工集团财务有限公司	1327222	783737	0	1200503	1019452	126719	100000
上海华谊集团财务有限责任公司	891402	307144	0	767854	764355	123547	100000
河钢集团财务有限公司	1389841	727000	5000	1137734	1055242	252107	200000
安徽省能源集团财务有限公司	265247	176147	0	210751	208867	54496	50000

续表

机构 \ 项目	资产			负债		所有者权益	
	总额	其中：贷款	其中：投资	总额	其中：存款	总额	其中：资本金
中化工程集团财务有限公司	1045061	58068	57817	913965	909946	131096	100000
天津天保财务有限公司	862770	451983	121140	550187	518995	312582	300000
亿利集团财务有限公司	611590	533500	0	393130	308606	218461	200000
厦门海翼集团财务有限公司	222831	91444	5000	162926	147413	59905	50000
中信财务有限公司	3156319	622593	185412	2746140	2728304	410179	282000
浙江省交通投资集团财务有限责任公司	1839843	631700	6900	1613293	1609840	226550	200000
中车财务有限公司	3858747	1486730	0	3531058	3523584	327689	220000
中国电子科技财务有限公司	4100152	2095835	306221	3502715	3484355	597437	400000
重庆机电控股集团财务有限公司	349163	218094	0	267649	263369	81515	60000
河北建投集团财务有限公司	857077	405650	9995	742787	740665	114290	100000
太钢集团财务有限公司	1103804	345927	174158	860174	722232	243630	200000
大同煤矿集团财务有限责任公司	2068974	1346285	81656	1519180	1503218	549794	300000
贵州茅台集团财务有限公司	5893119	6239	0	5720962	5635015	172157	80000
海亮集团财务有限责任公司	639840	428560	0	461014	453593	178826	150000
中材集团财务有限公司	841552	184500	0	780655	773693	60896	50000
贵州盘江集团财务有限公司	177126	107210	0	122398	118625	54728	50000
北京首都旅游集团财务有限公司	598850	390390	31427	486596	478656	112253	100000
广西交通投资集团财务有限责任公司	747457	281600	9242	616080	611877	131377	100000
徐工集团财务有限公司	752070	242988	0	620606	169770	131464	100000
百联集团财务有限责任公司	901296	345905	38810	838224	800013	63072	50000
中交财务有限公司	6905449	1536000	0	6469726	6446395	435723	350000
山东黄金集团财务有限公司	527235	240386	88074	403414	385441	123820	100000
中开财务有限公司	569246	199821	29839	508915	506700	60331	50000
中国平煤神马集团财务有限责任公司	743703	315500	0	632326	624730	111377	100000
四川长虹集团财务有限公司	1114609	694718	0	895277	428936	219333	188794
创维集团财务有限公司	936686	475392	0	819310	549383	117376	100000
江苏国泰财务有限公司	286455	38500	0	230555	229834	55900	50000
亨通财务有限公司	180958	113000	0	119976	119942	60983	50000
珠海华发集团财务有限公司	2124022	695000	166916	1889973	1846692	234049	150000
北京金隅财务有限公司	2214664	705202	0	1891732	1883810	322932	300000
云南云天化集团财务有限公司	365611	177389	11014	294328	100126	71283	60000
北京控股集团财务有限公司	1637546	733295	0	1549887	1540100	87659	80000
陕西延长石油财务有限公司	1565166	644500	24	1417512	1406478	147654	100000
山东能源集团财务有限公司	905605	337000	0	670444	665757	235162	200000

续表

项目 机构	资产			负债		所有者权益	
	总额	其中:贷款	其中:投资	总额	其中:存款	总额	其中:资本金
鄂尔多斯财务有限公司	606103	472000	0	389107	282985	216996	200000
伊利财务有限公司	691758	45000	0	505713	504929	186045	100000
大冶有色金属集团财务有限责任公司	239176	110550	0	181093	180441	58082	50000
巨化集团财务有限责任公司	301871	210100	0	206890	203107	94982	80000
供销集团财务有限公司	400774	129900	0	347926	344701	52848	50000
中铁财务有限责任公司	6346173	1903832	0	5868759	5795907	477414	400000
重庆力帆财务有限公司	775443	386758	1000	610252	245516	165191	150000
中煤财务有限责任公司	1443690	712500	0	1085417	1081500	358273	300000
安徽省皖北煤电集团财务有限公司	319471	235500	0	261131	260428	58340	50000
淮北矿业集团财务有限公司	320915	161500	0	229831	218110	91083	80000
湖南出版投资控股集团财务有限公司	979639	60000	55000	856243	831916	123396	100000
四川省宜宾五粮液集团财务有限公司	1807093	130419	25222	1594171	1524257	212922	200000
山东晨鸣集团财务有限公司	690476	482580	0	473943	389143	216533	200000
河北港口集团财务有限公司	441148	63687	35000	386670	385957	54478	50000
中节能财务有限公司	1698101	809464	50934	1361321	1340562	336780	300000
青岛港财务有限责任公司	1204398	328834	80000	1071216	1038651	133183	100000
上海上实集团财务有限公司	864845	287386	20004	756392	752981	108453	100000
重庆市能源投资集团财务有限公司	795840	364000	0	682867	613137	112973	100000
广东省交通集团财务有限公司	2257490	963832	0	2043403	2040048	214087	200000
光明食品集团财务有限公司	1523313	320810	0	1415481	1411405	107832	100000
忠旺集团财务有限公司	2302886	1064200	0	1987724	1271383	315162	300000
本钢集团财务有限公司	579833	409100	0	466838	355807	112995	100000
天津物产集团财务有限公司	1370258	1151033	0	1038010	289007	332247	300000
福建七匹狼集团财务有限公司	242070	64500	0	191734	189987	50336	50000
清华控股集团财务有限公司	1395326	208800	0	1285639	1261047	109687	100000
中国核工业建设集团财务有限公司	780301	328500	0	670206	667761	110096	100000
中国黄金集团财务有限公司	609599	277500	0	502777	500194	106822	100000
物美商业财务有限责任公司	141686	56000	0	88816	61409	52870	50000
三房巷财务有限公司	126628	106500	0	96312	80458	30316	30000
中联重科集团财务有限公司	779681	330000	0	619991	617914	159690	150000
广东省广晟财务有限公司	595718	280671	0	492375	490112	103343	100000
湖北交投集团财务有限公司	1017820	445200	0	961841	958458	55979	50000
新凤祥财务有限公司	391038	260837	0	308341	236772	82697	80000
山东招金集团财务有限公司	256302	133069	0	204230	198669	52072	50000

续表

机构＼项目	资产			负债		所有者权益	
	总额	其中:贷款	其中:投资	总额	其中:存款	总额	其中:资本金
北京金融街集团财务有限公司	428879	90000	0	346782	344906	82097	80000
首钢集团财务有限公司	2648370	1369723	0	2136533	2006888	511837	500000
内蒙古伊泰财务有限公司	376287	120000	0	275136	274801	101152	100000
内蒙古电力集团财务有限责任公司	1959887	0	0	1839375	1832874	120512	100000
上海外高桥集团财务有限公司	343184	51308	0	292120	291044	51064	50000
中国铁路财务有限责任公司	3560251	1000000	0	2519048	2508467	1041203	1000000
天瑞集团财务有限责任公司	44969	37000	0	13677	13366	31292	30000
云南昆钢集团财务有限公司	159016	68900	0	106381	105737	52635	50000
渤海钢铁集团财务有限公司	204909	142000	0	160	2	204749	200000
粤海集团财务有限公司	632573	175892	0	529634	526542	102938	100000
江苏悦达集团财务有限公司	545239	122750	0	463485	458060	81754	80000
中国电建集团财务有限责任公司	5384846	1310266	0	4873985	4865961	510861	500000
西王集团财务有限公司	384380	129728	0	181422	109921	202957	200000
物产中大集团财务有限公司	719513	347120	0	614778	610787	104735	100000
营口港务集团财务有限公司	510865	121800	0	456727	456104	54138	50000
云南建工集团财务有限公司	721674	321531	0	617803	612804	103871	100000
甘肃电投集团财务有限公司	533697	167900	0	481875	481290	51822	50000
宝塔石化集团财务有限公司	395151	376127	0	194916	1562	200235	200000
北京粮食集团财务有限公司	231854	59256	0	180923	180558	50931	50000
日照港集团财务有限公司	433148	178514	0	332634	330182	100515	100000
联通集团财务有限公司	1703730	300000	0	1399681	1397366	304049	300000
河南双汇集团财务有限公司	498303	282790	0	448162	447642	50141	50000
厦门翔业集团财务有限公司	341041	101350	0	239394	238502	101647	100000
新华联控股集团财务有限责任公司	434415	100000	0	334064	333099	100352	100000
广州发展集团财务有限公司	464404	244050	0	364779	364479	99626	100000
江苏凤凰出版传媒集团财务有限公司	205325	17500	0	105132	105046	100193	100000
顺丰控股集团财务有限公司	610771	238242	0	511656	511007	99115	100000
天津医药集团财务有限公司	104468	53180	0	54752	54551	49716	50000
青建集团财务有限责任公司	76981	50000	0	46920	46363	30061	30000
上海文化广播影视集团财务有限公司	100228	0	0	171	0	100057	100000
总　计	472167587	194522329	28976272	405066568	370716226	67101033	43232446

注：①此表贷款不含贸易融资和贴现及买断式转贴现中的款项。

②投资包括债券、股票、长期股权及其他投资。

③此表为235家财务公司，不含西门子财务服务有限责任公司。

财务公司收入、利润状况统计表

（2016 年）　　　　单位：万元

项目 机构	利润总额	营业收入		
		总额	其中：利息收入	其中：中间业务收入
东风汽车财务有限公司	127788	248718	240094	1570
中国重汽财务有限公司	23565	53409	48997	358
中国华能财务有限责任公司	86314	136356	108131	1377
锦江国际集团财务有限责任公司	5259	11990	11031	67
一汽财务有限公司	105425	244237	173728	0
西电集团财务有限责任公司	22535	43248	25897	684
中国石化财务有限责任公司	190574	317403	247870	28087
东方电气集团财务有限公司	17387	67697	61214	31
宝钢集团财务有限责任公司	16880	52903	40884	1257
中国一拖集团财务有限责任公司	5347	23572	22277	217
五矿集团财务有限责任公司	22563	32419	27902	310
武汉钢铁集团财务有限责任公司	27743	77649	70439	1800
中远财务有限责任公司	30381	75149	74870	38
江铃汽车集团财务有限公司	10038	32204	27679	113
中国航空集团财务有限责任公司	8284	26375	25024	797
天津渤海集团财务有限责任公司	10015	14359	12397	1949
深圳市有色金属财务有限公司	5496	5817	5195	116
中国南航集团财务有限公司	13249	24819	19411	5135
上海汽车集团财务有限责任公司	398531	717196	450016	16925
振华集团财务有限责任公司	1598	3586	3507	0
东方集团财务有限责任公司	3994	13214	13184	0
东航集团财务有限责任公司	12239	21889	16067	1064
中油财务有限责任公司	891698	1529188	1373304	85102
上海电气集团财务有限责任公司	49738	130083	96849	1421
中国能源建设集团财务有限公司	15290	25666	24473	85
兵工财务有限责任公司	100732	145053	96273	2947
三峡财务有限责任公司	113549	181352	154091	2600
中广核财务有限责任公司	65943	115833	87516	1459
中船财务有限责任公司	101842	180318	138196	16320
中核财务有限责任公司	99919	187945	168394	1878
上海浦东发展集团财务有限责任公司	29435	48865	44909	83
鞍钢集团财务有限责任公司	73910	106040	98743	6028
中国电力财务有限公司	336268	734114	652267	6892
神华财务有限公司	104094	205969	199907	6059
中国电子财务有限责任公司	26858	62956	53653	1649

续表

机构 \ 项目	利润总额	营业收入		
		总额	其中：利息收入	其中：中间业务收入
航天科技财务有限责任公司	154056	302813	237412	3967
航天科工财务有限责任公司	100299	167713	155696	991
中船重工财务有限责任公司	222463	309711	249231	1053
中海石油财务有限责任公司	112617	274288	252977	4972
海尔集团财务有限责任公司	169582	304438	250947	4637
吉林森林工业集团财务有限责任公司	11249	17190	16830	322
万向财务有限公司	26752	56430	46410	317
中粮财务有限责任公司	20403	44080	38708	380
苏州创元集团财务有限公司	1957	5845	5791	54
珠海格力集团财务有限责任公司	75524	190228	189967	110
国机财务有限责任公司	33526	63009	57249	3865
海航集团财务有限公司	67288	140626	140060	258
中国华电集团财务有限公司	100279	145906	110405	4384
中国大唐集团财务有限公司	100349	142251	109411	4644
南方电网财务有限公司	107490	200352	178931	6173
中电投财务有限公司	105663	139123	107786	6643
国电财务有限公司	80983	118956	100121	6307
华联财务有限责任公司	13657	29513	28747	81
兵器装备集团财务有限责任公司	115079	297430	299494	2319
京能集团财务有限公司	36576	68693	63514	1578
浙江省能源集团财务有限责任公司	55509	84525	79051	1539
广东粤电财务有限公司	27664	64856	56509	986
TCL 集团财务有限公司	13857	49725	46143	87
湖南华菱钢铁集团财务有限公司	13612	22074	21268	2015
江西铜业集团财务有限公司	37062	50068	34442	106
天津港财务有限公司	26604	37427	32061	1142
松下电器（中国）财务有限公司	7606	17408	16225	516
中航工业集团财务有限责任公司	91214	156544	134372	4199
中冶集团财务有限公司	28822	60997	58337	21
申能集团财务有限公司	41555	66011	52495	193
潞安集团财务有限公司	28355	39106	30252	2314
淮南矿业集团财务有限公司	46497	42909	33457	795
日立（中国）财务有限公司	3877	10258	9679	350
保利财务有限公司	29506	60633	56552	276

续表

机构 \ 项目	利润总额	营业收入		
		总额	其中：利息收入	其中：中间业务收入
深圳能源财务有限公司	18354	35473	35686	34
中化集团财务有限责任公司	51742	74842	35458	2701
海信集团财务有限公司	28005	41814	38341	1114
国联财务有限责任公司	7103	15067	14977	90
首都机场集团财务有限公司	19535	41746	41688	57
红豆集团财务有限公司	8321	13924	13169	178
海马财务有限公司	19331	37584	36257	18
南山集团财务有限公司	23216	32880	30427	651
国投财务有限公司	45457	83655	66391	1171
河南能源化工集团财务有限公司	31680	68402	67803	571
中国化工财务有限公司	11797	30255	29140	1056
紫金矿业集团财务有限公司	17518	26719	20973	1974
江苏华西集团财务有限公司	6019	10432	10432	0
冀中能源集团财务有限责任公司	10221	16355	15747	208
山西焦煤集团财务有限责任公司	49345	79204	74149	0
阳泉煤业集团财务有限责任公司	36910	44637	36636	982
晋煤集团财务有限公司	25981	28995	24886	2505
云南冶金集团财务有限公司	9177	19297	19081	216
中海集团财务有限责任公司	13994	37481	34608	400
中集集团财务有限公司	7513	28188	26458	879
沙钢财务有限公司	10335	15852	13968	247
美的集团财务有限公司	47187	87863	78814	0
宁波舟山港集团财务有限公司	23079	28504	27951	432
兖矿集团财务有限公司	19993	30829	30337	245
哈尔滨电气集团财务有限责任公司	18122	38868	38222	646
北大方正集团财务有限公司	22261	37535	37120	0
通用技术集团财务有限责任公司	13952	36980	36535	423
铜陵有色金属集团财务有限公司	9122	20168	18308	1342
中建财务有限公司	77960	156468	147817	216
江苏省国信集团财务有限公司	14730	38496	34923	1418
重庆化医控股集团财务有限公司	14217	18831	18619	38
金川集团财务有限公司	10263	15172	14797	0
新希望财务有限公司	1652	20305	19844	129
酒钢集团财务有限公司	15108	27532	21898	136

续表

机构＼项目	利润总额	营业收入		
		总额	其中：利息收入	其中：中间业务收入
包钢集团财务有限责任公司	14347	21371	20150	1221
新奥财务有限责任公司	20113	33169	31835	997
中外运长航财务有限公司	4813	18098	17881	80
青岛啤酒财务有限责任公司	21773	35818	32846	154
上海复星高科技集团财务有限公司	13067	19430	19186	51
中铝财务有限责任公司	25539	58185	53825	738
中兴通讯集团财务有限公司	23210	42728	37993	1411
福建省能源集团财务有限公司	20494	34207	29444	1137
湖南高速集团财务有限公司	10695	15520	10450	0
马钢集团财务有限公司	14435	22603	18203	906
湖北宜化集团财务有限责任公司	3127	9778	9773	4
北京汽车集团财务有限公司	26118	69183	68411	697
大连港集团财务有限公司	22883	29116	27387	281
大唐电信集团财务有限公司	4898	9217	6845	75
开滦集团财务有限责任公司	15800	23761	24111	298
中国航油集团财务有限公司	8972	14253	14133	35
海南农垦集团财务有限公司	5072	9649	7496	41
西部矿业集团财务有限公司	19529	34081	27036	78
江苏交通控股集团财务有限公司	10924	27074	26352	0
中国移动通信集团财务有限公司	106274	255842	255328	515
山东钢铁集团财务有限公司	16047	60656	59562	345
国药集团财务有限公司	8630	17348	17083	264
郑州宇通集团财务有限公司	25139	32124	29204	206
中国铁建财务有限公司	85745	193452	192897	555
山东省商业集团财务有限公司	12581	19120	18724	396
深圳华强集团财务有限公司	8755	23358	22656	57
诚通财务有限责任公司	10074	25300	23845	247
山东重工集团财务有限公司	20202	53547	52755	541
湖北能源财务有限公司	7065	9943	9745	199
港中旅财务有限公司	12012	19987	13421	311
陕西煤业化工集团财务有限公司	20630	46989	45162	1758
上海华谊集团财务有限责任公司	9564	20683	20318	122
河钢集团财务有限公司	20046	50816	50039	739
安徽省能源集团财务有限公司	2518	6994	6751	243

续表

机构＼项目	利润总额	营业收入		
		总额	其中：利息收入	其中：中间业务收入
中化工程集团财务有限公司	13101	28300	26302	0
天津天保财务有限公司	23770	30354	25521	1037
亿利集团财务有限公司	14656	22469	19025	114
厦门海翼集团财务有限公司	2740	6129	6089	39
中信财务有限公司	44254	80886	71551	8820
浙江省交通投资集团财务有限责任公司	16277	32200	30004	1991
中车财务有限公司	52028	82729	81826	751
中国电子科技财务有限公司	53509	120076	107495	165
重庆机电控股集团财务有限公司	4533	9893	9604	289
河北建投集团财务有限公司	13319	24412	22718	28
太钢集团财务有限公司	18601	35812	24497	216
大同煤矿集团财务有限责任公司	60130	87353	82044	2210
贵州茅台集团财务有限公司	58660	129630	129612	0
海亮集团财务有限责任公司	24092	29554	29177	377
中材集团财务有限公司	5230	11653	11519	26
贵州盘江集团财务有限公司	3447	6237	6219	18
北京首都旅游集团财务有限公司	9076	18999	17223	49
广西交通投资集团财务有限责任公司	15570	23640	22753	117
徐工集团财务有限公司	18279	26026	25319	686
百联集团财务有限责任公司	6205	28600	28430	169
中交财务有限公司	63144	88797	86690	2107
山东黄金集团财务有限公司	12290	22732	17112	504
中开财务有限公司	5861	15992	14265	53
中国平煤神马集团财务有限责任公司	8800	16809	16661	148
四川长虹集团财务有限公司	8911	39343	39343	0
创维集团财务有限公司	10854	28342	27584	530
江苏国泰财务有限公司	2673	5008	4829	30
亨通财务有限公司	4208	7234	7231	3
珠海华发集团财务有限公司	27224	72265	67856	119
北京金隅财务有限公司	17504	40795	40467	7
云南云天化集团财务有限公司	6145	19186	19126	60
北京控股集团财务有限公司	6277	26498	26080	450
陕西延长石油财务有限公司	35883	47775	47723	49
山东能源集团财务有限公司	17120	24635	24351	284

续表

项目 机构	利润总额	营业收入		
		总额	其中：利息收入	其中：中间业务收入
鄂尔多斯财务有限公司	10323	19133	19127	0
伊利财务有限公司	27877	31812	31771	40
大冶有色金属集团财务有限责任公司	3327	5657	5624	33
巨化集团财务有限责任公司	5805	10143	10076	67
供销集团财务有限公司	3034	10756	10545	211
中铁财务有限责任公司	49259	92270	91824	446
重庆力帆财务有限公司	9481	19822	19788	0
中煤财务有限责任公司	38002	57902	57623	280
安徽省皖北煤电集团财务有限公司	5389	8789	8789	0
淮北矿业集团财务有限公司	7078	9595	9498	97
湖南出版投资控股集团财务有限公司	14391	29672	28333	127
四川省宜宾五粮液集团财务有限公司	13080	50382	50077	22
山东晨鸣集团财务有限公司	13519	29088	27808	1281
河北港口集团财务有限公司	2258	9128	9084	44
中节能财务有限公司	24203	52824	49024	3544
青岛港财务有限责任公司	24028	34253	33919	71
上海上实集团财务有限公司	6121	18087	17997	28
重庆市能源投资集团财务有限公司	10338	23815	23781	0
广东省交通集团财务有限公司	15493	46595	46490	105
光明食品集团财务有限公司	7738	30354	30346	8
忠旺集团财务有限公司	20221	81299	80459	840
本钢集团财务有限公司	8815	14762	14762	0
天津物产集团财务有限公司	22949	49814	48191	1623
福建七匹狼集团财务有限公司	375	3971	3888	82
清华控股集团财务有限公司	9569	16196	16161	35
中国核工业建设集团财务有限公司	10238	18824	18413	410
中国黄金集团财务有限公司	9117	16361	16221	140
物美商业财务有限责任公司	2308	4260	4236	24
三房巷财务有限公司	323	4003	4003	0
中联重科集团财务有限公司	9435	16115	16065	0
广东省广晟财务有限公司	4147	12851	12828	23
湖北交投集团财务有限公司	6941	17245	17056	189
新凤祥财务有限公司	2692	11385	10924	0
山东招金集团财务有限公司	2221	5442	5217	3

续表

项　　目 机　　构	利润总额	营业收入		
		总额	其中：利息收入	其中：中间业务收入
北京金融街集团财务有限公司	2276	8409	8409	0
首钢集团财务有限公司	15552	56930	56728	201
内蒙古伊泰财务有限公司	1489	8565	8565	0
内蒙古电力集团财务有限责任公司	22957	43269	43268	0
上海外高桥集团财务有限公司	1411	5873	5872	1
中国铁路财务有限责任公司	50104	100400	100396	3
天瑞集团财务有限责任公司	1740	3340	2623	0
云南昆钢集团财务有限公司	3454	6744	6270	474
渤海钢铁集团财务有限公司	6477	7231	7174	0
粤海集团财务有限公司	3470	6866	6846	20
江苏悦达集团财务有限公司	2641	8908	8773	136
中国电建集团财务有限责任公司	20224	50085	53930	81
西王集团财务有限公司	4573	12790	12470	96
物产中大集团财务有限公司	7787	24219	13025	11194
营口港务集团财务有限公司	5501	8180	8142	0
云南建工集团财务有限公司	5161	13948	13608	341
甘肃电投集团财务有限公司	2429	6247	6212	0
宝塔石化集团财务有限公司	350	4567	2957	1611
北京粮食集团财务有限公司	1241	2886	2816	69
日照港集团财务有限公司	805	3787	3714	73
联通集团财务有限公司	5398	20457	20268	189
河南双汇集团财务有限公司	190	3944	3904	14
厦门翔业集团财务有限公司	2184	2921	2919	2
新华联控股集团财务有限责任公司	469	2622	2622	0
广州发展集团财务有限公司	-212	3094	3094	0
江苏凤凰出版传媒集团财务有限公司	345	1100	1100	0
顺丰控股集团财务有限公司	-1181	1806	1800	6
天津医药集团财务有限公司	-284	744	742	2
青建集团财务有限责任公司	81	631	97	533
上海文化广播影视集团财务有限公司	76	228	228	0
总　计	7903483	14956239	13201997	343058

注：①此表营业收入包括利息收入、手续费及佣金收入、投资收益、公允价值变动收益、汇兑收益及其他收入。

②利息收入包括存放中央银行利息收入、同业往来利息收入、贷款利息收入、投资利息收入和其他利息收入。

③此表为235家财务公司，不含西门子财务服务有限责任公司。

财务公司地域分布状况统计表

（2016 年）　　单位：亿元

所在地区 \ 项目	机构		资产总额		净资产		利润总额	
	数量（家）	比例（%）	金额	比例（%）	金额	比例（%）	金额	比例（%）
北京市	71	30.08	27688.63	58.16	3749.56	55.68	452.03	56.81
天津市	6	2.54	402.28	0.85	124.93	1.86	8.95	1.13
河北省	6	2.54	490.81	1.03	83.65	1.24	8.18	1.03
山西省	6	2.54	815.41	1.71	157.07	2.33	21.93	2.76
内蒙古自治区	5	2.12	432.59	0.91	77.22	1.15	7.70	0.97
辽宁省	3	1.27	316.41	0.66	84.41	1.25	8.82	1.11
吉林省	2	0.85	729.20	1.53	64.45	0.96	11.67	1.47
黑龙江省	2	0.85	210.31	0.44	49.49	0.73	2.21	0.28
上海市	18	7.63	4005.61	8.41	479.49	7.12	72.51	9.11
江苏省	13	5.51	625.62	1.31	118.10	1.75	8.79	1.10
浙江省	6	2.54	749.95	1.58	101.95	1.51	13.62	1.71
安徽省	6	2.54	355.27	0.75	69.89	1.04	8.50	1.07
福建省	3	1.27	207.07	0.43	27.29	0.41	3.84	0.48
江西省	2	0.85	220.70	0.46	34.05	0.51	4.71	0.59
山东省	13	5.51	1131.04	2.38	214.49	3.19	16.88	2.12
河南省	6	2.54	418.64	0.88	93.94	1.39	7.29	0.92
湖北省	7	2.97	902.03	1.89	155.37	2.31	19.13	2.40
湖南省	4	1.69	287.33	0.60	60.50	0.90	4.81	0.60
广东省	11	4.66	2396.87	5.04	264.87	3.93	33.51	4.21
广西壮族自治区	1	0.42	74.75	0.16	13.14	0.20	1.56	0.20
海南省	2	0.85	114.92	0.24	19.89	0.30	2.44	0.31
重庆市	4	1.69	247.33	0.52	45.57	0.68	3.86	0.48
四川省	4	1.69	583.02	1.22	76.28	1.13	4.10	0.52
贵州省	3	1.27	618.27	1.30	24.80	0.37	6.37	0.80
云南省	4	1.69	165.36	0.35	35.17	0.52	2.39	0.30
陕西省	3	1.27	421.96	0.89	45.52	0.68	7.90	0.99
甘肃省	3	1.27	176.50	0.37	33.26	0.49	2.78	0.35
青海省	1	0.42	95.21	0.20	25.56	0.38	1.95	0.25
宁夏回族自治区	1	0.42	39.52	0.08	20.02	0.30	0.04	0.00
深圳市	10	4.24	1102.36	2.32	146.86	2.18	15.68	1.97
青岛市	5	2.12	1102.83	2.32	146.15	2.17	24.35	3.06
厦门市	2	0.85	56.39	0.12	16.16	0.24	0.49	0.06
大连市	2	0.85	308.74	0.65	56.80	0.84	4.31	0.54
宁波市	1	0.42	111.01	0.23	18.43	0.27	2.31	0.29
总　计	236		47603.93		6734.31		795.62	

财务公司行业分布状况统计表

（2016 年）　　单位：亿元

行业＼项目	机构		资产		净资产		利润总额	
	数量（家）	比例（%）	金额	比例（%）	金额	比例（%）	金额	比例（%）
能源电力	18	7.63	5925.59	12.45	920.63	13.67	131.15	16.48
石油化工	16	6.78	6961.64	14.62	1055.03	15.67	135.25	17.00
电子电器	15	6.36	3186.43	6.69	329.68	4.90	47.89	6.02
煤炭	21	8.90	2514.90	5.28	474.37	7.04	56.18	7.06
建筑建材	14	5.93	4443.39	9.33	387.94	5.76	39.35	4.95
钢铁	15	6.36	1660.82	3.49	392.14	5.82	27.54	3.46
机械制造	15	6.36	2358.63	4.95	263.62	3.91	27.28	3.43
交通运输	24	10.17	3222.99	6.77	524.25	7.78	40.90	5.14
航天军工	9	3.81	5508.49	11.57	518.19	7.69	103.91	13.06
有色金属	17	7.20	1454.94	3.06	284.93	4.23	25.49	3.20
汽车	10	4.24	3343.27	7.02	397.55	5.90	76.53	9.62
酒店旅游	3	1.27	162.77	0.34	39.70	0.59	2.63	0.33
商贸	10	4.24	982.78	2.06	120.36	1.79	10.08	1.27
投资控股	20	8.47	2402.94	5.05	411.22	6.11	30.22	3.80
民生消费	8	3.39	1084.65	2.28	116.86	1.74	13.21	1.66
农林牧渔	12	5.08	802.31	1.69	168.86	2.51	10.17	1.28
其他	9	3.81	1587.37	3.33	328.98	4.89	17.84	2.24
总　计	236		47603.93		6734.31		795.62	

附：2016 年财务公司行业分类表。

财务公司行业分类表

（2016 年）

能源电力	中国华能财务有限责任公司	三峡财务有限责任公司
	中广核财务有限责任公司	中国电力财务有限公司
	中国华电集团财务有限公司	中国大唐集团财务有限公司
	南方电网财务有限公司	中电投财务有限公司
	国电财务有限公司	京能集团财务有限公司
	浙江省能源集团财务有限责任公司	广东粤电财务有限公司
	申能集团财务有限公司	深圳能源财务有限公司
	湖北能源财务有限公司	安徽省能源集团财务有限公司
	内蒙古电力集团财务有限责任公司	甘肃电投集团财务有限公司

续表

石油化工	中国石化财务有限责任公司	天津渤海集团财务有限责任公司
	中油财务有限责任公司	中海石油财务有限责任公司
	中化集团财务有限责任公司	中国化工财务有限公司
	重庆化医控股集团财务有限公司	湖北宜化集团财务有限责任公司
	中国航油集团财务有限公司	上海华谊集团财务有限责任公司
	云南云天化集团财务有限公司	陕西延长石油财务有限公司
	巨化集团财务有限责任公司	三房巷财务有限公司
	宝塔石化集团财务有限公司	天津医药集团财务有限公司
电子电器	振华集团财务有限责任公司	西门子财务服务有限责任公司
	中国电子财务有限责任公司	海尔集团财务有限责任公司
	珠海格力集团财务有限责任公司	TCL 集团财务有限公司
	松下电器（中国）财务有限公司	日立（中国）财务有限公司
	海信集团财务有限公司	美的集团财务有限公司
	中兴通讯集团财务有限公司	大唐电信集团财务有限公司
	四川长虹集团财务有限公司	创维集团财务有限公司
	亨通财务有限公司	
煤炭	神华财务有限公司	潞安集团财务有限公司
	淮南矿业集团财务有限公司	河南能源化工集团财务有限公司
	冀中能源集团财务有限责任公司	山西焦煤集团财务有限责任公司
	阳泉煤业集团财务有限责任公司	晋煤集团财务有限公司
	兖矿集团财务有限公司	福建省能源集团财务有限公司
	开滦集团财务有限责任公司	陕西煤业化工集团财务有限公司
	大同煤矿集团财务有限责任公司	贵州盘江集团财务有限公司
	中国平煤神马集团财务有限责任公司	山东能源集团财务有限公司
	中煤财务有限责任公司	安徽省皖北煤电集团财务有限公司
	淮北矿业集团财务有限公司	重庆市能源投资集团财务有限公司
	内蒙古伊泰财务有限公司	
建筑建材	中国能源建设集团财务有限公司	中冶集团财务有限公司
	中建财务有限公司	中国铁建财务有限公司
	中化工程集团财务有限公司	中材集团财务有限公司
	中交财务有限公司	北京金隅财务有限公司
	中铁财务有限责任公司	中国核工业建设集团财务有限公司
	天瑞集团财务有限责任公司	中国电建集团财务有限责任公司
	云南建工集团财务有限公司	青建集团财务有限责任公司
钢铁	宝钢集团财务有限责任公司	武汉钢铁集团财务有限责任公司
	鞍钢集团财务有限责任公司	湖南华菱钢铁集团财务有限公司
	沙钢财务有限公司	酒钢集团财务有限公司
	包钢集团财务有限责任公司	马钢集团财务有限公司

续表

钢铁	山东钢铁集团财务有限公司	河钢集团财务有限公司
	太钢集团财务有限公司	本钢集团财务有限公司
	首钢集团财务有限公司	云南昆钢集团财务有限公司
	渤海钢铁集团财务有限公司	
机械制造	西电集团财务有限责任公司	东方电气集团财务有限公司
	中国一拖集团财务有限责任公司	上海电气集团财务有限责任公司
	苏州创元集团财务有限公司	国机财务有限责任公司
	中集集团财务有限公司	哈尔滨电气集团财务有限责任公司
	山东重工集团财务有限公司	厦门海翼集团财务有限公司
	中车财务有限公司	重庆机电控股集团财务有限公司
	徐工集团财务有限公司	重庆力帆财务有限公司
	中联重科集团财务有限公司	
交通运输	中远财务有限责任公司	中国航空集团财务有限责任公司
	中国南航集团财务有限公司	东航集团财务有限责任公司
	海航集团财务有限公司	天津港财务有限公司
	首都机场集团财务有限公司	中海集团财务有限责任公司
	宁波舟山港集团财务有限公司	中外运长航财务有限公司
	湖南高速集团财务有限公司	大连港集团财务有限公司
	江苏交通控股集团财务有限公司	浙江省交通投资集团财务有限责任公司
	广西交通投资集团财务有限责任公司	中开财务有限公司
	河北港口集团财务有限公司	青岛港财务有限责任公司
	广东省交通集团财务有限公司	湖北交投集团财务有限公司
	中国铁路财务有限责任公司	营口港务集团财务有限公司
	日照港集团财务有限公司	厦门翔业集团财务有限公司
军工	兵工财务有限责任公司	中船财务有限责任公司
	中核财务有限责任公司	航天科技财务有限责任公司
	航天科工财务有限责任公司	中船重工财务有限责任公司
	兵器装备集团财务有限责任公司	中航工业集团财务有限责任公司
	中国电子科技财务有限公司	
有色金属	五矿集团财务有限责任公司	深圳市有色金属财务有限公司
	江西铜业集团财务有限公司	南山集团财务有限公司
	紫金矿业集团财务有限公司	云南冶金集团财务有限公司
	铜陵有色金属集团财务有限公司	金川集团财务有限公司
	中铝财务有限责任公司	西部矿业集团财务有限公司
	海亮集团财务有限责任公司	山东黄金集团财务有限公司
	大冶有色金属集团财务有限责任公司	忠旺集团财务有限公司
	中国黄金集团财务有限公司	广东省广晟财务有限公司
	新凤祥财务有限公司	山东招金集团财务有限公司

续表

汽车	东风汽车财务有限公司	中国重汽财务有限公司
	一汽财务有限公司	江铃汽车集团财务有限公司
	上海汽车集团财务有限责任公司	万向财务有限公司
	海马财务有限公司	北京汽车集团财务有限公司
	郑州宇通集团财务有限公司	
酒店旅游	锦江国际集团财务有限责任公司	港中旅财务有限公司
	北京首都旅游集团财务有限公司	
商贸	华联财务有限责任公司	通用技术集团财务有限责任公司
	国药集团财务有限公司	山东省商业集团财务有限公司
	百联集团财务有限责任公司	江苏国泰财务有限公司
	天津物产集团财务有限公司	物美商业财务有限责任公司
	物产中大集团财务有限公司	
投资控股	上海浦东发展集团财务有限责任公司	保利财务有限公司
	国联财务有限责任公司	国投财务有限公司
	北大方正集团财务有限公司	江苏省国信集团财务有限公司
	上海复星高科技集团财务有限公司	诚通财务有限责任公司
	天津天保财务有限公司	中信财务有限公司
	河北建投集团财务有限公司	珠海华发集团财务有限公司
	北京控股集团财务有限公司	上海上实集团财务有限公司
	清华控股集团财务有限公司	北京金融街集团财务有限公司
	上海外高桥集团财务有限公司	粤海集团财务有限公司
	江苏悦达集团财务有限公司	广州发展集团财务有限公司
民生消费	红豆集团财务有限公司	江苏华西集团财务有限公司
	青岛啤酒财务有限责任公司	贵州茅台集团财务有限公司
	鄂尔多斯财务有限公司	四川省宜宾五粮液集团财务有限公司
	山东晨鸣集团财务有限公司	福建七匹狼集团财务有限公司
	新华联控股集团财务有限责任公司	
农林牧渔	东方集团财务有限责任公司	吉林森林工业集团财务有限责任公司
	中粮财务有限责任公司	新希望财务有限公司
	海南农垦集团财务有限公司	亿利集团财务有限公司
	伊利财务有限公司	供销集团财务有限公司
	光明食品集团财务有限公司	西王集团财务有限公司
	北京粮食集团财务有限公司	河南双汇集团财务有限公司
其他	新奥财务有限责任公司	中国移动通信集团财务有限公司
	深圳华强集团财务有限公司	湖南出版投资控股集团财务有限公司
	中节能财务有限公司	联通集团财务有限公司
	江苏凤凰出版传媒集团财务有限公司	顺丰控股集团财务有限公司
	上海文化广播影视集团财务有限公司	

注：每个行业分类中，各财务公司依照其成立时间从左至右从上至下进行排序。

财务公司所有制分布状况统计表

（2016 年） 单位：亿元

所有制 \ 项目	机构		资产		净资产		利润总额	
	数量（家）	比例（%）	金额	比例（%）	金额	比例（%）	金额	比例（%）
中央国有企业	123	52.12	29618.72	62.22	3957.45	58.77	500.64	62.92
地方国有企业	37	15.68	13810.04	29.01	2048.91	30.42	225.54	28.35
集体民营企业	3	1.27	3645.09	7.66	691.03	10.26	63.02	7.92
外资企业	73	30.93	530.08	1.11	36.92	0.55	6.42	0.81
总　计	236		47603.93		6734.31		795.62	

财务公司行业资产质量状况统计表

（2016 年） 单位：万元

项目	金额	占资产总额（%）
不良资产总计	170562	0.04
次级资产	44112	0.01
可疑资产	36941	0.01
损失资产	89509	0.02
不良贷款总计	133318	0.03
次级贷款	34687	0.01
可疑贷款	33440	0.01
损失贷款	65191	0.02

注：此表统计 236 家财务公司，其中 221 家财务公司无不良贷款。

财务公司行业存款、贷款结构统计表

（2016 年） 单位：万元

项目	金额	占比（%）	项目	金额	占比（%）
各项贷款	197422921		各项存款	382817514	
1. 短期贷款	110634600	56.04	1. 活期存款	207727894	54.26
2. 中长期贷款	72814919	36.88	2. 定期存款	175089620	45.74
3. 贴现及买断式转贴现	11493860	5.82	各项存款	382817514	
4. 贸易融资	1236698	0.63	1. 集团母公司存款	81819917	21.37
5. 融资租赁	1273710	0.65	2. 上市公司存款	102424112	26.76
6. 各项垫款	0	0.00	3. 其他成员企业存款	188227211	49.17
7. 其他贷款	－30865.36	－0.02	4. 其他	10346274	2.70
各项贷款	207770165				
1. 信用贷款	147308939	70.90			
2. 担保贷款	60461226	29.10			
各项贷款	207770165				
1. 集团母公司贷款	21440907	10.32			
2. 上市公司贷款	38755157	18.65			
3. 其他成员企业贷款	121060365	58.27			
4. 其他	26513736	12.76			

注：第一个各项贷款小于第二个、第三个各项贷款值原因是：第一个各项贷款为境内口径数据，第二个、第三个各项贷款为合并口径数据。

财务公司主要经营指标统计表

（2016年）

机构 \ 项目	资本充足率（%）	资金集中度（%）	流动性比例（%）	存贷款比例（%）	资产收益率（%）	净资产收益率（%）
东风汽车财务有限公司	17.93	60.48	78.74	79.72	2.45	18.54
中国重汽财务有限公司	18.06	83.50	207.29	64.54	1.01	8.04
中国华能财务有限责任公司	19.34	51.22	41.18	89.85	2.08	9.98
锦江国际集团财务有限责任公司	26.83	12.03	69.67	68.40	0.86	5.24
一汽财务有限公司	10.62	53.62	74.01	7.22	1.28	14.67
西电集团财务有限责任公司	26.70	89.34	141.57	18.70	1.35	10.93
中国石化财务有限责任公司	24.29	39.10	82.82	62.73	1.56	6.27
东方电气集团财务有限公司	22.45	50.07	60.54	22.53	0.60	5.05
宝钢集团财务有限责任公司	18.06	60.26	50.47	62.50	0.87	6.62
中国一拖集团财务有限责任公司	18.57	83.84	42.78	43.91	0.57	4.00
五矿集团财务有限责任公司	48.30	23.41	89.25	41.22	1.04	3.56
武汉钢铁集团财务有限责任公司	28.60	73.28	59.86	153.79	1.16	3.83
中远财务有限责任公司	15.34	36.41	82.25	24.64	0.73	8.95
江铃汽车集团财务有限公司	11.28	44.97	50.23	69.38	0.93	9.29
中国航空集团财务有限责任公司	28.81	52.62	82.71	52.21	0.72	3.77
天津渤海集团财务有限责任公司	32.67	26.80	79.38	93.35	1.90	6.00
深圳市有色金属财务有限公司	43.53	32.48	83.96	161.67	3.01	7.10
中国南航集团财务有限公司	24.03	83.64	94.21	26.70	1.50	10.34
上海汽车集团财务有限责任公司	21.38	58.23	62.22	64.86	2.82	22.60
振华集团财务有限责任公司	25.11	55.56	125.02	64.88	1.17	5.66
东方集团财务有限责任公司	51.00	15.75	38.99	299.06	0.56	1.18
东航集团财务有限责任公司	40.54	75.36	87.39	22.26	0.99	3.94
中油财务有限责任公司	17.32	50.51	64.23	66.19	1.86	15.04
上海电气集团财务有限责任公司	15.48	84.15	88.04	33.18	0.72	8.27
中国能源建设集团财务有限公司	42.75	16.86	88.62	38.14	1.12	5.61
兵工财务有限责任公司	20.71	46.72	59.35	45.50	1.68	11.39
三峡财务有限责任公司	20.89	62.72	54.67	51.51	2.38	14.41
中广核财务有限责任公司	16.24	63.63	44.82	71.20	1.63	11.25
中船财务有限责任公司	14.51	60.81	46.75	36.12	1.29	14.55
中核财务有限责任公司	11.55	83.17	44.36	66.03	1.38	18.32
上海浦东发展集团财务有限责任公司	34.47	74.38	53.71	9.68	1.51	11.04
鞍钢集团财务有限责任公司	29.57	55.08	47.87	116.16	2.44	8.58
中国电力财务有限公司	12.33	70.00	37.07	86.23	1.40	12.77

续表

机构 \ 项目	资本充足率（%）	资金集中度（%）	流动性比例（%）	存贷款比例（%）	资产收益率（%）	净资产收益率（%）
神华财务有限公司	18.74	53.18	80.01	65.76	1.37	10.53
中国电子财务有限责任公司	17.16	43.59	119.91	42.36	0.81	7.14
航天科技财务有限责任公司	12.01	89.50	61.92	39.07	1.56	20.64
航天科工财务有限责任公司	14.61	83.41	116.29	14.91	1.09	20.23
中船重工财务有限责任公司	18.52	51.98	60.79	34.47	2.06	18.90
中海石油财务有限责任公司	16.45	57.51	53.31	42.86	1.07	10.46
海尔集团财务有限责任公司	15.99	77.11	41.72	92.39	1.91	13.88
吉林森林工业集团财务有限责任公司	24.46	32.64	41.59	108.75	3.01	13.62
万向财务有限公司	15.73	66.44	43.39	100.16	2.24	12.21
中粮财务有限责任公司	28.59	18.53	129.94	66.99	0.92	4.94
苏州创元集团财务有限公司	26.81	53.34	80.48	70.84	0.68	3.45
珠海格力集团财务有限责任公司	21.02	41.11	81.89	22.79	1.12	15.21
国机财务有限责任公司	15.92	28.54	80.26	36.59	1.32	12.51
海航集团财务有限公司	36.12	12.25	91.71	108.34	1.46	4.46
中国华电集团财务有限公司	16.40	81.47	37.18	81.38	2.22	11.11
中国大唐集团财务有限公司	12.88	79.84	26.32	88.57	2.54	12.08
南方电网财务有限公司	43.51	75.52	68.79	85.34	1.88	11.85
中电投财务有限公司	32.75	63.22	30.77	111.06	2.31	8.75
国电财务有限公司	24.15	65.46	32.36	103.08	2.10	9.05
华联财务有限责任公司	22.18	40.85	60.48	162.48	1.50	6.66
兵器装备集团财务有限责任公司	11.05	48.73	68.46	71.52	1.71	19.65
京能集团财务有限公司	19.62	63.50	35.56	86.31	1.50	7.16
浙江省能源集团财务有限责任公司	12.37	89.61	48.83	44.95	1.62	22.73
广东粤电财务有限公司	13.81	69.43	44.70	82.11	1.32	8.67
TCL 集团财务有限公司	11.02	74.52	82.48	50.74	0.44	5.84
湖南华菱钢铁集团财务有限公司	41.01	23.82	129.48	97.26	2.58	7.34
江西铜业集团财务有限公司	23.46	39.55	38.95	74.37	2.14	11.14
天津港财务有限公司	27.72	56.98	45.66	65.86	1.93	9.15
松下电器（中国）财务有限公司	35.86	48.66	60.89	0.93	0.63	5.84
中航工业集团财务有限责任公司	14.11	36.37	76.48	38.71	1.07	15.60
中冶集团财务有限公司	19.73	29.25	47.49	73.21	1.15	8.55
申能集团财务有限公司	16.58	78.88	98.64	53.71	2.09	17.04
潞安集团财务有限公司	22.18	36.09	49.75	71.65	1.81	11.49
淮南矿业集团财务有限公司	25.88	55.48	62.06	64.72	3.16	14.71

续表

机构 \ 项目	资本充足率（%）	资金集中度（%）	流动性比例（%）	存贷款比例（%）	资产收益率（%）	净资产收益率（%）
日立（中国）财务有限公司	19.10	23.42	194.44	64.58	0.80	7.11
保利财务有限公司	28.72	27.01	68.47	30.48	1.31	11.05
深圳能源财务有限公司	17.82	60.57	37.16	93.99	1.42	9.52
中化集团财务有限责任公司	15.38	42.01	86.70	62.18	2.06	10.60
海信集团财务有限公司	19.08	81.87	59.76	39.82	1.72	11.83
国联财务有限责任公司	19.69	49.22	48.74	50.71	1.02	8.72
首都机场集团财务有限公司	12.00	42.76	62.23	49.12	1.08	13.94
红豆集团财务有限公司	31.48	26.34	65.44	90.78	2.26	6.87
海马财务有限公司	17.15	90.80	63.02	89.70	1.99	10.70
南山集团财务有限公司	25.64	55.43	58.52	57.74	2.18	14.35
国投财务有限公司	25.91	23.16	44.02	88.63	1.42	7.05
河南能源化工集团财务有限公司	33.69	75.67	25.89	136.56	1.37	4.55
中国化工财务有限公司	17.86	20.46	63.04	47.51	0.87	7.80
紫金矿业集团财务有限公司	15.43	67.89	53.17	70.45	1.88	14.92
江苏华西集团财务有限公司	29.09	38.13	52.95	91.85	1.59	6.47
冀中能源集团财务有限责任公司	25.52	17.32	48.46	92.69	1.38	5.04
山西焦煤集团财务有限责任公司	25.28	43.66	37.73	40.38	1.69	15.59
阳泉煤业集团财务有限责任公司	21.19	39.67	44.17	69.80	2.24	15.69
晋煤集团财务有限公司	21.64	27.51	64.95	52.65	2.18	13.07
云南冶金集团财务有限公司	28.28	28.54	73.30	151.29	1.58	5.32
中海集团财务有限责任公司	11.29	43.23	57.38	40.56	0.85	10.48
中集集团财务有限公司	12.85	60.55	58.36	62.42	0.82	7.79
沙钢财务有限公司	26.96	65.13	69.66	54.39	1.04	5.46
美的集团财务有限公司	16.12	51.89	48.03	55.53	1.74	16.98
宁波舟山港集团财务有限公司	23.94	83.54	47.21	71.31	1.85	9.47
兖矿集团财务有限公司	24.12	20.48	48.74	71.77	1.75	10.02
哈尔滨电气集团财务有限责任公司	32.06	77.07	138.56	3.33	0.87	7.61
北大方正集团财务有限公司	44.51	34.07	101.85	74.06	1.25	2.74
通用技术集团财务有限责任公司	17.65	46.29	64.15	51.25	0.68	6.81
铜陵有色金属集团财务有限公司	17.52	42.36	66.62	79.30	1.30	8.88
中建财务有限公司	15.32	23.94	83.46	21.97	0.73	16.21
江苏省国信集团财务有限公司	21.07	75.64	60.07	60.49	0.88	6.22
重庆化医控股集团财务有限公司	24.16	56.07	49.90	88.91	2.03	13.18
金川集团财务有限公司	37.95	37.89	52.41	96.60	1.65	6.81

续表

项目 机构	资本充足率（%）	资金集中度（%）	流动性比例（%）	存贷款比例（%）	资产收益率（%）	净资产收益率（%）
新希望财务有限公司	17.06	39.52	66.30	50.48	0.07	0.60
酒钢集团财务有限公司	20.21	40.86	40.20	90.02	1.82	8.79
包钢集团财务有限责任公司	30.83	38.44	55.81	71.33	1.60	7.62
新奥财务有限责任公司	18.41	69.22	39.02	61.28	1.46	11.25
中外运长航财务有限公司	15.95	52.43	91.76	14.66	0.25	6.20
青岛啤酒财务有限责任公司	31.61	93.52	57.44	15.28	1.73	13.17
上海复星高科技集团财务有限公司	45.10	22.55	85.48	46.01	1.45	5.38
中铝财务有限责任公司	19.83	30.26	55.21	47.12	0.82	7.83
中兴通讯集团财务有限公司	15.87	73.33	92.09	17.15	0.70	13.00
福建省能源集团财务有限公司	20.94	83.58	49.24	35.55	1.69	11.89
湖南高速集团财务有限公司	43.10	45.75	99.33	18.12	1.44	7.16
马钢集团财务有限公司	18.87	61.15	46.03	81.29	1.33	7.08
湖北宜化集团财务有限责任公司	21.29	38.51	30.27	112.57	0.92	4.32
北京汽车集团财务有限公司	13.30	36.57	57.58	50.52	0.91	10.02
大连港集团财务有限公司	45.55	40.97	49.99	86.73	1.94	7.02
大唐电信集团财务有限公司	47.87	30.20	95.22	46.91	1.09	3.17
开滦集团财务有限责任公司	22.75	45.42	52.28	109.60	1.84	9.67
中国航油集团财务有限公司	46.46	84.77	95.13	15.34	0.92	4.96
海南农垦集团财务有限公司	30.06	78.92	25.06	33.41	1.41	6.63
西部矿业集团财务有限公司	51.59	65.12	86.57	64.85	1.72	8.43
江苏交通控股集团财务有限公司	27.78	67.68	54.21	59.74	1.02	6.40
中国移动通信集团财务有限公司	50.84	14.67	90.11	14.86	0.91	3.93
山东钢铁集团财务有限公司	26.36	38.49	74.08	79.69	0.73	3.95
国药集团财务有限公司	18.56	19.01	82.37	26.79	0.70	9.70
郑州宇通集团财务有限公司	19.52	58.33	58.69	68.14	3.41	22.98
中国铁建财务有限公司	13.22	47.07	56.53	53.37	0.82	8.73
山东省商业集团财务有限公司	23.67	61.21	61.73	50.18	1.81	10.24
深圳华强集团财务有限公司	21.97	62.41	91.45	77.90	1.18	8.39
诚通财务有限责任公司	16.91	67.58	27.38	8.82	0.46	6.57
山东重工集团财务有限公司	13.07	61.08	64.46	50.45	0.93	11.99
湖北能源财务有限公司	23.33	85.72	45.92	94.27	2.24	8.57
港中旅财务有限公司	44.92	13.96	169.65	54.66	1.84	6.70
陕西煤业化工集团财务有限公司	11.31	28.04	53.13	88.54	1.11	12.70
上海华谊集团财务有限责任公司	25.56	59.95	64.00	43.33	0.85	5.73

续表

机构 \ 项目	资本充足率（%）	资金集中度（%）	流动性比例（%）	存贷款比例（%）	资产收益率（%）	净资产收益率（%）
河钢集团财务有限公司	22.82	45.14	103.31	98.28	1.14	6.15
安徽省能源集团财务有限公司	28.16	63.26	26.79	84.32	0.92	4.22
中化工程集团财务有限公司	36.63	42.87	72.64	9.12	1.02	7.72
天津天保财务有限公司	31.82	30.04	84.36	86.51	2.43	5.74
亿利集团财务有限公司	24.53	47.49	77.17	154.65	1.96	5.16
厦门海翼集团财务有限公司	28.63	60.66	65.50	83.12	1.04	3.49
中信财务有限公司	29.46	24.86	81.92	26.04	1.07	11.95
浙江省交通投资集团财务有限责任公司	24.67	55.32	51.35	39.24	0.99	7.16
中车财务有限公司	15.27	60.63	53.21	42.53	1.48	16.23
中国电子科技财务有限公司	21.42	56.06	47.52	61.34	0.91	9.07
重庆机电控股集团财务有限公司	29.49	64.83	39.86	86.06	1.22	4.65
河北建投集团财务有限公司	22.49	75.52	55.90	54.77	1.32	8.85
太钢集团财务有限公司	26.19	70.44	42.95	71.83	1.59	7.56
大同煤矿集团财务有限责任公司	27.95	48.19	34.74	89.89	2.29	8.55
贵州茅台集团财务有限公司	13.23	83.74	31.78	0.11	0.99	28.86
海亮集团财务有限责任公司	26.06	55.66	61.70	108.16	2.92	11.52
中材集团财务有限公司	18.67	33.08	61.06	24.59	0.59	6.67
贵州盘江集团财务有限公司	40.40	41.00	52.05	99.03	1.29	4.75
北京首都旅游集团财务有限公司	22.30	44.73	43.65	82.88	1.32	6.49
广西交通投资集团财务有限责任公司	32.92	57.63	60.21	46.79	1.44	7.95
徐工集团财务有限公司	24.35	64.64	95.79	133.61	1.85	10.72
百联集团财务有限责任公司	14.59	45.90	107.49	42.56	0.51	7.43
中交财务有限公司	15.59	40.56	82.82	25.73	0.77	11.40
山东黄金集团财务有限公司	30.42	55.77	44.06	73.97	1.86	7.74
中开财务有限公司	19.35	72.57	341.20	39.57	0.91	7.76
中国平煤神马集团财务有限责任公司	24.89	26.26	64.61	68.13	0.87	5.94
四川长虹集团财务有限公司	21.07	55.89	99.51	117.70	0.66	4.04
创维集团财务有限公司	16.79	77.68	73.48	76.92	0.93	6.29
江苏国泰财务有限公司	61.12	56.83	102.70	16.75	0.77	3.65
亨通财务有限公司	43.23	24.27	47.96	100.13	1.66	6.54
珠海华发集团财务有限公司	24.41	48.64	36.53	37.63	1.38	12.09
北京金隅财务有限公司	31.95	59.41	54.94	38.08	0.74	6.06
云南云天化集团财务有限公司	17.87	20.17	64.52	169.13	1.14	6.70
北京控股集团财务有限公司	10.53	33.94	66.86	47.61	0.37	6.21

续表

机构 \ 项目	资本充足率（%）	资金集中度（%）	流动性比例（%）	存贷款比例（%）	资产收益率（%）	净资产收益率（%）
陕西延长石油财务有限公司	17.82	55.65	49.38	45.73	2.03	19.47
山东能源集团财务有限公司	48.34	22.12	62.89	50.82	1.31	5.54
鄂尔多斯财务有限公司	33.48	56.60	80.19	204.27	1.83	4.13
伊利财务有限公司	76.31	40.63	106.70	8.91	2.39	13.60
大冶有色金属集团财务有限责任公司	41.75	36.01	66.24	65.91	1.06	4.38
巨化集团财务有限责任公司	39.12	46.28	45.27	109.99	1.46	5.76
供销集团财务有限公司	27.69	25.18	33.78	37.68	0.52	3.98
中铁财务有限责任公司	16.74	41.83	68.17	32.85	0.65	11.01
重庆力帆财务有限公司	29.63	66.82	106.04	63.72	1.09	6.15
中煤财务有限责任公司	39.72	46.10	54.93	65.88	1.57	8.11
安徽省皖北煤电集团财务有限公司	23.30	43.21	29.72	90.43	1.60	7.17
淮北矿业集团财务有限公司	37.50	48.24	65.16	74.31	1.42	5.91
湖南出版投资控股集团财务有限公司	37.49	66.59	60.91	7.27	1.60	11.98
四川省宜宾五粮液集团财务有限公司	29.94	33.26	63.77	17.19	0.61	4.61
山东晨鸣集团财务有限公司	31.44	33.49	56.24	125.07	1.71	6.44
河北港口集团财务有限公司	32.32	77.02	91.17	16.50	0.45	3.15
中节能财务有限公司	25.90	62.98	46.60	59.62	1.20	5.54
青岛港财务有限责任公司	20.51	89.51	35.61	32.12	1.69	14.54
上海上实集团财务有限公司	27.40	37.09	79.15	38.16	0.55	4.33
重庆市能源投资集团财务有限公司	20.42	58.68	57.49	65.71	1.10	8.10
广东省交通集团财务有限公司	17.10	61.39	49.61	47.25	0.57	4.59
光明食品集团财务有限公司	19.15	39.81	63.54	24.41	0.41	5.53
忠旺集团财务有限公司	15.96	73.70	72.83	61.31	0.98	4.86
本钢集团财务有限公司	23.14	25.82	63.75	88.67	1.22	6.03
天津物产集团财务有限公司	21.25	17.97	64.93	121.65	1.78	5.31
福建七匹狼集团财务有限公司	39.86	49.30	83.25	45.04	0.16	0.70
清华控股集团财务有限公司	22.84	15.50	89.39	19.79	0.59	6.70
中国核工业建设集团财务有限公司	25.33	52.99	73.37	50.42	0.95	6.86
中国黄金集团财务有限公司	30.42	52.52	58.88	55.45	1.15	6.14
物美商业财务有限责任公司	47.89	46.56	88.61	150.73	1.70	3.32
三房巷财务有限公司	26.44	24.94	28.32	151.01	0.25	0.80
中联重科集团财务有限公司	33.01	62.71	73.33	53.41	1.04	4.53
广东省广晟财务有限公司	30.08	25.48	60.23	57.27	0.69	3.05
湖北交投集团财务有限公司	10.31	52.12	70.70	47.12	0.47	9.72

续表

机构 \ 项目	资本充足率（%）	资金集中度（%）	流动性比例（%）	存贷款比例（%）	资产收益率（%）	净资产收益率（%）
新凤祥财务有限公司	24.75	35.28	108.55	109.35	0.74	2.47
山东招金集团财务有限公司	33.37	55.74	54.03	69.62	0.82	3.25
北京金融街集团财务有限公司	50.62	20.36	34.35	26.09	0.60	2.10
首钢集团财务有限公司	26.62	49.47	44.59	93.13	0.53	3.28
内蒙古伊泰财务有限公司	58.23	40.68	92.31	43.67	0.29	0.98
内蒙古电力集团财务有限责任公司	15.92	62.63	426.55	0.00	1.81	17.61
上海外高桥集团财务有限公司	45.91	56.43	97.17	17.63	0.38	2.06
中国铁路财务有限责任公司	114.10	12.17	108.46	39.88	1.11	3.68
天瑞集团财务有限责任公司	45.24	2.20	50.20	276.83	2.28	3.96
云南昆钢集团财务有限公司	47.31	36.98	96.20	85.08	1.63	4.92
渤海钢铁集团财务有限公司	123.08	0.00	27253.66	5702811.24	2.42	2.42
粤海集团财务有限公司	38.04	29.35	80.86	33.41	0.71	2.56
江苏悦达集团财务有限公司	29.79	62.41	63.00	44.58	0.32	2.15
中国电建集团财务有限责任公司	23.69	46.72	79.00	26.93	0.52	3.00
西王集团财务有限公司	78.59	66.13	145.57	74.73	1.18	1.92
物产中大集团财务有限公司	25.65	47.21	61.16	56.83	1.11	4.43
营口港务集团财务有限公司	27.10	66.57	42.59	26.75	0.81	7.62
云南建工集团财务有限公司	22.82	29.50	70.88	53.50	0.54	3.73
甘肃电投集团财务有限公司	20.22	59.42	74.33	34.89	0.34	3.51
宝塔石化集团财务有限公司	37.76	34.37	527.88	193.19	0.06	0.12
北京粮食集团财务有限公司	51.79	52.24	90.32	32.82	0.40	1.83
日照港集团财务有限公司	42.30	55.25	73.02	53.79	0.12	0.51
联通集团财务有限公司	53.83	47.19	89.18	21.47	0.24	1.33
河南双汇集团财务有限公司	15.45	70.05	40.90	63.17	0.03	0.28
厦门翔业集团财务有限公司	68.59	73.36	40.17	42.49	0.43	1.44
新华联控股集团财务有限责任公司	57.24	25.13	98.22	30.02	0.08	0.35
广州发展集团财务有限公司	37.24	64.18	24.58	66.96	-0.08	-0.38
江苏凤凰出版传媒集团财务有限公司	176.51	13.32	81.68	16.66	0.09	0.19
顺丰控股集团财务有限公司	32.77	62.07	68.76	46.62	-0.14	-0.89
天津医药集团财务有限公司	76.07	5.19	77.03	97.49	-0.27	-0.57
青建集团财务有限责任公司	55.06	9.96	59.20	107.85	0.08	0.20
上海文化广播影视集团财务有限公司	488.73	0.00	58643.64	—	0.06	0.06

业 务 统 计

财务公司票据业务统计表

（2016 年）　　单位：万元

项目 机构	票据承兑	票据贴现	票据转入	票据转出	票据再贴现	票据代保管
东风汽车财务有限公司	489113	246088	0	0	0	24913
中国重汽财务有限公司	1787002	241169	0	0	26650	30400
中国华能财务有限责任公司	796924	8700	0	8700	0	0
一汽财务有限公司	41774	405351	0	276378	0	564603
西电集团财务有限责任公司	109104	110765	15624	0	0	0
中国石化财务有限责任公司	769643	624495	550	569178	17100	0
东方电气集团财务有限公司	8284	448019	0	0	0	0
宝钢集团财务有限责任公司	21514	802560	0	21091	94650	1863317
中国一拖集团财务有限责任公司	232298	184132	394830	246704	41349	373263
五矿集团财务有限责任公司	23620	1500	0	500	0	31
武汉钢铁集团财务有限责任公司	704915	1288752	30000	280766	0	7535701
中远财务有限责任公司	8543	0	0	0	0	0
江铃汽车集团财务有限公司	32187	69701	0	0	94198	0
天津渤海集团财务有限责任公司	168273	4110	0	400	0	127826
深圳市有色金属财务有限公司	87	21107	0	0	15453	0
上海汽车集团财务有限责任公司	2672800	174582	0	15953	0	11359516
振华集团财务有限责任公司	0	8636	0	0	0	8170
东方集团财务有限责任公司	0	40000	0	0	40000	0
中油财务有限责任公司	500	596764	0	0	0	0
上海电气集团财务有限责任公司	152605	438391	0	103708	0	0
中国能源建设集团财务有限公司	23000	23000	0	0	0	0
兵工财务有限责任公司	312192	409047	42390	0	59132	282454
三峡财务有限责任公司	105241	0	0	0	0	0
中广核财务有限责任公司	0	0	0	30325	0	0
中船财务有限责任公司	1796526	252333	0	1475	6036	0
中核财务有限责任公司	837	0	0	0	0	0
鞍钢集团财务有限责任公司	484333	442758	0	186535	2597	1008027
中国电力财务有限公司	1804107	302293	4000	284843	0	0
神华财务有限公司	4000	0	0	0	0	68729
中国电子财务有限责任公司	324055	227848	0	0	50824	0
航天科技财务有限责任公司	1144804	286995	7683	0	8847	0
航天科工财务有限责任公司	181326	64817	5870	0	0	0
中船重工财务有限责任公司	879189	0	0	0	0	0

续表

机构 \ 项目	票据承兑	票据贴现	票据转入	票据转出	票据再贴现	票据代保管
中海石油财务有限责任公司	1897	57952	0	0	0	0
海尔集团财务有限责任公司	3045319	1008328	0	181463	163931	3225378
万向财务有限公司	210149	236227	0	0	55021	0
苏州创元集团财务有限公司	504	15388	0	0	13219	0
珠海格力集团财务有限责任公司	50000	315541	1604218	1382218	1483	0
国机财务有限责任公司	98410	145489	0	0	43524	0
海航集团财务有限公司	160000	247500	0	227500	0	0
中国华电集团财务有限公司	697123	368088	0	126254	67277	0
中国大唐集团财务有限公司	779333	402884	87434	349132	0	0
南方电网财务有限公司	5573	59300	0	7417	0	0
中电投财务有限公司	253350	10000	0	0	0	0
国电财务有限公司	141867	4530	0	0	0	0
华联财务有限责任公司	11459	6675	0	2336	0	0
兵器装备集团财务有限责任公司	2352933	973011	0	554074	0	2149704
京能集团财务有限公司	122852	0	0	0	0	0
浙江省能源集团财务有限责任公司	36455	20024	2238	0	0	0
广东粤电财务有限公司	84596	124197	0	7238	0	0
TCL 集团财务有限公司	184348	238269	146953	269360	21235	227100
湖南华菱钢铁集团财务有限公司	65000	239570	0	25000	138390	0
江西铜业集团财务有限公司	46205	0	0	0	0	0
天津港财务有限公司	64348	18607	0	0	0	0
中航工业集团财务有限责任公司	8647	178005	0	0	0	0
中冶集团财务有限公司	35964	69522	0	19698	0	0
申能集团财务有限公司	20932	246839	0	0	106969	0
潞安集团财务有限公司	125034	44035	0	0	0	0
淮南矿业集团财务有限公司	50772	0	0	0	0	0
保利财务有限公司	141944	94058	0	0	0	0
深圳能源财务有限公司	70075	0	0	20347	0	0
中化集团财务有限责任公司	706442	50072	2500	2500	989	160700
海信集团财务有限公司	1231529	555615	0	176338	7837	4284398
国联财务有限责任公司	0	34523	0	0	7359	0
红豆集团财务有限公司	34365	93929	0	45613	36000	0
海马财务有限公司	125450	117807	0	12490	22165	0
南山集团财务有限公司	4747	70394	0	0	70000	45000

续表

机构＼项目	票据承兑	票据贴现	票据转入	票据转出	票据再贴现	票据代保管
国投财务有限公司	251575	200291	0	40000	63046	0
河南能源化工集团财务有限公司	189850	143216	42256	143216	0	0
紫金矿业集团财务有限公司	156847	78951	0	0	22021	53000
江苏华西集团财务有限公司	0	33000	0	0	24000	0
冀中能源集团财务有限责任公司	130000	48720	0	77020	0	0
山西焦煤集团财务有限责任公司	2	103356	0	0	0	548294
阳泉煤业集团财务有限责任公司	0	81559	0	0	0	0
晋煤集团财务有限公司	0	81247	0	30292	0	0
云南冶金集团财务有限公司	115568	219900	0	72018	137352	0
中集集团财务有限公司	122569	49336	197510	189781	15005	550
沙钢财务有限公司	60671	111750	0	0	56830	0
美的集团财务有限公司	4167319	1951252	807797	2293260	8073	0
宁波舟山港集团财务有限公司	11702	9236	0	0	800	77002
兖矿集团财务有限公司	91000	0	0	0	0	13292
哈尔滨电气集团财务有限责任公司	241223	13122	0	0	0	0
北大方正集团财务有限公司	0	19379	0	0	11479	0
通用技术集团财务有限责任公司	9372	18370	0	0	7318	0
铜陵有色金属集团财务有限公司	272185	137541	0	0	81800	0
中建财务有限公司	74856	92950	28729	0	0	0
江苏省国信集团财务有限公司	26411	15000	0	0	4500	7000
重庆化医控股集团财务有限公司	0	424861	0	238515	57652	214120
金川集团财务有限公司	38450	294412	0	39503	0	0
新希望财务有限公司	200	25370	0	0	23400	0
酒钢集团财务有限公司	203231	6123	0	0	0	1004727
包钢集团财务有限责任公司	61000	453570	25096	215913	0	0
新奥财务有限责任公司	0	152835	7000	0	129600	0
中外运长航财务有限公司	0	5674	0	0	500	0
青岛啤酒财务有限责任公司	39991	18480	0	0	0	0
中铝财务有限责任公司	125355	24897	0	0	4000	0
中兴通讯集团财务有限公司	126771	921899	0	0	44253	0
福建省能源集团财务有限公司	83815	64335	0	0	27054	0
马钢集团财务有限公司	404346	234497	0	100	25230	299641
湖北宜化集团财务有限责任公司	0	15232	0	0	14988	0
北京汽车集团财务有限公司	139565	296889	0	0	0	0

续表

机构 \ 项目	票据承兑	票据贴现	票据转入	票据转出	票据再贴现	票据代保管
大唐电信集团财务有限公司	53273	61913	0	0	15617	0
开滦集团财务有限责任公司	144296	138951	516	5000	129107	0
西部矿业集团财务有限公司	62878	298421	0	0	296600	5279
山东钢铁集团财务有限公司	248034	757700	0	677600	0	0
国药集团财务有限公司	21775	171940	0	22586	29171	0
郑州宇通集团财务有限公司	55733	87995	0	4407	68445	0
中国铁建财务有限公司	835459	178331	0	0	0	0
山东省商业集团财务有限公司	0	9478	0	4930	4000	0
深圳华强集团财务有限公司	24646	38094	0	427	0	0
诚通财务有限责任公司	1993	15908	0	0	0	0
山东重工集团财务有限公司	579175	90600	0	35428	0	0
湖北能源财务有限公司	0	11	0	0	0	0
陕西煤业化工集团财务有限公司	108221	474535	32086	0	63375	620285
上海华谊集团财务有限责任公司	0	24273	0	0	0	0
河钢集团财务有限公司	219795	892226	0	215000	180000	0
安徽省能源集团财务有限公司	0	70	0	0	0	0
中化工程集团财务有限公司	62567	94115	0	0	0	0
天津天保财务有限公司	10285	0	0	0	0	0
亿利集团财务有限公司	211851	191000	16000	186000	0	0
厦门海翼集团财务有限公司	78128	63098	0	78100	42515	0
中信财务有限公司	0	3053	0	0	0	0
浙江省交通投资集团财务有限责任公司	7459	0	1967	0	0	0
中车财务有限公司	280368	6115	0	0	0	0
中国电子科技财务有限公司	79211	128897	0	0	17331	0
重庆机电控股集团财务有限公司	22211	53016	0	6000	0	8219
太钢集团财务有限公司	316931	316258	126767	100156	79082	2003238
大同煤矿集团财务有限责任公司	294626	125136	1600	49351	137669	876409
贵州茅台集团财务有限公司	47281	0	0	0	0	0
海亮集团财务有限责任公司	199000	117155	0	0	11710	0
中材集团财务有限公司	100	5761	0	0	5761	0
贵州盘江集团财务有限公司	0	31030	0	0	4842	0
北京首都旅游集团财务有限公司	46093	10399	0	0	9290	0
广西交通投资集团财务有限责任公司	5701	8926	0	4211	1500	0
徐工集团财务有限公司	216929	421280	30000	30000	142797	0

续表

机构 \ 项目	票据承兑	票据贴现	票据转入	票据转出	票据再贴现	票据代保管
百联集团财务有限责任公司	3490	7051	0	3106	0	829
中交财务有限公司	303942	109235	0	0	0	0
山东黄金集团财务有限公司	51377	69133	0	1001	30760	0
中开财务有限公司	19580	3250	0	0	0	0
中国平煤神马集团财务有限责任公司	28200	177929	0	3000	0	4433816
四川长虹集团财务有限公司	669817	650780	0	306866	337098	1717695
创维集团财务有限公司	1054425	236568	0	0	101539	0
亨通财务有限公司	12718	96757	0	83600	0	0
珠海华发集团财务有限公司	5	0	0	0	0	0
北京金隅财务有限公司	16766	33596	0	0	0	0
云南云天化集团财务有限公司	95000	366202	0	137186	155000	0
北京控股集团财务有限公司	0	500	0	0	0	0
山东能源集团财务有限公司	0	15455	0	0	0	0
鄂尔多斯财务有限公司	75144	172901	0	46900	170635	0
伊利财务有限公司	4205	0	0	0	0	0
大冶有色金属集团财务有限责任公司	500	9735	0	200	0	0
巨化集团财务有限责任公司	10511	36192	0	0	18905	0
供销集团财务有限公司	20000	20215	0	0	20000	150
中铁财务有限责任公司	900	0	0	0	0	0
重庆力帆财务有限公司	195119	9000	100965	109965	0	0
中煤财务有限责任公司	15578	0	0	0	0	0
淮北矿业集团财务有限公司	74123	13612	0	0	0	0
湖南出版投资控股集团财务有限公司	0	500	0	0	0	0
四川省宜宾五粮液集团财务有限公司	43364	166616	0	0	71216	0
山东晨鸣集团财务有限公司	119895	242177	0	179890	54505	356784
河北港口集团财务有限公司	0	790	0	0	0	0
中节能财务有限公司	68354	2483	0	0	0	0
青岛港财务有限责任公司	108314	21051	0	7500	2100	0
上海上实集团财务有限公司	1161	16917	0	534	0	0
重庆市能源投资集团财务有限公司	0	173655	0	8220	19500	270258
光明食品集团财务有限公司	16231	24471	0	0	0	0
忠旺集团财务有限公司	1036001	1946002	49832	1870392	0	0
本钢集团财务有限公司	260005	13053	0	0	441	0
天津物产集团财务有限公司	1063121	208018	84125	208018	0	0

续表

机构 \ 项目	票据承兑	票据贴现	票据转入	票据转出	票据再贴现	票据代保管
福建七匹狼集团财务有限公司	26284	26683	0	0	0	0
清华控股集团财务有限公司	0	47500	0	0	23000	0
中国核工业建设集团财务有限公司	2193	0	0	0	0	0
中国黄金集团财务有限公司	2089	0	0	0	0	0
物美商业财务有限责任公司	50800	55060	0	0	45060	0
三房巷财务有限公司	0	23500	0	0	23500	0
中联重科集团财务有限公司	86121	0	0	0	0	0
广东省广晟财务有限公司	0	19	0	0	0	0
湖北交投集团财务有限公司	0	8683	0	0	0	0
新凤祥财务有限公司	10017	202900	0	110000	82000	0
山东招金集团财务有限公司	0	14208	0	0	10500	28287
首钢集团财务有限公司	346827	826624	56231	292225	426541	0
中国铁路财务有限责任公司	500	500	0	0	0	0
云南昆钢集团财务有限公司	196	163848	0	86771	0	2787653
渤海钢铁集团财务有限公司	0	19475	0	0	0	0
江苏悦达集团财务有限公司	0	150620	0	20000	9367	0
中国电建集团财务有限责任公司	29100	0	0	0	0	0
西王集团财务有限公司	20000	115672	0	110000	122	0
营口港务集团财务有限公司	0	200	0	0	0	0
云南建工集团财务有限公司	47554	16319	0	0	0	0
甘肃电投集团财务有限公司	7195	140	0	0	0	0
宝塔石化集团财务有限公司	230759	0	0	0	0	0
日照港集团财务有限公司	0	0	0	0	0	12785
天津医药集团财务有限公司	100	64	0	0	0	0
总　计	43651891	31449085	3952766	13779722	4811735	48678540

注：此表统计数据为发生额。

财务公司银团贷款情况统计表

（2016 年）　　单位：万元

机构 \ 项目	参加银团贷款次数	银团贷款总额	其中：财务公司分担额
中国华能财务有限责任公司	3	16000	25000
中国石化财务有限责任公司	21	5605406	104077
武汉钢铁集团财务有限责任公司	1	100000	20000
上海汽车集团财务有限责任公司	1	5000	889

续表

机构 \ 项目	参加银团贷款次数	银团贷款总额	其中：财务公司分担额
中油财务有限责任公司	1	827648	115813
上海电气集团财务有限责任公司	3	59302	3825
兵工财务有限责任公司	2	30000	7000
三峡财务有限责任公司	16	101400	10000
中广核财务有限责任公司	126	1332514	401467
中船财务有限责任公司	1	200000	80000
上海浦东发展集团财务有限责任公司	1	402000	55700
神华财务有限公司	1	7069	6735
中国电子财务有限责任公司	10	45000	16941
中海石油财务有限责任公司	38	399768	399768
南方电网财务有限公司	3	11440	680
京能集团财务有限公司	4	31250	25000
广东粤电财务有限公司	5	99468	5090
中航工业集团财务有限责任公司	24	449500	96820
申能集团财务有限公司	7	249400	52652
中化集团财务有限责任公司	6	102140	13430
首都机场集团财务有限公司	3	56300	5280
国投财务有限公司	9	571100	42900
河南能源化工集团财务有限公司	1	30000	30000
中国化工财务有限公司	7	143000	18488
中建财务有限公司	1	28200	28200
上海复星高科技集团财务有限公司	1	5000	5000
福建省能源集团财务有限公司	1	15000	3100
北京汽车集团财务有限公司	2	73941	18941
江苏交通控股集团财务有限公司	3	74135	3390
中国铁建财务有限公司	4	10200	10200
山东重工集团财务有限公司	1	21000	5000
中信财务有限公司	1	46000	24264
中车财务有限公司	1	6470	5900
北京首都旅游集团财务有限公司	1	4500	1350
百联集团财务有限责任公司	2	92892	15111
北京金隅财务有限公司	1	300000	100000
中节能财务有限公司	2	109000	46658
上海上实集团财务有限公司	6	69793	10304
中国核工业建设集团财务有限公司	1	90000	20000
日照港集团财务有限公司	1	13000	5000
中国华能财务有限责任公司	3	16000	25000
总　计	326	11834836	1840973

财务公司信贷资产转让业务统计表

（2016 年）　　单位：万元

机构＼项目	信贷资产转让总额	转入发生额	转出发生额
西电集团财务有限责任公司	15624	15624	0
宝钢集团财务有限责任公司	21091	0	21091
中国一拖集团财务有限责任公司	641534	394830	246704
武汉钢铁集团财务有限责任公司	310766	30000	280766
天津渤海集团财务有限责任公司	400	0	400
上海汽车集团财务有限责任公司	15953	0	15953
中油财务有限责任公司	404043	404043	0
上海电气集团财务有限责任公司	103708	0	103708
兵工财务有限责任公司	42390	42390	0
三峡财务有限责任公司	60000	60000	0
中广核财务有限责任公司	48325	0	48325
中船财务有限责任公司	1475	0	1475
中国电力财务有限公司	288843	4000	284843
海尔集团财务有限责任公司	181463	0	181463
中国华电集团财务有限公司	126254	0	126254
中国大唐集团财务有限公司	436566	87434	349132
南方电网财务有限公司	7417	0	7417
华联财务有限责任公司	2336	0	2336
京能集团财务有限公司	12500	12500	0
广东粤电财务有限公司	7238	0	7238
潞安集团财务有限公司	252980	0	252980
淮南矿业集团财务有限公司	7500	0	7500
中化集团财务有限责任公司	5000	2500	2500
海信集团财务有限公司	176338	0	176338
红豆集团财务有限公司	45613	0	45613
河南能源化工集团财务有限公司	112900	0	112900
晋煤集团财务有限公司	310917	0	310917
云南冶金集团财务有限公司	114218	0	114218
中集集团财务有限公司	387291	197510	189781
中建财务有限公司	28729	28729	0
中兴通讯集团财务有限公司	44253	0	44253
山东钢铁集团财务有限公司	677600	0	677600
国药集团财务有限公司	286772	0	286772
深圳华强集团财务有限公司	182819	0	182819
湖北能源财务有限公司	60000	0	60000

续表

机构＼项目	信贷资产转让总额	转入发生额	转出发生额
河钢集团财务有限公司	215000	0	215000
亿利集团财务有限公司	202000	16000	186000
厦门海翼集团财务有限公司	78100	0	78100
太钢集团财务有限公司	226923	126767	100156
大同煤矿集团财务有限责任公司	360700	0	360700
徐工集团财务有限公司	60000	30000	30000
百联集团财务有限责任公司	3106	0	3106
中国平煤神马集团财务有限责任公司	3000	0	3000
四川长虹集团财务有限公司	306866	0	306866
亨通财务有限公司	83600	0	83600
云南云天化集团财务有限公司	137186	0	137186
青岛港财务有限责任公司	7500	0	7500
上海上实集团财务有限公司	534	0	534
忠旺集团财务有限公司	1920224	49832	1870392
新凤祥财务有限公司	110000	0	110000
江苏悦达集团财务有限公司	29367	0	29367
宝塔石化集团财务有限公司	80000	0	80000
总计	9244961	1502159	7742803

财务公司委托业务情况统计表

（2016） 单位：万元

机构＼项目	发生额			余额		
	合计	委托投资	委托贷款	合计	委托投资	委托贷款
东风汽车财务有限公司	4887914	0	4887914	1483135	0	1483135
中国重汽财务有限公司	433600	0	433600	360600	0	360600
中国华能财务有限责任公司	3601611	0	3601611	5437492	0	5437492
锦江国际集团财务有限责任公司	1475725	938445	537280	180860	15000	165860
一汽财务有限公司	178010	0	178010	208689	0	208689
西电集团财务有限责任公司	194990	0	194990	163382	0	163382
中国石化财务有限责任公司	2604482	0	2604482	6646746	0	6646746
东方电气集团财务有限公司	74789	0	74789	313611	0	313611
宝钢集团财务有限责任公司	4553777	372731	4181046	1873188	8500	1864688
中国一拖集团财务有限责任公司	114190	0	114190	98940	0	98940
五矿集团财务有限责任公司	510986	0	510986	418989	0	418989
武汉钢铁集团财务有限责任公司	4175568	632221	3543347	2642517	0	2642517
中远财务有限责任公司	0	0	0	840965	0	840965

续表

项目 机构	发生额			余额		
	合计	委托投资	委托贷款	合计	委托投资	委托贷款
江铃汽车集团财务有限公司	22500	0	22500	22500	0	22500
中国航空集团财务有限责任公司	276000	0	276000	276000	0	276000
天津渤海集团财务有限责任公司	1544456	0	1544456	237315	0	237315
中国南航集团财务有限公司	10477	0	10477	10477	0	10477
上海汽车集团财务有限责任公司	2593347	1939025	654322	857031	16035	840996
振华集团财务有限责任公司	44794	0	44794	30942	0	30942
东方集团财务有限责任公司	849748	0	849748	949898	0	949898
东航集团财务有限责任公司	259355	46222	213133	259355	46222	213133
中油财务有限责任公司	17691849	0	17691849	19100411	0	19100411
上海电气集团财务有限责任公司	267715	0	267715	271335	0	271335
中国能源建设集团财务有限公司	2067285	786000	1281285	1625685	0	1625685
兵工财务有限责任公司	3326718	624648	2702070	3972476	525134	3447342
三峡财务有限责任公司	10737321	6542951	4194370	11024014	1728680	9295334
中广核财务有限责任公司	1423637	0	1423637	1209664	0	1209664
中船财务有限责任公司	3701295	1140400	2560895	3736160	467265	3268895
中核财务有限责任公司	2062040	0	2062040	3441950	0	3441950
上海浦东发展集团财务有限责任公司	52275	18000	34275	100000	8890	91110
鞍钢集团财务有限责任公司	2588291	0	2588291	2567920	0	2567920
中国电力财务有限公司	2254921	0	2254921	2575401	0	2575401
神华财务有限公司	494150	0	494150	9852650	0	9852650
中国电子财务有限责任公司	2079216	1602440	476776	762207	162600	599607
航天科技财务有限责任公司	4478367	2226512	2251855	3421625	168586	3253039
航天科工财务有限责任公司	105620	0	105620	1075993	7212	1068781
中船重工财务有限责任公司	1650057	1150000	500057	2915957	800000	2115957
中海石油财务有限责任公司	3357757	0	3357757	3106465	0	3106465
海尔集团财务有限责任公司	83750	0	83750	164758	0	164758
吉林森林工业集团财务有限责任公司	38040	0	38040	17020	0	17020
万向财务有限公司	107180	0	107180	128820	0	128820
中粮财务有限责任公司	3404347	0	3404347	3335492	0	3335492
苏州创元集团财务有限公司	22700	0	22700	22700	0	22700
珠海格力集团财务有限责任公司	104418	0	104418	113995	0	113995
国机财务有限责任公司	2357263	1776130	581133	1340882	134669	1206213
海航集团财务有限公司	759000	0	759000	610000	0	610000
中国华电集团财务有限公司	5689676	25471	5664204	5579259	457200	5122059
中国大唐集团财务有限公司	2126303	0	2126303	2364767	0	2364767
南方电网财务有限公司	616304	0	616304	1096111	0	1096111

续表

机构 \ 项目	发生额			余额		
	合计	委托投资	委托贷款	合计	委托投资	委托贷款
中电投财务有限公司	3932645	0	3932645	3729951	0	3729951
国电财务有限公司	1571550	0	1571550	2505292	0	2505292
兵器装备集团财务有限责任公司	563067	0	563067	834053	0	834053
京能集团财务有限公司	1219433	0	1219433	1533933	0	1533933
浙江省能源集团财务有限责任公司	676130	0	676130	1309680	0	1309680
广东粤电财务有限公司	284582	0	284582	240862	0	240862
TCL 集团财务有限公司	4850	0	4850	12000	0	12000
湖南华菱钢铁集团财务有限公司	1288491	541662	746830	762671	51940	710731
江西铜业集团财务有限公司	122085	10292	111793	40293	8500	31793
天津港财务有限公司	451716	0	451716	510048	0	510048
松下电器（中国）财务有限公司	1110044	0	1110044	1110044	0	1110044
中航工业集团财务有限责任公司	2374918	0	2374918	4123232	0	4123232
中冶集团财务有限公司	79323	0	79323	401923	0	401923
申能集团财务有限公司	30425	0	30425	73450	0	73450
潞安集团财务有限公司	1520294	0	1520294	1994851	0	1994851
淮南矿业集团财务有限公司	152806	0	152806	339484	0	339484
日立（中国）财务有限公司	40695	0	40695	40695	0	40695
保利财务有限公司	182300	0	182300	272300	0	272300
中化集团财务有限责任公司	6968996	0	6968996	2767427	0	2767427
海信集团财务有限公司	79000	0	79000	79000	0	79000
国联财务有限责任公司	64000	0	64000	53400	0	53400
首都机场集团财务有限公司	917120	0	917120	955270	0	955270
海马财务有限公司	30000	0	30000	30000	0	30000
南山集团财务有限公司	34154	0	34154	81330	0	81330
国投财务有限公司	493305	100000	393305	1077799	100000	977799
河南能源化工集团财务有限公司	294789	0	294789	1088139	0	1088139
中国化工财务有限公司	1270320	0	1270320	770920	0	770920
紫金矿业集团财务有限公司	133597	69000	64597	632461	20000	612461
冀中能源集团财务有限责任公司	919850	0	919850	1067450	0	1067450
山西焦煤集团财务有限责任公司	1671607	0	1671607	3887141	0	3887141
阳泉煤业集团财务有限责任公司	643921	0	643921	508921	0	508921
晋煤集团财务有限公司	1762870	0	1762870	1762870	0	1762870
云南冶金集团财务有限公司	247960	0	247960	326680	0	326680
中海集团财务有限责任公司	2363020	160328	2202692	3037758	125328	2912430
中集集团财务有限公司	139836	0	139836	53302	0	53302
沙钢财务有限公司	0	0	0	25000	0	25000

续表

机构 \ 项目	发生额			余额		
	合计	委托投资	委托贷款	合计	委托投资	委托贷款
宁波舟山港集团财务有限公司	5400	0	5400	9400	0	9400
兖矿集团财务有限公司	223900	0	223900	795046	0	795046
哈尔滨电气集团财务有限责任公司	506734	245000	261734	401734	140000	261734
北大方正集团财务有限公司	900	0	900	900	0	900
通用技术集团财务有限责任公司	0	0	0	283	0	283
铜陵有色金属集团财务有限公司	10000	0	10000	10000	0	10000
中建财务有限公司	186800	0	186800	601800	0	601800
江苏省国信集团财务有限公司	928264	0	928264	1606346	0	1606346
重庆化医控股集团财务有限公司	17500	0	17500	17500	0	17500
金川集团财务有限公司	309300	0	309300	195500	0	195500
新希望财务有限公司	116300	0	116300	125300	0	125300
酒钢集团财务有限公司	20000	0	20000	80000	0	80000
包钢集团财务有限责任公司	20000	0	20000	20000	0	20000
新奥财务有限责任公司	725089	0	725089	1017427	0	1017427
中外运长航财务有限公司	198900	0	198900	309657	0	309657
青岛啤酒财务有限责任公司	60880	0	60880	49400	0	49400
上海复星高科技集团财务有限公司	40000	0	40000	40000	0	40000
中铝财务有限责任公司	2550460	10000	2540460	2156513	0	2156513
中兴通讯集团财务有限公司	85000	0	85000	42000	0	42000
福建省能源集团财务有限公司	67841	0	67841	67341	0	67341
马钢集团财务有限公司	137300	0	137300	142900	0	142900
湖北宜化集团财务有限责任公司	37000	0	37000	37000	0	37000
北京汽车集团财务有限公司	43468	0	43468	136588	0	136588
大连港集团财务有限公司	349896	0	349896	1425984	0	1425984
大唐电信集团财务有限公司	0	0	0	11000	0	11000
开滦集团财务有限责任公司	400647	12000	388647	615336	0	615336
中国航油集团财务有限公司	23052	0	23052	63932	0	63932
海南农垦集团财务有限公司	2351	0	2351	9254	0	9254
西部矿业集团财务有限公司	4000	0	4000	0	0	0
江苏交通控股集团财务有限公司	877500	0	877500	629700	0	629700
中国移动通信集团财务有限公司	4744000	4314000	430000	2375000	1945000	430000
山东钢铁集团财务有限公司	178600	0	178600	107000	0	107000
国药集团财务有限公司	248000	0	248000	246160	0	246160
郑州宇通集团财务有限公司	149650	4750	144900	16583	2000	14583
中国铁建财务有限公司	1084585	0	1084585	1213939	0	1213939
深圳华强集团财务有限公司	171700	0	171700	468300	0	468300

续表

机构 \ 项目	发生额			余额		
	合计	委托投资	委托贷款	合计	委托投资	委托贷款
诚通财务有限责任公司	90797	0	90797	960936	0	960936
山东重工集团财务有限公司	64000	0	64000	68000	0	68000
湖北能源财务有限公司	354800	0	354800	233800	0	233800
港中旅财务有限公司	48250	0	48250	130000	0	130000
陕西煤业化工集团财务有限公司	42326	0	42326	782821	0	782821
上海华谊集团财务有限责任公司	439851	0	439851	398101	0	398101
河钢集团财务有限公司	4067000	0	4067000	635000	0	635000
安徽省能源集团财务有限公司	47650	0	47650	34052	0	34052
中化工程集团财务有限公司	10500	0	10500	13421	0	13421
天津天保财务有限公司	371196	364396	6800	296798	289998	6800
亿利集团财务有限公司	122265	0	122265	114465	0	114465
厦门海翼集团财务有限公司	5000	0	5000	5000	0	5000
中信财务有限公司	1658563	532002	1126561	2427214	299734	2127481
浙江省交通投资集团财务有限责任公司	797371	0	797371	453756	0	453756
中车财务有限公司	0	0	0	115253	0	115253
中国电子科技财务有限公司	93000	0	93000	106095	0	106095
重庆机电控股集团财务有限公司	52480	0	52480	28032	0	28032
河北建投集团财务有限公司	65352	0	65352	48910	0	48910
太钢集团财务有限公司	344414	0	344414	538570	0	538570
大同煤矿集团财务有限责任公司	315830	0	315830	315830	0	315830
贵州茅台集团财务有限公司	2000	0	2000	40480	0	40480
海亮集团财务有限责任公司	20000	0	20000	174000	0	174000
中材集团财务有限公司	74000	0	74000	74000	0	74000
贵州盘江集团财务有限公司	30380	0	30380	30380	0	30380
北京首都旅游集团财务有限公司	3000	0	3000	3000	0	3000
徐工集团财务有限公司	244988	0	244988	204938	0	204938
百联集团财务有限责任公司	14800	0	14800	14800	0	14800
中交财务有限公司	472518	0	472518	655865	0	655865
山东黄金集团财务有限公司	625999	0	625999	469483	0	469483
中开财务有限公司	61034	7000	54034	59000	0	59000
中国平煤神马集团财务有限责任公司	279800	0	279800	280800	0	280800
四川长虹集团财务有限公司	678360	0	678360	756930	0	756930
江苏国泰财务有限公司	26560	0	26560	0	0	0
亨通财务有限公司	3000	0	3000	0	0	0
珠海华发集团财务有限公司	853338	5000	848338	1021549	5000	1016549
北京金隅财务有限公司	104350	0	104350	15750	0	15750

续表

项目 机构	发生额			余额		
	合计	委托投资	委托贷款	合计	委托投资	委托贷款
云南云天化集团财务有限公司	311400	0	311400	411330	0	411330
北京控股集团财务有限公司	89326	0	89326	83774	0	83774
陕西延长石油财务有限公司	156256	0	156256	150456	0	150456
山东能源集团财务有限公司	1095956	0	1095956	1369175	0	1369175
鄂尔多斯财务有限公司	21000	0	21000	21000	0	21000
伊利财务有限公司	25000	0	25000	25000	0	25000
大冶有色金属集团财务有限责任公司	164204	0	164204	144494	0	144494
巨化集团财务有限责任公司	24232	0	24232	23727	0	23727
供销集团财务有限公司	971311	0	971311	754421	0	754421
中铁财务有限责任公司	1154700	0	1154700	1164000	0	1164000
中煤财务有限责任公司	653989	0	653989	1063989	0	1063989
安徽省皖北煤电集团财务有限公司	8000	0	8000	8000	0	8000
淮北矿业集团财务有限公司	160000	0	160000	153000	0	153000
湖南出版投资控股集团财务有限公司	500	0	500	500	0	500
河北港口集团财务有限公司	53300	0	53300	60300	0	60300
中节能财务有限公司	263212	0	263212	176168	0	176168
青岛港财务有限责任公司	319000	0	319000	473234	0	473234
上海上实集团财务有限公司	54800	0	54800	78000	0	78000
广东省交通集团财务有限公司	166170	0	166170	336070	0	336070
光明食品集团财务有限公司	26150	0	26150	18150	0	18150
本钢集团财务有限公司	14571	0	14571	14571	0	14571
天津物产集团财务有限公司	1137933	0	1137933	613800	0	613800
福建七匹狼集团财务有限公司	195100	0	195100	172000	0	172000
清华控股集团财务有限公司	2000	0	2000	0	0	0
中国核工业建设集团财务有限公司	289922	0	289922	191255	0	191255
中国黄金集团财务有限公司	220489	0	220489	199707	0	199707
中联重科集团财务有限公司	20000	0	20000	20000	0	20000
湖北交投集团财务有限公司	335425	0	335425	236720	0	236720
山东招金集团财务有限公司	82508	0	82508	60708	0	60708
首钢集团财务有限公司	240375	0	240375	184525	0	184525
上海外高桥集团财务有限公司	4490	0	4490	4490	0	4490
中国铁路财务有限责任公司	31000	0	31000	27500	0	27500
云南昆钢集团财务有限公司	95129	0	95129	52924	0	52924
渤海钢铁集团财务有限公司	153000	0	153000	93000	0	93000
粤海集团财务有限公司	212050	0	212050	211645	0	211645
江苏悦达集团财务有限公司	202800	0	202800	94800	0	94800

续表

机构 \ 项目	发生额			余额		
	合计	委托投资	委托贷款	合计	委托投资	委托贷款
中国电建集团财务有限责任公司	282400	0	282400	232939	0	232939
西王集团财务有限公司	86457	0	86457	37000	0	37000
物产中大集团财务有限公司	1327810	0	1327810	922760	0	922760
营口港务集团财务有限公司	40000	0	40000	40000	0	40000
甘肃电投集团财务有限公司	35350	0	35350	35350	0	35350
北京粮食集团财务有限公司	86928	0	86928	86928	0	86928
日照港集团财务有限公司	22600	0	22600	22600	0	22600
河南双汇集团财务有限公司	74290	0	74290	74290	0	74290
厦门翔业集团财务有限公司	1200	0	1200	1200	0	1200
广州发展集团财务有限公司	161	0	161	161	0	161
顺丰控股集团财务有限公司	60000	0	60000	60000	0	60000
天津医药集团财务有限公司	4030	0	4030	4030	0	4030
总　计	173679829	26196626	147483202	183647523	7533493	176114030

财务公司结算业务情况统计表

（2016 年）　　　　单位：万元、笔

机构 \ 项目	本外币合计		本币	外币
	发生额	发生数	发生额	发生额
东风汽车财务有限公司	119605944	497716	119605944	0
中国重汽财务有限公司	81714652	8064984	81598202	116450
中国华能财务有限责任公司	204291473	404100	204172871	118602
锦江国际集团财务有限责任公司	40988225	284208	40949088	39137
一汽财务有限公司	402057368	265170	402057368	0
西电集团财务有限责任公司	8710441	88465	8447224	263217
中国石化财务有限责任公司	3621313400	26260567	3621313400	0
东方电气集团财务有限公司	92987914	256403	75480087	17507827
宝钢集团财务有限责任公司	334080624	1594806	334073385	7239
中国一拖集团财务有限责任公司	18730262	81811	18730262	0
五矿集团财务有限责任公司	24938750	11382	24013632	925119
武汉钢铁集团财务有限责任公司	158097738	179994	156324260	1773478
中远财务有限责任公司	113511763	1074366	86315663	27196101
江铃汽车集团财务有限公司	53362527	824294	53360731	1796
中国航空集团财务有限责任公司	58274005	70347	58274005	0
天津渤海集团财务有限责任公司	28505470	49568	28505470	0
深圳市有色金属财务有限公司	4654856	9960	4654856	0
中国南航集团财务有限公司	35276338	205310	35234002	42336

续表

项目 机构	本外币合计		本币	外币
	发生额	发生数	发生额	发生额
上海汽车集团财务有限责任公司	1031110069	16872706	1028184469	2925600
振华集团财务有限责任公司	2292665	20585	2292665	0
东方集团财务有限责任公司	20223858	8011	20223858	0
东航集团财务有限责任公司	113534115	220851	106692242	6841873
中油财务有限责任公司	1695064800	5918351	1519102000	175962800
上海电气集团财务有限责任公司	66085511	521926	63361444	2724067
中国能源建设集团财务有限公司	65466421	75059	65466421	0
兵工财务有限责任公司	78075662	537190	77768003	307660
三峡财务有限责任公司	100460723	265125	100403009	57714
中广核财务有限责任公司	137060555	586806	133513412	3547143
中船财务有限责任公司	122267411	221092	117338511	4928900
中核财务有限责任公司	82610022	325760	82609855	167
上海浦东发展集团财务有限责任公司	28331906	34250	28331906	0
鞍钢集团财务有限责任公司	223556573	245607	223004615	551958
中国电力财务有限公司	972977895	1490992	972977895	0
神华财务有限公司	201605274	213075	201605274	0
中国电子财务有限责任公司	71380308	311115	70677530	702778
航天科技财务有限责任公司	349112998	288992	348856802	256195
航天科工财务有限责任公司	109202260	974077	109118369	83891
中船重工财务有限责任公司	148566934	254337	148566934	0
中海石油财务有限责任公司	233633630	224123	233633630	0
海尔集团财务有限责任公司	139631739	2315776	135859369	3772369
吉林森林工业集团财务有限责任公司	15701329	184790	15701329	0
万向财务有限公司	173624400	117376	170566700	3057700
中粮财务有限责任公司	57418408	222169	52055342	5363066
苏州创元集团财务有限公司	4777161	84427	4777161	0
珠海格力集团财务有限责任公司	303171898	76002	303171898	0
国机财务有限责任公司	57122021	199506	56221866	900154
海航集团财务有限公司	966189908	323926	965445677	744231
中国华电集团财务有限公司	221201037	369000	221201037	0
中国大唐集团财务有限公司	268005833	485058	267974138	31694
南方电网财务有限公司	427137500	450168	427137500	0
中电投财务有限公司	428848683	371204	428660777	187906
国电财务有限公司	207033180	451933	207033180	0
华联财务有限责任公司	55448105	867871	55448105	0
兵器装备集团财务有限责任公司	221263874	12277255	221260710	3163

续表

机构 \ 项目	本外币合计		本币	外币
	发生额	发生数	发生额	发生额
京能集团财务有限公司	46499926	98294	46499926	0
浙江省能源集团财务有限责任公司	28331857	117576	28331857	0
广东粤电财务有限公司	86545393	79437	86545393	0
TCL 集团财务有限公司	79465365	964225	75574200	3891165
湖南华菱钢铁集团财务有限公司	76157041	163748	71261470	4895571
江西铜业集团财务有限公司	53519414	118478	53414186	105228
天津港财务有限公司	22785097	37197	22785097	0
松下电器（中国）财务有限公司	2751404	58040	1365591	1385813
中航工业集团财务有限责任公司	472680369	653254	470848038	1832331
中冶集团财务有限公司	82376674	34702	81693000	683674
申能集团财务有限公司	58691205	136972	56825798	1865406
潞安集团财务有限公司	39716862	37448	39716862	0
淮南矿业集团财务有限公司	50344421	112586	50344421	0
日立（中国）财务有限公司	4622818	21600	4622818	0
保利财务有限公司	113947808	51991	113947808	0
深圳能源财务有限公司	14218628	43031	14218628	0
中化集团财务有限责任公司	241452743	318539	215210486	26242257
海信集团财务有限公司	59037254	1311187	56775785	2261469
国联财务有限责任公司	12593925	87654	12593925	0
首都机场集团财务有限公司	15784982	64115	15784982	0
红豆集团财务有限公司	19689300	111371	19645500	43800
海马财务有限公司	28622382	386370	28622382	0
南山集团财务有限公司	222107391	135690	218268052	3839339
国投财务有限公司	123083872	160643	122743753	340119
河南能源化工集团财务有限公司	49833806	114755	49833806	0
中国化工财务有限公司	105287592	97652	105165708	121884
紫金矿业集团财务有限公司	33103000	82435	32835200	267800
江苏华西集团财务有限公司	41067124	90446	41067124	0
冀中能源集团财务有限责任公司	34734928	227179	34734928	0
山西焦煤集团财务有限责任公司	83290937	70297	83290937	0
阳泉煤业集团财务有限责任公司	40392837	115765	40392837	0
晋煤集团财务有限公司	43997879	127014	43997879	0
云南冶金集团财务有限公司	13746467	20176	13746467	0
中海集团财务有限责任公司	92906762	449491	84574186	8332576
中集集团财务有限公司	50464886	186571	44932829	5532057
沙钢财务有限公司	148940660	150387	148417907	522753

续表

机构 \ 项目	本外币合计		本币	外币
	发生额	发生数	发生额	发生额
美的集团财务有限公司	40899690	1621180	40246866	652824
宁波舟山港集团财务有限公司	29169247	252631	29169247	0
兖矿集团财务有限公司	34074945	8	33977646	97299
哈尔滨电气集团财务有限责任公司	12857120	39572	12852543	4578
北大方正集团财务有限公司	34948601	4680	34948601	0
通用技术集团财务有限责任公司	101949333	122081	99919442	2029891
铜陵有色金属集团财务有限公司	48252337	108775	40150570	8101767
中建财务有限公司	485620000	21317	485620000	0
江苏省国信集团财务有限公司	39009062	50442	39009062	0
重庆化医控股集团财务有限公司	19033066	125500	19033066	0
金川集团财务有限公司	42069220	85412	37939929	4129291
新希望财务有限公司	95841306	1497816	95841306	0
酒钢集团财务有限公司	64152171	65651	64152171	0
包钢集团财务有限责任公司	46932384	414511	46932384	0
新奥财务有限责任公司	21665520	167489	21665520	0
中外运长航财务有限公司	153834931	202518	152337330	1497602
青岛啤酒财务有限责任公司	28150116	125500	28150116	0
上海复星高科技集团财务有限公司	85102603	64754	85102603	0
中铝财务有限责任公司	157535279	116779	157094874	440405
中兴通讯集团财务有限公司	132246100	229195	126891400	5354700
福建省能源集团财务有限公司	36317223	155819	36317223	0
湖南高速集团财务有限公司	10688982	15271	10688982	0
马钢集团财务有限公司	36780058	170137	36780058	0
湖北宜化集团财务有限责任公司	30381924	56230	30381924	0
北京汽车集团财务有限公司	63391512	142004	63389969	1543
大连港集团财务有限公司	41440581	82471	41440581	0
大唐电信集团财务有限公司	8136363	73289	8127701	8662
开滦集团财务有限责任公司	60231599	89287	60231599	0
中国航油集团财务有限公司	85250392	43857	83237347	2013045
海南农垦集团财务有限公司	9149385	28894	9149385	0
西部矿业集团财务有限公司	43969761	882249	43969761	0
江苏交通控股集团财务有限公司	52313825	37652	52313825	0
中国移动通信集团财务有限公司	115060886	66482	115060886	0
山东钢铁集团财务有限公司	80142973	49818	80142973	0
国药集团财务有限公司	30928814	31592	30928814	0
郑州宇通集团财务有限公司	108978243	148398	108978243	0

续表

机构 \ 项目	本外币合计		本币	外币
	发生额	发生数	发生额	发生额
中国铁建财务有限公司	494369926	732367	494369926	0
山东省商业集团财务有限公司	24635979	505814	24635979	0
深圳华强集团财务有限公司	22947838	62532	22947838	0
诚通财务有限责任公司	112445861	2108080	111595918	849942
山东重工集团财务有限公司	134865879	297062	134865879	0
湖北能源财务有限公司	11898451	31554	11898451	0
港中旅财务有限公司	27229477	9374	27229477	0
陕西煤业化工集团财务有限公司	78932100	320000	78932100	0
上海华谊集团财务有限责任公司	18216786	87429	18072621	144165
河钢集团财务有限公司	107651821	40605	107651821	0
安徽省能源集团财务有限公司	1378557	8848	1378557	0
中化工程集团财务有限公司	39020000	21025	39020000	0
天津天保财务有限公司	13651523	13213	13651523	0
亿利集团财务有限公司	16890143	80541	16890143	0
厦门海翼集团财务有限公司	13092752	38400	13092752	0
中信财务有限公司	45827314	62505	45162590	664724
浙江省交通投资集团财务有限责任公司	20982388	113147	20982388	0
中车财务有限公司	227451115	225788	227069875	381240
中国电子科技财务有限公司	79082637	682450	79082637	0
重庆机电控股集团财务有限公司	10117280	41863	10117280	0
河北建投集团财务有限公司	16546446	60308	16546446	0
太钢集团财务有限公司	79958664	66793	71206821	8751843
大同煤矿集团财务有限责任公司	46039624	115394	46039624	0
贵州茅台集团财务有限公司	22626242	17900	22626242	0
海亮集团财务有限责任公司	144441626	188867	144407968	33658
中材集团财务有限公司	20640121	45103	20378025	262096
贵州盘江集团财务有限公司	1912484	20237	1912484	0
北京首都旅游集团财务有限公司	27406742	40535	27406742	0
广西交通投资集团财务有限责任公司	21387080	38260	21387080	0
徐工集团财务有限公司	25091460	122915	24915850	175610
百联集团财务有限责任公司	88642946	1121713	88642946	0
中交财务有限公司	133903996	36991	133903996	0
山东黄金集团财务有限公司	35111276	50905	35111276	0
中开财务有限公司	21596415	68315	21596415	0
中国平煤神马集团财务有限责任公司	22968365	174035	22968365	0
四川长虹集团财务有限公司	155626224	744649	155626224	0

续表

项目 / 机构	本外币合计		本币	外币
	发生额	发生数	发生额	发生额
创维集团财务有限公司	43097794	1140100	39274251	3823543
江苏国泰财务有限公司	14199198	230543	10399537	3799661
亨通财务有限公司	38719838	157400	38719838	0
珠海华发集团财务有限公司	387588571	25735	387588571	0
北京金隅财务有限公司	32281505	120456	32281505	0
云南云天化集团财务有限公司	54290700	46267	54290700	0
北京控股集团财务有限公司	24039300	28719	19267963	4771337
陕西延长石油财务有限公司	119138142	143061	119138142	0
山东能源集团财务有限公司	33983908	111323	33983908	0
鄂尔多斯财务有限公司	26907934	99329	26907934	0
伊利财务有限公司	26166643	1224226	26166643	0
大冶有色金属集团财务有限责任公司	31492489	52967	31492489	0
巨化集团财务有限责任公司	19577672	160849	19577672	0
供销集团财务有限公司	9746761	12966	9746761	0
中铁财务有限责任公司	250583350	174542	250205183	378167
重庆力帆财务有限公司	49962114	20080	49814653	147461
中煤财务有限责任公司	59252888	10967	59252888	0
安徽省皖北煤电集团财务有限公司	7343077	23800	7343077	0
淮北矿业集团财务有限公司	11507911	79496	11507911	0
湖南出版投资控股集团财务有限公司	7905468	59293	7905468	0
四川省宜宾五粮液集团财务有限公司	39300200	435822	39300200	0
山东晨鸣集团财务有限公司	51848658	23265	51848658	0
河北港口集团财务有限公司	7355888	29094	7355888	0
中节能财务有限公司	68765089	66933	68765089	0
青岛港财务有限责任公司	6829940	189092	6829940	0
上海上实集团财务有限公司	40634952	45353	40634952	0
重庆市能源投资集团财务有限公司	24911919	63093	24911919	0
广东省交通集团财务有限公司	29922249	130089	29922249	0
光明食品集团财务有限公司	38199702	544435	38199702	0
忠旺集团财务有限公司	30035600	2380	30035600	0
本钢集团财务有限公司	48094930	23775	48094930	0
天津物产集团财务有限公司	157698224	3289	157698224	0
福建七匹狼集团财务有限公司	6242093	37102	6242093	0
清华控股集团财务有限公司	20413309	48301	20413309	0
中国核工业建设集团财务有限公司	40665520	87513	40665520	0
中国黄金集团财务有限公司	34291187	136902	34291187	0

续表

机构 \ 项目	本外币合计		本币	外币
	发生额	发生数	发生额	发生额
物美商业财务有限责任公司	12941937	75771	12941937	0
三房巷财务有限公司	2178050	3279	2178050	0
中联重科集团财务有限公司	33863047	59542	33764487	98560
广东省广晟财务有限公司	7419206	11575	7419206	0
湖北交投集团财务有限公司	22360444	12343	22360444	0
新凤祥财务有限公司	24854866	28546	24854866	0
山东招金集团财务有限公司	30677846	46924	30643810	34036
北京金融街集团财务有限公司	9213384	1504	9213384	0
首钢集团财务有限公司	77083576	103821	77083576	0
内蒙古伊泰财务有限公司	20036497	29688	20036497	0
内蒙古电力集团财务有限责任公司	44980540	248634	44980540	0
上海外高桥集团财务有限公司	59235499	14	59235499	0
中国铁路财务有限责任公司	218683302	40981	218683302	0
天瑞集团财务有限责任公司	2207073	3441	2207073	0
云南昆钢集团财务有限公司	24444146	81585	24444146	0
渤海钢铁集团财务有限公司	271200	17	271200	0
粤海集团财务有限公司	4681934	6370	4681934	0
江苏悦达集团财务有限公司	10743606	12522	10743606	0
中国电建集团财务有限责任公司	87669003	54790	84160864	3508139
物产中大集团财务有限公司	26358696	10018	26358696	0
营口港务集团财务有限公司	16347399	61340	16347399	0
云南建工集团财务有限公司	16979600	131181	16979600	0
甘肃电投集团财务有限公司	8396000	29485	8396000	0
宝塔石化集团财务有限公司	2254782	2757	2254782	0
北京粮食集团财务有限公司	4147218	10443	4147218	0
日照港集团财务有限公司	6108328	46208	6108328	0
联通集团财务有限公司	121154386	1129	121154386	0
河南双汇集团财务有限公司	10595131	82064	10595131	0
厦门翔业集团财务有限公司	1615554	58742	1615554	0
新华联控股集团财务有限责任公司	2731156	1217	2731156	0
广州发展集团财务有限公司	1938028	5971	1938028	0
江苏凤凰出版传媒集团财务有限公司	1234000	1827	1234000	0
顺丰控股集团财务有限公司	3610251	30690	3610251	0
天津医药集团财务有限公司	456981	632	456981	0
青建集团财务有限责任公司	246501	103	246501	0
总计	25154896408	118534747	24779635046	375261362

财务公司外汇即期业务情况统计表

（2016 年）　　　　单位：万元

机构＼项目	外汇存款	外汇贷款	外汇投资	即期外汇买卖交易	即期结汇	即期售汇
中国重汽财务有限公司	11932	6937	0	0	0	0
中国华能财务有限责任公司	13	6937	0	52252	0	52252
锦江国际集团财务有限责任公司	598	0	0	0	0	0
一汽财务有限公司	0	0	0	0	0	137815
西电集团财务有限责任公司	26369	7524	0	0	54465	65622
中国石化财务有限责任公司	709391	0	0	34928816	249826	33863648
东方电气集团财务有限公司	90189	6209	0	260617	175103	85642
宝钢集团财务有限责任公司	1766	0	6937	0	18064	2806
五矿集团财务有限责任公司	47950	0	0	273283	71791	275232
武汉钢铁集团财务有限责任公司	5963	53822	0	0	57618	462910
中远财务有限责任公司	898382	90181	0	0	574678	55975
中国航空集团财务有限责任公司	0	0	0	0	0	14
中国南航集团财务有限公司	42336	0	0	0	0	0
上海汽车集团财务有限责任公司	17319	0	0	0	42000	1411506
东方集团财务有限责任公司	0	5203	0	0	0	0
东航集团财务有限责任公司	81082	20811	0	39135	9893	3350337
中油财务有限责任公司	6467466	10347244	946352	55095	860844	17495120
上海电气集团财务有限责任公司	261855	73068	0	0	85245	195612
兵工财务有限责任公司	7121	1387	0	0	74811	39687
三峡财务有限责任公司	0	0	0	27065	25978	1053
中广核财务有限责任公司	226910	37565	0	3325	281475	233247
中船财务有限责任公司	664365	266589	0	66591	105038	122938
中核财务有限责任公司	0	0	0	0	1604	16444
鞍钢集团财务有限责任公司	209	0	0	0	0	0
中国电力财务有限公司	0	2497	0	0	0	124115
中国电子财务有限责任公司	14274	7606	0	0	42582	144006
航天科技财务有限责任公司	18	0	0	0	101479	26619
航天科工财务有限责任公司	82781	0	0	0	0	0
中海石油财务有限责任公司	42743	16094	0	0	28843	2013142
海尔集团财务有限责任公司	799210	999806	0	135647	267018	493090
万向财务有限公司	3	3469	0	554548	155073	467827

续表

项目 机构	外汇存款	外汇贷款	外汇投资	即期外汇买卖交易	即期结汇	即期售汇
中粮财务有限责任公司	54018	0	0	0	94987	194977
国机财务有限责任公司	158670	10371	0	0	16290	1449
海航集团财务有限公司	1627	0	0	181160	0	181160
中国大唐集团财务有限公司	18733	0	0	31106	1477	29962
中电投财务有限公司	82609	0	0	0	0	0
TCL 集团财务有限公司	454974	191606	0	412917	239289	173628
湖南华菱钢铁集团财务有限公司	56652	0	0	0	81010	219591
江西铜业集团财务有限公司	53716	27748	0	0	42497	190752
松下电器（中国）财务有限公司	20891	3052	0	0	0	0
中航工业集团财务有限责任公司	134600	17343	0	0	327641	96480
中冶集团财务有限公司	129299	0	0	36410	36410	0
申能集团财务有限公司	0	0	0	0	11	232869
保利财务有限公司	0	0	0	0	22605	812
中化集团财务有限责任公司	134858	3097	0	0	429535	5545766
海信集团财务有限公司	34918	61365	0	0	64586	27629
红豆集团财务有限公司	8	0	0	0	0	0
南山集团财务有限公司	46123	3469	0	432016	179765	236975
国投财务有限公司	0	0	0	0	66874	19527
中国化工财务有限公司	0	0	0	0	19488	41454
紫金矿业集团财务有限公司	9595	10406	0	281587	2019	264030
中海集团财务有限责任公司	142696	8324	0	0	330650	160692
中集集团财务有限公司	157935	35997	0	0	459973	214754
沙钢财务有限公司	200856	0	0	0	0	0
美的集团财务有限公司	199487	24280	0	0	80046	0
兖矿集团财务有限公司	0	3885	0	0	0	0
哈尔滨电气集团财务有限责任公司	766	0	0	0	0	0
通用技术集团财务有限责任公司	72475	0	0	160480	136046	49917
铜陵有色金属集团财务有限公司	19439	4162	0	0	74753	2299782
江苏省国信集团财务有限公司	13167	0	0	0	0	0
金川集团财务有限公司	19132	0	0	0	0	1360682
包钢集团财务有限责任公司	80905	0	0	0	0	0
新奥财务有限责任公司	4582	3122	0	0	0	0

续表

机构＼项目	外汇存款	外汇贷款	外汇投资	即期外汇买卖交易	即期结汇	即期售汇
中外运长航财务有限公司	36909	22469	0	0	101583	42365
中铝财务有限责任公司	559915	0	0	0	11446	114718
中兴通讯集团财务有限公司	517384	0	0	0	0	0
马钢集团财务有限公司	50867	3704	0	0	1094	944
北京汽车集团财务有限公司	1543	0	0	0	0	135
大唐电信集团财务有限公司	7034	0	0	0	0	0
中国航油集团财务有限公司	284234	0	0	0	5000	1068
山东钢铁集团财务有限公司	0	6937	0	0	0	0
诚通财务有限责任公司	16544	0	0	0	0	15779
山东重工集团财务有限公司	603	3469	0	143447	88376	55040
上海华谊集团财务有限责任公司	61421	0	0	0	0	0
中信财务有限公司	78269	11876	0	450246	13042	437204
中车财务有限公司	95149	0	0	0	17738	36132
太钢集团财务有限公司	24234	103847	0	0	306637	313104
中材集团财务有限公司	103490	0	0	0	0	0
徐工集团财务有限公司	11273	2775	0	0	14055	624
四川长虹集团财务有限公司	699	0	0	0	0	0
创维集团财务有限公司	36669	0	0	0	0	0
江苏国泰财务有限公司	89916	0	0	0	0	0
云南云天化集团财务有限公司	0	0	0	0	0	0
北京控股集团财务有限公司	526623	329623	0	0	0	0
伊利财务有限公司	0	0	0	3439	0	3435
中铁财务有限责任公司	34356	0	0	0	0	0
重庆力帆财务有限公司	8034	0	0	0	0	0
天津物产集团财务有限公司	838	0	0	56	0	56
中联重科集团财务有限公司	36236	0	0	0	0	0
新凤祥财务有限公司	0	6937	0	0	0	0
山东招金集团财务有限公司	2595	3469	0	0	0	0
中国电建集团财务有限责任公司	736964	10406	0	0	0	0
西王集团财务有限公司	0	2428	0	0	0	0
总计	16124772	12869112	953289	38529236	6548348	73700149

财务公司集团产品销售信贷业务情况统计表

（2016 年）　　　　单位：万元

项目 / 机构	集团产品信贷余额				集团产品信贷发生额			
	余额合计	其中：买方信贷	其中：消费信贷	其中：融资租赁	发生额合计	其中：买方信贷	其中：消费信贷	其中：融资租赁
东风汽车财务有限公司	2528353	50971	2276799	200584	2595221	260637	2142539	192045
一汽财务有限公司	280097	0	279493	604	299926	0	299241	685
中国石化财务有限责任公司	5000	5000	0	0	5000	5000	0	0
东方电气集团财务有限公司	82828	80000	0	2828	0	0	0	0
宝钢集团财务有限责任公司	0	0	0	0	-375	0	0	-375
中国一拖集团财务有限责任公司	168	158	10	0	39	39	0	0
江铃汽车集团财务有限公司	422892	366614	56279	0	1172675	1121543	51132	0
上海汽车集团财务有限责任公司	6566364	1437683	5128218	463	17433171	12304419	5128218	534
中油财务有限责任公司	71126	71126	0	0	0	0	0	0
上海电气集团财务有限责任公司	86810	86810	0	0	61210	61210	0	0
航天科技财务有限责任公司	51971	51971	0	0	51971	51971	0	0
海尔集团财务有限责任公司	285619	150848	134771	0	198017	174634	23383	0
珠海格力集团财务有限责任公司	510512	510512	0	0	1067430	1067430	0	0
国机财务有限责任公司	31974	22690	0	9284	7184	1393	0	5792
兵器装备集团财务有限责任公司	2239139	70669	2168470	0	7060326	5061031	1999295	0
TCL 集团财务有限公司	475	475	0	0	1202	1202	0	0
天津港财务有限公司	3164	0	0	3164	2000	0	0	2000
申能集团财务有限公司	4	0	4	0	4	0	4	0
海信集团财务有限公司	0	0	0	0	250	250	0	0
红豆集团财务有限公司	3300	3300	0	0	3300	3300	0	0
海马财务有限公司	457438	128100	329338	0	843539	565739	277800	0
中集集团财务有限公司	1863	1863	0	0	2122	2122	0	0
美的集团财务有限公司	40435	40435	0	0	679839	679839	0	0
哈尔滨电气集团财务有限责任公司	450	0	0	450	450	0	0	450
新奥财务有限责任公司	4631	4631	0	0	4631	4631	0	0
青岛啤酒财务有限责任公司	710	710	0	0	910	910	0	0
中兴通讯集团财务有限公司	6540	0	3	6537	5835	0	36	5799
马钢集团财务有限公司	150	150	0	0	606	606	0	0
北京汽车集团财务有限公司	353753	72623	281131	0	504934	248945	255989	0
大唐电信集团财务有限公司	0	0	0	0	480	480	0	0
郑州宇通集团财务有限公司	73035	0	73035	0	50079	0	50079	0
徐工集团财务有限公司	45543	5435	40108	0	21643	5985	15658	0
山东黄金集团财务有限公司	210	210	0	0	210	210	0	0
中开财务有限公司	139	0	139	0	508	357	151	0
创维集团财务有限公司	31599	31531	68	0	101094	101008	86	0
重庆力帆财务有限公司	19819	19812	8	0	19819	19812	8	0
四川省宜宾五粮液集团财务有限公司	6002	6000	2	0	6002	6000	2	0
总　计	14212113	3220325	10767874	223914	32201252	21750702	10243620	206930

财务公司对金融机构股权投资情况统计表

（2016 年）　　　　单位：万元

项目 机构	被投资金融机构	本年新增投资金额	累计投资金额	持投比例（%）
东风汽车财务有限公司	武汉东风保险经纪有限公司	0	220	20.00
一汽财务有限公司	吉林亿安保险经纪有限公司	0	500	50.00
	一汽汽车金融有限公司	0	204945	83.00
	鑫安汽车保险股份有限公司	0	9968	10.00
中国石化财务有限责任公司	上海银行股份有限公司	0	1652	0.11
	广发银行股份有限公司	0	995	0.02
东方电气集团财务有限公司	交通银行	0	2303	0.02
五矿集团财务有限责任公司	广发银行	0	26400	0.39
武汉钢铁集团财务有限责任公司	湖北鹏程保险代理公司	0	40	5.02
江铃汽车集团财务有限公司	中国重汽财务有限公司	0	276	0.04
	江西银行	0	6720	1.44
中国航空集团财务有限责任公司	航联保险经纪有限公司	0	600	12.00
中国南航集团财务有限公司	航联保险经纪有限公司	0	600	12.00
	中国重汽财务有限公司	0	1290	0.20
上海汽车集团财务有限责任公司	上海通用汽车金融有限责任公司	0	137471	45.00
中国能源建设集团财务有限公司	湖北鹏程保险经纪有限公司	0	20	2.51
兵工财务有限责任公司	北京金诚国际保险经纪有限公司	0	100	3.33
三峡财务有限责任公司	民生加银基金管理公司	0	2000	6.67
	陕西煤化工集团财务有限公司	0	15000	15.00
	三峡保险经纪公司	0	3230	64.60
中广核财务有限责任公司	安信基金管理有限责任公司	0	3000	8.57
中核财务有限责任公司	长城证券	0	11810	5.08
鞍钢集团财务有限责任公司	北京鞍汇联保险经纪有限公司	0		51.00
中国电力财务有限公司	国泰基金管理有限公司	0	1145	10.00
	英大国际信托有限责任公司	0	9500	5.21
	英大证券有限责任公司	0	45200	18.97
	英大泰和人寿保险股份有限公司	0	25632	6.41
	英大泰和财产保险股份有限公司	0	15600	7.43
航天科技财务有限责任公司	中信建投基金管理有限公司	3750	7500	25.00
	北京国际信托有限公司	0	76770	15.32
航天科工财务有限责任公司	英大基金管理有限公司	0	3000	15.00
中船重工财务有限责任公司	华融金融租赁股份有限公司	0	19840	2.16
	中船保险经纪有限责任公司	5000	5000	100.00
海尔集团财务有限责任公司	南山集团财务有限责任公司	0	6400	8.00
	海尔消费金融有限公司	0	9500	19.00

续表

项目 机构	被投资 金融机构	本年新增 投资金额	累计投资 金额	持投比例 （%）
中粮财务有限责任公司	中粮信托有限责任公司	0	9201	4.00
国机财务有限责任公司	信达财产保险股份有限公司	0	2165	0.67
中国华电集团财务有限公司	华鑫国际信托有限公司	0	191146	49.00
中国大唐集团财务有限公司	富滇银行股份有限公司	0	213600	18.95
南方电网财务有限公司	陕西延长石油财务有限公司	0	8000	8.00
	鼎和财产保险股份有限公司	0	30180	10.00
	瑞恒保险经纪有限责任公司	0	2156	40.00
国电财务有限公司	石嘴山银行股份有限公司	0	21384	19.80
兵器装备集团财务有限责任公司	长安基金管理有限公司	0	1800	6.67
	北京中兵保险经纪有限公司	0	990	99.00
	长安汽车金融有限公司	132000	132000	40.00
浙江省能源集团财务有限责任公司	华融金融租赁股份有限公司	0	24800	3.20
广东粤电财务有限公司	深圳天鑫保险经纪有限公司	0	906	100.00
	珠海农商银行股份有限公司	0	44550	9.90
申能集团财务有限公司	上海全顺保险经纪有限公司	627	627	30.00
淮南矿业集团财务有限公司	芜湖扬子农村商业银行	0	32000	20.00
深圳能源财务有限公司	华泰财产保险控股股份有限公司	0	2204	0.30
中化集团财务有限责任公司	中化保险经纪公司	0	5000	100.00
	中宏人寿保险有限公司	0	146729	49.00
红豆集团财务有限公司	江苏大丰农村商业银行股份有限公司	3221	13773	9.01
	江苏锡山建信村镇银行有限责任公司	318	1368	9.00
海马财务有限公司	海南银行股份有限公司	0	50400	12.00
国投财务有限公司	国投保险经纪有限公司	0	5000	100.00
河南能源化工集团财务有限公司	中原银行股份有限公司	0	2382	0.11
冀中能源集团财务有限责任公司	光大银行	0	999	0.02
晋煤集团财务有限公司	晋城农村商业银行股份有限公司	0	12000	10.00
美的集团财务有限公司	江苏银行股份有限公司	0	2093	0.00
	佛山顺德农村商业银行股份有限公司	5591	61465	0.03
	樟树顺银村镇银行股份有限公司	0	720	0.06
	丰城顺银村镇银行股份有限公司	0	666	0.06
总计		150507	1674531	

财务公司担保业务情况统计表

（2016 年）　　　　单位：万元、笔

项目 机构	担保业务合计			其中：融资性担保			其中：非融资性担保		
	发生额	发生笔数	余额	发生额	发生笔数	余额	发生额	发生笔数	余额
中国华能财务有限责任公司	31814	90	32343	0	0	0	31814	90	32343
一汽财务有限公司	2699	9	1834	0	0	0	2699	9	1834
西电集团财务有限责任公司	244568	10666	341447	0	0	0	244568	10666	341447
中国石化财务有限责任公司	10641	16	9852	0	0	0	10641	16	9852
东方电气集团财务有限公司	1911	6	22985	0	0	0	1911	6	22985
中国一拖集团财务有限责任公司	54042	31	8121	54042	31	8121	0	0	0
武汉钢铁集团财务有限责任公司	1205076	82	86523	1194624	52	76007	10452	30	10517
中远财务有限责任公司	0	0	107	0	0	0	0	0	107
江铃汽车集团财务有限公司	158327	200	69563	0	0	0	158327	200	69563
振华集团财务有限责任公司	7235	25	18261	7235	25	18261	0	0	0
东方集团财务有限责任公司	50000	2	50000	50000	2	50000	0	0	0
东航集团财务有限责任公司	11595	13	11595	0	0	0	11595	13	11595
中油财务有限责任公司	136580	189	129523	0	0	0	136580	189	129523
上海电气集团财务有限责任公司	32284	90	133713	0	0	0	32284	90	133713
中国能源建设集团财务有限公司	28459	20	41898	0	0	0	28459	20	41898
兵工财务有限责任公司	455602	39	241032	421225	34	233645	34376	5	7387
三峡财务有限责任公司	1394	17	1982	0	0	0	1394	17	1982
中广核财务有限责任公司	0	0	1972	0	0	0	0	0	1972
中船财务有限责任公司	7053	37	13846	0	0	0	7053	37	13846
中核财务有限责任公司	25626	35	30102	0	0	0	25626	35	30102
上海浦东发展集团财务有限责任公司	10115	4	7258	0	0	0	10115	4	7258
鞍钢集团财务有限责任公司	871	5	821	0	0	0	871	5	821
中国电力财务有限公司	94207	74	1252970	40000	1	40000	54207	73	1212970
中国电子财务有限责任公司	140691	303	123391	93709	24	66800	46982	279	56591
航天科技财务有限责任公司	10243	45	6336	0	0	0	10243	45	6336
航天科工财务有限责任公司	2000	1	2001	0	0	0	2000	1	2001
中船重工财务有限责任公司	38783	18	8378	0	0	0	38783	18	8378
中海石油财务有限责任公司	49841	33	98434	0	0	0	49841	33	98434
海尔集团财务有限责任公司	1822	13	10392	0	0	0	1822	13	10392
吉林森林工业集团财务有限责任公司	55800	8	37000	55800	8	37000	0	0	0

续表

项目 机构	担保业务合计			其中：融资性担保			其中：非融资性担保		
	发生额	发生笔数	余额	发生额	发生笔数	余额	发生额	发生笔数	余额
万向财务有限公司	71000	2	70200	71000	2	70200	0	0	0
苏州创元集团财务有限公司	8978	22	7380	6000	3	3000	2978	19	4380
国机财务有限责任公司	64873	172	239155	3571	7	8063	61301	165	231092
海航集团财务有限公司	106500	3	106500	106500	3	106500	0	0	0
中国华电集团财务有限公司	17615	5	67590	0	0	50000	17615	5	17590
中国大唐集团财务有限公司	10000	2	10000	10000	2	10000	0	0	0
南方电网财务有限公司	9122	214	11035	0	0	0	9122	214	11035
中电投财务有限公司	5152	7	34163	0	0	0	5152	7	34163
国电财务有限公司	0	0	53	0	0	0	0	0	53
浙江省能源集团财务有限责任公司	16109	35	21780	0	0	0	16109	35	21780
TCL 集团财务有限公司	128143	654	93259	110493	651	75610	17650	3	17650
天津港财务有限公司	27497	47	32149	27497	47	32149	0	0	0
中冶集团财务有限公司	16252	11	80965	0	0	0	16252	11	80965
申能集团财务有限公司	14297	6	14943	0	0	2000	14297	6	12943
淮南矿业集团财务有限公司	0	0	100	0	0	0	0	0	100
中化集团财务有限责任公司	31735	7	63470	0	0	0	31735	7	63470
海信集团财务有限公司	0	0	1000	0	0	0	0	0	1000
国联财务有限责任公司	44133	330	18604	42713	313	16792	1420	17	1812
首都机场集团财务有限公司	0	0	500	0	0	0	0	0	500
红豆集团财务有限公司	25000	1	25000	25000	1	25000	0	0	0
南山集团财务有限公司	10	1	60	0	0	0	10	1	60
国投财务有限公司	12427	7	35967	0	0	18100	12427	7	17867
河南能源化工集团财务有限公司	570	1	4377	0	0	0	570	1	4377
中国化工财务有限公司	14600	4	14000	14600	4	14000	0	0	0
紫金矿业集团财务有限公司	11799	23	1375	0	0	0	11799	23	1375
江苏华西集团财务有限公司	47000	2	0	15000	1	0	32000	1	0
晋煤集团财务有限公司	126621	35	57021	126621	35	57021	0	0	0
中海集团财务有限责任公司	1251	3	2629	0	0	0	1251	3	2629
中集集团财务有限公司	34970	194	23412	29861	164	20573	5109	30	2840
沙钢财务有限公司	103179	49	88205	93045	44	75271	10134	5	12934
美的集团财务有限公司	30000	10	17000	0	0	0	30000	10	17000
宁波舟山港集团财务有限公司	5293	10	5000	0	0	0	5293	10	5000

续表

机构 \ 项目	担保业务合计			其中：融资性担保			其中：非融资性担保		
	发生额	发生笔数	余额	发生额	发生笔数	余额	发生额	发生笔数	余额
兖矿集团财务有限公司	4100	2	4100	0	0	0	4100	2	4100
哈尔滨电气集团财务有限责任公司	476	5	528	0	0	0	476	5	528
北大方正集团财务有限公司	426500	9	421810	426500	9	421810	0	0	0
铜陵有色金属集团财务有限公司	21107	11	21087	0	0	0	21107	11	21087
中建财务有限公司	77668	45	189098	0	0	0	77668	45	189098
江苏省国信集团财务有限公司	21305	2	21305	0	0	0	21305	2	21305
金川集团财务有限公司	24254	9	8811	0	0	0	24254	9	8811
酒钢集团财务有限公司	3200	2	3200	0	0	0	3200	2	3200
包钢集团财务有限责任公司	42053	11	17128	42053	11	17128	0	0	0
新奥财务有限责任公司	51534	25	46557	0	0	5600	51534	25	40957
中外运长航财务有限公司	6880	14	8055	6500	1	6500	380	13	1555
上海复星高科技集团财务有限公司	4000	1	4000	0	0	0	4000	1	4000
中铝财务有限责任公司	15651	2	30000	15000	1	30000	651	1	0
中兴通讯集团财务有限公司	31006	154	29682	0	0	0	31006	154	29682
福建省能源集团财务有限公司	27922	2	73835	0	0	0	27922	2	73835
马钢集团财务有限公司	20000	1	20000	0	0	0	20000	1	20000
湖北宜化集团财务有限责任公司	164	4	0	0	0	0	164	4	0
北京汽车集团财务有限公司	1230	2	1230	0	0	0	1230	2	1230
大连港集团财务有限公司	10341	11	786	0	0	0	10341	11	786
大唐电信集团财务有限公司	15	2	15	0	0	0	15	2	15
海南农垦集团财务有限公司	9720	1	9720	9720	1	9720	0	0	0
江苏交通控股集团财务有限公司	129	1	129	0	0	0	129	1	129
郑州宇通集团财务有限公司	296	3	296	0	0	0	296	3	296
中国铁建财务有限公司	484791	139	604115	0	0	0	484791	139	604115
山东省商业集团财务有限公司	33500	5	33500	33500	5	33500	0	0	0
深圳华强集团财务有限公司	110000	3	110000	110000	3	110000	0	0	0
山东重工集团财务有限公司	64000	4	119000	64000	4	119000	0	0	0
陕西煤业化工集团财务有限公司	108221	62	72071	0	0	0	108221	62	72071
上海华谊集团财务有限责任公司	59176	22	44834	59176	22	44834	0	0	0
河钢集团财务有限公司	88836	56	0	88836	56	0	0	0	0
安徽省能源集团财务有限公司	321	6	574	0	0	0	321	6	574

续表

机构 \ 项目	担保业务合计			其中：融资性担保			其中：非融资性担保		
	发生额	发生笔数	余额	发生额	发生笔数	余额	发生额	发生笔数	余额
中化工程集团财务有限公司	31710	48	32341	0	0	0	31710	48	32341
天津天保财务有限公司	193700	13	264600	193700	13	264600	0	0	0
亿利集团财务有限公司	100000	1	0	100000	1	0	0	0	0
中信财务有限公司	36298	26	42429	33685	25	39816	2613	1	2613
浙江省交通投资集团财务有限责任公司	25548	147	13474	0	0	0	25548	147	13474
中车财务有限公司	2561	7	1516	0	0	0	2561	7	1516
中国电子科技财务有限公司	10975	76	10714	10975	76	10714	0	0	0
重庆机电控股集团财务有限公司	115	4	42	0	0	0	115	4	42
河北建投集团财务有限公司	0	0	12773	0	0	9773	0	0	3000
太钢集团财务有限公司	2480	1	2480	0	0	0	2480	1	2480
大同煤矿集团财务有限责任公司	138100	6	136000	136000	5	136000	2100	1	0
海亮集团财务有限责任公司	98	1	98	0	0	0	98	1	98
北京首都旅游集团财务有限公司	714	3	4084	0	0	0	714	3	4084
广西交通投资集团财务有限责任公司	17829	9	17829	0	0	0	17829	9	17829
徐工集团财务有限公司	4362	8	842	0	0	0	4362	8	842
百联集团财务有限责任公司	12700	13	0	0	0	0	12700	13	0
中开财务有限公司	22533	12	21803	20000	1	20000	2533	11	1803
中国平煤神马集团财务有限责任公司	20000	1	20000	20000	1	20000	0	0	0
四川长虹集团财务有限公司	201000	6	100000	201000	6	100000	0	0	0
创维集团财务有限公司	40	1	4081	0	0	0	40	1	4081
江苏国泰财务有限公司	281	4	136	0	0	0	281	4	136
亨通财务有限公司	22255	5	0	22255	5	0	0	0	0
珠海华发集团财务有限公司	6050	2	0	6050	2	0	0	0	0
北京金隅财务有限公司	11008	33	7753	9642	12	1600	1367	21	6153
云南云天化集团财务有限公司	111800	10	111800	111500	9	111500	300	1	300
北京控股集团财务有限公司	4522	2	0	0	0	0	4522	2	0
山东能源集团财务有限公司	17500	2	17500	17500	2	17500	0	0	0
鄂尔多斯财务有限公司	52175	1	0	52175	1	0	0	0	0
伊利财务有限公司	23800	3	0	23800	3	0	0	0	0
巨化集团财务有限责任公司	1865	5	1152	0	0	0	1865	5	1152

续表

项目 机构	担保业务合计			其中：融资性担保			其中：非融资性担保		
	发生额	发生笔数	余额	发生额	发生笔数	余额	发生额	发生笔数	余额
中铁财务有限责任公司	222550	57	204617	0	0	0	222550	57	204617
重庆力帆财务有限公司	153780	583	81917	153780	583	81917	0	0	0
淮北矿业集团财务有限公司	0	0	88	0	0	0	0	0	88
四川省宜宾五粮液集团财务有限公司	828	2	224	0	0	0	828	2	224
山东晨鸣集团财务有限公司	50164	2	40000	0	0	0	50164	2	40000
河北港口集团财务有限公司	131	2	131	0	0	0	131	2	131
中节能财务有限公司	6487	8	9024	5000	1	5000	1487	7	4024
青岛港财务有限责任公司	3050	4	1580	0	0	0	3050	4	1580
上海上实集团财务有限公司	7500	11	7500	7500	11	7500	0	0	0
重庆市能源投资集团财务有限公司	110890	3	37460	110890	3	37460	0	0	0
广东省交通集团财务有限公司	56185	71	57617	0	0	0	56185	71	57617
忠旺集团财务有限公司	208300	2	125000	208300	2	125000	0	0	0
天津物产集团财务有限公司	204700	20	8500	204700	20	8500	0	0	0
清华控股集团财务有限公司	1058	3	798	500	1	500	558	2	298
中国核工业建设集团财务有限公司	10	1	773	0	0	0	10	1	773
湖北交投集团财务有限公司	60480	36	98778	0	0	0	60480	36	98778
新凤祥财务有限公司	30000	3	20000	30000	3	20000	0	0	0
首钢集团财务有限公司	16114	7	14257	0	0	0	16114	7	14257
上海外高桥集团财务有限公司	20	1	0	0	0	0	20	1	0
天瑞集团财务有限责任公司	30000	1	30000	30000	1	30000	0	0	0
云南昆钢集团财务有限公司	40000	1	0	40000	1	0	0	0	0
西王集团财务有限公司	110000	3	0	110000	3	0	0	0	0
云南建工集团财务有限公司	20361	30	15479	0	0	0	20361	30	15479
宝塔石化集团财务有限公司	111480	2	0	111480	2	0	0	0	0
日照港集团财务有限公司	1800	1	1800	0	0	0	1800	1	1800
厦门翔业集团财务有限公司	375	6	375	0	0	0	375	6	375
顺丰控股集团财务有限公司	244	1	244	0	0	0	244	1	244
总计	8120327	15855	7415647	5424253	2360	2959585	2696073	13495	4456065

从业人员统计

财务公司从业人员年龄、文化、职称结构统计表

（2016 年）　　　　单位：人

项目 / 机构	人员合计	年龄结构				性别结构		文化结构				职称结构			
		30岁以下	30岁至40岁	40岁至50岁	50岁以上	男	女	博士	硕士	本科	专科及以下	高级	中级	初级	其他
东风汽车财务有限公司	272	198	47	24	3	186	86	0	53	207	12	12	32	25	203
中国重汽财务有限公司	47	28	8	7	4	16	31	0	9	32	6	2	15	9	21
中国华能财务有限责任公司	76	20	13	22	21	32	44	1	31	36	8	29	22	3	22
锦江国际集团财务有限责任公司	21	2	8	8	3	16	5	0	2	15	4	1	5	3	12
一汽财务有限公司	118	38	62	12	6	41	77	1	77	32	8	12	24	63	19
西电集团财务有限责任公司	34	11	18	3	2	16	18	0	5	29	0	3	18	5	8
中国石化财务有限责任公司	350	109	128	84	29	154	196	1	91	230	28	69	134	106	41
东方电气集团财务有限公司	56	19	14	19	4	26	30	1	34	13	8	8	19	15	14
宝钢集团财务有限责任公司	60	17	15	20	8	36	24	0	20	37	3	5	25	0	30
中国一拖集团财务有限责任公司	41	13	15	12	1	12	29	0	5	25	11	1	22	2	16
五矿集团财务有限责任公司	35	6	12	15	2	16	19	0	15	19	1	2	12	11	10
武汉钢铁集团财务有限责任公司	48	9	17	18	4	27	21	0	13	30	5	16	17	3	12
中远财务有限责任公司	111	6	35	53	17	53	58	0	23	73	15	14	50	36	11
江铃汽车集团财务有限公司	157	97	25	23	12	83	74	0	19	97	41	4	20	12	121
中国航空集团财务有限责任公司	62	13	14	22	13	26	36	0	8	35	19	3	18	8	33
天津渤海集团财务有限责任公司	23	7	5	7	4	11	12	0	3	17	3	1	7	1	14
深圳市有色金属财务有限公司	36	5	5	7	19	23	13	2	8	15	11	3	15	9	9
中国南航集团财务有限公司	61	6	28	19	8	31	30	0	14	30	17	2	25	2	32
上海汽车集团财务有限责任公司	563	349	182	21	11	389	174	0	126	412	25	3	57	14	489

续表

项目 机构	人员合计	年龄结构 30岁以下	30岁至40岁	40岁至50岁	50岁以上	性别结构 男	女	文化结构 博士	硕士	本科	专科及以下	职称结构 高级	中级	初级	其他
振华集团财务有限责任公司	21	6	7	6	2	9	12	0	4	14	3	0	9	0	12
东方集团财务有限责任公司	32	11	11	6	4	14	18	0	5	25	2	1	12	5	14
东航集团财务有限责任公司	48	16	17	11	4	18	30	1	13	29	5	2	8	1	37
中油财务有限责任公司	172	22	61	61	28	80	92	6	60	79	27	41	81	31	19
上海电气集团财务有限责任公司	81	20	49	12	0	48	33	2	29	47	3	1	17	5	58
中国能源建设集团财务有限公司	78	16	20	26	16	42	36	0	18	35	25	23	24	4	27
兵工财务有限责任公司	109	17	50	31	11	47	62	0	38	55	16	13	38	18	40
三峡财务有限责任公司	118	20	56	30	12	69	49	3	40	68	7	38	38	2	40
中广核财务有限责任公司	58	22	22	14	0	36	22	0	25	27	6	3	17	8	30
中船财务有限责任公司	48	25	9	11	3	23	25	1	30	15	2	9	13	18	8
中核财务有限责任公司	47	9	23	10	5	27	20	0	23	23	1	10	22	14	1
上海浦东发展集团财务有限责任公司	47	9	27	7	4	26	21	1	13	26	7	0	18	3	26
鞍钢集团财务有限责任公司	82	6	27	33	16	32	50	0	21	49	12	22	40	13	7
中国电力财务有限公司	815	98	232	330	155	378	437	11	249	500	55	261	249	55	250
神华财务有限公司	56	7	31	13	5	25	31	4	35	12	5	11	22	2	21
中国电子财务有限责任公司	62	12	14	25	11	29	33	1	26	29	6	13	22	11	16
航天科技财务有限责任公司	86	15	45	22	4	35	51	3	46	33	4	15	24	4	43
航天科工财务有限责任公司	73	15	35	13	10	34	39	1	21	41	10	12	21	5	35
中船重工财务有限责任公司	58	26	15	11	6	21	37	1	21	32	4	16	13	4	25
中海石油财务有限责任公司	119	40	41	29	9	51	68	2	46	65	6	6	41	8	64
海尔集团财务有限责任公司	144	69	61	13	1	58	86	1	39	85	19	2	18	20	104

续表

项目 机构	人员合计	年龄结构				性别结构		文化结构				职称结构			
		30岁以下	30岁至40岁	40岁至50岁	50岁以上	男	女	博士	硕士	本科	专科及以下	高级	中级	初级	其他
吉林森林工业集团财务有限责任公司	52	17	21	10	4	19	33	0	10	36	6	11	11	3	27
万向财务有限公司	64	25	18	20	1	32	32	0	9	47	8	1	21	13	29
中粮财务有限责任公司	31	13	14	4	0	13	18	0	19	12	0	0	2	0	29
苏州创元集团财务有限公司	22	5	7	4	6	9	13	0	1	13	8	2	1	14	5
珠海格力集团财务有限责任公司	49	21	10	9	9	21	28	0	6	37	6	1	15	9	24
国机财务有限责任公司	49	23	12	9	5	23	26	0	16	29	4	13	8	1	27
海航集团财务有限公司	73	50	15	4	4	57	16	0	25	45	3	2	16	0	55
中国华电集团财务有限公司	63	18	22	18	5	33	30	0	33	29	1	10	11	0	42
中国大唐集团财务有限公司	48	14	21	11	2	22	26	2	39	5	2	13	13	1	21
南方电网财务有限公司	139	44	68	20	7	81	58	2	40	87	10	28	35	15	61
中电投财务有限公司	65	22	24	15	4	30	35	1	30	32	2	15	12	6	32
国电财务有限公司	90	31	41	10	8	36	54	4	46	35	5	15	26	4	45
华联财务有限责任公司	30	11	9	7	3	13	17	0	3	23	4	1	7	3	19
兵器装备集团财务有限责任公司	86	33	24	22	7	37	49	1	44	39	2	11	12	4	59
京能集团财务有限公司	40	15	19	6	0	20	20	0	22	18	0	11	19	0	10
浙江省能源集团财务有限责任公司	62	45	7	8	2	43	19	1	14	47	0	6	10	7	39
广东粤电财务有限公司	33	2	17	12	2	17	16	1	17	14	1	10	18	2	3
TCL 集团财务有限公司	56	33	14	7	2	30	26	0	10	43	3	1	7	18	30
湖南华菱钢铁集团财务有限公司	30	7	10	8	5	17	13	1	6	19	4	4	10	1	15
江西铜业集团财务有限公司	34	14	9	9	2	19	15	0	8	25	1	3	16	0	15
天津港财务有限公司	47	17	14	14	2	20	27	0	13	28	6	1	22	21	3
松下电器（中国）财务有限公司	12	7	4	1	0	1	11	0	3	9	0	0	3	0	9
中航工业集团财务有限责任公司	118	37	38	25	18	49	69	1	77	34	6	22	21	3	72

续表

机构＼项目	人员合计	年龄结构：30岁以下	30岁至40岁	40岁至50岁	50岁以上	性别结构：男	女	文化结构：博士	硕士	本科	专科及以下	职称结构：高级	中级	初级	其他
中冶集团财务有限公司	30	11	13	5	1	12	18	0	18	12	0	6	3	0	21
申能集团财务有限公司	47	10	24	13	0	22	25	0	32	14	1	2	26	18	1
潞安集团财务有限公司	63	17	35	10	1	32	31	0	21	39	3	6	19	28	10
淮南矿业集团财务有限公司	53	7	13	13	20	31	22	0	15	13	25	3	30	20	0
日立（中国）财务有限公司	11	2	5	3	1	5	6	0	3	7	1	0	3	0	8
保利财务有限公司	25	9	12	3	1	13	12	0	12	12	1	4	6	15	0
深圳能源财务有限公司	35	7	6	14	8	17	18	0	10	19	6	5	9	8	13
中化集团财务有限责任公司	75	30	26	14	5	34	41	1	30	34	10	2	18	3	52
海信集团财务有限公司	34	16	13	3	2	7	27	0	9	17	8	0	4	3	27
国联财务有限责任公司	21	11	4	5	1	10	11	0	2	17	2	1	5	2	13
首都机场集团财务有限公司	45	16	12	13	4	18	27	0	12	29	4	7	13	2	23
红豆集团财务有限公司	31	16	9	6	0	7	24	0	5	23	3	0	1	0	30
海马财务有限公司	135	109	19	5	2	63	72	0	7	118	10	0	5	6	124
南山集团财务有限公司	36	18	13	3	2	19	17	0	6	27	3	3	10	1	22
国投财务有限公司	54	16	32	4	2	29	25	3	32	19	0	10	27	2	15
河南能源化工集团财务有限公司	35	8	8	11	8	19	16	0	2	18	15	3	19	8	5
中国化工财务有限公司	37	10	11	12	4	13	24	1	18	13	5	6	6	5	20
紫金矿业集团财务有限公司	19	8	6	4	1	10	9	0	2	16	1	1	10	4	4
江苏华西集团财务有限公司	25	9	7	7	2	10	15	0	2	14	9	2	7	4	12
冀中能源集团财务有限责任公司	23	2	9	9	3	10	13	0	0	22	1	4	8	3	8
山西焦煤集团财务有限责任公司	49	14	12	14	9	22	27	1	12	31	5	11	13	13	12
阳泉煤业集团财务有限责任公司	50	16	20	8	6	24	26	0	6	35	9	5	24	2	19
晋煤集团财务有限公司	42	15	19	6	2	24	18	0	12	27	3	2	15	5	20
云南冶金集团财务有限公司	28	11	10	7	0	12	16	0	5	20	3	1	9	3	15

续表

项目/机构	人员合计	年龄结构				性别结构		文化结构				职称结构			
		30岁以下	30岁至40岁	40岁至50岁	50岁以上	男	女	博士	硕士	本科	专科及以下	高级	中级	初级	其他
中海集团财务有限责任公司	58	5	30	18	5	31	27	0	8	40	10	3	20	10	25
中集集团财务有限公司	46	18	17	10	1	14	32	1	11	31	3	0	6	2	38
沙钢财务有限公司	30	19	8	2	1	12	18	0	3	25	2	1	5	15	9
美的集团财务有限公司	124	64	54	6	0	60	64	0	19	103	2	1	16	4	103
宁波舟山港集团财务有限公司	27	9	10	4	4	16	11	0	5	21	1	3	11	12	1
兖矿集团财务有限公司	31	3	18	8	2	17	14	0	0	30	1	9	19	3	0
哈尔滨电气集团财务有限责任公司	37	10	16	7	4	21	16	0	9	24	4	11	11	7	8
北大方正集团财务有限公司	45	24	17	3	1	18	27	1	20	22	2	1	3	1	40
通用技术集团财务有限责任公司	38	9	17	11	1	18	20	0	16	20	2	6	11	0	21
铜陵有色金属集团财务有限公司	24	1	12	10	1	11	13	0	8	15	1	9	14	1	0
中建财务有限公司	32	7	15	6	4	20	12	0	13	16	3	7	10	10	5
江苏省国信集团财务有限公司	40	10	18	10	2	19	21	1	4	30	5	4	14	7	15
重庆化医控股集团财务有限公司	21	9	8	4	0	10	11	0	1	14	6	3	3	4	11
金川集团财务有限公司	16	2	7	5	2	9	7	0	1	15	0	1	8	1	6
新希望财务有限公司	30	13	10	7	0	14	16	0	11	17	2	1	6	10	13
酒钢集团财务有限公司	36	13	19	3	1	15	21	0	2	34	0	2	7	15	12
包钢集团财务有限责任公司	41	16	7	16	2	12	29	0	7	29	5	8	15	0	18
新奥财务有限责任公司	51	25	21	2	3	32	19	0	13	30	8	0	4	10	37
中外运长航财务有限公司	35	14	17	3	1	12	23	0	26	7	2	3	9	22	1
青岛啤酒财务有限责任公司	33	12	10	10	1	15	18	0	4	28	1	3	11	2	17
上海复星高科技集团财务有限公司	25	12	10	3	0	11	14	0	6	19	0	0	4	5	16
中铝财务有限责任公司	38	12	20	5	1	17	21	3	21	14	0	8	6	3	21

续表

项目 机构	人员合计	年龄结构				性别结构		文化结构				职称结构			
		30岁以下	30岁至40岁	40岁至50岁	50岁以上	男	女	博士	硕士	本科	专科及以下	高级	中级	初级	其他
中兴通讯集团财务有限公司	44	13	21	9	1	21	23	0	15	20	9	11	12	9	12
福建省能源集团财务有限公司	32	9	13	9	1	12	20	0	6	20	6	0	16	14	2
湖南高速集团财务有限公司	29	10	12	4	3	15	14	0	4	24	1	3	8	11	7
马钢集团财务有限公司	36	8	12	12	4	16	20	0	7	24	5	7	16	9	4
湖北宜化集团财务有限责任公司	19	3	10	6	0	10	9	0	2	14	3	2	4	13	0
北京汽车集团财务有限公司	177	90	77	8	2	92	85	0	41	119	17	5	22	9	141
大连港集团财务有限公司	28	7	15	4	2	14	14	1	7	19	1	1	7	12	8
大唐电信集团财务有限公司	29	17	7	4	1	13	16	2	12	14	1	3	4	0	22
开滦集团财务有限责任公司	26	8	7	6	5	13	13	1	5	19	1	15	5	4	2
中国航油集团财务有限公司	32	12	10	9	1	15	17	2	18	12	0	3	13	1	15
海南农垦集团财务有限公司	20	7	8	4	1	10	10	1	4	15	0	1	5	2	12
西部矿业集团财务有限公司	29	4	16	8	1	16	13	0	3	25	1	1	15	2	11
江苏交通控股集团财务有限公司	31	12	12	6	1	11	20	0	10	20	1	5	13	1	12
中国移动通信集团财务有限公司	59	33	16	7	3	41	18	0	47	11	1	7	20	2	30
山东钢铁集团财务有限公司	31	10	11	7	3	22	9	0	14	17	0	10	6	5	10
国药集团财务有限公司	32	11	13	8	0	15	17	0	13	18	1	4	7	1	20
郑州宇通集团财务有限公司	41	20	12	8	1	30	11	0	4	32	5	2	9	29	1
中国铁建财务有限公司	68	33	25	7	3	37	31	1	19	47	1	14	18	20	16
山东省商业集团财务有限公司	35	11	19	3	2	20	15	0	12	23	0	3	8	24	0

续表

项目 / 机构	人员合计	年龄结构				性别结构		文化结构				职称结构			
		30岁以下	30岁至40岁	40岁至50岁	50岁以上	男	女	博士	硕士	本科	专科及以下	高级	中级	初级	其他
深圳华强集团财务有限公司	22	8	6	8	0	10	12	0	2	17	3	1	5	3	13
诚通财务有限责任公司	41	20	11	4	6	21	20	3	20	15	3	5	12	0	24
山东重工集团财务有限公司	40	16	14	8	2	22	18	0	13	26	1	3	15	14	8
湖北能源财务有限公司	20	2	11	7	0	8	12	0	5	9	6	1	6	10	3
港中旅财务有限公司	24	9	10	4	1	9	15	0	8	16	0	3	4	2	15
陕西煤业化工集团财务有限公司	58	32	17	8	1	17	41	2	19	34	3	4	17	6	31
上海华谊集团财务有限责任公司	26	6	17	2	1	11	15	0	9	15	2	0	11	2	13
河钢集团财务有限公司	25	10	9	6	0	9	16	0	5	18	2	5	6	2	12
安徽省能源集团财务有限公司	21	7	5	6	3	12	9	0	7	12	2	0	12	2	7
中化工程集团财务有限公司	29	15	6	4	4	10	19	0	15	11	3	5	3	0	21
天津天保财务有限公司	19	6	8	3	2	9	10	0	7	12	0	2	6	4	7
亿利集团财务有限公司	16	2	9	4	1	11	5	0	7	9	0	1	5	0	10
厦门海翼集团财务有限公司	21	9	7	3	2	9	12	0	2	18	1	1	4	9	7
中信财务有限公司	35	15	12	7	1	19	16	1	23	8	3	4	8	3	20
浙江省交通投资集团财务有限责任公司	34	8	17	7	2	16	18	0	11	22	1	7	14	3	10
中车财务有限公司	57	14	34	7	2	27	30	2	28	27	0	17	15	19	6
中国电子科技财务有限公司	39	15	20	2	2	21	18	0	27	12	0	2	13	6	18
重庆机电控股集团财务有限公司	25	11	8	4	2	8	17	0	6	19	0	3	10	1	11
河北建投集团财务有限公司	28	7	13	4	4	18	10	0	18	9	1	4	10	2	12
太钢集团财务有限公司	32	8	10	13	1	17	15	0	8	20	4	5	11	16	0
大同煤矿集团财务有限责任公司	53	25	15	8	5	23	30	0	0	46	7	7	20	9	17
贵州茅台集团财务有限公司	20	6	11	2	1	11	9	0	3	14	3	0	9	0	11

续表

项目 机构	人员合计	年龄结构				性别结构		文化结构				职称结构			
		30岁以下	30岁至40岁	40岁至50岁	50岁以上	男	女	博士	硕士	本科	专科及以下	高级	中级	初级	其他
海亮集团财务有限责任公司	25	15	8	2	0	11	14	0	3	12	10	0	2	2	21
中材集团财务有限公司	27	8	10	7	2	12	15	1	10	14	2	7	5	3	12
贵州盘江集团财务有限公司	14	1	8	3	2	8	6	0	2	10	2	2	4	5	3
北京首都旅游集团财务有限公司	25	8	9	8	0	11	14	0	10	12	3	4	3	6	12
广西交通投资集团财务有限责任公司	34	14	10	7	3	20	14	1	6	22	5	3	13	5	13
徐工集团财务有限公司	30	13	12	5	0	17	13	0	10	19	1	1	8	21	0
百联集团财务有限责任公司	22	6	7	6	3	9	13	0	4	15	3	1	4	6	11
中交财务有限公司	43	13	18	11	1	24	19	0	22	20	1	8	15	19	1
山东黄金集团财务有限公司	35	15	15	5	0	16	19	1	12	21	1	6	12	2	15
中开财务有限公司	28	12	10	4	2	17	11	0	12	13	3	1	9	3	15
中国平煤神马集团财务有限责任公司	31	7	12	10	2	20	11	0	1	27	3	9	16	6	0
四川长虹集团财务有限公司	33	16	10	6	1	16	17	0	3	25	5	3	4	11	15
创维集团财务有限公司	54	37	13	3	1	25	29	0	10	38	6	3	2	4	45
江苏国泰财务有限公司	24	7	8	7	2	10	14	0	4	18	2	1	11	1	11
亨通财务有限公司	23	9	11	1	2	14	9	0	3	16	4	0	5	12	6
珠海华发集团财务有限公司	42	13	18	10	1	13	29	0	7	33	2	0	19	6	17
北京金隅财务有限公司	26	7	13	5	1	13	13	1	10	15	0	2	10	0	14
云南云天化集团财务有限公司	24	5	11	6	2	11	13	0	6	16	2	2	6	2	14
北京控股集团财务有限公司	31	9	14	6	2	12	19	1	16	14	0	9	11	0	11
陕西延长石油财务有限公司	40	13	12	14	1	24	16	0	26	14	0	6	18	0	16
山东能源集团财务有限公司	21	5	12	4	0	10	11	1	6	14	0	7	7	2	5

续表

项目 机构	人员合计	年龄结构				性别结构		文化结构				职称结构			
		30岁以下	30岁至40岁	40岁至50岁	50岁以上	男	女	博士	硕士	本科	专科及以下	高级	中级	初级	其他
鄂尔多斯财务有限公司	23	8	7	7	1	11	12	0	2	18	3	1	9	0	13
伊利财务有限公司	34	18	12	4	0	14	20	0	1	31	2	1	5	19	9
大冶有色金属集团财务有限责任公司	18	7	2	8	1	9	9	0	4	14	0	3	8	0	7
巨化集团财务有限责任公司	21	2	8	7	4	9	12	0	0	15	6	3	10	7	1
供销集团财务有限公司	31	10	15	5	1	16	15	1	11	17	2	1	9	0	21
中铁财务有限责任公司	38	15	15	6	2	29	9	0	18	20	0	11	9	17	1
重庆力帆财务有限公司	32	9	7	13	3	16	16	0	3	23	6	3	7	2	20
中煤财务有限责任公司	16	4	8	3	1	9	7	0	5	11	0	4	6	1	5
安徽省皖北煤电集团财务有限公司	26	0	18	6	2	15	11	0	2	21	3	3	18	4	1
淮北矿业集团财务有限公司	36	3	8	22	3	15	21	0	3	23	10	11	19	5	1
湖南出版投资控股集团财务有限公司	25	6	13	4	2	11	14	0	5	17	3	3	9	6	7
四川省宜宾五粮液集团财务有限公司	34	11	11	12	0	17	17	0	1	28	5	0	13	2	19
山东晨鸣集团财务有限公司	28	7	15	4	2	16	12	0	3	20	5	2	6	3	17
河北港口集团财务有限公司	29	7	10	11	1	10	19	0	6	21	2	8	11	5	5
中节能财务有限公司	37	16	17	4	0	18	19	0	14	23	0	3	6	5	23
青岛港财务有限责任公司	22	12	10	0	0	14	8	0	9	13	0	1	11	1	9
上海上实集团财务有限公司	25	11	5	7	2	11	14	0	9	12	4	3	7	1	14
重庆市能源投资集团财务有限公司	27	4	14	7	2	13	14	0	4	22	1	7	11	2	7
广东省交通集团财务有限公司	27	9	9	6	3	15	12	2	12	12	1	9	13	3	2
光明食品集团财务有限公司	25	4	14	5	2	8	17	0	4	17	4	1	9	1	14
忠旺集团财务有限公司	38	13	14	10	1	23	15	0	12	24	2	3	5	2	28

续表

机构 \ 项目	人员合计	年龄结构				性别结构		文化结构				职称结构			
		30岁以下	30岁至40岁	40岁至50岁	50岁以上	男	女	博士	硕士	本科	专科及以下	高级	中级	初级	其他
本钢集团财务有限公司	29	11	15	2	1	18	11	0	5	23	1	3	8	9	9
天津物产集团财务有限公司	57	18	34	3	2	18	39	0	12	41	4	3	14	30	10
福建七匹狼集团财务有限公司	19	8	6	4	1	10	9	1	2	14	2	3	3	10	3
清华控股集团财务有限公司	27	11	12	4	0	10	17	1	12	13	1	0	6	1	20
中国核工业建设集团财务有限公司	35	14	7	13	1	15	20	2	20	13	0	12	5	5	13
中国黄金集团财务有限公司	30	14	10	5	1	14	16	0	12	18	0	2	8	3	17
物美商业财务有限责任公司	18	5	9	3	1	7	11	0	3	8	7	0	2	0	16
三房巷财务有限公司	18	5	7	3	3	7	11	0	0	12	6	1	2	2	13
中联重科集团财务有限公司	24	7	10	3	4	10	14	1	5	18	0	7	5	0	12
广东省广晟财务有限公司	24	6	11	6	1	10	14	0	5	18	1	0	11	0	13
湖北交投集团财务有限公司	27	10	8	8	1	9	18	0	8	19	0	3	6	5	13
新凤祥财务有限公司	69	28	29	10	2	38	31	0	7	45	17	0	9	3	57
山东招金集团财务有限公司	28	9	11	7	1	14	14	0	4	23	1	1	8	3	16
北京金融街集团财务有限公司	22	6	13	3	0	10	12	0	15	6	1	0	8	0	14
首钢集团财务有限公司	37	10	16	10	1	16	21	0	17	18	2	6	16	3	12
内蒙古伊泰财务有限公司	23	3	16	3	1	14	9	0	2	21	0	2	6	2	13
内蒙古电力集团财务有限责任公司	19	7	7	4	1	8	11	1	10	8	0	3	7	4	5
上海外高桥集团财务有限公司	20	10	8	2	0	7	13	0	6	12	2	1	7	0	12
中国铁路财务有限责任公司	24	7	9	6	2	10	14	1	8	14	1	10	6	5	3

续表

项目 机构	人员合计	年龄结构				性别结构		文化结构				职称结构			
		30岁以下	30岁至40岁	40岁至50岁	50岁以上	男	女	博士	硕士	本科	专科及以下	高级	中级	初级	其他
天瑞集团财务有限责任公司	21	8	5	5	3	12	9	0	2	13	6	2	5	0	14
云南昆钢集团财务有限公司	25	7	9	8	1	7	18	0	1	16	8	0	7	4	14
渤海钢铁集团财务有限公司	11	3	5	3	0	9	2	0	1	9	1	2	3	1	5
粤海集团财务有限公司	24	9	11	3	1	10	14	1	5	18	0	2	8	4	10
江苏悦达集团财务有限公司	25	14	7	3	1	16	9	0	5	20	0	1	11	2	11
中国电建集团财务有限责任公司	39	10	17	9	3	24	15	1	19	19	0	16	12	4	7
西王集团财务有限公司	23	6	13	1	3	12	11	0	3	20	0	3	9	11	0
物产中大集团财务有限公司	28	11	11	4	2	14	14	0	8	18	2	2	6	2	18
营口港务集团财务有限公司	21	8	7	5	1	8	13	0	3	12	6	1	8	11	1
云南建工集团财务有限公司	26	17	6	2	1	13	13	0	4	21	1	2	12	4	8
甘肃电投集团财务有限公司	24	10	7	6	1	11	13	0	3	21	0	4	9	0	11
宝塔石化集团财务有限公司	25	12	11	2	0	14	11	0	3	19	3	0	3	6	16
北京粮食集团财务有限公司	21	6	10	4	1	10	11	0	8	12	1	2	10	2	7
日照港集团财务有限公司	28	9	8	9	2	16	12	0	3	24	1	7	9	9	3
联通集团财务有限公司	47	12	23	11	1	22	25	0	23	24	0	12	16	4	15
河南双汇集团财务有限公司	22	8	8	4	2	13	9	0	3	16	3	1	3	13	5
厦门翔业集团财务有限公司	17	2	11	3	1	9	8	0	7	10	0	3	5	0	9
新华联控股集团财务有限责任公司	23	5	14	4	0	12	11	0	4	18	1	1	4	1	17
广州发展集团财务有限公司	28	10	12	3	3	11	17	0	4	22	2	0	8	5	15

续表

项目 机构	人员合计	年龄结构				性别结构		文化结构				职称结构			
		30岁以下	30岁至40岁	40岁至50岁	50岁以上	男	女	博士	硕士	本科	专科及以下	高级	中级	初级	其他
江苏凤凰出版传媒集团财务有限公司	20	4	8	7	1	10	10	1	6	11	2	9	6	0	5
顺丰控股集团财务有限公司	24	6	15	3	0	7	17	0	6	17	1	15	6	3	0
天津医药集团财务有限公司	20	6	13	1	0	11	9	0	9	10	1	0	6	2	12
青建集团财务有限责任公司	19	4	7	7	1	9	10	0	9	10	0	4	7	2	6
上海文化广播影视集团财务有限公司	17	3	6	7	1	9	8	1	2	14	0	1	2	13	1

注：此表为235家财务公司，不含西门子财务服务有限责任公司。

大事记

中国财务公司协会 2016 年大事记

1 月

2016 年 1 月 13 日，中国财务公司协会（以下简称“中国财协”）在北京组织举办了财务公司行业统计分析系统培训，来自全国 76 家财务公司的从业人员共 104 人参加了此次培训。

2016 年 1 月 18 日至 19 日，由香港特区政府和香港贸发局联合主办的以“亚洲：塑造增长新典范”为主题的第九届亚洲金融论坛在香港会议展览中心隆重举行。香港特首梁振英、美国联邦储备局前主席伯南克、中国银监会前主席刘明康等政府官员、跨国金融机构和企业高级管理层等担任主题演讲嘉宾。共有来自 27 家财务公司的 54 人应邀出席了本次金融论坛。

2 月

2016 年 2 月 25 日至 26 日，中国财协组织召开了“2016 年度宏观经济形势及企业运营环境分析会”。会议由中国财协专职常务副会长王岩玲主持，中国财协党委书记张电中、秘书长李矛斗、银监会非银部和北京银监局相关领导、中国社科院和中国人民大学的相关专家、37 家财务公司的主要负责人等出席了会议。按照行业及产业相关度共分为“石化、煤炭、电力”“钢铁、有色、机械、建筑”“电子电器、民生消费品制造、农林牧渔”和“汽车、交通运输、投资控股”四个专场。与会人员就 2016 年宏观经济形势、财务公司背靠的企业集团及其所处行业发展现状与趋势等进行了深入的分析研判，为财务公司下一步有效防控风险，提升金融服务水平提供参考和借鉴。

3 月

2016 年 3 月 2 日，中国财协 2016 年会员大会在北京召开，全国 215 家财务公司会员代表共 220 多人参加了会议。会议审议通过了中国财务公司协会第九届理事会、监事会 2015 年工作报告和《企业集团财务公司行业评级办法（试行）》。

2016 年 3 月 9 日，应天津银监局邀请，中国财协专职常务副会长王岩玲参加了天津地区财务公司工作座谈会。天津市国资委、天津银监局、天津市金融办相关负责人，天津辖内 6 家企业集团的董事长、总经理以及 5 家财务公司负责人参加了会议。天津银监局向世文局长参加会议，天津市政府副市长阎庆民参加会议并做重要讲话。此次会议为天津地区首次高级别的财务公司工作座谈会，充分体现了天津市政府对财务公司的关注和支持，以及对财务公司功能作用的肯定。会上，王岩玲会长代表中国财协就行业现状和财务公司的发展进行了发言。

2016年3月14日，中国财协专职常务副会长王岩玲会见了英国企业司库协会（Association of Corporate Treasurers，ACT）开发总监詹姆斯·洛克耶（James Lockyer）一行。王岩玲表示，学习、借鉴国外司库管理经验和先进模式，有利于推动中国企业集团财务公司的持续健康发展，同时，中国的财务公司也希望能够更多地分享自身发展过程中的相关经验。詹姆斯·洛克耶简要介绍了ACT的基本情况和分层级人才培养计划，并邀请王岩玲参加今年的ACT年会，希望可以在年会上与中国财协进行深入交流，推动双方持续合作，共同促进行业发展。

2016年3月24日至25日，中国财协在北京举办“财务公司非现场监管报表填报培训班”。共有186家财务公司的310名负责报表填报人员参加。中国财协秘书长李矛斗主持开班仪式并讲话，中国银监会审慎规制局统计制度处、非银部财务公司监管处、北京银监局统计处的相关同志分别就2016年非现场监管报表解读、财务公司特色报表填报要求及填报说明、非现场监管统计报表复核要点进行了权威的解读和讲解，并对参训人员提出的问题进行了解答。

4月

2016年4月20日至21日，中国财协会长、中国电力财务公司董事长盖永光，中国电力财务公司副总经理侯文捷，中国财协副秘书长张若甜等一行六人赴深圳调研。盖永光一行先后走访了深圳市长亮科技股份有限公司、中广核财务公司、深圳能源财务公司，就信息系统建设、财务公司管理办法执行情况、“营改增”的影响等进行了深入调研与交流。

2016年4月22日，中国财协组织召开“营改增”对财务公司税负影响研讨会，来自不同行业和地区的17家财务公司代表参加会议。参会人员就“营改增”后各公司税负变化情况做了详细说明，对税负变化的原因、影响及对策等进行了深入交流。会议同时邀请中国人民大学商学院税法专家张玉周教授参与讨论。

5月

2016年5月17日，应西门子金融服务集团邀请，中国财协专职常务副会长王岩玲带队参加了在德国慕尼黑西门子金融服务集团总部举办的司库研讨会。上海电气财务公司总经理秦怿、副总经理冯淳林也应邀参加此次会议。会议主要介绍了西门子金融服务集团在司库战略与架构、资本市场、资金管理、信息技术、银行关系管理、金融风险管理等方面的相关经验，为中国财务公司行业的发展提供了重要借鉴。

2016年5月18日至21日，应英国企业司库协会（ACT）邀请，中国财协专职常务副会长王岩玲带队参加了在英国利物浦举办的2016年ACT年会。应主办方邀请，中国电力财务公司董事长盖永光、上海电气财务公司总经理秦怿、中油财务公司副总经理王增业、中石化财务公司副总经理高中元等也应邀参加了本次年会。参会代表积极参与了“关注中国”圆桌论坛，分享了自身的发展经验，其间与王子食品、三菱欧洲、英美烟草等跨国公司展开了经验交流，与ACT CEO科林·泰勒（Colin Tyler）展开了合作洽谈，取得了丰硕成果。

2016年5月29日，中国财协开通微信公众号。

2016年5月29日，中国财协九届四次常务理事会在湖南长沙召开。会长盖永光同志主持了会议，常务理事张电中、王岩玲、刘蓉、李占国、张蓓蕾、沈根伟同志出席了会议，李海东委托王岩玲、孙宝东委托黄文强同志出席了会议，监事长陈宇同志列席了会议。会议听取了《关于中国财协新会员入会情况的报告》，共有本钢财务公司、江苏悦达财务公司、云南昆钢财务公司、物产中大财务公司、粤海集团财务公司、中联重科财务公司、宝塔石化财务公司7家公司成为中国财协新会员。

2016年5月30日至5月31日，中国企业集团财务公司2016年年会在湖南长沙举行。湖南省政府副省长、秘书长向力力到会致辞，中国银行党委副书记、行长陈四清，国务院国资委党委委员、总会计师沈莹，中国人民银行支付结算司司长谢众，中国银监会非银部主任毛宛苑发表讲话。相关政府部门、同业协会、企业集团、财务公司、新闻媒体等方面的代表出席会议。中国财协会长盖永光主持发布了财务公司行业第一本发展报告《中国企业集团财务公司行业发展报告（2016）》。中国财协专职常务副会长王岩玲发布了中国企业集团财务公司2015年度行业评级结果。

此外，中国财务公司协会还分别就“财务公司金融服务国际化”“创新驱动发展”“业务发展与风险管理”组织专题对话，就财务公司发挥司库功能组织召开主题交流。

6月

2015年6月11日，中国财协组织召开“三严三实”专题教育党课暨党委中心组扩大会议，中国财协全体职工参与会议，深刻学习理解“三严三实”的重要意义。

7月

2016年7月6日至7日，中国财协在北京举办“财务公司‘营改增’专题培训班”。共有106家财务公司的121名相关人员参加。中国财协副秘书长李清军主持开班仪式并讲话，邀请了北京市国家税务局马海涛、德勤会计师事务所税务专家俞娜分别就“营改增”政策解读、“营改增”对财务公司影响及应对进行了权威授课；太钢集团财务公司财会部负责人郝玉坤从业务实践入手，针对“营改增”政策要点、行业影响、业务应对衔接、发票管理等方面进行了专题授课。授课结束后，参训人员在交流座谈环节与授课老师和同业间进行了充分交流、互动。

2016年7月4日至11日，中国财协在北京举办第一期“国际财资管理师（CTP）认证课程培训班”，正式启动了中国财协“中国国际化司库人才培训项目”。来自46家财务公司的72名学员参加了首期培训，中国财协党委书记、常务副会长张电中在开班仪式上讲话，并全程参与培训。邀请了中国人民大学商学院赵宇斌老师、通用电气亚太区资金主管钟晓路老师、南开大学金融学院刘程副教授、中国税务研究中心执行主任吕伟教授分别对四个模块二十个章节进行了授课。培训课程结束后，中国财协纪委书记曹春彦向结业考试合格学员颁发了结业证书。

8月

2016年8月1日至4日，中国财协专职常务副会长王岩玲一行赴江苏银监局及江苏国信、江苏交控、江苏华西、三房巷、沙钢、国泰6家江苏企业集团财务公司进行了调研。江苏银监局章莳安副局长、非银处沈浩兵处长介绍了《企业集团财务公司行业评级办法（试行）》（以下简称《办法》）和行业评级实施以来江苏省财务公司机构发展和经营业绩情况，充分肯定了《办法》和行业评级的积极作用，对行业评级指标体系提出了完善意见和建议。王岩玲表示，中国财协将综合各方意见，认真研究修改，使行业评级做到更加公正、公平，并将汇总《办法》调研情况向监管部门汇报，中国财协将在汇总后进行集中研究并修改完善。

2016 年 8 月 30 日至 9 月 2 日，中国财协在内蒙古呼和浩特市举办了 2016 年第一期“财务公司高级管理人员研修班”。共有华东片区、华南片区 77 家财务公司的 88 名高级管理人员参加培训。中国财协纪委书记曹春彦主持培训，党委书记张电中做了培训总结。中国财政科学研究院研究员、博士生导师杨照南从供给侧结构性改革分析当前经济下行的成因与对策，对外经贸大学中文学院白延庆教授以“现代管理者的卓越思维与卓越艺术表达”为主题，帮助管理者加强领导力，中国人民大学商学院赵宇斌老师系统介绍了国际财资管理体系框架。此外，研修班还邀请 TCL 财务公司总经理黎健、大唐财务公司副总经理彭志刚分享了各自公司在资金运营管理及企业集团资金归集与管控方面的实践经验。

2016 年 8 月 30 日至 9 月 2 日，中国财协党委书记、常务副会长张电中，专职常务副会长王岩玲和纪委书记曹春彦一行赴内蒙古银监局及内蒙古电力、伊利、鄂尔多斯 3 家财务公司调研。调研小组分别听取了各财务公司负责人对本集团和财务公司生产经营情况、集团对财务公司的定位考核和对行业评级体系的意见建议，并就财务公司加强自律管理、强化合规经营和评级意识进行了充分交流。王岩玲对调研财务公司的经营发展情况进行了充分肯定，对各公司就评级体系提出的意见建议表示感谢，并表示后续会进行系统研究并修改完善。

9 月

2016 年 9 月 5 日至 13 日，中国财协在北京举办了第二期“国际财资管理师（CTP）认证课程培训班”。来自 40 家财务公司和中国财协的 70 名学员参加了培训，中国财协专职常务副会长王岩玲、纪委书记曹春彦全程参加了培训。纪委书记曹春彦做了开班和结业讲话，并颁发了结业证书。特邀中国人民大学商学院赵宇斌老师、南京大学商学院吕伟副教授分别对财资管理基础、现金与营运资本管理、投融资管理、财资运营管控与信息技术 4 个模块 20 个章节进行了授课，使参训学员在系统学习 CTP 课程体系的同时也从全新视角理解了财资管理。

2016 年 9 月 8 日，中国财协在北京组织召开了“北京地区财务公司境外资金运营管理交流会”，北京地区 70 余家财务公司的 135 人参加了本次交流会。会议上，国家外汇管理局相关领导宣讲财务公司从事境外资金集中运营管理等外汇政策；中国银行相关专家介绍了企业集团跨国资金集中运营策略；中油、西门子财务公司介绍了各自在集团境外资金管理模式中的角色定位、功能发挥及境外资金管理方面的先进经验。参会代表就财务公司如何加强集团境外资金集中管理，提升集团全球化资金运营效率进行了深入交流。

2016 年 9 月 19 日，中国财协专职常务副会长王岩玲、秘书长李矛斗、副秘书长李清军一行赴浙江银监局调研，同时参加“杭州地区财务公司对《企业集团财务公司行业评级办法（试行）》（以下简称《办法》）和行业评级的成效及完善建议座谈会”，浙能、万向、浙江交投、物产中大 4 家财务公司的高管和浙江银监局非银处副处长谢绯参加了座谈。浙江银监局副局长周松方、非银处处长胡晓辉、副处长谢绯介绍了浙江省财务公司经营情况、行业评级及监管评级的总体情况，在肯定行业评级的同时，对行业评级指标体系提出了完善建议。座谈会就《办法》落实过程中面临的问题、评级体系中部分指标的合理性及修改意见等进行了深入交流。王岩玲表示，中国财协将汇总《办法》的调研情况并如实向监管部门汇报，对行业评级将认真研究并修改完善。

2016 年 9 月 21 日，中国财协在山西太原组织召开北方地区财务公司业务交流会。山西银监局副局长吴增平莅临会议并致辞，中国财协专职常务副会长王岩玲出席会议并讲话。交流会以“供给侧结构性改革下的财务公司”为主题，邀请同煤、包钢两家财务公司就供给侧结构性改革背景下，财务公司如何支持企业集团转型发展，拓宽财务公司发展空间，以及在此过程中如何防范、应对各类风险做主题发言。北方地区 37 家财务公司代表参加了本次交流会，并就所属集团经营情况、财务公司发展概况及经营管理方面的特色做法与先进经验、发展中遇到的瓶颈与诉求等问题进行了交流。

2016 年 9 月 21 日至 23 日，中国财协专职常务副会长王岩玲与华东、华南区 15 位理事赴山西省太原市的财务公司进行调研。9 月 21 日，各位理事参加了北方地区财务公司业务交流会，了解了北方地区 37 家财务公司的整体经营情况并与参会财务公司代表进行了交流。9 月 22 日至 23 日，各位理事赴太钢、山西焦煤财务公司走访调研，听取了太钢财务公司和焦煤财务公司关于企业经营情况和财务公司发展情况的介绍，了解了两家财务公司经营管理方面的特色做法、当前面临的困难和问题以及政策诉求等，并就财务公司如何服务集团转型，拓展发展空间提出了建议。

2016 年 9 月 26 日，中国财协以通讯方式召开了九届五次常务理事会议。

10 月

2016 年 10 月 12 日，中国财协在广州市组织召开了“华南地区财务公司业务交流会”。会议由中国财协副会长张蓓蕾主持，邀请武钢和珠海格力财务公司就财务公司开展产业链金融服务试点情况进行介绍。华南地区 49 家财务公司代表参加了本次会议，并就财务公司发展过程中面临的共性问题进行了充分的讨论。中国财协专职常务副会长王岩玲出席会议并做总结讲话。王岩玲表示，对于好的经营管理经验和特色业务，中国财协将在行业内宣传和推广；针对大家反映的问题，中国财协将进一步加强呼吁推动问题的解决，同时也希望财务公司苦练内功，夯实基础，为下一步业务开展做好准备。

2016 年 10 月 13 日至 14 日，中国财协专职常务副会长王岩玲、副会长刘蓉以及北京和北方地区的 15 位理事一行赴创维和中兴通讯财务公司调研。创维集团总裁杨东文、中兴通讯股份公司执行副总裁韦在胜、创维财务公司总经理吴晓光、中兴通讯财务公司总经理张帆等相关负责人出席了调研座谈会。调研中，各位理事还就财务公司如何更好地服务集团，支持主业和业务创新与两家财务公司进行了深入的交流。此外，为深入了解广东地区财务公司情况，各位理事还参加了华南地区财务公司业务交流会。

2016 年 10 月 19 日，中国财协在北京组织召开了财务公司电票业务研讨会，来自全国 180 家财务公司的 240 余人参加了此次会议。中国财协专职常务副会长王岩玲出席会议并讲话。会议邀请了中国人民银行支付结算司支付工具管理处副处长翁泉，介绍了电票业务及推广开展电票线上清算的最新政策并就财务公司提出的政策疑问给予了专业解答。参会人员热情高涨、踊跃发言，分享了各自公司开展电票业务的经验。此次会议的召开将有力促进财务公司行业电票业务发展，加快电票线上清算的顺利推进。

2016年10月24日，中国财协专职常务副会长王岩玲、秘书长李茅斗一行赴徐工财务公司调研，并与徐工集团公司财务部部长赵成彦、徐工财务公司总经理刘丽军等进行了座谈。就财务公司提出财务公司金融债、人民银行再贷款、财务公司保险代理业务等业内关心的问题，王岩玲表示，中国财协会积极与监管部门沟通协商，通过多种渠道反映诉求，推动问题的解决，力争为财务公司行业谋求更好、更宽松的发展环境。

2016年10月25日至28日中国财协在北京举办了“财务公司信贷基础业务培训班”，来自117家财务公司的287人参加了培训。邀请讲义编写组主要成员、国投财务公司高级客户经理刘永军博士进行授课，课程结束后，刘永军与学员进行了互动交流并对学员提出的问题进行了详细解答。

2016年10月26日，中国财协在安徽合肥组织召开了“华东地区财务公司业务交流会”。会议由中国财协副会长李占国主持，安徽银监局非银处严正副处长出席了交流会。会议特邀海尔和上汽财务公司重点介绍财务公司在开展电票业务及参与线上清算试点过程中积累的经验。华南地区64家财务公司代表参加了本次会议，围绕财务公司电票业务开展情况、业务需求、面临的困难以及财务公司加入人民银行支付清算系统的连接方式、系统搭建等操作性问题进行了充分的讨论。中国财协专职常务副会长王岩玲出席会议并做总结讲话，王岩玲表示，中国财协会进一步研讨会员单位提出的较为集中的诉求，以会员需求为出发点，为会员单位搭建平台，促进行业健康发展。

2016年10月27日，中国财协专职常务副会长王岩玲、秘书长李矛斗一行赴安徽省能源财务公司调研，并与安徽省能源集团公司总会计师邵德慧、安徽省能源财务公司总经理彭松等进行了座谈。王岩玲高度赞扬了安徽省能源集团对财务公司发展的支持，充分肯定了安徽省能源财务公司未来发展规划，并表示中国财协将通过多种渠道反映诉求，力争为财务公司行业谋求更好、更宽松的发展环境。

11月

2016年11月1日至4日，中国财协在北京举办了“财务公司风险管理基础业务培训班”，来自127家财务公司的240人参加了培训。培训以《企业集团财务公司全面风险管理讲义》为教材，邀请讲义编写组组长国投财务公司风险管理部经理代中平、编写组副组长中核财务公司风险管理部经理王佳、编写组主要成员航天科技财务公司风险管理与法律部王慧分别从全面风险管理体系的信用风险、市场风险、流动性风险、操作风险四个方面进行了授课。

2016年11月4日，中国财协九届六次常务理事会在北京召开。会长盖永光同志主持了会议，常务理事张电中、王岩玲、刘蓉、刘永、李占国、张蓓蕾、沈根伟、陈景东同志出席了会议，监事长陈宇同志列席了会议。会议审议通过了《关于修订〈中国财务公司协会章程〉的议案》等三项议案。

2016年11月7日，中国财协第九届监事会监事在监事长陈宇带领下，赴上海汽车、上海外高桥两家财务公司走访调研，中国财协专职常务副会长王岩玲参加了本次调研。在调研过程中，监事会调研了两家公司的经营情况以及在健全法人治理机构、加强内部控制体系建设、依法合规经营等方面开展自律工作的情况，重点了解了上汽财务公司在人力资源管理方面的先进经验，参观了上海外高桥财务公司自贸区文化展示中心，并听取了两家公司对中国财协工作的意见和建议。

2016年11月16日至18日，中国财协在江苏苏州举办了第二期财务公司高级管理人员研修班。此次研修班共有北京片区、北方片区及未参加第一期培训的华东、华南片区115家财务公司的119名高管参加了培训。中国财协专职常务副会长王岩玲主持培训并做了开班讲话，党委书记张电中在研修班结束前做总结讲话。中油财务公司副总经理王增业就“司库管理理论与实践”进行了主题分享，TCL财务公司总经理黎健、大唐财务公司副总经理彭志刚分别就各自公司在资金运营管理及企业集团资金归集与管控方面的实践经验进行了交流，中国财政科学研究院研究员、博士生导师杨照南从供给侧结构性改革分析当前经济下行的成因与对策，对外经贸大学中文学院白延庆教授分享现代管理者的卓越思维与口语表达。

2016年11月28日，中国财协在北京召开了“财务公司行业信息化建设交流会”，来自181家财务公司的323名代表参加了会议。会议邀请兵工、上汽财务公司重点讲解了财务公司电票线上清算系统建设情况；中化、中石化和中国电力财务公司分别介绍了财务公司利率市场化、“营改增”系统建设和信息化运维管理及安全管理工作开展情况，并回答了大家提出的问题。

2016年11月29日，中国财协在银监会召开首次新闻发布会，发布《中国企业集团财务公司行业社会责任报告（2015）》，中国财协党委委员、专职常务副会长王岩玲，监事长、华电财务公司党委书记、总经理陈宇出席本次发布会并回答记者提问。

2016年11月30日，中国财协第九届监事会监事在监事长陈宇带领下，赴大唐财务公司走访调研。监事会在大唐集团公司党组成员、总会计师、大唐财务公司董事长刘传东的陪同下参观了大唐集团资金调控中心，就资金归集、账户监控、支付预警等问题与现场人员进行交流；听取了大唐财务公司整体经营情况和在资金集中管理方面的经验介绍，并围绕财务公司功能定位，协助企业集团加强资金管控，积极参与集团债务重组、满足成员单位融资需求，流动性管理，同业授信合作等话题进行了深入的交流。

12月

2016年12月13日至14日，中国财协在北京举办“财务公司结算基础业务培训班”，共有来自109家财务公司的180人参加了培训。讲义编写组主要成员大唐财务公司结算业务部经理助理舒晓玲、海航财务公司结算业务部总经理助理郭河、中核财务公司综合管理部副经理胡盂分别从资金集中管理、结算业务概述、结算业务风险管理与业务规范四个方面进行了授课，课程结束后授课老师与学员就学习内容和业务操作等方面的问题进行了交流，并回答了相关问题。

2016年12月22日至23日，中国财协在四川成都组织召开2017年经济形势展望暨资产配置交流会，近200名代表参加了本次会议。中国财协专职常务副会长王岩玲出席会议并致辞。清华大学国际关系学院教授、国务院参事何茂春发表了题为“国际国内新形势、‘十三五’规划与‘一带一路’战略构想”的演讲；科技部科研条件与财务司科技金融处处长沈文京发表了题为“为创新融资——促进科技金融创新的实践探索”的演讲；清华大学经济管理学院教授周立发表了题为“产业链金融与产融结合的创新特点简论”的演讲。兴证资产管理公司专家介绍了对2017年中国宏观经济发展及债券市场、A股及港股市场未来发展的分析，中船财务公司副总经理陈小东和上海汽车财务公司固收及权益投资经理朱春富分别介绍了所在公司在资产配置方面的具体做法。

2016年12月27日，中国财协在北京举办了财务公司行业统计分析系统培训，来自全国203家财务公司的225人参加了此次培训。

附　　录

2016 年度财务公司行业受表彰情况

东风汽车财务有限公司

2016 年 12 月，东风汽车财务有限公司获得银行业信息科技风险管理高层指导委员会颁发的“银行业信息科技风险管理课题研究（2016 年度）四类成果奖”。

一汽财务有限公司

一汽财务有限公司被长春市国家税务局、长春市地方税务局评为“吉林省纳税信用等级 A 级纳税人”。

中国石化财务有限责任公司

中国石化财务有限责任公司被评为“全国银行间本币市场交易 100 强”。

中国石化财务有限责任公司第五次被评为“全国银行间外汇市场最佳即期会员”。

中国石化财务有限责任公司被评为中国石油化工集团公司 2016 年度财务管理先进单位。

中国石化财务有限责任公司被评为 2014—2015 年度中国石化精神文明建设先进单位。

宝钢集团财务有限责任公司

2016 年 12 月 9 日，宝钢集团财务有限责任公司在金融时报社和中国社会科学院金融研究所联合举办的“中国金融机构金牌榜 · 金龙奖”活动中，荣获“2016 年度最具创新力财务公司”奖项。

中国一拖集团财务有限责任公司

2016 年，中国一拖集团财务有限责任公司被洛阳市总工会授予“洛阳市五一劳动奖状”。

江铃汽车集团财务有限公司

2016 年 3 月，江铃汽车集团财务有限公司获 2015 年度南昌金融电子结算中心研究课题优秀成果奖。

2016 年 5 月，江铃汽车集团财务有限公司获 2015 年度全省模范职工之家称号。

2016 年 5 月，江铃汽车集团财务有限公司被评为 2014—2015 年度全省金融五四红旗团委（团支部）。

2016 年 8 月，江铃汽车集团财务有限公司获 2015 年度江西省金融学会重点研究课题一等奖、二等奖。

中国南航集团财务有限公司

2016 年 3 月 9 日，中国南航集团财务有限公司获中国南方航空集团公司授予的“安康杯”竞赛活动优秀组织单位奖。

2016 年 7 月 4 日，中国南航集团财务有限公司获中国南方航空集团公司授予的“优秀监事会”奖。

上海汽车集团财务有限责任公司

2014—2016 年，在全球客户满意度调查权威机构 J. D. Power 进行的中国汽车金融满意度调研中，上海汽车集团财务有限责任公司获得其全部六个调研项目中的五项第一、一项第三。

上海汽车集团财务有限责任公司在金融时报社和中国社会科学院金融研究所联合举办的“2016 中国金融机构金牌榜·金龙奖”评选中，荣获“2016 年度最佳服务财务公司”称号。

2016 年，上海汽车集团财务有限责任公司再次荣获“上汽集团业绩优异奖”，公司近十年第九次获得此荣誉，公司总经理同时第九次被授予个人金牌。

2016 年，上海汽车集团财务有限责任公司党委被上汽集团党委授予“上汽红旗党组织”称号。

2016 年，上海汽车集团财务有限责任公司被上海市总工会授予 2016 年“上海市五一劳动奖状”。

2016 年，上海汽车集团财务有限责任公司被评为上海市第三产业税收百强。

中国能源建设集团财务有限公司

中国能源建设集团财务有限公司被评为 2014—2015 年度中国能建文明单位、中国能建文明单位标兵、2014—2015 年度湖北省“守合同、重信用”企业。

中核财务有限责任公司

2016 年，中核财务有限责任公司被中核集团公司获评 2016 年度“业绩突出贡献奖”（全集团共 11 家单位获此奖项）、信息化工作先进集体；1 人被集团评为 2016 年信息化工作先进个人；两名员工分获集团“十三五”规划征文评选二等奖、三等奖；1 人所著文章被集团评为“专业技术职务任职资格评审优秀论文”。

中核财务有限责任公司 1 人被人民银行征信分中心评为“企业征信系统数据质量工作优秀个人”。

中核财务有限责任公司 2 人次课题研究工作受到中国财务公司协会表彰。

中核财务有限责任公司 1 人所著文章被国防科工局评为“军工统计及经济分析优秀征文”。

上海浦东发展集团财务有限责任公司

2016 年 1 月，上海浦东发展集团财务有限责任公司经中国人民银行上海分行考核，获 2015 年度上海市企业征信考核工作非银行金融机构及村镇银行 A 等评定。

2016 年 6 月，上海浦东发展集团财务有限责任公司被浦东新区国资委党委和浦东新区内联党工委联合授予“2012—2016 年度先进基层党组织”称号。

2016 年 12 月，上海浦东发展集团财务有限责任公司获得上海市浦东新区财政局“2015 年度企业年报一等奖”。

上海浦东发展集团财务有限责任公司《关于永续债如何对接 PPP 项目支持实体经济发展的研究》获上海市金融学会 2016 年度重点课题三等奖。

神华财务有限公司

2016 年，神华财务有限公司获得北京市“东城区百强企业”荣誉称号。

2016 年，神华财务有限公司获得神华集团有限责任公司绩效考核 A 级，两名员工分别被评为神华集团公司优秀共产党员和优秀党务工作者，三篇课题分别获得神华集团公司改革征文一等奖、二等奖、三等奖。

2016 年，神华财务有限公司在中国财务公司协会行业评级中再次被评为 A 级。

2016 年，神华财务有限公司信息科技课题获得中国银行业监督管理委员会银行业信息科技风险管理课题研究成果三等奖。

中国电子财务有限责任公司

2016 年 1 月，中国电子财务有限责任公司获得中央企业 2011—2015 年中央企业法律宣传教育先进单位称号。

2016 年，中国电子财务有限责任公司获得中国电子信息产业集团有限公司 2015 年度财务决算管理工作先进单位称号；公司党委获得集团先进基层党组织称号；公司团委获得集团 2015 年度五四红旗团支部称号；两名员工分获中国电子优秀共产党员、中国电子优秀党委工作者称号。

2016 年 12 月，中国电子财务有限责任公司获得海淀区交通安全生产委员会先进单位称号。

航天科技财务有限责任公司

2016 年 12 月 9 日，航天科技财务有限责任公司在金融时报社和中国社会科学院金融研究所联合举办的“2016 中国金融机构金牌榜·金龙奖”评选中，获得“2016 年度最佳财务公司”称号。

海尔集团财务有限责任公司

2016 年 6 月，中国财务公司协会公布了 2015 年度行业评级结果，海尔集团财务有限责任公司获评 A 类（创新类）。

2016 年 12 月，海尔集团财务有限责任公司连续第六次获得由金融时报社和中国社会科学院金融研究所联合举办的“中国金融机构金牌榜·金龙奖”系列之“年度最佳财务公司”奖项。

苏州创元集团财务有限公司

2016 年 3 月，苏州创元集团财务有限公司被中国财务公司协会评为 2016 年度企业集团财务公司 A 类机构。

2016 年 12 月，苏州创元集团财务有限公司被评为“中国人民银行征信中心 2015 年度企业征信系统数据质量工作优秀机构”。

2016 年，苏州创元集团财务有限公司员工荣获“中国人民银行征信中心 2015 年度企业征信系统数据质量工作优秀个人”“苏州市人民银行金融统计先进个人”“苏州市人民银行平安金融先进个人”“苏州市人民银行 2015 年度征信工作先进个人”称号。

兵器装备集团财务有限责任公司

2016 年 4 月，兵器装备集团财务有限责任公司获得中国兵器装备集团公司 2015 年度“稳增长提效益”突出贡献一等奖。

广东粤电财务有限公司

2016 年 11 月，广东粤电财务有限公司的“广东省粤电集团资金集中管理系统——‘粤汇通’系统”荣获中国电力企业联合会 2016 年度电力行业信息化优秀成果一等奖，成为获奖项目中唯一一项资金管理类应用成果。

2016 年 12 月，在金融时报社和中国社会科学院金融研究所联合举办的“2016 中国金融机构金牌榜·金龙奖”评选活动中，广东粤电财务有限公司获评“2016 年度全国最佳财务公司”。

TCL 集团财务有限公司

TCL 集团财务有限公司在金融时报社和中国社会科学院金融研究所联合举办的“2016 中国金融机构金牌榜·金龙奖”评选活动中，

被评为“2016年度最佳资金管理财务公司”。

TCL集团财务有限公司荣获“TCL集团2016年度优秀企业奖”。

TCL集团财务有限公司荣获2016年度《欧洲金融》陶朱奖之“财资管理实践创新奖—重点推荐奖”。

中航工业集团财务有限责任公司

2016年3月，中航工业集团财务有限责任公司被中国人民银行营业管理部评为“2015年度北京市金融机构调查统计工作考评A类单位”。

2016年12月，中航工业集团财务有限责任公司贵阳分公司获中国人民银行贵阳中心支行“贵州省2016年度金融统计工作三等奖”。

申能集团财务有限公司

申能集团财务有限公司获2016年度浦东新区经济突出贡献奖。

申能集团财务有限公司被上海银监局评为2016年度上海银行业金融机构监管统计工作综合考核二等奖。

申能集团财务有限公司被人民银行上海分行评为2016年度中资法人金融机构金融统计工作考核一等奖、2015年度上海银行业金融机构综合评价A等机构、支付清算系统运行维护工作先进单位、利率优秀工作机构、信贷政策导向评估A类机构、会计报表年度优胜奖，一人获评人民银行上海分行2015年度征信数据质量工作考核优秀个人。

申能集团财务有限公司《燃气大数据金融价值分析及应用研究》获中国银监会2016年度银行业信息科技风险管理课题四类成果评定，并被人民银行上海分行评为2015年度上海支付清算优秀文章一等奖。

红豆集团财务有限公司

2016年，红豆集团财务有限公司在中国银监会江苏监管局举办的监管统计劳动竞赛中获得团体二等奖及优秀组织奖，两名员工分获一等奖、三等奖。

国投财务有限公司

国投财务有限公司被评为国投集团先进集体、集团五星党支部、集团决算编制先进单位。

国投财务有限公司被评为北京市西城区诚信统计单位。

阳泉煤业集团财务有限责任公司

2016年7月，阳泉煤业集团财务有限责任公司荣获山西省企业联合会、山西省企业家协会授予的“2015年度山西省优秀企业”荣誉称号。

中海集团财务有限责任公司

中海集团财务有限责任公司被交通部评为“全国交通运输行业文明单位”。

中海集团财务有限责任公司被评为“上海市文明单位”“上海市四星诚信创建单位”。

青岛啤酒财务有限责任公司

2016年，青岛啤酒财务有限责任公司被评为中国人民银行青岛市中心支行综合评价财务公司（含信托公司）类唯一一家A级评价单位、“金融稳定重大事项报告工作先进单位”“金融统计工作先进单位”。

2016年，青岛啤酒财务有限责任公司获青岛市财政局金融企业绩效评价优秀（AAA）级荣誉、“地方金融企业财务报表工作优秀单位”称号。

2016年10月，青岛啤酒财务有限责任公司获青岛市公安局颁发“内保工作集体三等功”。

2016年11月，青岛啤酒财务有限责任公司获青岛市金融统计业务竞赛团体二等奖，是青岛辖区内唯一获得奖项的财务公司。

马钢集团财务有限公司

2016年12月，马钢集团财务有限公司获得2015年度全省外商投资优秀企业。

开滦集团财务有限责任公司

开滦集团财务有限责任公司在2016年财务公司行业评级中获得创新型A类评级。

开滦集团财务有限责任公司在2016年首次开展的监管评级中，获创新类A2评级。

开滦集团财务有限责任公司荣获中国人民银行石家庄中心支行“两学一做　金融先行”书法展组织奖。

海南农垦集团财务有限公司

2016年，海南农垦集团财务有限公司在海南省财政厅2015年度地方金融企业财务报表工作考核评比中，获得一等奖。

山东钢铁集团财务有限公司

山东钢铁集团财务有限公司先后被评为山东省“2015年度兼业保险代理先进集体”；济南市“金融业统计工作先进单位”；山钢集团公司“2015年度审计工作先进单位”“2015年度优秀改善项目三等奖”。

山东钢铁集团财务有限公司一人被评为山东省“2015年度保险中介行业先进个人”、集团公司“第二届山钢青年岗位能手标兵”；两位员工荣获济南市“2015年金融案例研究写作竞赛三等奖”；一人被评为“金融业统计工作先进个人”；一人被评为集团公司“2015—2016年度优秀共产党员”，一人被评为集团公司“2015年度审计工作先进个人”。

上海华谊集团财务有限责任公司

2016年2月，上海华谊集团财务有限责任公司《新常态下企业集团财务公司利率市场化探究——以华谊财务为例》课题研究论文获上海货币信贷市场秩序自律机制利率市场化主题征文活动优秀奖。

2016年3月，上海华谊集团财务有限责任公司获2015年度上海市利率报备监测工作良好机构，一人获2015年度上海市利率报备监测工作优秀个人。

2016年10月，中国人民银行上海分行对上海市各金融机构2015年各类会计报表进行考核评比，上海华谊集团财务有限责任公司荣获非银行金融机构年报优胜奖。

河钢集团财务有限公司

河钢集团财务有限公司获得中国财务公司协会行业评级和中国银监会监管评级双A级创新型财务公司，河北省中小型及法人金融机构金融统计工作二等奖。

河钢集团财务有限公司1人被评为“河北省金融机构统计工作先进个人”，1人被评为“第八届河钢集团优秀青年”，信贷业务岗被评为“河钢集团优秀党员示范岗”。

河钢集团财务有限公司“特色票据金融”品牌入选《中国企业集团财务公司行业发展报告（2016）》经典案例。

河钢集团财务有限公司《利率市场化和新常态下财务公司发展思考》课题获河北省金融学会2016年度重点研究课题表彰奖。

安徽省能源集团财务有限公司

2016年7月，安徽省能源集团财务有限公司在安徽省人民政府支持地方经济发展经营业绩考核中等次为“优秀”。

中信财务有限公司

2016年，中信财务有限公司党支部被评为“中央国家机关先进基层党组织”。

浙江省交通投资集团财务有限责任公司

浙江省交通投资集团财务有限责任公司圆满完成浙江省财政厅管理会计试点课题《构建基于关键指标的财务公司动态预算管理模型》，并在评估验收中获得优秀奖。

浙江省交通投资集团财务有限责任公司2016年在杭州金融机构综合评价中被评为B等机构，处于行业中上水平。

浙江省交通投资集团财务有限责任公司在2016年浙江银行业非现场监管报表考核中荣获一等奖。

太钢集团财务有限公司

2016年，太钢集团财务有限公司被评为2015年度财务公司行业评级A类（创新类），是山西省唯一一家A类（创新类）财务公司。

2016年4月，太钢集团财务有限公司获山西银监局2015年案防工作评比财务公司类第一名。

2016年6月，太钢集团财务有限公司获人民银行太原中心支行2015年金融统计工作评比山西省金融机构一等奖。

2016年12月，太钢集团财务有限公司《基于跨境本外币资金池的创新实践》分获集团公司和中国钢铁工业协会2016年冶金企业管理现代化创新成果一等奖。

2016年12月，太钢集团财务有限公司获山西银监局“2016年金融知识宣传服务月”三等奖。

大同煤矿集团财务有限责任公司

2016年，大同煤矿集团财务有限责任公司荣获同煤集团颁发的“青年文明号”“红旗党支部”、2015年度“先进青年志愿者服务队”、2015年度“文明单位”称号。

2016年5月，大同煤矿集团财务有限责任公司荣获共青团山西省委颁发的“五四红旗团支部”称号。

广西交通投资集团财务有限责任公司

2016年6月27日，广西交通投资集团财务有限责任公司第二党支部获得广西壮族自治区国资委党委授予的先进基层党组织荣誉称号。

2016年12月9日，广西交通投资集团财务有限责任公司获得中国人民银行南宁中心支行举办的2016年广西反洗钱义务机构业务竞赛团体三等奖、个人二等奖。

2016年12月16日，广西交通投资集团财务有限责任公司被广西壮族自治区财政厅评为2015年度全区地方金融企业财务报表编报工作先进单位。

中交财务有限公司

中交财务有限公司在中国人民银行营业管理部2015年北京市金融机构调查统计工作中荣获A类评级。

中交财务有限公司结算业务部荣获2015年度中国交建“青年文明号”荣誉称号；1人被评为中国交建2014—2015年度“优秀共产党员”。

北京金隅财务有限公司

2016年，北京金隅财务有限公司荣获北京银监局辖内银行业金融机构非现场监管统计工作考核评比奖项。

2016年，北京金隅财务有限公司被中国财务公司协会评为“创新型财务公司”，并在监管机构的最终评级中被评为A2级。

山东能源集团财务有限公司

山东能源集团财务有限公司被评为2016年山东省省管企业文明单位。

伊利财务有限公司

伊利财务有限公司2016年获得内蒙古自治区人民政府颁发的“2016年度金融支持创业创新贡献奖”。

供销集团财务有限公司

2016年1月，供销集团财务有限公司获评中华全国供销合作总社2015年度综合考核先进集体。

中煤财务有限责任公司

中煤财务有限责任公司连续第二年被中国人民银行营业管理部评为“2015年北京市金融统计及分析工作A类金融机构”。

北京银监局2016年评选出49家“非现场监管统计先进单位”，中煤财务公司获得二等奖，连续第二年获奖，是非银行业金融机构中最佳成绩。

青岛港财务有限责任公司

青岛港财务有限责任公司2016年再次荣获青岛港（集团）有限公司“突出贡献单位”奖，以及“绩效分析先进单位”“会计基础管理优秀单位”“财务决算先进单位”多项荣誉称号；被青岛银监局评为“2016年度辖区银行业金融机构案防工作考评A级”；1人荣获“青岛市三八红旗手”称号、1人获青岛市公安局授予“安全保卫成绩突出个人”称号、1人被中国人民银行青岛市中心支行授予“金融统计工作先进个人”称号。

上海上实集团财务有限公司

上海上实集团财务有限公司获中国人民银行上海分行2015年度会计报表评比非银行金融机构“年报优胜奖”。

上海上实集团财务有限公司获中国人民银行上海分行2016年度金融机构金融统计工作考核评比二等奖。

新凤祥财务有限公司

2016年12月23日，新凤祥财务有限公司被中国人民银行济南分行营业管理部评为2016年济南市金融统计先进集体，计财部员工被评为2016年济南市金融统计工作先进个人。

山东招金集团财务有限公司

山东招金集团财务有限公司计划财务部被中国人民银行烟台市中心支行评为“2016年金融机构数据报送先进单位”。

内蒙古电力集团财务有限责任公司

内蒙古电力集团财务有限责任公司被内蒙古自治区人民政府授予“2016年度金融支持创业创新贡献奖”。

中国铁路财务有限责任公司

2016年，中国铁路财务有限责任公司结算管理部被评为中国铁路总公司直属机关“建功立业劳动竞赛活动先进集体”；综合管理部（人力资源部）被评为“先进女职工集体”；1人获“建功立业劳动竞赛活动先进个人”称号；1人获“优秀共产党员”称号；1人获“先进工会积极分子”称号；1人获“先进女职工”称号。

云南建工集团财务有限公司

云南建工集团财务有限公司2016年度被集团授予“先进单位”荣誉称号。

北京粮食集团财务有限公司

北京粮食集团财务有限公司荣获北京银监局2016年辖内银行业金融机构非现场监管统计工作考核评比三等奖。

2016 年度财务公司行业履行社会责任情况

东方电气集团财务有限公司

2016 年 5 月，东方电气集团财务有限公司为集团对口扶贫单位——四川省凉山彝族自治州昭觉县东方电气第一希望小学贫困学生募集添置夏季校服的款项共 2400 元。

2016 年 10 月，东方电气集团财务有限公司组织开展了扶贫日爱心捐赠活动，为东方电气第一希望小学的 6 名贫困同学捐款捐物价值合计 5000 元。

中远财务有限责任公司

2016 年，中远财务有限责任公司向中远慈善基金会捐款人民币 320 万元，定向援助集团扶贫点和资助中远慈善基金会“远航追梦”项目，并派出扶贫干部赴湖南沅陵开展帮扶工作。

江铃汽车集团财务有限公司

2016 年 5 月，江铃汽车集团财务有限公司携手仁爱之家开展街头手工艺义卖活动，所获收益捐赠给社会公益事业。

2016 年 6 月，江铃汽车集团财务有限公司前往遂川县戴家埔乡阡陌小学开展爱心捐赠及支教活动。

中国南航集团财务有限公司

2016 年，中国南航集团财务有限公司一是送金融知识进校园，向广州民航技术学院赠送了《金融知识普及读本》《个人金融安全知识读本》及《互联网金融知识读本》等金融知识读本，向青年学生派发了活动宣传单。二是在营业网点对客户进行金融知识宣传教育，在官网“金融消费者权益保护”专栏中发布了金融消费者权益保护宣传 PPT，通过微信向客户推送金融知识宣传材料。

2016 年 1 月，中国南航集团财务有限公司组织青年员工到广州白云机场开展春运志愿者活动，配合开展导乘咨询、自助值机、秩序维持、现场服务、特殊旅客保障等工作。

中国南航集团财务有限公司倡导绿色办公理念。推行无纸化办公，重点抓好水、电、油、纸以及办公用品方面节能降耗，抓好资源循环利用，减少一次性用品，在采购中优先选择节能产品及节能材料。2016 年万元收入综合能耗 0. 0008 吨标煤，与 2015 年持平。

上海汽车集团财务有限责任公司

自 1996 年起，上海汽车集团财务有限责任公司工会已连续 20 年坚持每年对井冈山畔田希望小学进行捐助。2016 年 9 月再次对井冈山畔田希望小学进行了一年一度的走访慰问，除年度常规捐助外，另有专项捐赠用于更换教学楼窗户，并送去了一批体育用品。同时，正式举行对井冈山畔田希望小学的一对一结对助学捐赠，党委下属一支部、二支部、三支部及安吉租赁支部为四名特别困难学生捐助了2016—2017年全学年的生活费用。

上海电气集团财务有限责任公司

2016年，上海电气集团财务有限责任公司党支部与集团人力资源公司西藏北党支部开展了结对共创活动，对结对支部的困难员工进行了走访并进行爱心资助。

2016年，上海电气集团财务有限责任公司积极参与上海市机电工会组织的“一日捐”活动。

2016年，上海电气集团财务有限责任公司共有五名员工无偿献血。

中国能源建设集团财务有限公司

2016年，中国能源建设集团财务有限公司开展了以“多一份金融了解，多一份财富保障”为主题的“金融知识进万家”宣传活动，编制并印发了宣传手册1000份，取得了良好的宣传效果；开展了“打击洗钱，人人有责”为主题的反洗钱宣传活动，纪念《反洗钱法》颁布十周年，编制并印发了反洗钱宣传手册1000份。

2016年，中国能源建设集团财务有限公司组织参加“享绿色时尚，做低碳达人”的青年志愿者服务活动，利用不同的废旧物品，开展“变废为宝、低碳生活”手工制作；参加了葛洲坝集团公司团委组织的现场义卖，并将所得义款全部捐赠给困难职工。

中国电子财务有限责任公司

2016年，中国电子财务有限责任公司倡导绿色办公的环保理念；组织公司青年员工参加中国电子团委主办的“点亮爱”志愿服务，为北京市石景山区树仁学校以及河南焦作50余名孩子在北京市石景山区青少年活动中心表演剧目提供志愿服务；向新疆和田地区扶贫对口单位捐献30万元现金。

航天科工财务有限责任公司

2016年10月13日，航天科工财务有限责任公司武汉分公司七名员工到武汉中心血站义务献血。武汉分公司员工已将义务献血活动坚持了十多年。

中船重工财务有限责任公司

2016年10月14日，中船重工财务有限责任公司向集团公司定点扶持希望小学捐款7580元。

苏州创元集团财务有限公司

2016年6月，苏州创元集团财务有限公司捐献“两学一做”党员关爱基金1600元。

2016年12月，苏州创元集团财务有限公司组织员工到苏州市红十字中心血站无偿献血，通过自己的实际行动向社会奉献爱心。

南方电网财务有限公司

南方电网财务有限公司在南网五省区积极开展“金融知识进万家”宣传服务月活动，通过多种方式，大力宣传金融知识。

2016年3月29日，南方电网财务有限公司团委组织团员到东莞市黄江镇康湖护老院开展“爱驻夕阳瑞恒情深”慰问活动。为老人们送去书籍、围棋、水果等慰问品并陪老人们聊天话家常。

国电财务有限公司

2016年，国电财务有限公司充分发挥员工自组织“容融1+1公益社”的作用，广泛开展学雷锋志愿服务活动。组织参加了孤独症专项基金大型公益健步走活动；对口帮扶河南山区贫困小学，募集善款约30000元，累计捐助爱心百宝囊 120 个；开展“学习雷锋我行动无偿献血暖人心”献血活动，10 名志愿者累计献血 2200 毫升；携手“地球站”“温暖冬衣”等环保公益项目合作开展捐赠活动 3 次，在职工食堂、职工书屋、办公楼宇等开展志愿活动 10 余次，汇集点滴力量，凝聚爱心，回报社会，履行国企社会责任。

兵器装备集团财务有限责任公司

2016 年，兵器装备集团财务有限责任公司积极践行社会责任，开展精准教育扶贫。为云南省砚山县“兵财多媒体教室”建设项目投入 120 万元；为云南省泸西县“圆梦兵财”助学计划项目投入 60 万元，给予 120 名考上大学的贫困学生每人 5000 元捐赠款，为泸西县“成长兵财”助学计划项目投入 60 万元，帮助家庭经济困难中小学在校优秀学生完成中小学学业。组织公司员工开展捐助活动；采购泸西高原梨，开展消费扶贫。

湖南华菱钢铁集团财务有限公司

2016 年 4 月，湖南华菱钢铁集团财务有限公司赴湘西龙山县将全体员工捐赠的现金和生活物资交付对口帮扶的困难群众。

中航工业集团财务有限责任公司

2016 年 3 月 11 日，中航工业集团财务有限责任公司西安分公司全体员工参加西安浐灞生态区管委会组织的“创国家森林城市，建绿色和谐西安”主题义务植树活动。

2016 年 5 月 30 日，中航工业集团财务有限责任公司组织员工赴贵州省紫云县猴场打哈小学开展了“牵手贵州打哈小学、共度六一节日”关爱儿童活动，送去了教具、图书、文体用品及食堂餐具；并组织了公益捐款活动，共收到捐赠图书 613 册，练习本 43 册，爱心捐款近 6000 元。

中航工业集团财务有限责任公司坚持开展送温暖献爱心活动和“六必访”工作，特别是分公司员工重病去世期间，工会组织探望慰问并发起全体员工捐款共计 9.5 万元。

2016 年 6 月中旬，中航工业集团财务有限责任公司邀请北京消防教育中心的专家，组织了两场安全生产视频培训会，加强对火灾危害的正确认识；并进行总分三地的消防安全知识宣传教育活动，强化红线意识和底线思维。

中航工业集团财务有限责任公司倡导低碳环保的绿色理念，将节能降耗与 6S 管理有机结合，致力资源节约。

保利财务有限公司

2016 年，保利财务有限公司共捐款 7 万元，援助集团公司定点扶贫项目，为山西省河曲县巡镇中学改建体育场。

中化集团财务有限责任公司

2016 年，中化集团财务有限责任公司积极动员员工参与中化集团“圆梦行动”，帮助集团对口支援的西藏岗巴县、青海大柴旦、内蒙古阿鲁科尔沁旗等地区贫困学生。

中化集团财务有限责任公司组织员工义务献血，关爱他人，支持社会公益事业。

中化集团财务有限责任公司开展“践行责任、绿色成长”爱心林植树活动。

国联财务有限责任公司

2016 年 9 月，国联财务公司的青年志愿者前往无锡市中心血站义务献血，公司三分之二以上的员工有义务献血的经历。

2016 年 11 月，国联财务公司发起了“送温暖、献爱心”慈善捐款活动，组织全体员工爱心捐款，共筹得捐款 5000 元。

海马财务有限公司

2016 年 9 月，为了让祖国最西端边境线上的新疆乌恰县边防战士、当地的牧民和孩子们可以广泛阅读课外书籍及杂志，海马财务有限公司青年活动中心组织了“送一本书·造一个梦”爱心捐书活动。捐赠了文学、科幻类期刊254本，中外名著57本，儿童文学29本，近代文学18本，共计358本。

国投财务有限公司

2016年8月，国投财务有限公司开展了“精准扶贫结对子，两学一做献爱心”活动，收到了公司60位员工12万余元的爱心捐款，送到了14个特困家庭和6个即将上大学的孩子手中，并为6名贫困大学生捐赠了6台笔记本电脑。

山西焦煤集团财务有限责任公司

2016年9月，山西焦煤集团财务有限责任公司组织参与“银行业金融知识宣传服务月活动”。在集团公司网站播放“山西银行业金融知识宣传服务月活动”宣传教育片，组织干部职工走上街头向社会公众免费发放金融知识宣传资料、提供咨询服务，引导和培育社会公众的金融意识和风险意识。

阳泉煤业集团财务有限责任公司

2016年11月，阳泉煤业集团财务有限责任公司参加“送温暖、献爱心”捐助活动，共捐爱心款1990元，捐衣物50件。

云南冶金集团财务有限公司

2016年，云南冶金集团财务有限公司完成了对定点帮扶的文山州西畴县的遍访工作，研究制定帮扶措施，并向贫困户捐赠帮扶资金。

2016年，云南冶金集团财务有限公司共筹集各类捐款502980.80元。

2016年，云南冶金集团财务有限公司积极参与集团“精准扶贫、青春有约”的各项爱心活动中。一是向集团定点扶贫点西畴县董马乡和莲花塘乡捐赠了10份《中国青年报》。二是在公司内发起爱心捐赠活动，募集到爱心书籍144本，文具28件，衣物77件，爱心善款1800元。三是参与了集团开展的第一期校外辅导员支教活动，在文山州西畴县坪寨中心校为贫困中小学生进行课外辅导。

美的集团财务有限公司

2016年，美的集团财务有限公司多维度开展合规文化建设，陆续推出“金融知识进万家”等合规金融知识推广活动，切实保证合规文化建设在潜移默化中得到强化。

江苏省国信集团财务有限公司

2016年，江苏省国信集团财务有限公司大力弘扬雷锋精神，全体员工自发捐款3万余元，全年两次前往泗洪县天岗湖乡捐助20名家境贫寒的小学生以及支援盐城市阜宁县、射阳县灾区抗灾救灾工作，凝聚起扶贫济困、回馈社会的正能量。

青岛啤酒财务有限责任公司

2016年3月，青岛啤酒财务有限责任公司组织员工进行关爱基金捐款共计2500元；组织员工开展“3·12为岛城添绿”植树活动。

中铝财务有限责任公司

中铝财务有限责任公司积极支持环保节能等绿色项目，给予信贷资金投放。同时，坚持厉行节约，全面推行办公自动化管理系统，倡导无纸化办公理念，减少纸张浪费。

中铝财务有限责任公司组织员工积极参与青海省海晏县“心连心、手拉手”结对帮扶困难学生行动，全体员工踊跃报名，帮扶多名贫困学生。

开滦集团财务有限责任公司

2016年，开滦集团财务有限责任公司组织员工参加帮助开滦范吕社区困难职工子女上学的“爱心助学捐赠”活动。

深圳华强集团财务有限公司

2016年，深圳华强集团财务有限公司向深圳市华强公益基金会捐赠人民币1000万元，用于扶贫助学灾害救助，并有5名员工作为义工参加了第五届中国公益慈善项目交流展示会。

诚通财务有限责任公司

2016年，诚通财务有限责任公司扶贫组人员先后三次奔赴河南省宜阳县对口扶贫村苗村进行调研，并投入扶贫资金10万元，建成8个蔬菜大棚。

诚通财务有限责任公司青年团员到北京市丰台区儿童福利院开展献爱心送温暖活动。

诚通财务有限责任公司开展扶贫志愿者活动，对贫困学生进行一对一帮扶。

港中旅财务有限公司

2016年，港中旅财务有限公司向“中国公安民警英烈基金”捐赠50万元，支持内地公安英烈抚恤公益事业。

上海华谊集团财务有限责任公司

2016年10月9日，上海华谊集团财务有限责任公司党政工团代表前往浦东新区金桥美馨敬老院开展了“爱心献老人、敬老迎重阳”志愿者服务活动。为老人们带去了华谊集团所属企业制造的日用品，并表演了自编自创的文艺节目。

安徽省能源集团财务有限公司

2016年，安徽省能源集团财务有限公司支持国家和区域重点项目建设及皖江城市带发展；坚持绿色信贷政策，不断加强环保产业和节能减排项目的支持力度；贯彻和落实国家的新能源发展产业政策和集团公司新能源发展战略，积极支持集团光伏发电等新能源产业的发展；以支持集团小微企业发展为己任，积极进行产品创新支持集团小微企业的发展。

浙江省交通投资集团财务有限责任公司

2016年5月，浙江省交通投资集团财务有限责任公司开展“点缀缤纷童年、成就崇高少年”书籍捐赠活动，为浙江省天台县石梁镇中心小学捐赠图书500多册。

2016年6月，浙江省交通投资集团财务有限责任公司开展“用爱守望、同心相助”活动，为集团水运板块重组过程中的困难员工捐款9230元。

太钢集团财务有限公司

2016年9月，太钢集团财务有限公司开展“金融知识进万家”宣传服务月活动，在公司管理总部广场设置咨询台，向公众发放宣传资料，安排咨询员现场解答疑问，同时在《太钢日报》、太钢电视台、微信公众号等媒介分期发布金融知识，提高广大群众的金融知识水平。

2016年11月15日，太钢集团财务有限公司举行了慈善一日捐活动，公司全体员工积极响应并捐款。

大同煤矿集团财务有限责任公司

2016年，大同煤矿集团财务有限责任公司在履行社会责任方面，仍坚持“不忘初心，继续前行”的理念。积极开展“服务实体经济”“普惠金融”等宣传活动，采取现场讲解、发放宣传单、案例剖析等多种简便的形式，向广大群众展示了新时代的服务理念和全方位的服务方式。

海亮集团财务有限责任公司

2016年12月16日，海亮集团财务有限责任公司员工来到海亮幸福院开展“传递爱心送温暖”活动，探望幸福院里来自全国各地的孤儿，并带领他们到宁波科学探索中心一日游。

北京金隅财务有限公司

北京金隅财务有限公司定期参与办公场所大厦物业组织的垃圾分类回收活动，积极响应垃圾分类号召，打造绿色办公环境。

2016年4月，公司在蟒山森林公园开展了以“树立生态理念，共建绿色企业”为主题的植树护绿活动。

2016年“七一”期间，北京金隅财务有限公司组织党员参加“共产党员献爱心”捐献活动，此次捐献主要用于慈善医疗救助项目、贫困生助学项目、慈善助老项目、帮扶生活困难党员等。

2016年11月，北京金隅财务有限公司组织员工参加北京市“温暖衣冬”棉衣捐献活动，员工踊跃捐献闲置冬衣，统一分发给最需要的人。

山东能源集团财务有限公司

2016年，山东能源集团财务有限公司开展了以“携手慈善、共创和谐”为主题的“慈心一日捐”活动。公司员工积极参与，共募得善款2600余元。

重庆力帆财务有限公司

2016年，重庆力帆财务有限公司踊跃参加各类帮扶助学活动，并派专人负责落实云南贫困地区捐衣献物活动和集团困难职工医疗献爱心活动，累计共组织活动3次，捐款2万余元，参与员工共约110人次。

五粮液集团财务有限公司

2016年，五粮液集团财务有限公司组织了爱心捐款，全体员工踊跃参与，共计捐款7000余元。先后5次深入贫困户家中，送去爱心与温暖，帮助公司结对帮扶贫困户，并按期实现了脱贫目标。

五粮液集团财务有限公司积极帮助贫困户谋划产业发展道路，以“授人以渔”的方式巩固扶贫成效，结合当地实际，确定了养殖土鸡项目。捐赠产业扶贫资金6000元用于鸡棚建设，并提供养殖技术支持和饲料补助，帮助联系销路，巩固扶贫成果。

上海上实集团财务有限公司

上海上实集团财务有限公司组织员工参加了中华义工联合会上海分会组织的“5·15助残日公益义卖”活动，筹得善款全部用于资助自闭症儿童；坚持一年一度的“爱心一日捐”活动，重点资助成员单位患重大疾病的员工。

粤海集团财务有限公司

2016年，粤海集团财务有限公司积极发放反洗钱宣传材料加强反洗钱知识宣传，并于11月集中宣讲洗钱风险防范知识，提升了集团成员单位财务人员防范洗钱风险的意识。

2016年11月，粤海集团财务有限公司对集团成员单位财务人员集中开展电子银行风险防范培训，提升了集团成员单位的电子银行风险防范意识。

江苏悦达集团财务有限公司

江苏悦达集团财务有限公司积极参与集团

“6·23”阜宁、射阳龙卷风冰雹灾区捐赠活动，支持受灾地区的重建工作，帮助灾区渡过难关。

云南建工集团财务有限公司

云南建工集团财务有限公司积极参与集团扶贫攻坚工作，对宣威市得禄乡务乐村挂联贫困户落实干部帮户。派出工作小组，深入扶贫点，制定扶贫方案，切实帮助贫困户解决交通难、就业难、上学难等问题，实实在在推进了扶贫攻坚工作。

北京粮食集团财务有限公司

北京粮食集团财务有限公司组织全体党员积极参加“共产党员献爱心”捐款活动。

2016 年度财务公司机构名录

<table>
<tr><th>序号</th><th>公司全称</th><th>通讯地址</th><th>邮政编码</th><th>高管人员</th><th>控股股东</th><th>控股比例</th><th>英文名称</th><th>公司网址</th></tr>
<tr><td>1</td><td>东风汽车财务有限公司</td><td>湖北省武汉市经济技术开发区东风大道 10 号</td><td>430056</td><td>董事长　乔阳
总经理　马华
副总经理　马以忠
副总经理　张利军</td><td>东风汽车集团股份有限公司</td><td>100%</td><td>Dongfeng Motor Finance Co. , Ltd.</td><td>www. df - finance. com. cn</td></tr>
<tr><td rowspan="2">2</td><td rowspan="2">中国重汽财务有限公司</td><td rowspan="2">山东省济南市高新区华奥路 777 号</td><td rowspan="2">250101</td><td rowspan="2">董事长　孔祥泉
总经理　韩文杰
副总经理　刘敬斌
财务总监　刘德英
党总支副书记　刘其贵</td><td>中国重汽(香港)有限公司</td><td>58. 2829%</td><td rowspan="2">Sinotruk Finance Co. , Ltd.</td><td rowspan="2">www. cnhtc. com. cn</td></tr>
<tr><td>中国重汽集团济南动力有限公司</td><td>28. 3218%</td></tr>
<tr><td>3</td><td>中国华能财务有限责任公司</td><td>北京市西城区复兴门南大街丙 2 号天银大厦 C 段西区 7—8 楼</td><td>100031</td><td>董事长、党委书记　张咸阳
总经理、党委副书记　胡西林
副总经理、党委成员　肖健
副总经理、党委成员　孙丽英
副总经理、党委成员　徐学玲
副总经理、党委成员　马洪潮
纪委书记、党委成员　刘吉坡
副总经理、党委成员　范震明</td><td>中国华能集团公司</td><td>52%</td><td>China Huaneng Finance Co. ,Ltd.</td><td>www. hnf. com. cn</td></tr>
<tr><td>4</td><td>锦江国际集团财务有限责任公司</td><td>上海市黄浦区延安东路 100 号 27 楼</td><td>200002</td><td>董事长　马名驹
总经理　陈月明
财务总监　查培莹</td><td>上海锦江国际酒店(集团)股份有限公司</td><td>90%</td><td></td><td>www. jinjianghotels. com</td></tr>
<tr><td>5</td><td>一汽财务有限公司</td><td>吉林省长春市净月高新技术产业开发区生态大街 3688 号</td><td>130118</td><td>董事长　滕铁骑
总经理　于平
运营总监　陈春利
风险总监　敖红梅</td><td>中国第一汽车股份有限公司</td><td>70. 83%</td><td>First Aotomobile Finance Co. Ltd.</td><td>www. faf. com. cn</td></tr>
<tr><td>6</td><td>西电集团财务有限责任公司</td><td>陕西省西安市大庆路 511 号</td><td>710077</td><td>董事长　汪建忠
总经理　毋浩民
副总经理　郎慧绘</td><td>中国西电电气股份有限公司</td><td>86. 80%</td><td>XD Group Finance Co. , Ltd.</td><td>www. xdcwgs. com</td></tr>
</table>

续表

序号	公司全称	通讯地址	邮政编码	高管人员	控股股东	控股比例	英文名称	公司网址
7	中国石化财务有限责任公司	北京市朝阳区朝阳门北大街 22 号中国石化大厦七层	100728	董事长　赵东 总经理、党委书记　张保龙 副总经理　高中元 副总经理　程忠 党委副书记、纪委书记、工会主席　王安	中国石油化工集团公司	51%	Sinopec Finance Co., Ltd.	www.sfc.sinopec.com
8	东方电气集团财务有限公司	四川省成都市高新西区西芯大道 18 号	611731	董事长　文利民 总经理　冯勇 副总经理　王成密 总经理助理　刘静竹	中国东方电气集团有限公司	100%	DEC Finance Company Limited	www.decfc.dongfang.com
9	宝钢集团财务有限责任公司	上海市浦东新区浦电路 370 号 9 楼	200122	董事长　朱可炳 宝武集团产业金融发展中心总经理、华宝投资总经理 总经理　曾杰 副总经理　曾健飞 总经理助理　张波 总经理助理　吴瑛	宝山钢铁股份有限公司	62.10%	Baosteel Group Finance Company Ltd.	www.baofinance.com/cwgs/index.jsp
10	中国一拖集团财务有限责任公司	河南省洛阳市涧西区建设路 154 号	471003	董事长　姚卫东 总经理　闵莉 总经理助理　尹振鸽 总经理助理　曹鸿晔 总经理助理　韩峰	第一拖拉机股份有限公司	94.60%	YTO Group Finance Co.,Ltd.	www.ytcwgs.com
11	五矿集团财务有限责任公司	北京市海淀区三里河路 5 号五矿大厦 A 座	100044	董事长　沈翎 总经理　柴山 副总经理　王秋劲 副总经理　史磊 副总经理　闫风	中国五矿股份有限公司	92.50%	Minmetals Finance Co., Ltd.	cwgs.minmetals.com.cn/
12	武汉钢铁集团财务有限责任公司	湖北省武汉市友谊大道 999 号武钢集团办公大楼 B 座 11－13 层	430080	董事长　朱永红 监事长　赵蕴智 总经理　姚文中 业务总监　万毅 总经理助理　陈庆丰	武汉钢铁（集团）公司	51.25%	Wuhan Iron and Steel Group Finance Company Limited	
13	中远财务有限责任公司	北京市西城区月坛北街 2 号月坛大厦 A 座 19 层	100045	董事长　孙月英 副董事长　邓黄君 监事长　李西贝 总经理、董事　刘超 副总经理　应海峰 副总经理　李娟	中国远洋运输（集团）总公司	43.125%	COSCO Finance Co., Ltd.	www.coscofinance.com/

续表

<table>
<tr><th>序号</th><th>公司全称</th><th>通讯地址</th><th>邮政编码</th><th>高管人员</th><th>控股股东</th><th>控股比例</th><th>英文名称</th><th>公司网址</th></tr>
<tr><td rowspan="2">14</td><td rowspan="2">江铃汽车集团财务有限公司</td><td rowspan="2">江西省南昌市苏圃路111号</td><td rowspan="2">330006</td><td rowspan="2">董事长　衷俊华
总经理　陈东红
副总经理　丁莉红
副总经理　方忠英
总经理助理　杜健</td><td>江铃汽车集团公司</td><td>87.452%</td><td rowspan="2">JMCG Finance Company</td><td rowspan="2">www. jlcwgs. com</td></tr>
<tr><td>江西江铃底盘股份有限公司</td><td>11%</td></tr>
<tr><td rowspan="2">15</td><td rowspan="2">中国航空集团财务有限责任公司</td><td rowspan="2">北京市朝阳区霄云路36号国航大厦19层</td><td rowspan="2">100027</td><td rowspan="2">董事长　肖烽
总经理　沈洁</td><td>中国航空集团公司</td><td>49%</td><td rowspan="2">China National Aviation Finance Co. ,Ltd.</td><td rowspan="2">www. airchinaf. com</td></tr>
<tr><td>中国国际航空股份有限公司</td><td>51%</td></tr>
<tr><td>16</td><td>天津渤海集团财务有限责任公司</td><td>天津市和平区大理道30号</td><td>300050</td><td>董事长　肖京喜
总经理　李春辉
副总经理　刘晓雯</td><td>天津渤海化工集团有限责任公司</td><td>39.34%</td><td>Tianjin Bohai Group Finance Co. Ltd.</td><td>www. tjbhcw. com</td></tr>
<tr><td>17</td><td>深圳市有色金属财务有限公司</td><td>广东省深圳市福田区车公庙深南大道6013号中国有色大厦20楼</td><td>518040</td><td>董事长　余刚
总经理　龚子奇
党总支书记　唐建西
副总经理　吴隆旺</td><td>深圳市中金岭南有色金属股份有限公司</td><td>75.18%</td><td></td><td>www. nonfemet. com</td></tr>
<tr><td>18</td><td>中国南航集团财务有限公司</td><td>广东省广州市白云区机场路航云南街27号</td><td>510405</td><td>董事长　王建军
总经理　徐燕青
党委书记　黄奕洪
副总经理　胡艳苹
纪委书记　徐斌</td><td>中国南方航空集团公司</td><td>66.02%</td><td>China Southern Air Group Finance Co. ,Ltd.</td><td>www. csnfs. com. cn</td></tr>
<tr><td>19</td><td>上海汽车集团财务有限责任公司</td><td>上海市静安区康定路1199号</td><td>200042</td><td>董事长　陈志鑫
监事会主席　周郎辉
总经理　沈根伟
副总经理　许莺</td><td>上海汽车集团股份有限公司</td><td>98.999%</td><td>Shanghai Automotive Group Finance Corporation Limited</td><td>www. saicfinance. com</td></tr>
<tr><td>20</td><td>振华集团财务有限责任公司</td><td>贵州省贵阳市新添大道北段222号</td><td>550018</td><td>董事长　倪敏
总经理　令狐建强
副总经理　唐要斌
副总经理　阮英轶</td><td>中国振华电子集团有限公司</td><td>65%</td><td>Finance Company Limited, Zhenhua Group</td><td></td></tr>
<tr><td rowspan="2">21</td><td rowspan="2">东方集团财务有限责任公司</td><td rowspan="2">黑龙江省哈尔滨市南岗区花园街235号1202室</td><td rowspan="2">150001</td><td rowspan="2">董事长　吕廷福
总经理　姜建平
副总经理　闫铁红
副总经理
兼财务总监　张志刚
副总经理　张锐</td><td>东方集团投资控股有限公司</td><td>63.33%</td><td rowspan="2">Orient Group Finance Co. ,Ltd.</td><td rowspan="2"></td></tr>
<tr><td>东方集团股份有限公司</td><td>30%</td></tr>
</table>

续表

序号	公司全称	通讯地址	邮政编码	高管人员	控股股东	控股比例	英文名称	公司网址
22	东航集团财务有限责任公司	上海市闵行区吴中路686号D座东航金融中心15楼	201103	董事长　林福杰 总经理　徐春 总经理助理　金路 总经理助理　沈尧	中国东方航空集团公司	53.75%	CES Finance Co.,Ltd.	www.cesfinance.com
					中国东方航空股份有限公司	25%		
					东航金控有限责任公司	21.25%		
23	中油财务有限责任公司	北京市东城区东直门北大街9号中国石油大厦A座	100007	董事长　刘跃珍 总经理　兰云升 党委书记、副总经理　王亮 副总经理　廖筱燕 副总经理　王增业 总经理助理　吴林才 总经理助理　郝宾宾	中国石油天然气集团公司	40%	China Petroleum Finance Company Limited	www.cnpc.com.cn/cpf
24	上海电气集团财务有限责任公司	上海市静安区江宁路212号8楼	200041	董事长　胡康 总经理　秦怿 副总经理　冯淳林 创新投资总监　姚剑明 运营总监　吴永毅 风险总监　高俊	上海电气集团股份有限公司	73.38%	Shanghai Electric Group Finance Company Ltd.	
25	中国能源建设集团财务有限公司	北京市	100022	董事长　陈关中 党委书记兼副总经理　邹定波 副总经理　赵小东	中国能源建设股份有限公司	40.40%	China Energy Engineering Finance Co.,Ltd.	www.gzbfcl.ceec.net.cn
26	西门子财务服务有限责任公司	北京市朝阳区望京中环南路7号	100102	董事长　Johannes Schmidt 总经理　Matthias Plenio 副总经理　李晶晶 副总经理　韩玲	西门子(中国)有限公司	99.88%	Siemens Financial Services Ltd.	
27	兵工财务有限责任公司	北京市东城区青年湖南街19号	100011	董事长　罗乾宜 总经理、党委书记　史艳晓 副总经理　张绛义 总会计师　韩颖 副总经理　吕哲龙 党委副书记、纪委书记、总稽核　温健	中国兵器工业集团公司	16.03%	North Industries Group Finance Company Ltd.	www.norfico.com.cn

续表

序号	公司全称	通讯地址	邮政编码	高管人员	控股股东	控股比例	英文名称	公司网址
28	三峡财务有限责任公司	北京市海淀区玉渊潭南路1号三峡大厦三层	100038	董事长　杨亚 总经理　张星燎 副总经理　朱建军 副总经理　毕家俊	中国长江三峡集团公司 中国长江电力股份有限公司	58.90% 21.50%	Three Gorges Finance Co. ,Ltd.	tgf. ctgpc. com. cn
29	中广核财务有限责任公司	广东省深圳市福田区深南大道2002号中广核大厦北楼22层	518026	董事长　施兵 总经理　梁开卷 财务总监　杨凌浩 总经理助理　张华	中国广核集团有限公司	100%	China General Nuclear Power Finance Co. , Ltd.	www. cgnfc. com. cn
30	中船财务有限责任公司	上海市浦东大道1号船舶大厦607室	200120	董事长　曾祥新 党委书记、总经理　李朝坤 副总经理　管见礼 副总经理　陈小东 总经理助理　陈启农 总经理助理　陈卫京 总经理助理　丁源 副总会计师　王文红	中国船舶工业集团公司	85%	Zhong Chuan Finance Company Limited	zcfc. cssc. net. cn
31	中核财务有限责任公司	北京市西城区三里河南四巷一号中核集团综合办公楼6－7层	100045	董事长　李季泽 总经理　李宗英 副总经理　凌晓哲 总审计师　张天瑞	中国核工业集团公司	53.487%	CNNC Finance Company Ltd.	www. cnncfc. com. cn
32	上海浦东发展集团财务有限责任公司	上海市浦东南路256号华夏银行大厦34、35楼	200120	董事长　王鸿 总经理　杨明 副总经理　王蔚 副总经理　经长忠 总经理助理　朱建华	上海浦东发展(集团)有限公司	56.80%	Shanghai Pudong Development Group Finance Co. ,Ltd.	www. pdcw. com. cn
33	鞍钢集团财务有限责任公司	辽宁省鞍山市铁东区和平路8号	114003	董事长　于万源 党委书记、总经理　张万斌 副总经理　董炜 副总经理　陈销 纪委书记　张明伟	鞍钢集团公司 鞍钢股份有限公司 攀钢集团钒钛资源股份有限公司	70% 20% 10%	Ansteel Group Finance Company Ltd.	

续表

<table>
<tr><th>序号</th><th>公司全称</th><th>通讯地址</th><th>邮政编码</th><th>高管人员</th><th>控股股东</th><th>控股比例</th><th>英文名称</th><th>公司网址</th></tr>
<tr><td rowspan="2">34</td><td rowspan="2">中国电力财务有限公司</td><td rowspan="2">北京市东城区建国门内大街乙18号院英大国际大厦</td><td rowspan="2">100005</td><td rowspan="2">董事长、党组书记　盖永光
总经理、党组副书记　侯培建
党委委员、纪委书记，工会主席　阎竞红
党委委员、副总经理　侯燕梅
党委委员、副总经理　李洪东
党委委员、副总经理　侯文捷
党委委员、副总经理　丁琪
党委委员、总会计师　董树梓</td><td>国家电网公司</td><td>51%</td><td rowspan="2">China Power Finance Co. ,Ltd.</td><td rowspan="2">www. cpfc. sgcc. com. cn</td></tr>
<tr><td>国网英大国际控股集团有限公司</td><td>49%</td></tr>
<tr><td>35</td><td>神华财务有限公司</td><td>北京市东城区安定门西滨河路26号北京汉华国际饭店写字楼10层</td><td>100011</td><td>董事长　张克慧
总经理、党委书记　韩维平
党委副书记　梅雪艳
副总经理　张映
副总经理　陈新环</td><td>中国神华能源股份有限公司</td><td>81.43%</td><td>Shenhua Finance Co. , Ltd.</td><td>cwgs. shenhuagroup. com. cn</td></tr>
<tr><td>36</td><td>中国电子财务有限责任公司</td><td>北京市海淀区中关村东路66号世纪科贸大厦A座23层</td><td>100190</td><td>董事长　贾海英
总经理　田伟
副总经理　张凯
副总经理　金涯
副总经理　黄刚
总经理助理　丁蕾</td><td>中国电子信息产业集团有限公司</td><td>41.96%</td><td>China Electronics Finance Co. ,Ltd.</td><td>www. cec－f. com. cn</td></tr>
<tr><td rowspan="4">37</td><td rowspan="4">航天科技财务有限责任公司</td><td rowspan="4">北京市西城区平安里西大街31号航天金融大厦七层</td><td rowspan="4">100035</td><td rowspan="4">董事长　王海波
总经理兼党委副书记　刘永
副董事长兼党委书记　张育明
财务总监　陈瑛
副总经理　王深坤
纪委书记　王笑妍</td><td>中国航天科技集团公司</td><td>30.20%</td><td rowspan="4">Aerospace Science and Technology Finance Co. , Ltd.</td><td rowspan="4">www. astfc. com</td></tr>
<tr><td>中国运载火箭技术研究院</td><td>14.56%</td></tr>
<tr><td>中国空间技术研究院</td><td>10.92%</td></tr>
<tr><td>上海航天技术研究院</td><td>10.01%</td></tr>
<tr><td rowspan="4">38</td><td rowspan="4">航天科工财务有限责任公司</td><td rowspan="4">北京市海淀区紫竹院路116号嘉豪国际中心B座12层</td><td rowspan="4">100097</td><td rowspan="4">董事长　尹兴彤
总裁　王厚勇
总会计师　孙源君
副总裁　王小红</td><td>中国航天科工集团公司</td><td>40.40%</td><td rowspan="4">Aerospace Science & Industry Finance Corp.</td><td rowspan="4">www. cwgs. casic. cn</td></tr>
<tr><td>中国航天三江集团公司</td><td>13.32%</td></tr>
<tr><td>中国长峰机电技术研究设计院</td><td>12.08%</td></tr>
<tr><td>中国航天科工飞航技术研究院</td><td>12.08%</td></tr>
</table>

续表

序号	公司全称	通讯地址	邮政编码	高管人员	控股股东	控股比例	英文名称	公司网址
39	中船重工财务有限责任公司	北京市海淀区昆明湖南路72号中船重工科研大厦3层	100097	董事长　黄瞿记 总经理　徐舍 副总经理　王革 副总经理　马一川	中国船舶重工集团公司	96.35%	CSIC Finance Co.,Ltd.	
40	中海石油财务有限责任公司	北京市东城区朝阳门北大街25号中国海油大厦7楼	100010	董事长　温冬芬 总经理　陈浩鸣 副总经理　刘成荔 副总经理　李学敏 副总经理　李鹏 总经理助理　杨楠	中国海洋石油总公司	62.90%		www.cnooc.com.cn
41	海尔集团财务有限责任公司	山东省青岛市崂山区海尔路178－2号裕龙国际中心	266061	董事长　张瑞敏 副董事长　李占国 副总经理　温淑惠 副总经理　赵晓燕 总经理助理　赵丽丽	青岛海尔电子有限公司	53%	Haier Finance Co.,Ltd.	www.haierfin.com
					青岛海尔空调器有限总公司	30%		
					青岛海尔空调电子有限公司	12%		
42	吉林森林工业集团财务有限责任公司	吉林省长春市延安大街1399号	130022	董事长　张纪军 总经理　李文艳 副总经理　周晶莹 副总经理　乔永洁 财务总监　佟磊	吉林森林工业集团有限责任公司	48%	JiLin Forest Industry Group Finance Co.,Ltd.	www.jlsgcwgs.com
					吉林森林工业集团股份有限公司	24%		
					其他股东(十一家)	28%		
43	万向财务有限公司	浙江省杭州市庆春路225号西湖时代广场7楼	310006	董事长、总裁　傅志芳	万向集团公司	66.08%	Wanxiang Finance Co.,Ltd.	www.wxcw.cn
44	中粮财务有限责任公司	北京市朝阳区朝阳门南大街8号中粮福临门大厦1905室	10020	董事长　马王军 总经理　李德罡 总经理助理　崔程	中粮集团有限公司	82.74%	COFCO Finance Corporation Limited	www.cofco.com
45	苏州创元集团财务有限公司	江苏省苏州市工业园区苏桐路37号6楼	215021	董事长　陈子京 总经理　陆惠章 副总经理　朱胜祥 副总经理　邱卫东 总经理助理　沈怡岚	苏州创元投资发展(集团)有限公司	90%	Suzhou Chuang Yuan Group Finance Co.,Ltd.	

续表

序号	公司全称	通讯地址	邮政编码	高管人员	控股股东	控股比例	英文名称	公司网址
46	珠海格力集团财务有限责任公司	广东省珠海市前山金鸡路901号	519070	董事长　董明珠 总经理　张蓓蕾 副总经理　肖旭武 助理总经理　陈坚	珠海格力电器股份有限公司	88.31%	Zhu hai Gree Group Finance Company Ltd.	www.greefinance.com
47	国机财务有限责任公司	北京市海淀区丹棱街3号A座8层	100080	董事长　李家俊 总经理　李慧玲 副总经理　夏国靖 副总经理　李智军 总经理助理　殷建邦	中国机械工业集团有限公司	20.36%	Sinomach Finance Company Limited	www.sinomf.com
48	海航集团财务有限公司	北京市朝阳区霄云路甲26号北京海航大厦22层	100125	董事长　徐洲金 总经理　安瑞年 副董事长兼副总经理　邓瑶 副总经理　赵玉芹 副总经理　李文斌 总经理助理　关宇	海航集团有限公司	33.25%	HNA Group Finance Co.,Ltd.	
49	中国华电集团财务有限公司	北京市西城区宣武门内大街2号	100031	党委书记、董事长　陈宇 总经理、党委副书记　李文峰 副总经理　刘仁鹏 纪委书记、工委主任　方少华	中国华电集团公司	36.14822%	China Huadian Finance Corporation Limited	hdcw.chd.com.cn
					中国华电集团资本控股有限公司	23.541%		
					华电国际电力股份有限公司	14.93%		
					华电煤业集团有限公司	10%		
50	中国大唐集团财务有限公司	北京市西城区菜市口大街1号院1号楼	100052	董事长　刘传东 党委书记、副总经理　姜进明 副总经理、党委委员、纪委书记　杨娅 副总经理、党委委员　彭志刚 副总经理、党委委员、工会主席　黄晓辉	中国大唐集团公司	71.8%	China Datang Finance Co.,Ltd.	www.cdt-cw.com
51	南方电网财务有限公司	广东省广州市天河区珠江新城华穗路6号18、19楼	510623	董事长、党组书记　罗体承 董事、总经理、党组成员　胡伏秋 副总经理、党组成员、工会主席　邹志敏 副总经理、党组成员　黄有为 党组成员、纪检组长　王发兴	中国南方电网有限责任公司	24%	Southern Power Grid Finance Co., Ltd.	fc.csg.cn
					广东电网有限责任公司	21.20%		
					广西电网有限责任公司	10.80%		
					云南电网有限责任公司	10.80%		

续表

序号	公司全称	通讯地址	邮政编码	高管人员	控股股东	控股比例	英文名称	公司网址
					贵州电网有限责任公司	10.80%		
					广州供电局有限公司	10%		
					深圳供电局有限公司	10%		
52	中电投财务有限公司	北京市西城区西直门外大街18号金贸大厦C1座	100044	董事长　王振京 总经理　梁玉丰 党组书记　张培廉 副总经理　孙艳军 副总经理　王清伟	国家电力投资集团公司	42.50%	CPI Finacial Co.,Ltd.	www.cpifcl.com.cn
53	国电财务有限公司	北京市西城区西直门外大街18号金贸大厦D座	100044	董事长　陈斌 总经理、党委副书记　陈景东 党委书记、副总经理　刘焱 党委委员、副总经理、总会计师　杨元顶 党委委员、副总经理　黄文强 党委委员、副总经理　张敏 党委委员、总法律顾问、工会主席　万利平 党委委员、副总经理　李阳 风险管理总监　郑础宏	国电资本控股有限公司	28.98%	Guodian Finance Co., Ltd.	
54	华联财务有限责任公司	北京市西城区金融大街33号通泰大厦B428室	100033	董事长　郭丽荣 总经理　赵育民 副总经理　施保成 副总经理　徐艳 总经理助理　方美彦	北京华联集团投资控股有限公司	34%	Hualian Finance Co., Ltd.	www.hualianfc.com
55	兵器装备集团财务有限责任公司	北京市海淀区车道沟10号院中国兵器装备集团大楼5层	100089	董事长　李守武 总经理　崔云江 党委书记　刘志岩 副总经理　马洪 总经理助理、总稽核　李志榕 总经理助理　唐自强 总经理助理　印凤	中国兵器装备集团公司	22.90%	China South Industries Group Finance Co., Ltd.	www.bzhcw.cn

续表

序号	公司全称	通讯地址	邮政编码	高管人员	控股股东	控股比例	英文名称	公司网址
56	京能集团财务有限公司	北京市朝阳区永安东里16号CBD国际大厦23层	100022	总经理　张伟 副总经理　刘颖 总经理助理　杨建 风险总监　张艳 投资总监　倪婷	北京能源集团有限责任公司	98%	BEIH Finance Co., Ltd.	www.beihf.com.cn
57	浙江省能源集团 财务有限责任公司	浙江省杭州市环城北路华浙广场一号楼9层	310006	董事长　王莉娜 总经理　蔡亦东 副总经理　汪汝姚 副总经理　卢钢 首席投资(证券)分析师 朱战	浙江省能源集团有限公司	91%	Zhejiang Provincial Energy Group Finance Co., Ltd.	
58	广东粤电财务有限公司	广东省广州市天河区天河东路2号粤电广场南塔12－13楼	510630	董事长　温淑斐 总经理　周志坚 党支部书记兼副总经理 袁素杰 副总经理　李葆冰 副总经理　蔡锡鸿	广东省粤电集团有限公司	60%	Guangdong Yudean Finance Co.,Ltd.	
59	TCL集团财务有限公司	广东省惠州市仲恺高新区惠风三路17号TCL科技大厦21楼	516006	董事长　黄旭斌 副总经理　黎健(代为履职总经理) 副总经理　张红梅	TCL集团股份有限公司	82%	TCL Finance Co.,Ltd.	fc.tcl.com/cn/index.aspx
60	湖南华菱钢铁集团财务有限公司	湖南省长沙市天心区湘府西路222号华菱园写字楼5、6楼	410004	董事长　肖骥 总经理　饶璞 监事长　余江文 财务总监、副总经理 赖邦传 副总经理　张卓	湖南华菱钢铁集团有限责任公司	30%	Hunan Valin Iron & Steel Group Finance Co. Ltd.	www.chinavalin.com
61	江西铜业集团财务有限公司	江西省南昌市二七北路527号	330077	董事长　吴金星 总经理　姜烈辉 副总经理　许芳 副总经理　谢国藩	江西铜业股份有限公司 中银集团投资有限公司	85.68% 12.65%	JCC Finance Co. Ltd.	cwgs.jxcc.com
62	天津港财务有限公司	天津市塘沽区津港路99号	300461	董事长　张增新 总经理　窦广清 副总经理　马洁	天津港(集团)有限公司 天津港股份有限公司	52% 38%	Tianjin Port Finance Co.,Ltd.	www.tjpfc.com

续表

序号	公司全称	通讯地址	邮政编码	高管人员	控股股东	控股比例	英文名称	公司网址
63	松下电器（中国）财务有限公司	上海市虹口区吴淞路575号虹口SOHO大厦9层	200080	董事长　吉村太作 董事/总经理　田中卓志	松下电器（中国）有限公司	100%	Panasonic Finance China Co.,Ltd.	
64	中航工业集团财务有限责任公司	北京市朝阳区东三环中路乙10号艾维克大厦18层	100022	董事长　刘宏 总经理　刘蓉 党委书记、副总经理　郝力平 高级专务、副总经理　贾福青 副总经理　汤跃辉 副总经理　许海翔 副总经理　徐靖 总经理助理　刘海儒	中国航空工业集团公司	47.12%	AVIC Finance Co., Ltd.	www.avicfinance.com.cn
65	中冶集团财务有限公司	北京市曙光西里28号中冶大厦3118室	100028	董事长　邹宏英 总经理　周小杰 副总经理　李先强	中国冶金科工股份有限公司	86.12%	MCC Finance Company Ltd.	www.mccfc.com.cn
66	申能集团财务有限公司	上海市浦东新区陆家嘴环路958号10楼	200120	董事长　苗启新 总经理　杜心红 投资总监　刘弦 运营总监　李争浩	申能（集团）有限公司	65%	Shenergy Group Finance Co., Ltd.	
67	潞安集团财务有限公司	山西省长治市城西路2号	046011	董事长、党支部书记　杨广玉 总经理　李霞 常务副总经理　刘天义 副总经理　胡晓军 副总经理　孙充政	山西潞安矿业（集团）有限责任公司	66.67%	Lu'an Group Finance Co.,Ltd.	
68	淮南矿业集团财务有限公司	安徽省淮南市洞山东路上东锦城商业街21栋18号	232001	董事长、书记　方泰峰 总经理　王小波 风险总监、副书记　陈学忠 副总经理　黄存伟 总经理助理　王如非	淮南矿业（集团）有限责任公司	91.50%	Huainan Mining Industry (Group) Finance Co., Ltd.	www.hnmine.com
69	日立（中国）财务有限公司	上海市茂名南路205号瑞金大厦1908室	200020	董事长　吉冈准人 总经理　水流孝一 副总经理　陈庆锴	日立（中国）有限公司	100%	Hitachi (China) Finance Co.,Ltd.	www.hitachi.com.cn/index.html
70	保利财务有限公司	北京市东城区朝阳门北大街1号新保利大厦8C	100010	董事长　彭碧宏 总经理　赵晋 副总经理　王一夫 副总经理　耿跃华 总经理助理　郭华	中国保利集团公司	35%	Poly Finance Company Limited	www.polyfinance.com.cn

续表

<table>
<tr><th>序号</th><th>公司全称</th><th>通讯地址</th><th>邮政编码</th><th>高管人员</th><th>控股股东</th><th>控股比例</th><th>英文名称</th><th>公司网址</th></tr>
<tr><td rowspan="3">71</td><td rowspan="3">深圳能源财务有限公司</td><td rowspan="3">广东省深圳市福田区深南中路2068号华能大厦32楼</td><td rowspan="3">518031</td><td rowspan="3">董事长　周群
总经理　李新威
副总经理　李春晖
副总经理　陆小平</td><td>深圳能源集团股份有限公司</td><td>70%</td><td rowspan="3">Shenzhen Energy Finance Co. ,Ltd.</td><td rowspan="3">jrzxpt. sefc. sec. com. cn/cn/index. aspx</td></tr>
<tr><td>深圳妈湾电力有限公司</td><td>20%</td></tr>
<tr><td>深圳市广深沙角B电力有限公司</td><td>10%</td></tr>
<tr><td>72</td><td>中化集团财务有限责任公司</td><td>北京市复兴门内大街28号凯晨世贸中心中座F3层</td><td>100031</td><td>董事长　杨林
总经理　刘剑
副总经理　张小康
财务总监　陈丰
副总经理　付建军
副总经理　张亚蔚
总经理助理　杨毅
总经理助理　王慧霞
总经理助理　施暄</td><td>中国中化股份有限公司</td><td>100%</td><td>Sinochem Finance Co. , Ltd.</td><td>www. sinochemfinance. com</td></tr>
<tr><td>73</td><td>海信集团财务有限公司</td><td>山东省青岛市市南区东海西路17号海信大厦15层</td><td>266071</td><td>董事长　周厚健
副总经理—代为履职　舒鹏</td><td>青岛海信通信有限公司</td><td>56. 99%</td><td>Hisense Finance Co. Ltd.</td><td></td></tr>
<tr><td>74</td><td>国联财务有限责任公司</td><td>江苏省无锡市滨湖区金融一街8号18楼</td><td>214121</td><td>董事长　杨静月
总经理　朱文波
总经理助理　史亦言
总经理助理　赵杰</td><td>无锡市国联发展(集团)有限公司</td><td>50%</td><td>Guolian Finance Co. , Ltd.</td><td>www. glcw. com. cn</td></tr>
<tr><td>75</td><td>首都机场集团财务有限公司</td><td>北京首都国际机场四纬路9号中国服务大厦B区三层</td><td>100621</td><td>董事长　颊建青
总经理　任文恺
副总经理　李剑
副总经理　唐光明
财务总监　张宇辉
首席风险控制官　刘亚红
总经理助理　薛浩荣</td><td>首都机场集团公司</td><td>90%</td><td>Capital Airport Finance Co. ,Ltd.</td><td>www. cah. com. cn</td></tr>
<tr><td>76</td><td>红豆集团财务有限公司</td><td>江苏省无锡市锡山区东港镇锡港东路2号</td><td>214199</td><td>董事长　周海燕
总经理　王晓明
副总经理　孙东明
副总经理　郭敏洁</td><td>红豆集团有限公司</td><td>51%</td><td>Hongdou Group Finance Co. , Ltd.</td><td></td></tr>
</table>

续表

序号	公司全称	通讯地址	邮政编码	高管人员	控股股东	控股比例	英文名称	公司网址
77	海马财务有限公司	海南省海口市金盘工业区金牛路2号	570216	董事长　赵树华 总经理　刘卫 副总经理　薛安萍 副总经理　刘予建 副总经理　马昕 总经理助理　田渊	海马汽车集团股份有限公司	47.37%	Haima Finance Co., Ltd.	
78	南山集团财务有限公司	山东省龙口市南山工业园南山南路4号	265706	董事长　隋政 副总经理　郭芸 总经理助理　朱元森 总经理助理　战永磊	南山集团有限公司	55%	Nanshan Finance Company, Ltd.	
79	国投财务有限公司	北京市西城区阜成门北大街2号楼18层	100034	董事长　兰如达 总经理　李旭荣 副总经理　曲刚 总经理助理　郭芳丽	国家开发投资公司	35.60%	SDIC Finance Co., Ltd.	www.sdicfinance.com
80	河南能源化工集团财务有限公司	河南省郑州市郑东新区CBD商务外环路6号国龙大厦17层	450046	董事长　李乔成 总经理　棘军 副总经理　郭同茂 副总经理　沈扬	河南能源化工集团有限公司	63.70%	Henan Energy and Chemical Industry Group Finance Co., Ltd.	www.hnecgc.com.cn
81	中国化工财务有限公司	北京市海淀区北四环西路62号	100080	董事长　冯益民 总经理　姜明群 副总经理　郭学军 副总经理　曹巍 副总经理　程山 总会计师　胡立福 首席运行官　田原	中国化工集团公司	49.41%	ChemChina Finance Co. Ltd.	www.chemchina.com.cn/portal/cyqy/zsqy/webinfo/2012/05/1336472564535610.htm
82	紫金矿业集团财务有限公司	福建省上杭县紫金大道1号14楼	364200	董事长　林红英 董事兼总经理　王金新 常务副总经理　余德琳 副总经理　刘志洲 副总经理　梁祥斌	紫金矿业集团股份有限公司	95%	Zijin Mining Group Finance Co., Ltd.	www.zjky.cn
83	江苏华西集团财务有限公司	江苏省江阴市滨江开发区香山路29号华西金融楼	214434	董事长　包丽君 总经理　沈军 副总经理　曹红玉 副总经理　虞金华 副总经理　周伟忠	江苏华西集团公司	90%	Jiangsu Huaxi Group Finance Co., Ltd.	

续表

序号	公司全称	通讯地址	邮政编码	高管人员	控股股东	控股比例	英文名称	公司网址
84	冀中能源集团财务有限责任公司	河北省石家庄市新华区石清路9号航空大厦12层	050066	副董事长　李笑文 副总经理兼总会计师　王玉江 总经理　杨海静 副总经理　张建平	冀中能源集团有限责任公司 冀中能源股份有限公司 华北制药股份有限公司	45% 35% 20%	Jizhong Energy Group Finance Co. ,Ltd.	
85	山西焦煤集团财务有限责任公司	山西省太原市万柏林区滨河西路南段129号焦煤双创基地A座	030021	董事长　贾进锋 总经理　贺海柱 副总经理　李如新 副总经理　茹哲峰	山西焦煤集团有限责任公司	80%	Shanxi Coking Coal Group Finace Co. ,Ltd.	
86	阳泉煤业集团财务有限责任公司	山西省阳泉市北大西街29号	045000	董事长　廉贤 总经理　王玉明 副总经理　赵守刚 副总经理　魏晓光 首席风险官　樊宗莉	阳泉煤业（集团）有限责任公司	50%	Yangoouan Coal Industry Group Finance Co. ,Ltd.	www. ymcwgs. com. cn
87	晋煤集团财务有限公司	山西省晋城市北石店镇	048006	董事长　郑绍祖 总经理　段建勋 副总经理　苗见阳 副总经理　李卫江 副总经理　李剑锋	山西晋城无烟煤矿业集团有限责任公司	92%	Jincheng Anthracite Mining Group Finance Co. ,Ltd.	
88	云南冶金集团财务有限公司	云南省昆明市五华区小康大道399号冶金大厦10楼	650224	董事长　张自义 董事、总经理　李旻昊 党支部书记、常务副总经理　程岚 总会计师　吕赞军 副总经理　刘洁	云南冶金集团股份有限公司 云南铝业股份有限公司 云南驰宏锌锗股份有限公司	80% 10% 10%	Yunnan Metallurgical Group Finance Co. , Ltd.	
89	中海集团财务有限责任公司	上海市虹口区东大名路670号5楼	200080	代董事长　张铭文 总经理　孙晓斌 副总经理　项晓兰 副总经理　李晟 营运总监　王菲 总经理助理　李嗣麟	中国海运（集团）总公司 中远海运发展股份有限公司 中远海运能源运输股份有限公司	10% 65% 25%	China Shipping Finance Co. ,Ltd.	www. csfinance. com. cn

续表

序号	公司全称	通讯地址	邮政编码	高管人员	控股股东	控股比例	英文名称	公司网址
90	中集集团财务有限公司	广东省深圳市南山区蛇口望海路1166号招商局广场11楼	518067	董事长　高翔 总经理　张力 财务总监　杨晓玲 风控总监　方继勋 市场总监　朱慧雯	中国国际海运集装箱(集团)股份有限公司	100%	Cimc Finance Company Ltd.	www. cimcfinance. com
91	沙钢财务有限公司	江苏省张家港市锦丰镇永新路239号	215625	董事长　沈彬 总经理　倪云山 常务副总经理　沈涛 总经理助理　方梅、顾庆辉	江苏沙钢集团有限公司	60%	Shagang Finance Co. , Ltd.	www. sha - steel. com
					张家港宏昌钢板有限公司	20%		
					张家港沙景宽厚板有限公司	20%		
92	美的集团财务有限公司	广东省佛山市顺德区北滘镇美的大道6号美的总部大楼B区6楼	523800	董事长　肖明光 总经理　姚向明 拟任副总经理兼财务总监　梁彩仪 拟任信息科技总监　李明德 拟任审计稽核总监　余大洋	美的集团股份有限公司	95%	Midea Group Finance Co. ,Ltd.	Finance. midea. com. cn
93	宁波舟山港集团财务有限公司	浙江省宁波市北仑区明州路301号	315800	董事长　金国平 总经理　王甬明 副总经理　夏光辉 副总经理　郑敏红	宁波舟山港股份有限公司	75%	Ningbo Zhoushan Port Group Finance Co. Ltd.	nbpfc. nbport. com. cn
					宁波舟山港集团有限公司	25%		
94	兖矿集团财务有限公司	山东省邹城市凫山南路329号	273500	董事长　张胜东 副董事长兼总经理　单光辉 副总经理　李井良 副总经理　瞿玉峰	兖矿集团有限公司	70%	Yankuang Group Finance Co. Ltd.	www. ykjt. cn
95	哈尔滨电气集团财务有限责任公司	黑龙江省哈尔滨市香坊区三大动力路7号三楼	150040	董事长　刘智全 总经理、党委书记　吴彤 副总经理　陈茂义 副总经理　曲为民	哈尔滨电气股份公司	55%		
96	北大方正集团财务有限公司	北京市海淀区成府路298号中关村方正大厦9层	100871	董事长　施华 总经理　李胜利 副总经理　李莉 总经理助理　余洋	北大方正集团有限公司	50%	PKU Founder Group Finance Co. , Ltd.	www. founderf. com
					方正产业控股有限公司	42. 5%		
97	通用技术集团财务有限责任公司	北京市丰台区西三环中路90号,通用技术大厦6层	100055	董事长　卿虹 总经理　李虎俊 副总经理　刘嵘	中国通用技术(集团)控股有限责任公司	95%	Genertec Finance Co. , Ltd.	www. gtfc. com. cn

续表

序号	公司全称	通讯地址	邮政编码	高管人员	控股股东	控股比例	英文名称	公司网址
98	铜陵有色金属集团财务有限公司	安徽省铜陵市长江西路171号	244000	董事长　解硕荣 总经理　黄天珊 副总经理　束昊生 副总经理　王志	铜陵有色金属集团控股有限公司	70%	Tongling Nonferrous Metals Group Finance Corporation Ltd.	www. tnmg. com. cn/cwgs
99	中建财务有限公司	北京市海淀区三里河路15号中建大厦A座	100037	董事长　曾肇河 总经理　孔卫湘 副总经理　徐明 总经理助理　付玉 总经理助理　牛学丽	中国建筑股份有限公司	80%	China State Construction Finance Company Limited	cscfc. cscec. com
					中国建筑工程总公司	20%		
100	江苏省国信集团财务有限公司	江苏省南京市长江路88号国信大厦24层	210005	董事长　蒲宝英 总裁　丁锋 副总裁　周俊淑	江苏省国信资产管理集团有限公司	73. 33%	Jiangsu Guoxin Finance Co. ,Ltd.	www. jsgxfc. com
101	重庆化医控股集团财务有限公司	重庆市两江新区高新园星光大道70号天王星A1座2楼	401121	董事长　王平 总经理　王凤艳 副总经理　王剑	重庆化医控股（集团）公司	63%	Chongqing Chemical and Pharmaceutical Holdings Group Finance Co. , Ltd.	
102	金川集团财务有限公司	甘肃省兰州市城关区天水南路525号5楼	730000	董事长　孙洪元 总经理　刘世超 风险总监　郭明君	金川集团股份有限公司	92. 30%	Jinchuan Group Finance Co. ,Ltd.	
103	新希望财务有限公司	四川省成都市高新区天府大道中段天府三街19号新希望国际大厦A座26层	610041	董事长　黄代云 总裁　邵　军 常务副总裁　邱昊 副总裁　罗治国 总裁助理　钟晓雷 总裁助理　邹晓丽	新希望集团有限公司	42. 54%	New Hope Finance Co. ,Ltd.	www. nhgfc. com
					新希望六和股份有限公司	34. 00%		
104	酒钢集团财务有限公司	甘肃省兰州市城关区团结路10号	730000	副总经理　龚晓伟 副总经理　温春来 风险总监　郭明 总经理助理　董巍	酒泉钢铁（集团）有限责任公司	60%	Jiugang Group Finance Co. , Ltd.	www. jiugangfc. com
105	包钢集团财务有限责任公司	内蒙古包头市昆区白云路39号	014010	董事、董事长　孙国龙 监事会主席　白玉檀 董事　郝润宝 董事　邢立广 董事　王占成 董事　白连富 董事（外部董事）　元伟 董事、总经理　谢美玲 副总经理　吕淑梅 副总经理　张　苹	包头钢铁（集团）有限责任公司	60%	Baotou Group Finance Co. ,Ltd.	
					内蒙古包钢钢联股份有限公司	30%		

续表

序号	公司全称	通讯地址	邮政编码	高管人员	控股股东	控股比例	英文名称	公司网址
106	新奥财务有限责任公司	河北省廊坊市经济技术开发区华祥路31号新奥集团总部南院C区	65001	董事长　于建潮 总经理　姚卫东 常务副总经理　姜波 副总经理　梁宏玉 副总经理　陈绍利 副总经理　李玉军	新奥(中国)燃气投资有限公司 新奥能源物流有限公司	45% 19%	ENN Finance Co.,Ltd.	www. ennfinance. com
107	中外运长航财务有限公司	北京市朝阳区安定路5号院10号楼外运大厦B15层	100029	董事长　黄必烈 总经理　张少军 财务总监　罗丹丹 稽核总监　黄文祥 总经理助理　曹晋文 总经理助理　罗立	中国外运长航集团有限公司 中国外运股份有限公司	75% 10%	Sinotrans & CSC Finance Co., Ltd.	
108	青岛啤酒财务有限责任公司	山东省青岛市市南区东海西路35号4栋青岛啤酒大厦内第9层	266071	董事长　孙明波 总经理　徐振声 副总经理　张德志 财务总监　冯雪峰	青岛啤酒股份有限公司	100%	Tsingtao Brewery Finance Co.,Ltd.	
109	上海复星高科技集团财务有限公司	上海市普陀区江宁路1158号友力国际大厦1902A. B. C. +1903A	200060	董事长　张厚林 总经理　吴建友 总经理助理兼风险管理部经理　陈丽娜 总经理助理兼计财部经理　闻敏	上海复星高科技(集团)有限公司 上海复星医药(集团)股份有限公司	66% 20%	Fosun Group Finance Corporation Limited	www. fosunffc. com
110	中铝财务有限责任公司	北京市海淀区西直门北大街62号中铝大厦7层	100082	董事长　蔡安辉 总经理　葛小雷 副总经理　于红卫 副总经理　黄薇	中国铝业公司	100%	Chinalco Finance Company Limited	www. chinalcof. com
111	中兴通讯集团财务有限公司	广东省深圳市南山区高新技术产业园科技南路中兴通讯大厦A座二楼	518057	董事长　韦在胜 总经理　张帆 常务副总经理　王宇彪 副总经理　洪志斌	中兴通讯股份有限公司	100%	ZTE Group Finance Company Limited	www. zte - finance. com
112	福建省能源集团财务有限公司	福建省福州市鼓楼区琴亭路29号福能方圆大厦16楼	350003	董事长　卢范经 总经理、书记(法人代表)罗振文 副总经理　韩祖雄 副总经理　朱辉	福建省能源集团有限责任公司	90%	Fujian Energy Group Finance Company Limited	www. fjegfc. com

续表

序号	公司全称	通讯地址	邮政编码	高管人员	控股股东	控股比例	英文名称	公司网址
113	湖南高速集团财务有限公司	湖南省长沙市开福区三一大道500号金色比华利大厦17楼	410008	董事长　肖华 总经理　肖华 副总经理　张祺 副总经理　彭正辉 财务总监　张晓青 总稽核　谢新兴	湖南省高速公路建设开发总公司	60%	Hunan Expressway Group Finance Co., Ltd.	58.20.182.231:86/
114	马钢集团财务有限公司	安徽省马鞍山市九华西路8号	243003	董事长　丁毅 副总经理　伍生林 风险总监　汪冬妹 副总经理　盛重乐	马鞍山钢铁股份有限公司	91%	MaGang Group Finance Co., Ltd.	www.magang.com.cn
115	湖北宜化集团财务有限责任公司	湖北省宜昌市沿江大道52号	443000	董事长　柴国志 总经理　邬铁材 副总经理　陈兴顺	湖北宜化集团有限责任公司	80%	Hubei Yihua Group Finance Co., Ltd.	
					湖北双环科技股份有限公司	10%		
					贵州宜化化工有限责任公司	10%		
116	北京汽车集团财务有限公司	北京市丰台区汽车博物馆东路6号院G座17–19层	100160	董事长　张建勇 总经理　李荣荣 副总经理　周雪辉 副总经理　孙夕振 副总经理　黄中文 总经理助理　刘勇 总经理助理　周巍	北京汽车集团	56%	Baic Group Finance Co., Ltd.	www.baicfc.com
117	大连港集团财务有限公司	辽宁省大连市中山区人民路68号宏誉大厦902室	116001	董事长　徐颂 副董事长　贾文军 总经理兼党总支书记　赵蓉 副总经理　叶静红 财务总监　苏陶	大连港集团有限公司	60%	Dalian Port Group Finance Company Liminted	cwgs.portdalian.com
					大连港股份有限公司	40%		
118	大唐电信集团财务有限公司	北京市海淀区学院路40号大唐电信集团主楼5层	100191	董事长　郭光莉 副总经理　周少锋 副总经理　韩卫刚 副总经理　陈刚	电信科学技术研究院	100%	Datang Telecom Group Finance Co., Ltd.	www.dtdxcw.com
119	开滦集团财务有限责任公司	河北省唐山市路南区新华东道70号	063018	董事长　张志芳 总经理　董养利 副总经理　张晓玲	开滦(集团)有限责任公司	51%	Kailuan Group Finance Co., Ltd.	
					开滦能源化工股份有限公司	40%		

续表

序号	公司全称	通讯地址	邮政编码	高管人员	控股股东	控股比例	英文名称	公司网址
120	中国航油集团财务有限公司	北京市顺义区后沙峪镇安富街6号3层	101318	董事长　赵寿森(代行总经理职责) 副总经理　张鹏 总经理助理　王世强 总经理助理　王金梁 总经理助理　邹耀平	中国航空油料集团公司	90%	China National Aviation Fuel Group Finance Co. ,Ltd.	www. cnaf. com
121	海南农垦集团财务有限公司	海南省海口市滨海大道115海垦国际金融中心26层	570105	总经理　邓文杰 副总经理　郑　璧	海南省农垦集团有限公司	80%	Hainan State Farms Group Finance Co. , Ltd.	
					海南天然橡胶产业集团股份有限公司	20%		
122	西部矿业集团财务有限公司	青海省西宁市城西区五四大街微波巷1号	810000	董事长　李兴财 总经理　王永宁 副总经理　尹亮 副总经理　汪进 总经理助理　宋佳权	西部矿业股份有限公司	60%	Western Mining Group Finance Co. ,Ltd.	
					西部矿业集团有限公司	40%		
123	江苏交通控股集团财务有限公司	江苏省南京市建邺区庐山路242号金融城2号楼29-31层	2100019	董事长　杜文毅 总经理　王展 副总经理　陈凤艳 副总经理　盈晓红 总经理助理　周莉莉	江苏交通控股有限公司	80%	Jiangsu Communications Holding Group Finance Co. ,Ltd.	www. jchgfc. com
					江苏京沪高速公路有限公司	10%		
					江苏润扬大桥发展有限责任公司	10%		
124	中国移动通信集团财务有限公司	北京市西城区丰盛胡同20号丰铭国际大厦B座12层	100032	董事长　朱敏 总经理　朱毅 运营总监　潘文彬 财务总监　向华翔	中国移动通信有限公司	52.44%	China Mobile Finance Company Limited	
125	山东钢铁集团财务有限公司	山东省济南市高新区舜华路2000号	250101	董事长　陶登奎 总经理　李凤强 副总经理　张云庭 副总经理　于基勇 副总经理　杨士东	山钢集团公司	62.31%	Shandong Iron & Steel Group Finance Co. , Ltd.	www. shansteelgroup. com
126	国药集团财务有限公司	北京市海淀区知春路20号中国医药大厦七层	100191	董事长　邓金栋 总经理　梁红军 副总经理　曹桂春 财务总监　许京辉	中国医药集团总公司	80%	Sinopharm Group Finance Co. ,Ltd.	
					国药控股股份有限公司	20%		
127	郑州宇通集团财务有限公司	河南省郑州市郑东新区CBD商务外环路8号世博大厦11层04、05、06室	450018	董事长　王国庆 总经理　李飞月 副总经理　杨祥盈 财务总监、董事会秘书　张丁元	郑州宇通集团有限公司	85%	Zhengzhou Yutong Group Finance Co. , Ltd.	

续表

序号	公司全称	通讯地址	邮政编码	高管人员	控股股东	控股比例	英文名称	公司网址
128	中国铁建财务有限公司	北京市海淀区复兴路40号院1号楼中国铁建大厦10层	100855	董事长　王秀明 总经理、党委书记　冀涛 副总经理、总会计师　果秀娟	中国铁建股份有限公司	94%	CRCC Finance Company Limited	www. crccfc. com. cn
129	山东省商业集团财务有限公司	山东省济南市历下区山师东路4号	250014	董事长　张建军 总经理　张志强 副总经理　马玉义 总会计师　吕元忠 总经理助理　周卫民 副总经理　刘先成	山东省商业集团有限公司	100%	Shandong Commercial Group Finance Co. , Ltd.	
130	深圳华强集团财务有限公司	广东省深圳市福田区深南中路华强路口华强集团1号楼7楼	518031	董事长　李曙成 总经理　赖强 副总经理　郑德镇	深圳华强集团有限公司	50%	Shenzhen Huaqiang Group Finance Co. , Ltd.	www. szhq. com
					深圳华强前海科技有限公司	50%		
131	诚通财务有限责任公司	北京市西城区复兴门内大街158号远洋大厦西区12层	100031	董事长　徐震 总经理　赵洪武 副总经理　苗润生 副总经理　张志海	中国诚通控股集团有限公司	71%	China Chengtong Finance Corporation Ltd.	www. cctfn. cn
132	山东重工集团财务有限公司	山东省济南市历下区燕子山西路40－1号	250014	董事长　申传东 总经理　吴汝江 副总经理、财务总监　黄震 风险总监　魏然	山东重工集团有限公司	40%	Shandong Heavy Industry Group Finance Co. ,Ltd.	
					潍柴动力股份有限公司	20%		
					潍柴重机股份有限公司	20%		
					山推工程机械股份有限公司	20%		
133	湖北能源财务有限公司	湖北省武汉市洪山区徐东大街137号能源大厦29楼	430077	董事长　张国勇 副董事长、总经理兼党支部书记　邹正 副总经理　卢希文 副总经理兼首席风险官　蔡奕鲲	湖北能源集团股份有限公司	100%	Hubei Energy Finance Co. ,Ltd.	www. hbny. com. cn/cwgs

续表

序号	公司全称	通讯地址	邮政编码	高管人员	控股股东	控股比例	英文名称	公司网址
134	港中旅财务有限公司	广东省深圳市福田区深南大道4011号港中旅大厦19楼	518048	董事长　闫永夫 总经理　胡银龙 副总经理　陈丽 财务总监　庞勇 总经理助理　欧阳莹	中国旅游集团公司(原名"中国港中旅集团公司",2016年改为现名)	82.5%	China National Travel Service (HK) Finance Company Limited	www.ctsfi.com
135	陕西煤业化工集团财务有限公司	陕西省西安市高新区锦业一路二号陕煤化集团大楼四层	710065	董事长　邓晓博 总经理　李盈斌 副总经理　王晓刚 副总经理　徐明 副总经理　程锦前 副总经理　刘旭春	陕西煤业化工集团有限责任公司	45%	Shaanxi Coal and Chemical Industry Group Finance Co.,Ltd.	www.shccig-ebank.com
136	上海华谊集团财务有限责任公司	上海市中国(上海)自由贸易试验区浦东南路1271号15楼	200122	董事长　常达光 副总经理　虞斌 总经理助理　李春华	上海华谊集团股份有限公司	64%	Shanghai Huayi Group Finance Co., Ltd.	
137	河钢集团财务有限公司	河北省石家庄市体育南大街385号10层	050023	董事长　于勇 总经理　唐建君 财务总监　许鹏贵	河钢集团有限公司	51%	Hesteel Group Finance Company Limited	
138	安徽省能源集团财务有限公司	安徽省合肥市马鞍山路76号7楼	230011	董事长　邵德慧 总经理　彭松 副总经理　杜建军 风控总监　程敏	安徽省能源集团有限公司	51%	Anhui Energy Group Finance Co., Ltd.	
139	中化工程集团财务有限公司	北京市东城区东直门内大街2号中国化学工程大厦13层	100007	董事长　王洁民 总经理　周竞 副总经理　代萍 总经理助理　陶湘宁	中国化学工程股份有限公司 中国化学工程集团公司	90% 10%	China National Chemical Engineering Group Corporation Finance Co.,Ltd.	www.cncecfc.com
140	天津天保财务有限公司	天津市空港经济区西五道35号	300308	董事长　沈钢 副董事长　韩华 总经理　李军	天津保税区投资控股集团有限公司	100%	Tianjin T&B Finance Co.,Ltd.	
141	亿利集团财务有限公司	北京市朝阳区光华路15号亿利生态广场1号楼1903	100020	董事长　王文治 副经理　郭平 副总裁　高永刚 副总裁　李娟	亿利资源集团有限公司	65%	Elion Finance Company Limited	www.elion.com.cn

续表

序号	公司全称	通讯地址	邮政编码	高管人员	控股股东	控股比例	英文名称	公司网址
142	厦门海翼集团财务有限公司	福建省厦门市思明区厦禾路668号海翼大厦B座26层	361004	董事长　刘艺虹 总经理　曾国元 副总经理　杨　瑾 首席风险控制官　孙喜 总经理助理　郑剑松	厦门海翼集团有限公司(35 000万元)	70%	Xiamen CCRE Group Finance Co.,Ltd.	www.ccregroup.com
					厦门海翼国际贸易有限公司(10 000万元)	20%		
					厦门厦工机械股份有限公司(5 000万元)	10%		
143	中信财务有限公司	北京市朝阳区新源南路6号京城大厦低层栋B座2层	100004	董事长　张云亭 总经理　周骏 副总经理　王海波 总经理助理　杨全营	中国中信有限公司	72.34%	CITIC Finance Company Limited	www.citic.com
144	浙江省交通投资集团财务有限责任公司	浙江省杭州市江干区五星路199号明珠国际商务中心2号楼8层	310020	董事长　傅哲祥 总经理　钱文海 副总经理　张雪芬 副总经理　芦文伟	浙江省交通投资集团有限公司	40%	Zhejiang Communications Investment Group Finance Co.,Ltd.	www.Cncico.com
145	中车财务有限公司	北京市丰台区芳城园一区15号楼(附楼1—5层)	100078	董事长　时景丽 党委书记、副董事长　徐伟峰 总经理　黄建东 副总经理　廖新义 副总经理　刘学文 副总经理　张世东	中国中车股份有限公司	91.36%	CRRC Finance Co.,Ltd.	
146	中国电子科技财务有限公司	北京市海淀区复兴路17号国海广场A座16层	100038	董事长　张登洲 总经理　刘维用 副总经理　范方云 副总经理　刘盼盼	中国电子科技集团公司	45.03%	CETC Finance Co.,Ltd.	www.cetcf.com.cn
147	重庆机电控股集团财务有限公司	重庆市两江新区黄山大道中段60号	401123	董事长　王玉祥 总经理　陈永强 副总经理　方光强 首席财务官　徐亚莉	重庆机电股份有限公司	51%	Chongqing Machinery and Electronics Holding Group Finance Company Limited	www.cqcmefc.com
					重庆机电控股(集团)公司	30%		
					兴业国际信托有限公司	19%		

续表

序号	公司全称	通讯地址	邮政编码	高管人员	控股股东	控股比例	英文名称	公司网址
148	河北建投集团财务有限公司	河北省石家庄市裕华西路9号裕园广场A座2楼	050051	董事长　袁雁鸣 总经理　周雪松 副总经理　魏增然 副总经理　窦志强 风险总监　单宝驹 总会计师　师晨圆	河北建设投资集团有限责任公司	60%	Hebei Construction & Investment Group Finance Co., Ltd.	www. hecic. com. cn
149	太钢集团财务有限公司	山西省太原市尖草坪区解放北路83号	030003	董事长　韩珍堂 副总经理　郭涌 副总经理　李志强 副总经理　田俊东	太原钢铁(集团)有限公司	51%	Taiyuan Iron & Steel Group Finance Co., Ltd.	
150	大同煤矿集团财务有限责任公司	山西省大同市恒安新区平德路鹏程广场6－8号	037003	董事长、党支部书记　王力佳 总经理　管世忠 副总经理　狄炎 风险总监 法律顾问　赵东清 财务总监　姚学军	大同煤矿集团有限责任公司 山西漳泽电力股份有限公司 大同煤业股份有限公司	60% 20% 20%	Datong Coal Mine Group Finance Co., Ltd.	
151	贵州茅台集团财务有限公司	贵州省贵阳市云岩区盐务街茅台大厦13楼	550000	董事长　袁仁国 总经理　吴志军 副总经理　付维	贵州茅台酒股份有限公司	51%	Kweichou Moutal Group Finance Co., Ltd.	www. china－moutai. com
152	海亮集团财务有限责任公司	浙江省杭州市滨江区滨盛路1508号海亮大厦25楼2517室－2526室	310051	董事长　季丹阳 总经理　穆绿燕 总经理助理　傅建群	海亮集团有限公司 浙江海亮股份有限公司 浙江海亮环境材料有限公司	60% 26.67% 13.33%	Hailiang Finance Co., Ltd.	
153	中材集团财务有限公司	北京市朝阳区望京北路16号中材国际大厦2层	100102	董事长　徐卫兵 总经理、党委书记　刘成 副总经理　杨青 党委副书记、纪委书记　银虹 财务总监　汪允杰	中国中材集团有限公司	70%	Sinoma Group Finance Co., Ltd.	www. sinoma. cn
154	贵州盘江集团财务有限公司	贵州省贵阳市观山湖区林城西路95号	550081	董事长　尹新全 总经理　王安义 常务副总经理　李运寿 副总经理　欧阳章程 总经理助理　彭木	贵州盘江投资控股(集团)有限公司	55%	Guizhou Panjiang Group Finance Company Limited	

续表

序号	公司全称	通讯地址	邮政编码	高管人员	控股股东	控股比例	英文名称	公司网址
155	北京首都旅游集团财务有限公司	北京市朝阳区广渠路38号一轻大厦9层	100022	董事长　白凡 总经理　张冬梅 常务副总经理　吴子维	北京首都旅游集团有限责任公司	100%	Beijing Tourism Group Finance Co. , Ltd.	www. btg. com. cn/business/ch. asp
156	广西交通投资集团财务有限责任公司	广西南宁市青秀区民族大道146号三祺广场44楼	530029	董事长　李利娜 总经理　覃虹 监事长、工会主席　赵就亮 副总经理　林森 副总经理　何成杰	广西交通投资集团有限公司	100%	Guangxi Communications Investment Group Finance Co. ,Ltd.	
157	徐工集团财务有限公司	江苏省徐州市经济技术开发区驮蓝山路26号	221000	董事长　吴江龙 总经理　刘丽军 副总经理　顾世英 总经理助理　罗德永	徐工集团工程机械股份有限公司	100%	Xcmg Finance Co. , Ltd.	www. xcmg. com/xgfc
158	百联集团财务有限责任公司	上海市中山南路315号8楼	200010	董事长　吕勇 总经理　梁庆云 副总经理　张礼琦 风险总监　林大泳	百联集团有限公司	60%	Bailian Group Finance Co. ,Ltd.	
159	中交财务有限公司	北京市西城区德胜门外大街83号德胜国际中心B座16层	100088	董事长　傅俊元 总经理、党委书记　游华 副总经理　陶涛 党委副书记、纪委书记　朱吉祥 副总经理　孙杨 工会主席　薛立容	中国交通建设股份有限公司	95%	CCCC Finance Company Ltd.	www. ccccfc. com
160	山东黄金集团财务有限公司	山东省济南市舜华路2000号舜泰广场3号楼山东黄金集团总部大厦	250101	董事长　汪晓玲 董事、总经理　吴晨 常务副总经理　齐宗弟 副总经理　于志强	山东黄金集团有限公司	70%	Shandong Gold Group Finance Co. ,Ltd.	www. sd - gold. com
161	中开财务有限公司	广东省深圳市南山区赤湾石油大厦十三楼	518068	董事长　田俊彦 副董事长　张建国 总经理　章远凌 副总经理　李海燕 副总经理　顾曰滇 副总经理　王华	中国南山开发(集团)股份有限公司	60%	China Development Finance Company Limited	www. cndfc. com. cn
162	中国平煤神马集团财务有限责任公司	河南省平顶山市矿工路中段21号	467099	董事长　余清海 总经理　杨军 副总经理　刘晓军	中国平煤神马能源化工集团有限责任公司	51%	China Pingmei Shenma Group Finance Co. , Ltd.	

续表

序号	公司全称	通讯地址	邮政编码	高管人员	控股股东	控股比例	英文名称	公司网址
163	四川长虹集团财务有限公司	四川省绵阳市高新区绵兴东路35号	621000	董事长　胡嘉 总经理　唐斌 副总经理　胥勋畅 总经理助理　古晓彤	四川长虹电子控股集团有限公司	50%	Sichuan Changhong Group Finance Co., Ltd.	
164	创维集团财务有限公司	广东省深圳市南山区高新南四道18号创维半导体设计大厦东座21楼	518057	董事长　杨东文 总经理　吴晓光 副总经理　谭新艳 副总经理　蔡子云 总经理助理　敬红	创维集团有限公司	100%	Skyworth Group Finance Co.,Ltd.	fw. skyworth. com
165	江苏省国泰财务有限公司	江苏省张家港市人民中路国泰大厦29楼	215600	董事长　张子燕 总经理　张爱兵 副总经理　唐莹 副总经理　刘晖	江苏国泰国际集团国贸股份有限公司	80%	Jiangsu Guotal Finance Co., Ltd.	
					江苏国泰国际集团有限公司	20%		
166	亨通财务有限公司	江苏省苏州市吴江区中山北路2288号	215200	董事长　朱海明 总经理　曹卓峻 副总经理　张培烽	亨通集团有限公司	58%	Hengtong Finance Co., Ltd.	www. hengtonggroup. com
					江苏亨通光电股份有限公司	42%		
167	珠海华发集团财务有限公司	广东省珠海市横琴金融产业服务基地18号楼A区	519031	董事长　许继莉 总经理　封光 总经理助理　唐慧敏 总经理助理　徐志强	珠海华发集团有限公司	40%	Zhuhai Huafa Group Finance Co., Ltd.	www. huafafc. com
					珠海铧创投资管理有限公司	20%		
					珠海华发商贸控股有限公司	20%		
					珠海十字门中央商务区建设控股有限公司	10%		
					珠海华发实业股份有限公司	10%		
168	北京金隅财务有限公司	北京市东城区北三环东路36号环球贸易中心B2102	10013	董事长　陈国高 总经理　黄文阁 总经理　石峰副 副总经理　朱灼见 财务总监　秦成莉	北京金隅股份有限公司	100%	BBMG Finance Co., Ltd.	
169	云南云天化集团财务有限公司	云南省昆明市滇池路1417号2号楼3楼	650228	董事长　卢应双 副董事长　周春梅 总经理　彭科 副总经理　陈晓 风险总监　荣晓寅	云天化集团有限责任公司	44%	Yunnan Yuntianhua Group Finance Co., Ltd.	
					云南云天化股份有限公司	18%		
					云南磷化集团有限公司	18%		
					重庆国际复合材料有限公司	10%		

续表

序号	公司全称	通讯地址	邮政编码	高管人员	控股股东	控股比例	英文名称	公司网址
170	北京控股集团财务有限公司	北京市朝阳区东三环北路38号院4号楼10层	100026	董事长　王立华 总经理　王玉荣 副总经理　王朝晖 副总经理、财务总监　张素芳 副总经理　陈咏梅 总稽核　常学琳	北京控股集团有限公司 北京市燃气集团有限责任公司 北京燕京啤酒股份有限公司	41% 39% 20%	Beijing Enterprises Group Finance Co., Ltd.	
171	陕西延长石油财务有限公司	陕西省西安市光泰路1号延长石油安全培训中心206	710075	董事长　沙春枝 副总经理　樊战军	陕西延长石油(集团)有限责任公司	79%	Shanxi Yanchang Petroleum Finance Co., Ltd.	cwgs. sxycpc. com
172	山东能源集团财务有限公司	山东省济南市经十路10777号山东能源大厦10层	250014	董事长　李继斋 总经理　徐立波 副总经理　王立春 副总经理　张述明 总经理助理　胡健	山东能源集团有限公司	70%	Shanbong Energy Group Finance Co.,Ltd.	www. snjt. com
173	鄂尔多斯财务有限公司	内蒙古呼和浩特市金桥开发世纪六路宇泰商务广场A座9层	010040	董事长　王林祥 总经理　赵玉福 副总经理　屈燕南 总经理助理　冯俊锋	内蒙古鄂尔多斯羊绒集团有限责任公司	55%	ERDOS Finance Co., Ltd.	
174	伊利财务有限公司	内蒙古呼和浩特市金川开发区汇金道1号	010080	董事长　王瑞生 经理　谢沃德勒夫 风险总监　朱宏伟	内蒙古伊利实业集团股份有限公司	100%	Yili Finance Company Limited	www. yili. com
175	大冶有色金属集团财务有限责任公司	湖北省黄石市下陆区下陆大道2号金花小区五期5-9号	435005	董事长　谭耀宇 副董事长　高宙 总经理　杨红战 副总经理　孟波	大冶有色金属集团控股有限公司	90%	Daye Nonferrous Metals Group Finance Co., Ltd.	www. dyyscwgs. com
176	巨化集团财务有限责任公司	浙江省衢州市柯城区巨化中央大道230号(巨化集团公司机关综合楼一楼、二楼)	314004	董事长　汪利民 总经理　唐捷 风险总监　王建峰	巨化集团公司	50%	Juhua Group Finance Co.,Ltd.	www. juhua. com. cn
177	供销集团财务有限公司	北京市西城区宣武门外大街甲1号环球财讯中心C座7层	100052	董事长　邢宏伟 总经理　庄学能 副总经理　张芷芷 财务总监　薛晔	中国供销集团	100%	Co-Op Group Finance CO.,Ltd.	www. coopfn. com

续表

序号	公司全称	通讯地址	邮政编码	高管人员	控股股东	控股比例	英文名称	公司网址
178	中铁财务有限责任公司	北京市海淀区复兴路69号中铁广场C座5楼	100036	董事长、党委书记　林鑫 总经理、党委副书记　王建军 副总经理、总会计师、纪委书记　杨凯利 副总经理、工会主席　肖尧 党委副书记、中铁汇达保险经纪公司董事长　秦永虎	中国中铁股份有限公司	95%	China Railway Finance Company,Ltd.	www. crfc. com. cn
179	重庆力帆财务有限公司	重庆市江北区聚贤岩广场6号力帆中心2号办公楼第27层1－8号	400024	董事长　尹明善 总经理　周幼清 副总经理　裴丹 副总经理　冯强 副总经理　陈林宁	重庆力帆控股有限公司	51%	Chongqing Lifan Finance Co. ,Ltd.	
180	中煤财务有限责任公司	北京市朝阳区黄寺大街1号中煤大厦6层	100120	董事长　赵荣哲 总经理　柴乔林 副总经理　陈敏宏 总经理助理　李风涛 总经理助理　刘俊光	中国中煤能源股份有限公司	91%	China Coal Finance Co. ,Ltd.	
181	安徽省皖北煤电集团财务有限公司	安徽省宿州市埇桥区西昌南路东侧18号	234000	董事长　孙夕仁 副董事长　马咏清 总经理　牛家安 副总经理　陈凤 风险总监　吴涛	安徽省皖北煤电集团有限责任公司	40%		
182	淮北矿业集团财务有限公司	安徽省淮北市人民中路276号	235000	董事长　王明胜 总经理　蒋宁 副总经理　毛师达 风险总监　孙斌	淮北矿业（集团）有限责任公司	100%	Huaibei Mining Group Finance Co. , Ltd.	www. cwgs. hbcoal. com
183	湖南出版投资控股集团财务有限公司	湖南省长沙市开福区营盘东路38号	410005	董事长、总经理　王丽波 监事长　王芳郴 书记　余璐 副总经理　杨星	中南出版传媒集团股份有限公司	70%	Hunan Publishing InvestmentHolding Group Finance Co. , Ltd.	
184	四川省宜宾五粮液集团财务有限公司	四川省宜宾市岷江西路150号	644007	董事长　罗伟 总经理　邓香全 副总经理　敬梅 财务总监　陈作容 总经理助理兼工会主席　唐进 总经理助理　陈晓虎 总经理助理　王兴友	四川省宜宾五粮液集团有限公司	37.50%	WuLiangYe Group Finance Co. , Ltd.	cw. wuliangye. com. cn

续表

序号	公司全称	通讯地址	邮政编码	高管人员	控股股东	控股比例	英文名称	公司网址
185	山东晨鸣集团财务有限公司	山东省济南市高新区舜华路2000号舜泰广场2号楼35层	250101	董事长　王春方 总经理　常德生 副总经理　阎向阳 财务总监　周兵	山东晨鸣纸业集团股份有限公司	80%	Shandong Chenming Group Finance Co. ,Ltd.	www. chenmingpaper. com
					江西晨鸣纸业有限责任公司	20%		
186	河北港口集团财务有限公司	河北省秦皇岛市海港区文化路60号10层	066000	董事长　温建国 总经理　许国栋 副总经理　张爱武 财务总监　崔鸥	河北港口集团有限公司	60%	Hebei Port Group Finance Co. ,Ltd.	
187	中节能财务有限公司	北京市西城区平安里西大街26号新时代16层	100034	董事长　安宜 总经理　杜乐 副总经理　章全明 副总经理　韩巍 副总经理　单纯	中国节能环保集团公司	100%	CECEP Finance Co. , Ltd.	www. finance. cecep. cn
188	青岛港财务有限责任公司	山东省青岛市市北区港华路7号	266000	董事长　郑明辉 总经理　杨倩 财务总监　王伟强 副总经理　贾卓鹏 总经理助理　强帅	青岛港国际股份有限公司	70%	Qingdao Port Finance Co. , Ltd.	
					青岛港(集团)有限公司	30%		
189	上海上实集团财务有限公司	上海市黄浦区淮海中路98号金钟广场30楼	200021	董事长　徐波 总经理　周亚栋 副总经理　师淑琴 风控总监　朱浩良	上海上实(集团)有限公司	40%	SIIC Group Finance Co. ,Ltd.	
190	重庆市能源投资集团财务有限公司	重庆市渝北区洪湖西路12号一楼	401121	董事长　冯跃 总经理　杨东旗 副总经理　王燕宁 财务总监　李云齐	重庆市能源投资集团有限公司	85%	Chongqing Energy Investment Group Finance Co. , Ltd.	
191	广东省交通集团财务有限公司	广东省广州市天河区珠江东路32号利通广场43楼	510623	董事长　周玉明 总经理　罗伟 副董事长　莫穗玉 副总经理　陈虎城 副总经理　刘超	广东省交通集团有限公司	100%	Guangdong Provincial Communication Group Finance Co. ,Ltd.	
192	光明食品集团财务有限公司	上海市静安区南京西路1539号嘉里中心办公楼二座33层	200040	董事长　李林 总经理　费心佳 副总经理　季玉燕 风险总监　陈健	光明食品(集团)有限公司	80%	Bright Food Group Finance Co. ,Ltd.	ebank. brightfood. com
					上海大都市资产经营管理有限公司	20%		

续表

序号	公司全称	通讯地址	邮政编码	高管人员	控股股东	控股比例	英文名称	公司网址
193	忠旺集团财务有限公司	辽宁省大连市中山区长江东路90号	116000	董事长 刘东毅 总经理 刘文辉 副总经理 王海川 副总经理 赵敬慈	辽宁忠旺集团有限公司	35%	Zhongwang Group Finance Co. ,Ltd.	
194	本钢集团财务有限公司	辽宁省本溪市平山区东明路10号	117000	董事长 曹爱民 总经理 唐朝盛 副总经理 杨子民	本钢集团有限公司	90%	Benxi Steel Group Finance Co. , Ltd.	
195	天津物产集团财务有限公司	天津市和平区营口道4号	300041	党支部书记、董事长 张洪涛 党支部副书记、总经理 初向青 党支部副书记、副总经理 张莉红 副总经理 向青	天津物产集团有限公司	75%	Tewoo Group Finance Co. ,Ltd.	
196	福建七匹狼集团财务有限公司	福建省泉州市晋江市青阳曾井小区崇德路中国银行大厦19层	362200	董事长 朱金松 总经理 戴文进 副总经理 刘世章 副总经理 陈书芳	福建七匹狼集团有限公司	65%	Fujian Septwolves Group Finance Co. ,Ltd.	
					福建七匹狼实业股份有限公司	35%		
197	清华控股集团财务有限公司	北京市海淀区中关村东路1号院8号楼清华科技园科技大厦A座10层	100084	董事长 张文娟 总经理 盛朝晖 副总经理 甘朝晖 总经理助理 蔡书琴	清华控股有限公司	100%	Tsinghua Holdings Group Finance Co. ,Ltd.	www. thholdingfc. com
198	中国核工业建设集团财务有限公司	北京市西城区车公庄大街12号核建大厦	100037	董事长 陈书堂 总经理 梁荣 副总经理 岳海涛 副总经理 李凌 副总经理 方保友 副总经理 田雨晴	中国核工业建设股份有限公司	90%	China Nuclear Engineering Group Finance Co. ,Ltd.	www. cnefc. cn
199	中国黄金集团财务有限公司	北京市东城区安定门外大街9号一层	100011	董事长 刘冰 副董事长 李慧琴 总经理 李东 副总经理 邵兵杰 总经理助理 陈文俊	中国黄金集团公司	51%		www. chinagoldgroup. com
					中金黄金股份有限公司	49%		
200	物美商业财务有限责任公司	北京市海淀区西四环北路158号慧科大厦901、1201	100142	董事长 许少川 总经理 刘建基 副总经理 于滨 副总经理 吴霜	北京物美商业集团股份有限公司	70%	Wumart Stores Finance Co. ,Ltd.	

续表

序号	公司全称	通讯地址	邮政编码	高管人员	控股股东	控股比例	英文名称	公司网址
201	三房巷财务有限公司	江苏省江阴市周庄镇三房巷村	214423	董事长　卞平芳 总经理　卞方荣 副总经理　刘颖 副总经理　樊明海	江苏三房巷集团有限公司	60%	Sanfangxiang Finance Co. ,Ltd.	
202	中联重科集团财务有限公司	湖南省长沙市岳麓区银盆南路361号中联科技园	410013	董事长　詹纯新 副董事长　胡克嫚	中联重科股份有限公司	75%	Zoomlion Finance Co. , Ltd.	
203	广东省广晟财务有限公司	广东省广州市天河区珠江西路17号52楼	510623	董事长　刘伯仁 总经理　沈卫 副总经理　李建华 副总经理　周涛	广东省广晟资产经营有限公司	100%	Guangdong Rising Finance Co. , Ltd.	www. gdrisingfinance. com
204	湖北交投集团财务有限公司	湖北省武汉市洪山区珞瑜路1077号	430074	执行董事　谢继明 总经理　周茂华 集团派驻纪检组长　熊菲 副总经理　徐兵 副总经理　马雯蓉	湖北省交通投资集团有限公司	100%	HBCI Group Finance Co. , Ltd.	www. hbjttz. com
205	新风祥财务有限公司	山东省济南市高新区舜华路2000号舜泰广场6号楼31层	250101	董事长　刘志光 副董事长、总经理　李国庆 副总经理　徐朝霞 副总经理　李少峰 副总经理　张保秋 总经理助理　王钦波	新风祥控股集团有限责任公司	83.75%	GMK Finance Company Limited	
206	山东招金集团财务有限公司	山东省烟台市芝罘区胜利路139号万达金融中心A座22层	264000	董事长　李宜三 总经理　曲丽华 副总经理　王康立 副总经理　张瑛喆	招金矿业股份有限公司	51%	Shandong Zhaojin Group Finance Co. ,Ltd.	
					山东招金集团有限公司	40%		
207	北京金融街集团财务有限公司	北京市西城区真武庙四条8号院10号楼商业2层202	100045	董事长　任庆和 总经理　续颖 总经理助理　赵璐	北京金融街投资(集团)有限公司	100%	Beijing Financial Street Gruop Finance Co. , Ltd.	
208	首钢集团财务有限公司	北京市石景山区古城大街36号院1号楼	100043	董事长　王洪军 总经理　姜在国 副总经理　聂秀峰 副总经理　朱挺 总经理助理　王群英	首钢总公司	80%	Shougang Group Finance Co. , Ltd.	
					北京首钢建设投资有限公司	20%		

续表

序号	公司全称	通讯地址	邮政编码	高管人员	控股股东	控股比例	英文名称	公司网址
209	内蒙古伊泰财务有限公司	内蒙古鄂尔多斯市东胜区天骄北路万博广场B座三楼	017000	总经理　秦雅娟 风险总监　魏桂贤 副总经理　杨建军 副总经理　李喜 副总经理　范培军	内蒙古伊泰集团有限公司	60%	Inner Mongolia Yitai Finance Company Limited	
210	内蒙古电力集团财务有限责任公司	内蒙古呼和浩特市锡林南路218号	010020	董事长　贾振国 总经理　李志刚 副总经理　王佳雁 副总经理　朱爱杰	内蒙古电力(集团)有限责任公司	100%	Inner Mongolia Power Group Finance Co., Ltd.	
211	上海外高桥集团财务有限公司	上海市中国(上海)自由贸易试验区杨高北路2001号管理楼1层B部位及2层B、C部位	200131	董事长　姚忠 总经理　黄丹 总经理助理　王绪 风险总监　奚晓颖	上海外高桥资产管理有限公司	70%	Shanghai Waigaoqiao Group Finance Co., Ltd.	
					上海外高桥集团股份有限公司	20%		
					上海市外高桥国际贸易营运中心	10%		
212	中国铁路财务有限责任公司	北京市海淀区北蜂窝路5号院1-1号楼	100038	董事长　史跃梅 总经理　张汉祥 副总经理兼总会计师　潘振锋	中国铁路总公司	95%	China Railway Finance Co.,Ltd.	
213	天瑞集团财务有限责任公司	河南省郑州市郑东新区商务外环路20号海联大厦	450018	董事长　李凤娈 总经理　郭世勇 副总经理　李胜雷 副总经理　李恩会	天瑞集团股份有限公司	37.50%	Tianrui Group Finance Co., Ltd.	
214	云南昆钢集团财务有限公司	云南省昆明安宁市昆钢综合楼2楼	650302	董事长　杜陆军 总经理　王娟 副总经理　尚志勇 副总经理兼风险总监　杨林超	昆明钢铁控股有限公司	80%	Yunnan Kunming Iron & Steel Group Finance Co.,Ltd.	
					昆明钢铁集团有限责任公司	10%		
					云南华云实业集团有限公司	10%		
215	渤海钢铁集团财务有限公司	天津市天津自贸区(空港经济区)西四道168号融和广场2-2-301	300308	董事长　肖树强 总经理　王淑慧 副总经理　韩军 副总经理　郜晨晖	渤海钢铁集团有限公司	64%	Bohai Steel Group Finance Co., Ltd.	

续表

序号	公司全称	通讯地址	邮政编码	高管人员	控股股东	控股比例	英文名称	公司网址
216	粤海集团财务有限公司	广东省广州市天河区天河路208号粤海天河城大厦35楼	510620	董事长 童伟演 董事、总经理 瞿曲 财务总监 张淑萍	广东粤海控股集团有限公司	71%	GDH Finance Co. ,Ltd.	www. gdh. com. hk
217	江苏悦达集团财务有限公司	江苏省盐城市世纪大道东2号	224007	董事长 祁广亚 总经理 郭如东 副总经理 周雪清 副总经理 姚晓宁 副总经理 王廷刚	江苏悦达集团有限公司	51%	Jiangsu Yueda Gruop Finance Co. ,Ltd.	
218	中国电建集团财务有限责任公司	北京市海淀区西直门外大街168号腾达大厦8层	100044	董事长 孙璀 总经理、党委副书记 陈波 党委书记、副总经理 沈国华 党委委员、纪委书记 杨志强 副总经理、党委委员 龚健	中国电力建设股份有限公司	94%	Powerchina Finance Company Limited	finance. powerchina. cn
219	西王集团财务有限公司	山东省滨州市邹平县西王工业园	256209	董事长 王棣 总经理 裴建光 常务副总经理 刘钧 总经理助理 王健	西王集团有限公司	82. 5%	Xiwang Group Finance Company Limited	
220	物产中大集团财务有限公司	浙江省杭州市下城区中大广场1号楼7楼	310003	董事长 郑迎节 副董事长、总经理 蔡才河 副董事长、党总支书记 季加仁 副总经理 章哲明 副总经理 王君波	物产中大集团股份有限公司	60%	Materials Industry Zhongda Group Finance Co. , Ltd.	
					浙江物产金属集团有限公司	20%		
					浙江物产元通汽车集团有限公司	20%		
221	营口港务集团财务有限公司	辽宁省营口市鲅鱼圈区营港路1号新港大厦2号楼附楼2层	115007	董事长 仲维良 总经理 杨会君 副总经理 赵慧超 副总经理 常守军	营口港务集团有限公司	51%	Yingkou Port Group Finance Co. ,Ltd.	
					营口港务股份有限公司	49%		
222	云南建工集团财务有限公司	云南省昆明市经济技术开发区林溪路188号	650501	董事长 陈文山 总经理、书记 李兆坤 副总经理 赵宏武 风险总监 朱乔林	云南省建设投资控股集团有限公司	50%	Yunnan Construction Engineering Group Finance Co. ,Ltd.	
					云南省城乡建设投资有限公司	40%		
					云南建投第一水利水电建设有限公司	10%		

续表

序号	公司全称	通讯地址	邮政编码	高管人员	控股股东	控股比例	英文名称	公司网址
223	甘肃电投集团财务有限公司	甘肃省兰州市城关区北滨河东路69号甘肃投资大厦25楼	730046	董事长　李辉 总经理　火照里 副总经理　刘志翔 副总经理　李燕 副总经理　李春	甘肃省电力投资集团有限责任公司	60%	GEPIC Finance Co., Ltd.	
224	宝塔石化集团财务有限公司	宁夏银川市金凤区德通大厦1号楼11楼	750001	董事长　顾自安 副董事长　赵立宝 总经理　霍言 副总经理　陈晨 副总经理　黄健飞	宝塔石化集团有限公司	100%	Baota Petrochemical Group Finance Co., Ltd.	www. btshfinance. com
225	北京粮食集团财务有限公司	北京市西城区广安门内街316号京粮古船大厦五层	100053	董事长　王国丰 副董事长　王振忠 总经理　田文英 副总经理　张莹 副总经理　薛鹏	北京粮食集团有限责任公司	100%	Beijing Grain Group Finance Co., Ltd.	
226	日照港集团财务有限公司	山东省日照市东港区上海路东首日照港国际商贸中心E座14、15层	276826	董事长　高振强 总经理　马先骅 副总经理　费萌 总经理助理　辛玉霞	日照港集团有限公司	60%	Rizhao PortGroup Finance Co., Ltd.	
227	联通集团财务有限公司	北京市西城区金融街21号	10033	董事长　李福申 副董事长　李张挺 总经理　王芳 副总经理　丁继业 副总经理　吴子华	中国联合网络通信有限公司	91%	Uincom Group Finance Company Limited	
228	河南双汇集团财务有限公司	河南省漯河市召陵区双汇路1号双汇厦6楼	462000	董事长　张太喜 总经理　马超音 副总经理　胡兆振 监事长　陈中民	河南双汇投资发展股份有限公司 河南省漯河市双汇实业集团有限责任公司	60% 40%	Henan Shuanghui Group Finance Co., Ltd.	www. shuanghui. net
229	厦门翔业集团财务有限公司	福建省厦门市思明区仙岳路396－398号翔业大厦1302、1303单元	361012	董事长　王倜傥 总经理　郑进 副总经理　李登彦 风险总监　吴颖 总经理助理　龚峥嵘	厦门翔业集团有限公司	100%	Xiamen Iport Group Finance Co., Ltd.	
230	新华联控股集团财务有限责任公司	北京市通州区台湖镇政府大街新华联总部大厦4层	101116	董事长　张必书 总经理　张民 财务总监　张立欣 总经理助理　魏明嘉 总经理助理　王洪涛	新华联控股有限公司	100%	Macrolink Holding Group Finance Company Limited	

续表

序号	公司全称	通讯地址	邮政编码	高管人员	控股股东	控股比例	英文名称	公司网址
231	顺丰控股集团财务有限公司	广东省深圳市福田区新洲十一街139号中央西谷大厦21楼	518048	董事长　李胜 总经理　黄美智 副总经理　伦惠诗 副总经理　刘亚红 副总经理　陈蔚 副总经理　胡旭亮	深圳顺丰泰森控股(集团)有限公司	100%	SF Holdings Group Finance Co.,Ltd.	
232	天津医药集团财务有限公司	天津市空港经济区西四道168号融和广场3-2-501/502	300300	董事长　赵炜 总经理　马健 副总经理　祁保华 副总经理　吕永建	天津市医药集团有限公司	50%	Tianjin Pharmaceutical Group Finance Co., Ltd.	www.pharm.com.cn
233	上海文化广播影视集团财务有限公司	上海市中国(上海)自由贸易试验区世纪大道1号东方明珠塔3号门一楼	200120	董事长　刘晓峰 董事 总经理　王文烈 副总经理　施白桦	上海文化广播影视集团有限公司	60%	Shanghai Media Group Finance Co.,Ltd.	www.smg.cn